中華民國史檔案資料滙編

第三輯 財政（一）

中國第二歷史檔案館編

鳳凰出版傳媒集團 鳳凰出版社

图书在版编目（CIP）数据

中华民国史档案资料汇编. 第3辑. 财政 / 中国第二历史档案馆编. -- 南京 : 凤凰出版社, 1991.7
(2023.7重印)
ISBN 978-7-80519-309-0

Ⅰ. ①中… Ⅱ. ①中… Ⅲ. ①档案资料－汇编－中国－民国②财政－经济史－档案资料－汇编－中国－民国
Ⅳ. ①K258.063

中国版本图书馆CIP数据核字(2010)第085928号

书名	中华民国史档案资料汇编 第三辑　财政（共二册）
编者	中国第二历史档案馆
责任编辑	胡多佳
责任监制	程明娇
出版发行	凤凰出版社(原江苏古籍出版社) 发行部电话025-83223462
出版社地址	江苏省南京市中央路165号,邮编:210009
印刷	上海世纪嘉晋数字信息技术有限公司 上海市汇金路899号,邮编:201700
开本	850毫米×1168毫米　1/32
印张	54.25
字数	1361千字
版次	1991年7月第1版
印次	2023年7月第5次印刷
标准书号	ISBN 978-7-80519-309-0
定价	640.00元（全二册） (本书凡印装错误可向承印厂调换,电话:021-69214197)

说　明

为了适应中国近代史的科学研究和教学工作的需要，我们就馆藏中具有一定史料价值的档案，在原副馆长王可风生前主持编辑的《中国现代政治史资料汇编》(油印本)的基础上加以修订，并补充1919年五四运动以前的档案资料，编辑成一套《中华民国史档案资料汇编》(1911——1949年)，供史学工作者和有关部门参考使用。

《中华民国史档案资料汇编》，第一辑为《辛亥革命》(1911年)，第二辑为《南京临时政府》(1912年)，自第三辑开始，按北洋政府和广州国民政府、南京国民政府等不同政权，分为若干辑编辑出版。

本辑为第三辑，内容囊包北洋政府时期，由唐彬、王涛主编，分政治、军事、财政金融、文化教育等若干分册出版。

本分册为《北洋政府时期财政》，包括《财政概况》、《内外债》及《赋税》三个部分：第一部分分为财政整理、岁入岁出，计51题；第二部分为内债、外债及统计，计153题；第三部分为田赋、关税盐税、印花税及契税，计179题，222件，总共383题426件。

本册《财政概况》及《赋税》的编者为柏禹邨、钱建明，《内外债》的编者为郑会欣。由于编者水平的局限，加以原《中国现代政治史资料汇编》基础薄弱，此次修订，系重新选材编排，编辑过程中存在的缺点或错误，敬希读者批评指正。

编　　例

一、本汇编所选资料，为保存原貌，一般均按原文照录。其间内容重复及与主题无关部分，则略加删节。资料出处，在资料后说明。

二、本汇编所选资料，按类项并依文件形成时间先后顺序排列。凡属综合性或追述性的资料，按其内容，酌加调整。

三、本汇编所选资料，一般以一件为一题。凡同属一事彼此间又有直接联系的成组资料，以一事为一题。

四、本汇编所选资料，一般由编者另拟标题并加标点。沿用原标题、原标点者，则加注说明之。

五、本汇编所选资料，一般均用简体字排印，但遇有可能引起文义歧异之处，则保留原有的繁体字。

六、本汇编所选资料，凡遇有缺漏损坏或字迹不清者，以□号代之。错字、别字和衍文的校勘以及其他简单注释，均加在正文之内以〔　〕号标明。较长的注释列在正文项下。增补的字以【　】号标明。全段删节以…………号标明，段内部分删节者以……号标明。

北洋政府时期
财　政

目　　录

(三)岁入岁出

〔二〕内外债

（一）内债

（三）外债

（四）统计与整理

(二)田赋

（三）关税

(四)盐税

（五）厘金

(六)印花税

(七)所得税

(八)验契与契税

(九)牙·当税·矿税

一、牙·当税

（十）烟酒特许牌照税与烟酒税

（十一）官产官地

(十二)中央与地方杂税杂捐

〔一〕财政概况

（一）官制·章程·条例

1，临时大总统公布财政部官制令

（1912年11月2日）

临时大总统令

参议院议决财政部官制，本大总统按照约法第三十条公布之。此令。

中华民国元年十一月初二日

财　政　部　官　制

第一条　财政总长总辖国家之财务，管理会计、出纳、租税、公债、货币、政府专卖、储金保管物及银行事务，监督所辖各官署及公共团体之财务。

第二条　财政部职员除各部官制通则所定外，置职员如左：

驻外财政员，简任。

编纂，荐任。

技正，荐任。

技士，委任。

第三条　驻外财政员一人，承总长之命，驻扎外国，掌调查各国财政及办理汇兑公债各事务。

第四条　编纂八人，承长官之命，编纂关于财政书籍事务。

第五条　技正三人，技士六人，承长官之命，掌技术事务。

第六条　财政部置左列各司：
赋税司
会计司
泉币司
公债司
库藏司
第七条　赋税司掌事务如左：
一、关于国税之赋课及征收事项；
二、关于国税之管理及监督事项；
三、关于土地清册事项；
四、关于赋税之调查、稽核、计算事项；
五、关于财政部所管之税外一切收入事项；
六、关于公共团体收入事项；
七、其他关于赋税一切事项。
第八条　会计司掌事务如左：
一、关于总预算、决算事项；
二、关于特别会计之预算、决算事项；
三、关于主计簿之登记及各计算书之检查事项；
四、关于编制岁入岁出现计书事项；
五、关于支付预算事项；
六、关于预备金之支出事项；
七、关于金钱及物品会计事项；
八、关于公共团体岁计事项；
九、其他关于会计一切事项。
第九条　泉币司掌事务如左：
一、关于整理币制事项；
二、关于调查货币事项；

三、关于货币计算事项；
四、关于金属货币及生金银输出入事项；
五、关于监督造币厂事项；
六、关于监督银行事项；
七、关于发行纸币事项；
八、关于稽核准备金事项；
九、关于国内外金融事项；
十、其他关于币制及银行一切事项。
第十条　公债司掌事务如左：
一、关于公债之募集发行事项；
二、关于公债之出纳管理事项；
三、关于公债之偿本及付息事项；
四、关于公债之注册更名事项；
五、关于公债簿之登记及公债计算书之调制事项；
六、关于整理公债事项；
七、关于地方公债稽核事项；
八、关于财政部证券事项；
九、其他关于公债一切事项。
第十一条　库藏司掌事务如左：
一、关于国资之运用出纳事项；
二、关于发款命令之稽核事项；
三、关于国库之出纳管理事项；
四、关于国库之出纳计算书事项；
五、关于国库簿之登记事项；
六、关于监督金库事项；
七、关于监督出纳官吏事项；
八、关于政府各种基金事项；

九、关于储金保管物事项；

十、其他关于一切出纳事项。

第十二条　财政部主事员额，至多不得逾一百二十人。

第十三条　财政部参事、佥事、主事员额，以部令定之。

第十四条　本官制自公布日施行。

〔北洋《政府公报》1912年11月3日第186号〕

2．大总统公布修正财政部官制令①

（1914年7月10日）

大总统申令

兹修正外交部、内务部、财政部、陆军部、海军部、司法部、教育部、农商部、交通部官制公布之。此令。

中华民国三年七月十日

国务卿徐世昌

教令第九十七号

修正财政部官制

第一条　财政部直隶于大总统，管辖会计、出纳、租税、公债、泉币、政府专卖、储金银行及其他一切财政，并监督地方公共团体财政。

第二条　财政部置总务厅及左列各司：

赋税司

会计司

泉币司

公债司

① 仅录修正财政部官制，其余略。

库藏司

第三条　总务厅掌事务如左：

一、管理本部所管之官产、官物；

二、管理本部经费，并各项收入之预算、决算及会计；

三、稽核直辖各官署之会计；

四、撰辑保存收发文件；

五、编辑统计及报告；

六、记录职员之进退；

七、典守印信；

八、管理本部庶务及其他不属于各司之事项。

第四条　赋税司掌事务如左：

一、关于国税之赋课及征收事项；

二、关于国税之管理及监督事项；

三、关于土地清册事项；

四、关于赋税之调查、稽核、计算事项；

五、关于财政部所管辖之税外一切收入事项；

六、关于地方公共团体收入事项；

七、其他关于赋税一切事项。

第五条　会计司掌事务如左：

一、关于总预算、决算事项；

二、关于特别会计之预算、决算事项；

三、关于主计簿之登记及各种计算书之检查事项；

四、关于编制岁入岁出现计书事项；

五、关于支付预算事项；

六、关于预备金之支出事项；

七、关于金钱及物品会计事项；

八、关于公共团体岁计事项；

九、其他关于会计一切事项。
第六条　泉币司掌事务如左：
一、关于整理币制事项；
二、关于调查货币事项；
三、关于货币计算事项；
四、关于金属货币及生金银出入事项；
五、关于监督造币厂事项；
六、关于监督银行事项；
七、关于发行纸币事项；
八、关于稽核准备金事项；
九、关于国内外金融事项；
十、其他关于币制及银行一切事项。
第七条　公债司掌事务如左：
一、关于公债募集发行事项；
二、关于公债出纳管理事项；
三、关于公债之债本付息事项；
四、关于公债之注册更名事项；
五、关于公债簿籍之登记及公债计算书之调制事项；
六、关于整理公债事项；
七、关于地方公债稽核事项；
八、关于财政部证券事项；
九、其他关于公债一切事项。
第八条　库藏司掌事务如左：
一、关于国资之运用出纳事项；
二、关于发款命令之稽核事项；
三、关于国库之出纳管理事项；
四、关于国库之出纳计算书事项；

五、关于国库簿之登记事项；

六、关于监督金库事项；

七、关于监督出纳官吏事项；

八、关于政府各种基金事项；

九、关于储金保管物事项；

十、其他一切出纳事项。

第九条　财政部置总长一人，承大总统之命，掌理本部事务，监督所属职员，并所辖各官署。

第十条　财政总长对于各省巡按使及各地方最高级行政长官之执行本部主管事务，有监察指示之责。

第十一条　财政总长于主管事务，对于巡按使及各地方最高级行政长官之命，或处分，认为违背法令，或逾越权限者，得呈请大总统核夺。

第十二条　财政部置次长二人，辅助总长整理部务。

第十三条　财政部置参事四人，承长官之命，掌拟订关于本部主管之法律、命令案事务。

第十四条　财政部置司长五人，承长官之命，分掌各司事务。

第十五条　财政部置秘书四人，承长官之命，掌管机要事务。

第十六条　财政部置佥事四十人，承长官之命，分掌总务厅及各司事务。

第十七条　财政部置主事七十人，承长官之命，助理总务厅及各司事务。

第十八条　财政部置技正一人，技士二人，承长官之命，掌技术事务。

第十九条　财政部因缮写文件及其他特别事务得酌用雇员。

第二十条　本官制自公布日施行。

〔北洋政府财政部档案〕

3. 大元帅公布财政部官制令①

（1927年7月12日）

大元帅令

兹制定外交部官制、军事部官制、内务部官制、财政部官制、司法部官制、教育部官制、实业部官制、农工部官制、交通部官制公布之。此令。

陆海军大元帅之印

国务总理潘　复　外交总长　　假

军事总长何丰林　内务总长沈瑞麟

财政总长阎泽溥　司法总长姚　震

教育总长刘　哲　实业总长张景惠

农工总长刘尚清　交通总长（缺）

中华民国十六年七月十二日

财　政　部　官　制

第一条　财政部直隶大元帅，总辖国家之财务管理、会计、出纳、租税、公债、泉币、政府专卖、储金保管物及银行事务，并监督地方公共团体之财政。

第二条　财政部置总务厅及左列各司：

赋税司

会计司

泉币司

公债司

库藏司

① 仅录财政部官制，余从略。

第三条　总务厅掌事务如左：
一、记录职员进退各事项；
二、本部所属经费及各项收支预算、决算、会计事项；
三、稽核直辖各官署之会计事项；
四、管理本部所辖官有财产事项；
五、编辑保存收发文件事项；
六、编制统计及报告事项；
七、典守印信事项；
八、管理本部庶务及其他不属于各司之事项。
第四条　赋税司掌事务如左：
一、关于国税之赋课及征收事项；
二、关于国税之管理及监督事项；
三、关于土地清册事项；
四、关于赋税之调查、稽核、计算事项；
五、关于财政部所管辖之税外一切收入事项；
六、关于地方公共团体收入之监督事项；
七、其他关于赋税一切事项。
第五条　会计司掌事务如左：
一、关于总预算、决算事项；
二、关于特别会计之预算、决算事项；
三、关于主计簿之登记及各种计算书之检查事项；
四、关于编制岁入岁出现计书事项；
五、关于支付预算事项；
六、关于预备金之支出事项；
七、关于金钱及物品会计事项；
八、关于地方公共团体岁计之监督事项；
九、其他关于会计一切事项。

第六条　泉币司掌事务如左：
一、关于整理币制事项；
二、关于调查货币事项；
三、关于货币之计算事项；
四、关于金属货币及生金银出入事项；
五、关于监督造币厂事项；
六、关于监督银行事项；
七、关于发行纸币事项；
八、关于稽核准备金事项；
九、关于国内外金融事项；
十、其他关于币制及银行一切事项。
第七条　公债司掌事务如左：
一、关于公债之募集发行事项；
二、关于公债之出纳管理事项；
三、关于公债之偿本及付息事项；
四、关于公债之注册或更名事项；
五、关于公债簿籍之登记及公债计算书之编制事项；
六、关于公债之整理事项；
七、关于地方公债之稽核事项；
八、关于财政部证券事项；
九、其他关于公债一切事项。
第八条　库藏司掌事务如左：
一、关于国资之运用出纳事项；
二、关于发款命令之稽核事项；
三、关于国库之出纳管理事项；
四、关于国库之出纳计算书事项；
五、关于国库簿之登记事项；

六、关于监督金库事项；
七、关于监督出纳官吏事项；
八、关于政府各种基金事项；
九、关于储金保管物事项；
十、其他关于出纳一切事项。
第九条　财政部置左列各官署：
监务署　烟酒署　印花税处　官产处
各署处之官制另定之。
第十条　财政部设职员如左：
总长，特任。次长，简任。
参事，简任。厅长，简任。
司长，简任。秘书，荐任。
佥事，荐任。技正，荐任。
编纂，荐任。主事，委任。
技士，委任。
第十一条　财政总长承大元帅之命，掌管本部事务，监督所属职员，并所辖各官署。
第十二条　财政总长对于各省区最高级行政长官执行之本部主管事务，有监察指示之责。
第十三条　财政总长于主管事务，对于各省区最高级行政长官之命令，或处分，认为违背法令，或逾越权限者，得呈由大元帅纠正之。
第十四条　次长三人，辅助总长整理部务，并分掌盐务署及烟酒署事务。
第十五条　参事四人，承长官之命，掌审核、拟订本部主管之法令，并涉及学术之事项。
第十六条　厅长一人，承长官之命，掌总务厅事务。

第十七条　司长五人，承长官之命，分掌各司事务。

第十八条　秘书八人，承长官之命，掌理机要事务。

第十九条　佥事五十人，承长官之命，分掌总务厅及各司事务。

第二十条　编纂六人，承长官之命，掌理编辑及纂译事务。

第二十一条　主事一百二十人，承长官之命，助理总务厅及各司事务。

第二十二条　技正二人，技士三人，承长官之命，掌理技术事务。

第二十三条　财政部视事务之繁简得酌设额外职员，其额数不得超过实职人员之总数。

第二十四条　财政部因缮写文件及其他事务得酌用雇员。

第二十五条　本官制自公布日施行。

〔北洋《政府公报》1927年7月14日第4032号〕

4. 大总统公布财政厅官制令

(1914年9月12日)

大总统申令：兹制定财政厅官制，公布之。此令。

中华民国三年九月十二日

国务卿徐世昌

财 政 厅 官 制

第一条　财政厅直隶于财政部，置厅长一人，管理全省财政，监督所属职员暨兼管征收之各县知事。

第二条　财政厅置三科如左：

总务科

征榷科

制用科

第三条　各科置科长一人，承厅长之命，掌管本科事务。

科长由厅长委任之，仍详报财政部及巡按使注册。

第四条　各科应酌置一、二、三等科员，承长官之命，助理各科事务。

第五条　各科所掌事务暨员额分配、俸给数目，由各该财政厅厅长按照本省情形妥拟细则，详明财政部查覆立案。

第六条　财政厅厅长于所管事务，应遵照财政厅办事权限条例执行。

第七条　财政厅厅长因公外出时得委任科长代拆代行。

第八条　财政厅为缮写文件等事得酌用雇员。

第九条　上列各条财政分厅厅长得准用之。

第十条　本官制自公布日施行。

〔北洋政府国务院档案〕

5. 财政部公布驻外财政员办事章程令

（1912年11月26日）

中华民国元年十一月二十六日，财政部令：公布驻外财政员办事章程。

驻外财政员办事章程

第一条　驻外财政员承财政总长之命，驻扎外国，掌调查各国财政及办理汇兑、公债事务。

第二条　驻外财政员办事处设于伦敦。驻外财政员以伦敦为常驻所，若因办理前条事务应赴他国，或回本国时，须随时陈明财政总长。

驻外财政员每届三年，虽无前项情事，亦得回国一次。

第三条　驻外财政员事务处得酌设助理员一人，或二人，办事员一人。

财政部设经理驻外财政事务处,酌设助理员及办事员各一人。助理员由财政总长于财政部荐任官中、办事员于委任官中选派之。助理员及办事员均仍支本官之俸。

第四条　助理员及办事员之人数，若因事务繁多，或须分驻他国应行增加之时，得由驻外财政员陈明财政总长核定。

第五条　驻外财政员得酌量情形，呈请财政总长咨商工商部派委现驻各国之商务委员兼充驻外财政助理员。

第六条　驻外财政员于调查事务遇有繁重译件，得随时就近佣聘译员。

第七条　驻外财政员伦敦办事处经费，由财政总长核定后编入财政部预算。

第八条　驻外财政员伦敦办事处办事细则及财政部经理驻外财政员事务处办事细则，另定之。

第九条　本章程遇有应行增修之处，当由驻外财政员随时陈明财政总长核定。

〔北洋政府财政部档案〕

6．财政部公布财政研究会章程饬

（1915年4月24日）

财政部饬　第九十七号

本部现设财政研究会订定章程，特公布之。此饬。

财政研究会章程

第一条　本部设置财政研究会研究财政上应行兴革各事宜。

第二条　本会由本部总长为会长，次长为副会长，其余会员，以左列各项人员组织之：

一、中国银行正、副总裁及会办、币制会长、会员；

二、本部参事及参事上行走人员；

三、本部司长及会办；

四、本部秘书及秘书上行走人员；

五、本部清查官产处总办及会办；

六、总长特派人员；

七、各省来京咨询人员。

第三条　本会应行研究事项均由会长、副会长交议。但会员中如有意见者，亦得拟具说帖，经会长酌核提出之。

第四条　本会研究之事项，决定办法后，应备议决录登载之。

第五条　本会每星期三开会一次，自午后三时至五时止。

第六条　本会会议时，由会长，或副会长主席。

第七条　本会事务，由总务厅派员兼管之。

第八条　本章程如有未尽事宜得随时修正之。

〔北洋政府财政部档案〕

7. 财政部公布财政讨论会章程令

（1916年7月28日）

财政部令　第八十五号

兹订定财政讨论会章程，特公布之。此令。

财政讨论会章程

第一条　财政部设立财政讨论会为财政上宽地研究预备议案之机关。

第二条　财政讨论会会长，由本部总长兼领，副会长二人，由总长指定次长一人兼领之，其他一人，由总长函聘之。

第三条　本会会员，以财政上有专门学识经验者任之，由总长分别函聘饬派。

饬派之会员，以本部所属现任职员为限，会员总数，以三十人为限。

第四条　本会设事务员二员，由总长派充。

本会设速记生二、三人记录议论。

第五条　本会讨论事件，以议案之应由财政总长提出，请求国会议决者为范围，大别如左：

甲、预算案；

乙、税法案；

丙、币制案；

丁、国库银行制度案；

戊、公债案。

其他行政事件，不在本会讨论范围之内。

第六条　本会办事之程序如左：

第一、提出问题；

第二、讨论大体；

第三、调查事实；

第四、讨论办法；

第五、议案起草；

第六、议决草案。

第七条　本会会长、会员暨本部所属长官，均得随时提出议案付会讨论。

第八条　本会议决之草案，由财政总长核定后，连同理由书提出国务会议依法进行。

第九条　本会开会时，会长为主席，会长因事未能到会时，副会长代理。

第十条　本章程自公布之日施行。

〔北洋政府财政部档案〕

8. 财政部公布财政会议章程令

(1917年1月12日)

财政部令　第6号

兹订定财政会议章程，特公布之。此令。

财政会议章程

第一条　本会议以发展富源，革除苛税，力谋全国财政之进步为宗旨，由财政总长召集之。

第二条　本会议以左列人员组织之：

一、财政部次长、参事、司长；

二、各省区财政厅长、分厅长，或其代表；

三、各省区监督财政长官各派代表一人；

四、财政部员由财政总长选派八人，除前项所列各员外，财政总长得选任富有财政学识经验者若干人为会员。

第三条　本会议设议长一人，由财政总长任之,副议长二人，由财政总长于会员中指定之。

事务员四人，速记四人，由财政总长派充之。

第四条　本会议会期，以十五日为限，起自六年三月一日，讫于三月十五日，但议长认为有必要延长时得延长之。

第五条　外省会员应于开会日期前到部报到。

第六条　会员有提案权，经会员三人之连署得提出议案，交由议长编入议事日程。但各财政厅提案，事关一省者，无庸连署。

第七条　议案有应付审查者，由议长指定会员审查之。

第八条　本会议议决案，由财政总长分别核定施行。

第九条　本会议议事细则另定之。

第十条　本章程于部令公布日施行。

〔北洋政府财政部档案〕

9. 财政部公布财政金融讨论会章程令

（1920年8月28日）

财政部令　第一百五十二号

兹订定财政金融讨论会章程，特公布之。此令。

财政金融讨论会章程

第一条　本部设置财政金融讨论会研究财政金融应行兴革事宜。

第二条　本会以财政总长兼会长、次长兼副会长，另行呈请派大员一人为专任、副会长主持会中一切事务。

第三条　本会会员以左列各项人员组织之：

一、币制局正、副总裁；

二、中国银行正、副总裁；

三、本部参事、司长；

四、会长敦聘人员；

五、会长特派人员。

本部直辖各省区财政机关来京咨询人员亦得临时派入。

第四条　本会应行讨论事项如左：

一、整理全国财政收入事项；

二、审订全国财政支出事项；

三、维持钞票价格及预筹恢复兑现事项；

四、筹备划分国家、地方税事项；

五、整理公债事项；

六、推行新税事项；

七、研究裁厘加税事项；

八、调剂全国金融事项；

九、总长交议事项；

十、各会员提出经总长认为应行讨论事项；

十一、其他关于财政金融事项。

第五条　前条各项会议，如会长不能出席时，以专任副会长为主席。

第六条　本会会议分为通常、特别二种。

（甲）通常会议于一定之时期行之；

（乙）特别会议由会长临时召集之。

第七条　本会讨论事项，议定办法后，应备议决录登载之。

第八条　本会得酌用办事员、书记若干人，由会长核定派本部人员兼充。

第九条　本会议事细则暨办事程序另规定之。

第十条　本章程如有未尽事宜得随时修正之。

第十一条　本章程自部令公布日施行。

〔北洋政府财政部档案〕

10. 全国财政讨论委员会章程①

（1922年7月7日）

第一条　全国财政讨论委员会掌讨论整理全国财政计划事宜。

第二条　全国财政讨论委员会以委员长一人、副委员长二人、

① 系财政部呈奉大总统指令公布。

理事委员各若干人组织之。

理事暂置六人，委员置十二人，但为会务进行便利起见，委员长得随时斟酌情形增加之。

第三条　委员长由大总统特派。

第四条　理事由委员长延聘富有财政学识经验之人充之。

第五条　副委员长、委员由委员长遴选谙习财政人员呈请大总统派任之。

第六条　在中国各官署服务之外国人，委员长得延聘充理事，或呈请派任委员。

第七条　全国财政讨论委员会置专门调查员若干人，由委员长遴派，分任调查事宜。

第八条　全国财政讨论委员会应讨论之问题如左：

一、由国务总理、外交总长，或财政总长提交者；

一、由委员长提出者；

一、由委员提出，经委员长认可付讨论者。

第九条　讨论完毕之后，应具报告书送由国务院议决后施行。

第十条　全国财政讨论委员会置秘书长一人，承委员长之命，掌委员会议事之预备及文书事件。

第十一条　全国财政讨论委员会置秘书及事务员若干人，承委员长之命，帮同秘书长掌理会议及文书记录事宜，并一切庶务。

秘书长、秘书及事务员由委员长遴派。

第十二条　委员长比照特任官支俸，副委员长、委员均比照简任官支俸，其有专职而兼任者，概不支俸。

第十三条　全国财政讨论委员会理事为名誉职，概不支俸。

第十四条　全国财政讨论委员会职员，均比照中央文官官等法，分别给俸。其有专职而兼任者，概不支俸。

第十五条　全国财政讨论委员会得因缮写翻译文件及襄理杂

务酌用雇员。

第十六条　本章程自公布日施行。

〔北洋《政府公报》1922年7月10日第2281号〕

11. 财政部财政整理会章程

（1923年8月10日）

第一条　财政整理会掌左列各项事宜：

一、审核无切实担保中央各机关之内外债务本利实数；

二、根据前项审定债额研究整理及清算办法；

三、讨论整理债务以后之中央财政方计。

第二条　财政整理会以会长一人，会员十四人组织之。

第三条　会长由大总统特派，会员十四人，以外交总长、财政总长、交通总长、审计院院长、副院长、税务处督办、总税务司、全国烟酒事务署督办、特别关税会议筹备处处长、前全国财政讨论会会长、前清理财政处督办、前筹备全国财政会议事宜督办、稽核所会办、北京银行公会代表充之。

第四条　财政整理会设置名誉会员及顾问部。凡中外人员具有财政经验学识者，得聘充名誉会员，或顾问，以备咨询。

第五条　财政整理会审核无切实担保内外各项债务，得调取关系各机关文卷及通知债权者钞送实欠本利数目，提供证据。如有必要时，得由关系机关及债权者派员到会陈述意见。

第六条　财政整理会审定债额后，应会同关系机关及债权者交换文件，以资证明，一面列表公布。

第七条　财政整理会应根据审定债额，研究整理及清算之详细办法，并为是项办法期于实行起见，得邀集内外债权者开预备会议，咨询债权者之意见。

第八条　财政整理会讨论整理办法完毕后，应同时研究中外财政方针，如预算之确立、收支不足之补充、公债基金之保管、确定中央与地方财政之划分、交通营业之改良、加税之筹备暨其他与财政有关之问题，一并缮具报告书送由政府核办。

第九条　财政整理会置专门委员长、秘书长各一人，承会长之命办理会内一切事务。

第十条　财政整理会置专门委员三十人、秘书八人、办事二十人，帮同专门委员长及秘书长处理各项事务。

第十一条　专门委员长、秘书长、专门委员、秘书及办事，由会长遴派。但办理计算、审核事务之专门委员，应先就财政部、交通部、审计院人员调充。

第十二条　会长、会员比照特任官支俸，其有专职而兼任者，概不支俸。

第十三条　财政整理会顾问为名誉职，概不支俸。

第十四条　财政整理会职员均比照中央文官官等分别给俸，其有专职而兼任者，概不支俸。

第十五条　财政整理会得因缮写、翻译、计算及襄理杂务，酌用雇员。

第十六条　本章程自公布日施行。

中华民国十二年八月十日

附注：本会会员照章原系十四人，后经呈准将盐务署署长兼稽核所总办一员加入会员之列，合共会员为十五人，特此附注。

〔北洋政府财政部档案〕

12. 财政部财政整理会章程

(1927年8月19日)

第一条 本会职务，以前财政整理会所掌各事宜为范围（财政整理会原章第一条及6、7、8各条均可参照），以符继续办理之旨。

第二条 本会设会长、副会长各一人，由财政总、次长兼任。

第三条 本会设会员三十人，除以财政部总务厅长、参事、司长、处长、秘书二人兼充外，由财政总长遴选具有财政学识经验者充之。

第四条 本会设秘书长一人，坐办一人，承会长、副会长之命，处理会内一切事宜。

第五条 本会关于职务之执行设第一、第二、第三三股，事务之处理设文书、庶务二股，每股设主任、副主任各一人，股员若干人。此外，酌设秘书、译员、事务员、核算员、打字生、录事各若干人。

第六条 本会职务上应办各事宜，先由该三股查案具稿，由秘书长、坐办核呈，会长、副会长裁定施行，如会长、副会长认为须开会议决者，即定期召集会员行之。

第七条 本会为咨询起见，得延聘中外必要人员为顾问，或名誉会员。

第八条 本会各项人员，凡有差缺者均不支薪，酌送夫马费。顾问为名誉职。

第九条 本会议事及办事细则另定之。

第十条 本章程以后如有应行修正之处，由财政部随时改订。

第十一条 本章程由财政部以部令公布施行。

中华民国十六年八月十九日

〔北洋政府财政部档案〕

13．财政部公布修正调查各省财政处章程令

（1927年12月31日）

财政部令　第一百四十九号

兹修正调查各省财政处章程，特公布之。此令。

修正调查各省财政处章程

第一条　本部为调查各省财政事宜附设调查各省财政处。

第二条　本处以左列人员组织之：

(一)主任一人，以简派调查各省财政大员充之；

(二)副主任二人，由总、次长于参事中遴委之；

(三)调查员二十人，由主任于各厅、司、处人员中遴选，呈请总、次长委充之（每厅、司、处至少选派一人）。

第三条　调查各省财政大员前往各省调查时，于调查员中酌定调查员若干，随同前往，分赴各省调查，呈请总、次长委派之。

第四条　本处设编审四员，兼任编审六员，由调查员中遴选，呈请总、次长批准派充。

第五条　本处设办事六人，算校员二人。

第六条　本处设文牍一员，收掌一员，由主任于办事人员中遴选，呈请总、次长批准派充。

第七条　本处为缮写文件得酌用雇员，或调各厅、司、处雇员兼充之。

第八条　本处办事细则另定之。

中华民国十六年十二月三十一日

〔北洋政府财政部档案〕

14. 财政部制定划分岁入岁出所属会计年度暂行规则

（1914年3月12日）

第一条　岁入所属年度如左：

一、定期收入，属于该期末日之年度。但征收地丁，暂以当年之下忙，及其翌年之上忙，合一会计年度；

二、随时收入，属于收款日之年度。

第二条　岁出所属年度如左：

一、公债本利，属于契约所定发款日之年度。

二、赏恤款项，属于发款日之年度。

三、官俸、薪水、旅费、津贴等项，属于发款事实发生时之年度。

四、官署杂费、建筑费及其他购买物品，属于契约订定付款日之年度。但建筑须经数年竣工，而以契约订定分期付款者，属于各该付款日之年度。

五、交还及追交各款，属于决定交还及追交日之年度。

第三条　各年度所属岁入岁出，其金库出纳日期，以翌年度八月三十一日为限。

第四条　据会计条例第二十一条、第二十二条之规定，欲将经费定额转入次年度使用，或将剩余经费展至次年度者，均须于翌年度七月三十一日以前，详请财政部核准。

第五条　本规则于普通会计施行条例未颁布以前适用之。

说明

一、该订末日系指该项收款所定限期之末日而言，如某省地丁，上忙以六月三十日为截止之期，即六月三十日为该期末日。

二、订定发款日系公债、契约所订定之应付原本及利息之日而言，如某公债利息订定五月三十一日发给，即以五月三十一日为订定发款日。

〔北洋政府财政部档案〕

15. 财政部拟订检查征收机关委员会简章呈暨大总统批令

(1915年5月5日)

为拟订检查征收机关委员会简章恭呈钧鉴事：窃查各省征收赋税，自经本部叠次整顿，虽已日有起色，惟各省征税情形，至为复杂。所有征收人员，其能洁己奉公者，固不乏人，而营私舞弊者，亦时所难免。从前察吏方法，多在于各员牟利侵渔，被人举发以后，始行派员彻查。故贪墨未必尽惩，而税入先已受损，与其补救于事后，不若防范于事前。惟现在税法纷歧，各项员役，依其习惯，因缘为奸。弊之所在，情状万殊，非实有经验之员，不能穷其底蕴。兹拟由本部设立检查征收机关委员会，选派熟谙税务人员就事考察，随时分赴各征收机关实地检查。庶几风声所树，各征收官吏耳目一新，群知戒惧。其有贪庸不职之员，即可依查出之实据，严加惩治，以儆效尤。徐图根本改良之法，而目前之税收，似亦稍有裨益。谨拟定简章八条，缮单恭呈鉴核，如蒙允准，即由部遵照办理，以资进行。所有本部拟设检查征收机关委员会，并拟订简章各缘由，是否有当，理合呈请大总统钧鉴，训示遵行。谨呈。

批令：如呈。备案。单存。此批。

中华民国四年五月五日

国务卿徐世昌

〔北洋《政府公报》1915年5月8日第1077号〕

16. 财政整理会筹拟整理债务方法

(1923年8月10日)

一、本会筹拟整理债务方法,务使债权、债务两方面各得其平。

二、本会对于财政、交通两部无确实偿还办法之债务,均一律筹拟整理方法,俾中央全体债务彻底清理。

三、本会对于外债与内债同时一律整理。

四、本会对于将来偿还办法,务由各项国家收入筹有确实基金,并将该项基金筹拟最公开方式之管理办法,以期巩固永久之信用。

五、本会依据本会章程之规定,筹拟整理各项国家岁入之方法,除拟以一部分岁入作为偿还债务之基金外,务使有相当之岁入,俾充中央必要之度支。

六、本会以上各条规定之结果,应筹拟改良旧税,推设新税及划分中央地方税制之方法,并筹拟改良预算制度,以期实行。

〔北洋政府财政部档案〕

17. 大总统公布会计条例令

(1914年3月12日)

大总统令

兹制定会计条例公布之。此令。

中华民国三年三月十二日

国务总理
外交总长孙宝琦

内务总长
交通总长朱启钤

财政总长
陆军总长周自齐

海军总长刘冠雄

司法总长章宗祥

教育总长蔡儒楷

农商总长张　謇

教令第三十六号

会　计　条　例

第一章　总则

第一条　政府会计年度，以每年七月初一日开始，次年六月三十日终止。

第二条　每年度岁入岁出之出纳事务，其整理完结之期，不得逾次年度十二月三十一日。

第三条　国家之租税及其他收入为岁入，一切经费为岁出。岁入岁出均应编入总预算。

第四条　各年度岁出定额，不得移充他年度之经费。

第五条　各官署除法令规定外，不得另有储金。

第二章　预算

第六条　岁入岁出总预算，应于上年度提交国会，除因必不可免之经费及本于法律，或契约所必须之经费致生不足外，不得提出追加预算。

第七条　岁入岁出总预算，分经常、临时二门，每门须分款，分项。

总预算于提出国会时，附送参照书类如左：

一、各官署所管岁入预计书，区分为款、项、目；

二、各官署主管岁出预计书，区分为款、项、目；

三、上年六月三十日为限之会计年度之岁入岁出现计书。

第八条　预算中应设左列预备金：

第一预备金。

第二预备金。

一、预算内所生不足之数，系必不可免者，以第一预备金充之；

二、遇有预算外必需之费用，以第二预备金充之。

第九条　支用预备金须于次年度国会开会时，求其承诺。

第十条　财政总长于岁计必要时，得发行财政部短期证券。

第三章　收入

第十一条　国家之租税及其他收入，依据法令之规定，征收，或收纳之。

无法令上确定之该管官吏资格者，不得征收国家之租税，或收纳其他之收入。

第十二条　各年度岁计有剩余时，应将剩余之款转入次年度岁入。

出纳完结年度之收入及其他预算外一切收入，均编入现年度岁入。

第十三条　因整理国债，或依第八条之规定支用预备金，仍有未足时，得支用前条之剩余，或收入，但须于次年度国会开会时，求其承诺。

第十四条　因误付、透付及依据法令预付、估付、垫付所缴还之款，在出纳期完结以前，仍归入原经费定额内，在出纳期完结后编入现年度岁入。

第十五条　各官署所管一切岁入，统由国库收入之。

第四章　支出

第十六条　每会计年度内，政府应支一切经费之定额，以该年度岁入充之。

第十七条　各官署长官不得于预算所定用途之外使用定额，

或将各项定额彼此流用。

各官署所管一切岁入，不得于未交国库以前先行使用，但法令别有规定者，不在此限。

第十八条　财政总长使用预算定额，对于国库得发支付命令，并得依据法令之规定，委任相当之官吏发支付命令。

第十九条　支付命令违背法令者，国库不得支付。

第二十条　财政总长及其所委任之官吏，非对于国家之正当债权人，或其代理人，不得发支付命令。

财政总长以左列各项经费为限，委任主务官吏及政府指定之银行发给现款时，得发预付之支付命令。

一、国债之本利；

二、军队、军舰，或官有船舶经费；

三、在外各公署之经费；

四、前项以外，凡在外国支付之经费；

五、交通不便地方及未设立国库地方所支付之经费；

六、各官署常用杂款每年不满五千元之经费；

七、无确定地点之办公处所需之经费；

八、各官署直接自办工程上之经费，但一主务官以付一万元为限。

第二十一条　凡经费定额为预算内明许，其展至次年度使用者及一年度内应完竣之工程制造，因变故迟延，在该年度内不能支讫者，均得转入次年度使用。

第二十二条　工程制造及其他事业，必须数年竣工定有继续费之总额者，每年度支出剩余之数，得递次展用至完工年度为止。

第二十三条　各官署所管一切岁出，统由国库支付之。

第五章　决算

第二十四条　总决算先经审计处审查后提交国会，其分门及款项之次序与总预算同，并须开具左列各事项之计算：

岁入部

岁入预算额；

查定岁入额；

已收讫岁入额；

岁入亏短额；

未收讫岁入额。

岁出部

岁出预算额；

预算决定后增加岁出额；

支付命令已发之岁出额；

转入翌年度岁出额；

岁出剩余额。

第二十五条　总决算提出国会时附送审计处之审查报告，并左列书类：

一、各官署所管岁入决算报告书；

二、各官署主管岁出决算报告书；

三、各官署主管特别会计决算报告书；

四、国债计算书。

第六章　期满免除

第二十六条　凡应纳于政府之款，经过本年度后，五年以内，不经政府通知令其完纳者，得免完纳之义务。但以特别法令规定期满免除之期限者，不在此限。

第二十七条　政府应发之款，本年度经过后，五年以内，未经债权人请领支付命令，或已领支付命令，未经请发现款者，免除给发之义务。但以特别法令规定期满免除之期限者，不在此限。

第七章　工程及买卖贷借

第二十八条　凡政府之工程及财产物品之买卖、贷借，除法令别有规定外，均应公告招人投标，但左列事项不在此限：

一、购买及租借物品系一家专有，或一公司专卖者；

二、政府于工程及财产物品之买卖、贷借时，应守秘密者；

三、凡工程及购买、租借财产物品，在非常紧急时，不及用投标方法者；

四、特种之物质，或特别之需用，须径由生产地、制造地，或生产人、制造人直接购卖者；

五、非特别技术家不能制造之物品及器械；

六、购买租借土地房屋限于一定之位置，或构造者；

七、订立工程及购买、租借财产物品之合同，其价格不满一千元者；

八、出售官有财产物品，其估价不满五百元者；

九、购买军舰、军马；

十、试验所需之工作制造及物品；

十一、直接买卖政府设立之农工业场，罪犯习艺所，或公立各慈善团体生产及制造物品。

第二十九条　凡政府之工程制造及购买财产物品，不得预付定金，但有特别情形者不在此限。

第八章　出纳官吏

第三十条　出纳官吏掌现款及物品之出纳，对于现款及物品应负一切责任，受审计处之审查。

第三十一条　出纳官吏如遇水、火、盗难及其他意外事故，致所保管现款、物品，有遗失、毁损时，非以必不可免之事实证明，于审计处得有解除责任之证明者，不得免其责任。

第三十二条　出纳官吏不得兼支付命令之职务。

第三十三条　出纳官吏于其所掌收支事务有关系之工作物品，不得包办。

第九章　附则

第三十四条　凡特别事项不能依据本条例者，得设立特别会计。

特别会计别以条例定之。

第三十五条　政府得指定银行，命其管理金库出纳事务。

第三十六条　本条例自公布日施行。

〔北洋政府财政部档案〕

18. 周自齐关于拟订征收厘税考成条例呈暨大总统批令

（1914年9月12日）

财政总长周自齐谨呈为拟订征收厘税考成条例恭呈钧鉴事：窃国家税项，非取之农，则取之商，藉物价之暗增，以均民间之负担，此中外之通义也。我国咸、同以后，抽厘助饷，亦犹此义。徒以法不齐，一吏因为奸行之数十年，远近同声，目为恶税。光绪之季，始揭加税免厘之议，与各国缔立商约。议论未定，政体已更，东南各省，纷纷免厘，以为要结人心，莫先于此。卒以军饷浩繁，无从取给，旋罢旋复，主其事者，往往改易名称，变更税率，废弃旧时章制，省自为政，歧中又歧，商民被累，不免益深，收入大宗，因而锐减。本部迭与各省协议，实力整顿，渐有起色。惟考察征收厘金官吏，从前本未规定专条，各省沿用单行法，意为张弛，互有得失，章则未归画一，综核难以持平。本部悉心讨论大要，以比较为体，以奖罚为用，汇考各省单行法，分别审正，举其概略，厥有数端。从前厘局委员，皆以收官吏确有成绩者，不得率行委任。自齐为郑重榷政起见，是否有当，理合附陈。所有拟定征收厘税考成条例各缘由，谨缮清单，伏乞大总统钧鉴，训示遵行。谨呈。

九月十二日，奉大总统批令：据呈，并清单阅悉。所拟征厘税考成条例，业经修正增订，兹特钞发，即由该部通行遵照。此批。谨将拟定征收厘税考成条例二十九条，缮单，恭呈钧鉴

第一章　总则

第一条　各省征收厘金，依本条例之规定考核之。

统捐、货物税及与厘金性质相同之各项捐税，均依本条例考成。

第二章　比较额

第二条　各省厘金及各项捐税征收比较额，分为左之二种：

一、按月比较额；

一、按年比较额。

比较年额，依据某年收数，即以是年逐月收数作为月额。前项比额，由财政厅详由巡按使咨陈财政部核定。其中如有新增及除免之项，应于比较内声明，不准含糊隐匿。

第三条　比较额每三年更订一次。

第三章　考核时期

第四条　考核时期如左：

一、按三月考核，于会计年度开始后，每届三月行之；

一、年满考核，于会计年度届满时行之。

厘税各局，每月收数及比较盈绌缘由，按月列表通报财政厅、巡按使查核。

第五条　每届考核之期，征收官任事未及一月，应免考核。

第六条　一年度之内，遇第二次三月考核，应将第一次考核收数并计，遇第三次三月考核，应将第一次、第二次考核收数并计。

第四章　征收官考成

第七条　各征收官三月考核，依照比较额增收者，记功，以

增收之成数为记功之次数。

第八条　各征收官年满考核，依照按年比较额增收者，就所增收之数给予劳绩金。

给予劳绩金办法，适用额外增加奖励条例之规定。

第九条　劳绩金应如何分给所属员司，由该长官酌定之。

第十条　各征收官劳绩金，财政厅于年度届满时，截数开单，详由巡按使咨陈财政部核给。

第十一条　一年度内前后两任者，按照在任期间所增之数，分别给奖。

前后两任，查照淡旺月分，按月比较增收，短收互异者，分别奖罚，不得牵算。

第十二条　各征收官三月考核，依照比较额，短收不及一成者，记过一次。

第十三条　各征收官三月考核，依照比较额，短收一成以上者，撤退。

第十四条　各征收官年满考核，依照比较额，短收者，撤退。

第十五条　各征收官年满考核，依照比较额，短收一成以上者，降等，短收二成以上者，褫革官职。

第十六条　各征收官，如有侵吞隐匿情弊，查有实据者，褫革官职，依法追缴。

第十七条　征收官，如于税率之外，浮收病商，或与商贩串通舞弊减收者，褫革官职，依法追缴。

第十八条　各厘税局，按月所收之款，由财政厅长各就该局情形，酌定限期，责令扫数清解，如有逾限，依左列之数，分别惩处：

五日以上者，记过一次；

十日以上者，记大过一次；

半月以上者，记大过二次；

短收一成者，减俸；

短收二成者，降等；

短收三成者，褫职。

前项减俸之数，得视短收银数之多寡酌定之。但有特别情形者，财政部得咨由巡按使查明核办，或由巡按使据实咨部核办。

一月以上者，撤退。

第十九条　以上第十二条至第十五条，如因特别事故，收数不能足额时，得由财政厅将确实情形，详请巡按使覆核无异，咨陈财政部核办。

第五章　财政厅考成

第二十条　财政厅管理全省厘金及各项捐税，经该管巡按使年满考核总额增收，咨陈财政部查明，溢额银数，照额外增加奖励条例给奖。

第二十一条　年满考核，总额短收，该管财政厅应予惩罚如左：

短少一成者，减俸；

短少二成者，降等；

短少三成者，褫职。

前项减俸之数，得视短收银数之多寡酌定之，但有特别情形者，财政部得咨由巡按使查明核办，或由巡按使据实咨部核办。

第二十二条　财政厅长对于所属征收官，有侵吞徇隐，浮收病商等弊，未经觉察，经财政部、巡按使查知，或别经告发者，降等。有意隐匿者，褫职。

第二十三条　道尹所辖境内厘税各局，遇有蠹国病商，私侵入己情事，咨请财政厅长覆查明确，依法惩追者，将财政厅长免予失察处分，如仍有意徇庇者，褫职。

第二十四条　财政厅长对于厘税各局，违章滥用私人及勒荐员司者，降等。倘有得贿分赃情事，查实褫革官职，依法追究。

第六章　附则

第二十五条　厘税各局，任用人员，依左列各项之资格：

一、保准免考暨试验及格分发之县知事；

二、曾经保荐已准存记人员。

凡收数较巨之局，先尽以上两项人员任用；

三、本条例未经公布之前，办理厘税等局征收人员，已满二年，多收三成以上，或已满一年，多收五成以上，有案可稽者；

四、曾任州县人员及前清候补同通州县之曾充各衙门局所要差，在差五年以上，并无亏空参追之案者；

五、曾充荐任官一年以上者。

现办厘税各局人员，其接事在本条例公布之前者，得由巡按使督同财政厅，确切查明，分别去留更调，加具切实考语，咨陈财政部核覆。嗣后，应照本附则之规定，不得故违。

第二十六条　委办各局人员，于任事后，造具出身详细履历，送由本管长官详咨财政部备查。

第二十七条　各征收官考核员司规程，得由各省财政厅酌量规定，详请巡按使覆核，咨陈财政部核准施行。

第二十八条　本条例自公布日施行。

第二十九条　本条例施行后，凡从前考核厘金及各项捐税、各法令及各省原有单行法与本条例不相抵触者仍适用之。

〔北洋政府财政部档案〕

19．周自齐为拟订征收官交代条例呈暨大总统批令

(1914年9月12日)

财政总长周自齐谨呈为酌拟征收官交代条例恭呈钧鉴事：窃维整理财政，欲求岁收之确实，当杜官吏之亏挪。前清旧制，司

道府县，新旧交代，各有限期，定章严密，无敢稍违，虽有因公赔累之员，难逃逾限参处之罚。改革以来，官方废弛旧制，愆忘各省征收官吏有交卸之后，不候清算，即行进省，或径赴调任者，亦有一闻撤换，不候交卸，即离任所，卷款潜逃者，一切侵挪公款，亏蚀库储之弊，多发见于去官之日，而听其自由，皆以无明定法规为之遵守也。本部管理财政，有综核出纳之责。窃以为欲挽财政之困难，固以增多收入，节缩支出为要图。而欲收入之无侵吞，支出之无浮滥，尤当以严核交代为先务，谨参酌新旧条例，重订交待期限。自财政厅长、海关、常关监督，以及征收局长、县知事各官，皆为之明定办法，拟订征收官交代条例二十七条，缮具清单，恭呈鉴核，如蒙俯充，应请明令公布，以重库款，而肃官常。所有酌拟征收官交代条例缘由，理合缮单具呈，伏祈大总统钧鉴，训示施行。谨呈

九月十二日，奉大总统批令：据呈，并清单。阅悉。所拟征收官交代条例，业经修正。兹特钞发，即由该部通行遵照。此批。

谨将拟定征收官交代条例二十七条，缮具清单，恭呈钧鉴

第一章　总则

第一条　财政厅厅长、海关、常关监督、征收局局长、县知事，遇有前后任交代时，无论正任、署任、代理，均依本条例之规定执行之。

暂代县知事，不及两月者，免接交代。

第二条　前后任交代时，依左列之规定，由该管长官派员监盘：

一、财政部直辖之征收局长，由财政部派员监盘；

二、财政厅长、关监督、由财政部会同巡按使派员监盘；

三、县知事，由财政厅派员监盘，并咨请该管道尹督同会算，加结咨转；

四、各省征收局长，由财政厅派员监盘。

第三条　卸任人员，于接任人员未到任以前，不准藉口因公擅离任所。

第四条　凡因病卸任，或在任病故者，其交代手续应由该署、局、科长及会计员遵照本条例代行之。

第二章　移交

第五条　卸任人员自到任之日起，截至卸任之前一日止，应将任内所管左列各件造册，会同监盘员移交接任人员：

一、各项收入数；

二、各款已解未解数；

三、经费实领实支及余存数；

四、票照存根及未用票照；

五、政府委托发行之印花税票；

六、官有财产暨物品；

七、各种文卷、表册、簿记。

第六条　卸任人员造册移交，县知事自卸任之日起，以一月为限；财政厅长，以二十日为限；关监督、征收局长，以十日为限。

第七条　县知事经征各款，于交卸之前一日截数，即移交接任人员接征。其已征未解各款，限五日内悉数移交接任人员报解，不得以各清各款为辞。

关监督、征收局长，应于交卸之日，即将经征未解之款移交接任人员报解。其有分关、分卡、分局尚未解到者，造册移交接任人员。

第八条　卸任人员已支未报，或已领未支各款，一律按照预算款目将实数造册移交接任人员。

第九条　每月概算、决算暨其他应造各表册，除由卸任人员截至卸任之前一日止完全造报外，应将原稿移交接任人员。

第三章 接收

第十条 接任人员接到卸任人员移交表册时，会同监盘员逐项盘查，县知事限一个月，财政厅长限二十日，关监督、征收局长限十日，核明出结。

第十一条 凡款项交代收款，以票根印簿为凭；解款，以收款官厅证书及银行收据为凭；指拨之款，以该管长官文电及受领人收据为凭；以领抵解之款，以该管长官核准文电为凭；支款，以各种单据为凭。

第十二条 接任人员于盘查清楚后，按照第五条所列各项编造表册，会同监盘员出具交代清楚，切结交卸任人员，并详报财政部，或报由该管长官转陈财政部。

前项详报期限，由该管长官酌量道路远近定之。其直接财政部之关、局，由部酌定。

第十三条 接任人员接收前任征存未解之款，限十日内报解，不得逾延。

第四章 处分

第十四条 卸任人员造册移交有虚捏情弊者，接任人员应会同监盘员揭报该管长官，查实褫职，依法追缴。

第十五条 卸任人员逾第六条规定期限，始行交代清楚，依左列之规定处分之：

一、逾限一月以上，记过一次；

二、逾限两月以上，记大过一次。

第十六条 卸任人员交代不清，逾限在两月以上，勒限追缴，并褫革官职。逾勒限之期，仍不缴清，除褫革官职外，并查封私有财产，抵偿不足，仍依法追缴。

第十七条 卸任人员系调任者，非详缴交代清楚切结，不得赴新。若逾限交代不清者，除取消其调任外，依第十六条之规定处分之。

第十八条　凡在任病故交代不清者，应由该管长官酌量情形，依第十六条之规定，对其家属执行之。

第十九条　因褫职、卸任交代逾限不清者，应由该管长官勒限严追，逾勒限之期，仍不清者，即查封私有财产抵偿。

第二十条　交代逾限不清，擅自逃逸者，除查封私有财产抵偿外，并缉拿究追。

第二十一条　移交手续，不依照第五条所规定移交有遗漏者，均以交代不清论。

第二十二条　接任人员于卸任人员交代不清，逾限不揭报者，依左列之规定处分之：

一、逾限十日以上者，记过一次；

二、逾限二十日以上者，记大过一次；

三、逾限一月以上者，记大过三次。

第二十三条　接任人员于卸任人员交代已清，延不结报，或接收征存款项，延不报解者，依左列之规定处分之：

一、逾限十日以上者，记大过一次；

二、逾限二十日以上者，记大过三次；

三、逾限一月以上者，减俸；

四、如系挪用移交应解款项，以致逾限者，依照第十六条卸任人员之规定处分之。

第二十四条　接任人员出具交代清楚切结后，倘查出卸任人员有亏欠，或侵吞事实时，除将卸任人员照第十四条查办外，接任人员应受左列规定之惩戒：

一、自行揭报者，记大过三次；

二、由上级官厅指发者，减俸；

三、通同舞弊者，褫职，并将亏欠侵吞之数，责令分赔。如系本管官长勒令接收交代，或令分认摊赔，查有实据，将起意之本管长官褫职。知情容隐，或附和者，并减一等。

第二十五条　依第十四条、第十六条、第十九条及第二十三条第四项、第二十四条第三项之规定，应行处分者，呈请大总统付文官高等惩戒委员会议决行之，依第二十条之规定，应行缉拿者，呈请大总统通令行之。

第五章　附则

第二十六条　凡分关、分卡、分局交代规则，得由各该管长官斟酌情形，另行规定，但不得与本条例相抵触。

第二十七条　本条例自公布日施行。

〔北洋政府财政部档案〕

20. 周自齐为拟订征收田赋考成条例呈暨大总统批令

（1914年9月12日）

财政总长周自齐谨呈为酌拟征收田赋考成条例恭呈仰祈钧鉴事：窃维我国以农立国，国家正供所入，向以田赋为大宗。前清旧制，征收田赋，奏销有限期，考核有分数，经征督催有责成，奖叙议处有定例，煌煌宪典，立法綦详。虽以处分之过重，条例之过严，日久施行，间多窒碍，封疆大吏，体恤属僚，念抚字之劳，不能不谅催科之拙。展参之案，久未依例以执行，应议之员，多以离任而完结，弥缝迁就，事诚有之。然而定例森严，载在典籍，征收官吏，自顾考成，每届奏销，无不力求免议。故各案报册，不免迟延，而丁漕奏销，犹多能如限，杂项钱粮，动多短绌，而国家正赋，尚不致大亏，无他，惧吏议之绳其后也，民国草创，旧制荡然，奏销之名废，而报册不达于中央，考核之道失，而奖惩不加于外吏。赋额可以擅更，何有于分数；交代可以自便，何有于责成。虽赋课征收，各省间有单行之法，而官吏功过，中央曾无综核之方。故自军兴，以至于今，民间之担负未轻，国家之收入锐减，推原其故？固由任用之不尽得人，征收之不皆如法，而亦未始非考核不严，惩劝不施，有以致之。兹者，时局敉平，纪纲粗立，本部职司财政，整顿赋税，责有攸归。窃以为居今日，而欲增加岁入，必以整理田赋为切要之图。整理田赋，尤必以严核征收为治标之策。谨依据从前旧例，参以现在情形，因时变通，斟酌损益，拟订征收田赋考成条例三十二条，缮具清单，恭呈鉴核，如蒙俯准，应请明令公布，以重国课，而严考成。至各省报告征收数目表册，亦经本部拟定划一程式，一并缮呈，核定后，即由本部颁布，各省遵照办理。所有酌拟征收田赋考成条例及报告表册程式缘由，理合缮单具呈，伏祈大总统钧鉴，训示施行。谨呈。

九月十二日奉大总统批令：据呈，并清单阅悉。所拟征收田赋考成条例及报告表册程式，业经修正增订。兹特钞发，即由该部通行遵照。此批。

谨将拟定征收田赋考成条例三十二条，缮单恭呈钧鉴：

第一条　各省征收田赋，依本条例之规定考核之。

凡地丁、漕粮、租课及随同征收之款，均入田赋考成。

第二条　县知事本年征收田赋，限于次年截数造报。

开始征收及截数造报期限另定之。

第三条　县知事经征田赋，应于征收截限之日，将已完未完实数详报财政厅长核明转详巡按使咨陈财政部备核。

其分上下忙征收者，应于上下忙截限之日，分别详报。上忙限完分数，由财政厅长详由巡按使咨陈财政部核定之。

县知事前项已完未完分数，并分别详报本管道尹备查。

第四条　县知事经征田赋，应于次年造报。定限以前，先行截数，将已完未完实数造具清册详报财政厅长核明分数，并附近三年实完分数比较汇造总册，开具职名，详请巡按使依限咨陈财政部考核。

县知事造具前项清册，应并报道尹查核。

前项近三年比较，应将兵荒蠲缓年分扣除，递推至近十年为度。如十年内均有蠲缓，得以收数最多之年开列。

第五条　前条造报分数，应分左列三项：

一、经征本年田赋分数；

二、催征上年民欠，并积年民欠各分数。

三、带征某年缓征田赋分数。

第六条　前条考核分数，应以额征数匀作十分计算，但遇有荒缺未复额者，得以现在实应征数匀作十分计算，蠲缓之年，得以该年应征数匀作十分计算。其催征上年，并积年民欠旧赋，以原欠分数计算，带征、缓赋，以缓征分数计算。

第七条　前条考核分数系一年数任者，应依照年额，合前、后任并计，仍于已未完分数内，各就在任日期摊算，但得除去停征日期。

署任不及一月者，免予计考。

第八条　县知事经征田赋于截数造报定限以前，照额全完者，依左列之数分别给奖：

一千元以上不及一万元者，记功一次。

一万元以上者，记功二次。

二万元以上者，记大功一次。

三万元以上者，记大功二次。

五万元以上者，记大功二次，并请传令嘉奖。

十万元以上者，进级，并请传令嘉奖。

但按近三年比较，向未照额全完者，本年回复原额，照数全完得加一等给奖，十万元以上者，进等，并请传令嘉奖，余依前项递加。向照原额，仅征七分以下者，本年征至九分以上，得依前项给奖。数任接征及全额不及一千元者，毋庸给奖。

第九条　县知事经征田赋，一官继续三年，均于截数造报定限以前，照额全完者，进等，并请传令嘉奖。若按近三年比较，向未照额全完之区，系由该知事回复原额，三年全完数在十万两以上者，财政厅专案详由巡按使特别呈请优奖。

三年内遇有蠲缓之年，应将该年扣除，俟次年补足并计。

第十条　财政厅长督催全省田赋，于截数造报定限以前，照额全完者，依左列之数分别给奖：

不及五十万元者，记大功一次；

五十万元以上者，记大功二次；

一百万元以上者，进级；

二百万元以上者，进等。

第十一条　监督财政之巡按使督催全省田赋，于截数造报定限以前，照额全完者，由财政部呈请大总统嘉奖。

第十二条　监督财政之道尹督催本管各县田赋，于截数造报定限以前，照额全完者，依左列之数分别给奖：

不及十万元者，记功一次；

十万元以上者，记功二次；

二十万元以上者，记大功一次；

五十万元以上者，记大功二次；

一百万元以上者，进级。

第十三条　县知事经征田赋，扣至截数造报之日止，按该县额征，或应征数未完不及一分者，免予惩处，一分以上，依左列之数，分别惩处：

一分以上者，减三月俸十分之二；

二分以上者，减半年俸十分之二；

三分以上者，减一年俸十分之二；

四分以上者，降等；

五分以上者，褫职。

但按近三年比较，向系照额全完，本年无故短收，应加一等惩处，未完四分以上者，褫职。余依前项递加，不及一分者，申诫；向照原额短收至三分以上者，本年未完不及二分，免予惩处，余依前项递减。至六分以上者，褫职。

第十四条 财政厅长督催各县经征田赋，扣至截数造报定限之日止，按全省额征，或应征总数平均计算，未完不及一分者，免予惩处；一分以上，依左列之数，分别惩处。

一分以上者，减一月俸十分之二；

二分以上者，减三月俸十分之二；

三分以上者，减半年俸十分之二；

四分以上者，减一年俸十分之二；

五分以上者，降等；

六分以上者，褫职。

第十五条 监督财政之巡按使督催各县经征田赋，扣至截数造报定限之日止，按全省额征，或应征总数平均计算，未完不及一分者，免予惩处。一分以上者，减一月俸十分之一。余依前条，减一等。至六分以上者，降等。

第十六条 监督财政之道尹督催本管各县田赋，扣至截数造报定限之日止，按本管各县额征，或应征总数平均计算，有未完分数应受惩戒处分时，与巡按使同。

第十七条　本年带征缓赋，有未完分数应受惩戒处分时，县知事与第十三条同，财政厅长与第十四条同，巡按使与第十五条同，道尹与第十六条同。如能依限全完，应依第八、第十、第十一条、第十二等条，分别给奖。但本年田赋未完足额者，不在此例。

其递缓者，得依第二十、二十一、二十二、二十三各条第二项积年旧欠之规定。

第十八条　征收田赋，未完分数，应以截数造报之日为初限，责令留任催征。展期三月为二限，限满实行处分。

二限以内续报征完者，得视其征完分数，分别减免。

第十九条　依未完分数受降等减俸处分者，限一年催征，限满不完，除依后条惩处外，归入积年旧欠催征。

前项限期，以截数造报之日起算，但原官褫职，或因他案离任，由后任接催。接征者，得以到任之日起算。

第二十条　县知事催征上年民欠，至原欠分数八成以上者，本任免予惩处。后任接征者，依第八条给奖。但本年经征田赋未完足额者，不在此例。不及原欠分数八成者，本任官视现在未完分数予以第十三条之处分。后任接征者，减一等。其积年旧欠征至八成以上者，本任免予惩处，后任接征者，依前项给奖。未完一分以上者，减一月俸十分之三。

第二十一条　财政厅长督催各县征收上年民欠至原欠分数八成以上者，本任免予惩处，后任接催者，得依左列之数，分别给奖。但督催本年田赋未完足额者，不在此例。

二十万元以上者，进一级；

三十万元以上者，进二级。

不及原欠分数八成者，本任官视现在未完分数予以第十四条之处分，后任接催者，减一等。其积年旧欠征至八成以上者，本任免予惩处，后任接催者，依前项给奖，未完一分以上者，减一月俸十分之二。

第二十二条　监督财政之巡按使督催各县征收上年民欠至原欠分数八成以上者，本任免予惩处，后任接催者，由财政部呈请大总统嘉奖。但督催本年田赋未完足额者，不在此例。

不及原欠分数八成以上者，本任官视现在未完分数予以第十五条之处分，后任接催者，减一等。其积年旧欠征至八成以上者，本任免予惩处，后任接催者，依前项给奖，未完一分以上者，减一月俸十分之一。

第二十三条　监督财政之道尹督催本管各县征收上年民欠至原欠分数八成以上者，本任免予惩处，后任接催者，得依左列之数，分别给奖。但督催本年田赋未完足额者，不在此例。

二万元以上者，记大功一次；

四万元以上者，记大功二次；

六万元以上者，进级。

不及原欠分数八成者，本任官视现在未完分数予以第十六条之处分，后任接催者，减一等。其积年旧欠，征至八成以上者，本任免予惩处，后任接催者，依前项给奖，未完一分以上者，减一月俸十分之一。

第二十四条　寄庄钱粮，应由田地坐落之县查明户名及钱粮数目，开造清册，移送居住之县，代为催征。如至截数造报之时，尚有未完，将代征之员，详请惩处。

第二十五条　已完分数，以实解该省金库者为断。但因特别情形，奉有长官命令留支抵解者，以实完论。

第二十六条　县知事将已征田赋捏称民欠者，查实褫职，依法追缴。其有侵挪他项公款，或令书役裁券垫款，以完民欠者，褫职，垫解之项，提出充公。该管长官知而徇隐者，财政厅长褫职，巡按使、道尹降等。失察者，财政厅长降等，巡按使、道尹减一年俸十分之二。

第二十七条　县知事经征田赋造报逾限者，依左列日期，分别惩处。财政厅长、巡按使转报逾限者同。

一月以上者，减三月俸十分之一；

二月以上者，减半年俸十分之一；

三月以上者，降等；

半年以上者，褫职。

但因有特别事故呈准展限者，不在此例。

第二十八条　各省田赋考成册报到部，财政部考核完竣后，应将已未完分数，并应奖、应惩各职名会同内务部呈请大总统察核交部，分别执行。其应付惩戒者，由文官高等惩戒委员会议决后行之。

第二十九条　凡依本条例规定，应付惩戒之员，情节重者，得先令休职。

第三十条　凡受本条例奖励记功者，得抵销本条例减俸及他案记过处分。其以记功抵销减俸之法，详列于左：

记功一次，得抵销减一月俸十分之一；

记功二次，得抵销减一月俸十分之二；

记大功一次，得抵销减三月俸十分之二；

记大功二次，得抵销减半年俸十分之二；

记大功二次，奉传令嘉奖者，得抵销减一年俸十分之二。

第三十一条　本条例自公布日施行。

第三十二条　本条例施行后，凡从前关于考核征收田赋各法令与本条例不相抵触者，仍适用之。

〔北洋政府财政部档案〕

21．大总统为准财政部等商订监督财政长官考成条例的批令

（1915年7月16日）

大总统批令

内务

财政部呈为遵谕会商拟订监督财政长官考成条例仰祈钧

陆军

鉴由，呈悉。准如所拟办理，即由各该部通行遵照。单存。此批。

中华民国四年七月拾陆日

国务卿徐世昌

内务总长朱启钤

财政总长周学熙谨呈为遵谕会商拟订监督财政长官考成条例

署陆军总长王士珍

仰祈钧鉴事：承准政事堂封寄国务卿面奉大总统谕：前因改革以来，财政紊乱，法令废弛，各省军费、政费、浮滥无度。经饬内务、财政、陆军三部将三年度岁出入概算，酌中核定，批准照办，并经通令。凡已核定省分，应即切实奉行，如有应行更改之处，须先呈准办理，不得擅自动支，并将发款数目，按月呈报。其应送之计算书，亦饬令按月编送在案。中央于整理财政，不惮谆谆诰诫，三令五申，各该省官署应如何恪遵办理，乃各省概算，虽经核定。其盈余省分，如额报解者，固属可嘉。其解不足额或藉词推宕，延不遵办者，仍属不少。煌煌法令，不能遵守，上不信于国，下不信于民，清夜自思，何以自解。自今以后，各该巡按使、财政厅长，务宜振刷精神，湔除积习，于预算收入，严杜侵牟，协力整顿。其支出各项，应遵照制定财政厅办事权限条例第八条所载，除奉

令拨解及财政部核定之款随时支放外，此外不得擅支。如有滥支违法情节，一经查觉，巡按使亦负连带责任。至计算书为实收实支之据，尤应依法按月造送，不准迟逾。巡按使倘或假监督财政名义，滥用职权，于库款盈绌概算规定，漫不厝意，对于公款任便动拨，各该财政厅长，当以法令及职守义务，详为解释，或详部呈请核夺，不准迎合意旨，朦蔽中央，致蹈欺隐之咎。著财政部援照各常关考成条例，每届半年，由该部考核一次，按其成绩，分别功过，开单呈候施行。其巡按使、都统长官，亦应由财政部明定考成，拟具条例，会商内务、陆军部呈请核定颁布。总之国计盈虚为存亡关键，各机关减一分浮费，即民间多留一分元气，内外官吏，果能恪守法规，毋敢越畔，日计不足，岁计有余，何难驯至富强，同享乐利。否则，赏罚所在，决无宽假。等因。奉此。窃查现行官制，各省暨各特别区域，既设财政厅分厅，专司财政，而巡按使、都统、京兆尹复得特别委任监督。诚以巡按使等，既为地方行政长官，财政为庶政之枢纽，当然应归监督。惟职权所在，责任从之，财政部对于财政厅分厅征收解款，均已分别拟定考成。其监督长官，各有连带责任，但尚无成文条例。至维持预算，严杜滥支、违法，尤关重要，当由财政部恪遵钧谕，拟订监督财政长官考成条例十条，会商内务、陆军两部，复加修正，缮具清单，恭呈鉴察，伏乞核定颁布，以资法守。所有会商拟订监督财政长官考成条例各缘由，谨合词具呈，伏乞大总统钧鉴，训示祇遵。再，此案系财政部主稿，会同内务、陆军两部办理，合并声明。谨呈。

中华民国四年七月十四日

清　　单

谨将拟订监督财政长官考成条例，缮具清单，恭呈钧鉴

第一条　巡按使、都统、京兆尹受政府之特别委任，监督全省，或特别区域财政者，皆为监督财政长官,适用本条例之规定。

第二条　各省或特别区域，每年预算收入支出各项，经大总统核定颁行后，监督财政长官均应遵照切实办理。

第三条　关于所辖全省，或特别区域征收各项赋税，监督财政长官得行使其监督权,随时督饬整理。凡各项赋税收数盈绌,监督财政长官皆负连带之责任，由财政部每届半年逐项胪列成绩，呈请大总统核定奖罚。

第四条　凡遇推行新税，监督财政长官应行使其监督权，督饬进行。

各项新税有无成效,由财政部每年汇呈大总统核定奖罚。其较为重大者，得由财政部专案呈明。

第五条　关于所辖全省，或特别区域所支各项出款，监督财政长官应行使其监督权，随时督饬遵照预算，撙节开支。凡支数有无逾越，监督财政长官皆负连带责任，由财政部每届半年，分别考核，一并呈请大总统核定奖罚。

第六条　监督财政长官，因维持预算，酌量地方情形，有流用各款定额之必要时，得督同财政厅长、分厅长，在核定预算范围以内，分别支配，声叙事由，咨陈财政部及主管部呈请大总统核示。

第七条　监督财政长官，如于核定预算范围以外，因事实上之必要，不得不追加经费时，应在预算范围以外,特别增筹收入，必须所增之款，积有成数与追加之款足以相抵，并先行咨商财政部及主管部呈明大总统核示。

第八条　监督财政长官,如未经咨部呈明请示,在核定预算范围以外增加支出，由财政部及主管部查明,呈请大总统量予处分，仍责令增筹收入，以资抵补。

第九条　本条例施行时，凡其他法令与本条例不相抵触者，仍有效力。

第十条　本条例自公布日施行。

〔北洋政府国务院档案〕

22. 临时执政交议财政整理委员会条例草案案

（1925年4月3日）①

财政整理委员会条例草案

第一条　本委员会根据善后会议议决之财政纲要，筹定方案，次第实行，并确立财政基础为宗旨。

第二条　本委员会以左列各员组织之：

一、财政总长。

二、各省区民政长官。

三、具有财政学识经验，由临时执政派充者十人至十六人。

前项第一、第二两款委员不能列席时，得派全权代表一人与会。

第三条　本委员会之议事遇必要时，得通知有关系之各主管官署长官为临时委员，列席会议。临时委员不能列席时，得派全权代表一人。

第四条　关于军事之财政案，得与军事整理委员会开联席会议，但仅涉及某省区者，得适用前条之规定。

第五条　本委员会设委员长一人、副委员长二人，均由临时执政于委员中特派。

第六条　本委员会应行议决事项如左：

一　关于军政两费之标准及其实施事项。

① 系本案列入善后会议第九次会议议事日程日期。

二　关于缩减军队及消纳溢额官兵之筹款事项。

三　关于中央与各省区划分收支事项。

四　关于裁厘之抵补方法及整理税目、税率事项。

五　关于整理内外债事项。

六　关于预算、决算及审计实施事项。

七　其他关于财政改革之重要事项。

第七条　前条各款方案由临时执政提出。

第二条第二款委员对于各该省区之财政整理涉及中央或他省区者，得分别提出方案。

第八条　本委员会集议方法如左：

一　大会。

二　协议会。

第九条　大会、协议会均由委员长主席。

委员长有事故时，由委员长委托副委员长一人代理。

第十条　本委员会委员长依大会之议决，得指定委员为审查员，限期报告。

第十一条　联席会议之开会，以本委员会委员长为主席。

第九条第二款及第十条之规定于联席会议适用之。

第十二条　大会由委员长定期行之，但有委员十人以上之请求时，委员长应即定期开会。

第十三条　大会之议事以全体委员三分二以上之列席开议，列席委员过半数之同意议决。

联席会议须各有委员过半数之列席开议，以列席委员过半数之同意议决。

第十四条　关于特定事项得由委员长会同有关系之各省区委员开协议会。

第十五条　本委员会及联席会议议决事项，随时呈报临时执政核定施行。协议结果报告大会时，得不经讨论议决之。

第十六条　本委员会讨论事项遇必要时，得请由各主管官署派员到会说明，或由委员长指定委员查阅案卷。

第十七条　关于各省区事项遇必要时，得由委员长指定委员提出报告，或派员调查。

第十八条　本委员会各项细则由委员会自定。

第十九条　本委员会设事务处，掌理文书、议事、速记、会计、庶务等事项。

事务处设处长一人，事务员三十人。处长由委员长呈请临时执政派充，事务员由委员长派充。事务处因缮写文件，襄理庶务，得由处长酌用雇员。

第二十条　本条例自公布日施行。

〔北洋政府筹备国会事务所等单位档案〕

23. 财政部征收官任用条例草案①

(1919年9月5日)

第一条　本条例所称征收官分左列三项：

督征官

经征官

分征官

第二条　前条所称督征官指各省区财政厅厅长、各海、常关监督、津浦全路商货统捐局总会办、各省区印花税分处处长而言。经征官指各省区税厘各局局长、各海、常关所辖各分关关长及津浦铁路商货统捐分局局长而言。分征官指各省区税厘各分局局长，或分卡卡长、各海、常关所辖各分局长，或各分卡卡长及津浦铁

① 此草案系财政讲习所长王璟芳拟订，经财政部议决施行。

路商货统捐局所辖之稽征所所长而言。

第三条　督征官之任用，照左列各项办理：

一、各省区财政厅厅长、各海常关监督，以具有文职任用令第三条规定各项资格，并经继续办理财政事务三年以上，并无亏空公款及曾受褫职追究之处分者，由财政部就本部及所属各机关人员中，将前项资格符合人员豫保国务院存记，遇有出缺时，开单请简。嗣后，于每年年终时，并考绩一次，续行预保。

二、津浦全路货捐局总办、各省区印花税分处处长，以具有文职任用第三条，或第四条规定各项资格。并曾经继续办理财政事务三年以上，并无亏空公款及曾受褫职追究之处分者，由财政部就本部及所属各机关人员中，于年终考绩将前项资格符合人员豫保国务院存记，遇有缺出时，分别呈请任命，或由部派充。

第四条　经征官、分征官之任命，照左列各项办理：

一、各省区税厘局长、各海常关所辖各分关关长、津浦所辖各分局局长，以具有文职任用令第四条规定各项资格。并曾经继续办理财政事务二年以上，并无亏空公款及曾受褫职追究之处分者，以及有财政经济专门毕业之资格者，由主管各督征官就本厅关局及所辖各机关人员中，于年终考绩将前项资格符合人员开具详细履历豫保财政部核定，以税员存记，遇有出缺时，将拟派人员呈部核准后委任之。如有特别事故急待到差者，亦可先行电部暂派代理，俟核准后，再行正式委任。

二、各省区税厘各分局局长、各海常关所辖各分关关长，或分卡卡长、津浦全路货捐局所辖各稽征所所长，以具有文职任用令第五条规定各项资格。并曾经办理财政事务一年以上，并无亏空公款及曾受褫职追究之处分者，由主管各督征官核定资格后委任之。并将详细履历报部备查。

第五条　征收官除年终考绩及其他有违法之情事应受惩处

外，不得无故撤退，如有调任或转任之必要时，督任官应由财政部查明情况，分别呈请核办，或由部核定办理。经征官、分征官，由主管督任官呈明财政部核夺办理。

第六条　盐运司榷运局局长、烟酒公卖局局长之任用，另有规定。

第七条　本条例自公布日施行。

〔北洋政府财政部档案〕

（二）财政整理

1. 财政部整理财政计总划书①

（1912年12月）

整理财政总计划书

第一章　现在财政之状况

欲谋改革全国之财政制度，须先知财政弊害之所由来，及其现在之状况，譬诸医者之治疾，欲为起死回生之计，必先审病源所由始及现在病状之如何，然后始能定方药下针砭也。财政困难，至今极矣。而其受病之原，两言以蔽之：一曰紊乱，一曰枯竭而已矣。今欲探紊乱所由起，其积因非一朝一夕之故也。前清旧制，财务之统系不明，中央拥考核之虚名，各省操征榷之实柄，中央需费，则取求于各省，于是有解部之款，有京饷之款，各省不足，又仰给于中央，于是有部拨之款，有受协之款，前后之丰啬不同，始而认解，继则截留者有之矣。彼此之盈绌互异，本系认协改为拨补者又有之矣。案牍轇轕，款项纠缠，但期弥补挪移，苟且敷衍。其时，固无所谓国家经费与地方经费之分，亦无所谓国家收入与地方收入之别也，此其紊乱之原因一也。田赋、盐、茶及其他厘税，虽皆责成督抚管理，而督抚又分寄于藩司，然藩司承宣布政，非专司财政之官也。盐司、关道各自分立，不归藩司节制。

① 总计划书所列附件1—19缺。

迩年以来，因筹饷、筹款之故，局所林立，各拥征收之权，虽藩司有不能过问者矣。财权不一，事务纷歧，此其紊乱之原因二也。新政繁兴，岁计日绌，旧有之田赋、课税，不足以应正供，于是因就地筹款之议，巧立名色，苛索于民，税目捐项，以千百计，或则同名而异质，或则同质而异名，省与省殊，府与府异，县与县又各不同，无论清厘之不易，抑亦统系之难明，此其紊乱之原因三也。旧税既未能蠲免，新税又未便推行，农商小民，苦于苛索，巨绅富室，有坐拥厚资竟无丝毫之贡献者。揆诸租税公平普及之原理，实有未合，即或仿效新规，更立名目，行房捐、铺捐者有之，似乎家屋税矣，而实非家屋税也。行贾捐、商捐者有之，似乎营业税矣，而实非营业税也。行报效捐输者有之，似乎所得税矣，而实非所得税也。办法既参差不齐，分配亦彼此悬绝，负担不均，弊窦百出，此其紊乱之原因四也。若夫枯竭之病，又非可一二言尽之矣。财政之窘，一由于岁出频增，一由于岁入短绌，此尽人所知也。而我国又有特别原因焉，收支悬殊，欲求其适合之道，增加租税，变卖官产以外，只有募债之一途。然此在公债发达之国则然，若信用未孚，强迫既有所难行，劝导又不足济事，故一旦财政破裂，别无他法可为挹注之资，此其枯竭之原因一也。其次，则为币制未统一之故，银钱比价，随时涨落，非有损纳税之户，即贻累征收之官。况以铜元充斥，为蠹更甚，对外则又有金银之比例，磅亏愈重，岁耗愈多，币制不清，国用日绌，此其枯竭之原因二也。又次，则银行未发达也。中央银行本为调济金融之机关，亦即管理国库之枢纽，调度得宜，则财政与经济两收其益，运用失当，则财政与经济俱受其害。今者银行之基础未立，国库之寄托无从，纸币之通用未灵，现款之流通有限，是以国库出纳倍觉困难，今日交付之借款，明日即消耗于无形，此其枯竭之原因三也。最后，则因产业未发达之故。光复以后，农失其业，工滞于场，商贾贸易，日趋窳败，民生凋敝，方求蠲求免之不遑，国计艰难，虽增税增捐而何补。盖未有不藏富于民，而能藏富于国者也，此其枯竭之原因四也。紊乱之四，因行政机关之不统一故也，枯竭之四，因金融机关之不灵活故也。不统一者，欲求所以统一之，不灵活者，欲求所以灵活之，其果何道之从哉！吾人思之，又重思之，以为财政现象，至于此极，若非通盘筹画，兼顾并营，不足以立百年不拔之基，而维一发千钧之局也。故竭其一得之愚，著为是编，姑与国人共商榷焉。

第二章　整理财政之目的

现在财政之状况，既如前章之所述，则吾人当就其受病之原因，求一整理之方法。然欲陈其方法之如何，须先述吾人整理财政之目的何在也。

第一、目的在欲使国家财政与地方财政立明晰之界限。国家收入不与地方收入混淆，国家支出不与地方支出糅杂，此所以破第一之紊乱原因也。

第二、目的在欲使财权统一。财政机关以一系相承，无彼此牵掣之嫌，有内外相维之益，此所以破第二之紊乱原因也。

第三、目的在欲使租税统系分明。删烦杂之名称，立简明之项目，此所以破第三紊乱原因也。

第四、目的在欲使文明先进国最良之税制推行于吾国，使一般人民公同负担，以与租税之原理原则符合，此所以破第四之紊乱原因也。

第五、目的在欲使租税之收入，不足以供国家之支出时，政府得以有信用之公债补救财政之穷，此所以破第一之枯竭原因也。

第六、目的在欲使旧烂之纸币绝迹，代之以一律之钞票。且国内有法定之本位，使币制归于统一，国库出入，均不受币制混淆之影响，而财政亦可藉此而转机，此所以破第二之枯竭原因也。

第七、目的在欲使旧币收回，新币推行之后，中央有最巩固、最完备之国家银行，以为各银行之母，且兼管国库事务，对于全国金融从容调剂，间接以纾国家之财力，此所以破第三之枯竭原因也。

第八、目的在欲使全国金融活动，恢复产业，以次休养生息，富力渐充，税源自裕，此所以破第四之枯竭原因也。

整理财政之目的如左，而求所以达目的之方法如何，可于下章详述之。

第三章　整理财政之方法

将欲达前述第一至第四之目的，须以财政政策使行政机关归于统一，是乃直接整理财政之方法也。将欲达前述第五至第八之目的，须以经济政策使金融机关全行灵活，是乃间接整理财政之方法也。顾欲施财政政策，经济政策，须遵何道而行之？更分节说明如左：

第一节　财政政策

将欲以财政政策直接整理财政者，有当先决之问题四：即税项如何划分，税权如何统一，税目如何厘订，税制如何更新是也。今欲解决四者之问题，可分四目详叙之：

第一目　关于税项之划分

兹所称税项之划分者，即厘定国家税、地方税之谓也。欧洲各国，在封建时代，税项混淆与我国近日情况相似。至法国大革命以后，文明进步，皆图租税制度之革新，而其首告成功者，则德国大藏大臣米古伊尔氏是也。氏之改革要旨，即注重于一般财政与地方财政之划分。英、法步其后尘，亦渐革改旧态。前清季世，筹备宪政，亦议及国家税、地方税之划分者也。当局者，苦于标准之难寻，遂乃徬徨而莫决，迁延岁月，至今尚为悬而未定之问题。吾人亦尝反复推求其故矣！财政当局，所以踌躇未决者，第一、则因中央权限与地方权限未清之故也；第二、则因中央经费与地方经费未定之故也；第三、则因各家之学说与我国事实不符之故也；第四、则因列邦之成例与我国历史不合之故也。兹可分别略述如左：

第一、中央权限与地方权限未清之故　东西各国政治之组织非取中央集权制度，即取地方分权制度。前者中央行政之经费大，故国家税之范围亦大，后者地方行政之经费大，故地方税之范围亦大。前清时代，谓其为中央集权欤，非也。谓其为地方分权欤，亦非也。权限不清，故经费之范围难定，而税项亦无从划分也。

第二、中央经费与地方经费未定之故　军政、外交、交通、司法，其当为中央经费无甚疑义。若内务、若教育、若实业，固中央与地方俱可兼营之事务也。但以何者之行政费目，应属于中央经费，以何者之行政经费目，应属于地方经费，有因国体而不同，亦有因时代而互异者。大政之方针未定，即行政之费目难分，故税项亦无从厘定也。

第三、各家学说与我国事实不符之故　世之议分国家税、地方税者，其主张之学说不一。谓间接税宜为国家税，直接税宜为地方税者，一说也；谓租税之性质，有重复之虞者，宜为国家税，租税之性质，无重复之虞者，宜为地方税，此又一说也。然直接税、间接税之定义，各国已不一其学说。而我国又无行政上一定之分类，何者为直接，何者为间接？不甚明瞭也。至于重复与否之区别，亦因税目繁多，难于推测。此各家学说与我国事实不符，亦一税项难分之原因也。

第四、各国成规与我国历史不合之故　德之分税项也，当米苦伊尔时代，尝以地租、家屋税、营业税编入地方财政。日本则以地租、家屋税、营业税俱归国家，而府、县、市、町、村只征收是三者之附加税而已，益各因其国情而异也。我国租税历史上本无家屋、营业之名称，而丁粮即类似于地租，究以仿德为宜，抑或效日为当，殊难下一定之判断。何也？各国成规与我国历史不合，又成一税项难分之原因也。今者，省制未定，权限问题与经费问题，固无从解决。然参观旧制，酌度现情，以事实为指归，而拘于各家之学说；以历史为依据，而不泥于各国之成规。吾人于是酌拟划分两税之标准如左：

其一、税源普及于全国，或有国际之关系，而性质确实可靠，能得巨额之收入者，为国家税。

其二、税源多囿于一定之区域，不含有国际之关系，而性质本亦确实，唯收入额比较的稍小者，为地方税。

依据前列两项之标准，拟具国家税、地方税法草案，以供国人之研究，而缘此应决之问题。则对于岁出之行政费目，如何划分也，故又假定一行政费目表，藉为参考之材料，云尔。

厘定国家税地方税法草案（附件一）

国家行政费目表（附件二）

第二目　关于税权之统一

税项既划分矣！即当清征收之权限。地方税项，应归地方团体征收，或由国家带征，国家税项，应归中央政府管理，或用委托方法，此理之至明者也。虽然征诸我国之沿革及现在之情势，盐税、关税与一般普通之国税，又有难以概论者。兹因研究税权之统一，可分三项说明之：

第一、关于盐税权之统一　盐法纷淆，至前清季世，而已极矣！其时力思整理，设立专院，脱部臣之羁绊，为直隶之机关，原为改革盐务，力筹进行起见，当今谈盐政者，谓盐务官署宜直隶于国权之下，亦具此意。然此以云盐政之独立则可，而以语财权之统一则未合也。窃以为盐务乃全国收入一大宗，非力图改良不足以兴利，而除弊亦非特别专署不足以挈领而提纲。唯于隶属之问题，则似以暂归本部兼管，既可节省经费，且以统一事权。故特拟具盐政署官制及盐政司官制，以为统一盐税权之先声。至于改革盐务计划，其大要则在于就场官专卖，质言之，即官收商运之谓也。盖就场征税，既格于事势而难行，归官专卖，又困于财力而莫举，势不得不折衷，二策之间定一过渡时代之办法，其详具见于本部所拟改革盐务计划书中，兹不赘述焉。改革盐务计划书另有印本。

盐政署官制（附件三）

盐政司官制（附件四）

第二、关于关税权之统一　我国税关，因受条约之制限，不能完全独立，此事势所无可如何者也。然第就统一财权方面言之，实非无道，以善其后。唯是前清旧制，税务处不归度支部兼管，而督办、会办乃为独立之机关，总税务司只听督办之指挥，其与度支部长官固不生僚属之关系也。至于各关监督，均以盐巡等道兼充，黜陟之权，不出于部，亦不由税务处直接管辖，遇事必须禀承督抚，而征收税款全委诸税务司，税务司与各关监督之关系似相统属，而又非统属者也。不特此也，闽海、粤海向不设关道，均由督抚兼充，另设关务处以为办理，税务之机关税权之不统一，莫此为甚。军兴以后，益觉混淆，各省关道有分外交一部，而为交涉使者，有分常税一部，而为常关监督者，各省税务司有自刻监督关防，以征税者，亦有不承认特设监督者。江西之赣关，则且归财政处科员兼办矣。安徽之凤阳，则且委正、副两经理接充矣。名目纷淆，事权不一，今者整理税务，自非设官分治不足以专责成。故本部拟具税务处官制若干条，税关监督官制若干条，使内外之官，一气相承，实收纲举目张之效。兹可将设立官制之要旨，略陈如左：

一、税务处设督办一员，以财政总长兼任，名称虽沿旧例，事权实可统一。

二、财政总长本系政务之官，不能不设会办一员，以司税务处之事务。

三、税务处人员，均作为专官，以革从前兼任差缺之弊。

四、各省税关监督，直隶于税务处，以期内外相维。渐祛隔阂之病。

五、常关向归海关兼管者，仍归税关监督兼管，不另设官，其向不隶于海关者，改归国税厅管理。凡斯要旨，实为统一关税权计也。其详俱于税务处官制、税关官制中规定之。

税务处官制（附件五）

税关官制（附件六）

第三、关于国税权之统一　盐税、关税有特别之历史关系，故内外均设专官，另为统系。前清旧制，藩司揽全省之财政，而盐、关两道，各有专司，盖以早寓此意。然前清藩司之制，实非专管财政之官，且因受督抚节制，不能直接中央，故责任不明，隔阂日甚。迩年以来，各省因筹款之故，增设局所，各自为政，视正供如私产，虽藩司亦不能稽核其出入，即东三省设立度支司，以示与民政司分立，较之旧制稍良。然度支司以一人而兼管国家及地方之财政，又以一人而兼负收入及支出之责任，与各国财政机关之组织，亦觉不合，固非仅牵制于内外长官已也。光复以后，各省财政机关尤为紊乱，今既划分税项，以为根本之图，尤应统一征收，以示权限之别。地方税如何管理？如何改良？地方团体之事也，若征收国税不可无一直隶中央之机关。查日本全国设税务监督局十八处，其下又分设税务署若干处，如身使臂，如臂使指，法至良，意至善也。泰西各国，例多类此。今拟效则是意，拟具国税厅官制，以立统一国税权之基。兹特将要旨略陈如左：

一、国税厅分设于各省，直隶财政部，使之监督执行国税之事务。

二、旧有之国税改归国税厅征收，且使之筹画国家应办之新税。

三、各地方得设分厅，交厅管理征收事宜，或采用委托方法，使地方行政官，或自治团体代为征收国税。

凡斯要旨，实为统一国税权计也。其详于国税厅官制中规定之。

国税厅官制（附件七）

第三目　关于税目之厘订

租税之原则，以公平普及为最要。故近代之谈税制者，均以国家经费频增，须求种种之税源，使一般人民共同负担，此复税之说，所以盛行于今日。而土地单税论，消费单税论，财产及所得单税论，于财政上、政治上、社会上，俱生无形之弊害，故均不免学者之攻击也。然则复税之说较胜乎？从复税之说，势必谓租税之种类愈多，名目愈繁，愈为完全之制度，此等之主张，亦不可不深长思之。昔者亚沙耶古氏之主张，谓彼税之美制，在使人民负担多数之轻税，不负担少数之重税。否则，税目过简，既难期负担之公平，又难望租税之普及，斯固理所易明，事所必至也。然实行复税，其弊又有不可胜言者，名目繁芜，制度复杂，征收之费既繁，弊窦且因以潜伏。前清开国之初，税目尚简，其定例所载者班班可考也。中兴以后，饷项渐增，税捐迭起，迩年举办新政，又有托就地筹款之名，以行头会箕敛之举者矣。同一田赋也，而其分目，或曰耗羡，或曰个头，或曰随指，或曰带征；同一盐税也，而其分目，或曰盐课，或曰票课，或曰加价，或曰盐捐。同一茶税也，而其分目，或曰茶捐，或曰茶厘，或曰引价，或曰纸价。有名为警费、学费者，似指岁出而言，其实为收入之一种；有名为芦课、渔课者，似为独立之税，其或并丁粮而统征，阳避加赋之名，阴有增税之实。流弊所极，税则愈繁，产业愈碍其进步，而经济无发达之期，税项愈多，民生愈感其苦痛，而政治有危险之象。为今之计，固以删繁就简为改良税目之要策也。日本在封建时代，各藩有征税之权，其时巧立名号，苛取于民，与前清之旧制仿佛。维新以后，蠲除税目千百种，其留贻者仅数十种，今则不过十余种而已。我国光复以后，免厘蠲税，时有所闻，涤荡澄清，正在今日。唯民国新建，政费日增，税目之厘分，虽无事于过繁，亦不容于苟简。故本部厘定国家税、地方税法案第一条，即列举税目十七种定为国家税：一曰田赋、二曰盐课、三曰关税、四曰常关、五曰统捐、六曰厘金、七曰矿税、八曰契税、九曰牙税、十曰当税、十一曰牙捐、十二曰当捐、十三曰烟税、十四曰酒税、十五曰茶税、十六曰糖税、十七曰渔业税；第二条，即列举税目十九种定为地方税：一曰田赋附加税、二曰商税、三曰牲畜税、四曰粮米捐、五曰土膏捐、六曰油捐及酱油捐、七曰船捐、八曰杂货捐、九曰店捐、十曰房捐、十一曰戏捐、十二曰车捐、十三曰乐户捐、十四曰茶馆捐、十五曰饭馆捐、十六曰鱼捐、十七曰屠捐、十八曰夫行捐、十九曰其他之杂税、杂捐，此厘订税目之大略也。至于如何兴革，如何改良，须就其旧有之成规，酌定各种之法案，当另为一编以明之。

第四目 关于税制之更新

税项之划分，税权之统一，税目之厘订，前已详言之矣。然而税制之良否，不仅三者之关系已也。欧洲各国，在十九世纪上半期时代，经济思想幼稚，国家之租税专对于生产事业以事征收。土地有税，家屋有税，营业有税，惟无财产而但有收入者，则可免国费之负担。以至全国国民一部分负重大之税额，一部分独免纳税之义务，此揆诸普及公平之原则，乃相背而驰者也。至十九世纪下半期，经济思想发达，知富力之分配，及于社会各阶级之人民有纳税之义务者，不仅在生产事业已也。于是不认财产之收入为租税之源泉，认一般之收入为租税之源泉矣！普鲁西改革财政制度，于一千八百五十一年新设所得税。即其能利用最新之学说也。我国现有税目，如田赋，如契税，如牙税、当税，如关税、厘金等项，其课税物件非集注于生产机关，即集注于消费物品，此等经济思想犹是欧洲十九世纪上半期之时代。今欲更新税制，非采用最新之思想及最近之学说，不足以剂租税之平。故中国今日当于固有之旧税以外，更求新税之来源，而新税又最易与旧税重复，且即旧税言之，已不免重复之弊，况替代以新税，又加一层之重复，不尤陷于不公平之地乎？譬如，登录税施行时，则契税、牙税应同时废止也；营业税施行时，则牙捐及当税、当捐应同时废止也；出产税施行时，则常关、统捐、厘金应同时废止也；房屋税施行时，则房捐应同时废止也。盖不如是，则不免重复之弊也。然此数者之新税，犹是对于生产机关而言也。而今日所最宜注意者，则在于印花、遗产、所得三种之新税。前二者之税目对于行为而征收，即为中国向来未有之税目，而又无重复之可虞。若最后之所得税，则尤与十九世纪下半期之经济思想符合，而又与最新之学说相近，即集注于富力之分配，而不仅仅著意于生产机关也。且是税之所长，适用累进之税法与公平之原则，既符而亦易达普及之目的，英、德革新税制，即因著手于此税，告厥成功。前事之不忘，后事之师也。本部即拟于印花税推行以后，先提所得税法案，以待国人之研究，而其余新税，则以次推行，固不必同时并举也。

印花税法案（附件八），已公布实行。

所得税法草案（附件九），未提出。

综以上所述观之，诚欲以财政政策为租税之改良，达前述第一至第四之目的也。顾以如此之政策，达如彼之目的，其设施之方法如何，当更揭大纲如左：

一、本部设立财政调查委员会，调查财政上已往之历史及光复后变更之情形，以为改革财政之准备。

一、本部设编纂处，编纂租税总说明书，盐务总说明书，说明我国租税及盐务之沿革，以为现在改良之材料。

一、本部设盐务筹备处，筹备改革盐务之事宜，并暂办现行盐政之事务。

一、本部派遣财政视察员，实地视察财政上之状况，且与各地方财政当局协商划分税项、设立税厅之事，并委任其兼查盐务事宜。

一、本部拟具盐务计划书，表示本部对于盐务计划之大意。而关于行政上之计划，关于取缔盐制造业者之计划，关于取缔盐运送业者之计划，关于取缔盐售卖业者之计划及计划实行后之目的，略示其大意，并拟具盐专卖法案，以为推行之依据。

盐专卖法（附件十）

一、本部按照新定税项及国家行政范围编制岁出入总预算，采量出为入主义。

一、本部俟税务处税务司官制，盐务署盐政司官制及国税厅官制通过后，慎选贤能，量才任事，使全国有统一财政之机关。

一、本部实行印花税，并以次提出新税法案，以期推行新良税，废止旧恶税。

以上之设施方法，不敢谓达于完善之区也，只以财政紊乱至今，非一朝一夕之故，一旦欲改弦而更张之，亦非一朝一夕之间骤能收效，循序以进，逐渐而图。故略示大纲，静俟海内诸君子之商榷而已。

第二节　经济政策

前节之所述，谓以财政政策直接整理财政之方法也。顾此只足以救财政紊乱之穷，而不足以挽财政枯竭之弊，在文明未发达之国，财政之规模狭小，但能于财政政策加之意，国家即可免忧贫之虑。今者，文明进步，事业勃兴，生产之机关，日形发达，信用之制度，亦觉扩充。经济界遂大放其光明，而国家应于新社会之要求，各项行政，不能不改其旧步，政费遂亦与年而俱增。于是国民之经济与国家之财政生密切之关系，而其中互相为用之妙，亦当代研究财政学、经济学者所常言，固非吾人一己之私论也。去岁，光复以后，财政破裂不待言矣！而经济界亦大受其影响。长江以南，金融机关全行停滞，长江以北，秩序虽未大乱，究难保持其原状。故今日整理财政之道，非但注力于财政政策所能为功，必以经济政策为间接整理财政之方法而后可。而此所谓经济政策者，须举公债政策、币制政策、银行政策、产业政策，同时施行，使之收相辅而行之效，直接而经济受其益，间接而财政见其功，乃足为整理财政之后盾。顾欲行四种之政策，有当先决之问题，即公债如何筹画，币制如何统一，银行如何计画，产业如何保护是也。今欲解决四者之问题，可分四目详叙之。

第一目　关于公债之筹画

我国至今日，为负担外债最多数之时，而又为内债非常不信用之日。甲午以后，外债渐增，国民已不堪命，其时即思以内债为外债借换之用，然一经昭信股票之失败，政府信用，因以坠落。去岁，光复之始，南北相持，南京政府发行军需公债，迫于义愤，尚觉踊跃。北京之募集爱国公债，卒无良果。今之临时政府，百端待举，需财孔亟，外债既未告成，内债又未著手，应偿之款不免愆期，积欠之额，实同山积。居今日而言，筹划公债之事，诚非易易也。

窃以为局势已处于困难，事理必权其缓急，筹划公债，当分三种办法：一则先筹积欠之偿还，次则再谋旧债之清理，又次则力求新债之推行。兹可将三种办法，略述如左：

第一、关于积欠之偿还　所谓积欠者，指去岁光复以后，自八月起至本年年底止，应还之洋款、赔款及前清政府、南京政府所借之短期外债、积欠未还之款项也。计洋款一项，由税关项下提存外国银行备抵，略可相符。唯年底应还之辛丑赔款计三百七十五万镑，前清各项急债应还者一千五百余万元，南京政府新债到期应还者八百五十余万元，约共合银六千四百五十余万元，均系本年底必不能缓之款。在我履行条约，表示信用，本应及早筹还，而况民国成立，未经列邦承认，届期不偿，信用全失。不唯承认问题因此大受影响，抑且各项债款均有抵押，势必协以谋我，实行干涉。破产之祸，殆不忍言。且赔款在前清时，曾已展缓一年，此时万不容我再展，即他项债款，丁此时会，亦无商允展期之望。故此项旧欠，必须设法速偿，以免轇轕。现经电商各省，协力同筹，将来如何不敷，只有以大借款为借换之一法而已。

第二、关于旧债之清理　所谓旧债者，指前此对于外国所负之洋款、赔款及洋款、赔款以外之零星借款及内国公债，并历年兴办铁路、实业实负之外债也。三者之中，以洋款、赔款为最巨，铁路、实业项下所负之外债次之，零星借款及内国公债又次之，而清理之法，要各依其性质而定，指归铁路，实业所负之外债约二万四千四百八十二万六千三百二十两多，指明本路产业，并进款作为抵押，此即以其收入备本利之偿还，虽有亏短，亦易弥补。若零星借款及内国公债，其数约以五千万元计，期短息重，我国民之负担实深。故拟发行新公债，以为借换之资。至洋款、赔款统计总额合银十三万余万两，举中国五年进款全数偿抵，犹有不足之虞。虽分期偿还，每年亦在六千余万元以上，几占全国岁出七分之一，如此巨额之债务，不筹一完善偿还之方法，则我国民及我国民之子孙宁有脱离债款之一日耶？窃以为偿还公债之法，不外二种：一曰自由偿还法；一曰减债基金法。二法各有利弊，而与我国今日相宜者，则以减债基金法为胜。此法当一千七百八十六年之时，创自英国，厥后一千八百十六年，法国仿行之，一千八百十七年，奥国仿行之。日俄战争之际，日本募新债十八万万元，亦尝采用此法。而我国近日谈财政者，亦共认为良规。今拟每年由政府筹拨一千万元编入预算，专备减债基金，由外国之市场收买此项之债票，收买以后，仍复对之付以利息，而不即行销却，如此则利息与资本金两项，递年累进，而买收公债之数，亦必递年累增，从前巨额之洋款赔款约计银币十七万四千三百八十八万元九千六百四十圆七角六分四厘，约计二十二年以后，而此项债务可清偿矣！此对于旧债清理之大略也。

减债基金办法及细表（附件十一）

第三、关于新债之推行　以上言借换零星借款及内国公债须发行新公债以代之，斯固然矣！现在中央银行缺乏资本收回旧币，短少资金，亦非发行新债以为周转不可。顾国民无信用公债之诚心，亦乏通用公债之习惯，欲言募集，诚非易易。窃以为此时欲推行新债，须具三种之条件：一曰扩充流通公债之机关；二曰广求公债之用途；三曰确实公债之担保。三者条件具备，而后拟定募集总额及募集目的，并利率额数，方足以为利导国民信用公债之资。流通公债之机关，以银行及股份懋迁公司为最要。公债之用途，莫便于充银行发行钞币之准备及其他公务上之保证，且许民间随意买卖抵押，而银行及股份懋迁公司为之媒介。则公债之价值生，固将不胫而走矣。至于担保问题，窃谓契税及印花税均为确实可靠之财源，以此为付息还本担保之用，夫固绰绰有余矣。募集总额，由于募集之目的而定。此次募集之目的，在乎借换零星借款及内国公债需用五千万元。此外，筹备中国银行资本需三千万元，收回纸币，据前清度支部去年调查之数，各省发行者约九千六百万元。又据本年闽、粤、江、浙、湘、鄂、赣、滇、陕、奉等省报告，共和以后所增发者约五千四百万元。而起义以后，各种旧纸币收回者为数亦非浅鲜，收发两抵，总额约在一万二千万元内外。欲达三种之目的，募集公债之总额，当以二万万元计。南京政府原定公债利率为八厘，固足以广招徕，而国民实难堪此重息之负担，今拟改为六厘，即定名曰民国元年六厘公债，另具法案，以待公决，此推行新公债之大略也。

民国元年六厘公债条例（附件十二）

第二目　关于币制之统一

币制为财政之总枢，与国计民生最有关系。我国币制之坏，由来已久，人民经济之思想幼稚中，于旧来之习惯又深，偏隅僻壤，语以币学，将愕然不知所云。惟通都大邑，感触潮流，始有悟于改革币制之必要。前清季世，设立币制局，延聘币制顾问，言整理币制者有年，未竟其功。而武昌起义，东南各省，因军需缺乏，纸币充塞于途，西北一带，经济恐慌，兑现者纷纷而来，纸币销声匿影，市场上竟成为实物交换之时代。金融之变迁，南北两地竟成为绝对之反比例，此固成何景象哉！为今之计，标本兼治：一则先研究纸币之如何收回，一则须研究本位之如何规定也。以一劳永逸之图，使币制有确定之基础，道固无逾乎此。兹可分别说明如下：

第一、研究纸币之如何收回　日本在藩封时代，各藩有发行纸币之权，种类既参差不齐，价值亦涨落无定。维新以后，由政府设法买收，尽行销毁，而后代以中央银行之钞票，统一币制始告成功。我国近今纸币之情形顾何如哉？军兴以前，各省财政竭蹶，挹注无资，多恃官号之银票，以资周转。然此虽足以济一时之急，而滥发所极，其弊有不可胜言者。光复以后，南京政府发行军用纸票流通于苏、浙之间，始因强迫而盛行，继以滥发而跌价。闽、粤、江、赣、湘、鄂、滇、陕、奉等省，亦因军需无出，增发钞票。兹据已经报到者较旧额增发五千四百余万元，合之去岁前清度支部调查各省发行纸币之数九千余万元，统计在一万四千余〔万〕元，以收回二千万元扣算，其数亦不下一万二千余〔万〕元，若在金融敏活，信用保全时代，其势已将不支。况自去岁军书旁午，各省银根非常紧涩，纸币价落意中事也。鄂、粤两省减折七八，东三省汇银至沪每千两仅兑五百六十两，湖南则每千汇水增至一百五十两，其故皆由纸币逾额，现款缺乏，以至贸易衰颓，市价无人过问，工商各界几濒死症，此熊秉三先生在沪所亲见亲闻，而于条陈金融政策中言之历历者也。故吾人以为今日对于纸币问题，非通盘筹画，速从根本解决不足以清夙弊，而利将来。今之议者，动谓币制政策与银行政策、公债政策有密切之关系，三者当治为一炉，而后吾国纸币问题，方有解决之一日。其所拟办法，大意将使政府发行公债以为收回旧币之资金。又，使国立银行欲发行钞币者，须以此项公债为领取新钞币之保证，主张最大之理由：一则在于公债有销路，一则在于银行易发达。然而公债之有销路与否？在公债自身之信用如何。设元利确实可靠，国家银行亦可承售，或认作确实抵押品，以充发行钞票之保证准备，初不必畅销于国立银行之一途也。若公债之信用薄弱，国立银行虽恃此为保证，一旦破产，出售不易，则一家钞票既失兑换信用，虽牵动他家之钞票，此第一理由之不可恃也。至于银行之发达与否？全视其业务情形如何，而发行钞票，并非银行最要之业务，且实行国立银行制度，稽察不易，监督难周，愈见发达之日，即愈成散漫之时，此第二理由之不可恃也。美国从前所以采此制度者，因其历史上、政治上之关系，不得不然，非以此为美制而采用之。日本明治初年间，亦试用此制，不久，即改为集中主义，其中所受种种之恶果，稽日本改革币制始末者，类能言之。窃谓解决今日纸币问题：

第一，著手当自销却旧纸币始　旧纸币销却之后，同时发行新钞之权，当集中于国家银行，各省之官银号、官钱局概行停止。各地方由国家银行设立分行、分号及兑换所、出张所，或缔结代理契约，以实行集中主义。改革之始，国家虽担负绝大之经费，而后来直接、间接所获之利益，不仅以相偿已也。卫斯林博士谓："中国欲行金汇兑本位，须有完备之国家银行。"所谓完备之国家银行者，固亦对集中主义而言者也。今可更进而论币制本位之问题。

第二，研究本位之如何规定　币制之定本位为先用银之说，既非天演界中之所宜，有含银而金，又非我国实力之所能行，无已择其最适于我国情形者，其唯金汇兑本位制度乎。金汇兑本位之制度，唯用金于国际汇兑，不用金币于国中，在国中仅以银币、纸币作金之代表，其随时与金兑换专为国际之需，政府第筹备现金供国际汇兑之要用斯可矣！故名之曰金汇兑本位。国人或误称为虚金本位，或假金本位，其实顾名思义，颇有不当。彼盖事实上国内不用金，当国际汇兑时始用金，初无虚金、假金等事存于其间也。此说之入我国，始于精琦，而近日卫斯林博士亦言及与我国最宜，其所持之理由，大约如左：

（一）金汇兑本位，不但在一国之中可与他本位之圆法并行不悖，即与别国互相汇兑，亦可并行不悖，使其两无亏损也。

（二）金汇兑本位，本无实在圆法，不过于银行所出之钞票及国家所出之纸币，视其金本位之多寡而已。

（三）此种办法，在南洋群岛及非律滨皆有效，得以流通金钱。金钱所积既多，则银票、钞票、纸币尽可随时兑换金本位之金钱。其所余之金钱，即以之与他国互相流通。由此，而金汇兑本位自变为金本位，或于跛行本位内另加一种银票而已。

（四）且揆之中国近日之情形，果能采用金本位，将来与外国通商及有借款等事，固可免双方补水之亏。但内地为小本营业者不少，而金本位之价值甚大，不合于中国人民之经济程度，虽强迫行之，亦不达金本位之目的，适成其为金汇兑本位。

（五）政府若能保持金汇兑本位之价值与外国汇兑毫无亏损，收效实与金本位无异。唯须有中央银行之机关为之枢纽，且有金准备贮存于外国，则可与阿真天那合众国及日本等收同一之效果。

据于上述之理由，则金汇兑本位之适宜于我国，今日无疑矣！顾今欲行金汇兑本位，不能不先定金单位之标准，而何者为金单位之代表，则当先决之问题也。综合代表之说，计有四种，如左：

（子）最初，即以轻值银币代表金单位。
（丑）最初，以银行钞票代表金单位。
（寅）最初，以政府纸币代表金单位。
（卯）最初，以旧银圆代表金单位。
——终以轻值银币为归宿。

以上所陈四种，各有其利弊。兹可简单列举如左，以为比较之资：

（子）法之利

（一）通行较丑、寅二法为易。盖轻值银币之法，价虽较真值为高，但较纸钞全无真值者，相去甚远，故易于通行。

（二）恐慌时兑换应较丑、寅二法为少，理由同上。

（三）钞票与银币有不变之兑换。

（四）最初，即有画一之新币。

（五）无卯法投机之弊。

（子）法之弊

（一）新币较旧币小，而价反大，愚民或不乐受用；

（二）银与金比价稍小，则银价涨时，新币即销熔太大，则易致伪造。

（丑）法之利

（一）易防伪造。盖伪造纸币比伪造银币难至数倍，故易防备；

（二）用钞票，则乡氓无从窥测新银币之大小，不至将新币与旧币相比较，而起疑虑；

（三）制造钞票不需大宗经费。

（丑）法之弊

（一）兑现时无一定之标准，人民将以为金钞票之价值，时有上下；

（二）恐慌时兑现必较子法为多；

（三）因有第一弊，或者发行之始，人民不愿收受。

（寅）法之利弊与丑法同。

（卯）法之利与子法第二、第三之利相同，唯推行上之利，则稍异。

因人民久已应用，现抬高其价，人民并不觉有所变更也。

（卯）法之弊

（一）难防伪造；

（二）人民将预先购积旧币以投机，其弊与印度同；

（三）国内之货币，仍纷乱不齐。

就以上之利弊观之，卯法弊多利少，不可采用。寅法之利弊，虽与丑法相同，而政府纸币每多滥发之虞，若供过于求，为害不浅，方今财政学家多诟病之，亦决非可采之法也。唯子、丑两法，颇有研究之价值，而子法之第二弊，则尤有非常重大之关系。卫斯林博士极端反对中国改用金汇兑本位之初，即以轻值位为金单位之代表。其所持之理由，盖虑轻值币之真价较诸面值为缩小，设值银价涨高之时，不免有熔毁之事。若真值与面值相差太多，又有牟利之徒私行铸造，私铸太多，轻值币之价值日落，政府此时若按其面值收回之，则损失不少，若不收回，圆法大乱，则经济界大受其影响。故政府无禁止国内私铸，并国外运入私铸之实力者，轻值币不容轻易发出，有可断言者，卫氏之意，尤有进者，彼盖欲以最和平最稳固之手段为吾国改良币制也。其意谓改良币制著手极难，须先令商民心知其意，而政府又须有统一之能力，方能期其必行。现今大局尚未稳固，内地人民程度极低，若欲以急进之方法全行改革，必有弊多利少之虞。且中国政府目下是否有力禁止私铸，禁止外运，尚属疑问。故与其最初即用轻值币为代表，用费较多，流弊又甚，不如暂缓一时，先以钞票与旧银元为兑换，俟机会成熟，再议轻值币之发行，可期事半而功倍也。

顾吾人思之，又重思之，卫氏欲以至稳之政策为币制之改良，其所以为吾国民铸者，至详且悉。第卫氏之所虑者，熔销、私铸之两弊及政府能否禁止之问题，此固自事实之方面定之。吾国欲行金汇兑本位，发行轻值币，乃必经之阶级，不过在迟速间耳！今日有能否禁止之问题，则何日能将此等问题解决，亦无一定之标准。窃以为著手改良之际，如卫氏所言，先以旧币与钞票兑换，经济界已受一次紊乱矣。异日复发行轻值币，是又不免第二次之紊乱。则何如即由轻值币著手，一次紊乱之后，即立永久统一之基，且如卫氏所主张，钞票与旧币兑换无金银一定之比价，奸商之徒，以投机为事业，经济受其影响尽人之所知也。国家与人民，债权债务之关系，其一出一纳，常无一定之比价，财政上不更增一层紊乱耶！吾人思之，又重思之，窃谓吾国今日之本位，当采用金汇兑本位，而著手之初，当以轻值币为金单位之代表也。今将分期计划之大纲略陈如左：

第一期（约以二、三年为限，俟于拟具货币法中，再行酌定。）

（一）定金单位。

（二）国际汇兑统用金单位计算。

（三）印刷代表金单位之钞票。

（四）组织，并推广中央银行。

（五）中央银行就各地方次第发行代表金单位之钞票，政府予以无限法偿。

（六）政府簿记均改用金单位计算，全国租税数目亦合成金单位。

（七）中央银行出入款项均改用金单位，不得再用银两银元计算。

（八）借外债金一千万镑存储于国外诸大商埠之银行，再与该银行等订一预备借债合同，以金一千万镑为限。无论何时，如中国应清算之负差，而需用金款，即可在此数内支取。

（九）中央银行以兑换钞票之现款购买生金，或外国有价证券，以补助金准备分存于国内国外。

（十）定旧币及生银暂行通用之法：

（甲）政府收入，准用生银及旧银币折合金单位。

（乙）旧银币照其所含纯银与金单位定一比价。

（十一）禁止外国银元及生银进口。

（十二）定金银之比价。

（十三）定轻值币及辅币之重量成色，实行鼓铸。

第二期（以二年为限。）

（十四）发行轻值银币及辅币，并定其法价。

（十五）政府收入，不得用生银或旧银币。

（十六）政府收回各种旧币。

以上所举者大纲而已。至于金准备之额数，不过为预估之标准，而其实际应需若干？须视国际贸易及国债元利相抵之差额而定。若欲知差额正负如何？又非有详细之调查，分数年比较而平均之不可也。

第三目　关于银行之计划

银行者，全国金融之机关也。一国之内，无一巩固完备之银行，即无一活动之金融机关，而财政与经济俱受其害。我国向不解银行之作用，各省银庄、票号营业之方法不一，与外国所谓完全之银行者迥异，即大清银行略具中央银行之刍形。然以视英兰银行、日本银行，其规模组织相去甚远。私立之商业银行与大清银行不生关系，乃立于竞争之地位。大清银行迹近垄断，有失为中央银行之态度，而私立银行又受天演，而不能自立，比较之东西各国，以中央银行为各银行之母，遇有恐慌，相维相系，以立于不败之地者，何若也。去岁，武昌起义，金融阻滞，私立各银行不能以自存，固矣。而大清银行奄奄一息，卒至于停止支付而后已，虽未破产，究与破产无异也。银行之基础既坏，纸币不能流通，国库无从统一，汇兑不通，工商坐困，而乘机攫利，操奇计赢，得以高下其手操纵我国金融者，则外国银行也。其在平昔，我国无国际银行，内外贸易已无转运之机关，吃亏不少。今则零垫、大借外资之输入不少，扣大息重，我国民所昭知也。而无形之汇费及金银比价之亏损，分之不见多，合之亦不为少也。居今日为中国谋银行之发达，须由三方面合筹之：一则立中央银行之基础；二则筹商业银行之发达；三则图国际银行之推行。分项说明如下：

一、立中央银行之基础　中央银行即所设国家银行也，有代政府管理国库、发行国币之义务。今者，我国政府欲实行金汇兑本位，尤须有最巩固、最完备、最信用之中央银行方能收效，卫斯林博士言之綦详矣。顾近日所最宜研究者，则资本问题也。资本出于国家者，则为官办，即纯然主张国有者也。资本出于股东者，则为商办，即所称股分有限公司，而纯然主张民有者也。其折衷二说之间，则为官商合办，前之大清银行即其成例也。近日世界大同之办法，均采民有主义。盖国有之不可行者，有二种绝大之理由：一则以中央银行为经济界之总机关，不可与财政有密切之关系，设资本出自政府，则政府得以操纵银行，财政破裂之日，即经济动摇之时，不然经济恐慌，又不免牵动全国财政，此国有之不可行者一也。又国际之通例，国有财产与民有财产处分之法不一。如遇争战时，占领地内敌国之民有财产有保护之义务，而国有财产，则可随意差押，前清之大清银行所以被差押于民国者，亦为其一部分为官有之财产故耳！此国有之财不可行者二也。卫斯林博士亦极端反对国有之说，谓中国今日不可不采民有之制度，于是有为折衷之说者，其实前述之二弊，仍不能免也。吾人思之又重思之，完全民有，既为世界所公认，自当引为先导之师。唯是民穷财尽，募股甚难，搀用外股，又滋流弊，信用虽可期于异日，而筹办要难缓于须臾。整理纸币，发行公债，均赖中央银行为活动之机关，而代理国库亦为目前最急之务。故吾人以为最终之目的，虽在于完全民有，示政府无与民争利之心，而开办之初，资金无出，可由政府先行认股，俟募集逾额之时，再将政府暂认之股退出。日本初创中央银行之时，盖亦采用此法，此则于事实无妨，而于最终欲达之目的亦不背也。详细规定俱载于中国银行则例中，而代理国库则另有国库计算暂行章程存焉。

中国银行则例（附件十四）

国库计算暂行章程（附件十五）

二、筹商业银行之发展　商业银行有谓宜采国立银行制度者，然国立银行与中央银行政策两相背驰者也。盖纸币政策采集中主义者，唯使中央银行总揽发行钞票之权，他银行即不许各自发行之。采分立主义者，凡国立银行皆有分领发行纸币之权，固无所谓中央银行也。德、日之制属于前者，美、加之制属于后者。彼主张我国之商业银行宜采国立银行制度者，即谓吾国纸币政策宜采折衷主义，调和于集中主义与分立主义之间，预定一发行纸币之最大限度。于此限度中，划一部分与私立银行以发行之权，其余部分仍保守于中央银行。其一方谋银行与纸币之统一，一方又欲为新公债求用途，旧纸币求销毁。故不得不兼采国立银行之制，使所有商业银行均得以公债之保证，准备分领发行钞票之权。此等之政策，骤视之，国家不必费大宗之用款，而纸币可收回，银行可发达公债，且又有销途，似为一举而三善备。然而，我国近日之情形与美国迥异，恐此等理想之政策，于事实上必不可行，即行矣，亦不免弊多利少也，何则美国当时之纸币已成为不换性质。故国家利用国立银行政策，即受世人之欢迎。我国目前纸币，虽跌价，尚有兑换之价值，谁人肯以十成之现金收集市面之纸币，又转而购买政府之公债抵押银行之钞票，而争此最小部分之发行权乎？此事实之不可行者也。籍回行矣，设遇恐慌之时，人人皆持钞票向国立银行兑换，而银行之现金准备有限，乃停止支付，或宣告破产，此时应将寄存于中央银行为保证准备之公债出售，以备兑换之用。设公债之销路濡滞，银行钞票之信用失，政府公债之信用亦失，遂影响及于中央银行之信用，其危险不亦甚哉。日本初设国立银行之始，银行之钞票不久又变成不换之纸币，国计民生俱受其敝，前车不远，可殷鉴也。商业银行之发达，在乎中央银行有保护扶持之力，及夫一般金融之活动与否？固与发行权之有无无关也。银行政策既采集中主义，使国家有独立之中央银行，而中央银行有完全之钞票发行权。若商业银行，虽不与以发行权，而国家亦主助长主义，使之为长足之进步，藉以为中央银行之补助，其规定俱详，于商业银行则例中。

商业银行则例（附件十六）

三、图国际银行之推行　以上所述之中央银行、商业银行，乃内国银行之组织也。商业银行散布各地，不过为中央银行之补助，非有雄厚资本可管国际之金融。中央银行魄力雄大，而因法律及其他之关系，不便于外国设立分行、分号。故日本与国家银行之外，又有正金银行，以为国际贸易及国外汇兑之机关。我国素未有国际银行，国际汇兑之利权，均落于外人之手。甚且全国之财政经济，如汇丰、汇理等，均能随意左右之，此国际银行之所宜亟亟设立者也。况夫币制问题既定，则金汇兑本位，决在必行，而金准备之如何分配？如何措置？必有一调节之枢纽；公债问题既定，则减债基金法，即日举办，而旧债票之如何买收？如何定价？必有一总汇之机关。本部提出兴华、汇业银行则例，盖即立国际银行之基础，而使前述之币制政策，公债政策，皆能见诸实行也。今将兴华、汇业银行则例规定之大纲，略举如左：

（一）兴华、汇业银行为股份有限公司，唯中华国民有为股东之权利，股额定为一千万元；

（二）兴华、汇业银行，得以低息随时向中央银行通融款项至一千万元；

（三）兴华、汇业银行之营业，以与国际金融有关系者为主要，并得买卖公债，且代政府经理在国外之公债及公家款项；

（四）兴华、汇业银行行长、副行长由董事互选之，而董事以十一人为限，由股东总会自有五十股以上之股东中选出。

此其规定之大纲也。而详细节目，可即该则例参观之。

兴华、汇业银行则例（附件十七，已公布。）

第四目　关于产业之保护

本部所为亟亟于实行公债政策、纸币政策、银行政策者，凡以为活动金融机关计也。而金融机关之能活动与否？则尤视产业之兴废盛衰而定，于是而产业政策，又为近今之要图。盖产业政策直接能使经济界转其机，即间接能使财政界受其益。吾国虽以农立国，而农业仍守旧贯，未加改良，工商又在最幼稚之时代。故国富薄弱，税源有限。光复以后，经济秩序大乱，产业均受其影响，湘、鄂一带，荒野千里，工、商破产，累累以千万家计，乘此疲敝之余，不特身受其害者，颠踬竭蹶，无以自存。而国家推行公债，既苦于应募无力；发行纸币，又虑其跌价更甚。银行所恃以周转者，吸收现款，而放资于生利之途，工商失败，存放俱穷，银行亦儳然不可以终日，若议增旧税，设新税，民不堪命，推行无效，更不待言，此为上下交困之秋，亦即国家存亡，绝续之日也。况夫边事孔亟，军备繁增，国际贸易日形退步，国内经费益以膨胀，当局者仰屋徬徨，百思无计。而推求其因果之关系，窃谓今日理财须以培养税源为第一义，而培养税源须以保护产业为第一义。保护之道，首在恢复，次言发达，此为助长主义必经之次第也。产业现象，一败涂地矣。休养生息，非可以旦夕期，譬如饥饿之夫，一旦欲续其生命，必先之以饘粥，俟精神渐复，而后可恣其大嚼也。

顾或谓租税之源泉，在重农时代，均谓其源泉出于土地之纯收入。至后经济发达，多认一国之纯收入为税源。是则培养税源，当计全国富力之发达，若专注意于生产机关，犹是十九世纪上半期之思想也。斯罔然矣！无如我国现状，经济思想犹在幼稚之时代，事实昭彰，无可讳者。是以租税制度，惟偏于生产机关，负担最重，而其余部分，或全然免税，或但负间接之消费税，租税之不平均，无如今日。夫根本之图，固当自改良制度始，而为目前治标之计，则保护生产机关，使恢复其向来之纳税力为尤亟。盖田赋为岁入大宗，其直接负担者农民也。当先恢复农民之纳税力，如盐税，如关税，如茶税，如酒税，如当税，如牙税，是数者，皆吾国最大财源。转嫁之次第，虽由一般人民负担之，而其为第一次之纳税者，非工即商，必工与商，先有能堪纳税之力，而后税源可裕，产业亦渐有发达之期，虽然恢复产业秩序甚难言矣！今日产业之最受害者，无如纸币充斥、银行滞涩，无从以求资本之途。今拟利用公债输入外资，一面求币制之统一，一面求银行之发达，使以低息资本得应产业之要需，而国际贸易、活动金融又赖乎虚金本位之实行。汇业银行之巩固，内外消息既觉灵通，彼此汇拨，自无亏损。此外，如租税中足为产业之障碍者，无过于厘金及其他之恶税，或有类于重复之课税，自当分别蠲免轻减，归并裁汰，使租税之制度一新，而产业又实得其保护之力。税源既裕，岁入日增，举个人所难办，公司所难成之事业，均由国家直接经营之，富国之基在此，强国之基亦在此。不唯前述第五已〔至〕第八之目的能达，即第一至第四之目的亦因以贯彻。盖此中有互相为因，互相为果之妙用，固不可不深长思者也。综以上之所述观之，无非以经济政策为间接整理财政之作用，顾欲施行此等之政策，其设施之方法如何？当更揭大纲如左：

一、本部设驻外财政员使掌外国债款及国际金融之事。

一、本部设币制委员会讨论币制问题，并研究改良及其推行方法。

一、本部延聘名誉币制顾问，征见其意见，以为我国改良币制之参考。

名誉币制顾问卫斯林另有改良币制计划书，已有印本。

一、本部从速补充造币厂、印刷局、造纸厂之工程，以为本国印刷债票、钞票之准备，并另定造币厂及印刷局官制，使专责成，而重职务。

造币厂官制草案（附件十八）

印刷局官制草案（附件十九）

一、本部设中国银行筹备处筹办国家银行事宜。又设大清银行清理处，以为大清银行之结束。

一、本部拟定暂行国库出纳章程，以立国家银行兼管国库之基础。

暂行国库出纳章程（附件十九）

一、本部拟聘外国财政大家，实行国家社会主义，使各种产业勃兴，大开利源。其拟办之事业如左：

（甲）云南铜矿；（乙）延长石油；（丙）利国铁矿；（丁）漠河金矿；（戊）秦王岛商埠海塘船坞；（己）口北铁路；（庚）各省铁路；（辛）沿江一带荒山实行森林法；（壬）纺织工厂；（癸）其他之实业。

第四章　收入之大概

我国财政情形，在前清时代，表面上虽为中央集权，实际则为地方分权也。中央无固有之财源，其用费均出于各省之贡献，既无预算，以藉全国之盈虚，又无决算，以示实际之出纳。事前虽有估册，事后亦有报销，要皆一部分收支之大要，不足以窥全体财政之情形。宣统三年，始渐露预算之萌芽，而其时预算尚分而为二：一曰在京各衙门预算，一曰各省预算。至宣统四年，始合而为一，渐立全国预算之模型，而实际财政之收支，尚未统一也。民国初兴，各省军队林立，所有京饷，虽截留外用，尚且自赡之不足，而中央坐困一隅，势更岌岌。其在升平无事之日，中央直接收入全年不过三百余万两，不足供一月之支出。而自支出一方面言之，庚辛之间，部库支出经费，月不过六、七十万两。光绪末年，即新政繁兴，每年部库之支出亦不逾二千万两。今则每月至少必需之经费及协助边省之饷需，月以四百余万两计，视五年以前，几增一倍，十年以前，且增七倍。而回顾收入，除北方之税务、近畿各省之协济外，毫无可恃之财源，所赖以偷旦夕计生活延国命者，商借也，垫款也，借款也，此顾可为长治久安计哉？此北京一部分之财政情形也。以言各省之财政，田赋减征，漕粮停课，其原因非出于盗匪之横行，即由于征收官吏之不谙练。厘捐豁免，旧额无着，税关抵充赔款，更无挹注之资，即使前述之政策能行，划分税项，设立税厅，亦非咄嗟之间能筹巨款。若经济政策，更须广集资本，宽假时日，方能有效。吾人今日欲言整理财政，自当将最近之支出与收入比较其盈亏之情形，而后再求筹补之法，始于事实有当，不为理想之空谈也。今将民国二年以后支出之概数，分别四种，略陈如左：

（甲）寻常支出　约共四万一千万元

（一）各行政经费约四万万元

（说明）查前列经费系据各主管衙门编送概算之数，统计约七千余万元，而最要之经费计四万一千余万元，其中再加节省约四万万元，亦可敷用。

（二）减债基金约一千万元

（说明）查此项基金系除每年应还之赔款洋款，已列入前项外，每年由政府另支出一千万元为减债基金之用。

以上二项所称为寻常支出者，谓每年应用之经费也。

（乙）特别支出　约共一万六千三百万元

（一）工程费　约八百万元

（说明）查本项系指崇陵工程及造币厂、印刷局、造纸厂及议院各工程。

（二）裁兵费　约一千五百万元

（说明）查据陆军部调查现在全国兵数计一百余万人，拟留五十万人编练五十师，其余尽行裁撤，约需此数。

（三）整理盐务经费　约三千万元

（说明）查前项经费本需四千万元，缘第一项各行政经费内已编入一千万元。故此处补列三千万元。

（四）偿还积欠外债　约六千万元

（说明）查此项积欠外债系指短期公债及积欠赔款，计应还六千余万元。

（五）借换零星借款及内国公债　约五千万元

（说明）查此项零星借款及内国公债，指各衙门、各地方之借款及爱国公债、军需公债等息重期短，应从速募集新债，以为借换之用。

以上五项特别支出，指支出一次，而非继续之性质者也。

（丙）基本金　约共二万三千万元

（一）整理纸币基金　约一万万元

（说明）查此款约须一万二千万元，缘第一项各行政经费内已编入二千万元。故此处补列一万万元。

（二）实行金汇兑本位准备金　约一万万元

（说明）查此项准备金，应寄存外国银行，以为汇兑之准备，实需若干？须详细调查商务之差额，而后得其确数。兹姑约计一万万元，虽不中，不远矣。

（三）中国银行资本金　约三千万元

（说明）查以上三项系基本金性质，且不必于一年以内筹备足数也。

（丁）各种实业开办费　约一万万元

（说明）查右列各种实业开办费，即第三章所列举之云南铜矿、延长石油等项所需经费，应俟详细调查，方能开列预算。兹姑约计一万万元为开办经费。

以上一项系继续费性质，将来应借外债筹办。

统计前列甲、乙、丙、丁四项支出，共银九万零三百万元。兹更即民国二年以后收入之概数，分别三种略陈如左：

（甲）寻常收入　约共二万五千五百七十三万三千二百零八元

（一）田赋　约五千二百六十九万九百八十八元

（说明）查田赋一类，照壬子预算数，其划归国家者，计七千九百三万六千四百三十二元。光复以后，旧制变更，明年虽极力恢复，恐难尽符原额。今拟减去三分之一，定为明年之收入，计得此数。

（二）盐课　约四千九百九十五万四千二百五十九元

（说明）查本部改良盐法，虽拟变更旧制，仍极力保全旧课，期以逐渐施行，然更张之始，收入必绌。今拟照壬子预算七千一百二十七万二千二百八十元之数，减去十分之三，约得此数。

（三）关税　约五千三百六十九万六千四百六十五元

（说明）查壬子预算，关税一类，计列六千七百十二万五百八十二元。现在商务退步，税款必绌，明年逐渐恢复，应可保旧额十分之八，税银计得前列之数。

（四）厘金　约一千八百二十九万二千零二元

（说明）查厘金一项，本为恶政。光复以后，各省多已停止，虽其间有改办统捐，究尚未著功效。今拟按照壬子预算厘金之数三千六百五十八万四千零五元，减去一半，约得此数。

（五）正杂各税　约三千二百六十三万三千一百三十五元

（说明）查正杂各税，照壬子预算计列此数。光复以后，虽有短收，然逆计明年推行印花税及契税等，以新收之额为筹补之资，当亦不甚相远，故仍照原数开列。

（六）正杂各捐　约六百三十四万二千二百十七元

（说明）查正杂各捐，壬子预算系列一千五百七万七千三百六十三元。唯自民国成立，捐输停止，现在禁烟綦严，土膏一捐，必骤形短绌，故照旧额减去十分之四，计得此数。

（七）官业收入　约一千二百五十四万九千六百二十七元

（说明）查此项官业系各省官办之局所，今因经费支绌，大半停止归并，约较壬子预算二千九十一万六千四十六元减去十分之四，共得此数。

（八）杂收入　约二千八百五十七万四千五百十五元

（说明）查杂收入一类，壬子预算计列三千一百七十四万九千四百六十一元，内中如减平节，扣报效等款，现在当然消灭，自应较原额减少。唯司法收入，将来或有增加之望，今姑照原额减去十分之一，约得此数。

以上八项，所称为寻常收入者，谓每年可以常得之收入也。

（乙）特别收入　约共七千万元

（一）伦敦借款　约七千万元

（说明）查伦敦借款，本系一千万镑，约合一千万元，除元年已交三百万镑外，尚有七百万镑，尽明年九月底交清，约合前列之元数。

以上一项特别收入，指收入只有一次，而非继续之性质也。

（丙）继续收入　约共四万万元

（一）内国六厘公债　约二万万元

（说明）查此项公债，虽经定为总额二万万元，而不必于一年以内尽行募集，故列入继续收入内。

（二）大借款　约二万万元

（说明）查大借款初次提议时，本系六千万镑，折合六万万元左右。今拟以此为最大限度，而先借用二千万镑，约合二万万元，其交款之期，恐亦不能于一年以内交定，故亦列继续收入内。

以上二项继续收入，谓一年以内不能收齐，分年分期而有收入者也。

统计前列甲、乙、丙三项收入，共银七万二千五百七十三万三千二百零八元。

综合前列收支之大概，观之不敷之数，约一万七千七百二十六万六千七百九十二元，而推行各种实业之经费，尚不在内，其中更分别言之：

计寻常收入　二万五千五百七十三万三千二百零八元

寻常支出　四万一千万元

两者相抵，不敷一万五千四百二十六万六千七百九十二元。

特别收入　七千万元

特别支出　一万六千三百万元

两者相抵，不敷九千三百万元。

继续收入　四万万元

基本金及各种实业开办费　三万三千万元

两者相抵，盈余七千万元。

以上统计寻常、特别两项，收支相抵，计不敷二万四千七百二十六万六千七百九十二元。以继续收入与基本金及各种实业开办费对抵之盈余金七千万元相抵，实不敷一万七千七百二十六万六千七百九十二元。而此不敷之数，除变卖官有财产或增加新税外，又当求之于最大限度借款之内，此最近收支之大概情形。若至民国三年以后，赋税渐复旧规，或较原额而增益。实业发达，私经费收入与准私经济收入亦复与年增加，则其财政规模一旧态，变而当局者斟酌盈虚，分别缓急，固又有因时制宜之道也。

第五章　结　论

以吾人之政策，达吾人之目的，其设施方法及收支大概，如前之所述者，虽不敢谓为万全之神算，而审时度势，准理酌情，比较的尚为弊少利多之办法。间尝稽诸世界十九世纪之历史矣，财政纷乱，至于十八世纪末为已极，而中国较之则尤甚。又尝征诸中国二千余年之历史矣，财政枯窘，至于前清季世为已极，而今日视之则尤甚。虽然十八世纪之欧洲，因财政失宜，人民呻吟于暴敛横征之下，苦痛流连，无可告诉，遂演成惊天动地之佛兰西大革命，一发而不可收拾。然至革命告终，人民得参与政治之权，财政制度，一新耳目。至今谈欧洲财政史者，类能道之。去岁，武昌起义，各省纷纷独立，其原因虽不一而足，而财政腐败，实亦一爆发之导线也。今者，破坏告终，建设伊始，为民国创规模，即当于财政求整理，此非特当局者应尽之义务，凡我国民均与有责也。所愿全国一致，戮力同心。但知其事之可行，即须合谋以共进。持之以毅力，而障碍渐消，示之以诚心，而功过不计。财政立法之事，期诸国会；财政、司法之事，责诸计院；而财务机关实行其行政监督。三权并立，互以催促财政之进行，民国前途，庶有豸乎？此则吾人所日夕祷祝不遑祷者也。

〔北洋政府财政部档案〕

2. 章宗元关于解决财政问题条呈①

（1913年10月31日）②

窃谓财政困难，以募债济急，实非根本解决之法，人尽知之。宗元则以为根本不解决，则募债亦无从措手，即或能设法零碎凑集，其受亏姑无论，而财政总长，以应付目前急需，为事几无暇通盘筹画，卒之左支右绌，终日焦劳，勉强度日，而后顾终不堪设想，凡此皆因财政根本问题未曾解决故也。所谓根本解决今日财政问题，简言之，只三大端：

一曰，确定预算，以昭示中外。预算之制定，当自强迫增税，痛裁浮费入手。竭尽增税之计画，以求最多之岁入；竭尽裁费之计画，以求最少之岁出。岁出之中，除现在善后借款所预备者，全数提出作为特别预算，并将一年内各项短期债款，亦全数提出另筹办法外，宜将岁出预算分为三大部：一曰，海陆军经费；二曰，一年内应偿各债本息及赔款暨前清皇室经费；三曰，其余行政经费。三项之总数，务使与增税后之岁入相符。由国务会议决定军费及各项政费之分配，并商妥各省都督、民政长制为预算大纲，提出国会，请求通过，刊布中外，视为神圣，即以国会通过之次月为第一次预算年度之开始，将来再设法使合于会计年度。果使此项简明预算，内外官吏一律恪守，则中国在各国经济界之信用，断然可必其骤增。

二曰，续借有限之外债，以清各项短期债款。据公债司报告，各项短期债款共计七千六百余万元。然除其中应在民国四、五年

---

① 章宗元时任审计处总办，原标题为“今日财政问题上管见”。

② 此系印发日期。

以后偿还，分别缓急酌量提出外，约计不过六千万元。今宜准此数目，续借外债六百万镑，专备偿还。此项业经刊布报告之短期债款，不得移作行政经费。详查目前，即须偿还付之数，约定垫款之数目、日期，其余均俟明年二月发行债票后，提款偿付。并编定偿还此债之基金，另造特别预算，而以第一年息金开列常年预算之内，则常年预算较为确定。

三曰，发有限之国库证券及纸币，以筹目前济急之款。预算既立，短期债款亦有归宿，此时财政总长所急者为税款未到，以前须筹逐日应付之款是也。（此项支出，自指在预算之内者而言。）从前预算不立，抵税无著，故东挪西移，应付极难。如果预算确定，一面增税，计画实力进行，则本年岁入，原有抵当，只为青黄不接之计，自以发行短期国库证券为最正当之办法。特此项证券务宜按照预算必须之数而发，万不可以滥发，一滥发则信用失，信用失，则嗣后国库证券不复可以通行。此外，惟增发纸币一法，亦足济目前之急。现在币制，一时难以决定，宜先赶速划一银币，则纸币可流通全国。如果预算确定，现款有著，则国家银行为济政府一时之急，增发纸币，亦无损于银行之根本。盖他日税款收回，不久即可作准备金之数，所蹈空者，不过数月之期耳。

〔熊希龄个人全宗档案〕

3. 财政部为财政困难胪陈维持办法通电

（1913年12月）①

武昌黎副总统、各省都督、民政长均鉴：国务万亿，非财莫

① 此件无日期。根据文中提到财政部成立“迄今瞬将二载”句，故日期推定为1913年12月。

为。自共和肇基，本部成立，迄今瞬将二载，财政奇窘，中外皆知。现值临时政府告终，时局渐定，本总长忝管财政，力棉任重，深惧勿胜。又处困难旋涡，午夜徬徨，疚心束手。兹将年余以来，财政困难情形暨此后维持方法，掬诚特贡数言。各省在前清时，协解中央款项年有定额。迨国体改革，解款顿停，虽经本部累次电催，而协解之金终属寥寥无几。总计由民国元年以迄于今，所收齐、豫、湘、鄂、赣等省之解款，不过二百六十余万。车薪杯水，无补于艰，困难者一。各省解款，既已呼吁无灵，中央应时势之要求，因债权之催索，不得不出于借款，以维持国家之生存。垫款开于先，克利士卜借款成于中，善后借款继于后。饮鸩止渴，思之痛心。且年来大小借款利息、扣用汇水贴费之亏损已在六千万元内外，层层剥削，处处留难。至善后借款拨交之时，制限用途，尤为严酷，既无通融之余地，复无灌注之巨金，揞东挂西，顾此失彼。然使此项借款能于勉为支配之余，即得吾国自有之财以继之，夫又何说。无如综其附件所开，能由中央开支者，仅此限至九月之行政费五千五百二十余万元，现已如数领讫，所余之备偿外人革命损失暨整顿盐务约各二千万元，裁遣军队费约一千余万元，均系不能挪拨之款，以后中央政费及军警饷项，悉属茫然无着。言念及此，汗下沾衣，困难者二。吾国入款，田赋而外，以盐税为大宗。当善后借款未成之前，奉、直、齐、晋等省盐税收入，尚可为挹注之用，及借款成议后，盐务收入全数作为担保专款，另行存储，名为归诸中央，实已不能活动，困难者三。各省既不接济中央，反求中央接济，请款之文，告急之电，沓来纷至，积案如山。中央仰息外资，入寡出多，累累积欠，乃为保全大局起见，仍复量为接济，计自民国开幕，中央协助之款，已有一千四百余万元。且为各省偿还所借内外债约一千三百二十余万元，代还各省应行摊解之赔洋各款共约七千七百五十余万元，补疮剜肉，竭蹶腾挪，兼以蒙藏风云弥漫，西北输粮转饷，心力俱疲，强巧妇为无米之炊，呼将伯乏他山之助，踌躇俯仰，五内焚如，困难者四。夫中央对于各省所以苦心拨济之者，徒以各省自光复后，秩序已非，收出多绌。故勉力补助，以期各省政务得以进行，使地方财政渐近发舒，而国家财政渐进充裕耳。乃天祸吾华，赣宁乱作，军需浩大，强为支持，国家之元气又伤，公私之荡亏何极，恤灾善后，罔弗需财，点石成金，苦于无术，困难者五。本年二月以前之赔款无论矣，自本年三月至十月，应付之赔款约九百八十余万元，明年六月后到期之短期借款无论矣，自现在至明年六月，中央各省及南京等之短期借款应还者，约五千三百五十余万元，前清之短期借款应还者，约二千九百七十余万元，及长期外债，除由关税拨抵外，又约有三千四百十六万余元，均关系对外契约，对内信用，立待筹付者有之，不久，即须筹付者有之，倘或衍期，国家危险，何可言喻。而如何筹措，今尚渺如捕风，困难者六。综上六端，乃其荦荦大者，其余为难之处，千疮百孔，罄竹难书，总以无财二字括之。夫财政之于国，犹血轮之于人，血轮停滞，人必立亡，财政困穷，国必立仆，上稽前史，旁证西书，殷鉴匪遥，覆车可畏。吾国在前清时，收不敷支，虽为事实，然勉强对付，犹有可为。不谓国体一更，财源立涸，抚今追昔，索解无从。倘不急起维持，使财政长此紊乱，行见畇畇禹甸，莽莽神州，破碎支离，陆沉瓦解，将何以解缔造共和之初志，复何以解希望幸福之国民，此本总长所为翘首思维，寝馈俱废者也。然则欲言维持其法，当如何？一曰，增加岁入，所谓积极的办法也。本部前编二年度总预算案，全国岁入总额为六万四千六百三十五万八千一百零九元。然当未编之先，原报岁入之数，较此尚少，大半经本部将田赋、厘金、正杂各税等项，比照前清宣统四年预算，酌加数成，岁入数目，仍仅有三万零八百余万元，较诸岁出，相差甚巨，势不获已，添列印花税、所得税、验契费等八百九十六万余元，复于列入五国借款，奥国借款一万九千九百万元外，添列内债一万二千九百八十万元，以补预算不敷之额，形式上虽符收支适合之原则，实际上出入相抵，差负甚多，即如内债一项，虽列一万二千余万元，而以前清昭信股票之影响，至今民信未孚，将来能否如额售出，实一疑问。使不设法增加岁入，则国家政费必将无着。今后各省务就各该省预算，国家岁入之旧税，有可整顿者，竭力整顿之；新税有可扩充者，竭力扩充之。一方顾人民纳税之能力，一方顾国家生活之要需，熟权重轻，俾归适当，除盐、关两项留抵外债外，预算不敷者，务即力谋自给，以保出入之均衡。预算有余者，务即协助中央，以尽扶危之义务，以我国具有地大物博之资格，谓一国岁入不足供一国之用，容有是理，弊在未尝认真清理之耳。此增加岁入之法一。二曰，减少岁出，所谓消极的办法也。前言积极之法属于开源，此言消极之法属于节流。开源事难，不能期速效；节流事易，实可收近功。必以开源治其本，而以节流治其标，双方并进，方能有济。并进之道，维何？即预计岁入能实增至若何限度，使支出之数，必在此限度之下，至多亦不令超过之之谓。如是，则各省始有自给给人之实力。前编二年度预算，全国岁出，原报数目，甚为膨胀，经各主管部暨本部按照国务院议决，大数就原报之数，一再核减，岁出总数，始于岁入等。惟岁入既为虚数，则岁出即难实支。就各省分言之，预算出入不敷者无论矣，即两抵有盈余者，其中应裁之机关，过大之经费，与夫拟办未办之事项，可减之款尚复不少。现在国务会议已定大政方针，今后各省务宜按照中央政策，力为删节，毋稍瞻徇。不以一省之表面有余而自封，而以全国之实地不敷为大惧。坚持节约主义，厉行刷新政治，机关可裁则裁之，经费可省则省之，持定政策，断然不疑，鉴以日月之明，击以雷霆之力，宁使应办之事，以财绌而不克伸张，毋令有用之财，以事冗而致多縻耗，吾国财政前途，庶其有豸。近据福建刘民政长电称：奉国务院，歌电：改组公署，裁科并司，计全署薪俸、办公、杂用等费，年约需洋十二万元，较未改组减十五万余元。等语。执此一端，推之各省各项机关之经费皆有核减之余地。事无难易巨细，惟赖人为耳。此减少岁出之法二。上言增入减出，开源节流二法，虽属常谈，然为保持各省计，为维护中央计，舍是别无良策。总之，中央无特别之财源，所有行政所需，无不仰给于各省，各省有应征之入款于谋自给而外，应悉数缴于中央。前者中央未获各省之接济与各省不能自给反赖中央济之者，乃财政上一时之变相，而非永久之常经。统一国家，乌容有此破产之兆，实可寒心。诸公伟筹毅力，无任钦驰，风雨同舟，端资共济，愿合群策群力之助，共推无虞无诈之心，异日藉诸公之力，使吾国财政就绪，富力大增，国势勃兴，强邻敬畏，则国家受诸公之赐者，宁有涯涘。临电祷盼，尚乞教言。财政部。

〔熊希龄个人档案〕

4. 大总统为整理财政以解困难致各省都督等电

（1914年2月6日）

致各省都督、民政长、巡阅使、护军使、镇守使、国税厅电。（二月六日）

拱密：民国缔造，基础方成，将来之存亡死生问题，厥惟财政。其在上年秋季以前，乱根未拔，无政是以无财，至秋季以后，元气再伤，无财是以无政，将欲兴举百废，固不得不吸收外资。但世无借债度日，而可以立国之理；亦无财政不修，而可自立之理。前清时代，各省预算已入不敷出，外债总额已一千五百余兆。

暨入民国，赔款、恤款、筹还旧债、添募新债，加以暴民席卷、公家损失各项并计，无虑三四百兆。如竟无术筹还，则财政将入外人之手。凡百政事非财政不行，国之于财如身之于血，人无血则不能生活，惟国亦然。血不足养身，则肢体非吾有矣！财不足养国，则土地非吾有矣！埃及、朝鲜覆辙可鉴。且民主政体与君主异，人人皆为分子，当视其国如一家。国安，则民有安居乐业之望；国危，则民有播徙流离之苦。盖国家之谋治安，犹公司之保险，公司得保险之费，乃能尽力以保他人。开国之初，政尚宽大，自宜与民休息，不取烦苛。无奈债积如山，不得不权其利害轻重，与其日复一日受制于人，何如忍痛须臾，及早奋发。但能过此厄运，转危为安，自有利国福民之一日。不然，为朝鲜，为埃及，恐再欲求今日之自由而不可得，能勿寒心。是以本大总统为整顿财政为目前惟一之问题，并非聚敛取盈，实乃救焚拯溺。况今日用款均有预算登布，共见共闻，断无可容挥霍之余地。大宗用款无非维持军警，保全治安；巩固金融，流通市面；以及洋赔各款还本付息，毋失信于外人；前清皇室经费与八旗生计，毋失信于前代而已。各省行政长官谊均休戚同舟，及溺，谁能幸逃？万一分裂势成，外人干涉，何以自处，何以对人所望？各省行政长官等将国家不得已之苦衷，随时晓谕人民，勿生猜疑。对于财政部新颁各项税则，如印花税法、验契条例、贩卖烟酒特许牌照税条例、所得税条例，皆取诸民者甚轻，而聚于公则甚巨，各省实力奉行之。属已有成效可征，务望实力奉行，以纾国家之难，不可沽名钓誉，亦不可畏难苟安。所有治军之官，无论军、师、旅、团各长，均当知民力不易，国帑维艰，于军事费用，竭力节减，遇有可裁之兵，悉力裁汰，万不可醉心权力，拥众自豪。须知先有国家，方有权利，国苟破坏，尚何权利可言。近岁以来，各国挟其债权，万分催逼，急如星火，国体已伤，而各省贫瘠之区，日夜呼吁，前清皇室经费与八旗军饷，尤为信用所关，种种困难，穷于应付。切望各官吏将旧税迅速恢复，新税一一进行，以顾中央根本。根本能固，枝干从之。各省地方情形不同，苟可自行筹划，为部令所不及者，但使不至病民，均可呈请核办。本大总统受全国人民付托，特与各文武官吏痛切言之。大总统。鱼。印。

〔北洋政府内务部档案〕

5. 周自齐沥陈财政困难拟筹挽救办法呈

(1914年2月)①

署财政总长周自齐呈为沥陈财政困难，亟应共筹挽救，仰祈鉴核事：窃维立国之大，原在乎脉络贯通，而财赋实为之母，理财之要素，贵乎出纳有制，而中央实握其枢，世运总有变迁，斯理终不可易。民国以来，财不为不丰，而用恒苦不足。自齐曩管部务，即以身历其艰，然其时，国体初更，政令统一，故艰绌不免时形，而酌剂尚非无术。近数年中，世变相乘，国用耗竭，财政紊乱，不可究诘。自齐此次被命复长度支，方谓军事初平，政潮粗定，可以及此时机，入手整理。是以不避艰险，黾勉就任。乃视事数【月】，披寻案牍，目击现状，实存儳焉不可终日之势，不得不为钧座据实陈之。夫财政原则，必收支足以相抵，而后能副供求。查中央额支军政各费，每月约一千三、四百万元，随时展缓腾挪，酌量筹拨，至少需七、八百万元。从前因入不敷出，曾经核定各省解款、专款两项，以资凑集。顷岁以来，各省每以自顾不赡，不但解款不能照解，即认定专款，亦皆积欠经年，频催罔应，甚或藉口于地方多故，将向归中央直接收入之款，任意截留，

① 原件有年无月。根据周自齐署理财政总长系2月9日，5月1日被特任为财政总长。因此，该文日期应在2月9日至4月30日之间。

自为风气。部库所恃，以周转者仅盐余、关余两项，每月平均约计可得三百余万元。然使果能实收此数，总计纵有不敷，究足稍资挹注，无如寅支卯款，习以为常，不待届期收回，早已指拨净尽。故于需款急迫之时，无非向各种银行重利凑借以应付，或以有价证券贱值售变以济穷。但能稍救眉急，不恤忍痛一时，奔走磋商，终朝扰扰，寖而久之，来源愈涸，待用愈繁。于是前欠未偿，新逋踵至，日积月累，至于今日，几于无一用款，不仰给于借债。即如本年八月，以迄十月前后，仅六十余日，部库实在支用一千六百余万元，勉将盐、关两余内应还债款，竭力商展，暂腾二百六十余万。又杂项收入五十余万，其余一千三百余万元，悉出以上所述两途。财政如是，其危迫而局外不知也。支付一有衍期，催索立无虚日；筹拨未能足数，诘责即无已时。生之者一，耗之者十；取之者尽锱铢，用之者如泥沙。有预算也，可以随时追加，有审计也，可以特请核销。法律无效，命令不行，有不愈积愈深，愈穷愈蹙破产之祸，立见眉睫者，窃未能信。曩者，犹谓可以商借外资，俾得周转目前，徐图补救。今则新银团成立，条件严苛，万难忍受，是外债断然无望也。若云举办内债，则政治未能清明，用途漫无限制，孰肯以艰辛所得之资财，供政府无穷之挥霍，是内借亦劝成不易也。在本部职司出纳，固属责无可诿。惟是理财之道，不外开源节流。属今大局未宁，人民荡析，灾沴荐至，物力凋残，以至开源，从何措办计。惟有节流以治标，尚属补牢之急策，能省一分支出，即少一分亏损，譬诸治疾，节余食，寡嗜欲，乃可以言培元气。昔苏辙有言，非求财，以益之，去事之，所以害财者而已。今日之道，无以易此。虽然救贫不患无法，徒法不能自行。居今日而言节流，其必内外一致，上下一心，人人知财用之绌，事事循法轨而行，毋各囿于一隅，毋各谋其在已，共同负责，事有裨，而不然者，此方议减，彼转议增，或此节，而彼不节，或所节，极于纤微，而巨费出于意外，创议者，府掊克之怨；奉行者，搏宽大之名勿论。自齐庸拙，难策万全，即桑孔复生，亦恐无术以处此。自齐所以日夕焦筹，不能不据实披陈，而期与全国共勉者也。惟有于请令饬国务院各主管衙门暨各省、区军民长官、将军需如何节缩政费，如何削减，何者当裁，何者应并，悉心筹议，以期尽善，而利推行，毋任屏营，迫切待命之至。谨就财政现在情形，覼缕具陈，恭呈鉴核，伏祈训示遵行。谨呈大总统。

奉批，财政困难已达极点，非切实从根本彻底筹划，实力奉行，无能挽救，交院速核，即办。指令。

〔北洋政府财政部档案〕

6．法制局关于整理财政各项法规意见书呈①

（1915年10月3日）②

呈为拟具整理财政各项意见书，上备采择，伏祈核示，以便遵照具案事：

窃以整理财政为当今之急务，欲图财政之整理，必有统一之法规，而各项法规，以关于租税、公债、会计者为最切要。查现行财政法令，有与实在情形不合，或与他项法令相抵触者，有应以法律规定，现尚沿袭旧章未经规定颁行者，凡此数端，均应分别厘定，拟具法案，呈请核定。惟兹事关系重大，亟宜通盘筹画，斟酌尽善，迭经职局各员详加讨论，参考各国成规。按切目前情势，窃以为国家财政，必先有明确之系统，而后整理方法，乃可

① 原件封面有财政部批“交参事室及审议会详核”字样。

② 系财政部收文日期。

实行。谨就租税、会计、公债三大端，分别研究，务求切实可行。其属于租税制度者，如田赋、契税、矿税、糖税等，此旧税之应行整顿者也。如营业税、特种所得税、遗产税、通行税等，此新税之可以推行者也。又如烟酒公卖，屠宰税、特种营业牌照税、印花税等，此宜就现行办法，加以整顿者也。至关于租税行政法规，如国税征收法，延纳国税处分法，以及财政厅官制、征收局官制等，皆系租税行政中之重要法规，必须脉络贯通，然后租税制度，始臻完善。其属于会计者，如会计法、审计法、审计院编制法、特别会计法、金库条例者，亦宜修正制定。其属于公债者，如公债条例，虽经公布施行，惟关于公债用途，公债担保，募集机关，尚待商榷。谨就以上各项法规先行拟具意见书，撮其大要，胪陈办法，如蒙裁定，即由职局遵照编定条文，分别具案，再行呈请提出国务会议。所有拟具整理财政法规意见书缘由，理合呈请鉴核。谨呈。

附意见书

关于租税制度之法规

中国租税，多沿旧例，素鲜专章，名目纷繁，办法歧异。揆诸国情，每多隔阂，数年以来，政府力求整理，成效甚微。推原其故，由于偏于一隅，未及通筹全局。盖租税制度之良，要在合所有租税编为有系统之组织，而各能准于国情，妥为制定，务使人民负担，咸得其平，而税法施行不虞，有所牵掣，然后行之，乃能有益于国，无害于民。谨将关于改革租税之大要，分别胪举，以备采择。

租税分直接税与间接税两种。直接税、间接税有所不能及者，则更有行为税以为之补助。各国租税名目繁多，要不外乎以上三类：直接税系对于人民财产之收入所有与承继之赋课，其担负多偏于富者。间接税系对于人民财产消费之赋课，其担负遍及于齐民。行为税系对于财政转移时之赋课，所以补直接税、间接税之不足，大半为富者所负担。凡此三种租税，其征收之标准既殊，其负税之主体亦异。租税既重普及，固当三者并行，然其间轻重缓急，须折衷至当，乃能各适其宜。古代赋税，直接税多重于间接税。迨后世制度发达，则间接税反重于直接税。现今各国，国用浩繁，往往因间接税征收便利，多增加其税目与税率，以益国库之收入。故间接税恒占收入之大部分，虽直接税中增设所得税、财产税、遗产税等以为补助，然其额远不及间接税之巨。惟先进之国，以间接税之负担多及于一般平民，国家税额愈增，小民负担愈重，乃渐谋增收直接税以代之，此义虽未普及，固已推行渐广。默察各国趋势，必至直接税与间接税相辅而行，以行为税介于二者之间为之调剂，直接税之最重要者为所得税、收益税，(如田赋、家屋宅地、营业利息、劳力所得等税。)而财产税、遗产税、特许税等次之。所得税、收益税，均赋课于人民平时之收入，二者之税源虽同，各国采用之法不一。直接税制专采所得税者为英国，专采收益税者为法、俄等国。以所得税为主，而辅之以收益税与财产税者为普鲁士、巴尔伦等国。以收益税为主，而辅之以所得税者为奥、伊、日本等国。查所得税系对人赋课，收益税系对物赋课，二相相较，所得税固优于收益税。然必如英、德等国人民之富力充盈，征收之机关完备，然后行之无弊，若法、俄等国，尚不能行。至奥、伊、日本等国，专重收益税制，近时始渐采用所得税，然其成效，尚无可睹。就各国直接税制比较论列，以普鲁士之制为最完善，英国次之，奥、伊、日本又次之，俄、法等国，尚多缺点。遗产税系对于承继财产之赋课，因其财产不劳而获，虽加重赋，亦不为苛，故各国多采此制。财产税系用以为所得税之补助，鲜有单独采用，特许税系对于特种营业之赋课，然非直接税中之重要者。间接税除关税外，如烟、酒、盐、糖、米谷、织物等税，皆取于国内消费之品，多系对于奢侈物品，加以赋课。近时税目，日趋简单，几唯限于烟、酒数物，因其非日用生活之必需品，虽多取之，亦不为虐。故各国对于盐税，渐次废止。惟以盐税之收入颇巨，行之已久，间有存之者。内国消费税之赋课于生产制造，或销售时为原则，如法、奥之入市税，中国之厘金，则赋课于通行之时，然此实足以阻滞商业之发达。各国现仅采为地方税，且唯对于一二消费品赋课之，如中国之百货厘金，鲜有其例。行为税可分为不动产移转税、动产移转税、土地增价税数种。依其征收方法，以为分别，如印花、登录、交易所、建筑地等税皆是。唯此税既为直接税、间接税之补助，则其纳税之范围，不宜过广，赋课之定率，不宜过高，以妨发生耗损母财，阻碍交易之弊。

中国之直接税以田赋为主，间接税以盐款为主。近代关税、厘金及各种消费税相继增加，间接税之收入，乃达于直接税两倍有奇。今据民国五年度预算案，将各种税目及其收额，分类统计于左①：

	税目	总额以千元为单位	百分比例	每人负担额以元为单位
直接税	田赋	九五，九七二		
	田附赋税	七，八八三		
	均赋收入	一五，〇〇〇		
	地租合计	一一八，八六五		·二八五
	房屋税（房铺捐）	六二六		·〇〇一
	牙税	一，六四七		

续 表

直接税	矿税	一，三九〇		
	商税	一，一七一		
	当税	七四〇		
	渔业税	一六〇		
	船捐	三七四		
	商捐	二八四		
	斗秤捐	二五四		
	牙捐	六七〇		
	烟酒牌照税	二，〇一三		
	牙税增收	七，七五〇		
	营业税合计	一六，四五三		·〇四
	所得税	二，八三五		·〇〇五
	直接税合计	一三二，七七九	三．二八	·三四一
间接税	关税	七一，三二〇		·一八
	盐款	八四，七七一		·二一
	货物税	一五，九七七		
	统捐统税	一一，九三九		
	产销税	二，八七七		
	厘金	一〇，四七八		
	烟酒税捐	一一，二五八		
	烟酒税增收	四，〇四三		

续　表

间接税	烟酒公卖	一一，六八〇		
	谷米捐	一，三二五		
	牲畜屠宰税捐	一〇，二八二		
	茶税茶捐	二，一三三		
	糖税糖捐	七六六		
	丝绸大布捐	一，五六二		
	竹木税捐	五四六		
	杂税杂捐	七，九二七		
	货物税合计	九一，七八二		·二三九
	间接税合计	二四七，八七三	六．一三	·六一九
行为税	契税	一一，一九一		
	契税增收	四，一一五		
	验契费	二，九三五		
	印花税	六，六七一		
	行为税合计	二三，九一二	五．九	·〇五
租税总计		四，〇四五，六五〇	一〇〇	一．〇一

① 表列租税总计应为：地租合计一一八，八五五；营业税合计一七，〇七九；直接税合计一三八，七六九；货物税合计九二，七九三；间接税合计二四八，八八四；行为税合计二四，九一二；租税总计四一二，五六五。

民国五年度预算案，收入之数，其中尚多假定税额，未必确实者，如直接税之田赋附税、均赋收入、所得税、牙税，增收间接税之烟酒公卖等类。今只就上表① 比较观之，则知中国租税收入，以间接税居其大部分，直接税尚不及三分之一，行为税则不过二十分之一。其间税额比例，揆诸租税原则，固多不当。而直接税一种，几以田赋收入占其全部，如房屋税及各种特别营业税则收数甚微，所得税则尚无其实，是直接税之负担者，几全为地主，征之各国，既无先例，揆诸学理，宁可谓平。间接税除关税外，以盐款为最多，约占间接税收入全额三分之一，余如杂捐杂税，亦占间接税全额三分之一。其中百货、厘金及统捐统税居百分之四十五，烟酒税及烟酒公卖居百分之三十，肉税、茶税、谷米税居百分之十五，其他杂税居百分之十，而烟酒公卖之一千一百万，据最近报告，实收尚不过十分之一二。烟、酒二税，外国视为消费税之最要者，中国不过为最小之一部分。盐为生活必要品，各国多已废止，中国现尚视为收入大宗，其他税目过繁，赋课重复，弊难以枚举。行为税以契税为主，其收入占行为税全额三分之二。验契费不过一时收入，似未可列于经常门，内印花税尚属创办，收入颇微，将来可望发达。

试以中国税制与列国税制比较，更据欧洲战前所调查各大国之税目及其税入，列表如左：

表(一)4

税目 \ 国别		英国 总额以千镑为单位	英国 百分比例	法国 总额以千佛为单位	法国 百分比例	德国 总额以千马为单位	德国 百分比例
直接税	地租	七三〇		九三，九五五		四二，二八五	
	宅税	一九三		一〇六，四四七		九，五四一	
	营业税	二，五八三		一四三，九三〇		二五，五五九	
	资本利息税			九一，三九〇		一四，〇八六	
	特别所得税			一七二，三二五		八，五五四	
	所得税	三二，三八〇				四〇七，五四七	
	财产税					六二，四二五	
	遗产税	一九，〇七〇		二三九，七〇四		六〇，六六八	
	其他	一，八一八		八〇，五七九		二六，一〇四	
	直接税合计	五八，五四一	四四．七	九二七，三三四	二八．二	六五六，七六八	三〇．二
间接税	关税	三二，四九〇		四五五，二五八		七四三，一六九	
	酒税	三〇，八二三		四三二，七七七		二七，〇〇四	
	糖税			一五五，一〇四		三〇九，七九五	
	盐税			三三，八三九		一四八，〇一六	

	肉税						
	其他	一五一		八六，六五八		一，九六一	
	间接税合计	六三，四六〇	四八．五	一.六二二,九八六	四九．三	一,二九四,一四三	五九．三
行为税	印花税	七，九七〇		二一〇，〇二〇		八一，七一九	
	登录税			三七三，五一四			
	交易所税			一二，九四三		八二，〇八九	
	铁路通行税	三四五		七二，二五〇		四〇，〇〇〇	
	不动产移转税					二〇，三四二	
	纸牌印花税			三，一〇三		一，八五〇	
	其他			二五，六二一			
	行为税合计	八，三一五	六八	六九七，四五一	二二．五	二二六，〇五〇	一〇·五
	租税总计	一三〇，八一六	一〇〇	三,二八七,七七一	一〇〇	二,一七六,九六一	一〇〇

④表列合计与租税总计应为：直接税合计（英国）五六，七七四；（法国）九一八，三三〇；（德国）六五六，七六九。间接税合计(英国）六三，四六四；(法国）一，一六三，六三六·（德国)一，二二九，九四五。行为税合计（德国）二二六，〇〇〇。租税总计（英国）一二八，五五三；（法国）二，七七九，四一七；（德国）二，一一二，七一四。

（表二）5

税目 \ 国别		俄国 总额以千罗布为单位	俄国 百分比例	日国 总额以千圆为单位	日国 百分比例
直接税	地租 宅税	六一，五七七		八五，七一八	
	营业税	九〇，七二七		二一，八七四	
	资本利息税	二一，九九七			
	所得税			二七，五七一	
	遗产税	八，〇〇〇		一，五三一	
	其他	二九〇		二，〇四一	
	直接税合计	一八一，五九一	一二	一三八，七一五	三七．三
间接税	关税	二四九，四八七		四一，四一一	
	烟税	五一，五六四		与盐专卖合计 五〇，五七一	
	酒税	七三七，九〇三		七一，八一〇	
	糖税	九三，二三六		一六，二九四	
	盐税				
	其他	五四，〇六七		二七，七〇七	
	间接税合计	一，一八六，二五八	八〇．九	二〇七，七九三	五五．七
行为税	印花税	五二，〇〇〇		二〇，三七五	
	交易所税			二，〇四二	
	铁路通行税	一九，〇〇〇		二，三三八	
	不动产移转税	一五，五七五			
	其他	一四，八四四		一，六九六	
	行为税合计计	一〇一，四一九	七·一	二六，四五一	七．〇
	租税合计	一，四六九，二六二	一〇〇	三七二，七五九	一〇〇

⑤　表列合计与总计应为：直接税合计（俄国）一八二，五九一；（日国）一三八，七三五。间接税合计（俄国）一，一八六，二五七。租税总计（俄国）一，四七〇，二六七；（日国）三七二，九五九。

各国人民每人平均负担租税额以元为单位

国别＼税别	直接税	间接税	行为税	合计
英国	一三	一四．五	二	二九．五
法国	九．五	一六．五	七	三三
德国	五	一〇．五	一．七	一七
俄国	一．三	八	〇．七	一〇
日本	三	四．四	〇．六	八
中国	〇．三四一	〇．六一九	〇．〇五	一．〇一

英国　英国间接税收入多于直接税，约各占全额收入之半。其中直接税以所得税、遗产税为主：一为赋课于财产之收入，一为赋课于财产之承继。其赋课与富力相应，税虽简而实平。他如营业特许税为警察目的而设，地租宅税为旧制所遗，姑不具论。间接税则关税与酒税各居其半，关税祇赋课于奢侈品，其负担鲜及于贫民，若行为税。唯重在印花税，税率甚轻，亦无扰民之弊。

德国　德国间接税多属于帝国，直接税多属于联邦，行为税则参错其间。就全国计之，间接税约倍于直接税，似于人民负担颇失公平。然德国间接税税目甚简，唯酒、糖二税，收入较多，故民不以为苦。直接税以所得税为主，而以财产税或收益税为其补助，籍以加重有资力者之负担，世称为最良之税制。各联邦之地方团体，租税收入，以直接税额为巨，可以调剂国税之不平。其余如直接税中遗产税，其税率失之较轻，间接税中盐税、肉税，小民或以为苦，皆其税制之缺点。

法国　法国直接税占收入全额百分之二八，间接税占收入全额百分之四九，直接税制偏重收益税，名目过繁，似非良制。普通所得税．数经提议，至今未行。间接税以烟、酒、糖三税为最重，除关税外，几居十分之九，皆为奢侈品之消费税，颇足以补间接税特重之偏。行为税居收入全额百分之二十，失之过重，似足以阻滞交易之发达。

俄国　俄国直接税收入甚少，间接税则居租税收入金额百分之八十。然间接税中，除关税外，酒税之收入实居十之七八，其巨数之负担全赋课于奢侈品，且俄国烧酒专卖，每年支出约二万余万罗布，出入相抵，则间接税之纯收入，其数目当因此大减。至直接税尚专用收益税制，近今营业税与利息税日渐增进，所得税久经提案，施行之期，当不甚远。

日本　日本间接税半倍于直接税，此实因日俄战争时，三税增加之结果。然间接税大半征之于奢侈品，如酒之收入，乃占其大部分，其余糖税、织物税，涉于烦苛，多提议废止。直接税以收益税为主，而辅之以所得税，将来所得税渐次增加，则收益税当退为补助税，行为税则尚不及租税十分之一。

综以上各国税制言之。以英制为最良，德制次之，日、法、俄制又次之。大抵直接税收额发达，而遍及于一般之税源。间接税税目简单，而偏重于奢侈之消费品，各国趋向相同，皆非中国所能比拟，由是以言改革中国租税制度。关于各种租税之编制与分配所当注意者，约有四端：

一、间接税过重，直接税过轻。间接税涉及于一般之消费品，使人民之负担额与其负担力相比，贫者过重，富者反轻，有失租税公平之道。至于税目复杂，办法纷歧，中饱需索，更无论已。故改革税制，间接税既难于一时减轻，亦当实行整理。直接税似宜酌量加重，以期税则平均。

二、直接税之收入偏重田赋，而家屋税、营业税，尚难普及；资本利息税亦未施行，是收益税之负担，限于地主之收入，而房主与资本家之收入，均无赋课，殊失公平普及之旨。按之各国，无例可稽，现在国内工商渐次发达，资本增进，人口集中，若家屋税、营业税、利息税不为增设，实为壅塞莫大之财源。故收益税制，宜妥为筹议，务使各项收入者，平均负担。至于普通所得税，则因行政机关之未备，一时恐难推广，且普通所得税与田赋并用，失之烦苛，非现时所宜。唯特种所得税一项，系于官吏、议员、医生、律师、教员、店员、工人及其他各种职业所得之赋课，似可仿奥、伊等国先例，渐次采用，俾与收益税相辅而行。又，遗产税各国视为收入大宗，中国巨富较少，遗产又多分析，采用之初，虽难骤增收额，然行之不为扰民，亦足稍资挹注。

三、间接税中之关税现制，税品过滥，税率亦轻，既塞收入之途，亦违保护之义，亟须改革，固无待言。徒以对外交涉，甚属困难，暂时未便轻议更张。盐税历经整理，成绩颇着，虽非良税，习惯已成，无妨沿用。其余则预算案，所谓货物税、正杂各税、正杂各捐三款，各省税则不同，或各物单独征税，或百货一律抽厘，或征之于销售，或征之于生产，或征之于通行，既碍交通，复多重复，税制之混乱，无过于此。且征收之法，或取包办主义，或取委任主义，中饱偷漏勒索诸弊，所在皆是。势必至国家收入不及人民输纳之半，而间接税负担之重于直接税，又因是而更加倍焉。兹求整理之法，约有二端：一曰，缩小征税之范围。百货各有税，则商民觉其繁苛，宜集中于二、三奢侈品，如烟、酒、糖等物，其余茶、丝、谷、米、畜产、竹木等，其销费多，而收入巨者，仅沿袭旧制，酌征其税，以妨收额之减少；二曰，统一征收之方法。现今征收方法，至不一致，有时征税虽轻，而扰民特甚。关于每种物品之征税，宜有通行全国之办法及总管之机关，务求商业发达，交通无阻，如厘金之制，似应废除。

四、行为税中契税为不动产转移税，印花税为动产移转税，契税税率重，而施行久，收额甚多，印花税甫经创设，现方责成各省认额包收，收额尚微。关于动产移转，税率甚轻，近于手数料之性质，与不动产移转税税率甚重者迥异，似应酌增其率，以剂其平。此外，尚有可谋增设者，则为通行税，此税，虽近于恶税，然因征收便利，各国多已采用，中国似可仿行。

以上四端为改革税制之要点，行之以渐，当非甚难。然当改革之时，尚有数点足为进行之阻碍者，尤应预为筹计：

一、国家税与地方税之难分　国家税与地方税各国分划甚明。中国国基初定，地方自治制度尚未颁行，官治自治，既相混淆，国家税与地方税亦无从分别。比年以来，各种普通租税收入均统括于中央之会计，其他各省与各县为办理特别事务，或地方事务，另以名目，征收厘金、捐税者，则视为地方收入，似形式上亦有中央收入与地方收入之分，然究非本之法律，截然划定，绝不相混。故当改革税制，非就全国租税收入详加考核，必有彼此抵触之虞。现在地方制度，正议制定，至其结果，尚未可知。惟关于税则之编定，务宜调查地方特别收入，分别废除，使无重复之处，如消费税、家屋税等，尤应特别注意者也。

二、征收制度之不良　租税征收制度，当力求人民纳税之便利与国家收入之增加。中国征收制度，各税虽不尽同，要以官吏包收制度用之最广，如厘金、常关及统税、统捐皆是。大抵国家预定税额，责成官吏，依额征缴，官吏往往设法勒索，或额外加征，以为自利之计。因是人民负担较应纳之额为重，而国家收入，并不因是而增。又或定为收税考成条例，增收则奖励有加，减收则谴责随至。于是官吏，务为贪索，以邀懋赏，每有税制本良，而结果转至害民病国者。故关于征收方法，宜力求刷新，税制改良，方有效果。此不仅于各种税法，当妥为规定，即于普通租税征收法令，亦宜分别修正废止，以策进行。

三、对外交涉之困难　改定关税，涉及商约，固无论已，即其他直接税、间接税、行为税，亦多发生对外之关系。盖已通商各埠，租界林立，内地各处，亦多外侨。中国人、外国人之在租界及外国人之在内地所经营之事业，管有之财产，投入之资本，贮存之现款，成交之贸易，销售之货物，若不依法纳税，不仅莫大税源因之脱漏，亦且驱逐内地工商与资本移入于外人势力之下，即旧有税额，亦将减收。现在烟酒税、印花税，已多漏脱，将来增设营业税、利息税及特种所得税，尤为困难。是虽关于国际交涉未易臻于完善，然税法之规定，亦当特别注意及之。

中国税制应行改革之点，依以上各端为之推究，大略可睹。兹就税法之应行制定修改者，列举于左：

甲、应行制定之法案

一、田赋法　田赋沿明清旧例，向无成法，近虽倡议清丈，然收效甚迟，办理亦颇不易。现宜一面办理清丈，一面就现在税则，重行整理，俾法律上有所遵循，人民稍得平其负担，而浮滥凌乱之弊，可以减除。前财政部曾提出均赋法案，似应酌加修改，拟定为田赋法。

二、宅税法　宅税在收益税中与田赋并行为各国通行制度。有田赋而无宅税，则不动产之负担，殊失其平。日本为都市不甚发达之国，其宅地税创设未久，收入几及二千万元。中国房铺等捐，各地方间已兴办，然办法参差，收入甚少，亟应整理，以增税源。唯征收宅税之方法，各国不同，或以地价为准，或以房价为准，或以赁价为准，中国现习，多准于赁价。民国四年三月，批准湖南省征收房铺捐单行章程，所定税率为赁价百分之五，颇称适当。似宜依据此例，酌定税法，通行全国。至其征收方法，于制定本法之时，尚须详加研究。

三、营业税法　营业税较之田赋尤易增进，例如，日本、俄国，其营业税之推行，阅年未久，现在收入几有超过田赋收入之势。中国工商事业，虽尚幼稚，然大商富贾所在皆是，常有获利甚丰，而毫不负纳税之义务者，不平孰甚。若谓时局紊乱，金融停滞，商家痛苦已极，不能再胜苛赋，则当知营业课税系准于其每年所得之纯利，商有余利，则虽税不苛，征收得法，自无发生反抗之事，似宜斟酌现情，参考成法，妥订税法。其现在各种特别营业税，如牙税、牙捐、当税、商税、帖税、铺捐、贾捐等项，非有必须别于营业税者，应酌量废止。其有特别营业税之性质为警察上所不可少者，则宜妥为筹议，另订税法，如牙税之一部分及烟酒牌照税之类是也。

四、资本利息税　资本利息税对于投资，或贷金所得之利息而征之，此税虽属新创，然取收益税制，如法、俄、奥等国多采用之。资本利息之范围，涉及于国债票、地方债票之利息，股票之利息，银行、邮局、商店及各种团体存款之利息，田地抵押、借款、田地押租金之利息及其他各种债票及债券之利息。其中，如国债票为推广国债起见，或当仿效法、奥之制，暂行免税。至其他各项利息，实为人民本于资产之收入，律以土地、房屋有税之例，未便独予蠲除。且中国田地押租金为额甚巨，利息亦高，其余存款、债款及股分渐次发达，此项税额收入，若办理妥善，当不甚少。各国利息税多规定债务者，依法纳税，如此，则漏脱较难，似应参照先例，妥定税法。

五、特种所得税法　普通所得税现在尚难行于中国。至特种所得税，则对于各种收益税所不及者征之。凡不本于资产之收入，皆属于此。其中最要者为官吏之俸给，律师、医师、工程师、著作家之报酬，教员之修金，工商业雇员之薪水，劳动者之工资及其他特权上之收入。此项收入大半由其委用机关及雇主负报告之责，故调查不甚困难。唯税率则宜稍轻，并应设定最低纳税限度，以免烦扰。现行所得税法第一期施行办法，虽与此相近，然其范围，颇有异同，似宜酌加修改。

六、遗产税法 遗产税收额之多少，视夫人民富力之大小与所定税率之高低。中国人民素称贫瘠，然中人以上之产，亦居十之二、三，虽用较低之税率，所有收入，当亦不少。至于调查之法，颇难周密。然中国习惯关于家产分析与承继，率多轇轕，若以法律规定遗产、继承，未经呈报注册者为无效，则隐匿之弊，自可杜绝。至本税最低额之制限及税率之轻重，于制定本法之时，尚须妥为筹议。

七、矿税法 矿税依矿业条例之规定，分为矿区税与矿产税两种，业经实行。唯各省矿税、矿捐，尚多沿用旧日办法，颇不统一。现行矿业条例关于矿税制度，规定未详，税率亦未尽当，似宜另定矿税法，于其征收方法及施行次第，妥为厘定。

八、糖税法 糖捐、糖税，如安徽、江西、四川、陕西等处多已实行，约计每石征钱一千，然各处办法至不画一，综核其收入之数，不过数十万元，征之各国先例，糖为消费大宗，税额收入甚巨。中国用糖虽不及各国，然就现在消费之数目，以现在之税率计算，若妥为整理，其收额亦当数倍。据近年调查中国内地产糖约计七、八百万石，即以每石一元，亦应得七、八百万元，若能厘定税法，于国家财政，裨益非浅。

九、通行税法 通行税虽非良税，然取之甚便，而其收入随交通发达，以为增加，现在各国殆皆采用。其征税标准，虽各不同，要皆就火车、电车、轮船乘客之票价抽税，若其税率不高，于人民交通亦无妨害。日本初行通行税，收额约三百余万元。中国全国车船乘客，尚多于日本，其收入当更较巨。民国二年，财政部曾拟具通行税法案，似即本其原案修正提出。

乙、应行修改之法案

一、烟酒公卖法　烟酒税各省名目不同，办法亦异，统计收入为数甚微。民国四年，财政部提议烟酒悉归公卖，公布烟酒公卖暂行章程，于北方各省设局试办，究其收入较以前所行捐税增加甚少，远不及预计之多。推原其故，则因办法疏阔，漏税甚易，公卖价格过于低小，公卖公机，由商包办，发达甚难，似宜妥加修改，详为规定。且旧有捐税，尤应一律废除。烟酒虽可同采公卖制度，然其制法不同，商业各别，亟应各定专法，俾臻完善。

二、屠宰税法　屠宰数肉税、牲畜税，性质相同，各省名称互异，办法纷歧。民国四年，公布屠宰税章程，意在通行全国，然各省尚未一律遵行。所定税率，以牛、羊、猪三类，分别高低。唯牛、羊、猪各有大小，似征税当有轻重，且征税之法，亦欠周密，似应详加修正，将从前一切名目与办法，酌量删除，以昭划一。

三、特种营业执照税法　特种营业执照税，即营业特许税与牙税性质略同。中国牙税、牙捐等通行甚久，唯旧制牙帖范围甚广，其张数限制亦严，且各省惯例不同，殊欠统一，新定特种营业执照税法，又非牙帖旧制，另成新法。惟其课法范围与旧制间相混淆，其规定办法，亦于事实未尽适当，似应参酌旧制新法，妥为厘定，例如烟酒特许牌照税，亦宜并入本法，免涉参差。

四、印花税法　中国印花税，包括一切动产移转税，现已次第推行。然其缺点，在纳税、契据，分类不甚明晰，纳税定率轻重，未尽适当，且现在各省多取包办之法，亦属未妥，似宜酌加修正，切实推行，俾税则趋于公平，收入亦可增进。

以上所举，惟就其最重要者言之。至其他各省单行章程，以及各税捐，旧有成例，应行修改废止者，不胜枚举，如货物税、正杂各税、正杂各捐项下，尚待详细调查，分别筹议。

关于税务行政之法规

租税乃国家事业之一。关于租税国家之事业，可分为租税立法、租税行政及租税司法之三种：租税立法者，厘定租税制度之谓。租税行政，凡因执行租税法规而实施之国权之行动皆是。租税司法，对于租税法规之违反者，而加以行政上之制裁，或刑法上之惩罚等国权之作用属之。兹就租税行政事项，略加研究，撮其大要如左：

租税行政之最重要者两端：其一为征收之方法，其二为征收之机关。

第一　征收之方法

征收租税之方法，大要不外左之三种：

一、私人包办法　此方法在国家可免种种之劳费，每年获得定额之纯收入。古代欧洲各国及由中世纪至近世纪之过渡时期尝用之，现今已无其例。

二、委托地方自治团体征收法　此方法又有两种：其一，就特种之租税，每年责令地方团体担负一定之税额。至依何种方法向纳税人征收，则由地方团体自行处理，性质上类似包办，而稍有不同，此即所谓配赋法。法国之田赋，现今尚沿用此制。其二，乃由地方团体以国家机关之资格征收租税。其征收之所得，悉数缴纳国库，至征收费用及报酬，另由国家拨给。

三、国家自行征收法　此为现今普通之征税制度，即由国家设置征税官署，征收租税与处理他之行政事务相同。

以上三种方法中，现今各国大都并用第二、第三两方法。我国现行制度，虽系纯采第三方法，然稍带有第一种包办及第二种方法中配赋税之性质。约举其例：

甲、现行知事奖励条例第九条第三款：

三、征收赋税能回复原额，且依限报解全数者，该条例第十条第一款，又有左之规定。

一、征收本届田赋或租税，依额征至十分之九报解无误者。

乙、现行知事惩戒条例第六条第十六款：

十六、田赋照额征数短收三成以上，或四成以上者。

丙、本局前次拟请废止之现行督征、经征、分征官解款足额奖励条例第一条所称，征收足额及督办经征、分征官额外，增加奖励条例第一条所称，增加额外征收等语。

丁、征收厘税考成条例第二条第一项载，各省厘金及各项捐税征收比较额分为左之二种：一、按月比较额，二、按年比较额。其第二项，又规定比较年额，依据某年收数，即以是年逐月收数作为月额，等语。

戊、常关征收考成条例第五条载，各关征收比较额分为左之二种：一、按结比较额，二、按年比较额。根据近数年收数指定最旺之年，酌加成数为按年比较额，由部列表，另订定之。按结比较额，由各关依照全年比较额数，分别淡旺月份，自行订定报部备案。

据以上各条观之，现今各种租税，虽系由国家设官征收，然大都设有一定之额，征收官吏，对于该定额负其责任，其不足者应受惩罚，其超过者乃得奖励。究之其所谓定额者，非依据从来之数目，即以近数年之收数中，由财政部任择一数，以为之范，在国家每年预计必欲得此数，固与包办法及配赋税法略同，然其预征税官吏以活动伸缩之余地，则又少有所异。要之依现行之征税方法，其重要之弊害如左：

一、各县田赋之额，皆系数十年以前之数目，其中土地等则之变更，纳税人之变更，不知凡几。现今各县知事按册籍而征解，实际上所辖境内应行纳税之土地若干？纳税人若干？即在所不知。

若实际每年所征收之数有余，亦只须依额报解，余者尽可化为私有，万一不足，因考成之关系，势不得不额外取盈。自奖惩之条例施行后，其弊乃愈甚，例如，某县田赋定额百万元，实际征收二百万元，该县知事县解百五十万元，而以五十万元入己，一面又得依额外增加奖励条例，获取奖金。反是若从前定额过高，实际征收不足此数，县知事不得不巧立名目，如以银合钱，复以钱合洋，于折合上取盈，或于正税以外加征征收费等,以资弥补。否则，惟有坐待惩戒而已，讵得为平。

二、各县田赋，虽应以田地所有主为纳税义务人，然实际完纳租税者，第知每年完粮若干，漕米若干而已。至询以每亩纳粮若干，其地亩系按若何等则而完粮，则未有能知之者。盖各县知事大抵凭历年所有串底向粮户征放，串票上只有银钱数目，并未载明地亩若干，上等地、中等地、下等地及每亩科征若干等字样。至所谓粮户向来用纳税人之真正姓名者绝少，甚有田地已经售卖大半，而串票并无变更，每年仍照从来之数纳粮，新地主则并无不纳一文之税。迨地主一旦将所有田地全行售罄，最后之地主不论所购地亩之多寡，乃承受其粮户之名，依串纳粮，此等积习，既非旦夕所可袪除，欲期租税之公平，不免缘木求鱼之感。

三、田赋年额，依国币条例，以银元计算，而各省货币，尚未统一。故实际上有以银纳者，有以钱纳者，折合之际，既无一定之标准，而人民之负担，乃愈不能得其平均。

四、上所述之弊害，专就田赋言之。至厘税、常关税等，则其课税之性质，愈形复杂。依现今之办法，弊乃愈甚，即如厘捐、常关之定额，大都依据上三年之收数择其最旺盛者为标准，而厘捐、常关，既无明确之法律，定明某种货物经过某地应按价课几分之几，或依重量每若干斤课若干。故在纳税人除输纳金钱外，他非所知，即收税官吏亦莫能言其所以然。比较额于一定年期内，虽一成而不变，然货物之出入，则每年不必相同。课税既无一定之标准，则多取之而不为虐，掊克聚敛之风，在所不免，苛税之嫌恶，遂深入于人心。

除上所列诸弊害外，尚有最重大者，即因金库制度未能实行而发生之弊害也。现行课税，海关、盐税而外，以田赋、统捐及其他各种厘捐为大宗。向来各县知事及各捐局委员，均不设定额之俸给、公费、薪水，此等官吏之办公费及其私用之开支，并其他补助吏员之薪水，皆取给于其所征收之租税。故税金一旦征收，先以一部分供此等用途，然后按期依定额解交上级官署，余者即化为私有。从前各县知事，缺有肥瘠，各项厘局，差有优劣，即此之谓。近年以来，各县虽分别定有俸额、公费额，各征收局亦一律定有薪水、公费，究之其所谓俸薪公费，仍系取资于税人，并非从国库支给。故公私款项，卒至混而不分，欲矫此弊，必先使征收官吏所征入之税金，随时解交金库，不得于其中支用。至其俸给公费、薪水等，应行需用者，另由国库支取，此等原则，应制定国税征收法明白规定之。上所述者，不独一县一局为然也，积各县、各局而成。有县局各将税款解交省长或财政厅，由省长或财政厅长于其中除去全省费用，然后以其余解交中央政府，其不足者，或要求中央之补助，或乞援邻省之协济，此等惯例，实际尚未祛除。于是国家税、地方税之观念为之混淆。盖国家税乃国家用以供处理国家之行政费而征收之租税，地方税乃地方自治团体对于该团体所属之住民课征之租税。其界限本甚明瞭，乃现在每多解释国家税为中央税，地方税为各省之租税，例如，湖南省征收房铺捐单行章程施行细则第四条，有省收入，县收入，地方预算等语。又，查四年七月公布之高等小学校令，第二条规定高等小学校定为县立。其第二项云，县立高等小学校之经费，由县经费支给之。当时之县，既非自治团体，则县经费即系国家经费，县立即系国立，若依此区分，财政将永无统一之希望，而预算之编制，亦倍形不便。关于租税征收之方法，虽宜视各种租税之性质，分别规定，未可以一概论。然为整齐画一起见，如关于征收之程序，现金之完纳，延不完纳者之处分等事项，则固为各种租税所共通。至如纳税之时期、地点、通知方法，各税或不能一致。又如，关税、厘捐等不能适用通常征收法者，自应于各种税法中分别规定。盖国税征收法，为关于征收租税之普通法，各种税法中之所规定之征收程序，为关于征税之特别法，特别法或补普通法之不备，或对于普通法之规定，而设为例外，要必以普通法为其根据，此国税征收法之所由，亟宜制定也。国税征收法所应规定之大纲如左：

一、征收租税，应分别征收命令与收纳事务之两种。征收命令，由征税官署掌理；收纳事务，由金库掌理。其程序如左：

（一）征税官署执行征税事务，须就其所主管之租税编制清册，载明纳税总额、税率，或税额、收税时期、纳税义务人之姓名、住址，然后依册，按照纳税时期，以征收命令发交纳税者本人，或其代理人。

（二）每种租税于纳税期前一个月，须将纳税人姓名、税额、纳税期，揭示于公共易见之处，或登该地方之公报及其他著名之报纸。

（三）纳税者接受征收命令后，应依该命令所定时期筹备现金，连同征收命令送交指定之金库。

（四）金库接受税金与征收命令对照，认为无误，即将现金保存，发收税单据，交付于纳税人。

（五）纳税人持前款单据，至征收命令官署换取租税完纳证书。

依此办法，征收官吏不经手现金，事务较形简易，会计亦可统一。

二、征收官吏，不得支用其所征收之税款。依上所述之办理，此款本无规定之必要，然间有距金库较远地方，又或租税之性质上不能依此办理，必须由收税官吏暂行保管现金，如厘税、常关之例，故须设此限制以防之。

三、每种租税征收期间，至常不得逾两月，至短不得不满一个月。此期间内，须以三分之二为征收时期，以三分之一为催征时期，逾此期限，即为延纳，应执行延纳处分。至特种租税，不拘以此期间者，得于本税法另定期间。

以上国税征收法所应规定之概要。此外，尚须制定延纳处分执行法。其要点如左：

一、执行方法，自逾法定期间之日起，限于一定期间内，速行完纳，并须责令设置保证人，此期间至多不得逾两星期。

二、不能设置保证人，或虽设置保证人，而逾指不足，或已逃亡者，即由保证人负完纳之义务，或扣押保证人之财产。

三、扣押财产，以足敷该延纳人应纳税额为限度，财产中有性质上不得为扣押之目的者，如生活之必要品，职业上必要之器具等，不得扣押，均须明白规定。

四、扣押之财产，除现金外，概行拍卖，拍卖一事，中国实行未久，颇形困难。职是以故，此种强制征收方法类多反对，然实际舍此而外，别无良策。中国旧时催租之法，往往以拘押笞杖为能事，然使纳税人果无资力，虽拘押笞杖，亦无从缴纳；有纳税资力，而抗不缴纳者，即令加以体刑，徒丧廉耻，亦无实效。不若扣押其财产，纵不能得全数，或尚可抵偿税额十之二三也。

五、扣押财产之实行，征税官须会同警察官吏亲自执行，以善言劝诱，不得假手胥吏。

除上所述者外，关于课税之监督所宜注意者，试举如左：

课税之监督有二：其一为对于纳税人之监督，一为对于征税官吏之监督。

一、对于纳税人之监督，如应报告而不报告，或报告不实，或有纳税之资力任意延宕不纳，或扣押财产时有隐匿抵抗等事，皆一般租税中所最易发生之事实。其中有出于过失者，有出于故意者。由前之说，大都为行政犯，由后之说，则不免涉及刑事犯之范围。故其罚则，亦应分别为财产刑及自由刑之两种：财产刑，由征税官署判定执行；自由刑，则无论其为适用普通刑法，或租税法所定之罚则，均须由司法官署判决。惟须由征税官署报告于该管检察厅，由检察厅提起公诉行之。

二、对于征税官吏之监督，征税官吏服务上之监督与一般官吏同。此所谓监督者，专指因征税事项，而关系于人民之利害、国库之损失者而言。其关系于国库者，如调查不实，应公告而不公告，应通知而不通知，致人民不能按期纳税，或有隐匿之情弊者，除受怠弛职务之惩戒外，并须责令赔偿。其关系于人民者，应扩张诉愿及行政诉讼之范围，以资救济，如损及人民之利益，并许其向司法官署对于征税官吏提起民事诉讼，要求损害赔偿。

综上所述者而观之，关于征税之方法所要需之法规，除各种特别租税，当各于税法中规定外，应制定左列各种法规，以为准则：

一、国税征收法；

二、延纳国税处分法；

三、关于征税之不法行政救济法。

第二　征收之机关

征收租税之方法，既以由国家设官署经理为原则，则征收之机关，当有一定之统系。其统系维何，不外左列之三种：

一、监督及综核机关；

二、征收命令机关；

三、收纳税款机关。

以上三种之中，除收纳税款应专属于国家之金库外，其监督及命令机关，除海关税、盐税，须另行规定外，其他一切国家税，当以财政部为上级机关，以财政厅为中级机关，各征收局及兼管征收田赋之县知事为初级机关。表列如左：

财政部——财政厅——各征收局
　　　　　　　　　各县知事

一、财政部　财政部为统辖国家财务行政之机关，与各部相并立，对于国会负其责任，此各国所共通也。现行财政部官制，亦明定其职权，有管辖全国租税等语。

二、财政厅　财政部虽管辖全国租税，綜一国之内，幅员辽阔，监察有所难周，自应设中级机关，分区管理。惟事务之至复杂者，莫如征收命令机关，监督综核次之，除监督课税外，如金库、泉币、银行、专卖等事，仅恃中央之财政部，亦有鞭长莫及之势，不得不分其责于中级机关。故设财政厅直隶于财政部，受财政总长之指挥监督，以监督综核其区域内之征税事务为主要之职责，而以其他之职权附属之，以期统一税务。惟财政厅之权限、组织、隶属及统辖之关系，当详加厘订。现行之财政厅官制（三年九月十三日公布），财政厅办事权限条例（三年六月十一日公布）及省官制中巡按使（省长）受政府特别之委任监督财政之规定，巡按使（省长）委任道尹监督财政权限暂行条例，均须以明令废止。依此办法，财政厅官制中所应规定之权限组织大要如左：

一、设置地点及管辖区域　仍依现制，以省为其管辖区域。

二、隶属及统辖关系　直隶于财政总长，专受财政总长之指挥监督，对于其区域内各征收局及县知事，关于征收田赋事务，均有直接指挥监督之权限。

三、职掌　财政厅之重要职掌如左：

（一）管理及监督其区域内之征税事务；

（二）其区域内征收局长及县知事关于征收田赋之考成事务；

（三）调查其区域内征收状况，筹备推行新税整理，或废止旧税事务；

（四）随时考查其区域内征收局之应行设置变更，或裁撤具报于财政部事务；

（五）监督其区域内之银行事务；

（六）受财政部之委任监督金库及发支付命令事务；

（七）其他依法律命令之所定属于财政厅之事务。

四、职员　财政厅职员及各征收局长、局员，均由财政部就有荐任官委任官之资格者，按照其管辖区域内应设缺额之两倍人数，分发于财政厅候补。遇有缺出，系荐任职，由财政厅长于候补荐任官中开单呈请财政总长，依定程序，呈请任命，系委任职，由财政厅长委任，即行呈报财政部注册，候补人员因补缺，或其他事故缺少至二分之一时，应即呈请财政总长续行分发。

此项候补人员，由财政部分发到厅时，财政厅长应以与该厅员缺相当人数，留厅候补，例如，财政厅设厅员十人，则留十人于厅，荐委各职，均依此比例分配，其余分发于各局候补，以资练习，一旦补缺，可收驾熟就轻之效。

三、征收局及县知事

甲　征收局

一、征收局之设置　除田赋、关税、盐税及印花税等外，一切租税均由征收局征收，故征收局之职权，应以地域为范围，窃谓每一财政厅管辖之区域内所设之征收局，其数宜多，每局所辖之地方，至多不得逾一县，而每征收局所设之员额，则不宜多，庶事易举，而费不冗。惟现在各税局，如统捐局、厘捐局之往往含有内地通过税之性质。其中间亦有非通过税者，如茶捐、丝捐，有于生产地由生产者于生产后贩卖前纳税者。故现在所设之统捐、厘捐，当分别考查其性质，有属于生产，或消费税者，亦有属于营业者，有纯系通过税者，就中惟纯然之通过税，在应行废止之列。其他各种租税，应斟酌厘定划一之税法，或并入他种课税，如营业税等，在税法未改革以前，暂时仍旧征收。每一征收局不论其租税之性质若何，概归办理，即以其所在地，或管辖地，冠于各局之首为其名称，例如，大兴征收局，宛平征【收】局等。他日所得税、营业税，诸新税施行时，亦由征收局征收之，庶事权有所专属，藉以明统系，而专责成。

二、征收局之职掌　征收局掌理其区域内征收一切租税事务，如征收期前之调查，征收到期之公告，对于各纳税人发征收命令及纳税证明书，逾期不纳之征收及强制执行等事。至现金之收纳，则不属征收局之权限。征收局发征收命令后，据金库之收款凭单，而发纳税证明书，据金库报告及其所收受之金库收款凭单，以计算税款之足额，或缺欠。惟征收局所收之租税与田赋微有不同，就中如纯然之通过税，势不能令纳税人自行赴金库纳款。又、征收局设置之地点、不必与县知事为同一，或在一县中之乡村，或在濒于河岸之地方与金库相距较远，在所得税、营业税之按定期缴纳者，纳税人已苦于跋涉不便，况通过税乎？此等地方之征收局，宜由金库特派收纳现金员常川驻在该局收受现款较为便利。

三、征收局之职员　征收局设置之数宜多，每局所管辖之区域宜狭，则所需职员，其额数务宜减少，厘捐局卡，向来除局长一人外，往往设司事十数人，巡丁数十人。现在名称虽已变更，实际恐仍如故，此种办法，亟宜祛除。

四、征收局之隶属关系　征收局长直隶于财政厅长。专受财政厅长之指挥监督，征收局员由征收局长指挥监督之，不受其他地方行政官之干涉。

乙　田赋一项，因沿革上之关系及实际上之便利，将来似可永久由县知事征收。惟征之方法，应逐渐改良，已详于上述征税方法中。至关于征收田赋，应直接受财政厅长之指挥监督，不在省长监督范围之列。

关于税务行政，目前切近易行之办法，大要如上所述。至税租制度，业就所见，择要胪陈，虽非一时所能见诸实行，而兴利必先除弊。溯自民国成立以来，财政上之措施，其最足以为新税之阻力者，莫如印花税。夫印花税本属良税之一种，以之施于中国，亦非有重大之窒碍。其所以引起一般人民之恶感者，实由征收方法之不善所致。兹列举关于印花税现今所施行之重要法规，而分别其应行存废如左：

一、印花税法　民国元年十月公布，民国三年十二月修正。

二、印花税法施行细则　民国元年十二月财政部令。

三、关于人事证凭贴用印花条例　民国三年八月公布，四年一月修正。

四、印花税法罚金执行细则。

五、民国三年十二月二十四日之批令，财政部呈：凡契约单据，除价值满十元以上者，依法贴用印花外，其未满十元者，无论属于第一类，或第二类，均一律贴用印花一分。等因。奉批。准如所拟办理。

六、民国四年一月十八日批准财政部呈，药品及香类贴用印花办法。

以上数者之中，亟应废止者二：

一、印花税法罚金规则；

二、民国三年十二月二十四日及四年一月十八日之批令。

亟应修正者二：

一、印花税法　应照元年十月公布之印花税法修正；

二、印花税法施行细则，应详细厘定，以教令公布。查现在印花税之征收，竟有由各县摊派之弊，以致不应购买印花者，亦必强制购用，殊失印花税之本意。此种办法，现行印花税法施行细则中，并无明文，纯系行政上之一种事实。惟既有此事实，不得不藉法规之力，以限制而防止之。

其他，如药品、香类之课税，乃消费税之一种，似应于印花税法外，另行制定税法，经国会议决施行。

关于公债之法规

我国旧日之国家财政，初无借贷于他人之说，以故公债制度无所权舆。自前清季年，初有昭信股票之发行，继有爱国捐之劝募，公债一事，始稍稍具有萌芽，乃国家本无视为债务之心，亦未确定偿还之法。于是以债票改为实官者有之，等诸废纸者亦有之，国家对于人民举债之信用，扫地以尽，而公债发展之前途，因之受一打击。民国肇造，南京参议院议决中华民国八厘公债章程，专为军需用款而设，由临时大总统批准发行。自时厥后，又有元年六厘公债条例，三年内国公债条例，四年内国公债条例及五年六厘内国公债条例，并于民国三年专设内国公债局，以收提挈之效，制定奖励规则，以示鼓舞之方。且对于元年之八厘公债，亦复按照章程于发行后第二年，每年偿还五分之一，无非欲昭示信用，一洗前清季年之弊害，俾吾国公债风气大开，销行日广，意至善也。惟是公债畅行之国，必先有确定之会计，而对于募集之有无必要，用途之是否合法，以及发行之手续，偿还之方法，尤为断断致意，然后可以免除弊害，希望畅行。今日吾国所行公债条例，如上列五种，有已募集而开始偿还者，有已制定而尚未发行者，有正在发行募集中者，无论是否悉合于各国公债之原理，然既经制定公布，自不能有所变更，致滋纷扰。惟中国财源枯窘，欧陆战局未停，军政各费，既已日增，借赔各款，又难稍缓，数年之内，国库出入概算，欲求遽达于收支适合之境度亦未能。则此后对于整理财政，或经营公益之举，仍必出于公债一途，拟无疑义。将来公债法规之制定，关系甚巨，有不能不稍加商榷者，特条举所见，列于左方：

一、用途宜确定也　公债用途，固不出于整理财政及经营公益二种，然必须于该条例名称及条文内具体标明，所以防支出者之挹彼注兹，亦使应募者易于了解也。欧洲各国，当十八世纪时，大率以国费既增，不得不扩充收入，而扩充收入，除租税外，惟持公债一途，于是随时而定所需，随时而谋所入，初无良好法规，确定某种用途以为之制限，但求济急，不顾其他，公债遂大为紊乱。例如德国弗勒德力第二发行之彩票，纳诸国库，自由取携。法国以滥发纸币改为固定公债，以及路易十四之高利公债、强制公债，皆无确定用途，随意募集者也。公债之祸国病民后，皆此引为殷鉴。我国元年八厘公债章程第一条，此项公债定名为中华民国军需公债，第五条，此项公债专以充临时军需及保卫治安之用。又元年六厘公债条例第一条，政府为筹办左列三种事项募集公债：一、拨充中国银行之资本；二、整理各种零星短期借款；三、整理各省从前发行之纸币，云云。皆以确定之用途，防侵挪之弊害，法至良，意至美也。至三年内国公债条例，系为整理金融、补助国库起见募集公债。四年公债条例，系为整理旧债，补助国库募集公债，已有范围稍广，标准难寻之虑。至五年六厘内国公债，则但称履行预算募集公债而已。夫国库入不敷出，于是募集公债，以求收支之适合，则所谓履行预算者，实一种募集公债之原因，而非募集公债之作用也。今径称为履行预算，则实难测为何种用途，政府纵不致侵挪人民，亦从何观感，拟请嗣后续布之公债条例，务于条文内具体定明此款用途，并于标题上载明某种公债，例如，军用公债、铁道公债之类，不为抽象之规定，似亦预防弊害之端一也。

一、担保宜废除也　公债性质与普通借贷不同。盖国家为公共财团，人民对于国家休戚相关，一如股东之投资于社会，国家吸入公债，虽居债务者之地位，然以政府为担保，价值甚重，不必列举某种收入为担保金也。各国公债之发达，实由于政府信用昭著，以及会计之确定，财政之整理，有以致之，亦未闻有担保之说。盖国民对于公债，但求了然于确定之用途。至于国家如何偿还，则在所不问。我国现行公债制度，如元年六厘公债，以全国契税、印花税为担保；三年公债，以京汉铁路抵押余款支付；四年公债，以全国未经抵押之常关税款、张家口征收局收入及山西全省厘金为担保；五年六厘公债，则以全国烟酒公卖岁入专款为担保。其实上列收入，已各有一定支出之途，如届期公债未能偿还，则所谓担保者，亦复等于虚设。况国家岁入之款目，只此数宗，将来公债之发行，未能限制，如于每次公债条例，皆列举担保之款目，以示信用，将来必有穷于列举之一日。又，况公债之畅销与否，纯以国家之信用为断，不在担保之有无。至于公债偿还之方法，先例甚多，我国公债期间甚短，自无借换之必要。至减价收买，亦与现情未合，似仍以赢余款项，或临时收入预为存储，以为偿本付息之用，似较列举担保款项实际较多，裨益更非浅也。

一、募集亦随意也　公债性质，虽有强迫公债、爱国公债、随意公债种种之区分，而我国现在所采用者，自各种条例观之，皆明定交款期间、偿还方法、利率及割引程度，按照条文所定，完全采用随意公债办法，初无丝毫强制之可言，于现在国情可称最合。惟是区域较广，发行甚难。其在各道各县未设银行之地方，发行之事，无可委托，事实上往往以知事任发行之责。当局者，严于督责；奉行者，视为考成。又有经售人之奖章为之鼓励，于是近年以来，各地方对于公债一事，辄召集绅商加以威胁，始能免强集事，其办理不善者，甚至激成事变，致用武力以解决之。蚩蚩之氓群焉，视公债为畏途，无复自由应募之意，此非条例之不当善，实因承办者，强欲畅销，有以致之也。长此不改，人民之恶感日深，公债之销行愈阻，于财政国家两无裨益。此后，于发行公债，但宜采用劝导方法。其稍涉强迫及因强迫而滋事者，承办之地方官吏宜予重惩，以为鉴戒。目前债额销数，或比较稍差，而为永久之图，则此胜于彼也。

一、机关宜统一也　公债之募集、发行、出纳、管理，以及偿本付息各事项，皆为财政部公债司之职掌，载在官制，责有专归。民国三年，设立内国公债局，义近骈枝，自是一时权宜之计，且所列职务，实系一种发行机关，而兼有包办及代办之意味也。夫发行债票，必令政府与人民直接，事实上固属难行，然委托银行，亦属普通办法。今于公债司之外，别设公债局，权限固不分明，责任亦无专属，于公债事务之进行，似无裨益，似应归入财政部公债司办理，或亦整理公债之一助乎。

综以上数端，皆举公债法规之急宜改良，或有间接之关系而须修正者。至于现行公债，本系采用有期偿还制度，揆之中国现情，极为适合，故根本上尚无变更之必要。惟偿还期限，稍嫌过促，此后如逐渐发展偿还期限，仍可逐渐延长，即于财政之伸缩相宜，亦于政府之信用无损也。

关于会计之法规

会计之法，所以树财务行政之范围。吾国财政紊乱已极，欲求清理，端资会计。现时各国会计制度及处理程序，各有异同，然其标准，无不依据施政之方针，预计精确之收入支出，并严禁掌理征收出纳者兼掌保管，并由审计机关严重监督其执行。今考各国成规，征诸中国之现势，缕陈对于会计办法，如左：

第一，现行会计法，有应行修正及增加者数端：

一、会计年度，应将修正案废止，仍以七月一日开始，至次年六月三十日终止为妥。当时修正为一月一日开始，至十二月三十一日终止者，因立法院开会期间为自九月至十二月。现在国会既已恢复，其法定开会期间，已预拟为三月至六月，且七月一日为年度开始之日，业经前参议院议决，则国会议决预算之时，与年度开始之时，紧相衔接。

二、会计法第十六条规定预算定额，不得流用。惟经大总统认为必要者，准其流用。此种规定于预算之义，根本不符，亟应将核准流用之规定废止。

三、英国整理财政之特色，在于预算之精确，决算之收支额与预算之收支额比较，向不生极大之差异。故近年以来，每年度经过后，所有盈亏总在百分之三以下，其所以能致此者，因其预算内有一部分之收支，已成固定性质，不因国会党争之影响，时有增减。吾国预算，如欲精确，亟应效法田赋之税率，亦不宜由国会轻议增减。

四、特别会计本为特别要需，以待特别经费之支给，未便准据一般会计法规，须特设资金，另立会计者而设。盖官有之营业，出纳宜于敏活，如有余款，或应拨入一般会计作为总预算之收入，或拨充该特别会计之资金，或拨入翌年度经费之内，非有权宜之法，不足与其事业之目的相应，然此种特别会计，漫无限制，易致国费失其平衡，或致有余于此，而不足于彼。前编制五年度预算时，路、电、邮、航已作为特别预算。惟编制特别预算，必须根据特别会计法规。今特别预算，既经编制，则特别会计法，亦应从速制定，以便遵循。

五、施行规则，所以解释本法之条文及规定细目，以补其不足之点。会计法业经施行，而其施行规则尚未订定，于施行上不无窒碍，亟应从速订定。

第二，现行审计法，有应行修正及增加者数端：

一、第一条规定大总统及副总统岁费不在审计之列，此条似应修正。缘现在大总统及副总统之岁费，尚无明文规定，未便列于审计之外。各国大总统岁费办法，原不一致，有以法律规定大总统年金若干，其府内职员，另依官制定其薪俸者；有于每年预算内规定大总统岁费若干，一切费用均包括在内者。吾国采用何种制度，亟须订定。

二、第十条审计院议决为应负赔偿之责者，应通知该主管长官限期追缴，除大总统特免外，该主管长官不得为之减免，大总统特免之例，似应酌加修正。

第三，国家之收入，须有金库，司其出纳。金库办法，各国制度不一。有由政府设立行政机关专司其事者；有由中央银行兼理者。其处分方法，又有所谓存款主义及保管主义，而两种政府设立国库局掌管理出纳事务，为美国现行之制度，虽学者多以为非，而终未能变更其制。盖美国财务行政时为政治问题所牵动，故中央银行制度未能采用，然随大势所趋，时有改革，如，财政总长得因金融市场之必要，将国库现金划拨若干，存储于国民银行，以缓和金融，即其例也。由国家银行兼理金库，而采用存款主义者，以英国现行之制最为完善。英国政府对于英兰银行及爱兰银行之地位，与一般人民对于存款银行所居之地位无异，是以金融市场从未有因国家财政而生影响者，此种制度，虽属完善，然非金融基础之巩固。中央银行运用之敏活如英国者，不能办到。合乎以上两种之间者，即采用保管主义，以中央银行兼理金库之制，此制现时各国行之者颇多。盖因中央银行之形势虽备，而金融基础尚未十分巩固。故于中央银行内组织国库部，以司金库之保管、出纳，银行应将金库款项与营业资本截然划开，分别存储，以免国家财政受金融市场摇动之影响。其金融较为稳固之国，亦有于保管主义之中兼寓存款主义之意。准许银行视金融之状况，经财政总长之认可，得将金库款项之一部分移作存款，此各国现行金库制度之大概情形。查民国二年五月，财政部编定金库条例草案奉大总统批准，先行试办。该草案第五条，总金库、分金库及支金库，由财政总长委托中国银行掌理之。第九条，银行应将金库款项与营业资本分别存储之，但经财政总长核准，得以金库款项之一部分移作存款，该条例实系兼采保管存款主义，按之吾国金融状况，自属适当办法。而财政部，又于民国二年六月，编订委托交通银行代理金库暂行章程，既与金库条例抵触，且与金库统一之用意不符，似宜斟酌尽善之法，妥为厘定。再，现时金库未能遍设，于纳税交款恐有不便，应由金库委托经征官署所在地之殷商号代理，或派员径赴经征官署收纳，以谋缴纳税款之便利。现行金库条例，似应增加此项规定。

第四，各国审计制度，各有异同。英、义等国，皆于财政部内附设审计机关，而欧洲大陆各国，则设独立机关，以司审计。吾国现行制度，纯系取法欧洲大陆各国，然于国情尚有未尽不适宜之处，似应酌加修正。吾国幅员广大，交通不便，而物价生计，又复悬殊，厉行审计，多所困难，所可据为标准者，仅就其报告数目，加以核对，即令往返驳诘，累月经旬，而其结果，未必能得真相，若为实地调查，往返牵延，事实状况，仍难遽为辨别，非亟筹办法，无由得审计之实效，审计机关等于虚设。其办法须于各省添设审计分院，受审计院长之指挥监督，就地审查。分院、本院合为一体，审查结果，效力相同，审计之职责既分，又可免上下机关承转覆核之烦。分院组织，各置审计官一人或二人，协审官二人至四人，核算官若干人，以审计官一人为主任，直隶于审计院长。其中央审计院审计、协审各官，应即分配各分院，经费员缺，虽略有增加，然审计得以实施，财政积弊，庶可祛除。

〔北洋政府财政部档案〕

7. 财政部统计科编:《民国财政纪要》

(1916年4月)

民国财政纪要

第一款 总论

我国财政，自前清末季，甲午、庚子两役，认赔巨款，度支竭蹶，已有不可终日之势。民国初建，事变万端，以言支出，则军政各费愈益扩充；以言收入，则各省解款，悉数停止。政府处于维持困难之中，知非切实整理财政不足以救阽危也。于是确定方针，首谋财权之统一。其著手办法有二：一为各省财政机关之改组，如先后设置各省国税厅及财政厅者是；一为全国预算之编制，曾于中央特开财政会议，令各省选派代表来京与会磋商编制预算办法，三年预算，因以成立，自是各省岁入岁出始有一定之标准。次谋税制之改良。军兴以来，各省旧有税制大都破坏，其积弊尤甚者无如田赋、厘金两种。本部对于此项改革尤为注意。就田赋言，如剔除中饱漕粮，改折编审粮册，筹办经界，其最著者也。就厘金言，如革除陋规，严定比较，裁并局卡，改良簿票，其最著者也。他如契税、牙税、当税、牲畜税等各省税法，向不一律，曾由本部规定办法大纲，或划一章程，通令改良。又，新税推行之成绩，以印花税为最佳。验契费一项，虽非永久之税源，其收入亦颇旺。至烟酒公卖，目前规划，已具端倪，将来成效，当有可期。次谋金融之整理。约分两项，如扩充中国银行资本，以立中央银行之基础，复次第筹设储蓄、实业、农业等银行，以谋人民储蓄心之养成，并农工商实业之发展。又以银行营业之当否，于国计民主所关至巨，特颁取缔纸币条例，以限制官、私立银钱行号纸币之发行，此整理之关于银行者。至各省铸币成色、分量，向不一致，于全国流通滞碍殊多，因筹铸新币，以期划一。各省滥发纸币及军用票流毒社会为患无穷，因妥筹办法，逐渐收回，此整理之关于货币者。此外，如举办内外公债，以济一时之困难；划一金库制度，以固财政之基础，清查官产，谋政费之补充；筹办采金，作金位之准备，均经本部妥筹办法，次第举行，详情分述如左：

第二款　关于预算编制事项

按预算为国家财政之枢纽，东西各国莫不详审核定，以示度支之标准，而立行政之方针，国计所关，至为重要。民国肇兴，财政紊乱，几至不可收拾。二年度预算，收入六万四千六百三十五万八千一百零九元，支出亦如之，而收入中，除拟办公债三万二千八百八十万元系属虚额外，其余如田赋、厘金均比照前清宣三预算核列，亦收不足数，支出则尚不止核定之数，故虽编制告成，并未实行。迨至三年，财政整理稍见就绪，由中央特开财政会议，各省选派熟悉财政人员来京将各该省出入款项，详细讨论，粗具端倪。岁入则切实整顿，岁出则力戒浮糜，由部分省核定，总计三年度全国岁入岁出除省县地方款项剔出另计外，国家预算共计岁入三万七千六百万零六百四十八元，岁出三万五千七百零二万四千零三十元，出入相抵，尚有盈余，所有款项，均属核实，收入较多，支出较少，比诸二年已有进步。四年，因年度变更，只办半年概算。五年，由部根据三年概算，按式编制岁入、厘金及各项捐税，力加整顿，复将中央直接收入，切实清厘，并另行筹办各项新税，连同省、地方各项比较三年约增收九千余万元，总计岁入核定为四万七千一百九十四万六千七百一十元，岁出核定为四万七千一百五十一万九千四百三十六元，由代行立法院议决公布，是为中国预算第一次正式成立。此历年编制预算之大概情形也。

附民国五年度总预算表〔参见内外债部分〕

第三款　关于赋税改革事项内别如左

第一项　田赋

田赋一项，在前清时代已为国家收入大宗。改革之初，旧制变更，收数骤减。厥后，次第规复地丁改征银元,粮石改征折色，各省平余规费，一律化私为公，全国田赋总额较前增加甚巨。据最近各省报告，自四年一月至六月止，除四川、吉林、奉天、热河、归绥、川边六处尚未报明外，各省收入总数已近四千万元。五年预算，田赋经常九千五百九十七万二千八百十八元，临时一百五十八万零六百九十五元，合之田赋附税七百八十八万三千六百七十八元，均赋收入一千五百万元，共计一万二千零四十三万七千一百九十一元。兹将自元、二两年起，本部整理田赋业经举办暨现正筹办各节，分别略述于左：

一、地丁改征银元　前清征收田赋制度，凌乱无章，弊窦百出，而以征银、征钱，辗转折合为舞弊之渊薮。改革以来，本部为划一币制、改良征收起见，已于元年通令各省完纳丁课概以银元计算，在币制未颁布以前，所有银两折合银元办法，另由部酌定公布施行。嗣据各省先后报告，有以钱为本位者，有以银钱并征者，有现正筹议改征者，亦有仍旧办理尚未改征者，而要以遵照部令，一律改征银元之省分居大多数，此地丁改征银元之概略也。

（一）漕南兵米豆草改征折价　前清征收漕粮旧制，纳银、纳米，错杂纷纭，折收、减收，参差变乱。迄于晚清，银贵钱贱，折耗尤巨。改革以来，各省额征漕米等项，次第筹议改良方法，江、浙两省，首先改征折色为全国田赋整理币制划一之动机。嗣据各省先后报告，仿照江浙办法办理者，已占多数，即有特别情形未经改折之河南、甘肃等省，亦均由部饬令，一律仿办。且自漕米改折与地丁改征后，各省田赋收数比较前清旧额增多，不啻倍蓰。据三年度概算所载：直隶增收一百二十万元，山东增收一百五十万元，浙江增收五百余万元，江西、江苏两省，或增收一百三十余万元，或增收一百七十余万元，其他各省亦各增额有差，此漕米改折与地丁改征以后收入增加之概略也。

（一）附加田赋征收费　前清田赋旧制，正额以外，例有平余、火耗、串费、票钱等项，名目既极其纷繁，性质又甚复杂。改革以来，各省改良征收方法，所有平余、规费，非悉行豁免，即涓滴归公，多将收额统于预算列入，另于支出一门列入田赋征收费。迄于三年，本部为整理田赋增加收入起见，通电各省拟将此项征收费全数归公，准于正额以外附加百分之十以内之征收费。嗣据各省先后具复，有遵照部令请酌量加收者，有另筹抵补方法者，亦有窒碍难行仍请照旧办理者，各省办法虽不一致，然既将原有征收费用通饬归入正款，另行加征，腾出正项为数亦属不少，此附加田赋征收费之概略也。

（一）清理各省屯田　各省屯田，据户部则例所载，约计七万五千七百余顷。初，本属于国有，嗣多转为民业。前清末叶，曾有改屯为民之议，迄未实行。当时各省办法，参差不一，有缴价给照，改按民田科则征收钱粮者，有并未缴价给照，仍按屯田科则征收钱粮者，亦有并未缴价给照，而已按民田科则征收钱粮者，负担极不均平，弊害不可思议，此屯田之所以急需整理也。改革以来，各省虽迭次筹议改良，然大都自为风气，未尝为根本之计划。近来本部整理田赋极注意于卫所屯田一项。查自二年秋间，贵州国税厅长请将前清所给屯田执照一律改换新照后，即经通饬各省仿照办理。嗣据先后具复，除奉天称无屯田，无从仿办，甘肃称户籍久淆，未能照办，湖南称该省屯田，只有凤凰等七属，地瘠民贫，声请缓办外，余如江西则于三年八月酌拟缴价给照办法，并规定粮额免收余租，即以所免余租之多寡，定分别缴价之高下，自八元至二元不等，业经批准照办。安徽则将所属屯田已缴价者，自八年上忙起，照民田税则升科，未缴价者，自三年上忙起，即照民田税则升科，免其缴价，税契酌定升科简章，亦于三年六月核准。江苏则据前国税厅张处长条陈整理办法，拟继续旧案，由上则每亩三两，中则二两，下则一两，改为三元、二元、一元，免其纳税，限令各县知事依期催收给照营业，年纳忙漕比照邻田科则，分别改定征收，此清理屯田之概略也。

（一）编审户粮册籍　前清咸、同之际，各省迭遭兵燹，所有鱼鳞号册类皆散失无存，官厅征收丁粮久无确实之准据，以致逐年收数，从未及额，隐瞒飞洒，百弊丛生。改革以来，紊乱尤甚。前据浙省国税厅呈请先从清厘户粮办法入手，以为来日清丈之准备，业经部准照办，并通令各省仿照办理。嗣据先后报告，如湖北则仿照从前推收过户办法，分乡清查，以为正本清源之计。四川则拟就廒册、粮票请予立案。安徽则拟查照湖北章程，先从推收过割着手清理。广东、甘肃两省，现正仿照浙、鄂清赋清粮办法办理。其余各省未据报部，此未筹办清丈以前编审户粮籍册之概略也。

（一）酌加田赋附税　查田赋附税一项，盖以濮阳河工紧要，呈请饬令直隶、山东两省先行筹办，以应工款，当奉批准咨行。嗣因四年收支，未能适合，复经通电各省，一律仿照办理，以济实用。嗣据各省陆续陈复，次第举办，五年预算列七百八十八万三千六百七十八元。

（一）清查各省田亩　整理田赋之道，当分标本两办法，从根本上解决，非自清丈入手不可。现已设立经界局，将来清丈办竣，人民负担平均，收入曾〔增〕加，可操左券。惟现值西南用兵之际，因虑各处清查田亩，致滋骚扰，复由部通电各省巡按使、财政厅，已办者谨慎从事，未办者暂缓办理，此最近清查田亩之概略也。

附民国四年一月至六月止各省田赋收入总数表

民国四年一月至六月止各省田赋收入总数清单

江西	二百四十五万四千三百九十二元二角九分一厘
云南	六十一万三千五百五十二元五角零八厘
贵州	三十九万二千六百四十二元一角□分九厘
山西	一百八十二万八千零七十六元四角零八厘
江苏	五百五十万零二千七百十六元六角九分三厘
京兆	八万二千五百四十八元零九分
察哈尔	十四万二千九百六十一元四角二分四厘
浙江	四百十二万二千九百三十二元一角一分八厘
广东	一百万零三千二百五十八元二角五分
河南	二百三十七万零二百十九元九角四分九厘
陕西	一百零九万七千零十四元三角五分五厘
福建	一百五十八万七千四百四十一元一角八分四厘
湖北	一百四十二万八千二百四十九元六角零一厘
甘肃	四十四万四千四百四十九元七角五分□厘
湖南	一百九十五万六千零六十一元六角零一厘
山东	五百八十七万三千六百六十□元九角六分三厘
安徽	一百八十三万二千三百□□六元零四分九厘

黑龙江　七万六千零七十四元七角□分四厘（内六月份收数未据报到）

广西　七十八万九千六百四十四元五角四分一厘

直隶　三百十三万七千一百二十一元二角一分

新疆　五十六万零六百零九元四角□分八厘

总计三千七百二十九万五千九百九□□元二角八分九厘。此外，尚有四川、吉林、奉天、热河、归绥、川边六处均未报到。

第二项　关税

按关税有二：一曰海关税；一曰常关税。而关税之经征属之税务司，常关税之在海关五十里内者，以辛丑条约之故，亦归税司兼管。自海通以来，进出口之贸迁日趋发达，海关税因之继长而增高，计乙巳以至辛亥年，收关平银多，或三千五六百万两，少亦三千二、三百万两。民国元年，收数至三千九百九十余万两。民国二年，且达四千三百九十余万两。至三年，欧战发生，进出口之货，顿形停滞，收数稍为减色，然是年岁入尚有三千八百九十余万两，较之前清光宣之际，殆过之无不及焉。其五十里内常关税，入民国元年为二百八十八万余两，二年为二百九十余万两，三年则为三百三十八万余两，亦有骎淫加增之势，此海关及五十里内常关收数之概略也。壬寅商约议订海关税则，以十年为修改之期。民国二年适届期满，由部咨商外交部通告各国公使，已得英、德、法、美诸国之赞成。爰通行各关调查物价为修正税则之准备，至三年各关调查完竣，适欧战方殷，未克开议。盖自壬寅以至辛亥，物价之低昂，今昔迥殊，能与外人磋商办到值百抽十，亦固可顿增巨款，即办到确实值百抽五，所增亦已不少，此又关于整理海关税规画之大略也。常关之归部辖者约分三种：一曰内地常关；一曰沿江沿海五十里外常关；一曰京师左右翼及各边关。

清季惟崇文门左右翼及张绥各边关直隶中央。此外常税，均由外省派员经征。民国初元，省自为政，税法益紊。继以赣宁事起，商业凋敝，因陋就简，无可纪述。二年春，部既简派海关监督，即以沿江沿海各五十里外常关归海关监督兼管。迨赣宁事平，乃将内地之淮安、临清、凤阳、武昌、汉阳(现更名新堤关)、太平、夔、赣等关，次第改隶中央，专派监督管理。三年冬，设局多伦，规复前清常税之旧。四年夏，复将旧隶省辖之潼关及辰州、浔州、成都等关，改简监督。是年秋，又将雅安、宁远两关，直隶部辖，而以广元、永宁两关，属之成都，打箭炉关，属之雅安，并将多伦一局，改为税关，以昭一律。至是税系，始益分明，整理乃克就绪。(先是会计年度，以七月一日开始，至翌年六月终止，故常关税收□□成，以七、八、九月为第一结，十、十一、十二月为第二结，一、二、三及四、五、六月为第三、第四两结，四年春，奉令更正，仍以一月一日至十二月三十一日为会计年度）。依照现行会计年分核算，计民国二年，内常税实收五百五十余万元，民国三年，达六百二十余万元，至民国四年，且臻七百七十三万余元。频年递增，月异而岁不同，此常关税入之概略也。至整饬之方，可分四端言之：(一）改订税则条例。则例本沿前清雍、乾旧制，历百数十年，未经修正，百物踊跃，税则已失其半。三年秋，部饬各关调查物价，办理半载，始有端绪。又以各关税率，彼此互歧，爰照海关半税之例，以值百抽二五，著为定率，其已超过此率者，则仍其旧。实行之初，犹虑商情未洽，复由部编纂说帖，布告商民，使晓然于纳税之义务，其新税过重者，并予酌减，各关次第推行。至四年冬，遍观厥成，所未改者，不过江海、琼州等一二关，或以地处进出口货物总汇之区。欧战发现，商务停滞，或以孤悬海岛，形格势禁，不得不需以时日也。(二）革除陋规。前清各关，规费大抵藉口于补平、补色、津贴、书吏等名目，中饱甚多。如担头、蓬斧、印子、届缘等费，命名离奇，尤难胜纪。盖一关之耗，杂有多至数十种者，病商病国，莫此为甚。改归部辖后，节次申令，将各种规费分别裁革，或并入正税，或填列税单，使书役等无所施其伎俩，前此积痼，乃获渐就廓清。（三）厘定税票。各关原用单票两联、三联办法不一致，大头、小尾之弊，层见迭出，故部特为厘定四联单式：以甲联存分局，乙联缴总局，丙、丁两联给付商人。其丁联则仍由商人于经过第□□局截缴汇送原关核对，藉此互为牵制，用资审核□复，通饬各关联合查验，以杜绕越，并订查验单票、税则章程，以资遵守。各关税票，饬令送由省使钤印，复交财政厅长审核推行，以后尚称便利。（四）严定比较。各关旧额，载在前清户部，则例久未修改。额定正税，既非核实，溢征盈余，徒资中饱。光复以后，名为实征实解，官吏藉是因循，榷务遂日以废驰。民国二年，部中特取各关近数年实收平均之数，酌加三成，列为比额，并拟订征收考成条例，以为考核之标准。四年秋，复将盈收各关，加订盈余比额，务期核实比较，既定功过，于以分明考核，有章赏罚，乃资依据。此外，如规复局卡，收回商包，限制官用免税物品，取缔子口三联等税单，皆所以杜浮收，而增课税，此常税整理之大概情形也。

附各关民三实收数目表

各关民三实收数目表

关　别	民三实收数
江海关	二十三万三千二百七十九元
东海关	二十万零九千一百七十元
闽海关	一十万零三千三百六十六元

津海关　　一十三万二千六百四十二元
浙海关　　六万三千三百零三元
瓯海关　　一万三千二百四十元
粤海关　　三十三万三千四百二十五元
琼海关　　九万六千九百元
潮海关　　一十三万九千九百五十三元
山海关　　四十二万五千二百元
厦门关　　一十万零四千一百元
扬由关　　一十九万四千九百六十六元
荆州关　　一十三万一千四百九十九元
芜湖关　　一十三万八千九百九十九元
武昌关　　一十三万八千五百七十二元
新堤关　　二十六万八千六百二十七元
淮安关　　一十四万六千九百三十一元
凤阳关　　二十七万一千八百九十九元
临清关　　二十二万七千四百零四元
太平关　　一十八万零三百三十六元
夔　关　　一十六万四千四百二十四元
赣　关　　六万七千三百二十三元
京师税关　九十九万六千一百三十三元
张家口税关　　一十三万一千九百九十二元
杀虎口税关　　二十七万八千六百零五元
塞 北 税关　　三十六万八千四百一十一元
左右翼税关　　一十五万九千二百一十二元
辰　州　关　　一十五万八千零三十四元
潼　　　关　　七万九千九百八十八元
浔　州　关　　一十一万二千二百六十二元

成　都　关
雅　安　关
宁　远　关
宝　庆　关　　三万一千四百六十六元
多 伦 税 关
统　　　计　　六十二万零一千六百六十一元①

第三项　厘金

厘金一项，创自前清咸丰初年，雷以諴先设局于扬州，胡文忠、左文襄继设局于湘、鄂，于经过货物抽收百分之一，以助军饷，幸著成效。自时厥后，各省次第仿办，军需、政费，多所取资。迨至宣统三年，除奉天、黑龙江两省，向无厘金名目外，预算岁入已达三千五百八十五万余元，为国家收入内之一大宗焉。

民国元、二两年，承辛亥兵兴之后，财权未能完全统一，而各省对于厘金，或此免彼征，或甲轻乙重，办法既不一致，收入亦漫无稽考，整顿之难，百倍往昔，及各省设立国税厅筹备处，于厘金则厘订税则，严核比较，并甄别征收，人员收数，乃渐有起色。而是时裁厘加税之问题复起，厘金一项，多为世人所诟病，政府亦知厘金为不良之税也，特以加税问题，既未能解决，遽将厘金裁撤，则每年国家骤失此数千万元之收入，何以资计授，而济时艰。顾于积弊之余，为利国便民双方并计，是以于三年内有标本兼治办法之通饬。

治本之法，则于厘金中收入额数较大者，如于烟、酒、茶、糖、丝、茧、布疋、药材、竹木、米、豆等类，各省财政厅体察本省情形，选择数种，拟订专章，定为特立之税源，其税率则日用品从轻，消耗奢侈物品不妨从重。如浙江现办之丝茧等捐及江

① 此数有误，实际数应为六百一十万零一千六百六十一元。

苏苏属现办之货物税，即其例也。治标之法则，就原有厘金（除上列各种货物税外），设法整理，以期规复前清宣三原额，而办法则有八：调查现时物价，改订厘则一也；查照近年收数，酌定比较二也；严杜需索陋规及卖放等弊三也；甄别厘局员司四也；裁并冗设局卡五也；限制认捐包厘，以杜中饱六也，严定报解期限及考核章程七也；改良簿票八也。自标本兼治办法实行，复由政府颁布厘税考成条例，严密考核各省厘税，收入增加颇巨，统计现在比额共四千三百七十万余元（除奉天、黑龙江等省）。已超过前清宣三预算之数。四年十二月，复由政府特简大员驰赴各省考查利弊，于无关紧要之厘卡，则分别裁撤。其员司有舞弊者，则从严究治，以期俟加税议定之后，实行裁厘，以惠恤商民焉。

第四项　验契

按验契一项，原为保护人民财产而设，于民国三年一月，颁布条例，每张契纸、契价在三十元以上者，收查验费一元，注册费一角，契价在三十元以下者，不收查验费，只收注册费一角。计自开办起，截至三年十二月止，据各省报告，收入总数多者三百余万，少亦五、六十万，统计共收三千二百余万元，成绩颇著。嗣以验契限期已满，凡逾限之契，有分期倍收办法：第一期收二元二角，第二期收四元四角，第三期收八元八角。验费愈重，人民无力担负，相率观望，各省据报收数，因以短绌。于是本部复于四年三月间，参酌情形，拟定变通办法，通电各省照办。凡逾限之契，大契只收查验费二元，注册费二角，小契收查验费一元，注册费一角。其详准展限有案者，大契照旧办理，小契收验契费五角，将三十元以下，只收注册费之例，即行停止。验费减轻之后，人民投验，益形踊跃，计截至四年十二月止，复收一千六百十余万元，统计前后两年，共收四千八百余万元。兹将各省验契费收数分列如左：

山东	四百七十二万五千三百四十七元零九分三厘
湖南	四百二十三万九千三百八十五元三角
直隶	三百八十五万三千四百零二元一角三分三厘
四川	三百七十二万八千五百二十四元四角九分四厘
河南	三百六十九万零五十九元八角六分二厘
湖北	二百九十一万六千六百九十二元一角一分八厘
江苏	二百七十万四千五百八十一元三角八分一厘（四年十一十二两月未据报部）
广西	二百五十四万一千四百五十四元八角
安徽	二百四十一万一千一百十元一角六分五厘
山西	二百十八万元
福建	二百零五万四千六百二十九元一角七分一厘（四年十二月份未报）
广东	一百九十七万零四百五十元四角六分
奉天	一百九十二万四千八百八十九元三角七分
浙江	一百八十三万二千六百七十一元一角四分八厘
江西	一百六十万八千七百六十七元一角五分九厘
陕西	一百二十三万五千七百三十三元八角九分七厘
甘肃	七十四万六千零六十九元一角
吉林	六十九万一千一百二十七元四角四分一厘
云南	六十三万二千四百十元五角二分五厘（四年十一十二月份未报）
贵州	五十二万八千零六十六元零五厘
新疆	五十一万一千九百六十四元六角八分五厘
京兆	五十一万零一百八十七元八角二分一厘（内四年十二月份未报）
归绥	三十二万七千三百六十五元四角二分（自四年十月

以后未据报部）

黑龙江　二十二万三千五百元二角七分一厘（自四年六月以后未据报部）

热河　十二万五千六百三十二元四角六分

川边　五万七千七百六十六元二角二分二厘

左右翼　五万七千三百元六角

察哈尔　三万零一百五十七元七角七分四厘

总计四千八百零五万九千二百四十六元八角七分五厘

第五项　契税

按契税一项，前清例载，置买田房价银每两纳税三分，又载，如系活契、典当田房契载，在十年以内者，概不纳税，各等语。是买契有税，而典契无税，本有定例。惟查各省相沿已久，征收方法，逐渐变更，甚至买契有按九分征收者，典契有按买契减半征收，或按买契一律征收者，税率轻重，极为参差。宣统三年间，度支部遂奏定契税试办章程二十条，买契照湖北新章收百分之九，典契照湖南新章收百分之六。此外，丝毫不准多收，其从前附收款目，以及加收火耗经费等项为行政及办公费必须之款者，均在此九分、六分内，分别拨还，如此划定，似甚便民。其实税率过重，各省遵照奉行者，仍居少数。民国三年一月间，复颁布契税条例，所订税率，仍沿前清九六之旧。此外，另收契纸费每张五角，其时各省正厉行验契与税契，息息相关，本部恐契税税率过重，人民相率隐匿验契，不免反生窒碍，遂电令各省体察情形，于卖契百分之六，典契百分之四以下及百分之二、百分之一以上，自定税率，报部核准施行，于是有减至卖六典三者，有减至卖四典二者，有减至卖二典一者，而按月递加至卖六典三者，其关于前清白契多系按照验契条例作为旧契，在验契期内，但验不税，以此契税，颇受验契影响。然综核全年收入总数，较之前清仍属有增无减。民国四年三月，本部复以契税税率轻重，主张不一。近据直隶报告，前清自加重税率以后，宣三预算，较宣元大为减收，而民三减轻税率，四月至九月，半年收数，比较民二已赢至六十余万元，几及一倍。证以四川州县放炮之旧习，年年中饱，而民年年乐输，其事不同，其理则一。目前为筹款计，契税宜轻而不宜重，有断然者，遂复拟定办法大纲：（一）契税税率准按卖四典二征收；（二）前清白契均免补税。民国白契，在三年六月以前验明注册者，亦一律免税；（三）应税各契，准于验契后，限三个月缴税，仍照现行税率，将已缴验契等费，在应纳税款内扣除，如逾限缴税，即不准扣验契等费。以上各条办法，业已通电各省照办在案。其有特别情形，不能一律者，仍准酌量变通。经此通行之后，除鄂、奉、吉、黑、新、归绥、热河等省处，仍按九六征收外，其余各省均已一律减轻收数，颇为畅旺。兹将各省三年度预算，并实收数目，列表如左：

省别	三年度预算数	三年份实收数
江西	三十二万零六百一十六元	九万九千零八十二元九角九分五厘
云南	七万七千二百一十四元	七十二万二千一百二十八元八角三分五厘
贵州	九万四千四百八十九元	八十二万二千三百九十元三角八分三厘
山西	八万八千二百八十八元	二十万零八百三十七元三角五分三厘
江苏	一十万元	三十七万八千零三十三元七角三分四厘

浙江	三十七万五千元	四十五万四千九百二十二元八角三分一厘
广东	八十万零一千零三十二元	六十六万三千一百七十四元四角六分
河南	一百六十五万五千零九十一元	九十八万一千七百八十三元四角五分六厘
陕西	三万五千八百三十八元	五万九千四百三十五元七角四分七厘
福建	一十六万九千七百二十三元	三十二万四千三百九十五元九角八分一厘
湖北	四十六万五千四百六十五元	四十六万七千一百零四元五角一分八厘
甘肃	四千五百三十三元	五万八千二百六十三元三角五分二厘（该省本年度概算未列照二年度预算开列）
湖南	三十六万元	八十四万六千四百九十六元零七厘
山东	五十二万零六百三十二元	五十六万五千九百四十七元二角一分二厘
安徽	一十八万八千一百七十一元	三十六万五千四百零二元一角七分三厘
黑龙江	一十一万一千三百四十一元	二十二万三千八百九十四元八角二分六厘
广西	四万三千二百七十八元	二万八千零八元八角八分七厘
直隶	一百一十三万八千八百六十元	一百五十八万二千五百十三元五角四分

新疆	二十三万九千五百九十三元	二万三千二百八十九元六角四分八厘
京兆	一十四万一千二百十九元	二十七万一千四百三十六元二角七分八厘（内系四年一月至六月收数，三年下半年收数未报）
察哈尔		一万七千八百四十二元七角八分三厘（同上）
热河	三万七千零九十七元	二万零五百九十三元六角四分四厘(内系三年下半年收数,四年上半年收数未报)
四川	一百八十八万七千二百一十元	以下四处未据报部
吉林	七十九万八千零七十一元	
奉天	一百四十四万六千九百四十七元	
归绥		
川边		册报未列
总计	一千一百零九万九千七百零八元	八百六十三万六千九百七十八元六角四分三厘①

第六项 当税

按当税一项，创自康熙三年，规定每当铺按年征银五两，或四两，或三两，或二两五钱，载之户部则例者，税则本甚轻微。

① 此数有误，三年分实收数总计应为九百一十七万六千九百七十八元六角四分三厘。

至雍正六年，始设典当行帖规制，凡民间开设典当，均应呈明地方官转详布政司，请帖按年纳税，奏销报部。其因无力停歇者，缴帖免税，所谓税者，但指正税一项而言。迨后，因海防筹饷，或因军需集款，责令各当商于正税外，每座领帖一张，另捐饷银若干，故谓之帖捐。此项捐银，各省有无多寡，原无定率。缘款归外销，向不报部，与正税性质不同，故各依惯例而抽收之。其实领帖手续，各衙署层递核转，规费甚重，于正税、帖捐之外，尚有其他种种之名目，商民甚觉苦扰。光绪十三年，因郑工决口，需款甚巨。户部咨饬各当商按照应交税银数目，预完二十年之课，准其按年扣抵。如有歇业，即由接开之商归还旧商前垫，仍俟二十年后纳税。另开新典者，照常纳税，免其预交二十年课银。光绪二十三年，户部复以当商取利较厚，税额独轻，奏请自是年起，每座按年纳税五十两。其前在郑工筹款案内，预完二十年税课者，仍准按年扣除五两，以扣清为限，此前清历来办理当税之情形也。自民国成立后，本部以典当为大宗营业，典帖收税自应特别加重，以裕税收。惟税率之厘定，等则之区分，必视地方商况之盛衰，营业资本之多寡，以为标准。若必由部颁定划一章程通行各省，令担同等之税务，深恐窒碍，滋多转不适用。遂于三年三月间，电饬各省体察当地情形，设法整顿，自订章程，报部核准施行。现据各省陆续详送章程到部，逐加审核，所订年税税额多系采用累进税法，以地方之冲僻，而定税额之等则，分别征收，多者二、三百元，少亦数十元不等。其帖捐一项，系换领帖照时一次缴纳捐额，视正税尤为加重，将前清规费名目，一律革除。至领帖有效期间，从前并无此项规定，现则依照牙帖办法，一律改定二十年，或十年，或五年，作为期满，所有前清旧帖，至是一律饬换新帖，其所收税款，较之前清颇有增加。兹将三年度预算及实收数目列表如下：

省别	三年度预算数	三年度实收数
山西	三万四千零三十一元	二万二千三百八十三元七角七分二厘
江西	一万五千八百四十元	册报未列
黑龙江	二千零四十二元	一百三十八元八角八分九厘（内系三年下半年收数，四年上半年收数册报未列）
福建	三万七千七百三十四元	二万七千零三十五元九角六分七厘
云南	二千六百二十四元	二千一百九十四元七角八分三厘
浙江	二万七千九百元	八万零八元二角
湖南	四千元	三千九百十二元六角六分八厘
江苏	五万六千四百七十二元	一万三千八百五十四元零四分九厘
湖北	一万五千五百一十三元	二万二千九百四十元三角零八厘
安徽	未列	七百六十九元四角
河南	三千二百五十四元	三千零五十八元九角五分四厘
广东	二十六万四千四百八十五元	三十三万五千七百零二元八角二分
山东	六百四十元	二万九千三百六十一元五角零七厘
广西	三万八千七百八十三元（饷押在内）	一万二千八百三十五元七角零五厘
陕西	六千元	一千零八十七元二角九分六厘
甘肃	未列	一万零三百四十六元五角二分六

		厘
热河	四万六千七百零六元	九百零九元五角四分五厘(内系三年下半年收数,四年上半年收数册未列)
京兆	三千八百一十八元	三千九百八十八元七角七分（三年下半年收数未报）
察哈尔	未列	七十三元八角三分(同上)
贵州	一千一百七十元	以下四处册报未列
直隶	一万八千五百六十三元	
新疆	未列	
川边	未列	
四川	九千五百一十六元	以下四处未据造报
吉林	六千二百八十九元	
奉天	八千八百二十六元	
归绥	未列	
总计	六十万四千二百零六元	五十七万零六百零二元九角八分九厘

第七项　牙税

按牙税一项，前清定例，领用部帖，限制綦严。其后视同具文，弊端百出，或期满不换，或无照私开，辗转牵引,互相影射；或一帖而分设多行，或一字而兼营数业，既为民蠹，复妨税源。各县知事明知前弊，往往私给帖谕，藉端革充，婪取巨资，视为利薮。又有胥吏衙役，从中把持侵渔，以至捐帖、年税，国家所得有限，而其利尽归中饱，官吏取之牙户，牙户取之平民者，为数无穷。现当财政奇绌，各项旧税，均经整理，此项牙税，自不容缓。惟查各省，自光复以后，或饬换旧帖，或创设新牙，办法参差，本应由部厘定划一章程，以资遵守。嗣恐我国幅员太广，习惯不齐，闭门造车，未必出门合辙。至于税率之厘定，等则之区分，尤以生活程度不同，民生负担不一，更难支配咸宜轻重适当。民国三年三月，遂电令各省，按照当地情形，妥拟章程报部，以资整顿。于是有将旧有牙纪化散为整，由本行商人组成大货牙者，有依照旧制稍加改良者，详察各省现办情形，虽经改订新章，陆续领换帖照，据报收数，究属寥寥，仍难保无种种中饱之弊。本部复于四年九月，拟定整顿大纲八条：（一）无帖私开及前清旧帖未换新帖者，均勒令照章领帖；（二）各牙纪前清旧帖，已换新帖，未缴帖捐者，应于五年分一律按等则补缴帖捐；（三）各牙纪常年税则，应比较直隶现行税率切实加增；（四）牙帖营业年限，至多不得过十年。凡从前逾限之旧帖，概行取消，另行缴费领帖；（五）帖捐税率，亦以直隶为适中数，其各省定章，有超过者，悉仍其旧，不及者，应比较加增；（六）领帖、换帖应按帖费百分之二征收手数料；（七）各县田地房产之牙纪，应改名为官中，其缴捐、领帖、纳税等手续悉照牙帖例办理；（八）各项帖捐、年税，应专款存储，解济中央。至直隶牙帖，原限五年，帖捐分三百元、二百五十元、二百元、一百六十元、一百二十元、八十元六等，于领帖时缴之。牙税分一百六十元、一百三十元、一百元、七十元、四十元、二十元六等，每年一次缴之。以上各条办法，业经通电各省照办在案。现据各省详送改订章程到部，所有领帖有效期间均经缩短，定为十年，或五年，其帖捐及牙税两项，仍照各该省地方情形，量为增减。兹将各省三年度预算及实收数目开列如左：

省别	三年度预算数	三年份实收数
京兆	三万一千零一十八元九角六分七厘	一万八千四百元四角三分七厘（内系四年上半年收数，三年下半年收数未报）
直隶	十六万二千二百九十六元	十万零二千六百十六元七角九分
山东	十二万五千七百四十四元	十四万七千六百十一元五角零五厘
江苏	十九万一千二百五十七元	四十万九千五百二十一元九角一分四厘
奉天	四万五千九百二十一元	未据造报
吉林		四万零二百八十六元六角四分一厘
浙江	四万六千零三十六元	十四万一千八百二十九元零九分
湖南	四万元	五万五千七百十二元六角八分三厘
江西	五万二千二百九十六元	册报未列
安徽	一万三千四百二十二元	六万一千一百八十九元七角二分九厘
山西	一万五千二百一十元	三千七百十二元五角九分九厘
四川	六千六百五十八元	未据造报
福建	五千四百二十四元	一万九千一百七十二元五角二分
陕西	八千五百五十五元	二万一千二百七十八元九角五分

		六厘
甘肃	未列	八千三百零五元五角三分二厘
贵州	四百一十九元	册报未列
黑龙江		册报未列
河南	十一万一千五百一十三元	十六万三千一百四十五元七角二分九厘
湖北	四千七百三十五元	十七万一千四百二十元五角八分九厘
归绥	未列	未据造报
云南	三百八十七元	八百三十九元五角一分四厘
广东		册报未列
广西		册报未列
热河		册报未列
新疆	未列	一万六千二百七十六元七角三分三厘
察哈尔	未列	册报未列
川边		册报未列
总计	八十六万零九百六十九元九角六分七厘①	一百三十八万一千三百二十元九角六分一厘

第八项　印花税

印花税创始于荷兰，其后英、法等国继之，转相仿效，遂及全球。其定率之取数至轻，而征税之范围至广，世界各国均认为良好之税源。吾国提议此税垂二十年，只以人民习惯，未曾养成，故施行甚晚。计自民国元年颁布税法以来，二年分收入仅五万余

① 此数有误，三年预算总计应为八十六万零八百九十一元九角六分七厘。

元。三年分四十五万余元。四年分各省册报未齐。据现在报到之数，已有二百七十九万九千余元，其全年收数必可达三百数十万元，此三年内递增竟为一与七、八之比例，其进步不可谓不速。然我国民物殷阜，人事繁赜，现在一律普及此项税收，每年当在二三千万元以上。现值施行未久，尚在萌芽时代，惟有由地方官厅实力劝导，家喻户晓，一面责成警察，随时纠查，俾策进行。至各国侨商贴用印花，葡国政府已电驻京葡使转饬葡商遵办，其余各国亦将次第赞同，是又印花税推行之好现象也。

第九项　烟酒公费

查烟、酒两项，本属奢侈之品。各国税率之重，多有超过于原价以上者，我国烟、酒两税之收入，每年仅数百万元，税率之轻，尚不及十与一之比例，与一般必需品之负担比较，实属有背租税公平之原则。是以政府特设烟酒公卖办法，事属创行，且各省之情形各异，产销之淡旺不同。当上年开办之初，由部制订简章，规定官督商销办法，呈准施行。部中设立总局为全国之总枢，并派员分赴各省设置筹备处，限定以两月为筹备期间。迨至四年九月，除新疆外，各省省局、分局先后报告成立，由部呈请任命局长。各商承办分栈者，亦纷至沓来，推行尚无窒碍，公卖费及押款之收入，至去年年底已达二百余万元。押款为分栈之担保，政府不过暂时为商民保管，不得列为收益。至公卖费一项，预计每年本有二千余万元，尚可逐年递增，惟现值创办之初，恐难如数收足，故本年度预算仅列一千一百六十八万元，业经公布在案。嗣因成效渐著，收入日增，势必稍事扩张，以资整理，遂于四年十二月全国烟酒公卖局由部奏准改为全国烟酒事务署，与财政部划分独立管理。各省烟酒公卖局自改组以来，各省烟酒税捐、烟酒牌照税均次第归并公卖局征收，以谋统一税率，改良征收之手续。现复拟于全国适中地方筹设模范烟酒厂各一所，日来规划，略有端倪，果能克底于成，亦挽回利权之一也。此关于烟酒公卖开办以来兴革之大概情形也。

第十项　牲畜屠宰税

牲畜税为杂税中一大宗，屠宰税又为牲畜税中要项。向来各省办理此事，多不统一，不独省与省异，抑且县与县殊，甚至有漏而不征，征而不报者。本部为整理税收起见，曾经先后饬发牲畜税调查表及屠宰税简章在案。民国四年，各省、处先后将预估收数报部，而亦有迄今尚未详报者，至报解税款到部，惟京兆、福建、江西三省处而已。附各省处民国四年分牲畜税屠宰税预估报解数统计表。

各省处民国四年分屠宰税牲畜税预估报解数统计表

省别	税别	预估数	报解数
直隶	牲畜税	十万元	
河南	屠宰税	八万元	
山西	牲畜税	二十万元	
陕西	牲畜税	七万元	
甘肃	牲畜税	十三万三千两	
	屠宰税	六万元	
奉天	牲畜税	四十二万元	
黑龙江	牲畜税	十二万元	
江苏	牲畜税	二十六万元	
安徽	牲畜税	一万元	
浙江	牲畜税	五万元	

续　表

福建	牲畜税	十万元	二万一千六百四十八元
云南	牲畜税	十万元	
广东	牲畜税	二十二万三千元	
四川	屠宰税	一百四十万元	
江西	屠宰税	四万元	二万元
贵州	屠宰税	七万六千元	
热河	牲畜税	三万元	
察哈尔	牲畜税	二万二千八百元	
川边	牲畜税	五万五千元	
京兆	屠宰税		一万一千九百六十八元

第四款　关于公债之募集及其沿革事项、内别如左：

第一项　外债（参见内外债分册）

第二项　内债（参见内外债分册）

第五款　关于银行整理事项

按银行为金融最要之机关，整理之道，刻不容缓。本部成立伊始，首将中国银行资金扩充（查中国银行创设于南京政府时），并厘定中国银行则例，经参议院议决，由临时大总统于民国二年四月十五日公布施行。复于民国四年十月一日酌加修正，定为股分有限公司，资本总额为六千万元，计分六十万股，每股银圓一百元，政府先行认垫三十万股，余数由人民认购，认购总额超过三十万股时，得由政府酌量情形，将认垫股分分期宣布售与人民。现在该银行已根据则例，招募商股，营业日有进步。

该行所设分行号，除云南、广西、甘肃、新疆、库伦尚未开设外，其余各行省均已一律推设。现在计有分行十八处，分号六十处，汇兑所及兑换所一百零七处(详载附表)。该行所获特权，一为发行兑换券；一为经理金库。现在该行所发兑换券，大半以新国币兑现。凡在新币推行地方，均可一律通用，除东三省情形不同尚未发行大银圆、兑换券外，其余各省币制渐归一致，官民交便，信用日增。至金库现已完全归中国银行接管者，计有中央与直、鲁、闽、皖、宁、晋、吉、蜀、黔等省。其他省分，或以地方交通不便，骤难遍设，或以滥票整理未完，未便接收，将来循序渐近，一律接收，统一财政之基础在于此焉。又，新华储蓄银行系由中国、交通两银行合集资本银一百万元，于民国三年十月十一日经本部呈准试办，开幕以来，零星存款极形踊跃。并于是年十月十一日呈准该银行试办有奖储蓄票，第一期一百万张，每张十元，共计一千万元，不数月，即已售罄。现在该行营业稳健，成绩尚属可观。

此外，本部因振兴实业起见，曾酌拟中国实业银行章程，并农工银行条例，于四年八、十两月先后呈奉大总统批准照办。查中国实业银行，现已改名华国实业银行，定为股分有限公司，资本总额为二千万元，其中公股、商股各半，公股由中国银行担认，并先行筹拨二百万元，业经呈明在案。至商股一项，计愿附股者已达一千一百万元之多，现陆续认股者，尚络绎不绝，将来成效，当有可观。而该行营业区域注重在东三省及长江一带，拟于北京设立总行，前两处设立分行，于东三省方面，则以发展垦务，扶持农产物之酿造事业及交易为主旨；于长江方面，以建设货栈，设立物产交易所，维持各种工业为主旨，现已筹议妥协，策划进行。至农工银行亦定为股分有限公司，资本额定为十万元以上，以一县境为一营业区域，在一营业区域内，以设立一行为限。如有特别情形，得由该管官厅详请本部核准，将一县分为二营业区域，或二县合为一营业区域，业于部内设立筹备处，并在京兆通县、昌平两处筹设农工银行，以为模范。各省请设者，亦源源而来，将来裨益实业，必非浅鲜。

至国中私立银钱行号为数至多，本部整理方法，先从调查入手，曾于民国元年间制定调查表式，通饬各省财政厅、银行监理官会同各处商会，将所有私立银钱、行号，按照规定格式，分别填注汇详本部；一面咨请各省巡按使转饬道尹、县知事商同办理。现在该项表册陆续送到者，已积至盈尺，其尚未注册者，咨请转饬补行注册。综计民国以来，经部核准注册者共五十四家，其资本总额共二千九百余万元。但调查表只填一次，而金融界之变端，转瞬即异。于是又订定银行财产目录出入对照表各一种，令每六个月填送一次，俾取材维新，真相易见，且新旧叠出，足资比较，此调查私立银行之大概办法也。

银行公共事宜，向由钱业公所办理，但组织多有未善，于办理交换票据及救济市面恐慌等事，往往措置乖方，商业受其影响。本部于四年八月间，特订定银行公会章程十七条，凡具有规定资格之银行，均得入会，举出一人为会员，其会长、副会长，即由资本较大银行之经理、钱业公所领袖、董事及商会总、协理中选任之。并设董事五人至七人办理银行公共事宜，以预防金融市场之恐慌，并经理票据交换所及征信所等事。此改定银行公共事宜之大概办法也。

私立银行发行纸币，本非良制，但积习既久，未便即行废止。查前清度支部曾奏定通用银钱票暂行章程，凡新设之官商银钱行号，概不准发行纸币。其业经发行者，限期收回，原有整理纸币之意，无如日久玩生，几成虚文。现本部仿照从前英、德由多数发行改为单独发行之办法，订定取缔纸币条例九条呈准公布，大致系准官私立银行暂发纸币。惟发行数目须以条例公布，最近三个月所发纸币，平均数目为限，不得增发，此项纸币，必须筹足五成现款，其余五成准以公债票作抵，随时由部限期收回，并随时派员，或委托他机关实行检查。此限制各银行发行纸币之大概办法也。

第六款　关于货币改革事项

整理币制为我国切要之图，除改定金本位问题关系根本大计尚须妥为筹划，非斯篇所能叙述外。兹将辛亥以还，本部对于新币之推行及滥币之收回两项，分述如左：

甲、新币之推行　我国币制紊乱，由来已久。中外咸称不便，官民交受其累。察其原因，率由前清末，造视铸币为官有营业，计较盈余，冀增岁入，而反以供给人民需要视为缓图，以致各省厂局相率纷立，藉口筹款率意鼓铸，重量参差，成色歧异，而币价愈不一律，币制之坯，莫可名状。本部以为欲求币制改良，首在统一铸币机关，从前各省设立厂局，有应行撤并者，有应收归部辖者，经部斟酌缓急，分别处理。如苏州银元局，福建、浙江、山东、河南、清江浦等铜元局，均经裁撤，并将旧有机器等项，分别饬由津、宁两厂取运备用，而宁、粤、鄂、川、滇、奉等厂，自是仍归部辖，即重庆铜元局，湖南铜元局，均先后由部派员管理矣。铸币机关，既有限制，而监督各厂，整理厂务，自不可缓。于各厂局之鼓铸铜元者，购铜必经核准而后行，铸数必遵部定之限制。且津、宁等厂停铸铜元，以防铜元充斥之币。于各厂之鼓铸银元者，除奉、川、滇三厂，仍照旧鼓铸外，自民国三年起，首饬造币总厂鼓铸壹元新币，复先后饬行宁、鄂、粤三厂赶速鼓铸新币。此壹元新币祖模，均由总厂颁发重量七二成色，八九公差，均千分之三，各厂一律办理，不得稍有歧异。然犹虑厂自为政，而无以表示国币之信用也。于是，部设总稽查一员，化验师若干员，总稽查不时由部派赴各厂认真调查铸务及一切账目，据实报告，以防弊于未然。独至开办暨有重大事务时，该稽查必会同各该厂长筹办一切，以慎重于临事，各化验师分担平验各厂所铸新币之责，各厂每日铸币分批送部平验，中、交各行收到各厂新币，亦分批送部平验，以资印证，是以各厂新币均能保持信用，商民乐用，币价无跌落之可虑，上海各种龙洋之市价，因此取销，只列新币及鹰洋两种，市价其信用可知也。本部又虑各省行用新币，价有低昂，或奸徒毁损新币信用，于是通行各省长官严禁药水洗蚀及敲凿新币等弊，并咨由交通部分别减免新币运费，以平其价格。然又虑铸数不多，而无以应全国之需要也，于是，一面饬由中、交两行赶收旧银元，交厂换铸，不足，即交生银订铸，以充足铸本。一面饬津、宁、鄂、粤四厂，除截至上年十二月止，已铸成新币七千一百余万元不计外，民国五年全年，该四厂应共铸成二万万元，合以上年七千余万元，共计二万七千余万元，较之旧币流通全数二万六千余万元，实有过而无不及也。以年铸二万万元之数推之，则新币流通，各省藉以破除用铜元、银两之习惯，当不难矣。又各省行用旧银元，向分畛域，其非本省所造之银元，往往须贴水行用，甚至有屏绝不用者，中外商民均苦其不便。自壹元新币发行以来，曾一再咨饬各机关到处一律通用，不折不扣，并由各地方长官饬属遵照，并出示晓谕官商军民人等一体知悉。然犹虑公家无提倡之方，而空言不足以征实效也。于是，一再通行各省，凡官款收支均应酌用新币，商家计算亦应以银元为标准。年余以来，新币随铸随发，南北各省，一律通行，价值一律，绝无参差。现中、交两行发行代表该币之兑换券，在南北各省通都大埠，相互之间，一律兑换，不复贴水。此本部划一新币逐渐推行之大概情形也。

乙、滥币之收回　军兴以来，各省滥发纸币为数颇巨，其尤甚者，为广东、四川、湖北、湖南、江西等省政府，知非设法整理，无以谋币制之改良也。于是，确定收回之策计，现在业已全数收回者，有广东、江苏、浙江、安徽、直隶五省，其余各省，有已定办法，正在实行者，如黑龙江官帖，拟以官银号及广信公司所收赢余，分年收销。贵州纸币，则由中国银行借款一百五十万元陆续收回；四川军票，已由该省筹足，准备自发新票二百万元，收换余数，亦向中国银行借款收回，有现拟办法，将次施行者，陕西则以变卖官产；江西则拟发省公债，由中国银行代售，以所得之款为收票之用；湖北、湖南则拟矿产余利，划成充用，滥币如果廓清，于推行新币更易奏效。此本部逐渐收回各省滥币之大概情形也。

第七款　关于国库筹设事项

查统一金库为整理财政之要图。本部因于民国元年拟具金库条例草案呈奉明令颁布施行，复于奉颁财政厅办事权限条例内加入经征各款，均须解交金库之规定。旋由本部于民国三年三月、六月两次电饬各省巡按使、财政厅将办理金库情形详细声明，并饬银行速行筹设分库各在案。两年以来，中国、交通银行筹设分库，至为认真，而各省财政机关亦复奉行甚力，故各省金库今已渐有统一之势。据最近各省报告到部，现在办理情形，概可分为四类：一为金库已由中国或交通银行接收者，凡十七省。次为中国或交通银行已设分行号，而金库尚未接收者。又次为中国或交通银行，并未分设行号，而金库事宜由官钱局，或省银行代为办理者。其余各省均附设于官署，此其大略情形也。本部现拟统一金库顺序，以中国或交通银行已设分行号各省先为着手，而以未设分行号各省，向有代办金库之机关者，次之。至官署金库，俟以上两项次第实行后，再行改组。要不外斟酌实际之情形，以定开办之先后而已。

附中国银行总分支库一览表

中国银行总分支库一览表（民国四年四月二十日订）

- 总金库
  - 天津分金库
    - 保定支金库
  - 上海分金库
  - 汉口分金库
    - 沙市支金库
    - 宜昌支金库
  - 南昌分金库
  - 长沙分金库
  - 南京分金库
    - 下关派办处
    - 清江浦支金库
    - 镇江支金库
    - 苏州支金库
    - 扬州支金库
    - 无锡支金库
    - 徐州支金库
  - 山东分金库
    - 青岛支金库
    - 烟台支金库
    - 滕县支金库
    - 济宁支金库
    - 周村支金库
    - 惠民派办处
    - 临沂派办处
    - 潍县派办处
    - 临清派办处
  - 河南分金库
    - 周口支金库
    - 漯河派办处
    - 信阳派办处
    - 彰德派办处
  - 京兆分金库
    - 察哈尔分金库
      - 丰镇派办处
    - 归绥分金库

- 总金库
  - 吉林分金库
    - 长春支金库
    - 哈尔滨支金库
    - 依兰代理店
    - 密山代理店
    - 延吉代理店
    - 榆树代理店
    - 珲春代理店
    - 宁安代理店
  - 奉天分金库
    - 营口支金库
    - 安东支金库
    - 锦县支金库
    - 铁岭支金库
    - 大连支金库
  - 黑龙江分金库
  - 福建分金库
    - 福州支金库
    - 厦门支金库
  - 广东分金库
    - 琼州支金库
    - 汕头支金库
    - 江门支金库
  - 浙江分金库
    - 宁波支金库
    - 绍兴支金库
    - 嘉兴支金库
    - 温州支金库
    - 湖州支金库
    - 兰溪支金库
  - 山西分金库
    - 运城支金库
  - 重庆分金库
    - 泸州支金库
    - 成都支金库
    - 五通桥支金库
    - 自流井支金库
  - 贵州分金库
  - 安庆分金库
    - 大通支金库
    - 芜湖支金库
    - 蚌埠支金库
  - 陕西分金库
    - 三原支金库

总金库一

分金库十九〔二十〕

直辖支金库二

共计　合共七十九处

支金库四十二

派办处九

代理店六

第八款　关于官产清查事项

查各省官产，综其种类，可分为五：一、沙田。江苏崇明等县，据报共有沙田一百六十万亩，该处沙田，邻户私占，豪强兼并，积弊甚深，业经饬令分等缴价给照管产。广东沙田，亦据财政厅详送清佃清理章程，已饬迅速妥办。二、屯田。各省屯田，久失清厘。据江西财政厅详请改屯归民，并拟缴价给照章程，当经通行各省参酌仿办，仅就江西一省，据报共五千八百二十四顷，将来办竣，收数当有可观。三、营荡。各地：苏省海州、淮南、泰属三处约九百万亩，均已设局开办，定为分等分期缴价办法，平均每亩一元，当可办到。四、驿站。各地：吉奉之驿站，随缺、晒网、贡山等地，据报约值二千万以上，业饬分别变价，从速举办。五、垦务。以热、黑、察、绥等处为大宗，我国西北一带，旷野未辟，亟应提倡垦牧，以辟富源。黑、察等处，向由该省设局丈放，流弊滋甚。现由部派员督率办理，整顿之余，稍有起色。此外，如京兆之主熟荒地，浙江之旗营地，湖北之马湖青山，广东之大河堤岸，均已陆续推行，妥为清理。上年官产入款报解京部之数，共为七百万三千八百六十八元以上，海城壕丈放局暨赣、浙、鄂官产处收数为最巨。本年预算官产总额定为一千七百万元。奉、粤、吉、苏四处列数较多。惟清理官产，固在择要变价，以增入款，尤当按照性质分别存留：一、学田之有关教育者；二、营房、营地之系乎军事者；三、官署之合于公用者。凡此三种，均经通饬各省，一律保存，造册送部备案。此办理官产之大概情形也。

第九款　关于采金筹办事项

各国货币，以金为本位，我国独使行银币。金银比价涨落无定，国际贸易既蒙损失，国内经济弥形疲敝，识者知非采用金制不可也。然若一旦决然实行金制，而无巨额生地金，以资鼓铸，则临渴掘井，何所取材。本部有鉴于中国货币，将来必趋于金制，须预筹储金，以为实行之准备，而储金之法，莫急于开采内地固有之金矿。三年蓄艾，百年树木，毖后惩前，稍纵即逝，应由国家调查产金之区，实力经营，分投并举，藉濬利源，此本部附设采金局所由来也。采金局于民国四年六月成立，置总办一员，秉承总、次长筹划处理采金一切事宜，置技师、文牍主任、调查主任、筹议员、办事员若干人，分任局务，共订章程十三条。其主要办法大别为三：(一)凡金、银、铜各矿，已经各省官办者，得随时监察考核，如应行扩充整理，得由部派员接收；(二)凡商民所办之矿。足供铸造货币之用者，得酌量情形，订收买矿砂办法；(三)凡地方新发现之金、银、铜、铅、锡、镍等矿为铸造主辅各币所必需者，由部筹拨资本，择要开采。以上大纲既定，即以调查为著手筹划之初步。除各省已经开采之著名矿区，由部特派专员前往调查外，其未经发现之矿产，或已经发现尚未有人著手开采，或已经开采，而兴废无常，或开采而成效已著者，并咨由各省巡按使责成地方官吏一一查明，克期列报，俾克统筹全局，以策进行。嗣查黑龙江一省产金饶富，旧有金厂五处：曰漠河，曰库玛，曰观都，曰奇乾，河纯为官办，其余庆沟一厂，则为官商合办。查从前官厂办法，率就民间已开之矿，官为领照抽收金砂。其官商合办者，按丁抽金之法，亦与官厂相同。近年以来，产金之额，年达十万两以上，公家所抽金砂为数无多，所产金砂，矿丁多以低价出售，流入邻境，大利外溢，殊为可惜，业由部呈请就黑龙江省适中之黑河地方设采金局，派局长一员，责成规划，收采金砂，运储粮货，改良化炼一切事宜并派驻厂监督一员，责成轮赴各矿产地驻厂监督工作。照此办理，每年收入较之现在当增倍蓰，公家增加大宗巨款，国内保存多数现金，于币制前途，裨益实非浅鲜。又，吉林金矿最多，而三姓尤为著名之金矿，现于该省设立采金局，并派员为局长就近详细调查，以图扩充，俾收实效，此本部对于黑、吉两省设立采金局筹划进行之大略情形也。又，查云南、东川产铜之丰，甲于天下，其官厂所在地，如汤丹、落雪、民麓、因民、巧家铁厂等处，尤为著名，佳矿每年所产净铜，解京约在二百万斤内外。民国已还，官厂废弛，遂归东川矿业公司接办，资本既不充足，成效亦未大著。兹由部呈请大总统规复旧制，简派大员前往接收，并精密勘查计算，由部拨款扩充，开采改良化炼，俾该厂所出紫铜练成足色，备各省鼓铸铜元之用。若能杜绝洋铜输入，裨益实非浅鲜，此本部对于云南铜矿收归官办之大略情形也。再湖南铅锑各矿，极为优良，上年十二月间，湖南财政厅厅长陶思澄兼办该省官矿，于水口山铅矿附近之龙王山，加开吊井，出砂极旺，水口山所出之铅砂，亦较前增加一倍，两处共计每年约在十万顿左右。此外，官矿之附属分处，则有平江金矿、会同金矿、新化锑矿、宝庆锑矿、江华锡矿、常宁练厂、长沙堆栈等处，及其他官产所有权之矿地，又多至数百处，亟宜特别注意办理，以扩利源，由财政、农商二部呈请大总统简派大员前往督办。嗣因该省官矿余利，专为提拨该省公亏收回纸币之用，自应暂仍旧贯，责成该省巡按使兼任督办，迅速进行。至于湖北矿产，不亚于云南，经本部特派调查员陆续据报，若牛头山、李家山之铜矿，龙角山之银铅等矿，封山峒之铜铅等矿，烈马回头暨苞茅窳之煤矿，均经验明，确为佳矿，亦由财政、农商二部呈请简派大员督办，并饬该省官钱局筹备款项，以充资本，将来所获矿利盈余，先尽储为该局纸币准备金之用，实一举两得之道。此本部对于湘、鄂两省官矿呈请简派大员督办，以资整理之大略情形也。
中华民国五年四月　日

〔北洋政府财政部档案〕

8．赋税司转交国务院函关于刘星楠等提出财政质问书请签注付

（1916年12月9日）

阜字第二七九六号

赋税司为移付事：准国务院函开：准参议院咨，议员刘星楠等提出关于财政质问书一件，希速拟签复咨院，以凭转咨。等因。查原质问书内有关于贵司主管之件，相应抄录原书，付请分别签注移付过司，以凭核办。此付泉币司

附件

民国五年十二月九日

质问书

近时财政方面，有种种不可解之现象。例如各省征收税款机关不同，有设局征收者，有归县署征收者，有以田赋归县署征收以货厘归局征收者。夫县征、局征暨县局分征（河南系县征，四川系局征，吉、黑两省则县局分征），固各有利弊，而揆以两利取重，两弊取轻之义，自当折衷一是，决不应听各省之自为风气。至厘金、统捐、烟酒公卖等，是抽税，并非有统捐及公卖之实，何必巧立名目，以增糜费，而滋中饱，此不可解者一也。征收为财务行政之一部，须有一定学识，一定资格者，方可为之。乃查各

省征收局所率为财政厅，位置私人之地。否则，督军、省长之亲戚故旧税驾之所，其间纨绔、驵侩、营卒、里胥，色色皆有，甚或挂名食俸，并不到差，一岁之中，其人数易，履历半系伪造，来去可以自由，以致弊混积欠，挟款潜逃之事，层见叠出。本省长官既弥缝而不以上闻，中央政府亦虚予委蛇而不加深考，此不可解者二也。中、交两行，同为国家银行，同负代理国库之责，去岁曾见诸公报，根本上已属误谬。而何款应归何行收管，并不明定界限，使两行任意竞争，尤为有乖政体。乃各省司财政者，复以中、交之代理为不便通挪，而别设省银行、官银号、官钱局等，以司出纳，如安徽、奉天等省。夫国家无确定金库，则收入支出，其数目之赢绌暨收支之是否适法，政府均无凭考核。故前岁有金库条例之颁布，今则遵守与否，一任各省自由，此项条例是否当有效力，此不可解者三也。币制局之设立，时阅数年，而金本位、银本位之争议，当未决定，其原因复杂，犹可言也，乃制钱与铜元并行，铜元与银元兼铸，如湖北、四川等省均尚大铸铜元。究竟何为本位币，何为补助币，未有规定，已极纷扰，而铜元与银元原定以百枚当一，今涨至百三四十枚当一，何以依然鼓铸。又各省自出之银票、银元票，种类繁多，已大为币制之障碍，而行使钱票省分，何以仍听其随时发行，政府绝不加限制，湖北之台票，吉、黑两省之官帖，均尚随时滥发，此不可解者四也。以上四端，关系中国财政者甚大。在昔，人治时代，如何办理，尚有一定标准。今则由人治而求法治，而于此四端，转听其日即紊乱不加干涉，窃恐财政之统一既已无望，而法治之前途益不可期。究竟政府对此四端是否尚有统一之计划，谨据院法提出质问，务乞详明答复。

提出者刘星楠

连署者陈铭鉴　杨　渡　宋　桢　田永正　蒋举清

赵世钰　王靖方　刘彭寿　噶拉增　尹宏庆
张鲁泉　荣　厚　李汉丞　刘成禹　范振绪
徐承锦　王用宾　李耀忠　程莹度　李文治
王凤翥

〔北洋政府财政部档案〕

9. 龚心湛胪陈财政困难酌订整理财政办法呈暨大总统指令

（1919年2月21日）①

呈为沥陈财政困难情形，并酌拟整理方法，恭呈仰祈鉴核事：窃维理财之道，经纬万端，举要言之，不外开源节流而已。前清季年，清理财政，粗树基础，民国继起，政体虽有变更，国家收入并未减少。追至近年，国家多故，各项税收因之亏短，而临时军费日见增加，以致收支相抵不敷甚巨。新五年度预算原列收入四万一千余万元，支出五万一千余万元，计不敷一万余万，当经国务会议议加收入六千余万元，议减支出四千余万元，岁入岁出均定为四万七千二百八十三万八千五百八十四元，勉使收支适合，提交国会，未经议决。旋以院部名义通行京外作为定案。按诸实际，收入既不能照增，支出亦未能照减，预算并未完全实行。六、七两年度预算，收入因军务而益绌，支出则因军务而日增，不敷之数，计在一万数千万元以上。值地方兵燹之余，重以灾荒，迭见民生凋敝，喘息未苏，而年来新增税款，如烟酒、印花、验契等项，业经次第推行，不遗余力，人民担负，本已重于前清，若再议增加税捐，无论竭泽而渔，非勤恤民瘼之道，纵欲暂救眉急，而脂膏已竭，文告徒劳，零星朘削而来，为数綦微，有碍税源，无

① 系大总统徐世昌指令日期。

裨国用。至欲兴办实业，亦必俟地方安静，国家财力充裕，筹有大宗基金，方可著手办理，目前，尚非其时。是今日而言，开源实无源之可开，无已仍以节流为先务。中央为全国模范，诚能将收支之款，先行彻底清厘，然后本此方针，推行全国，风声所树，整理非难。是以民国三年，钧座综持国务，试办概算，即先从中央入手，行之半载，成效大著，仰稽硕画，允宜遵循。请先就中央言之，行政之道，经费固须撙节，统系尤贵分明，中央各机关经费均由金库开支，而收入则多不报解，相沿已久，实与国库统一之义未符，应请责成中央各机关长官，将所有收入，悉数报解金库，按月开单，咨报本部，以备稽考。一面由部将各征收机关认真考察，剔除弊窦，恢复原额，此收入之宜整理者也。民国三年，中央政费每月由部核发二百余万元，军费每月核发三百余万元，近则政费每月增加七十余万元，为数已不为少，军费经常一项，月须七百余万元，比较三年，计增四百余万。自西南用兵以来，又加临时军费五百余万，经、临两项，共须一千二百余万元。而中央每月收入关税，既担保债息解款，则纷请截留，所恃以应付者，仅盐余一项，平均每月约得三四百万元。此外，中央直接收收，如烟酒、印花、官产等项每月解部者不及百万，以三四百万之收入，抵一千五六百万之支出，其何以支持。此外，每月由部直接应付债款尚有二三百万元，而外省纷向中央请款接济，又动成巨万，在请款者，追呼急切，固出于迫不得已。在本部罗掘已穷，实在无可应付，不得不恃短期借款，以资周转，而债款又日见增多。近则国际情行迥异曩日，并债款亦借无可借，不求救急之方，决非持久之道。最近增支之款，自以军费为大宗，现在大局渐臻底定，所有国内军队，自应由陆军部确订裁减办法，以资收束。至于行政，一方面亦不无可省之款，近来骈拇机关林立，各处人浮于事，资格既不足以限人，进取遂毫无标准，往往有一司一科所能办之事，亦复铺张扬厉，多立名目，追加岁费，无有已时。一人而兼数差，廪禄愈丰，而奔竞之风愈炽；一事而分数处，经费弥巨，而丛脞之弊弥深。应请责成各机关长官破除情面，切实裁并，以节糜费，此支出之宜整理者也。总之，吾国财政窘迫至此，危险已极，若不亟图补救，破产即在目前。人虽至愚，未有不顾惜自家，迨至国已破产，家何能保，与其苟安旦夕，各便私图，卒至同归于尽，何如忍痛须臾，相勉刻苦，或可转得生机。中央目前办法，既以整理收入与支出为入手，尤赖外省军民长官，公忠体国，同时并举，互相维持，渐复民三之旧额。庶各省之收入有余，乃可以解济部库，中央之库储稍裕，乃不致延误要需。行之一二年，元气渐苏，国事大定，然后再采量出为入主义，酌增一二新税，以为厉行新政，振兴实业之需。心湛谬膺拔擢，忝掌度支，莅任以来，目睹现状难支，心所谓危，不敢不告。谨沥陈财政困难情形，并酌拟整理方法，是否有当，伏乞大总统鉴核示遵。谨呈。

八年二月二十一日奉指令：呈悉。准如所拟办理，即由该部通行遵照。此令。

〔北洋政府财政部档案〕

10．财政部维持中央财政意见书

〔1919年5月〕①

窃维国家财政之盈朒，每随国内之情形为转移，政治经一度

---

① 此件无日期。据文内“短期借款清单日期”及南北和议破裂后三个月字样，应为1919年5月。

变迁，财政增一重负累。相因而至，理无或爽。我国近三十年来，因甲午之战，而借各种洋款，因庚子之役，而认各国赔款，此犹迫于外患使然也。至若内变，自辛亥以还，癸、丙、丁、戊，频年多故，外债不足，继以内债，一次不敷，重以数次，以有限之财源，应无穷之事变，安得而不匮哉！财政艰险，至今极矣。当沪上和会开议之初，举国士庶，喁喁望治，佥以和议告成有日，可谋财政根本整理之方。乃阅时三月，又遭停顿，而中央财政几陷于山穷水尽之境，瞻顾前途，隐忧曷极，尝谓与其胶柱鼓瑟，无宁改弦更张。丁此时会，机不可失，亟应先图中央财政维持之方，根本既固，枝叶自茂，庶几循序渐进，可睹全国收支均衡之效。兹将中央财政不敷之实情，艰窘之近状，前途之危险，挈其纲领，分别叙述如左：

一、中央财政不敷之实情　中央财政，入不敷出，在昔已然。惟出入悬殊，未有甚于今日者。就支出言，清季中央直接发放之款，每月约三百万两。民国初年，为数略同，癸丑之役，增为五六百万元，丙、丁之间，又增为七八百万，去年骤增至一千五百万。近虽竭力撙节，分别裁减，各路军队附属之输送卒及临时各费，每月出款，尚在千二百万以上。政费计三百零六〔八〕万余元，普通军费计五百七十万余元，特别军费计三百零二万余元，边防及各处协款计十六万余元，共一千一百九十余万元。就收入言，清季中央专恃各省协解各款，勉足支持。民国初元，解款虽停，以出款较少，尚易筹措，兼有内外各债，以资挹注。癸丑之后，除盐税余款外，各省专款、解款增至五千万元以上，而官产、验契、烟酒、印花等入款，尚不与焉。丁戊以还，频年多故，收款益绌。近则每月入款，除盐税余款约三百五十余万元外，其他如专款、解款、官产、印花、烟酒公卖、津浦货捐等项仅七十二万元，以收抵支，月亏七百七十余万元，此中央财政不敷之实情也。兹将中央各月收支表附列于左：

中央每月收支数目清单

收入　共四百二十二万元（另有清单）

支出　共一千一百九十五〔七〕万六千零七十四〔五〕元七〔五〕角六分二厘（另有清单四）

相抵不敷共七百七十三〔五〕万六千零七十四〔五〕元七〔五〕角六分二厘

中央每月收入各款数目清单

解款	一十五万元
专款	一十五万元
官产收入	一十七万元
印花税收入	五万元
津浦货捐	一十万元
烟酒公卖收入	一十万元
盐款	三百五十万元

以上共计四百二十二万元

中央每月支出政费数目清单

外交部所管		共二十三万四千九百一十五元
第一款	本部经费	三万八千六百四十二元
第二款	出使经费	一十九万六千二百七十三元
内务部所管		共四十万零七千三百九十三元四角三分
第一款	本部经费	六万四千四百九十五元二角六分七厘
第二款	步军统领衙门经费	九万四千元
第三款	护军管理处经费	七千三百九十六元
第四款	京师警察厅经费	一十八万零零一十九元八角三分

第五款	京畿警备司令部经费	一万五千元
第六款	保安警察队经费	一万二千元
第七款	内外城官医院经费	五千八百七十元
第八款	警官高等学校经费	三千二百三十八元
第九款	游民习艺所经费	三千元
第十款	古物陈列所经费	一千元
第十一款	筹备国会事务局经费	一万一千一百三十五元
第十二款	中央防疫处及绥远分处经费	一万零二百三十九元三角三分三厘

财政部所管　共一百八十五〔七〕万零八百六十三元四角六分三厘

第一款	大总统公费、年俸、交际费	一十万零四千元
第二款	公府顾问咨议薪俸	九万六千八百元
第三款	公府洋员顾问薪俸	七千五百二十六元零二分七厘
第四款	公府执事人员薪俸	二万四千元
第五款	公府前军事办公处人员薪俸	一万元
第六款	公府卫侍武官及翊卫处经费	三万二千八百三十二元
第七款	公府指挥处经费	一万三千零三十六元
第八款	公府警卫队经费	一千一百六十一元
第九款	国务院经费	五万三千二百五十六元
第十款	统计局经费	一万一千零七十八元
第十一款	法制局经费	一万七千九百八十六元
第十二款	铨叙局经费	九千四百七十七元

第十三款	印铸局经费	九千元
第十四款	洋员顾问薪俸	一万一千五百五十元
第十五款	战后经济调查会经费	十万元
第十六款	外交委员会经费	二千元
第十七款	财政委员会经费	二千元
第十八款	善后讨论委员会经费	二千元
第十九款	财政部本部经费	五万九千三百二十八元
第二十款	印花税处经费	二千九百二十七元
第二十一款	公估局经费	六百元
第二十二款	清查官产处经费	七千五百二十六元
第二十三款	公债局经费	四千一百元
第二十四款	洋员顾问经费	七千七百二十六元
第二十五款	平市官钱局经费	三千三百三十三元三角三分
第二十六款	农工银行筹备处经	一千六百一十九元
第二十七款	补助青年会经费	费四百一十六元六角六分六厘
第二十八款	补助巴黎通信社经费	二千五百元
第二十九款	补助财政讲习所经费	六百元
第三十款	补助亚洲文明协会经费	四百元
第三十一款	参众两院经费	三十七万三千七百五十元
第三十二款	审计院经费	四万二千零六十九元
第三十三款	平政院经费	一万八千六百零七元
第三十四款	蒙藏院本院经费	二万一千九百八十五元三角一分六厘

第三十五款	蒙藏学校经费	二千九百五十六元五角
第三十六款	招待所经费	五百元
第三十七款	王公廪饩	五万四千六百三十三元六角四分九厘
第三十八款	喇嘛钱粮	一万零八百六十元零零九分二厘
第三十九款	清史馆经费	一万三千九百八十四元
第四十款	文官高等惩戒委员会经费	二千零八十三元五角
第四十一款	司法官惩戒委员会经费	一千九百二十三元三角
第四十二款	侨工事务局经费	四千五百二十元
第四十三款	水灾河工善后事宜处经费	三千九百元
第四十四款	币制局经费	一万三千元
第四十五款	全国烟酒事务署经费	二万六千元
第四十六款	皇室经费	二十五万元
第四十七款	京旗兵饷	四十一万八千二百一十五元四角六分
第四十八款	密云旗饷	三千八百九十四元零八分四厘
第四十九款	东西陵旗饷	九千二百零三元五角三分九厘
司法部所管		共一十二万五千九百八十九元六角
第一款	本部经费	二万七千元
第二款	大理院经费	一万八千四百九十二元六角

第三款	总检察厅经费	六千元
第四款	高等检察厅经费	九千二百元
第五款	地方审检厅经费	二万五千元
第六款	监所经费	一万八千四百九十七元
第七款	修正法律馆经费	一万二千元
第八款	司法讲习所经费	五千元
第九款	翻译法典会经费	二千元
第十款	捕获审检厅经费	二千八百元
教育部所管		共二十四万一千七百九十二元
第一款	本部经费	四万元
第二款	北京大学校经费	五万三千四百元
第三款	法政学校经费	九千四百五十元
第四款	农业学校经费	七千八百四十元
第五款	医学专门学校经费	九千四百八十三元
第六款	工业学校经费	一万零七百四十七元
第七款	高等师范学校经费	三万零八百一十六元
第八款	北京师范学校经费	五千一百元
第九款	女子师范学校经费	八千四百元
第十款	美术学校经费	二千三百四十元
第十一款	分设机关经费	一万四千九百三十三元
第十二款	留学经费	一万四千九百三十三元
第十三款	补助地方学务经费	三万一千三百五十元
第十四款	国史编纂经费	三千元
农商部所管		共八万八千七百九十八元
第一款	本部经费	五万元
第二款	全国水利局经费	七千二百元
第三款	江淮水利局经费	二千元

第四款	权度制造所经费	八千元
第五款	各项试验厂经费	一万五千一百四十四元
第六款	农林传习所经费	一千元
第七款	观测所经费	七百元
第八款	权度检定所经费	八百三十八元
第九款	劝业场经费	五百元
第十款	地质调查所经费	一千四百一十六元
第十一款	两广矿务督办公费	二千元
交通部所管		共一十一万五千四百一十元零三角
第一款	本部经费	七万六千七百一十三元
第二款	育才费	三万八千六百九十七元三角

以上共计三百零六〔八〕万五千一百六十一元七角九分三厘

中央每月支出军费数目清单

陆军部所管		共五百一十九万二千三百七十四元一〔九〕角二分九厘
第一款	本部经费	七万八千零六十一元九角一分三厘
第二款	参谋本部经费	五万元
第三款	陆军部直辖各机关经费	三百八十九万五千四百八十八元六角八厘
第四款	陆军大学校经费	九千四百元零零二角
第五款	测量学校经费	六千四百一十四元
第六款	航空学校经费	七千九百九十九元
第七款	测量局经费	一万零零四十一元
第八款	制图局经费	六千零三十元

第九款	驻英、美、日武官经费	五千八百四十三元三角三分一厘
第十款	水路测量所经费	一千七百一十三元
第十一款	俄边调查经费	二万一千元
第十二款	督办参战处经费	二万零八百八十元
第十三款	将军府经费	五万零八百零五元二角五分
第十四款	第十五师经费	一十八万五千零五十七元三角六分七厘
第十五款	第十六师经费	二十二万九千四百七十二元二角五分二厘
第十六款	毅军经费	二十二万七千六百七十元零四角
第十七款	安武新军经费	三十万元
第十八款	东三省巡阅使署经费	三万元
第十九款	长江巡阅使署及小轮经费	二万一千九百九十九元一角三分三厘
第二十款	长江巡阅副使经费	五千元
第二十一款	绥远新骑团经费	二万四千九百九十八元四角七分五厘
第二十二款	察哈尔巡防第四路经费	四千五百元

海军部所管　　共五十一万二千七百六十二元

第一款	本部经费	三万四千四百元
第二款	直辖各机关经费	四十七万八千三百六十二元

以上共计五百七十万零五千一百三十六元一〔九〕角二分九厘

中央每月支出特别军费数目清单

陆军部所管		共三百零二万四千零一十六元八角四分
第一款	曹经略使所部	三十四万零一百八十三元六角八分
第二款	第二路张总指挥所部	一十四万二千三百五十元
第三款	湖南张督军所部	一十六万八千五百五十元
第四款	湖北王督军所部	六万一千七百五十元
第五款	吴总司令所部	二十六万一千零六十元
第六款	福建李督军所部	二十一万二千五百元
第七款	第八师经费	四万五千五百元
第八款	第十一师经费	五万一千五百元
第九款	第二十师经费	五万一千五百元
第十款	管金聚所部	三万元
第十一款	冯玉祥所部	四万五千二百元
第十二款	朱泽黄所部第五混成旅饷	五万元
第十三款	川军改编第二十一二两师经费	三十万元
第十四款	振武新旧军饷	一十万元
第十五款	童副司令所部	七万八千二百元
第十六款	张锡元所部	三万六千一百元
第十七款	王永泉所部	二万一千五百五十元
第十八款	第九师赴闽混成支队经费	一万三千三百元

第十九款	奉军经费	六十四万九千五百四十三元九角六分
第二十款	各兵工厂加造费	二十四万五千元
第廿一款	参战独立团及西北边防炮步两旅经费	一十二万零二百二十九元二角

中央每月支出边防经费及各省区协款数目清单

第一款	库伦公署经费	五千七百元
第二款	科布多公署经费	三千四百元
第三款	恰克图公署经费	三千二百二十元
第四款	乌里雅苏台公署经费	三千七百二十元
第五款	唐努乌梁海公署经费	三千七百二十元
第六款	驻印办事长官经费	二千元
第七款	绥远协款	二万元
第八款	阿尔泰协款	二万元
第九款	热河协款	六万元
第十款	新伊协款	四万元

以上共计一十六万一千七百六十元

二、中央财政艰窘之近状　近日中央财政出入相抵，月亏七百余万元，已如上述。而军政各费既须按月支给，势不得不筹弥补之方。欲商借外债，则欧美资本家鉴于时局尚未统一，未能遽允投资。欲发行内债，则各地屡经兵燹，民力未纾，承购亦难踊跃。不得已，一面向各银行商借近期借款，前后共欠一千五百五十一万元。一面关于各项军费，时有短发，共欠九百四十万余元，苟且补苴，勉为支持。惟此种办法，只可敷衍一时，近已陷于困殆之境，四面楚歌，无可为计。且各银行实力不厚，既难续借。而短期借款，利重期迫，转瞬即须归还，军事各费，短欠既多，又须设法付给，左支右绌，周章万状，此中央财政艰窘之近状也。兹将各银行短期债款表及积欠各处特别军费表附列于左：

中外各银行短期借款清单（截至八年四月十九日止附本国银行垫款）

交通银行借款	银元十七万元
又	银元一百零四万元
中孚银行借款	银元七十万元
又	京钞四十万元
中国银行代借款	银元二十万元
大生银公司借款	银元七十万元
又	京钞五十万元
汇业银行借款	银元六十六万元
大陆银行借款	银元二十万元
金城银行借款	银元十万元
金城银行借款	京钞十万元
金城银行借款	银元一百三十万元
华通银行借款	京钞五十万元
盐业银行借款	银元十万元
盐业银行借款	银元一百三十万元
盐业银行借款	京钞三十万元
五族商业银行借款	银元二十万元
新华储蓄银行借款	银元九十万元
春华茂银号借款	银元五十万元
大中银号借款	银元五十万元
中法实业银行借款	银元八十万元
华充银行借款	银元一百万元
信富银行借款	京钞二十万元
北京商业银行借款	银元五万元

世合公银号借款	银元二十万元
东陆银行借款	银元六十五万元
华孚银行借款	银元四十万元

以上共计银元一千一百六十七万元，京钞二百万元，约合银元一千三百零七万元。

垫款

本国银行垫款	银元一百八十万元
又	京钞三十四万元

连前项借款共计一千五百零〔一〕九〔十〕万元

七年五月至本年三月积欠各处特别军费清单

计开

曹经略使署所属各地经费	二百四十一万三千零八十五元
张宗昌所部各项经费	八十八万八千八百五十九元三角
湖北王督军临时费	十六万一千五百五十元
福建盐营各项经费	十八万七千五百元
福建第十四混成旅经费	二十六万零八百元
福建李督军临时费	十二万二千二百元
王汝贤所部第八师军费	二十八万三千七百元
李奎元所部第十一师军费	十六万一千七百元
范国璋所部第二十师军费	三十万零一千七百元
管金聚所部临时费	六万元
冯玉祥所部军费	十三万五千六百元
朱泽黄所部第五混成旅军费	三十五万元
川军改编第二十一二十二两师经费	一百三十五万元
龙巡阅使所部各项经费	一百十五万九千七百零五元

童副司令所部临时费	十五万四千六百元
张锡元所部临时费	五万四千九百元
王永泉所部临时费	八万三千元
第九师混成支队临时费	三万九千九百元
汉阳上海德县各兵工厂加造费	一百二十三万三千五百四十五元二角六分五厘

共计九百四十万零二千三百四十四元五角六分五厘

三、中央财政前途之危险　中央军政各费，不仅指北京一隅而言，凡长江南北直辖各军队及部辖各机关，均在其内，固不待言。而目前军费既多，积欠银行借款，又多愆期未偿，势将发生左列事项：

（甲）军实匮乏　军费不能按月照发，则士有饥色，势必愈欠愈多，深恐发生变端，不能维持地方秩序，则情势之岌岌当更有甚于今日者。

（乙）金融停滞　所借各银行短期之款向供市面周转之用，观于近来银根日紧，金融停滞，可知其故。倘财部到期不偿，银行失其调节，运转不灵，势必牵动各界将呈金融骚乱之象，其弊有不可胜言者矣。

综上两端，倘不早日补救，将来愈演愈烈，急转直下，必陷于至危极险之地，可以预卜。盖不仅本国人民未能高枕，即欧美侨居各地之人民，亦将直接以受其祸，而列邦在华之商业，亦必受其影响。彼时秩序全乱，挽救维艰，其难较今日奚啻百倍焉。

以上三端，系中央财政之近况。异日南北和议告成，固当统筹全国财政，增加收数，核减支款，以求收支之均衡。确立根本之计划，而在议和进行期中，亦应筹一维持目前中央财政办法。现在中央政府支持财政备极艰难，际兹过渡时代，惟有一面商借债款，一面发行内债，用以流通金融，维持秩序。同时，实行节流之法，以资补救。兹分二项如次：

（甲）撙节政费　近年欧美学者，盛唱简政之说。盖鉴于政治之繁复与政费之糜滥，欲矫其弊，以养民力也。吾国自辛亥以还，力仿他国，复杂之政治政费随以膨胀，致陷财政于困难之境，自当力事撙节，以纾财用。首在归并官厅。官厅之设，原为施行政务而设，今则同属一事，分设官署，骈指赘疣，徒糜国帑，自宜裁并划一，以节糜费。次在裁减官吏。官多为害，系世界各国之通病，而吾国受毒尤深，长官一经更迭,员司随以骤增，冗滥之弊，内外一辙，亦应考核成绩，分别裁留。以上两端，系撙节政费之要纲，亦节流之一端也。

（乙）核减军费　民国初元，拟练陆军为五十师，为巩固国防之用。乃近年以来，时事多故，师旅日增，统计南北陆军已逾百师，连同军事机关所需经费，约需二万五千万元，以视胜清季年殆逾一倍有半。现在南北行将统一，自应力图收束，以节饷糈。第一步，先裁各路军队附属之输送卒；第二步，取销前敌各军临时军费；第三步，裁去各营空缺兵额；第四步，各军汰弱留强，实行改编，用以恢复民三军备之旧观。凡向属中央各师旅，其驻扎外省者，所有军饷最近两月暂归中央拨发，以后改由驻扎省分筹款支给，藉纾中央之财力。

以上所述，系维持目前中央财政之法，将来时局统一，当须另谋根本善策。依据近年之国情，确立财政之基础：第一义，求全国收支实际之适合；第二义，勿使国债充经常经费。苟能贯彻斯旨，财政基础，庶可赖以巩固。所愿全国一致，赴的以求，持以毅力，示之诚心，锲而不舍，久当生效。此则财政前途之幸，抑亦国运昌盛之兆也。

〔熊希龄个人全宗档案〕

11. 靳云鹏[1]不同意财政总长收束军事办法呈

（1919年8月）

大总统钧鉴：敬呈者：窃奉发阅财政总长密陈：军饷短发原因，并财政窘迫状况，请召集会议文一件，附折四扣，焦思衡虑，语重心长。其关于收束军事办法，尤属详明剀切。云鹏共膺国务，怵目时艰，苟利邦家，义无二致。惟本部原定计划及经过事实，有与原呈折可互相参证者，谨为我大总统缕晰陈之。复查呈折之中，所称办法，约分数事：一曰，缺额停募；二曰，划定军区；三曰，裁遣无械之兵；四曰，撤回前方军队；五曰，裁减增支各款。其为次第，本极井然。惟是前方各军零星散扎，缺额之数，本自难稽。云鹏前于阁议，主张减二成：一、以杜虚额之弊；一、以为归并之谋。较之停补，实进一筹。其时归部直辖之在湘十一师等，均已有电遵办，缺额较少者，且议裁现有之兵以足之，乃以欠饷无法清偿，因之遂生顿挫。一师如此观望，随之迁延至今，坐失机会，此其一也。军区制度，本为久远之规。民国以来，屡闻倡议，所以未见实施者，盖以牵于旧制，更始为难，丧乱未平，中央威令有所不能至也。今如创行此制，当合全国，而筹入手之方，必先废督。际此南北互峙，拥纛自雄，消弭之方，苦于无地，撤藩并郡，能否施行，此其二也。裁兵一事，云鹏于受任之初，即经详细计划，先裁输卒，次及补充，再及正式各师旅，以规复五年度兵额为标准，迭陈前席，仰荷钧俞。迨提出裁输卒案，应需欠饷一百零八万余元，除财政部专案拨到十五万元外，迄今尚未清结。各师旅长，始以未发裁费，本皆视为过苛，经本部一再

---

① 靳云鹏时为陆军总长。

坚持，皆已奉行无异。乃以款不应急，时有哗噪之虞，陈诉纷来，竟无以应。又以曹使裁遣稽查、宪兵各团营，因待饷几生波折。于是统兵人员对于本部裁兵之令，不能不有所怀疑。现第一步虽勉强集事，而赓续办理，断非空言能策进行，此其三也。湘、闽、陕现驻军队，其复杂莫甚于湘。然自今夏以来，其撤退者，已有奉军三旅，鲁军一团之数。惟以和议中梗，变出无方，两方互让，则其事易行。一方独留，则其谋难测，现在南军之内，号令不一，节制不行，或因饥寒而图掠地方，或因私利而隐谋割攘。本部为军事计，使无保障，何敢冒昧从事，致失机宜，指日和会重开，应请国务院接洽办理。此外，内部牵掣，亦匪一因，应候临时，始能酌定，此其四也。以云临时各费，计自云鹏到任，减去者每月且近二百万元，增支之数，十不啻一，非经呈奉钧批，亦系提经阁议，最大之数，无过于赴蒙军队所需。他如近日遣散龙军之款，皆视原欠有损无增，谨缮清单，恭呈省览，此其五也。至原呈所称，搭放公债库券本为财政部最要之救济政策。本部自接来咨，即召各省军事人员来京协议，其时皆有难色，而本部一力主持，上月中旬曾拟办法十二条，咨商财部。嗣于搭发三成之议，虽经据咨复准，而于六七月欠饷，仍声明陆续凑筹，将来搭放实行，必致附搭之债券可以如期，而应放之正饷仍前拖欠。本部信用固将扫地，各军官士曷克自存。且各省饷银多由财厅直拨，今如同驻一地，归部辖者，搭放三成，归省辖者，仍支十足。轩轾显然，何以善后？尤应先事加以考量，此其六也。要之财政大源，本以开源节流为标本，二义节流之大者，无过于收束军队。云鹏虽黯，亦所深知。本年次长张志潭赴沪讨论裁兵意见之时，云鹏谆谆以力任节缩为属，前案具在，足以证明。惟养兵需款，裁兵尤需款，忍痛于一时，节用于以后，此于治标之内，仍为治本之方。今如无款，而议裁兵，纵有能者，何自着手。元、二年之已事，可逆数而知也。现在欠饷山积，各军兵士怨望已深。即使议裁，亦必先有以安其心而息其怨。近日各处来电，如兴和之抢掠银行，湖北之一连自溃，闽省之军至于死者无资藁葬。吴佩孚所部，至于私物典卖一空，即拱卫公府之第十五师及第十六师，未发饷亦将三月，积薪厝火，其象日危，一发燎原，变在肘腋，设使旦夕之间，遽生不测，其于大局，讵所忍言。窃以为国家存亡之机，盖无危于今日者也。财政总长原呈，亦谓统一延期，流无可节，老成之见，适中事情，明知筹款万难，罗掘俱尽。然析骸易子，及今尚有一息之存；瓦解土崩，届时将无补救之术。欲求根本解决，其如时不我待何。倘能忍死须臾，延至和局稍定，则撤回之兵当先退伍，腾出之额归并重编。需款无多，得数必巨。所有计划，胥可推行。利害相权，似非甚窘。兹为目前之计，就本部所管直辖军队月饷及前方各军队临时薪饷酌拟至简之数，另折缮呈钧定。在本部力图节缩，实已心力俱穷，财政部得此腾挪，所望如期拨付。倘再照前延欠，恐非笔舌所能维持，云鹏之愚，不敢逆睹也。区区征悃，伏冀隆裁，率直之愆，惟候谴斥，专上。敬叩钧绥。

〔大总统府档案〕

12．国务院检送整理财政计划说帖致参陆办公处函

（1920年9月26日）

国务院公函　第二千三百二十二号

径启者：公府交大总统发下整理财政计划说帖一件，奉批：交院处及内务、陆军、财政、交通、农商各部。等因。到院。除分行外，相应抄录原件，函达贵处查核办理可也。此致

参陆办公处

中华民国九年九月二十六日

整顿财政计划

中国自改建共和以来，屡经政变，徒有破坏，而无建设，因之国家元气斫丧无余，人民幸福牺牲殆尽。此次直奉军兴，安福派倒，全国人民方若大梦初醒，渐知注意国事，而群起研究建设之方矣。

吴佩孚将军，首倡国民大会之议，多数政团及各省学生咸乐赞之，他如北京学生联合会、留东中国学生团、上海商界联合会等皆各条陈善后方策，宏议谠论颇多，可采兹择。其关于理财者六项，摘录如左：

（一）裁遣冗兵，撤废督军；

（二）整顿田赋、厘金、关税等项，不得以田赋抵借外债；

（三）预算案，一经国会核定，必须恪遵勿渝，特别费宜有限制；

（四）借款合同，悉应公布；

（五）政府各种收支账册，应许国民查阅。审计院务须审核其各项用途之当否？而分别准驳之，不得有所徇纵；

（六）增加教育经费。

各界人士尚有类似右列各条之建议，果能一一施行，中国可谓具备民治之精神矣。英人博克氏曰："一国之民治愈昌，则其人民对于纳税之权保护益力"。中国诚为民治之国，则应许人民监督政府之财务。同时，培植国家经济的基础，量增税课以补支出之不足。一切用途，务求有益于大多数之人民，方能名副其实。兹本此旨，研究上述各条，其原建议案中所叙之事实，或数目间有与官书不符者，则依官书更正之。合并声明：

（一）裁遣冗兵

裁兵之议，倡于前北方议和总代表朱启钤氏。其整理全国计划书中载称：民国七年，时全国陆军共一百二十九万人，年支军费二万零九百万元，而边防军四师、西北军四混成旅及七年后添募各军尚不在内。又查历年预算册，军费一项，占全国岁入（连内外各债）总额百分之二十九至五十七。上年军费五倍于全国财政费，二十五倍于司法经费，四十倍于教育经费，八十倍于实业经费。一切要政尽皆废弛，而孜孜焉专务战备。为对外作战耶？则中国现与外国并无战事，为维持国内秩序耶？则军队愈多地方之秩序愈乱。是不过以国家岁入之半与无数公帑，并典质国家产业，以供各省督军之作威作福，而使全国永呈分裂之象而已。此种政策，可谓之曰：军国主义或普鲁士主义。然德国当欧战之前，其人民所受之牺牲，尚不如中国之甚也。

夫各省督军之养兵，原欲扶植其一己之势力。故无论何省督军，只有增兵以自固，决无自愿裁减者，犹之大战以前，欧洲各国对于弭兵之说无肯置信者也。今苟欲打破藩镇割据之局，并减缩军费之支出额，应速废除督军制，而截去现有军队之半。嗣后，各省军队统归中央节制，勤加训练，使成为真正捍卫国家，维持地方之劲旅。其被裁者，可使浚河、筑路、垦荒、开矿、制造，俾不致流为匪徒。所需经费，即以现在养兵之费充之，则化无用为有用，而百政俱兴矣。

（二）改良税则

昔日，田赋为政府收入之大宗，今则关税、盐课同占重要之地位矣。兹将历年田赋、关税、盐课、印花、烟酒各税收数，列表如左：

税别	年别	收入数目
田赋	元年份	七千九百万元
	五年份	八千二百万元
	八年份	九千三百二十万零六千三百九十七元

盐　课	三　年　份	七千三百六十万元
	六　年　份	八千二百七十万元
关　税	二　年　份	海关八千四百万两
		常关五百七十万两
	四　年　份	海关八千六百七十万两
		常关七百四十万两
印花税	元　年　份	五万七千五百六十一元
	三　年　份	四十七万一千九百十五元
	四　年　份	三百六十四万七千三百六十九元
	五　年　份	二百零二万一千零五十四元
	六　年　份	二百五十二万六千六百二十二元
	七　年　份	二百七十七万九千一百三十一元
烟酒税	四年份(半年)	一百五十四万二千四百零二元
	五年份(川、滇、黔、新疆、川边等处收入不在内)。	六百四十一万零五百七十二元
	六年份同上	六百三十万四千五百八十四元
	七年份同上	五百九十四万六千八百三十六元

他如房捐、地捐、所得税等，皆可推行。果能切实整顿税制，则政府可不必仰给于外债矣。

（三）尊重预算

行政部往往于会计年度将终时，始将是年预算案提交立法部，且所列收支各数，每与其实数相差甚巨。事后复随时更改，并不提交国会审议。今民国九年已过半矣，而只五年有预算案。其中一年，尚系前清末年所造者。兹将各年收支数目列左以资比较：

年别	收入数目	支出数目
民国元年	三五〇，八五九，九八二元	三二八，三七九，三八五元
二　年	五五七，〇三一，二三六元	六四二，二三六，八七六元
三　年	三八二，五〇一，一八八元	三五七，〇二四，〇三〇元
五　年	四七二，一二四，六九五元	四七一，五一九四，三六元
八　年	三九八，七四〇，四五八元	六四七，六一九，七八七元

预算不敷之数，至超过岁入百分之七十，诚足骇人听闻。究其原因。则军费占岁入总额过半故也（上年预算军费占岁入总额百分之五十七）。且实收之数，往往与预算之数相差甚巨，一切财务遂几无标准可言。兹将历年田赋、关税、盐课三大项实收之数与预算之数，列表比较如下，其余可以概见矣。

税别	年别	预算数	实收数
田赋	民国五年	九七，五五三，五一三	八一，九三七，〇四一
关税	民国二年	六八，二二四，二八三	七四，四七九，六四八
	三年	七九，四〇三，〇五七	六八，六一九，一七一
	五年	七二，三四六，三一四	六七，四〇〇，八四八
盐税	民国三年	八四，八七九，八七三	七三，六三九，七九一
	五年	八四，七七一，三六五	八〇，四五九，〇〇七

就目前情形而论，各机关编造预算不能准确，不足深责。今所以表而出之者，益欲使众人咸知此种预算方法之不良，而亟亟从事改革也。否则，此种预算案，即使提交国会，亦居毫无价值；纵得通过，不足谓国会遂有监督财政之实权也。按照立宪国通例，一切度支应如何恪遵预算，乃中国对之绝不置意，支出超过预算之数，究为若干？不得而知。但秘密借款与收入之匿而不报者，

足供政府之滥用矣。然支出超过预算之弊，较之收入不及预算之数，流毒尤甚。盖收入不及预算数目，仅属于政府之计算不精，或收入因意外情事不能足数之故。至若支出超过预算，是为不遵预算，靡费公帑。充其极，则为弥补亏空计，必致以天然富源押借外款。是以借款用途务须公布也。

（四）外债

前中国政府顾问威乐贝氏，近著一书，曰：“外人所得于中国之权利。”内有中国外债表一纸（日本秘密借款不在其内）。其中所列各款，可与政府发表之长期外债表，贾士毅氏所著之《民国财政史》及国务院之统计月刊等书，互相参证。兹将其总数分类汇列于左：

铁路借款

英金三千四百九十九万二千零五十镑，

日金七千一百七十三万六千七百五十圆，

法金三千二百十一万五千佛郎，

美金一百万元，

墨金三百万元，

俄金五千万卢布。

矿山及各种实业借款

日金一万一千四百万元，

英金四百万镑。

以上固未必全系秘密借款，但几无一依公开之方式。订结者往往契约订定，款已用罄，而民间尚不知其事。且不交国会批准，即使交议，亦必于各种手续完竣后始行之。按照约法，借款与预算案，应一律先交国会核准，方能有效。况预算案内，只列国家收支之一部分，而近年秘密借款与秘密军费、党费为数甚巨，皆不列入其中，预算制度之不良已属可笑。倘使内幕尽揭，则其黑暗更可想见矣。是以必须有一真正代表民意之国会，以监督中央及各省行政机关之滥借外债也。

（五）审查账册

按照审计通例，各机关每月因公支出款项，按月造册送交审计院审核及届会计年度终了时，再行查核其与原预算案是否相符。其月报册，限于每月终结后十五天内送院，年报册则由各部汇送，其日期以会计年度终了后八个月内为限。并须于每月五号以前，将是月支出预算书送核，除铁路收支归特别会计外，各机关均须遵照此项定章办理，每款必须附以单据，如因特别情形而无单据者，则须加以说明。似此规定，不为不善，所惜审计院毫无实权，审计人员未得相当保障，是以不能认真办理。民国三年六月十六日，虽有明文特别规定审计院之权限，如查有官吏滥用公款，无论其是否侵吞，得经大总统之允准，请予惩处。如此办法，在理当可防止一切弊病，然实际上绝少援用之者。盖往往有所顾忌，而不敢发也。故欲期审计院恪尽其职，必须使之完全脱离行政部而独立，不为政治势力所牵制，并安定审计人员保障法。审计院长非经国会弹劾不得免其职。换言之，即如以保障法官之法，保障审计人员也。果能照此办理，则审计人员必克尽其职责，且国会既有弹劾审计院长之权，则责有所归，亦必不轻徇纵，然后国民毋庸直接审查政府之账册矣。

（六）教育经费

全国教育经费，仅及军费四十分之一，前已略言之矣。兹将历年支出总预算案内，规定教育经费所占之数，依百分比例列表于左：

民国元年	占百分之二强	计约七百四十万元
二年	占百分之一强	计约六百九十万元
三年	占百分之一弱	计约三百三十万元
五年	占百分之三弱	计约一千二百八十万元

八年　　占百分之一强　　计约六百八十余万元

夫以全国四百兆之众，未受教育者，如是其多，而每年教育经费仅占岁出总额百分之一至百分之三。无怪举二十二行省及四特别区，只有学生三百余万名（按民国三年教育部统计报告），尚不及全国人民百分之一。本年教育经费亦不及支出总额百分之一，而军费则占百分之三十八。仅豢养实数不及百万之游兵，平均计之，每年养兵一名之费，足敷学生一百十四名之学费，即解散冗兵一师所省之费，以培植一百余万之学生，或足以供四五所大学之开支。故为培植民智计，中国至少应以豢养边防军四师之费，充作教育之用也。

以上各节，中国政府果能尽行采用，则财政必有起色，窃愿当局者加之意焉。

奉批：交院处及内务、陆军、财政、交通、农商各部。

〔北洋政府参陆办公处档案〕

13. 国民财政大会第一次宣言

（1922年2月15日）

宣　言

人类生活之根据，无他，曰：财产而已矣。人类聚积而成国家，国家命脉之所在，则在一国之财政，其他机关之组织，皆依此而存立者也。考世界各国之历史，首皆少数强横者流，欺蒙国人之耳目，任意处分一国之财权，驯至全国反抗，激而出于不纳租税，卒以产生良好之国会。国会之职权虽多，而最要精神之所在，不外审查预决算、监督政府之财政耳。前清末年，国势凌替腐败，官吏垄断政权，专朘削国民之脂膏，以供少数人之挥霍。国人愤极，起而与政府为难，要求开设国会。国会不得结果，至于革命，而产出崭新之民国。民国之既立也，方谓国家财政从兹整理，而国民生计渐次至于繁荣，可昂首以立于世界国际间矣。岂知民国十年以来，两度国会，无病殇亡。渐至今日，南北对峙，兵连祸结，灾祲流行。人民颠连困苦，生气既已断绝，而正式国会之成立，尤不知发生于何时。乃丧心昧良、卑鄙龌龊之徒，乘时迭起，盗窃财权，利用国会未开，在财政上有一隙可以肥其私者，无不明目张胆以为之。甚至巧立名目，倒行逆施，凡人类普通意想所不到，言之使人虢立，几不信人间世有此恶劣种类之举层见迭出，应有尽有。虽至微员末吏，但与财政当局有一二关联，以与之勾结，莫不腰缠数十万，或数百万以去，不顾断绝国家之生命，杜塞国民之生路。只图赡一人之身家，长一人之子孙，甘心为外国人之奴，以为异日犹太人或印度、朝鲜人之预备。呜乎！吾国民之不幸，遭此弥天之祸，至于今日，而已极矣。本会揭其罪状，不论其他。但就其营私舞弊，蠹国殃民，而为人所共见共闻者言之。

一曰外债。吾国外债额，积至今日，已达二十万万有奇。每次借债必有回扣若干，分入财政当局之私橐。回扣欲求其多，则不惜迁就外人之条件，除重息减收损失债款外，且断送主权无算。借债一次，则主权断送一次，驯至万劫不复，而当事者数世吃着不尽。质而言之，是财政当局暗与外人勾结，以主权交换金钱。人得主权，而彼得金钱，为其卖国分赃之唯一方法。故近年财政当局之资格，必以能借外债为标准。欲与何国借债，又以能与何国人勾结为标准。否则，债权债务，各守规律，无论何人皆能举办，安得有某也能，某也不能之区别乎？又安得有某也接近某国，某也不接近某国之区别乎？亡国奴之资格，国人皆得指认之。此关于外债之营私舞弊，蠹国殃民者一。

二曰内国银行借款。外债丧失权利，国人皆得指摘，且担保物品，抵押殆尽，举办巨额之外债，一时无所施其伎俩。于是减少债额，零星借贷，转以诡诈之手腕，施之于内国银行。夫内国银行借款，原多系外资之化身，徒以形式稍异，未便责其丧失主权。然其瘠公肥私，骇人闻听，其损害利益,实与丧失主权无异。兹摘一二言之：如滥发之国库券，原系贪赃手段所发行。结果无款可兑，价格低落，每百圆或仅值一二元。若遇内国银行借款，银行先与财部勾结，收买此项国库券，搭收一大部分。又，即以所借之款若干，存入本银行，以为确实之担保,加以奇重之利息。经手之报酬，来往两度之汇水，金银票现之折算，名目既多，盘剥日巧，实际交款不过半数，甚或十之二三。故每次银行借款，必先有特别预约，自表面观之，债权、债务，契约成立，而一部分之国帑，已走入当事者之私囊，欺瞒神鬼，手段通天。试观近年财政当局，有一无关系密切之银行者乎。人谓银行借款永无偿期，结果仍是损失。岂知财政当局之密切银行，当其离任之前，借垫均经清偿否，亦有确实之保押。须知财政当局之侵盗，朋分既已不鲜，而银行方面之侵盗物，又仍属财政当局之所有也。社会金融事业，几为彼辈之盗财机关矣。此关于内国银行借款之营私舞弊，蠹国殃民者二。

三曰公债。公债发行有定额，有定价，似无弊窦可言。然吾国之公债，则发行者少，而卖出或抵出者多。卖出则价格无常，自可上下其手，押出则弊端尤大，实为吾国公债价格低贱、信用坠落之绝大原因。例如，财政部需款甚急时，当局乘此机会将公债折价抵押，抵押不赎，当然没收。此没收抵押之放款人，即财政当局之化身也。惟此等公债，财部有号码可稽，犹恐日后发生破绽，遂以较低价格卖出之，公债信用因之丧失殆尽。元年八年之公债，其实例也。此关于公债之营私舞弊，蠹国殃民者三。

四曰国库券。面额奇零之国库券，无论军饷、政费，任意发行，随时以供使用。虽云无款可兑，而发行时之使用实价，究与面额相当，毫无折扣，以其使用及于一般人民，财政当局似无所取得其利益也。其中贪赃之手法，姑不具论。独此次面额万元之盐余，国库券发行时之使用实价，仅值六千八百余元，折扣至三千一百余元。若以此项折扣作为利息，则面额奇零之有利国库券，月息未尝超过一分，即以月息一分计算，通计二十个月，为数仅止一千三百余元，于按月偿还之本金，犹未扣息。以每券六千八百余元之现金，博取三千一百余元之利息，月息以外，每券浮加一千八百余元，总额浮加三百万元以上。此浮加之数，无论巧立何种名目，皆为当局之刑事上侵占行为。盖既以每券万元之最大面额，妨害一般人民之购买，复藉口清偿旧债，杜绝一般人民之购买请求。实则旧债既有抵押指款拨还，有何不可，何必赘发此国库券，以重加剥削乎？是当局、银行之勾结，不攻自破矣。此关于国库券之营私舞弊，蠹国殃民者四。

五曰军饷。吾国财政，大半糜于军费，国人类能言之。至兵饷中之一部分入于财政当局之私囊，则人所不及料者也。盖各省派员领饷，财部虽有款可领，亦必多方留难，必待领饷者，折扣若干，以相报酬。且或搭公债，或发国库券，或用不能取款之支票，折扣之外加以盘剥。结果军饷所得，不及半数。人谓军饷，未必涓滴归公，切实不滥。岂知审查之责，则固应归财政当局负之也。尤可骇者，近日报载，财部支付之款为数十万，而领款者实收三万，相差如此之巨。彼等以为无人核对，可以任意记载，狼吞虎噬，胆大如天，此一部分偶尔发见，既已如此，其全部糊涂混帐，可想而知。此关于军饷之营私舞弊，蠹国殃民者五。

六曰中、交两银行钞票。中、交停兑，由于钞票滥发，钞票滥发，由于财部垫款，财部垫款，由于财政紊乱、挥霍无度所致。前年两行停兑，国民损失不赀，而彼等转借以攫取奇利。盖停兑以前，国民不知而彼等知之。知之则设法储积现金、更借入钞票作为现金，以多方使用。停兑以后，钞票价落，彼等复以现金购买钞票偿还从前之借入金。其开兑也，国民不知亦彼等知之。知之又设法购买钞票，现金购买之不足，则向商家银号购买定期交货者。一停兑，一开兑；一开兑，而又停兑；一停兑，而又开兑，彼等操纵其间，所获之奇利，固属可观，而小民之受害为何如矣。至于任意指挥信用放款，以便己之经营事业，或从中投机，胜利归己，失败则归银行，种种积弊，尤为指不胜指。此关于中、交两银行之营私舞弊，蠹国殃民者六。

呜乎！由前之说，罪已通天，吾国国家尚得成为国家乎！吾国财源之涸竭，原为世界各国所无。又经数年之剥削，至于今日。以言乎军饷，则军饷无著；以言乎政费，则政费无著；以言乎赈款，则赈款无著。至于教育费、实业费，更无论矣。部员、教师、军警等，数月或数年不得一饱，甚至监狱罪犯之食物而亦无之。远而叩之，外债则且十万万以上也；近而叩之，内债则又十万万以上也。举凡吾国共有之财产，而为财政部所管辖者，几至一锥一刀，寸草寸木，无不变卖之，抵押之而扫地以尽。搜索国家全部之所有，其犹有一线之存者，盐余耳，关税耳。今且预指数年后之盐余，而抵募一万万以上之公债矣。过此以往，势将取所有财政上之价值，并其第二抵押权、第三抵押权而断送之。呜乎！前日财政当局之所为，是灭绝吾辈之生命。今日财政当局之所为，是并吾辈之子若孙所有衣之食之聊以资下等之生活者，且将夺之绝之，非预以致之死地不可也。今日无国会，任此罪恶政府无法无天，横行无忌。试问财政破产后，异日国会虽成立尚得有一物以为监督之余地乎。呜乎！吾国民我辈今日之祸，非寻常所可比拟，是直洪水猛兽之杀人也。如此而容忍之，是全国皆死，国民无一有生活气矣。今有盗焉，入吾之室，倾箱倒箧，罄吾之所有而夺之，而我坐于视其旁，不知鸣警呼邻以谋抵抗，天下有此情理乎？今吾财政当局之行为，强盗行为也。今且胠箧以罄吾之藏矣，而我犹坐视之，何吾国国民之无勇气一至于此？若曰盗之来也，尘以蔽吾之目，棉以塞吾之口，绳以系吾之手足，吾无抵抗力可言也。然此财政当局，万恶滔天，神人共愤，岂真敢枪指吾身，刀加吾颈，噤吾国人之口，而不敢发一言乎？藉曰有之，亦安能遍全国人而屠戮之也。天下之幸福，皆少数国民肯牺牲所取得之代价。本会纠合同志，指天誓日，上乞黄帝在天之灵，筹备国民财政大会。国会未开以前，监视用途，防止借债。又为廓清积弊起见，要求财政公开。凡与财政当局沆瀣一气、作奸犯科者，无论为士、为农、为工、为商、为官吏、为军警，有一如此即认为国家之蟊贼，人类之毒虫，全国一心声罪致讨，务使此种败类芟夷净尽而后止。或则借助于法庭，搜查贪赃之事实，追诉历任财政长官之责任。或循各国立宪之原则，不出代议士，则不纳租税。吾侪小民不得谓无最后之武器也。或曰，防止借债，财政公开。敬闻命矣。国民财政大会，其亦有整理之方法乎？曰：有之，虽然非所语于今日之当局也。大会之所为，不过紧急治标之法，静以待国会之开耳。今日豺狼当道，罪大恶极，安有意于整理，匪独不能，亦直无是事也。或曰，地方财政，均早独立。兹所对于政府，不过京师一隅耳？安得全国人之同情。曰恶，是何言，是何言财政部之盐税、关税、烟酒税、印花税等及交通部轮、路、邮、电之入款，有一非全国人之脂膏乎。东西各国，中央财政之收入，亦不过此荦荦大者而已。京师一隅，究与地方各省何异也。本会同人，掬昭示天日之悃忱，矢带砺河山之盟誓，为民请命，为国锄奸，此身可杀，此志不渝。苟代表真正民意之国会一日不开，则吾国人直接监理财政之主权一日不懈。吾国父老子弟、诸姑姐妹乎，生死问题迫在眉睫。凡有血气，盍兴乎来。

国民财政大会发起人名单

计开

刘揆一	吴鼎昌	马邻翼	甘鹏云	周 诩	解荣辂
刘冕执	胡 钧	罗正伟	王 毅	刘映奎	吴家骥
向乃祺	张 超	陈懋鼎	王 觐	张维镛	刘永祺
蒋 棻	吕瑞庭	黄尊三	蒋履曾	阮晋棣	叶云表
张承绪	季龙图	庄庶管			

〔北洋政府内务部档案〕

14．上海晚报：北京之一片呼穷声

（1924年2月5日）

北京之闹穷，截至现今，财部尚无办法，然各方面受此影响，不免叫苦连天。兹将北京各方面，最近之穷况，分志于下：

官吏　夏历年节，政府照例清理积欠。近两年因欠薪过巨，无术支配发放，故至年终仅放一个月欠薪。自民七以来，即循此例。讵意今岁中央所指之盐余、库券，屡生波折，已难望有圆满希望。华银行拒绝借款，丝毫不能通融，外传与各银行之小借款，均不可靠。就昨今两日形势观察，谅至年终，四成亦不可靠。是以各机关枵腹从公之职员，得此消息后，即准备组织索薪团，向府院实行急迫之索薪运动，俾便稍有所得，支持度过年关。

军警　近畿军警欠饷，现已积欠六个整月之久。北京警察，皆有眷属，所恃度日者，仅有每月七八元警饷，平日赊欠，以资糊口。及至年关，亦须清理积欠，此种困苦情形，又与其他机关不同。军警长官，连日会议，已将此情诉诸府院当局，只以盐余不易预放，即将军警欠饷之来源断绝。据闻截至今日（二十九）所指之款，分文无着。王克敏仍奔走筹划之际，至除岁时，若能领到八成，则可谓不幸中之大幸也。他如各军来京索饷代表，仍困居旅馆，因川资告罄，均有不能出京之势也。猪仔两院议员岁费，经秘书厅及行政委员会推出索薪之代表，向中央屡次交涉，均归无着。惟各议员平素之挥霍，本人负债极巨。日来登门索欠者，大都户限为穿。据闻各议员，鉴于岁费无着，纷纷持其八行，致函各有关系之疆吏。或以私人名义，与之借贷。或用竹杠手段，强行敲取。观此最下之方法，亦云苦矣。

银行　市面金融之活动，全恃银行之维持，最近北京各银行，受投资政府之影响，至今不能偿还。故在夏历年关，营业上亦有停滞之现象。闻素不欠薪之银行界，竟有某某银行积欠行员薪金三月有余，此亦破天荒之奇闻。

商民　北京商民，日前之最大希望，则为铜元票恢复原状。各商店本年赔累，既可减少，年节贸易，或可差强。讵意迄今无望，而各方面之积欠，亦难索讨。据闻因此年终歇业者，实难枚举。即此一端，亦可推知北京各方面之穷况，将来不知伊于胡底也。

〔北洋政府京畿卫戍总司令部档案〕

15. 临时执政府秘书厅转送财政部整理财政提案公函

(1925年2月14日)

临时执政府秘书厅公函第三百二十一号

径启者：奉执政交下财政部提出善后会议本部提案九件。兹依据善后会议条例第八条第一项之规定，提交贵会议决，相应检同原件函送查照办理。此致

善后会议秘书厅

计附送财政部提议拟定军费标准案一件、拟定中央概算案一件、核定各省区预算案一件、实行关税二五附加税案一件、实行免厘加税案一件、整理内外债案一件、划分国地两税案一

件、统一国库整理币制案一件、推行各种新税案一件。

以上共计提案九件。

中华民国十四年二月十四日

整理财政事项草案总纲

欧战以还，各国财政多濒于破产。观于国际财政会议之报告，已变更量出为入之原则，而为量入为出之主义。比年吾国政局不宁，支出无艺，债台高筑，国信日颓。今欲筹国家根本之建设，首在衡量国家之财力与国民经济之状况，以定设施之方针。其进行之次第，拟分为三步：第一步、(一)拟定军费标准。(二)拟定中央概算。(三)核定各省区预算。第二步、(一)实行关税二五附加税。(二)实行免厘加税。(三)整理内外债款。第三步、(一)划分国地两税。(二)统一国库，整理币制。(三)推行各种新税。如此办理，治标治本均有眉目。然其枢纽，则在内外一体，公共救国各项政策多属相互相联。必先有贯彻之精神，乃能循推行之程序，收其效果。其他细目，因时斟酌。兹将整理各案，根据事实，拟以办法，编列标题如左。应请公决。

(甲)拟定军费标准

国家支出之巨额，以军费为最，今欲解决军费问题，当视军制之如何。然军制之支配，其根本仍在国家之财力。最近国家收入总数为四万五千九百余万，而军费总数财政部有册籍可稽者为二万二千八百余万。除去奉令取消各师旅外，尚为二万零四百余万。前项收入数系属预计，各省区凋敝之余，实行不能及额。而其中关、盐、烟酒、印花等中央收入各项，以历年收数平均比较，预计与实收差数颇巨。况如关、盐两巨款，又有指定用途，考其实际，不能至军政支出通计，又当别论。至于军费，其据八年度预算数者，历年久远，固已不同。即据十二年度预算数者，各省大率均与近日战事有关，当亦多所变更。又况各处军队尚有未报陆军、财政两部者，为册籍所不备。是收入军费两总数，一则实际当减少，一则实际当加多，皆为事实所不可免。姑以两数用百分率相衡，已至百分之四十五。东西各国军费大率在百分之二十至十五。查民国八年善后会议军事财政计划书草案，以岁收三万七千万元之支配，国债为一万一千万元、政费为一万四千万元，共为二万五千万元。陆海军费拟以一万二千万元为标准。其事虽未实行，所拟尚为切近。自华府会议以后，各国均以裁减军费为职志。我国不幸，遭遇多故，军制迄今未定，军费亦复漫无限制，重贻各国口实。今大局粗定，百政更新，所以内慰全国人民之企望，外期国际地位之巩固，实以决定军费标准为最要之点。兹拟第一步办法：(一)中央担任军费定一最少限度，为中央直辖军队经费标准(包括中央直辖国防军队及海军在内)。(二)各省担任军费，以各省原有收入，除盐、关、烟酒、印花等凡归中央收入各款及必需政费外，所余若干作为标准。如此，则中央确定限制，各省亦各有范围，即由陆军部协商各省拟定暂行编制法，切实施行。其第二步办法：应通筹全局，由暂行编制法进为永久编制法。就全国收入总数(以四万万元计)，假定以百分之二十五充作陆海军费，计为一万万元。更假定以七千五百万元作陆军经费（以五十师计每师一百五十万元），以八百万元作海军经费，以一千七百万元作军事机关及附属机关经费。至中央与各省区如何支配，并原有军队如何归并裁减，均应于解决军制范围规定。以上所拟分期办法，系法制事实双方兼顾。希望循序进步，不致多所障碍，较为切实易行也。

附全国收入总数表

中央及各省区陆军经费表

八年度预算陆海军支出表（四件）
奉令取消各师旅经费清单

全国收入总数表（本表系按预算数开列）

岁入经常门

税目	年收数	说明
第一款田赋	八六，五七八，五一七	
第一项田赋	八六，五七八，五一七	
第二款关税	一一七，六九〇，四〇一	
第一项海关税	一〇〇，〇一九，一九五	本项八、九、十三年平均数为七千五百十四万六千余元。
第二项五十里内常关税	七，〇七一，九五四	本项八、九、十三年平均数为六百七十万零一千余元。
第三项五十里外及内地边陆各常关税	一〇，五九九，二五二	
第三款盐款	九八，五一三，二六四	
第一项盐税	九八，五一三，二六四	本项八、九、十三年平均数为七千九百四十四万三千余元。
第四款货物税	四六，六九八，一八一	
第一项产销税	四六，六九八，一八一	此项实系厘金
第五款正杂各税	二八，八五五，八一三	
第一项契税	一四，六八七，六五一	
第二项牙税	二，五二五，四一二	

第三项当税	七三二，八二七	
第四项牲畜税	五六〇，二九九	
第五项屠宰税	三，八七五，七七四	
第六项矿税	六五一，〇九〇	
第七项茶税	一，七三二，四六二	
第八项糖税	七五〇，七九八	
第九项鱼业税	二一八，〇九八	
第十项杂税	三，一二一，四〇二	
第六款正杂各捐	四，七五四，一六二	
第一项货捐	一，二四九，四〇一	
第二项茶捐	三五六，九九五	
第三项船捐	四九，三二二	
第四项杂捐	三，〇九八，四四四	
第七款官业收入	二，四一四，九六四	
第一项官股收入	一，七一一，九一一	
第二项官办局厂收入	五四四，六七〇	
第三项官有房地租收入	一五八，三八三	
第八款杂收入	六，〇八九，〇一一	
第一项内务收入	一七七，五七一	
第二项财政收入	三，六八八，五九五	
第三项司法收入	一，五七七，四九〇	

第四项教育收入	一五〇，七八六	
第五项实业收入	八四〇	
第六项官款收入	一七六，五八七	
第七项杂款收入	三一七，一四二	
第九款中央直接收入	四六，六三四，三一〇	
第一项印花税	五，八六四，四〇〇	本项八、九、十三年平均数为二百九十五万五千余元。
第二项烟酒公卖费	一七，四三七，九九〇	本项八、九、十三年平均数为六百四十六万八千余元。
第三项烟酒税	一六，四五九，五四〇	本项八、九、十三年平均数为六百八十八万八千余元。
第四项烟酒牌照税	二，七〇四，八九二	本项八、九、十三年平均数为一百零一万四千余元。
第五项全国纸烟出厂捐，并二五内地统捐暨雪茄烟捐	四，一三〇，〇〇〇	
第六项胶澳产地销地税	三七，四八八	
第十款中央各机关收入	三，〇七五，三四〇	
第一项外交部收入	六〇，三〇一	
第二项内务部收入	九四，〇九九	

第三项财政部收入	一，八五二，四八二	
第四项海军部收入	一〇，九四四	
第五项司法部收入	八〇，〇〇〇	
第六项教育部收入	二八六，三七八	
第七项农商部收入	三九九，一三六	
第八项交通部收入	三四，〇〇〇	
第九项印铸局收入	一〇八，〇〇〇	
第十项侨务局收入	一五〇，〇〇〇	

岁入经常门共计　四四一，三〇三，九六三

岁入临时门

第一款田赋	一，七〇七，七〇九	
第一项田赋	一，七〇七，七〇九	
第二款货物税	六九，二一四	
第一项罚款	六九，二一四	
第三款正杂各税	二八，五一六	
第一项附税	二八，五一六	
第四款官业收入	一〇五，四七七	
第一项官办局厂收入	七〇，〇〇〇	

第二项官有房地租收入	三五，四七七	
第五款杂收入	二，二二〇，八七四	
第一项内务收入	一八，三〇〇	
第二项财政收入	一，六〇三，五一五	
第三项教育收入	二，二〇〇	
第四项实业收入	二，〇二〇	
第五项官款收入	三六六，四九七	
第六项罚款收入	二一一，〇八二	
第七项杂款收入	一七，二六〇	
第六款中央直接收入	一四，四三九，三四三	
第一项各省区官产收入	一四，四三九，三四三	
第七款中央各机关收入	八五，〇三八	
第一项教育部收入	四，六〇〇	
第二项交通部收入	三，九三八	
第三项印铸局收入	七六，五〇〇	

岁入临时门共计　　一八，六五六，一七一

岁入经常临时总计　　四五九，九六〇，一三四

本表系按最近预算数开列。兹将关、盐、印花、烟酒各款与八、九、十，三年平均数比较，除海关税现有切实值百抽五增收应行抵补外，相差已至五千余万之巨。各省区收入大多数不能及额，实收数姑作四万万起算，已属从宽估计，合并声明。

中央及各省区陆军经费表

区域	军费总数	说明
中央陆军费	六九，七一四，三七三	此项依八年预算总表例，以五项并计：(甲)陆军部经费一五零四万四千三百九十六元。(乙)参谋本部暨所属各机关经费一百十六万一千二百四十元。(丙)陆军部直辖各师旅暨所属各机关经费五千一百二十五万三千五百六十一元。(丁)附属各项经费一千二百九十九万七千七百八十八元。(戊)其他各军事机关经费三百二十五万七千三百八十八元。据陆军部较近报告编列所有取消各师旅及裁省机关，已见明文者，均行剔除，合计如上数。
直隶	四，九八〇，八八九	据该省十二年预算原数
奉天	八，五八七，八八七	据该省十年预算原数
吉林	八，二一八，〇六八	据该省十二年预算原数
黑龙江	七，八二六，五七三	据该省十二年预算原数
山东	六，二四五，六五五	据该省十二年预算原数
山西	六，一一七，六三七	据该省十二年电开预算原数
河南	一一，五五〇，四四六	据该省十二年预算原数
陕西	九，〇三七，五六〇	据该省十一年预算原数
甘肃	三，二六五，五五八	据该省十二年预算原数
新疆	六，三二二，〇六五	据该省十二年电开预算原数

江　苏	七，五三〇，七四八	据该省十二年预算原数
安　徽	三，八〇〇，三〇五	据该省十二年预算原数
江　西	四，〇九六，九〇二	据该省十二年预算原数
浙　江	四，八三六，九一〇	据该省十一年预算原数
福　建	二，六七〇，五五三	据八年度预算数
湖　北	七，〇一四，六五六	据该省十二年预算原数
湖　南	三，五六四，〇一四	据八年度预算数
四　川	六，〇二四，〇七八	据八年度预算数
广　东	七，六一四，八六四	据八年度预算数
广　西	五，九四〇，五五一	据该省十年预算原数
云　南	三，一〇六，二八八	据八年度预算数
贵　州	一，二五一，七九〇	据八年度预算数
热　河	一，三四六，四三二	据该区十二年预算原数
绥　远	七四三，七五六	据该区十二年电开预算原数
察哈尔	九三二，一二五	据该区十二年度预算原数
川　边	一，八八四，六九一	据该区十二年电开预算原数
总　计	二〇四，二二五，三七四	各省区预算，原数有包括旗营及边务经费在内者，本表已分别剔除。

八年度中央陆军经费表

款别	经常	临时	共数	说明
陆军部经费	九三二，〇八一	四二四，四九八	一，三五六，五七九	
参谋本部经费	一，五七一，六一一	八〇九，七二一	三，三八一，三三二	
直辖各机关经费	三二，三〇四，六二一	二四，〇六一，九〇五	五六，三六六，五二六	
附属各项费	一〇，一七七，七九七	二，八二〇，〇〇〇	一二，九九七，七九七	
其他各军事机关经费	七，八二八，六三四	九，七五六，〇五八	一七，五八四，六九二	
督办边防各项经费		一四，六八四，四七四	一四，六八四，四七四	
各军队预备费		九五五，五八九	九五五，五八九	
总计	五二，八一四，七四四	五三，五一二，二四五	一〇六〔七〕，三二六，九八九	

八年度各省陆军经费表

省名	经常	临时	共数	说明
奉天	五,〇七七,三五四	八五九,七九二	五,九三七,一四六	
吉林	二,七〇九,九一六	三,三七六,三四九	六,〇八六,二六五	
黑龙江	一,九六四,六五六	一,四八〇,〇五九	三,四四四,七一五	
直隶	三,七一四,〇〇四	七二九,二四六	四,四四三,二五〇	
江苏	三,九二七,二二一	一,四四七,八一三	五,三七五,〇三四	
安徽	三,〇五六,九八七	四九三,九二四	三,五五〇,九一一	
江西	一,九一〇,六七四	一,三六六,一〇四	三,二七六,七七八	
福建	一,四七一,五五三	一,一九九,〇〇〇	二,六七〇,五五三	
浙江	二,五三一,一九六	一,三一九,八一一	三,八五一,〇〇七	
湖北	四,二七六,五〇七	二七五,六二六	四,五五二,一三三	
湖南	三,一六三,二〇三	四〇〇,八一一	三,五六四,〇一四	
河南	四,五二三,四六五	一二三,四一六	四,六四六,八八一	
山东	四,二二〇,三五〇	二,八五四,三七四	七,〇七四,七二四	
山西	一,九二〇,二四七	二,八〇五,八三五	四,七二六,〇八二	
陕西	二,九七一,二三四	一,五〇九,六二四	四,四八〇,八六八	
甘肃	一,五七九,一七八	一,四七七,三三四	三,〇五六,五一二	
新疆	三,一〇九,一三二	一,四一五,五六三	四,五二四,六九五	
四川	五,八〇五,五一八	二一八,五六〇	六,〇二四,〇七八	
广东	七,四九四,八六四	一二〇,〇〇〇	七,六一四,八六四	
广西	三,六一〇,一〇九	二五〇,〇〇〇	三,八六〇,一〇九	

云南	三,〇九〇,八一二	一五,四七六	三,一〇六,二八八	
贵州	一,二〇五,三四〇	四六,四五〇	一,二五一,七九〇	
京兆	四二,六三四	无	四二,六三四	
热河	九〇五,四三七	六三,四六六	九六八,九〇三	
察哈尔	三八九,五四八	二四一,〇七四	六三〇,六二二	
绥远	六七〇,八六三	八五,〇八五	七五五,九四八	
川边	一,三二八,〇八三	五五六,六一七	一,八八四,六〔七〕九〔〇〇〕九〔〇〕	
西藏	一〇四,〇〇〇		一〇四,〇〇〇	
合计	七六,七七四,〇八五	二四,七三一,四〇八〔九〕	一〇一,五〇五,四九三〔四〕	

八年度中央海军经费表

款别	经常	临时	共数	说明
海军部经费	八〇七,一五六		八〇七,一五六	
直辖各机关经费	四,八〇〇,一四四		四,八〇〇,一四四	
附属各项经费	三,〇三五,九九六	一二〇,〇〇〇	三,一五五,九九六	
总计	八,六四三,二九六	一二〇,〇〇〇	八,七六三,二九六	

八年度各省海军经费表

省别	经常	临时	共数	说明
直隶	六〇，〇〇〇	二，〇〇〇	六二，〇〇〇	
广东	四九一，一八六	六三，〇〇〇	五五四，一八六	
总计	五五一，一八六	六五，〇〇〇	六一六，一八六	

民国十三年十二月十一日奉令取消各师旅经费清单

第三师	二，三六九，三九二
第九师	二，一二三，六六六
第十三师	二，一〇〇，七二一
第十四师	一，五三六，三四〇
第十五师	二，二〇三，六五三
第二十师	一，七九八，七〇八
第二十三师	二，二〇三，六五三
第二十四师	二，二〇三，六五三
第二十六师	
第一混成旅	六五四，五六六
第十二混成旅	八八八，〇六〇
第十三混成旅	八八八，〇六〇
第十四混成旅	八八八，〇六〇
第十六混成旅	八八八，〇六〇
第二十六混成旅	

以上师旅各项经费系从调查而得，共二千一百六十三万四千六百五十三元①。惟第二十六师、第二十六旅经费尚未查明，以其他师旅比例，一师经费约二百二十万，一旅经费约八十八万，共约二千四百七十一万四千六百五十三元②。

（乙）拟定中央概算

中央收入自关、盐、烟酒、印花四项之外，民国三四年间，尚有各省区报解款项，分为两种：（一）预算盈余，谓之中央解款。（二）就各省区收入，指定数目，专属中央，谓之中央专款。当日度支藉以应付。自关余迭经指充内债基金，盐余亦多作为债款担保，收回残剩，数已无多。而各省又因特别用途，盐款亦多截留。烟酒、印花复充各省抵拨饷需之用，解部尤属寥寥。至解款、专款两项，或已指拨，或因各省预算不敷，竟致停辍，于是中央各项之收入，一无确实之来源。而查最近中央预算。财政部直接支出政费每年为三千一百余万元，军费为三千四百九十余万元，共为六千五百余万元。以大多数无著落之款，而应平均每月五百余万元之需要，何能支持。今欲拟定中央概算：（甲）收入方面：（一）各省盐款完全属诸中央，除指定协济外，各省区不再截留。（二）烟酒税、印花税除指拨中央直辖军饷外，全数报解。（三）常关、津浦货捐，仍归中央。（四）各省解款、专款，在国地两税未划分以前，由各省预算内提出百分之十为支配标准。（五）限制各收款机关直接拨款。（乙）支出方面：（一）军费各项归入军制及军费标准案内，全盘解决，中央担任最少限度。（二）政费各项就各机关原有预算，由各机关切实核减定一最低标准。基上计划，中央另编一确实概算，昭示全国。俾京外情形

---

① 共应为二千零七十四万六千五百九十二元。

② 共约应为二千三百八十二万六千五百九十二元。

不致隔阂，种种困难，或可稍去。否则中央预算确切之规定，既非一蹴可几设，并此概算数目，亦复一无依据，仅恃借债度日，而债已无可借，纵令刘晏复生，亦无良策以善其后。此拟定中央收支概算为今日之要务也。

附中央概算表甲政费
乙军费

财政部直接支出概算表甲政费
乙军费

八年度国家预算岁出总表

机关	经常	临时	共数
中央各机关经费	二二,四四一,三五〇	二,七四八,一九二	二五,一八九,九四二
中央外交经费	四,〇四八,四二八	一,一三〇,一〇六	五,一七八,五三四
各省外交经费	七五八,九〇八	三八,四四九	七九七,三五七
中央内务经费	三,四四六,九三二	二,二八二,四六六	五,七二九,三九八
各省内务经费	三九,八三二,六〇七	二,六〇八,七一七	四二,四四一,三二四
中央财政经费	二九,五一九,三〇二	六,八七八,四五五	三,六三九七,七五七
各省财政经费	九,六三五,一四四	一,二七一,一五四	一〇,九〇六,二九八
中央陆军经费	五二,八一四,七四四	五三,五一二,二四五	一〇六,三二六,九八九
各省陆军经费	七六,七七四,〇八五	二四,七三一,四〇八	一〇一,五〇五,四九三

中央海军经费	八,六四三,二九六	一二〇,〇〇〇	八,七六三,二九六
各省海军经费	五五一,一八六	六五,〇二四	六一六,二一〇
中央司法经费	一,八一七,一九一		一,八一七,一九一
各省司法经费	八,五〇五,九三三	六,八五二	八,五一二,七八五
中央教育经费	三,二五五,二七〇	三〇一,七四〇	三,五五七,〇一〇
各省教育经费	二,八〇三,四五三	一六〇,一七二	二,九六三,六二五
中央实业经费	一,五四一,八〇〇	四一〇,四四七	一,九五二,二四七
各省实业经费	一,七一五,二五〇	三一,九二〇	一,七四七,一七〇
中央交通经费	一,三二三,七四七	一四九,二一八	一,四七二,九六五
各省交通经费	五四一,八三九	一四,二九〇	五五六,一二九
中央蒙藏经费	一,一〇九,九一五	五〇,〇〇〇	一,一五九,九一五
各省蒙藏经费	二〇八,八二七		二〇八,八二七
总　　计			三六七,八〇〇,〇〔四〕六二

八年度预算尚有债款支出外债八千九百零五万六千四百九十六元，内债三千八百九十万零六千三百三十元，共为一万二千七百九十六万二千八百二十六元，合之军政费三万六千七百八十万零零〔四〕〔百〕六十二元，共为四万九千五百七十六万二〔三〕千八〔二〕百八十八元。

中央概算表

（甲）政费

机关名称	年支数	说明
临时执政府	四,四八六,二七九	执政府经费每月三十四万一千二百四十九元，追加一万九千六百元。又指挥处一万三千零三十六元六角六分,合计年支如上数。
参议院	一,七〇三,一七二	
众议院	三,三二五,二二四	
法制院	三三九，一六〇	
铨叙院	一三七，二五六	
统计局	一三八，八二〇	
印铸局	三〇一，四八八	
审计院	一三〇，〇〇四	由盐款内拨发
平政院	二三八，五二〇	
水利局	七八，三九六	
侨务局	六六，〇八四	
清史馆	一六七，八〇八	
国史编纂处	四一，二〇八	
高等文官惩戒委员会	二五，九五六	
司法官惩戒委员会	二三，〇七六	
外交部本部经费	九八九，一一三	由关税内拨发
驻外使领各馆	二,五〇一,二五四	

关税特别会议筹备处	一二〇，〇〇〇
内务部本部经费	一，〇六八，二一六
内城官医院	三五，二二〇
外城官医院	三五，二二〇
游民习艺所	三五，七二〇
古物陈列所	一二，〇〇〇
京师警察厅	二，二六四，一六〇
保安警察队	一五〇，〇〇〇
四郊警察	九七四，三七六
京畿警卫司令部	三二四，一六八
古物陈列所警饷	一五，六〇〇
警官高等学校	五〇，九八八
中央防疫处及绥远分所	一一二，八七二
督办全国国道事宜筹备处	三五三，四二四
赈务处	三五，八二〇
蒙藏院	三一〇，〇八〇
蒙藏学校	三五，四七二
蒙古宣慰使	二九九，八五六
蒙古王公廪饩	六七三，一七六
彭王多王津贴	一二，〇〇〇
喇嘛钱粮	一三一，四三八

续　表

清室优待费	五〇〇，〇〇〇	按照修正优待条例开列
旗饷	五,一六〇,〇〇〇	
东西两陵俸饷	一一〇，五五六	
密云旗俸饷	四五，八四〇	
驻藏办事长官	二四，〇〇〇	
财政部本部经费	一,四〇八,一五二	
财政整理会	二四〇，〇〇〇	
盐务署	二一四，一〇四	
盐务学校	六〇，〇〇〇	由盐款内拨发
印花税处	三七，一一六	
平市官钱局兑换券办事处	七，七一六	
烟酒署	一九，二七二	由烟酒税内拨发
烟酒稽核会办薪金	二二，五〇〇	
税务处	二一三，九七二	由关税内拨发
税务学校	七一，七三六	由关税内拨发
司法部本部经费	三九九，九九六	
大理院经费	一九九，九〇八	
总检察厅经费	八一，〇〇〇	
高等审检厅经费	一二五，二八〇	
地方审检厅经费	三一二，〇〇〇	

修订法律馆经费	一七七，六〇〇	
法权讨论会经费	一〇六，二〇〇	
感化学校经费	二一，二四〇	
各监所经费	三二三，三八八	
京兆添设厅监经费	五二，六六八	
东三省特别区法院经费	三六〇，〇〇〇	
东三省特别区监狱经费	二四〇，〇〇〇	
教育部本部经费	四八八，〇〇四	
教育部分设各机关经费	一九六，六六八	
教育部附属各项经费	一〇一，三二八	
北京大学校经费	七九二，四五六	
北京法政大学校经费	一二一，七七六	
北京医学大学校经费	一四二，二三六	
北京工业大学校经费	一七三，七六〇	
北京农业大学校经费	一二四，〇八〇	
北京师范大学校经费	四四七，三一二	
北京师范学校经费	八〇，一九六	
北京女子师范大学经费	一九五，六二四	
美术学校经费	四七，一八四	
各中小学补助费	四〇九，五六〇	
东西洋留学经费	一九二，五八八	

续　表

代垫各省留日学费	二六三，七六〇	
农商部本部经费	七三九，九九二	
农林传习所经费	一八，〇〇〇	
地质调查所经费	六八，七〇〇	
观测所经费	一〇，〇八〇	
权度制造所经费	九九，九九六	
权度检定所经费	二四，〇二四	
商标局经费	一二〇，九六〇	
劝业场经费	九，五〇四	
农事试验场经费	七二，六七二	
棉业试验场经费	一五四，六二〇	
林业试验场经费	六〇，八七六	
种畜试验场经费	四六，〇〇八	
驻瑞使馆劳工办事处经费	四，八〇〇	
交通部本部经费	九三一，二二四	由该部收入内拨发
总　　计	三八，四一四，八五六	尚有善后会议筹备处月支五万元，清室善后委员会月支二千五百元，因为临时性质未便照列年支数，是以未经列入。

中央概算表

（乙）军费

机关名称	年支数	说明
陆军部经费	一，〇四四，三九六	本项八年预算总表列作陆军费第一项。
参谋本部	六六〇，二四〇	参谋本部暨所属各机关经费，自本项起至留日学费止，共七项计一百十六万一千二百四十元，依八年预算总表例列作陆军费第二项。
陆军大学校	一三九，九九二	
测量学校	八七，六八四	
测量局	一三九，九九二	
制图局	八二，八四八	
驻外武官	二一，五四〇	
留日学费	二八，九四四	
第一师	二，二二九，〇六七	陆军部直辖各师旅暨所属各机关经费，自本项起至湖口雷电教练所共六十七项，计五千一百二十五万三千五百六十一元，系八年预算总表例列作陆军费第三项。
第二师	二，〇八三，九二七	
第四师	一，八三五，〇三九	
第六师	二，〇七六，二九六	
第七师	二，三二〇，八二〇	
第八师	一，九九六，九八〇	

续　表

第十师	二，三四一，九四二	
第十二师	一，九〇〇，〇三二	
第十八师	一，五九三，〇六二	
暂编第一第二第三师及第十一师第七混成旅航空队经费并前项师旅服装费	一二，八二三，五六〇	
改编第三旅	八四〇，〇〇〇	
第二混成旅	六七四，八〇一	
第四混成旅	六三六，〇〇〇	
第六混成旅	六〇五，二五六	
第十七混成旅	九二八，一二五	
第十八混成旅	八四〇，七四三	
第二十混成旅	六五五，九九〇	
第二十一混成旅	七七四，八〇一	
第二十四混成旅	七二五，八七〇	
第二十五混成旅	一，一一三，六五六	
绥远第一团	五〇三，〇三二	
绥远新编骑兵第一团	二五一，六七五	
绥远第五混成旅	三〇四，七三三	
宁夏步骑六营	一五〇，四八〇	
察哈尔第一混成旅	六四〇，九七九	

察哈尔骑兵第一旅	二三九，五三八
察哈尔骑兵第二旅	二〇七，三三七
察东镇守使及所辖各营	二〇三，八四四
山东新编混成团	三八三，九四四
第十四旅底饷由福建改编第三师	六八七，九〇〇
福建新编十营及盐巡营	二,四〇〇,〇〇〇
骑兵第四团	二八八，〇〇〇
热河过山炮连	二六，八六六
京师宪兵司令部暨所属五营	三八六，九〇六
陆军部卫队营	九一，五五〇
公府消防队	八，八四二
警卫司令部卫队	一二二，七六六
土默特马队	三三，〇五六
甘珠尔瓦马队	六，八三三
章嘉佛卫队	一六，〇〇〇
高等军法审判处	二，六六四
陆军监狱	二五，〇二〇
上海兵工厂	六〇〇，〇〇〇
德县兵工厂	五四九，九九六

续　　表

巩县兵工厂	二八五，三八四
汉阳兵工厂	一,二一九,九九二
总军医院	五四，一六八
三家店军械局	一七，七〇〇
北京军械局	九，二五二
军实库	一二，二五二
长辛店枪炮试验场	一，二三六
看守四处兵厂	六八四
各处军米局	六四，四八八
卫生材料处	二九，八六八
印刷局	一九，九八〇
高等军事裁判处	三九，三四八
骑兵专门学校	六〇，〇〇〇
军需学校	一一四，二八八
兽医学校	七八，六一八
军医学校	一六三，〇九二
宪兵学校	四四，六四〇
军官学校	九三六，八一六
第一预备学校	三〇五，六一六
讲武堂	三九四，〇五六
军学编辑局	一八七，一〇四

武技术教练所	一二，五六七	
湖口雷电教练所	七四，四八四	
附属各项经费	一二，九九七，七八八	本项八年预算总表列作陆军费第四项。
参陆办公处	一二〇，〇〇〇	其他各军事机关经费，自本项起至航空司令部及航空队止，共六项计三百二十五万七千三百八十八元，依八年预算总表例，列作陆军费第五项。
陆海军会计审查处	一一五，五八四	
毅军	一，三四〇，八五六	
西北边防公署	六〇〇，〇〇〇	
航空署及所属管各机关	九八一，七九二	
航空司令部及航空队	九九，一五六	以上共陆军费六千九百七十一万四千三百七十三元。
海军部本部经费	九八七，一五六	以下三项为海军费。
海军部驻外武官	六四，三二〇	
海军部舰队及直辖各机关经费	一八，三二一，九一七	以上共海军费一千九百三十七万三千三百九十三元。
总　　计	八九，〇八七，七六六	

财政部直接支出概算表

（甲）政费

机关名称	年支数	说明
临时执政府	四,四八六,六二七	
国会	五,〇二八,三九六	
法制院	三三九，一六〇	
铨叙统计印铸三局	五八二，六八四	
平政院	二三八，五二〇	
水利局	七八，三九六	
侨务局	六六，〇八四	
清史馆	一六七，八〇八	
国史编纂处	四一，二〇八	
高等文官惩戒会	二五，九五六	
司法官惩戒会	二三，〇七六	
驻外使领各馆	二,五〇一,二五四	
关税特别会议筹备处	一二〇，〇〇〇	
内务部本部经费	一,〇六八,二一六	
内务部所属各机关	一三三，七六〇	
京师警察厅	二,二六四,一六〇	
保安警察队	一五〇，〇〇〇	
四郊警察	九七四，三七六	
京畿警卫司令部	三二四，一六八	

警官高等学校	五〇，九八八
督办全国国道事宜筹备处	三五三，四二四
赈务处	三五，八二〇
蒙藏院	三一〇，〇八〇
蒙古王公廪饩等项	一,一一六,四七〇
驻藏办事长官	二四，〇〇〇
清室优待费	五〇〇，〇〇〇
京师及东西陵密云旗饷	一,三一六,三九六
财政部本部经费	一,四〇八,一五二
印花税处	三七，一一六
平市官钱局兑换券办事处	七，七一六
烟酒稽核会办薪金	二二，五〇〇
司法部本部经费	三九九，九九六
京师司法费	一,〇九四,二八四
修订法律馆	一七七，六〇〇
感化学校	二一，二〇〇
东三省特别区司法费	六〇〇，〇〇〇
教育部本部经费	四八八，〇〇四
教育部分设项机关经费	一九六，六六八
教育部附属各项经费	一〇一，三二八
八校经费	二,〇七八,四四〇

续　表

美术学校	四七，一八四	
各中小学补助费	四〇九，五六〇	
留学经费	一九二，五八八	
代垫各省留学经费	二六四，七六〇	
农商部本部经费	七三九，九九二	
农商部所属各机关经费	六四五，四四〇	
驻瑞使馆劳工办事处经费	四，八〇〇	
总　　计	三一，二五八，三五五	

财政部直接支出概算表

（乙）军费

机关名称	年支数	说明
陆军部经费	一，〇四四，三九六	
参谋本部暨所属各机关经费	一，一六一，二四〇	
陆军部直辖近畿各师饷	一，二四〇，一九九	
陆军部直辖各学校经费	一，二二〇，九六五	
陆军部直辖各局所经费	九五〇，四四〇	
西北边防督办所辖各师旅饷	一二，八二三，二三七	
豫陕甘剿匪总司令所辖各师旅饷项	八，〇四〇，〇〇〇	此项约月支六十七万，未经陆军部核定。兹姑照约数开列。
京畿卫戍司令部两混成旅经费	一，四七三，一七一	

海军部经费	九八七，一五六	
海军部舰队及直辖各机关经费	六，〇〇〇，〇〇〇	
总　　　　计	三四，九四〇，八〇四	

(丙)核定各省区预算

各省区预算，京兆、直隶、吉林、黑龙江、山东、河南、山西、江苏、安徽、江西、湖北、甘肃、新疆、广西、绥远、察哈尔十六省区均已造送至十二年度，陕西、福建、浙江、热河、奉天、湖南六省区造送至九、十、十一等年度不等，广东、四川、云南、贵州等省八年度编制预算照五年度原数开列，迄尚未据造送。预算为财政根本，各省区代表到会讨论财政问题，自应以核定预算为整理财政之枢纽。中央竭蹶情形，已于拟定中央概算案内言之甚详。拟与各省通盘筹划，在国家地方税实行划分以前，先尽于岁入项下提百分之十作为接济中央之用(各省区但计政费已有亏短者应作例外)，各省预算即就百分之九十妥为支配。除军费应归全国通案核办，其政费标准，拟定如左：

一、支出款目为八年预算案所有者，仍以八年核定数为最高限度。

一、支出款目为八年预算案所无者，应视事项之缓急为款目之去留。

一、政费总数与接济中央及支配军费合为该省区岁出总数，比较岁入总数，务使有盈无亏，是为最要之原则。

查各省区预算，政费原数与岁入数相较，除京兆、贵州、绥远、川边但计政费已有亏短外，其他各省区如奉天、江苏、广东各省岁入，除政费计之，数至一千万以上。他省多则五六百万，少则二三百万。小省不及百万，实据少数。如军费确定，各省区财政，尽有从容支配之余地，中央与各省区并受其福矣。

附各省区岁入与岁出政费比较表

各省区岁入与岁出政费比较表

区域	岁入数	岁出政费数	比较 盈	比较 亏
京兆	一，〇一〇，六八〇	一，二一六，四六六		二〇五，七八六
直隶	一〇，〇七五，五〇三	四，六一八，七七二	五，四五六，七三一	
奉天	一五，〇九三，九二二	三，三一六，二八〇	一一，七七七，六四二	
吉林	九，五九七，六二七	三，六九四，四八一	五，九〇三，一四六	
黑龙江	七，六一三，五三三	四，三三二，五〇一	三，二八一，〇三二	
山东	一〇，五〇六，九五四	四，二五五，一八〇	六，二五一，七七四	
河南	一〇，二一五，三四六	三，九七一，六六三	六，二四三，六八三	
山西	七，三三八，〇〇一	二，四五一，一六九	四，八八七〔六〕，八三二	
江苏	一七，四七一，〇三一	五，〇三二，六五七	一二，四三八，三七四	
安徽	六，四一九，七七五	二，八六八，八六四	三，五五〇，九一一	

江　西	八,二七七,六七六	四,九九六,二五六	三,二八一,四二〇	
福　建	六,〇七三,三一八	二,九三四,〇一九	三,一三九,二九九	
浙　江	一一,一七七,八六八	六,九八〇,二二七	四,一九七,六四一	
湖　北	七,四三六,四八一	五,六二一,七七九	一,八一四,七〇二	
湖　南	五,九二三,〇五八	四,二八四,四七三	一,六三八,五八五	
陕　西	五,六二四,六九二	二,三二一,四六七	三,三〇三,二二五	
甘　肃	二,九五八,五〇五	二,四九五,五五七	四八〔六〕七〔二〕,九四八	
新　疆	二,五四六,〇四四	二,一五六,一〇八	三八九,九三六	
四　川	一二,七四七,八三四	三,七七五,六四〇	八,九六〔七〕七〔二〕,一九四	
广　东	一五,三二三,一四七	三,二二七,九一三	一二,〇九五,二三四	
广　西	四,九〇九,五〇一	二,七〇一,九四〇	二,二〇七,五六一	
云　南	二,二一九,九八八	二,一二八,七三一	九一,二五七	
贵　州	一,五七三,九四六	一,七〇九,二六一		一三五,三一五
热　河	一,四四一,〇〇七	五八五,六五二	八五五,三五五	

续　表

绥　远	六一七，二六九	六一八，七〇〇		一，四三一
察哈尔	一，一二五，六三四	五四七，〇五三	五七八，五八一	
川　边	四九二，七三一	五一九，八一四		二七，〇八三
总　计①	一八五，八一一，〇七一	八三，三六二，六二三	一〇二，八三九，〇六三	三六九，六一五

（丁）实行关税二五附加税

查华府会议九国间关于中国关税条约第三条载：在裁撤厘金切实履行第二条所载各条约中诸条款所定条件之前，第二条所称之特别会议，应考量所应用之过渡办法，并应准许对于应纳关税之进口货，得征收附加税。其实行日期、用途及条件，均由该特别会议议决之。此项附加税应一律按值百抽二五，惟某种奢侈品据特别会议意见能负较大之增加，尚不致有碍商务者，得将附加税总额增加之，惟不得逾按值百抽五。是将来特别会议开会之时，其最大之任务有四：一、议实行日期。二、议用途。三、议条件。四、议奢侈品之区别。前述之一、三、四各问题，事关外交，应由政府相机办理。唯用途一项，事虽出于协定，而国内不能不有一致之趋向，以为将来对外之方针。兹将从前各方面所主张者分列如下：（一）在华府会议所有商榷者可分两种：（甲）生利建设事业。（乙）偿还外债，但声明不得以国际条约支配我国关税。（二）关税研究会之建议：（甲）整理外债。（乙）中央必要之政费。（丙）教育

① 总计岁入数应为一八三，五九一，〇八三。岁出政费数应为八一，二三三，八九二。比较盈应为一〇二，七二六，八〇六。

及一切公益事业。（三）全国财政讨论会之建议：（甲）整理外债基金占十分之七。（乙）其他要需占十分之三。（四）总税务司安格联之建议：（甲）整理外债。（乙）整理内债。（五）美国驻沪商会之建议：（甲）内外债额同时整理。（乙）整理内外债应分别性质，择要整理。其他如各省商会则主张附加税须留为裁厘抵补之用，农商部研究关税会员又主张于用途内须列入实业字样。总此诸说，酌拟方针：第一在抱定华府会议协约最初之宗旨，若不将附加税作为整理外债之用，恐信用一失，国际地位即有堕落之虞，且无以促进加税之实行。则以整理外债为用途之一，已无讨论余地，外债既宜整理，则内债岂容向隅。同一维持国信，即宜同时整理。则整理外债连带及于内债，亦为唯一之办法。至各省商会之主张，以附加税须留为裁厘时之抵补，所持理由亦极正当。而生利建设事业更不宜抛弃。惟是增税有限，用途无穷，自不得不先其所急。今拟于关税会议开会时，要求实行附加二五与免厘加税并案办理，即以收入之款除抵补厘金及常关通过税外，作为整理内外债基金。将来税收逐渐增加，以次办理生利建设事业。此关税二五附加用途拟议之办法也。

（戊）实行免厘加税

自与英美日三国订立商约，关税加至值百抽一二五，即将厘金免除，所谓免厘加税是也。立约至今已二十余年，华府会议又从而申明订定特别会议，筹备废除厘金，并履行三国商约所规定之附加税，即关税加至值百抽一二五。本问题内应由中央与各省区通筹预备者，即裁厘后如何抵补为最要之点。第一、当先详查各省厘金实收之数。中央所依据者为八年度预算数约计五千零二十三万一千一百十二元。其分项如下：

一、厘金三千九百三十二万四千八百三十七元。

二、厘金罚款二万六千六百八十五元。

三、正杂各税中含通过税性质类似厘金七百零一万三千四百十一元。

四、正杂各捐中含通过税性质类似厘金三百九十七万四千八百六十四元。

以上各数与现时实收数自有不同，已电致各省区切实开列（此外尚有常关税系属通过税性质，应一律免除，又在本问题之外）。第二、即应筹划如何抵补。以加税所得补裁厘所失，从前马凯议约时即预计恐有不敷。由中国另办新税抵补，此为抵补厘金问题所由起。历来所议抵补方法，大致不外二端：

一、抱定商约所已议及，即征收出产、销场二税，而以常关为征收机关。

二、不必限于商约已否议及，即另拟征收新税，不办出产、销场二税，废止常关。

以上两税各有利弊，相为乘除。现当设法促进实行加税免厘，将来抵补应取何等方法最为适宜，亟应先事规划以定方针。所尤应注意者，比年政象不宁，各国政府均致疑于各省长官以厘饷所关，不愿轻言改革。又深虑裁撤以后，或因事故发生，藉口筹饷，乃又巧立名目，仍旧征收。有裁厘之名，而无裁厘之实，徒使商民增重关税之负担。此次通盘筹划，先定抵补方法，尤当有一种明确之表示，昭信邻邦。庶特别会议开会之时，可减去无限之障碍，一二五附加税易于实现也。

（己）整理内外债款

查中央政府历年以来所欠内外债款，日积月累，为数綦巨。内失信用，外丛交涉。自非速为设法整理，不足以树财政基础。惟欲言整理，除聚散为整起新还旧之外，实属别无良策。所最难者，厥为基金问题。就目前情形而论，所有收入最大财源惟关税及盐税二项。然均各有指抵，平时应付，犹虞竭蹶。再四思维，惟有就将来之关税项下，通盘筹划，藉辟生路。查目前关税收入，年约九千五百余万元。预计加入实行二五附加税以至实行十二五税及照约增收等项，约可达一万九千七百余万元。除去支出海关经费及内外债赔款并抵补厘金及常关通过税等项约共一万五千二百余万元，每年约尚可余四千五百万元(见附件一)。是以后可以藉资周转之款，当不外此四千五百万元一项。查目前所欠无确实担保之内外债款，虽有一部分因具特种情形，一时未能确定。如内债项下各银行结款之结算问题，外债项下之奥款及中法银行债款各问题。在未曾定有相当办法之前，一时均难以确定。然加以估算，仍可得其大概。约计外债达三万三千万元，内债达二万四千万元，备补结算差额三千万元，合计总数达六万万元。倘内债项下之一部分国库券另案办理，又外债项下之奥款可以商减一部分债额，及中法银行债款约二千余万元能在法国抛弃庚子赔款内抵消，则总数当可减缩至五万五千万元以内。兹姑假定举办新公债六万万元，以清偿此项无确实担保之内外债款，其基金即以前项预算关税余款每年四千五百万元指充，按九五折发行债票，利率按年六厘，期限三十年(见附案三)。照此推算，该项新公债开始还本付息之时，每年所需基金虽不能少过四千五百万元，但本息逐年递减，则基金数目亦颇有伸缩之余地。倘以后海关贸易逐渐发达，则税收增益，旧以关余为担保之内外债务，又可陆续轻减，尤足以资生利建设事业之挹注。然非关税特别会议从速开会，将实行二五附加税以及推行十二五税等项筹定办法，则政策无从进行。兹特列表详陈，以备讨论。

附海关税收支概算表

预计将来海关税收约数表

发行新公债计算表

财政部经管内外债款分类总数单

海关税收支概算表(以一年分为衡)

(甲)收入项下:

一、民国十二年实收数	约九千五百二十五万六千元
二、预计实行进口二五附加税增收数	约二千四百四十二万八千元
三、预计实行进口十二五税增收数	约四千八百八十五万五千元
四、预计照约出口税增收净数	约三千四百六十二万三千元
五、预计照约进口丝斤增收数	约三百五十万零四千元

以上五项,除去照约废除后进口及子口半税应减八百七十九万四千元,共计约一万九千七百八十七万二千元。

(乙)支出项下:

一、海关经费及应还外债赔款	约七千一百五十八万八千元
二、整理公债基金及指拨各项政费	约二千六百十五万八千元
三、假定抵补厘金及常关通过税	约五千五百十二万六千元(见附注)

共计约一万五千二百八十七万二千元

收支两抵约余四千五百万元

附注:厘金实际数目,恐各省所提出者当不止八年度预算所列之数。加之常关亏耗,除以另办新税抵补外,其一部分应由关税增加项下拨补。本表姑拟前数,将来应以新税收入为主。关税所拨必较此数减少,整理债款基金,应无不足。

预计将来海关税收约数表

项别	银两数	银元数	说明
民国十二年实收数	六三，五〇四千两	九五，二五六千元	银两按一五申，合银元下同。
进口二五附加应增之数	一六，二八五	二四，四二八	此按十二年进口税三千二百五十七万计算
照马凯约进口应增之数	三二，五七〇	四八，八五五	此系照约进口值百抽十二五应增之数，即于前项值百抽七五外，再加抽五是也。
照马凯约出口应增之数	二三，〇八二	三四，六二三	此按十二年出口税二千二百六十七万计算，出口切实值百抽七五应增之数，即于现在实抽百分之三三外，再加四二是也。但除去五分之一为丝斤税，另列。
照马凯约进口丝斤应增之数	二，三三六	三，五〇四	此系照约出口丝斤切实值百抽五应增之数，即于现抽百分之三三外，再加一七是也。
照马凯约废除半税应减之数	五，八六三	八，七九四	此系照约废除复进口税及子口税二项之数
共计净数	一三一，九一四千两	一九七，八七二千元	此系合计前五项减去第六项半税之净数

附记：十二年出口货总额值银七万五千二百九十一万七千两，丝斤值银一万五千四百三十五万一千两，约占五分之一，表内依此推算。合并注明。

发行新公债计算表

假定债额六万万(九五折发行实收五万七千万元),年息六厘,期限三十年。自第一年至第五年每年还百分之一·五,第六年至第十年每年还百分之二,第十一年至第十五年每年还百分之三,第十六年至第二十年每年还百分之三·五,第二十一年至第二十五年每年还百分之四·五,第二十六年至第三十年每年还百分之五·五,息随本减。

年分	现负数	还本数	付息数	本息合计
一	六万万元	九百万元	三千六百万元	四千五百万元
二	五万九千一百万元	九百万元	三千五百四十六万元	四千四百四十六万元
三	五万八千二百万元	九百万元	三千四百九十二万元	四千三百九十二万元
四	五万七千三百万元	九百万元	三千四百三十八万元	四千三百三十八万元
五	五万六千四百万元	九百万元	三千三百八十四万元	四千二百八十四万元
六	五万五千五百万元	一千二百万元	三千三百三十万元	四千二〔五〕百三十万元
七	五万四千三百万元	一千二百万元	三千二百五十八万元	四千四百五十八万元
八	五万三千一百万元	一千二百万元	三千一百八十六万元	四千三百八十六万元
九	五万一千九百万元	一千二百万元	三千一百十四万元	四千三百十四万元
十	五万零七百万元	一千二百万元	三千零四十二万元	四千二百四十二万元

十一	四万九千五百万元	一千八百万元	二千九百七十万元	四千七百七十万元
十二	四万七千七百万元	一千八百万元	二千八百六十二万元	四千六百六十二万元
十三	四万五千九百万元	一千八百万元	二千七百五十四万元	四千五百五十三[四]万元
十四	四万四千一百万元	一千八百万元	二千六百四十六万元	四千四百四十六万元
十五	四万二千三百万元	一千八百万元	二千五百三十八万元	四千三百三十八万元
十六	四万零五百万元	二千一百万元	二千四百三十万元	四千五百三十万元
十七	三万八千四百万元	二千一百万元	二千三百零四万元	四千四百零四万元
十八	三万六千三百万元	二千一百万元	二千一百七十八万元	四千二百七十八万元
十九	三万四千二百万元	二千一百万元	二千零五十万二元	四千一百五十二万元
二十	三万二千一百万元	二千一百万元	一千九百二十六万元	四千零二十六万元
二十一	三万万元	二千七百万元	一千八百万元	四千五百万元
二十二	二万七千三百万元	二千七百万元	一千六百三十八万元	四千三百三十八万元
二十三	二万四千六百万元	二千七百万元	一千四百七十六万元	四千一百七十六万元
二十四	二万一千九百万元	二千七百万元	一千三百十四万元	四千零十四万元

续 表

二十五	一万九千二百万元	二千七百万元	一千一百五十二万元	三千八百五十二万元
二十六	一万六千五百万元	三千三百万元	九百九十万元	四千二百九十万元
二十七	一万三千二百万元	三千三百万元	七百九十二万元	四千零九十二万元
二十八	九千九百万元	三千三百万元	五百九十四万元	三千八百九十四万元
二十九	六千六百万元	三千三百万元	三百九十六万元	三千六百九十六万元
三十	三千三百万元	三千三百万元	一百九十八万元	三千四百九十八万元
		共计应还	本息十二万八千零	九十九万元①

财政部经管内外债款分类总数单

结至民国十三年十二月三十一日为止

（甲）有确实担保各项内国公债及库券

约计现负数　　银元二万零三百十六万七千六百十九元（参看附注一）

（乙）有确实担保各项外债

约计现负数　　约合银元八万二千六百零二万七千六百六十四元七角七分（参看附注二）

（丙）无确实担保各项内国公债

约计现负数　　银元八千三百八十五万九千二百九十三

① 共计应还本息为十二万八千四百万元。

元（参看附注三）

（丁）无确实担保各项外债

约计现负数　　约合银元三万二千七百十四万三千七百四十六元一角三分（参看附注四）

（戊）偿还内外短债委员会审各（各字衍）定各银行号短期借款除以偿还内外短债八厘债券抵还之余欠部分

约计现负数　　银元三千八百五十六万一千六百三十二元二角五分（参看附注五）

（己）无确实担保各项库券

约计现负数　　银元六千二百二十六万七千零九十二元二角六分（参看附注六）

（庚）各银行号短期借款

约计现负数　　银元五千五百十二万五千四百四十四元四角八分（参看附注五）

以上七项，共计约合银元十五万九千六百十五万二千四百九十一元八角九分。（内计另有确实担保各项内外债款约合银元十万零二千九百十九万五千二百八十三元七角七分，无确实担保各项内外债款约合银元五万六千六百九十五万七千二百零八元一角二分。）

附注

一、有确实担保各项内国公债项下，系包括整理案内六种公债及三年公债、十一年公债、四年特种公债、十二年特种库券、十三年特种库券、十三年德国庚子赔款余额担保库券结欠本款。又偿还内外短债八厘债券之日金部分结欠本款。

二、有确实担保各项外债项下，系包括俄法洋款、英德洋款、正续两项五国善后借款、克利斯浦公司借款结欠本款及庚子赔款各国部分结欠本息。但庚子赔款内之德、奥、俄三国部分因原案业已变更，一并剔除。

三、无确实担保各项内国公债项下，系包括第二次整理案内元年、八年两种公债实在发行数目之结欠本息，及偿还内外短债八厘债券之银元部分结欠本息。其第二次整理案内元年、八年两种公债之充作借款担保品部分，则概不加入，另从所抵债款计算。

前项所包括偿还内外短债八厘债券，本以关税切实值百抽五之增收为担保。本案整理未实行以前，应仍保留原案。

四、无确实担保各项外债项下，系包括已过期及未过期之各项外债结欠本息。但内有奥款及参战借款、购械欠款、中法实业借款等数项，均尚带悬案性质，仅为假定之估计，以求其大概。

五、偿还内外短债委员会审定各银行号短期债款（除以偿还内外短债八厘债券抵还之余欠部分）项下，系包括以盐税余款抵借各款，除去以偿还内外短债八厘债券抵还之余欠部分结欠本息。又各银行号短期借款项下系包括非以盐税余款抵借之各款结欠本息。但该两类借款业经另订结算通则，大部分尚未结算妥协，故目前碍难算出结欠本息确数。此次所结总数系暂行参照本部前送财政整理会试拟十三年度预算表开列，其计算方法仍假定按照各该借款原定利率不计复利。惟截止日期预算表以年度为衡，故截至民国十四年六月底为止。此次结算为便利起见，姑仍其旧。

六、无确实担保各项库券项下，系包括有利无利两类。有利者加算积欠利息，无利者仅列欠本。其截止日期，亦依照试以十三年度预算表截至民国十四年六月底为止。但在十三年度以外到期之欠付本款，则已查明补入。

前项所包括有利无利各项库券，种类既繁，性质各异，将来实行整理应量予审核，兹姑按原数计算。

再财政部欠款除上列甲、乙、丙、丁、戊、己、庚各项外，尚有各行号垫款。截至十二年度止，共三千八百二十六万四千四百十二元有奇。因其性质与债务有殊，故未列入。将来归并整理，即包入本案备补结算差额之中。合并声明。

(庚)划分国地两税

国税省税之划分，应有确然之标准。欲立此标准，先宜研究现行各税之隶属关系，或仍旧，或须变更，将来举办之新税或属国家，或属省地方，亟应将各项税目辨别性质，俾有系统可寻。其各项税目历年收入若干，将来收入若干，亦宜考查而统计之。至征收机关应否照旧，权限如何划分，皆不可不有所计划。兹特酌拟三端：

(一)辨别各税性质以明系统　吾国税制由单税主义进而采用复税主义。有清末年，试办预算，全国经常岁入除官业收入及杂收入外，分为田赋、盐课、关税、厘金、正杂各税、各捐六类。以契税、当税、牙税、茶税、烟酒税、矿税、印花税、牲畜税、商税等纳入正杂各税中，以烟酒捐、牙捐、粮米捐、当捐、盐捐、油糖捐纳入正杂各捐中。当时虽颁有划分国家、地方两税之宣言，尚未确定办法。民国二年始由财政部拟订国家税地方税草案，以现行田赋、盐课、关税等十七种为国家税，将来应办之印花税、登录税、承继税、营业税、所得税、出产税、纸币发行税等亦属之。以现行田赋附加税、商税、牲畜税等二十种为地方税，将来应办之房屋税、入市税及各种附加税亦属之。惟所取标准未尽适当。今应时势之潮流，其应属于国家税者，如关税、盐税、印花税、烟酒税、其他消费税及全国税率应行划一之租税。其应属于省地方税者，如田赋、契税及其他省税。但两税性质显然可以划分者，固无问题，而性质稍涉两可者，将来必起争议。则所有现行及将来应办之各项税目，亟应辨别性质，以明系统。此其一（附国省税系图表二）。

（二）综计历年收入以验盈亏　我国岁入向无统计。前清宣统三年始制预算，民国因之。二、三、五、八各年度办理预算四次，各年度国税经常岁入均有数目可以参考。各列一表，以验盈亏。至原列有所得税一项，当时实未开办，及杂税杂捐无专名可举者，亦阙之。此其二（附各年度国税经常岁入预算表、海关税等七项国税实收数目表、国税现在岁入约数表、国税将来收入约数表）。

（三）整饬征收机关以定权限　整理税制，尤以整饬征收机关为急务。若征收机关组织未善，纵令税目分明、税额确定，亦不能收圆满之效果。我国税系既有变更，则一切征收机关，亦不得不从新整饬。按各国征收机关，概分三种：一为监督机关。二为经征机关。三为收款机关。其组织或采用地方区划制，或采用事项分配制，此其大概也。兹就三种分述如下：第一监督机关：我国财政监督机关，在中央为财政部，在各省为财政厅。此外又设有税务处、盐务署、烟酒事务署。今既划分国省两税，则各省原有之财政厅，当然依据省宪，另立名目，作为省税之监督机关。国家应采第一制，别设国税监督署于各省。除关税及盐税因与外人有关作为特种税务外，凡在各省征收一切国税，统归国税监督而综核之。用人之权，纯归中央，各省不得干涉。第二经征机关：我国经征机关，如田赋、契税及牙当等税，向由县知事经征。盐税、厘金及烟酒等税，别设专局。海关经征之权，完全属税务司。

今既划分两税，应于各省国税监督署之下，分设国税局统征一切国税。其所管辖区域与普通行政区域不必从同，宜视地段之广狭，交通之便塞，事务之繁简，或一县一局，或数县一局，皆可由国税监督署斟酌情形设之。第三收款机关：对于经征机关而言，近世金库制度发达，各国皆以金库为收纳税款之机关。我国征收制度，历代相沿。经征机关即收款机关，略无区别。所谓金库，盖由经征机关收款后始行缴纳，非由金库直接向纳税者收款故耳。自此次整理后，应将经征机关与收款机关截然划分，使无丝毫含混，并确立金库制度。于中央设惟一之总金库，各省设分金库，各县设支金库。其有偏辟地方不能设支库者，得由分金库委托银行银号代办金库，代收税款。庶收国库统一之效，而于征收上亦得杜绝种种弊端矣。凡此计划，均为划分两税之先决问题，所宜切实讨论者也。

国省税系图

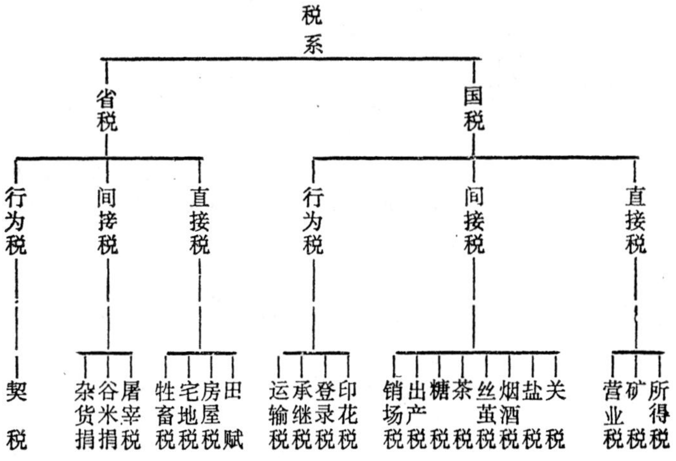

国省税别	税　目	说　　　明
国税	所得税	民国十年始行开办，今应定为国税。
	矿　税	民国三年，颁布矿业条例，分矿税为矿区税、矿产税两种，所定比例税率，各省多未实行，办法殊不一致，今应定为国税，亟应整理，以归划一。
	营业税	我国向无此项税目。惟旧有牙税、当税、渔业税及近年所办之烟酒牌照税，实属此种性质。民国三、四年间，政府定有特种营业执照及普通商业牌照两种税法，均未实行，今应定营业税为国税，亟应从事筹办，并归并牙当等税，以免重复。
	关　税	我国关税有海关、常关两种，海关征收国境出入货税属之国家自不待言。惟常关所征一部分之行商货税，实系通过税，将来裁厘加税实行后，如改征出产、销场两税，照约应留常关征收。
	盐　税	
	烟酒税	烟酒两种，前清本由常关及厘局课税。光、宣之交，各省始行专设烟酒税捐，种类复杂，名目繁多，税率尤不划一。民国四年，仿各国专卖法，官督商销，而定公卖之制。自是烟酒公卖与烟酒税捐并行，今确定为国税，亟应整理，以谋统一，而免重征。
	丝茧税	丝本我国出口大宗，占海关输出总额百分之十九，位置第一，今应定丝茧税为国税，俾得随时权其轻重，以与外货竞争。
	茶　税	茶亦我国出口大宗，占海关输出总额百分之六，位置第三，今应定茶税为国税，理由与丝茧同。
	糖　税	今应定为国税
	出产税	我国废止厘金，拟办出产、销场两税，以谋抵补，各省亦有试办者，今应定出产税为国税，亟应统筹全局，以期实行。
	销场税	详见出产税项下
	印花税	

续 表

国税	登录税	民国四、五年间，曾经财政部拟就登录税草案，卒未果行。十年复经司法部提议，援照奉、吉两省登记规则，拟具各省区不动产登记条例，于十一年五月交由国务会议议决施行，今应定登录税为国税，亟应由各部会商筹办，并将各项登记归纳于此，以免纷歧。
	承继税	亦曰遗产税。民国四年，曾经财政讨论会拟定遗产税条例，尚未实行，今应定为国税。
	运输税	亦曰通行税。民国三年，曾经财部拟具通行税法草案。嗣由交通部改为运输税，今应定为国税。
省税	田　赋	此应定为省税
	房屋税	此税始于前清末年，各省办理此税，大抵藉供巡警学校及地方公益之用，今以其性质定为省税。
	宅地税	此税与田赋、房屋税性质相近。民国四年，财政部筹议宅地税办法，近复拟有市街宅地税条例草案，尚未实行，今以其性质定为省税。
	牲畜税	此系各省固有之税，大都按照习惯办理，今以其性质仍定为省税。
	屠宰税	此系各省固有之税，与牲畜税同，今以其性质仍定为省税。
	谷米捐	此系各省固有之税，今以其性质仍定为省税。
	杂货捐	此系各省固有之税，今以其性质仍定为省税。
	契　税	此与田赋有密切关系，应定为省税。

以上所列国税十五目，省税八目，皆系现行各税之可存者及已筹议而未办，或试办而推行未广者。如将来发生新税，即各依其性质分别隶属之。至田赋、契税两项，原系国税，今按其性质之关系及最近学说之主张，将来拟改省税。

民国二、三、五、八各年度国税经常岁入预算表

单位千元

税目	二年度	三年度	五年度	八年度	附记
田赋	七九，一八一	七六，八五九	九五，九七三	八六，八四五	三年度中央直接收入款内田赋附税未列入
盐税	七七，四〇一	八四，八八〇	八四，七七一	九八，八一五	五年度款目改为盐款。
海关税	五七，二四一	六六，七五八	五八，三七七	七三，四五四	
常关税	九，七二九	一二，〇一六	一三，〇九〇	一八，二四四	
厘金	三六，八七七	三四，一七六	四〇，二七一	三九，二二五	自三年度以后改名货物税。
矿税	一，七〇九	一，〇六五	一，三九一	二，二九二	
印花税	七〇一	三，六六七	五，六七一	八，一五八	
烟酒税捐	一一，七八二	一三，九二四	一四，三〇一	一六，五五一	三、五两年度并解部专款在内。
烟酒公卖费			一一，六八〇	一七，四一八	四年开办，五年度始列预算。
烟酒牌照税	二，一七五	一，九二七	二，〇一三	二，六九三	
契税	一二，二二三	一六，二一三	一五，三一五	一五，一七一	三、五两年度并解部专款在内。惟验契费未列入。

续　　表

牙税牙捐	六八〇	九七七	一，七一四	二，六五一	
当税当捐	八〇六	五九〇	七四〇	六九三	
糖税糖捐	二一四	四九六	七五七	七二六	
茶税茶捐	六六六	一，七五四	二，一三三	二，三七四	
渔业税	一四一	八一	一六〇	一九七	
牲畜税捐	三一	五四八	二，二二五	一，一二二	
屠宰税捐			一，七六七	三，四三一	二、三两年度并入杂税内。
共计①	二九一，五六六	三一五，九三一	三五二，三四九	三九〇，〇二六	

国税经常岁入，二年度为二万九千余万元，八年度为三万九千余万元，约增一万万元。至近年实收之额，海关及五十里内常关税、盐税、印花税、烟酒税费等七项，均有确数可稽。其余田赋等十二项，因西南各省属在军事区域，册报未齐，无从统计。所有国税现在岁入约数，当以海关税等七项八、九、十各年实收平均额及田赋等十二项八年预算数为准。惟将来原有国税中田赋及契税划归省预算，除岁出项下依法应有一部分随同改归省预算外，国税项下仍须弥补。又厘金及常关所征之行商货税，关税增加至十二五后，均应废止。除以关税所增抵补外，亦须另筹新税弥补。兹根据八、九、十各年海关税等七项国税实收数目，求得

① 共计二年度应为二九一，五五七。八年度应为三九〇，〇六六。

其平均额，并将国税现在约数与将来约数分别列表而比较之。

民国八、九、十各年海关税等七项国税实收数目表

单位千元

税目	八年	九年	十年	平均
海关税	六九，〇一四	七四，七三〇	八一，六九五	七五，一四六
五十里内常关税	六，七四一	六，五七八	六，七八三	六，七〇一
盐税	八〇，八二〇	七九，二九〇	七八，二二〇	七九，四四三
印花税	二，七二七	二，九九五	三，一四四	二，九五五
烟酒税捐	六，七三〇	七，一八六	六，七四九	六，八八八
烟酒公卖费	六，六五六	六，六九四	六，〇五三	六，四六八
烟酒牌照税	九九五	一，〇七〇	九七七	一，〇一四
共计①	七三，六八三	一七八，五四三	八三，六二一	一七八，六一五

国税现在岁入约数表

单位千元

税目	约数	说明
海关税	七五，一四六	以下七项系据八、九、十各年实收平均数列入。
五十里内常关税	六，七〇一	
盐税	七九，四四三	

① 共计八年应为一七三，六八三。十年应为一八三，六二一。

印花税	二，九五五	
烟酒税捐	六，八八八	
烟酒公卖费	六，四六八	
烟酒牌照税	一，〇一四	
田赋	八六，八四五	以下十二项系据八年度预算数列入
五十里外及内地边陆常关税	一二，〇九三	
厘金	三九，二五五	
矿税	二，二九二	
契税	一五，一七七	
牙税	二，六五一	
当税	六九三	
糖税	七二六	
茶税	二，三七四	
渔业税	一九七	
牲畜税	一二二	
屠宰税	三，四三一	
共　　计	三四五，四七一	

国税将来岁入约数表

单位千元

税目	约数	说明
所得税	七，〇〇〇	所得税开办时，曾经财政部预计第一期可得七百万元，第二期可得千万元。现因推行未广，收入无多，将来力图扩张，第一期预计之岁额，不难办到。
矿税	二，三〇〇	按照八年度预算改列整数如上
营业税	一六，二〇〇	按照八年度预算，所列当税、牙税、渔业税、烟酒牌照四项，共计六百二十余万元。实行财政部所拟特种营业执照税及普通商业牌照税二种，约可增千万元。故列数如上。
关税	一九七，八七二	海关税民国十二年实收数约九千五百二十五万六千元，预计实行进口二五附加税增收数约可得二千四百四十二万八千元，预计实行进口十二·五税增收数约可得四千八百八十五万五千元，照约进出口税增收净数约可得二千九百三十三万三千元，共为一万九千七百八十七万二千元。
盐税	七九，五〇〇	按照八、九、十各年实收平均额改列整数如上。
烟酒税	一三，四〇〇	按照八、九、十各年烟酒税及烟酒公卖费实收平均额改列整数如上。
丝茧税	四，〇〇〇	历年预算丝茧税一项，或列，或否，无从统计。查近年江苏、浙江、安徽三省税收实数约二百三十余万元，益以四川、广东、奉天、新疆等省丝茧税年可得四百余万元，故列数如上。
茶税	二，四〇〇	按照八年度预算改列整数如上
糖税	七〇〇	按照八年度预算改列整数如上

续　表

出产税	七，五〇〇	加税实行时，厘金及常关所征行商货税均应废止，拟以常关改征出产、销场两税。据农商部报告，全国物产价值约十余万万元，除烟酒、丝茧、茶、糖外，以五万万元计之，产、销两税税率平均约合百分之三，全年可约得银一千五万元，以京师一关八、九、十各年平均征收销场税约二百余万元，证之当有过之无不及也。故暂列出产、销场两税各七百五十万元。
销场税	七，五〇〇	
印花税	三，〇〇〇	按照八、九、十各年实收平均额改列整数如上。
登录税		尚未筹办暂不列入
承继税		尚未筹办暂不列入
运输税	四，〇〇〇	据交通部所拟铁路运输税每年收入至少可得四百万元，故列数如上。惟现在尚未筹办。
共　计	三四五，三七二	

以国税将来岁入约数表与现在约数表对照观之，相差为数无几。惟国税中之所得税、营业税、出产、销场两税及印花税等税法最良，税源亦富，将来应可得巨大之收入。况登录税与承继税尚未列数，如能施行，亦可藉以挹注。值此议划两税时，将来办各税从速筹及，已办各税极力扩张，税收自蒸蒸日上矣。

（辛）统一国库整理币制

东西各国理财之策，无不先从统一国库与整理币制入手。诚以国库不统一，则财政之收支无由明瞭。币制不整理，则财政之基础无由稳固。然此二者之关键，则全在于国家银行。盖代理国库与夫发行国币（国币二字包括硬币与纸币而言），皆属国家银行之特权。若不确定国家银行，则无有能行使此特权者。比年以来，财政困难，政府以开放特权为垫款之报酬，银行以经理官款为业务之补助，而拥有国家银行之名者，又未能确守银行之范围，屏弃普通营业而不为。盖三者之失态均也。今欲确定国家银行，使前项特权归于统一。其办法有二：一曰由国家另行筹款，设立国有国家银行，不招商股。其理由谓就最近世界潮流之所趋，凡有特权之事业，非归国有不可。国家银行既有发行纸币代理国库之特权，自应完全归诸国有，方为合宜。此一说也。一曰，就中国银行改组国家银行。其理由谓就法律与历史而言，中国银行本为国家银行。但使修正该行则例，限制其营业，使不与普通银行竞争，同时增加官股，使事权不偏重于商股即可，无须另设。况该行纸币已有信用，非一朝一夕之故，决非新设立之银行所能办到。因势利导，实最得策。此又一说也。以上两说，究应采用何说，大有研究之价值。此外，尚有金库独立之说。谓当在北京设立总金库，由政府派金库总监一员，办理此事，凡国家收支均归该库经理。北京以外，或设置分库，或由总库委托银行代理。此金库并得发行金库券，其准备金则规定现金七成，有价证券三成。凡银行欲发行此券者，必须照规定准备金缴纳，方得领用。嗣后无论何行，不得自由发行。且为增进金库券信用起见，设立金库检查委员会，随时检查准备金。委员以银行公会会长、商会会长、税务处督办、总税务司、盐务稽核总所总会办、审计院院长等组织之。此亦统一国库及发行权之一法也。国家银行确定或总金库设立以后，凡国库收支应完全委托国家银行或总金库经理。举从前税款不由国库收支及省银行或其他特种银行代为经理国库之习惯，力为矫正，庶国库不至有名而无实。至于整理币制，原分硬币与纸币两种。整理纸币因发行权已统一于国家银行或总金库，则应由国家银行或总金库负其专责，筹议办法，次第进行。惟整理硬币非有精确计划未能贯彻，而尤应从整顿造币厂入手。盖币质之良否，于国计民生关系至巨。东西各国造币之权，必归中央。

盖以期技术之统一而使供求之相应也。各省造币厂原拟规定五处，即天津、南京、武昌、广东、奉天是也。其余各处，均拟实行裁撤。其后因为废止银两之预备，复于上海设立造币厂一处，以为全国之模范（该厂工程因款项支绌半途而止。俟该厂开工后，宁厂即可废止）。乃近年以来，向所被裁之厂有重行开铸者，亦有前本无厂之处而近新设立者，共计至有十五处之多。各省自为风气，中央无法限制，以致银元成色不能统一，铜元价格日趋低落。紊乱币制，贻害人民，莫此为甚。今拟由中央统筹全局，负责整顿。嗣后关及造币厂用人行政，仍由中央完全主持，以昭划一，而防流弊。

基上计划，以确定国家银行为统一国库之根本，而纸币即得以整理。以整理硬币为整理币制之先导，而尤以统一造币厂为入手办法。先后次第，拟定方针，财政金融，庶可巩固。此外，如国际汇兑事业亦应筹划建设，另具说帖附后。

附设立国际汇兑银行说帖

设立国际汇兑银行说帖

我国三十年来效法东西银行制度，颁布各种银行法令。凡属商业、储蓄、殖业、农工等类银行，皆已依法次第兴办，并能尊重职务，调剂各业。因是内地金融机关，贻有日趋盛大之势。惟通商迄今，国际贸易出入失其平衡，金银汇价高低，权操人手。东西巨商利此机会，在我国内竞设汇业银行。英有汇丰，法有汇理，美有花旗，日有正金，俄有道胜，德有德华，皆为外国银行之领袖，而各该本国之国际贸易所赖以发展于中土者也。民国元年本部拟具兴华、汇业银行则例，交参议院议决公布，但银行设立并未成为事实。现拟参照各国先例，于银行系统中列入国际汇兑银行，以为国外金融机关。兹将设置此项银行理由，分述于次：

(一)维持汇价也。我国币制现系银本位，无论政府、人民，每当清偿外债，皆须经由外国银行照市折合金币。其间比价涨落不定，无形之中损失极巨。若设此项银行，自定汇价寄付，则国际汇价可以照常维持。(二)鼓励输出也。我国地大物博，甲于他国。原料输出，从来已盛。但货物运送需时，资金变换匪易。若设此项银行，俾商人可藉押汇办法，请求银行周转现金。则国货相率出口，自必日兴月盛。(三)募集外债也。国用有非常之支出，募债亦济急之良法。我国历年所募外债，均由外国银行办理。其中折扣征费，悉听外商主持。如设此项银行，在外国市场既素有接洽，一旦受委向外国募债，所有付息付本各程序，均可直接办理，得免外国银行之垄断，又保内国财政之主权。(四)代理国款也。驻外使领之经费，募入债款之寄回，均属国家款项事务。如设此项银行，自任汇拨存支，纵遇财政紧急，临时犹易周转。(五)吸收外金也。我国输入超额，内地现金不免流出。如设此项银行，即可就外国市场购入债权证券，以备抵偿债务。倘遇内国金银缺乏，并可直接收买外国金银，以供本国铸币及纸币兑现准备之用。(六)辅助侨商也。我国工商各业近来侨居外国者，其经济力、劳动力所在，本已不薄。如设此项银行以为辅助，则海外华工劳动所获，自有寄存机关，亦易送回祖国。基此各项理由，汇业银行实有即时设置之必要。但当今日商业凋敝之余，若欲推设金融机关于他国境内，自非政府人民协力进行不克有济。拟由政府酌量入股，并在该行设定特别存款，专供国外汇兑及吸收外金之用。仍许该行得以低息向中央银行通融款项，以资提倡，而利进行。此外，关系国际汇兑银行要点尚多，均应参照各国先例及兴华、汇业银行则例，酌量办理。

(壬)推行各种新税

划分国地两税，已以税系图表分晰其税目。而税目中未经举办或举办而未推行者，亟应次第实行。国税中如所得税、营业税、丝茧税、茶税、糖税、矿税、出产税、销场税、登录税、承继税、运输税，皆荦荦大者。查欧美各国向来所采税目，大都直接税少，间接税多，今之趋势则全与之相反。据国际联盟财政会议调查一九二〇年之各国租税以百分比例计之。美国直税七六间税二四，英国直税六七间税三三，意国直税六四间税三六，德国直税六二间税三八，日本直税五五间税四五，法国直税五三间税四七。盖以间接税之纳税者，非负担租税之人，反抗力较小，往往增加以至于滥。其结果常使物价腾贵，压迫小民生活。故各国有所警觉，群趋于直接税之一途，尤注意一般所得以为中坚。我国现行直接税仅占总税额中百分之二三，比之各国适得其反，除田赋外仅所得税、矿税、营业税三种而已。为今之计，宜应各国之趋势，注重于直接税。就上项各税中先办所得税，而以营业税辅之。其次则办承继税、登录税。此外各税如丝茧税、茶税、糖税，虽系间接税而实系消费【税】。惟丝、茧、茶三种为我国出口之大宗，于课消费税之中，宜寓保国产之意。其税率宜取其轻，其他出产则更应斟酌地宜，就大宗者酌课轻税。至于销场税只能就大宗者酌抽，于坐贾不宜再有类似厘金性质之局卡出现，予社会上、经济上之种种摧残。至洋烟洋酒宜与我国土烟土酒课税平均，并另具说帖附后。此推行新税之宗旨及次第之计划也。

附增加洋烟洋酒税率说帖

增加洋烟洋酒税率说帖

我国土烟、土酒课税，平均确在百分之三十左右。民国四年创行公卖，以百分之十以上至百分之五十为公卖费率。嗣后关于税率一项，迭经筹议。各派主张虽微有出入，但定率在五十左右则大抵相同。且华洋烟酒须同等征税，尤为各方一致之主张。当开办公卖之初，原拟令洋商遵守新章，洋烟洋酒亦照土烟、土酒办法缴纳公卖费款。但交涉未有结果，迫不及待，不得已将洋烟、洋酒问题暂行搁置，专意致力于土烟、土酒之课税，遂致酿成偏颇不均之结果，土烟、土酒遂日趋于凋敝。若再不图补救，则华洋负担无均衡之日，而烟酒税收亦永无充裕之望矣。自应提出洋烟、洋酒增税，其理由有三端：烟酒为嗜好品而征收重税，乃吾国烟酒政策。应完全谋其实现，断不能因洋货税轻而减低土货之税率。一也。查现行土烟、土酒税率约为百分之三十，而洋烟、洋酒仅百分之七五，即将来免厘后，可以增加之率至多不过十二五，且仅纳海关税一道即可通行全国。是洋货将以价贱而畅销，土货反愈贵愈滞，实有背通商平等之原则。二也。土货既因滞销而衰落，洋货必充斥全国。税率相差悬殊，必致无形损及国家岁收而影响于国民经济者尤大。三也。

本此理由，与各国另订特约，载明洋烟、洋酒除一方面照约征收海关税一道外，再征内地税一道，合计其总额以不逾土烟、土酒所纳费税之总额为限，以期洋烟、洋酒与土烟、土酒之负担，常保持其均衡。至于内地税之征收办法，或由海关同时带征，以后通行内地不再征税，或由吾国专管机关另行征收，均无不可。但若从第二办法，则租界免税应行废止。其运销租界之烟酒或由华官直接征收，或委托租界洋员代征。其有洋商在吾国国内设厂制造之烟酒，应于内地税之外，先征厂税十二五以代关税。要之征收办法尽可以从长计议，而税率高下总当以华洋平等为原则。此外有须附带声明者，则吾国将来有实行专卖权之保留，此著虽一时不易办到，亦应未雨绸缪者也。

本草案附列各表原备参考起见，各表以类相从，或根据预算数，或根据数年平均实收数，或列一年中实收数，不免间有参差。例如关税从前之平均数与现在切实值百抽五之数自有不同，其他各数或以近年各省册报未齐根据从前旧数，或因现在事实上之变迁酌量增减。其应从各省实际上调查者，已由财政部通电各省区令将最近收支实数，造册交由各该代表携带到会，以凭届时更正。合并声明。

〔北洋政府筹备国会事务所等单位档案〕

16．临时执政交议整理财政案

（1925年2月26日）

兹查照善后会议条例第五条第三款及第八条之规定，提出整理财政案之纲要如左：

甲、军费标准

第一、量入为出定军费之标准。

第二、就全国收入之总数以一万万元为海陆军费。

乙、中央概算

第一、属于收入方面者：

（一）各省盐款除指定协济外，不再截留。

（二）烟酒、印花两税除拨中央军饷外，全数报解。

（三）常关、津浦货捐仍归中央。

（四）各省预算内提出百分之十解归中央。

（五）限制各收款机关直接拨款。

第二、属于支出方面者：

（一）军费另案解决，中央担任最少限度。

（二）政费切实核减，定一最低标准。

丙、各省区预算

第一、军费归全国通案核办，其政费标准如左：

（一）支出款目为八年度预算所有者，照旧核定。

（二）其为八年度预算所无者，视事项之缓急为款目之去留。

第二、以政费支出与接济中央（即乙款第四目所规定百分之十）及军费支出合为该省区岁出之总数，比较岁入总数，务使有盈无亏。

丁、实行关税二五附加税后用途之分配

第一、整理外债。

第二、整理内债。

第三、筹办生利事业。

戊、实行免厘加税并筹划抵补厘金办法

第一、抱定商约所已议及（即征收出产销场二税），而以常关为征收机关。

第二、不必限定商约已否议及，另订征收新税法案，不办出产销场二税，并废止常关。

以上两种办法，择一施行。

己、整理内外债款

第一、债项之必须整理者：一、无确实担保各项内国公债约八千三百余万。二、无确实担保各项外债约三万二千七百余万。三、偿还内外短债委员会审定各银行号短期借款以八厘债券抵还外，余欠约三千八百余万。四、无确实担保各项库券约六千二百余万。五、各银行号短期借款约五千五百余万。共计五万六千六百余万。

第二、裁厘加税实行后，每年收入税项约可达一万九千七百余万，除支出海关经费及内外债款、赔款，并抵补厘金及常关通过税等约一万五千五百余万外，尚余四千五百万。即以此项作为基金，举办新公债约六万万元。

庚、国地两税划分之标准

第一、定为国税者：一、所得税。二、矿税。三、营业税。四、关税。五、盐税。六、烟酒税。七、丝茧税。八、茶税。九、糖税。十、出产税。十一、销场税。十二、印花税。十三、登录税。十四、承继税。十五、运输税。

第二、定为省税者：一、田赋。二、房屋税。三、宅地税。四、牲畜税。五、屠宰税。六、谷未〔米〕捐。七、杂货捐。八、契税。

辛、统一国库整理币制

第一、另行筹款设立国有国家银行，或就中国银行改组国家银行，择一施行。

第二、特设总金库。

第三、整理币制以统一造币厂为入手办法，并设立国际汇兑银行。

壬、推行各种新税

第一、注意直接税、消费税。

第二、酌加洋烟、洋酒税率。

理由　应以本案为讨论范围，其理由详见整理财政草案内。

临时执政段祺瑞

中华民国十四年二月二十六日

〔国民党政府外交部驻云南特派员公署档案〕

17．熊希龄等对财政部整理财政案修正案

（1925年4月3日）①

为提议修正事：窃查整理财政案内之乙、丙两项，对于善后

① 系本案列入善后会议第九次会议议事日程日期。

会议所谓力谋和平统一与解决时局纠纷之宗旨，尚有未合。盖目前时局纠纷，原因固多，而财政实为纠纷中之一。纠纷若不从事实上与各省军政等代表详切协商，徒照旧日惯例，或凭空理想列一概算审查通过，究其结果，终难实行，所有纠纷仍然如故，则此次会议殊无补也。本员特参酌情形，提出修正案如左：

一、该草案乙项拟定中央概算以八年岁出数目为标准，所列中央概算表应修正以事务分类，只列经费总数，不列机关细数，如外交各机关则列为外交经费之类。

理由　凡政府编制概算所列用途，必须表现其政策之精神。故提出议案，均经国务员联合会议，切合于时势之需要。八年预算系属已往成迹，其中所列各机关，有已裁撤者，有尚不必存留者。八年以后至本年政府所通过切要之政费，有漏遗者，有新增者。若以八年预算所列各机关为概算，是裁撤者，可以规复，不必存留者，亦难裁撤，漏遗与新增者，返遭消灭。不仅未能表现政府之政策，而且愈滋以后之纠纷。故本员以为此表不若将事务分类，综计总数，列为外交、内务、财政、海陆军、教育、交通、司法及其他各经常经费总数若干，临时经费总数若干，旧有者以八年数目为标准，新增者以实支数目为标准，漏遗者另由财政部开单补入，照此概括，较有损益伸缩之余地。

一、该草案乙项只列岁出概算表，而于岁入未列概算，仅甲项内附有全国收入总数表。应于此修正案加入中央岁入概算表，该表不列全国收入总数，只须将庚项所列七项国税实收数目表及其他中央直接收入者，作为中央收入概算。

理由　中央概算表将全国收入支出总数列入，意在恢复民国八年之财政原状。本员以为目前时局纠纷，万难办到。似不如求一事实可行之办法而能维持现状者，以为临时政府之基础。本员主张中央宜与各省开诚协商，将政府所有经收七项国税之权，完全交还中央，各省不再截留。中央所派人员，各省不再拒绝。新政府即暂就此七项收入与其他中央直接收入各款数目列为概算标准。兹特摘录整理案内所列各项收入款目列下：

一、庚项七项国税收入共一万七千八百六十一万五千元。

二、甲项岁入经常门第七款官业收入共二百四十一万四千元。

三、上项第八款杂收入共六百八十九万元。

四、上项第十款中央各机关收入共三百零七万五千元。

五、甲项岁入临时门第五款杂收入共二百二十二万元。

六、上项第七款中央各机关收入共八万五千元。

以上合计收入银洋一万九千三百二十九万九千元。交通收入尚不在内，即以此款作为中央岁入概算。

其岁出之数，除照己项内外债赔款等费九千七百七十三万六千元外，下余九千五百五十六万三千元，临时政府即于此数内支配军政两费，此即政府整理案内所谓最低限度足以维持现状者也。本员以为临时政府在此期限内，苟能与各省商妥达到七项国税收入均归中央之目的，所有旧日收入预算案内之其他国税，概行暂由各省经收，以支配各该省军政两费，不再向中央索款，中央并为设法筹一抵补从截留国税之收额方法，使之收束目前军队，此即为解决纠纷之第一步办法。

一、该草案乙项所列核定各省概算表应即撤销，不必由本会审议。

理由　中央既只将七项国税收入作为概算，其他国税暂行抛弃，则各省之军政费全由各省收束，中央目前勿庸过问，且事实上亦不能理查。丙项各省区收入预算表内广东总额一千五百三十二万三千元，据现在所闻，收入已增至六千余万元。四川总额一千二百七十四万七千余万元。据现在所闻，收入已增至五千余万元。湖南总额五百九十二万三千元，据现在所闻，收入已增至二千余万元。事实上与中央所列相差至如是之远。本员主张各省概算不必为之核定，请其自行整理收束，以一年为期，迨整理既竣，然后逐渐协定军费标准，画分国地两税权限，即为力谋和平统一之第二步办法。是否可行，敬乞
公决。

提出者　熊希龄

连署者　顾　韶　朱清华　于宝轩
周钟岳　彭养光　褚辅成
周学熙　潘大道　吴　钫
杨以俭　屈映光

〔北洋政府筹备国会事务所等单位档案〕

18. 周仲岳关于整理财政先决问题的议案

（1925年4月3日）①

宣布历年所欠内外债确数及其用途为整理财政之先决问题案

本员等于提议此案之前，具有数义，先为说明：

一、此次善后会议系邀集各省区协商办法，以谋解决时局之纠纷。然国内纠纷之大者，除军队外，厥为财政。而财政中最足使国人指摘而放心不下者，厥为历年来所举无限制不合法之内外债。今欲解决纠纷而不得国人充分之信仰及谅解，其奚有裨。

二、我国大宗之收入可作举债之抵押品者，如关税、盐税、烟酒税以及铁路、矿山、森林、电信等等无不被中央抵押殆尽，致使各省区属受外人之压迫，条约之束缚，而不能丝毫活动者，悉拜中央之赐。今欲谋整理财政而不将前此举债之内容尽情宣布，则

① 系本案第一次列入善后会议第九次会议议事日期。

以后财政必无公开之希【望】，诚恐各省区幸而仅存之收入，亦将有继续断送之虞矣。

三、此次执政府提出财政整理案条款虽多，综其目的不外欲举行新债，以整理无抵押品之旧债及使各省区将截留中央款项完全报解之二事，如不取绝对公开的办法，予国人以共信，事之无济，所可断言也。

四、整理财政案甲、乙两款所列内外债系笼统言之，无确实数目及其用途，殊不足以资审核，自不能不照案列各项详加宣布（议案如下）。

民国肇造以还，财政败坏，不可究诘，主计者辄以举债为独一无二之途径。民六迄今，所负尤多。债息之增，逐年累进。到期债款无法偿还，外人时来共管之声，国家已陷破产之地。实由近年柄政者妄用无度，居间牟利，致使财政信用扫地以尽。居今日而言，整理财政，必先回复财政之信用。欲求财政信用之回复，非将历年所欠内外债逐一宣布其确数及其用途，决不足以昭信全国。矧以今日兵祸之蔓延，地方之凋敝，生计之困穷，人民救死不赡，实亦无力以当此巨大之债额。然覆按前此滥借滥用之财政历史，虽造因者不过数人，而承其敝者，乃在全体人民。是不能不追究其举债之由来，严核其用途之是否正当，并曾否经过举债之必具手续，务使历年举债之内幕和盘托出，而人民亦得彻底明瞭其所负债务之程度及因何事负此巨大之债务，以为将来承认与否之标准。今侈言整理财政，而不注重财政之先决问题，无论如何提案，决不能引起人民之信仰。至宣布之要点，应分左列之各项：

（甲）外债

（一）向某国借款系用何种名义（附交通借款）。

（二）借款数目及利率。

（三）何时借用及偿还期限。

（四）有无确实抵押品。

（五）曾否经过法定手续。

（六）作何用途。

（乙）内债

（一）某次以何种名义发行债额若干。

（二）何时发行及偿还期限。

（三）利率若干。

（四）有无确实担保品。

（五）已偿其一部尚未届全部偿还期限者。

（六）全部未偿者。

（七）半途停止偿还者。

（八）各债票在市面之价格若干。

（九）其他库券、短期借款及中交两银行钞票超过准备金之数。

（十）各种内债之用途。

上述各项，如能逐一切实宣布，俾以前财政状况，昭示国人，以听国人之公判，而谋一结束之方。此后财政则取公开式之整理，严重监视，决不容再有暧昧，或秘密之行为掺杂其中，一扫从前之恶习，则财政及国家前途，庶其有豸。拟请咨由临时执政府克期将前列各项逐一详确缮具表册，并附说明送交本会议，以凭切实审查，再由本会议拟具意见，何者应予承认，何者应予否认，留待国民会议之解决。是否可行，谨依本会议事细则第四章第十条之规定，提出大会。敬候公决。

提出者　周仲岳　徐之琛　马　骢
　　　　李华英
连署者　褚辅成　刘燧昌　邢　端
　　　　黄元操　李肇甫　严　端

蒙民伟　杨永泰　丁润身

〔北洋政府筹备国会事务所等单位档案〕

19．临时执政交议整理财政大纲案

（1925年4月3日）①

（一）采量入为出主义，就现时收入实数支配用途。

（二）编制中央暂行概算，其方法如左：

（甲）收入专列直隶中央款项。

（乙）支出以八年预算为标准。现在各机关八年预算已列者，以八年预算为限，未列者，以现在实支数为限。

（三）各省区财政状况报告政府，作为编制十四年度预算之预备。

（四）设置财政整理委员会。凡关于财政应行整理事项筹议方案，次第施行。

财政整理委员会条例另定之。

理由书

（一）我国财政量入为出，相仍最久。近十余年来编制预算，为应世界潮流，改采量出为入主义。然徒袭其名，未究其实，实际上入不敷出，悬隔遥远。今日中央状况，出八九而入一二，枯窘情形，无可为讳。欧战以后，各国以军需浩大，财政受其影响，近亦参采量入为出主义，以资调剂。我国自应以此定为方针，就现时收入实数，支配用途，庶可希望收支不甚相悬，以蕲渐入轨道。

（二）中央概算，自应先定原则，以为编制之标准。收入款项依据事实，以直隶中央为断，为中央与各省区之支配，非国家

① 系本案列入善后会议第九次会议议事日程日期。

与地方之划分。支出款项,查最近年度预算,惟有八年度经立法机关议决公布,只能以八年度为标准。惟在八年度以后成立各机关,势不能不予追加。今拟将现在各机关八年度已列者,以八年预算为限。八年度未列者,以现在实支数为限。

(三)各省区历年造送预算,年近者已至十二、十三等年度,年远者仅能以八年度预算数为根据,而八年度编制预算时,又以五年度预算为根据,相隔已逾十年,自与现时状况不同。即其年近者亦因多受战争影响,财政上状况变更在所不免。中央不知各省区实状,诸多隔阂。欲言协商,自非先明真相不可,不能不以征求报告为入手。至十四年度预算,依据会计法应自及时编制。即以各省分报告为一种预备之材料,仍俟整理委员会议决实施。

(四)财政枯窘如此,紊乱如此,势非中央与各省区互相提携,从容整理不为功。拟设财政整理委员会,由中央遴选熟悉财政人员与各省区民事长官代表共同组织,先为充分之协商,次乃分期分地各就事实上所能办到者,妥议办法,次第实行。

〔北洋政府筹备国会事务所等单位档案〕

20. 李垣等关于整理财政的议案

(1925年4月3日)①

窃维体国经邦,理财为本。制用不节,则百度无以整敕。民国肇建,十有三年,日言建设,迄无一息之安。虽时局变迁随时不同,然财政无一定之规程,实为症结之一。兹值善后会议开会,凡百庶政,待以取决。理财一端,尤为当务之急。其尤要者,不外数端:

(甲)清理内外债宜于关税会议实行增收项下设法摊还,特立

① 系本案列入善后会议第九次会议议事日程日期。

机关，专司其事，或竟交总税务司代管。

（乙）派员调查各省财政现状，究竟各省收入各款是何情形，支出多少，如何支配，以期根本清明得有着手之处。

（丙）特设国库，派员管理，收受银行保证金，以期调剂金融，不为银行所操纵。

（丁）改定审计制度，实行事前审计，以免审计法不能实施之弊。

（戊）画定国家地方税款，指定何项收入为何项支出之用，以便钩稽，而资整理。

以上五端，谨依善后会议议事细则第十条之规定提出议案，附以理由书，敬候公决。

附理由书

提出者　李　垣

连署者　黄　玉　陆兴祺　朱清华　尹朝祯　李钧南

整理财政议案理由书

我国学者理财之说，约分两端：一说以节用为本，于各种收益专主量入为出，以为可以藏富于民。其一说则以进取为长，以为支用苟有益于国家，则为国民义所应担，不妨量出为入。今试按之事实：近年国内变乱，支出之途，往往为预算所不料，量入为出，势有难行。至历年提议推行新税，已成者如印花、烟酒，虽属新办，而已江河日下，中央得用无几。其提议而未充分推行者如所得税等项，虽叠经催办，而成效无闻。其他各国有名之税，偶议仿办，反对尤多，无从措手。当局既无良策，徒以活动挪借为暂顾目前之计。其初尚可商借外债，迨押品既穷，则仅商及内国银行。银行告匮，乃思增发债票、库券，藉为虚抵腾挪之用。

至于今日，百孔千疮，日用之微，悉成债务，长此以往，破产堪虞。今欲为补救之方，自应以清理旧债为急。我国内外债务除一部分各有确实担保约计二万二千三百八十四万余元，业由总税务司代管，逐次还本付息无庸另筹外，据财政整理会最近公布之表，其数大略如左(摘数汇列其详具见该会公布原案)：

（一）各项外债二万二千零九十三万元，约计息金四千一百零九万元。

（二）各项公债一万三千零四十万元，约计息金一千五百八十四万元。

（三）内国借款六千四百三十九万元，约计息金二千九百九十五万元。

（四）各机关经费等项库券三千三百七十万元，无息金。

以上四项：计本金四万四千九百四十二万元，约计息金八千六百八十八万元，本息合计约共五万三千六百三十万元。

以上债务五万余万，比较他国虽不为多，然我国岁收以民八预算所列除交通特别会计不计外，其数为四万九千余万元作比例，债务已超过全年收入。若不清还，除库券一项本无息金不至增加债率外，其公债一项，即须增加息金。至内外借款，凡无切实担保者均属短期重息，一经到期商展，则利变为本，增息将不可收拾。以目前情势而论，欲言举债，则信用已无法维持，欲言增税，则反对又多方麇集，且亦借不胜借，增不胜增。兹于无可如何之中，为绸缪补苴之计，惟有采取最近关税研究会与财政讨论会所议决，在于关税增加项下设法。查该会等原议系就二五附加税立论。二五附加税实行之后，约计年增收入为二千八百余万元。以三成为其他建设之用，七成为整理债务之用，每年仅得一千九百余万元。为数太微，与上列借务利息，相差尚巨，何有于偿本。垣以为欲求根本清理不宜枝节搜求。查现在所谓关税会议充其可以增加之率实为百分之十二五，不止二五附加税而已。以现行税率百分之五比较，实可增收百分之七五，约计银数可增八千四百万元。惟实行增收，须分三期，且须抵补应裁之厘金收入。姑以抵补一半增收一半计，可得四千二百万元。将上列债本分作十年清偿，每年应摊四千四百九十余万元。再，除所列公债项内九六公债中之日币部分三千七百万元，业在现在关税内如期照付外，其数恰可相抵。惟息金无着，但可以延长期日为腾挪之地。若能将关税增收之款一律另储，按照先后实行之时，一一指定为整理债务之用，宽以期日，以十二年保存不动为限，则全国所有债务无不可以清了。惟是办理此事，难在信用真确，果能于此次善后会议之中，提出议决，公布施行，或再特立机关专司其事，否则竟交总税务司代管，俾与有抵押债款一体经理，务使中外翕然信为有整理之诚意，当可免除困难矣。（提案甲）

债务既理，始能为财政根本之计。垣之愚意，以为根本办法厥有二端：

（一）宜派员调查以明现状也　前清之季，中央遣派人员分赴各省，设处清理财政。旋经改革，未有结果。民国初元，续有派员调查之举。其时项城在位，中央威信克孚，调查之结果得以成立民三预算，为民国以来比较最为精密之预算案。盖以事出实地调查，中无隔阂，于当时现状极为明晰也。民国四年尚能续行，后经变乱，各省渐以不宁。至民八以后，遂无具体成立之预算案。比年以来，中央对于财政情况尤为隔膜，公牍与事实十九不符，究竟各省收入各款是何情形，支出多少，如何支配，不独不能行使命令，即例行文报亦多不具。中央所赖以维持政务者除盐、关两余外，皆莫知其所以然。历来整理各会，均同虚设，此实第一阻碍，似宜根据民国初元办法，派员分各省实地调查，庶根本清明，财政方得有着手之处也。（提案乙）

（一）宜特设国库以资调剂也　财政根本既明，收支现状得悉，则所以调剂其出纳者，其权在于国库，此一定之理也。顾今所谓国库者，乃隶属于中国银行，该行资本不专属国家。其代理之交通银行，更属完全商业性质。从前收支足抵，尚不觉其不便。至于今日，中央支出全赖筹借，而国库之权属于银行，于是银行乃得施其操纵。所谓银行公会者，其实不过操纵国库，藉以把持国家财政计画而已。欲救斯弊，首宜将国库与银行划分，并须提出国库权限，使国库可以操纵银行，银行不能把持国库，然后财政上一切调剂方法，始得实施。窃谓宜特派大员管理国库，明订条例，凡开设银行皆令先缴保证金若干于国库，如此则国库操银行之生命，自可不患把持。至发行钞票本为国库特权，非普通银行所可比例援用。今纵不能悉令停发，宜令各银行凡发行钞票者，非实缴四成以上之现金于国库，则国库不为保证。如此，则虽钞票发自各银行，而国库实施监督，于权限仍无所损。即使国库偶需挪借，有此保证金在握，各银行亦自无从再与把持。此不特为将来计，并与清理旧债有密切关系也。（提案丙）

以上二端为财政根本之图，亦即为免除历年财政症结之道。至于会计出入，尤应筹定一种规范，以期久行不弊。垣意亦有二端：

（一）宜事前审计以昭切实也　审计之法，自审计处改为审计随后，体制虽崇，然各省审计分处既裁，转于权限上有不能实施之弊。近年收支文报例皆先达财政部，迨至部文转达审计院，必在事实既行之后。少则数月，多或数年。审计院纵有主张，而事实已过，于出纳上毫无关系。今宜改订办法，凡全国请支之款，均令先达审计院。俟审计院核准之后，再行实支。惟是各省驿程远近不一，如仍令悉归财政部转达，势必多延时日，事实上有不能久持之处。似仍宜设立各省审计分院，分别款项轻重，就地由财政厅承转核办。其事关重要者，仍照例由部核转。似此办理，不过于文报先后之间，略有更定，审计权限，即可实施。至于分院之设，虽略增经费，然度支大计所关甚巨，似不当惜此区区也。（提案丁）

（一）宜画定国家地方税款指定收支也　考我我〔国〕理财之法，自有周设官分职，已言之綦详，历代相承，因革可睹，皆不外指定何项收入为何项支出之用。今试取最近有清户部奏销之法言之，其核准支之文，必声明准其在于某某项下开支，绝无仅以准支二字笼统核覆者。近今人士争言画分国家地方税款，其用意正复与此相同。惟所拟议何者应归国家，何者应归地方，则各有主见，不无出入。非就向来政治上之沿革详细考求，不能确定无误。然为会计方法根本清明计，此事非亟为画定不可。民国初元建设财政部，主办者未能详察及此，仅取总收总支大数，期于出入相抵，以为简而易行。不知全国收入连交通特别会计共数至七万几千万之多，珠盘排列，数字联书，势不能一目了然。且收入机关不一，省分不一，税则名目尤其繁琐。即使天下无事，文报如期，亦已钩稽匪易。自中原多故，文报不详，偶厥一省一项之报数不齐，即全局随之不能核定。是以民八以后，即无预算，于今盖已五年。何从知其收入之是否足以相抵，更何从而为盈虚调剂之计。遇有请支之文,不过听其自行支用而已。以此而求足国，岂非北辙南辕。为今之计，不仅粗定国家地方之标准而已，必须历举何项收入下开支，纵有不足之时，只能前后流用，不准通挪他项款目。似此款目既分，积数自小，钩稽自易，整理不难为谋矣。（提案戊）

以上二端，又为调剂出纳之要，近今论者亦非见不及此，徒以文告咨移，商办周折，迄无具体办法。现在善后会议各地方军民长官无不应命咸集，或派代表出席，似宜于此时提出，公同讨论，议决施行。务期国库周转自由，审计权规确定，款目明晰，即所以免除空手筹款之困，且款项既分，规程确定，纵有一部分文报不周，亦不至全部预算因之不立，庶几纲举目张，而财政可以整理。是否有当，谨候公决。

〔国民政府外交部驻云南特派员公署档案〕

21. 张作霖关于统一财政令

（1927年6月31日）

大元帅令

国家征收各项赋税、杂捐，向有定章。比年以来，各省区因受军事影响，地方官吏往往任意加征，名目繁多，闾阎疲于供亿，工商日见二周残，既非体恤民艰之道，亦违国家厘定税制本意。著由财政部会商各省区将现行一切赋税、杂捐，严加综核，分别厘正，酌量裁减。嗣后非经中央核准，各省区不得擅加捐税，以恤民隐，而重法度。此令。

陆海军大元帅之印　　国务总理潘复　　财政总长阎泽溥

〔北洋《政府公报》一九二七年七月一日，第四〇二〇号。〕

22. 赋税司为曹汝霖呈准财政讨论会拟订财政整理计划大纲付

（1927年8月6日）

天付字第七九　国字第三〇七号

赋税司为移付事：准国务院函开：奉大元帅发下财政讨论会呈报讨论财政集议经过情形，缮具整理大纲等项专案，呈候采择施行文一件，奉谕所陈各节，擘画周详，深堪嘉许。等因。现经国务会议议决，应即分行各主管部，除分行外，抄录原呈暨附件函达查照采择施行。等因。并附抄件到部。查原案内有关于贵司主管事件，除分付参事室暨各司署处外，相应检同油印原呈及财政整理计画大纲，付请查照采择施行。此付

泉币司

附件

中华民国十六年八月六日

大元帅钧鉴：敬陈者：汝霖等前承钧命组织财政讨论会，成立以来，悠已五月，迭经定期召集开会讨论，竭朋僚之心力，拟标本之治疗，现已统筹全局，粗具大纲。兹当蒇事之时，窃有愿言之隐。盖以国家财政状况，恒视经济大势为转移，而经济荣枯，又以国内民力之丰啬为其惟一根本。民力丰盈，则经济自然因之而发达。而经济发达，益可促成民力之丰盈，二者相循，互为因果。政府第于国民经济之趋势为之调和指导，使入于适当之程轨，则民力亦可以永保其常度，而不致发生跛畸起落之情形。至入于财政范围，则不过审察全国经济，酌取其若干之盈额，以供给国家必需支出，而更以余力建设相当之事业。故各国财政普遍皆取量出为入制度，可伸可缩，只是就酌定收入数量现成支配，复于收入方法与支出用途之适当与否，颇有研究。而有出有入针孔必相符合，绝无所谓盈绌之问题。收入方法以不阻碍经济为要图；支出用途以能有益人民为至计，而比较上又以费省效巨为惟一之目的，此国家财政之原则也。独吾国现状，则与各国截然不同，因向来沿用量入为出之制度，政府因无对外关系，于国民经济绝不注意，第就一定之收入，以支配无定之用途，于是而盈虚酌剂之间，理财者乃独负其重责。现在虽有采用量出为入之倾向，而事实上，则并未彻底改正。于国民经济方面，并未定有完善维护制度，政府仅能听人民自由生活，几无致力之可能。故财政与民

力直接相倚，中间尚少一层枢纽，于是而财政之盈虚与民力之厚薄，其关系乃特为亲切。近以连岁用兵之故，农工商业同时凋敝，即区区幼稚之经济亦几蹂躏以尽，民力之穷已达极点。以此税目愈繁而收入益形其短绌，搜括愈甚而国用弥觉其不敷。以为耗于军费，而荷戈者常苦于忍饥。以为耗于政费，而从公者每伤其枵腹。上下交悴，公私并困。至于今日，殆已情见势绌，欲求完全之规画，殊非旦夕所可图功。因思理财一事，中外成规，古今名论，更仆不能悉数。揭其大旨，要不外于开节两端。而画一责权，修明法系，维护国家信用，实为理财之大本。至发达国民经济，培养人民富力，尤为本中之本。汝霖等迭经与会员考核成案，体察近情，咨访各省区市埠现时状况与社会相承之习惯，并由各专门委员分股担任调查研究，各抒所见，内审国民之生计，外观世界之潮流，由本会逐一研详讨论，分别议决。兹按照前述宗旨，拟具财政整理计划大纲，共为八项，每项各分细目。其属于开源者，如改良税法，酌行新税，实行关税自主，积极开拓边荒，清整积案，厘剔可收利益等事。其属于节流者，如力裁军政冗费，确定预决算效力等事。其属于财政本计者，如确立统系，统一职权，维持内外债信用等事。而第二项涵养民力一节，尤为目前切要之图。我国向来以农立国，现在全国收入犹以农产为大宗，其关系之重，自不待言。工商二业，吾国在昔抑为末务，而现时环球棣通国际贸易，非工商无以制胜。拟请饬由各该部积极设法提倡保护，俾免秕法暴力之摧残，而获充分自由之发展。庶涵滋苏息，得以渐臻繁富，民力既厚，则国计自纾。至劳资冲突问题，近今数十年中，在各国皆已视为莫大症结。我国实业，幼稚已甚，故目前虽或发生波折，解决尚易为功。但希望将来实业进步，则劳动范围，自必随之而扩张。似宜及此时豫筹妥法，一方仍积极保护资本家，奖励实业投资之安全。同时，即应积极设法保护劳动工人，详订各种制度，俾于生理生计上皆护有正确愉快之保障。务使劳资双方协进为同一之关连，而于利害毫无抵触，在社会学说中所谓温情派之主义，即以资本家对于劳动者负亲情爱护之责任，此在欧美，虽属常谈，而在吾国，尚为需要。吾国地大物博，如劳资得有调协方法，不生阻顿，则实业发达，实可预期。政府藉此造成国民经济之枢毂，斡旋运用得有措手之余地，直接固可涵濡物力，间接即可培养税源与财政。上之裨益，至为巨大，此所谓本中之本，尤汝霖等与全体会员所视为惟一至计者也。惟兹事体大，经纬万端，谟议虽不厌其详，推放或有时而敝。所幸无往不复，昭苏之象已呈，有开必先更始之端在迩。凡此论道经邦之学说，悉关民生国计之前途，在政府周爰咨度，倘不谬于刍荛，而钧座广益集思，早无遗于葑菲。除将本会事宜克日结束，另文呈报外，所有讨论财政集议经过情形，理合缮具整理大纲等项，专案赍呈，伏候采择施行。谨呈

大元帅

计赍呈财政整理计划大纲一件

财政整理计划大纲

一、确立财政系统，并改良税捐征收方法：

甲、豁除各项苛细杂捐。

乙、归并各项重复捐税。

丙、实行划分国地两税。

丁、审察税源，择其不病民者，增设下列各税务，令纳税者之能力得以负担：

（一）遗产税；

（二）洋烟、酒出厂税；

（三）钞票发行税；

(四)一般都市营业税；

(五)土地增价税。

戊、增加消费税，对于生活上非必要之货品课以重税，以杜奢侈之风。

己、综核名实，严剔中饱，并严办贪墨。

庚、切实清理各项官产、公产。

辛、切实整顿各项官营业。

二、涵养民力，注重货物生产及流通：

子、流通国库资金，减轻利率，提倡储蓄机关。

丑、补助农民流通资本，设立各县农工银行，实行低利放款。

寅、设立内地及边地垦务局，准人民组织公司经营垦务，并设立垦殖银行。

卯、改善常平仓制度。

辰、规定惰农惩戒条例，禁止人民之游惰。

巳、历行农工之补习教育，以增进其智识技能。

午、奖进国内各项农植矿牧事业，并奖励海外华侨回国兴办实业。

未、国家特别保护丝、茶等出口事业，设立奖掖其进步，并减免国内工业制造品之输出税。

申、开辟水陆交通线骆〔路〕，增加车船，减轻运费。

酉、严禁人民投机事业及证券交易所之期货买卖，以防金融之恐慌。

戌、规定劳工保险储蓄等法规，并力谋劳资之协进。

亥、倡立各项生产消费组合。

三、维持内外债信，规定整理方法：

甲、国内收入项下每年至少拨二千万元为整理内外债基金，设立减债基金委员会，以复利增殖方法偿还一切内外债务。

乙、发行四十年长期低利内外债六万万元，整理借换各项无确实担保内外债、库券等，并仿美国一九零零年之先换制度，奖励债票借换办法。

丙、规定每年公债还本之最低额，以维债信，并严定抽签付息时期。

丁、交通债务除应归财政部整理案内者外，依特别会计法，由路电机关自行积极清理。

四、实行关税自主，免厘加税：

甲、裁撤各种通过税。

乙、裁厘抵补金，以关税增加之收入及出厂税、产销税暨核定应留之非通过税充之。

丙、改革海关制度。

五、力裁军政冗费，省节度支，而不吝于生产教育等费之支出：

甲、酌量财政上实际上之情形，以量入为出定军费之标准。

乙、切实核定政费，减定一最低标准，裁并一次中央地方骈枝机关。

丙、指定各省裁兵经费，应以用于修筑国道及铁路之基，浚沼运河，办理屯垦等生产事业为准。

丁、各省区军费预算归全国通案核办，得以岁入三分之一为衡。

戊、增加中央收入，限制各省收款机关直接拨款，所有中央原有盐款、烟酒、印花各税，除指定协济外，照旧拨解。

己、积极筹办煤铁矿及造船、冶铁、制铜、炼钢暨各种应归国管之规模基本工业。

庚、教育经费、实业行政费须规定最低限度，不得减少。

六、积极进行开拓边荒，救济失业，以裕民生：

甲、移兵边地，实行屯田开荒计划。

乙、奖励人民办理边荒，垦殖事业，国家并予以各种协助。

丙、设立民生利济局，办理失业救济及屯垦、移殖及职业介绍事务。

丁、指定土地增价税为失业救济基金。

戊、办理农工失业保险事业。

七、清理积案，厘剔可以收回之利益：

甲、彻查海关盐务帐目。

乙、彻查各国银行代理售款各帐目。

丙、彻查国内外各项帐目之未经解决者。

丁、彻查各国退还庚子赔款案中应行清理之款。

戊、清厘各银行号等亏欠之公款。

八、会许及预决算制度，应力图确立有效：

甲、确订会计法，且实行之。

乙、调查各省财政金库最近收支实况，编定标准预算案，并力谋收支之公开。

丙、确立特别会计制度，并严行监督之。

〔北洋政府财政部档案〕

（三）岁入岁出

1．财政部编：1913年度国家预算总册

民国二年度国家预算总册

岁入经常门

田赋	共	75,658,317元
第一款　地丁		57,824,484元
第二款　漕粮		13,201,857元
第三款　租课		3,242,508元
第四款　杂款		1,389,468元
盐税	共	76,447,635元
第一款　盐课盐厘		39,758,706元
第二款　加价		22,052,366元
第三款　杂捐		1,9188820元
第四款　官运收入		65,233元
第五款　复价		578,454元
第六款　杂款		2,681,088元
第七款　附加税		888,835元
第八款　余利		7,436,969元
第九款　商包各税		1,067,164元

续表

关税	共	62,723,941元
第一款　常关		9,448,652元
第二款　海关		53,275,289元
厘金	共	31,450,780元
第一款　百货厘金		23,430,341元
第二款　统捐		3,994,548元
第三款　杂项厘金		4,025,891元
正杂各税	共	37,190,825元
第一款　契税		12,174,758元
第二款　当税		654,116元
第三款　烟酒糖税		10,248,389元
第四款　矿税		1,427,579元
第五款　牙税		621,003元
第六款　茶税		666,229元
第七款　印花税		980,000元
第八款　所得税		4,350,000元
第九款　统捐税		3,866,933元
第十款　鱼业税		141,320元
第十一款　杂税		2,060,498元
正杂各捐	共	5,041,994元
第一款　烟酒捐		1,745,561元

第二款　牙捐	59,415元
第三款　百货捐	305,084元
第四款　当捐	145,471元
第五款　糖捐	93,514元
第六款　茶捐	338,615元
第七款　杂捐	2,354,334元
官业收入	共 7,980052元
第一款　官办局厂收入	6,992,615元
第二款　官股利益	987,437元
杂收入	共 10,898369元
第一款　司法收入	1,628,389元
第二款　官款生息	727,298元
第三款　征收办公费	863,571元
第四款　验契费	3,639,730元
第五款　杂款收入	4,039,372元

岁入经常门总计　307,391,913元

岁入临时门

田赋	共　3,065,378元
第一款　荒价	1,752,600元
第二款　垦务	138,976元
第三款　杂款	1,173,802元

续　表

盐税	共	164,269元
第一款　盐课		2,162元
第二款　罚款		8,065元
第三款　杂款		154,042元
关税	共	1,162,267元
第一款　常关收入		943,238元
第二款　海关收入		219,029元
厘金①	共	6,054元
第一款　罚款		3,214元
第二款　百货厘金		2,116元
第三款　杂项厘金		674元
正杂各税	共	1,171,077元
第一款　契税		981,000元
第二款　杂税		417元
第三款　契税附加税		189,660元
正杂各捐	共	132,412元
第一款　牙捐		33,412元
第二款　当捐		99,000元
官业收入	共	634,093元
第一款　官办局厂收入		643,093元

① 该类及各类别金额相加与总计符合，此系第一至第三款内漏列50元。

杂收入	共	3,600,338元
第一款　官物变价		2,353,769元
第二款　官款交还		254,692元
第三款　罚款		289,706元
第四款　官款生息		353,483元
第五款　征收办公费		512元
第六款　杂款收入		348,176元
捐输	共	230,308元
第一款　报效		97,494元
第二款　津贴		1,238元
第三款　国民捐		131,576元
公债	共	328,800,000元
第一款　外债		199,000,000元
第二款　内债		129,800,000元

岁入临时门总计　338,966,196元

岁入经常临时统计　646,358,109元

岁出经常门

外交部所管	共	3,791,983元
第一款　本部经费		620,968元
第二款　出使经费		1,985,052元
第三款　俄文专修馆		43,140元

续表

第四款　各省交涉费	1,142,823元
内务部所管	共　38,513,653元
第一款　本部经费	598,059元
第二款　在京各机关经费	3,628,852元
第三款　各省民政署经费	5,038,552元
第四款　各省观察使署经费	2,365,600元
第五款　各省县知县署经费	17,292,000元
第六款　各省省会商埠警察厅及警察补助费	2,948,307元
第七款　各省水上警察经费	4,038,775元
第八款　各省商埠及各项工程经费	2,168,724元
第九款　各省典礼费	36,526元
第十款　各省屯垦费	82,182元
第十一款　各省清乡善后及捕盗经费	184,524元
第十二款　各省慈善暨杂费	131,552元
财政部所管	共　208,706,434元
第一款　本部及直辖各处费	815,108元
第二款　在京各机关经费	3,277,720元
第三款　盐务经费	8,280,191元
第四款　税务处暨海关经费	8,531,454元
第五款　常关经费	1,447,620元
第六款　前清皇室经费	6,000,000元

第七款　八旗俸饷及陵俸饷	6,626,925元
第八款　各省财务费	10,556,526元
第九款　公债	157,170,890元
第十款　预备金	6,000,000元
教育部所管	共　4,691,662元
第一款　本部经费	895,617元
第二款　本部直辖各校经费	1,721,294元
第三款　本部分设各机关经费	289,818元
第四款　本部派遣各国留学生经费	337,299元
第五款　补助经费	410,400元
第六款　各省教育费	1,037,234元
陆军部所管	共　120,672,531元
第一款　本部暨直辖处各经费	10,000,147元
第二款　参谋本部及直辖各处经费	2,027,234元
第三款　各省陆军经费	104,625,588元
第四款　各边防陆军经费	4,019,472元
海军部所管	共　7,977,921元
第一款　本部及直辖各处经费	7,660,091元
第二款　各省海军经费	317,830元
司法部所管	共　18,417,221元
第一款　本部经费	471,787元

续表

第二款　在京各机关经费	1,002,768元
第三款　各省司法费	16,942,666元
农林部所管	2,437,073元
第一款　本部及直辖各处经费	2,101,297元
第二款　各省农林经费	335,776元
工商部所管	共　3,910,690元
第一款　本部及直辖各处经费	3,375,136元
第二款　各省工商费	535,554元
交通部所管	共　935,681元
第一款　本部及直辖各机关经费	931,420元
第二款　各省交通费	4,261元
岁出经常门总计　410,054,849元	
岁出临时门	
外交部所管	共　1,032,936元
第一款　本部经费	196,800元
第二款　出使经费	602,400元
第三款　俄文专修馆经费	1,110元
第四款　各省交涉费	232,626元
内务部所管	共　2,303,458元
第一款　本部经费	143,404元
第二款　在京各机关经费	550,010元

第三款 各省工程经费		1,137,668元
第四款 各省调查费		229,376元
第五款 各省清乡费及杂费		243,000元
财政部所管	共	186,290,818元
第一款 本部及直辖各机关经费		246,655元
第二款 在京各机关经费		927,607元
第三款 盐务经费		20,857,243元
第四款 海关经费		2,254,712元
第五款 常关经费		63,620元
第六款 中国银行资本		10,000,000元
第七款 北京印刷局资本		669,375元
第八款 善后借款附件特别费		9,084,392元
第九款 各省财务费		306,937元
第十款 公债		141,880,277元
教育部所管	共	2,455,095元
第一款 本部经费		49,000元
第二款 本部直辖各校经费		2,132,145元
第三款 本部分设各机关经费		174,450元
第四款 本部派遣各国留学生经费		40,520元
第五款 各省教育费		58,980元
陆军部所管	共	41,023,261元

续表

第一款　本部及直辖各处经费		35,576,974元
第二款　参谋本部及直辖各处经费		994,544元
第三款　各省陆军费		3,377,534元
第四款　热河陆军费		1,074,209元
海军部所管	共	1,005,014元
第一款　本部及直辖各处经费		1,005,014元
司法部所管	共	471,667元
第一款　本部经费		242,180元
第二款　京师各机关经费		163,587元
第三款　各省司法费		65,900元
农林部所管	共	687,976元
第一款　本部及直辖各处经费		529,690元
第二款　各省农林费		158,286元
工商部所管	共	906,235元
第一款　本部及直辖各处经费		643,141元
第二款　各省工商费		263,094元
交通部所管	共	126,800元
第一款　本部及直辖各处经费		126,800元
岁出临时门总计　236,303,260元		
岁出经常临时统计　646,358,109元		

〔北洋政府财政部档案〕

2. 财政部编：1914年度岁入岁出预算总册

民国三年度预算总册

岁入经常门

田赋	共	76,859,060元
第一款　地丁		55,437,265元
第二款　漕粮米折		17,862,996元
第三款　租课		2,637,095元
第四款　杂课		921,704元
盐税	共	84,879,873元
第一款　盐务收入		71,118,382元
第二款　盐务营业收入		13,761,491元
关税	共	78,773,341元
第一款　海关税		66,757,506元
第二款　税司经收常关税		4,741,692元
第三款　常关税		7,274,143元
货物税	共	34,175,656元
第一款　厘金		19,965,861元
第二款　统捐统税		9,918,173元
第三款　产销税		3,843,655元
第四款　杂项货物税		447,967元

续　表

正杂各税	共	28,000,424元
第一款　契税		11,290,395元
第二款　矿税		1,064,665元
第三款　牙税		903,655元
第四款　当税		584,545元
第五款　烟酒税		9,550,321元
第六款　茶税		1,335,283元
第七款　糖税		383,929元
第八款　所得税		990,000元
第九款　牲畜税		547,590元
第十款　鱼业税		81,165元
第十一款　杂税		1,268,876元
正杂各捐	共	4,947,281元
第一款　烟酒捐		1,184,187元
第二款　茶捐		418,891元
第三款　糖捐		112,217元
第四款　牙捐		73,232元
第五款　当捐		5,226元
第六款　杂捐		3,153,528元
官业收入	共	4,063,483元
第一款　官办局厂余利		2,716,833元

第二款　官股利益	1,136,203元
第三款　官有房地等租	210,447元
杂收入	共5,133,579元
第一款　司法收入	1,508,505元
第二款　官款生息	532,636元
第三款　官物变价	68,280元
第四款　各项杂收入	3,024,158元
在京各机关直接收入	共　4,620,775元
第一款　内务部直接收入	5,529元
第二款　财政部直接收入	3,681,479元
第三款　教育部直接收入	113,804元
第四款　农商部直接收入	72,233元
第五款　交通部直接收入	747,730元
各省解部专款	共　29,611,340元
第一款　验契费	15,905000元
第二款　契税	3,579,500元
第三款　契税增收	1,343,540元
第四款　烟酒税	2,528,900元
第五款　烟酒税增收	660,400元
第六款　烟酒牌照税	1,927,400元
第七款　印花税	3,666,600元

续 表

岁入经常门总计 351,064,812元		
岁入临时门		
田赋	共	2,368,749元
第一款 杂款		1,201,482元
第二款 荒价		1,167,267元
货物税	共	10,391元
第一款 罚款		10,391元
官业收入	共	364,021元
第一款 官业收入		364,021元
杂收入	共	1,575,024元
第一款 官物变价		1,344,530元
第二款 官款交还		40,175元
第三款 司法收入		49,596元
第四款 官款生息		2,909元
第五款 其他杂收		137,814元
关税	共	629,716元
第一款 海关税		596,956元
第二款 税司征收常关税		32,760元
在京各机关直接收入	共	1,406,077元
第一款 内务部直接收入		3,120元
第二款 教育部直接收入		389,113元

第三款　农商部直接收入	1,013,844元
公债	共　25,082,398元
第一款　内债	24,000,000元
第二款　退还赔款	1,082,398元

岁入临时门总计　31,436,376元

岁入经常临时统计　382,501,188元

民国三年度预算总册

岁出经常门

外交部所管	共　4,229,529元
第一款　本部经费	869,712元
第二款　直辖各机关经费	67,074元
第三款　出使经费	2,400,000元
第四款　补助经费	6,000元
第五款　各省外交费	886,743元
内务部所管	共　42,672,290元
第一款　本部经费	512,000元
第二款　步军统领衙门经费	1,244,000元
第三款　警察经费	1,975,551元
第四款　直辖各机关经费	428,473元
第五款　典礼经费	55,888元
第六款　附属各项经费	131,190元

续　表

第七款　各省内务费	38,325,188元
财政部所管	共　23,383,898元
第一款　大总统府经费	1,987,009元
第二款　副总统经费	360,000元
第三款　统率办事处经费	384,243元
第四款　政事堂经费	1,015,535元
第五款　本部经费	540,000元
第六款　附属各机关经费	201,130元
第七款　在京各机关经费	2,315,350元
第八款　皇室经费	4,776,156元
第九款　东西陵经费	257,876元
第十款　八旗暨护军各营米折	2,866,819元
第十一款　各项补助费	13,000元
第十二款　各省财政费	8,666,780元
陆军部所管	共　134,061,795元
第一款　本部经费	1,143,066元
第二款　参谋本部经费	600,000元
第三款　将军府经费	184,308元
第四款　各军队经费	38,269,532元
第五款　各学校经费	2,144,994元
第六款　各局处经费	1,906,644元

第七款　军事用款经费		3,561,915元
第八款　各省陆军费		86,251,336元
海军部所管	共	4,802,560元
第一款　本部经费		412,800元
第二款　直辖各机关经费		4,329,760元
第三款　各省海军费		60,000元
司法部所管	共	7,258,459元
第一款　本部经费		324,000元
第二款　大理院经费		192,000元
第三款　直辖各机关经费		667,800元
第四款　各省司法费		6,074,659元
教育部所管	共	3,276,904元
第一款　本部经费		400,000元
第二款　学术评定委员会经费		36,000元
第三款　留学经费		160,000元
第四款　直辖各学校经费		917,300元
第五款　分设各机关经费		100,000元
第六款　补助经费		255,638元
第七款　附属各项经费		3,000元
第八款　各省教育费		1,404,966元

农商部所管	共	2,276,537元
第一款　本部经费		600,000元
第二款　直辖各机关经费		578,800元
第三款　附属各项经费		80,000元
第四款　筹备全国煤油矿事宜处经费		36,000元
第五款　全国水利局经费		92,826元
第六款　各省农商费		888,911元
交通部所管	共	1,935,560元
第一款　本部经费		811,400元
第二款　育才费		465,280元
第三款　各省交通费		658,880元
蒙藏院所管	共	1,065,344元
第一款　本院经费		246,264元
第二款　直辖各机关经费		42,000元
第三款　附属各项经费		704,693元
第四款　各省蒙藏费		72,387元
盐务经费	共	17,993,513元
第一款　盐务经费		6,559,217元
第二款　盐务营业费		11,434,296元
各关经费	共	11,966,566元
第一款　各海关经费		10,811,550元

第二款　各常关经费		1,155,016元
岁出经常共计　254,922,955元		
岁出临时门		
陆军部所管	共	3,526,282元
第一款　本部经费		300,000元
第二款　参谋本部及所辖各学校局处经费		200,000元
第三款　将军府经费		8,070元
第四款　各局处经费		146,941元
第五款　各军队经费		33,831元
第六款　各省陆军费		2,837,440元
海军部所管	共	10,000元
第一款　各省海军费		10,000元
偿还公债	共	98,564,793元
第一款　内债		18,765,590元
第二款　外债		79,799,203元
岁出临时共计　102,101,075元		
岁出经常临时总计　357,024,030元		

〔北洋政府财政部档案〕

3. 财政部编：1916年度国家岁入岁出预算表

（1）1916年度国家预算总案

民国五年度国家预算总案

岁入经常门		
第一款　田赋	共	90,105,784元
第一项　地丁		64,995,403元
第二项　漕粮		20,170,813元
第三项　租课		1,876,294元
第四项　杂赋		1,430,974元
第五项　附加税		1,632,300元
第二款　关税	共	73,056,663元
第一项　海关税		57,770,648元
第二项　税司经收常税		5,325,436元
第三项　常关税		9,960,579元
第三款　盐款	共	96,767,010元
第一项　盐税		91,385,013元
第二项　官运余利		4,479,493元
第三项　杂收入		902,504元
第四款　货物税	共	42,719,194元

第一项　货物税		21,492,826元
第二项　统捐统税		8,415,211元
第三项　厘金		12,811,157元
第五款　正杂各税	共	34,768,432元
第一项　契税		15,354,471元
第二项　牙税		3,177,258元
第三项　当税		690,608元
第四项　木税		1,372,866元
第五项　烟酒税		5,016,631元
第六项　牲畜税		2,385,571元
第七项　鱼业税		427,179元
第八项　茶税		2,617,583元
第九项　糖税		959,302元
第十项　杂税		2,766,963元
第六款　正杂各捐	共	5,448,686元
第一项　货捐		463,624元
第二项　牙捐		115,155元
第三项　茶捐		432,987元
第四项　船捐		371,069元
第五项　硝卤捐		9,120元
第六项　斗秤捐		21,142元

续　表

第七项　米谷捐		467,285元
第八项　糖捐		136,000元
第九项　丝茧绸绉纱捐		1,426,564元
第十项　竹木捐		382,851元
第十一项　串税票捐		400,000元
第十二项　花捐		226,290元
第十三项　驼捐		152,000元
第十四项　硝磺捐		100,000元
第十五项　杂捐		744,599元
第七款　官业收入	共	2,083,401元
第一项　官办局厂收入		1,552,343元
第三项　官股收入		514,749元
第三项　官有房地租收入		16,309元
第八款　各省杂收入	共	5,101,531元
第一项　内务收入		223,368元
第二项　财政收入		2,136,009元
第三项　司法收入		798,544元
第四项　教育收入		67,160元
第五项　实业收入		12,600元
第六项　官款收入		383,152元
第七项　杂款收入		1,480,698元

第九款　中央各机关收入	共	1,374,648元
第一项　外交部收入		57,478元
第二项　内务部收入		67,758元
第三项　财政部收入		452,657元
第四项　海军部收入		7,416元
第五项　司法部收入		35,410元
第六项　教育部收入		78,589元
第七项　农商部收入		120,000元
第八项　交通部收入		555,080元
第九项　印铸局收入		260元
第十款　中央直接收入	共	36,584,311元
第一项　印花税		5,864,400元
第二项　烟酒牌照税		2,012,852元
第三项　烟酒税		14,350,456元
第四项　烟酒公卖收入		12,134,986元
第五项　矿税		2,221,617元

岁入经常门共计　388,009,660元

岁入临时门

第一款　田赋	共	5,751,464元
第一项　地价		655,224元
第二项　加价		18,889元

续　表

第三项　垦务		1,438,882元
第四项　附税		2,674,973元
第五项　杂赋		963,496元
第二款　关税	共	706,885元
第一项　海关税		604,637元
第二项　税司经收常税		36,702元
第三项　常关税		65,546元
第三款　货物税	共	21,025元
第一项　罚款		21,025元
第四款　正杂各捐	共	3,911,410元
第一项　饷捐		3,911,410元
第五款　官业收入	共	8,351元
第一项　官业余利		8,351元
第六款　各省收入	共	91,610元
第一项　财政收入		3,505元
第二项　实业收入		17元
第三项　官款收入		28,311元
第四项　各项罚款		41,009元
第五项　各项变价		400元
第六项　杂款收入		18,368元
第七款　中央各机关收入	共	2,248,437元

第一项　外交部收入		2,004,756元
第二项　内务部收入		816元
第三项　教育部收入		242,865元
第八款　中央直接收入	共	23,510,969元
第一项·各省区官产收入		15,510,969元
第二项　清理沙田收入		6,000,000元
第三项　验契		2,000,000元
第九款　中央杂项收入	共	8,100,000元
第一项　鼓铸余利		3,000,000元
第二项　收练制钱		5,000,000元
第三项　福中公司报效		100,000元
第十款　债款	共	24,291,468元
第一项　外债		2,711,076元
第二项　内债		20,000,000元
第三项　退还赔款		1,580,392元
第十一款　借款	共	16,187,305元
第一项　银行借款		16,187,305元

岁入临时门共计 84,828,924元

岁入经常临时总计　472,838,584元

续　表

民国五年度国家预算总案

岁出　经常门

第一款　外交部所管	共	4,446,548元
第一项　外交部经费		671,076元
第二项　出使经费		1,863,210元
第三项　直辖各机关经费		1,221,223元
第四项　各省外交经费		691,039元
第二款　内务部所管	共	42,570,109元
第一项　内务部经费		638,252元
第二项　步军统领衙门经费		1,156,044元
第三项　护军管理处经费		118,952元
第四项　直辖各机关经费		2,387,022元
第五项　祀典经费		4,674元
第六项　各省内务经费		38,265,165元
第三款　财政部所管	共	61,792,970元
第一项　公府经费		3,067,369元
第二项　国务院经费		1,232,679元
第三项　国会经费		5,168,600元
第四项　财政部经费		632,844元
第五项　直辖各机关经费		177,244元
第六项　附属各项经费		769,508元
第七项　在京各机关经费		1,118,104元

第八项　优待经费	13,585,239元
第九项　中央直接收入征收经费	1,862,482元
第十项　盐务经费	9,701,504元
第十一项　各关经费	15,229,301元
第十二项　各省财政经费	9,248,096元
第四款　陆军部所管	共 156,606,047元
第一项　陆军部经费	821,662元
第二项　直辖各机关经费	43,016,068元
第三项　参谋本部经费	1,312,643元
第四项　陆军训练总监经费	2,339,390元
第五项　督办兵工厂事务经费	5,980,737元
第六项　其他各军事机关经费	8,596,817元
第七项　各省陆军经费	94,538,730元
第五款　海军部所管	共 7,304,135元
第一项　海军部经费	807,160元
第二项　直辖各机关经费	5,945,789元
第三项　各省海军经费	551,186元
第六款　司法部所管	共 9,337,156元
第一项　司法部经费	324,000元
第二项　大理院经费	219,912元
第三项　直辖各机关经费	798,764元

续　表

第四项　各省司法经费		7,994,480元
第七款　教育部所管	共	4,433,893元
第一项　教育部经费		465,340元
第二项　直辖各学校经费		1,323,940元
第三项　分设各机关经费		171,476元
第四项　留学经费		297,092元
第五项　补助经费		390,700元
第六项　附属各项经费		148,590元
第七项　各省教育经费		1,636,755元
第八款　农商部所管	共	2,734,790元
第一项　农商部经费		703,340元
第二项　全国水利局经费		84,000元
第三项　筹办全国煤油矿事宜处经费		10,080元
第四项　直辖各机关经费		669,889元
第五项　各省实业经费		1,267,481元
第九款　交通部所管	共	1,533,606元
第一项　交通部经费		713,692元
第二项　育才经费		415,804元
第三项　各省交通经费		404,110元
第十款　蒙藏院所管	共	1,044,216元
第一项　蒙藏院经费		247,976元

续　表

第二项　直辖各机关经费		41,988元
第三项　附属各项经费		754,252元
岁出经常门共计　291,803,470元		
岁出临时门		
第一款　外交部所管	共	1,846,786元
第一项　外交部经费		192,636元
第二项　出使经费		484,430元
第三项　直辖各机关经费		1,128,950元
第四项　各省外交经费		40,770元
第二款　内务部经费	共	3,117,770元
第一项　内务部经费		108,000元
第二项　步军统领衙门经费		4,000元
第三项　直辖各机关经费		399,476元
第四项　祀典经费		8,772元
第五项　附属各项经费		759,470元
第六项　各省内务经费		1,838,052元
第三款　财政部所管	共	162,397,633元
第一项　国务院经费		126,396元
第二项　国会经费		172,000元
第三项　财政部经费		191,600元
第四项　附属各项经费		734,708元

续　表

第五项　在京各机关经费		77,931元
第六项　补助及赔偿经费		292,333元
第七项　中央直接收入征收经费		2,209,911元
第八项　盐务经费		618,079元
第九项　各关经费		49,105元
第十项　债款		142,244,888元
第十一项　预备金		10,000,000元
第十二项　银行股本		5,000,000元
第十三项　各省财政经费		680,682元
第四款　陆军部所管	共	10,711,333元
第一项　陆军部经费		64,320元
第二项　直辖各机关经费		5,918,051元
第三项　参谋本部经费		673,559元
第四项　陆军训练总监经费		110,000元
第五项　其他各军事机关经费		1,266,998元
第六项　各省陆军经费		2,678,40[illegible]元
第五款　海军部所管	共	847,434元
第一项　直辖各机关经费		687,564元
第二项　附属各项经费		94,846元
第三项　各省海军经费		65,024元
第六款　司法部所管	共	28,610元

第一项　司法部经费		10,000元
第二项　直辖各机关经费		10,000元
第三项　各省司法经费		8,610元
第七款　教育部所管	共	594,943元
第一项　教育部经费		38,000元
第二项　直辖各学校经费		341,911元
第三项　分设各机关经费		112,475元
第四项　补助经费		5,000元
第五项　各省教育经费		97,557元
第八款　农商部所管	共	1,279,496元
第一项　农商部经费		148,000元
第二项　全国水利局经费		4,000元
第三项　直辖各机关经费		182,207元
第四项　附属各项经费		680,000元
第五项　各省实业经费		265,289元
第九款　交通部所管	共	116,833元
第一项　交通部经费		87,382元
第二项　育才经费		16,361元
第三项　各省交通经费		13,090元
第十款　蒙藏院所管	共	94,276元
第一项　蒙藏院经费		50,000元
第二项　附属各项经费		44,276元

岁出临时门共计　181,035,114元

岁出经常临时总计　472,838,584元

〔北洋政府财政部档案〕

（2）1916年度国家岁入预计书

民国五年度国家岁入预计书

第一款 田赋 经常门

项别	目别	五年预计数	三年核定数	比较 增	比较 减	说明
第一项 京兆田赋		779,403	374,997	404,406		
	第一目 地丁	231,958	185,859	46,099		
	第二目 杂赋	2,432	2,432			
	第三目 新升科	300,000		300,000		
	第四目 租课	230,013	186,706	43,307		
	第五目 粮租串票费	15,000		15,000		
第二项 直隶田赋		4,888,914	4,464,150	424,764		
	第一目 地丁	4,072,033	3,719,840	352,193		

	第二目 漕粮	247,641	136,872	110,769		
	第三目 租课	561,263	607,438		46,175	查此目因有苇荡租、地租及营田租划归军务厅及育黎堂自收自支，比较三年，故减如上数。
	第四目 杂款	7,977		7,977		
第三项	奉天田赋	3,063,728	2,053,875	1,009,853		
	第一目 地丁	3,050,865	1,778,128	1,272,737		
	第二目 租课	12,863	275,747		262,884	查此目因有并入地丁及官产项下列收，比较三年，故减如上数。
第四项	吉林田赋	2,599,457	534,472	2,064,985		
	第一目 地租	2,599,457	534,472	2,064,985		
第五项	黑龙江田赋	1,501,611	1,195,808	305,803		
	第一目 地租	1,176,608	1,083,119	93,489		

续　表

	第二目　地租经征费	35,357	32,762	2,595		
	第三目　三费晌捐	65,038	61,802	3,236		
	第四目　三费经征费	1,956	1,854	102		
	第五目　租课	22,652	16,271	6,381		
	第六目　新升科	200,000		200,000		
第六项　山东田赋		8,191,716	8,095,331	96,385		
	第一目　地丁	5,703,364	5,810,955		107,591	查此目三年系照额征数目开列。本届由该省剔除灾缓、民欠之数,财政部复核照列,比较三年,故减如上数。
	第二目　漕粮	2,278,636	2,228,518	50,118		
	第三目　租课	209,716	55,858	153,858		

第七项	河南田赋		6,238,674	5,974,696	263,978		
		第一目　地丁	5,097,337	4,897,337	200,000		
		第二目　漕粮	1,131,337	1,031,337	100,000		
		第三目　租课	10,000	46,022		36,022	查此目因有官地、租课划归官产项下列收，比较三年，故减如上数。
第八项	山西田赋		6,449,516	4,344,491	2,105,025		
		第一目　地丁	5,372,287	4,140,866	1,231,421		
		第二目　米豆	282,531	138,317	149,214		
		第三目　租课	9,356	70,308		60,952	查此目因有官田地、军营地等租，划归官产项下列收，比较三年，故减如上数。
		第四目　地丁征收费	268,614		268,614		
		第五目　米豆征收费	16,728		16,728		

续　表

第九项　江苏田赋	第六目　地丁附加税	500,000		500,000		
		8,579,670	8,579,670			
	第一目　地丁	3,882,000	3,882,000			
	第二目　漕粮屯米	4,477,320	4,477,320			
	第三目　租课	220,350	220,350			
第十项　安徽田赋		3,622,170	3,660,795		38,625	此项系照该省原报数目编列，比较三年，故减如上数。
	第一目　地丁	2,432,039	2,415,106	16,933		
	第二目　漕粮	1,167,016	1,214,120		47,104	
	第三目　租课	23,115	31,569		8,454	
第十一项　江西田赋		4,211,563	4,419,829		208,266	此项三年系照额征数目编列，该省历年均收不足额。本届改列实征之数，比较三年故减。

		第一目	地丁	2,671,752	**2,769,190**		97,438	
		第二目	漕粮	1,527,009	**1,637,837**		110,828	
		第三目	租课	12,802	**12,802**			
第十二项	福建田赋			2,785,290	**2,872,544**		87,254	查此项据该省声明，三年之数系按十成核列，向未办到。本届按平均九成扯算，据报二百五十八万五千二百九十元。财政部初次复核照列。嗣又酌加二十万元，经国务会议议决照列，故如上数。比较三年，仍减八万七千二百五十四元。
		第一目	地丁	2,309,356	**2,355,869**		46,513	
		第二目	粮米	475,615	**516,327**		40,712	
		第三目	籍田谷价	319	**348**		29	
第十三项	浙江田赋			6,229,323	**8,603,166**		2,373,843	

续　表

	第一目　地丁	4,066,947	4,177,061		110,114	查此目据该省声明，三年预算数系照各县报告表编列，历年收入均无此数。现以各县额征数除去原荒，并民欠未完之数核计，据原报三百五十六万六千九百四十七元，财政部初次复核照列。嗣据该省认加田赋、挤荒五十万元，经国务会议议决照列，故如上数，比较三年，仍减一十一万零一百一十四元。
	第二目　漕粮等米抵补金	2,058,683	4,313,325		2,254,642	查此目三年系每石折征五元，本届该省按各县额征数，除去原荒及民欠未完之数核计，并照前参议院议决案，每石折征三元，据册报上数财政部复核照列。比较三年，故减。
	第三目　屯粮	48,464	48,418	46		

	第四目	租课	55,229	64,362		9,133	查此目旧五年度经该省清查实应征银五万余元，照列预算在案。本届该省原报上数，财政部复核照列，比较三年，故减九千一百三十三元。
第十四项 湖北田赋			3,502,925	2,887,956	614,969		
	第一目	地丁	2,074,248	1,940,389	133,859		
	第二目	漕粮	1,023,721	822,643	201,078		
	第三目	屯饷	104,760	106,008		1,248	查此目因该省汉川、荆门、蒲圻等县请豁银米，比较三年，故减。
	第四目	租课	17,896	18,916		1,020	查此目因该省石首县详报缺额，请免银两，比较三年，故减。
	第五目	田赋附加税	282,300		282,300		
第十五项 湖南田赋			4,301,952	2,898,125	1,403,827		

续　表

	第一目　田赋	4,283,652	2,884,615	1,399,037		
	第二目　租课	18,300	13,510	4,790		
第十六项　陕西田赋		4,214,057	2,903,963	1,310,094		
	第一目　地丁	2,420,813	2,420,813			
	第二目　折征	833,693	22,990	810,703		
	第三目　租课	4,160	4,160			
	第四目　平余	384,615	456,000		71,385	查此目，据该省声明，系按四年实收数列报，财政部复核照列，比较三年，故减。
	第五目　票费	120,776		120,776		
	第六目　地丁附加二成捐款	450,000		450,000		
第十七项　甘肃田赋		1,759,024	715,488	1,043,536		
	第一目　地丁	586,492				

		第二目 杂赋	3,803				分表第二、第五两项合并。
		第三目 粮草折价	1,168,729				分表第三、四、六等项合并。
第十八项	新疆田赋		1,837,606	971,135	866,471		
		第一目 粮草折	1,101,688	607,111	494,577		查此目系分表第一、第二两项合并。
		第二目 租课	408,619	144,537	264,082		查此目系分表第六、七、八、九、十、十一等项合并。
		第三目 杂款	327,299	219,487	107,812		查此目系分表第二、四、五等项合并。
第十九项	四川田赋		7,261,394	6,510,655	750,739		
		第一目 正副税	6,855,445	6,440,865	414,580		
		第二目 租课	5,949	69,790		63,841	查此目系照该省原报旧五年度数目编列。

续　　表

	第三目　田赋附税	400,000		400,000		
第二十项　广东田赋		3,889,585	3,106,945	782,640		
	第一目　地丁	2,171,866	1,638,924	532,942		
	第二目　米折	1,704,333	1,286,115	418,218		
	第三目　租课	13,386	181,906		168,520	查此目因该省省城码头租及官产租划归官产项下列收，比较三年，故减。
第二十一项　广西田赋		1,543,500	700,000	843,500		
	第一目　田赋	1,543,500	700,000	843,500		
第二十二项　云南田赋		1,153,377	841,884	311,493		
	第一目　地丁	641,801	445,673	196,128		
	第二目　秋粮	305,300	318,641		13,341	
	第三目　盈余	206,276	77,570	128,706		

第二十三项　贵州田赋		775,042	**804,904**		29,862	查此项原列七十四万五千零四十二元。嗣经财政部核准，地丁三万元，计如上数，比较三年，仍减二万九千八百六十二元。所减之数系因官田变卖收数，故少。
	第一目　地丁	268,362				
	第二目　秋粮	460,276				
	第三目　田租	27,888				
	第四目　屯粮	18,516				
第二十四项　热河田赋		93,660	**84,965**	8,695		
	第一目　地粮	90,301				
	第二目　旗租	3,359				
第二十五项　绥远田赋		87,497		87,497		
	第一目　地租	53,891		53,891		

续　　表

	第二目　米折	23,076		23,076		
	第三目　亩捐租捐	9,059		9,059		
	第四目　耗羡	1,471		1,471		
第二十六项　察哈尔田赋		295,693	15,777	279,916		
	第一目　正赋	220,916				
	第二目　耗羡	10,072				
	第三目　新收	64,705				
第二十七项　川边田赋		249,437	114,059	135,378		
	第一目　田赋	249,437	114,059	135,378		
共　　计	地　丁	64,995,403				查三年度甘肃、贵州、热河、察哈尔等处原报岁入均统报总数，并未分项开列，故上列共计各项未列三年比较数目。

	漕粮	20,170,813				
	租课	1,876,294				
	杂赋	1,430,974				
	附加税	1,632,300				
总	计	90,105,784	77,729,680	12,376,104		

第二款　关税　经常门

项别	目别	五年预计数	三年核定数	比较 增	比较 减	说明
第一项　关税		73,056,663	78,773,341		5,716,678	查关税另有专表，本届预算总计如上数。其增减理由均详专表，此表不另说明。
	第一目　海关税	57,770,648	66,757,506		8,986,858	查此目因欧战影响，出入货物均少，税收自然短绌，比较三年，故减如上数。

续　表

	第二目　税司经收常税	5,325,436	4,741,692	583,744		
	第三目　常关税	9,960,579	7,274,143	2,686,436		
总	计	73,056,663	78,773,341		5,716,678	

第三款　　盐款　　经常门

项　别	目　别	五年预计数	三年核定数	比较 增	比较 减	说　明
第一项　盐款		96,767,010	76,576,550	20,190,460		查全国盐款另有专表，本届预算总计如上数。其增减理由均详专表，此表不另说明。
	第一目　盐税	91,385,013	74,140,571	17,244,442		
	第二目　官运余利	4,479,493	2,435,979	2,043,514		
	第三目　杂收入	902,504		902,504		

总计		96,767,010	76,576,550	20,190,460		

第四款　货物税　经常门

项别	目别	五年预计数	三年核定数	比较 增	比较 减	说明
第一项　直隶货物税		830,502	491,192	339,310		
	第一目　百货厘金	728,875	491,192	237,683		
	第二目　杂项厘金	101,627		101,627		
第二项　奉天货物税		3,420,182	3,470,567		50,385	
	第一目　统捐	3,420,182	3,470,567		50,385	查此目原列三百一十二万零一百八十二元，比较三年减少三十五万余元，系因欧战影响，各货销路停滞，税收故少。嗣经财政部核加三十万元，经国务会议议决照列，比较三年，仍减五万零三百八十五元。

续　　表

第三项　吉林货物税		2,006,680	1,515,093	491,587		
	第一目　货物税	2,006,680	1,515,093	491,587		
第四项　黑龙江货物税		1,365,782	956,967	408,815		
	第一目　货物税	689,865	450,156	239,709		
	第二目　粮货捐	675,917	506,811	169,106		分表第二、三、四、五、六等项合并。
第五项　山东货物税		416,973	374,394	42,579		
	第一目　厘金	320,341	324,394		4,053	
	第二目　杂项货物捐	96,632	50,000	46,632		分表第二、第三两项合并。
第六项　河南货物税		839,417	704,040	135,377		
	第一目　厘金	558,904	361,451	197,453		

		第二目	火车货捐	280,513	342,589		62,076	查此目据该省原报二十一万零五百一十三元，并据声明，因三年有与厘金列收之数重复，本届剔除，故形减少。财政部初次复核照列。嗣又核增七万元，列如上数，比较三年，仍减六万二千零七十六元。
第七项	山西货物税			922,380	908,071	14,309		
		第一目	百货厘金	922,380	908,071	14,309		
第八项	江苏货物税			6,355,547	4,360,000	1,995,547		
		第一目	货物税	6,355,547	4,360,000	1,995,547		
第九项	安徽货物税			1,997,990	1,096,796	901,194		
		第一目	统捐	238,600	186,306	52,294		

续　　表

	第二目　厘金	1,459,390	770,006	689,384		
	第三目　货捐	300,000	140,484	159,516		
第十项　江西货物税		2,697,026	2,202,689	494,337		
	第一目　统税	2,688,440	2,194,103	494,337		
	第二目　邮包税	8,586	8,586			
第十一项　福建货物税		1,555,000	1,150,000	405,000		
	第一目　厘金	1,555,000	1,150,000	405,000		
第十二项　浙江货物税		2,037,934	1,536,155	501,779		
	第一目　百货税	2,037,934	1,536,155	501,779		
第十三项　湖北货物税		3,853,388	3,314,704	538,684		
	第一目　货物税	3,853,388	3,314,704	538,684		

第十四项 湖南货物税		3,065,589	2,932,910	132,679		
	第一目 货物税	3,065,589	2,932,910	132,679		
第十五项 陕西货物税		1,098,294	702,496	395,798		
	第一目 百货厘金	1,098,294	702,496	395,798		
第十六项 甘肃货物税		1,405,659	1,029,708	375,951		
	第一目 百货税	1,133,259				
	第二目 茶课厘	272,400				
第十七项 新疆货物税		581,316	245,672	335,644		
	第一目 统税	572,670	245,672	326,998		
	第二目 货物税	8,646		8,646		

续 表

第十八项 四川货物税		819,402	267,097	552,305		
	第一目 统捐	819,402	267,097	552,305		
第十九项 广东货物税		4,562,179	4,001,940	560,239		
	第一目 厘金	4,562,179	4,001,940	560,239		
第二十项 广西货物税		1,497,647	1,086,364	411,283		
	第一目 货物税	1,497,647	1,086,364	411,283		
第二十一项 云南货物税		642,015	489,861	152,154		
	第一目 厘金	642,015	489,861	152,154		
第二十二项 贵州货物税		532,612	403,350	129,262		
	第一目 厘金	532,612	403,350	129,262		
第二十三项 热河货物税		158,540	118,911	39,629		

	第一目 百货税	158,540	118,911	39,629		
第二十四项 察哈尔货物税		57,140	34,800	22,340		
	第一目 华洋厘税	55,340	33,000	22,340		
	第二目 硷厘	1,800	1,800			
共 计	货物税	21,492,826				查三年度甘肃系统报总数,并未分项开列,故上列共计各项未列三年比较数目。
	统捐统税	8,415,211				
	厘金	12,811,157				
总计		42,719,194	33,393,777	9,325,417		

第五款　　正杂各税　　经常门

项别	目别	五年预计数	三年核定数	比较 增	比较 减	说明
第一项　京兆正杂各税		506,614	214,790	291,824		
	第一目　契税	260,000	177,339	82,661		
	第二目　牙税	150,000	31,019	118,981		
	第三目　当税	4,000	3,818	182		
	第四目　木税	54	54			
	第五目　屠宰税	90,000		90,000		
	第六目　杂税	2,560	2,560			
第二项　直隶正杂各税		3,017,889	1,204,888	1,813,001		
	第一目　契税	1,460,076	1,012,873	447,203		
	第二目　牙税	545,722	144,847	400,875		

		第三目	当税	18,563	18,563			
		第四目	牲畜税	400,000		400,000		
		第五目	屠宰税	300,000		300,000		
		第六目	杂税	293,528	28,605	264,923		
第三项	奉天正杂各税			3,230,692	2,085,688	1,145,004		
		第一目	契税	1,446,947	1,446,947			
		第二目	帖税	56,756	54,828	1,928		
		第三目	牲畜税	465,864	527,380		61,516	查此目系照该省原报数目编列，未据声明减少理由。
		第四目	屠宰税	200,000		200,000		
		第五目	木税	1,000,000		1,000,000		
		第六目	渔业税	54,228	48,430	5,798		

续　表

	第七目　杂税	6,897	8,103		1,206	
第四项　吉林正杂各税		2,069,426	1,219,538	849,888		
	第一目　契税	798,071	798,071			
	第二目　牙税	241,800	78	241,722		
	第三目　当税	14,000	6,289	7,711		
	第四目　烧锅税	150,000	115,662	34,338		
	第五目　斗税	185,281	184,970	311		
	第六目　木税	364,550	88,811	275,739		
	第七目　牲畜税	200,000		200,000		
	第八目　屠宰税	80,000		80,000		
	第九目　山分税	35,724	25,657	10,067		

第五项　黑龙江正杂各税		438,132	255,242	182,890		
	第一目　契税	218,935	111,341	107,594		
	第二目　牙税	150,000		150,000		
	第三目　交涉税	14,966	35,390		20,424	查此目系照该省原报数目编列，未据声明减少理由。
	第四目　当税	2,109	2,042	67		
	第五目　所得税	4,085		4,085		
	第六目　渔业税	4,146	4,478		332	
	第七目　杂税	43,891	101,991		58,100	查此目系照该省原报数目编列，未据声明减少理由。
第六项　山东正杂各税		1,685,744	751,176	934,568		
	第一目　契税	720,000	520,632	199,368		

续　表

	第二目　牙税	285,744	165,744	120,000		
	第三目　当税	60,000	64,800		4,800	
	第四目　牲畜屠宰税	600,000		600,000		
	第五目　渔业税	20,000		20,000		
第七项　河南正杂各税		2,313,660	1,771,443	542,217		
	第一目　契税	1,755,091	1,655,091	100,000		
	第二目　牙税	511,513	111,513	400,000		
	第三目　当税	6,000	3,254	2,746		
	第四目　杂税	41,056	1,585	39,471		
第八项　山西正杂各税		810,433	137,529	672,904		
	第一目　契税	394,500	88,288	306,212		
	第二目　牙税	65,210	15,210	50,000		

		第三目	当税	36,310	34,031	2,279		
		第四目	牲畜税	200,000		200,000		
		第五目	屠宰税	100,000		100,000		
		第六目	包裹税	8,000		8,000		
		第七目	杂税	6,413		6,413		
第九项	江苏正杂各税			1,593,257	347,729	1,245,528		
		第一目	契税	600,000	100,000	500,000		
		第二目	牙税	251,257	191,257	60,000		
		第三目	当税	2,000	56,472		54,472	查此目因该省兵燹之后，当商歇业者多，故减。
		第四目	屠宰税	600,000		600,000		
		第五目	芦课	100,000		100,000		

续　表

	第六目　鱼税	40,000		40,000		
第十项　安徽正杂各税		1,543,461	806,425	737,036		
	第一目　契税	454,371	188,171	266,200		
	第二目　牙税	154,000	13,422	140,578		
	第三目　当税	4,800		4,800		
	第四目　茶税	700,000	594,542	105,458		
	第五目　糖税	10,290	10,290			
	第六目　渔业税	20,000		20,000		
	第七目　屠宰税	200,000		200,000		
第十一项　江西正杂各税		903,653	587,109	316,544		
	第一目　契税	263,744	320,616		56,872	查此目原列二十一万三千七百四十四元。嗣又核加五万元，比较三年，仍减如上数，所减之故系因验契，以后契税，自应减少。

	第二目 牙税	30,000		30,000		
	第三目 登录税	16,000	8,320	7,680		
	第四目 营业税	65,736		65,736		
	第五目 茶税	199,058	149,058	50,000		
	第六目 糖税	159,115	109,115	50,000		
	第七目 屠宰税	150,000		150,000		
	第八目 渔业税	20,000		20,000		
第十二项 福建正杂各税		1,660,068	703,797	956,271		
	第一目 契税	339,861	169,723	170,138		
	第二目 当税	43,867	37,734	6,133		
	第三目 牙税	60,000	20,000	40,000		
	第四目 茶税	676,340	476,340	200,000		

续　表

	第五目	渔业税	40,000		40,000		
	第六目	屠宰税	500,000		500,000		
第十三项　浙江正杂各税			1,185,000	448,936	736,064		
	第一目	契税	500,000	375,000	125,000		
	第二目	牙税	200,000	46,036	153,964		
	第三目	当税	45,000	27,900	17,100		
	第四目	屠宰税	300,000		300,000		
	第五目	糖税	70,000		70,000		
	第六目	渔业税	50,000		50,000		
	第七目	船税	20,000		20,000		
第十四项　湖北正杂各税			2,451,010	1,016,489	1,434,521		
	第一目	契税	1,037,764	465,464	572,300		

	第二目　牙当税	220,262	15,022	205,240		
	第三目　糖税	272,261	172,261	100,000		
	第四目　膏盐税	75,188	75,188			
	第五目　屠宰税	300,400		300,400		
	第六目　茶税	427,795	281,214	146,581		
	第七目　纱麻丝布税	60,000		60,000		
	第八目　炭山湾煤税	7,340	7,340			
	第九目　鱼税	50,000		50,000		
第十五项　湖南正杂各税		1,027,904	744,000	283,904		
	第一目　契税	700,000	700,000			
	第二目　当税	12,000	4,000	8,000		

续　表

	第三目　牙税	115,904	40,000	75,904		
	第四目　屠宰税	100,000		100,000		
	第五目　茶税	100,000		100,000		
第十六项　陕西正杂各税		575,543	65,836	509,707		
	第一目　契税	350,000	35,838	314,162		
	第二目　牙税	50,000	8,555	41,445		
	第三目　当税	100	6,000		5,900	
	第四目　糖税	5,000	5,000			
	第五目　茶税	10,443	10,443			
	第六目　牲畜税	100,000		100,000		
	第七目　屠宰税	60,000		60,000		
第十七项　甘肃正杂各税		557,638	478,800	78,838		

	第一目 契税	113,599				
	第二目 当税	12,375				
	第三目 牙税	21,929				
	第四目 商畜税	343,960				
	第五目 煤税	817				
	第六目 金课	14,958				
	第七目 屠宰税	50,000				
第十八项 新疆正杂各税		479,186	150,298	328,888		
	第一目 契税	220,581	148,984	71,597		
	第二目 牙税	4,258	144	4,114		
	第三目 水碓课	2,780	1,033	1,747		
	第四目 水磨租	9	137		128	

续　表

	第五目　牧税	201,558		201,558		
	第六目　屠宰税	50,000		50,000		
第十九项　四川正杂各税		4,466,484	2,208,031	2,258,453		
	第一目　契税	2,233,416	1,887,210	346,206		
	第二目　牙税	53,203	6,658	46,545		
	第三目　当税	15,621	9,516	6,105		
	第四目　茶税	321,608	53,999	267,609		
	第五目　糖税	442,636	250,648	191,988		
	第六目　屠宰税	1,400,000		1,400,000		
第二十项　广东正杂各税		2,663,774	1,093,774	1,570,000		
	第一目　契税	1,000,000	801,032	198,968		
	第二目　当税	403,309	264,485	138,824		

	第三目　商税	624,502		624,502		
	第四目　船税	207,158		207,158		
	第五目　渔业税	128,805	28,257	100,548		
	第六目　屠宰税	300,000		300,000		
第二十一项　广西正杂各税		442,163	226,164	215,999		
	第一目　正杂各税	442,163	226,164	215,999		
第二十二项　云南正杂各税		263,169	82,343	180,826		
	第一目　契税	177,214	77,214	100,000		
	第二目　当税	2,590	2,624		34	
	第三目　牙税	450	387	63		
	第四目　茶税	32,339	1,913	30,426		
	第五目　屠宰税	50,000		50,000		

续　表

	第六目　窑税	96	96			
	第七目　芦税	90	90			
	第八目　板税	190	19	171		
	第九目　槽税	200		200		
第二十三项　贵州正杂各税		323,524	96,078	227,446		
	第一目　契税	200,000	94,489	105,511		
	第二目　当税	822	1,170		348	
	第三目　牙税	3,000	419	2,581		
	第四目　木植税	7,634		7,634		
	第五目　屠宰税	112,068		112,068		
第二十四项　热河正杂各税		153,746	83,630	70,116		
	第一目　契税	42,097	42,097			

	第二目　粮税	21,700	18,100	3,600		
	第三目　当税	3,316	3,223	93		
	第四目　牙税	2,250		2,250		
	第五目　牲畜税	57,613	20,210	37,403		
	第六目　屠宰税	10,800		10,800		
	第七目　附税	15,970		15,970		
第二十五项　绥远正杂各税		54,985		54,985		
	第一目　契税	7,000		7,000		
	第二目　当税	1,785		1,785		
	第三目　牙帖税	1,200		1,200		
	第四目　屠宰税	45,000		45,000		
第二十六项　察哈尔正杂各税		82,822	1,125	81,697		

续　　表

	第一目　契税	58,204				
	第二目　牙帖税	2,800				
	第三目　屠宰税	18,363				
	第四目　当税	2,041				
	第五目　缸税	550				
	第六目　油税	864				
第二十七项　川边正杂各税		246,814	79,436	167,378		
	第一目　契税	3,000		3,000		
	第二目　茶税	150,000		150,000		
	第三目　常税	19,500		19,500		
	第四目　杂税	74,314	79,436		5,122	
第二十八项　阿尔泰正杂各税		1,523	1,538		15	
	第一目　牲畜税	1,123	1,538		415	

	第二目　林木税	400		400		
第二十九项　塔尔巴哈台正杂各税		20,118		20,118		
	第一目　木税	228		228		
	第二目　牲畜税	17,011		17,011		
	第三目　皮毛税	2,879		2,879		
共　　计	契　税	15,354,471				查三年度甘肃、察哈尔等处均系统报总数，并分项开列，故上列共计各项未列三年比较数目。
	牙　税	3,177,258				
	当　税	690,608				
	木　税	1,372,866				
	屠宰税	5,016,631				

续 表

	牲畜税	2,385,571				
	渔业税	427,179				
	茶 税	2,617,583				
	糖 税	959,302				
	杂 税	2,766,963				查广西只电报正杂各税总数，无从分项。兹并入杂税内开列。
总	计	34,768,432	16,861,832	17,906,600		

第六款　正杂各捐　经常门

项别	目别	五年预计数	三年核定数	比较 增	比较 减	说明
第一项 京兆正杂各捐		30,000		30,000		
	第一目 货捐	30,000		30,000		

第二项　直隶正杂各捐		271,516	181,276	90,240	
	第一目　牙捐	58,029	9,952	48,077	
	第二目　火车货税	154,865	132,702	22,163	
	第三目　茶捐	12,553	12,553		
	第四目　海船捐	46,069	26,069	20,000	
第三项　奉天正杂各捐		325,350	236,400	88,950	
	第一目　杂捐	325,350	236,400	88,950	
第四项　吉林正杂各捐		1,456	2,665		1,209
	第一目　硝卤捐	1,456	2,665		1,209
第五项　黑龙江正杂各捐		21,262	15,538	5,724	
	第一目　斗秤捐	21,142	15,488	5,654	

续　表

		第二目	山本捐	120	50	70		
第六项	山东正杂各捐			4,000		4,000		
		第一目	枣捐	4,000		4,000		
第七项	河南正杂各捐			7,664	7,664			
		第一目	硝斤加价	7,664	7,664			
第八项	江苏正杂各捐			200,000		200,000		
		第一目	船捐	200,000		200,000		
第九项	江西正杂各捐			155,000		155,000		
		第一目	船捐	35,000		35,000		
		第二目	米谷特捐	120,000		120,000		
第十项	福建正杂各捐			40,000		40,000		

	第一目 船牌捐	40,000		40,000		
第十一项 浙江正杂各捐		2,209,288	1,830,141	379,147		
	第一目 茶捐	420,434	406,338	14,096		
	第二目 糖捐	136,000	112,217	23,783		
	第三目 丝茧捐	1,258,504	956,409	302,095		
	第四目 纱捐	17,740	15,306	2,434		
	第五目 花捐	226,290	226,061	229		
	第六目 绸绉捐	150,320	113,810	36,510		
第十二项 湖北正杂各捐		1,248,736	592,185	656,551		
	第一目 竹木捐	382,851	316,928	65,923		
	第二目 火车货捐	278,759	218,131	60,628		

续　表

	第三目　牙当帖捐	57,126	57,126			
	第四目　串票捐	300,000		300,000		
	第五目　税票捐	100,000		100,000		
	第六目　船捐	30,000		30,000		
	第七目　契纸费	100,000		100,000		
第十三项　湖南正杂各捐		20,000		20,000		
	第一目　船捐	20,000		20,000		
第十四项　甘肃正杂各捐		152,000		152,000		
	第一目　驼捐	152,000		152,000		
第十五项　广东正杂各捐		447,285	309,969	137,316		
	第一目　粮捐	347,285		347,285		

	第二目 硝磺饷捐	100,000	309,969		209,969	查此目系照该省原报数目编列，据该省声明系因欧战发生，来源断绝之故，比较三年，故减。
第十六项 广西正杂各捐		23,385		23,385		
	第一目 正杂各捐	23,385		23,385		
第十七项 热河正杂各捐		16,278	43,904		27,626	
	第一目 杂捐	16,278	43,904		27,626	查此目三年所列多警学余款，本届划归地方，比较三年，故减。
第十八项 绥远正杂各捐		275,466		275,466		
	第一目 杂捐	275,466		275,466		
共 计	货 捐	463,624				
	牙 捐	115,155				
	茶 捐	432,987				

续　表

	船　捐	371,069				
	硝卤捐	9,120				
	斗秤捐	21,142				
	米谷捐	467,285				
	糖　捐	136,000				
	丝茧绸绉纱捐	1,426,564				
	竹木捐	382,851				
	串税票捐	400,000				
	花　捐	226,290				
	驼　捐	152,000				
	硝磺捐	100,000				
	杂　捐	744,599				查广西只电报正杂各捐总数，无从分项，兹并入杂捐内开列。
总	计	5,448,686	3,219,742	2,228,944		

第七款　　官业收入　　经常门

项别	目别	五年预计数	三年核定数	比较		说明
				增	减	
第一项　京兆官业收入		400	400			
	第一目　官股收入	400	400			
第二项　直隶官业收入		206,086	56,756	149,330		
	第一目　官股收入	206,086	56,756	149,330		
第三项　奉天官业收入		278,039	540,533		262,494	查此项因各机关有停办者，有改归商办者，收入故减少。
	第一目　官办局厂收入	278,039	540,533		262,494	分表第一、二、三等项合并。
第四项　黑龙江官业收入		1,056,311	491,736	564,575		
	第一目　官办局厂收入	1,056,311	491,736	564,575		分表各项合并

续　表

第五项	山东官业收入		1,814	2,993		1,179
		第一目　官有房地收入	1,814	2,993		1,179
第六项	河南官业收入		10,130	6,904	3,226	
		第一目　官办局厂收入	1,719	1,719		
		第二目　官有房地租收入	8,411	5,185	3,226	
第七项	江苏官业收入		64,612	64,612		
		第一目　官股收入	64,612	64,612		
第八项	江西官业收入		300	10,000		9,700
		第一目　官办局厂收入	300	10,000		9,700
第九项	湖南官业收入		101,030	236,454		135,424

	第一目　官股收入	99,230	233,334		134,104	查此目系照旧五年度核定数目编列，比较三年，计减如上数。
	第二目　官有船租收入	1,800	3,120		1,320	
第十项　甘肃官业收入		63,118	98,076		34,958	查此项本局有划归地方收入，故减。
	第一目　官办局厂收入	63,118				
第十一项　新疆官业收入		19,175		19,175		
	第一目　官办局厂收入	19,175		19,175		
第十二项　四川官业收入		132,287	391,939		259,652	
	第一目　官办局厂收入	131,181	390,833		259,652	查此目三年核定数目以麻哈金矿收入为大宗。本届未据该省造册报部系照旧五年度核定数目编列，其麻哈金矿收入一项短少甚巨。

续　表

	第二目　官股收入	1,106	1,106			
第十三项　云南官业收入		145,815	109,774	36,041		
	第一目　官办局厂收入	2,500	4,000		1,500	
	第二目　官股收入	143,315	105,774	37,541		
第十四项　绥远官业收入		4,284		4,284		
	第一目　官有房地租收入	4,284		4,284		
共　计	官办局厂收入	1,552,343				查三年度甘肃系统总数，故上列共计各项未列三年比较数目。
	官股收入	514,749				
	官有房地租收入	16,309				
总　计		2,083,401	2,010,177	73,224		

第八款　　杂收入　　经常门

项别		目别		五年预计数	三年核定数	比较 增	比较 减	说明
第一项	京兆杂收入			151,437	173,115		21,678	
		第一目	契纸价	50,000		50,000		
		第二目	各项规费	101,137	172,695		71,558	查此目内有粮租、税契提成及牙纪陋规，并串票费等项，向章收入，规费，本届改归赋税收入，比较三年，故减。
		第三目	官款生息	300	420		120	
第二项	直隶杂收入			474,880	393,595	81,285		
		第一目	司法收入	151,098	88,300	62,798		

续　表

		第二目	官款生息	43,530	72,100		28,570	查此目内有剔除山海都统经收生息一千六百三十元。又牧群、石堤等项生息一万一千七百三十二元，比较三年，故减。
		第三目	财政收入	93,278	208,980		115,702	查此目内有划归地方列收各款，比较三年，虽属减少，与旧五年度收数相同。
		第四目	契纸价	100,000		100,000		
		第五目	杂项收入	71,974	13,215	58,759		
		第六目	报效	15,000	11,000	4,000		
第三项	奉天杂收入			1,557,126	1,098,984	458,142		
		第一目	财政收入	468,995	539,340		70,345	查此目系照该省原报数目编列，未据声明减少理由。再，此目系分表第二项。

		第二目	司法收入	228,488	195,449	33,039		
		第三目	官款生息	174,700	151,332	23,368		
		第四目	契纸价	100,000		100,000		
		第五目	杂款收入	584,943	212,863	372,080		分表第一、第五、第六等项合并。
第四项	吉林杂收入			450,180	87,527	362,653		
		第一目	官款生息	70,180	87,527		17,347	查此目系照该省原报数目编列，未据声明减少理由。
		第二目	木石照费	320,000		320,000		
		第三目	契纸价	60,000		60,000		
第五项	黑龙江杂收入			20,417	1,125	19,292		
		第一目	官款生息	417	1,125		708	

续　表

	第二目	契纸价	20,000		20,000		
第六项	山东杂收入		210,669	124,310	86,359		查此项内原列司法收入一万二千四百二十七元，经国务会议议决核删。
	第一目	官款生息	16,314	45,621		29,307	查此目系照该省原报数目编列，未据声明减少理由。
	第二目	杂款收入	194,355	78,689	115,666		分表第三、四、五、六等项合并。
第七项	河南杂收入		145,059	90,239	54,820		查此项内原列司法收入一万四千二百二十九元，经国务会议议决核删。
	第一目	官款生息	7,342	7,342			
	第二目	契纸价	80,000		80,000		
	第三目	财政收入	55,769	81,041		25,272	查此目内因原有丁漕、柜书外费，现改折银元，此项陋规革除，比较三年，故减。

	第四目　防护铁路巡警收入	1,200	1,200			
	第五目　鸡公山公益统捐	748	656	92		
第八项　山西杂收入		162,544	60,000	102,544		
	第一目　司法收入	122,544	60,000	62,544		
	第二目　契纸价	40,000		40,000		
第九项　江苏杂收入		124,000	3,000	121,000		
	第一目　契纸收入	124,000	3,000	121,000		
第十项　安徽杂收入		80,612	14,448	66,164		
	第一目　契纸费	33,829		33,829		
	第二目　硝磺余利	17,143		17,143		

续　表

	第三目　公报收入	5,040	5,448		408	
	第四目　实业收入	12,600		12,600		
	第五目　司法收入	12,000	9,000	3,000		
第十一项　江西杂收入		251,308	123,840	127,468		
	第一目　内务收入	74,868		74,868		
	第二目　财政收入	19,768	29,620		9,852	查此目内因契纸价及办公费，现照旧章扣支九千八百五十二元，比较三年，故减此数。
	第三目　司法收入	33,642	94,220		60,578	
	第四目　串票费	100,000		100,000		
	第五目　公款生息	3,030		3,030		

	第六目　契纸价	20,000		20,000		
第十二项　福建杂收入		275,191	28,434	246,757		
	第一目　契单	135,000		135,000		
	第二目　契单纸料价	29,217	28,434	783		
	第三目　统地另筹水警经费	110,974		110,974		
第十三项　浙江杂收入		301,645	132,916	168,729		
	第一目　司法收入	200,000	77,720	122,280		
	第二目　官款生息	51,645	55,196		3,551	
	第三目　契纸价	50,000		50,000		
第十四项　湖南杂收入		114,618	65,639	48,979		
	第一目　财政收入	110,000	60,000	50,000		

续　表

	第二目　教育收入	2,160	2,640		480	
	第三目　官款生息	2,458	2,999		541	
第十五项　陕西杂收入		30,000		30,000		查此项内原列司法收入七万八千七百七十一元，经国务会议议决核删。
	第一目　契纸价	30,000		30,000		
第十六项　甘肃杂收入		57,593	53,611	3,982		
	第一目　司法收入	32,448				
	第二目　杂款收入	145				
	第三目　财政收入	15,000				
	第四目　契纸价	10,000				

第十七项　新疆杂收入		78,506	49,496	29,010		
	第一目　财政收入	42,993	30,696	12,297		
	第二目　杂款收入	35,513	18,800	16,713		分表第二、三、四等项合并。
第十八项　四川杂收入		265,000	63,062	201,938		
	第一目　教育收入	65,000	63,062	1,938		
	第二目　契纸价	200,000		200,000		
第十九项　广东杂收入		135,860	127,060	8,800		查此项内原列司法收入七万六千二百元，经国务会议议决核删。
	第一目　契纸价	106,660	76,660	30,000		
	第二目　出洋照费	29,200	50,400		21,200	查此目据该省声明收入无定，系暂照旧五年度数目编列，比较三年故减。

续　表

第二十项　广西杂收入		10,000		10,000		
	第一目　契纸价	10,000		10,000		
第二十一项　云南杂收入		13,692	3,692	10,000		查此项内原列司法收入四万九千八百一十四元，经国务会议议决核删。
	第一目　交涉署收入	3,692	3,692			
	第二目　契纸价	10,000		10,000		
第二十二项　贵州杂收入		10,000		10,000		
	第一目　契纸价	10,000		10,000		
第二十三项　热河杂收入		80,059	57,332	22,727		
	第一目　司法收入	13,879		13,879		

	第二目 契纸价	5,000		5,000		
	第三目 杂收入	61,180	57,332	3,848		
第二十四项 绥远杂收入		11,087		11,087		
	第一目 杂款收入	10,087		10,087		
	第二目 契纸价	1,000		1,000		
第二十五项 察哈尔杂收入		87,235	15,584	71,651		
	第一目 官款生息	13,236	15,584		2,348	
	第二目 司法收入	4,445		4,445		
	第三目 契纸价	5,000		5,000		
	第四目 煤厘	100		100		

续 表

	第五目 警察厅另筹防营卫队收入	17,454		17,454		
	第六目 警察厅筹拨守备队收入	20,000		20,000		
	第七目 垦务总局筹拨守备队收入	27,000		27,000		
第二十六项 川边杂收入		500		500		
	第一目 契纸价	500		500		
第二十七项 阿尔泰杂收入		540	131	409		
	第一目 商埠租金	72	131		59	
	第二目 俄领事署赁金	468		468		

第二十八项 塔尔巴哈台杂收入		1,773		1,773		
	第一目 外交票费	276		276		
	第二目 租马银	1,497		1,497		
共 计	内务收入	223,368				查三年度甘肃、绥远等处均系统报总数，并未分列项目，故上列各项未列三年比较数目。
	财政收入	2,136,009				
	司法收入	798,544				
	教育收入	67,160				
	实业收入	12,600				
	官款收入	383,152				
	杂款收入	1,480,698				
总	计	5,101,531	2,767,140	2,334,391		

第九款　　中央各机关收入　　经常门

项　别	目　别	五年预计数	三年核定数	比较		说　明
				增	减	
第一项　中央各机关收入		1,374,648	3,405,474		2,030,826	查中央各机关直接收入另有分表，其详细款目及增减理由已于分表内说明。兹列各机关总数如上。
	第一目　外交部收入	57,478		57,478		
	第二目　内务部收入	67,758	8,649	59,109		
	第三目　财政部收入	452,657	2,730,302		2,277,645	查此目收入即系各造币厂、铜元局、印刷局余利，三年所列数目多系鼓铸铜元余利。现在铜、元停铸，余利自少，比减〔较〕三年，故减。
	第四目　海军部收入	7,416		7,416		
	第五目　司法部收入	35,410		35,410		

	第六目 教育部收入	78,589	68,712	9,877		
	第七目 农商部收入	120,000	69,748	50,252		
	第八目 交通部收入	555,080	528,063	27,017		
	第九目 印铸局收入	260		260		
总	计	1,374,648	3,405,474		2,030,826	

第十款　中央直接收入　经常门

项别	目别	五年预计数	三年核定数	比较		说明
				增	减	
第一项 中央直接收入		36,584,311	16,919,926	19,664,385		查中央直接收入另有专表，本届预总计如上数，其增加理由均详专表，此表不另说明。

续　表

	第一目　印花税	5,864,400	3,666,600	2,197,800		
	第二目　烟酒牌照税	2,012,852	1,927,400	85,452		
	第三目　烟酒税	14,350,456	10,520,151	3,830,305		
	第四目　烟酒公卖收入	12,134,986		12,134,986		
	第五目　矿税	2,221,617	805,775	1,415,842		
总	计	36,584,311	16,919,926	19,664,385		

民国五年度国家岁入预计书(临时门)

第一款　　田赋　　临时门

项　别	目　别	五年预计数	三年核定数	比较 增	比较 减	说　明
第一项　直隶田赋		500,000		500,000		

	第一目 田赋附税	500,000		500,000		
第二项 奉天田赋		2,025,538	366,866	1,658,672		
	第一目 荒熟地价	570,718	111,319	459,399		
	第二目 三园地价	10,748	17,916		7,168	查此目因该省荒地划归官产，故减。
	第三目 官庄	5,190	8,653		3,463	
	第四目 垦务	1,438,882	228,978	1,209,904		
第三项 黑龙江田赋		38,658	129,528		90,870	查此项因该省荒地划归官产，故减。
	第一目 荒地价	15,358				
	第二目 街基价	18,300				
	第三目 生熟地押租	5,000				

续　　表

第四项	山东田赋		732,178		732,178		
		第一目　地丁附税	697,078		697,078		
		第二目　荒价	35,100		35,100		
第五项	安徽田赋		603,695		603,695		
		第一目　田赋附加一五捐	603,695		603,695		
第六项	江西田赋		393,089	16,889	376,200		
		第一目　丁漕附税	374,200		374,200		
		第二目　地丁加价	5,077	3,077	2,000		
		第三目　漕折加价	13,812	13,812			
第七项	湖南田赋		500,000		500,000		

	第一目　田赋特捐	500,000		500,000		
第八项	陕西田赋	606,012	606,012			
	第一目　差徭	606,012	606,012			
第九项	广东田赋	352,294	511,846		159,552	
	第一目　清田沙捐花息	352,294	511,846		159,552	查此目该省因五年七月至十月兵燹之后，大局未定，收数减少，比较三年，故减。
共计	地价	655,224				查三年度黑龙江册开各款与本届所报名目，多不相符，分表并未分项列比，故上列总数未能逐类开列比较数目。
	加价	18,889				
	垦务	1,438,882				
	附税	2,674,973				

续 表

	杂赋	963,496				
总	计	5,751,464	1,631,141	4,120,823		

第二款 关税 临时门

项别	目别	五年预计数	三年核定数	比较 增	比较 减	说明
第一项 关税		706,885	626,488	80,397		
	第一目 海关税	604,637	593,770	10,867		
	第二目 税司经收常税	36,702	32,718	3,984		
	第三目 常关税	65,546		65,546		
总	计	706,885	626,488	80,397		

第三款　　货物税　　临时门

项别	目别	五年预计数	三年核定数	比较 增	比较 减	说明
第一项 山西货物税		2,309	2,309			
	第一目 厘金罚款	2,309	2,309			
第二项 江苏货物税		13,716	5,400	8,316		
	第一目 漏捐罚款及充公款	13,716	5,400	8,316		
第三项 广东货物税		5,000	531	4,469		
	第一目 各厘厂罚款	5,000	531	4,469		
共计	罚款	21,025	8,240	12,785		
总计		21,025	8,240	12,785		

第四款　　正杂各捐　　临时门

项别	目别	五年预计数	三年核定数	比较		说明
				增	减	
第一项　广东正杂各捐		2,611,410		2,611,410		
	第一目　有奖义会饷捐	2,611,410		2,611,410		
第二项　广西正杂各捐		1,300,000		1,300,000		
	第一目　有奖义会饷捐	1,300,000		1,300,000		
共计	饷捐	3,911,410		3,911,410		
总计		3,911,410		3,911,410		

第五款　官业收入　临时门

项别	目别	五年预计数	三年核定数	比较		说明
				增	减	
第一项　奉天官业收入		8,351	16,048		7,697	
	第一目　官业余利	8,351	16,048		7,697	査此目因内有天利煤矿公司营业不见发达，余利日少，此次所列仅五年下半年收数，六年上半年并无收入。
共计	官业余利	8,351	16,048		7,697	
总计		8,351	16,048		7,697	

第六款　杂收入　临时门

项别	目别	五年预计数	三年核定数	比较		说明
				增	减	
第一项　直隶杂收入		6,450	6,450			
	第一目　官款缴还	3,998	3,998			

续　　表

	第二目　罚款	2,452	2,452			
第二项　奉天杂收入		19,065	7,255	11,810		
	第一目　变价	400	774		374	
	第二目　罚款	17,557	4,884	12,673		
	第三目　杂款收入	1,108	1,597		489	分表第一、第四两项合并。
第三项　黑龙江杂收入		20,046	16,387	3,659		
	第一目　罚款	6,939				
	第二目　官款缴还	13,107				
第四项　山东杂收入		1,500		1,500		
	第一目　官款缴还	1,500		1,500		
第五项　安徽杂收入		17		17		

	第一目 实业收入	17		17	
第六项 江西杂收入		3,505	3,505		
	第一目 财政收入	3,505	3,505		
第七项 湖北杂收入		3,214	3,214		
	第一目 罚款	3,214	3,214		
第八项 湖南杂收入		5,660	3,214	2,446	
	第一目 罚款	5,660	3,214	2,446	
第九项 新疆杂收入		9,706	2,909	6,797	
	第一目 官款生息	9,706	2,909	6,797	
第十项 四川杂收入		3,267	3,104	163	
	第一目 罚款	3,267	3,104	163	

续　表

第十一项　广东杂收入		17,260	55,817		38,557	
	第一目　各项杂收	17,260	55,817		38,557	查此目据该省声明，收数无定系暂照旧五年度数目列报，比较三年，故减。
第十二项　云南杂收入		1,920	1,560	360		
	第一目　罚款	1,920	1,560	360		
共　计	财政收入	3,505				查三年度黑龙江册开款目与本届不同，分表并未分项列比，故上列共计各项数未列三年比较数目。
	实业收入	17				
	官款收入	28,311				
	各项罚款	41,009				
	各项变价	400				
	杂款收入	18,368				
总　计		91,610	103,415		11,805	

第七款　　中央各机关收入　　临时门

项别	目别	五年预计数	三年核定数	比较		说明
				增	减	
第一项　中央各机关收入		2,248,437	387,993	1,860,444		
	第一目　外交部收入	2,004,756		2,004,756		
	第二目　内务部收入	816		816		
	第三目　教育部收入	242,865	387,993		145,128	查此目内有道胜银行息款，现因欧战影响暂停发息，比较三年，故减。
总计		2,248,437	387,993	1,860,444		

第八款　　中央直接收入　　临时门

项别	目别	五年预计数	三年核定数	比较		说明
				增	减	
第一项　中央直接收入		23,510,969		23,510,969		
	第一目　各省区官产收入	15,510,969		15,510,969		
	第二目　清理沙田收入	6,000,000		6,000,000		
	第三目　验契〔收〕入	2,000,000		2,000,000		
总计		23,510,969		23,510,969		

第九款　　中央杂项收入　　临时门

项别	目别	五年预计数	三年核定数	比较 增	比较 减	说明
第一项　中央杂项收入		8,100,000		8,100,000		
	第一目　鼓铸余利	3,000,000		3,000,000		
	第二目　收练制钱	5,000,000		5,000,000		
	第三目　福中公司报效	100,000		100,000		
总	计	8,100,000		8,100,000		

第十款　　岁入债款　　临时门

项别	目别	五年预计数	三年核定数	比较 增	比较 减	说明
第一项　债款		24,291,468				查债款另有专表，本届预算总计如上数，其增减理由均详专表，此表不另说明。

续　　表

	第一目　外债	2,711,076				
	第二目　内债	20,000,000				
	第三目　退还赔款	1,580,392				
总　计		24,291,468				

第十一款　　岁入借款　　临时门

项　别	目　别	五年预计数	三年核定数	比较 增	比较 减	说　明
第一项　借款收入		16,187,305		16,187,305		
	第一目　银行借款	16,187,305		16,187,305		
总　计		16,187,305		16,187,305		

（3）1916年度国家岁出预计书

民国五年度各部主管国家岁出预计书（经常门）

第一款　　外交部所管　　经常门

项别		目别		五年预计数	三年核定数	比较		说明
						增	减	
第一项	外交部经费			671,076	893,712		222,636	
		第一目	本部经费	671,076	893,712		222,636	查此目系将五年下半年三十三万二千二百二十元及六年上半年三十三万八千八百五十六元合计列如上数，比较三年，故减。
第二项	出使经费			1,863,210	2,400,000		536,790	查此项三年汇总核定经常、临时共二百四十万元。兹据五、六两年经常数折半开列，比较三年，故减。

续　表

	第一目　各使馆经费	1,192,710				查此目系将五年下半年五十九万六千二百八十元及六年上半年五十九万六千四百三十元合计列如上数
	第二目　各领署经费	670,500				查此目系将五年下半年三十三万二千一百九十元及六年上半年三十三万八千三百一十元合计列如上数
第三项　直辖各机关经费		1,221,223	43,074	1,178,149		
	第一目　俄文专修馆经费	45,390	43,074	2,316		查此目系将五、六两年数目折半合列。
	第二目　清华学校经费	342,163		342,163		查此目系将五年下半年一十五万二千三百四十五元及六年上半年一十八万九千八百一十八元合计列如上数。惟原报列作特别会计，财政部复核：此项经费与特别会计性质不合，故仍列外交部所管。表内收入赔款一项亦列入债款表内。

	第三目　清华学校游学经费	833,670		833,670		查此目系将五年下半年四十二万六千八百元及六年上半年四十万零六千八百七十元合计列如上数。惟原报列作特别会计，财政部复核改列总表内与前项同。
第四项　各省外交经费		691,039	743,745		52,706	查此项三年度核定七十四万三千七百四十五元，旧五年度核定七十万零九千九百零七元。此次改编五年度预算，财政部复核列为七十八万一千八百三十九元。经国务会议议决，直隶、河南、江苏、浙江、福建等五省特派交涉员改为兼任，并另裁减经费，计其核减九万零八百元，故列为六十九万一千零三十九元，比较三年，计减如上数。查各省交涉经费，惟东三省较巨，因有特别情形均予照列，未能核减。所有

续　　表

						各项细数及增减理由均载各省分表，不再赘叙。
	第一目　直隶外交费	37,056	57,754		20,698	
	第二目　奉天外交费	82,376	62,266	20,110		
	第三目　吉林外交费	73,206	72,366	840		
	第四ㄱ　黑龙江外交费	117,389	116,385	1,004		查此目因有铁路交涉总分各局经费八万元及富拉尔基巡警经费一千零零四元并列在内，故共计如上数。
	第五目　山东外交费	31,540	37,248		5,708	
	第六目　河南外交费	ı6,934	26,840		9,906	
	第七目　江苏外交费	45,208	60,000		14,792	

	第八目　安徽外交费	6,000		6,000		
	第九目　江西外交费	16,000	18,000		2,000	
	第十目　福建外交费	27,724	35,724		8,000	
	第十一目　浙江外交费	11,274	26,170		14,896	
	第十二目　湖北外交费	46,124	47,513		1,389	
	第十三目　湖南外交费	6,000	2,000	4,000		
	第十四目　陕西外交费	6,000	6,574		574	
	第十五目　甘肃外交费	8,212		8,212		
	第十六目　新疆外交费	57,902	61,212		3,310	查此目因有伊犁、喀什等交涉局及霍尔果斯等县通商卡经费并列在内，故合计如上数。

续　表

	第十七目　四川外交费	30,247	36,347		6,100	
	第十八目　广东外交费	27,343	10,071	17,272		
	第十九目　广西外交费	1,200	1,200			
	第廿目　云南外交费	21,568	47,127		25,559	
	第廿一目　热河外交费	1,200		1,200		
	第廿二目　察哈尔外交费	9,692	10,000		308	
	第廿三目　阿尔泰外交费	5,824	2,000	3,824		
	第廿四目　塔尔巴哈台外交费	5,020	6,948		1,928	
共	计	4,446,548	4,080,531	366,017		

第二款　　内务部所管　　经常门

项别	目别	五年预计数	三年核定数	比较 增	比较 减	说明
第一项　内务部经费		638,252	512,000	126,252		
	第一目　本部经费	638,252	512,000	126,252		查此目三年核定五十一万二千元，旧五年度核定六十二万元，本届据册开六十四万零二百五十二元，财政部复核照列。经国务会议议决，化验室、古物保存所两项，现在均未开办，经费应全删除，共减一万三千零五十二元。复经内务部声请将古物保存所原列经费仍予维持。又经国务会议议决，准予维持原案，故列如上数，比较三年计增一十二万六千二百五十二元。
第二项　步军统领衙门经费		1,156,044	1,128,000	28,044		

续　表

	第一目　步军统领衙门经费	1,128,000	1,128,000			
	第二目　附属车捐总局经费	28,044		28,044		查此目为三年所无，旧五年度核定二万八千零四十四元，本届册开数目与旧五年度相同，财政部复核照列。
第三项　护军管理处经费		118,952		118,952		
	第一目　护军管理处经费	118,952		118,952		查此目为三年所无，旧五年度核定一十一万八千九百五十二元，本届册开数目与旧五年度相符，财政部复核照列。
第四项　直辖各机关经费		2,387,022	2,283,240	103,782		

	第一目 京师警察厅经费	1,963,832	1,884,239	79,593		查此目三年核定警察厅经费一百八十万零四千一百九十九元，清道队经费三万六千元，米折四万四千零四十元，共为一百八十八万四千二百三十九元，旧五年度核定一百九十二万元。兹据册开二百零二万一千八百三十二元，并据该部说明书内称，饷糈一项，因新辟马路日多，添设巡警千名，月饷需八千元等语。经财政部商同该部，自六年一月起，按月加增八千元，五年七月至十二月数目不再增加，计减去四万八千元，其余各项均照列。经国务会议议决，将新添巡警七月至十二月饷需四万八千元核减，复经该厅声请仍照原列数目办理。又经国务会议议决，准减一万元，故列如上数。比较三

续　表

						年计增七万九千五百九十三元。
	第二目　内城官医院经费	35,220	24,000	11,220		查此目三年核定二万四千元，旧五年度核定三万五千二百二十元，本届据册开数目与旧五年度相符，财政部复核照列，比较三年计增一万一千二百二十元。
	第三目　外城官医院经费	35,220	24,000	11,220		说明同前。
	第四目　京师警察厅保安警察第三、四队经费	144,000		144,000		查此目为三年所无，旧五年度核定一十四万四千元，本届册开数目与旧五年度相符，财政部复核照列。
	第五目　土木工程处经费	124,836	285,649		160,813	查此目三年核定二十八万五千六百四十九元，旧五年度核定一十一万六千五百八十四元。兹据册开二十五万三千零八十八元，经财政部商同该部减去六万八千二百五十

						二元。复经国务会议议决，核减六万元，并议定六年二月以前裁撤归并市政公所办理，故列如上数。
	第六目 古物陈列所经费	12,000	12,000			
	第七目 地方警察传习所经费	16,138	41,352		25,214	查此目三年核定四万一千三百五十二元。兹据册开上数，财政部复核照列，比较三年计减二万五千二百一十四元。
	第八目 警官高等学校经费	19,776		19,776		查此目为三年所无。兹据册开上数，即系由地方警察传习所经费内划出，财政部复核照列。
	第九目 游民习艺所经费	36,000	12,000	24,000		查此目三年核定一万二千元，旧五年度核定三万六千元，本届册开数目，核与旧五年度相符，财政部复核照列，比较三年计增二万四千元。

续　　表

第五项　祀典经费		4,674	36,144		31,470	
	第一目　祀天经费	662	26,768		26,106	查此目三年核定二万六千七百六十八元。兹据册开上数，财政部复核照列，比较三年计减二万六千一百零六元。
	第二目　祀孔经费	2,620	9,376		6,756	查此目三年核定九千三百七十六元。兹据册开三千六百二十元，财政部复核照列，经国务会议议决，核减一千元，故列如上数，比较三年计减六千七百五十六元。
	第三目　祀关岳经费	1,192		1,192		查此目为三年所无，旧五年度核定三千五百六十二元。兹据册开上数，财政部复核照列。
	第四目　追祭忠烈经费	200		200		查此目为三年所无。兹据册开上数，财政部复核照列。

第六项	各省内务经费		38,265,265	35,864,238	2,400,927		查此项三年度核定三千五百八十六万四千二百三十八元，旧五年度核定四千五百三十六万四千零二十元，此次改编新五年度预算，财政部复核列为四千零七十七万一千六百九十三元，经国务会议议决，删减一百七十三万六千四百三十三元。复由财政部改编划归临时门七十七万零零九十五元，故列为三千八百二十六万五千一百六十五元，比较三年计增二百四十万零零九百二十七元。惟所增之款多系添募警队，增加警察及设置县佐等项经费，于地方治安极有关系，未能节减。所有各项细数及增减理由均载各省处分表内，本表不再赘叙。

续　表

	第一目　京兆内务费	951,327	734,229	217,098		查此目三年核定七十三万四千二百二十九元，本届因添设各县区董及自治筹办公所补助模范村等项经费，故增。
	第二目　直隶内务费	1,990,728	2,058,401		67,673	
	第三目　奉天内务费	1,417,527	1,275,505	142,022		查此目因加添警察厅及教练所等项经费，故增。
	第四目　吉林内务费	1,057,519	934,338	123,181		查此目因新添延吉商埠等项经费，故增。
	第五目　黑龙江内务费	685,558	553,004	132,554		查此目因增加县署公等项经费，故增。
	第六目　山东内务费	2,222,653	2,367,929		145,276	
	第七目　河南内务费	1,650,117	1,851,009		200,892	
	第八目　山西内务费	2,036,279	1,590,598	445,681		查此目因添练警备队等项经费，故增。

	第九目　江苏内务费	3,633,088	3,448,300	184,788		查此目因增加水上警察及警备队等项经费，故增。
	第十目　安徽内务费	1,333,932	1,668,140		334,208	
	第十一目　江西内务费	1,527,127	1,374,575	152,552		查此目因增加警备队等项经费，故增。
	第十二目　福建内务费	1,354,444	1,265,172	89,272		
	第十三目　浙江内务费	2,137,496	1,835,347	302,149		查此目因增加水上警察等项经费，故增。
	第十四目　湖北内务费	1,913,658	1,926,975		13,317	
	第十五目　湖南内务费	1,387,294	1,217,323	169,971		查此目因增加水上警察经费等项，故增。
	第十六目　陕西内务费	1,078,319	1,079,362		1,043	
	第十七目　甘肃内务费	863,986	863,460	526		

续　表

	第十八目　新疆内务费	846,558	820,313	26,245		
	第十九目　四川内务费	2,755,854	2,608,756	147,098		查此目因增加各县及县佐经费，故增。
	第二十目　广东内务费	2,261,847	1,964,996	296,851		查此目因新增各巡舰、煤斤等费，故增。
	第廿一目　广西内务费	1,077,666	1,117,832		40,166	
	第廿二目　云南内务费	1,709,181	1,350,536	358,645		查此目因添设游击队经费等项，故增。
	第廿三目　贵州内务费	1,154,482	952,882	201,600		查此目添设警备队经费等项，故增。
	第廿四目　热河内务费	260,820	360,178		99,358	
	第廿五目　绥远内务费	145,637	134,720	10,917		
	第廿六目　察哈尔内务费	80,638	30,400	50,238		
	第廿七目　川边内务费	298,714	240,271	58,443		

	第廿八目 阿尔泰内务费	58,297	56,687	1,610		
	第廿九目 塔尔巴哈台内务费	65,339	46,000	19,339		
	第三十目 西藏内务费	137,000	137,000			
	第卅一目 库伦内务费	62,400		62,400		查以下各目均系于四年间呈准添设，并额定经费，均为三年所无。
	第卅二目 乌里雅苏台内务费	39,840		39,840		
	第卅三目 科布多内务费	36,000		36,000		
	第卅四目 恰克图内务费	33,840		33,840		
共	计	42,570,109	39,823,622	2,746,487		

第三款　　财政部所管　　经常门

项别	目别	五年预计数	三年核定数	比较 增	比较 减	说明
第一项　公府经费		3,067,369	2,650,075	417,294		
	第一目　大总统军俸公费交际费	1,248,000	1,248,000			
	第二目　副总统年俸公费	360,000	360,000			
	第三目　公府执事人员经费	288,000	657,507		369,507	查此目三年核定六十五万七千五百零七元。兹据单开二十八万八千元，财政部复核照列，比较三年计减三十六万九千五百零七元。
	第四目　政治顾问咨议暨津贴各员经费	385,577	81,502	304,075		查此目三年核定八万一千五百零二元系专指洋顾问薪俸。兹据单开各项政治顾问、咨议暨各员津贴共三十八万五千五百七十七元，财政部复核照列。比较三年计增三

						十万零四千零七十五元。
	第五目　军事顾问咨议经费	408,156	303,066	105,090		查此目三年系列入陆军部所管，共支三十万零三千零六十六元，此次预算未据开列。嗣据公府收支处开单函请加入预算，财政部按照实支最多数月分核计全年应支四十万零八千一百五十六元，经国务会议议决，照加。故列如上数，比较三年计增一十万零五千零九十元。
	第六目　侍从卫侍武官处经费	197,076		197,076		查此目三年度系并入公府人员之内。兹据单开，另列侍从卫侍、武官处经费一十九万七千零七十六元，财政部复核照列。
	第七目　翊卫处经费	24,120		24,120		查此目三年度系在统率办事处经费之内，现在统率办事处裁撤。兹据单开翊卫处经费二万四千一百二十元，财政部复核照列。

续　表

	第八目　公府指挥处经费	156,440		156,440		查此目为三年所无，此次预算系列入陆军部所管，表内经国务会议议决，改列财政部所管，故列如上数。
第二项　国务院经费		1,232,679	977,585	255,094		
	第一目　国务院经费	566,082	490,474	75,608		查此目三年核定政事堂及机要局司务所经费共四十九万零四百七十四元，嗣于五年五月改组国务院，全年应支五十六万六千零八十二元。兹据册开五十八万八千七百二十元，较应支数计增二万二千六百三十八元，财政部复核仍照应支数开列，比较三年计增七万五千六百零八元。

	第二目 统计局经费	135,156	85,526	49,630		查此目三年核定主计局经费八万五千五百二十六元，嗣于五年五月改组统计局，全年应支一十三万五千一百五十六元。兹据册开一十三万七千二百六十六元，较应支数计增二千一百一十元。财政部复核仍照应支数开列，比较三年计增四万九千六百三十元。
	第三目 法制局经费	245,297	211,200	34,097		查此目三年核定二十一万一千二百元。旧五年度核定二十六万二千九百九十九元。兹查照五、六两年数目折半列入。并加入六年上半年洋员顾问薪金一万七千七百五十五元，共如上数，比较三年，故增。

续　表

第四目　铨叙局经费	109,068	98,385	10,683		查此目三年核定九万八千三百八十五元，旧五年度核定一十万零零九百四十四元。兹查照五、六两年数目折半列入，比较三年，故增。
第五目　印铸局经费	177,076	92,000	85,076		查此目三年核定九万二千元。自五年起将直接收入十四万元列入预算，故岁出亦增定为二十四万六千九百九十二元。自六年起又分为普通预算与特别会计预算两种，除特别会计另行核办外，普通预算自应减少。兹查照五、六两年数目折半列入，计五年下半年一十二万三千四百九十六元，六年上半年五万三千五百八十元，共列如上数，比较三年计增八万五千零七十六元。

第三项 国会经费		5,168,600		5,168,600		
	第一目 参议院经费	1,746,300		1,746,300		查此目为三年所无。兹据册开一百九十万零三千三百元，财政部复核划出七万二千元改归临时门。复经国务会议议决，以国会已延至明年常会前一日为止，则回籍及第三期常会赴院事实上不能有，应减去旅费一十二万一千四百元。惟本年为改选之期，所有第一班退职议员回籍，及改选议员来京应需旅费约计三万六千四百元，应照加入，共列如上数。
	第二目 众议院经费	3,422,300		3,422,300		查此目为三年所无。兹据册开三百七十六万六千九百元，财政部复核划出十万元改归临时门，复经国务会议议决，以国会已延至明年常会前一日为止，则回籍第三期

续　表

						常会赴院事实上不能有，应减去旅费二十四万四千六百元，列如上数。
第四项　财政部经费		632,844	540,000	92,844		
	第一目　本部经费	632,844	540.000	92,844		查此目三年核定五十四万元，此次所列数目官俸系照现行官制，并参酌进等、进级办法计算薪工，各项系照现有人数计算，将来官制修改，如有不敷情形，再行追加。办公杂费系参酌五、六两年每月支出平均估计，比较三年计增九万二千八百四十四元。
第五项　直辖各机关经费		177,244	52,020	125,224		

	第一目　财政部讨论会经费	14,892		14,892		查此目系本年八月成立，经费按十一个月计算，原列三万四千八百九十二元，经国务会议议决，核减二万元，列如上数。
	第二目　检查征收机关委员会经费	49,656	32,720	16,936		查此目为三年所无，所列三年数目系整理赋税所经费数目，现在派员分赴各省调查，薪水、旅费日有增加。惟此项经费虽增，于收入极有关系，未能节省，比较计增一万六千九百三十六元。
	第三目　币制委员会经费	1,447	9,700		8,253	查此目业经裁撤。惟经费截至七月为止，故照一月实支之数开列。
	第四目　清查官产处经费	42,804		42,804		查此目原列四万五千八百零四元，经国务会议议决核减三千元，列如上数。惟为三年所无，故不列比较。

续　表

	第五目　编译报告处经费	13,188		13,188		查此目为三年所无，旧五年度核定一万二千四百五十六元，本届列如上数。
	第六目　印花税处经费	37,124		37,124		查此目为三年所无，旧五年度核定一万三千二百四十八元。现为推行印花起见，设立专处督饬进行，经费不得不稍事增加，故如上数。
	第七目　化验所经费	5,310		5,310		查此目原列一万零六百二十元，经国务会议议决，自六年起裁归农商部工业试验所办理，不加经费，计减去一半经费，列上数。惟三年无此项，故不列比较。
	第八目　公估局经费	9,600	9,600			查此目三年核定九千六百元。兹据册开一万九千八百四十八元，计增一万零二百四十八元，财政部复核仍照三年数开列，并将临时费删除。

	第九目　采金局经费	3,223		3,223		查此目为三年所无，故不列比较。惟机关业经裁撤，经费截至九月为止。故照三个月实支之数开列。
第六项　附属各项经费		769,508	127,680	641,828		
	第一目　银行监理官经费	34,560	34,560			
	第二目　洋员顾问经费	92,720	93,120		400	查此目三年核定九万三千一百二十元。嗣经添聘顾问定为一十万零二千七百二十元。现经国务会议议决，核减一万元，列如上数，比较三年计减四百元。
	第三目　驻美公使兼办驻外财政员经费	6,000		6,000		查此目原列一万二千元，经国务会议议决，六年一月，即行裁撤，计减去一半经费，列如上数。惟三年无此项，故不列比较。

续　表

	第四目　印花税票印刷及邮寄等费	550,800		550,800		查此目原列八十五万零八百元，经国务会议议决，核减三十万元，列如上数。惟三年无此项，故不列比较。
	第五目　官产处执照印刷费	26,000		26,000		查此目原列五万六千元，经国务会议议决，核减三万元，列如上数。惟三年无此项，故不列比较。
	第六目　农工银行筹备处经费	19,428		19,428		查此目为三年所无，本届照核准原案，列如上数。
	第七目　平市官钱局津局经费	40,000		40,000		查此目原列六万元，经国务会议议决，核减二万元，列如上数。惟三年无此项，故不列比较。
第七项　在京各机关经费		1,118,104	1,021,588	96,516		

	第一目 审计院经费	504,828	450,000	54,828		查此目三年核定四十五万，旧五年度核定五十万零四千八百二十八元。兹查照五、六两年数目折半开列，比较三年故增。
	第二目 平政院经费	214,884	223,284		8,400	查此目三年核定二十二万三千二百八十四元，此次列临时门八千四百元，故经常门比较三年减如上数。
	第三目 国史馆经费	68,864	105,264		36,400	查此目三年核定一十万零五千二百六十四元。嗣经核准追加三千六百元，共为一十万零八千八百六十四元，本届仍照原案开列。经国务会议议决，核减四万元，列如上数，比较三年计减三万六千四百元。
	第四目 清史馆经费	143,808	220,000		76,192	查此目三年核定二十二万元，系十个月数目。嗣经核准全年共支二十六万三千八百零八元，此次仍照原

续　表

						案开列，经国务会议议决，核减一十二万元，列如上数，比较三年计减七万六千一百九十二元。
	第五目　文官高等惩戒委员会经费	18,392	23,040		4,648	查此目三年核定二万三千零四十元。嗣经核准追加二千八百一十二元。又六年上半年核准增加五百四十元，共计应支二万六千三百九十二元。经国务会议议决，核减一万元，复经该会声明不敷，请酌加，又议决准加二千元，列如上数。比较三年计减四千六百四十八元。
	第六目　司法官惩戒委员会经费	15,960		15,960		查此目为三年所无。嗣经核准追加二万八千九百六十元。此次照案开列，经国务会议议决，核减一万五千元，复经该会声请追加。又议决准加二千元，列如上数。

	第七目 全国烟酒事务署经费	151,368		151,368		查此目系烟酒公卖局改设，据册开上数，财政部复核照列。惟该机关为三年所无，故不列比较。
第八项 优待经费		13,585,239	14,330,845		745,606	
	第一目 皇室经费	4,000,000	4,776,156		776,156	查此目自四年一月起，改发新币四百万元，此次照案开列，比较三年计减七十七万六千一百五十六元。
	第二目 东西陵经费	240,626	257,876		17,250	查此目三年核定二十五万七千八百七十六元。嗣经改定东陵经费一十五万二千四百四十一元，西陵经费八万八千一百八十五元，此次照案开列，比较三年计减一万七千二百五十元。

续　　表

	第三目　八旗俸饷	6,378,676	6,330,333	48,343		查此目三年核定六百三十三万零三百三十三元。嗣经核准追加四万八千三百四十三元,此次照案开列,比较三年故增。
	第四目　八旗米折	2,866,819	2,866,819			
	第五目　密云等处俸饷	99,118	99,661		543	查此目三年核定九万九千六百六十一元。嗣经改定为九万九千一百一十八元，此次照案开列，比较三年计减五百四十三元。
第九项　中央直接收入征收经费		1,862,482		1,862,482		
	第一目　驻沪办事处及各省烟酒公卖局经费	887,211		887,211		查此目为三年所无。嗣经陆续添设，原列一百二十六万七千四百四十五元，经国务会议议决，核减十分之三，计减三十八万零二百三十四元，列如上数。

	第二目　各省征收烟酒捐经费	902,236		902,236		查此目三年多由各省开支，本届烟酒税改归中央直接收入，故经费亦归中央开支。原列一百二十八万八千九百零九元，经国务会议议决，核减十分之三，计减三十八万六千六百七十三元，列如上数。
	第三目　各省矿税征收经费	73,035		73,035		查此目三年原列各省预算，本届矿税改归中央直接收入，故经费亦归中央开支，计列如上数。
第十项　盐务经费		9,701,504	7,470,085	2,231,419		查此项原列一千零二十三万六千九百七十六元，经国务会议议决，于第一、第二两目内共减八十万元，复由盐务署自行支配，经常费内万难照减，仅于第一目项下减去四十八万二千零零九元，第二目项下减去五万三千四百六十三元，共减五十三万五

续　表

						千四百七十二元，故列如上数。其余二十六万四千五百二十八元，再于临时内核减，经常、临时并计仍符国务会议议决核减之数。
	第一目　盐务署经费	160,286	131,781	28,505		
	第二目　运使经费	6,202,193	4,828,229	1,373,964		
	第三目　榷运运销蒙盐掣验等局及官硝厂经费	1,716,809	1,672,191	44,618		
	第四目　稽核总所经费	251,400	206,207	45,193		
	第五目　稽核分支所经费	1,216,200	587,049	629,151		
	第六目　稽核处及稽核秤放各员经费	154,616	44,628	109,988		

第十一项 各关经费		15,229,301	11,969,541	【3,259,760】		
	第一目 海关监督署经费	812,722	735,612	77,110		查此目原列八十万零九千三百七十一元，经国务会议加入龙州关经费三千三百五十一元，列如上数，比较三年计增七万七千一百一十元。
	第二目 税务处经费	290,816	296,147		5,331	查此目原列二十八万九千四百三十元。财政部又查照该处旧五年度追加案，加入一千三百八十六元，列如上数，比较三年计减五千三百三十一元。
	第三目 税务司经费	12,499,477	9,761,911	2,737,566】		
	第四目 常关经费	1,626,286	1,175,871	450,415		查此目原列一百六十一万六千五百八十五元，财政部又查照潼关追加案及雅安关追加案，共加入一万零六百零一元。又据粤海关声明，多列九百

续　表

					元，应照数减去，故列如上数，比较三年计增四十五万零四百一十五元。
第十二项　各省财政经费		9,248,096	7,202,633	2,045,463	查此目三年度核定七百二十万零二千六百三十三元，旧五年度核定一千零一十三万零四百七十九元，此次改编新五年度预算，财政部复核列为一千零三十七万二千四百一十元。经国务会议议决，核减七十七万八千七百三十四元，删除七万九千四百七十元。又云南一省增入三千二百五十二元，又由财政部改归临时门二十六万九千三百六十二元，故列为九百二十四万八千零九十六元。比较三年虽属增加，按照旧五年度已属减少，且所增之数多系田赋征收经费。此项经费三年未列预算，由各省于正

						额外附收经费开支，此次连同附收入一并列报，自应照列预算与他项增加不同。此外，添设税局均于收入极有关系，未能节省。所有各项细数及增减理由均载各省分表之内，本表不再赘叙。
	第一目　京兆财政费	34,807	23,038	11,769		
	第二目　直隶财政费	566,711	177,720	388,991		
	第三目　奉天财政费	872,513	726,259	146,254		
	第四目　吉林财政费	527,604	429,113	98,491		
	第五目　黑龙江财政费	414,206	293,204	121,002		
	第六目　山东财政费	523,150	178,000	345,150		

续　表

	第七目　河南财政费	177,365	175,778	1,587		
	第八目　山西财政费	449,406	172,320	277,086		
	第九目　江苏财政费	699,455	720,000		20,545	
	第十目　安徽财政费	601,883	424,942	176,941		
	第十一目　江西财政费	336,862	292,542	44,320		
	第十二目　福建财政费	258,549	228,318	30,231		
	第十三目　浙江财政费	488,119	558,647		70,528	
	第十四目　湖北财政费	493,124	486,302	6,822		
	第十五目　湖南财政费	463,949	529,514		65,565	
	第十六目　陕西财政费	160,840	160,842		2	

第十七目 甘肃财政费	215,927	154,780	61,147		
第十八目 新疆财政费	120,027	76,434	43,593		
第十九目 四川财政费	237,600	283,039		45,439	
第二十目 广东财政费	714,540	352,662	361,878		
第廿一目 广西财政费	282,896	210,071	72,825		
第廿二目 云南财政费	117,393	110,000	7,393		
第廿三目 贵州财政费	186,329	192,448		6,119	
第廿四目 热河财政费	112,922	110,000	2,922		
第廿五目 绥远财政费	49,926	25,000	24,926		
第廿六目 察哈尔财政费	28,501	20,000	8,501		

续　表

	第廿七目　川边财政费	26,356	10,000	16,356		
	第廿八目　阿尔泰财政费	19,245	13,660	5,585		
	第廿九目　塔尔巴哈台财政费	7,891	8,000		109	
	第三十目　西藏财政费	60,000	60,000			
共	计	61,792,970	46,342,052	15,450,918		

第四款　陆军部所管　经常门

项　别	目　别	五年预计数	三年核定数	比较 增	比较 减	说　明
第一项　陆军部经费		821,662	840,000		18,338	

	第一目　本部经费	821,662	840,000		18,338	查此目三年核定八十四万元。兹据册开八十二万一千六百六十二元，比较三年计减一万八千三百三十八元，财政部复核照列。
第二项　直辖各机关经费		43,016,068	26,456,598	16,559,470		
	第一目　陆军第一师经费	1,893,171	1,631,861	261,310		查此目三年度定一百六十三万一千八百六十一元。兹据册开一百九十七万一千五百零八元，财政部复核照列，并据陆军部说明，内称该师三年经费不敷分配，因将饷项暂按八成减支，以求适合。本与事实不符，当经声明，如难办到，应俟年度告终据实呈明，以便办理决算，不至多所窒碍等因。在案。现查该师实用各款，前案不敷甚巨，此次编造预算系照章列支等语。经国务会议议决，将

					出缺兵士暂不补充，连同骡马乾银均按九五减列，计核减七万八千三百三十七元，列如上数，比较三年计增二十六万一千三百一十元。
	第二目　陆军第二师经费	1,675,239	1,706,470	31,231	查此目三年度核定一百七十万零六千四百七十元。兹据册开一百七十四万五千四百三十元，财政部复核照列，经国务会议议决，同第一师例，核减七万零一百九十一元，列如上数，比较三年计减三万一千二百三十一元。
	第三目　陆军第三师经费	1,712,419	1,245,400	467,019		查此目三年度核定一百二十四万五千四百元。兹据册开一百七十九万一千三百一十元，财政部复核照列，经国务会议议决，同第一师例，核减七万八千八百九十一元，列如上数，比较三年

						计增四十六万七千零一十九元。
	第四目　陆军第四师经费	1,699,809	1,405,422	294,387		查此目三年度核定一百四十万零五千四百二十二元。兹据册开一百八十七万九千二百七十八元，财政部复核照列，经国务会议议决，同第一师例，核减一十七万九千四百六十九元。列如上数，比较三年计增二十九万四千三百八十七元。
	第五目　陆军第七师经费	1,858,927		1,858,927		查此目为三年所无。兹据册开一百八十四万零四百一十六元，财政部复核照列。嗣据陆军部更正为一百九十二万八千零八十一元，并据说明内称，该师原系步十二营，炮骑各三营，工辎各一连，机关枪六连，自军兴后添有补充旅、独立团等为数较多。现定自十月起编留全

续　表

						师暨机关枪六连，宪兵一连，其余溢额军队，即列入临时门内，以便分期裁汰。计自五年七月至九月系照原有各营计算，十月至六年六月照全师之数计算等语。经国务会议同第一师例，核减六万九千一百五十四元，列如上数。再该师系由三年度所列第六师之十一旅改编，即以该师补充旅编入正额，合并注明。
	第六目　陆军第八师经费	1,652,914	1,225,623	427,291		查此目三年度核定一百二十二万五千六百二十三元。兹该册开一百七十万零零九百八十二元，财政部复核照列，经国务会议议决，同第一师例，核减四万八千零六十八元，列如上数，比较三年计增四十二万七千二百九十一元。

	第七目 陆军第九师经费	1,087,022	1,052,793	34,229		查此目原名江南留鄂第一师，三年核定一百零五万二千七百九十三元。兹据册开改为第九师，列支经费一百一十一万五千六百二十七元。财政部复核照列，经国务会议议决,同第一师例，核减二万八千六百零五元，列如上数，比较三年计增三万四千二百二十九元。
	第八目 陆军第十师经费	1,662,499	1,438,735	223,764		查此目三年度核定一百四十三万八千七百三十五元。兹据册开一百七十一万八千九百七十一元，财政部复核照列，经国务会议议决，核减五万六千四百七十二元，列如上数，比较三年计增二十二万三千七百六十四元。

续　表

	第九目　陆军第十一师经费	1,714,529		1,714,529		查第十一、十二两师系于民国三年就军官学校毕业生及各队学术较优之目兵编练模范团，该团于四年毕业始改编为两师。此次册开第十一师一百七十六万九千六百零三元，第十二师一百七十九万五千一百一十元，经国务会议议决，同第一师例，计第十一师核减五万五千零七十四元，第十二师核减五万五千九百九十九元，故列如上数。
	第十目　陆军第十二师经费	1,739,111		1,739,111		
	第十一目　陆军第十三师经费	1,880,881	3,001,2´9		1,120,418	查此目三年系拱卫军经费，核定三百万零零一千二百九十九元。嗣经改编为十三师。兹据册开一百九十四万七千七百零七元，财政部复核照列，经国务会议议决，将饷乾等项均照各师例，按九五减列，计核减六万六千八百二十六

						元，列如上数，比较三年计减一百一十二万零四百一十八元。
	第十二目 陆军第二十师经费	1,846,755	1,616,713	230,042		查此目三年度核定一百六十一万六千七百一十三元。兹据册开一百九十六万元，财政部复核照列，经国务会议议决，同第一师例，核减一十一万三千二百四十五元，列如上数，比较三年计增二十三万零零四十二元。
	第十三目 陆军第一混成旅经费	611,808	613,898		2,090	查此目三年度核定六十一万三千八百九十八元。兹据册开六十二万九千二百二十七元，财政部复核照列。并据陆军部说明内称，本系驻鲁第五师之一旅。嗣因该师补充旅编入正额，将该旅改为第一混成旅，仍由财政部将应拨补充旅饷改拨，按月由山东财政厅支给，不在直

续　表

						辖各机关之内。兹应并入，以免纷歧等语。经国务会议议决，同第一师例，核减一万七千四百一十九元，列如上数，比较三年计减二千零九十元。
	第十四目　陆军第二混成旅经贸	768,840	765,211	3,629		查此目据册开上数，比较三年计增三千六百二十九元，财政部复核照列。
	第十五目　陆军第七混成旅经费	819,864	763,496	56,368		查此目三年度核定七十六万三千四百九十六元。兹该册开八十五万七千三百八十[illegible]元，财政部复核照列，并据陆军部说明内称，该旅实有旅部一，团部三，步兵八营，骑炮各一营等语。经国务会议议决，同第一师例，核减三万七千五百一十七元，列如上数。比较三年计增五万六千三百六十八元。

	第十六目　陆军第八混成旅经费	509,669	738,571		228,902	查此目三年度核定七十三万八千五百七十一元。兹据册开五十二万六千七百四十九元，财政部复核照列，并据陆军部说明内称，该旅实有旅部一、团部二、步兵七营等语。经国务会议议决，同第一师例，核减一万七千零八十元，列如上数。比较三年计减二十二万八千九百零二元。
	第十七目　陆军第十三混成旅经费	621,946		62,946①		查此目为三年所无。兹据册开六十三万八千九百四十七元，财政部复核照列，并据陆军部说明内称，该旅本系就一、二两师抽编，自五年一月起由川拨饷，嗣随陈前将军回防，川饷无着。经国务会议议决，归本部直辖等语。现复经国务会议议决，照各师例，核减一万七千零零一元，列如上数。

① 此目既为三年所无，增栏内62,946元，系621,946元之误。

续　表

	第十八目　近畿陆军第一旅经费	447,048		447,048		查此目为三年所无。兹据册开七十二万二千零零七元，财政部复核照列。嗣据陆军部声称该旅原拟照混成旅编制。现因库款支绌应暂缓扩充，仍照实有各团营核实编列，计核减二十七万四千九百五十九元，经国务会议议决，照减，列如上数。
	第十九目　近畿陆军第二旅经费	445,886		445,886		查此目为三年所无。兹据册开七十二万一千四百六十六元，财政部复核照列，嗣据陆军部声称同第一旅，计减二十七万五千五百八十元，经国务会议议决照减，列如上数。
	第二十目　陆军骑兵第二旅经费	367,714	351,475	16,239		查此目三年度核定三十五万一千四百七十五元。兹据册开上数，比较三年计增一万六千二百三十九元，财政部复核照列。

	第廿一目　暂编陆军混成第一团经费	257,473		257,473		查此目为三年所无。兹据册开二十六万四千六百五十六元，财政部复核照列，并据陆军部说明内称，该团实有团部一，步兵三营等语。经国务会议议决，同第一师例，核减七千一百八十三元，列如上数。
	第廿二目　暂编陆军混成第二团经费	220,798		220,798		查此目为三年所无。兹据册开二十二万二千五百九十元，财政部复核照列，并据陆军部说明内称，该团实有团部一，步三营，炮一连等语。经国务会议议决，同第一师例，核减一千七百九十二元，列如上数。
	第廿三目　察哈尔陆军骑兵团经费	234,992	488,712		253,720	查此目原名独立骑兵团，由骑兵第三旅划出。兹据册开上数，并声称与三年编制不同，财政部复核照列，比较三年计减二十五万三千七百二十元。

续　表

	第廿四目　绥远陆军第一团经费	363,923		363,923		查此目为三年所无。兹据册开上数，并声称该团实有团部一，步兵三营，骑兵一营，炮一连等语。财政部复核照列。
	第廿五目　京师宪兵营经费	64,355	57,081	7,274		查此目三年度核定五万七千零八十一元。兹据册开上数，并声称原有人数不敷分部，现添编一连，故数目较增等语。财政部复核照列，比较三年计增七千二百七十四元。
	第廿六目　京畿宪兵营经费	69,098	69,998		900	查此目三年度核定六万九千九百九十八元。兹据册开上数，并声称该营现分驻鄂沪两处，比较三年尚属核减等语。财政部复核照列。

	第廿七目　河南先锋队经费	169,487	246,782		77,295	查此目三年度核定二十四万六千七百八十二元。兹据册开上数，并声称三年原有奉天先锋队业已归并河南宏威军，现就原饷改编隶归南阳镇守使等语。财政部复核照列，比较三年计减七万七千二百九十五元。
	第廿八目　察哈尔左右翼巡防队经费	93,159		93,159		查此目为三年所无。兹据册开上数，并声称该队系察哈尔前都统何宗莲收抚穆特贲阿编为马队二营等语。财政部复核照列。
	第廿九目　驻热陆军过山炮连经费	27,333	26,248	1,085		查此目三年度核定二万六千二百四十八元。兹据册开上数，并声称该连原名驻赤峰陆路过山炮兵一连，现由朝阳镇守使节制等语。财政部复核照列，比较三年计增一千零八十五元。

续　表

	第三十目　土默特马队经费	33,056	33,056			
	第卅一目　无线电报连经费	10,043	8,378	1,665		查此目，据册开上数，并声称三年核定数，无线电报局队共二万六千六百八十三元内，该连分配八千三百七十八元。嗣经切实整理，故经费较增等语。财政部复核照列，比较三年计增一千六百六十五元。
	第卅二目　总司令部卫队经费	120,229	106,477	13,752		查此目三年度核定一十万零六千四百七十七元。兹据册开上数，比较三年计增一万三千七百五十二元，财政部复核照列。
	第卅三目　章加佛卫队经费	16,000		16,000		查此目为三年所无。兹据册开上数，并声称该队系并入多防镇守使款内，兹应划出，以清界限等语。财政部复核照列。

	第卅四目　大总统府内守卫队经费	133,665	41,014	92,651		查此目三年度核定四万一千零一十四元。兹据册开上数，并声称三年系副总统卫队。兹据册报奉批年需如上数等语。财政部复核照列，比较三年计增九万二千六百五十一元。
	第卅五目　驻库恰乌科各公署卫队经费	196,474		196,474		查此目为三年所无。兹据册开上数，并声称该款向列库伦恰克图、乌里牙苏台、科布多分册，现归部发饷等语。财政部复核照列。
	第卅六目　公府机关枪连经费	7,864		7,864		查此目为三年所无。兹据册开上数，并声称该连原属拱卫军兹拨入公府，除目兵仍由十三师挑选外，其官长薪工暨马伙夫饷项及杂支马乾等项统计应支上数等语。财政部复核照列。

续　表

	第卅七目　多防镇守使暨所管各军队经费	421,798	538,586		116,788	查此目三年度核定五十三万八千五百八十六元。兹据册开上数，并声称三年系连同多防镇守副使章嘉佛卫队，冀南镇守使所带目兵加饷一并在内。兹分别划出，以清界限等语，财政部复核照列，比较三年计减一十一万六千七百八十八元。
	第卅八目　多防镇守使副使暨淮军第三路经费	127,383		127,383		查此目为三年所无。兹据册开上数，并声称三年并入多防镇守使款内，兹应划出等语。财政部复核照列。
	第卅九目　冀南镇守使所管目兵加饷	20,340		20,340		说明同多防镇守副使
	第四十日　淞沪护军副使经费	22,320		22,320		查此目为三年所无。兹据册开上数，财政部复核照列。

	第四十一目　第七师驻库等处赡家饷项	34,680		34,680		说明同前
	第四十二目　禁卫军守卫津贴	6,827	6,827			
	第四十三目　驻保稽查营务处经费	23,405	17,592	5,813		查此目三年度核定驻保执法处经费一万七千五百九十二元，嗣改为稽查营务处。兹据册开上数，比较执法处数目计增五千八百一十三元，财政部复核照列。
	第四十四目　京师一带稽察处经费	35,161	34,832	329		查此目据册开上数，比较三年计增三百二十九元，财政部复核照列。
	第四十五目　京师军警督查处经费	49,156	10,290	38,866		查此目，兹据册开一万八千一百四十四元，财政部复核照列，经国务会议议决，将总理稽查营务处经费三万五千八百一十二元归并在内，并核减办公费四千八百元，列

续　表

						如上数，比较三年总理稽查营务处数目计增三万八千八百六十六元。
	第四十六目　京兆征募局经费	12,000		12,000		查此目为三年所无。兹据册开上数，并声称将来如照原计划扩充一切经费，应另案追加等语，财政部复核照列。
	第四十七目　河路征募局经费	12,000		12,000		说明同前
	第四十八目　察哈尔督办军牧处经费	32,473				查以下八目，据陆军部说明内称，系经国务会议议决，所有底饷照三年预算核定，两翼牧群、三根达赖马厂两项四万零九百五十三元，及察哈尔预算所列牛羊群、大马群两项六万二千四百三十二元之数开列。惟三根达赖马厂经费三年未按全年计算，此次改编系根据三年数目暨旧五年度预算

						统计全年应支上数等语。财政部复核照列，比较三年四项共数计增二万五千六百一十四元。
	第四十九目　模范牧场经费	18,554				说明见前
	第五十目　明安牧场经费	9,956				说明见前
	第五十一目　两翼牧场经费	7,352	103,385	25,614		说明见前
	第五十二目　达里冈崖牧厂经费	744				说明见前
	第五十三目　商都牧场经费	9,956				说明见前
	第五十四目　购办种马经费	32,000				说明见前
	第五十五目　两翼牧群蒙旗官兵俸饷	17,964				说明见前

续 表

	第五十六目 陆海军会计审查处经费	112,931	103,193	9,738		查此目据册开上数，比较三年计增九千七百三十八元，财政部复核照列。
	第五十七目 高等军法会审处经费	2,673	2,727		54	查此目，据册开上数，比较三年计减五十四元，财政部复核照列。
	第五十八目 陆军部监经费	25,024	20,414	4,610		查此目，据册开上数，并声称该监狱自军政执法处取消后，看管人犯增加，故需数比前增加等语，财政部复核照列，比较三年计增四千六百一十元。
	第五十九目 无线电报第一所经费	7,084	6,267	817		查此目，据册开上数，并声称该三所即系三年度无线电报京、津、保三局改名等语。财政部复核照列。
	第六十目 无线电报第二所经费	6,998	6,073	925		说明同前
	第六十一目 无线电报第三所经费	6,945	5,965	980		说明同前

	第六十二目　驻保军械局经费	69,713	62,486	7,227		查此目，据册开七万一千五百四十九元，财政部复核照列。并据陆军部说明内称，该局　因储存库械较多，增设看守兵夫，故需款较多等语。经国务会议议决，核减一千八百三十六元，列如上数，比较三年计增七千二百二十七元。
	第六十三目　三家店军械局经费	17,580	17,375	205		查此目，据册开上数，比较三年计增二百零五元，财政部复核照列。
	第六十四目　南苑军械局经费	4,855	3,008	1,847		查此目，据册开七千九百一十七元，财政部复核照列，并据陆军部说明内称，同驻保军械局等语。经国务会议核减三千零六十二元，列如上数，比较三年计增一千八百四十七元。

续　表

	第六十五目　硝磺库经费	9,634	10,002		368	查此目，据册开一万零零九十八元，财政部复核照列，经国务会议议决，核减四百六十四元，列如上数，比较三年计减三百六十八元。
	第六十六目　军实库经费	12,261	9,684	2,577		查此目，据册开上数，比较三年计增二千五百七十七元，财政部复核照列。
	第六十七目　长辛店枪炮试验场经费	1,242	1,242			
	第六十八目　驻京军械局经费	9,260		9,260		查此目为三年所无。兹据册开上数，并声称系拱卫军军械局改设等语。财政部复核照列。
	第六十九目　看守四处兵厂经费	694	694			
	第七十目　陆军卫生材料厂经费	22,010	23,704		1,694	查此目，据册开上数，比较三年计减一千六百九十四元，财政部复核照列。

	第七十一目　印刷所经费	19,980	13,080	6,900		查此目，据册开上数，并声称现因印刷书籍、簿记日见增加，实需上数等语。财政部复核照列，比较三年计增六千九百元。
	第七十二目　驻信采办军米局经费	17,506	13,642	3,864		查此目，据册开上数，并声称各该局内加入运米各费，故数目较增等语。财政部复核照列，比较三年计增三千八百六十四元。
	第七十三目　塘沽军米局经费	10,738	5,229	5,509		说明同前
	第七十四目　保定军米局经费	8,334	4,562	3,772		说明同前
	第七十五目　清河军米局经费	8,308	4,476	3,832		说明同前
	第七十六目　张家口军米局经费	8,979	6,289	2,690		说明同前
	第七十七目　永定门军米局经费	7,882	4,914	2,968		说明同前

续　　表

	第七十八目　讲武堂经费	177,581		177,581		查此目为三年所无。兹据册开上数，并声称该堂原有学员一百三十员，六年一月起，增设为四百员，全年应需上数等语，财政部复核照列。
	第七十九目　军需学校经费	114,289	92,666	21,623		查此目，据册开一十二万零五百零二元，财政部复核照列，经国务会议议决，核减六千二百一十三元，列如上数，比较三年计增二万一千六百二十三元。
	第八十目　军医学校经费	131,349	110,084	21,265		查此目，据册开一十三万六千六百八十二元，财政部复核照列，经国务会议议决，核减五千三百三十三元列如上数，比较三年计增二万一千二百六十五元。
	第八十一目　兽医学校经费	68,176	65,393	2,783		查此目，据册开上数，比较三年计增二千七百八十三元，财政部复核照列。

	第八十二目　宪兵学校经费	40,440	39,904	536		查此目，据册开上数，比较三年计增五百三十六元，财政部复核照列。
	第八十三目　各国留学经费	12,000	120,000		108,000	查此目，据册开上数，并声称按现在留学各国学生实有名额计算，故需款较减等语，财政部复核照列，比较三年计减一十万零八千元。
	第八十四目　测量学校附设经界班员经费	24,408		24,408		查此目为三年所无。兹据册开上数，并声称系经界局裁撤后，所有测量班员附入该校肄业，该班十一月开办，预算数系按八个月计算等语。财政部复核照列。
	第八十五目　励奖章经费	119,625	300,000		90,375	查此目，据册开上数，连同恤金并计，比较三年计减九万零三百七十五元，财政部复核照列。

续　表

	第八十六目　恤金	90,000				
	第八十七目　本部咨议差遣候差薪津火食	1,244,304	540,000	704,304		查此目，据册开上数，比较三年计增七十万零四千三百零四元，财政部复核照列。
	第八十八目　各师见习候差军官佐津贴	309,342	81,000	228,342		查此目，据册开上数，并声称三年系列军事研究员及各学员津贴，其各师候差员均分列于各该师经费之内，现并列一款，全年应支上数等语，财政部复核照列，比较三年计增二十二万八千三百四十二元。
	第八十九目　军械价	1,000,000				查此目三年核定数系军队、学校、局所购置费。兹据册开军械价二百万元，军米价二百八十万零二千七百二十元，卫生材料价三十一万三千五百五十二元，军服价三百八十七万九千四百八十元，补充装具价

						一百四十七万四千四百二十元，共计一千零四十七万零一百七十二元，财政部复核照列。并据陆军部说明内称，三年度本系因陋就简，按必不可少之数估计，曾经声明在案。现在新添各机关甚多，照各该机关实有人数计算，共需一千余万元等语。经国务会议议决，将军械价减半列入，军米价按实支数列入，卫生材料价按八成列入，军服价除公府指挥处业经划归财政部外，其余按九成列入，装具按每兵四元余列入，计共核减三百三十三万八千三百一十二元，列如上数，比较三年计增四百一十六万零二百九十五元。
第九十目	军米价	1,602,720				说明见前

续　表

	第九十一目　卫生材料价	250,842	2,971,565	4,160,295		说明见前
	第九十二目　军服价	3,478,298				说明见前
	第九十三目　补充装具费	800,000				说明见前
	第九十四目　补充马骡费	433,980	150,000	283,980		查此目，据册开上数，并声称按照各机关实有马数照例补二成计算等语。财政部复核照列。比较三年计增二十八万三千九百八十元。
	第九十五目　修建工程费	700,000	280,000	420,000		查此目，据册开一百万元，财政部复核照列。经国务会议议决，分别缓急仅将南苑、洛阳两处新建营房十万余元及该部已核准支付者二十余万元，并六年一月至六月各师、旅、团、营修缮费约需四十万元，共计七十万元列入，比较三年计增四十二万元。

第九十六目　房地租	78,382		78,382		查此目为三年所无。兹据册开上数，财政部复核照列。
第九十七目　军事杂支	480,000	300,000	180,000		查此目，据册开上数，并声称旧五年度原列二十四万元系本部考察军队、学校、局所各项出差旅费，及汇拨各项用款、贴水、电费，并军装、军服运费，应缴关税之用。又前军需局移交各项杂款月需二万元，全年共四十八万元等语，比较三年计增一十八万元，财政部复核照列。
第九十八目　陆军第六师经费	2,039,845	1,734,735	365,110		查此目，据册开二百一十四万四千七百九十九元，并声称该师经费系拨归江西督军转发等语。财政部复核照列。经国务会议议决，将饷乾等照各师例，按九五减列，计减四万四千九百五十四元，其余服装、

续　表

						医药等项均一并在内，列如上数，比较三年计增三十六万五千一百一十元。
	第九十九目　陆军第十四混成旅经费	859,870		859,870		查此目为三年所无。兹据册开八十八万三千五百八十四元，财政部复核照列。并据陆军部说明内称，该旅系由第十师步十九旅暨新募之炮兵组织一切用款拨归福建督军转发等语。经国务会议议决，将饷乾等照各师例减二万三千七百十四元，其余服装、医药等项一并在内，列入上数。
	第一百目　河南备补兵四营暨巡缉队五营经费	478,700		478,700		查此目为三年所无。兹据册开四十九万二千五百九十五元，财政部复核照列，并据陆军部说明内称，该队经费系拨归河南督军转发等语。经国务会议议决，照各师例核减一万三千八百九十五元，列如上数。

	第一百一目　江西湖口电雷教练所经费	103,217		103,217		查此目为三年所无。兹据册开上数，并声称该所经费系拨归江西督军转发等语，财政部复核照列。
第三项　参谋本部经费		1,312,643	999,930	312,713		
	第一目　参谋本部经费	619,320	600,000	19,320		查此目，据册开上数，比较三年计增一万九千三百二十元，财政部复核照列。
	第二目　陆军大学校经费	147,192	113,580	33,612		查此目三年度核定一十一万三千五百八十三元。兹据册开上数，比较三年计增三万三千六百一十二元，财政部复核照列。
	第三目　测量学校经费	94,894	60,000	34,894		查此目三年度核定六万元，旧五年度定为七万七千一百四十八元。兹据册开上数，比较三年计增三万四千八百九十四元，财政部复核照列。

续 表

	第四目 测量局经费	140,120	84,000	56,120		查此目三年度核定八万四千元，旧五年度定为一十三万一千五百八十五元。兹据册开上数，比较三年计增五万六千一百二十元，财政部复核照列。
	第五目 制图局经费	82,850	36,000	46,850		查此目三年度核定三万六千元，旧五年度定为六万九千五百四十八元。兹据册开上数，比较三年计增四万六千八百五十元，财政部复核照列。
	第六目 航空学校经费	123,948	96,000	27,948		查此目，据册开上数，比较三年计增二万七千九百四十八元，财政部复核照列。
	第七目 驻外武国官经费	28,660		28,660		查此目为三年所无，旧五年度定为二十七万三千五百元。兹据册开二十七万八千六百六十元，财政部复核照列，经国务会议议决，核减二十五万元，列如上数。

	第八目　水路测量局经费	17,990	10,350	7,640		查此目三年度核定一万零三百五十元，旧五年度定为一万二千一百六十六元。兹据册开上数，比较三年计增七千六百四十元，财政部复核照列。
	第九目　留学日本陆军大学各员经费	6,240		6,240		查此目为三年所无。兹据册开上数，系六年一月至六月数目，财政部复核照列。
	第十目　飞机队经费	51,429		51,429		说明同前
第四项　陆军训练总监经费		2,339,390	1,324,049	1,015,341		
	第一目　陆军训练总监经费	358,681		358,681		查此目为三年所无，旧五年度定为四十五万三千四百四十八元。此次册开四十五万八千六百八十一元，财政部复核照列，经国务会议议决，核减十万元，列如上数。

续　表

	第二目　军学编辑局经费	155,856		155,856		查此目为三年所无，旧五年度定为二千二百七十八元。兹据册开上数，财政部复核照列。
	第三目　武技术教练所经费	3,036		3,036		查此目为三年所无。兹据册开上数，财政部复核照列。
	第四目　陆军军官学校经费	936,828	690,732	246,096		查此目据册开上数，比较三年计增二十四万六千零九十六元，财政部复核照列。
	第五目　陆军第一预备学校经费	417,009	281,571	135,438		查此目，据册开上数，比较三年计增一十三万五千四百三十八元财政部复核照列。
	第六目　陆军第二预备学校经费	308,567	345,126		36,559	查此目，据册开四十万零八千五百六十七元，财政部复核照列，国务会议亦未核减。嗣据该监声明，将国务会议核减之训练总监临时费十万元改归此款项下减去，故列如上数，比较三年计

						减三万六千五百五十九元。
	第七目　各国留学经费	149,165		149,165		查此目为三年所无。兹据册开上数，财政部复核照列。又查三年度陆军部预算，各学校经费内列有留学经费一十二万元，此次已在第二项第八十三目内列比，故本目不复开列。
	第八目　交通传习所经费	10,248	6,620	3,628		查此目，据册开上数，比较三年计增三千六百二十八元，财政部复核照列。
第五项　督办兵工厂事务经费		5,980,737	1,149,999	4,830,738		
	第一目　督办处经费	33,120		33,120		查此目为三年所无。兹据册开三十九万八千一百二十元，财政部复核照列，经国务会议议决，核减三十六万五千元，列如上数。

续　表

	第二目　扩充制造经费	1,562,050		1,562,050		查此目为三年所无。兹据册开七百一十万零六千零五十元，财政部复核照列，经国务会议议决，核减五百五十四万四千元，列如上数。
	第三目　上海制造局经费	600,000	600,000			
	第四目　汉阳兵工厂经费	878,894		878,894		查此目为三年所无。兹据册开二百零九万八千八百九十四元，财政部复核照列，经国务会议议决，以湖北省表兵工、钢药两厂已列一百二十二万元，此表自应照数减去，以免重复。兹姑将兵工厂数目照数减去，钢药厂仍照原数开列，故如上数。
	第五目　汉阳钢药厂经费	764,010		764,010		说明见前

	第六目　德县兵工厂经费	808,689	549,999	258,690		查此目三年度核定五十四万九千九百九十九元，旧五年度定为八十万零八千六百八十九元。兹据册开仍如上数，比较三年计增二十五万八千六百九十元，财政部复核照列。
	第七目　巩县新兵工厂经费	1,333,974		1,333,974		查此目为三年所无。兹据册开上数，财政部复核照列。
第六项　其他各军事机关经费		8,596,817	8,986,218		389,401	
	第一目　将军府经费	364,223	184,308	179,915		查此目三年度核定一十八万四千三百零八元，旧五年度定为二十四万四千零九十一元。兹据册开上数，比较三年计增一十七万九千九百一十五元，财政部复核照列。

续 表

	第二目 禁卫军经费	2,227,561	2,227,561			查此目，据册开二百九十九万四千七百二十元，财政部复核照列，经国务会议议决，核减七十六万七千一百五十九元，列如上数，比较三年无增减。
	第三目 毅军经费	2,265,611	2,734,927		469,316	查此目，据册开上数，比较三年计减四十六万九千三百一十六元，财政部复核照列。
	第四目 定武军经费	3,494,030	3,494,030			查此目，据册开四百六十八万零九百二十八元，财政部复核照列，经国务会议议决，剔出一百一十八万六千八百九十八元，移入临时门作为裁兵之用，故列如上数，比较三年无增减。
	第五目 长江巡阅使经费	140,000	240,000		100,000	查此目，据册开二十四万元，财政部复核照列，经国务会议议决，核减一十万元，列如上数，比较三年计减一十万元。

	第六目　瓜浦太三分署巡阅经费	20,000	20,000			
	第七目　巡阅使兵轮小轮经费	85,392	85,392			
第七项　各省陆军经费		94,538,730	85,043,419	9,495,311		查此项三年度核定八千五百零四万三千四百一十九元，旧五年度核定八千七百二十一万八千零六十四元。此次改编新五年度预算，财政部复核，根据旧五年度核定原额及核准追加各案，列为八千九百六十四万九千六百六十二元。嗣经陆军部查核，以陕西、湖南、四川、浙江、广东、广西、云南、贵州等省独立之时添募军队，按照旧五年度核定原案所增经费甚多，会同国务院与各该省往返磋商，令其将新募各军赶办收束，未经收束

						以前，所增经费作为特别开支。预算照原定经费开列，各该省仍声请将新增军队经费亦列预算，复由陆军部酌量情形分别缓急，或仍作特别开支，或加入预算改定为九千四百五十三万八千七百三十元，经国务会议议决，照列，比较三年故增九百四十九万五千三百一十一元，所有各项细数及增加理由均详载各省分表之内，不再赘述。
	第一目 京兆陆军费	41,900	41,872	28		
	第二目 直隶陆军费	4,498,869	4,161,069	337,800		
	第三目 奉天陆军费	6,322,516	6,203,276	119,240		
	第四目 吉林陆军费	3,785,804	3,244,205	541,599		

第五目 黑龙江陆军费	2,372,356	2,600,026		227,670
第六目 山东陆军费	5,417,558	4,120,331	1,297,227	
第七目 河南陆军费	5,549,690	4,719,848	829,842	
第八目 山西陆军费	2,933,356	3,171,740		238,384
第九目 江苏陆军费	5,104,849	4,146,800	958,049	
第十目 安徽陆军费	3,775,087	3,765,244	9,843	
第十一目 江西陆军费	2,921,232	2,162,908	758,324	
第十二目 福建陆军费	1,702,559	1,779,537		76,978
第十三目 浙江陆军费	3,881,000	3,275,415	605,585	
第十四目 湖北陆军费	5,052,205	4,803,782	248,423	

续 表

	第十五目 湖南陆军费	3,545,366	3,154,431	390,935		
	第十六目 陕西陆军费	3,632,036	3,523,930	108,106		
	第十七目 甘肃陆军费	1,755,593	1,731,593	24,000		
	第十八目 新疆陆军费	3,404,031	3,398,586	5,445		
	第十九目 四川陆军费	6,050,786	5,233,021	817,765		
	第二十目 广东陆军费	8,157,287	7,495,283	662,004		
	第廿一目 广西陆军费	4,065,188	3,745,168	320,020		
	第廿二目 云南陆军费	4,060,005	3,001,962	1,058,043		
	第廿三目 贵州陆军费	1,824,335	1,205,526	618,809		
	第廿四目 热河陆军费	1,225,351	1,204,791	20,560		

	第廿五目 绥远陆军费	721,027	609,788	111,239		
	第廿六目 察哈尔陆军费	659,077	399,758	259,319		
	第廿七目 川边陆军费	1,560,000	1,560,000			
	第廿八目 阿尔泰陆军费	276,257	298,951		22,694	
	第廿九目 塔尔巴哈台陆军费	113,410	154,578		41,168	
	第三十目 西藏陆军费	130,000	130,000			
共	计	156,606,047	124,800,213	31,805,834		

第五款　　海军部所管　　经常门

项别	目别	五年预计数	三年核定数	比较 增	比较 减	说明
第一项　海军部经费		807,160	412,800	394,360		
	第一目　本部经费	807,160	412,800	394,360		查此目三年核定四十一万二千八百元，旧五年度核定一百零五万三千元，本届据册开一百万零零七千一百六十元，财政部复核，因原报较旧五年数目尚减少四万余元，故照列。现经国务会议议决，核减二十万元，比较三年计增三十九万四千三百六十元。再原册临时门尚有一十八万八千元，财政部复核删除。
第二项　直辖各机关经费		5,945,789	4,329,760	1,616,029		查此项三年度系汇总核定四百三十二万九千七百六十元，旧五年分项核定一千五百五十万零二千六百一十二元，本届据册开各项共八百七十四万

						零五百一十三元，财政部复核比旧五年尚属减少，故照列。现经国务会议议决，共核减二百四十一万三千八百元，核删三十八万零九百二十四元，以总数比较三年计增一百六十一万六千零二十九元。
	第一目　第一舰队司令处经费	81,852				
	第二目　第二舰队司令处经费	81,852				
	第三目　练习舰队司令处经费	186,348				
	第四目　海军总轮机处经费	80,252				查此目原报九万零二百五十二元，财政部复核照列，经国务会议议决，核减一万元，故列如上数。

续　表

	第五目　海军总轮机处附属各机关经费	33,480				
	第六目　海圻军舰经费	147,096				
	第七目　肇和军舰经费	111,216				
	第八目　应瑞军舰经费	111,216				
	第九目　海筹军舰经费	101,652				
	第十目　海容军舰经费	101,652				
	第十一目　海琛军舰经费	101,652				
	第十二目　通济军舰经费	78,588				
	第十三目　镜清军舰经费	48,588				查此目原报七万八千五百八十八元，财政部复核照列，经国务会议议决，核减三万元，故列如上数。

	第十四目 南琛军舰经费	49,560				
	第十五目 飞鹰军舰经费	53,292				
	第十六目 建威军舰经费	48,612				
	第十七目 建安军舰经费	48,612				
	第十八目 福安军舰经费	34,248				
	第十九目 永丰军舰经费	36,648				
	第二十目 永翔军舰经费	36,648				
	第廿一目 江元军舰经费	33,708				
	第廿二目 江亨军舰经费	33,708				
	第廿三目 江利军舰经费	33,708				

续　表

	第廿四目　江贞军舰经费	33,708				
	第廿五目　楚泰军舰经费	33,708				
	第廿六目　楚谦军舰经费	33,708				
	第廿七目　楚豫军舰经费	33,708				
	第廿八目　楚同军舰经费	33,708				
	第廿九目　楚观军舰经费	33,708				
	第三十目　楚有军舰经费	33,708				
	第卅一目　联鲸军舰经费	26,268				
	第卅二目　建康军舰经费	29,736				
	第卅三目　豫章军舰经费	29,736				

第卅四目　同安军舰经费	29,736				
第卅五目　舞凤军舰经费	18,768				
第卅六目　江犀军舰经费	17,832				
第卅七目　江鲲军舰经费	17,832				
第卅八目　湖鹗雷艇经费	13,300				
第卅九目　湖隼雷艇经费	13,300				
第四十目　湖鹏雷艇经费	13,300				
第四十一目　湖鹰雷艇经费	13,300				
第四十二目　辰字雷艇经费	13,984				
第四十三目　宿字雷艇经费	13,984				

续　表

	第四十四目　列字雷艇经费	13,984				
	第四十五目　张字雷艇经费	13,984				
	第四十六目　甘泉军舰经费	11,244				
	第四十七目　永安军舰经费	16,020				
	第四十八目　建中军舰经费	16,020				
	第四十九目　拱辰军舰经费	16,020				
	第五十目　永健军舰经费	45,320				
	第五十一目　永绩军舰经费	45,320				
	第五十二目　烟台练营经费	94,044				
	第五十三目　南京鱼雷营经费	22,960				

第五十四目　吴淞海军医院经费	24,310				
第五十五目　养病所经费	14,400				
第五十六目　烟台海军枪炮练习所经费	17,772				
第五十七目　烟台海军学校经费	85,710				
第五十八目　海军陆战队经费	157,424				查此目原报二十万零九千四百二十四元，财政部复核照列，经国务会议议决，核减五万二千元，故列如上数。
第五十九目　马卫队经费	2,872				查此目原报一万零八百七十二元，财政部复核照列，经国务会议议决，核减八千元，故列如上数。
第六十目　军乐队经费	16,752				

续　表

	第六十一目　福州海军学校经费	57,272				
	第六十二目　福州海军制造学校经费	78,352				
	第六十三目　吴淞海军学校经费	82,484				
	第六十四目　大沽造船所经费	31,338				
	第六十五目　大沽造船所附属飞龙炮船经费	7,863				
	第六十六目　南京雷电学校经费	72,000				
	第六十七目　汇兑费	84,000				查此目原报二十万零四千元，财政部复核照列，经国务会议议决，核减十二万元，故列如上数。

	第六十八目 恤赏费	152,700				查此目原报三十五万二千七百元，财政部复核照列，经国务会议议决，核减二十万元，故列如上数。
	第六十九目 军需费	1,670,000				查此目原报三百一十七万元，财政部复核照列，经国务会议议决,核减一百五十万，故列如上数。
	第七十目 各国留学生监督处经费	27,200				查此目原报六万七千二百元，财政部复核照列，经国务会议议决，核减四万元，故列如上数。
	第七十一目 留学欧美日本各国员生经费	240,080				查此目原报三十四万零零八十元，财政部复核照列，经国务会议议决,核减十万元，故列如上数。
	第七十二目 聘请洋员经费	64,400				查此目原报一十六万四千四百元，财政部复核照列，经国务会议议决,核减十万元，故列如上数。

续　表

	第七十三目　印刷所经费	1,700				查此目原报九千七百元，财政部复核照列，经国务会议议决，核减八千元，故列如上数。
	第七十四目　烟台海军学校扩充经费	54,000				
	第七十五目　福州海军学校扩充经费	40,000				
	第七十六目　江南造船所附设艺徒学校经费	7,932				
	第七十七目　海军医学校暨附属医院补助费	8,200				查此目原报九万六千元，财政部复核照列，经国务会议议决，核减八万七千八百元，故列如上数。
	第七十八目　预备各舰艇堂营署缺人员经费	36,000				

	第七十九目　福建厂坞经费	366,188				
	第八十目　屯煤栈所经费	30,000				查此目原报八万元，财政部复核照列，经国务会议议决，核减五万元，故列如上数。
	第八十一目　福建船政局附设艺徒学校经费	15,864				
	第八十二目　各艇舰人员勤劳加俸经费	16,000				查此目原报三万六千元，财政部复核照列，经国务会议议决，核减二万元，故列如上数。
	第八十三目　编译处经费	4,000				查此目原报一万二千元，财政部复核照列，经国核〔务〕会议议决，核减八十〔千〕元，故列如上数。
	第八十四目　浅水艇十艘经费	22,840				查此目原报一十万零二千八百四十元，财政部复核照列，经国务会议议决，核减八万元，故列如上数。

续　表

第三项　各省海军经费	551,186	60,000	491,186		查海军经费由各省开支者仅直隶、广东两省，直隶海军经常费三年核定六万元，另临时费一万元，广东海军费三年未列预算，由该省自行开支。旧五年度直、粤两省共定经常费五十四万六千一百六十七元，此次改编新五年度预算，财政部照该两省原报数目列为五十五万一千一百八十六元，国务会议无增减，所有各项细数均载各该两省分表之内。
第一目　直隶海军费	60,000	60,000			
第二目　广东海军费	491,186		491,186		
共　计	7,304,135	4,802,560	2,501,575		

第六款　　司法部所管　　经常门

项　别	目　别	五年预计数	三年核定数	比较 增	比较 减	说　明
第一项　司法部经费		324,000	324,000			
	第一目　本部经费	324,000	324,000			
第二项　大理院经费		219,912	192,000	27,912		
	第一目　大理院经费	219,912	192,000	27,912		查此目三年核定一十九万二千元，旧五年核定二十一万九千九百一十二元，本届据原报二十一万九千九百一十二元，与旧五年数目相同，财政部复核照列，经国务会议议决，核减一万元。旋准司法部咨称，此项经费实属无可再减。本部另于临时门列支大理院经费五千元减去，再于直辖各机关临时经费内又认减五千元，以补大理院经常费之不足，仍与国

续　表

						务院协定预算总数，并无出入等语。仍列为廿一万九千九百一十二元，比较三年计增如上数。
第三项　直辖各机关经费		798,764	667,800	80,964		
	第一目　总检察厅经费	74,000	63,600	10,400		查此目三年核定六万三千六百元，旧五年核定六万六千元，本届原报七万八千元，财政部复核照列，经国务会议议决，核减四千元，故列如上数，比较三年计增一万零四百元。
	第二目　京师高等审检厅经费	110,400	99,600	10,800		查此目三年核定上数，旧五年核定一十一万零四百元，本届据册开数目与旧五年相同，财政部复核照列，比较三年计增一万零八百元。

	第三目　地方审检厅经费	300,000	**270,000**	**30,000**		查此目三年核定上数，旧五年核定三十万元，本届据册开数目与旧五年相同，财政部复核照列，比较三年计增三万元。
	第四目　法律编查会经费	60,000	**47,000**	**13,000**		查此目三年核定上数，本届据册开六万元，并说明因筹划整顿，上年核定数不敷开支，故增等语财政部复核照列，比较三年计增一万三千元。
	第五目　京师第一监狱经费	69,600	**52,760**	**16,840**		查此目三年核定上数，本届据册开六万九千六百元，并说明因人犯日增，事务殷繁，上年核定数不敷支用故增等语。财政部复核照列，比较三年计增一万六千八百四十元。
	第六目　京师第二监狱经费	60,000	**44,080**	**15,920**		查此目三年核定上数，本届据册开六万元，并说明因扩收人犯，囚粮日增，上年核定

续　表

						数目不敷甚巨，故增等语。财政部复核照列，比较三年计增一万五千九百二十元。
	第七目　京师分监经费	33,006	23,160	9,846		查此目三年核定上数，旧五年核定三万三千零六元，本届据册开数目与旧五年数目相同，财政部复核照列。比较三年计增九千八百四十六元。
	第八目　清苑监狱经费	55,758	43,600	12,158		查此目三年核定上数，本届据册开五万五千七百五十八元，并说明因人犯日增，囚粮为数甚巨，上年核定数目实不敷用，故增等语。财政部复核照列，比较三年计增一万二千一百五十八元。
	第九目　京师第一看守所经费	24,000	24,000			

	第十目　司法讲习所经费	12,000		12,000		查此目上年未列预算，由该部在司法收入内筹拨，本届据册开九万六千元，财政部复核，以司法收入既未列预算支出，故亦删除。嗣由该部声明，一切扩充费用暨津贴等项为数过巨，司法收入内万难筹拨等语。经国务会议议决，原有经费仍在司法收入项下筹拨，其扩充费用核列一万二千元。
第四项　各省司法经费		7,994,480	6,072,597	1,921,883		查此项三年度核定上数，旧五年度核定六百三十七万九千零九十六元。此次改编新五年度预算，财政部复核列为八百万零一千八百一十四元，经国务会议议决，河南、江苏、福建、浙江、湖北、湖南、云南等七省各有增减，并加入科布多半年，司法经费共列为七百九十九万四千四百八十元，

续　　表

						比较三年，故增一百九十二万一千八百八十三元。惟各省司法经费三年度核定大约分大、中、小省分，至多不得过四十五万元。当时以财政困难暂取收束主义。现在，司法方谋独立，经费自应增加。此次所增之款，多系添设分厅、分庭及将各县兼理司法经费列入，比较三年故增。所有各项细数及增减理由均载各省分表之内，不再赘叙。
	第一目　京兆司法费	39,028	1,050	37,978		
	第二目　直隶司法费	760,236	350,000	410,236		
	第三目　奉天司法费	546,755	450,000	96,755		
	第四目　吉林司法费	400,988	320,000	80,988		

	第五目　黑龙江司法费	185,440	160,000	25,440		
	第六目　山东司法费	349,661	347,938	1,723		
	第七目　河南司法费	400,000	320,000	80,000		
	第八目　山西司法费	387,710	270,000	117,710		
	第九目　江苏司法费	410,000	320,000	90,000		
	第十目　安徽司法费	396,420	129,862	266,558		
	第十一目　江西司法费	329,518	320,000	9,518		
	第十二目　福建司法费	240,000	220,000	20,000		
	第十三目　浙江司法费	755,708	451,280	304,428		
	第十四目　湖北司法费	400,592	344,865	55,727		

续 表

	第十五目 湖南司法费	425,060	350,000	75,060		
	第十六目 陕西司法费	272,442	209,207	63,235		
	第十七目 甘肃司法费	215,554	200,000	15,554		
	第十八目 新疆司法费	99,560	121,303		21,743	
	第十九目 四川司法费	383,984	350,000	33,984		
	第二十目 广东司法费	350,000	350,000			
	第廿一目 广西司法费	106,883	106,883			
	第廿二目 云南司法费	199,012	220,000		20,988	
	第廿三目 贵州司法费	160,855	113,134	47,721		
	第廿四目 热河司法费	101,117	20,000	81,117		

	第廿五目 绥远司法费	21,348	17,544	3,804		
	第廿六目 察哈尔司法费	40,717	3,531	37,186		
	第廿七目 阿尔泰司法费	4,492	6,000		1,508	
	第廿八目 库伦司法费	3,600		3,600		
	第廿九目 乌里雅苏台司法费	3,000		3,000		
	第三十目 恰克图司法费	3,000		3,000		
	第卅一目 科布多司法费	1,800		1,800		
共	计	9,337,156	7,256,397	2,080,759		

第七款　　教育部所管　　经常门

项别	目别	五年预计数	三年核定数	比较 增	比较 减	说明
第一项 教育部经费		465,340	388,200	77,140		
	第一目 本部经费	465,340	388,200	77,140		查此目三年核定四十万元，除学务视察费、编辑审查费另计外，尚余三十八万八千二百元，旧五年度该部支配四十四万三千七百八十七元。兹据册开上数，财政部复核照列，比较三年计增七万七千一百四十元。
第二项 直辖各校经费		1,323,940	917,300	406,640		
	第一目 北京大学经费	444,800	290,000	154,800		查此目三年核定二十九万元，旧五年度该部支配四十一万二千八百元。兹据册开上数，财政部复核照列，比较三年计增一十五万四千八百元。

	第二目　北京政法专门学校经费	95,592	87,000	8,592		查此目三年核定八万七千元，旧五年度该部支配九万五千五百九十二元。兹据册开上数，财政部复核照列，比较三年计增八千五百九十二元。
	第三目　北京医学专门学校附病院经费	98,800	57,000	41,800		查此目三年核定五万七千元，旧五年度该部支配九万五千八百元。兹据册开上数，财政部复核照列，比较三年计增四万一千八百元。
	第四目　北京工业专门学校经费	121,000	113,000	8,000		查此目三年核定一十一万三千元，旧五年度该部支配一十一万八千元。兹据册开上数，财政部复核照列，比较三年计增八千元。
	第五目　北京农业专门学校经费	78,040	50,000	28,040		查此目三年核定五万元，旧五年度该部支配七万五千零四十元。兹据册开上数，财政部复核照列，比较三年计增二万八千零四十元。

续　表

	第六目　北京高等师范暨附中小学校经费	343,950	225,000	118,950		查此目三年核定二十二万五千元，旧五年度该部支配三十三万七千九百五十元。兹据册开上数，财政部复核照列，比较三年计增一十一万八千九百五十元。
	第七目　北京师范学校经费	64,054	42,000	22,054		查此目三年核定四万二千元，旧五年度该部支配六万一千一百六十二元。兹据册开上数，财政部复核照列，比较三年计增二万二千零五十四元。
	第八目　北京女子师范学校经费	73,204	53,300	19,904		查此目三年核定五万三千三百元，旧五年度该部支配六万八千二百零四元。兹据册开上数，财政部复核照列，比较三年计增一万九千九百零四元。
	第九目　美术学校经费	2,500		2,500		查此目三年及旧五年度所无。兹据册开上数，财政部复核照列。

	第十目 南京暨南学校经费	2,000		2,000		查此目为三年及旧五年度所无。兹据册开上数,并据原册说明。现系就旧有南京暨南学校，重行设立为华侨回国就学者之补习学校，计下半年筹办费如上数等语，财政部复核照列。
第三项 分设各机关经费		171,476	97,000	74,476		
	第一目 中央观台经费	49,428	38,000	11,428		查此目三年核定三万八千元，旧五年度该部支配七万九千四百二十八元。本届册开数目与旧五年度相同，财政部复核照列，经国务会议议决，核减三万元,故列如上数。
	第二目 京师学务局经费	44,664	35,000	9,664		查此目三年核定三万五千元，旧五年度该部支配四万三千一百六十四元。兹据册开上数，财政部复核照列，比较三年计增九千六百六十四元。

续　表

	第三目　京师图书馆经费	16,452	10,000	6,452		查此目三年核定一万元，旧五年度该部支配一万六千四百五十二元。本届册开数目与旧五年度相同，财政部复核照列，比较三年计增六千四百五十二元。
	第四目　历史博物馆经费	10,144	8,000	2,144		查此目三年核定八千元，旧五年度该部支配一万零一百四十四元。本届册开数目与旧五年度相同，财政部复核照列，比较三年计增二千一百四十四元。
	第五目　京师通俗图书馆经费	15,540	6,000	9,540		查此目三年核定六千元，旧五年度该部支配一万五千五百四十元。本届册开数目与旧五年度相同，财政部复核照列，比较三年计增九千五百四十元。

	第六目　通俗教育研究会经费	12,000		12,000		查此目为三年所无，旧五年度该部支配一万四千四百元。本届册开数目与旧五年度相同，财政部复核照列，经国务会议议决，核减二千四百元，故列如上数。
	第七目　通俗教育模范讲演所经费	18,448		18,448		查此目为三年所无。旧五年度该部支配一万八千四百四十八元本届册开数目与旧五年度相同，财政部复核照列。
	第八目　学制调查会经费	1,800		1,800		查此目为三年及旧五年度所无。本届据册开上数，财政部复核照列。
	第九目　全国学校成绩展览会经费	3,000		3,000		查此目为三年所无。旧五年度该部支配三千元，本届据册开上数，财政部复核照列。

续　表

第四项　留学经费		297,092	160,000	137,092		查此项三年系汇总核定一十六万元，旧五年度该部支配二十三万八千零九十二元。本届据册开上数，比较三年计增一十三万七千零九十二元，财政部复核照列，各项内不列比较。
	第一目　东西洋各国留学费	248,414				
	第二目　各国留学监督经费	28,678				
	第三目　派库伦恰克图学习生费	20,000				
第五项　补助经费		390,700	250,000	140,700		
	第一目　北京地方学务补助费	367,500	242,000	125,500		查此目三年核定二十四万二千元，旧五年度该部支配三十六万元。本届据册开上数，财政部复核照列，比较三年计增一十二万五千五百元。

	第二目　青岛特别学校补助费	11,200	5,600	5,600		查此目三年核定五千六百元，兹据册开一万一千二百元，计增五千六百元，据称有前欠一万马克在内，财政部复核照列。
	第三目　各种学术会补助费	12,000	2,400	9,600		查此目三年核定二千四百元，旧五年度该部支配三千六百元。本届据册开一万六千八百元，财政部复核照列，经国务会议议决，核减四千八百元，故列如上数。
第六项　附属各项经费		148,590	14,800	133,790		
	第一目　祭祀费	1,250	3,000		1,750	查此目三年核定三千元。兹据册开上数，计减一千七百五十元，财政部复核照列。
	第二目　优良小学奖励金	20,000		20,000		查此目为三年所无。旧五年度该部支配二万元。本届据册开三万五千元，财政部复核，会商该部减去一万五千元，列如上数。

续　　表

	第三目　派欧美日本调查员费	10,900		10,900		查此目为三年所无。旧五年度该部支配二万四千六百元。本届据册开三万六千九百元，财政部复核会商，该部减去一万六千元。复经国务会议议决，核减一万元，故列如上数。
	第四目　派员赴各项万国大会费	3,000		3,000		查此目为三年所无。兹据册开上数，财政部复核照列。
	第五目　学务视查费	79,340	4,000	75,340		查此目三年核定四千元，即在该部经费内。兹据册开上数，计增七万五千三百四十元，财政部复核照列。
	第六目　编辑审查费	34,100	7,800	26,300		查此目三年核定七千八百元，即在该部经费内。兹据册开三万九千一百元，财政部复核照列，国务会议议决，核减五千元，故列如上数。

第七项 各省教育经费		1,636,755	1,133,573	503,182		查各省教育经费三年度核定一百六十六万六千二百四十元，旧五年度连同地方预算核定为一千零三十九万三千三百八十五元。此次改编新五年度预算，国地分列，各省以经费不敷，或请补助，或请增加，财政部复核，国家教育费列为一百六十万零三千三百四十一元。其中有三年度列入国家，而本届剔归地方者概不列比较数目，故本届比较三年度应列增四十六万九千七百六十八元，国务会议议决，无增减。嗣又将部表所列之武昌高等师范暨附属中小学校经费三万三千四百一十四元，改列湖北省表，故总数列为一百六十三万六千七百五十五元，比较三年计增五十万零三千一百八十二元，所有各项

续　表

						细数及增加理由，均载各省分表之内，不再赘述。
	第一目　京兆教育费	81,834	36,000	45,834		
	第二目　直隶教育费	317,779	307,481	10,298		
	第三目　吉林教育费	100,000		100,000		
	第四目　山东教育费	33,729	56,928		23,199	
	第五目　山西教育费	100,000	100,000			
	第六目　江苏教育费	119,602	100,000	19,602		
	第七目　浙江教育费	10,297		10,297		
	第八目　湖北教育费	278,630	175,104	103,526		

	第九目 湖南教育费	80,000	100,000		20,000	
	第十目 陕西教育费	26,736		26,736		
	第十一目 新疆教育费	11,612	24,347		12,735	
	第十二目 四川教育费	130,000	120,000	10,000		
	第十三目 广东教育费	266,928	52,892	214,036		
	第十四目 广西教育费	29,047	23.636	5,411		
	第十五目 热河教育费	19,659	17,185	2,474		
	第十六目 察哈尔教育费	10,958	10,000	958		
	第十七目 川边教育费	9,944		9,944		
	第十八目 西藏教育费	10,000	10,000			
共	计	4,433,893	2,960,873	1,473,020		

第八款　　农商部所管　　经常门

项别	目别	五年预计数	三年核定数	比较 增	比较 减	说明
第一项　农商部经费		703,340	600,000	103,340		
	第一目　本部经费	703,340	600,000	103,340		查此目三年核定六十万元，本届据册报七十万零三千三百四十元,财政部复核照列。嗣准该部函请将林务棉业等处前聘洋员归部留用，应加列薪水二万五千六百元，经国务会议议决，即由原列经费内匀支，不另增加，比较三年计增如上数。
第二项　全国水利局经费		84,000	60,000	24,000		
	第一目　全国水利局经费	60,000	60,000			查此目三年核定六万元，新五年度未据造报。惟前据该局造送六年数目，经常八万七千余元，临时三万二千余元，比较三年计增六万余元。业经

						财政部咨驳在案。此次复核仍照三年核定数开列。
	第二目　江淮水利测量局经费	24,000		24,000		查此目为三年所无。兹据全国水利局咨请列入预算，财政部复核照列。
第三项　筹办全国煤油矿事宜处经费		10,080	36,000		25,920	
	第一目　筹办全国煤油矿事宜处经费	10,080	36,000		25,920	查此目未据册报，财政部复核仍照三年度核定原案，并追加数合并开列四万八千元。嗣准该处咨称，因经费支绌注意收束，年支一万零八十元等语。经国务会议议决照减，故列如上数。
第四项　直辖各机关经费		669,889	238,800	431,089		

续　　表

	第一目　林务处经费	12,848		12,848		查此目为三年所无。嗣经核准追加有案，复于上年十月呈准裁撤。兹据册开七月至十月开支如上数，财政部复核照列。
	第二目　权度制造所经费	100,000	100,000			
	第三目　中央权度检定所经费	24,034		24,034		查此目为三年所无。旧五年度核定一万零六十元。兹据册报上数，财政部复核照列。
	第四目　农林传习所经费	18,000	14,400	3,600		查此目三年核定一万四千四百元，旧五年度核定数目相同。兹据册开一万八千元，财政部复核照列，嗣经国务会议议决，核减六千元。复经该部咨请将应减之数移入商标登录总分局项下并减，故仍列如上数。

	第五目　劝业委员会经费	13,644	10,000	3,644		查此目三年核定一万元，旧五年度核定五万二千元。兹据册开一万三千六百四十四元，财政部复核照列。嗣经国务会议议决，核减八千元，复经该部咨请将应减之数移入商标登录总分局项下并减，故仍列如上数。
	第六目　劝业场经费	9,512	8,000	1,512		查此目三年核定八千元，旧五年度核定数目相同。兹据册开九千五百一十二元，财政部复核照列，比较三年计增如上数。
	第七目　工业试验所经费	19,006		19,006		查此目为三年所无。兹据册报上数，财政部复核照列。
	第八目　商品陈列所经费	19,000		19,000		说明同前

续　表

	第九目　地质调查所经费	68,700	17,000	51,700		查此目三年及旧五年度均核定地质研究所经费一万七千元。兹据册开地质调查所经费如上数，财政部复核照列，比较三年计增五万一千七百元。
	第十目　观测所经费	10,080	8,400	1,680		查此目三年及旧五年度均核定八千四百元。兹据册开一万零零八十元，财政部复核照列，比较三年计增如上数。
	第十一目　中央农事试验场经费	72,676	38,000	34,676		查此目三年核定三万八千元，旧五年度核定五万元。兹据册开九万二千六百七十六元，财政部复核照列。现经国务会议议决，核减二万元，故列如上数，比较三年计增三万四千六百七十六元。

	第十二目　商标登录总分局经费	26,000	20,000	6,000		查此目三年核定二万元，旧五年度核定七万元。兹据册开数目与旧五年度相同，财政部复核照列。嗣经国务会议议决，核减三万元。复经该部咨请将国务会议议决核减之农林传习所经费六千元，劝业委员会经费八千元，一并移入此项内核减计，又减去一万四千元，故列如上数，比较三年，仍增六千元。
	第十三目　第一棉业试验场经费	12,980		12,980		查此目为三年所无。旧五年度核定一万二千九百八十元。兹据册开数目与旧五年度相同，财政部复核照列。
	第十四目　第二棉业试验场经费	12,980		12,980		说明同前

续　表

	第十五目　第三棉业试验场经费	13,460		13,460		查此目为三年所无。旧五年度核定一万三千四百六十元。兹据册开数目与旧五年相同，财政部复核照列。
	第十六目　第一林业试验场经费	37,134	17,000	20,134		查此目三年核定一万七千元，旧五年度核定三万七千一百三十元。兹据册开数目与旧五年度相同，财政部复核照列，比较三年故增二万零一百三十四元。
	第十七目　第二林业试验场经费	11,872		11,872		查此目为三年所无。旧五年度核定一万一千八百七十二元。兹据册开数目与旧五年度相同，财政部复杉照列。
	第十八目　第三林业试验场经费	7,337		7,337		查此目为三年所无。旧五年度核定一万一千二百八十二元。兹据册开七千三百三十七元，比较旧五年尚属减少，财政部复核照列。

	第十九目　第四林业试验场经费	7,337		7,337		查此目为三年及旧五年度所无。兹据册开上数，财政部复核照列。
	第二十目　第一种畜试验场经费	9,264	6,000	3,264		查此目三年核定六千元，旧五年度核定九千一百五十六元。兹据册开上数，财政部复核照列，比较三年计增三千二百六十四元。
	第廿一目　第二种畜试验场经费	19,564		19,564		查此目为三年所无。旧五年度核定一万九千二百零四元。兹据册开上数，财政部复核照列。
	第廿二目　第三种畜试验场经费	17,184		17,184		查此目为三年所无。旧五年度核定一万六千四百七十九元。兹据册开上数，财政部复核照列。
	第廿三目　第一糖业试验场经费	3,595		3,595		查此目为三年所无。旧五年度核定一万三千一百九十元。兹据册开六千五百九十五

续　表

						元，比旧五年度尚属减少，财政部复核照列，现经国务会议议决，核减三千元，故列如上数。
	第廿四目　第二糖业试验场经费	3,595		3,595		说明同前
	第廿五目　第三糖业试验场经费	3,595		3,595		说明同前
	第廿六目　天津权度检定所经费	6,148		6,148		查此目为三年及旧五年度所无。兹据册开一万一千一百四十八元，财政部复核照列。现经国务会议议决，减五千元，故列如上数。
	第廿七目　上海权度检定所经费	6,148		6,148		说明同前
	第廿八目　建筑汉口商场筹备处经费	62,120		62,120		查此目为三年及旧五年度所无。兹据该部声请加入，财政部照列如上数。

	第廿九目　黑龙江梧桐河金矿试验场经费	27,776		27,776		查此目为三年所无。嗣经核准追加有案。兹据册开三万七千七百七十六元。财政部复核照列，现经国务会议议决，核减一万元，故列如上数。
	第三十目　安徽模范种茶场经费	14,300		14,300		查此目为三年所无。嗣经核准追加有案。兹据册开上数，财政部复核照列。
第五项　各省实业经费		1,267,481	770,130	497,351		查各省实业经费三年核定七十七万零一百三十元，旧五年度连同省、地方开支各款在内，核定二百五十五万二千二百六十七元。此次改编新五年度预算，将省、地方各款剔归地方预算，核定国家支出一百二十六万七千四百八十一元，比较三年虽增四十九万七千三百五十一元。惟因各省添设矿务科及大林区办事处，并开埠浚河等

续　表

					项，均为三年所无。此项经费与收入均有关系，中国实业，因财政困难，未能兴办，俟国力稍充仍需扩张，所增经费尚不止此。所有各项细数及增加理由均载各省分表之内，不再赘述。
第一目　京兆实业费	64,276		64,276		
第二目　直隶实业费	27,760	25,000	2,760		
第三目　奉天实业费	108,016	50,116	57,900		
第四目　吉林实业费	42,280	30,000	12,280		
第五目　黑龙江实业费	502,338	373,567	128,771		
第六目　山东实业费	77,119	11,011	66,108		

第七目 河南实业费	21,543	10,719	10,824		
第八目 山西实业费	16,668	4,000	12,668		
第九目 江苏实业费	4,440		4,440		
第十目 安徽实业费	26,030	8,754	17,276		
第十一目 江西实业费	26,238	12,000	14,238		
第十二目 福建实业费	17,644		17,644		
第十三目 浙江实业费	8,360		8,360		
第十四目 湖北实业费	7,200		7,200		
第十五目 湖南实业费	8,780		8,780		
第十六目 陕西实业费	15,384		15,384		

续　表

	第十七目　甘肃实业费	77,410	39,670	37,740		
	第十八目　新疆实业费	4,440	16,000		11,560	
	第十九目　四川实业费	157,875	151,075	6,800		
	第二十目　广东实业费	6,360		6,360		
	第廿一目　广西实业费	4,440		4,440		
	第廿二目　云南实业费	17,848	30,476		12,628	
	第廿三目　贵州实业费	4,440		4,440		
	第廿四目　热河实业费	9,004		9,004		
	第廿五目　察哈尔实业费	9,228	5,382	3,846		
	第廿六目　川边实业费	2,360	2,360			
共	计	2,734,790	1,704,930	1,029,860		

第九款　　交通部所管　　经常门

项别	目别	五年预计数	三年核定数	比较 增	比较 减	说明
第一项　交通部经费		713,692	811,400		97,708	
	第一目　本部经费	713,692	811,400		97,708	查此目三年核定八十一万一千四百元，旧五年核定七十九万一千六百七十六元。兹据册开七十三万六千零零二元，按照三、五两年均属减少，财政部复核照列。现经国务会议议决，又核减二万二千三百一十元，比较三年计减如上数。
第二项　育才经费		415,804	465,280		49,476	
	第一目　学校经费	327,084	361,809		34,725	查此目三年核定三十六万一千八百零九元。兹据册开三十二万七千零八十四元，财政部复核照列，比较三年计减三万四千七百二十五元。

续　表

	第二目　东西洋留学经费	88,720	103,471		14,751	查此目三年核定一十万零三千四百七十一元。兹据册开八万八千七百二十元。财政部复核照列，比较三年计减一万四千七百五十一元。
第三项　各省交通经费		404,110	421,460		17,350	查此项三年核定四十三万二千一百九十四元，旧五年核定四十一万零四百二十一元，此次改编新五年度预算，财政部核列上数，国务会议议决，并无增减。惟查各省交通费系台站、文报、邮电等项，本非交通、行政，财政部系按照各省处原报册内开列交通部所管项下。故仍按原册分别经常、临时列为交通经费，计如上数。再此表所列三年数目，因有五年所无款项剔除未列，故与前项说明数目不同。

	第一目　直隶交通费	15,554	10,735	4,819		
	第二目　黑龙江交通费	5,760	50,000		44,240	
	第三目　河南交通费	69,720	69,720			
	第四目　甘肃交通费	54,889	72,913		18,024	
	第五目　新疆交通费	97,810	94,376	3,434		
	第六目　广西交通费	72,000	72,000			
	第七目　热河交通费	1,716	1,716			
	第八目　绥远交通费	4,261		4,261		
	第九目　察哈尔交通费	8,069		8,069		
	第十目　川边交通费	32,286		32,286		

续　　表

	第十一目　阿尔泰交通费	2,045	10,000		7,955	
	第十二目　西藏交通费	40,000	40,000			
共	计	1,533,606	1,698,140		164,534	

第十款　蒙藏院所管　经常门

项　别	目　别	五年预计数	三年核定数	比较 增	比较 减	说　明
第一项　蒙藏院经费		247,976	246,264	1,712		
	第一目　本院经费	247,976	246,264	1,712		查此目三年列如上数，五年下半年原定一十二万二千九百七十六元，六年原报二十六万五千一百五十二元，本部咨商该院核减。旋准复称各员进等、进级及学习员薪津均系新发生之款目，不能不列预算等语。财

						政部复核所增之数，究属太巨，仍酌量核减，应支一十二万五千元，合计列如上数，比较三年故增。
第二项　直辖各机关经费		41,988	42,000		12	
	第一目　蒙藏学校经费	24,000	24,000			查此目系照五、六两年数目折半编列，比较三年无增减。
	第二目　蒙藏回白话官报经费	12,000	12,000			说明同前
	第三目　蒙藏招待所经费	5,988	6,000		12	查此目五年下半年二千九百八十八元，六年上半年三千元，合计列如上数，比较三年故减。
第三项　附属各项经费		764,252	654,693	99,559		

续　表

	第一目　王公廪饩口粮俸银俸米赏项	623,796	477,106	146,690		查此目五年数目五十三万零九百九十六元。嗣经该院陆续追加七万三千余元。惟追加之数系四、五个月，以至十余个月不等。六年原报六十二万三千七百九十六元，财政部复核即照此数作为新年度数目，比较三年故增。
	第二目　喇嘛经费	**129,813**	**176,944**		47,131	查此目五年数目一十二万七千六百六十三元。嗣经该院陆续追加二千三百余元，六年原报一十二万九千八百一十三元，财政部复核，即照六年原报数目编列，比较三年故减。
	第三目　倒马价	643	643			查此目系照五、六两年数目折半编列，比较三年无增减。
共	计	1,044,216	942,957	101,259		

民国五年度各部主管国家岁出预计书（临时门）

第一款　　外交部所管　　临时门

项别	目别	五年预计数	三年核定数	比较 增	比较 减	说明
第一项　外交部经费		192,636		192,636		
	第一目　本部经费	192,636		192,636		查此目三年并列在经常费内，旧五年度由该部提出改列临时门，核定二十二万九千二百七十二元。新五年度，即以核定五年下半年一十一万四千六百三十六元及原报六年上半年一十万零八千元，列为二十二万二千六百三十六元，经国务会议议决，核减三万元，故如上数。
第二项　出使经费		484,430		484,430		
	第一目　各使馆领署另款	484,430		484,430		查此目三年并列在经常费内，旧五年由该部提出改列临时门，核定五十六万零七百

续　表

						元。新五年度，即以核定五年下半年二十八万零三百五十元及原报六年上半年二十七万四千零八十元，列为五十五万四千四百三十元，经国务会议议决，核减七万元，故如上数。
第三项　直辖各机关经费		1,128,950		1,128,950		
	第一目　俄文专修馆经费	1,110		1,110		查此目为三年所无。兹照五、六两年数目折半编列。
	第二目　清华学校经费	1,127,840		1,127,840		查此目为三年所无。兹照五年下半年三十万零三千三百四十元及六年上半年预备设立大学八十二万四千五百元，合计列如上数。惟原报列作特别会计，财政部复核以与特别会计性质不同，故仍列外交部所管总表内。

第四项 各省外交经费		40,770	18,039	22,731		查此项三年核定一万八千零三十九元，旧五年度核定三万五千零五十九元。此次改编新五年度预算，财政部复核列为四万五千七百七十元，经国务会议议决，核减浙江临时交涉费五千元，故列如上数。
	第一目 奉天外交费	5,940		5,940		
	第二目 河南外交费	16,930	16,219	711		查此目因有鸡公山房租，并估工火车费一万四千九百三十元，并列在内，故共计如上数。
	第三目 福建外交费	1,000		1,000		
	第四目 浙江外交费	1,896		1,896		
	第五目 甘肃外交费	10,000		10,000		查此目系教堂赔偿费

续　表

	第六目　广东外交费	2,184	1,820	364		
	第七目　察哈尔外交费	300		300		
	第八目　塔尔巴哈台外交费	2,520		2,520		
共	计	1,846,786	18,039	1,828,747		

第二款　内务部所管　临时门

项　别	目　别	五年预计数	三年核定数	比较 增	比较 减	说　明
第一项　内务部经费		108,000		108,000		
	第一目　本部临时经费	108,000		108,000		查此目为三年所无。旧五年度核定及呈准追加数目共一十四万二千零九十六元。兹据册开奖章费一万元，特别费一十五万零八百元，共一十六万零

						八百元。财政部复核删去借款利息三万八千元。复经国务会议议决，删除国际侦探四万四千元，化验室开办费五千元，古物保存所开办费三千八百元，借款息金仍旧照列，故如上数。
第二项　步军统领衙门经费		4,000		4,000		
	第一目　步军统领衙门恤金	4,000		4,000		查此目为三年所无，旧五年度核定四千元，本届册开数目与旧五年度相符，财政部复核照列。
第三项　直辖各机关经费		399,476	130,000	269,476		
	第一目　京师警察厅经费	370,000	130,000	240,000		查此目三年核定一十三万元，旧五年度核定及呈准追加数共三十八万元。兹据册开数目与旧五年度相符，财政部复核照列，经国务会议议决，核减

续　表

						四万元，复由该厅声请，仍照原列数目办理。又经国务会议议决，准减一万元，故列如上数，比较三年计增三十四万元。
	第二目　地方警察传习所经费	8,000		8,000		查此目为三年所无。兹据册开上数，财政部复核照列。
	第三目　警官高等学校经费	8,676		8,676		说明同前
	第四目　游民习艺所经费	12,800		12,800		查此目为三年所无。兹据册开一万七千八百元，财政部复核照列，经国务会议议决，核减五千元，故列如上数。
第四项　祀典经费		8,772	19,744		10,972	
	第一目　乐舞筹备处经费	8,772	19,744		10,972	查此目三年核定一万九千七百四十四元，系列经常门内。兹据册开上数，并声明至五年十二月停办，经

						费按六个月概算等语。财政部复核照列。
第五项　附属各项经费		759,470		759,470		
	第一目　堵筑永定河漫口及善后经费	270,100		270,100		查此目为三年所无。该部预算亦未开列，财政部查照实支之数编列。
	第二目　资遣上海党人经费	200,000		200,000		查此目为三年所无。该部预算亦未开列，财政部查照实支之数编列。
	第三目　各省水灾赈款	175,000		175,000		查此目为三年所无。该部预算亦未开列，财政部查照实支数目，京兆五万元，江苏八万元，安徽四万元，湖南五千元，共列如上数。
	第四目　各项丧葬费	40,000		40,000		查此目为三年所无，该部预算亦未开列，财政部查照实支数目，黄上将二万元、蔡中将二万元，共列如上数。

续　表

	第五目　侦探奖赏费	10,000		10,000		查此目为三年所无。该部预算亦未开列，财政部查照吉林实支之数编列。
	第六目　京师平粜费	50,000		50,000		查此目为三年所无。该部预算亦未开列，财政部查照实支之数编列。
	第七目　筹备国会事务局两院开办费	14,370		14,370		查此目为三年所无。该部预算亦未开列，财政部查照实支之数编列。
第六项　各省内务经费		1,838,052	380,153	1,457,899		查此项三年度核定三十八万零一百五十三元，旧五年度核定一百七十八万零三百五十六元。此次改编新五年度预算，财政部复核列为一百六十七万三千一百四十八元，经国务会议议决，核减五十万零九十六元，加入福建警察官吏恤金五千元，并将经常门江苏省白军清乡经费六十六万元改列临

						时门，故列为一百八十三万八千零五十二元，比较三年计增如上数。
	第一目　京兆内务费	1,200		1,200		
	第二目　直隶内务费	104,424	53,760	50,664		
	第三目　吉林内务费	6,000	2,000	4,000		
	第四目　黑龙江内务费	38,000		38,000		
	第五目　山东内务费	55,306		55,306		
	第六目　河南内务费	31,047	75,893		44,846	
	第七目　山西内务费	3,000		3,000		
	第八目　江苏内务费	745,000	60,000	685,000		查此目因原列经常门内，白军清乡经费等项改列临时门内，故增。

续　表

	第九目　安徽内务费	10,000	10,000			
	第十目　江西内务费	43,500	42,000	1,500		
	第十一目　福建内务费	35,000		35,000		
	第十二目　浙江内务费	81,100		81,100		
	第十三目　湖北内务费	47,923		47,923		
	第十四目　湖南内务费	15,000		15,000		
	第十五目　陕西内务费	84		84		
	第十六目　甘肃内务费	6,440		6,440		
	第十七目　四川内务费	1,200		1,200		

	第十八目 广东内务费	539,034	136,500	402,534		查此目因增加堤岸营造费四十万元，并经财政部将原列经常门内禁烟经费、防疫经费两项改列临时门，故增。
	第十九目 广西内务费	30,115		30,115		
	第二十目 热河内务费	3,000		3,000		
	第廿一目 绥远内务费	1,511		1,511		
	第廿二目 川边内务费	37,600		37,600		
	第廿三目 塔尔巴哈台内务费	2,568		2,568		
共	计	3,117,770	529,897	2,587,873		

第三款　　财政部所管　　临时门

项别	目别	五年预计数	三年核定数	比较 增	比较 减	说明
第一项 国务院经费		126,396		126,396		
	第一目 国务院经费	87,900		87,900		查此目为三年所无。惟政事堂自五年五月改组国务院，全年临时费应支八万七千九百元。兹据册开九万一千四百元，较应支数计增三千五百元，财政部复核，仍照应支数开列。
	第二目 铨叙局经费	4,656		4,656		查此目为三年所无。嗣经核准追加六千零六十元。兹查照五、六两年数目折半开列如上数。
	第三目 印铸局经费	924		924		查此目为三年所无。旧五年度核定一千零八元。自六年起，又分为普通预算与特别会计预算两种，除特别会计另行核办外，普通预算连经常并计，

						应以五年实支数为标准，财政部复核五年下半年列五百零四元，六年上半年列四百二十元，共列如上数。
	第四目　铨叙局文官考试事务处经费	32,916		32,916		查此目为三年所无。兹据铨叙局资送预算书，并声称文官普通考试展期至明年三月举行。由局切实预算三万二千九百一十六元，呈奉总理核定等语，财政部复核照列。
第二项　国会经费		172,000		172,000		
	第一目　参议院经费	72,000		72,000		查此目为三年所无。财政部查照原册内所列预备费全数划出，作为临时费如上数。
	第二目　众议院经费	100,000		100,000		查此目为三年所无。财政部查照原册内所列预备费全数划出，作为临时费如上。

续　表

第三项　财政部经费		191,600		191,600		
	第一目　本部经费	191,600		191,600		查此目三年未列，旧五年度核定七万七千六百元。此次所列数目电报费居其大半。查本部电报费向由交通部记帐、惟历年积欠甚多，迭准该部催偿。兹约计十万元，列入预算，将来国库能否照拨，俟决算案内办理。又旅费一项如检查、征收、清理官产、考查金融等项，所需甚巨。兹酌定为六万元，连同其他各项，故列如上数。
第四项　附属各项经费		734,708		734,708		
	第一目　驻外财政员房租	4,000		4,000		查此目为三年所无。嗣查该处房租全年英金四百镑，兹姑照每镑十二元计算，列四千八百元。经国务会议议决，每镑暂按十

						元计算，核减八百元，列如上数。
	第二目　补助汉口造纸厂经费	83,028		83,028		查此目三年未列预算，旧五年度核定八万三千零二十八元。本届仍照旧五年度数目开列。
	第三目　新华储蓄银行拨款	620,000		620.000		查此目为三年所无。兹据该行呈报六年奖金及开签等费六十万元。又经费二万元，财政部复核照列。
	第四目　宪法起草委员会制造勋章费	2,000		2,000		查此目为三年所无。财政部查照实支之数开列。
	第五目　补还外交部汽车价	5,680		5,680		查此目为三年所无。财政部查照实支之数开列。
	第六目　各机关官吏恤金	20,000		20,000		查此目为三年所无。惟查各官吏恤金事所恒有，本年七月以后，已支出六千余元，兹约计全年列如上数。

续　表

第五项　在京各机关经费		77,931	41,148	36,783		
	第一目　审计院经费	3,600		3,600		查此目为三年所无。旧五年度核定四千八百元，此次查照五、六两年数目，折半开列，仍为四千八百元，经国务会议议决核减一千二百元，列如上数。
	第二目　平政院经费	3,600		3,600		查此目为三年度所无。旧五年度核定八千四百元，此次查照五、六两年数目，折半开列，仍为八千四百元，经国务会议议决核减四千八百元，列如上数。
	第三目　清史馆经费	1,200		1,200		查此目为三年所无，旧五年度核定一千二百元。兹查照五、六两年数目，折半开列，仍如上数。

	第四目　全国烟酒事务署经费	15,200		15,200		查此目系烟酒公卖局改设。兹据册开上数，财政部复核照列。惟该机关为三年所无，故不列比较。
	第五目　文官甄用委员会经费	4,331		4,331		查此目系五年七月至九月临时追加数目，财政部复核照列。
	第六目　内国公债局经费	50,000	41,148	8,852		查此目三年核定四万一千一百四十八元。此次预算未据造报。兹据该局补送册开六万四千一百三十六元，经国务会议议决准支五万元，比较三年计增八千八百五十二元，故列如上数。
第六项　补助及赔偿经费		292,333		292,333		
	第一目　中美轮船公司补助费	50,000		50,000		查此目三年所无。嗣经本部会同农商部、交通部暨税务处呈准，并声明自该轮船到关纳钞之日起扣足一年，由部提给补助金五万

续　表

						元，以三年为限等语。此次照案开列。
	第二目　日本法政学校补助费	8,000		8,000		查此目为三年所无。财政部查系奉准之款，自五年十一月起支，八个月应支八千元，列入教育部所管表内，经国务会议议决改列财政部所管项下，如上数。
	第三目　赔偿招商局新裕恤款及租金	234,333		234,333		查此目为三年所无。财政部查照实支之数列入交通部所管表内，经国务会议议决改列财政部所管项下，如上数。
第七项　中央直接收入征收经费		2,209,911		2,209,911		
	第一目　各省区清理官产经费	1,089,911		1,089,911		查此目原列一百五十五万七千零一十六元，经国务会议核减十分之三，计减四十六万七千一百零五元，列如上数。

	第二目 筹办制烟工厂特别临时经费	1,120,000		1,120,000		查此目原列筹办烟酒各厂经费二百万元，经国务会议议决酒厂尚未开办应减八十八万元，只列烟厂经费如上数。
第八项 盐务经费		618,079	803,703		185,624	查此项三年核定八十万零三千七百零三元。兹据册开九十八万三千一百一十元，经国务会议核减十万元。复由盐务署自行匀配，连同经常门应减之数，共减三十六万五千零三十一元，故列如上数，比较三年计减一十八万五千六百二十四元。
	第一目 盐务临时费	618,079	803,703		185,624	
第九项 各关经费		49,105		49,105		
	第一目 海关监督署经费	18,443		18,443		

续　表

	第二目　税务处经费	2,250		2,250		
	第三目　常关经费	28,412		28,412		
第十项　债款		142,244,888	98,564,793	43,680,095		
	第一目　外债	128,297,814	79,799,203	48,498,611		
	第二目　内债	13,947,074	18,765,590		4,818,516	
第十一项　预备金		10,000,000		10,000,000		
	第一目　第一预备金	5,000,000		5,000,000		查此目原列一千万元，经国务会议议决核减五百万元。列如上数。
	第二目　第二预备金	5,000,000		5,000,000		说明同前
第十二项　银行股本		5,000,000		5,000,000		
	第一目　中国银行股本	5,000,000		5,000,000		查此目原列一千万元，经国务会议核减五百万元，列如上数。

第十三项 各省财政经费		680,682	69,034	611,648		查此项三年度核定六万九千零三十四元，旧五年度核定五万零九百八十一元。此次改编新五年度预算，财政部复核列为四十七万八千三百二十元，经国务会议议决核减六万七千元。复由财政部将经常门改列临时二十六万九千三百六十二元，故列为六十八万零六百八十二元，比较三年计增如上数。其中江苏、江西两省系有债款及应付利息在内，故为数较巨。所有各项细数及增减理由均载各省分表内，本表不再赘叙。
	第一目 黑龙江财政费	10,000	8,424	1,576		
	第二目 山东财政费	12,000	12,000	12,000		

续　表

	第三目　河南财政费	7,895	7,895			
	第四目　江苏财政费	158,900		158,900		查此目内，有中英公司及各银行利息十五万余元，故共计如上数。
	第五目　江西财政费	314,908	8,500	306,408		查此目内有归还公债及债款息金共三十万余元，故共计如上数。
	第六目　浙江财政费	36,000		36,000		
	第七目　甘肃财政费	55,000		55,000		
	第八目　新疆财政费	11,821		11,821		
	第九目　广东财政费	64,037	44,215	19,822		
	第十目　广西财政费	10,000		10,000		
	第十一目　塔尔巴哈台财政费	121		121		
共	计	162,397,633	99,478,678	62,918,955		

第四款　　陆军部所管　　临时门

项别	目别	五年预计数	三年核定数	比较 增	比较 减	说明
第一项　陆军部经费		64,320		64,320		
	第一目　本部经费	64,320		64,320		查此目为三年所无。兹据册开上数，财政部复核照列。
第二项　直辖各机关经费		5,918,051	356,284	561,767		
	第一目　各师移防剿匪经费	1,000,000		1,000,000		查此目为三年所无。兹据册开三百万元，财政部复核照列，经国务会议议决从减开列，计减二百万元，列如上数。
	第二目　修浚川鄂滩险经费	200,000		200,000		查此目为三年所无。兹据册开上数。财政部复核照列。
	第三目　技术队经费	98,707	78,183	20,524		查此目三年列经常门。兹据册开上数，并声称该队预算系列至本年年底止等语。比较三年计增二万零五百

续　表

						二十四元。财政部复核列入临时门。
	第四目　第四混成旅经费	420,269		420,269		查此目为三年所无。兹据册开上数，并声称该旅预算系列至本年年底止等语。财政部复核照列。
	第五目　行军总司令部及卫队经费	782,856		782,856		查此目为三年所无。兹据册开上数，并声称该司令部及卫队正议改编，所有预算系按现在应支之数列入等语。财政部复核照列。
	第六目　经多剿匪司令经费	57,520		57,520		查此目为三年所无。兹据册开上数。财政部复核照列。
	第七目　东西蒙宣抚使经费	50,846		50,846		查此目为三年所无。兹据册开上数，并声称该使经费系按四个月计算等语。财政部复核照列。
	第八目　湖北省防一、二两团经费	436,544		436,544		查此目为三年所无。兹据册开上数。财政部复核照列。

	第九目　京兆地方营汛副指挥使经费	63,513		**63,513**		查此目为三年所无。兹据册开上数，并声称该使于五年十月底裁撤，所有退伍恩饷暨旅费等项均归入军事杂支内开支等语。财政部复核照列。
	第十目　第七师补充旅经费	430,574		**430,574**		查此目为三年所无。此次原列经常门，据册开四十六万九千七百一十七元，财政部复核照列。嗣据陆军部说明内称，该旅自六年一月起，每月收缩六分之一，至六年六月止，全数减尽，除服装、医药等仍由经常门各专款支给不另划分外，统计应需四十三万零五百七十四元等语。经国务会议议决，改列临时门，并照减三万九千一百四十三元，列如上数。

续　表

	第十一目　第三师补充旅经费	504,992		504,992		查此目为三年所无。此次原列经常门，如上数，财政部复核照列。并据陆军部说明内称，同第七师补充旅等语。经国务会议议决改列临时门。
	第十二目　第七师独立团经费	73,352		73,352		查此目为三年所无。此次原列经常门。据册开二十九万三千四百零七元，财政部复核照列。嗣据陆军部说明内称，该团于五年十月改编工辎等。各营归并第七师内，除服装、医药等仍由经常门各专款内支给不另划分外，其五年七月至九月计需七万三千三百五十二元等语。经国务会议议决改列临时门，并照减二十二万零零五十五元，列如上数。

	第十三目　第十六混成旅经费	691,615	278,101	413,514		查此目三年核定十五十六两混成旅，三个月数目二十七万八千一百零一元。兹据册开经常门如上数，并声称该旅于五年九月起拨归陆军部直辖。现拟分期裁汰，除服装、医药等仍由经常门各专款内支给不另划分外，统计十个月应支上数等语。财政部复核照列，经国务会议议决改列临时门。
	第十四目　模范团经费	414,593		414,593		查此目为三年所无。此次原列经常门，据册开上数，并声称该团俟毕业后拟即停办，除服装、医药等仍由经常门各专款内支给不另划分外，全年应支上数等语。财政部复核照列，经国务会议议决改列临时门。

续　　表

	第十五目　新编陆军督练处经费	176,682		176,682		查此目为三年所无。此次原列经常门，据册开上数，并声称该处拟裁撤，除服装、医药等仍由经常门内各专款支给外，计全年应支上数等语。财政部复核照列，经国务会议议决改列临时门。
	第十六目　高等军事审判处经费	35,988		35,988		查此目为三年所无。此次原列经常门据册开上数，财政部复核照列，经国务会议议决改列临时门。
	第十七目　驻岳司令部经费	480,000		480,000		说明同前
第三项　参谋本部经费		673,559	200,000	473,559		查此项三年系汇总核定二十万元，旧五年度共定为四十五万五千八百八十一元。兹据册开各项共八十万零三千五百五十九元，财政部复核照列，经国务会议议决核减一十三万元，列如上数，比较三年计增四十七

						万三千五百五十九元。
	第一目 参谋本部经费	117,290				查此目据册开一十四万七千二百九十元，财政部复核照列，经国务会议核减三万元，列如上数，三年核定未分项目，故不列比较。
	第二目 陆军大学校经费	30,000				查此目据册开上数，财政部复核照列，三年核定未分项目，故不列比较。
	第三目 测量学校经费	42,820				说明同前
	第四目 测量局经费	164,325				说明同前
	第五目 制图局经费	27,695				说明同前
	第六目 航空学校经费	70,520				说明同前

续　表

	第七目　驻外国武官经费	7,500				查此目据册开一十万零七千五百元，财政部复核照列，经国务会议核减十万元，列如上数，三年核定，未分项目，故不列比较。
	第八目　水路测量局经费	10,694				查此目据册开上数，财政部复核照列，三年核定未分项目，故不列比较。
	第九目　验潮所经费	9,000				说明同前
	第十目　留学日本陆大学各员经费	2,750				查此目据册开上数，系六年一月至六月数目，财政部复核照列。
	第十一目　飞机队经费	190,965				说明同前
第四项　陆军训练监督经费		110,000		110,000		
	第一目　陆军训练总监经费	110,000		110,000		查此目为三年所无。旧五年度定为四千元。兹据册开上数，财政部复核照列。

第五项 其他各军事机关经费		1,266,998	125,259	1,141,739		
	第一目 将军府经费	2,400	8,070		5,670	查此目据册开上数，比较三年计减五千六百七十元，财政部复核照列。
	第二目 禁卫军经费	33,333	74,949		41,616	查此目据册开八万三千三百三十三元，财政部复核照列，经国务会议核减五万元，列如上数，比较三年故减。
	第三目 毅军经费	7,345		7,345		查此目为三年所无。兹据册开上数，财政部复核照列。
	第四目 定武军经费	1,223,920	42,240	1,181,680		查此目据册开六万七千零二十二元，财政部复核照列，经国务会议核减三万元。又由经常门移入一百一十八万六千八百九十八元，共列如上数，比较三年故增。

续　　表

第六项　各省陆军经费		2,678,405	1,136,305	1,542,100		查此项三年度核定一百一十三万六千三百零五元，旧五年度核定二百五十七万五千六百九十八元。此项改编新五年度预算，财政部复核将陆军部划归各省开支，候差津贴及各项恤金加入，列为二百九十三万七千三百五十元。复经陆军部查核，有将临时之款改列经常门，定为二百六十七万八千四百零五元，比较三年，故增一百五十四万二千一百元，所有各项细数，详载各省分表。
	第一目　直隶陆军费	141,559		141,559		
	第二目　奉天陆军费	71,938	60,000	11,938		
	第三目　吉林陆军费	10,386	5,000	5,386		

	第四目 黑龙江陆军费	592,760	325,221	267,539	
	第五目 山东陆军费	159,132		159,132	
	第六目 河南陆军费	141,736	24,072	117,664	
	第七目 山西陆军费	147,335		147,335	
	第八目 江苏陆军费	80,164		80,164	
	第九目 安徽陆军费	144,909	80,322	64,587	
	第十目 江西陆军费	97,981	68,623	29,358	
	第十一目 福建陆军费	207,370	100,000	107,370	
	第十二目 浙江陆军费	6,510		6,510	
	第十三目 湖北陆军费	305,185	60,000	245,185	

续　表

	第十四目　陕西陆军费	46,468	50,000		3,532	
	第十五目　甘肃陆军费	75,198		75,198		
	第十六目　新疆陆军费	300		300		
	第十七目　广西陆军费	100,000	200,000		100,000	
	第十八目　云南陆军费	52,976	60,000		7,024	
	第十九目　贵州陆军费	107,557	26,075	81,482		
	第二十目　热河陆军费	25,175	13,392	11,783		
	第廿一目　绥远陆军费	76,904		76,904		
	第廿二目　察哈尔陆军费	430		430		
	第廿三目　川边陆军费	63,600	63,600			

	第廿四目　塔尔巴哈台陆军费	22,832		22,832		
共	计	10,711,333	1,817,848	8,893,485		

第五款　　海军部所管　　临时门

项　别	目　别	五年预计数	三年核定数	比较 增	比较 减	说　明
第一项　直辖各机关经费		687,564		687,564		查此项为三年所无。旧五年列入经常费内，本届改列临时门。据册开三百零四万三千五百六十四元，财政部复核照列，经国务会议议决，共核减一百八十二万五千元，核删五十三万一千元，故共列如上数。
	第一目　第一舰队司令处经费	6,000		6,000		

续　表

	第二目　第二舰队司令处经费	6,000		6,000		
	第三目　练习舰队司令处经费	7,200		7,200		
	第四目　海军总轮机处经费	20,000		20,000		查此目原报十万元，财政部复核照列，经国务会议议决核减八万元，故列如上数。
	第五目　烟台海军学校经费	6,900		6,900		
	第六目　南京海军雷电学校经费	20,000		20,000		查此目原报五万元，财政部复核照列，经国务会议议决核减三万元，故列如上数。
	第七目　南京鱼雷营经费	10,000		10,000		查此目原报一万六千元，财政部复核照列，经国务会议议决核减六千元，故列如上数。
	第八目　吴淞海军学校经费	10,000		10,000		

	第九目 烟台练营经费	6,400		6,400		查此目原报一万四千四百元，财政部复核照列，经国务会议议决核减八千元，故列如上数。
	第十目 海军陆战队经费	8,000		8,000		查此目原报一万八千元，财政部复核照列，经国务会议议决核减一万元，故列如上数。
	第十一目 马卫队经费	6,000		6,000		查此目原报一万二千元，财政部复核照列，经国务会议议决核减六千元，故列如上数。
	第十二目 军乐队经费	4,400		4,400		查此目原报一万四千四百元，财政部复核照列，经国务会议议决核减一万元，故列如上数。
	第十三目 大沽造船所经费	111,210		111,210		
	第十四目 大沽造船所附属飞龙炮船经费	1,124		1,124		查此目原报二千一百二十四元，财政部复核照列，经国务会议议决核减一千元，故列如上数。

续　表

	第十五目　福州海军学校经费	42,000		42,000		查此目原报一十二万二千元，财政部复核照列，经国务会议议决核减八万元，故列如上数。
	第十六目　福州海军制造学校经费	70,000		70,000		查此目原报一十二万元,财政部复核照列,经国务会议议决核减五万元,故列如上数。
	第十七目　烟台海军学校附设各种建筑费	10,000		10,000		查此目原报三十万零一千元，财政部复核照列，经国务会议议决核减二十九万一千元，故列如上数。
	第十八目　福州海军学校附属各种建筑	10,000		10,000		查此目原报一十八万元,财政部复核照列,经国务会议议决核减一十七万元，故列如上数。
	第十九目　派练习舰三艘巡历南洋群岛经费	100,000		100,000		查此目原报四十万元，财政部复核照列，经国务会议议决核减三十万元，故列如上数。

	第二十目 江南造船所附设艺徒学校经费	2,930		**2,930**		
	第廿一目 吴松海军医院经费	2,400		**2,400**		**查此目原报一万零四百元，财政部复核照列，经国务会议议决核减八千元，故列如上数。**
	第廿二目 聘请洋员来华川资费	5,000		**5,000**		**查此目原报二万元，财政部复核照列，经国务会议议决，核减一万五千元，故列如上数。**
	第廿三目 留学生赴各国川资治装费	12,000		**12,000**		**查此目原报一十三万二千元，财政部复核照列，经国务会议议决核减十二万元，故列如上数。**
	第廿四目 留学生回国川资费	13,000		**13,000**		**查此目原报二万三千元，财政部复核照列，经国务会议议决核减一万元，故列如上数。**

续　表

	第廿五目　杨子江公司所造浅水炮舰三艘改造经费	20,000		20,000		
	第廿六目　福建船政局附设艺徒学校经费	2,000		2,000		查此目原报一万二千元,财政部复核照列,经国务会议议决核减一万元,故列如上数。
	第廿七目　烟台海军枪炮练习所经费	5,400		5,400		
	第廿八目　浅水艘造价	169,600		169,600		查此目原报七十八万九千六百元，财政部复核照列，经国务会议议决核减六十二万元，故列如上数。
第二项　附属各项经费		94,846		94,846		
	第一目　巡阅闽粤临时费	32,000		32,000		查此目为三年所无。该部预算亦未开列，财政部查照萨上将巡阅应支之数编列二十万元。现经国务会议议决将萨上将所拨军

						饷另案划扣，只列巡阅经费三万二千元，故核减十六万八千元。
	第二目　经营犬门港经费	40,000		40,000		查此目为三年所无。该部预算亦未开列，财政部查系国务会议议决之件，故列如上数。
	第三目　川路公司大川商轮修理费	22,846		22,846		查此目为三年所无。该部预算亦未开列，财政部查照原案编列计规银一万六千六百七十六两，暂按每两一元三角七分折合银元如上数。
第三项　各省海军经费		65,024	10,000	55,024		查此项三年核定直隶海军临时费一万元，广东海军临时费未列预算，旧五年核定直粤两省海军费一十万零二千七百五十八元。此次改编新五年度预算，财政部复核照该两省原报数目列为一十一万三千零二十四元。现经国务会议议

续　表

						决核减四万八千元，所有各项细数及核减理由均载各省分表之内，不再赘叙。
	第一目　直隶海军费	2,000	10,000		8,000	
	第二目　广东海军费	63,024		63,024		
共	计	847,434	10,000	837,434		

第六款　　司法部所管　　临时门

项　别	目　别	五年预计数	三年核定数	比较 增	比较 减	说　明
第一项　司法部经费		10,000		10,000		
	第一目　本部临时经费	10,000		10,000		查此目为三年所无，旧五年度核定二万元，本届册开仍为二万元，财政部复核照列，经国务会议议决核减一万元，故列如上数。

第二项　直辖各机关经费		10,000		10,000		
	第一目　直辖各机关临时经费	10,000		10,000		查此目为三年所无，旧五年度核定一万元，本届据册开三万元，财政部复核照列，经国务会议议决核减一万五千元。又经司法部自认，减五千元，故列如上数。
第三项　各省司法经费		8,610		8,610		查此项为三年所无。旧五年度核定五千五百七十二元。此次改编新五年度预算，财政部根据各省区原报清册核列上数，国务会议议决无增减。
	第一目　京兆司法费	2,400		2,400		
	第二目　江西司法费	2,410		2,410		
	第三目　四川司法费	800		800		

续　表

	第四目　广西司法费	3,000		3,000		
共	计	28,610		28,610		

第七款　　教育部所管　　临时门

项　别	目　别	五年预计数	三年核定数	比较		说　明
				增	减	
第一项　教育部经费		38,000		38,000		
	第一目　本部经费	8,000		8,000		查此目为三年所无。旧五年度该部支配八千元，本届据册开数目与旧五年相同，财政部复核照列。
	第二目　借款利息	30,000		30,000		查此目原报三万元，财政部复核删除。复经国务会议议决照列如上数。

第二项　直辖各学校经费		341,911		341,911		
	第一目　北京大学校经费	58,619		58,619		查此目为三年所无。旧五年度该部支配四万一千二百三十八元，本届据册开上数，财政部复核照列。
	第二目　北京法政专门学校经费	5,581		5,581		查此目为三年所无。兹据册开上数，财政部复核照列。
	第三目　北京医学专门学校附病院经费	23,440		23,440		查此目为三年所无。旧五年度该部支配九千四百元，本届据册开三万三千四百四十元，财政部复核会商该部减去一万元，列如上数。
	第四目　北京工业专门学校经费	54,017		54,017		查此目为三年所无。旧五年度该部支配三万九千三百三十七元，本届据册开八万四千零一十七元，财政部复核会商该部减去三万元，列如上数。

续　表

	第五目　北京农业专门学校	43,690		43,690		查此目为三年所无。旧五年度该部支配一万一千一百八十元，本届据册开上数，财政部复核照列。
	第六目　北京高等师范暨附属中小学校经费	50,000		50,000		查此目为三年所无。旧五年度该部支配九万元，本届据册开数目与旧五年度相同，财政部复核会商该部减去三万元，复经国务会议议决再减一万元，故列如上数。
	第七目　北京师范学校经费	15,000		15,000		查此目为三年所无。兹据册开二万元，财政部复核照列，经国务会议议决核减五千元，故列如上数。
	第八目　北京女子师范学校经费	26,564		26,564		查此目为三年所无。旧五年度该部支配一万二千九百五十元。兹据册开三万六千五百六十四元，财政部复核照列，经国务会议议决核减一万元，故列如上数。

	第九目　美术学校经费	20,000		20,000		查此目为三年所无。兹据册开三万元，财政部复核会商该部减去一万元，列如上数。
	第十目　南京暨南学校经费	15,000		15,000		查此目为三年所无。兹据册开上数，财政部复核照列。
	第十一目　筹设西北高等师范学校经费	30,000		30,000		查此目为三年所无。该部原报册列第六高等师范学校经费七万元，经财政部复核与该部商定删除。嗣经国务会议议决，拟仍于西北设立高等师范学校一处，增加经费如上数。
第三项　分设各机关经费		112,475		112,475		
	第一目　中央观象台	10,500		10,500		查此目为三年所无。旧五年度该部支配二万三千元，本届据册开二万五千五百元，财政部复核照列，经国务会议议决核减一万五千元，故列如上数。

续 表

	第二目　京师图书馆经费	45,000		45,000		查此目为三年所无。旧五年度该部支配一万元，本届据册开上数，财政部复核照列。
	第三目　历史博物馆经费	6,400		6,400		查此目为三年所无。旧五年度该部支配六千四百元，本届册开数目与旧五年度相同，财政部复核照列。
	第四目　通俗图书馆经费	10,000		10,000		查此目为三年所无。旧五年度该部支配一千六百元，本届据册开一万七千四百元，财政部复核照列，经国务会议议决核减七千四百元，故列如上数。
	第五目　通俗教育研究会经费	1,000		1,000		查此目为三年所无。旧五年度该部支配一千元，本届册开数目与旧五年度相同，财政部复核照列。
	第六目　通俗教育模范讲演所经费	30,075		30,075		查此目为三年所无。旧五年度该部支配一万二千零五十元，本

						届据册开四万八千零七十五元，财政部复核照列，经国务会议议决核减一万八千元，故列如上数。
	第七目　通俗教育讲演传习所经费	9,500		9,500		查此目为三年所无。兹据册开上数，财政部复核照列。
第四项　补助经费		5,000		5,000		
	第一目　北京地方学务补助费	5,000		5,000		查此目为三年所无。兹据册开上数，财政部复核照列。
第五项　各省教育经费		97,557		97,557		
	第一目　江苏教育费	59,854		59,854		
	第二目　湖北教育费	35,500		35,500		此目原列直辖各学校经费之内，说明见省表。
	第三目　广西教育费	2,203		2,203		
共	计	594,943		594,943		

第八款　　农商部所管　　临时门

项别	目别	五年预计数	三年核定数	比较 增	比较 减	说明
第一项　农商部经费		148,000		148,000		
	第一目　本部临时经费	148,000		148,000		查此目为三年所无。旧五年度核定二万元。兹据册开四十四万八千元，财政部复核照列。现经国务会议议决核减三十万元，故列如上数。
第二项　全国水利局经费		4,000		4,000		
	第一目　查勘江苏运河旅费	4,000		4,000		查此目为三年及旧五年度所无。该局预算亦未开列，财政部查照该局副总裁已支之数开列二千元。现经国务会议议决，以查勘旅费不敷，增加二千元，故列如上数。
第三项　直辖各机关经费		182,207		182,207		

	第一目　中央农事试验场经费	8,600		8,600		查此目为三年所无。旧五年度核定一万元，兹据册开一万五千六百元，财政部复核照列。现经国务会议议决，核减七千元，故列如上数。
	第二目　权度制造所经费	28,000		28,000		查此目为三年及五年度所无。兹据册开七万八千元，财政部复核照列。现经国务会议议决核减五万元，故列如上数。
	第三目　工业试验所经费	20,552		20,552		查此目为三年及旧五年度所无。兹据册开四万零五百五十二元，财政部复核照列。现经国务会议议决核减二万元，故列如上数。
	第四目　中央权度检定所经费	6,860		6,860		查此目为三年及旧五年度所无。兹据册开一万二千八百六十元，财政部复核照列。现经国务会议议决核减六千元，故列如上数。

续　表

	第五目　商标登记总分局经费	10,000		10,000		查此目为三年所无，旧五年度核定三万元。兹据册开数目与旧五年度相同，财政部复核照列。现经国务会议议决核减二万元，故列如上数。
	第六目　第一林业试验场经费	9,000		9,000		查此目为三年及旧五年度所无。兹据册开上数，财政部复核照列。
	第七目　第三林业试验场经费	19,000		19,000		说明同前
	第八目　第四林业试验场经费	19,000		19,000		说明同前
	第九目　第一种畜试验场经费	3,875		3,875		说明同前
	第十目　第二种畜试验场经费	11,350		11,350		查此目为三年及旧五年度所无，兹据册开二万一千三百五十元，财政部复核照列。现

						经国务会议议决核减一万元，故列如上数。
	第十一目　第三种畜试验场经费	4,750		4,750		查此目为三年及旧五年度所无。兹据册开上数，财政部复核照列。
	第十二目　第一糖业试验场经费	10,340		10,340		查此目为三年及旧五年度所无。兹据册开一万一千三百四十元，财政部复核照列。现经国务会议议决核减一千元，故列如上数。
	第十三目　第二糖业试验场经费	10,340		10,340		说明同前
	第十四目　第三糖业试验场经费	10,340		10,340		说明同前
	第十五目　天津权度检定所经费	2,500		2,500		查此目为三年及旧五年度所无。兹据册开上数，财政部复核照列。

续　表

	第十六目　上海权度检定所经费	2,500		2,500		说明同前
	第十七目　黑龙江梧桐珂金矿试验场经费	5,200		5,200		查此目为三年所无。兹据册开二万五千二百万，财政部复核照列。现经国务会议议决核减二万元，故列如上数。
第四项　附属各项经费		680,000	80,000	600,000		
	第一目　保息奖励农会经费	80,000	80,000			查此目三年及旧五年度均核定八万元。兹据册开二百六十九万二千元，经与农商部商定，仍照三年核定数编列，减去二百六十一万二千元。
	第二目　劝业银行资本	600,000		600,000		查此目为三年及旧五年度所无。兹据册开二百万元，当经财政部与农商部商定，编列六十二万五千元，计减一百三十七万五千元。现经国务会议

						议决再减二万五千元，故列如上数。
第五项　各省实业经费		265,289	1,920	263,369		
	第一目　奉天实业费	250,607		250,607		查此目系有开浚辽河工程□□在内，为三年所无。
	第二目　黑龙江实业费	4,262		4,262		
	第三目　山东实业费	8,500		8,500		
	第四目　川边实业费	1,920	1,920			
共	计	1,279,496	81,920	1,197,576		

第九款　　交通部所管　　临时门

项别	目别	五年预计数	三年核定数	比较 增	比较 减	说明
第一项　交通部经费		87,382		87,382		
	第一目　本部经费	87,382		87,382		查此目三年并入经常费，旧五年度划归临时门，核定九万三千三百八十二元。兹据册开九万七千三百八十二元，财政部复核照列，经国务会议议决核减一万元，故列如上数。
第二项　育才经费		16,361		16,361		
	第一目　各学校经费	11,410		11,410		查此目为三年所无。旧五年度核定一万一千三百六十十元。兹据册开一万一千四百一十元，财政部复核照列。
	第二目　东西洋留学经费	4,951		4,951		查此目为三年所无。旧五年度核定四千九百五十一元。兹据册

						开数目相符，财政部复核照列。
第三项　各省交通费		13,090		13,090		
	第一目　广西交通费	4,000		4,000		
	第二目　川边交通费	3,090		3,090		
	第三目　库伦交通费	2,400		2,400		
	第四目　乌苏里雅台交通费	1,200		1,200		
	第五目　科布多交通费	1,200		1,200		
	第六目　恰克图交通费	1,200		1,200		
共	计	116,833		116,833		

第十款　　蒙藏院所管　　临时门

项别	目别	五年预计数	三年核定数	比较 增	比较 减	说明
第一项 蒙藏院经费		50,000	50,000			
	第一目 特别费	50,000	50,000			查此目三年核定五万元，五年仅列四万元，六年原报一十三万元，所增太巨，财政部复核酌列六万元。现经国务会议议决核减一万元，故列如上数。
第二项 附属各项经费		44,276		44,276		
	第一目 蒙旗赈款	30,000		30,000		查此目为三年所无。该院预算亦未开列，财政部查绥远蒙旗赈款曾发过三万元，故照数编列。
	第二目 西蒙宣慰经费	4,276		4,276		查此目为三年所无，该院预算未开列，财政部查照实支之款开列。

	第三目　蒙古王公及喇嘛赏品用款	10,000		10,000		查此目为三年所无，该院预算未开列，财政部查照实支之数开列。
共	计	94,276	50,000	44,276		

〔北洋政府财政部档案〕

4. 财政部编：1919 年度国家岁入岁出预算表

（1）1919年度国家预算总案

民国八年度国家预算总案

岁入经常门

第一款　田赋	共	86,845,388元
第一项　地丁		65,812,362元
第二项　漕粮		17,418,170元
第三项　租课		1,971,357元
第四项　杂赋		1,643,499元
第二款　关税	共	93,268,907元
第一项　海关税		73,454,179元
第二项　税司经收常税		6,150,288元
第三项　税司收入		1,413,182元
第四项　常关税		12,093,228元
第五项　监督公署收入		158,030元
第三款　盐款	共	98,815,071元
第一项　盐税		92,318,135元
第二项　官运余利		5,465,661元
第三项　杂款		1,031,275元
第四款　货物税	共	39,224,837元

第一项　货物税		21,876,081元
第二项　厘金		11,589,705元
第三项　百货捐		5,759,051元
第五款　正杂各税	共	29,182,693元
第一项　契税		15,176,724元
第二项　牙税		2,651,441元
第三项　当税。		693,738元
第四项　牲畜税		1,121,527元
第五项　屠宰税		3,431,186元
第六项　茶税		1,941,462元
第七项　糖税		725,834元
第八项　鱼业税		197,193元
第九项　木税		222,164元
第十项　包裹税		19,000元
第十一项　杂税		3,002,424元
第六款　正杂各捐	共	4,332,541元
第一项　货捐		285,279元
第二项　茶捐		432,987元
第三项　船捐		46,069元
第四项　杂捐		3,568,206元
第七款　官业收入	共	2,411,368元

续　表

第一项　官股收入		841,235元
第二项　官办局厂收入		1,552,136元
第三项　官有房地租收入		17,997元
第八款　各省杂收入	共	5,579,263元
第一项　内务收入		223,296元
第二项　财政收入		2,404,902元
第三项　司法收入		1,653,873元
第四项　教育收入		147,790元
第五项　实业收入		840元
第六项　官款收入		849,425元
第七项　杂款收入		299,137元
第九款　中央直接收入	共	47,072,064元
第一项　印花税		8,158,400元
第二项　烟酒公卖费		17,417,990元
第三项　烟酒税		16,510,540元
第四项　烟酒牌照税		2,692,892元
第五项　矿税		2,292,242元
第十款　中央各机关收入	共	3,105,869元
第一项　外交部收入		70,915元
第二项　内务部收入		87,346元
第三项　财政部收入		1,852,482元

第四项　海军部收入		7,416元
第五项　司法部收入		62,500元
第六项　教育部收入		286,378元
第七项　农商部收入		399,136元
第八项　交通部收入		81,696元
第九项　印铸局收入		108,000元
第十项　侨工事务局收入		150,000元

岁入经常门共计409,838,001元

岁入临时门

第一款　田赋	共	3,703,399元
第一项　杂赋		1,285,694元
第二项　附加税		2,417,705元
第二款　关税	共	695,749元
第一项　海关税		587,559元
第二项　税司经收常税		59,295元
第三项　常关税		22,927元
第四项　监督公署收入		25,968元
第三款　货物税	共	26,685元
第一项　罚款		26,685元
第四款　正杂各捐	共	3,911,410元
第一项　饷捐		3,911,410元

续　表

第五款　官业收入	共	31,522元
第一项　官办局厂收入		31,522元
第六款　各省杂收入	共	293,037元
第一项　财政收入		4,105元
第二项　教育收入		2,500元
第三项　实业收入		37,204元
第四项　官款收入		12,631元
第五项　罚款收入		185,237元
第六项　杂款收入		51,360元
第七款　中央直接收入	共	17,451,910元
第一项　各省区官产收入		11,324,410元
第二项　清理沙田收入		6,000,000元
第三项　杂项收入		127,500元
第八款　中央各机关收入	共	3,519,838元
第一项　财政部收入		3,431,200元
第二项　教育部收入		4,600元
第三项　交通部收入		3,938元
第四项　印铸局收入		80,100元
第九款　债款	共	50,948,235元
第一项　退还赔款		948,235元
第二项　内债		50,000,000元

岁入临时门共计　80,581,785元

岁入经常临时总计　490,419,786元

民国八年度国家预算总案

岁出经常门

第一款　各机关经费		共	22,441,350元
	第一项　中央各机关经费		22,441,350元
第二款　外交经费		共	4,807,336元
	第一项　中央外交经费		4,048,428元
	第二项　各省外交经费		758,908元
第三款　内务经费		共	43,279,539元
	第一项　中央内务经费		3,446,932元
	第二项　各省内务经费		39,832,607元
第四款　财政经费		共	39,154,446元
	第一项　中央财政经费		29,519,302元
	第二项　各省财政经费		9,635,144元
第五款　陆军经费		共	129,588,829元
	第一项　中央陆军经费		52,814,744元
	第二项　各省陆军经费		76,774,085元
第六款　海军经费		共	9,194,482元
	第一项　中央海军经费		8,643,296元
	第二项　各省海军经费		551,186元

续　表

第七款　司法经费	共 10,323,124元
第一项　中央司法经费	1,817,191元
第二项　各省司法经费	8,505,933元
第八款　教育经费	共　6,058,723元
第一项　中央教育经费	3,255,270元
第二项　各省教育经费	2,803,453元
第九款　实业经费	共　3,257,050元
第一项　中央实业经费	1,541,800元
第二项　各省实业经费	1,715,250元
第十款　交通经费	共　1,865,586元
第一项　中央交通经费	1,323,747元
第二项　各省实业经费	541,839元
第十一款　蒙藏经费	共　1,318,742元
第一项　中央蒙藏经费	1,109,915元
第二项　各省蒙藏经费	208,827元
岁出经常门共计　271,289,207元	
岁出临时门	
第一款　各机关经费	共　2,748,192元
第一项　中央各机关经费	2,748,192元
第二款　外交经费	共　1,168,555元
第一项　中央外交经费	1,130,106元

第二项　各省外交经费		38,449元
第三款　内务经费	共	4,891,183元
第一项　中央内务经费		2,282,466元
第二项　各省内务经费		2,608,717元
第四款　财政经费	共	8,149,609元
第一项　中央财政经费		6,878,455元
第二项　各省财政经费		1,271,154元
第五款　陆军经费	共	78,243,653元
第一项　中央陆军经费		53,512,245元
第二项　各省陆军经费		24,731,408元
第六款　海军经费	共	185,024元
第一项　中央海军经费		120,000元
第二项　各省海军经费		65,024元
第七款　司法经费	共	6,852元
第一项　各省司法经费		6,852元
第八款　教育经费	共	461,912元
第一项　中央教育经费		301,740元
第二项　各省教育经费		160,172元
第九款　实业经费	共	442,367元
第一项　中央实业经费		410,447元
第二项　各省实业经费		31,920元

续　表

第十款　交通经费	共	163,508元
第一项　中央交通经费		149,218元
第二项　各省交通经费		14,290元
第十一款　蒙藏经费	共	50,000元
第一项　中央蒙藏经费		50,000元
第十二款　債款经费	共	127,962,826元
第一项　債款支出		127,962,826元
岁出临时门共计　224,473,681元		
岁出经常临时总计　495,762,888元		

(2) 1919年度国家岁入预算总表

民国八年度国家岁入田赋预算总表说明书

按田赋一类五年度预算经常、临时部核共列九千零四十七万七千二百四十八元，经国务会议议决，核增五百三十八万元，定为九千五百八十五万七千二百四十八元。本届预算，各省及特别区域有造具八年度清册送部及电报各款数目者，有即以前送七年度册报作为八年度预算者，有未据造册送部者，财政部复核，除已报各处由部逐省按照原册、原电分别核定外，其未据造送清册者，即由部根据五年度预算数目编列，共计列为九千三百二十万零六千三百九十七元。复经国会议决核减二百六十五万七千六百一十元，实定为九千零五十四万八千七百八十七元，比较五年度议定数目计减五百三十万零八千四百六十一元。其减少原因系因五年度国务会议议增之数，各省区多未承认，本届附加税，又议决减半核列，故形减少。然比较五年度部核之数，尚增加七万一千五百三十九元。此次表列五年度比较数目有为五年度所有而本届未据册报收数者，有五年度虽列税目，该省迄未开办而本届请免列者，均行剔除，不再列比。故比较总数，较五年度议定原案略有参差。本类款项名目，各省互有异同，大别约分地丁、漕粮、租课、杂赋、附加税五项。兹为分项逐省标列总数，其分表中名目歧异及分表中分数项开列，而总表中并列为一项者，皆于表内注明，俾易钩稽。至详细项目，仍于各省分表中按照原册开列。其复核增减理由，亦均于分表说明栏内，分别说明，以备查考。此核编八年度各省田赋岁入预算之大概情形也。

第一款　　田赋　　经常门

项别	目别	八年议决数	五年议定数	比较		说明
				增	减	
第一项　地丁		65,812,362	67,104,646		1,292,284	
	第一目　京兆地丁	431,958	531,958		100,000	查此目系分表第一、第三两项合并。
	第二目　直隶地丁	4,949,011	4,072,033	876,978		
	第三目　奉天地丁	3,694,796	3,050,865	643,931		
	第四目　吉林地丁	1,950,135	2,599,457		649,322	查此目系分表第一项
	第五目　黑龙江地丁	1,322,630	1,501,611		178,981	查此目系分表第一项
	第六目　山东地丁	5,665,367	5,703,364		37,997	
	第七目　河南地丁	4,975,616	5,097,337		121,721	
	第八目　山西地丁	5,640,901	5,640,901			查此目系分表第一、第四两项合并。

	第九目　江苏地丁	3,973,422	3,882,000	91,422		
	第十目　安徽地丁	2,432,039	2,432,039			
	第十一目　江西地丁	2,671,752	2,671,752			
	第十二目　福建地丁	3,253,290	2,785,290	450,000		查此目系分表第一、二、三、四、五等合并。
	第十三目　浙江地丁	3,589,445	4,066,947		477,502	
	第十四目　湖北地丁	1,745,339	2,074,248		328,909	
	第十五目　湖南地丁	2,783,652	4,283,652		1,500,000	查此目系分表第一项
	第十六目　陕西地丁	2,420,813	2,420,813			
	第十七目　甘肃地丁	580,296	586,492		6,196	

续　表

	第十八目　新疆地丁	1,154,434	1,101,688	52,746		查此目系分表第一、第二、第十六等项合并。
	第十九目　四川地丁	6,855,445	6,855,445			查此目系分表第一项
	第二十目　广东地丁	2,171,866	2,171,866			
	第廿一目　广西地丁	1,543,500	1,543,500			查此目系分表第一项
	第廿二目　云南地丁	641,801	641,801			
	第廿三目　贵州地丁	739,323	775,042		35,719	查此目系分表第一、二、三等项合并。
	第廿四目　热河地丁	118,767	90,301	28,466		查此目系分表第一项
	第廿五目　绥远地丁	53,891	53,891			查此目系分表第一项
	第廿六目　察哈尔地丁	221,436	220,916	520		查此目系分表第一项

	第廿七目 川边地丁	249,437	249,437			查此目系分表第一项
第二项 漕粮		17,418,170	17,946,494		528,324	
	第一目 直隶漕粮	213,570	247,641		34,071	
	第二目 山东漕粮	2,215,535	2,278,636		63,101	
	第三目 河南漕粮	721,724	1,131,337		409,613	
	第四目 江苏漕粮	4,416,666	4,477,320		60,654	
	第五目 安徽漕粮	1,167,016	1,167,016			
	第六目 江西漕粮	1,527,009	1,527,009			
	第七目 浙江漕粮	2,066,193	2,058,683	7,510		
	第八目 湖北漕粮	861,392	1,023,721		162,329	

续　表

	第九目　陕西漕粮	833,693	833,693			查此目系分表第二项
	第十目　甘肃漕粮	1,362,663	1,168,729	193,934		查此目系分表第三、四、六等项合并。
	第十一目　广东漕粮	1,704,333	1,704,333			查此目系分表第二项
	第十二目　云南漕粮	305,300	305,300			查此目系分表第二项
	第十三目　绥远漕粮	23,076	23,076			查此目系分表第二项
第三项　租课		1,971,357	1,827,419	143,938		
	第一目　京兆租课	230,013	230,013			
	第二目　直隶租课	646,814	561,263	85,551		
	第三目　奉天租课	15,895	12,863	3,032		
	第四目　黑龙江租课	24,369		24,369		查此目系分表第四、第五两项合并。

第五目　山东租课	229,677	209,716	19,961	
第六目　河南租课	10,000	10,000		
第七目　山西租课	9,356	9,356		
第八目　江苏租课	254,074	220,350	33,724	
第九目　安徽租课	23,115	23,115		
第十目　江西租课	12,802	12,802		
第十一目　浙江租课	25,511	55,229		29,718
第十二目　湖北租课	15,058	17,896		2,838
第十三目　湖南租课	18,300	18,300		

续　表

	第十四目　陕西租课	4,160	4,160			
	第十五目　甘肃租课	2,029	1,984	45		查此目系分表第五项
	第十六目　新疆租课	416,219	408,619	7,600		查此目系分表第六、七、八、九、十、十一、十二、十七等项合并。
	第十七目　四川租课	5,949	5,949			
	第十八目　广东租课	13,386	13,386			
	第十九目　热河租课	3,359	3,359			查此目系分表第二项
	第二十目　绥远租课	11,271	9,059	2,212		查此目系分表第三项
第四项　杂赋		1,643,499	1,586,948	56,551		
	第一目　京兆杂赋	24,432	17,432	7,000		查此目系分表第二、五、六等项合并。

第二目　黑龙江杂赋	113,218		113,218		查此目系分表第二、第三两项合并。
第三目　山西杂赋	299,259	299,259			查此目系分表第二、第五两项合并。
第四目　浙江杂赋	10,375	48,464		38,089	查此目系分表第三项
第五目　湖北杂赋	37,968	104,760		66,792	查此目系分表第三项
第六目　陕西杂赋	505,391	505,391			查此目系分表第四、第五两项合并。
第七目　甘肃杂赋	1,456	1,819		363	
第八目　新疆杂赋	369,593	327,299	42,294		查此目系分表第三、四、五、十三、十四、十五等项合并。
第九目　云南杂赋	206,276	206,276			查此目系分表第三项
第十目　绥远杂赋	1,471	1,471			查此目系分表第四项

续　表

	第十一目　察哈尔杂赋	74,060	74,777		717	查此目系分表第二、第三两项合并。
共	计	86,845,388	88,465,507		1,620,119	

第二款　　关税　　经常门

项　别	目　别	八年议决数	五年议定数	比较 增	比较 减	说　明
第一项　关税		93,268,907	73,056,663	20,212,244		查关税另有专表，本届预算总计如上数。其增减理由，均详专表，此表不另说明。
	第一目　海关税	73,454,179	57,770,648	15,683,531		
	第二目　税司经收常税	6,150,288	5,325,436	824,852		
	第三目　税司收入	1,413,182		1,413,182		

	第四目　常关税	12,093,228	9,806,439	2,286,789		
	第五目　监督公署收入	158,030	154,140	3,890		
共	计	93,268,907	73,056,663	20,212,244		

第三款　　盐款　　　经常门

项　别	目　别	八年议决数	五年议定数	比较 增	比较 减	说　明
第一项　盐款		98,815,071	96,767,010	2,048,061		查全国盐款另有专表，本届预算总计如上数。其增减理由均详专表，此表不另说明。
	第一目　盐税	92,318,135	91,921,213	396,922		
	第二目　官运余利	5,465,661	4,479,493	986,168		
	第三目　杂款	1,031,275	366,304	664,971		
共	计	98,815,071	96,767,010	2,048,061		

民国八年度国家岁入货物税预算总表说明书

按货物税一类五年度预算经常、临时，部核共列三千八百四十三万九千四百一十九元，经国务会议议决，核增四百三十万零八百元，定为四千二百七十四万零二百一十九元。本届预算，各省及各特别区域册报未齐，财政部复核，按照各省原定比额及各省最近情形，并参酌五年度议定数目，分别核定，共列为三千九百零六万四千三百九十一元。经国会议决将山西提归中央专款之百货厘十八万七千一百三十一元改列该省预算，实定为三千九百二十五万一千五百二十二元，比较五年度议定数目，计减三百四十八万八千六百九十七元。其减少原因，亦系五年度国务会议议增之款，各省多未承认，然比较五年度部列数目尚增加八十一万二千一百零三元。此次表列五年度比较各数，有为五年度所有而本届未据册报收数者，有五年度原列他款而本届改列本类者，故比较总数较原案略有参差。本类原报均系笼统开列货物税、产销税、统税、统捐、厘金、货捐等名目，并未分晰某项货物税若干，无从细别。勉分为货物税、厘金、百货捐三项，逐省按项分别总数，仍于表内注明，以备查考。至临时门内，只罚款一项，所有增减理由均于各省分表内分别说明。此核编八年度各省货物税岁入预算之大概情形也。

第四款　　货物税　　经常门

项别	目别	八年议决数	五年议定数	比较 增	比较 减	说明
第一项　货物税		21,876,081	24,164,777		2,288,696	
	第一目　吉林货物税	2,026,680	2,006,680	20,000		
	第二目　黑龙江货物税	1,175,992	689,865	486,127		
	第三目　山东货物税	104,000	96,632	7,368		查此目系分表第二、三、四等项合并。
	第四目　江苏货物税	6,177,172	6,355,547		178,375	查此目系分表第一项
	第五目　江西货物税	2,236,977	2,697,026		460,049	查此目系分表第一、第二两项合并。
	第六目　浙江货物税	1,687,934	2,037,934		250,000	查此目系分表第一项
	第七目　湖北货物税	3,223,227	3,853,388		630,161	查此目系分表第一、第二两项合并。
	第八目　湖南货物税	2,352,456	3,065,589		713,133	

续　表

	第九目　甘肃货物税	1,033,259	1,133,259		100,000	查此目系分表第一项
	第十目　新疆货物税	232,197	572,670		340,473	查此目系分表第一项
	第十一目　广西货物税	1,497,647	1,497,647			
	第十二目　热河货物税	128,540	158,540		30,000	查此目系分表第一项
第二项　厘金		11,589,705	12,811,157		1,221,452	
	第一目　直隶厘金	533,936	830,502		296,566	查此目系分表第一、第二两项合并。
	第二目　山东厘金	275,864	320,341		44,477	
	第三目　河南厘金	478,189	558,904		80,715	
	第四目　山西厘金	635,980	922,380		286,400	
	第五目　安徽厘金	1,214,390	1,459,390		245,000	

	第六目　福建厘金	1,430,000	1,555,000		125,000	
	第七目　陕西厘金	1,000,000	1,098,294		98,294	
	第八目　甘肃厘金	272,400	272,400			查此目系分表第二项
	第九目　广东厘金	4,562,179	4,562,179			
	第十目　云南厘金	642,015	642,015			
	第十一目　贵州厘金	472,612	532,612		60,000	查此目系分表第一、二、三、四等项合并。
	第十二目　察哈尔厘金	72,140	57,140	15,000		查此目系分表第一、二、三、四等项合并。
第三项　百货捐		5,759,051	5,734,614	24,437		
	第一目　奉天百货捐	3,120,182	3,420,182		300,000	查此目系分表第一项
	第二目　黑龙江百货捐	1,030,354	675,917	354,437		

续　表

	第三目　河南百货捐	250,513	280,513		30,000	查此目系分表第二项
	第四目　安徽百货捐	538,600	538,600			查此目系分表第一、第三两项合并。
	第五目　四川百货捐	819,402	819,402			查此目系分表第一项
共	计	39,224,837	42,710,548		3,485,711	

民国八年度国家岁入正杂各税预算总表说明书

按正杂各税一类五年度预算经常、临时，部核共列二千二百九十万零二千四百三十二元，经国务会议议决，核增一千一百八十六万六千元，定为三千四百七十六万八千四百三十二元。本届预算，各省及各特别区域册报未齐，财政部复核，或按照原册，或查照五年度预算，或参照六、七两年度数目逐省分别核编，计共列为二千四百八十三万二千三百九十四元。经国会议决将各省矿税一百二十六万四千三百五十二元提归中央专款。又将中央专款契、牙、屠宰、牲畜等税共五百三十五万八千七百七十二元改列各省预算，复核增江苏契税二十五万五千八百七十九元，实定为二千九百一十八万二千六百九十三元，比较五年度议定数目计减五百五十八万五千七百三十五元。其减少原因，亦因五年度国务会议议增之数，各省多不承认，故形锐减。然比较五年度部列之数，仍增加六百二十八万零二百六十一元。此次表列五年度比较数目，有为五年度议增之项而该省未经举办者，有为五年度所有而本届未据册报收数者，有五年原列他类，本届改列本类，亦有五年原列本类，本届划归他类者，表内比较数目，系专就八年所列各款列比，故表末比较总数较原案不免参差。本类各税，以契税收入为最巨，屠宰税、牙税、茶税次之，牲畜税、糖税、当税又次之。至于木税、渔业税、包裹税等项，不能各省皆有，故收数甚微。其余零星杂税，名目既极纷繁，为数亦非甚巨，则统括之于杂税之内，另于表内注明，共有几项合并，以备钩稽。其增减理由均于各省分表内分别说明。此核编八年度正杂各税岁入预算之大概情形也。

第五款　　正杂各税　　经常门

项别	目别	八年议决数	五年议定数	比较 增	比较 减	说明
第一项 契税		15,176,724	15,431,471		254,747	
	第一目 京兆契税	200,000	260,000		60,000	
	第二目 直隶契税	721,806	1,460,076		738,270	
	第三目 奉天契税	1,689,980	1,446,947	243,033		
	第四目 吉林契税	798,071	798,071			
	第五目 黑龙江契税	176,598	218,935		42,337	
	第六目 山东契税	515,379	720,000		204,621	
	第七目 河南契税	1,800,009	1,755,091	44,918		
	第八目 山西契税	394,500	394,500			

第九目 江苏契税	775,879	600,000	175,879		
第十目 安徽契税	400,000	454,371		54,371	
第十一目 江西契税	263,744	263,744			
第十二目 福建契税	388,800	339,861	48,939		
第十三目 浙江契税	514,000	550,000		36,000	
第十四目 湖北契税	1,018,106	1,037,764		19,658	
第十五目 湖南契税	600,000	700,000		100,000	
第十六目 陕西契税	350,000	380,000		30,000	
第十七目 甘肃契税	75,169	113,599		38,430	
第十八目 新疆契税	184,319	220,581		36,262	

续　表

	第十九目　四川契税	2,233,416	2,233,416			
	第二十目　广东契税	1,638,500	1,000,000	638,500		
	第廿一目　云南契税	177,214	177,214			
	第廿二目　贵州契税	189,130	200,000		10,870	
	第廿三目　热河契税	38,304	42,097		3,793	
	第廿四目　绥远契税	9,000	7,000	2,000		
	第廿五目　察哈尔契税	24,800	58,204		33,404	
第二项　牙税		2,651,441	3,347,287		695,846	
	第一目　京兆牙税	110,000	150,000		40,000	
	第二目　直隶牙税	209,329	603,751		394,422	

第三目 奉天牙税	139,834	56,756	83,078		查此目系分表第三项
第四目 吉林牙税	241,800	241,800			
第五目 黑龙江牙税	68,000	150,000		82,000	
第六目 山东牙税	205,744	285,744		80,000	
第七目 河南牙税	400,000	511,513		111,513	
第八目 山西牙税	65,200	55,210		10	
第九目 江苏牙税	471,257	251,257	220,000		
第十目 安徽牙税	154,000	154,000			
第十一目 江西牙税	111,736	30,000	81,736		
第十二目 福建牙税	51,914	60,000		8,086	

续　表

	第十三目　浙江牙税	90,000	200,000		110,000	
	第十四目　湖北牙税	120,262	220,262		100,000	查此目系分表第二项
	第十五目　湖南牙税	102,990	227,904		124,914	查此目系分表第二项
	第十六目　陕西牙税	30,000	50,000		20,000	
	第十七目　甘肃牙税	11,206	21,929		10,723	
	第十八目　新疆牙税	6,033	4,258	1,775		
	第十九目　四川牙税	53,203	53,203			
	第二十目　云南牙税	450	450			
	第廿一目　贵州牙税	2,221	3,000		779	
	第廿二目　热河牙税	2,250	2,250			

	第廿三目 绥远牙税	1,212	1,200	12		
	第廿四目 察哈尔牙税	2,800	2,800			
第三项 当税		693,738	678,608	15,130		
	第一目 京兆当税	6,000	4,000	2,000		
	第二目 直隶当税	18,563	18,563			
	第三目 吉林当税	14,000	14,000			
	第四目 黑龙江当税	849	2,109		1,260	
	第五目 山东当税	49,200	60,000		10,800	
	第六目 河南当税	6,225	6,000	225		
	第七目 山西当税	36,310	36,310			

续 表

	第八目 江苏当税	37,800	2,000	35,800		
	第九目 安徽当税	4,800	4,800			
	第十目 福建当税	50,000	43,867	6,133		
	第十一目 浙江当税	25,000	45,000		20,000	
	第十二目 陕西当税	500	100	400		
	第十三目 甘肃当税	15,079	12,375	2,704		
	第十四目 四川当税	15,621	15,621			
	第十五目 广东当税	403,309	403,309			
	第十六目 云南当税	2,590	2,590			
	第十七目 贵州当税	750	822		72	

	第十八目　热河当税	3,316	3,316			
	第十九目　绥远当税	1,785	1,785			
	第二十目　察哈尔当税	2,041	2,041			
第四项　牲畜税		1,121,527	1,667,437		545,910	
	第一目　奉天牲畜税	468,173	465,864	2,309		
	第二目　山东牲畜税	220,000	600,000		380,000	查此目系分表第三项
	第三目　山西牲畜税	200,000	200,000			查此目系分表第三项
	第四目　安徽牲畜税	50,000		50,000		
	第五目　甘肃牲畜税	80,200	343,960		263,760	查此目系分表第七项
	第六目　新疆牲畜税	50,000		50,000		

续　表

	第七目　热河牲畜税	53,154	57,613		4,459	
第五项　屠宰税		3,431,186	4,386,631		955,445	
	第一目　直隶屠宰税	150,000	300,000		150,000	
	第二目　河南屠宰税	60,000		60,000		
	第三目　山西屠宰税	20,000	100,000		80,000	
	第四目　江苏屠宰税	240,000	600,000		360,000	
	第五目　安徽屠宰税	100,000	200,000		100,000	
	第六目　江西屠宰税	150,000	150,000			
	第七目　福建屠宰税	300,000	500,000		200,000	
	第八目　浙江屠宰税	240,000	300,000		60,000	

	第九目　湖北屠宰税	252,766	300,400		47,634	
	第十目　四川屠宰税	1,400,000	1,400,000			
	第十一目　广东屠宰税	300,000	300,000			
	第十二目　云南屠宰税	50,000	50,000			
	第十三目　贵州屠宰税	98,768	112,068		13,300	
	第十四目　热河屠宰税	15,379	10,800	4,579		
	第十五目　绥远屠宰税	45,910	45,000	910		
	第十六目　察哈尔屠宰税	8,363	18,363		10,000	
第六项　茶税		1,941,462	2,517,583		576,121	
	第一目　安徽茶税	660,000	700,000		40,000	

续　表

	第二目　江西茶税	199,058	199,058			
	第三目　福建茶税	376,340	676,340		300,000	
	第四目　湖北茶税	191,674	427,795		236,121	
	第五目　陕西茶税	10,443	10,443			
	第六目　四川茶税	321,608	321,608			
	第七目　云南茶税	32,339	32,339			
	第八目　川边茶税	150,000	150,000			
第七项　糖税		725,834	889,302		163,468	
	第一目　安徽糖税	5,000	10,290		5,290	
	第二目　江西糖税	109,115	159,115		50,000	

	第三目　湖北糖税	164,083	272,261		108,178	
	第四目　陕西糖税	5,000	5,000			
	第五目　四川糖税	442,636	442,636			
第八项　鱼业税		197,193	187,179	10,014		
	第一目　奉天鱼业税	57,231	54,228	3,003		
	第二目　黑龙江鱼业税	11,157	4,146	7,011		
	第三目　广东鱼业税	128,805	128,805			
第九项　木税		222,164	372,184		150,020	
	第一目　吉林木税	214,550	364,550		150,000	
	第二目　新疆木税	3,264		3,264		

续　　表

	第三目　贵州木税	4,350	7,634		3,284	查此目系分表第四项
第十项　包裹税		19,000	8,000	11,000		
	第一目　河南包裹税	6,000		6,000		
	第二目　山西包裹税	8,000	8,000			
	第三目　陕西包裹税	5,000		5,000		
第十一项　杂税		3,002,424	2,626,426	375,998		
	第一目　京兆杂税	400	2,614		2,214	
	第二目　直隶杂税	293,580	293,528	52		
	第三目　奉天杂税	9,500	6,897	2,603		
	第四目　吉林杂税	554,547	371,005	183,542		查此目系分表第四、五、七等项合并。

第五目 黑龙江杂税	31,299	14,966	16,333		查此目系分表第四、七、八、九等项合并。
第六目 河南杂税	774	41,056		40,282	
第七目 山西杂税	6,413	6,413			
第八目 江西杂税	120,000	120,000			查此目系分表第六项
第九目 湖北杂税	76,109	142,528		66,419	查此目系分表第四、七、八等项合并。
第十目 甘肃杂税	354,973	15,775	339,198		查此目系分表第四、五、六等项合并。
第十一目 新疆杂税	147,789	204,347		56,558	查此目系分表第三、四、五、七、八、九、十等项合并。
第十二目 广东杂税	831,660	831,660			查此目系分表第四、第五两项合并。
第十三目 广西杂税	442,163	442,163			查此目系分表第一项

续　表

	第十四目　云南杂税	576	576			查此目系分表第六、七、八、九等项合并
	第十五目　贵州杂税	262		262		
	第十六目　热河杂税	37,670	37,670			查此目系分表第二、第七两项合并。
	第十七目　察哈尔杂税	1,414	1,414			查此目系分表第三、第四两项合并。
	第十八目　川边杂税	93,295	93,814		519	查此目系分表第二、第三两项合并。
共	计	29,182,693	32,112,108		2,929,415	

民国八年度国家岁入正杂各捐预算总表说明书

按正杂各捐一类五年度预算经常、临时，部核共列八百六十一万三千零九十六元，经国务会议议决，核增七十四万七千元，定为九百三十六万零九十六元。本届预算，各省及各特别区域册报未齐，财政部复核，就各省已送表册及五年度预算逐省分别核定，共计列为八百二十四万三千九百五十一元。经国会议决无变更，比较五年度议定数目计减一百十一万六千一百四十五元，比较五年度部列之数，计减三十六万九千一百四十五元。其减少原因，系因五年度国务会议议增之数，各省多不承认，亦有五年原列本款，本届改归他类列收者约二十一万元，比较五年部列之数实仅减十五万余元。此次表列五年度比较数目，凡五年议增之数而本届未据册报收数者，及五年原列本类而本届改归他类者，概不列比。故表末比较总数较原案仍有参差。本类收数，以临时门饷捐为最巨，经常收入，只货捐、茶捐、船捐三项有数省相同，均另项标列，其余零星捐目，省各歧异，概并列杂捐之内，于表内注明。其茶货等捐名目与货物税稍有出入，因各该省历年均列正杂各捐。兹悉仍其旧，俱照原册编列，所有增减理由均于各省分表内分别说明。此核编八年度各省正杂各捐岁入预算之大概情形也。

第六款　　正杂各捐　　经常门

项别	目别	八年议决数	五年议定数	比较		说明
				增	减	
第一项　货捐		285,279	463,624		178,345	
	第一目　京兆货捐	30,000	30,000			
	第二目　直隶货捐	104,865	154,865		50,000	
	第三目　湖北货捐	150,414	278,759		128,345	
第二项　茶捐		432,987	432,987			
	第一目　直隶茶捐	12,553	12,553			
	第二目　浙江茶捐	420,434	420,434			
第三项　船捐		46,069	81,069		35,000	
	第一目　直隶船捐	26,069	46,069		20,000	
	第二目　江西船捐	20,000	35,000		15,000	

第四项　杂捐		3.568,206	3,895,193		326,987	
	第一目　京兆杂捐	200		200		
	第二目　奉天杂捐	197,290	325,350		128,060	
	第三目　吉林杂捐	1,456	1,456			查此目系分表第一项
	第四目　黑龙江杂捐	42,827	21,142	21,685		查此目系分表第一、二、三等项合并。
	第五目　山东杂捐	2,000	4,000		2,000	查此目系分表第一项
	第六目　浙江杂捐	1,788,854	1,788,854			查此目系分表第二、三、四、五、六、七等项合并。
	第七目　湖北杂捐	631,698	839,977		208,279	查此目系分表第一、三、四、五等项合并。
	第八目　甘肃杂捐	141,467	152,000		10,533	查此目系分表第一、二、三等项合并。

续　表

	第九目　广东杂捐	447,285	447,285			查此目系分表第一、第二两项合并。
	第十目　广西杂捐	23,385	23,385			查此目系分表第一项
	第十一目　热河杂捐	16,278	16,278			
	第十二目　绥远杂捐	275,466	275,466			
共	计	4,332,541	4,872,873		540,332	

民国八年度国家岁入官业收入预算总表说明书

按官业收入一类五年度预算经常、临时，经国务会议议决照部列数目共定为二百零九万一千七百五十二元。本届预算，各省及特别区域册报未齐，财政部复核，就已到册报及五年度预算逐省分别核定，共计列为二百四十四万二千八百九十元。经国会议决，无变更。比较五年度议定数目计增三十五万一千一百三十八元，系直隶、黑龙江两省各列增十七万元有零。其余各省，互有增减。此次表列五年度比较数目，凡为五年度所有，而本届未据册报收数者，概不列比，故表末比较总数较原案略有参差。本类分官股收入、官办局厂收入、官有房地租收入三项。其有分表内数项合并开列者，均于表内注明所有增减理由，另于各省分表内分别说明。此核编八年度各省官业收入预算之大概情形也。

第七款　官业收入　　经常门

项别	目别	八年议决数	五年议定数	比较		说明
				增	减	
第一项　官股收入		841,235	631,176	210,059		
	第一目　京兆官股收入	5,400	400	5,000		查此目系分表第一、第二两项合并。
	第二目　直隶官股收入	376,271	206,086	170,185		
	第三目　奉天官股收入	159,550	116,427	43,123		查此目系分表第一项
	第四目　江苏官股收入	64,612	64,612			
	第五目　湖南官股收入	84,230	99,230		15,000	
	第六目　四川官股收入	1,106	1,106			
	第七目　云南官股收入	143,315	143,315			

	第八目　热河官股收入	6,751		6,751		查此目系分表第一项
第二项　官办局厂收入		1,552,136	1,417,897	134,239		
	第一目　奉天官办局厂收入	83,959	145,612		61,653	
	第二目　黑龙江官办局厂收入	1,226,388	1,056,311	170,077		查此目系分表第一、二、三、四、五等项合并。
	第三目　甘肃官办局厂收入	62,288	63,118		830	查此目系分表第一、二、三等项合并。
	第四目　新疆官办局厂收入	45,820	19,175	26,645		查此目系分表第一项
	第五目　四川官办局厂收入	131,181	131,181			查此目系分表第一、第二两项合并。
	第六目　云南官办局厂收入	2,500	2,500			

续　表

第三项　官有房地租收入		17,997	16,309	1,688		
	第一目　山东官有房地租收入	2,064	1,814	250		
	第二目　河南官有房地租收入	9,849	8,411	1,438		
	第三目　湖南官有房地租收入	1,800	1,800			查此目系分表第二项
	第四目　绥远官有房地租收入	4,284	4,284			
共	计	2,411,368	2,065,382	345,986		

民国八年度国家岁入杂收入预算总表说明书

按杂收入一类五年度预算经常、临时部核共列四百四十二万三千零八十二元，经国务会议议决核增一百万零一千五百元，核删二十三万一千四百四十一元，定为五百十九万三千一百四十一元。本届预算各省及各特别区域册报未齐，财政部复核，就已到表册及五年度预算逐省分别核定，亦间有参照六、七两年度原报数目编列者，计共列为六百四十六万零二百零九元。经国会议决，核减五十八万七千九百零九元，实定为五百八十七万二千三百元，比较五年度议定数目，计增六十七万九千一百五十九元，系因司法收入一项，五年度多划归特别会计，本届凡报有该项数目者，皆为编列，故有增加。又官款收入一项，亦列增四十六万余元，其他各项，互有增减。此次表列五年度比较各数，有为五年度所有而本届未据册报收数者，有五年度系临时一次收入而为本届所无者，有五年原列他类，本届改列本类，亦有五年原列本类，本届改列他类者，故比较总数，较原案不免参差。本类各项，本无一定款额，各省原报名目，极为复杂。此次核编总表，除官款收入暨罚款收入收数较多均另项标列外，其余各项，凡属某部所主管者，即列为某部收入，以期简明。其不属各部者，总括于杂款收入之内。其详细款目仍于各省分表内分别照列，所有增减理由，亦均于各省分表内说明。此核编八年度各省杂收入预算之大概情形也。

第八款　　杂收入　　经常门

项别	目别	八年议决数	五年议定数	比较		说明
				增	减	
第一项　内务收入		223,296	223,296			
	第一目　江西内务收入	74,868	74,868			
	第二目　福建内务收入	110,974	110,974			查此目系分表第二项
	第三目　察哈尔内务收入	37,454	37,454			查此目系分表第四、第五两项合并。
第二项　财政收入		2,404,902	2,375,041	29,861		
	第一目　京兆财政收入	130,000	151,137		21,137	查此目系分表第一、第二两项合并。
	第二目　直隶财政收入	113,279	93,278	20,001		查此目系分表第三项
	第三目　奉天财政收入	659,094	472,219	186,875		查此目系分表第二、第五两项合并。
	第四目　吉林财政收入	350,000	380,000		30,000	查此目系分表第二、第三两项合并。

	第五目　黑龙江财政收入	3,445	20,000		16,555	查此目系分表第二项
	第六目　山东财政收入	180,000	180,000			查此目系分表第三项
	第七目　河南财政收入	123,221	135,769		12,548	查此目系分表第三、第四两项合并。
	第八目　山西财政收入	40,000	40,000			查此目系分表第二项
	第九目　江苏财政收入	54,000	124,000		70,000	查此目系分表第一项
	第十目　江西财政收入	244,139	139,768	104,371		查此目系分表第二、五、六等项合并。
	第十一目　福建财政收入	30,000	29,217	783		查此目系分表第一项
	第十二目　湖北财政收入	31,250	100,000		68,750	查此目系分表第一项
	第十三目　湖南财政收入	60,0(0	110,000		50,000	查此目系分表第一项
	第十四目　甘肃财政收入	18,431	25,000		6,569	查此目系分表第一、第四两项合并。

续 表

	第十五目 新疆财政收入	37,590	42,993		5,403	查此目系分表第一项
	第十六目 四川财政收入	200,000	200,000			查此目系分表第二项
	第十七目 广东财政收入	106,660	106,660			查此目系分表第一项
	第十八目 广西财政收入	10,000	10,000			查此目系分表第一项
	第十九目 云南财政收入	10,000	10,000			查此目系分表第一项
	第二十目 热河财政收入	3,793	5,000		1,207	查此目系分表第二项
第三项 司法收入		1,653,873	798,544	855,329		
	第一目 直隶司法收入	403,326	151,098	252,228		
	第二目 奉天司法收入	346,731	228,488	118,243		
	第三目 河南司法收入	14,229		14,229		

第四目　山西司法收入	151,078	122,544	28,534		
第五目　江苏司法收入	50,000		50,000		
第六目　安徽司法收入	12,000	12,000			
第七目　江西司法收入	67,283	33,642	33,641		
第八目　福建司法收入	100,000		100,000		
第九目　浙江司法收入	238,358	200,000	38,358		
第十目　湖南司法收入	149,938		149,933		
第十一目　陕西司法收入	56,545		56,545		
第十二目　甘肃司法收入	35,437	32,448	2,989		
第十三目　热河司法收入	13,879	13,879			

续　表

	第十四目　绥远司法收入	10,624		10,624		
	第十五目　察哈尔司法收入	4,445	4,445			
第四项　教育收入		147,790	65,000	82,790		
	第一目　直隶教育收入	4,640		4,640		查此目系分表第四项
	第二目　江苏教育收入	75,750		75,750		查此目系分表第三、第四两项合并。
	第三目　湖北教育收入	2,400		2,400		查此目系分表第二项
	第四目　四川教育收入	65,000	65,000			查此目系分表第一项
第五项　实业收入		840	12,600		11,760	
	第一目　安徽实业收入	840	12,000		11,760	

第六项 官款收入		849,425	382,852	466,573		
	第一目 直隶官款收入	43,530	43,530			
	第二目 奉天官款收入	629,662①	174,700	464,962		
	第三目 吉林官款收入	64,373	70,180		5,807	
	第四目 黑龙江官款收入	50	417		367	
	第五目 山东官款收入	16,269	16,314		45	
	第六目 河南官款收入	9,202	7,342	1,860		
	第七目 江西官款收入	6,060	3,030	3,030		查此目系分表第四项。
	第八目 浙江官款收入	55,485	51,645	3,840		查此目系分表第二、第三两项合并。
	第九目 湖南官款收入	2,458	2,458			

续　　表

	第十目　察哈尔官款收入	12,336	13,236		900	
第七项　杂款收入		299,137	290,104	9,033		
	第一目　直隶杂款收入	15,000	15,000			查此目系分表第四项
	第二目　奉天杂款收入	71,988	73,361		1,373	查此目系分表第一、第六两项合并。
	第三目　山东杂款收入	10,264	10,155	109		查此目系分表第二、第四项合并。
	第四目　河南杂款收入	2,173	1,948	225		查此目系分表第五、第六两项合并。
	第五目　安徽杂款收入	25.040	22,183	2,857		查此目系分表第一、第二两项合并。
	第六目　甘肃杂款收入	850	145	705		查此目系分表第三项
	第七目　新疆杂款收入	42,102	36,053	6,049		查此目系分表第二、三、四等项暨阿尔泰杂收入合并。

	第八目　广东杂款收入	29,200	29,200			查此目系分表第二项
	第九目　云南杂款收入	3,692	3,692			查此目系分表第一项
	第十目　热河杂款收入	61,180	61,180			
	第十一目　绥远杂款收入	10,548	10,087	461		查此目系分表第二、三、四、五等项合并。
	第十二目　察哈尔杂款收入	27,100	27,100			查此目系分表第三、第六两项合并。
共	计	5,579,263	4,147,437	1,431,826		

① 根据民国八年度奉天省国家岁入岁出预算分表载，此数应为639，662元

第九款　　中央直接收入　　经常门

项别	目别	八年议决数	五年议定数	比较		说明
				增	减	
第一项　中央直接收入		47,072,034	36,584,311	10,487,753		查中央直接收入另有专表，本届预算总计如上数。其增加理由均详专表，此表不另说明。
	第一目　印花税	8,158,40)	5,864,400	2,294,000		
	第二目　烟酒公卖税	17,417,990	12,134,986	5,283,004		
	第三目　烟酒税	16,510,540	14,350,456	2,160,084		
	第四目　烟酒牌照税	2,692,892	2,012,852	680,040		
	第五目　矿税	2,292,242	2,221,617	70,625		
共计		47,072,064	36,584,311	10,487,753		

第十款　中央各机关收入　经常门

项别	目别	八年议决数	五年议定数	比较 增	比较 减	说明
第一项　中央各机关收入		3,105,869	828,370	2,277,499		查中央各机关直接收入另有分表，其详细款目及增减理由已于分表内说明。兹列各机关总数如上。
	第一目　外交部收入	70,915	53,801	17,114		
	第二目　内务部收入	87,346	67,458	19,888		
	第三目　财政部收入	1,852,482	447,257	1,405,225		
	第四目　海军部收入	7,416	7,416			
	第五目　司法部收入	62,500	35,410	27,090		
	第六目　教育部收入	286,378	77,748	208,630		

续　表

	第七目　农商部收入	399,136	100,000	299,136		
	第八目　交通部收入	81,696	39,020	42,676		
	第九目　印铸局收入	108,000	260	107,740		
	第十目　侨工事务局收入	150,000		150,000		
共	计	3,105,869	828,370	2,277,499		

第一款　田赋　临时门

项　别	目　别	八年议决数	五年议定数	比较 增	比较 减	说　明
第一项　杂赋		1,285,694	3,027,085		1,741,391	
	第一目　奉天杂赋	62,193	2,014,790		1,952,597	查此目系分表第一、二、三等项合并。

	第二目　山东杂赋	35,100	35,100			查此目系分表第二项
	第三目　江西杂赋	18,889	18,889			查此目系分表第二、第三两项合并。
	第四目　陕西杂赋	773,268	606,012	167,256		查此目系分表第一、第二两项合并。
	第五目　广东杂赋	352,294	352,294			查此目系分表第一项
	第六目　贵州杂赋	43,950		43,950		查此目系分表第一项
第二项　附加税		2,417,705	3,807,273		1,389,568	
	第一目　直隶附加税	218,840	500,000		281,160	
	第二目　山东附加税	348,539	697,078		348,539	
	第三目　河南附加税	558,601		558,601		
	第四目　山西附加税	250,000	500,000		250,000	

续　表

	第五目　安徽附加税	301,848	603,695		301,847	
	第六目　江西附加税	187,150	374,200		187,050	
	第七目　湖北附加税	118,768	282,300		163,532	
	第八目　陕西附加税	233,959	450,000		216,041	
	第九目　四川附加税	200,000	400,000		200,000	
共	计	3,703,399	6,834,358		3,130,959	

第二款　　关税　　临时门

项别	目别	八年议决数	五年议定数	比较 增	比较 减	说明
第一项　关税		695,749	697,371		1,622	
	第一目　海关税	587,559	604,637		17,078	
	第二目　税司经收常税	59,295	36,702	22,593		
	第三目　常关税	22,927	19,429	3,498		
	第四目　监督公署收入	25,968	36,603		10,635	
共计		695,749	697,371		1,622	

第三款　　货物税　　临时门

项别	目别	八年议决数	五年议定数	比较		说明
				增	减	
第一项　罚款		26,685	26,685			
	第一目　山西罚款	2,309	2,309			
	第二目　江苏罚款	13,716	13,716			
	第三目　湖南罚款	5,660	5,660			
	第四目　广东罚款	5,000	5,000			
共计		26,685	26,685			

第四款　　正杂各捐　　临时门

项别	目别	八年议决数	五年议定数	比较 增	比较 减	说明
第一项　饷捐		3,911,410	3,911,410			
	第一目　广东饷捐	2,611,410	2,611,410			
	第二目　广西饷捐	1,300,000	1,300,000			
共	计	3,911,410	3,911,410			

第五款　　官业收入　　临时门

项别	目别	八年议决数	五年议定数	比较 增	比较 减	说明
第一项　官办局厂收入		31,522	8,351	23,171		
	第一目　奉天官办局厂收入	31,522	8,351	23,171		
共	计	31,522	8,351	23,171		

第六款　　杂收入　　临时门

项别	目别	八年议决数	五年议定数	比较		说明
				增	减	
第一项　财政收入		4,105	3,505	600		
	第一目　江西财政收入	4,105	3,505	600		
第二项　教育收入		2,500		2,500		
	第一目　陕西教育收入	2,500		2,500		查此目系分表第一项
第三项　实业收入		37,204	17	37,187		
	第一目　安徽实业收入	32,020	17	32,003		
	第二目　察哈尔实业收入	5,184		5,184		
第四项　官款收入		12,631	15,204		〔2,573〕	
	第一目　直隶官款收入	3,998	3,998			

		第二目 山东官款收入	1,500	1,500			查此目系分表第一项
		第三目 新疆官款收入	7,133	9,706		2,573	
第五项	罚款收入		185,237	35,349	149,888		
		第一目 直隶罚款收入	2,452	2,452			
		第二目 奉天罚款收入	51,905	17,557	34,348		
		第三目 黑龙江罚款收入	63,899	6,939	56,960		查此目系分表第一、二、三等项合并。
		第四目 安徽罚款收入	36,000		36,000		
		第五目 湖北罚款收入	3,214	3,214			
		第六目 四川罚款收入	3,267	3,267			查此目系分表第一、二、三等项合并。
		第七目 云南罚款收入	1,920	1,920			

项别	目别	八年议决数	五年议定数	比较 增	比较 减	说明
	第八目　贵州罚款收入	22,580		22,580		
第六项　杂款收入		51,360	17,260	34,100		
	第一目　山东杂款收入	34,100		34,100		查此目系分表第二、三、四等项合并
	第二目　广东杂款收入	17,260	17,260			
共	计	293,037	71,335	221,702		

第七款　　中央直接收入　　临时门

项别	目别	八年议决数	五年议定数	比较 增	比较 减	说明
第一项　中央直接收入		17,451,910	20,995,059		3,543,149	
	第一目　各省区官产收入	11,324,410	14,895,059		3,570,649	

	第二目　清理沙田收入	6,000,000	6,000,000			
	第三目　杂项收入	127,500	100,000	27,500		
共	计	17,451,910	20,995,059		3,543,149	

第八款　　中央各机关收入　　临时门

项　别	目　别	八年议决数	五年议定数	比较		说　明
				增	减	
第一项　中央各机关收入		3,519,838	5,640	3,514,198		
	第一目　财政部收入	3,431,200		3,431,200		
	第二目　教育部收入	4,600	5,640		1,040	
	第三目　交通部收入	3,938		3,938		

续　　表

	第四目　印铸局收入	80,100		80,100		
共	计	3,519,838	5,640	3,514,198		

第九款　　债款　　　　临时门

项　别	目　别	八年议决数	五年议定数	比较 增	比较 减	说　　明
第一项　债款		50,948,235				查债款另有专表，本届预算总计如上数，其增减理由均详专表，此表不另说明。
	第一目　退还赔款	948,235				
	第二目　内债	50,000,000				
共	计	50,948,235				

(3)1919年度国家岁出预算总表

民国八年度各机关经费国家岁出预算总表说明书

按中央各机关经费民国五年度预算共议定二千四百三十三万一千七百五十元，系列财政部所管预算表内，本届提出另编分表。据各机关册报经常、临时共二千一百八十六万二千六百二十二元，财政部复核酌减八万七千六百零五元，加入副总统年俸、公费、清室经费等项四百五十万零六千九百九十四元。复据公府收支处函请追加翊卫官一员，夫马费六百元，财政部照数加列，共列二千六百二十八万二千六百十一元。经国会议决经常门核减四十七万四千零四十元。又移入临时门一百三十二万三千二百零九元，临时门除由经常移入之款减二十八万五千五百二十九元外，又减三十三万三千五百元，共定为二千五百十八万九千五百四十二元，比较五年计增八十五万七千七百九十二元。唯表内所列五年数目，凡为本届所无款项均不列比，故与总说明五年数目不同。所有增减理由，均于分表内分别说明。此核编各机关经费八年度国家岁出预算之大略情形也。

第一款　　各机关经费　　经常门

项别	目别	八年议决数	五年议定数	比较		说明
				增	减	
第一项　中央各机关经费		22,441,350	23,158,026		716,676	
	第一目　公府经费	2,293,088	2,273,636	19,452		
	第二目　国务院经费	1,566,320	1,232,679	333,641		
	第三目　国会经费	4,004,000	5,168,600		1,164,600	
	第四目　在京各机关经费	974,383	897,872	76,511		
	第五目　优待经费	13,603,559	13,585,239	18,320		
共	计	22,441,350	23,158,026		716,676	

民国八年度外交经费国家岁出预算总表说明书

按中央外交经费民国五年度预算议定五百五十六万一千五百二十五元。本届据外交部单开经常、临时五百四十九万九千零十四元。复据咨请增加三万三千五百二十元，共计五百五十三万二千五百三十四元，财政部复核酌减二十七万元，加入巴黎通信社经费二万一千元。复据该部声请将本部临时费加列十万元，财政部照数加列，共列五百三十八万三千五百三十四元，比较五年计减十七万七千九百九十一元。各省外交经费五年度预算议定七十三万一千八百零九元。本届各省区及各边防册报未齐，财政部复核，按照七年度册报数目及本年度电报增减各款，并参酌五年议定之数，分别核编。复据奉天省咨请删除省署附设机要处及外交委员会经费二万一千一百四十四元，经常、临时共列八十三万六千六百七十七元，比较五年计增十万零四千八百六十八元，总计中央及各省外交经费共为六百二十二万零二百十一元。经国会议决经常门中央外交经费核减五万五千元，各省外交经费核减三万三千三百二十元，临时门中央外交经费核减十五万元，各省外交经费核减六万元，共定为五百九十七万六千八百九十一元，比较五年共减二十四万三千三百二十元。唯表内所列五年数目，凡为本届所无款项均不列比，故与总说明五年数目不同。所有增减理由均于部、省各分表内分别说明。此核编外交经费八年度国家岁出预算之大略情形也。

第二款　外交经费　　经常门

项别	目别	八年议决数	五年议定数	比较 增	比较 减	说明
第一项　中央外交经费		4,048,428	3,755,509	292,919		
	第一目　外交部经费	750,484	671,076	79,408		
	第二目　出使经费	1,953,760	1,863,210	90,550		
	第三目　直辖各机关经费	1,344,184	1,221,223	122,961		
第二项　各省外交经费		758,908	674,353	84,555		
	第一目　直隶外交费	61,376	37,056	24,320		
	第二目　奉天外交费	82,200	78,090	4,110		
	第三目　吉林外交费	79,206	73,206	6,000		
	第四目　黑龙江外交费	115,820	117,389		1,569	

	第五目 山东外交费	42,008	31,540	10,468		
	第六目 河南外交费	8,646	16,934		8,288	
	第七目 江苏外交费	64,208	45,208	19,000		
	第八目 安徽外交费	6,000	6,000			
	第九目 江西外交费	3,600	3,600			
	第十目 福建外交费	36,720	27,724	8,996		
	第十一目 浙江外交费	19,862	11,274	8,588		
	第十二目 湖北外交费	39,699	46,124		6,425	
	第十三目 湖南外交费	6,000	6,000			
	第十四目 陕西外交费	6,000	6,000			

续　表

	第十五目　甘肃外交费	8,212	8,212			
	第十六目　新疆外交费	76,341	68,746	7,595		查此目系与阿尔泰外交费合并
	第十七目　四川外交费	30,247	30,247			
	第十八目　广东外交费	27,343	27,343			
	第十九目　广西外交费	1,200	1,200			
	第二十目　云南外交费	21,568	21,568			
	第二十一目　热河外交费	12,960	1,200	11,760		
	第二十二目　察哈尔外交费	9,692	9,692			
共	计	4,807,336	4,429,862	377,474		

民国八年度内务经费国家岁出预算总表说明书

按中央内务经费民国五年度预算议定五百五十八万四千六百六十二元。本届据内务部册报经常、临时六百零三万六千五百十八元，经财政部咨商该部认减五万二千二百四十元。复由财政部删除二十二万五千元，加入管理敌国人民财产事务局经费等项四十一万零八百四十六元。复据该部声请游民习艺所经费增加二千四百元，财政部照数加列，共列六百一十七万二千五百二十四元，比较五年计增五十八万七千八百六十二元。各省内务经费五年度预算议定四千零一十万零三千二百十七元。本届各省区及各边防册报未齐，财政部复核，即按照原报七年度预算及本年度电报增减各款，或仍照五年议定数目核编。复据新疆省呈请增加乌苏县知事公费一千八百元，共列四千一百八十一万八千八百三十七元，比较五年计增一百七十一万五千六百二十元。其增加之数有六、七两年度核准增加者，亦有五年原列他款本届移列本款项下者，总计中央及各省内务经费共为四千七百九十九万一千三百六十一元。经国会议决经常门中央内务经费核减七万三千九百七十元。又移入临时门一百二十八万五千九百八十元，各省内务经费增列八万二千六百八十五元，临时门中央内务经费除由经常移入之款减一万元外，又减三十五万九千一百五十六元，各省内务经费增列五十三万九千八百零二元，共定为四千八百十七万零七百二十二元，比较五年共增二百四十八万二千八百四十三元。唯表内所列五年数目，凡为本届所无款项及五年原列本款，本届改列他款者均不列比，故与总说明五年数目不同，所有增减理由均于部、省各分表内分别说明。此核编内务经费八年度国家岁出预算之大略情形也。

第三款　　内务经费　　经常门

项别	目别	八年议决数	五年议定数	比较 增	比较 减	说明
第一项　中央内务经费		3,446,932	2,888,974	557,958		
	第一目　内务部经费	829,020	638,252	190,768		
	第二目　直辖各机关经费	2,593,314	2,246,048	347,266		
	第三目　附属各项经费	24,598	4,674	19,924		
第二项　各省内务经费		39,832,607	36,964,608	2,867,999		
	第一目　京兆内务费	814,046	844,759		30,713	
	第二目　直隶内务费	2,227,530	1,990,728	236,802		
	第三目　奉天内务费	1,385,652	1,413,327		27,675	
	第四目　吉林内务费	1,190,918	1,038,439	152,479		

第五目　黑龙江内务费	585,242	568,766	16,476		
第六目　山东内务费	2,293,381	2,184,202	109,179		
第七目　河南内务费	1,795,313	1,650,117	145,196		
第八目　山西内务费	1,369,851	1,284,600	85,251		
第九目　江苏内务费	4,204,891	3,627,088	577,803		
第十目　安徽内务费	1,431,728	1,333,932	97,796		
第十一目　江西内务费	1,558,290	1,515,127	43,163		
第十二目　福建内务费	1,448,596	1,354,444	94,152		
第十三目　浙江内务费	2,543,602	2,137,495	406,107		
第十四目　湖北内务费	1,904,598	1,913,658		9,060	

续 表

	第十五目 湖南内务费	1,735,284	1,368,094	367,190		
	第十六目 陕西内务费	1,480,762	1,071,671	409,091		
	第十七目 甘肃内务费	917,100	816,406	100,694		
	第十八目 新疆内务费	855,963	836,232	19,731		查此目系与阿尔泰内务费合并。
	第十九目 四川内务费	2,747,646	2,755,854		8,208	
	第二十目 广东内务费	2,261,847	2,261,847			
	第廿一目 广西内务费	1,077,666	1,077,666			
	第廿二目 云南内务费	1,709,181	1,709,181			
	第廿三目 贵州内务费	1,172,356	1,154,482	17,874		
	第廿四目 热河内务费	237,855	228,419	9,436		

	第廿五目 绥远内务费	146,866	145,637	1,229		
	第廿六目 察哈尔内务费	86,314	76,714	9,600		
	第廿七目 川边内务费	296,169	296,643		474	
	第廿八目 西藏内务费	137,000	137,000			
	第廿九目 库伦内务费	62,400	62,400			
	第卅目 乌里雅苏台内务费	39,840	39,840			
	第卅一目 恰克图内务费	38,880	33,840	5,040		
	第卅二目 科布多内务费	36,000	36,000			
	第卅三目 唐努乌梁海内务费	39,840		39,840		
共	计	43,279,539	39,853,582	3,425,957		

民国八年度财政经费国家岁出预算总表说明书

按中央财政经费民国五年度预算议定三百零一万四千八百零五元。又中央直接收入征收经费四百零七万二千三百九十三元，盐务经费一千零三十一万九千五百八十三元，各机关经费一千五百二十七万八千四百零六元，预备金一千万元，银行股本五百万元，共为四千七百六十八万五千一百八十七元。本届财政部及直辖各机关经费，附属各项经费暨全国烟酒事务署、币制局等项经费，共列三百万零四千八百五十二元。又加入中央直接收入征收经费五百一十二万二千零八十九元，盐务经费一千二百五十八万五千三百三十元，各机关经费一千四百五十四万三千八百八十七元，预备金一千万元，复由财政部加列印花税征收经费四万七千五百六十元，共为四千五百三十万零三千七百一十八元，比较五年计减二百三十八万一千四百六十九元。各省财政经费五年度预算议定九百九十二万八千七百七十八元。本届各省区及各边防册报未齐，财政部复核，按照七年原报预算及本年度电请增减各款分别核编，共列一千一百四十七万八千七百一十六元，比较五年计增一百五十四万九千九百三十八元，统计中央及各省财政经费共为五千六百七十八万二千四百三十四元。经国会议决经常门中央财政经费核减一百七十七万五千一百八十一元，增列二万九千七百零四元，又移入临时门一万九千四百二十八元，各省财政经费核减四十八万零七百八十六元，临时门中央财政经费核减七百一十六万零四百八十四元，各省财政经费核减九万一千六百三十二元，共定为四千七百三十万零四千零五十五元，比较五年计减一千零三十万零九千九百一十元。惟表内所列五年数目，凡为本届所无款项均不列比，故与总说明五年数目不同，所有增减理由均于部、省各分表内分别说明。此核编财政经费八年度国家岁出预算之大略情形也。

第四款　　财政经费　　经常门

项别	目别	八年议决数	五年议定数	比较		说明
				增	减	
第一项　中央财政经费		29,519,302	27,963,183	1,556,119		
	第一目　财政部经费	751,568	803,300		51,732	
	第二目　全国烟酒事务署经费	177,600	151,368	26,232		
	第三目　币制局经费	240,000		240,000		
	第四目　直辖各机关经费	57,124	77,124		20,000	
	第五目　附属各项经费	515,504	576,800		61,296	
	第六目　中央直接收入征收经费	2,494,672	1,830,117	664,555		
	第七目　盐务经费	10,866,578	9,695,838	1,170,740		

续　表

	第八目　各关经费	14,416,256	14,828,636		412,380	
第二项　各省财政经费		9,635,144	8,903,470	731,674		
	第一目　京兆财政费	34,807	34,807			
	第二目　直隶财政费	336,496	562,811		226,315	
	第三目　奉天财政费	878,605	872,513	6,092		
	第四目　吉林财政费	568,184	527,604	40,580		
	第五目　黑龙江财政费	295,388	253,035	42,353		
	第六目　山东财政费	608,842	523,150	85,692		
	第七目　河南财政费	600,245	177,365	422,880		
	第八目　山西财政费	345,930	345,930			

	第九目 江苏财政费	713,997	678,555	35,442		
	第十目 安徽财政费	612,219	600,169	12,050		
	第十一目 江西财政费	339,742	336,862	2,880		
	第十二目 福建财政费	596,428	258,549	337,879		
	第十三目 浙江财政费	490,999	488,119	2,880		
	第十四目 湖北财政费	420,937	493,124		72,187	
	第十五目 湖南财政费	489,504	463,949	25,555		
	第十六目 陕西财政费	160,840	160,840			
	第十七目 甘肃财政费	204,901	204,901			

续　表

	第十八目　新疆财政费	104,724	104,724			查此目系与阿尔泰财政费合并
	第十九目　四川财政费	240,480	237,600	2,880		
	第二十目　广东财政费	714,540	714,540			
	第廿一目　广西财政费	280,496	282,896		2,400	
	第廿二目　云南财政费	117,393	117,393			
	第廿三目　贵州财政费	229,296	186,329	42,967		
	第廿四目　热河财政费	66,730	112,922		46,192	
	第廿五目　绥远财政费	49,926	49,926			
	第廿六目　察哈尔财政费	39,737	28,501	11,286		
	第廿七目　川边财政费	33,708	26,356	7.352		
	第廿八目　西藏财政费	60,000	60,000			
共	计	39,154,446	36,866,653	2,287,793		

民国八年度陆军经费国家岁出预算总表说明书

按中央陆军经费五年度预算议定七千零一十万零二百四十五元。本届据陆军部单开经常、临时共六千二百四十六万八千四百二十六元，财政部复核照列。又据参谋本部单开三百三十二万七千三百一十九元，将军府册开七十七万八千二百二十三元，经财政部分别删减八十二万四千一百四十七元，连同陆军部单开数目共列六千五百七十四万九千八百二十一元，比较五年计减四百三十五万零四百二十四元。各省陆军经费五年度预算议定九千七百二十一万七千一百三十五元。本届据陆军部核定册开经常、临时九千零二十三万三千五百八十七元，财政部复核照列，比较五年计减六百九十八万三千五百四十八元，总计中央及各省陆军经费共为一万五千五百九十八万三千四百零八元，比较五年共减一千一百三十三万三千九百七十三元。其减少原因系因此次中央及各省区军费各款，陆军部册开均系按照旧五年度预算数目核编，其旧五年度以后增加之数，概行列作特别支出，故形减少。至本部此次编制各项分表，皆系以新五年度议定数目列作比较。军费一项，虽按照陆军部原册数目开列。惟比较数目，则仍以新五年度议定之数列比，以归一律。经国会议决将特别门所列款项均移入临时门，并分别删减。又将各军队经费核减二成，计经常、临时共定为二万零七百八十三万二千四百八十二元，比较五年计增四千零五十一万五千一百零二元。其表内所列五年数目，凡为本届所无款项均不列比，故与总说明五年数目不同，所有增减理由均于部、省各分表内分别说明。此核编陆军经费八年度国家岁出预算之大略情形也。

第五款　　陆军经费　　经常门

项别	目别	八年议决数	五年议定数	比较 增	比较 减	说明
第一项　中央陆军经费		52,814,744	59,225,513		6,410,769	
	第一目　陆军部经费	932,081	1,180,343		248,262	
	第二目　参谋本部经费	1,571,611	1,312,643	258,968		
	第三目　直辖各机关经费	32,304,621	37,387,052		5,082,431	
	第四目　附属各项经费	10,177,797	10,748,658		570,861	
	第五目　其他各军事机关经费	7,828,634	8,596,817		768,183	
第二项　各省陆军经费		76,774,085	91,245,969		14,471,884	
	第一目　京兆陆军费	42,634	41,900	734		

第二目　直隶陆军费	3,714,004	4,498,869		784,865
第三目　奉天陆军费	5,077,354	6,302,516		1,225,162
第四目　吉林陆军费	2,709,916	3,241,231		531,315
第五目　黑龙江陆军费	1,964,656	2,367,765		403,109
第六目　山东陆军费	4,220,350	5,365,158		1,144,808
第七目　河南陆军费	4,523,465	5,549,690		1,026,225
第八目　山西陆军费	1,920,247	2,880,090		959,843
第九目　江苏陆军费	3,927,221	4,088,922		161,701
第十目　安徽陆军费	3,056,987	3,775,087		718,100

续　表

	第十一目　江西陆军费	1,910,674	2,246,245		335,571	
	第十二目　福建陆军费	1,471,553	1,702,559		231,006	
	第十三目　浙江陆军费	2,531,196	3,662,400		1,131,204	
	第十四目　湖北陆军费	4,276,507	4,951,520		675,013	
	第十五目　湖南陆军费	3,163,203	3,545,366		382,163	
	第十六目　陕西陆军费	2,971,234	3,612,036		640,802	
	第十七目　甘肃陆军费	1,579,178	1,678,139		98,961	
	第十八目　新疆陆军费	3,109,132	3,680,588		571,456	查此目系与阿尔泰陆军费合并
	第十九目　四川陆军费	5,805,518	6,050,786		245,268	

	第二十目 广东陆军费	7,494,864	8,157,287		662,423	
	第廿一目 广西陆军费	3,610,109	4,065,188		455,079	
	第廿二目 云南陆军费	3,090,812	4,060,005		969,193	
	第廿三目 贵州陆军费	1,205,340	1,824,335		618,995	
	第廿四目 热河陆军费	905,437	1,091,716		186,279	
	第廿五目 绥远陆军费	670,863	721,027		50,164	
	第廿六目 察哈尔陆军费	389,548	395,544		5,996	
	第廿七目 川边陆军费	1,328,083	1,560,000		231,917	
	第廿八目 西藏陆军费	104,000	130,000		26,000	
共	计	129,588,829	150,471,482		20,882,653	

民国八年度海军经费国家岁出预算总表说明书

按中央海军经费民国五年度预算议定七百五十三万五千三百五十九元。本届据海军部单开月支八十一万四千九百九十元，全年共需九百七十七万九千八百八十元，经财政部与该部商定减去八千元，删除五十六万零五百九十二元，复据该部咨请补列福州船政局经费三十六万元。又松黑江防司令处经费商定补列四十八万元，共列一千零五万一千二百八十八元，比较五年计增二百五十一万五千九百二十九元。各省海军经费五年度预算议定六十一万六千二百一十元，本届未据各省造册送部，财政部复核直隶省七年度原报预算所列与五年议定数目相符，广东省仍照五年议定数目核编，经常、临时共列六十一万六千二百一十元，总计中央及各省海军经费共为一千零六十六万七千四百九十八元。经国会议决经常门中央海军经费核减一百一十六万七千九百九十二元，又移入临时门二十四万元，各省海军经费无增减。临时门中央海军经费，将经常移列之款核减十二万元，各省海军经费无增减，共定为九百三十七万九千五百零六元，比较五年共增一百二十二万七千九百三十七元。惟表内所列五年数目，凡为本届所无款项均不列比，故与总说明五年数目不同。所有增减理由均于部、省各分表内分别说明。此核编海军经费八年度国家岁出预算之大略情形也。

第六款　　海军经费　　经常门

项别	目别	八年议决数	五年议定数	比较		说明
				增	减	
第一项　中央海军经费		8,643,296	6,042,777	2,600,519		
	第一目　海军部经费	807,156	807,160			
	第二目　直辖各机关经费	4,800,144	3,032,837	1,767,307		
	第三目　附属各项经费	3,035,996	2,202,780	833,216		
第二项　各省海军经费		551,186	551,186			
	第一目　直隶海军费	60,000	60,000			
	第二目　广东海军费	491,186	491,186			
共	计	9,194,482	6,593,963	2,600,519		

民国八年度司法经费国家岁出预算总表说明书

按中央司法经费民国五年度预算议定一百三十六万二千六百七十六元。本届据司法部册报二百三十一万五千二百一十元，经财政部核减四十七万三千四百三十二元。复据该部函请增加大理院经费六万一千九百十三元，财政部照数加列，共列一百九十万零三千六百九十一元，比较五年计增五十四万一千零十五元。各省司法经费五年度预算议定八百万零三千零九十元。本届各省区及各边防有册报，或电报八年度预算者，有电报与七年度数目并无变更者，亦有已报八年度预算数目而复电咨请增加者，仍有数省未据报部者。财政部复核各省区岁出司法经费原报七年度预算，比较五年，即多有增加，八年度较之七年，又复增列为数甚巨。且各省区司法经费，每由该省区自行于司法收入项下留支，而岁入内司法收入一项，则多未报部，是以财政部对于各省区岁出司法经费一款，除五年度已列高等分庭经费，本届改列高等分厅经费各项多查照各省区原报数目酌量编列外，其余旧设各厅暨所增加之数，除核准有案各项外，多仍按照五年议定数目核编。至新设、拟设各款，概行删除。复据司法部请增加山东司法费三万元，山西司法费二万元，经常、临时共列八百五十一万二千七百八十五元，比较五年计增五十万零九千六百九十五元，总计中央及各省司法经费共为一千零四十一万六千四百七十六元。经国会议决经常门中央司法经费核减二万四千元，各省司法经费无增减。临时门中央司法经费删除六万二千五百元，各省司法经费无增减，共定为一千零三十二万九千九百七十六元，比较五年共增九十六万四千二百一十元。惟表内所列五年数目，凡为本届所无款项均不列比，故与总说明五年数目不同，所有增减理由均于部、省各分表内分别说明。此核编司法经费八年度国家岁出预算之大略情形也。

第七款　　司法经费　　经常门

项别	目别	八年议决数	五年议定数	比较		说明
				增	减	
第一项　中央司法经费		1,817,191	1,342,676	474,515		
	第一目　司法部经费	400,000	324,000	76,000		
	第二目　大理院经费	319,913	219,912	100,001		
	第三目　修订法律馆经费	177,600	60,000	117,600		
	第四目　直辖各机关经费	919,678	738,764	180,914		
第二项　各省司法经费		8,505,933	7,883,104	622,829		
	第一目　京兆司法费	39,028	39,028			
	第二目　直隶司法费	760,236	760,236			
	第三目　奉天司法费	547,524	546,755	769		

续　表

	第四目　吉林司法费	480,704	400,988	79,716		
	第五目　黑龙江司法费	188,432	185,440	2,992		
	第六目　山东司法费	379,640	349,661	29,979		
	第七目　河南司法费	400,000	400,000			
	第八目　山西司法费	390,476	295,280	95,196		
	第九目　江苏司法费	544,751	410,000	134,751		
	第十目　安徽司法费	468,420	396,420	72,000		
	第十一目　江西司法费	319,348	319,348			
	第十二目　福建司法费	241,200	240,000	1,200		
	第十三目　浙江司法费	795,682	755,708	39,974		

第十四目 湖北司法费	320,474	400,592		80,118	
第十五目 湖南司法费	556,268	425,060	131,208		
第十六目 陕西司法费	286,554	272,442	14,112		
第十七目 甘肃司法费	230,938	215,554	15,384		
第十八目 新疆司法费	95,276	95,276			查此目系与阿尔泰司法费合并
第十九目 四川司法费	383,984	383,984			
第二十目 广东司法费	350,000	350,000			
第廿一目 广西司法费	106,883	106,883			
第廿二目 云南司法费	199,012	199,012			
第廿三目 贵州司法费	207,126	160,855	46,271		

续　表

	第廿四目　热河司法费	116,982	101,117	15,865		
	第廿五目　绥远司法费	35,776	21,348	14,428		
	第廿六目　察哈尔司法费	43,219	40,717	2,502		
	第廿七目　库伦司法费	3,600	3,600			
	第廿八目　乌里雅苏台司法费	3,600	3,000	600		
	第廿九目　恰克图司法费	3,600	3,000	600		
	第三十目　科布多司法费	3,600	1,800	1,800		
	第卅一目　唐努乌梁海司法费	3,600		3,600		
共	计	10,323,124	9,225,780	1,097,344		

民国八年度教育经费国家岁出预算总表说明书

按中央教育经费民国五年度预算议定三百二十九万四千五百二十四元。本届据教育部册报经常、临时共三百八十五万四千四百四十九元，经财政部与该部商定减去九万九千六百元，删除七千九百五十六元。复据该部单开各机关互有增减，除减仍增二万四千元，财政部照数加列，共列三百七十七万零八百九十三元，比较五年计增四十七万六千三百六十九元。各省教育经费五年度预算议定一百七十三万四千三百一十二元。本届各省区及各边防册报未齐，财政部复核，按照七年度原报预算及本年度电报增减各款，并教育部册列国立各学校各数目，分别核编。其教育厅经费一项，各省尚有未经列入者，亦由部照案增列。复据教育部咨请增加江苏南京高等师范学校、暨南学校两项经费共四万八千元。经常、临时共列二百九十九万二千六百二十五元，比较五年计增一百二十五万八千三百一十三元。其增加之数，多系添设教育厅及增列国立各学校经费，总计中央及各省教育经费共为六百七十六万三千五百一十八元。经国会议决经常门中央教育经费核减十三万零三百四十二元，又移入临时门三千元，各省教育经费核减一万元。临时门中央教育经费核减八万三千五百四十一元，各省教育经费核减一万九千元，共定为六百五十二万零六百三十五元，比较五年共增一百四十九万一千七百九十九元。惟表内所列五年数目，凡为本届所无款项均不列比，故与总说明五年数目不同，所有增减理由均于部、省各分表内分别说明。此核编教育经费八年度国家岁出预算之大略情形也。

第八款　　教育经费　　经常门

项别	目别	八年议决数	五年议定数	比较 增	比较 减	说明
第一项　中央教育经费		3,255,270	2,734,888	520,382		
	第一目　教育部经费	480,000	465,340	14,660		
	第二目　直辖各机关经费	1,878,306	1,321,940	556,366		
	第三目　分设各机关经费	196,668	166,676	29,992		
	第四目　留学经费	192,596	277,092		84,496	
	第五目　补助经费	409,360	379,500	29,860		
	第六目　附属各项经费	98,340	124,340		26,000	
第二项　各省教育经费		2,803,453	1,319,443	1,484,010		
	第一目　直隶教育费	414,726	317,779	96,947		

第二目　奉天教育费	182,406		182,406		
第三目　吉林教育费	235,000	100,000	135,000		
第四目　黑龙江教育费	30,000		30,000		
第五目　山东教育费	53,297	11,423	41,874		
第六目　河南教育费	40,000		40,000		
第七目　山西教育费	140,000	100,000	40,000		
第八目　江苏教育费	491,960	119,602	372,358		
第九目　安徽教育费	35,000		35,000		
第十目　江西教育费	35,000		35,000		
第十一目　福建教育费	35,000		35,000		

续　表

	第十二目　浙江教育费	53,297	10,297	43,000		
	第十三目　湖北教育费	205,213	145,458	59,755		
	第十四目　湖南教育费	35,000		35,000		
	第十五目　陕西教育费	61,736	26,736	35,000		
	第十六目　甘肃教育费	30,000		30,000		
	第十七目　新疆教育费	41,612	11,612	30,000		
	第十八目　四川教育费	170,000	130,000	40,000		
	第十九目　广东教育费	306,928	266,928	40,000		
	第二十目　广西教育费	59,047	29,047	30,000		
	第廿一目　云南教育费	35,000		35,000		

	第廿二目 贵州教育费	30,000		30,000		
	第廿三目 热河教育费	24,889	19,659	5,230		
	第廿四目 察哈尔教育费	10,958	10,958			
	第廿五目 川边教育费	37,384	9,944	27,440		
	第廿六目 西藏教育费	10,000	10,000			
共	计	6,058,723	4,054,331	2,004,392		

民国八年度实业经费国家岁出预算总表说明书

按中央实业经费民国五年度预算议定二百四十八万一千五百十六元。本届据农商部册报经常、临时共一百七十六万五千一百二十八元，财政部复核减去五万四千六百六十元，删除一万九千五百零五元，加入全国水利总分各局经费等项二十八万五千六百元。复据该部声请加本部经费四万零六百六十元。又原列梧桐河金矿局经费共三万二千九百七十六元，商定删除，财政部照数增减，共列一百九十八万四千二百四十七元，比较五年计减四十九万七千二百六十九元，各省实业经费五年度预算议定一百五十三万二千七百七十元。本届各省区册报未齐，财政部复核，按照七年度册报预算及本年度电报增减各款核编。其实业厅经费各省尚有未经列入者，亦由部照案加列，经常、临时共列一百七十七万三千一百七十元，比较五年计增二十四万零四百元，总计中央及各省实业经费共为三百七十五万七千四百十七元。经国会议决经常门中央实业经费移入临时门六万二千一百二十元，各省实业经费核减二万六千元，又移入临时门三万元。临时门中央实业经费核减三万二千元，各省实业经费无增减，共定为三百六十九万九千四百一十七元，比较五年共减三十一万四千八百六十九元。惟表内所列五年数目，凡为本届所无款项及五年原列本款项下，本届改列他款者均不列比，故与总说明五年数目不同，所有增减理由均于部、省各分表内分别说明。此核编实业经费八年度岁出预算之大略情形也。

第九款　　实业经费　　经常门

项别	目别	八年议决数	五年议定数	比较 增	比较 减	说明
第一项　中央实业经费		1,541,800	1,288,018	253,782		
	第一目　农商部经费	744,000	703,340	40,660		
	第二目　全国水利局经费	98,400	84,000	14,400		
	第三目　直辖各机关经费	699,400	500,678	198,722		
第二项　各省实业经费		1,715,250	958,879	756,371		
	第一目　京兆实业费	17,880	22,080		4,200	
	第二目　直隶实业费	62,480	27,760	34,720		
	第三目　奉天实业费	70,308	44,619	25,689		
	第四目　吉林实业费	54,000	22,280	31,720		

续　表

	第五目　黑龙江实业费	414,983	370,287	44,696		
	第六目　山东实业费	86,677	47,119	39,558		
	第七目　河南实业费	57,407	21,543	35,864		
	第八目　山西实业费	48,688	16,668	32,020		
	第九目　江苏实业费	42,000	4,440	37,560		
	第十目　安徽实业费	57,990	26,030	31,960		
	第十一目　江西实业费	39,000	6,980	32,020		
	第十二目　福建实业费	50,524	17,644	32,880		
	第十三目　浙江实业费	39,000	6,660	32,340		

	第十四目 湖北实业费	33,600	7,200	26,400		
	第十五目 湖南实业费	48,614	8,780	39,834		
	第十六目 陕西实业费	48,688	15,384	33,304		
	第十七目 甘肃实业费	104,836	77,410	27,426		
	第十八目 新疆实业费	39,000	4,440	34,560		
	第十九目 四川实业费	193,075	157,875	35,200		
	第二十目 广东实业费	42,000	6,360	35,640		
	第廿一目 广西实业费	36,000	4,440	31,560		
	第廿二目 云南实业费	46,568	17,848	28,720		

续　表

	第廿三目　贵州实业费	36,000	4,440	31,560		
	第廿四目　热河实业费	9,004	9,004			
	第廿五目　察哈尔实业费	32,648	9,228	23,420		
	第廿六目　川边实业费	4,280	2,360	1,920		
共	计	3,257,050	2,246,897	1,010,153		

民国八年度交通经费国家岁出预算总表说明书

按中央交通经费民国五年度预算议定一百二十三万三千二百三十九元。本届据交通部册开经常、临时一百四十九万三千八百四十一元。复据咨请增加五万四千八百元，共为一百五十四万八千六百四十一元，财政部复核照列，比较五年计增三十一万五千四百零二元。各省交通经费五年度预算议定四十一万七千二百元。本届各省区及各边防册报未齐，由部按照七年度原报预算及本年度电报增减各款，并参照五年度议定数目分别核编，经常、临时共列五十八万九千六百一十八元，比较五年计增一十七万二千四百一十八元，总计中央及各省交通经费共为二百一十三万八千二百五十九元。经国会议决经常门中央交通经费核减五万元，各省交通经费核减三万三千四百八十九元。临时门中央交通经费核减二万五千六百七十六元，各省交通经费无增减，共定为二百零二万九千零九十四元，比较五年共增三十七万八千六百五十五元。惟表内所列五年数目，凡为本届所无款项及五年原列本款项下，本届改列他款者均不列比，故与总说明五年数目不同，所有增减理由均于部、省各分表内分别说明。此核编交通经费八年度国家岁出预算之大略情形也。

第十款　　交通经费　　经常门

项　别	目　别	八年议决数	五年议定数	比较		说　明
				增	减	
第一项　中央交通经费		1,323,747	1,129,496	194,251		
	第一目　交通部经费	828,516	713,692	114,824		
	第二目　育才费	495,231	415,804	79,427		
第二项　各省交通经费		541,839	374,181	167,658		
	第一目　吉林交通费	81,000		81,000		
	第二目　黑龙江交通费	97,957	5,760	92,197		
	第三目　河南交通费	69,720	69,720			
	第四目　甘肃交通费	49,350	54,889		5,539	

	第五目 新疆交通费	97,810	97,810			
	第六目 广西交通费	72,000	72,000			
	第七目 热河交通费	1,716	1,716			
	第八目 川边交通费	32,286	32,286			
	第九目 西藏交通费	40,000	40,000			
共	计	1,865,586	1,503,677	361,909		

民国八年度蒙藏经费国家岁出预算总表说明书

按中央蒙藏经费民国五年度预算议定一百一十三万八千四百九十二元。本届据蒙藏院册开经常、临时共一百二十万零九千六百五十元。又追加六千六百三十三元，财政部复核减去五万零一百二十元，删除一万二千六百四十三元。复据该院咨请追加廪饩六千三百九十五元，财政部照数加列，共列一百一十五万九千九百十五元，比较五年计增二万一千四百二十三元。各省蒙藏经费五年度预算系照各省区原报清册，分列内务、交通各费之内，本届改列本款项下，共列二十万零八千八百二十七元。总计中央及各省蒙藏经费共为一百三十六万八千七百四十二元。经国会议决均无增减。惟表内所列五年数目，凡为本届所无款项均不列比，故与总说明五年数目不同，所有增减理由均于部、省各分表内分别说明。此核编蒙藏经费八年度国家岁出预算之大略情形也。

第十一款　　蒙藏经费　　经常门

项别	目别	八年议决数	五年议定数	比较 增	比较 减	说明
第一项　中央蒙藏经费		1,109,915	1,031,573	78,342		
	第一目　蒙藏院经费	263,824	247,976	15,848		
	第二目　直辖各机关经费	41,478	29,988	11,490		
	第三目　附属各项经费	804,613	753,609	51,004		
第二项　各省蒙藏经费		208,827	208,920		93	
	第一目　直隶蒙藏费	15,554	15,554			
	第二目　山西蒙藏费	3,295	3,295			
	第三目　甘肃蒙藏费	58,170	58,606		436	

续　　表

	第四目　新疆蒙藏费	80,739	80,739			
	第五目　热河蒙藏费	32,401	32,401			
	第六目　绥远蒙藏费	4,261	4,261			
	第七目　察哈尔蒙藏费	12,336	11,993	343		
	第八目　川边蒙藏费	2,071	2,071			
共	计	1,318,742	1,240,493	78,249		

第一款　　各机关经费　　临时门

项别	目别	八年议决数	五年议定数	比较		说明
				增	减	
第一项　中央各机关经费		2,748,192	1,067,613	1,680,579		
	第一目　公府经费	1,000,000	793,733	206,267		
	第二目　国务院经费	1,219,892	93,480	1,126,412		
	第三目　国会经费	515,100	172,000	343,100		
	第四目　在京各机关经费	13,200	8,400	4,800		
共	计	2,748,192	1,067,613	1,680,579		

第二款　　外交经费　　临时门

项别	目别	八年议决数	五年议定数	比较 增	比较 减	说明
第一项　中央外交经费		1,130,106	1,806,016		675,910	
	第一目　外交部经费	238,636	192,636	46,000		
	第二目　出使经费	547,480	484,430	63,050		
	第三目　直辖各机关经费	322,990	1,128,950		805,960	
	第四目　附属经费	21,000		21,000		
第二项　各省外交经费		38,449	25,163	13,286		
	第一目　奉天外交费	5,400	5,940		540	
	第二目　河南外交费	14,219	14,219			

	第三目 新疆外交费	16,346	2,520	13,826		
	第四目 广东外交费	2,184	2,184			
	第五目 察哈尔外交费	300	300			
共	计	1,168,555	1,831,179		662,624	

第三款　　内务经费　　临时门

项别		目别		八年议决数	五年议定数	比较 增	比较 减	说明
第一项	中央内务经费			2,282,466	1,792,842	489,624		
		第一目	内务部经费	239,200	108,000	131,200		
		第二目	步军统领衙门经费	1,172,824	1,160,044	12,780		
		第三目	护军管理处经费	137,356	118,952	18,404		
		第四目	督办京畿一带水灾河工善后事宜处经费	23,400		23,400		
		第五目	直辖各机关经费	694,182	405,846	288,336		
		第六目	附属经费	15,504		15,504		
第二项	各省内务经费			2,608,717	1,268,549	1,340,168		

第一目　京兆内务费	9，243	1，200	8，043	
第二目　直隶内务费	255，218	104，424	150，794	
第三目　奉天内务费	114，312	38，024	76，288	
第四目　吉林内务费	202，390	6，000	196，390	
第五目　黑龙江内务费	68，000	38，000	30，000	
第六目　山东内务费	176，096	54，166	121，930	
第七目　河南内务费	87，296	31，047	56，249	
第八目　山西内务费	49，542	20，520	29，022	
第九目　江苏内务费	177，000	91，000	86，000	
第十目　安徽内务费	120，000	10，000	110，000	
第十一目　江西内务费	90，948	55，500	35，448	
第十二目　福建内务费	45，736	35，000	10，736	
第十三目　浙江内务费	321，549	81，100	240，449	
第十四目　湖北内务费	67，592	47，923	19，669	
第十五目　湖南内务费	52，200	34，200	18，000	

续　表

	第十六目	陕西内务费	27，208	84	27，124		
	第十七目	甘肃内务费	24，440	3，440	21，000		
	第十八目	新疆内务费	42，745	4，461	38，284		
	第十九目	四川内务费	9，408	1，200	8，208		
	第二十目	广东内务费	539，034	539，034			
	第廿一目	广西内务费	30，115	30，115			
	第廿二目	贵州内务费	24，000		24，000		
	第廿三目	热河内务费	11，720	3，000	8，720		
	第廿四目	绥远内务费	7，925	1，511	6，414		
	第廿五目	察哈尔内务费	17，400		17，400		
	第廿六目	川边内务费	37，600	37，600			
共		计	4，891，183	3，061，391	1，829，792		

第四款　　财政经费　　临时门

项别	目别	八年议决数	五年议定数	比较 增	比较 减
第一项 中央财政经费		6，878，455	12，622，494		5，744，039
	第一目 财政部经费	141，090	191，600		50，510
	第二目 全国烟酒事务署经费	15，200	15，200		
	第三目 币制局经费	10，000		10，000	
	第四目 直辖各机关经费	31，148	19，428	11，720	
	第五目 附属各项经费	640，000	640，000		
	第六目 中央直接收入征收经费	1，075，923	1，089，911		13，988
	第七目 盐务经费	927，204	617，291	309，913	
	第八目 各机关经费	37，890	49，064		11，174
	第九目 预备金	4，000，000	10，000，000		6，000，000

续　　表

第二项　各省财政经费		1, 271, 154	615, 865	655, 289	
	第一目　黑龙江财政费	10, 000	10, 000		
	第二目　山东财政费	34, 800	12, 000	22, 800	
	第三目　河南财政费	7, 895	7, 895		
	第四目　江苏财政费	324, 458	158, 900	165, 558	
	第五目　安徽财政费	60, 370		60, 370	
	第六目　江西财政费	676, 523	260, 212	416, 311	
	第七目　浙江财政费	36, 000	36, 000		
	第八目　甘肃财政费	22, 000	55, 000		33, 000
	第九目　新疆财政费	11, 820	11, 821		1
	第十目　广东财政费	64, 037	64, 037		
	第十一目　贵州财政费	10, 483		10, 483	
	第十二目　察哈尔财政费	10, 368		10, 368	

	第十三目　川边财政费	2，400		2，400		
共	计	8，149，609	13，238，359		5，088，750	

第五款　　陆军经费　　临时门

项　　别	目　　别	八年议决数	五年议定数	比　　较		说　明
				增	减	
第一项　中央陆军费		53，512，245	1，740，279	51，771，966		
	第一目　陆军部经费	424，498	64，320	360，178		
	第二目　参谋本部经费	809，721	673，559	136，162		
	第三目　直辖各机关经费	24，061，905		24，061，905		
	第四目　附属各项经费	2，820，000	1，000，000	1，820，000		
	第五圊　其他各军事机关经费	9，756，058	2，400	9，753，658		

续　表

		第六目	督办边防各项经费	14，684，474		14，684，474	
		第七目	各军队预备费	955，589		955，589	
第二项	各省陆军经费			24，731，408	2，648，723	22，082，685	
		第一目	直隶陆军费	729，246	141，559	587，687	
		第二目	奉天陆军费	859，792	71，938	787，854	
		第三目	吉林陆军费	3，376，349	24，000	3，352，349	
		第四目	黑龙江陆军费	1，480，059	418，345	1，061，714	
		第五目	山东陆军费	2，854，374	182，400	2，671，974	
		第六目	河南陆军费	123，416	141，736		18，320
		第七目	山西陆军费	2，805，835	152，855	2，652，980	
		第八目	江苏陆军费	1，447，813	126，131	1，321，682	
		第九目	安徽陆军费	493，924	144，909	349，015	
		第十目	江西陆军费	1，366，104	91，920	1，274，184	
		第十一目	福建陆军费	1，199，000	186，090	1，012，910	

第十二目	浙江陆军费	1，319，811	203，000	1，116，811	
第十三目	湖北陆军费	275，626	319，202		43，576
第十四目	湖南陆军费	400，811		400，811	
第十五目	陕西陆军费	1，509，624	66，468	1，443，156	
第十六目	甘肃陆军费	1，477，334		1，477，334	
第十七目	新疆陆军费	1，415，563		1，415，563	
第十八目	四川陆军费	218，560		218，560	
第十九目	广东陆军费	120，000		120，000	
第二十目	广西陆军费	250，000	100，000	150，000	
第廿一目	云南陆军费	15，476	52，976		37，500
第廿二目	贵州陆军费	46，450	107，557		61，107
第廿三目	热河陆军费	63，466	54，037	9，429	
第廿四目	绥远陆军费	85，085		85，085	
第廿五目	察哈尔陆军费	241，074		241，074	

续　表

	第廿六目　川边陆军费	556，616	63，600	493，016		
共	计	78，243，653	4，389，002	73，854，651		

第六款　　海军经费　　临时门

项　别	目　别	八年议决数	五年议定数	比　较		说　明
				增	减	
第一项　中央海军经费		120，000		120，000		
	第一目　附属各项经费	120，000		120，000		
第二项　各省海军经费		65，024	65，024			
	第一目　直隶海军费	2，000	2，000			
	第二目　广东海军费	63，024	63，024			
共	计	185，024	65，024	120，000		

第七款　　司法经费　　临时门

项别	目别	八年议决数	五年议定数	比较 增	比较 减	说明
第一项　各省司法经费		6，852	8，610		1，758	
	第一目　京兆司法费	2，400	2，400			
	第二目　江西司法费	652	2，410		1，758	
	第三目　四川司法费	800	800			
	第四目　广西司法费	3，000	3，000			
共计		6，852	8，610		1，758	

第八款　　教育经费　　临时门

项别	目别	八年议决数	五年议定数	比较 增	比较 减	说明
第一项　中央教育经费		301，740	374，811		73，071	

续　表

	第一目　教育部经费	8，000	8，000			
	第二目　直辖各校经费	246，340	296，911		50，571	
	第三目　分设各机关经费	29，400	61，900		32，500	
	第四目　补助经费	15，000	5，000	10，000		
	第五目　附属各项经费	3，000	3，000			
第二项　各省教育经费		160，172	97，557	62，615		
	第一目　奉天教育费	35，000		35，000		
	第二目　江苏教育费	94，569	59，854	34，715		
	第三目　湖北教育费	28，400	35，500		7，100	
	第四目　广西教育费	2，203	2，203			
共	计	461，912	472，368		10，456	

第九款　　实业经费　　临时门

项别		目别		八年议决数	五年议定数	比较		说明
						增	减	
第一项	中央实业经费			410，447	416，447		6，000	
		第一目	农商部经费	148，000	148，000			
		第二目	全国水利局经费	4，000	4，000			
		第三目	直辖各机关经费	178，447	184，447		6，000	
		第四目	附属各项经费	80，000	80，000			
第二项	各省实业经费			31，920	31，920			
		第一目	山东实业费	30，000	30，000			
		第二目	川边实业费	1，920	1，920			
共计				442，367	448，367		6，000	

第十款　　交通经费　　临时门

项别	目别	八年议决数	五年议定数	比较		说明
				增	减	
第一项　中央交通经费		149，218	103，743	45，475		
	第一目　交通部经费	102，706	87，382	15，324		
	第二目　育才费	46，512	16，361	30，151		
第二项　各省交通经费		14，290	13，090	1，200		
	第一目　广西交通费	4，000	4，000			
	第二目　川边交通费	3，090	3，090			
	第三目　库伦交通费	2，400	2，400			
	第四目　乌里雅苏台交通费	1，200	1，200			
	第五目　恰克图交通费	1，200	1，200			
	第六目　科布多交通费	1，200	1，200			

	第七目　唐努乌梁海交通费	1，200		1，200		
共	计	163，508	116，833	46，675		

第十一款　　蒙藏经费　　临时门

项　别	目　别	八年议决数	五年议定数	比较		说　明
				增	减	
第一项　中央蒙藏经费		50，000	50，000			
	第一目　蒙藏院经费	50，000	50，000			
共	计	50，000	50，000			

民国八年度债款国家岁出预算总表说明书

按债款预算民国五年度原列财政部所管，总表内议定一万四千二百二十四万四千八百八十八元。本届提出另列，计外债、内债共列二万一千四百六十三万一千一百七十六元。经国会议决外债按各国币制时价另行折合，定为八千九百零五万六千四百九十六元，内债因岁入额数减少，故定为三千八百九十万零六千三百三十元，比较五年计减一千四百二十八万二千零六十二元，所有订借原案及应付细数，均于专表内各款项下分别说明。此核编债款八年度国家岁出预算之大略情形也。

第十二款　　债款经费　　临时门

项别	目别	八年议决数	五年议定数	比较		说明
				增	减	
第一项　债款支出		127，962，826	142，244，888		14，282，062	
	第一目　外债	89，056，496	128，297，814		39，241，318	
	第二目　内债	38，906，330	13，947，074	24，959，256		
共计		127，962，826	142，244，888		14，282，062	

〔北洋政府财政部档案〕

5．财政整理会试拟1924年度中央暨各省区国家岁入岁出预算表

（1924年9月）

（一）试拟国家预算总案

（1）总说明书

国家根本大法厥惟宪法，而其运用枢机则在预算。宪法百年无改以为之经，预算每岁议决以为之纬，两者交相为用而百政进行，国家根本于以巩固。凡宪法对于财政之规划，以为预算之基础。其要点不外二大端：一为国家预算与省预算之划分；一为军费与其他岁出比较率之确定。本会根据此两要点，就各省区送到最近年度之预算表册，酌量试拟国家预算，以为宪政实施之张本。岁入各款项，以关盐、印花、烟酒各税、其他消费税及全国税率应行划一之租税属于国家，以田赋、契税划归省预算。厘金一项为应行裁撤之税，国、省两皆未列，将来免厘加税实行，除由增加关税项下拨补外，同时应办内地税。是否采用产销税制度，届时依法决定。惟此项内地税必为全国税率应行划一之税，兹姑列产销税目，即照原报货物税数目列入国家预算，此编列岁入各款项之大概也。岁出各款项，宪法但定事项，未言经费。盖经费即随事项而分，初无疑义。兹将应由国家执行各事项所有经费均属于国家，应由各省执行各事项所有经费划归省预算。依此分配，原列外交、陆海军、司法经费应全属国家。内务、农商、教育、交通经费，除依宪法应属国家各项外，余悉划归省预算。内中有原预算所列门类，详核性质应行移列者，各于本款项说明。内外债款一项，限于国家借款，此编列岁出各款项之大概也。国家军备费不得逾岁出四分之一，应先加核减。惟本会所编陆海军费系

汇列各主管部暨各省区册报，其间年分远近不齐，军事变迁非一，按诸实际，未必悉能吻合，事关全国军政，应由主管部与各省区军事最高机关通筹全局酌定办法。兹姑按原数开列，此又编列军费之大概也。依上述编列之结果，各省区原列国家岁入，兹拟改列省预算者，共计一万六百五十三万八千三元，原列国家岁出。兹拟改列省预算者，共计五千八百六十八万七千六百九十一元。其编列国家预算者，岁入总数三万五千一百七十七万四百三十二元，岁出总数五万八百万一千一百八十一元。岁出数内各项政费一万一千二百七十九万五千九百三元，债款一万五千四百四十四万四千五百五十五元，军费二万四千七十六万七百二十三元。如以政费债款合为岁出四分之三，而军费居四分之一，应为八千九百八万一百五十三元，照此核计岁出总数应为三万五千六百三十二万六百十一元。将来宪政实施，依法律以立确定之标准，就事实以定进行之程序，本会此次试拟预算，未始非参考之一助也。

（2）总　　案

岁入经常门		
第一款　关税	共	119，111，920元
第一项　海关税		100，019，195元
第二项　五十里内常关税		7，071，954元
第三项　五十里外及内地边陆各常关税		12，020，771元
第二款　盐税	共	98，859，403元
第一项　盐税		98，859，403元
第三款　产销税	共	46，698，181元
第一项　产销税		46，698，181元

续　表

第四款　正杂各税	共	14，741，712元
第一项　牙税		2，525，412元
第二项　当税		732，827元
第三项　矿税		657，266元
第四项　牲畜税		560，299元
第五项　屠宰税		3，875，774元
第六项　茶税		1，732，462元
第七项　糖税		750，798元
第八项　鱼业税		218，098元
第九项　木税		535，356元
第十项　杂税		3，153，420元
第五款　正杂各捐	共	3，526，406元
第一项　货捐		569，401元
第二项　杂捐		2，957，005元
第六款　官业收入	共	1，993，627元
第一项　官股收入		1，214，694元
第二项　官办局厂收入		768，730元
第三项　官有房地租收入		10，203元
第七款　杂收入	共	2，234，052元
第一项　财政收入		457，023元
第二项　司法收入		1，577，490元

第三项	官款收入		126，017元
第四项	杂款收入		73，522元
第八款	中央直接收入	共	46，634，310元
第一项	印花税		5，864，400元
第二项	烟酒公卖费		17，437，990元
第三项	烟酒税		16，459，540元
第四项	烟酒牌照税		2，704，892元
第五项	全国纸烟出厂捐，并二五内地统捐暨雪茄烟捐		4，130，000元
第六项	胶澳产地销地税		37，488元
第九款	中央各机关收入	共	2，803，181元
第一项	外交部收入		60，301元
第二项	内务部收入		94，099元
第三项	财政部收入		1，764，231元
第四项	海军部收入		10，944元
第五项	司法部收入		80，000元
第六项	教育部收入		102，470元
第七项	农商部收入		399，136元
第八项	交通部收入		34，000元
第九项	侨务局收入		150，000元
第十项	印铸局收入		108，000元

岁入经常门共计 336，602，792元

续　表

岁入临时门		
第一款　产销税	共	69，214元
第一项　罚款		69，214元
第二款　正杂各税	共	28，516元
第一项　杂税		28，516元
第三款　官业收入	共	105，477元
第一项　官办局厂收入		105，477元
第四款　杂收入	共	443，990元
第一项　财政收入		352，294元
第二项　官款收入		7，003元
第三项　罚款收入		67，433元
第四项　杂款收入		17，260元
第五款　中央直接收入	共	14，439，343元
第一项　各省区官产收入		14，439，343元
第六款　中央各机关收入	共	81，100元
第一项　教育部收入		4，600元
第二项　印铸局收入		76，500元
岁入临时门共计　15，167，640元		
岁入经常临时总计　351，770，432元		
岁出经常门		
第一款　各机关经费	共	27，108，991元

第一项　中央各机关经费		27，108，991元
第二款　外交经费	共	4，583，722元
第一项　中央外交经费		3，728，100元
第二项　各省外交经费		855，622元
第三款　内务经费	共	8，829，387元
第一项　中央内务经费		4，795，058元
第二项　各省内务经费		4，034，329元
第四款　财政经费	共	35，090，833元
第一项　中央财政经费		27，467，564元
第二项　各省财政经费		7，623，269元
第五款　陆军经费	共	192，268，508元
第一项　中央陆军经费		192，268，508元
第六款　海军经费	共	14，970，810元
第一项　中央海军经费		14，970，810元
第七款　司法经费	共	13，337，674元
第一项　中央司法经费		3，071，134元
第二项　各省司法经费		10，266，540元
第八款　教育经费	共	4．836，784元
第一项　中央教育经费		3，648，934元
第二项　各省教育经费		1，187，850元
第九款　农商经费	共	2，630，090元

续　表

第一项　中央农商经费		2，014，630元
第二项　各省农商经费		615，460元
第十款　交通经费	共	2，627，814元
第一项　中央交通经费		2，518，094元
第二项　各省交通经费		109，720元
岁出经常门共计　306，284，613元		
岁出临时门		
第一款　各机关经费	共	1，783，612元
第一项　中央各机关经费		1，783，612元
第二款　外交经费	共	1，544，342元
第一项　中央外交经费		1，440，405元
第二项　各省外交经费		103，937元
第三款　内务经费	共	3，029，472元
第一项　中央内务经费		2，602，629元
第二项　各省内务经费		426，843元
第四款　财政经费	共	6，056，211元
第一项　中央财政经费		5，900，230元
第二项　各省财政经费		155，981元
第五款　陆军经费	共	29，616，088元
第一项　中央陆军经费		29，616，088元
第六款　海军经费	共	3，905，317元

第一项　中央海军经费		3，905，317元
第七款　司法经费	共	37，817元
第一项　各省司法经费		37，817元
第八款　教育经费	共	489，667元
第一项　中央教育经费		322，740元
第二项　各省教育经费		166，927元
第九款　农商经费	共	256，961元
第一项　中央农商经费		224，811元
第二项　各省农商经费		32，150元
第十款　交通经费	共	552，526元
第一项　中央交通经费		545，326元
第二项　各省交通经费		7，200元
第十一款　债款经费	共	154，444，555元
第一项　债款支出		154，444，555元

岁出临时门共计　201，716，568元

岁出经常临时总计　508，001，181元

（二）试拟国家岁入预算总表

岁入　经常门

款别	项别	目别	试拟预算数	说明
第一款　关　税			共 119，111，920	
	第一项　关　税		119，111，920	
		第一目　海关税	100，019，195	
		第二目　五十里内常关税	7，071，954	
		第三目　五十里外及内地边陆各常关税	12，020，771	
第二款　盐　税			共 98，859，403	
	第一项　盐税		98，859，403	
		第一目　盐　税	98，859，403	
第三款　产销税			共 46，698，181	

	第一项　产销税		46，698，181	
		第一目　直隶产销税	926，790	
		第二目　奉天产销税	5，049，778	
		第三目　吉林产销税	3，770，359	查此目系分表第一、第二两项合并。
		第四目　黑龙江产销税	3，975，401	
		第五目　山东产销税	797，364	
		第六目　河南产销税	840，000	
		第七目　山西产销税	735，980	
		第八目　江苏产销税	6，428，507	
		第九目　安徽产销税	1，538，700	
		第十目　江西产销税	2，718，877	
		第十一目　福建产销税	1，430，000	
		第十二目　浙江产销税	1，819，822	
		第十三目　湖北产销税	3，223，227	查此目系分表第一、第二两项合并。

续　　表

		第十四目　湖南产销税	2，352，456	
		第十五目　陕西产销税	1，010，000	查此目系分表第一、第二两项合并。
		第十六目　甘肃产销税	997，067	
		第十七目　新疆产销税	472，401	
		第十八目　四川产销税	819，402	
		第十九目　广东产销税	4，562，179	
		第二十目　广西产销税	1，435，441	
		第廿一目　云南产销税	642，015	
		第廿二目　贵州产销税	472，612	
		第廿三目　热河产销税	433，658	
		第廿四目　绥远产销税	159，005	
		第廿五目　察哈尔产销税	87，140	
第四款　正杂各税			共　14，741，712	
	第一项　牙税		2，525，412	

	第一目　京兆牙税	146，000	
	第二目　直隶牙税	209，329	
	第三目　奉天牙税	189，445	查此目系分表第二项
	第四目　吉林牙税	36，177	
	第五目　黑龙江牙税	3，681	
	第六目　山东牙税	279，933	
	第七目　河南牙税	300，000	
	第八目　山西牙税	65，200	
	第九目　江苏牙税	450，000	
	第十目　安徽牙税	260，000	
	第十一目　江西牙税	111，736	查此目系分表第一项
	第十二目　福建牙税	51，914	
	第十三目　浙江牙税	90，000	
	第十四目　湖北牙税	120，262	查此目系分表第一项
	第十五目　湖南牙税	102，990	查此目系分表第一项

续　　表

	第十六目　陕西牙税	30，000	
	第十七目　甘肃牙税	6，622	
	第十八目　新疆牙税	5，987	
	第十九目　四川牙税	53，203	
	第二十目　广西牙税	4，000	查此目系分表第三项
	第廿一目　云南牙税	450	
	第廿二目　贵州牙税	2，221	
	第廿三目　热河牙税	2，250	
	第廿四目　绥远牙税	1，212	
	第廿五目　察哈尔牙税	2，800	
第二项　当税		732，827	
	第一目　京兆当税	6，000	
	第二目　直隶当税	18，563	
	第三目　吉林当税	17，919	
	第四目　黑龙江当税	1，195	

	第五目　山东当税	50，000	
	第六目　河南当税	6，000	
	第七目　山西当税	36，310	
	第八目　安徽当税	4，800	
	第九目　福建当税	50，000	
	第十目　浙江当税	25，000	
	第十一目　陕西当税	500	
	第十二目　甘肃当税	9，069	
	第十三目　四川当税	15，621	
	第十四目　广东当税	403，309	
	第十五目　广西当税	79，100	
	第十六目　云南当税	2，590	
	第十七目　贵州当税	750	
	第十八目　热河当税	3，316	
	第十九目　绥远当税	1，785	

续　表

		第二十目　察哈尔当税	1，000	
	第三项　矿税		657，266	
		第一目　直隶矿税	213，000	
		第二目　奉天矿税	224，959	
		第三目　黑龙江矿税	83，171	
		第四目　山东矿税	35，385	
		第五目　河南矿税	5，326	
		第六目　江苏矿税	2，800	
		第七目　安徽矿税	10，000	
		第八目　江西矿税	26，018	
		第九目　湖北矿税	9，676	查此目系分表第六、第七两项合并。
		第十目　陕西矿税	854	
		第十一目　甘肃矿税	7，064	
		第十二目　广西矿税	5，360	

		第十三目　热河矿税	32，455
		第十四目　察哈尔矿税	1，198
	第四项　牲畜税		560，299
		第一目　山东牲畜税	254，800
		第二目　山西牲畜税	100，000
		第三目　安徽牲畜税	50，000
		第四目　新疆牲畜税	50，000
		第五目　热河牲畜税	105，499
	第五项　屠宰税		3，875，774
		第一目　直隶屠宰税	150，000
		第二目　黑龙江屠宰税	67，817
		第三目　山东屠宰税	187，200
		第四目　河南屠宰税	80，000
		第五目　山西屠宰税	20，000
		第六目　江苏屠宰税	400，000

续　　表

		第七目　安徽屠宰税	100,000	
		第八目　江西屠宰税	150,000	
		第九目　福建屠宰税	300,000	
		第十目　浙江屠宰税	240,000	
		第十一目　湖北屠宰税	252,766	
		第十二目　四川屠宰税	1,400,000	
		第十三目　广东屠宰税	300,000	
		第十四目　云南屠宰税	50,000	
		第十五目　贵州屠宰税	98,768	
		第十六目　热河屠宰税	15,379	
		第十七目　绥远屠宰税	45,910	
		第十八目　察哈尔屠宰税	17,934	
	第六项　茶税		1,732,462	
		第一目　安徽茶税	451,000	
		第二目　江西茶税	199,058	

		第三目　福建茶税	376，340
		第四目　湖北茶税	191，674
		第五目　陕西茶税	10，443
		第六目　四川茶税	321，608
		第七目　云南茶税	32，339
		第八目　川边茶税	150，000
	第七项　糖税		750，798
		第一目　安徽糖税	5，000
		第二目　江西糖税	109，115
		第三目　湖北糖税	189，047
		第四目　陕西糖税	5，000
		第五目　四川糖税	442，636
	第八项　鱼业税		218，098
		第一目　奉天鱼业税	74，391
		第二目　黑龙江鱼业税	14，902

续　表

		第三目　广东鱼业税	128，805	
	第九项　木税		535，356	
		第一目　吉林木税	531，006	
		第二目　贵州木税	4，350	查此目系分表第三项
	第十项　杂税		3，153，420	
		第一目　京兆杂税	400	
		第二目　直隶杂税	276，907	
		第三目　吉林杂税	649，478	查此目系分表第三、第五两项合并。
		第四目　黑龙江杂税	52，778	查此目系分表第四、六、七等项合并。
		第五目　河南杂税	686，134	查此目系分表第三、四、五等项合并。
		第六目　山西杂税	14，413	查此目系分表第五、第六两项合并。
		第七目　湖北杂税	80，000	查此目系分表第四、第五两项合并。
		第八目　甘肃杂税	323，000	查此目系分表第三项

		第九目　新疆杂税	144，079	查此目系分表第二、第四两项合并。
		第十目　广东杂税	831，660	查此目系分表第三、第四两项合并。
		第十一目　贵州杂税	262	查此目系分表第五项
		第十二目　绥远杂税	1，014	查此目系分表第三项
		第十三目　川边杂税	93，295	查此目系分表第二、第三两项合并。
第五款　正杂各捐			共　3，526，406	
	第一项　货捐		569，401	
		第一目　京兆货捐	55，000	
		第二目　直隶货捐	241，062	
		第三目　湖北货捐	273，339	
	第二项　杂捐		2，957，005	
		第一目　京兆杂捐	18，900	查此目系分表第二、第三两项合并。
		第二目　直隶杂捐	29，322	查此目系分表第二项

续　表

		第三目　吉林杂捐	117	查此目系分表第一项
		第四目　黑龙江杂捐	121，765	查此目系分表第一、二、三、四等项合并。
		第五目　山东杂捐	3，500	查此目系分表第一项
		第六目　浙江杂捐	2，240，475	查此目系分表第一、二、三、四、五、六、七等项合并。
		第七目　湖北杂捐	295，126	查此目系分表第一、第三两项合并。
		第八目　甘肃杂捐	129，800	查此目系分表第一项
		第九目　广东杂捐	100，000	查此目系分表第一项
		第十目　热河杂捐	18，000	
第六款　官业收入			1，993，627	
	第一项　官股收入		1，214，694	
		第一目　京兆官股收入	5，000	查此目系分表第一项
		第二目　直隶官股收入	456，935	
		第三目　奉天官股收入	557，444	查此目系分表第一、三、四等项合并。

		第四目	云南官股收入	143，315	
		第五目	热河官股收入	52，000	查此目系分表第一项
第二项	官办局厂收入			768，730	
		第一目	奉天官办局厂收入	143，845	查此目系分表第二项
		第二目	黑龙江官办局厂收入	316，577	查此目系分表第一项
		第三目	山东官办局厂收入	140，076	查此目系分表第一项
		第四目	新疆官办局厂收入	34，551	查此目系分表第一项
		第五目	四川官办局厂收入	131，181	查此目系分表第一、第二两项合并。
		第六目	云南官办局厂收入	2，500	
第三项	官有房地租收入			10，203	
		第一目	河南官有房地租收入	10，203	

续　　表

第七款　杂收入			共　2，234，052	
	第一项　财政收入		457，023	
		第一目　直隶财政收入	33，279	查此目系分表第一项
		第二目　奉天财政收入	177，140	查此目系分表第一、二、三、四、五等项合并。
		第三目　吉林财政收入	200，184	查此目系分表第二项
		第四目　黑龙江财政收入	26，666	查此目系分表第二项
		第五目　甘肃财政收入	10，000	查此目系分表第二项
		第六目　新疆财政收入	9，754	查此目系分表第三项
	第二项　司法收入		1，577，490	
		第一目　直隶司法收入	110，796	
		第二目　奉天司法收入	382，336	
		第三目　黑龙江司法收入	21，312	
		第四目　山西司法收入	151，078	
		第五目　江苏司法收入	112，500	

		第六目　安徽司法收入	4，500	
		第七目　江西司法收入	124，547	
		第八目　福建司法收入	100，000	
		第九目　浙江司法收入	264，106	
		第十目　湖南司法收入	149，938	
		第十一目　陕西司法收入	48，260	
		第十二目　广西司法收入	40，000	
		第十三目　热河司法收入	28，160	
		第十四目　绥远司法收入	35，062	
		第十五目　察哈尔司法收入	4，445	
	第三项　官款收入		126，017	
		第一目　吉林官款收入	23，765	
		第二目　山东官款收入	4，173	
		第三目　河南官款收入	8，357	
		第四目　江西官款收入	6，060	

续　表

		第五目　浙江官款收入	55，485	查此目系分表第二、第三两项合并。
		第六目　热河官款收入	23，528	
		第七目　察哈尔官款收入	4，649	
	第四项　杂款收入		73，522	
		第一目　河南杂款收入	2，210	
		第二目　江苏杂款收入	6，000	
		第三目　安徽杂款收入	20，000	
		第四目　甘肃杂款收入	850	
		第五目　新疆杂款收入	11，570	
		第六目　广东杂款收入	29，200	
		第七目　云南杂款收入	3，692	
第八款　中央直接收入			共　46，634，310	
	第一项　中央直接收入		46，634，310	

				第一目	印花税		5，864，400
				第二目	烟酒公卖费		17，437，990
				第三目	烟酒费		16，459，540
				第四目	烟酒牌照费		2，704，892
				第五目	全国纸烟出厂捐，并二五内地统捐暨雪茄烟捐		4，130，000
				第六目	胶澳产地销地税		37，488
第九款	中央各机关收入					共	2，803，181
		第一项	中央各机关收入				2，803，181
				第一目	外交部收入		60，301
				第二目	内务部收入		94，099
				第三目	财政部收入		1，764，231
				第四目	海军部收入		10，944
				第五目	司法部收入		80，000

续　表

		第六目　教育部收入	102，470	
		第七目　农商部收入	399，136	
		第八目　交通部收入	34，000	
		第九目　侨务局收入	150，000	
		第十目　印铸局收入	108，000	

岁入　　临时门

款　别	项　别	目　别	试拟预算数	说　明
第一款　产销税			共　69，214	
	第一项　罚款		69，214	
		第一目　山西罚款	2，309	
		第二目　江苏罚款	13，716	
		第三目　安徽罚款	39，204	查此目系分表第一项
		第四目　江西罚款	3，505	

		第五目　湖南罚款		5，660	
		第六目　广东罚款		5，000	
第二款　正杂各税			共	28，516	
	第一项　杂税			28，516	
		第一目　热河杂税		28，516	查此目系分表第一项
第三款　官款收入			共	105，477	
	第一项　官办局厂收入			105，477	
		第一目　奉天官办局厂收入		377	查此目系分表第一项
		第二目　吉林官办局厂收入		70，000	查此目系分表第一项
		第三目　山东官办局厂收入		35，100	查此目系分表第一项
第四款　杂收入			共	443，990	
	第一项　财政收入			352，294	
		第一目　广东财政收入		352，294	查此目系分表第一项
	第二项　官款收入			7，003	

续　表

		第一目　新疆官款收入	7，003	
	第三项　罚款收入		67，433	
		第一目　直隶罚款收入	2，452	
		第二目　奉天罚款收入	24，330	
		第三目　黑龙江罚款收入	11，237	
		第四目　湖北罚款收入	3，214	
		第五目　四川罚款收入	380	
		第六目　云南罚款收入	1，920	
		第七目　贵州罚款收入	22，580	
		第八目　热河罚款收入	1，320	
	第四项　杂款收入		17，260	
		第一目　广东杂款收入	17，260	
第五款　中央直接收入			共　14，439，343	
	第一项　中央直接收入		14，439，343	

		第一目　各省区官产收入	14，439，343	
第六款　中央各机关收入			共　81，100	
	第一项　中央各机关收入		81，100	
		第一目　教育部收入	4，600	
		第二目　印铸局收入	76，500	

（三）试拟国家岁出预算总表

岁出　　经常门

款　　别	项　　别	目　　别	试拟预算数	说　　明
第一款　各机关经费			共　27,108,991	
	第一项　中央各机关经费		27,108,991	
		第一目　公府经费	2,891,776	

续　表

		第二目　国务院经费		1,943,276
		第三目　国会经费		6,027,892
		第四目　在京各机关经费		1,155,756
		第五目　优待经费		13,603,559
		第六目　蒙藏经费		1,486,732
第二款　外交经费			共	4,583,722
	第一项　中央外交经费			3,728,100
		第一目　外交部经费		841,260
		第二目　出使经费		2,540,760
		第三目　国际联合会经费		300,000
		第四目　直辖机关经费		46,080
	第二项　各省外交经费			855,622
		第一目　直隶外交费		61,376
		第二目　奉天外交费		83,280

	第三目　吉林外交费	94,806	
	第四目　黑龙江外交费	71,665	
	第五目　山东外交费	68,108	
	第六目　河南外交费	25,101	
	第七目　江苏外交费	77,208	
	第八目　安徽外交费	9,840	
	第九目　江西外交费	21,276	
	第十目　福建外交费	58,391	
	第十一目　浙江外交费	23,982	
	第十二目　湖北外交费	47,240	
	第十三目　湖南外交费	6,000	
	第十四目　陕西外交费	6,000	
	第十五目　甘肃外交费	8,240	
	第十六目　新疆外交费	80,071	
	第十七目　四川外交费	30,247	

续　表

		第十八目　广东外交费	27,343
		第十九目　广西外交费	1,200
		第二十目　云南外交费	21,568
		第廿一目　热河外交费	12,960
		第廿二目　察哈尔外交费	19,720
第三款　内务经费			共　8,829,387
	第一项　中央内务经费		4,795,058
		第一目　内务部经费	1,424,850
		第二目　督办全国国道事宜筹备处经费	353,424
		第三目　督办运河工程总局经费	33,600
		第四目　督办京东河道事宜处经费	35,808
		第五目　赈务处经费	30,540
		第六目　直辖各机关经费	2,891,238

		第七目　附属各项经费	25,598	
	第二项　各省内务经费		1,034,329	
		第一目　京兆内务费	108,813	
		第二目　直隶内务费	420,153	
		第三目　奉天内务费	476,189	
		第四目　吉林内务费	257,968	
		第五目　黑龙江内务费	345,388	
		第六目　山东内务费	603,543	
		第七目　河南内务费	441,100	
		第八目　山西内务费	5,295	
		第九目　江苏内务费	21,200	
		第十目　安徽内务费	3,000	
		第十一目　江西内务费	3,000	
		第十二目　福建内务费	16,444	

续 表

		第十三目　浙江内务费	23，996	
		第十四目　湖北内务费	1，600	
		第十五目　湖南内务费	2，000	
		第十六目　陕西内务费	45，670	
		第十七目　甘肃内务费	98，412	
		第十八目　新疆内务费	94，604	
		第十九目　四川内务费	168，710	
		第二十目　广东内务费	43，169	
		第廿一目　广西内务费	71，671	
		第廿二目　云南内务费	122，344	
		第廿三目　贵州内务费	2，000	
		第廿四目　热河内务费	40，171	
		第廿五目　绥远内务费	42，372	
		第廿六目　察哈尔内务费	204，346	
		第廿七目　川边内务费	17，211	

		第廿八目　蒙古内务费	216，960
		第廿九目　西藏内务费	137，000
第四款　财政经费			共　35，090，833
	第一项　中央财政经费		27，467，564
		第一目　财政部经费	751，568
		第二目　全国烟酒事务署经费	328，096
		第三目　财政整理会经费	240，000
		第四目　内国公债局经费	84，000
		第五目　直辖各机关经费	44，840
		第六目　附属各项经费	515，504
		第七目　中央直接收入征收经费	3，461，660
		第八目　盐务经费	11，262，706
		第九目　各关经费	10，779，190

续 表

	第二项　各省财政经费		7，623，269	
		第一目　京兆财政费	40，182	
		第二目　直隶财政费	303，401	
		第三目　奉天财政费	523，013	
		第四目　吉林财政费	663，748	
		第五目　黑龙江财政费	348，495	
		第六目　山东财政费	310，583	
		第七目　河南财政费	200，880	
		第八目　山西财政费	60，000	
		第九目　江苏财政费	728，720	
		第十目　安徽财政费	454，759	
		第十一目　江西财政费	341，042	
		第十二目　福建财政费	271，478	
		第十三目　浙江财政费	490，999	

	第十四目　湖北财政费	471，078	
	第十五目　湖南财政费	514，504	
	第十六目　陕西财政费	166，384	
	第十七目　甘肃财政费	194，899	
	第十八目　新疆财政费	93，791	
	第十九目　四川财政费	240，480	
	第二十目　广东财政费	370，231	
	第廿一目　广西财政费	194，912	
	第廿二目　云南财政费	114，141	
	第廿三目　贵州财政费	205，268	
	第廿四目　热河财政费	144，920	
	第廿五目　绥远财政费	57，949	
	第廿六目　察哈尔财政费	42，400	
	第廿七目　川边财政费	15，012	
	第廿八目　西藏财政费	60，000	

续　表

第五款　陆军经费			共 192，268，508	
	第一项　中央陆军经费		192，268，508	
		第一目　陆军部经费	942，101	
		第二目　军事行政费	40，554，534	
		第三目　军队经费	150，771，873	
第六款　海军经费			共 14，970，810	
	第一项　中央海军经费		14，970，810	
		第一目　海军部经费	982，920	
		第二目　直辖各机关经费	6，105，688	
		第三目　附属各项经费	7，882，202	
第七款　司法经费			共 13，337，674	
	第一项　中央司法经费		3，071，134	
		第一目　司法部经费	484，872	

		第二目	大理院经费	427，267
		第三目	修订法律馆经费	177，600
		第四目	法权讨论委员会经费	116，760
		第五目	直辖各机关经费	1，264，635
		第六目	东省特别区院监经费	600，000
第二项	各省司法经费			10，266，540
		第一目	京兆司法费	148，898
		第二目	直隶司法费	350，000
		第三目	奉天司法费	634，978
		第四目	吉林司法费	478，218
		第五目	黑龙江司法费	220，492
		第六目	山东司法费	379，638
		第七目	河南司法费	400，000

续　表

		第八目　山西司法费	390，476	
		第九目　江苏司法费	945，282	
		第十目　安徽司法费	448，440	
		第十一目　江西司法费	601，748	
		第十二目　福建司法费	390，770	
		第十三目　浙江司法费	834，208	
		第十四目　湖北司法费	320，474	
		第十五目　湖南司法费	791，810	
		第十六目　陕西司法费	368，581	
		第十七目　甘肃司法费	839，806	
		第十八目　新疆司法费	86，717	
		第十九目　四川司法费	383，984	
		第二十目　广东司法费	350，000	
		第廿一目　广西司法费	221，307	
		第廿二目　云南司法费	199，012	

		第廿三目　贵州司法费		207，126
		第廿四目　热河司法费		121，661
		第廿五目　绥远司法费		62，602
		第廿六目　察哈尔司法费		72，312
		第廿七目　蒙古司法费		18，000
第八款　教育经费			共	4，836，784
	第一项　中央教育经费			3，648，934
		第一目　教育部经费		585，184
		第二目　直辖各学校经费		2，101，986
		第三目　分设各机关经费		232，668
		第四目　留学经费		192，596
		第五目　补助经费		409，360
		第六目　附属各项经费		98，340
		第七目　教育基金委员会经费		28，800

续　表

	第二项　各省教育经费			1，187，850
		第一目　直隶教育费		239，343
		第二目　山东教育费		13，297
		第三目　山西教育费		129，810
		第四目　江苏教育费		563，984
		第五目　安徽教育费		20，000
		第六目　浙江教育费		13，302
		第七目　湖北教育费		19，515
		第八目　四川教育费		100，000
		第九目　广东教育费		77，697
		第十目　察哈尔教育费		902
		第十一目　西藏教育费		10，000
第九款　农商经费			共	2，630，090
	第一项　中央农商经费			2，014，630

		第一目	农商部经费	1，032，000	
		第二目	全国水利局经费	91，500	
		第三目	督办热河林垦事宜经费	232，974	
		第四目	直辖各机关经费	658，156	
第二项	各省农商经费			615，460	
		第一目	京兆农商费	4，800	
		第二目	奉天农商费	86，092	
		第三目	吉林农商费	24，000	
		第四目	黑龙江农商费	226，808	
		第五目	山东农商费	28，841	
		第六目	河南农商费	16，437	
		第七目	山西农商费	16，448	
		第八目	江苏农商费	3，000	
		第九目	福建农商费	4，324	

续　表

		第十目　湖南农商费		17，507
		第十一目　陕西农商费		12，688
		第十二目　甘肃农商费		10，316
		第十三目　四川农商费		138，075
		第十四目　广西农商费		4，440
		第十五目　云南农商费		7，688
		第十六目　热河农商费		9，004
		第十七目　川边农商费		4，992
第十款　交通经费			共	2，627，814
	第一项　中央交通经费			2，518，094
		第一目　交通部经费		1，686，839
		第二目　育才费		831，258
	第二项　各省交通经费			109，720
		第一目　河南交通费		69，720
		第二目　西藏交通费		40，000

岁出　　临时门

款别		项别		目别		试拟预算数		说明
第一款	各机关经费					共	1，783，612	
		第一项	中央各机关经费				1，783，612	
				第一目	公府经费		1，489，600	
				第二目	国务院经费		226，012	
				第三目	在京各机关经费		18，000	
				第四目	蒙藏经费		50，000	
第二款	外交经费					共	1，544，342	
		第一项	中央外交经费				1，440，405	
				第一目	外交部经费		189，680	
				第二目	出使经费		534，000	
				第三目	国际联合会经费		716，305	
				第四目	直辖机关经费		420	

续　表

	第二项　各省外交经费			103，937
		第一目　直隶交交费		45，600
		第二目　奉天外交费		6，000
		第三目　吉林外交费		2，400
		第四目　山东外交费		3，000
		第五目　河南外交费		18，969
		第六目　湖北外交费		2，750
		第七目　新疆外交费		23，034
		第八目　广东外交费		2，184
第三款　内务经费			共	3，029，472
	第一项　中央内务经费			2，602，629
		第一目　内务部经费		376，400
		第二目　步军统领衙门经费		1，183，972
		第三目　护军管理处经费		153，888

		第四目　督办运河工程总局经费	20，000	
		第五目　直辖各机关经费	868，369	
	第二项　各省内务经费		426，843	
		第一目　京兆内务费	22，965	
		第二目　直隶内务费	21，795	
		第三目　吉林内务费	30，000	
		第四目　黑龙江内务费	4，000	
		第五目　山东内务费	100，000	
		第六目　河南内务费	40，000	
		第七目　山西内务费	8，000	
		第八目　江苏内务费	50，000	
		第九目　安徽内务费	5，300	
		第十目　江西内务费	10，009	
		第十一目　福建内务费	5，000	

续　　表

		第十二目　浙江内务费		34，800
		第十三目　湖北内务费		15，187
		第十四目　湖南内务费		5，000
		第十五目　陕西内务费		31，281
		第十六目　四川内务费		1，200
		第十七目　广东内务费		18，200
		第十八目　广西内务费		3，115
		第十九目　贵州内务费		6，000
		第二十目　热河内务费		3，000
		第廿一目　察哈尔内务费		2，400
		第廿二目　川边内务费		9，600
第四款　财政经费			共	6，056，211
	第一项　中央财政经费			5，900，230
		第一目　财政部经费		141，090

			第二目	全国烟酒事务署经费	40，000	
			第三目	中央直接收入征收经费	1，719，140	
			第四目	预备费	4，000，000	
	第二项	各省财政经费			155，981	
			第一目	黑龙江财政费	380	
			第二目	江苏财政费	6，858	
			第三目	安徽财政费	39，024	
			第四目	江西财政费	6，212	
			第五目	浙江财政费	36，000	
			第六目	甘肃财政费	13，600	
			第七目	广东财政费	48，386	
			第八目	绥远财政费	3，121	
			第九目	川边财政费	2，400	

续　表

第五款　陆军经费			共　29，616，088
	第一项　中央陆军经费		29，616，088
		第一目　陆军部经费	88，320
		第二目　军事行政费	7，325，758
		第三目　军队经费	22，202，010
第六款　海军经费			共　3，905，317
	第一项　中央海军经费		3，905，317
		第一目　海军部暨直辖各机关经费	3，842，293
		第二目　附属各项经费	63，024
第七款　司法经费			共　37，817
	第一项　各省司法经费		37，817
		第一目　京兆司法费	2，400
		第二目　黑龙江司法费	17，520

		第三目 江西司法费		2，652	
		第四目 陕西司法费		5，265	
		第五目 新疆司法费		7，200	
		第六目 四川司法费		800	
		第七目 绥远司法费		1，980	
第八款 教育经费			共	489，667	
	第一项 中央教育经费			322，740	
		第一目 教育部经费		8，000	
		第二目 直辖各学校经费		264，340	
		第三目 分设各学校经费		29，400	
		第四目 补助经费		18，000	
		第五目 附属各项经费		3，000	
	第二项 各省教育经费			166，927	
		第一目 各省教育经费		166，927	

续　表

第九款　农商经费			共　256，961
	第一项　中央农商经费		224，811
		第一目　农商部经费	76，822
		第二目　全国水利局经费	4，000
		第三目　直辖各机关经费	103，987
		第四目　附属各项经费	40，000
	第二项　各省农商经费		32，150
		第一目　山西农商费	12，950
		第二目　川边农商费	19，200
第十款　交通经费			共　552，526
	第一项　中央交通经费		545，326
		第一目　交通部经费	391，726
		第二目　育才费	153，600

	第二项　各省交通经费		7，200	
		第一目　蒙古交通费	7，200	
第十一款　债款经费			共 154，444，555	
	第一项　債款支出		154，444，555	
		第一目　外债	82，738，244	
		第二目　内债	71，706，311	

〔北洋政府财政部档案〕

6. 财政整理会暂编1925年度国家岁入岁出预算表

（1925年12月）

总说明书

按全国岁入岁出预算，民国以来，仅八年度经国会议决公布施行。其余各年度，或以法定手续未能完备，或因时局影响造报未齐，均未成立。现在本会暂编全国收支预算，亦因册报不齐，大率以京外各机关原报十二年度预算及最近数目为标准。其十二年度未经造报者，则按照十二年度以前最后所报之数编列，在京各部、各机关，并将续经国务会议议决及核准开支各款，一并加列。至四川、广东、云南、贵州、蒙古、西藏等处，则暂参照八年度议决预算列入，第预算以收支适合为原则。此次本会所编预算，对于原报数目，仅将关于地方各项及临时一次开支之款暂行剔除，其余完全照数开列，并无增减，是以统计收支不能适合，但期与事实相符，藉资参考而已。兹暂编全国岁入列为四万六千一百六十四万三千七百四十元，岁出列为六万三千四百三十六万一千九百五十七元，出入相抵，计不敷一万七千二百七十一万八千二百一十七元，内以军费、债款两项为大宗，军费约占全国岁出百分之四十四，债款占百分之二十六，政费及其他各项，则仅占百分之三十，所有详细理由均于分表、专表内各款项下分别说明。此暂编全国岁入岁出预算之大概情形也。

（一）暂编国家预算总案

岁入　经常门		
第一款　田赋	共	87，515，719元
第一项　地丁		66，228，179元
第二项　漕粮		17，039，266元
第三项　租课		1，562，289元
第四项　杂赋		2，685，985元
第二款　关税	共	120，365，710元
第一项　海关税		100，019，195元
第二项　五十里内常关税		7，071，954元
第三项　五十里外及内地边陆各常关税		13，274，561元
第三款　盐款	共	98，859，403元
第一项　盐税		98，859，403元
第四款　货物税	共	45，672，093元
第一项　货物税		23，679，712元
第二项　厘金		13，264，908元
第三项　百货捐		8，727，473元
第五款　正杂各税	共	28，942，549元
第一项　契税		14，787，651元
第二项　牙税		2，521，412元
第三项　当税		732，827元
第四项　牲畜税		638，458元

续　表

第五项　屠宰税		3，623，008元
第六项　茶税		1，732，462元
第七项　糖税		771，164元
第八项　渔业税		218，098元
第九项　木税		1，240，539元
第十项　杂税		2，676，930元
第六款　正杂各捐	共	4，768，718元
第一项　货捐		1，249，401元
第二项　船捐		49，322元
第三项　杂捐		3，469，995元
第七款　官业收入	共	1，873，283元
第一项　官股利益		883，268元
第二项　官办局厂收入		972，668元
第三项　官有房地租收入		17，347元
第八款　杂收入	共	4，561，630元
第一项　内务收入		218，296元
第二项　财政收入		2，333，604元
第三项　司法收入		1，129，219元
第四项　教育收入		146，650元
第五项　实业收入		27，840元
第六项　官款收入		497，304元

第七项	杂款收入		208，717元
第九款	中央直接收入	共	47，840，823元
第一项	印花税		5，864，400元
第二项	烟酒公卖费		17，437，990元
第三项	烟酒税		16，459，540元
第四项	烟酒牌照税		2，704，892元
第五项	全国纸烟出厂捐并二五内地统捐暨雪茄烟捐		4，130，000元
第六项	胶澳产地销地税		37，488元
第七项	矿税		1，206，513元
第十款	中央各机关收入	共	2，803，001元
第一项	外交部收入		60，301元
第二项	内务部收入		93，919元
第三项	财政部收入		1，764，231元
第四项	海军部收入		10，944元
第五项	司法部收入		80，000元
第六项	教育部收入		102，470元
第七项	农商部收入		399，136元
第八项	交通部收入		34，000元
第九项	侨务局收入		150，000元
第十项	印铸局收入		108，000元
岁入经常门共计			443，202，929元

续　表

岁入　临时门		
第一款　田赋	共	2，565，480元
第一项　杂赋		2，565，480元
第二款　货物税	共	26，685元
第一项　罚款		26，685元
第三款　官业收入	共	82，000元
第一项　官股利益		12，000元
第二项　官办局厂收入		70，000元
第四款　杂收入	共	1，246，203元
第一项　财政收入		937，620元
第二项　教育收入		2，200元
第三项　实业收入		7，204元
第四项　官款收入		7，003元
第五项　罚款收入		217，592元
第六项　杂款收入		74，584元
第五款　中央直接收入	共	14，439，343元
第一项　各省区官产收入		14，439，343元
第六款　中央各机关收入	共	81，100元
第一项　教育部收入		4，600元
第二项　印铸局收入		76，500元
岁入临时门共计		18，440，814元
岁入经常临时总计		461，643，740元

岁出　经常门

第一款　各机关经费	共	22，966，934元
第一项　中央各机关经费		22，966，934元
第二款　外交经费	共	4，746，062元
第一项　中央外交经费		3，888，640元
第二项　各省外交经费		857，422元
第三款　内务经费	共	47，496，343元
第一项　中央内务经费		5，890，322元
第二项　各省内务经费		41，606，021元
第四款　财政经费	共	39，870，986元
第一项　中央财政经费		27，858，211元
第二项　各省财政经费		12，012，775元
第五款　陆军经费	共	262，540，750元
第一项　中央陆军经费		80，673，323元
第二项　各省陆军经费		181，867，427元
第六款　海军经费	共	15，150，810元
第一项　中央海军经费		14，599，624元
第二项　各省海军经费		551，186元
第七款　司法经费	共	13，477，092元
第一项　中央司法经费		3，015，790元

续 表

第二项 各省司法经费		10，461，302元
第八款 教育经费	共	7，057，444元
第一项 中央教育经费		4，107，334元
第二项 各省教育经费		2，950，110元
第九款 农商经费	共	4，562，978元
第一项 中央农商经费		1，805，656元
第二项 各省农商经费		2，757，322元
第十款 交通经费	共	3，277，208元
第一项 中央交通经费		2，543，294元
第二项 各省交通经费		733，914元
岁出经常门共计		421，146，607元
岁出 临时门		
第一款 各机关经费	共	8，997，096元
第一项 中央各机关经费		8，997，096元
第二款 外交经费	共	3，030，342元
第一项 中央外交经费		2，914，405元
第二项 各省外交经费		115，937元
第三款 内务经费	共	4，140，508元
第一项 中央内务经费		1，309，430元
第二项 各省内务经费		2，831，078元
第四款 财政经费	共	8，147，940元

第一项　中央财政经费		5，900，230元
第二项　各省财政经费		2，247，710元
第五款　陆军经费	共	16，104，147元
第一项　中央陆军经费		1，728，088元
第二项　各省陆军经费		14，376，059元
第六款　海军经费	共	3，907，317元
第一项　中央海军经费		3，842，293元
第二项　各省海军经费		65，024元
第七款　司法经费	共	238，119元
第一项　中央司法经费		30，000元
第二项　各省司法经费		208，119元
第八款　教育经费	共	654，366元
第一项　中央教育经费		326，740元
第二项　各省教育经费		327，626元
第九款　农商经费	共	925，219元
第一项　中央农商经费		224，811元
第二项　各省农商经费		700，408元
第十款　交通经费	共	603，357元
第一项　中央交通经费		569，326元
第二项　各省交通经费		34，031元
第十一款　债款经费	共	166，466，939元

续　表

第一项　债款支出	**166，466，939元**
岁出临时门共计	**213，215，350元**
岁出经常临时总计	**634，361，957元**

（二）暂编国家岁入预算总表

第一款　　田赋　　经常门

项别	目别	暂编数	说明
第一项　地丁		66，228，179	
	第一目　京兆地丁	367，206	查此目系分表第一、第三两项合并。
	第二目　直隶地丁	4，949，011	
	第三目　奉天地丁	4，062，568	
	第四目　吉林地丁	2，157，052	查此目系分表第一项
	第五目　黑龙江地丁	1，310，898	
	第六目　山东地丁	5，665，367	
	第七目　河南地丁	4，815，156	
	第八目　山西地丁	5，357，103	
	第九目　江苏地丁	4，037，866	
	第十目　安徽地丁	2，505，338	
	第十一目　江西地丁	2，671，752	

续 表

	第十二目 福建地丁	2，825，290	查此目系分表第一、第三两项合并。
	第十三目 浙江地丁	3，665，725	
	第十四目 湖北地丁	1，745，339	
	第十五目 湖南地丁	2，783，652	查此目系分表第一项
	第十六目 陕西地丁	2，420，813	
	第十七目 甘肃地丁	581，565	
	第十八目 新疆地丁	1，153，140	查此目系分表第一项
	第十九目 四川地丁	6，855，445	查此目系分表第一项
	第二十目 广东地丁	2，171，866	
	第廿一目 广西地丁	2，300，000	查此目系分表第一项
	第廿二目 云南地丁	641，801	
	第廿三目 贵州地丁	252，808	
	第廿四目 热河地丁	154，813	查此目系分表第一项
	第廿五目 绥远地丁	81，596	查此目系分表第一、第二两项合并。
	第廿六目 察哈尔地丁	445，572	查此目系分表第一项

	第廿七目　西康地丁	249，437	查此目系分表第一项
第二项　漕粮		17，039，266	
	第一目　直隶漕粮	213，570	
	第二目　山东漕粮	2，215，535	
	第三目　河南漕粮	650，653	
	第四目　江苏漕粮	4，253，403	
	第五目　安徽漕粮	1，279，985	
	第六目　江西漕粮	1，527，009	
	第七目　浙江漕粮	1，833，525	查此目系分表第二项
	第八目　湖北漕粮	861，392	
	第九目　陕西漕粮	833，693	查此目系分表第二项
	第十目　甘肃漕粮	882，143	
	第十一目　广东漕粮	1，704，333	查此目系分表第二项
	第十二目　云南漕粮	305，300	查此目系分表第二项
	第十三目　贵州漕粮	478，725	查此目系分表第二项

续　　表

第三项　租课		1，562，289	
	第一目　京兆租课	114，703	
	第二目　直隶租课	646，558	
	第三目　奉天租课	24，431	
	第四目　黑龙江租课	43，247	查此目系分表第四、第五两项合并。
	第五目　山东租课	254，269	
	第六目　河南租课	5，339	
	第七目　山西租课	4，313	
	第八目　江苏租课	204，777	
	第九目　安徽租课	36，814	
	第十目　江西租课	12，802	
	第十一目　浙江租课	20，043	
	第十二目　湖北租课	15，058	
	第十三目　湖南租课	18，300	
	第十四目　陕西租课	4，160	

	第十五目　甘肃租课	2，304	查此目系分表第五项
	第十六目　新疆租课	97，374	
	第十七目　四川租课	5，949	
	第十八目　广东租课	13，386	
	第十九目　广西租课	24，800	
	第二十目　热河租课	2，391	查此目系分表第二项
	第廿一目　绥远租课	11，271	查此目系分表第三项
第四项　杂赋		2，685，985	
	第一目　京兆杂赋	46，395	查此目系分表第二、第五两项合并。
	第二目　黑龙江杂赋	128，902	查此目系分表第二、第三两项合并。
	第三目　山西杂赋	567，873	查此目系分表第二、四、五等项合并。
	第四目　江西杂赋	143，671	查此目系分表第四项
	第五项　福建杂赋	410，000	查此目系分表第二、四、五等项合并。
	第六目　浙江杂赋	409，687	查此目系分表第三、第五两项合并。
	第七目　湖北杂赋	37，968	查此目系分表第三项

续　表

	第八目　陕西杂赋	384，615	查此目系分表第四项
	第九目　甘肃杂赋	1，439	
	第十目　新疆杂赋	339，898	查此目系分表第二、第三两项合并。
	第十一目　云南杂赋	206，276	查此目系分表第三项
	第十二目　贵州杂赋	7，790	查此目系分表第三项
	第十三目　绥远杂赋	1，471	查此目系分表第四项
共　计		87，515，719	

第二款　关税　经常门

项　别	目　别	暂编数	说　明
第一项　关税		120，365，710	
	第一目　海关税	100，019，195	
	第二目　五十里内常关税	7，071，954	

	第三目　五十里外及内地边陆各常关税	13，274，561	
共	计	120，365，710	

第三款　　盐款　　经常门

项　别	目　别	暂编数	说　明
第一项　盐税		98，859，403	
	第一目　盐税	98，859，403	
共	计	98，859，403	

第四款　货物税　经常门

项别	目别	暂编数	说明
第一项　货物税		23，679，712	
	第一目　直隶货物税	926，790	查此目系分表第一项
	第二目　吉林货物税	3，770，359	查此目系分表第一、第二两项合并。
	第三目　黑龙江货物税	949，741	
	第四目　山东货物税	521，500	查此目系分表第二、三、四、五、六、七等项合并。
	第五目　河南货物税	6，000	查此目系分表第二项
	第六目　山西货物税	622，900	查此目系分表第一、第三两项合并。
	第七目　江苏货物税	6，428，507	查此目系分表第一项
	第八目　江西货物税	2，572，511	查此目系分表第一、第二两项合并。
	第九目　浙江货物税	1，819，822	查此目系分表第一项
	第十目　湖北货物税	3，223，227	查此目系分表第一、第二两项合并。
	第十一目　陕西货物税	10，000	查此目系分表第二项
	第十二目　甘肃货物税	796，881	查此目系分表第一项

	第十三目　新疆货物税	472，401	查此目系分表第一、第二两项合并。
	第十四目　广西货物税	1，194，925	查此目系分表第一、第二两项合并。
	第十五目　热河货物税	364，148	查此目系分表第一项
第二项　厘金		13，264，908	
	第一目　山东厘金	275，864	
	第二目　河南厘金	840，000	查此目系分表第一项
	第三目　山西厘金	121，080	查此目系分表第二项
	第四目　安徽厘金	1，241，400	
	第五目　福建厘金	1，430，000	
	第六目　湖南厘金	2，352，456	
	第七目　陕西厘金	1，000，000	
	第八目　甘肃厘金	200，186	查此目系分表第二项
	第九目　广东厘金	4，562，179	
	第十目　云南厘金	642，015	
	第十一目　贵州厘金	461，298	查此目系分表第一、第二两项合并。

续　　表

	第十二目　绥远厘金	66，290	
	第十三目　察哈尔厘金	72，140	查此目系分表第一、第二两项合并
第三项　百货捐		8，727，473	
	第一目　奉天百货捐	5，049，778	查此目系分表第一项
	第二目　黑龙江百货捐	2，320，477	查此目系分表第二、三、四、五等项合并。
	第三目　安徽百货捐	297，300	查此目系分表第一项
	第四目　四川百货捐	819，402	查此目系分表第一项
	第五目　广西百货捐	240，516	查此目系分表第三项
共	计	45，672，093	

第五款　　正杂各税　　经常门

项　别	目　别	暂编数	说　明
第一项　契税		14，787，651	
	第一目　京兆契税	149，000	

第二目　直隶契税	938，010
第三目　奉天契税	1，078，722
第四目　吉林契税	806，840
第五目　黑龙江契税	230，078
第六目　山东契税	510，000
第七目　河南契税	1，800，000
第八目　山西契税	394，500
第九目　江苏契税	770，000
第十目　安徽契税	500，000
第十一目　江西契税	213，744
第十二目　福建契税	388，800
第十三目　浙江契税	514，000
第十四目　湖北契税	1，018，106
第十五目　湖南契税	600，000
第十六目　陕西契税	150，000

续　　表

	第十七目　甘肃契税	3，806	
	第十八目　新疆契税	177，269	
	第十九目　四川契税	2，233，416	
	第二十目　广东契税	1，638，500	
	第廿一目　广西契税	200，000	
	第廿二目　云南契税	177，214	
	第廿三目　贵州契税	189，130	
	第廿四目　热河契税	71，516	
	第廿五目　绥远契税	9，000	
	第廿六目　察哈尔契税	26，000	
第二项　牙税		2，521，412	
	第一目　京兆牙税	146，000	
	第二目　直隶牙税	209，329	
	第三目　奉天牙税	189，445	查此目系分表第二项
	第四目　吉林牙税	36，177	

第五目　黑龙江牙税	3，681	
第六目　山东牙税	279，933	
第七目　河南牙税	300，000	
第八目　山西牙税	65，200	
第九目　江苏牙税	450，000	
第十目　安徽牙税	260，000	
第十一目　江西牙税	111，736	
第十二目　福建牙税	51，914	
第十三目　浙江牙税	90，000	
第十四目　湖北牙税	120，262	查此目系分表第二项
第十五目　湖南牙税	102，990	查此目系分表第二项
第十六目　陕西牙税	30，000	
第十七目　甘肃牙税	6，622	
第十八目　新疆牙税	5，987	
第十九目　四川牙税	53，203	
第二十目　云南牙税	450	

续　表

	第廿一目　贵州牙税		2，221
	第廿二目　热河牙税		2，250
	第廿三目　绥远牙税		1，212
	第廿四目　察哈尔牙税		2，800
第三项　当税			732，827
	第一目　京兆当税		6，000
	第二目　直隶当税		18，563
	第三目　吉林当税		17，919
	第四目　黑龙江当税		1，195
	第五目　山东当税		50，000
	第六目　河南当税		6，000
	第七目　山西当税		36，310
	第八目　安徽当税		4，800
	第九目　福建当税		50，000
	第十目　浙江当税		25，000

	第十一目　陕西当税	500	
	第十二目　甘肃当税	9，069	
	第十三目　四川当税	15，621	
	第十四目　广东当税	403，309	
	第十五目　广西当税	79，100	
	第十六目　云南当税	2，590	
	第十七目　贵州当税	750	
	第十八目　热河当税	3，316	
	第十九目　绥远当税	1，785	
	第二十目　察哈尔当税	1，000	
第四项　牲畜税		638，458	
	第一目　黑龙江牲畜税	78，159	
	第二目　山东牲畜税	254，800	
	第三目　山西牲畜税	100，000	
	第四目　安徽牲畜税	50，000	

续　表

	第五目　新疆牲畜税	50，000
	第六目　热河牲畜税	105，499
第五项　屠宰税		3，623，008
	第一目　直隶屠宰税	150，000
	第二目　黑龙江屠宰税	67，817
	第三目　山东屠宰税	187，200
	第四目　河南屠宰税	80，000
	第五目　山西屠宰税	20，000
	第六目　江苏屠宰税	400，000
	第七目　安徽屠宰税	100，000
	第八目　江西屠宰税	150，000
	第九目　福建屠宰税	300，000
	第十目　浙江屠宰税	240，000
	第十一目　四川屠宰税	1，400，000
	第十二目　广东屠宰税	300，000

	第十三目　云南屠宰税	50，000	
	第十四目　贵州屠宰税	98，768	
	第十五目　热河屠宰税	15，379	
	第十六目　绥远屠宰税	45，910	
	第十七目　察哈尔屠宰税	17，934	
第六项　茶税		1，732，462	
	第一目　安徽茶税	451，000	
	第二目　江西茶税	199，058	
	第三目　福建茶税	376，340	
	第四目　湖北茶税	191，674	
	第五目　陕西茶税	10，443	
	第六目　四川茶税	321，608	
	第七目　云南茶税	32，339	
	第八目　西康茶税	150，000	
第七项　糖税		771，164	

续　　表

	第一目　安徽糖税	5，000	
	第二目　江西糖税	125，481	
	第三目　湖北糖税	189，047	
	第四目　陕西糖税	5，000	
	第五目　四川糖税	442，636	
	第六目　广西糖税	4，000	
第八项　渔业税		218，098	
	第一目　奉天渔业税	74，391	
	第二目　黑龙江渔业税	14，902	
	第三目　广东渔业税	128，805	
第九项　木税		1，240，539	
	第一目　吉林木税	531，006	
	第二目　黑龙江木税	705，183	
	第三目　贵州木税	4，350	查此目系分表第四项
第十项　杂税		2，676，930	

第一目　京兆杂税	400	
第二目　直隶杂税	276，907	
第三目　奉天杂税	16，486	
第四目　吉林杂税	649，478	查此目系分表第四、第六两项合并。
第五目　黑龙江杂税	52，778	查此目系分表第四、九、十等项合并。
第六目　河南杂税	134	查此目系分表第四项
第七目　山西杂税	6，413	
第八目　江西杂税	89，388	查此目系分表第六项
第九目　湖北杂税	86，176	查此目系分表第五、六、七等项合并。
第十目　甘肃杂税	330，064	查此目系分表第四、五、六等项合并。
第十一目　新疆杂税	143，873	查此目系分表第四、第五两项合并。
第十二目　广东杂税	831，660	查此目系分表第四、第五两项合并。
第十三目　云南杂税	576	查此目系分表第六、七、八、九等项合并。
第十四目　贵州杂税	262	查此目系分表第六项
第十五目　热河杂税	98，026	查此目系分表第六、七两项合并。

续　表

	第十六目　绥远杂税	1，014	查此目系分表第五项
	第十七目　西康杂税	93，295	查此目系分表第二、第三两项合并。
共	计	28，942，549	

第六款　正杂各捐　经常门

项　别	目　别	暂编数	说　明
第一项　货捐		1，249，401	
	第一目　京兆货捐	55，000	
	第二目　直隶货捐	241，062	
	第三目　河南货捐	680，000	
	第四目　湖北货捐	273，339	
第二项　船捐		49，322	
	第一目　直隶船捐	29，322	
	第二目　江西船捐	20，000	

第三项　杂捐		3，469，995	
	第一目　京兆杂捐	18，900	查此目系分表第二、三两项合并。
	第二目　吉林杂捐	117	查此目系分表第一项
	第三目　黑龙江杂捐	43，606	查此目系分表第一、二、三等项合并。
	第四目　山东杂捐	3，500	查此目系分表第一项
	第五目　浙江杂捐	2，240，475	查此目系分表第一、二、三、四、五、六、七等项合并。
	第六目　湖北杂捐	295，126	查此目系分表第一、三两项合并。
	第七目　甘肃杂捐	129，800	查此目系分表第一项
	第八目　广东杂捐	447，285	查此目系分表第一、二两项合并。
	第九目　广西杂捐	10，800	查此目系分表第一项
	第十目　热河杂捐	18，000	
	第十一目　绥远杂捐	262，386	
共	计	4，768，718	

第七款　　官业收入　　　　经常门

项别	目别	暂编数	说明
第一项　官股收入		883，268	
	第一目　京兆官股收入	5，000	查此目系分表第一项
	第二目　直隶官股收入	460，436	
	第三目　奉天官股收入	156，799	查此目系分表第一项
	第四目　江苏官股收入	64，612	
	第五目　四川官股收入	1，106	
	第六目　云南官股收入	143，315	
	第七目　热河官股收入	52，000	
第二项　官办局厂收入		972，668	
	第一目　奉天官办局厂收入	143，845	查此目系分表第二项
	第二目　黑龙江官办局厂收入	656，815	查此目系分表第一、二、三、四、五等项合并。
	第三目　甘肃官办局厂收入	3，776	查此目系分表第一项

	第四目　新疆官办局厂收入	34，551	查此目系分表第一项
	第五目　四川官办局厂收入	131，181	查此目系分表第一、二两项合并。
	第六目　云南官办局厂收入	2，500	
第三项　官有房地租收入		17，347	
	第一目　山东官有房地租收入	2，860	
	第二目　河南官有房地租收入	10，203	
	第三目　绥远官有房地租收入	4，284	
共	计	1，873，283	

第八款　　杂收入　　经常门

项别	目别	暂编数	说明
第一项　内务收入		218，296	
	第一目　江西内务收入	74，868	

续　表

	第二目　福建内务收入	110，974	查此目系分表第二项
	第三目　察哈尔内务收入	82，454	查此目系分表第二、三两项合并。
第二项边财政收入		2，333，604	
	第一目　京兆财政收入	16，522	查此目系分表第一项
	第二目　直隶财政收入	113，279	查此目系分表第一项
	第三目　奉天财政收入	803，734	查此表系分表第一项
	第四目　吉林财政收入	232，111	查此目系分表第二、三两项合并。
	第五目　黑龙江财政收入	38，941	查此目系分表第二、三两项合并。
	第六目　山东财政收入	180，000	查此目系分表第三项
	第七目　河南财政收入	123，221	查此目系分表第二、三两项合并。
	第八目　山西财政收入	40，000	查此目系分表第一项
	第九目　江苏财政收入	54，000	查此目系分表第一项
	第十目　江西财政收入	186，039	查此目系分表第二、五、六等项合并。
	第十一目　福建财政收入	30，000	查此目系分表第一项
	第十二目　湖北财政收入	31，250	查此目系分表第一项

	第十三目　湖南财政收入	60，000	查此目系分表第一项
	第十四目　甘肃财政收入	10，000	查此目系分表第二项
	第十五目　新疆财政收入	79，504	查此目系分表第一、二两项合并。
	第十六目　四川财政收入	200，000	查此目系分表第二项
	第十七项　广东财政收入	106，660	查此目系分表第一项
	第十八目　广西财政收入	10，000	查此目系分表第一项
	第十九目　云南财政收入	10，000	查此目系分表第二项
	第二十目　热河财政收入	8，343	查此目系分表第二项
第三项　司法收入		1，129，219	
	第一目　直隶司法收入	110，796	
	第二目　奉天司法收入	382，336	
	第三目　黑龙江司法收入	21，312	
	第四目　江苏司法收入	32，500	
	第五目　安徽司法收入	4，500	
	第六目　江西司法收入	109，997	

续　表

	第七目　福建司法收入	100，000	
	第八目　浙江司法收入	264，106	
	第九目　广西司法收入	40，000	
	第十目　热河司法收入	28，610	
	第十一目　绥远司法收入	35，062	
第四项　教育收入		146，650	
	第一目　江苏教育收入	81，650	查此目系分表第三、四两项合并。
	第二目　四川教育收入	65，000	查此目系分表第一项
第五项　实业收入		27，840	
	第一目　安徽实业收入	840	
	第二目　察哈尔实业收入	27，000	查此目系分表第四项
第六项　官款收入		497，304	
	第一目　直隶官款收入	43，530	
	第二目　奉天官款收入	351，285	
	第三目　吉林官款收入	23，765	

	第四目　山东官款收入	4，173	
	第五目　河南官款收入	8，357	
	第六目　江西官款收入	6，060	查此目系分表第四项
	第七目　浙江官款收入	55，485	查此目系分表第二、三两项合并。
	第八目　察哈尔官款收入	4，649	
第七项　杂款收入		208，717	
	第一目　京兆杂款收入	20，554	查此目系分表第二项
	第二目　直隶杂款收入	15，000	查此目系分表第四项
	第三目　奉天杂款收入	59，734	查此目系分表第四、五两项合并。
	第四目　山东杂款收入	1，268	查此目系分表第二项
	第五目　河南杂款收入	2，210	查此目系分表第四、五两项合并。
	第六目　安徽杂款收入	25，040	查此目系分表第一、二两项合并。
	第七目　甘肃杂款收入	850	查此目系分表第一项
	第八目　新疆杂款收入	6，558	查此目系分表第三、四两项合并。
	第九目　广东杂款收入	29，200	查此目系分表第二项

续　表

	第十目　云南杂款收入	3，692	查此目系分表第一项
	第十一目　热河杂款收入	34，808	
	第十二目　绥远杂款收入	9，803	查此目系分表第二、三、四、五等项合并。
共	计	4，561，630	

第九款　中央直接收入　**经常门**

项　别	目　别	暂编数	说　明
第一项　中央直接收入		47，840，823	
	第一目　印花税	5，864，400	
	第二目　烟酒公卖税	17，437，990	
	第三目　烟酒税	16，459，540	
	第四目　烟酒牌照税	2，704，892	
	第五目　全国统烟出厂捐并二五内地纸捐暨雪茄烟捐	4，130，000	

	第六目　胶澳产地销地税	37，488	
	第七目　矿　　税	1，206，513	
共	计	47，840，823	

第十款　　中央各机关收入　　经常门

项　　别	目　　别	暂编数	说　　明
第一项　中央各机关收入		2，803，001	
	第一目　外交部收入	60，301	
	第二目　内务部收入	93，919	
	第三目　财政部收入	1，764，231	
	第四目　海军部收入	10，944	
	第五目　司法部收入	80，000	
	第六目　教育部收入	102，470	

续　表

	第七目　农商部收入	399，136	
	第八目　交通部收入	34，000	
	第九目　侨务局收入	150，000	
	第十目　印铸局收入	108，000	
共	计	2，803，001	

第一款　田赋　临时门

项别	目别	暂编数	说明
第一项　杂赋		2，565，480	
	第一目　奉天杂赋	671，979	查此目系分表第一、二、三等项合并。
	第二目　山东杂赋	35，100	查此目系分表第一项
	第三目　江苏杂赋	670，000	查此目系分表第一项
	第四目　江西杂赋	18，889	查此目系分表第一、二两项合并。
	第五目　陕西杂赋	773，268	查此目系分表第一、二两项合并。

	第六目　广东杂赋	352，294	查此目系分表第一项
	第七目　贵州杂赋	43，950	查此目系分表第一项
共	计	2，565，480	

第二款　　货物税　　临时门

项别	目别	暂编数	说明
第一项　罚款		26，685	
	第一目　山西罚款	2，309	
	第二目　江苏罚款	13，716	
	第三目　湖南罚款	5，660	
	第四目　广东罚款	5，000	
共	计	26，685	

第三款　　官业收入　　临时门

项　别	目　别	暂编数	说　明
第一项　官股收入		12，000	
	第一目　山东官股收入	12，000	查此目系分表第一项
第二项　官办局厂收入		70，000	
	第一目　吉林官办局厂收入	70，000	查此目系分表第一项
共	计	82，000	

第四款　　杂收入　　临时门

项　别	目　别	暂编数	说　明
第一项　财政收入		937，620	
	第一目　河南财政收入	882，747	
	第二目　安徽财政收入	50，768	查此目系分表第一项
	第三目　江西财政收入	4，105	

第二项　教育收入		2，200	
	第一目　陕西教育收入	2，200	查此目系分表第一项
第三项　实业收入		7，204	
	第一目　安徽实业收入	2，020	
	第二目　察哈尔实业收入	5，184	查此目系分表第一项
第四项　官款收入		7，003	
	第一目　新疆官款收入	7，003	
第五项　罚款收入		217，592	
	第一目　直隶罚款收入	2，452	
	第二目　奉天罚款收入	110，934	
	第三目　黑龙江罚款收入	37，225	查此目系分表第一、二两项合并。
	第四目　安徽罚款收入	36，000	
	第五目　湖北罚款收入	3，214	
	第六目　四川罚款收入	3，267	查此目系分表第一、二、三等项合并。
	第七目　云南罚款收入	1，920	

续　表

	第八目　贵州罚款收入	22，580	
第六项　杂款收入		74，584	
	第一目　山东杂款收入	18，300	查此目系分表第一、二、三、四等项合并。
	第二目　安徽杂款收入	39，024	查此目系分表第四项
	第三目　广东杂款收入	17，260	
共	计	1，246，203	

第五款　　中央直接收入　　临时门

项　别	目　别	暂编数	说　明
第一项　中央直接收入		14，439，343	
	第一目　各省区官产收入	14，439，343	
共	计	14，439，343	

第六款　　中央各机关收入　　　　临时门

项别	目别	暂编数	说明
第一项　中央各机关收入		81，100	
	第一目　教育部收入	4，600	
	第二目　印铸局收入	76，500	
共计		81，000	

（三）暂编国家岁出预算总表

第一款　　各机关经费　　　　经常门

项别	目别	暂编数	说明
第一项　中央各机关经费		22，966，934	
	第一目　临时执政府经费	3，186，304	

续 表

	第二目 国会经费	6，027，892	
	第三目 在京各机关经费	2，151，614	
	第四目 优待经费	10，103，559	
	第五目 蒙藏经费	1，497，565	
共	计	22，966，934	

第二款 外交经费 经常门

项别	目别	暂编数	说明
第一项 中央外交经费		3，888，640	
	第一目 外交部经费	941，260	
	第二目 出使经费	2，565，300	
	第三目 国际联合会经费	336，000	
	第四目 直辖机关经费	46，080	
第二项 各省外交经费		857，422	

第一目　直隶外交费	61，376
第二目　奉天外交费	85，080
第三目　吉林外交费	82，806
第四目　黑龙江外交费	71，665
第五目　山东外交费	80，108
第六目　河南外交费	25，101
第七目　江苏外交费	77，208
第八目　安徽外交费	9，840
第九目　江西外交费	21，276
第十目　福建外交费	58，391
第十一目　浙江外交费	23，982
第十二目　湖北外交费	47，240
第十三目　湖南外交费	6，000
第十四目　陕西外交费	6，000
第十五目　甘肃外交费	8，240

续　表

	第十六目　新疆外交费	80，071	
	第十七目　四川外交费	30，247	
	第十八目　广东外交费	27，343	
	第十九目　广西外交费	1，200	
	第二十目　云南外交费	21，568	
	第廿一目　热河外交费	12，960	
	第廿二目　察哈尔外交费	19，720	
共	计	4，746，062	

第三款　　内务经费　　　经常门

项　别	目　别	暂编数	说　明
第一项　中央内务经费		5，890，322	
	第一目　内务部经费	1，424，850	
	第二目　督办全国国道事宜筹备处经费	353，424	

	第三目　帐务处经费	30，540	
	第四目　直辖各机关经费	4，055，910	
	第五目　附属各项经费	25，598	
第二项　各省内务经费		41，606，021	
	第一目　京兆内务费	880，201	
	第二目　直隶内务费	2，505，973	
	第三目　奉天内务费	1，716，694	
	第四目　吉林内务费	1，465，137	
	第五目　黑龙江内务费	831，123	
	第六目　山东内务费	2，132，540	
	第七目　河南内务费	1，793，773	
	第八目　山西内务费	1，419，143	
	第九目　江苏内务费	4，385，508	
	第十目　安徽内务费	1，394，836	
	第十一目　江西内务费	1，558，290	

续　表

	第十二目　福建内务费	1，449，716	
	第十三目　浙江内务费	2，452，110	
	第十四目　湖北内务费	1，907，961	
	第十五目　湖南内务费	2，073，911	
	第十六目　陕西内务费	1，178，027	
	第十七目　甘肃内务费	979，333	
	第十八目　新疆内务费	1，075，800	
	第十九目　四川内务费	2，739，116	
	第二十目　广东内务费	2，261，847	
	第廿一目　广西内务费	1，008，174	
	第廿二目　云南内务费	1，709，181	
	第廿三目　贵州内务费	1，172，356	
	第廿四目　热河内务费	255，222	
	第廿五目　绥远内务费	210，802	
	第廿六目　察哈尔内务费	347，555	

	第廿七目　西康内务费	297，732	
	第廿八目　蒙古内务费	216，960	
	第廿九目　西藏内务费	137，000	
共	计	47，496，343	

第四款　　财政经费　　经常门

项别	目别	暂编数	说明
第一项　中央财政经费		27，858，211	
	第一目　财政部经费	751，568	
	第二目　全国烟酒事务署经费	328，096	
	第三目　财政整理会经费	240，000	
	第四目　内国公债局经费	84，000	
	第五目　直辖各机关经费	44，840	
	第六目　附属各项经费	515，504	

续　　表

	第七目	中央直接收入征收经费	3，511，789
	第八目	盐务经费	11，271，047
	第九目	各关经费	11，111，367
第二项　各省财政经费			12，012，775
	第一目	京兆财政费	40，182
	第二目	直隶财政费	448，682
	第三目	奉天财政费	702，085
	第四目	吉林财政费	854，590
	第五目	黑龙江财政费	377，887
	第六目	山东财政费	734，229
	第七目	河南财政费	620，880
	第八目	山西财政费	345，342
	第九目	江苏财政费	1，580，880
	第十目	安徽财政费	672，726
	第十一目	江西财政费	490，213

	第十二目　福建财政费	596，428	
	第十三目　浙江财政费	892，236	
	第十四目　湖北财政费	471，078	
	第十五目　湖南财政费	539，504	
	第十六目　陕西财政费	166，384	
	第十七目　甘肃财政费	246，751	
	第十八目　新疆财政费	115，936	
	第十九目　四川财政费	240，480	
	第二十目　广东财政费	689，526	
	第廿一目　广西财政费	488，896	
	第廿二目　云南财政费	117，393	
	第廿三目　贵州财政费	229，296	
	第廿四目　热河财政费	140，420	
	第廿五目　绥远财政费	57，949	
	第廿六目　察哈尔财政费	59，094	

续　表

	第廿七目　西康财政费	33，708	
	第廿八目　西藏财政费	60，000	
共	计	39，870，986	

第五款　陆军经费　经常门

项　别	目　别	暂编数	说　明
第一项　中央陆军经费		80，673，323	
	第一目　陆军部及所辖各机关经费	41，736，951	
	第二目　参谋本部及所辖各机关经费	1，833，102	
	第三目　航空经费	1，459，634	
	第四目　中央军事各机关经费	35，643，636	
第二项　各项陆军费		181，867，427	
	第一目　直隶陆军费	6，632，844	
	第二目　奉天陆军费	6，918，538	

	第三目　吉林陆军费	8，686，404
	第四目　黑龙江陆军费	5，641，262
	第五目　山东陆军费	13，800，000
	第六目　河南陆军费	16，817，253
	第七目　山西陆军费	5，636，044
	第八目　江苏陆军费	6，122，374
	第九目　安徽陆军费	3，800，305
	第十目　江西陆军费	9，528，914
	第十一目　福建陆军费	10，624，000
	第十二目　浙江陆军费	9，876，625
	第十三目　湖北陆军费	8，130，415
	第十四目　湖南陆军费	3，564，014
	第十五目　陕西陆军费	2，468，326
	第十六目　甘肃陆军费	3，051，569
	第十七目　新疆陆军费	3，331，116

续　表

	第十八目	四川陆军费	26，296，358
	第十九目	广东陆军费	15，468，212
	第二十目	广西陆军费	5，673，435
	第廿一目	云南陆军费	2，131，416
	第廿二目	贵州陆军费	2，814，300
	第廿三目	热河陆军费	997，208
	第廿四目	绥远陆军费	709，865
	第廿五目	察哈尔陆军费	1，245，539
	第廿六目	西康陆军费	1，797，091
	第廿七目	西藏陆军费	104，000
共		计	262，540，750

第六款　　海军经费　　经常门

项　别	目　别	暂编数	说　明
第一项　中央海军经费		14, 599, 624	
	第一目　海军部经费	982, 920	
	第二目　直辖各机关经费	6, 105, 688	
	第三目　附属各项经费	7, 511, 016	
第二项　各省海军经费		551, 186	
	第一目　直隶海军费	60, 000	
	第二目　广东海军费	491, 186	
共	计	15, 150, 810	

第七款　　司法经费　　经常门

项　别	目　别	暂编数	说　明
第一项　中央司法经费		3, 015. 790	

续　表

	第一目　司法部经费	484，872
	第二目　大理院经费	427，267
	第三目　修订法律馆经费	177，600
	第四目　法权讨论委员会经费	116，760
	第五目　直辖各机关经费	1，209，291
	第六目　东省特别区院监经费	600，000
第二项　各省司法经费		10，461，302
	第一目　京兆司法费	148，898
	第二目　直隶司法费	794，000
	第三目　奉天司法费	634，978
	第四目　吉林司法费	478，218
	第五目　黑龙江司法费	220，492
	第六目　山东司法费	379，640
	第七目　河南司法费	400，000
	第八目　山西司法费	390，476

第九目　江苏司法费	945，282
第十目　安徽司法费	448，440
第十一目　江西司法费	483，716
第十二目　福建司法费	390，770
第十三目　浙江司法费	834，208
第十四目　湖北司法费	320，474
第十五目　湖南司法费	660，602
第十六目　陕西司法费	368，581
第十七目　甘肃司法费	839，806
第十八目　新疆司法费	86，717
第十九目　四川司法费	383，984
第二十目　广东司法费	350，000
第廿一目　广西司法费	221，307
第廿二目　云南司法费	199，012
第廿三目　贵州司法费	207，126

续　表

	第廿四目　热河司法费	121，661	
	第廿五目　绥远司法费	62，602	
	第廿六目　察哈尔司法费	72，312	
	第廿七目　蒙古司法费	18，000	
共　计		13，477，092	

第八款　教育经费　经常门

项　别	目　别	暂编数	说　明
第一项　中央教育经费		4，107，334	
	第一目　教育部经费	585，184	
	第二目　直辖各学校经费	2，101，986	
	第三目　分设各机关经费	268，668	
	第四目　留学经费	192，596	

	第五目　补助经费	831，760	
	第六目　附属各项经费	98，340	
	第七目　教育基金委员会经费	28，800	
第二项　各省教育经费		2，950，110	
	第一目　直隶教育费	380，783	
	第二目　奉天教育费	18，180	
	第三目　吉林教育费	228，000	
	第四目　黑龙江教育费	50，966	
	第五目　山东教育费	53，297	
	第六目　河南教育费	40，000	
	第七目　山西教育费	169，810	
	第八目　江苏教育费	927，744	
	第九目　安徽教育费	55，000	
	第十目　江西教育费	35，000	
	第十一目　福建教育费	35，000	

续　表

	第十二目　浙江教育费	53，302	
	第十三目　湖北教育费	51，515	
	第十四目　湖南教育费	75，000	
	第十五目　陕西教育费	83，104	
	第十六目　甘肃教育费	30，000	
	第十七目　新疆教育费	32，000	
	第十八目　四川教育费	170，000	
	第十九目　广东教育费	306，928	
	第二十目　云南教育费	35，000	
	第廿一目　贵州教育费	30，000	
	第廿二目　热河教育费	29，959	
	第廿三目　绥远教育费	636	
	第廿四目　察哈尔教育费	11，502	
	第廿五目　西康教育费	37，384	

	第廿六目　西藏教育费	10，000	
共	计	7，057，444	

第九款　农商经费　经常门

第一项　中央农商经费		1，805，656	
	第一目　农商部经费	1，032，000	
	第二目　全国水利局经费	115，500	
	第三目　直辖各机关经费	658，156	
第二项　各省农商经费		2，757，322	
	第一目　京兆农商费	20，880	
	第二目　直隶农商费	62，480	
	第三目　奉天农商费	55，693	
	第四目　吉林农商费	135，840	
	第五目　黑龙江农商费	266，408	
	第六目　山东农商费	126，487	

续　表

	第七目　河南农商费	57，407	
	第八目　山西农商费	60，448	
	第九目　江苏农商费	853，397	
	第十目　安徽农商费	91，344	
	第十一目　江西农商费	39，000	
	第十二目　福建农商费	50，524	
	第十三目　浙江农商费	239，000	
	第十四目　湖北农商费	46，128	
	第十五目　湖南农商费	70，307	
	第十六目　陕西农商费	58，240	
	第十七目　甘肃农商费	53，692	
	第十八目　新疆农商费	55，574	
	第十九目　四川农商费	201，605	
	第二十目　广东农商费	42，000	
	第廿一目　广西农商费	4，440	

	第廿二目　云南农商费	46，568	
	第廿三目　贵州农商费	36，000	
	第廿四目　热河农商费	15，940	
	第廿五目　绥远农商费	26，000	
	第廿六目　察哈尔农商费	32，648	
	第廿七目　西康农商费	9，272	
共	计	4，562，978	

第十款　　交通经费　　经常门

项别	目别	暂编数	说明
第一项　中央交通经费		2，543，294	
	第一目　交通部经费	1，712，036	
	第二目　育才费	831，258	
第二项　各省交通经费		733，914	

续　表

	第一目　直隶交通费	15，554	
	第二目　黑龙江交通费	308，770	
	第三目　河南交通费	69，720	
	第四目　甘肃交通费	49，350	
	第五目　新疆交通费	105，487	
	第六目　广东交通费	25，014	
	第七目　广西交通费	72，000	
	第八目　热河交通费	2，313	
	第九目　绥远交通费	4，261	
	第十目　察哈尔交通费	8，069	
	第十一目　西康交通费	33，376	
	第十二目　西藏交通费	40，000	
共	计	3，277，208	

第一款　各机关经费　临时门

项别	目别	暂编数	说明
第一项　中央各机关经费		8，997，096	
	第一目　临时执政府经费	1，420，800	
	第二目　在京各机关经费	7，307，296	
	第三目　蒙藏经费	269，000	
共	计	8，997，096	

第二款　外交经费　临时门

项别	目别	暂编数	说明
第一项　中央外交经费		2，914，405	
	第一目　外交部经费	189，680	
	第二目　出使经费	534，000	
	第三目　国际联合会经费	716，305	

续　　表

	第四目　外交委员会经费	324，000	
	第五目　中俄会议事宜公署经费	150，000	
	第六目　关税特别会议委员会经费	1，000，000	
	第七目　直辖机关经费	420	
第二项　各省外交经费		115，937	
	第一目　直隶外交费	45，600	
	第二目　奉天外交费	6，000	
	第三目　吉林外交费	14，400	
	第四目　山东外交费	3，000	
	第五目　河南外交费	18，969	
	第六目　湖北外交费	2，750	
	第七目　新疆外交费	23，034	
	第八目　广东外交费	2，184	
共	计	3，030，342	

第三款　　内务经费　　临时门

项　　别	目　　别	暂编数	说　　明
第一项　中央内务经费		1，309，430	
	第一目　内务部经费	376，400	
	第二目　直辖各机关经费	737，635	
	第三目　附属各项经费	195，395	
第二项　各省内务经费		2，831，078	
	第一目　京兆内务费	46，888	
	第二目　直隶内务费	189，011	
	第三目　奉天内务费	6，120	
	第四目　吉林内务费	215，962	
	第五目　黑龙江内务费	93，290	
	第六目　山东内务费	142，960	
	第七目　河南内务费	85，927	
	第八目　山西内务费	55，000	

续　　表

	第九目　江苏内务费	206，576	
	第十目　安徽内务费	145，100	
	第十一目　江西内务费	79，792	
	第十二目　福建内务费	44，090	
	第十三目　浙江内务费	383，089	
	第十四目　湖北内务费	16，019	
	第十五目　湖南内务费	56，160	
	第十六目　陕西内务费	81，261	
	第十七目　甘肃内务费	25，362	
	第十八目　新疆内务费	234，746	
	第十九目　四川内务费	9，408	
	第二十目　广东内务费	539，034	
	第廿一目　广西内务费	60，115	
	第廿二目　贵州内务费	24，000	
	第廿三目　热河内务费	3，000	

	第廿四目　绥远内务费	9，508	
	第廿五目　察哈尔内务费	17，400	
	第廿六目　西康内务费	61，260	
共	计	4，140，508	

第四款　　财政经费　　临时门

项　别	目　别	暂编数	说　明
第一项　中央财政经费		5，900，230	
	第一目　财政部经费	141，090	
	第二目　全国烟酒事务署经费	40，000	
	第三目　中央直接收入征收经费	1，719，140	
	第四目　预备金	4，000，000	
第二项　各省财政经费		2，247，710	
	第一目　直隶财政费	3，900	

续　表

	第二目　奉天财政费		2，740	
	第三目　吉林财政费		30，000	
	第四目　黑龙江财政费		20，000	
	第五目　河南财政费		7，895	
	第六目　山西财政费		8，000	
	第七目　江苏财政费		544，458	
	第八目　安徽财政费		59，024	
	第九目　江西财政费		1，179，600	
	第十目　浙江财政费		36，000	
	第十一目　甘肃财政费		58，553	
	第十二目　新疆财政费		173，292	
	第十三目　广东财政费		64，037	
	第十四目　广西财政费		30，000	
	第十五目　贵州财政费		10，483	
	第十六目　绥远财政费		4，560	

	第十七目　察哈尔财政费	10，368	
	第十八目　西康财政费	4，800	
共	计	8，147，940	

第五款　　陆军经费　　临时门

项　别	目　别	暂编数	说　明
第一项　中央陆军经费		1，728，088	
	第一目　陆军部经费	88，320	
	第二目　参谋本部及所辖各机关经费	704，352	
	第三目　航空经费	935，416	
第二项　各省陆军经费		14，376，059	
	第一目　直隶陆军费	294，200	
	第二目　奉天陆军费	80，165	
	第三目　吉林陆军费	838，061	

续　表

第四目　黑龙江陆军费	1，935，565
第五目　河南陆军费	18，302
第六目　山西陆军费	471，594
第七目　江苏陆军费	60，000
第八目　江西陆军费	204，962
第九目　湖北陆军费	386，826
第十目　陕西陆军费	5，638，608
第十一目　甘肃陆军费	356，000
第十二目　新疆陆军费	2，990，952
第十三目　四川陆军费	218，560
第十四目　广东陆军费	120，000
第十五目　广西陆军费	376，076
第十六目　云南陆军费	15，476
第十七目　贵州陆军费	23，950
第十八目　热河陆军费	243，162

	第十九目　察哈尔陆军费	16，000	
	第二十目　西康陆军费	87，600	
共	计	16，104，147	

第六款　　海军经费　　临时门

项别	目别	暂编数	说明
第一项　中央海军经费		3，842，293	
	第一目　海军部暨直辖各机关经费	3，842，293	
第二项　各省海军经费		65，024	
	第一目　直隶陆军费	2，000	
	第二目　广东海军费	63，024	
共	计	3，907，317	

第七款　　司法经费　　临时门

项别	目别	暂编数	说明
第一项　中央司法经费		30，000	
	第一目　编释法律会经费	30，000	
第二项　各省司法经费		208，119	
	第一目　京兆司法费	2，400	
	第二目　黑龙江司法费	17，520	
	第三目　江西司法费	2，652	
	第四目　湖南司法费	153，949	
	第五目　陕西司法费	5，265	
	第六目　新疆司法费	20，553	
	第七目　四川司法费	800	
	第八目　广西司法费	3，000	
	第九目　绥远司法费	1，980	
共计		238，119	

第八款　　教育经费　　临时门

项别	目别	暂编数	说明
第一项　中央教育经费		326，740	
	第一目　教育部经费	8，000	
	第二目　直辖各学校经费	264，340	
	第三目　分设各机关经费	33，400	
	第四目　补助经费	18，000	
	第五目　附属各项经费	3，000	
第二项　各省教育经费		327，626	
	第一目　黑龙江教育费	76，272	
	第二目　江苏教育费	231，927	
	第三目　安徽教育费	12，000	
	第四目　浙江教育费	2，000	
	第五目　陕西教育费	3，800	

续　表

	第六目　热河教育费	1，627	
共	计	654，366	

第九款　　农商经费　　临时门

项　别	目　别	暂编数	说　明
第一项　中央农商经费		224，811	
	第一目　农商部经费	76，824	
	第二目　全国水利局经费	4，000	
	第三目　直辖各机关经费	103，987	
	第四目　附属各项经费	40，000	
第二项　各省农商经费		700，408	
	第一目　京兆农商费	5，000	
	第二目　奉天农商费	7，510	
	第三目　山东农商费	111，100	

	第四目　山西农商费	12，950	
	第五目　江苏农商费	509，200	
	第六目　安徽农商费	10，000	
	第七目　陕西农商费	5，448	
	第八目　西康农商费	39，200	
共	计	925，219	

第十款　　交通费　　临时门

项　别	目　别	暂编数	说　明
第一项　中央交通经费		569，326	
	第一目　交通部经费	415，726	
	第二目　育才费	153，600	
第二项　各省交通经费		34，031	
	第一目　新疆交通费	7，741	

续　表

	第二目　广西交通费	16，000	
	第三目　西康交通费	3，090	
	第四目　蒙古交通费	7，200	
共	计	603，357	

第十一款　债款经费　　临时门

项别	目别	暂编数	说明
第一项　债款支出		166，466，939	
	第一目　外债	90，295，149	
	第二目　内债	76，171，790	
共	计	166，466，939	

〔北洋政府财政部档案〕

中華民國史檔案資料滙編

第五輯 第二編

文化（二）

中國第二歷史檔案館編

鳳凰出版傳媒集團 鳳凰出版社

目　　录

（四）戏剧电影审查

〔四〕战时的文化学术团体

(一) 社团管理

(二) 社团组织

一、学术研究团体

（四）戏剧电影审查

一、审查工作概况

（1）行政管理法规

1. 国民党中央社会部拟订剧团组织要点致中央宣传部函

（1939年11月7日）

关于统一全国剧院、剧团及职业剧人登记办法，前经贵部邀请关系机关会商，决定由本部与内政部于一个月内搜集有关法规，并拟具意见交由贵部参考，草拟剧院剧团管理办法。查本部并无此项法规，惟剧团组织之指导考核则属本部主管范围。兹将所订剧团组织要点，送请贵部参考，即希查照为荷。此致

中央宣传部

附剧团组织要点

部　长　陈立夫

中华民国二十八年十一月七日

抄剧团组织要点

一、剧团之组织，应依修正人民团体组织方案之规定，呈经当地党部核准备案，并由各地党部逐级转呈中央社会部备案。

二、剧团之活动，在一县一市以上，但未超越一省之范围者，应呈经省党部备案，如超越一省之范围，应呈请中央社会部备案。

三、剧团设干事五人至十五人，组织干事会，处理团务。如有

必要时得改设团长一人，副团长一人或二人，办理剧团事务。

四、剧团须制定章程，载明左列各项：

（一）剧团名称；

（二）宗旨；

（三）团员资格与权利义务，以及入团出团手续之规定；

（四）职员之权限及任免手续；

（五）经费之筹集及核销办法。

五、剧团须经常向主管党政机关报告工作。

六、已经设立之剧团，须分别依照第一、第二点规定办理备案手续。

〔国民政府社会部档案〕

2. 国民党中央宣传部为制定《戏剧剧本审查登记办法》及《电影剧本审查登记办法》等致中央秘书处公函

（1940年3月21日）

按本部电影戏剧事业处剧本审查委员会组织大纲业经中央第133次常会备案在卷。兹特拟定《戏剧剧本审查登记办法》、《战时戏剧审查标准》及修正《电影剧本审查登记办法》原文计三件，函送贵处转陈提会通过施行，实为公便。此致

中央秘书处

附：《戏剧剧本审查登记办法》、《战时戏剧审查标准》及《电影剧本审查登记办法》三件。

中国国民党中央执行委员会宣传部

中华民国二十九年三月二十一日

戏剧剧本审查登记办法

第一条　中央宣传部（以下简称本部）为办理戏剧剧本之审查，以保著作人及排演人之权益，特订定本办法。

第二条　本办法所称之戏剧剧本(以下简称剧本)包括拟行出版或排演之歌剧、话剧、杂剧之剧本、剧词及幕表。

第三条　凡编著或移译之剧本，欲在中华民国国境内出版或排演时，剧本之著作人或依著权法享有著作权之人，均须依照本办法之规定，将拟行出版或排演之剧本二份，呈送本部申请审查核准。

拟行出版之剧本，其刊登于杂志报章者，得适用战时图书杂志原稿审查办法及新闻检查之规定，但以后如再汇刊合集或单行本时，仍应依照前项规定办理。

排演之剧本，无论是否在报章杂志上发表，在排演前均须依照本条第一项规定办理。如限于事实上之困难不及呈送本部审查时，得先申请当地戏剧审查机关审查，事后报请本部复核，惟在未经复核准以前，该项剧本不得在全国各地任意排演。

第四条　申请人呈送剧本申请审查时，除依前条规定呈附剧本稿本二份外，并应以书面陈明左列各事项：

一、剧本名称；

二、剧情概要；

三、稿本页数及其附件；

四、已否出版及其出版之书刊、书店名称与出版年月(如系根据他种文艺作品改编或他种文字移译者，并应将原来名称、原著人、出版书店与出版年月分别注明；

五、申请人及著作人之姓名、籍贯、职业、住所。

前项申请人以著作人及依著作权法享有著作权之人为之，但经著作人及依著作权法享有著作权之人之委托而持有该项证件者，排演人亦得为申请人。

第五条　申请人呈送审查之剧本，经审查完毕认为无违犯“战时戏剧审查标准”所规定之情形者，即于申请审查剧本之稿本上加盖审查印章，以一份发还，并填发准演证明书一纸，以资存执。

前项经核准之剧本，除由本部列表抄送内政部及发交中央图书杂志审查委员会备查外，并分别编印准演剧目一览，分送有关机关参考。

第六条　申请审查之剧本，其稿本内容有违犯“战时戏剧审查标准”所规定之情形者，得发还原申请人，令饬遵照审查意见删改修正后再行送审，其情节重大或经删改修正后仍有违犯“战时戏剧审查标准”所规定情形者，得扣留没收或查禁之。

第七条　在本办法施行前所有已通行排演或已出版而拟行排演之剧本，亦应依照本办法第三条之规定，呈送审查已通行排演之剧本；其无著作人及依著作权法享有著作权之人申请审查者，由本部自行令饬排演人征集缴呈，以备审查。经审查之剧本，除给准演证明以外，并由本部委托书店或出版社团出版。

第八条　领有准演证明书之剧本，于开始排演前由排演人以书面陈明左列事项，申请当地戏剧审查机关备查。

（一）剧本名称

（二）剧情概要

（三）著作人姓名

（四）准予排演之年月日及证书之字第号

（五）排演剧团之名称

（六）导演人姓名

（七）主要演职员名表

（八）上演之地址

（九）上演日期

（十）申请人之姓名、籍贯、住所

前项剧本于上演时，如发现有轶出原核准之范围者，当地戏剧审查机关除即予禁止外，并应将轶出情形及缘由，呈报本部核办。

第九条　经查核准排演之剧本于出版或再版时，应将准演之证明书制版刊登封面后正文前，以资识别。

前项剧本于出版后，除依照出版法第八条之规定，每种送内政部一份外，并应以二份送呈本部，以便核对存转。

第十条　未经依照本办法第三条及第八条呈送审查及申请认可而擅自排演者，准照出版法第三十六条之规定，处罚其排演人。

第十一条　剧本审查标准另定之。

第十二条　本办法经中央宣传部核准，呈中央执行委员会备案后施行之。

战时戏剧审查标准

戏剧剧本之内容或表演时有下列情形之一者，应予修改，其情节重大或经修改后仍未尽善者，得全部予以禁止。

甲、有损中华民族或国家之独立与尊严者：

一、为其他国家宣传足以危害中华民国者；

二、鼓吹在中国境内实现国民政府以外之任何伪组织，国民革命军以外之任何伪匪军及其他一切割裂整个国家民族之反动行为者；

三、挑拨中央与地方或各民族间之情感，以逞其破坏全国统一之阴谋者；

四、鼓吹偏激狭隘思想，足以引起友邦反感，妨碍国际邦交者；

五、鼓吹派系私利，足以妨碍民族利益高于一切之前提者。

六、诋毁现政府之措施，足以削减政府之威望者；

七、侮弄国家典礼或揶揄国人共同敬仰之先哲及现时之党政领袖，而动摇国人之信心者；

八、暴露我国民族之不良风习、嗜好，足以损及民族国家之尊荣者。

乙、违反国策，有碍抗战建国者：

一、为敌人及傀儡伪组织或汉奸宣传者；

二、描摹社会反动心理（悲观与消极）或夸大敌人优势，足以削减抗战必胜之信心者；

三、同情或宽恕汉奸之际遇与活动，足以妨碍国人肃清汉奸之决心者；

四、鼓吹不合抗战要求之异说，足以削减抗战情绪、影响抗战前途者；

五、描摹军事上之弱点，足以影响战事之进展者；

六、描摹伤兵失检行为或表现军民龃龉情况，足以离间军民合作之情感者；

七、描摹战时社会畸形动态，足以懈怠抗战情绪、影响抗战前途者。

丙、违反三民主义者：

一、宣传三民主义以外之一切主义而有危害党国之言论者；

二、曲解、误解或恶意诋毁本党主义宣言政纲政策及决议案与设施者；

三、描摹或表现革命史绩失实，足以淆惑听闻者；

四、鼓吹阶级斗争，违反劳资协调者；

五、颂扬君权资本帝国主义及提倡个人浪漫自由与英雄思想，足以影响三民主义之推行者。

丁、妨害善良风俗或公共秩序者：

一、描摹儿童犯罪及同情犯罪与屡犯行为，足以影响社会教化与治安者；

二、描摹或表演淫秽不贞，足以影响善良风俗者；

三、描摹堕胎或自杀行为，足贻社会以不良影响与毒害者；

四、描摹赌博挟妓等情事，足以诱惑观众，使社会蒙受不良影响与毒害者；

五、描摹或表演残酷恐怖情形，足以影响善良风俗与公共秩序者。

戊、提倡迷信邪说，违反科学思想者：

一、宣传异教邪说，煽惑人心者，或对法律认可之宗教，非从学理探讨，从事诋毁者；

二、宣传神仙鬼蜮、怪异朕兆，足以附会人事因果者；

三、取材于说部野史上怪诞不经之记载或社会上怪异之传说，有碍于社会教化者。

电影剧本审查登记办法

第一条　中央宣传部（以下简称本部）为指导电影事业及奖励编著电影剧本人材起见，特订定本办法。

第二条　凡在中华民国国境内公立之影片厂或工场，商营之影片公司（不论中国资本或外国资本）或任何个人，其预定摄制之电影剧本须按照本部审查办法呈请审查登记。

第三条　电影剧本审查，分初审及复审两项手续，电影剧本经过上列两项手续方得准予登记。

第四条　申请初审时应开具左列各事项：

一、电影剧本名称

二、电影剧本节略（须包括剧本来源、本事分段、歌曲、词谱等）

三、编剧者姓名、住址及职业

第五条　电影剧本初审核准后，即由本部正式书面通知申请人将该电影剧本编成正式电影剧本，并开具左列各事项，送呈本部复审。

一、电影剧本（须包括分幕镜头、字幕、对白、歌曲、动作等）

二、申请人姓名住址

三、导演者姓名住址

四、演员及职员表

五、制片地点

六、出片时期

七、制片用费

第六条　电影剧本之初审与复审申请者，得同时具备手续申请之。

第七条　申请初审之电影剧本，其名称与情节不符或情节有不妥善处得发还原著人，令依照本部意见修正或由本部予以修正，其全部剧情有违背电影检查法第二条之规定者，本部得不予审查。

第八条　凡经本部复审认为核准登记之电影剧本，由本部给以登记证。

第九条　凡申请审查登记电影剧本，如有特殊意义并合于中央所规定之标准者，得由部予以奖励，其办法另定之。

第十条　电影剧本经本部审查准予登记后始得摄制影片，其已登记之剧本由本部送内政部及非常时期电影检查所参照检查。

第十一条　申请审查经本部核准登记或经本部奖励之电影剧本，得对外预登广告宣传。

第十二条　本办法自公布日施行。

〔国民党中央宣传部档案〕

3. 国民党中央宣传部拟定之《电影片检查标准》

（1941年　月　日）

电影片有下列情形之一者，应即删改或全部禁止。

甲、有损中华民国之国体者：

1. 侮辱中华民国及中国人民者；
2. 恶意诋毁我国政府者；
3. 违反建国最高原则之三民主义者；
4. 侮辱国家元首者；
5. 挑拨间离国内外各民族之团结者；
6. 表演有损我国荣誉之事物者；
7. 表演妨害邦交之情事者。

乙、妨害善良风俗及公共秩序者：

1. 表演儿童犯罪之情况而无教育之意义者；

2. 表演重犯及屡犯行为而结论不予法律制裁者；

3. 对犯罪描写过分同情者；

4. 描写淫秽之情态者；

5. 描写或暗示乱伦之情形者；

6. 描写对异性施行引诱或强暴手段，以达奸淫目的之情形者；

7. 表演全部裸体者；

8. 以不正当方法表演男女脱卸衣裤，暴露肉体，有意引起性感者；

9. 表演生产临盆或堕胎情形者；

10. 表演性卫生、暴露性器官而无严正医学立场者；

11. 描写自杀行为而无道德上积极意义者；

12. 描写暗杀情形，足以引起模仿行为者；

13. 描写贪污行为而结论不予法律制裁者；

14. 陈设恐怖尸体之情景者；

15. 描写虐待人类及动物者；

16. 非情节所需要而过分表演赌博挟妓等足以诱惑青年之情事者；

17. 非情节所需要而过分描写匪盗、流氓等扰乱社会秩序及防害治安而有诲盗之意识者；

18. 描写个人或团体不正当之斗争行为者；

19. 表演施行残忍工具杀人及处决罪犯之恐怖情形者；

20. 表演残忍之决斗而使人恐怖之情形者；

21. 表演动物残害人类者。

丙、提倡迷信邪说者：

1. 表演怪异朕兆及无稽邪说而有提倡迷信之情事者；

2. 专以迎神赛会及崇拜偶像等为主题，表演迷信无知行为者；

3. 描写奇异传说而无童话寓意者。

〔国民党中央宣传部档案〕

4. 国民党中央宣传部拟定之《电影片送审须知》

（1941 年　月　日）

一、凡在国内放映之外国电影片或国产电影片，一律施行事前审查。

前项影片概应送至中央戏剧电影审查所（以下简称中央审查所）所在地申请审查，未经审查核准者不得映演。

二、凡申请审查电影片，应备具下列手续，连同影片送请审查。

甲、国产电影片

1. 申请书乙份——记载影片名称、出版公司、卷数、公尺数、类别、色别；

2. 主要职演员表一份；

3. 本事说明书四份。

乙、外国电影片

1. 申请书乙份——记载影片原名、中文译名、出品公司、卷数、公尺、类别、色别；

2. 原文本事说明书二份；

3. 中文本事说明书四份；

4. 中文幻灯字幕二份；

5. 必要时得令呈送原文对白乙份。

三、送请审查之电影片，应依照政府法令之规定缴纳检查费。

四、中央审查所于接受电影片持有人之申请后，即按影片送到先后次序登记，依次审查。

五、申请审查之电影片，如有一部份违反战时出版品审查办法及禁载标准或电影检查法者，中央审查所得令申请人加以修改，修改后再予审查。

六、申请审查之电影片，中央审查所认为有违反战时出版品审查办法及禁载标准，或电影检查法之规定而无法修改者，应予以禁演，并没收该项影片，如影片原申请人有疑义或不服时，得向中央图书杂志审查委员会（以下简称中审会）申请复审。

七、凡经核准之电影片，每一拷贝由中央审查所发给准演执照一张，每张执照应缴纳执照费十元，附加执照印工费二十元，印花税五元。

八、电影片之准演执照有效期间，自该执照发给之日起计算，以三年为限，必要时得斟酌情形核发短期准演执照，或临时证明书，其有效期间不得过一年。

九、准演执照在有效期内，如有遗失或损坏时，得申述原因，执照字号，核发年月日，呈请核明，补发执照。

十、有准演执照之电影片，如更改名称或剧情时，应重行申请审查。

十一、本国制之电影片，未经审查核准者不得出国，其已领有准演执照而欲运出国外者，须具其申请书，连同该片申请审查核发出国执照。

十二、有准演执照之电影片放映时，应由映演人将执照向当地主管机关认真检验，必要时中央审查所或当地主管机关得派员到映演场所审查。

十三、电影片申请人或映演有违反法令时，中央审查所按情节之轻重，依法予以警告、罚锾或停演之处分。

十四、本须知如有未尽事宜，得由中审会修正公告之。

〔国民党中央宣传部档案〕

5. 行政院修正非常时期电影检查所暂行规程

（1941 年 3 月 8 日）

第一条　国民政府行政院为办理非常时期电影片检查及预定摄制之电影剧本审查事宜，设立非常时期电影检查所（以下简称本所）。

第二条　本所设检查员三人至五人，由行政院派充之，并以其中一人兼任主任，一人兼任副主任。

第三条　本所因事务之必要，得设总干事一人、干事、助理干事及技士各三人，由主任检查员呈报行政院派充之，并得酌用雇员。

第四条　本所电影片检查方法及标准，均依电影检查法，电影检查法施行规则及电影片检查暂行标准之规定，并特别注意取缔一切非战利敌、浪漫腐化或具有反动意识、动摇抗战、破坏统一之影片。

第五条　本所电影片准演执照由主任及检查人员署名发给，并依电影检查法施行规则第五条规定收取执照费，其印花税依财政部之规定收取。

第六条　预定摄制之电影剧本，审查登记办法另定之。

第七条　本所每月工作报告及经费收支计算书汇呈行政院，并另录一份送中央宣传部备查。

〔国民政府内政部档案〕

6. 国民党中央宣传部关于审查戏剧及电影剧本应注意取材与作风方面的意见

（1941 年 5 月）

三十年四月二十日中央图书杂志审查委员会九日公发字第〇

九三〇号代电：各省市审查处会：案准中央宣传部本年四月十五日渝美宣字第一九一三六号函为关于戏剧与电影剧本取材与作风方面指示事项，嘱查照。等因到会。兹特抄附原函指示各端，电仰遵照为要。

附抄戏剧与电影剧本取材与作风方面指示四点：

一、目前一般戏剧描写颓废及暴露社会罪恶者触目皆是，此种作风亟应革除；

二、今后戏剧应着重表现理想生活及扬善方面，同时对于成仁之故事，亦应避免，而应以成功之英雄事绩为剧本之材料，以增人民对本党主义之信心与抗战之意志；

三、一般剧本作者应循此原则从事写作，必要时本部（中央宣传部）可设置奖金，征求优良剧本。

四、戏剧电影审查与检查机关应依据上项标准注意审查与检查，如有上项不良作品，自应不予通过。

〔行政院档案〕

7. 行政院非常时期电影检查所三十一年度工作计划书

（1942年　月　日）

本所由中央电影检查委员会改组成立，隶属于行政院，受中央宣传部之指导，依照修正暂行规程第二、三条之规定，组织颇为简单。兹以电影界之情势日益复杂，对检查机构不得不力谋加强，俾影业有所发展。用特分述于下：

一、国片

国片属于民营影业公司之出品者，仍以港沪为生产重心，敌对沪方影业界多数所协诱，藉以执行其对我之文化毒策。

而香港方面，处境虽较自由，然制片之艺术水准甚低，号称影业公司者虽名目繁多，而实际具有规模者不过天一、南洋、大观、南粤等数家，出品多用粤语，大都以南洋为发行市场。因其作风不良，对侨胞影响颇巨。

二、外片

欧美新片，因战时交通梗阻，由香港等地运入内地者为数甚少，其中多为旧片轮流放映，故对抗战宣传，无大关系。而苏联影片近因营业不佳，进口亦不似从前之多。

基于上述之情势，爰为厘订本年度之检查工作计划如次：

检查工作之方式——取缔与指导并重。

检查工作之目的，原不在消极之取缔，而在积极之倡导，俾制片者有所遵循，然后优良之作风乃易建树。关于影片检查标准及奖励办法，中央均分别有所规定，战时自应着重于一切非战、利敌、浪漫、腐化或反动影片之取缔。反之，其情节适合于抗战宣传者，则宜优予奖励。

检查工作之运用——调查与联络并举。

影片检查原有法定手续，惟战时社会变动急遽，一般片商或因事实困难，或竟藉故规避检查，影片之发行于内地者，在我行政管理之下，自不容有此情事发生。除由地方政府主管机关就近考核外，本所亦随时派员实地调查，所最感严重者，厥为港沪商人管理问题。本所于四月特派专员驻香港，以资策动。至昆明方面，目前为对外唯一之交通孔道，许多新片先到昆明，片商藉口交通困难，向地方审查机关缴纳保证金即行上演，以致纠纷迭起，故拟自本年度起，设立昆明特派员办公处，办理该处之影片检查事宜。

为工作需要及便利计，香港、昆明各设驻港昆特派检查员一人。

特派检查员及干事各一人，分驻香港及昆明两地，除检查影片外，并办理左列事项。

一、调查方面：

1. 影业公司之业务状况；

2. 从事人员之隶属关系；

3. 影片市场之趋势；

4. 影片之生产情形。

二、联络方面：

1. 电影界之中坚；

2. 戏剧作风；

3. 舆论界；

4. 有关方面之负责人。

驻香港检查员并以巡回视察方式兼办上海方面之工作。

驻昆明者兼办桂林及其附近地区工作。

〔行政院档案〕

8. 浙江省教育厅报送《审查民众娱乐暂行规程》与《检查民众娱乐通则》致教育部社教司函

（1942年11月20日）

径启者：接准本年七月三日大函，嘱检送本省审查民众娱乐通则等由。兹检送前项规程通则各一份，即请查收为荷！此致

教育部社会教育司

附送审查民众娱乐暂行规程及各县市检查民众娱乐通则各一份

浙江省教育厅启

十一月二十日

浙江省各县市检查民众娱乐通则

一、本通则依照浙江省审查民众娱乐暂行规程第十条之规定订定之。

二、凡在本省各地表演之民众娱乐事项，除法令别有规定外，均须遵照本通则施行检查。

三、凡欲表演戏剧或说书，应由负责人于表演前填具呈报表，呈报所在地市县教育行政机关。在未得批复时，不准表演。前项呈报表式另订之。

四、县市教育行政机关除批复外，应即通知表演地检查员施行检查。

五、县市教育行政机关或警察机关，如发现呈报表演之戏剧、说书尚未经教育、民政两厅核准公布者，应即遵照浙江省审查民众娱乐暂行规程第六条之规定办理。

六、各县市检查员，除城区及繁盛区域由各县市政府就所辖教育行政机关及警察机关人员中委派若干人会同检查外，其他各区由县市政府指派各区区长及当地警察机关任之。前项检查员姓名及原职，应由县市政府呈报教育、民政两厅备案。

七、检查员赴各表演场所检查时，应随带检查证章，该项证章由县市政府制发。

八、检查员检查时，如发现有轶出原核准范围者，应即予以纠正或禁止。

九、本通则经教育部、内政部核准后施行。

附表

县市戏剧呈报表　　　　第　号

戏剧种类		表演剧名或详细剧目	
戏班或剧团之名称			
表演日期及时间			年　月　日　午　时至　时
表演机关及地点			
负责人姓名及住址			
呈报日期			
备注			

说明：(1)戏剧种类指平剧、话剧等。

(2) 每演剧一场(无论是日场或夜场)呈报一次。

县市戏剧呈报表　　　　第　号

说书种类		说书书名或详细回目	
说书人姓名及住址			
说书日期及时间			
说书场所及住址			
负责人姓名及住址			
呈报日期			
备注			

说明：(1)说书种类指评话、弹词等。

(2) 呈报之说书日期至多以五天为限，满期继续表演者，仍应继续呈报。

浙江省审查民众娱乐暂行规程①

第一条　凡本省之民众娱乐事业，均应依照本规程受主管机关之审查与检查。本所所称民众娱乐事业以戏剧、影片、说书为限。

第二条　检查电影事项，遵照电影检查法第八条之规定办理。

第三条　戏剧、说书非经教育厅、民政厅核准，不得表演。

第四条　教育厅、民政厅会同组织民众娱乐审查委员会，委托审核全省戏剧及说书。

第五条　省审查委员会章程由教育厅、民政厅会订，呈报省政府备案施行。

第六条　戏剧、说书负责人得备具声请书、连同剧本、书本或说明书等，声请教育厅、民政厅审核。各县市政府亦得依照前项手续，转行声请。

第七条　戏剧、说书无左列情事之一者，应予以许可，否则予以纠正或禁止：

一、违反党义，提倡邪说者；

二、迹近煽惑，有妨治安者；

三、提倡封建思想者；

四、提倡迷信者；

五、迹近海盗，引导作恶者；

六、描摩猥亵，诱惑青年者；

七、情状惨酷，有伤人道者；

八、侮辱个人或团体之情事者；

九、其他有害于观众之身心者。

第八条　戏剧、说书经审查合格后，由教育厅、民政厅公布之。

第九条　各种民众娱乐事业，能引起观众美感，并合于左列标准之一者，应予以鼓励。

---

① 本规程经浙江省政府委员会第三七七次会议议决通过，并报教育部、内政部备案。

一、唤起民族精神者；

二、提倡民治思想者；

三、灌输科学知识者；

四、其他有益于观众之身心者。

第十条　各县市政府暨所属区公所，应于各种民众娱乐事业表演时施以检查。检查通则另订之。

第十一条　各县市民众娱乐检查细则，应由各该县市教育局、公安局依照检查通则会拟，送请县市政府核转教育厅备案。

第十二条　各县市政府应于每六月及十二月终，将检查民众娱乐工作填具报告表，呈报教育厅、民政厅备案。

前项表式由教育厅、民政厅定之。

第十三条　本规程自省政府公布日施行。

县(市)检查民众娱乐工作报告表

<table>
<tr><td></td><td colspan="2">次数
种类</td><td>月　份</td><td>月　份</td><td>月　份</td><td>月　份</td><td>合计</td></tr>
<tr><td rowspan="7">检查次数统计</td><td rowspan="3">戏剧</td><td>话剧</td><td></td><td></td><td></td><td></td><td></td></tr>
<tr><td>平剧</td><td></td><td></td><td></td><td></td><td></td></tr>
<tr><td>其他</td><td></td><td></td><td></td><td></td><td></td></tr>
<tr><td rowspan="3">说书</td><td>评话</td><td></td><td></td><td></td><td></td><td></td></tr>
<tr><td>弹词</td><td></td><td></td><td></td><td></td><td></td></tr>
<tr><td>其他</td><td></td><td></td><td></td><td></td><td></td></tr>
<tr><td colspan="2">合计</td><td></td><td></td><td></td><td></td><td></td></tr>
<tr><td rowspan="2">有无超出原核准范围</td><td colspan="2">种　类</td><td>名　称</td><td>表演场所</td><td>超出实况</td><td colspan="2">处置方法</td></tr>
<tr><td colspan="2"></td><td></td><td></td><td></td><td colspan="2"></td></tr>
<tr><td rowspan="2">有无呈报表演未公布者</td><td colspan="2">种　类</td><td>名　称</td><td>呈报者</td><td colspan="3">处　置　方　法</td></tr>
<tr><td colspan="2"></td><td></td><td></td><td colspan="3"></td></tr>
<tr><td>备注</td><td colspan="2"></td><td></td><td></td><td></td><td colspan="2"></td></tr>
</table>

中华民国　年　月　日县(市)政府填报

说明：本表应于每年六月及十二月终，由县(市)政府分别填报教育厅、民政厅备查。

〔国民政府教育部档案〕

9. 联合国影闻宣传处为在华增设电影放映站以扩大宣传事致周钟岳公函

（1944 年 6 月）

联合国影闻宣传处公函　联处发字第 0330 号

查本处系由中美英三国政府所共同组织，专负宣传各同盟国战争意志及战时生产状况之责。目前，在国内外设有映片放映站一百三十余处，照片展览站七十余处，均按期供给所需之映片或照片。凡此工作之进展，已使本处略获国内外之赞誉。本处现有袖珍放映机三百架（另有大批放映机尚在源源运输），拟以在短期内增设放映站三百处，每一新成立之放映站，本处均将供给大批各国战时新闻、生产建设、民情风俗等映片，并酌量配发五彩卡通科学教育等影片，以供参杂放映，而资调剂。此项放映机及其附件重约三磅，携带轻便，而构造灵巧，使用亦至简易，凡有电流之处，均可放映，即在无电流供给之处，亦可使用本处自行设计特制之电影放映机以为补救。兹查各县均有社会科之设，专以促进各社会福利并协助推进社会教育。对此项工作，放映机实为极良好之公众娱乐及教育工具。本处亟愿在条件适合之每一县份之社会科设立放映站，给以放映机一架，并按期寄送映片，以使各联合国之实况，虽穷乡僻壤，亦能目睹。此点想必为先生所赞同。本处深信各县放映站成立后，在贵部指导之下，必能使全国人民对于盟国之作战意志及中国抗战建国之全面情况有更深刻之认识，并得以经常鼓舞士气民心，促成胜利之早临。至于各地设站手续应如何统筹办理，敬祈惠允赐复为祷！此上

周钟岳先生

附放映设置办法一份〔略〕

处长　温福立

钱振海

中华民国三十三年六月　日

〔国民政府内政部档案〕

(2) 审查禁演戏剧电影举要

1. 国民党中央图书杂志审查委员会关于查禁《抗战歌曲集》经过致军委会政治部呈

(1939年6月19日)

中央图书杂志审查委员会呈　图功字第214号

案奉钧部巴治机字第七〇三号密令为:"检发《秋风歌曲》一页,仰审核查禁"等由。附歌曲一页到会。奉此。查本篇系经刊载于生活书店出版之冼星海等编著之抗战歌曲集书内,该书前经本会审核,以其所辑歌曲多有鼓吹阶级斗争、抨击政府之处,不独《秋风儿》一歌含有反战意味,显属不合抗战要求,当经列入三月下半月查禁书刊表通行查禁。旋奉内政部训令,以"该书曾经部中予以注册,应维原案不予查禁"等因。本会复经申叙查禁理由,呈请中央宣传部转函内政部转饬该书出版人生活书店应将该书不妥各歌曲加以修改,再予发行等语在案。奉令前因,理合将查禁《抗战歌曲集》一书经过,具文呈复,仰乞鉴核示遵。谨呈

军事委员会政治部

中央图书杂志审查委员会

中华民国二十八年六月十九日

〔军委会政治部档案〕

2. 国民党中央宣传部关于禁演丁玲编著之《重逢》剧本事致军委会政治部公函

(1939年11月7日)

查丁玲所著《重逢》一剧,其动机在于加强民众抗日情绪,然不

善处理其所写作之题材，致李白芝与马达明（即张达明）二人于错觉中均陷入悲惨的结局，若予以演出，影响所及，足以动摇民众肃清汉奸的决心。兹值加紧除奸工作之时，该剧亟应暂予禁止演出。除分函各省市党部禁演外，惟查贵部妇女工作队此次举行寒衣募捐公演，剧目列有该剧，用特函请查照，转饬该队遵照，切勿上演该剧，并分别转饬所属查照办理为荷。此致

军事委员会政治部

部　　长　叶楚伧

中华民国二十八年十一月七日

〔军委会政治部档案〕

3. 田汉关于董每戡编选的《独幕剧》甲乙集的复审意见稿

（1940年6—7月）

甲集

本集以喜剧为主，凡四剧：

一、《何必呢?》写奸商某，以政府征募大宗寒衣，企图囤集棉花，牟得厚利，以媚其姬妾。由于抗战情绪一般的提高，其妾取得国民的觉悟，参加妇女救国会寒衣征募工作，由于囤买奸谋之被迅速暴露，率如其妾之劝，捐出棉花，其妾大喜，拥着他说："哦，你到底是不做汉奸的！"曾见本部抗剧八队演此颇有风趣。

二、《代用品》（冼群作）——故事系根据对希特勒德国的讽刺而移用于日本，惜未能充分透过生活，作者似又不甚理解日本生活，故剧情的发展殊欠自然。只能当作一种战时的 force 看。

三、《娇子》（李□□作）——一娇养的青年林明愤于敌机的轰炸发愿入航空学校，作空中战士，其母只此一子，多方阻止，甚至动员其表妹淑英施以情爱的羁伴，但林明坚决，感动淑英，卒以其同学萧敬的策划，林装神经病，萧装神经病院长，脱出家庭，留下这样

的信："妈，不错，我是你的娇子，可是我更是国家的娇子，您希望我成家立业，留传后代，现在国家更希望我捍卫祖国，守住祖宗产业，遗留给整个中华民族的后代。"本剧写的很素朴有趣，装疯的地方很自然，也很有效果。

"走哇，都来啊，都起来建设我们的大空军吧！走，走！"

四、《未死的人》(董每戡作)——此剧因是外国作品的改作，问题较多：

(1) 从来写父与子的斗争，每象征新旧两个时代，在此剧中所表现的儿女们全是混蛋，只其父亲稍明大义，然五十岁尚在精壮有为之年，何至如 King Lear 就食子婿，被人逐出，况尚有两万圆储蓄的人，决无是理。

(2) "五四"以后的青年，没有全部注意于父母遗产的，多少儿女们离开家庭以追求其本身的理想。今日拼着牺牲一切以支持神圣抗战，亦即此种精神之最大发挥，何至如剧中青年，其父亲生死未明，至少骨肉未寒已为遗产之争夺而狂奔?作者过于追求喜剧的效果，忘却我们抗战之社会基础矣。

(3) 作者拿《明远》出来讽刺"新诗人"及"新体诗"，以为殊不必。似乎争遗产的封建遗孽根本不喜新诗，更不做新诗。

田　汉

七月十一日

乙集

本集包含六个独幕剧：

一、《胜利的启示》(董辛名作)——写武汉退出前敌机轰炸中，武昌一监狱，狱犯被释放参加抗战，素材非不仅，惜结构不紧凑，主题亦欠明瞭，故未能造出戏剧的高潮。

二、《禁烟》(李□□作)——短小而颇精悍之作，写顽梗之恶势力终屈服于国家法令之前，在今日最好能如此。本剧中就可看出两个时代，新时代断然清算着旧时代。

三、《皇军》(陈仇作)——剧之重点应在助敌为虐之汉奸李希富自食恶果,在其最后一瞬觉悟过来,故题为"皇军"不甚妥帖。但以前面既已排列着许多本独立的忠勇故事,剧情的发展不是渐层的,互相呼应的,故反而显得没有中心,且在刚造成的高潮之后又松懈下去。对话亦略嫌幼稚。

四、《死路》(三队金浪作)——写沦陷区一群汉奸贼子——伪县长科长之类,卖其骨肉以媚敌人仍不能自全,在其可怜的末路中叫出其痛切的悔悟。以结构颇佳,效果必甚好。又伪县长之女虽未登场,其以死回答敌伪的出卖,实为腐败集团中灿然引人的民族精神。

五、《一个也不饶》(商周作)——写大后方"除奸团"青年制裁囤集居奇、抬高米价的奸商。大义所在,不避至亲,政府法令在与青年群众之爱国运动相呼应,更能有效的执行,于此益见。惜对话尚欠洗炼,动作描写等亦有稚气。

六、《茶叶蛋》(王栩金等作)——写沦陷区一铁匠店父子被迫替敌修理杀自己同胞的枪械,稍不如意,鞭之如牛马。及得游击队指示,乃加紧修枪以为自己解放之用。在游击队行动被破坏之际,终以之击毙少数死敌,逃归国军。全剧单纯可喜。惜描写敌人亦落一般窠臼,太概念化。则由平日对敌情研究一般的不够也。

因此,在本选集付印前最好商同原作者加以可能的洗炼或部分的改造。庶使选集更臻完美,影响当益大。

田汉

六月二十九日

〔军委会政治部档案〕

4. 非常时期电影检查所为各地借故禁演苏联影片事致行政院呈

（1941年2月18日）

非常时期电影检查所呈　收文忠字第四三八〇号

窃查电影片经属所检查核准映演后，各地方政府依法不得命令停止放映，万一影片内容轶出属所原核定范围，亦仅能扣请属所处理。乃近查各地方往往将取得合法放映权之影片，藉故禁映，如陕西汉中禁演俄片《血肉换自由》及《大侠亚尔逊》，重庆市政府社会局停映俄片《金钥匙》等事件，似此不独妨害电影检查行政之统一，抑且引起苏俄之抗议，属所职司检政，责任攸关，敢请通令各级政府凡影片领有属所准演机关执照者，一律不得藉故禁映，以一政令，毋任屏营。谨呈

行政院

非常时期电影检查所主任徐　浩

中华民国三十年二月十八日

〔行政院档案〕

5. 国民党中央宣传部关于暂行禁止《雷雨》上演事复军委会政治部函

（1941年9月5日）

国民党中央执行委员会宣传部公函　渝美宣字第21573号

案准贵部治智一字第二五九〇号公函：以据第四战区司令长官部政治部呈为《雷雨》一剧，系暴露大家庭罪恶，不特与抗战无关，而且在建立思想国防上诸多妨碍，拟请通令禁演，转嘱查核见复。等由。到部。当经饬据中央图书杂志审查委员会重加审查，并详具审查意见附呈前来。查该剧匪特思想上背乎时代精神，而情节

上尤有碍于社会风化，此种悲剧，自非抗战时期所需要。除函中央图书杂志审查委员会不得准其再版，并分行暂禁上演外，相应抄附上项审查意见函复查照，转知为荷。此致

军事委员会政治部

抄附中央图书杂志审查委员会审查《雷雨》意见一份

部　长　王世杰

中华民国三十年九月五日

审查《雷雨》剧本意见

查该剧本剧意可以用下列四点表出〔述〕之：

（一）暴露礼教与门第观念影响下之大家庭的罪恶（周初恋侍萍，但因贫富阶级之限制，不能娶侍萍为妻，终于酿成兄妹相爱之乱伦罪恶）。

（二）富贵家庭中常因不自然之夫妇结合而使年青主妇缺乏生趣，由于性的不满而造成乱伦，陷入苦闷之境而不能自拔。

（三）暴露人性的爱（如侍萍之爱女周朴园之念旧与忏悔心理，周冲之纯洁，同情繁漪之爱欲与苦闷）。

（四）劳动者（如工人鲁大海）之仇视资产阶级以及对为富不仁者之痛恶（作者又以父子关系之巧合暴露劳资双方之观点）。

细阅全书，作者对上述各项意识均予以同等比重，故若谓作者故意强调某一点似属不确，其序言中亦已再三声明，作者本无专事强调某点之意。至剧情中乱伦一点，作者亦认为罪恶，不惜加以沉痛的暴露，对门第观念之结婚所能引起的不良后果，加以打击，其作用在衬托出社会上罪恶之现象与恶人恶势力之必遭谴责。惟上演时如导演或演员不明作者根本之用意，对于暴露罪恶部分特加强调致引起观众不良影响，容或有之。至于写工人罢工一节，非本剧主题，且结果仍属劳资协调之解决，亦似尚无煽动之意，惟写资产者之为富不仁及劳工对资产者之敌视，则剧中确有相当暴露，如188、190、210、214、215、310页对话，但亦属个人报复性质，在全剧

比重中尚非主要意识。该书于二十四年十二月在上海出版，本年三月在重庆再版时作为原稿送审，本会以该书内容尚无违反审查标准之处，且依初版时间及作者(曹禺即万家宝)对本党较近之关系一点论似可从宽，业已准予给证付印。今奉令重付审查，理合将审查意见陈述如上。惟该项剧本内容就出版方面言，虽无大碍，而上演时如演员对剧认识不足，难免予观众以不良影响，且现值抗战时期，此项剧本之上演亦殊觉不合观众实际之需要，应否请中央宣传部令饬各地主管戏剧审查机关暂行禁止上演，尚祈核夺！

〔军委会政治部档案〕

6. 国民党中央图审会通令查禁田汉著《暴风雨中的七个女性》剧本致陕西省图审处的指令

(1942年8月3日)

中央图书杂志审查委员会指令　世发二字第二二九四号

令陕西省图书杂志审查处

三十一年四月十八日检字第三号呈一件，为呈送《暴风雨中的七个女性》一书，请复审核示由。

呈件均悉。查该书内容触犯审查标准，应予停止发行，并禁止演出。除列表通行取缔外，仰即知照。此令。书存。

主任委员　潘□□

中华民国三十一年八月三日

〔中央图书杂志审查委员会档案〕

7. 外交部为美国环球影片公司赠送《神鹰万里》影片呈

(1942年12月30日)

案据驻加尔各答总领事三十一年十二月十六日呈略称：美国

环球影片公司驻印代表来馆声称:该公司为表示对我将士致敬之意,拟将最近摄制之《神鹰万里》影片全部赠送我国政府,以放映收入作为慰劳将士金等语。嗣于本月三日该公司请求在加埠举行正式赠送典礼,并由其邀请中国事务局李德爵士代表赠送,请职接收,以事关国际馈赠,当偕章副领事骐文出席参加接收。首由李德爵士致赠词、继由职及章副领事致答词,表示谢意。仪式颇为隆重。该影片现已运抵孟买,不日即将来加,本馆收到后,当即航寄钧部,祈鉴察等情。据此,除分函全国慰劳总会于该片寄到时,请其派员接收外,理合具文呈请钧院鉴核备案,实为公便。

谨呈

行政院

外交部部长　宋子文

中华民国三十一年十二月三十日

〔行政院档案〕

8. 行政院非常时期电影检查所编报的禁映影片一览表

（1943 年　月　日）

片名	出品公司	送检者	处置办法	检查人	检查日期
血洒桃花扇	金星影业公司	亚洲影片公司	假冒国防影片，情节恶劣，片中之张生生为空军毕业生而有非战倾向，有触犯战时非常时期电影检查条例	杜桐荪	1914.5.2
孤岛春秋	金星影片公司	亚洲影片公司	该片表演男女间之浪漫行为，情景举动过于恶劣，足以影响青年之道德，有触犯电影检查暂行标准两项之规定	杜桐荪	1941.5.11
三剑客	新华影业公司	亚洲影片公司	全部胡闹	杜桐荪	1941.5.26
武松与潘金莲	新华影业公司	亚洲影片公司	该片取材于禁书	杜桐荪	1941.5.27
洪承畴	南洋影片公司	亚洲影片公司	洪承畴（汉奸也，殊不应正面为其描写）	杜桐荪	1941.7.18
野蔷薇	华成影业公司	亚洲影片公司	该片表演恶劣，有违反电影检查暂行标准两项，及非常时期电影检查条例第三条之规定	杜桐荪	1941.7.21

续上表

片名	出品公司	送检者	处置办法	检查人	检查日期
小侠女	国华影业公司	亚洲影片公司	故事怪诞无聊，表演使人恐怖	杜桐荪	1941.5.19
古庙战声	雷电华影片公司	中国电影服务社	颂扬帝国主义，违反电影检查暂行标准第二项第五款之规定	刘庆康	1941.10.16
奋斗		亚洲影片公司	鼓吹阶级斗争，违反电影片检查暂行标准第二项第七款之规定		1941.11.3
桃花梦	上海有声公司		剧情不合战争需要，在抗战时期内暂予禁演		1943.10.16
芭蕉叶上诗	天一公司		剧情不合战时需要，应予禁演		1943.10.26
弹性女儿	艺华公司		剧情不合战时需要，应予禁演		1943.10.17
有夫之妇	天一公司		剧情不合战时需要，应予禁演		1943.10.19
王先生吃饭难	华新公司		剧情不合战时需要，应予禁演		1943.10.19
万花团	天一公司		剧情不合战时需要，应予禁演		1943.10.20
破镜重圆	快活林公司		剧情不合战时需要，应予禁演		1943.10.20

续上表

片名	出品公司	送检者	处置办法	检查人	检查日期
祸水	快活林公司		剧情不合战时需要，应予禁演		1943.10.20
西湖女	大观公司		剧情不合战时需要，应予禁演		
情场浩劫	天声公司		剧情不合战时需要，应予禁演		
忠孝节气	国华公司		剧情不合战时需要，应予禁演		
红楼梦前集	复兴公司		剧情不合战时需要，应予禁演		
红楼梦后集	复兴公司		剧情不合战时需要，应予禁演		
书法奇观	金大理学院		内容欠妥，不宜出国映演		1943.12.18
化身大盗（美国）	华纳公司		依电影检查法暂行标准两项第十五款之规定，应予禁演		1943.8.22
斯维为格夫（苏联）			与中国国情不合，应予禁演		1943.8.16

〔行政院档案〕

二、剧团的组织活动

1. 国民党陕西省党部转报阎忠霄等组织西京铁血剧团申请备案呈与中央社会部批

（1937 年 12 月—1938 年 6 月）

（1）陕西省党部致中央民众训练部呈（12 月 3 日）

案据长安县党务指导委员会呈称：窃值全面抗战展开之际，唤起后方民众，实属刻不容缓。本会爰于上月初，委派本市对话剧素有研究者阎志霄等九人筹组西京铁血剧团，利用戏剧机能，激励民气，共同杀敌。经两周之筹备，已于十月十六日由本会指导正式成立，通过简章，选出职员，并议决积极准备首次公演，并组织农村巡回公演团，以便深入农村实地工作，所有该团筹备及成立经过暨简章、职员履历表、团员姓名册等件，理合具文呈赍，恭请鉴核存转备查。等情。据此，经核尚合，理合检同该团章程、职员履历表、团员姓名册各一份，具文呈赍，恭请鉴核备查。谨呈

中央民众训练部

附呈原附件乙册

中国国民党陕西省党部常务委员　郭英夫　邵　华　冯钦哉

中华民国二十六年十二月三日

西京铁血剧团组织简章

第一条　本团定名为“西京铁血剧团”。

第二条　本团以提高民众救国情绪，扩大抗敌力量为目的。

第三条　本团应受长安县党部及省民教馆指导。

第四条　本团团址暂设长安县党部内。

第五条　本团设正副团长各一人，由团员大会选举之，负责处理本团一切事务。

第六条　团长以下设总务、剧务两部，每部设部主任一人，干事若干人，主任由团员大会选举之，干事由团长聘任之。

第七条　总务部掌理文书、事务、交际、保管等事项。

第八条　剧务部负责组织训练团员及公演事宜。

第九条　团长、部主任任期均为半年。

第十条　本团团务会议每周举行一次，由团长召集之。

第十一条　本团团员大会半年举行一次，必要时得召集临时团员大会。

第十二条　本团应环境之需要，各部得按照实际情形设立若干组（如歌咏组、巡回演出组）。

第十三条　凡爱好话剧及愿负抗敌宣传，不分男女，志愿加入本团，经团务会审查后，均得为本团团员。

第十四条　本团经费除由长安县党部及省民教馆筹措外，其来源如左：

1. 私人之捐助

2. 公演售票所得

3. 各界之辅助

第十五条　本团得聘请对话剧有研究者为本团导演及各部门工作人员。

第十六条　本团职演员工作努力、成绩卓著者，得由团务会议决定后奖励之，如有破坏本团名誉、违犯本团纪律者亦如之。

第十七条　本简章如有未尽事宜，得由团员大会提出修改之。

第十八条　本简章自会员大会通过后并呈准党政机关备案后施行。

西京铁血剧团职员姓名履历表

职别	姓名	年龄	籍贯	学历	略历	住址
团长	阎志胥	三十	陕西	单级师范毕业	历任各县党委干事，现任省新运会股长	省新运会
副团长	武志新	二十六	陕西	省立师范毕业	民教馆干事	省民教馆
总务部主任	刘光黎	二十六	陕西	陕西民立中学毕业	曾任长安民众剧团书记长，现任县党部总干事	工商报社
剧务部主任	赵文杰	二十七	陕西	省立一职毕业	民教馆干事	省民教馆
干事	翟于固	二十九	长安	咸林中学毕业	曾任局长等职，现任长安县党部干事	县党部
干事	任桂龄	二十二	河北	山东省立剧院毕业	曾任乡师附小主任	县党部
干事	马信常	二十二	河北	北平翊教高中毕业	陕西民教馆职员	省民教馆
干事	寇乾生	二十八	陕西	江苏教育学院毕业	渭南乡师专任教员	省民教馆
干事	侯鸾翔	二十八	长安	省立工职毕业	西安测候所总务主任	测候所

续上表

职别	姓名	年龄	籍贯	学历	略历	住址
干事	史久立	二十五	天津	南开中学毕业	西京招待所会计主任	西京招待所
干事	李亚芳	二十三	三原	西安女师毕业	省立图书馆职员	图书馆
干事	杨立新	二十二	长安	西安女师毕业	女师幼稚园教师	夏家院三十五号
干事	倪雪林	二十四	上海	北平高中毕业	前十九路军政治部宣传科科员	王家巷二十九号
干事	吴俊超	二十九	湖北	北平民国学院毕业	西北建报编辑主任	红十字街一号
歌咏组干事	金伟	二十一	江苏	郑州扶轮中学毕业	陕西关小学教员	
歌咏组干事	张旭晖	二十一	河南	开封女中毕业	郑县县立小学教员	

(2) 社会部致陕西省党部复函(1938年6月9日)中央社会部公函

案查接管卷内,准贵部呈略称:“为据情呈转西安铁血剧团成立经过,请鉴核备案”等由。附章则等件。经核尚合,准予备案,相应函复查照转知为荷！此致

陕西省党部

中华民国二十七年六月九日

〔国民政府社会部档案〕

2. 量才剧团报送工作报告、计划等并申请补助经费致军委会政治部呈及有关文件

（1938年7—10月）

（1）量才剧团团长程远致军委会政治部呈（7月25日）

量才剧团呈　字第十二号

窃查本团为扩大抗敌宣传，增加抗战力量，自本年二月间成立以来，经常排演抗敌戏剧，学习救亡歌曲，编印战时壁报，研究战时问题，每周出发乡间，以戏剧、歌咏、讲演、壁报等混合方式，进行宣传工作，并曾在汉口市举行规模较大之公演一次，所有半年来之工作，业经编就报告一份附呈鉴核。目前抗战已进入第三阶段，敌人以武汉为其疯狂进攻之目标，进而图灭亡我整个之国土，奴隶我全国之人民，因此，以全力保卫大武汉，保卫国土，争取最后胜利，已为全中国人民一致之呼声，而发动民众全体参加抗战，则为保卫国土，争取最后胜利之最必要工作。本团根据过去经验，立志以全力进行乡村宣传工作，襄助政府发动民众，参加第三期之英勇抗战工作。亦经拟定今后工作计划，附呈核示。目前本团团员共计三十四人，昼夜工作，至为紧张，惟工作既日益开展，经费开支浩大，依照预算，每月需经常费一千一百四十元，若以公演筹款方式自行筹措，则根据过去经验，公演一次，筹备费时两月，不特下乡工作势须停顿，且城市观众类多以戏剧为消遣，实不如深入乡村宣传之更为目前所需要。为减少经济上之困难，专心致力于乡村工作，使本团宣传工作真能深入乡村起见，恳请钧部作为民间剧团按月补助国币八百元，以利工作，不敷之数，再由本团自行筹措，理合检呈本团工作报告一份、工作计划一份、经常费预算一份、工作照片九张及公演说明书、海报等呈请钧部批示祗遵，实为公便。谨呈

国民政府军事委员会政治部部长　陈

附呈工作报告、工作计划、团员名册、经常费预算各一份，工作

照片九张、公演经费收支启事、说明书、海报各一纸

量才剧团团长程　远

团址:汉口伟雄路一〇五号

中华民国二十七年七月二十五日

拟一次发给疏散费二百元及证明书一张(期限叁个月)。

拟照发。田汉。印。廿七、八、二、

如拟。郭沫若　八、六、

量才剧团半年来之工作报告

一、成立　本团于本年二月十五日成立,即经常排练抗敌戏剧,每周出发工作。

二、组织　本团设团长一人,下设总务、剧务、组织各组,每组设干事若干人,办理各组事务。

三、团员　本团现有团员三十四人。

四、工作经过

(甲)每周经常工作:本团每星期二、四、六排练戏剧,每星期三、五练习歌咏,每星期一、三、六晚间接受政治训练,每星期日出发工作。本团曾经前往工作地点,有青山,有鹦鹉洲,有汉阳,有汉阳之乡间,有汉口下层民众群集之广场,有工人区,有近郊农村,有舟车码头……每次观众至少在四、五百人以上,多至三、四千人。出演之戏剧有:《放下你的鞭子》,《沦亡以后》,《东北之一角》,《烙痕》,《打鬼子去》,《最后一计》,《大豆登场》,《死里求生》,《卖梨膏糖》等数十种,甚合一般观众要求。因此,每次演毕,观众均要求下次再往公演,本团为适应民众需要起见,常与约期再往表演。因此与各地民众在感情上有相当联络,取得相当信仰。

(乙)特殊演出:

(1)公演《古城的怒吼》——本团为鼓励武汉市民增加抗战热情,曾于四月一日起至四日止假座本市天声舞台公演五幕抗敌剧本《古城的怒吼》,本剧排练至两月之久,场面伟大,连演七场,均卖

满座，观众合计在万人左右，事后并以此次券资纯益四分之一捐助战时儿童保育会，以表本团救济战区受难儿童之至意。

（2）青山及鹦鹉洲之演出——本年五月六日至八日为政治部举行兵役与雪耻扩大宣传周，各宣传团体下乡宣传之期，本团为襄助政府进行宣传，自费赴青山及鹦鹉洲工作，配合歌咏、讲演、壁报，出演《沦亡以后》、《放下你的鞭子》、《打鬼子去》等，观众每处约五、六百人。

（3）纪念“七七”抗战建国周年，在金口、徐家棚演出——此次“七七”抗战建国周年纪念扩大宣传，本团担任往金口——宣传地点最远之一处——徐家棚等处工作，七月六日往金口，本拟当天回来，后因当地民众挽留，连续在该处宣传三天。演出《放下你的鞭子》、《打鬼子去》、《卖梨膏糖》、《沦亡以后》等剧，每场均配合歌咏、讲演，并先在街头游行歌咏，号召群众，因此观众特多，至少在四千人以上。七月十日，复在徐家棚演出，情况与在金口仿佛。

五、工作方法

本团出发乡间工作方式，采用壁报、歌咏、戏剧、讲演混合进行办法。即本团到达一地时，先在各处张贴壁报、标语，以引起民众注意，壁报除报道战事新闻及刊载鼓励抗战文字外，并宣布宣传节目及剧情、时间、演出地点，以作广告。再游行歌唱救亡歌曲，引起共鸣；剧前剧后，亦间以歌咏，以鼓励热情，并由讲演组演讲剧情、时事、抗战问题，以增进民众对于抗战之认识。因为节目多，运用较能灵活，因此效果甚佳。

六、过去经费收支情况

本团经费，向无固定来源，自本年二月成立迄三月底一切开支，均由本人设法维持。本年四月公演《古城的怒吼》经过，共计售得券资三九三六.六〇元，除前后台开支二四四〇.〇二元外，实获赢余一四九六.五八元（公演账目，业经登报公布，今敬附呈）。自四月迄今，历时四月，本团为加强抗敌宣传起见，经常排练街头剧，每周出发乡间配合歌咏、讲演、壁报等进行宣传工作。工作费用，虽然竭力节省，而必要开支，每月平均尚须四五百元。兹将四阅月来之开支列表于后：

项　目	国币数	附　　　注
一、生活费	四五六.〇〇元	以前本团团员原则上均为义务性质，惟生活上须补助之团员，则酌给津贴，四月来共计生活补助费如上数。
二、工作费	二七九.〇〇元	每周工作时，团员应支工作上之费用，四月来共计支如上数。
三、舟车费	一八六.〇〇元	每周出发工作，平均每次需舟车费六元，四月来合如上数。
四、化妆费	九三.〇〇元	每次化妆费平均约三元，四月来合计如上数。
五、纸张费	一五〇.〇〇元	壁报、标语、海报等，月约三十五元，四月合计如上数。
六、道具服装费	二三七.〇〇元	除借用外，合计购置如上数。
七、杂　费	二四〇.〇〇元	包括团址租赁费、邮电、摄影等，每月平均约六十元，四月合计如上数。

四月来合计支出工作费国币一千六百四十一元，除公演赢余一四九六.五八元已全部用罄外，尚不足一四四.四二元，全在负债之中，因此开展今后之工作，必有赖于钧部之补助。

量才剧团今后工作计划

一、工作目的

(1) 经常进行戏剧、歌咏、讲演等混合的宣传工作，唤起民众参加抗战，以达保卫大武汉、保卫国土、收复失地之神圣任务。

(2) 猛烈地号召民众，推行政府在战时之一切设施，使民众自动参加运输、慰劳、救护、工程、向导等工作，以便利抗战之进行，增加抗战的力量。

(3) 在抗战为中心之宣传工作下，进行民众的教育工作，如公民训练、科学常识等，以提高民众的知识水准。

二、工作方式

本团仍将以过去戏剧、歌咏、讲演、壁报等混合方式，进行宣传。即本团到达一地时，首先张贴壁报、标语，以引起民众注意；再在街头游行歌唱救亡歌曲，引起共鸣；演戏前后，亦间以歌咏、以鼓励热情；剧前剧后，并由讲演组演讲剧中本事、时事、抗战问题，以增进民众对于抗战之认识，而所演剧本，亦均为富有抗敌意义适应民众需要之作品。为更求增进效果起见，并当力求加强内容与技术。再，每到一处，拟逗留三数天不等，对民众作家庭访问，以接近其生活实际情形，作为组织、训练的准备与参考。

三、工作地区

(1) 在保卫大武汉的过程中，本团之工作地区即以武汉为中心。除汉口之硚口、关帝庙、江岸，武昌之武胜门、东湖，汉阳之集家嘴、工厂前、鹦鹉洲等工人区、难民区、平民区外，拟分四路向武汉近郊下乡宣传，其路线规定于后：

(甲) 东路——以徐家棚为起点，沿江至青山、豹子澥、阳逻、葛店，以迄华容；

(乙) 西路——沿公路经蔡甸、新沟、县河口、神灵口、府河口、长江埠，以迄应城；

(丙) 南路——经沌口、纸纺、金口、北咀、土地堂、贺胜桥，以迄咸宁；

(丁) 北路——经谌家矶、滠口、横店、祁家湾，以迄黄陂。

所有沿途各小村镇，均须作普遍的宣传，预算同时分四组进行，约两个月可遍。

(2)假如客观形势变动，本团拟入川工作，闻川省宣传工作不甚普遍，全团愿以全力入川，扩大团员名额，分组分头深入全川内地继续进行宣传工作，以唤起后方民众参加抗战。

四、工作经费

目前团内经费既已用罄，而工作又须积极开展，今后开支较过去增加倍蓰，又以过去团员，大部分均无生活费，目前因须加紧工作，以前本有职业之团员，亦均当辞去其原有职务，专心致力于本团之工作，则生活费一项，势不得不酌予补助，而工作上之必要费用，亦须较前增加。兹另拟最低限度之经常费预算，仰祈鉴核予以补助，以利工作，实为公便。

量才剧团公演说明书

为什么我们组织剧团？为什么我们今日公演？

在神圣的抵抗帝国主义侵略的战争中，我们为争取我们最后胜利，为胜利以后复兴我中华民族，在这抗战的过程中，我们必须合力起来做到两件事：即是(一)鼓励全体武装并准备武装的同志一齐努力在前线杀敌；(二)唤起并教育后方民众全体参加到抗战工作的各方面来。完成上述的两件事的责任，无疑的是在我们文化工作者和教育工作者的肩上。如何完成我们这应尽的伟大的使命这一问题，应该叫我们殚精竭虑、夙夜计划并行动着的。

鼓励将士，教育民众，我们感觉到以戏剧表演的形式来进行这一工作，是有其特殊的力量的。我们想用戏剧的力量来进行我们鼓励作战、教育民众的工作，因此我们在“量才”的读者和同学中征求了有志于戏剧的同志，组织了“量才剧团”。

今日的武汉无可讳言的是后方的重镇，在抗战过程中有特殊重要的地位。我们在现阶段武汉紧张热烈的抗战空气中，公演抗敌五幕名剧《古城的怒吼》，至少在鼓励作战唤起民众的意义上，我们是在尽着一份力量的。并且我们最近接到政治部函约，为庆祝各线的胜利，我们当然也乐于参加演戏来表示。

此外，我们将以全部券资的纯益四分之一捐助战时儿童保育会，作为救济战区难童的经费，我们愿以一点微力，贡献给在流离失所中的我们下一代希望所寄的小国民身上。

其余的券资，我们愿用它来作战时民众教育的基金。

幕是开了，期待大家的帮助和指导。

量才剧团公演《古城的怒吼》简介

我们演什么？为什么选择了《古城的怒吼》？请你看它的内容，你知道它是我们所需要的：

芦沟桥燃起了烽火，接着，敌人的铁蹄终于踏碎了文化古城——那北平。这就演出了失地人民的惨痛的事实：横暴的屠杀，任意的逮捕，无耻的奸淫掳掠。事实是够痛心的，可是还有那出卖灵魂、背叛国家的汉奸们，为虎作伥，作宰割同胞的工作：残杀唯恐不凶，罗织唯恐不广，搜捕唯恐不多，这里反映了各地汉奸们的恬不知耻，穷凶极恶！

失地的惨痛，惊醒了古城中的人民，生存的要求燃烧起反抗帝国主义者的怒火，为了要活，为了争自由，有的是蛰伏在城内作便衣队，有的是逃到郊外去作游击队了。这之间，作为领导人物的爱国志士吴伯藻，原来是一位大学教授，在敌人的严厉监视下，汉奸警犬似的到处狂嗅下，秘密地进行着救国工作，把家庭、妻子、甚至生命都已置之度外。

反抗的战争筹备成熟了，吴伯藻和同志们计划着要把城里的便衣队配合着城外的游击队定期在这古城发动一个英勇的血的斗争，给敌人一个严重的打击。

不幸这秘密的军事计划给吴夫人（佩玉）知道了，更不幸的是吴夫人在伯藻为国劳瘁的当儿把爱情移植在自己丈夫的一个学生刘亚明身上，爱情叫人疯狂，佩玉因为一个愚蠢的想害死丈夫以跟随新爱人的思想，没有计及利害，就把秘密的军事计划告诉了汉奸潘毓桂。

事败垂成！吴伯藻以及他的同志都被逮捕了。然而出于吴夫人意外的，则是被逮捕的志士当中，有一个却正是她爱着的丈夫的学生刘亚明！

这对于她是怎样的一个打击！然而爱情是使女人不回头的，她老着面皮去和潘毓桂周旋，要求把她的爱人释放出来。虽然亚明因为对不住他的工作，对不住他的先生，表示愿意死在牢里，但后来终于接受了伯藻的命令，出于继续着伯藻以及同志们未完成的工作。并且，在房中看到伯藻他们上刑场的当儿，亚明是鼓起了勇气，枪毙了佩玉，为他的同志和工作复仇！

这里是血和泪的交流，爱与仇的矛盾！

——本剧系根据《祖国》改编而成，并经戏剧审委会修正——

老舍：《古城的怒吼》演出了！

《古城的怒吼》，今日在汉口天声舞台上演。马彦祥先生编剧兼导演，舒绣文女士主演，应云卫先生舞台监督。其他的演员与职员也都是富有经验的名手。有这么多名手，又经过长时间的演习，成绩的良好是可以预卜的。

文艺是时代的产儿，《古城的怒吼》的降生正自不凡。在全面抗战展开后，文艺中的各部门没有不想竭尽才力，去证明自己的建国的力量与热诚的。在这种心理与情绪中，无疑的可以有大量的作品产生。同时，血肉炮火随时随地的刺激着写家，触目惊心，我英勇将士的壮烈牺牲，与各地民众的苦战自卫，又使写家不能不奋发努力。这样，在量上，文艺界可以洗刷了去缺乏实货之诮；在质上，可以因努力向上而提高了作品的水准。《古城的怒吼》就是在这个情形中产生的，它的成功定能给全文艺界以鼓励。希望观众能把向来以戏剧为一种高雅的消遣的态度，改为严肃的获取精神的食粮，以坚定抗敌救国的决心，观众与写家能打成一片，才能收到这时代文艺所预期的效果。设若不认清这个道理，恐怕这个时代的产儿的啼号就难免落个白费力气了。

(2) 军委会政治部辛汉文签呈(10月16日)

窃查该团分子,原系新剧演员出身,虽政治水准较低,然抗敌情绪甚高,于抗敌工作极努力,做事肯吃苦。其在汉杂剧界中有领导作用,而演改良平剧,极受一般军民欢迎,若将其移植内地,于抗敌宣传定能增加力量,敬祈核夺! 谨呈

厅长 郭

中华民国二十七年十月十六日

〔军委会政治部档案〕

3. 七七少年剧团请拨发疏散费函及国民党中央社会部等密查取缔该团的文件

(1938年9月—1939年10月)

(1) 武汉七七少年剧团致政治厅三厅函(9月25日)

郭先生:

前蒙您介绍和吴先生接谈,已得他们的允许,后来厅复命多次,厅长俱因公外出。现时战局紧张,学生等即待赴他处工作,恳请拨给疏散费用,以应急需,毋任感谢之至!

七七少年剧团全体团员敬礼

〔廿七〕年九月廿五日

(2) 田汉致郭沫若签呈(9月26日)

窃查七七少年剧团为英俊活泼之一群,早经钧座鉴及,曾数次请求援例拨给疏散费赴豫、陕继续工作,亦蒙面允。兹以战局紧张,该团恐交通发生阻碍,再三请求前来,敢请准予照疏散剧团条例一次发给遣散费二百元,并护照一份,期限三月,俾便成行。谨呈

厅 长 郭

副厅长 范

职 田 汉

〔廿七〕九月廿六日

照准。　郭沫若　九．廿六

（3）社会部致教育部密函（1939年3月16日）

社会部密函　渝字第2688号

据报："前由武汉来渝寓居售珠市廿六号之七七少年剧团，其团员多系武汉培英、培兴二小学十二岁至十七岁之小学生，于去年七月七日在武汉军事委员会政治部立案，并领得补助费五百元。嗣后即在汉口、宜昌等处作戏剧宣传工作。团员二十三人，除一部分留万县照料难童外（其中有一团员因病致死），来渝者有十五人。查该团内部组织最高负责人为总干事，由姚祥云、马冀分任；总干事下分学术、技能、总务三部，学术部下分壁报、讲演、时事研究、常识研究四组，技能部下分歌咏、体育、漫画、戏剧四个组，总务部下分庶务、会计、管理、交际四组。领队为罗时惠、张素仪、董兼济等三人。罗为安徽人，武汉美专毕业，培英小学训育主任，职业抗战剧社社员；张为湖北人，汉口跑马厅骑士；董为汉口人，职业抗战剧社社员。查该团来渝目的有二：1. 企图恢复在湖北饬令解散之职业抗战剧社；2. 候郭沫若来渝指示今后工作。该团训练团员方法，除授以各种宣传技能外，并灌输CP主义，以养成对本党政府之恶劣印象。所到各处，采取各种有趣之集会方法，联络当地儿童、小学生、难童等，鼓吹共产主义，使儿童脑海中发生反对政府当局之思潮。直接领导者现为职业抗战剧社，经费除公演外，多由各方募集。该团与新安旅行团颇有联系。新安旅行团流浪四年，足迹遍华北各省，所到各地均摄有地势相片，不知有何用意。此外，与政治部第三厅郭沫若领导之孩子剧团亦发生工作联系等情。查该团团员大都十余岁之学生，若任其流离转徙，不特有误学龄，且易受人利用。拟请贵部将该团团员强制遣送入学，俾受正当教育。相应函请查照核办见复为荷。此致

教育部

中华民国二十八年三月十六日

(4) 教育部复社会部密函(3月30日)

教育部密函 乐75字第8894号

案准贵部渝字第二六八八号密函,以据报七七少年剧团内部组织及在渝工作等情形,请强制遣送入学,俾受正当教育等由。准此,查该团团员初到渝时,本部曾几度派员接洽,许以全部公费入学,并令饬战区中小学教师四川服务团准许该剧团团员入附设中学班肄业。嗣以该剧团团员一再托故迁延,不能立即离渝,复经本部再令教师服务团迫令该剧团团员即日离渝,迅予设法运送至白沙中学班,同时并函请重庆市政府转饬市警察局劝导该剧团学生离渝入学各在案。最近教师服务团举行中山中学班编级考试,该团团员业已前往应试,不日当可遣送入学。除由部再令服务团迅予设法运送该剧团团员入学外,相应函复查照。此致

中央社会部

中华民国二十八年三月三十日

(5) 教育部致社会部公函(7月17日)

教育部公函(密)普81字第17527号

案准贵部渝字四一四〇号密函以"据密报汉口七七少年剧团……现正派员在渝购置演剧用具,并仍在北碚一带活动"等由。当经本部密令战区中小学教师第三服务团查明该少年剧团团员入学经过及在校情形详细具报。兹据该团呈称:"查本年三月十九日遵令考取该剧团学生十六名,并分别分发各中学班肄业各在案,计涂元忠一名分发第二中山中学班,朱佐顺、马凤英二名分发第四中山中学班,汪道立、王瑞敏二名分发第五中山中学班,彭世伟、孙敦乐、马国恩、欧永兴、章国钧、杜绍炎、姚祥云、王先涛、徐诗林、陈良才、李纪环等十一名分发第六中山中学班。嗣经详细调查各该生到校情形,只有汪道立、王瑞敏、朱佐顺、马凤英等四生,各已先后到班受课,而王瑞敏又以违犯校规,早经该班开除学籍,其余彭世伟等十二名从未到校,踪迹不明,现尚在该班肄业者只汪道立、朱佐

顺、马凤英等三名。奉令前因，理合将遵查情形呈报钧部鉴核”等情。据此，查本部办理该少年剧团团员入学及分发中山中学班等各情，已于六八九四号密函中详复贵部在案。该团员等既经第三服务团准予参加编级考试，并分别分发各中山中学班入学，而到班肄业者仅有汪道立等四人（其中王瑞敏已开除，实则仅有三人），足征该团员等游荡成性，无意入学，似此顽劣情形，实属不堪造就。在本部方面，已竭尽救济战区学生失学之能事，无法再予处置。该团员等如在各地有越轨非法行动，自应由地方军警当局予以严厉之裁制。准函前由，相应函复查照。此致
中国国民党中央执行委员会社会部
中华民国二十八年七月十七日

(6) 国民党中央直属重庆市党部致社会部密呈(9月1日)

国民党中央直属重庆市执行委员会呈(密)　组字第1280号

案奉钧部渝字第五四〇九号密函饬克日查明汉口七七少年剧团在北碚活动情形，会同军警机关严厉取缔，并将办理情形于文到十五日内详细见复等因。奉此。遵即转令本市第一五八、第四九、第五三等区分部各派员就近密查，并拟防止办法具报去后。兹据第一五八区分部呈称：已派第三小组组长闵文蔚及该区分部执行委员徐义衡同志分别侦查报告，理合抄同原报告呈复核办等情前来。据此，查核闵、徐两同志报告调查情形，均尚切实，可凭核办。奉函前因，理合附抄原报告二份，备文呈复，敬祈鉴核。
谨呈
中央社会部

附抄呈闵文蔚、徐义衡报告各一份

中国国民党中央直属重庆市执行委员会主任委员洪兰友

中华民国二十八年九月一日

抄原报告

案奉钧部发字第九三号训令略开：案奉层峰令饬查明七七少年团最近行踪及其背景详细具报。等因。奉此。合行令仰该组长就近密查具报核转勿延为要。此令。等因。奉此。遵即分赴各方侦讯。经查明该团于五月间来碚表演后经区长卢子英代为设法借住离碚三里许之新观音庙。该团计团员二十五人，由邹绿芷领导，文蔚廉得此情当即前往调查。该团领导邹绿芷已于三日前赴渝，尚未回来。据该团团员称：现在留住在庙者，连同邹绿芷尚有十一人，皆属童龄，最长者未满二十岁，小者仅十一、二岁，有三女七男，在庙闲居，以功课为遣，因奉令停止活动，其余团员各自分散，其中有已成人之团员三人，已投考戏剧学校，录取，业已到校。此间各团员已得陶先生行知之同意，将来拟入陶先生所办之育才学校读书，刻因该校尚未筹备就绪，故尚未入学。复经询及该团既不公演，自无收入，何以维持生活？复据称：自在汉口成立后，沿途表演，收入足堪敷用，既有不敷，幸段先生承泽每月津贴五十元，陶行知先生每月津贴百元，现在即以此款维持等语。文蔚以主持人未得晤见，未能详悉。其是否尚在设法活动，好在该团未曾离碚，谨当密切注视其行动。兹特先将调查经过情形，具文呈报鉴核。谨呈

第一八区分部执委会

闵文蔚　呈

抄原报告

事由：窃义衡奉派侦查七七剧团在碚活动情形一案，经衡连日赴各方面调查，并亲赴该团访问，综合各方报告及访问情形，可得下列结果。兹分别条列于后：

一、该团负责人及组织情形：该团系由汉口培英、培华两小学学生组织而成，由罗修镛君为团长，旋又由罗君请邹绿芷君为顾问，全团共有团员二十二人，其中有女团员六人，分设总务、技能、学习三部，总务部管理交际、庶务等事，技能部管理演剧、唱歌各

事、学习部管理读书、看报及上课各事。

二、该团过去活动情形：该团离汉口后，沿途表演到渝，在宜昌时曾有团员一人因病退出，到渝以后，只有团员二十一人(六女、十五男)，在渝表演颇得各方面资助。

三、该团在北碚表演情形：该团系本年六月到碚，六月十三、四日曾在碚公演，并出有宣传壁报一种，张贴碚镇，亦甚得当地人士赞许(该壁报未觅得)，本定七月七日再继续公演，因奉命停止活动，遂行辍演。

四、该团最近情形：该团初到碚时，寓公园民众教育馆内，辍演以后，移住离北碚三里之三官庙(俗呼新观音庙)，团长罗君现已离开，闻系到江津第九中学充任音乐教员，现有该团顾问邹绿芷负责。邹君辽宁人，曾在汉口某生活社任事。该团经济均靠各方面补助及表演收入，以资维持。闻该团团员面云：后方勤务部政治部主任段承泽君每月补助该团薪火费五十元。该团自奉命停止活动后，各团员有自动离去者，亦有考入戏剧专门学校者，现除邹君外，只余团员十人(女三、男七)，以后并拟全部加入陶行知先生所办之育才学校，现各团员每日仍以看书读报为消遣，书籍多生活书局出版物，所订报纸仅《新华日报》一份，现该团员负责人邹君又赴重庆，无法再对该负责人加以考查。唯该团确已实际停止表演，以后各团员亦将分别入校，除应请由上级党部对该团先后负责人罗、邹两君加以考查外，谨综述各调查情形如上。谨报告
第一五八区分部执行委员会

徐义衡

(7) 社会部致教育部密函(9月12日)

社会部密函　渝字第6143号

前准贵部七月二十六日函复关于取缔汉口七七少年剧团，并将该团团员遣送入学一案办理经过情形，经由本部再函直属重庆市党部切实查明，并会同军警机关严厉取缔在案。兹据该部呈复，

已饬当地各区分部就近派员密查具报。旋据报称：该团以奉令停止活动，目前已陷停顿状态。现在团址设离北碚三里许之新观音庙，原负责人罗修镛，闻已就任江津第九中学音乐教员，现由邹绿芷领导。现有团员十一人，皆属童龄，在庙闲居，其费用由陶行知暨后方勤务部政治部主任段承泽供给，将来拟入陶行知所筹办之育才学校肄业，其余团员，则各自分散，其中有已成年之团员三人，已考入国立戏剧学校肄业等语。除由本部再函直属重庆市党部转饬该地各区分部党员严密注意该团之动态，随时具报外，用特函请贵部查明转饬国立戏剧学校及江津第九中学注意考查该团团员及该罗修镛之思想言动，务期纳诸正轨，端其趋向，是为至荷！此致

教育部

部　长　陈□□

中华民国二十八年九月十二日

(8) 教育部致社会部公函(10月9日)

教育部公函　令十四5字第24806号

案查关于汉口七七少年剧团负责人罗修镛在国立九中任教一案，前准贵部九月十二日密函来部，当经密令九中注意并函复各在案。兹据该中学感代电称：查罗修镛经人介绍，于二十七年度第二学期来校担任音乐教员，校长对其思想言论严加注意，并时与谈话；七月间，本校举行毕业生茶话会时，罗修镛讲演措词失当，校长当即面予纠正，虽经自认错误，力辩无他，究因其出言不妥，易生误会，本学期未予续聘，并早经离校。等情。到部。相应录案函复查照。此致

中央执行委员会社会部

中华民国二十八年十月九日

〔国民党中央社会部与军委会政治部档案〕

4. 民族剧团报送简章与团务活动报告等致教育部呈及有关文件

（1938 年 9 月—1940 年 7 月）

（1）民族剧团致教育部呈（1938 年 9 月 13 日）

呈为报告工作状况及成绩，请求准予备查，并呈报四川农村工作计划大纲，请求赐予津贴，以利抗敌工作事。窃查属团原由战区学生组织，自去年十二月在武昌成立以来，即行出发鄂西各县，开始乡村话剧宣传，激发民众抗敌意识。旋即奉到中央宣传部二十七年三月四日武字第八三六号特函，内开："据呈报宣传工作情形及报告书，均悉。该团努力工作，至堪嘉慰，而于从事宣传之余，并作农村调查，颇合目前需要，即希切实进行，嗣后呈送工作报告，应将调查所得，连同历次公演剧本，一并报部备查为要。"等因。奉此，当即继续努力在鄂西各县工作。嗣又奉到中央宣传部二十七年五月二十五日宣字第零三二七号批示，内开："据呈为组织剧团，开始乡村话剧宣传工作，激发民众抗敌意识，附呈剧团简章、团员名单及湖北省党部批示照片各一份，请准予立案等情，已悉。准予备查。"以及宣字第零三二八号批示，内开："据呈报宣传工作成绩，请准备查等情，已悉。所送该团第二期工作报告，及农村社会调查表，经加审核，工作尚称努力。所请津贴一节，准自五月份起，按月津贴六十元，特复查照，并希继续举行农村调查，列表呈报为要。"等因。奉此，当即继续努力，并去鄂北黄冈麻城一带工作，先后将工作报告及调查所得呈报中央宣传部备查在案。属团现因鉴于前方抗战，端赖后方之宣传，而农村调查工作，尤为边疆一带所必需。爰即整队入川，志在深入四川之僻远农村，唤醒农村大众，共同为抗战建国而努力。惟属团工作内容，与一般宣传团体稍有不同，除宣传抗敌之外，尚有宣传节约、宣传禁毒、宣传科学以及农村社会调查四项工作。本此方针，既收宣传民众之效，又符抗战建国之旨，爰附呈属团四川农村工作计划大纲以及巴县农村社会调查表四纸，恳祈鉴核赐予指示。再则属团自出发工作以来，仅赖中央宣传部按月六十元之津贴，因经费万分拮据，以致工作未能积极开展。为此上呈钧部，恳乞俯察属团艰困情形，酌予适当之津贴，俾属团得以继续农村工作，尽力社会事业，是否有当，理合呈请鉴核示遵。谨呈
教育部社会教育司

附呈属团简章一份、团员名单一张、团务报告表一张、四川农村社会工作计划大纲一张、区县农村社会调查表四份〔社会调查表略〕

民族剧团谨呈

中华民国二十七年九月十三日

通讯：重庆市江家巷三号李显京转交

民族剧团简章

第一章　总则

第一条　本团定名为民族剧团。

第二条　本团基于民族主义精神，以上演呈准公演之抗敌话剧，加强民众抗敌意识为宗旨。

第三条　本团于呈经指导及监督机关核定后，得以移动各地上演。

第二章　团员

第四条　凡爱好话剧，意志坚强，不分性别，属于中华民国国籍，且赞同本团之宗旨，由本团团员二人之介绍，经本团团务会议通过后，得为本团团员。

第五条　有左列行为之一者，取消其团员资格：

一、反三民主义者；

二、有不法行为者；

三、有不良嗜好者；

四、因恋爱行动而妨害本团工作及名誉者；

五、不诚实及不忠于职守者。

第六条　本团团员之义务与权利如左：

一、有选举及被选举权；

二、有劝导及监督本团团员之一切不规则行动权；

三、实行本团一切规约；

四、服从本团一切议决案；

五、接受本团同志善意之劝告。

第三章　组织

第七条　本团以全体团员大会为最高权力机关，其任务与职权列下：

一、选举本团负责人；

二、决定经费；

三、决定工作方针。

第八条　本团组织大纲表列于左：

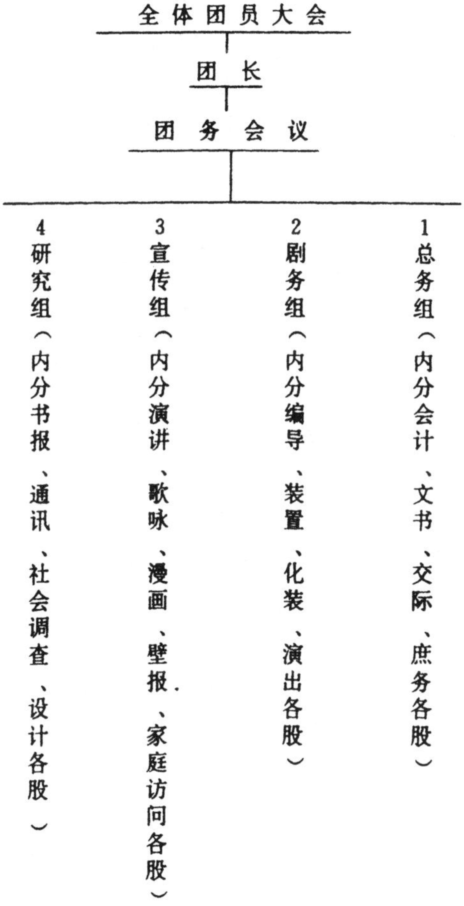

第九条　本团负责人之职权分配如左：

一、团员负责领导本团全部工作；

二、团务会议由团长及全体干事组织之，每一干事负责处理一组事务；

三、每组又分为若干股，每股设主任一人，负责处理一股事务。

第四章　会议

第十条　本团负责人之产生程序列下：

一、团长及四组干事由全体大会选举之；

二、每股设主任一人，由各组干事商得团员同意聘请。

第十一条　全体团员大会由团务会议负责召集之。

第十二条　干事会议由团长负责召集之。

第五章　任期

第十三条　团长之任期为一年，期满由全体大会改选之，连选得连任。

第十四条　干事之任期为半年，期满由全体大会改选之，连选得连任。

第六章　经费

第十五条　本团经费由团务会议负责筹集，并支配之。

第十六条　剧团所在地之官署给与津贴时得接受之。

第七章　附则

第十七条　本简章之解释权属于团务会议。

第十八条　本简章由全体团员通过，呈准主管官署备案后施行之。

第十九条　本简章如有未尽事宜，经由三分之一团员提出，二分之一以上团员通过，呈报主管官署核定后再行修正之。

民族剧团全体团员名单

姓 名	性别	年岁	籍 贯	出 身
虞 文	男	三四	浙江镇海	东京帝国大学文学部毕业
段达豪	男	二四	湖北英山	北平辅仁大学肄业
赵志钧	男	二二	北 平	北平市立高职毕业
段稚兰	女	二三	湖北英山	北平市京华美专肄业
王 熺	男	一九	河北宁晋	北平市立高商肄业
张君亮	男	二六	云南昆明	国立北平大学毕业
张若鸣	男	一九	湖北江陵	宜昌中学肄业
彭善宝	男	二二	湖北天门	国立北京大学肄业
段一匡	男	二七	湖北英山	国立武汉大学毕业
李显京	男	二四	北 平	复旦大学肄业
李显同	男	二〇	北 平	复旦附中肄业
段印昌	女	二〇	湖北英山	北平师大附中毕业
吴 芳	女	二三	江苏无锡	北平大学肄业
徐 立	女	二二	河北天津	北平大学肄业
李振东	男	二〇	河北天津	南开中学毕业
周起予	男	二一	安徽安庆	北平大学肄业

以上共十六人。

民族剧团团务报告表

名　称	民族剧团	负　责　人	虞　文
团　址	移动各地工作，未有固定团址		
立案日期	中央宣传部二十七年五月二十五日宣字第〇三二七号批示备案。湖北省党部二十六年十二月十日批示备案。		
过去沿革	自二十六年十二月起由武昌出发工作，历经湖北省之天门、荆门、当阳、江陵四县，作话剧、演讲、漫画、歌咏、家庭访问以及社会调查各项工作，尤以社会调查一项，深博各方赞许。		
现在工作	现由湖北沙市来渝，继续各项工作。		
现在团员情形	现有男女团员共十六人。		
现在困难	经费拮据万分，团员生活艰苦，时虞断炊。		
今后计划	决定深入四川僻远农村，继续工作，并拟特别注重农村社会调查一项（详细可参考本团四川农村工作计划大纲）。		
特殊情形	本团特殊困难，只经费一项。现所以不能立刻起程赴乡村工作，只因缺乏最低度之川资路费故。		
附　记	通讯：暂由重庆市汇家巷三号李显京先生转交。		

民族剧团农村工作计划大纲

一、缘起

本团鉴于对日抗战以来，前方将士浴血苦斗，后方民众踊跃输将，凡属国民，无不日夜思竭其精神体力，协助政府完成抗战建国之伟业。爰召同学，组成剧团，自去年十二月起，在鄂西一带从事抗敌宣传，颇收相当效果。目前抗战已入第三阶段，吾人更进一步感觉农村宣传之重要，遂不辞跋涉长途，远来川省，冀在政府领导下，聊尽吾人对于宣传工作之微力。

夫民众为抗战之栋梁，农村为建国之基础，倘欲争取最后胜利，则农村工作诚不能加以忽视。然一窥川中农村现势，则疮痍满目，经济破产，加以农民知识落后，昧于政府抗战建国之旨。据远道传闻所得，则在僻远地区之民众，竟有丝毫不知中国正在对倭抗战者。似此情形，而欲动员川中民众协助政府，完成抗战建国之伟业，不其难乎?!

同人等学浅识陋，经验无多，誓愿竭尽一得之愚，深入农村，唤醒大众，尚望各界先进人士，不吝指示，藉免颠覆，本团幸甚，抗战前途幸甚。

二、工作内容

甲、抗敌。抗敌宣传为本团首要工作，同人等决定深入农村，使每一农民了解日寇之强暴与亡国之惨痛，激发其保卫家乡，保卫民族，保卫子子孙孙不作亡国奴之深切觉悟，一面并号召农民中之勇敢分子，自动应征，走上前线去。

乙、节约。年来四川农村经济破产，农民生活本极艰苦，但在规模较大之市镇，仍多不知节约，习成浪费。际兹国外输入遭受阻碍，国内建设尚在草创时代，非节约无以充裕民生，非节约不能支持抗战之元气。

丙、禁毒。川中鸦片烟毒，蔓延极为普遍，据本团调查所得，以六万居民之市镇，吸鸦片者竟在三万人以上。此辈烟民生活，本非富裕，然却甘愿节衣缩食，度其一榻横陈，暗无天日之岁月。事实如此，宁不痛心，影响所及，不言可喻。本团决当深入农村，恺切劝导，并拟排演禁烟话剧，使一般愚民观之知所警惕。

丁、科学化运动。科学化运动，已成为抗战国策之主要部门。宣传部最高当局，曾经发表谈话，明定科学化运动为宣传原则之一。而在穷乡僻壤之中，一般落后民众，即连最浅近之科学常识亦无所知。疾病视为天谴，生活付诸命运，此种心理，一日不改，所谓“全民抗战”即不能达到尽善尽美之境。本团决当深入农村，灌输科学常识于民众之头脑，倘欲川中民众根本觉悟，参加抗战，此诚根本有效方法。

戊、农村社会调查。本团过去在鄂西一带从事农村社会调查，曾蒙中宣部特函嘉许。此种调查，计分地理、农业、工业、商业、金融、教育、卫生、民俗、民众团体、妇女生活、歌谣、民众对于抗战之认识等十二部门，倘能继续进行，加以整理，大之可供国家施政之参考，小之可供个人学术之研究。本团今天决当继续努力，有系统的进行调查工作，将一向被人视为“隐谜”之川中农村真象，据实呈现国人之前。

三、拟定路线以及目前之迫切需要

本团男女同学共十六人，此次工作路线，暂定为两个阶段。第一阶段沿成渝公路去成都，第二阶段再由成都沿川康公路去康定。沿途经过村镇，觅定适宜地点，随时作宣传工作。并因经费关系，故以行路前往为原则。

本团工作计划，具如上述。在此有极感困难之点，即经费问题，本团过去经费，除恃当地人士之同情接济外，仅有中宣部按月六十元之津贴，以之支持十六人之衣食住行，不敷甚巨。同人等因经费支绌而蒙受收物质及精神方面之打击，非一言所能道尽。今后工作更为艰苦，路线更为悠长，若无适当经费接济，颇有目的未达，身死沟壑之虞。在此亟盼海内贤豪，党国先进，慨与援助，俾底于成，是又本团同仁所日夜馨香祷祝者也。

民族剧团宣传标语

一、拥护总裁领导抗战建国

二、抗战必胜，建国必成

三、要想抗战必胜，必先坚定必胜信念

四、加紧生产，增强反攻实力

五、严禁奸商囤积居奇，安定人民生活

六、要想保国强种，必先禁绝烟毒

七、戒绝一个烟民，就增加一个壮丁

八、鸦片能叫人“家破人亡”

九、政府坚决禁烟，是为民彻底除害

十、改正醉生梦死的生活

十一、养成蓬勃的朝气

十二、要想保家，必先当兵救国

十三、要建国必先建军

十四、服从兵役是国民应尽的义务

十五、兵役法的三平原则是“平等”、“平均”、“平允”

十六、实行节约建国储蓄

十七、踊跃推行节约储蓄运动

十八、推行节约储蓄可以增强抗战实力

十九、推行节约储蓄可以增强建国力量

二十、实行节约建国储蓄，既救国家，又得利息

二十一、节约建国储蓄是总裁的伟大号召

二十二、三民主义为抗战建国的最高准绳

二十三、三民主义是国父手创的救国主义

(2) 中央宣传部每周重要工作报告摘录(1940 年 7 月 15 日)

(前略)　民族剧团调渝考察

该团成立于武汉撤退时期，为华北学生所组织，辗转入川，历在川边及各内地工作，于戏剧工作外，并作讲演及社会调查等工作，尚称努力。由教育部、中央社会部及本部按月给予津贴，所至各地，事前均经呈请本部函知当地党部予以协助，按月并有详细之报告。嗣准中央调查统计局函告，该团为共党把持云云。当以该团系由中央各部领导，既有不妥分子，不宜仅以消极办法停止其津贴或予以解散。经商同中央社会部、教育部，由三部各发该团旅费二百元，饬其来渝工作，以便就近严加考察，并予积极指导，再行决定改组或解散。

廿九年七月十五日

(3) 中央宣传部致教育部函(7月27日)

准中央社会部机动字第五一〇号密函:准中央调查统计局函送关于民族剧团报告一件到部。查报告所称各节,颇值得注意。除由本部函四川省党部转饬该团经过之各县党部将该团工作情形报部备核,并从事侧面调查外,兹为慎重起见,拟令该团在雅安工作完毕后全体返渝,以便严密考察,并研究处理办法。其返渝旅费,由贵部及教育部暨本部各发贰百元,如荷同意,即希赐复等由。该项旅费自当同意照发,惟该团返渝后在考察期间,所有三部原有补助费拟暂仍照旧案支给,除函复外,用特函请贵部查照为荷。此致

教育部

部长王世杰

中华民国二十九年七月二十七日

(3) 中央宣传部致教育部函(11月19日)

国民党中央执行委员会宣传部公函　渝美宣字第16189号

案据本部实验剧团团长吴良俊呈称:民族剧团已于本月二十三日抵唐家沱,暂与该团共处,正令其将已演出各戏逐日排演,并举行个别谈话,以凭考核等情。除已令饬该团转饬迅将过去工作情形及各种意见连同最近三个月工作计划呈核外,相应函达,即希查照。并赐示指导及考察办理,以资转饬办理为荷。此致

教育部

部　长　王世杰

中华民国二十九年十一月十九日

(4) 教育部致中央宣传部函(11月25日)

教育部公函

顷准贵部二十九年十一月十九日渝美宣字16189号函,以民族剧团返渝,已饬交实验剧团就便管理,嘱拟指导及考察办法见复

等由。准此，兹拟定考核办法五项：

一、关于团务之监督指导，拟请由贵部主持，社会部及本部同负会商督导之责；

二、关于剧务之指导、团员之训练及演出之考察，拟请由贵部转饬实验剧团负责办理；

三、拟演剧本，应呈奉贵部及本部审查核准，始得上演；

四、每月工作情形，应编具报告书，分呈贵部、社会部及本部备案；

五、关于该团团员之奖惩事，由三部会商决定后共同或分别执行之。

以上办法，如贵部认为可行，即烦转函社会部征求同意后分别饬遵。相应复请查照办理见复为荷。此致

中央执行委员会宣传部

中华民国二十九年十一月二十五日

〔国民政府教育部档案〕

5. 江苏流亡剧团报告在湘西农村开展抗日宣传活动情形

（1938年10月—1939年3月）

（1）江苏流亡剧团致政治部第三厅呈（1938年10月30日）

呈为请求发给途程证明事：窃敝团原系醒世剧团，自去年芦案发生，相继沪案又起，愤兽敌之惨暴，痛国土之沦丧，同人皆国民一分子，一息尚存，即纠合有志青年，重组江苏流亡剧团，抱无畏之精神，以抗敌为目的。首先由吴县出发，途经南京、安庆、六安、汉口，以及沿途各农村作抗敌宣传，所编剧本，俱描写兽敌种种之惨暴，再现于舞台。虽不能唤醒，而民众观剧后，均有同仇敌忾。历尽难苦，于本年六月下旬抵长沙，先作街头剧或个别演讲，“七七”、“八一三”、“九一八”扩大宣传均历次参加；征募寒衣运动，同人等以有

钱出钱、有力出力之目的，尽各人之力量，尽力捐助；曾参加文化界抗敌后援会，赴长沙附近各农村宣传及街头剧等颇受民众欢迎。刻暴敌猖狂又甚，敝团思作再进一步之工作，拟赴湘西一带各农村作抗敌宣传工作，故誓于抗战一日不止，则工作一日不停。请求钧厅发给途程证明文件，而利后方工作，理合具文呈请，伏乞指令祗遵！

谨呈

军事委员会政治部第三厅厅长郭

附团员名册乙份，证明文件六份

江苏流亡剧团领队蔡啸天谨呈

中华民国二十七年十月三十日

江苏流亡剧团团员名册

姓名	性别	年龄	籍贯	学历
程铁君	男	二四	北平	民治中学
尤志声	男	二六	上海	上海中学
张振英	男	三四	吴县	县立中学
石正坤	男	二五	上海	秀州中学
陈野鹿	男	三六	吴县	第一高小
周石兰	男	二三	宁波	民立中学
张寿卿	男	三七	吴县	县立高小
周筱荪	男	三〇	吴县	宁波中学
饶木林	男	二三	吴县	第一小学
李金根	男	二四	吴县	平桥小学
钟乃铭	男	二六	上海	万竹小学
黄雷生	男	二四	上海	通惠小学
陈胜高	男	二三	上海	济鲁公学
沈锡林	男	二七	吴县	县立小学
陈际云	男	二三	吴县	私立小学

续上表

姓　名	性别	年龄	籍　贯	学　历
李惠君	男	二四	江　宁	振坤附中
时松山	男	三三	吴　县	第六高小
潘坤山	男	二〇	上　海	崇通小学
周天声	男	二一	无　锡	第八中学
朱世鳞	男	二〇	吴　县	带城小学
何金生	男	一六	吴　县	第六小学
陈礼卿	男	二五	常　熟	县立师范
高云泉	男	二五	武　进	县立中学
徐善宝	男	二〇	吴　县	第六小学
钱文源	男	三七	上　海	万竹小学
许丽娜	女	二三	宁　波	南洋高商
蔡丽娟	女	二五	青　浦	上海女中
关笑英	女	二〇	上　海	民立中学
张珠霞	女	一六	吴　县	第一高小
周根弟	女	二八	吴　县	私立小学
蔡莲娣	女	六	青　浦	碧云幼稚园

(2) 蔡啸天致军委会政治部第三厅呈(1939年1月31日)

窃查属团自去年十一月一日蒙钧部发军用证明书嘱赴湘西一带宣传工作,属团于四日出发,沿途农村乡镇大小公演数十次,每次公演观众皆千人上下,而属团演后观众兴奋难以笔述,并有每月每日经过各地宣传呈报册附呈备查。惟属团上无津贴,下无补助,全仗自筹,在此三月之工作,属团同人泣者号者,皆以实干快干苦干硬干之决心,俱有自忍自慰自耐自欢之感,历尽艰苦,一切可泣之言笔难形容,而属团同人原籍江苏,回忆庐舍被虐,妻儿被辱,愤兽敌之惨暴,痛国土之沦丧,属团同人皆高呼:抗战一日不止,则工作一日不停，请求钧厅每月扶植津贴若干元，使得工作得到进展，俾便深入普通农村而无阻碍，并可将宣传经过按月呈报，伏乞指令祗遵！谨呈

军事委员会政治部第三厅厅长郭

附呈宣传呈报册一份，军用证明书一份

江苏流亡剧团领队蔡啸天印呈

中华民国二十八年元月三十一日

附抄宣传呈报册（节选）

江苏流亡话剧团负有宣传重大使命，在津市表演时，适值本师驻斯邑，曾与本师政治部同场表演。该团团员率皆优秀有为，青年艺术娴熟，表演深刻，多与事实相逼真，能使观众内心受到深刻的感动，可谓完全达到宣传作用。并该团团员仅享受微薄的待遇，能尽到极大的贡献，其刻苦自励精神，诚有足多洵堪矜式。

陆军第一百三十师司令部

于津市

深得宣传要领，堪以提高抗战情绪，景仰之余，愿所到之处，竭力加以协助为盼。

张玉琏印

三月十二日于藕池

三月十五日，本团特烦江苏流亡话剧团来石首公演，剧情紧张，表演深刻，三军莫不感奋，民众亦受极大之感动，对于灌输救亡知识，提高抗战情绪，在此已获得最大之效果矣。至于各团员技术之娴熟与其刻苦精神，尤令人钦佩。今将在公安表演，特赘数语，以为临别赠言，兼致谢意。

一百卅师七百八十团题

三月廿日

兹烦江苏流亡话剧团莅闸表演新剧，感动民众，提高抗战情

绪，此次数镇民众得取最大之效果矣。今特赠言，以为临别之谢意！

公安县第三区闸口镇保长联合办公室

三月廿五日

我江苏流亡剧团于四月九日来县城连续工作四日，演剧宣传，观众达千人，曾收极大效果，实为第二期抗战中之伟大贡献。该队队员均籍江苏，虽田园破碎，家人流散，但不露些许颓伤之态，反而长途跋涉，挺胸奔走，为国呼号，确是中华好儿。本团同仁，谨此深致敬意，惜多数演员同志均已下乡工作，未能配合演出，实为遗憾！更以未予最高协助，尤所怅惘者。但愿各本复兴民族、誓复国土至高之意志，敌忾同仇，在我唯一领袖领导之下，三民主义坚定信仰之中，并肩齐步向打击暴敌的前途冲锋前进！

三民主义青年团直属沙市分团松洋通讯处

四月十五日

以革命精神，深入农村，实行宣传工作，唤起民众抗战情绪，实为我后方所难得也。爰缀数语，聊以鸣谢！

枝江县动员委员会

四月二十三日

宣传民众，组织民众，训练民众，是动员民众的基本工作，也是争取最后胜利的唯一武器，尤其第二期抗战中，精神重于物质。贵队此次来敝县宣传，实给民众精神上以绝大的兴奋，撒下了无量数的抗战种子，增加了不可侮的必胜力量。敝府(会)于钦佩感激之余，特缀数言，以志纪念！此致

江苏流亡戏剧宣传队

湖北宜都县县政府／动员委员会题赠

五·一

军用证明书

国民政府军事委员会政治部为发给证明事：兹有江苏流亡剧团蔡啸天等因流动宣传，往湘西一带经过，各同行团员共计三十二人，经核准，自十一月一日起至一月三十日止为有效期间，特给此证明书为证。

部长　陈诚

中华民国二十七年七月三十一日

(3) 军事委员会政治部第三厅批(3 月 10 日)

国民政府军事委员会政治部第三厅　批字第 321 号

具呈人江苏流亡剧团领队蔡啸天，二十八年一月三十一日呈一件，为呈报宣传经过，掉〔调〕换军用证明书，并请求每月津贴事由。

呈悉。该队在湘西一带工作，成绩尚佳，殊堪嘉许。至所请各节，应向第九战区司令长官部政治部请求。此批。宣传报册发还，余存查。

中华民国二十八年三月十日

〔军委会政治部档案〕

6. 大地剧团报告在潢川突围时的损失与今后团务活动并请政治部第三厅给予经费补助呈

(1938 年 10 月 4 日)

窃团自开封沦陷之际，离汴赴郑州、洛阳工作，复逢郑州吃紧，乃南下走许昌，随十九军转赴信阳、驻马店各地服务。除以部队为工作对象外，对于民众宣传及组训工作均在五十九军政治部指导之下努力推进。于九月初间，随军赴潢川前方工作，不意暴敌于九月十六日围攻潢川，军部各处悉被冲散。窃团于枪林弹雨之下，退至光山，致与军部失却联络，而敌人追击甚迫，处于极度困苦中，始绕道退至广水，乘车来汉。此次突受打击，所有一切公物及私人行李等件，悉数损失。惟全体团员意志坚定，决意从事整理，再赴湘省农村工作，恳请予以补充工作应用物品，如幕布、垂帘、道具等，并乞发给护照，以便离汉赴湘服务。窃团工作人员合计三十名，大多数系豫东青年学生，家乡沦于敌手，抵汉以来，生活状况不堪言及，尚祈迅予救济，以便早日离汉赴湘工作，而利抗战前途，实为公便。

谨呈

军事委员会政治部第三厅

大地剧团团长向伯元呈

附团员名简章册各一份

中华民国二十七年十月四日

大地剧团名册

职别	姓名	年龄	籍贯	出身	备考
团长	向伯元	三十	湖北孝感	武昌中华大学	宣传队长，艺术股长，电影美术公司经理
副团长	卢程万	二九	河南尉氏	开封师范	光豫中学教导主任，一九五师宣传大队长
秘书	刘巍然	二八	湖北荆门	武昌中华大学	政治指导员、教员
团员	崔行	二四	河南开封	河南大学	导演主任
	方克矩	三七	湖北汉口	民新高中	
	何家雁	二一	河南开封	河南尚志高级文专	编辑记者
	聂畹村	二十	河南永城	河南尚志高级文专	宣传组长
	蒋诺之	二十	河南开封	河南尚志高级文专	《大刚报》特派记者、匆匆诗社主编

续上表

职　别	姓　名	年龄	籍　贯	出　身	备　考
	孟　萍	一八	河南开封	河南高级中学	战时学生剧团第三大队长
	郭剑泉	一八	河南开封	河南豫中高中	青年剧团团员
	郑秋子	二三	哈尔滨	上海新华艺专	上海影业业余剧团团员
	瞿　唐	二三	江　苏	北平汇文中学	戏剧学校
	顾梦鸥	二三	广　东	上海大厦文学院	戏剧学校实验所研究生
	尹良修	二八	湖　北	武昌华中大学	汉口鲁广小学教训主任
	张惠良	二五	湖北汉口	武昌艺专	教员、导演
	张学云	二十	河口宛平	郑县扶轮中学教员	
女团员	宋吟舫	一九	河南开封	河南省立女中	农村服务团团员
	耿剑华	一八	河南开封	河南省立女中	农村服务团团员
	贾惠真	一七	河南开封	河南省立女中	农村服务团团员
	郁锋霞	一九	河南郑县	省立师范	教　员
	金　露	一九	河南开封	省立第二女中	省党部妇女工作团团员

续上表

职　别	姓　名	年龄	籍　贯	出　身	备　考
	金　秀	一八	河南开封	省立第二女中	省党部妇女工作团团员
	章　娜	二六	河南开封	河南省立女中	小学校长
	李桂云	一七	清　苑		
	刘剑若	二十	湖　北	武汉高中	十三军政训处
	鲍静英	二十	广　东	培文初中	江岸话剧社
	林　莉	二十	广　东	培文初中	平汉宣传队话剧社
	焦玉凤	一八	河　南	扶　中	平汉宣传队
事　务	杨玉山	三二	湖北汉口	中法学校	交通界
	杨秉盛	二八	湖北汉口	汉阳文德书院	孤萍画社

大地剧团组织经过

自“七·七”事变以后，伯元等感于国难当头，救亡之责不可旁贷，乃由伯元、刘巍然、张惠良、宋浩然等组织本团于郑州。蒙郑县县党部批准，当加以救亡工作之训练，并积极在汴郑各地公演戏剧，慰劳伤兵，并在乡间向民众宣传。团员成份在校学生占三分之二，职业者占三分之一，在郑汴时因各有职业或在校读书，故似近业余性质，经费少数者由团员私自捐出，公演时以卖票收入补公演之消耗。后时局变迁，遂随五十九军工作，已两个月有余。又，由汉前来参加男女团员十名，一般工作多蒙陶处长之指导，得由目标进行，此即为本团组织之一般概况。

大地剧团团长向伯元

大地剧团组织简章

一、定名：本团定名为“大地剧团”。

二、宗旨：实行三民主义，启发民智，鼓励抗敌将士情绪，服务受伤官兵及难民。

三、团员：凡有高中以上程度或同等学历，由本团团员二人以上之介绍，经团长参核认为合格者得为本团团员。但须具有下列各条：

1. 富有艺术才能并曾受军训者（女性例外）；

2. 能吃苦耐劳，能有牺牲个人的自由；

3. 服从一切规章和纪律；

4. 不得参加其他同种组织；

5. 不得无故退出本团；

6. 只尽义务，不享权利。

四、组织：本团设团长、副团长、秘书各一人，负责全团一切事宜，其组织如下：

团员大会——团长、副团长、秘书——下设剧务组（舞台剧、街头剧、游艺、杂耍、国术），总务组（事务、文书、保管、会计、交际），宣传组（壁报、歌咏、绘画、文字、摄影），导演组（舞台设计、演员训练及排练）四组。

五、经费：一切经费均由团员或团员亲友捐助，绝对不向外捐募。

六、服务：（一）戏剧，（二）街头剧，（三）游艺，（四）宣传，（五）慰劳队，（六）看护，（七）缮写，（八）写作，（九）音乐，（十）歌舞，（十一）摄影。

七、纪律：（一）牺牲个人为团体服务；（二）苦干穷干不贪图名利，不作任何企图；（三）绝对禁止谈恋爱；（四）一切生活军事化；（五）绝对服从团长及导演命令。

八、集会：（一）团员大会每半年召开一次，决定本团一切工作计划及工作之进行；（二）每星期各组召开组务会议一次，计划各组工作之进行及过去工作之检讨等。

九、待遇：本团团员一切生活衣食住行由本团统筹办理，团员无任何负担，但须视本团经济及环境情形而定。

十、附则：本章则如有未尽事宜，经团员大会临时修改之。

军委会政治部第三厅辛汉文签呈

查该团原有团员三十二人，除因病离团者外尚有团员二十六人，经费由团员分担，对演剧工作相当努力，技术尚觉熟练，对抗战必胜之信念颇坚，因潢川突围时，所有公私物件遭受极大损失，目前生活极度困苦。该团团员大多系豫东青年学生，伏乞鉴核！谨呈厅长郭

职辛汉文谨呈

十月十六日

〔军委会政治部档案〕

7. 长沙儿童剧团宣言、简章及该团成立大会特写等文件

（1938年11月　日）

（1）儿童剧团宣言

我们是从几岁到十几岁的儿童。儿童是新中国的主人，但是在我们小小的年纪，日本强盗的侵略战争就加到了我们的头上，加到了我们整个中华民族！我们在日本强盗的侵略之下，失掉了家园，丧失了父母，拆散了兄弟姊妹，有的丧了生命，有的成了残废，有的随同父母作了流亡的难民，有的被敌人掳去，其余没有遭受战祸的也随时有被敌人轰炸屠杀的可能。

但是日本强盗对我们非人的暴行，却教训了我们，要报复敌人的残酷，要阻止敌人的凶横，就只有全国上下，“地无分南北，年无分老幼”，一致的起来抗战。

我们年纪虽小，但是我们有爱国的热忱，有救国的壮志，只要我们团结起来，我们会产生强大的力量，可以成为抗战的一支生

力军。

动员全民族的力量参加作战，是抗战胜利的一个最大保障，戏剧是动员民众力量的最好方法，所以我们组织这一个剧团，准备用我们的天职和热情，通过戏剧，激发我们的父母、叔伯、姑嫂、兄弟姊妹们的爱国情绪，共同来抗战救国，打倒日本强盗，争取中华民族的生存自由与幸福！

（2）儿童剧团简章

定名：儿童剧团

宗旨：用儿童天真纯洁的热情，表演戏剧，唤起民众爱国情绪，增加抗战力量；同时从实际工作上自己教育自己，学习社会与生活的经验。

入团：只要是具有抗战热情的儿童，愿意参加实际工作，到本团填写入团表，并且愿意遵守本团规约的就可入团。

组织：本团由团员大会公举团长一人，总理全团团务，团长以下设事务、剧务、研究三组及播音、歌咏两股，组长与股长也由团员大会公举，各组以下的干事，由组长自己聘请；又由大会产生经济委员会，经理全团经费，并计划预算和决算等项。此外本团得随时聘请剧界名人为本团指导。

会期：团员大会每月开一次，由团长召集；组务联席会议每周开一次，由事务组长召集；各组会议随时举行，由各组组长召集。

经费：来源分两种：一自由募捐，二公演余盈。

工作：尽量征求被难儿童参加本团，共同推进儿童救国工作，举行戏剧表演，研究戏剧和各种工作问题。

出团：本团职员不许擅自离职，违犯的由团员大会议决，请其退出本团。

附则：本团简章，经第一次团员大会通过实行，必要时可以随时由团员大会修改。

（3）儿童剧团组织表

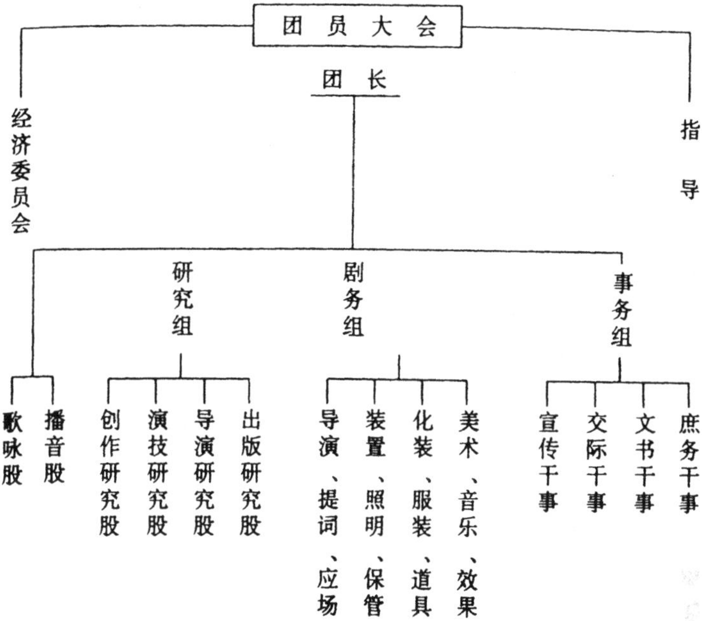

(4) 儿童剧团成立大会特写

昨天接到了抗战儿童剧团的通知，说是今天下午两点钟要开成立大会，这才好玩哪！长沙的小朋友居然也会组织剧团来了。我匆匆地吃完了饭，就一溜烟跑到青年会，去看个究竟。恐怕是太早了吧，会堂里冷清清地一个人也没有，正将缩回脚准备向后转的时候，“呜…呜”警报叫了。“糟了，糟了，今天的会准开不成了”。我这么想。

可是我走到礼堂时，早已有好几个儿童剧团团员在那里等着，他们比我还到得早。

放紧急警报了，人到处乱窜，想躲到更安全的地方，我也立起来，然而看着旁边的那几个孩子，却安详镇静地坐着，这班新中国的英雄使我惭愧得重新坐下。

“轰！”“各……各”，“轰！”“各……各”，炸弹、高射枪炮的响声，把坚固的房子都震动了。除了警报，已经是四点多了，理了理帽子准备回去，但是在会堂的门首碰见了儿童剧团的主席。

“喂×先生！别忙着走啊！我们还是要开会的哩。”他拉着我进了会场，一进门最令人惹眼的就是一群天真活泼的小朋友们，他们有的在唱着救亡歌曲，有的在看着儿童戏剧，四十多个座位，已经坐满了一大半了。

在敌机猛烈的轰炸后，他们还是毫不畏惧，反而准时到会，这种勇敢的精神，在长沙，不，在中国的儿童界，或许是难得的吧。

在这一群孩子里面，有一部分是从战区里逃出来的，有的失去了家，有的失去了爹娘，当我亲切的问着他们的时候，有些竟悲痛得要哭了。

小朋友不断地来了，有男的也有女的，有难民也有学生，在以前是素不相识，然而现在却亲爱得跟兄弟一样。

“各位小朋友！站起来吧。”主席用着宏亮的嗓音说，“现在我们就开会了，请大家唱义勇军进行曲。”

“啦……啦……啦……啦”

“起来，不愿做奴隶的人们……”歌声在空中雄壮的震荡着，传遍了整个青年会，很多人都到窗子外面来参观了，脸上充满了惊异。“各位亲爱的小朋友！”主席田海男在致开会辞，“今天我感觉得太高兴了，在敌机这样厉害的轰炸后，我想不到会到这样多的人，敌人的空袭非但没有使我们分散，反而却使我们团结得更紧。……”孩子们都注意的听着。

“……我们是中国人，当然也要尽一点救国的责任，我们要在后方做救国的工作，我们要帮助战区里的小朋友们，你们知道吗？他们有的遭到敌人的残杀，有的就被敌人一船船的运回国去，做将来侵略我们的先锋，……”孩子们更注意了拿着糖的手，也慢慢的从嘴边放到了桌上。

“……我们要帮助他们，要用演戏募捐的方法去救济他们……在汉口已经有了‘孩子剧团’，但是单凭少数的力量是不够的，我们要全中国的小朋友都动员起来，……因此首先在长沙，我们要组织这样的一个团体——那就是‘儿童剧团’，大家愿意吗？”

“愿意！”“愿意！”孩子们像冲决了堤防的洪水一样的怒吼起来了，这回答是至诚的纯洁的，出自于他们的心底。

休息了一会儿以后，接着选举，经过大家一致的赞成，结果田海男与陈明当选了正副团长，以下的各组织员，也都由小朋友自己担任，以下还讨论了今后的工作问题。大概最近的工作是歌咏宣传和播音。大家都很高兴，因为此后不会再被大人说“小孩没用”了。

末了举行余兴，有很多小朋友自告奋勇的站起来，没有扭捏，没有客气，有的只是一片纯洁天真，先由陈明和罗娟娟合唱流亡曲《松花江上》，陈明是一致剧社公演时，《最后的吼声》里的主角，今天穿着一件褐色的短衣，圆圆的脸儿，怪聪明的。罗娟娟有点像陈娟娟，她会唱歌，又会跳舞，我想她将来的成功决不会在陈娟娟之下。当她们唱到“哪年哪月才能回到我那可爱的故乡”的时候，谁不伤心呢？唱完以后，大家都拼命的拍手。跟着团长也唱了一个飘零曲。最后由叶伟才和许绍光两位小朋友合唱一个儿童战歌，当唱到最后一句：“中华民国万岁”时，全场的小朋友都自动地跟着狂呼了。等小朋友们平静了以后，又由主席领导唱义勇军进行曲：“起来，不愿做奴隶的人们……”

当我怀着满腔的热情，望着这一群中国未来主人的背影的时候，我不禁这样说了“中国是不会亡的！”

〔军委会政治部档案〕

8. 萧之亮等为组织沙驼业余话剧社检送社章与社务报告致教育部备案呈

（1938年11月3日）

呈为呈请备案恳予补助事：窃本社以话剧为教育民众、传播抗战之优良工具，尤以贵州地处边陲，文盲特多，在长期抗战中，日益提高其地位之重要性，故戏剧之需要当更为迫切。爰于民国二十五年十月发起组织沙驼业余话剧社，是年十一月二十五日奉贵州省党部党字第一七四号指令正式成立，遵照三民主义研究戏剧、实验戏剧，以增进中国文化，发扬民族精神，并促成社会之进步为宗旨。在物质条件极感缺乏、社会意识较为顽劣之环境下，努力奋斗，务使戏剧教育由城市而乡村，普遍及于穷乡僻壤，以补助政教之不足。计自成立以来，曾协助省垣学校及抗敌团体公演达七十三次，下乡公演达二十六次，街头公演达二十一次，及外县二十六县举行公演，并由本社于二十六年七月下旬在民教馆单独举行劳军公演，结存法币二百五十元一角五仙，交抗援会转汇前方；于二十七年五月募集本社基金公演，结存法币三百元，全部用于暑假赴乌当、罗湾、黔陶镇等乡村公演，及“九·一八”、“双十节”扩大宣传公演，欢送滇军五十八军公演，现在正进行协助与发动学校团体为前线将士募集寒衣公演，已举行者有贵州戏剧协会、中学生抗日会及省立瓮安中学，并拟由本社于十一月下旬单独举行一次。本社为工作之便利计，业将现有社员一百四十名分为七队，并拟以此为出发点，组成旅行演剧队，第以本社同人虽有此毅力与雄心，然财力不济，如大幕布条，常用道具、服装、汽灯等均无法购置，又不愿提高票价，以妨害戏剧民众化、普遍化之目标（最高票价为三角，如瓮中演剧则仅一角、五分两种，在乡村多系送票），更乏善良指导，以速戏剧教育之成效，素仰钧部以普及教育、推广社会教育为抗战中之迫切任务，恳请切实督导，并酌予补助，使戏剧教育得适宜之进展，是

匪特本社之幸，亦国家民族之福也。谨奉上人民团体组织许可证，缮就社章、社务概况各一份，理合备文呈请鉴核，指令祇遵。谨呈
部长陈
次长张

沙驼业余话剧社常务干事萧之亮

中华民国二十七年十一月三日

沙驼业余话剧社社章

第一章　总则

第一条　本简章根据文化团体组织大纲及同法施行细则，并参酌本会情形订定之。

第二条　本社定名为沙驼业余话剧社，简称沙驼剧社（以下简称本社）。

第三条　本社在三民主义原则下研究戏剧，实验戏剧，以增进中国文化，发扬民族精神，并促社会之进步为宗旨。

第四条　本社假贵阳三块田六号为通讯处。

第二章　社员

第五条　凡对戏剧有兴趣、有志戏剧运动并能耐劳忍苦者，由本社社员二人以上之介绍，经干事会之认可，履行一切入社手续后皆得为本社社员。

第六条　有左列各款情事之一，不得为本社社员：

一、有反三民主义之行为言论者；

二、褫夺公权者；

三、禁治产者；

四、有不良嗜好者。

第七条　社员有服从决议、缴纳社费、参加公演、遵守纪律之义务。

第八条　社员有选举权、被选举权、创作权、阅读权、试演权、建议权、提议权。

第三章　组织及职权

第九条　本社最高权力机关为社员大会，在社员大会闭会期间为干事会。

第十条　干事会由社员大会用记名连选法选出干事五人，候补干事三人组织之，再由干事互选常务一人，执行日常事务。

第十一条　本社干事会之下设左列各部股，每部由干事互选主任一人分掌之，各股股长由干事会就会员中聘任之。

一、剧务部——导演股、化装股、舞台装置股、灯光股、保管股、舞台效果股；

二、事务部——会计股、庶务股、文书股；

三、研究部——研究股、征集股、编辑股；

四、宣传部——宣传股、出版股；

五、音乐部——声乐股、器乐股。

第十二条　各部股之下按事务之繁简加股员若干人，由干事会任免之。

第十三条　干事会对外代表本社，并执行本社一切事务。

第十四条　本干事会干事之任期以半年为限，但得连选连任。

第十五条　社员大会之职权如左：

一、通过社章，二、决定会务之进行，三、接受干事会之建议及报告，四、受理合法之弹劾案，五、选举干事，六、通过预算决算，七、审核干事会之工作及财务报告。

第十六条　干事会之工作如左：

一、对外代表本会并执行本社一切任务，二、造具预算决算，三、支配经费，四、执行社员大会之决议，五、接受社员之建议，六、召开各种会议。

第十七条　常务干事之职权如左：

一、处理本社日常事务，二、召集干事会议，三、指导并督促各部工作。

第四章　会议

第十八条　社员大会每半年召开一次，但遇特别事件或社员三分之一人数建议，得由干事会召开临时社员大会。

第十九条　干事会每二星期开会一次，遇特殊事件时得由常务干事召开临时干事会。

第二十条　部务会由各部主任分头召集之，视工作之需要决定其会期。

第五章　经费及会计

第二十一条　本社经费分左列四种：

一、入社金——每人一元，于入社时一次缴纳之，充作本社基金（经济困难者得减半收）；

二、常年金——每人每年缴纳二元四角，分十二个月征收，每月二角，充作本社经常费（经济困难者得减收或免收）；

三、乐捐——不限本社社员与社外人士，所入均充作本社基金；

四、公演收入——视收入之多寡，由干事会斟酌其用途。

第六章　纪律

第二十二条　本社社员有左列情形之一者，得由干事会斟酌其情形之轻重，予以劝告、警告及罚金之处分。

一、行为浪漫有碍本社名誉者；

二、无故怠工妨碍社务进行者；

三、故意推诿致妨害本社社务进行者。

第二十三条　本社社员若有左列情形之一者，得由本会开除其社籍。

一、假借本社名义在外招谣撞骗者；

二、存破坏本社之野心，妨碍本社进行者；

三、乱造空气，破坏本社名誉者；

四、警告五次尚不改悔者；

五、违背本社社章及议决案，经本社大会之议决者；

六、本社社员被开除其社籍后，本社即褫夺其一切权利。

第七章　附则

第二十四条　本社办事细则另订之。

第二十五条　本社章未规定事项，得依文化团体组织大纲及同法施行细则之规定办理之。

第二十六条　本社章如有未尽事宜，经干事会认为必要或社员三分之二以上之请求时，得提出社员大会议决修正，但须经主管机关核准。

第二十七条　本社章自呈奉核准之日施行。

沙驼业余话剧社社务概况

一、名称　沙驼业余话剧社。

二、社址　贵阳三块田六号吴宅。

三、成立日期　民国二十五年十一月二十五日，奉贵州省党部党字一七四号人民团体组织许可证书，于是年十二月十三日在省党部大礼堂正式成立。

四、沿革　自成立后改选干事会凡三次，初社员仅三十人，自第一次公演后增加至六十三人，第二次公演后增加至九十七人，第三次公演后增加至百二十人，第四次公演后增加至二百零一人。除离省死亡外，现在实有人数为百四十人，于二十七年一月扩大音乐部，所属声乐股为本社歌咏队；二十七年六月将现有人数分为七队，每队设队长一、副队长一、统一于干事会。九月奉县党部转中央党部社会部通告，呈准登记。

五、工作概况　自成立后即于次年二月在贵州《晨报》发刊沙驼戏剧旬刊，凡万言，驳斥演剧必滑稽论，提出戏剧之正念作理论与实际之探讨，先后协助省立女师、省立男师、私立毅中、省立贵中、省立高中、省立女中、私立达中、私立正中、男师附小、女师附小、达德小学、新生活俱乐部、电政管理局举行公演，凡七十三次，于二十七年元月协助各校下乡宣传公演凡二十六次，街头公演二十一次，及外县遵义、清镇、黄平、盘县、息烽、织金、修文、瓮安、思南、安顺、开阳、桐梓、贵定、郎岱等二十六县举行公演，并由本社于二十六年七月下旬在民教馆单独举行劳军公演，演出剧本为《汉奸的子孙》、《在关内过年》、《刘汉卿之秘密》、《神秘太太》、《本地货》、《放下你的鞭子》等，结存法币二百五十五元一角五仙，交省抗援会转汇前方。于二十七年五月募集本社基金，公演剧本为《烙痕》、《有力出力》、《九一八以来》、(增改本)《二升米》、(改编本)《察北的风》等剧，结存法币三百元，全数用于暑假赴乌当、罗湾、黔陶镇等乡村公演，剧本为《壮丁》、《同心合力》、《打东洋》、《送郎打日本》三剧，《送郎打日本》系由贵州山歌编纂而成，当地百分之七八十以上的苗夷同胞均能了解戏剧内容。又于八月在南厂欢送国军五十八军公演，剧本为《八百壮士》、《保卫我们的土地》及纪念“九一八”，公演剧本为《死里求生》、《生死关头》，《双十节》公演剧本为《流亡曲》、《保卫大武汉》、《家破人亡》等剧，均经党部审查准演。现更选定《尤兢之浮尸》、《萧声之为国牺牲》、《还有一个祖父》等，为募捐寒衣公演台本。二十六年九月参加抗援会组织之戏剧工作团，二十七年一月扩大本社音乐部所属声乐股为歌咏队，七月发起组织贵州戏剧协会，十月协助并发动为前线将士募捐寒衣公演，更注重外县剧本之供应与交换工作及交流经验等。在研究方面，第一期多请名人讲演，提高社员研究兴趣，启发社员对戏剧之认识，第二期自将队员分七队，工作后即开始分组研究及偏重特种技术之研究，现拟于寒假期内分组旅行，演剧队赴较偏僻之县份工作，为调整全国剧运步调，于五月推萧之亮赴武汉考察。

六、负责人　第一届常务干事萧之亮，干事兼剧务部主任萧之亮，干事兼事务部主任班迪生，干事兼宣传部主任贾正华，干事兼研究部主任杜季钟，干事兼音乐部主任伍幼良；第二届常务干事杨家根，干事兼剧务部主任萧之亮，干事兼事务部主任傅作相，干事兼宣传部主任何治华，干事兼研究部主任萧之亮，代干事兼音乐部主任廖应奎；第三届常务干事萧之亮，干事兼剧务部主任吴夔，干事兼事务部主任傅作相，干事兼宣传部主任吴同尘，干事兼研究部主任李良广，干事兼音乐部主任萧韵白。

七、目前困难情形　本社最感困难者为经费支绌，在收入方面仅有入社金及常年金（大都因经济困难减收或免收），勉强够经常之办公费。至于公演售票者与免票时相抵，其亏空殊甚，如社址之租赁，大幕布条常用道具服装及灯光等均无法购置，而影响工作。

八、今后工作计划　在出演方面，除举行城市公演外，更多侧重于乡村公演工作，协助及促进剧团之设立。在自我教育方面则着重技术人材，如化装表演、导演效果等之培养；在剧本方面除改编翻印较为良好之剧作以供应外县及社外团体外，并组织剧本创作会，尽可能产生地方性、现实性、民众化之剧本，及如何化装、化装品之制造与代用品之介绍。此项工作属于社外者，以通讯网之设立推行之，属于社内者，以现有七队之分化再分组研究及组织特种问题研究会推行之；务期在本次寒假中能同时出发旅行演剧队二队或三队，在一切用具与技术人材上不致感受困难。

〔国民政府教育部档案〕

9. 苏童抗敌剧团报告在湘农村开展宣传活动情形并请政治部第三厅补助经费呈

（1938年12月23日）

呈为呈请事：窃自抗战军兴，同人等忝为国民分子，不敢自私，曾服役东战场，三月于兹，随大军撤退，辗转至湘。敝团遂在长沙成立，工作从未松懈，于广州、武汉相继放弃时，钧厅迁长，领导工作。敝团始终站在本身岗位，追随履后，以期尽我青年最大之责任。不幸长沙纵火成荒，致全体团员仓猝间杂物抛尽一空，徒手步行，遂依将工作打入农村之原定计划，继续我等之神圣工作，除一部团员因特殊情形脱离本团外，尚余同志十二人，咸矢志抗战救亡，均愿以残躯捐效祖国，决不愿做残喘之苟安。兹将沿途工作情形，简略呈述：十一月十二日夜，由长沙出发，开始农村徒步宣传之工作，十三日行抵湘潭，因长沙公路之军民与汽车辎重撤退潮涌，沿路居民亦纷避一空，故对战局真象不明，遂放弃此百里之宣传工作。十四日顺湘黔铁路旁之山道，向湘乡进发，经江东、石塘等集镇，遍访数十村落，以数同志勉强之湘语，与乡民分别谈话，并以钧部刊行之《日寇暴行录》加通俗之解释，为宣传之中心材料。二十日行抵湘乡，县城因敝团宣传以乡村为对象，故所经市城未做任何活动，翌日赓续前进，经潭市溆水娄底工作数十保甲，行至十二月六日，抵达杨家滩，计行全程八百余里，需两旬余日，此程直径本只四百华里，因敝团所采取为迂回乡村宣传，故行程超出一倍于斯。二十余日中，与数百权威农民曾做密切交谈，并略灌输其民族抗战意识，请其广为晓喻邻里，以收事半功倍之效，此次计划工作，初步结果，深感抗战前途系于乡村宣传甚巨。敝团所履及各地，均民气闭塞，毫无国家观念，不了解抗战之真意，并痛恨战争，诚惶诚恐，惧战祸之危及，畏敌人之残暴加诸己身，且有百分之三十之农民妄加诅咒，诬我最高领袖蒋委员长为此次战祸之罪魁。据敝团同人细加推敲研究结果，为乡村缺乏宣传，致使无知农民，空中楼阁，任意揣想，而产生此种荒谬传言。更举一例证，即知乡民思想尚停滞于数十年之前，此间习俗，每逢喜庆丧事，均以军阀时代之五色旗帜飘扬称贺，乡村民气闭塞若此，宁非抗战前途之障碍乎？素仰钧厅为戏剧宣传领导机关，爰提供工作所得之经验，以佐参考，而增宣传效率。敝团同人志在各尽天职，本不欲求任何待遇津贴，但有限之金钱，终会告罄。历此甫将一月之步行，生活虽能得少数深明大义之乡绅捐资补助，然敝团之准备金，亦消耗殆尽矣。同人衣物损失，肉体之痛苦可以概见，生活之简单亦不难想象。但敝团同人皆能以精神之愉快弥补此憾。现因敝团蓄款已尽，徒步乡村之工作暂告一段落，全体同志暂借住此间乡村彭明发同志之故友毛宅内，生活亦完全由毛君供给，故工作范围暂限于附近乡村，停止徒步活动，敝团会商结果。谨将要求条件分呈于下：

（一）扩大宣传范围（在可能情形下展至黔滇川桂各省之乡村），增加宣传材料，组织地方知识青年，并训练其粗浅戏剧常识，用地方语以通俗之舞台方式，向当地农民宣传（因本团同志为语言之阻隔，不能到处尽情发挥戏剧宣传之效能，故拟设一训练当地知识青年，宣传当地之办法）。以上之计划，恳祈钧厅代拟一工作纲要，并请指示宣传之办法与颁发宣传材料，而免工作上之歧误。

（二）本团损失过重，一切宣传所必需之书籍、文具、器皿均待补购。闻长沙各救亡团体均发有疏散费，恳请钧厅体恤愚忱，予以救济。并补发疏散费款而延抗战细胞之生命。

（三）恐将来工作遭受地方当局之阻碍及乘坐舟车交涉之困难，恳请钧厅颁发允许活动之证明书与国营舟车免费证，以利工作上之便利。

（四）本团所订徒步乡村宣传之计划规定，活动地段限于无铁路、公路、水道交通极不便利之内地农村，故宣传对象完全为不开化之农民，为使其良好印象，不索求其任何无代价之供给，恳请钧厅秉宣传重于军事之宗旨，供给敝团十二人之最低生活费用，以便工作之进行顺利。

（五）乡村抗战书籍尽付缺如，拟附组一巡回救亡图书室，以彻底澄清乡人之思想。钧部所编之《日寇暴行录》，用以宣传乡村，收效极宏，请惠寄数十册，并代广为函征各项有关抗战之书籍，均加明非卖品字样，而利宣传。

上述五端，咸为敝团同人在工作上之本身能力无法解决之困难与障碍，理合备文，呈请钧厅素以扶育救亡团体为职旨，伏恳俯

恤愚情，允予请求，以重救亡，而纾困难，实为公便。谨呈
军事委员会政治部第三厅科长洪转呈
厅长郭察核

附组织章程一份（本团之组织概况与工作情形已详载钧厅之戏剧团体调查表内）

苏童抗敌剧团团长彭明发谨呈

中华民国二十七年十二月二十三日

通讯地址：湖南湘乡杨家滩邮局转块溪和家堂毛富廷先生交苏童抗敌剧团

苏童抗敌剧团章程

第一章　总　　纲

第一条　本章程依据文化团体组织大纲订定之。

第二条　本团定名为苏童抗敌剧团。

第三条　本团以联络江苏流亡童军，共同致力于抗敌工作，以培养长期抗战力量而激发人民抗敌情绪为宗旨。

第四条　本团团部暂设长沙宝南街保安里十七号。

第二章　团　　员

第五条　凡属江苏流亡童军，同情于本团宗旨，不分性别，皆得加入本团为团员（非苏籍之童军与学生，如有兴趣，学识合格本团条件者，亦得经本团团员三人以上之介绍，加入本团为团员。

第六条　团员入团手续：

（一）由本团团员二人以上之介绍，并干事会之通过；

（二）填写入团志愿书及其他表格。

第七条　有下列各项情事之一者，不得为本团团员。

（一）对抗战意识之信心不坚决，或违背我国最高领袖之诺言者；

（二）觊夺公权者；

（三）患神经病者；

（四）嗜好赌博或吸食鸦片及行动举止卑劣有其他不规行动者。

第八条　本团团员发生第七条各项情事之一者，应即退会或将其除名。

第九条　团员之权利如左：

（一）选举及被选举权；

（二）提示决议案及表决权。

第十条　团员之义务如左：

（一）遵守本团章程及决议案；

（二）担任本团指派职务；

（三）按时出席会议。

第十一条　凡本团团员有不遵守第十条之规定各项义务之一者，轻则予以警告，或停止其应享之权利，重则除名出团。前项除名之惩处须经干事会议决执行之。

第三章　职　　员

第十二条　团员自动出团，须将理由于一星期前报告本团（补上）。

第十三条　本团设指导员若干人，团长一人，副团长一人，干事十五人，候补干事五人，由团员大会分别投票，用记名连选法选举之，以得票较多者为当选，并以次多者为候补。

第十四条　干事组织干事会，互选三人为常务干事，办理日常事务，以下设剧务、总务两部，各设主任一人。总务下设事务、会计、宣传、交际、文书五组，各设组长一人；剧务下分编选、导演、装置、音乐四组，各设组长一人，以上各职，均由干事相互推选任之。

第十五条　干事有下列情事之一者应即解任：

（一）有不得已事故，经团员大会决议令其退职者；

（二）旷废职务，经团员大会决议令其退职者；

（三）职务上违背法令，营私舞弊，或有其他重大不正当行为，经团员大会决议令其退职者；

（四）丧失团员资格者。

干事会得设秘书一人，办事员、书记员若干人，倘人额不敷时，得由主任或组长兼任之。

第十六条　本团遇有必要时，得组织各种特种委员会，其组织规则另定之。

第四章　会　　议

第十七条　本团团员大会，每月由各干事会召集一次，遇必要时得由干事会或团员过半数之请求召集临时会。

第十八条　本团团员大会之决议，以团员过半数之出席，出席团员过半数之同意行之。

第十九条　干事会每星期举行一次，由常务召集之，必要时得召集临时会。

第五章　经　　费

第二十条　本团经费以下列各项充之。

（一）团员及顾问之自动捐与；

（二）募得之捐款；

（三）本团经费出入不敷时，得由负责人担任之。

第二十一条　本团如遇特别事故，须向团员顾问筹募捐款时，须经干事会之决议行之。

第二十二条　本团经济状况每年向团员报告二次。

第六章　顾　　问

第二十三条　本团得聘各界学识渊博者为顾问，名额无定。

第二十四条　顾问由干事会议决聘任之，其任期无定。

第七章　附　　则

第二十五条　本团章程如有未尽事宜，经团员大会议决修正之。并请主管机关核准备案。

第二十六条　本团章程经团员大会通过后呈奉主管机关核准

施行。

〔军委会政治部档案〕

10. 上海救亡演剧队组织沿革及抗敌剧团第二期工作意见书

(1938—1939 年)

(1)上海救亡演剧队组织沿革概况

一、沿革

“八·一三”抗战开始不到一星期，业余实验剧团就组织了战时服务队，后由于上海戏剧界相互联络，又在上海话剧界救亡协会的组织下，编为上海救亡演剧队第三、四队。

第三队于八月廿五日由上海出发，廿六日到苏州，在城内及附近乡村木渎镇等处工作，九月六日转道常熟，十三日往常州，廿日到宜兴，二十五日又回到常州，十月八日起在戚墅堰工作两日，十一日在镇江与第四队会合，十七日渡江赴扬州，廿一日又与第四队相聚于南京。

第四队在九月三日才离开上海，四日即与第三队相见于苏州，六日乘车至无锡，七日起即在无锡工作，近至附近乡村，远至洛社、西漳、胡埭、青旸、石塘湾等处，直到十月二日才到镇江，在镇江附近乡村的丹徒、埤城、大港等地往来工作，到二十日才到南京。

两队在南京联合工作，于廿五日同往江宁县东山镇，廿七日归来，十一月一日就与军委会政训处建立合作关系，改名为抗敌剧团。

差不多作了半个多月的准备工作，十一月十九日由南京出发，往芜湖，廿七日从芜湖动身，十二月三日到达安庆，十二日往九江，二十日始来武汉，直到现在仍在工作中。

二、名单

A　上海救亡演剧队第三队

徐方修	王为一	郑君里	许崇祺	沙　蒙
范　君	徐　韬	金乃华	吕　班	赵　曙
赵　丹	顾而已	魏曼青	俞佩珊	海　涛
叶露茜	田　蔚	陈守川	朱会明	伊　明
朱萍华	张　瑶	应云卫	舒　非	周国栋

B　上海救亡演剧队第四队

陈鲤庭	赵慧深	张　客	李　琳	瞿白音
严　恭	吕　复	范　莱	魏鹤龄	舒　强
田　鲁	汪　洋	陶　金	李森林	吴　湄
钱千里	毕志萍	郭　岩	英　茵	吴　珩
顾廷瑞	陈剑青	吴晓邦	赵　明	

C　抗敌剧团

应云卫	许崇祺	吕　班	赵　曙	郭君里
金乃华	魏曼青	俞佩珊	徐　韬	伊　明
田　蔚	陈守川	海　涛	王为一	舒　非
顾敏书	徐子修	沙　蒙	范　君	陈鲤庭
赵慧深	瞿白音	严　恭	舒　强	李森林
郭　岩	张　客	吕　复	李　琳	范　莱
钱千里	汪　洋	吴　珩	顾廷瑞	赵　明
陈剑清	吴晓邦	陈　毅	何露蒂	谢　丰
朱穆之	张　瑶	石　炎	青　龙	熊　焰
钱　风				

三、工作区域

上海、苏州、木渎镇、常熟、梅李镇、珍门乡、常州、宜兴、戚墅堰、扬州、无锡、洛门镇、徐巷镇、北西漳、胡埭、青旸、黄尼镇、南西璋、石塘湾、黄巷镇、镇江、七里甸、谏壁、四摆渡、乔家门、丹徒、月湖村、西斛村、大港、南京、东山镇、芜湖、无为、国龙州、白马州、三州、安庆、九江、汉口、武昌、葛店、豹子獬、鲁家巷、油坊岭、湛家矶、汉阳、黄陂。

四、演出次数

统计工作以来，共演戏一百五十四场。

五、观众人数

接待观众，经统计有十四万四千余人。

六、其他工作方式

演讲、唱歌、座谈会、壁报、图书讲解、播音、街头宣传、田埂宣传、街头杂耍、家庭访问、团体访问、慰劳伤兵、出特刊等多种方式进行。

(2)抗敌剧团第二期工作意见书

窃查本团自二十六年十一月一日成立以来，第一期工作迅即结束，为加强并开展下期工作计划，依据过去经历，拟具第二期工作计划，陈请核览。

甲　工作方针

(子)工作地区。本团第二期工作地区，拟以接近前线之后方各小城市及乡村为中心，试述理由如次：

(1) 抗战形势突进新阶段。战区日益扩大，沿海及沿铁路线之各大都市相继沦陷，生产机构及民众纷纷内迁。诚如最高领袖所言："以后决胜不在都市而在农村"，则小城市及农村在抗战中之地位日见其重要，故本团以后工作地区，允宜以该项处所为中心。

(2) 查我国人口，百分之八十以上为农民，在此长期抗战中，人力物力及财力之补充，愈以农民为支柱，而农民知识低落，生活散漫，以致汉奸滋生，征兵征夫及征粮等遭到莫大困难，使初期抗战蒙受意外之不利影响，生活致命之弱点，设不加紧克服，则长期抗战不易支持，最后胜利难操胜券。本团有鉴于此，故以农村及小城市为以后工作之中心地区。

(3) 抗战既入新阶段，战略亦由单纯之阵地战扩大为广泛游击战，欲使游击战广泛开展及艰苦支持，实非提高农民之强固的政治认识不为功。本团以后工作拟应以此为重要之课题，故工作地区必须偏重于农村及小城市。

（丑）工作范围。本团第二期工作范围，拟以组织工作配合宣传工作的开展，试伸述其理由如次：

窃按“宣传”与“组织”二者因果相联，本不能机械地割裂，无“宣传”而谈“组织”，犹舍因而求果，只宣传而不组织，犹耕而不耨，听其生灭。在过去工作中，本团即深感于单纯的宣传工作，不能收获具体效果，盖演剧既要使民众之抗敌情绪提高，若听其自生自灭，似不甚当。或曰：各地原在现存救亡组织，可补此憾，殊不知事实上不能适当联系，使之而忽视实际组织工作。尤有进者，在各农村中，除负政治责任之一、二保甲长外，几乎毫无任何团体之组织。设剧团能使各小城市及农村以推动、协助、充实各该原有组织，或于必要时建立组织，则工作定可收更大的实效。惟为便利进行此项工作起见，最好由钧部赋予以确定任务，以书面或其他方式行之。

（寅）工作时间，依据过去工作经验，本团深感工作时间有重行考虑、详密配置之必要。

窃按上期工作原定湘、鄂、皖、赣、苏、浙六省。以三月之期，行六省之广，虽因战局关系，中途不变，但实际上亦觉难于实践，以致每埠停留至多五、六日，在此五、六日之短期中，除到达后安顿、布置、接洽等项工作外，其实际工作之时间更属短少，往往行装甫卸又上征途，工作有走马观花之讥，不得较为深入，故第二期工作拟将地区酌予缩小，而每地停留之工作时间则酌予延长。

乙　具体计划

根据上列方针，谨将本团第二期工作之具体计划提供一、二，以备察核：

(1) 第二期工作地拟以湘、鄂、赣三省为限，路线另议。

(2) 所到各地除演剧及其他宣传工作外，并以协助、推动及充实各该地原有救亡团体进行组织工作，必要时建立组织。

(3) 尽可能协助各地宣传团体之话剧及其他工作，如当地无宣传团体则建立之。

(4) 在三个月内，拟排练十个新戏。

(5) 在三个月中，拟创作十个新剧本。

(6) 尽量充实本团之图画、歌咏及电影宣传工作，以扩大工作部门，增加工作部门，增加工作之主动性。

(7) 在经费之可能范围内。扩充团员至六十人，分数小队，单纯工作。

以上之方针及计划，相应呈请鉴核，是否可行，候示祇遵。谨呈

抗敌剧团名单

应云卫	舒　非	王为一	田　蔚	郑君里
李森林	钱　风	陈守川	瞿白音	赵　曙
吕　复	康　健	魏曼青	俞佩珊	萧　龙
黄　晨	张水华	郭　岩	熊　焰	赵　明
严　恭	吕　班	舒　模	舒　强	沙　蒙
范　莱	石　炎	海　涛	吴　珩	顾敏书
徐　韬	范　君	张　客		

〔军委会政治部档案〕

11. 武汉华北流亡同学会演剧队为深入豫南开展抗敌宣传申请经费呈及政治部第三厅批

(1939年8月　日)

(1) 武汉华北流亡同学会演剧队致政治部第三厅呈(8月4日)

呈为呈请发给证明文件、疏散旅费与一月生活费，以便开赴豫南工作事：窃自“七七”事变起，平津沦陷，队员等历尽艰险，逃出敌

寇虎口，流亡来汉，以身受亡国之痛，益知救国责任之重，爰有华北流亡同学会之组织，旨在团结热血青年，直接参加抗战服务前线，并出演救亡戏剧，从事抗敌宣传工作。开始以来，颇得党政当局与社会人士之赞助，且在汉口市党部正式备案。兹值暴敌深入，威胁武汉，形势紧急，救亡运动亟应着重扩大兵役宣传，武装民众，发动游击战之时，属会豫南平津流亡同学会对武装民众工作早有努力，并组织自卫军不下五万余。值此保卫大武汉，即须保卫大河南之时，该地宣传政训工作实不容稍再延缓。爰有函请属会演剧队前往演剧宣传之举，只以属会经费向极拮据，出发旅费与开办时期之生活费皆无着落，以致属会队员虽皆抱定誓死保卫华北，予日寇以直接打击之决心，亦无由贯彻。顷闻钧部有疏散剧团，开往农村宣传之规定，并可发给证明文件、旅费与最低生活费一月，属会甚愿听候驱策，服从指挥，在钧部领导下开赴豫南工作，用敢具文前来，恳请准予前往为幸！寇已深，时已急，临呈迫切不胜紧急待命之至。

此呈

政治部第三厅厅长郭

武汉华北流亡同学会演剧队领队李涛谨呈

中华民国二十七年八月四日

武汉华北流亡同学会演剧队工作计划大纲

（一）工作方针

一、坚定抗战必胜，建国必成之信念——根据蒋委员长“今后抗战，天时、地形、人力皆于我有利”与“侵略一日不止，抗战一日不休”之训示，加强必胜之信心。

二、号召民众加紧战时动员——鼓励民众，增加生产，节约消费，各就本位，尽其所能，贡献祖国。

三、迅速扩大并提高武装民众战斗力，配合国军作战，保卫大武汉——推行从军运动，扩大壮丁队队伍，并提高政治训练，增进作战技术。

四、推广民众教育，提高文化水准——举行识字运动，实行义务教育，介绍新文化。

（二）宣传内容

一、解释目前抗战形势与我军选择有利地带，诱敌深入，进行初步决战之情形。

二、说明保卫大武汉与保卫大河南之关系，指示农民保卫祖国，保卫家乡之切实方法。

三、暴露敌人残杀、奸淫、劫掠、奴役、欺骗农民之暴行。

四、讲解中日实力对比，加强抗战胜利信念，并清扫农民之恐日病。

五、说明农民担负兵役、工役光荣之义务。

六、讲述政府实行优待军人家属与抚恤伤亡将士之办法。

（三）工作方式

一、演剧——舞台剧、街头剧、京剧；

二、说唱——大鼓、双簧、相声、杂耍、莲花落；

三、歌咏——民谣小调、大合唱、教授民众歌咏；

四、时事报告——活报化装表演，读报队；

五、演讲——解释漫画，讲述抗战被难故事，介绍浅显理论；

六、个别访问——家庭访问，医药队救治；

七、民众学校——教授抗战知识，训练参战技术；

八、书画展览会——介绍新书展览，抗战美术；

九、壁报标语——连环画、漫画队戏报、剧刊。

（四）工作地点与路线——平汉线南段⟶郾城⟶舞阳⟶方城⟶南召⟶南阳⟶镇平⟶新野⟶邓县⟶唐河⟶泌阳⟶内乡⟶淅川。

（五）工作对象——各县壮丁大队、人民自卫团、各民众团体、农民市民。

（六）工作实施步骤——以巡回演剧，沟通各县民运消息，进行十三县民运之统一训练。当地各种民众武装进行政训工作，最后领导民众开展游击战，以便保卫家乡，保卫祖国。

武汉华北流亡同学会

武汉华北流亡同学会演剧队队员履历表

姓　名	性别	年龄	籍　贯	学　历	履　历
李　涛	男	二六	山东临沂	北京大学	青年救国团宣传部部长，青救剧团团长
毛端桢	女	十七	四　川	北平女二中	咸宁非常时期宣传队
徐端曾	女	二十	河　北	北平女二中	战训班毕业，第一战区妇女委员会委员
王世秀	女	十九	河南邓县	邓县女师	邓县后援会戏剧队
王西玲	女	十八	河南邓县	邓县女师	邓县后援会戏剧队
张西琳	女	十八	山东昌乐	青岛文德女中	汉口中国青年救亡协会
焦玉凤	女	十七	郑　州	郑县女中	平汉路局宣传队演剧队
朱　炜	女	十六	开　封	开封女高中	开封流动剧团
柳　林	男	二一	吉　林	北平中国大学	郑县民运指导员，一战区宣传队话剧团
徐　烽	男	二十	浙　江	北平高商	学生大队话剧团，长葛民运指导员
马树椿	男	二三	合　肥	天津法商	广武县民运指导员
居　彤	男	二十	天　津	天津中学	第一战区学生大队话剧团
何金荣	男	二十	天　津	北平成城中学	第一战区学生大队话剧团

续上表

姓　名	性别	年龄	籍　　贯	学　　历	履　　历
傅健晨	男	二二	天　　津	通县师范	第一战区学生大队话剧团
秦兆阳	男	二二	湖　　北	武昌乡师	九集团军战地服务团
金问道	男	二二	安　　徽	复大附高	均县合作社指导员
方国强	男	二十	武　　昌	汉光中学	量才演剧队、青年歌咏队员
张利运	男	二一	青　　岛	青岛高中	青岛学生乡村流动剧团
苗培时	男	二二	北　　平	汇文中学	中国青年救亡协会
向　前	男	十五	武　　昌	武昌初中	青救孩子宣传队队长
李思春	男	二四	山　　东	国立艺专	西安正风剧社
朱家瑜	男	二四	山　　东	南开大学	西安全民社长

武汉华北流亡同学会

(2)政治部第三厅洪深签呈及郭沫若批示(8月8日)

查该会为华北流亡青年所组成，均意志坚决，并能刻苦耐劳，其工作内容亦甚充实，自应予以扶持，所请发给证明文件，拟准照发，有效期间三个月。此外，并发给戏剧团疏散费贰百元。是否有当，伏祈钧裁。

职　洪深

八．六

交第一科拟办　田汉　印　8/8

〔批示〕:如拟　郭沫若　八.八

〔军委会政治部档案〕

12. 中国前锋剧社报告组织工作状况及今后计划致中央社会部呈

（1939年7—8月）

（1）中国前锋剧社致社会部呈（7月11日）

敬呈者：当二十五年粤局奠定之秋，广东文化界及一般青年，思想复杂，意志分歧，当时海沙受命委员长广州行营，集合华南优秀青年及文化界纯正之名流学者，组织前锋剧社，复领导广东戏剧协会、广东文艺作家协进会及广东文化界抗敌协会等团体，秉承中枢国策，宣扬吾党主义，拥护领袖，以纠正错误复杂之思想，经营三年，颇收成效。抗战事起，复组织前锋剧社战时服务团，选拔粤桂各地意识正确、刻苦耐劳、有长期艺术宣传经验之优秀青年数十人，派赴两广各市镇乡村作抗敌宣传工作，协助当地文化青年成立文化团体，并联络当地党政军从事戏剧、歌咏、演讲、壁报、漫画展览、战地摄影展览、救护、慰劳、组织民众、训练民众等工作，收效颇大，各情已散见各地报章杂志。过去是由广州行营、广东省政府财政厅、中央军校广州分校按月给予津贴，现以环境变迁，经费接济困难，乃呈请教育部及中宣部请求补助，并蒙批准，各给津贴按月三百元，得以继续工作。现暂设总社于香港坚道交加街三十七号二楼，设第一分社于广东韶关，设第二分社于云南昆明，理合将经过情形及现状，并附呈简章一份，呈请鉴核，恳请准予立案，并恳发给证明书三纸，以便深入全国各省市乡村兵营及沿海各地从事各项抗敌宣传工作，是否有当？敬祈批示祇遵。谨呈

社会部部长陈

附呈简章一份

中国前锋剧社社长罗海沙呈

中华民国二十八年七月十一日

通讯处：观音岩中国饭店

中国前锋剧社章程

第一条　定名　本社定名为中国前锋剧社。

第二条　宗旨　本社以研究民族革命戏剧艺术，发扬民族精神，宣扬中枢国策及领袖意旨，推进民族戏剧运动，实践乡村工作，加强抗战动员力量，争取民族解放最后胜利为宗旨。

第三条　社址　本社总社社址暂设香港坚道交加街三十七号二楼，第一分社设广东韶关，第二分社设云南昆明。

第四条　社员　本社社员以高中毕业，对于戏剧有相当研究或有兴趣，能刻苦耐劳，同情本社宗旨，经本社社员二人以上之介绍，社长之同意，得为本社社员。

第五条　组织：

甲、本社设社长一人，由社员大会选举之，任期一年，连选得连任。社长下设秘书一人，并分设总务、剧务、研究三股，每股设股长一人，视事务之繁简，得设干事若干人，必要时得设管弦乐队队长一人，队员若干人，合唱队队长一人，队员若干人。上列各项人选，经社务会议通过，由社长聘任之。

乙、本社视环境之需要，得聘请文艺专家、戏剧专家，组织文艺委员会、上演委员会。

丙、本社视环境之需要，得设分社于各省市，并组织战时服务队若干队。

组织系统表如下：

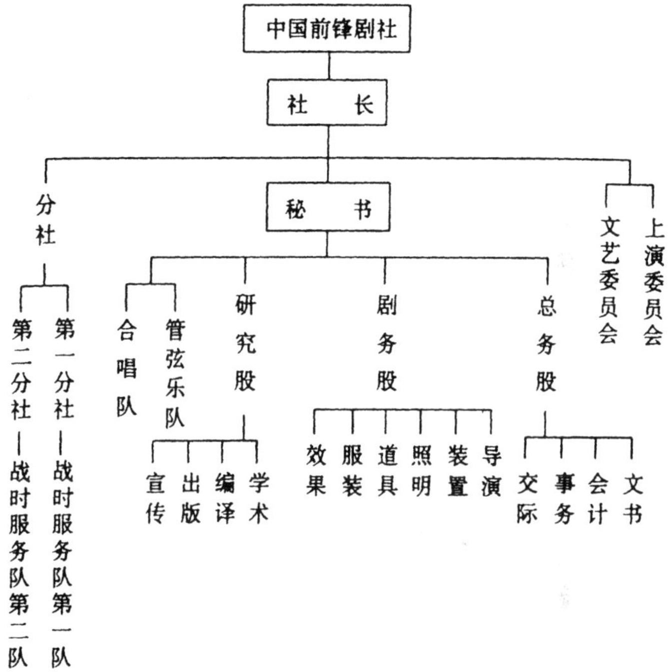

第六条　会议：

甲、社员大会——每年举行一次

乙、社务会议——每月举行一次

丙、社员座谈会——每月举行四次

第七条　工作：

甲、联络各话剧团体，推进民族戏剧运动；

乙、联络国内外剧团，研究戏剧艺术；

丙、研讨现阶段戏剧艺术理论；

丁、出版戏剧音乐丛书及定期刊物；

戊、举行各项戏剧公演及音乐演奏会；

己、举办各种戏剧音乐讲座及座谈会；

庚、协助各剧团上演，并派员前往导演，提高其水准；

辛、战时服务队派赴各乡村，主要工作分戏剧、歌咏、演讲、壁报、漫画展览、战时摄影展览、救护、慰劳、组织民众、训练民众等工作。

壬、其他。

第八条　其他　本章程自呈请主管机关核准之日起施行，如有未尽事宜，得呈请修改之。

前锋剧社职员名册

姓名	职别	性别	籍贯	对戏剧修养
罗海沙	社长	男	湖南	剧作八种，乐曲理论各一种
饶沙鸥	秘书	男	广东	剧作三种
钱贯宇	研究股股长	男	广东	文艺著作四种
晋枫	剧务股股长	男	河北	长于导演及化装
顾铁符	总务股长兼美术指导	男	浙江	漫画集二种、剧作二种

(2) 前锋剧社工作情形及今后计划

谨将本社二月以来经过情形及今后计划缕呈于左：

一　训练方面

本社社员因经年宣传，各地奔走，对于身体精神倍极疲劳，从未休息，为培养其身心，增加其工作效率计，乃将香港及韶关两处之同志调集一处，予以训练，自八月一日起至八月底止，为期一月，训练计划经已呈报教育部备案，已按照计划于八月底训练完毕。

二　工作方面

甲、参加广东各界讨汪肃奸大会化装火炬大巡行。韶关各界举行讨汪肃奸大会，当日到会参加机关团体及各界民众约有二万余人，本社被邀请参加火炬大巡行，化装主题“当汉奸进棺材”。其表现方式：租一棺材，四人共抬，棺材两边写着触目惊心的字条，

“当汉奸进棺材，枪决汉奸××”等字样，后面抬着汉奸××的像，跟着两卫兵押一汉奸赴刑场枪决。意虽粗浅通俗，然状极恐怖深入，翌晨《中山日报》、《大光报》、《阵中日报》均予好评。

乙、参加韶关商联会之演出。广州青年会韶关办事处，为联络全市商人情感，平衡货物市价，安定后方商业贸易，增强抗战实力起见，特召集韶关商界巨子，举行一联欢会，本社被邀请演出，当晚并有名流演讲，钢琴独奏，及本社义务演出《珠江月夜》一剧（原名《三江好》系由本社改编）及歌咏合唱独唱等，极得一般人士之赞许。

丙、播音。应广东省政府广播电台之请，每于星期四晚担任广播话剧及歌咏一次，已播剧名有《火焰》、《打鬼子去》及歌咏等，极有效果，各报予以好评鼓励，嗣后仍当经常担任此项播音工作。

三　今后计划

本社原定自八月底训练完毕后即出发东江一带工作，兹因环境之需要，已将计划略为变更。查广东战区颇大，前线各处均纷纷要求派队前往工作，惟本社同志仅二十余人，又因财力关系，不敷分配，广东省动员委员会有鉴及此，乃要求本社举办戏剧训练班，招收人员，开班训练，每月拨训练经费五百元，为时二月，一俟训练完毕，即分配各地工作。故为训练人才，以敷分配，而增加将来工作效能计，故本社同志只得暂缓出发，一部分同志负责主持训练班事务及功课，一部分同志仍筹备各项工作。

甲、开办戏剧训练班。

戏剧训练班，由本社秘书饶沙鸥代理主任，本社研究股股长钱贯宇为教导组长，本社剧务股股长晋枫为演出组长，本社总务股长兼美术指导顾铁符为总务组长，本社社员陈伯飚为总干事，已于九月一日举行开学典礼，受训学员四十余人。是日开学，首由本社秘书饶沙鸥代为主席致词，后由动员委员会陆秘书长宗祺及各机关代表相机训话，意极诚恳，语极深长。全体学员甚为感奋，并有本社钱贯宇、顾铁符、晋枫、张力四同志演讲，亦极得学员赞许。至于今后训练由饶沙鸥同志授戏剧概论，顾铁符同志授舞台装置及艺术概论，钱贯宇同志授演出法，晋枫同志授化装术，本社社员张力、陈伯飚、周镕、陈宁清诸同志为讲师，陈世鸿同志为音乐指导，赵如琳同志授导演术，张客同志授表演技术，并敦请全韶市各党政军先进为讲师，按程教授。

乙、筹备“九一八”纪念日大规模公演。

韶关为广东省会，拟于“九·一八”作大规模之宣传，戏剧宣传尤赖本社负责，故本社已定演出本社之集体创作三场一景之《怒海余生》一剧。是剧系描写壮丁参加抗战及反汉奸等，演出时间约二时半，现正排练中，时间虽短促，然同志们工作努力，星夜赶习，必能如期成熟。

丙、筹备第二届戏剧节。

本年“双十”节，为中华民国第二届戏剧节，本社重心现在广东，为举行广东第二届戏剧节并扩大抗敌宣传计，拟召集广东各剧团筹备第二届戏剧节。

丁、话剧歌咏广播。

广东省政府广播电台邀请本社今后于每周星期四晚广播话剧及歌咏一次。拟将本社所训练之节目，依环境之需要，按次广播，以资宣传。

戊、分发工作。

拟俟十月底戏剧训练班训练完毕后，即分派数队赴战区前线及乡村工作。一切出发准备正在筹备中。

中华民国二十八年九月十五日

(2) 国民党中央社会部致中国前锋剧社指令(8 月 14 日)

社会部指令　渝字第 5530 号

令中国前锋剧社

呈一件：为呈报成立经过，附呈章程，请予备案，并发给证明书三纸由。

呈件均悉。查人民团体应以人民自动组织，其组织应采民主集权制，该社章程应依照上项原则及《民法》总则第二章第二节关系条文予以修正，连同该社成员略历、社员名册及工作计划补呈候核。前为便利该社工作起见，先行准予备案，并发给忠字第二十六号人民团体组织许可证书一纸、证明书二纸，分存总分社执照，附发图记式二纸，应依照刊用。除呈报并分函外，仰即造具组织章册，呈报内政部备案为要。此令。

附许可证一纸、证明书二纸〔均略〕

中华民国二十八年八月十四日

〔国民政府社会部档案〕

13. 张仲友为组织建国戏剧教育巡回团报送章程等备案并请政治部收编呈

(1940 年 8—12 月)

(1) 张仲友致国民党中央社会部呈(8 月　日)

窃仲友深感我国文盲太多，时存扫除之志，故当民国十四年至十九年就读于河南省立第一女子师范时，有暇辄从事戏剧活动，迨十九年至二十三年求学于国立杭州艺术专科学校时，对于戏剧工作，时常参加出演，毕业后充任河南省立第一师范艺术主任，仍时常导演话剧。自“七·七”事起，全面抗战，最后之胜利，必须以全国民众之智力财力物力为基础，唤起民众，扫除文盲之工作，更为迫切，愈加重要。仲友有见于此，当汴垣将陷之际，遂集率失业失学之青年二百余人，徒步至南阳，参加河南军政干部训练班，自任女生大队长、指导主任兼话剧导演。该队结束后，服务于第一战区陆军主任公署战地服务团及鄂湘川黔边区公署政治部，曾在汉口、沙市、宜昌、宜都、巴东、万县、涪陵一带公演话剧，藉以宣传。去岁来渝，分任第五、第六中山中学教员，课余组织剧团宣传队，曾为前方将士征募寒衣，今春更一度公演于军委会新生活晚会，各次公演，幸蒙各方奖许。今当最后胜利可期之秋，唤起民众宣传工作，益觉不可稍缓，遂召集旧有团员组织戏剧教育巡回团，力谋公演，以资宣传，业经呈奉教育部社字第二四七九八号批，略开："该具呈人如能组成私立剧团，呈经中央社会部核准立案后，本部可酌予补助经费等因。"奉此，理合检同附件呈请鉴核，准予立案。并酌赐补助经费，俾便工作，而谋宣传。谨呈

部长谷

附呈组织大纲、工作计划、剧目表、履历表、团员名册各一份

建国戏剧教育巡回团团长张仲友

通讯处：回水沟八十六号

中华民国二十九年八月　日

建国戏剧教育巡回团组织大纲

第一条　定名为建国戏剧教育巡回团。

第二条　本团以发展各界抗战情绪，努力建国工作，加强杀敌勇气，扩大社会教育，并推进新生活为宗旨。

第三条　本团设团长一人，副团长一人，股长三人，团员若干人，文书二人，办理本团一切事务。

第四条　本团团部分剧务、宣传、总务三股，分掌各股事务。

第五条　本团工作范围如左：

一、社教

二、宣传

三、征募

四、协助

第六条　本团每两周举行团务会议一次，必要时召集临时会议。

第七条　本团团址暂设重庆回水沟八十六号。

第八条　本团经费除由教育部补助一部外，余由募捐项下开支之。

第九条　本大纲如有未尽事宜，得随时修改之。

第十条　本大纲自呈准立案之日施行。

建国戏剧教育巡回团工作计划

一、本团宗旨

本团以发展各界抗战情绪，努力建国工作，加强杀敌勇气，扩大社会教育，并推进新生活为宗旨。

二、工作范围：1. 社教，2. 宣传，3. 慰劳，4. 征募，5. 协助。

三、实行方法

1. 社教

甲、组织社教巡回队——由本团团员分队轮流至各处教以识字及各种常识。

乙、举办识字团体——识字班、补习班、夜校、义务校、短期校等。

丙、创办研究会——读书会、阅报会、朗诵会、讨论会、讲演会等。

丁、开办咨询处——解难问题、改进生活。

2. 宣传

甲、戏剧宣传——话剧、旧剧、歌咏等。

乙、美术宣传——漫画、展览、摄影、展览等。

丙、文字宣传——壁报、刊物、宣言、报章等。

丁、口头宣传——会场讲演、街头讲演、个人讲话等。

戊、风俗宣传——借各地之风俗习惯，参加抗战意义。

3. 慰劳

甲、组织慰劳队——由本团团员组成之。

乙、慰劳对象——受伤将士、被炸同胞、负病难民等。

丙、慰劳种类——戏剧慰劳、现金慰劳、药品慰劳、信电慰劳、口头慰劳等。

4．征募

甲、组织征募队——由本团团员组织之。

乙、征募区域——家庭街市、商店旅社、娱乐场等。

丙、征募物品——现金、药品、衣物、用具及一切日常用品。

丁、游艺征募——举行各种游艺公演募捐。

戊、献金征募——举办献金台。

5．协助

甲、组织协助队——由本团团员组织之。

乙、协助出征眷属——解决出征眷属各种困难问题，如介绍工作，负担子女学费，免费诊病，救济生活等。

丙、协助难民——设立救济场所，发展难民智力，改良难民生活。

丁、协助文盲——设立问字处，流通阅览车，夜校等。

四、将来发展

1．依各地之现实情形而推动工作。

2．以普遍深入、实地着手，以致工作发生效力。

3．由简至繁，由近至远，以达到抗战必胜，建国必成为原则。

(2) 社会部致教育部公函(8月　日)

社会部公函　字第　号

准贵部社字第三一五四五号函询建国戏剧教育巡回团核准备案情形，请查照见复等由。查该团于本年八月间呈称：奉教育部社字第二四七八九号批开："该具呈人如能组织私立剧团，呈经中央社会部核准后，本部可酌予补助经费。"等因。奉此，理合检同工作计划、人员名册等件，呈请鉴核备案。等情前来。经派员前往观察，据复："查该团成立于民国二十六年七七以后，鉴于抗日大学在豫大量吸收青年，影响抗战颇巨，遂联合同志，召集各校学生二百余人，组成此团，从事抗敌宣传工作。经费月需三千余元，最初尚能自筹自给，嗣因辗转至鄂湘黔川各地，继续公演话剧，团员逐减为五、六十人，经费由鄂湘黔川边区公署发给。去年三月间抵渝，以团员纷纷求学，暂告停顿。兹各该团员或已毕业或仍愿继续工作，经加整理，计有三十余人，拟俟呈准后，即行首途至内江、成都、广元、宝鸡、西安、郑州、洛阳、许昌、南阳等地工作。每至一地，除作各种抗敌宣传外，并拟办民众学校一所，同时帮助地方办理慰劳征募等工作，任务完毕，另定路线返渝。"等语。经核该团工作计划，当无不合，工作人员大半为本党同志，思想均尚纯正，当经批答准予备案，并饬将行踪、日程列表具报，以便分函川陕豫三省党部，随时随地加以指导。准函前由，相应复请查照为荷。此致

教育部

中华民国二十九年八月　日

(3) 社会部致建国戏剧教育巡回团批答(9月3日)

社会部批答　字第　号

批建国戏剧教育巡回团团长张仲友

呈乙件：为组织建国戏剧教育巡回团，检呈组织大纲等件，请予鉴核由。

呈件均悉，准予备案，并仰将行踪、日程列表具报备核为要。此批。件存。

中华民国二十九年九月三日

(4) 张仲友致军委会政治部呈(12月7日)

领袖有言："宣传重于作战。"抗战三年，敌寇泥足愈陷愈深，莫由自取，我则愈战愈强，肆应咸宜，此种必胜之造成，实为数百万将士牺牲奋斗之伟绩，然前方将士战斗精神之高涨与夫后方民众必胜信念之坚定，亦为我方宣传工作最力之收获。近今敌寇为急谋摆脱侵华战争之枷锁，以便介入欧战，图穷匕现，于加强军事进攻、经济封锁之外，复发动所谓谣言攻势，冀遂其分化团结打击精神之阴

谋，为粉碎敌人阴谋，除在军事上准备反攻，政治上加强团结，更须遵照领袖之训示，加强对内对外之宣传工作。仲友研究艺术，从事教育有年，抗战军兴，即率领中州各学子，组织抗敌剧团，致力宣传工作，日夕奔走，不遑宁处，由豫东豫西豫南以至武汉三镇，足迹所至，颇得各界人士之好评，予广大观众以深刻之印象，私衷奋感快慰，莫可言喻。嗣以武汉外围战事展开，乃率领工作同志取道荆沙，辗转来渝，本拟再接再厉，以求工作扩展，当以环境困难，工作同志纷纷就业升学，相率离去，剧团无形解体，遗憾至深，然宣传救国之工作虽暂行停顿，而仲友宣传救国之志愿则迄未稍渝。目前敌我决斗之时期已至，仲友分属国民，何敢坐视成败，乃纠集富救国热诚、有艺术天才、演剧经验之青年数十人，组织建国戏剧教育巡回团，业经呈奉教育部、社会部核准备案，正式成立，并在军委会、社会部等地公演数次。惟近来本团经费困难，工作无法积极推进，顷闻钧部有扩充抗敌戏剧巡回队之计划，故敢不揣冒昧，恳请准予收编，增设一队，如蒙俯允，在国家既符人尽其用之旨，在仲友等亦得以偿报国之志，期能于抗建过程中，稍尽国民党员之天职，掬诚陈词，迫切待命，恭请察核示遵。谨呈

部长张

附呈　组织大纲、工作计划、拙著表各一份〔均略〕

建国戏剧教育巡回团团长张仲友

中华民国二十九年十二月七日

通讯处：南岸铜元局老君庙街一号

〔国民政府社会部档案〕

14. 中华交响乐团报送章程与工作报告书等备案并请支助经费呈

（1941 年 6 月—1942 年 4 月）

(1) 中央交响乐团致社会部呈(1941 年 6 月 14 日)

中华交响乐团　补字第十二号

窃本团系于二十九年五月由中美文化协会等文化团体筹组成立，一年以来，规模粗具，叠次公开演奏，谬承社会人士之称赏。惟经费奇绌，至感困难，拟恳钧部准予备案，并准自本年六月份起按月补助经费五百元，俾资维持，实为公便。谨呈

社会部部长谷

附呈中华交响乐团缘起、中华交响乐团章程、发起人名单暨名誉理事、理事名单各一份

理事长孙　科

中华民国三十年六月十四日

中华交响乐团缘起

溯自抗战以还，我国国际地位日益增高，友邦人士对我之认识与同情，与时并进，尤注意我抗战时期艺术文化之发展。前者我对美对苏两次之音乐广播，彼邦人士交相赞誉，增进邦交，收效甚大。同人等佥以此种对外音乐广播亟宜设法继续举行，诚以文化之联系实为国民外交之最有效方法，吾人允当特别注意者，抑以重庆为我国抗战时期之首都，各国使领人员暨教商人士驻节于斯者为数不少，其间促进情谊，沟通文化，有赖于音乐集会者甚多。惟查国内尚乏完备组织与训练之交响乐团，同人等有见于此，爰本文化团体之立场，与有关机关共同发起中华交响乐团，延聘国内知名音乐家马思聪等为之指导，期于最短期内正式成立，以应需要。兹谨就宗旨、组织、经费与乐器四点，拟定初步之办法，以为筹备之基础。其进行当交由将来之理事会负责办理之。

中华交响乐团章程

（1940年5月3日）

（1）定名　中华交响乐团（The china phliharmonic ore-hestre）

（2）宗旨　创立新中国音乐，介绍世界音乐，并经常向国内国外广播，增进国人对新音乐欣赏兴趣及友邦对我之认识与同情，以求中西艺术文化之沟通。

（3）团址　本团设于国民政府所在地。

（4）主办　本团由中美文化协会、中英文化协会、中德文化协会、中苏文化协会、中法比瑞文化协会、中缅文化协会、中国国民外交协会、国际反侵略大会中国分会、励志社、国际宣传处等团体主办之。

（5）组织　本团设名誉理事若干人，由发起人及赞助本团宗旨事业人士担任之，推名誉理事长一人，另由主办团体各推固定代表一人组织理事会，推理事长一人，主持会务，并设总干事一人，受理事长之指挥，办理日常事务，下设演奏、总务二部，其组织系统如下表：

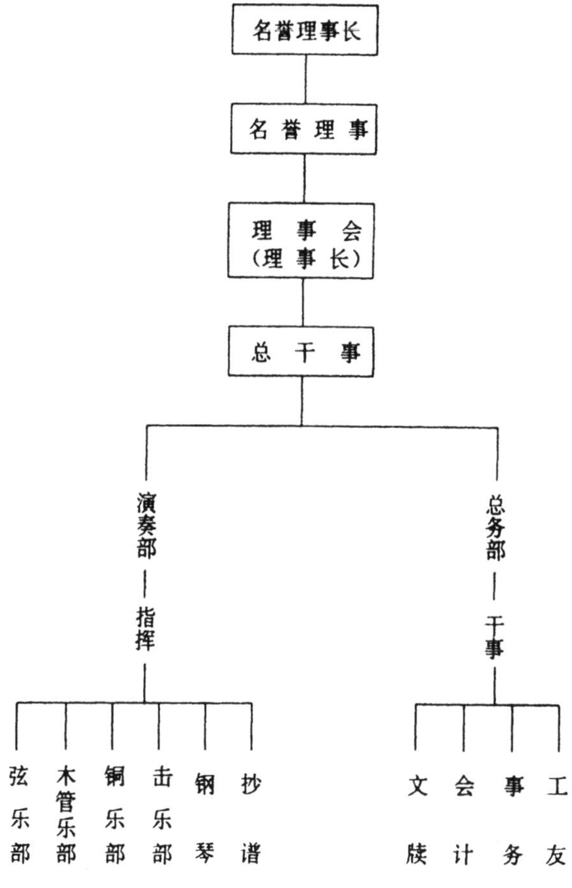

（6）任期　本团名誉理事、名誉理事长、理事、理事长任期均为二年，期满连选得连任。

（7）经费　本团经费由各主办之团体分担若干，其余不足之数请政府补助，必要时得举行募捐或筹款。

（8）会议　理事会会议每月至少开会一次，由理事长召集，开会时以理事长为主席，总干事及演奏部指挥均应列席。

(9) 职员　演奏部、总务部职员由理事会决定，以理事长名义聘任之。

(10) 工作

(一) 举行定期演奏会；

(二) 向国内外各地举行音乐演奏会；

(三) 赴国内外各地举行音乐演奏会；

(四) 创办音乐刊物；

(五) 鼓励创作；

(六) 经常与国内外音乐团体联系；

(七) 举办音乐训练班及合唱队；

(八) 灌片；

(11) 附则。

(一) 演奏部练习规则、总务部办事细则另定之。

(二) 本章程经理事会通过施行之，其有未尽之处，得由理事会决议修正之。

中华交响乐团发起人暨名誉理事、理事名单

1. 发起人

孔祥熙	孙　科	陈立夫	王世杰
朱家骅	毛庆祥	罗家伦	杭立武
邵力子	陈铭枢	董显光	黄仁霖

2. 名誉理事

于　斌	许世英	张伯苓	何应钦
宋庆龄	宋美龄	宋蔼龄	周钟岳
吴国桢	谷正纲	张治中	陈访先
梁寒操	顾翊群	王东原	

3. 理事

孙　科	陈铭枢	杭立武	李抱忱

毛庆祥　　张维翰　　曾虚白　　蒋复聪
尹保宇　　董乃勋
总干事　　司徒德
指　挥　　郑志声

(2) 社会部致中华交响乐团批(7 月 9 日)

社会部批　社组字第六二五八号

批中华交响乐团

三十年六月十四日呈一件:呈请准予备案并恳按月补助五千元由。

呈件均悉。查该团既系由中美文化协会等团体所主办,当为各该团体等联合举办之事,所请备案一节,核与中央颁布文化团体组织大纲之规定不符,未便照准。至该团经费困难,准予一次补助贰仟元。仰既派员掣据来部具领,并仰知照! 此此。件存。

中华民国卅年七月九日

附抄社会部马人松等签注意见

一、据该团章程第四条:“本团由中美文化协会、中英文化协会、中德文化协会、中苏文化协会、中法比瑞文化协会、中缅文化协会、中国国民外交协会、国际反侵略大会中国分会、励志社、国际宣传处等团体主办之”及第七条:“本团经费由各主办团体分担若干……”之规定,则该团显系为中美文化协会等团体联合办理之事业而组织,似可不必另行呈请备案。(文化团体组织大纲施行细则第五条规定有:“文化团体不得以团体为会员”。)

二、该团发起人、名誉理事及理事等,似甚少音乐专门人士。

三、该团成立已年余,未见报请备案,兹为请求补助,乃有请准备案之举,目的在钱,不言而喻,动机并不纯正。

四、凡各团体之组织,除有特殊情形者外,(如在海外或沦陷区等地)均须事先呈报核准,并依照手续,预备成立,始可准予备案。而该团近在咫尺，竟未依照手续办理，如本部此次准予备案，则此后群起效尤，转使处理困难。

根据上列各点，本案拟以第一点理由为词，批饬未便照准。当否？乞核。

职马人松

（卅年）六月廿四日

另奉交下司徒德先生私函一件，拟请部座核夺示遵！

六月廿四日

以一项理由批复，一次补助两千元　正纲　七·一

(3)中华交响乐团致教育部呈（1942 年 4 月 16 日）

中华交响乐团呈　中字第七六号

案奉钧部社字第一一八九九号指令为关于本团呈请确定本团组织，列为钧部直属单位，并准予本团员工享受公务员役应有之待遇，俾其生活有着，工作得以开展一案，令开："呈悉。该团所请直隶本部一节，应予照准，仰将该团组织章则、工作计划、团员一览表、过去工作概况及经费预算分配表（应附具奉给说明书）等，呈报备核。"等因。奉此，自应遵照。兹谨检同本团章程、工作计划、职员团员工役名册、过去工作概况、经费预算分配表、职员团员工役薪给表（附说明）、经费收入一览表各一份，具文呈送，敬祈察鉴！谨呈

教育部部长陈

次长顾

次长余

附呈：章程〔略〕、工作计划、职员名册、过去工作概况

中华交响乐团理事长孙　科谨呈

中华民国三十一年四月十六日

中华交响乐团工作计划

本团工作以左列各项为方针：

（一）演奏为音乐之本体，乐育之实施，必先有完备之乐队经常演奏，故本团工作以达成乐队建设，增进演奏技术为目的。

（二）乐育之推广，应以国民接受之机会增多为要图，进而加强认识能力，养成研习风气，音乐之普及与乐教之推行，均由此始。

（三）介绍西洋名曲与实验国人创作，以求由经验中缔造民族本位音乐。

本此方针，订定工作计划如次：

（一）训练方面

甲、乐队练习——由指挥负责，每星期规定三次，必要时得随时增加次数。

乙、室乐及分组练习——各项室乐及乐队分组练习，每星期一次至三次。

丙、个人练习——由各种乐器首席人员负责指导。

丁、招生训练——招收练习生予以训练，以备乐队人才之补充。

（二）演奏方面

甲、定期演奏——暂定每三个月内 公开演奏二次，以后逐渐增加每半月公开演奏一次。

乙、不定期演奏——如招待文化界或往各学校机关人士演奏及对国内外播音、收灌唱片等，于每次定期演奏会后举行之。

丙、联合演奏——与各音乐团体、作曲家、个人演奏家合作，联合演奏。

（三）研究方面

甲、名人讲演——请乐坛知名人士来本团或公开讲演，以增进团员学识。

乙、资料搜集——购备唱机唱片、收音机及有关音乐之书报，以供研究。

丙、成绩检讨——于每次演奏会后，举行检讨会，检讨演奏成绩，以资改进。

丁、创作奖励——凡乐器乐曲之国人创作，经本团实验成绩优良者，给予奖金以鼓励之。

中华交响团过去工作概况(1942年4月)

本团过去工作，练习方面，每星期举行全体团员练习三次至六次，分组练习，视演奏需要酌量举行。个人练习，则由各种乐器首席人员随时指导团员练习。演奏方面，或举行招待特定人士音乐会，或举行民众音乐会，或举行售票音乐会，或为广播之演奏，或参加特约集会之演奏。兹将历次演奏概况分列如次：

时间	地点	演奏性质	特别节目
二十九年六月六日	嘉陵宾馆	本团成立典礼，音乐会招待党政军各界及外宾	胡然独唱
二十九年七月七日	中央公园	“七七”纪念民众音乐大会	马思聪独奏
二十九年八月十三日	中央公园	“八一三”纪念民众音乐大会，招待空军将士	马思聪独奏
二十九年十一月六日晚	军事委员会	参加庆祝苏联十月革命三十三周年纪念演奏	
二十九年十一月九日晚	嘉陵宾馆	本团十一月份音乐招待各界	
二十九年十一月十二日	中法比瑞文化协会	参加文化界晚会演奏	

续上表

时　　间	地　　点	演　奏　性　质	特别节目
二十九年十一月十四日	国际电台	对苏联广播演奏	
二十九年十二月四日		参加三民主义青年团、渝市妇女界招待会音乐会演奏	
二十九年十二月三十日	军委会	军政部特别党部成立周年纪念音乐会	
三十年一月二日	一园大戏院	本团音乐会招待各界	黄友葵独唱
三十年一月四日		参加东方文化协会成立大会演奏	
三十年一月二十三日	国泰大戏院	参加国际反侵略运动中国分会成立三周年纪念音乐会演奏	
三十年二月十八日	新运模范区	参加新生活运动七周年纪念音乐大会演奏	
三十年二月		参加教育部主办之乐队联合演奏	
三十年三月八日	国泰大戏院	参加“三八”妇女节音乐大会演奏	

续上表

时　　间	地　　点	演　奏　性　质	特别节目
三十年三月	中国电影制片厂	参加中国电影制片厂摄制《西藏巡礼》《小白菜》等影片工作	
三十年三月	中法比瑞文化协会	参加中法比瑞文化协会欢迎比大使大会演奏	
三十年四月二日	国泰大戏院	参加中华全国音乐界抗敌协会为劝募战时公债音乐大会演奏	
三十年四月七、八日晚	国泰大戏院	参加中华全国音乐界抗敌协会劝募战时公债，举办音乐大会演奏	马思聪独奏 戴爱莲舞蹈
三十年十二月十四日	嘉陵宾馆	本团音乐大会，招待外交界暨党政军长官	
三十年十月二十五晚	抗建堂	为响应陪都一元献机运动举行音乐会	
三十年十一月十三日晚		参加教育部扩大社会教育运动周举办音乐大会演奏	
三十一年一月二十五日晚	实验剧院	为本团郑故指挥遗族筹募教育基金举行音乐会	

续上表

时　　间	地　　点	演奏性质	特别节目
三十一年二月二十二日	嘉陵宾馆	参加中美文化协会联谊大会演奏	
三十一年三月二十七日	中英文化协会	参加欢迎陈策将军暨访印团大会演奏	
三十一年三月三十一日	抗建堂	音乐月，本团演奏会	发售门券
三十一年四月二日	沙坪坝中央大学	为应中央大学之请，为该校全体员生举行音乐会	

〔国民政府教育部档案〕

15. 周贵德等为组织中国实验歌剧团报送简章备案并请批拨开办费致教育部呈

（1941 年 10—11 月）

（1）周贵德致陈立夫函（10 月 15 日）

立夫部长钧鉴：敬肃者：中国实验歌剧团自呈请社会部批准立案后，现又呈请钧部备案，一切组织详情，谅蒙洞察。今本团各种应行筹备事项，都已次第就绪，惟兹事体大，支销浩繁，目前赴行政院晋谒孔院长，呈请批拨开办费五万元，经常费按月二万。顷闻孔院长业已交蒋秘书征求钧部及社会部之意见，会同拟议办法，同人获聆下，不胜惊喜。窃思本团成立伊始，虽规模粗具，倘非得实质上有力之支持，难期得美满之结果。我公一言九鼎，实为本团成败之系命，务恳一本向来爱护艺术与培植本团之至意，按本团请求数额，予以赞同，俾同人等得有为文化事业努力之机缘，而德个人亦可偿为祖国效劳、为社会服务之素愿，将来公私稍有成就，皆出我公之

赐矣。不胜感祷之至。专此。敬候
崇安

周贵德谨呈
十月十五日

团址:重庆江北观音桥新村十二号

(2) 周贵德致教育部呈(10月19日)

敬呈者:本团从事建立中国新型歌剧,以增强民众抗战情绪,发扬民族精神为职志,筹备时间已过半载。前呈社会部立案,业蒙准予组织(社组字第五七三一号批文),并于九月一日正式开始工作,征集各项专门人才,亦次第就绪,第一届演出剧本选定为《秋子》,演出时间约在本年年底,事关文化事业,理合将上述各情连同章程、发起人、履历、现任职员表各一份,呈报钧部备案,敬祈鉴核赐准。谨呈
教育部

中国实验歌剧团团长周贵德

附章程、重要发起人履历表、现任职员表各一份
中华民国三十年十月十九日

中国实验歌剧团章程章案

第一章　总　则

第一条　本团定名为中国实验歌剧团。

第二条　本团以研究并促进我国新兴歌剧艺术,发扬民族精神,培养民族德性为宗旨。

第三条　本团团址暂设重庆江北观音桥新村十二号。

第二章　会　员

第四条　凡确系对于歌剧具有兴趣与经验者,由本团团员二人之介绍,经理事会通过得为本团团员。

第五条　团员入团时须填具入团志愿书。

第六条　凡有左列情事之一者，不得为本团团员：

一、违背三民主义之言论或行动者；

二、违背抗战建国纲领之言论或行动者；

三、褫夺公权者；

四、患精神病者。

第七条　本团团员有发言权、表决权、选举权、被选举权，以及其他公共应享之权利。

第八条　本团团员有遵守章程决议、协助团务进行之义务。

第九条　本团团员如有违反章程或决议案，或损害本团名誉者，得由理事会决议予以除名，并提请团员大会追认之。

第三章　组织及职权

第十条　本团设理事十一人至十五人，候补理事三至五人，监事五人至七人，候补监事一人至三人，由团员大会选举，以得票较多者为正式，次多者为候补，任期为一年，连选得连任。

第十一条　理事组织理事会，其职权如左：

一、对外代表本会；

二、执行团员大会决议案；

三、召集团员大会；

四、推进一切团务。

第十二条　监事组织监事会，其职权如左：

一、监察本团团务之进行；

二、稽核本团财务；

三、监察团员履行义务。

第十三条　本团设团长一人，由理事会互推兼任之，主持日常团务。

第十四条　本团得由团长遴聘秘书、总干事各一人，襄助团长办理日常团务。

第十五条　本团为便利工作起见，设总务组、编导组、训练组、演出组、及研究委员会、演出委员会等部门，各组会设正副主任各一人，干事若干人，分别掌管各项事宜，其办事细则另定之。

第十六条　本团得聘德高望重及热心赞助本团团务者为本团名誉理事。

第四章　会　　议

第十七条　本团团员大会每年举行一次，但理事会议认为必要时得召开临时团员大会。

第十八条　理事会每月举行一次，监事会每两月一次，必要时得举行临时会。

第十九条　本团各组会视事实之需要，得随时举行各项会议，每周得举行联席会议一次。

第二十条　本团各种会议须有法定人员过半数之出席，出席人员过半数之同意方得决议。

第五章　经　　费

第二十一条　本团经费以左列各款充之：

一、入团费　每人贰元

二、常年费　每人一元

三、自由捐

四、公演收入

五、党政机关补助费

第六章　附　　则

第二十二条　本章程如有未尽事宜，经团员大会决议，呈准主管机关修正之。

第二十三条　本章程经团员大会通过后，呈准主管机关备案后施行。

中国实验歌剧团发起人履历表

姓名	性别	年龄	籍贯	学历	经历
周贵德	女	三四	广东	美国哥伦比亚大学毕业	政治部设计委员、赈济委员会委员
王沛纶	男	三二	江苏	上海国立音乐院毕业	中华交响乐团团员
毛宗杰	男	二六	浙江	东吴大学毕业	中华交响乐团团员
李嘉	男	三五	江苏	日本东京帝国大学毕业	中华交响乐团团员，歌剧部主任
吴樾荫	男	二五	辽宁	上海国立音专毕业	中央训练团音干班教员
陈定	男	三四	江苏	东吴大学毕业	励志社戏剧股主任干事
陈健	男	三〇	江苏	苏州美专毕业	励志社美育科科长
黄源洛	男	三一	湖南	上海国立音乐院毕业	中华交响乐团团员
黄源沣	男	二六	湖南	上海美专音乐系毕业	教育部实验管弦乐团团员
谢绍曾	男	二八	江苏	上海国立音专毕业	中央训练团音干班教官
谭晋翘	男	三一	湖南	国立艺专音乐系毕业	中华交响乐团团员
臧云远	男	三二	山东	日本早稻田大学毕业	服务于政治部文化工作委员会

中国实验歌剧团现任职员表(民国三十年度)

姓名	职别	姓名	职别
周贵德	团长	李嘉	编导组长
黄源洛	秘书	谢绍曾	训练组长
陈定	总干事	王沛纶	演出组长
谭晋翘	总务组长	臧云远	研究组长
黄源沣	总务组副组长	刘武	总务组干事
吴樾荫	训练组副组长	富广礼	编导组干事
陈健	演出组副组长	王世英	训练组干事
毛宗杰	研究组副组长	王楷	演出组干事

(3) 周贵德致教育部呈(11月30日)

敬呈者:本团筹备工作业经就绪,前于十月十七日将章程、发起人履历暨职员表各一份赍呈,敬请钧部备案,谅蒙鉴核。兹谨订于十一月三十日(星期日)下午二时,假重庆中一路中苏文化协会举行本团成立大会,用特专呈,敬请钧部派员出席指导,并予训示,是为德便。谨呈

教育部

中国实验歌剧团筹备会主任周贵德

中华民国三十年十一月三十日

〔国民政府教育部档案〕

16. 教育部实验戏剧教育队组织活动概况报告及有关文件

(1943年1—7月)

(1)戏剧实验教育队北碚金刚乡戏剧教育实区三十一年度工作概况报告(1月7日)

一、引言

在“深入农村”，“使实验戏剧教育之工作更实际深入与具体”，“使实验剧队固定化”，“以娱乐教育为中心实施社教”等口号需求下，本队附设之戏剧教育实验区因以成立，其终极目标在使北碚金刚乡第四保成一乐教之乡。屈指算来，实验区自成立迄今，已五月余，于此短暂之时间内，吾人究完成何种工作，实验何种工作？距所定目标尚有若干距离？以后之做法若何？于此岁末，特为清算，后顾来踪，即所以便利于去迹也。

二、环境

本区所在地属北碚金刚乡第四保，地名张家沅（包括杜家街金银岗、芝麻岚垭），东邻嘉陵江，西接北碚北温泉间之公路，南北各有小山一列为之屏障，使张家沱处于谷间，有石板路连络于北碚及公路之间，沿江边沙滩上溯北碚场，下至金刚碑，交通尚称便利。中央机关除本区外，有经济部中央工业试验所及中央研究院气象研究所，故除少数本村土著外，多系上述机关之职员及外籍住户，全保共十一甲，一百二十九户，五百八十一人，内大学教育程度者三十五人，中学教育程度者五十三人，小学教育程度者九十三人，曾读私塾者百余人。总之，受教育者占全保人数百分之六十，文盲仅占全保人数百分之四十。又，本保为住宅区，故商业甚不发达。（附本区图）〔略〕

三、过去之工作概况

本区过去工作概况，依据本年七月本区工作计划上之分法，简单叙述如下：

甲　组训工作

子　儿童戏剧歌咏队——本年七月中旬利用暑假期间召集附近学童，组成金刚乡儿童戏剧歌咏队，报名者甚踊跃，于七月十九日正式开课。兹附组织简章、课程表及名册于后：

附一：教育部实验戏剧教育队主办金刚乡儿童戏剧歌咏队简章

一、本队定名为北碚金刚乡儿童戏剧歌咏队。

二、本队利用暑假在家学童纠集组合，施以戏剧、歌咏训练，以广作社会教育活动为目的。

三、本队直接受教育部实验剧队之教导与指挥，并有随从工作之义务。

四、本队训练主任及教师，由教育部实验剧队委派之，均属义务职。至所有一切训练费均由队方负责。

五、凡在金刚乡内之学童，年在八岁以上，十六岁以下者，皆可参加，可不缴任何费用。

六、队员入队须经家长同意及保甲长之证明方准加入。

七、队员满二十名以上即开始训练，并依据年龄之大小及程度之深浅，酌分高级、低级两组。

八、队设队长，按人数之多寡再分为支队、分队两级，队长负责管理对外接洽事宜。

九、训练日期暂定一月，但暑期满学童入学后，似可酌量情形，利用其在家时间或星期日继续训练工作。

十、每日训练时间定为下午六时半至八时半，如队员兴趣浓厚，亦可酌加钟点。

十一、训练科目暂定为歌咏、舞蹈、精神讲话、国语训练、戏剧表演诸课。

十二、训练地点以金刚乡第四保国民学校为主，或因课程之不同，亦可以由该科教师自由选择广场，分别施行训练工作。

十三、每日训练时，事前由队长召集队员，并点名检查人数，然后再请当日教师临场授课。

十四、本队除正式课程外，并举行各种比赛会，优胜者酌给奖品（各种比赛办法另定之）。

十五、本队每周作街头宣传一次，凡工作努力或成绩卓著者，分级予以奖状，藉资鼓励。

十六、本队认为必要时，举行以下各种活动：

1. 组织情报网，检举本乡不良分子；

2. 募集捐款，慰劳抗属；

3. 搜集农作物（或其他），无论花、叶、果实装制标本，转请专家鉴定，举行展览会；

4. 绘制儿童壁报；

5. 搜集当地童谣，印发宣传，推广民间文艺。

十七、本简章经教育部实验剧队队务会议通过后施行之。

附二：课程表〔略〕

除上课外，并于七月三十一日举行讲演比赛一次，题为：（一）为什么参加儿童戏剧歌咏队；（二）夏令卫生；（三）暑假里做些什么，结果：第一王振华，第二王振清，第三王振岭，各奖特别奖品。又普通奖李灼灼、阎华、张福林、李忠全、江敦仪、姚文元。又八月八日举行玩具比赛游行宣传一次，路线由金银岗而新桥，而大明工厂，而杜家街，然后回队。工作项目有：锣鼓、玩具表演、自我介绍、歌咏、表情唱歌、讲演、独唱、魔术、跳舞。比赛结果：第一名王振岭，第二名江敦仪，第三名曲云芳，第四名王振华，第五名罗朝元。评判标准为：1. 意义，2. 工细，3. 美观，4. 可玩弄，5. 自做，6. 量。又于八月二十二日参加国民晚会表演一次，博得一般之好评（详细情形见国民晚会报告）。暑假结束，儿童纷纷入校上课，本区主任赵瑞琪又中途他往，遂告结束。殆至十月七日重行草拟简章，改队为儿童歌咏戏剧训练班，兹附简则，名单及课程表于后：

教育部实验戏剧教育队主办戏剧教育实验区金刚乡儿童戏剧歌咏训练班简则

一、本班定名为北碚金刚乡儿童戏剧歌咏训练班。

二、本班以训练当地儿童戏剧歌咏宣传技能，实施社会教育为目的。

三、本班直接受教育部实验戏剧教育队（以下简称队）之指导，必要时得参加队中指定之工作。

四、凡住居金刚乡之学童，年在八岁以上，十六岁以下者，均得报名参加，惟须经家长之同意及保甲长之证明，方准入班，（曾参加队中所组儿童戏剧歌咏队者，仍可报名参加）本班不收任何费用。

五、训练期限暂定为三个月（十月十一日起至十二月底止）训练时间暂定每周星期三、六之下午六时半至八时半，及星期日上午九时至十二时，如队员兴趣浓厚时，亦可酌加钟点，惟须以不影响在校儿童之课业为原则。

六、训练科目暂定为歌咏、戏剧二种，如参加人数过多或有必要时，得酌加其他科目，或采分组办法（如分歌咏、话剧、歌剧、响乐器等组）。

七、本班之活动有：(1)街头宣传，(2)捐募慰劳，(3)儿童壁报，(4)各种展览竞赛，(5)晚会，(6)搜集民谣，(7)其他。

八、本班采导师制，分全体学生为数组，分别由各导师指导，每组设组长一人，负责本组之一切事宜，班设班长一人，负责本班学生之召集、检点人数等事宜，所有班长、组长概由学生选出之。

九、本班每月举行全体学生大会一次，内容略有：(1)自我检讨，(2)工作检讨，(3)工作报告，(4)工作计划。每二周举行小组会议一次，讨论各该组之事务，调解学生间之纠纷等。

十、本班导师由队方派任之，均义务职，本班一切费用概由队中供给。

十一、本简则经队长核准后施行之。

儿童歌咏戏剧训练班学生名单〔略〕

(2) 实验戏剧教育队呈(2 月 15 日)

教育部实验戏剧教育队呈　总字第四六五号

窃查属队新组织简章草案及组织系统表，业于三十一年度十二月三日，以总字第三九六号呈文呈报在案。兹经职亲到钧部请示结果，遵照主管司科长官指示，并遵奉钧部三十二年二月十二日社

字第零六三九〇号指令核示各点，特将前拟组织简章重行修正，备文送请鉴核示遵，实为公便。谨呈

部长陈

附呈教育部实验戏剧教育队组织简章草案一份，组织系统表一份

教育部实验戏剧教育队队长阎䅲明

中华民国三十二年二月十五日

教育部实验戏剧教育队组织简章

第一条　教育部为实验创作剧本之演出，增进抗战戏剧宣传，并为实施戏剧辅导工作，训练戏剧人材起见，特组织教育部实验戏剧教育队（以下简称本队）。

第二条　本队设队长一人，主持一切队务，由教育部令派之。

第三条　本队组织分设总务、演出、实验、辅导、教导四组，每组设主任一人，由队长委派，呈报教育部备案，各组设干事三人至六人，由队长就队员中指定兼任之。各组职掌如左：

一、总务组——办理文书、会计、庶务、保管、交际、宣传及其他不属于各组事宜。

二、演出组——办理剧本之试演、公演、演员调派及设计兼装置布景、道具、服装、化装、灯光、效果等事宜。

三、实验辅导组——办理创作剧本之实验、演出方法之研究、书刊编辑、同人自我教育，及对外训练辅导事宜。

四、教导组——办理歌咏、漫画、壁报、杂技、傀儡戏等宣传工作，及辅助民众教育推行等事宜。

第四条　本队除四组外，另设编导委员会及戏剧教育实验区：

一、编导委员会——主持本队剧本编导事宜，除队长、演出主任为当然委员外，得聘有给职之专任委员三人，有给职或无给职之特约委员若干人；主任委员由队长就专任编导委员中指定一人担

任之，该会执掌在设计规定编导事宜，概不与闻队务行政。

二、戏剧教育实验区——主持本队戏剧教育上及民教推行上之一切实验推广工作，设主任一人，干事三人至五人，其目的在作“以戏剧为中心”之民众教育之实验。

第五条　全队职队员以二十五人至三十人为准，工役以四人至六人为准。

第六条　本队暂以中央迁建区为中心施教区域，而以重庆卫戍区为扩大施教区及戏剧教育辅导区，必要时得由教育部指定变更之。

第七条　本队每月举行队务会议一次，讨论队务进行事宜，必要时得召开临时队务会议，编导委员会及实验区开会时期临时酌定之。

第八条　本队工作计划各组会办事细则及队员任用暨服务规则等，由本队拟订，呈准教育部备案后公布之。

第九条　本队经费由教育部拨给，其预算另订之。

第十条　本队附设实验区，其工作计划及施教细目另行呈送教育部核定批准之。

第十一条　本简章自公布之日施行。

教育部实验戏剧教育队组织系统表

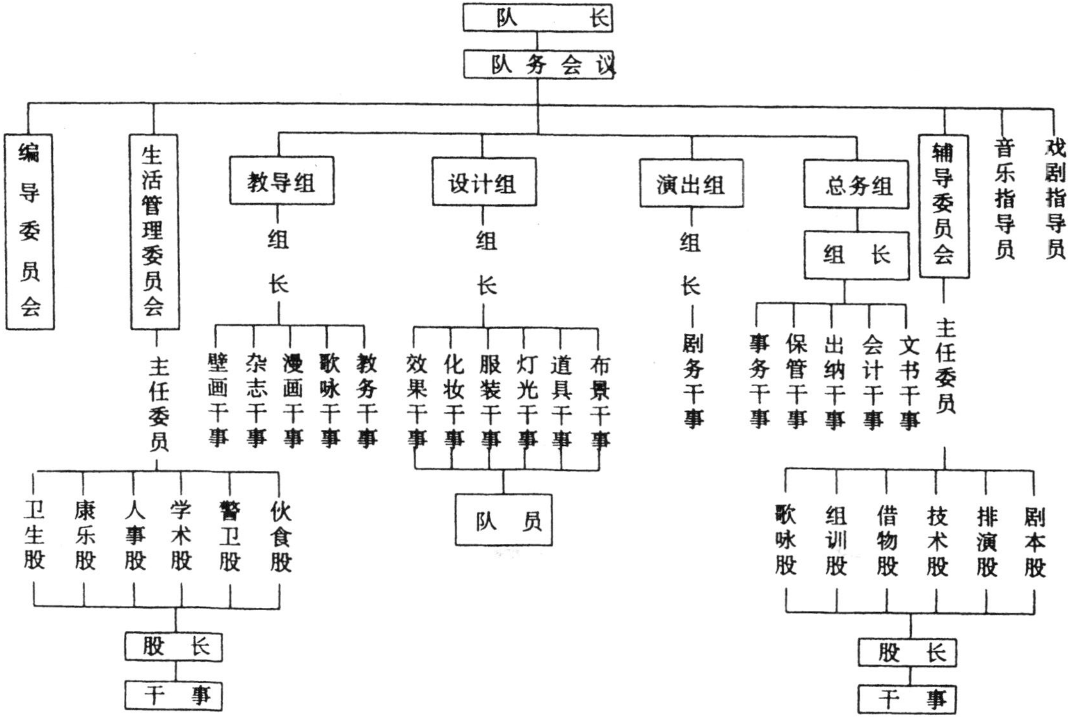

教育部实验戏剧教育队队员服务及待遇规则

一、凡年龄在十五岁以上，二十二岁以下，初中程度，志愿参加戏剧工作，思想纯正，品行优良，经本队定期考试或临时参加考试，成绩及格者，得为本队队员。

二、队员入队工作，以一个月为试用期，试用期满双方均无异议时得正式任用之。

三、队员接受任用书以后，三日内须填具保证书。

四、队员须爱护团体名誉，遵从本队纪律，恪守一切规章，吃苦耐劳，忠诚服务。

五、队员概有兼任职员演员之义务，无论经常或临时，一经委派，不得推诿。

六、队员须服从各主管人员之指导与管理。

七、队员非经队长特许，不得在外兼职或参加其他团体活动。

八、队员须在队内食宿（纯职员有家属者经呈准后可以例外）。

九、队员不得携带家属同住队内。

十、队员任用以三个月为一期，全年共分四次任免，但操行、技术兼优者，得继续任用。并酌量晋级加薪，如工作成绩特著，年度终了时得请求奖金奖励之。

十一、任用期间不得无故离队，如中途强行辞职、私自他就者，本队扣发该员一个月之各项津贴。该员并须于两周前提出辞呈，在未呈准前应照常工作，批准后须将所经手工作完全移交清楚，方得离队。

十二、队员犯大过二次则降级支薪，如犯大过三次，或因特种关系，着即开除。被开除者扣发应得各项津贴，此款充作特种设备费。

十三、队员遇有不得已事故或疾病须请假者，其假期在一日以内者，得由各部份主管人核准，转主管人事部份存查，其在一日以上者，须呈请主管人事部份转呈队长核准。并指派他人代理工作，如系重病或婚丧大事请假在一月以上者，得由本队斟酌情形，留职停薪或停职。

十四、一月内事假不得过七十二小时，无医生证明而妄请病假者，按事假论：逾此限期则按日扣发薪津，逾期一周以上者则加倍处罚，不假外出以犯过论，凡因续假而离职者，薪津只结至续假之前一日为止。

十五、队员薪津概自入队之日起算，至离队之日止。

十六、队员薪金于每月十五日及月底分两次发给，不得预先支借。又各项津贴于队方未领到时不得预借。

十七、队员薪金分下列各级，由队长于任用时酌定之。

级别	第一级	第二级	第三级	第四级	第五级	第六级	第七级
数额	一四〇	一三〇	一二〇	一〇〇	八〇	七〇	六〇

十八、队员如遇褫夺公权或私人行为不检，致损及本队名誉或权利时，得由本队斟酌情形轻重，予以惩戒、停职或依法起诉。

十九、本队认为某队员为事实上之不得已，于任用期未满必须辞退时，本队两周前通知之。

二十、本队发给队员之证章、服装及其他公物，于到队任用后领取，队员离队时须完全缴还。如有遗失，须照当时市价赔偿，否则以私窃公物论，得依法追究。

二十一、本规则呈经教育部备案后施行。

二十二、本规则如有未尽事宜，得随时呈请教育部修正之。

教育部实验戏剧教育队工作准则

一、本队任务

1. 加强抗建宣传

2. 普及民众教育

3. 实验部中编选剧本

4. 建立民族本位戏剧

5. 辅导施教区内戏剧教育团体

二、本队信条

1. 身教重于言教

2. 人格重于演技

3. 台下生活重于台上表演

4. 教育第一，艺术第二

5. 剧人不是戏子，乃是民众导师

6. 剧场如战场，演员是战士

7. 剧本即课本，舞台即讲台

8. 从生活中学习演技，从戏剧里指导人生

三、本队戒条

1. 不抽烟

2. 不泡茶馆

3. 不乱谈恋爱

4. 不吵骂

5. 不斗殴

四、生活要求

1. 原则
- 规律化——守法
- 学术化——明理
- 家庭化——融情

2. 实施
- 用　脑——精密思考
- 用　手——劳动服务
- 用　口——表演自由

3. 组织——生活管理委员会

4. 方式——自尊、自爱、自动、自治

五、人事的考绩

1. 工作能力——强弱——人才

2. 工作表现——勤惰——人格

3. 工作态度——良劣——人品

六、选择演员的标准

1. 健康的身体

2. 端庄的容貌

3. 清晰的头脑

4. 明朗的嗓音

5. 高尚的人格

6. 丰富的思想

7. 敏捷的记忆

8. 广博的学识

9. 流畅的情感

10. 耐劳的精神

七、本队口号

1. 忠孝仁爱信义和平

2. 恪遵国父遗教,服膺总裁训示

3. 生命的意义在创造宇宙继起之生命

4. 生活的目的在增进人类全体之生活

5. 忠党爱国,尊师重道

6. 一个成功的艺术家至少要具有坚强的意志,丰富的学问和热烈的情感

7. 发扬民族固有道德,建立民族本位戏剧

(3) 教育部实验戏剧教育队三十一年度工作汇报(3月16日)

(一) 工作概述

本队于民国三十年五月初开始筹备,选聘干部,招考队员,购置一切用具……经二十余日,于五月二十三日乃正式成立,并开始队员训练。

队员均系新招,队员学识均感不足,故于工作之第一阶段中训

练事项占去大半，六三禁烟纪念节，补行成立典礼，并于当晚举行游艺大会，节目有联欢，相声及《萌芽》、《醉鬼》两独幕剧。

“七·七”奉部令赴青木关工作，第一日演出傀儡戏与《七七之庆》独幕剧，二三日便演出本部征选剧本获得首奖之《民族女杰》两场。

青木关工作结束回北碚，又为汉剧宣传队募集家属生产事业基金，公演《民族女杰》三场，其后复在三民主义青年团夏令营演出一场，如此遂结束第一演剧站——北碚工作，而迁第二演剧站——歇马场。

八月为警报频仍之一月，然本队工作未当稍懈，于警报声中，抢出“八一三”纪念节日演出，其后于独石桥社会服务处、于歇马乡庙台均有公开演出。

九月，本队迁往青木关，除数次参加当地国民月会及民众晚会小规模演出外，全队在调整与准备中度过。

十月戏剧节，本队乃发动青木关戏剧公演宣传周，而本队自身则担任半数以上之节目，演出剧本计有《反间谍》三幕剧，《未婚夫妻》、《女房东》、《半斤八两》、《醉鬼》等独幕剧。此外，更展开辅导工作，一面推动青木关各机关学校的剧团成立，一方面与青木关实验民教馆合作举办一戏剧教育讲习会，学员计六十余人。

青木关工作结束，本队又应璧山各界之邀，为募建中山纪念台与灭虱站，演出《反间谍》与《民族女杰》；月中，奉令参加文化建设运动社教活动宣传大会，赴渝演出《反间谍》。

由渝返璧后，辅导工作乃积极展开，除与璧山县之民教馆合办戏剧教育讲习会外，更于淑德女中、正则蜀校、及歌乐山国立药专讲授戏剧课程，排演并作种种实际工作之示范指导。此外，本队曾赴来凤驿作公开宣传活动，一面更积极排练多幕剧，以备新年时慰劳出征军人家属募捐公演。

三十年度工作，止于此焉。至三十一年工作，则以：(一)施教，

(二)实验区工作,(三)拍教育影片,(四)重师特殊教学话剧课程辅导为中心。

三十一年一月四日至七日两晚,又为璧山动员委员会募捐慰劳抗属举行公演,上演《面子问题》《寄生草》两剧,同时璧山青年剧社在本队孕育下成立。在璧辅导工作完成,呈部备查,奉令嘉勉。

一月九日大队迁移歌乐山,住国立药专内,十一日即演《何必呢》《半斤八两》、《醉鬼》三剧,公开招待歌乐山各界民众及药专师生。嗣应药专学生自治会之请,作募捐献机公演,上演《面子问题》《女店主》两剧,同时辅导该校戏剧队上演《面子问题》一剧。

一月二十三日又移住磁器口四川省立教育学院内,于一月三十日即在军政部织呢厂上演《女店主》,招待该厂工人。以调整人事,至二月十四日始又在该厂演出《面子问题》,十六日应小龙坎豫丰纱厂之请演出《面子问题》。三月一日起,为四川省立教育学院募集兼办社会教育基金连演四大名剧:《民族女杰》、《杜九姑娘》、《面子问题》、《蜕变》等共十天十一场。

至四月间,参加磁器口各界儿童节筹备会,发动沙磁区歌咏大会,以响应音乐月。又赴荣誉军人协导所演出杂技,军政部第一纺纱厂演出《炸药》、《求婚》、《哑妻》及傀儡剧,工作至四月底结束。

本年新预算,至四月底始得正式通知为每月六千元。

五月一日由磁镇迁移长寿县工作,斯为本年呈准之扩大施教区第一次远征,同时部拨北碚张家沱十四号房屋为固定队址,总务组人员得先移往布置一切焉。

在长寿作两度大公演,首为长寿县立初级中学募置设备,次为县政府卫生院募医药器材,计演出《面子问题》、《求婚》、《未婚夫妻》、《哑妻》、《生财有道》、《反间谍》、《杜九姑娘》、《野玫瑰》诸剧。此外,又曾招待该县荣誉军人及文化界,并作乡村宣传。

辅导工作则以长寿县中及凤山中学为中心。

以工作之牵连，本队成立周年纪念于匆忙中在长寿旅间度过，直至六月十七日大队安返北碚张家沱新址。

七月，新预算分配表始正式核准。本日应青木关社会服务处之请，为募建中山纪念堂赴青作募捐公演，七月底赴青，八月一日起上演《生财有道》、《野玫瑰》、《古城烽火》三个大戏，除售票外，又作公开宣传一次，并演傀儡戏一次，青木关各界献旗，情况至为热烈。

本队归后，咸于戏剧教育应深入民间作有统计之测验，以观其收效。于是在“实施礼乐教育，完成地方自治”目标之下，于本队队址在“保”附设戏剧教育实验区，增设主任，专司其事，拟定计划，呈部核准。旋召开保甲长会议，成立民众服务处，举行国民晚会，组织儿童戏剧歌咏训练班、业余平剧社等，九月间多于此类工作中忙过。

十月，应北碚银行界之请，为“全国劝储会北碚支会”响应节约劝储运动作募捐公演，公演《堕落瓦斯》一剧。

十一月，又为重庆市党部北碚区社会服务处劝导基金演出《封锁线》、《醉鬼》、《老教师》三个独幕剧。

十二月，为四川省党部直属北碚区党部及北碚管理局响应文化劳军运动公演《野玫瑰》。

本年八月起，应国立重庆师范之约，辅导该校特殊教学话剧组全年课程，拟定计划，呈部备案。工作直在进行中。十二月起排演《生死恋》，备三十二年元旦上演。斯为本队在师范课程中加入戏剧知识之新实验。

本年十月下旬队长奉令受训，至十二月初返队，行政及工作，均拟加革新。

又，本队应中华教育电影制片厂之约，合作拍制陈果夫先生著之教育影片《移风易俗》中《重九》部份。九月十六日起量服装，二十五日陈果夫先生解释剧情，九月二十九日试化装，三十日始开拍外景，至十二月十二日赴渝拍内景，归来时已岁暮。本队因此种拍片关系，工作、纪律两受影响，而本年度下半年工作呈准暂住北碚，不再移动，亦即以此之故也。

又，本队实验区工作计划，于七月二十六日呈部，直至十月九日始奉到十月六日发出之回批，适值此时队中经费枯涸，故设备不全，工作未能如预定计划推进，惟待来年继续完成耳。

〔国民政府教育部档案〕

17. 教育部巡回戏剧教育队报送组织简章呈及有关文件

（1943年7月31日）

（1）教育部巡回戏剧教育队呈（7月31日）

查本队于七月一日成立，业经呈报在案。兹已编组就绪，理合拟具组织简章，缮呈钧部核定施行。谨呈

教育部

附呈本队组织简章一份

巡回戏剧教育队队长曾鲁

中华民国三十二年七月三十一日

教育部巡回戏剧教育队暂行组织简章

一、教育部为谋戏剧教育之实施抗战宣传之推进起见，特组织教育部巡回戏剧教育队。

二、本队设队长一人，秘书一人，指导员二人，组长五人，干事八人，队员十五人。队长主管本队一切队务，秘书襄助队长处理事务，由本队呈请教育部委任之，指导员以下由队长聘派之，报部备案。

三、本队组织分总务、演出、辅导、生活、图音五组，每组设组长一人，干事一人至三人，各组织如左：

1. 总务组　办理文书、会计、庶务、物品保管及不属其他各组事宜。

2. 演出组　办理戏剧排演及演出等事宜。

3. 辅导组　办理各项艺术训练班、讲习会，主持出版、研究、实验事宜，及辅导各学校民众儿童等剧团，沟通及联络国内各艺术团体与搜集各项艺术资料。

4. 生活组　办理队内职队员生活、教育、纪律、卫生、福利等事宜。

5. 图音组　办理绘画展览、音乐演奏等事宜，及其他社会教育工作。

四、本队为事实需要得设：

1. 乡村工作委员会　由指导员一人、另设委员若干人主持之，办理巡回乡村演剧与其他宣传教育事宜；

2. 编导委员会由指导员一人、另设委员若干主持之，办理全队导演及选编剧本事宜。

五、本队各职队员均须担任表演工作。

六、本队工作区域由指定一省或数省为范围。

七、本队每月举行队务会议一次，讨论队务进行事宜。

八、本队工作计划、办事细则及队员服务细则另定之。

九、本队工作每旬每月呈报教育部审核。

十、本队经费由教育部拨给，其预算另定之。

十一、本简章由教育部核定后施行。

(2) 教育部巡回戏剧教育队计划书

现在战区及边远省份，亟待宣传抗战意义，灌输抗战知识。无庸赘言，而宣传之利器又莫如现身说法，耳提面命。故艺术方式，尤其戏剧、电影、音乐、绘画等项最利宣传。此所以有巡回戏剧教育队之组织也。

巡回戏剧教育队以宣传抗日救国，激发民族意识，灌输抗战知识为主旨，以戏剧为主要工具，电影、绘画、歌咏等为辅，旁及讲演、个别访问等。全部工作约分为下列各门：

甲、实施各项含有社教意义及抗日意识之艺术宣传；

乙、举办流动之抗战常识训练班；

丙、调查各地社教及宣传工作；

丁、调查民间流行文艺读物、戏剧、歌曲、娱乐等；

戊、供给内地文化界及青年所组织之抗战宣传团体以宣传资料，并解答其技术上各项困难之咨询。

宣传直接之对象，虽为一般民众，然知识分子实为唤起民众之先导，而有抗战常识训练班之举办，以启发前方及内地之知识分子。每到一地，即以民众教育馆或其他教育机关为根据地，举行短期(一星限或旬日)之抗战常识训练班。

内地文化界及青年学生所组织之抗日宣传团体所在多有，然彼等每苦于技术问题不能解案，材料供应无从觅取。故到处与此等团体联络，备其询问、资以材料为本队主要工作之一。尤以内地消息隔绝，于国策施行，每欠了解，异说纷歧，于正当之理论，苦未闻道，则纠正其思想，解释其疑虑，在所必需。尤其与之保持长久的联络，以供将来之策动。

过去宣传团体，一到民间，易致失败者其故有二，一则技术未精，以粗制滥造之作品任意表演，但民众鉴赏能力实际甚高，故不能强以接受。二则都市文化人之生活，另具典型，其行动态度不易取得民众之信仰，故本队制作须力求其精。一切行动须厉行新生活，简单朴素，整齐严肃，以求取民众之信仰，庶几宣传得以生效。

更有进者，戏剧生活每易失之浪漫，或则失之机械。挽救之道，惟有讲求学问，日进未已，庶几资以新知，束其心身。故有研究之科，使每一队员，均有轨可循。同时系统地考查民众生活及文化，亦得以资本队工作之参考。故每一队员，于实施戏剧等宣传工作外，尚须各就专题，随时研究，即以其成绩良窳为升降之根据。

全队组织约为二十——二十五人，组织完竣后就武汉训练一个月，以排练剧本，制备用品，约计五月底可以出发。第一次出发路线，预定以皖鲁豫三省战区为主，徐州、开封等处为活动中心地。其详细路程，则今后再行拟定，随时呈核。每到一地，即调查访问当地学校、社教机关、宣传团体，开办短期训练班，或举行抗战诸问题之座谈会。同时，举行抗战绘画展览会、抗战歌咏演奏，并放映电影、表演戏剧。俟一切完毕后，又转而他地。预计三个月时间，可以遍历三省重要地带，然后返汉，整理补充，再作第二次之出发。

(3) 教育部巡回戏剧教育辅导各地推行戏剧教育办法

第一条　教育部巡回戏剧教育队（以下简称本队）应遵照本办法协助辅导各地推行戏剧教育。

第二条　本队之辅导区由教育部指定之。

第三条　本队应以协助及辅导各地推行戏剧教育为主要任务之一。

第四条　本队对于所在地区内省市教育厅局举办左列事项时应负协助之责。

一、组织巡回歌咏戏剧队；

二、办理戏剧及音乐教育人员训练班；

三、举行戏剧公演、音乐演奏等事项；

四、办理戏剧、音乐教育之设计事项；

五、办理剧本编撰修订及歌词之编审事项；

六、组织其他戏剧音乐团体事项；

七、搜集地方剧本，并应随时予以修订推行。

第五条　本队对于区内各级社会教育机关应协助辅导之事项如左：

一、各社教机关推行戏剧教育方法之研究与指导；

二、民众教育馆及社教工作队、艺术馆附设歌咏戏剧团体之组织及指导；

三、省市县巡回歌咏戏剧队施教方法之研究与改进；

四、举办戏剧歌咏人员训练班；

五、召开辅导会议或戏剧教育座谈会；

六、编印戏剧刊物之协助与指导；

七、指导并协助各社教机关及戏剧团体举行公演；

八、协助地方机关文化团体及一般民众组织歌咏剧团；

九、调查各地方戏剧团班情形，谋取联络、指导及改良；

十、调查并统计本区戏剧教育概况；

十一、编印各种辅导刊物；

十二、举行示范公演；

十三、通讯讨论关于本区戏剧教育实际问题，并指导工作人员进修。

第六条　本队对于区内各级学校应协助辅导之事项如左：

一、组织歌咏及戏剧团体；

二、指导学校剧团之改进；

三、协助并辅导剧团演出；

四、介绍并借予各校剧团需要用之剧本、歌词、服装道具等；

五、举行剧教讲演或座谈会；

六、指导剧本研究；

七、指导并协助编印剧教刊物；

八、举行示范公演。

第七条　本队对于区内戏剧教育如有改进意见，得分别函呈教育行政机关采择施行。

第八条　本队辅导各社教机关及学校时，须以教育行政机关所颁布之各种法令为标准。

第九条　本办法由教育部订定施行。

〔国民政府教育部档案〕

18. 国立编译馆编：抗战期间的中国戏剧概况①

（1946 年）

一　抗战前夕的中国戏剧

一九三一年，日本侵略中国东三省，发生了“九一八”事变，次年引起“一二八”上海战争，又次年则强迫中国订立了“塘沽协定”，志在使整个的中国蹀躞于其毒舌之下。但是，中国人不只不曾为其淫威所慑服，反而激起了政府与人民对日本军阀复仇的决心。

政府以忍辱负重的态度去应付复杂的国际环境，以“生聚教训”为复仇的国策，全国上下要以最短的时间、最高的工作效率来从事于抗日救国的神圣事业。在此期间，中国凡百建设，在表面上是采取着潜伏沉默的态度，但实际上，是作着积极的准备建设工作，直到一九三七年七月七日日寇在北平附近的芦沟桥燃起了战争的烈火，中国的建设又迈进了一个新的阶段。

在一九三一年——一九三七年之间，中国戏剧配合着整个国策迈进（注重实践与训练，不注重宣传），所以在表面上中国戏剧是消沉的，散漫的，实际上是为未来的戏剧做了许多“自我的检讨”与“准备建设”的工作。所以剧史家名此时期的戏剧为“国防戏剧时代”。这时有下列几件值得称述的事：

（一）建设农民戏剧——一九三一年戏剧家熊佛西到平教会作农民戏剧的实验，前已言之，在一九三七年之前数年，已从实践方面得到了意外的成功，如“表证剧场”、“流动舞台”等之建设即是。踵此而起的有谷剑尘、邵惟雒、阎哲吾诸人，先后在江苏、江西、山东等省从事于实验与建设工作。

（二）国剧的建设与实验——“国剧运动”，在一九二六年有赵太侔、余上沅诸氏，在理论方面已立下了基础。一九二九年赵太侔

① 此篇节选自国立编译馆编的《中国戏剧史》稿有关章节。

主持山东省立实验剧院时，曾作过初步的实验。一九三四年王泊生主持山东省立剧院时，便把“建设新歌剧”作为唯一的工作目的了，先后演出王氏自编的《岳飞》、《荆轲》等剧。一九三五年刘大悲主持上海乐剧院，从事“新乐剧”的实验，曾演出《西施》于京、沪等地。

（三）戏剧教育的建设——一九三六年国立北平艺专添设戏剧系，一九三三年戏剧系又被撤销。一九三五年中央委员陈果夫、张道藩诸氏联名向中央建议设立国立戏剧学校，造就职业的戏剧人材，此校成立迄今八年，人材辈出，抗战以来更显示出了其优越的成绩。

（四）戏剧界意志的统一——一九三〇年“上海剧团联合会”初组织的时候，戏剧界同人还彼此存在猜忌。到了一九三一年“上海学生剧团”成立，一九三三年“天津戏剧协会”成立，一九三五年“中国舞台协会”成立，一九三六年“中国戏剧学会”成立于南京，一九三七年“北平戏剧联谊会”成立，这些戏剧团体，可以表明中国剧人已意志集中，力量集中了。

（五）提高剧本水准——话剧在中国的历史很短，时至今日不过是全部话剧史的序篇。所以在剧本及演出方面，都暴露着贫弱与幼稚，尤其在剧本的创作方面，特别显出了作者的素养不够，为了补救此一缺陷，在一九三一年至一九三七年之间，欧西剧本之输入，显露着“入超”的现象。负担起运输责任者有罗念生（他介绍希腊悲剧）、梁实秋（他介绍莎士比亚的戏剧）、赵少侯（介绍拉丁民族的戏剧）、杨炳辰（介绍日耳曼民族的戏剧）、陈锦、王了一等，分别介绍了许多欧西剧本。这些剧本的形式和内容很不一致，但给予中国剧作者的帮助是太大了。今日中国的几个有成就的剧作家，得力翻译剧本者大有人在。

在此时期的戏剧工作者，给抗战戏剧作了许多准备工作，谈戏剧史的人仍不得轻视此一时代的存在啊！

二　抗战戏剧

一九三七年七月七日日本军阀以狰狞面孔向我们的文化古城北平进攻了，在忍辱含垢的心情下作着“生聚教训”之大的铁臂，予打击者以打击了，全国上下，不分阶级，不分性别，不分老幼，都踊跃的参加了这种神圣的民族解放战争，都向着“为自由和平而战”一个目标前进！

如何来争取抗战的胜利呢？在这个关系全民族的生死与共的大问题，只有动员全民族的力量，有组织有计划的与侵略者作殊死的战斗，才有胜利的保证。因此，在全面抗战的展开中，我们第一个要考虑的问题是要尽一切力量，动员广大民众，组织广大民众，争取民族抗战的胜利！

中国戏剧工作者站在时代的前面，当这伟大时代来临时，他们不能不勇敢的负起应负的责任来。

戏剧是向群众作宣传及教育群众的最好的一种工具，尤其是在文化教育普遍落后的中国，戏剧更是教育和组织民众的一个重要武器。我们要动员广大民众争取民族抗战的胜利，必须充分运用戏剧，充分发挥戏剧的效能。戏剧参加了抗战，所以就产生了抗战戏剧。“抗战戏剧”一辞，所包含的不只是话剧。它包括各种形式的戏剧，只要是渗入抗战意识的都可名之为“抗战戏剧”。因受篇幅和体例的限制，不能在此一一介绍，现仅谈谈抗战戏剧中的话剧吧。

抗战话剧之史的发展程序可分三个阶段。在一九三七年七月七日敌人向芦沟桥进攻的时候，北平学生便组织了“北平学生移动戏团”，初时是在平津附近的乡村作宣传工作，敌人势力日渐扩张，平津附近不能进行工作，他们即相率南下，而山东、而河南、而江苏、而湖北，在各省的下县乡村作宣传，在短短的半年之内，竟接近了五十万以上的人民，演了二百多次戏，他们不只完成了“唤起民众”的责任，同时还引起了全国各地各级学校的戏剧运动，自小学以至大学，无不有抗战剧团的组织与活动。

同年八月十三日，日寇又在上海发动战事，这又使上海的剧人加紧团结，组织了“上海戏剧界救亡协会”。该会负责召集留沪剧人，分区组织了十三个“救亡演剧队”，分由宋之的、洪深、应云卫、王莹、左明等率领到全国各大都市及乡村去作宣传工作。他们演出的情况很简单：灯光、布景、道具都是就地借用的，有时因受环境的限制，无灯光、布景、道具，有时连演员也是就地拉夫。因为中国农民知识水准较低，他们欣赏戏剧的态度和城市人根本不同，只要剧情热闹，有刺激性，他们便认为是好戏，什么灯光、布景、道具，他们都还不曾注意呢。救亡演剧队所用的剧本，内容不外“救亡图存”一个宗旨，如《放下你的鞭子》、《打鬼子去》、《张家店》、《林中口哨》、《芦沟桥》、《盲哑恨》、《保卫浦东》、《杀敌去》、《流亡者之歌》、《保卫上海》、《电线杆子》等，其演出形式简单，有如化装讲演，也可说是一种“活报”，但在宣传的效力方面是成功了。

救亡剧队的工作，给整个中国社会以充分认识话剧价值的机会，各社会阶层里都在组织起救亡剧团来，使中国变为戏剧的中国了。

一九三八年冬，敌人攻陷南京，这正是中国人民在心理上受到摧毁的时候，他们急切需要精神上的安慰，抗战戏剧工作者就勇敢的负起了这个使命，同时在“众志成城”的一个信念下，剧人需要统一的意志，统一的组织，统一的活动。应此需要而产生了“中华全国戏剧界抗敌协会”（一九三七年十月二十一日成立于汉口）。这个组织包括十八个不同性质、不同系统的剧团，个人团员占全国剧人的百分之九十五。他们在成立宣言中揭示了四点：

第一，戏剧界人士应为民族战争服务；

第二，戏剧界人士应捐除成见，巩固团结；

第三，在为抗战服务过程中不忘对于艺术形式的追求；

第四，不能忘记以戏剧艺术作为国际宣传的工具。

这个宣言不仅使剧人对戏剧界以更深刻的认识，同时也使政府认识了戏剧在政教方面所起的力量的伟大，同年军委会政治部成立了一种机构，专负责作戏剧宣传工作，参与是项工作的剧人有郭沫若、田汉、洪深、阳翰笙、凌鹤、万籁天等，从此学生剧团及社会各阶层里的自由剧团，都在统一的领导之下工作起来，其功效较第一阶段更为伟大。

抗战戏剧在第二阶段中活动的方式，可分为后方的与战地的两种。在后方的又有都市与乡村之别：都市里所演的多为多幕舞台剧，其演出的目的多半是为了劳军募捐，或难民难童募捐，专在宣传意义上的演出的比较少；在乡村里所演的多为独幕宣传剧，其演出的唯一目的在“唤起民众”，组织民众，单为募捐的剧则绝无仅有。战地演剧又分前线和敌后两种：在前线演剧的目的，不外给浴血抗战的将士以精神上的安慰，或晓谕民众帮助军人作战，共御强敌。在敌后的演剧比较困难，但戏剧战士对于此点并没有忽视，他们的演出的目的多半是为了加重民众的国家观念，民族意识，暗示劫持敌人的要害，帮助我军作战的方法。

以上四种不同的演出方式，除都市的演出可取得物质方面帮助外，其余三种演出多半全凭剧人对于环境的认识能力与利用环境的方法，以完成演出的目的，实无物质条件可凭。

一九三七年来，中国战事失利，首都南京受到日军的威胁，政府本既定的计划迁都重庆。除抗战之外又提出了“建国”的新国策。也就是说，从此以后抗战与建国是同时并进的。所以在此时期的戏剧，已不是揭穿敌伪丑态的《群魔乱舞》(陈白尘作)，表扬民族英雄的《八百壮士》(崔小鬼、王震之作)、《飞将军》(洪深作)、歌颂忠心为国的《张自忠》(老舍作)等内容的话剧所能包括了。建国的事业较抗战的为尤难尤巨。在建国的这一目标之下，需要积极的使中华民族内部团结(如老舍的《国家至上》，以回汉团结为体裁；阳翰笙的《塞上风云》，以汉蒙团结为体裁是)，需要新中国公民人格的建设(如曹禺的《蜕变》)，需要国防工业的发展(如陈白尘的《大地回春》),也需要铲除建国过程中的障碍,像那般旧式官僚的余孽(如老舍的《残雾》)、小资产阶级出身的卑鄙的文化人(如陈白尘编的《乱世男女》)那些囤积居奇的奸商(如宋之的编的《刑》),这都是把握住现实,创造现实的最好的戏剧素材。

三　抗战戏剧的现阶段

抗战戏剧发展的程序略如上述,其发展的概况,亦须在此作一简单的说明。

一、剧本。据民国三十年教育部教科用书编辑委员会剧本整理组的统计,知道抗战剧本较前比任何时代的剧本的产量为多。

中国历年出版之话剧图书,包括戏剧理论、创作、翻译、期刊等类,书籍以单行本为单位,期刊以一卷为单位,不足一卷者以一卷计。自清光绪三十四年(公元一九〇八年)至民国三十年,共计三十四年,所出的话剧图书共计一千五百二十九册(剧本约占十分之九),此期间可划分为四个阶段。

(一) 清末至北伐(公元一九〇八——一九二七)共出一百七十七册,约占总数百分比一．一六弱,平均每年出版册数为八．八五。

(二) 北伐至“九·一八”(公元一九一八——一九三一)共出二百四十三册,约占总数百分比一五．八强,平均每年出版册数为六〇·七五。

(三) “九·一八”至“七七”(公元一九三一——一九三七),共出四四六册,约占总数百分比二九．二弱,平均每年出册数为七四．三三。

(四) “七七”至民国三十年(公元一九三七——一九四一),共出版六百六十三册,约占总数百分之四三．三强,平均每年出版册数为一六五．七五。

根据以上的统计,可以知道我国话剧书籍之出版,略受国内政治文化上重大兴革之影响:

(一) 民国九年以后数量之渐增，当受“五四运动”(一九一九)之影响。

(二) 民国十五年至十七年之继长，当受北伐之激励。

(三) “九·一八”、“一·二八”(公元一九三二)以后，民国二十二年(公元一九三三)出版数量复形大量增加。

(四) 民国二十五年(公元一九三六)之激增，当为民气酝酿团结御侮之表现。

(五) 抗战军兴，戏剧运动与教育宣传相配合，戏剧书籍之出版，一若雨后春笋。

(六) 民国二十九年，后方之印刷较为困难，出版较少，惟上海方面之出版量较二十六、七两年度反形激增，二者合计超出民国二十七年之出版量，造成三十四年来话剧书籍出版之最高峰。

(七)民国三十年，出版情形反形低减，约有数因：

(甲)后方印刷困难。

(乙)话剧水准提高，编著与出版较为谨严。

(丙)上海方面因纸张印刷价格激涨与运输困难之关系，出版数量亦形减小。

二、剧团。据剧本整理组民国三十年冬天的调查，剧团共计一千〇一三个单位。此数目虽未必确实。但据此亦略可想见抗战期中戏剧之发达情况了。

抗战话剧团体分布概况表

分布区域	剧团总数	备考
河北	三	
山东	一一	
山西	三五〇	
绥远	三	

续上表

分布区域	剧团总数	备　考
河　南	三四	
江　苏	五四	
安　徽	二八	
陕　西	三三	
湖　南	三八	
湖　北	五七	
浙　江	四〇	
福　建	一〇六	
广　东	五四	
江　西	二九	
广　西	三六	
四　川	九三	
甘　肃	一七	
宁　夏	四	
西　康	八	
西　藏	二	
新　疆	二	

以上合计共一,〇一三单位,值兹非常时期,剧团流动速度甚大,调查困难,统计更难其十分正确,但就民国三十年六月前之调查,各话剧团体分布情形略如上表。迄今又近三年,话剧团体增加未已,流动区域较前更为扩大,其活动情形,刻虽无调查材料可供参考,但就各方零星报道,亦可知中国话剧正在欣欣向荣的时期。

三、剧人。据某杂志的调查,单是活动于战区和敌后方的戏剧工作者就有二十万人，若再把后方及海外戏剧工作者计入，恐怕有三、四十万人吧。

现代的中国有如是之多的剧本，如是之多的剧团，如是之多的剧人，所以有人赞美中国现代话剧发达的情形，细想起来，这也并不是夸大之辞。

〔国立编译馆档案〕

（五）摧残进步书业与监视文化团体

一、迫害生活书店

1. 生活书店为国民党中央图书杂志审查委员会违法将宋庆龄著《中国不亡论》等列入违禁书目妨碍发行呈及有关文件

（1939年3—4月）

（1）生活书店致行政院呈（3月27日）

呈为申请经内政部注册之著作物，未能依法发行，请求保障事：窃属店出版之《中国不亡论》（宋庆龄著），《救亡手册》（姜君辰著）、《抗战中的西北》（徐盈著）及《抗战歌曲二集》（受铭编）等书，均经依法呈请内政部登记，当蒙准予注册，先后发给警字九七三八号、第九八〇三号、第九七〇八号、第九八七一号注册执照。此项手续，即表示我政府已承认各该著作物及并未“显违党义”，并未“经法律规定禁止”者，该著作物应受法律之完全保障，自无疑义。惟事实适得其反，中央图书杂志审查委员会为各该著作物列入查禁书籍表内，通令全国各地搜查禁止，同时并呈内政部转行查禁。内政部接受其撤销注册，使属店蒙受损失颇巨，按国家政令既属统一，审查标准自无二致，著作物既受法律保障，自不能任意查禁，为维护法律之尊严及政府审查标准之统一起见，为特申请钧院予以切实保障。当此“后方重于前方”、“宣传重于作战”之时，抗战书报之发行至为重要，伏希钧院迅予饬令纠正，以利普及文化，增强抗战力量，实为德便。谨呈

行政院院长孔

具呈人　生活书店

中华民国二十八年三月二十七日

（2）内政部致行政院签呈（4月18日）

案准钧院秘书处二十八年四月一日律字第四四六号通知，以生活书店呈请保障著作权，纠正查禁处分一案，奉院长谕：交内政部查复。相应通知等由。准此，查该生活书店先后呈送《中国不亡论》、《救亡手册》、《抗战中的西北》及《抗战歌曲集》二集等书四种，请予注册，均经本部准予注册给照。嗣准中央宣传部函，及据中央图书杂志审查委员会工作报告，以各该书内容欠妥，请予查禁到部。当经本部撤销《中国不亡论》《救亡手册》及《抗战中的西北》三书注册，并批示该书店即将《抗战歌曲集》二集内容修改。旋据该书店呈请保留各该书注册原案，并请摘示失检之处，当遵照修正或删除等情。前来。复经本部函准中央宣传部及令据中央图书杂志审查委员会将各该书应行修改部份分别详注，批示该书店遵照修改送审，俟放行后再行报部核办各在案。此案应俟书店遵照本部批示，将各该书修改送审放行后再行准予保留注册原案。奉交前因，理合签请鉴核。谨呈

行政院

内政部部长何　键谨签

四．十八

〔行政院档案〕

2. 国民党陕西省党部关于查封生活书店西安分店并迫害经理人员事致中央社会部代电

（1939年5月3日）

国民党陕西省执行委员会代电　委诚字第三七五号

重庆中央社会部钧鉴：密。根据生活书店西安分店印售反动书

报，并附设共党交通机关等情。经本会会同第十战区政治部、省会警察局所派人员于上月二十一日下午六时在该店暗室内检获有离间政府与人民感情、公开诋毁政府及曲解三民主义等书籍颇多，并获得重要文件可为该店设立共党交通机关及西安反动组织之确证。查该店印售反动书报，迭经本省党政当局下令取缔，并饬取永不印售反动书籍、遵守各种法令切结有案；今反变本加厉，实为怙恶不悛，当经会商决定严行处置。除将该分店经理周名寰解交警察局管理待讯，并将该店暂予查封外，谨将本会会同办理该案经过及检获反动书刊之审查情形抄呈一件，电请鉴核。

中国国民党陕西省执行委员会叩。江。

中华民国二十八年五月三日

附抄原呈

关于查封生活书店西安分店及拘捕该店经理周名寰案执行经过及检获反动书刊之审查情形分陈如左：

一、检查经过

经本会调统室查悉西安生活书店出售反动书籍，并密负共党交通任务等情。当即派张耀亭率领工作同志六人，并协同十战区政治部夏翼九及省警察第二分局张巡官鸿福等，于二十一日下午六时前往该店检查，经将该店铺内及楼上暗室详加检查，查毕，搜出反动证件许多种，经会同上开两机关人员及当地保长共同点验所查获之证件，并令该店经理周名寰具结后，人交警二分局监视，并由一分局派员会同将该店查封暂停营业，此检查该店之经过情形也。

二、审查经过

本案检出反动嫌疑书籍一百零六种，以及该店公私文件多件，经分别一一审查，谨将审查所得分志于下：

1. 该店公开出刊祇〔诋〕毁陕省当局，经验有确证。

查生活书店同人所出《我们的生活》第二期第十一页《陕店的

暴风雨》一文中，载有西安分店竟发生这样一件不幸的事件，为什么他们要这样来摧残我们呢？……很显然的这里已经告诉我们，正因为我们书的存在，是给民族败类汉奸托匪的打击，是叫这般顽固分子、人类公敌，在大众面前没落也；也正因为我们书店的存在，是吸引着优秀的前进的青年，工人、店员、学生读过我们所出版的书后，个个都在为国牺牲，为民族斗争着。这群前进的青年是民族解放的基本力量，是新社会建设的柱石，也是民族败类、人类公敌所最害怕，最要想摧残的目标，因之对于我们的书店，也不惜用其卑鄙恶劣的手段来压迫和摧残。

2. 查该店所出《我们的生活》二期《陕店的暴风雨》一文，上开一段纯系指骂陕省当局而言，二十七年十月三十日该店曾经本省警局会同有关机关派员检查，竟然公开如此诋毁，实属目无法纪至极，且有甚于此者，竟在同文内有："在那天事情发生后，许多亲爱的读者，他们以最诚挚的同情口吻，向我们慰问，有一个读者气忿的对巡警说，'弟兄们是只知道服从命令的，但是这件事是全国人民所反对，是使全国同胞所愤怒痛心的……。'"的确，"巡警先生们，这不仅是一个读者的话，而且是全西北、全中国读者的怒吼，今天的事，不但使我们痛心，你们也一样痛心的，我们所出的抗战书籍，你们也欢喜看的，为什么今天要把努力于抗战文化事业的书店这样摧残呢。'知道了先生，我们是没有办法，上级命令'，巡警们实在可怜，这样的回答我们，以后他们对我们更加亲密，事后还来访我二次，我们有着广大读者的爱护和精神上的援助，有着一切良心的爱国同胞，都伸出手来对我们同情，顽固分子在这样伟大的力量下，只有恐惧的低下头来认识这力量和我们书店，是不能用任何暴力摧毁的。"

查以上一段指明以下数点：

一、陕省当局为一暴力摧残文化的机关；

二、挑拨巡警不服从政府命令；

三、冒用全西北全中国人民之名义反对政府，藉以离间政府与人民之感情；

四、认为政府不敢，而且无能对该店有所处置。

根据以上四点，该店在抗战如此紧张期间，竟有如此言论之发展，实属目无法纪已达极点。

三、该店公开出售查禁及反动书报，且检有确证，经此次检查之书报共计一〇六种，均为共产党之宣传品，甚至如《中国共产党党章》为中共秘密之出版物，专供该党党员所用，该店虽未公开出售，但藏于柜内秘密推销，由此足证明该店为共党兼交通机关而无疑义。其次，如中共所出之“中共扩大的六中全会、论持久战、论新阶段、长征时代”等，均为中共之宣传品，且经中央命令查禁者，该店竟公开出售。又如“苏联八次全苏代表大会之代表，关于苏维埃宪法的几点修改、列宁与斯大林、恩格斯及其事业、论政党、苏联军队政治工作等，为苏联共产国际之宣传品，诸如此类书报查获为数甚夥。甚至如孙中山思想学说一书，为中共有意曲解总理学说，破坏本党主义之中共宣传品，叠经中央宣传部明令查禁，而该店不顾法令，竟公开出售。除查获反动书报另单附呈外，关于该店所出售之反动书籍，举其要者，已如上述，此又足以证明该店为中共之文化宣传机关而无疑义。

四、该店为中共交通机关亦检有确证：

经搜出之信件中，生活书店总店及分店对于特区来往信件之转递，银钱之汇兑，均搜出证件。兹择出如下：

(1) 延安王芳寄周名寰；

傅弟简问题，我们绝保证不向任何人说，请你一万个放心。

(2) 延安朱九企函托将信转寄安吴堡青训班第四连殷红收。

(3) 总店公文函，代汇黄雨香二十元。

(4) 总店忠实函，对丁玲稿费按要求付给，帮助服务团经费。

(5) 纪延安光华款项及附致丁玲函件请转去。

(6) 总店仲实托西北文化人设法联络，并转附丁玲函一件，如不来处，交八路军办事处转去。

(7) 新知书店函，代汇五十元至延安光华总店转方明、张伯英。

(8) 成都分店函，转交刘君信，如甲地投不到，可改交乙地，万勿交邮寄。

(9) 延安黄准函转将款十七元急速寄去，并告知吕骥到西安招生。

(10) 新知书店托转延安光华商店信四封。

(11) 延安伪教厅托航转总店徐伯昕函一件，来函寄延安边区教育厅。

(12) 延安保昌函，将来信的外部可交八路军办事处转交分校组织科附致徐伯昕，请转去。

(13) 延安黄敬梧函托信转寄延安蟠龙抗大四大队第六队收。

(14) 延安保昌函三封，信请附在店中函转去。

(15) 延安何权托王开伯到西安，请介绍办事处转到延安去。

根据以上检查所得，该分店为中共之交通机关，已无疑义。查商业为普通营业处所，如无特殊政治背景，不至有上开各函件之转递，银钱之汇兑，此足以证明该店以营业为掩护，图谋政治上之活动也。

五、该店为反动集团活动机关，亦查有确证：

(1) 总店经理徐伯昕函西安分店经理张锡荣谓：去年被捕事发生后，西安能在极短期内迅速作最后布置，极为妥当。又闻于成立四区中心管理人员之更动，详加商讨，以西北根据地极为重要，为该店给予新当局更深印象(指新疆当局)，为巩固西北基础，请张前往主持。去新人员已加入团体者，该地不相宜，盼注意及之。

(2)《店务通讯》和《我们的生活》应该给各地友谊密切的同人知道，并转告你处密切的人知道，不要给友谊不密切的人知道，因此除留意阅读，还要留意保存。选举进行很顺利，我们提出的名单，是依据事实真理获得大多数的同情，造谣挑拨捣乱是无谓举动，结果他们失败了，我们要坚决拥护社务顺利推进，能够使社务实行我们的正确的主张。

我们斗争的目的，是要加强店的组织的工作意义，使自已成为思想技术具佳的优秀人才，以便可能代替旧干部。来信如附在公事信里，请密封。

（3）选举已于二月二十四日揭晓，弟弟在理事中占三席，在人事委员会中占八席，在监察中占二席，其余亦系忠实正直者，没有一个要不得的在内；选举的结果，少数人叹气，都是小弟弟以后办事困难了。我们必须以工作证明，这些顾虑是多余的，新的最高组织是能百分之百代表我们的意旨的，我们积极拥护和帮助新的组织进行的工作，不信任新的最高组织须说服纠正之。

你处的好友，应该成立一个小组，这个小组每二星期开会一次，专门讨论和研究社务业务和同人教育作为你店的核心，对于你店的一切措置起推动以至决定的作用，小组的参加者须经常负责，影响几个同人，务使你店所有同人都在小组影响之下，小组中的一人负责和我们通信，如有可能亦须通讯影响别的同人。

《我们的生活》和《店讯》的稿子来信，如附在公事信内请密封之，此信最好抄在私人日记册内，原信毁掉。

（4）经理徐伯昕函分店经理张锡荣谓：西安分散办法，准照来示办理，怡励生兄系有工作，能否兼顾此事，倘能专办此事，将来能在沦陷区内谋发展，亦极重要，未知能就西北人力物力予以配合建立否。

（5）总店张克民致分店经理周名寰函：当地政治环境恶劣，幸赖妥为应付，深为感佩。

（6）重庆分店、洛阳分店寄西安分店周名寰函：兹寄上《党章》（即共产党党章）收到否，希望各店都成立小组。

根据以上检查所得，该店为反动集团活动机关，已在其秘密文件中搜出确证无疑矣。

依据以上检查所得，该生活书店西安分店确为反动集团所经营之业务，值此抗战极紧张之阶段，西北区域，尤形重要。关于纷歧之思想言论，似应即严加取缔；对于该生活书店西安分店即予查封停业，对于西安市所有书业亦似应分别予以检查，以杜乱萌，而清反动。

〔国民党中央社会部档案〕

3. 重庆市图书杂志审查委员会与中统局关于生活书店的调查报告及社会部拟具的对策等文件

（1939年5—6月）

（1）重庆图审会检查员刘道扬的调查报告（5月31日）

自"五三""五四"遭敌机滥行轰炸重庆市区以来，本市书店即行停业者有之，暂时歇业者有之，迁往他处者有之，尚在营业者惟生活书店等少数而已，查到禁书仅数十册。

查生活书店为本市——及全国专门推销违禁书刊总机关，为了解该店禁书实况及其秘密仓库起见，故乘此多数书店休业之时，特作调查生活书店禁书来源及其秘密仓库，谨将调查所得，敬录于后，俾资参考。

（一）印刷地点

（1）临江门大井巷九号、上海华丰印铸字所重庆分店（印全民抗战、读书月报、沈钧儒私人名片）；

（2）中西图书社为该印刷机关之一（惟系梓〔锌〕板，该店自有）；

（3）四川省政府印刷所亦承印该店书刊，为数甚夥；

（4）米亭子二十七号内附一号《新快报》社与该店亦有往来；

(5) 米亭子四十七号右侧巷内中西印刷所亦为该店印刷机关;

(6) 南纪门放牛巷十号杨家院内《中央日报》重庆印刷所,亦堪重视(因本月十九日该所有佣人二,担毛泽东著《论持久战》三挑至该店。)

(7) 有印刷所他迁,无法调查。

(二)藏书地点

(1) 总库——国府路学田湾衡舍隔壁新房(该店总管理处即在此办公)。

(2) 分库——(子)冉家巷十六号(原总管理处设此,自"五三""五四"敌机狂炸渝后移动);(丑)罗家湾三四号金园后门三三号;(寅)售珠市三六号宗圣小学(凡该店有禁书皆放于该校二楼,又新知书店亦在该处办公);(卯)菜园坝一新建房屋,似亦为该店分库之一。

(三)该店代销机关

(1) 新知书店　(2) 五月书店　(3) 新生活书店　(4) 上海杂志公司　(5) 华中杂志公司　(6) 四川书店

谨呈

吴科长云峰

检查员　刘道扬

廿八年五月三十一日

(2) 社会部签呈(6 月 2 日)

前据陕西省党部报告:生活书店在西安活动情形及查封经过,关于该店在渝市各种活动情形,各方叠有报告。兹据重庆市图书杂志审查委员会检查员刘道扬同志(在市党部调查统计室工作)报告,该店印刷地点、藏书地点及代销机关是该店为全国专门推销违禁书之总机关,已属毫无疑问。更有甚者,该店且为策动共党文化运动及青年运动之主要机关,所谓书业界同人联谊会,即为该店发动,其办公处亦设该处,中国学生救国联合会亦在该店办公,共党各外围团体无不与该店发生联系，该店且曾登报公开征求青年参加战地文化工作（无异收买），所出版之全民抗战并出版前线增刊，大量运送各战区将士民众阅读。该社在各大学附近均设有分店，吸诱青年。又据报告，新疆省政府驻渝办事处之汽车，该店随时均可使用，作为活动之交通工具。兹拟具对策如下：

一、函中央图书杂志审查委员会转饬重庆市图书杂志审查委员会严密审查，并检查该店书刊，其检查范围，不应仅限于市内之生活书店，即沙坪坝、南温泉、北碚及其他设立近郊之生活书店，亦应随时派员检查。

二、函重庆市党部切实取缔书业界同人联谊会（中国学生救国联合会应由本部取缔），并派干员密查该会之活动情形，如仍在该会办公或接洽，该店应连带负责。

三、函中宣部转饬中国文化服务社，计划凡有生活书店之地方，该社亦应设立分社，以资对抗。如限于资本及人力，规范不必太大，并应策动各该地之文化运动及青年运动，正中书店亦应计划此项工作。

四、函重庆市邮电检查所，如有非法（即未呈准党政机关登记或未将原稿送审者）或查禁之书刊寄递，请予扣留。

五、函渝市党部会同本市有关各机关，迅筹有效办法。

是否有当，签请核示。

附刘道杨同志报告一件

雪峰谨签

六月二日

所拟办法五项，拟如拟，并将原报告抄送调查统计局参考。

美奂　六月三日

(3) 中统局第一组致社会部函（6月5日）

兹送上关于生活书店调查之重庆来电一件，至祈查照参考为荷。此致

社会部

中国国民党

中央执行委员会调查统计局第一组启

六月五日

生活书店调查(重庆六月一日讯)

(一)组织概况

1. 总店组织系统　该店最高权力机关为董事会,董事会设有常务董事若干人,执行日常事务,邹韬奋、沈钧儒等为常务董事,下设总店(原在上海),总店下设总管理处,总管理处下设分店,分店下设支店,支店下设代售处,总经理邹韬奋,副经理徐伯昕。

2. 股份　凡该店员及工友等均为该店股东之一(依薪金之高低而定股份之大小),因之该店员工友等能努力切实工作。

3. 店员进修　店内有社会科学研究会之组织,极为严密,凡该店分子均得参加,以研究社会科学及分析国际国内形势为目的,外人不得参加。

4. 对外联络方法　该店对同业联络不遗余力,重庆总管理处(冉家巷十六号)目前召集同业灰色书店、左倾作家及左倾名流分子在该店总管理处开联欢会,凡参加会员每人出茶资二角,并就席成立长期性的文化团体联欢会,定每二周开会一次,联欢节目有唱歌、名人讲演等项,第一次成立大会时有沈钧儒、邹韬奋、郭沫若 、周恩来等出席讲演。此项对外联络,其用意:一则为推销书刊,二则为联络感情,三则欲借此种方法,蒙蔽一般无政治背景的同业团体及个人,以逞其政治活动之企图。再该店不但设有联络员与各方联络,而且设有监视哨以为监视与传达消息之用。

5. 服务情形　该店自抗战以来,设有战地服务部,如在该店阅读有关抗战书籍可不收书资,在“五四”轰炸后又登记文化机关或团体职员与会员,并组织服务队从事活动。

6. 最近情况:(1) 存书——该店总店原设上海,沪战失利乃将大批书籍运至武汉，武汉战事消息吃紧，乃将大批书籍分批存于重庆、广州两处，广州、武汉等地陷落，该店损失书籍甚多。(2) 发行——现在该店发行总机关计分沦陷地区与后方两处，沦陷区书籍之供给由上海负责，后方以重庆为推销总机关，仍以推销社会科学及参考书为主。(3) 分店——该店设分店三十余处，凡重要城市多有其分店，重庆虽名曰分店，实乃后方推销之总店，此处分店经理李济安、联络发行人张国钧、徐伯昕（总管理处副经理、全民抗战发行人）、邹韬奋、沈钧儒等均负实际责任，杜重远负新疆方面联络责任。

（二）营业情形

1. 重庆方面　重庆名为分店，〔实〕则是总店，营业状况甚佳，每年约四十余万元。

2. 推销地点　重庆、成都、西安最好，南郑、桂阳、桂林、金华次之。

3. 推销方法　该店以多中取利为主，除重要参考书定价较昂外，其余有关抗战及含有宣传性质之书刊为价甚廉，其书刊之运往战区多由战时书报供应所输送。

（三）藏书地点

1. 总库　国府路学田湾衡舍隔壁，该店总管理处即在该处。

2. 分库　(1)冉家巷十六号（原总库设此，“五三”、“五四”轰炸后移动）；(2) 罗家湾三十四号，金园后门三十三号；(3) 凡所有禁书皆临时藏于售珠市三十六号宗圣小学校内（该小学校内二楼为新知书店办公处）；(4)菜园坝一新建房屋内似亦为分库之一（待查）。

（四）印刷地点

在上海与重庆交通便利时，各种书刊多由上海印刷，再运送内地各有关书店，自广州失陷后，改由重庆方面自印，计印刷地点如左：

1. 临江门大井巷九号院内华丰印铸字所重庆支店，印有全民抗战、读书月报等多种。

2. 中西文图书社，亦为生活书店印刷机关之一，惟锌板系该书店所有。

3. 四川省政府印刷所，亦承印生活书店书刊，为数甚夥。

4. 米亭子二十七号内附一号为《新快报》馆，与该店亦有往来。

5. 米亭子四十七号左侧巷内中西印刷所，亦为该店印刷书刊。

6. 南纪门放牛巷杨家院内《中央日报》重庆印刷所。

（五）运输方法及工具

该店书籍对外埠运输，大都利用邮政，本埠则用自行车或汽车，兹特分述于后：

1. 该店运往香港、江西等处书籍，系交由太平门邮局寄发。

2. 该店有自备汽车一辆（川字五二二七号），有时亦借用军字八四一三号汽车，新疆边防督办公署军用车第一号TA二一八〇、第四号二一八三号、第五号二一八四号汽车为之运输，其运输路线大抵系从学田湾总库运到罗家湾三十四号装卸。

3. 该店对战地输送书刊，多运用战时书报供应所代为输送，由该店职员张国钧负责联络。

4. 该书店由重庆至北碚之输送，系由四川旅行社负责，规定每月运往北碚建国书店各种书籍十余次，每次为三十公斤，约一千余册。

5. 该店渝昆线之运输，系委托中国旅行社重庆招待所运输部办理，惟交运次数较少。

（六）该店宿舍及有关系之机关团体

1. 重要职员宿舍：（1）总管理处高级职员，现住枣子岚垭漠庄七号院内；（2）横街中国旅行社重庆招待所内敖顺长楼上，亦住有该总处重要职员。

2. 书店：(1) 新知书店(售珠市一百号)；(2) 上海杂志公司；(3) 新生书店；(4) 华中图书公司；(5) 四川书店(天主堂街)。

3. 其他：(1) 八路军办事处；(2) 华北工作队(市党部内)；(3) 业余剧团(该店店员参加该团有数人)；(4) 民革社重庆分社(张家花园三十六号)；(5) 战时书报供应所；(6) 赈济委员会委托代办难民职业介绍所；(7) 宽巷子第四号；(8) 金紫门大巷子第十三、十四号。

〔国民党中央社会部档案〕

4. 国民党中统局与社会部为侦查重庆生活书店及邹韬奋寓所的往来密函

(1939 年 5—6 月)

(1) 社会部致中统局密函(5 月 27 日)

中国国民党中央执行委员会社会部文稿　密函

案据陕西省执行委员会呈报查封西安生活书店分店，破获重要文件及反动证据颇多，谓该分店似系共党所设之交通机关，并有诋毁政府嫌疑等情。复据报：本市生活书店最近将范围扩大，在学田湾有高大洋房作堆栈及办事处，并闻冉家巷十六号邹韬奋寓所为该书店总管理处，亦有总策动机关之嫌疑，相应一并函达，统希注意侦查为荷。此致

中央调查统计局

中央社会部

中华民国二十八年五月二十七日

(2) 国民党中央调查统计局致社会部公函(6 月 8 日)

中国国民党中央执行委员会调查统计局公函　渝统字第七六五号

接准贵部五月二十七日渝字第三八八一密函，以据陕西省党部呈报：查封西安生活书店，破获重要文件及反动证据，似系共党

所设交通机关，并有诋毁政府嫌疑。又本市生活书店范围扩大，邹韬奋寓所有总策动机关之嫌疑，复准六月一日渝字第三九八五号密函，据陕西省党部转报南郑新旧两生活书店，亦有西安生活书店同样情形发生，业已查封，并嘱对本市生活书店及邹韬奋寓所注意秘密侦查等由。查上案本局已经获有报告，正在严密注意侦察之中，除再饬从速切实侦查外，相应并案复请查照。此致

中央社会部

局　长　朱家骅

副局长　徐恩曾

中华民国二十八年六月八日

〔国民党中央社会部档案〕

5. 国民党中央图审会与社会部为查抄沙坪坝生活书店往来文件

（1939 年 7—9 月）

（1）　国民党中央社会部致重庆市党部密函（7 月 19 日）

中华社会部密函　渝字第五一三八号

据报："沙坪坝生活书店，规模甚大，兼营《新华日报》、《新蜀报》，分销〇〇〇，抄至藉事诱惑。"又据密报："中央大学左倾团体，计有中大文学会，中苏问题研究会，前者侧重研究无产阶级文学，后者着重苏联问题之研究与鼓吹。曾于六月十八、十九两日在中大学生俱乐部举行政治讨论会，讨论题目为'苏联如何解决民族问题'，并经常请人民阵线分子到会指导"等语。查共党在各地普遍设立书店，除推销反动书籍、蛊惑青年思想之外，并作为接洽交通开会等工作之掩护机关，而其所操纵之文化团体，即为宣传与诱惑民众之外围组织，亟应严密注意，切实防范，务希密令该地区分部策动党员注意其活动情形，并从事消极性及积极性之各种斗争。并希将办理情形随时见复为荷。此致

直属重庆市执行委员会
中华民国二十八年七月十九日

(2) 中央图审会致社会部呈(8月9日)

中央图书杂志审查委员会呈　图志字第二五五号

案奉钧部渝字五一三二号函嘱检查沙坪坝生活书店，并将经过情形备文具报。等因。奉此，当即密饬重庆市审查委员会检查处遵照办理。兹据呈称："查沙坪坝生活书店本处于六月十八日派检查员马遥星前往检查。因能力单薄，且该店存书无多，结果将书籍十余册查封来处后，于本月七日又派检查员王智诚、徐治中二人重赴该店检查，搜获《中国外交史》等七种，计三十二册。并有自称第五战区一三七师王某出面交涉，保证生活书店以后绝对不卖禁书。旋又奉钧会二十五日通知，当即派检查员马遥星驰赴沙坪坝，会同驻该处宪兵三名前往检查。顷据报称："沙坪坝生活书店门牌为七十七号，七十八号楼下房屋六间，二间自用(一间铺面、一间住宿)，三间系四公司租用为营业部，一间为二房东自住，楼上共计四间，系中央工校司机住，一间房空着，二间为《新华日报》职员谢姓租住。该店因防我前往检查，故于旬日前搬运别处(据说迁杨公桥一带)。该店并无其他布置，亦无藏书仓库，且目下陈列书籍甚稀少。今检查结果，计查获《中国外蒙与苏联》等书十二种，共三十一册。今后对于沙坪坝书店查检，本处拟于每周派员前往检查。并将经常检查事宜函请宪兵第三团驻该处分遣班代为执行，是否有当，理合复请鉴核"等情。除饬该处再行严密调查，并每周会同宪兵正式检查外，理合具复，仰祈鉴核指示。谨呈

中央社会部

中央图书杂志审查委员会

中华民国二十八年八月九日

(3) 社会部致中央图审会函(8月24日)

中国国民党中央执行委员会社会部密函　渝字第五六九四号

案准贵会八月九日呈：为呈复检查沙坪坝生活书店经过情形，请鉴核示遵等由。准此。查生活书店在本市及近郊各乡设立分店及农村服务处甚多，贵会对该书店各种活动情形切实加以注意，并详细调查何处设有分店，何处设有仓库，何家印刷厂承印生活书店之书籍，何家书店代售其违禁书刊，以便随时派员公开检查或秘密监视其活动。对于其他异党书店，亦应同样办理。相应函请贵会查照办理，随时见复为荷。此致

中央图书杂志审查委员会

中华民国二十八年八月二十四日

（4）　中央图审会致社会部呈(9月7日)

中央图书杂志审查委员会呈　图须字第二九〇号

案奉钧部密函渝字第五六九四号为“据呈复检查沙坪坝生活书店经过情形一案，应对该书店各种活动情形切实注意，对其他异党书店亦应同样办理。”等因。奉此。经即转饬重庆市图书杂志审查委员会严密注意办理具报。兹据呈复略称：“据报生活书店除在本市武库街营业外，并在沙坪坝七十八号设有分店一所，并举办四川省乡村文化流动服务处，流动服务于各乡村，本市近郊亦常发现。但服务期间极暂，最多不过三天。秘密仓库仍设本市罗家湾金园三十四号，本会业已破获一次，查出禁书甚多，有本会工作报告可考。至于生活书店之书刊，查系新蜀报、新民报、合川印刷所承印。又，查得江北治平小学为读书生活出版社之秘密仓库，储积藏书极多(本会破获一次)。奉批前因，除饬检查员切实秘密监视及公开检查随时呈报外，理合遵照呈复”等情。据此，除批饬应再切实检查、秘密监视、随时具报外，理合据情转呈，仰祈鉴核。谨呈

中央社会部

中央图书杂志审查委员会

中华民国二十八年九月七日

〔国民党中央社会部档案〕

6. 国民党中央宣传部为取缔生活书店新加坡分店及审查国内各地分店事致社会部公函

(1939 年 8 月 30 日)

中央执行委员会宣传部公函　渝美宣字第七〇五八号

准贵部渝字五三〇〇号密函:为据报生活书店在国内外遍设分店,发售违禁书刊,特派吴科长来部会商办法、切实取缔等由。准此,查生活书店在新加坡筹设分店,本部已密电高总领事注意取缔,设法使之停业。其在国内所设分店,确有销售反动书刊情事,亦经密饬各省市党部转饬所属切实注意审查,并随时秘密侦察其活动报部核办。至其重庆总店,本部亦经严饬中央图书杂志审查委员会严密审查其出版书刊,并不时会同军警指派干员检查。至于根本应付办法,刻尚在计议中,贵部所派吴科长并未来部,以致无法会商。准函前由,相应函复,仍希查照派员来部,共商更有效办法,以资防范为荷。此致

中央社会部

部　长　叶楚伧

中华民国二十八年八月三十日

〔国民党中央社会部档案〕

7. 宪兵司令部政治部关于调查生活书店与《新华日报》组织情形致军委会政治部呈

(1939 年 9 月)

据宪兵三团团训赵振东于本年七月卅一日以东字第三八〇号报告调查生活书店及《新华日报》组织情形等情到部。查该项调查

报告内容重要，理合备文抄同原报告一件，呈请察鉴备查。谨呈
部长陈

抄附呈原报告一件

宪兵司令部政治部兼代主任　胡光熹

副主任　周秉璀

中华民国二十八年九月　日

抄原报告

生活书店与《新华日报》，为共产党最重要之宣传机关。在表面上，以文化服务为幌子，实际上则藉为掩护，深入社会各界，从事别有企图之活动。事实俱在，不难复按。兹将生活书店、《新华日报》最近情形，分述于下：

甲、生活书店

一、组织概况

1. 总店　该店最高权力机关为董事会，董事会议有常务董事若干人，执行日常事务。邹韬奋、沈钧儒等为常务董事。下设总店（原在上海），总店下设总管理处（原设重庆冉家巷十六号，现迁移国府路学田湾衡舍间壁），总管理处下设分店，分店下设支店，支店下设代表处，总经理即邹韬奋，副经理徐伯昕，杜重远负与新疆方面联络责任。

2. 分店　该店设立分店三十余处，如成都、西安、南郑、贵阳、桂林、金华、昆明、沙坪坝、长沙、宜昌等处，均设有分店。且有许多地方，名称虽异，实即生活书店之化身，盖其大宗货品，以推销生活书店出版书籍为主。如郴县之牖智书店，泸县沱江书店，泸县书店，长沙之民众书店等。

3. 重庆分店　该分店设武库街二十一号，经理李济安，内部组织分门市部、批发科、邮购科与发行科，由王大煜、张国钧、金汝辑、王志万分任各部之责，职员工友共有十五、六人，惟最近将迁往北碚，渝市仍留一小部分，以维持门市。

二、店员待遇

1. 分配股份：该店店员及工友，同依股份年限之长短，薪金之多寡，分配若干股份，使全体职工，即为该店之股东，于店于个人，两有裨益。

2. 经常训练：店内有社会科学研究会，组织极为严密，凡该店分子均得参加，以研究社会科学及分析国际国内现势为目的，惟外人不得参加。

三、营业状况

1. 重庆方面　重庆为分店，实则即为总店，营业状况甚佳，每年四十余万元。

2. 推销地点　重庆、成都、西安最好，南郑、贵阳、桂林、金华次之。

3. 推销方法　该店以多中取利为主，除重要参考书价格较昂外，其余有关抗战及含有宣传性质之书刊，为价甚廉，故推销甚广。

四、印刷机关

在上海与重庆交通便利时，各种书刊，多由上海印刷，舟运送内地各有关书店，自广州失陷后，改由重庆方面自印，计印刷地点如左：

1. 华丰印铸字所　在临江门大井巷九号院内，印有全民抗战、读书月报、沈钧儒私件等多种。

2. 四川省政府印刷所　在观音岩亦承印生活书店书刊，为数甚夥。

3.《新快报》印刷所　在米亭子二十七号内附一号，与该店亦时有往来。

4. 中西印刷所　在米亭子三十七号左侧巷内，亦为该店印刷书刊，惟锌版系书店所有。

5. 贵阳《中央日报》重庆印刷所　在南纪门放牛巷十号杨家院内，亦甚重要。查该所于五月十九日有佣工二人担运毛泽东《论持久战》三挑至生活书店。

五、藏书地点

总店原设上海，沪战失利，乃将大批书籍运至武汉，迨武汉吃紧，又将书籍分批运至渝粤。广州陷落与武汉撤退，该店存书损失甚多。兹将重庆总库分库地点查明如次：

1. 总库　国府路学田湾衡舍隔壁新房，该店总管理处即在此处办公。

2. 分库　(一)冉家巷十六号(原总库设此，"五三"、"五四"轰炸后移运)；(二)罗家湾三十四号、金园后门三十三号；(三)所有禁书皆临时藏于售珠市三十六号宗圣小学内(该小学内二楼为新知书店办公处)；(四)菜园坝一新建房屋内似亦为分库之一。(待查)

六、发行方法

现在该店发行机关，计分沦陷地区与后方两处。沦陷地区书籍之供给，由上海负责，后方以重庆为发行总机关。

七、运输方法　该店书籍对外部输运大部利用邮政，本埠则用自行车或汽车。兹特分述如后：

1. 运往香港、江西等地书籍，大部份交由太平门邮政局寄发，如香港生活书店郑水，初中，甘壁人，江安□正街缪益盛号熊训本，成都江家桥街二十一号韩念成，昆明华商南路九十号读书生活书店，宜昌生活书店，昆明生活书店，四川大河镇小学习文鹤，陕西西乡万寿宫，西安女中余远文等处曾有书籍自渝由邮寄去。

2. 该店自备汽车一辆(川字五二二七号，驾驶员杨志仁、绿色引擎，为四七一三五号)，自行车一辆(渝字一四二号)，有时亦备用军字八〇一三号汽车及新疆边防督办公署军用车第一号TA二一八〇号，第四号二一八三号，第五号二一八四号汽车为之运输。其运输路线大批系从学田湾总库运到罗家湾三十四号装卸。

3. 对战地运送书刊，多运用战时书报供应所代为输送，由该店职员张国钧负责联络。

4. 该店对前方士兵供给书籍，多利用战时文化服务处为之输送。

5. 渝北线（由重庆至北碚）之输送，系与四川旅行社接洽，规定每月运经北碚各种书籍十余次，每次为三十公斤，计书一千余册，有时每天一次。

6. 渝昆线之运输，系委托中国旅行社重庆招待所运输部办理，惟交运次数较少。

八、最近活动概况

1. 文化团体联欢会。该店对同业联络不遗余力，重庆总管理处在月前曾召集同业灰色书店、左倾作家及左倾分子开联欢会，凡参加会员，每人出茶资贰角，并就席成立长期性的文化团体联欢会，定两周开会一次。联欢节目有唱歌、名人讲演等项，第一次成立大会时有沈钧儒、邹韬奋、郭沫若、周恩来等出席讲演，此项对外联络之用意，一为推销书刊，二则为联络感情，三则欲藉此种方法蒙蔽一般无政治背景的同业团体及个人以达其政治活动之企图。

2. 战地服务部。该店自抗战以来，设有战地服务部，如在该店阅读有关抗战书籍，可不收书资。在“五四”轰炸后，曾登记文化机关或团体职员与会员，并组织服务队从事活动。

3. 联络员与监视哨。该店经常设有联络员与各方联络，且设有监视哨以为监视及传递消息之用。其监视哨设立方法，即在总管理处与仓库，派人整天在附近之茶馆内负责联络与监视。

九、职员宿舍及有关系之机关团体。

（一） 职员宿舍

（1） 总管处高级职员现住枣子岚垭漠庄七号院内。

（2） 横街中国旅行社重庆招待所内麦顺长楼上亦住有该总处重要职员。

（3） 都邮街华康百货商店三楼有该店职员张某居住，惟该处已遭敌机炸毁。

（二） 学校 售珠市街二十六号宗圣小学似为该店禁售书临时存储库，有一刘某（麻子）住在校内负新生书店及生活书店之联络责任，其可疑处已被发觉有三：

（1） 刘麻子于五月十七日午后三时携箱一只，经生活书店稍停，即往空袭紧急救济办事处会人后，将物件送交童子军团办公处，于六时返校。

（2） 由邮寄新知书店刘恕（八路军办事处）信一件，而该店一切接洽事宜又在该小学内办理。

（3） 新知书店于五月十八日派练习生二人，由宗圣小学校运《民族问题》等类书刊到新知书店，计三次约一千余册。

（三） 书店

（1） 新知书店　　售珠市

（2） 上海杂志公司　　武库街

（3） 新生书店　　武库街一百号

（4） 华中图书公司　　武库街

（5） 四川书店　　天主堂街

（四） 其他

（1） 八路军办事处

（2） 华北工作队　　在市党部内

（3） 业余剧团　　该店店员参加该团有数人

（4） 民革社重庆分社　　张家花园三十六号

（5） 战时书报供应所

（6） 赈济委员会委托代办难民职业介绍所

（7） 宽子巷第四号

（8） 金紫门大巷子十三、四号

乙、《新华日报》

（一）组织系统

本报内部组织与其他报组织大致相同，兹将其各部门名称及负责人姓名，列表说明如下：

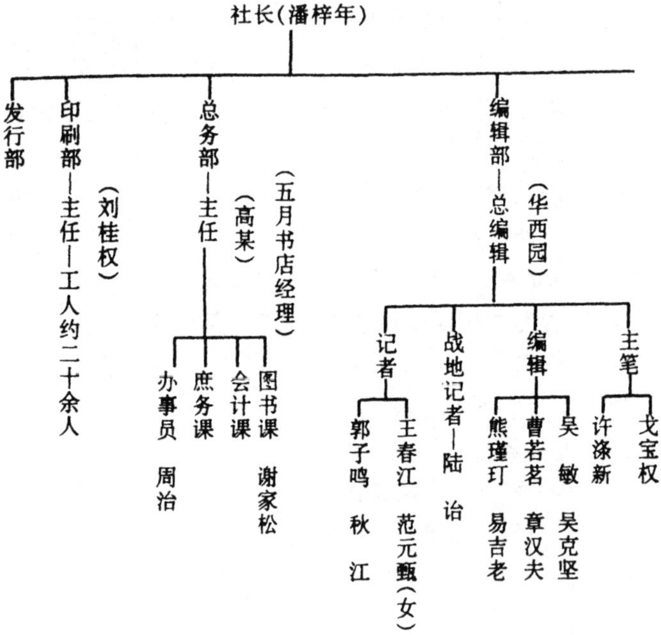

(二)印刷地点

一、印刷部设备及组织情形

1. 该部原设于西三街，被炸后，迁往磁器口一带。

2. 工人有一百二十余名，每月工资十二至三十元。

3. 在“五三”轰炸前，西三街有机器两部，用电力，另有机器两部，在磁器口专供外界印刷书刊。

二、该报委托印刷机关

1.《扫荡报》印刷所

2.《新蜀报》印刷所

3. 该报虽设印刷部于西三街，但是实际上并不完全在该处印刷，曾发现特殊情形两次，即：

1. 五月三日有工人两名，将本报二百余份，从公园路运至印刷部。

2. 某次在西三街印刷部门口，将该报卷成大卷，送到印刷部。

（三）发行情形

该报停刊前，只有五月三日四日，两天之侦查，停刊后发行部即移动，报馆亦迁移，故无法察其详。仅就所得材料如后：

一、发行部设于该报社内

二、实际发行地点：

1. 苍坪街本报社对面巷内十一、十二号，时有报贩进入。

2. 中大街华昌铺内，时有报贩走出叫卖。

3. 西三街印刷部兼有发行任务。

三、现在仅存之该报代售处：

1. 山三庙十九号和丰号

2. 磁器街同福旅社门口代售处

3. 上陕西街六十号协益商店

4. 一牌坊二十五号源森祥

5. 段牌坊九十号

6. 中一路三十六号锡记商店

7. 龙王庙街六十二号

8. 七星冈新金山饭店

（按该报停刊后，代售处亦随之无形停闭）

四、销售情形

1. 外埠一万六十余份

2. 本市六千余份（订阅报纸照批发价以示优待）

（四）与该报有关场所

一、重要职员住所

1. 棉花街三十三号（棉业同业公会院内门口挂有十八集团军办事处，主任钱之光，电话一一六四号）现已复刊，一部分职员移住化龙桥，一部分移住机房街七十号。

2. 机房街七十号八路军办事处。

3. 新丰街同丰里四号楼上，有该报三对青年夫妇住该处。

4. 西三街该报印刷部旁边大中宾馆内，该报职员常有往来，似为职员住舍处之一。

二、有关机关

1. 侨务委员会楼上，时有该报负责人前往接洽事情。

2. 外交部时有本报印刷部人员往来。

3. 红十字会（该报搬运时，用红十字会救护车运往磁器口一带）。

4. 青年会内空袭救济联合办事处，时有该报人员前往接洽事情。

5. 公园苏货公会（新运总会地址）时有印刷部出来一女子送食品到该处。

6. 南纪门麦子市一九号二门内（《青年风》周刊社）时有该报负责人前往。

三、设立办事处　该报西三街印刷部现改为该处办事处，并代售书刊（多系生活书店出版）。

四、布置秘密办公处　中央公园口对面前中央军校招生处楼上，该报派人布置桌凳，似有在该处另有新布置模样。

五、新闻纸存放地点　该报新闻纸并不存于西三街，系由河坝挑来。

六、社论由《群众》发表　该报社论现在《群众》周刊发表，订户亦改以《群众》寄递。

七、组织服务队　张贴《新华日报》壁报，至五月二十三日止，已出版三十二期，内容分：

(1) 说老实话；(2) 上海通讯；(3) 国内新闻；(4) 国际新闻。

〔军委会政治部档案〕

8. 国民党湖南省图审会非法查封衡阳生活书店并逮捕该店人员情形呈

（1940年3月19日）

湖南省图书杂志审查委员会呈　图二字第一〇五号

案据衡阳县图书杂志审查委员会呈称：查生活、新知两书店发售书本多属近代出版，内容复杂，思想分歧，迭经书面通知各该书店，饬所售各种图书杂志书名及著译人、出版处所详细录表送会，以凭审查，咸置不理。十二月二十二日举行总检查时，除各委员面斥其违令外，并取各该书店不再发售违禁出版品切结各一纸，以为最后严厉之警告。二十九年一月五日、二十一日、二十七日连续彻查各该书店，仍发现违禁出版品甚多，当即责令悉数缴会，依法处理。而各该店店员以其总店未经得到查禁书表通知为词，坚不承提，结果各取样本书一本存会，余暂由各该书店具单保存，以凭随时查取。嗣后通知各书店将各查禁书本检送本会，仍复不理。旋于本月三日、七日衡阳警备司令部会同本会及县警察局宪兵营及当地镇保公所，共同在各该书店检查，不惟前查存之书无从缴出，而复现有疑贰之出版品极多，随即责令各该书店店员将各种重要书本点具清单，各抽样书一本缴会审查。而警备部根据九战区司令长官部政治部之函电，以该店有秘密开会筹组工学团之嫌疑，遂将其店员依法扣押讯办，店屋钉封。关于各该书店之书籍经本会第四次委员会议，属于中央明令查禁者，送交警备部依法处理，余则分送各委员审查，再行分别呈报等语，记录在簿。兹遵照议案，除将属于查禁者函送警备部依法处理、有疑贰者分送各委员切实审查外，理合将办理该两书店情形，及查得该两店二十八年四月一日以后未经原稿审核之出版品六十种，一并呈赍钧会鉴核。并乞将四月一日以后未送审原稿之出版品转呈中央核办”等情。并附件。据此。正拟办间，顷据该会复称：“案奉钧会丑电开：迭奉中央审委会电询生活书店被封经过情形，及店员已否释放，仰速查明电复勿延为要。等因。奉此，查属会对于生活、新知两书店经办情形，业于二月二十八日详叙事由，连同查获生活、新知两书店查存书单、查禁书目表及二十八年四月一日以后未经原稿送审之书表书本呈赍钧会察核在案。而该生活、新知两书店之被封与店员之扣押各节，系衡阳警备司令部根据属会审获确证，及执行第九战区司令长官部政治部认为该店不特推销中央违禁出版物，而且有异党分子臧具吉、潘霖等，近在该生活书店密组工学团，意图活动，饬即查封并扣押其负责人之命令。现闻警备部对于查获之函电正在严密审查，对于扣押人员已向九战区司令长官部请示办法，尚未开释。奉电前因，理合将该店被封及店员扣押情形，备文呈复钧会，恳祈察核示遵。等情到会。查该会所赍书刊，除大批系二十八年四月一日以后出版，未经送审原稿尚有《近代世界革命史》等书九种，载广西省、金华区等处审查证明者。本会刻正积极从事审查，除俟审毕另案呈报外，理合先将该会报告处理生活、新知两书店经过各缘由、及有证号码一览表、原赍查存书单一览表一并备文呈送钧会察核备案，指令祗遵。

谨呈

中央图书杂志审查委员会

计呈原赍查存书单一览表，有证号码书刊一览表各一份

湖南省图书杂志审查
委员会常务委员会　梁朝威
周邦式
张秉琰

中华民国二十九年三月十九日

附录生活新知两书店违禁出版品一览表

前经衡阳县审委会查存违禁之书本复查无从缴出者照存单录下：

生活书店 《中国青年》廿六本

《运河血流》 七本

《战时青年》 四本

《抗战两周年》 十一本

《抗日根据地鲁西北》 九本

《战　斗》 九本

《近代中国经济史》 二本

《中国政治史讲话》 五本

《中国农村动态》 三本

《一年间》 十一本

《大众歌声》 廿四本

《残灭》 七本

新知书店 《大众歌声》 廿本

《日本政治经济崩溃》 十本

《抗战中农村动态》 八本

《抗战两周年》 四本

《抗战根据地鲁西北》 五本

《新哲学概论》 一本

属于违禁的书籍列下：

《生活书店》《四劝》 一本

《大众政治经济学》 四本

《抗日游击战争的一般问题》 二本(毛泽东著)

《什么是列宁主义》 廿本

《一年间》 一本

《论持久战》 一本(毛泽东著)

新知书店 《大众歌声》 一本

《抗战歌声》 九本

《苏联概况》 五本

《大众政治经济学》 四本
《抗日游击战争》 四十一本
《中国青年》 三本
《拉丁化检字》 二十二本
《拉丁化研究》 一本
《什么是列宁主义》 三十本
《中国妇女第一次参加革命运动的经验与教训》
一本

有证书刊号码一览表

（下列各书刊正在审查中）

书名	著者或编辑者	出版所	出版年月	审查证字号
近代世界革命史	陈昌浩著	新知书店	二八、十二	广西省审查证审字第二十号
开发资源与西南新经济政策	张国瑞著	西南导报社	二八、十二	广西省审查证审字第三十七号
战时田园市计划	张国瑞著	西南导报社	二九、一	广西省审查证审字第三八号
日本资本主义发展简史	孙亚明译	新书书店	二八、十一	广西省审查证审字第六号
马恩科学的文学论	欧阳凡海编译	读书生活出版社	二八、十一	广西省审查证审字第二三号
论我国战时经济	吴半农著	生活书店	二九、一	广西省审查证第四三号
抗战的经验与教训	胡愈之等编	生活书店	二八、十二	广西省审查证第二五号
死敌	曹靖华等编译	生活书店	二八、十一	广西省审查证第二九号

续上表

书　　名	著者或编辑者	出版所	出版年月	审查证字号
戏剧学基础教程	沈群著	充实丛书社	二八、九	金华教字第七九号
论第二次世界大战	严北溟著	东南日报第二印刷厂	二八、十一	浙江省金华区第一〇六号
欧战与我国外交	胡愈之著	文化供应社编	二八、十一	广西审查证第十七号
宪政运动参考材料	全　民抗战社	生活书店	二八、十一	重庆市杂志第一一〇八号

〔中央图书杂志审查委员会档案〕

9. 生活书店总经理徐伯昕要求撤封成都、桂林、贵阳及昆明等地书店呈

（1941年2月15—28日）

（1）徐伯昕致行政院呈（2月15日）

呈为请求迅予撤销查封成都、桂林两地生活书店命令，准予继续营业，以利抗战事：窃属店曾于民国二十四年十二月二十八日向实业部注册备案，持有设字第八七六〇号营业执照在案。所有出版书刊均经中央图书杂志审查委员会审查通过。自抗战爆发以来，属店对于抗战国策之宣传与前方精神食粮之供应，尤竭尽心力，莫敢懈怠。凡遇党政当局有所号召，无不竭诚响应，不敢后人。凡此种种，均足以证明属店为一恪遵法令、努力抗战文化工作之正当商业机关，理应获得法律之保障。讵于最近，接获成都生活书店负责方面来电，述及该店已于本月七日遭到四川省会警察局明令查封；后接桂林生活书店负责方面来电，述及桂林警备司令部限令该店于

本月底以前停止营业等情，不胜骇异。窃该店等并未发售任何违禁书刊，又无其他任何违法情事，今兹特遭无故查封或勒令限期停业，似与中央保障正当商业之原旨显有不合，素仰钧院公正明断，爱护文化事业不遗余力，敬恳转饬成都、桂林两地负责机关，迅予撤销查封及限期停业之命令，准予该店继续营业，以保障正当商业，而利抗战，不胜屏营待命之至。谨呈
行政院院长　蒋

具呈人生活书店总经理
徐伯昕　印

中华民国三十年二月十五日

（2）徐伯昕再致行政院呈（2月28日）

呈为请求迅予撤销查封成都、桂林、贵阳及昆明四地生活书店命令，准予继续营业，以利抗战文化事：窃属店曾于三十年二月十五日呈请钧院分令四川、广西两地省政府，迅予查明撤销查封生活书店及限期停业之命，准予继续营业，以利大后方之抗战文化。当蒙钧院于同月二十一日赐复勇陆字第三三一号钧示内开："已分交四川、广西两省政府核办。"等因，按此事尚未得有合理解决，讵料昆明、贵阳两地分店突又于二月二十日及二十一日先后被封，不胜骇异。窃该店等发售之图书杂志均经当地审查许可，对于中央颁布法令亦无不严格遵守，而今在毫无违法根据之情况下，竟平白遭此处分，似与政府保障正当商业、维护文化事业之原旨显有不合，素仰钧院公正明断，爱护文化事业不遗余力，敬恳迅赐转饬成都、桂林、贵阳、昆明四地有关机关立予撤销查封及限期停业之命令，准予各该店继续营业。俾正当商业机关能获得合法保障，俾恪遵法令之文化事业机关，不致含冤沉没，而对国家民族能作继续之贡献，不胜屏营待命之至。谨呈
行政院院长　蒋

具呈人生活书店总经理徐伯昕　印

中华民国三十年二月二十八日

〔行政院档案〕

10. 国民党中央图审会查禁桂林生活书店发售进步书刊并焚毁该店堆栈藏书的有关文件

(1941年2—7月)

(1) 广西省图审会致中央图审会呈(2月26日)

广西省图书杂志审查委员会呈　审字第七〇五号

案查桂林生活书店、新知书店、读书生活出版社等三家，前于二十八年四月、二十九年十月分别发售违禁书刊，并经本会查获，按情节轻重呈请广西省党部会同广西省会警察局分别予以罚锾及警告有案。查二十九年十一月底及十二月初，该书店等竟敢目无法纪，再次公然列售停止发行书刊黄特著《新哲学谈话》一种，当本会派员分别在各书店检获有据，并遵章呈请广西省党部会同桂林市政府执行严厉取缔在案，兹奉广西省党部令转桂林市政府本年二月社字第一六五三号齐代电，据桂林市警察局一月二十四日法字第七八号呈略称：生活、新知两书店前经罚锾、读书生活出版社前经警告各有案。兹按二十七年广西省书刊查审通则第八条第二款规定科罚生活、知识二书店各六十元，读书生活出版社三十元，随文解送该项罚款一百五十元到会等因。奉此，除将奉到该项罚款充本会办公费外，理合将办理经过情形备文呈请察核备案。谨呈

中央图书杂志审查委员会

常务委员于瑞云

周绍文

马瑞富

中华民国三十年二月二十六日

(2) 广西省图审会查获生活书店违禁书刊报告表(5月2日)

书　　名	著　者	出版处	查获册数	备　　　　考
近代中国经济史	钱亦石	生活发行	三七五	二十九年三月通行查禁
新　生　代	齐　同	生活书店	八七〇	二十九年五月通行查禁
宪政问题读本	巴人等合著	生活书店	九	二十九年五月暂停发行
新中国少年	苏苏编	生活书店	六三	三十一年二月查禁
最初的胜利	孙钿等	文艺生活社	一二	二十九年八月通行查禁
历史哲学教程	翦伯赞	新知书店	三〇	二十八年八月通行查禁
通俗经济学讲话	狄少白	新知书店	一〇	二十八年七月通行查禁
歼　　灭	塞克等	生活书店	二九	二十八年六月暂停发行
社会主义讲话	山川均著	生活发行	四〇	
新政治学大纲	邓初民	生活书店	二三五	二十九年七月通行查禁
新哲学概论	吴大琨译	生活发行	四四五	二十九年二月通行查禁
国际问题研究法	平　心	生活发行	一二五	二十九年六月通行查禁
抗日根据地鲁西北区	姜克夫	生活发行	一九〇	二十九年四月通行查禁

续上表

书　　名	著　者	出版处	查获册数	备　　考
一　年　间	夏　衍	生活发行	七一〇	二十八年五月通行查禁
德国农民战争	恩格斯著	生活发行	二七五	二十九年十二月停止发行
辩证法的法则及其运用	艾思奇	中国图书公司	一四九	
组织工作读本	廖庶谦	生活发行	一八	二十九年十二月内政部查禁
新都花絮	端木蕻良	知识出版社	八三五	三十年三月停止发行
小革命家	白桃等	生活发行	二八〇〇	二十八年四月通行查禁
政治常识讲话	汉　夫	生活发行	二八〇〇	二十八年四月通行查禁
五台山下	刘白羽	生活发行	八六	二十八年十二月通行查禁
文艺思潮小史	徐懋庸	生活发行	九三〇	二十八年十月通行查禁
产业革命讲话	钱亦石	生活发行	二五〇	二十九年一月通行查禁
模范作文	蒋□之	□□□□	一七	二十九年七月暂停发行
远东新形势	仲特等译	远东出版社	一〇〇	二十九年九月通行查禁
国际纵队从军记	叶启芳译	生活书店	八五〇	二十九年一月通行查禁

续上表

书　　名	著　者	出版处	查获册数	备　　　考
战　　斗	章泯译	生活书店	八二五	二十八年六月通行查禁
中国文字拉丁化全程	拓　牧	生活书店经售	二六五	二十九年三月通行查禁
列宁主义初步	雅洛曼西夫	生活书店	五五〇	二十九年八月暂停发行
街头讲话	柳　湜	生活书店	二八〇	二十九年暂停发行
政治经济学	列昂节夫著		二五二五	二十九年一月通行查禁
科学的哲学	葛名中	生活发行	六八五	二十九年七月通行查禁
中国外交史	钱亦石	生活书店	一二三	二十八年五月暂停发行
论青年修养	刘少奇	播种社	一	
抗日歌曲集	冼星海等编	生活书店	一	二十八年三月通行查禁
在文化战线上	陈伯达	生活发行	二	二十八年十月通行查禁
抗日以来中华民族的新文化运动与今后的任务	洛　浦	解放社	三	二十九年十一月查禁
民族革命哲学	陈唯实	上海晨光出版社	一	二十九年六月查禁
抗日军队中的政治工作	罗瑞卿	中国出版社	一	二十八年八月通行查禁

续上表

书　　名	著　者	出版处	查获册数	备　　　考
抗日民族统一战线教程	凯　丰	生活经售	一	二十八年一月通行查禁
八路军出马打胜仗	杨晋豪	生活经售	一	
转变期的中国	何干之	上海杂志公司	一	二十九年八月通行查禁
抗大动态	动员社集体创作	上海杂志公司	一	二十九年九月通行查禁
中国文化（二卷二期）		延安出版	一	三十年六月通行查禁
文艺阵地	茅　盾	生活发行	三	二十九年七月通行查禁

(3) 中央图审会致行政院呈(5月19日)

中央图书杂志审查委员会呈　忠字第12422号

案据广西省图书杂志审查委员会三十年五月五日审丁字第九〇〇号代电称：案查桂林生活书店一家，以往发售违禁刊物，经本会取缔有案者计二十八年三月该店发售《左派幼稚病》一书，经予警告一次；同年五月复发售《抗战歌曲集》等禁书，经呈由广西省党部转咨广西省会警察局处以罚锾三十元；二十九年十一月该店公然列售违禁书刊《新哲学谈话》，经呈请广西省党部函请桂林市政府处罚该店六十元各有案。本年2月奉广西省党部转示中央党部秘书处阳电，饬会同警备司令部检查该店并予查封，当于该店及刘家园十五号之一该店堆栈内查获《论修养》及《中国文化》等违禁及反动书刊九种，凡一千九百余册，所有办理情形，业经呈报察核在案。该店停业后，本会对其行动仍随时派员调查。第奉三月公发字五五二号养代电，饬将该店等以往迭次发售违禁书刊取缔情形及其停业后状况随时查明具报，遵即饬员积极调查该店最近情形，旋发觉该店于桂林东郊观音山二十七号尚有堆栈一所，乃遵四月十九日本会检查员会议所定时间，四月二十七日予该堆栈以慎密检查，结果检出《近代中国经济史》等违禁书四十四种，凡一万六千五百三十九册，当由本会主任干事欧阳为邀请当地警察分所负责人苏年宗、街长陈凤庭，该二十七号户主钟达及堆栈代管人三户图书社到场，立结取据证明，并请警察局将各违禁书刊暂予就地封存，以便候示办理。查此项书刊，未有发行出售根据，似不能沿用检查书店发售违禁出版品办法取缔，究应如何处置，本会未敢擅专，为特检同查获违禁书刊表一份，随电呈请察核示遵等情，并附呈四月二十七日查获违禁书刊报告表一份前来。查该会此次破获大批违禁书刊，处置尚属得当，除于佳日电复嘉勉，及给予奖金贰百，以示鼓励，并指令该会以查该书店迭次发售反动刊物，故违法令，业经广西警备司令部检查该店予以查封在案。乃该书店于停业之后，复敢私将违禁书刊匿藏郊外，显系蓄意偷销，故违法令，自属毫无疑义，仰即依照检查书店发售违禁出版品办法之规定办理，仍将办理情形具报查核为要等语印发外，理合具文呈祈鉴核备案。谨呈
行政院

中央图书杂志
审查委员会主任委员潘公展

中华民国三十年五月十九日

(4) 中央图审会致行政院呈(6月26日)

中央图书杂志审查委员会呈　忠字第一五七六一号

案据广西省图书杂志审查委员会三十年六月佳审字第一〇四〇号代电称："案查本会破获桂林生活书店观音山堆栈禁书一六五三九册一案，经奉钧会五月佳电嘉勉，及筱代电指示依照检查书店发售违禁出版品办法办理各等因。奉此，除遵照函请桂林市警察局

依法究办外，所有各该书刊经分呈广西党政军警机关并饬三户图书社于本月齐日各派员来会，同往点明数目，就地当众焚毁，并取具证明备查。谨电核备"等情。据此，除电复准予备案外，理合具文呈请鉴核备查。谨呈

行政院院长蒋

副院长孔

中央图书杂志
审查委员会主任委员潘公展

中华民国三十年六月二十六日

（5）国民党中央宣传部致图审会函（7月23日）

中国国民党中央执行委员会宣传部函

六月宥日代电转报桂林生活书店堆藏禁书，业经广西省图书审查委员会函请桂林市警察局依法究办。并将该项书刊焚毁转报查核备案等由。经查尚无不合，应予备案。特复。此致

中央图书杂志审查委员会

中央宣传部

中华民国三十年七月二十三日

〔行政院档案〕

11. 国民党中央图审会关于查封广东各地的生活、南岭等书店情形致行政院呈

（1941年3月4—6日）

（1）中央图审会致行政院呈（3月4日）

中央图书杂志审查委员会呈　公发字第〇四四七号

案据广东省图书杂志审查委员会秘书张振鹏本年二月二十日笺呈称：本会于本年二月十一、十二、十三三天，对曲江各书店举行大检查，经在生活、南岭、光明、动员、八一三、北江、环球等各书店

检获违禁书刊一千六百余本，另在乐昌、坪石之环球、又新等各书店检获违禁书刊一百余本，均经中央通令查禁有案者。此外，又在上开各书店检获触犯审查标准之书刊四十余种，亦已依法签请中央复审查禁在案。查本会迭在上开各书店查获违禁书刊屡予劝诫，而各该书店等竟置若罔闻，当经请准省党部李主任委员于二月十七日邀集党政军团等有关机关代表在本会举行联席会议，经一致议决：曲江之生活、南岭、光明等三书店应予查封，环球书店应予停业一个月，北江书店应予停业半个月，动员、八一三应予严厉警告处分。至关各县之生活书店及乐昌、坪石之环球书店，梅县之启新、启蒙两书店，开平、赤坎之新中、晃记、夏果等书店，亦一律予以查封，经于二月二十日分别与军政机关洽商，迅即执行。等情到会。除分呈中央宣传部外，理合具文呈祈鉴核备案。谨呈
行政院

中央图书杂志
审查委员会主任委员 潘公展

中华民国三十年三月四日

(2) 广东省图审会致中央图审会呈(3月6日)

广东省图书杂志审查委员会呈　书字第三〇九号

案奉广东省党部本年二月二十一日宣字第一一三号公函，内开："密。查前准中央秘书处中央团部丑阳机电，以中共利用生活书店等散布违禁书刊，饬即对该生活书店及其类似变相之书店，与军政当局及审查机关会商依法予以查封等由。当经于本月十七日下午二时，举行各党政军团及审查机关代表会议，并经议决对于各县生活书店及其类似变相之书店与言论反动之刊物，分别予以查封或停业停刊之处分。相应检同会议记录一份函达查照"等因。查曲江方面之生活、南岭、光明三书店，业经予以查封；环球书店，予以停业一个月；北江书店，予以停业半个月；又动员，八一三两书店予以严厉警告处分。至关在曲江出版之刊物，应予停刊者有《新华

南》,《青年知识》两杂志,业经分别执行。至其他各县市之生活书店,及类似生活变相之书店,亦经由省府电饬各县市一律予以查封(详会议录),奉令前因,除分别遵办外,理合备文连同会议记录一份,呈请察核备查。谨呈

中央图书杂志审查委员会

附抄呈原会议记录一份

常务委员郑宇中

高　倍

陈方绥

中华民国三十年三月六日

抄广东省党政军机关代表举行关于奉令查封生活书店及其类似之书店会议记录

日期:三十年二月十七日下午三时

地点:广东省图书杂志审查委员会会议厅

主席:高信

记录:张鹤静

出席者:高兴、方国熙(三民主义青年团支团代表)、何汝泮(七战区政治部代表)、刘伟森(省党部)、张振鹏(省图书杂志审委会)、陈师尹(省政府)。

甲、报告事项

主席报告开会理由:略谓奉到中央秘书处、中央团部电开:“中共利用生活书店等散布违禁书刊,经会议决定,仰即对该生活书店及类似之变相书店与军政当局及审查机关,会商依法予以查封等因。故今日邀请各位负责代表会商共同决定,应受处分之书店及如何执行,同时对于言论反动有惑人心的刊物亦应决定予以处分,以肃清反动言论而杜谬误宣传。

乙、决议事项

(一) 应予处分之书店

子　曲江方面：

1. 生活、南岑、光明三书店应予查封；

2. 环球书店应予停业一个月；

3. 北江书店应予停业半个月；

4. 动员、八一三两书店应予严厉警告。

上项执行办法，由省党部函请韶关警备司令部于两日内迅即分别执行查封或停业，并分别函达省政府及呈报七战区长官部备查。至于警告部分，由省党部令饬省图书杂志审查会办理。

丑　各县市方面：

1. 所有各县市生活书店及坪石之环球书店、梅县之启蒙、启新两书店及开坪、赤坎之新中、晃记、夏果等三书店，均予一律查封；

2. 各县市类似生活书店之变相书店亦应一律查封，由各县市政府会同各县市党部、青年团分团部及审查机关会商决定，依法予以查封。

上项执行办法由省党部函请省政府分别电饬各县市政府遵照会同有关机关办理，并将遵办情形具报。

（二）应予处分之刊物

在曲江出版之《新华南》及《青年知识》两杂志，言论反动，有惑人心，均应予以停刊。

上项执行办法由省党部函请省政府即将该两杂志登记证分别予以取消，令饬遵照停刊。并通知省图书杂志审查委员会对于该两杂志原稿不予审查。

〔行政院档案〕

12. 国民党中央图审会与四川省政府为查封生活书店、《新华日报》书刊部及读书生活出版社事致行政院呈

（1941 年 3 月 5 日）

（1）中央图审会致行政院呈（3 月 5 日）

中央图书杂志审查委员会密呈　公发字第〇四五号

案据四川省图书杂志审查委员会二月灰总第三三号代电称："本市生活书店、《新华日报》书刊部、读书生活出版社，为发售反动书刊已于二月八日查封"等情。到会。当以案情重大，经于二月六日电饬迅将查封原委具报去后。兹据该会二月二十四日总字第二二号呈称："查本市生活书店、读书生活出版社成都分社、《新华日报》川西北总分销处书刊部，自成立迄今，散布违禁书刊几无日无之。除去年七月以前不计外，自去年七月起，仅就本会检查全市书店出版品而言，先后在生活书店于七月二十三日查得《抗战形势论》，《论目前国际形势》与《中国抗战》、《现代中国杂志》、《抗战一周年》等十四种，九月十日查得《抗战中的中国民族问题》、《文艺思潮小史》、《产业革命讲话》、《社会主义讲话》等七种。十一月二十八日查得《实践与理论》、《叶剑英言论集》、《哲学选辑》、《全民抗战》等六种。十二月二十日查得《抗战的前奏》、《农村组织讲话》、《抗战中的中国民族问题》等九种。一月十日查得《抗战形势论》、《论目前国际形势与中国抗战》、《抗战一周年》等六种。二月六日查得《组织工作读本》等八种。在读书生活出版社成都分社于九月十日查得《抗战的前奏》等六种，十月二十九日查得《新中国的诞生》、《扬子前线》、《实践与理论》、《转变期间的中国》，《叶剑英言论集》等十三种。十一月二十八日查得《胜利的报告》、《文艺思潮小史》等四种。一月十日查得《坚持河北抗战与巩固团结》等五种。在新华日报川西北总分销处书刊部于七月二十三日查得《五台山下》、《在文化线上》、《十年来的中国共产党》、《抗战军队中的政治工作》、《中国红

军的生活》、《坚持河北抗战与巩固团结》、《论抗日救国统一战线》等九种。九月二十日查得《五月的延安》、《叶剑英言论集》、《中国人民的英勇抗战的两周年》、《生活在延安》、《在文化线上》、《中国青年斗争》、《为独立自由幸福的中国而斗争》等九种。十月十二日查得《叶剑英言论集》、《抗日根据地的冀察边区》、《抗大动态》、《前线通讯》、《中国青年》等六种。一月十日查得《西北特区抗战动员记》、《生活在延安》、《坚持河北抗战与巩固团结》等四种。凡此诸书，皆多以立论偏激，分化团结。或曲解三民主义；或鼓吹阶级斗争，强调阶级对立；或攻击国军，诋毁政府；或言论不确，影响国防；或颠倒事实，淆惑人心；或鼓吹割裂整个国家民族之反动行为，以破坏全国之统一，此皆经取缔有案者。至故不送审之书刊，而其内容亦如上述，违反修正抗战期间图书杂志审查标准者，则不胜枚举。本会迭次检查警告，仍不悛改，甚至朝令禁止散布，夕又公然发行，此种行为不特故意藐视法令，而实属违背全国人民所共守之抗战建国纲领，若不再予严厉之处分，将何以齐一国民之思想，保障抗战之胜利。本会职司检查，为维护法令计，势难再予宽容，爰于本月八日函请四川省会警察局将上列各该书店分别查封。当在生活书店查得违禁、经通令取缔之书刊：《组织工作读本》、《文艺思潮小史》、《社会主义讲话》、《科学的哲学》、《新哲学的人生观》、《帝国主义》等十余种，违反规定故不送审，内容诸多荒谬之书刊四十六种。在读书生活出版社成都分社查得违禁、经通令取缔之书刊：《组织工作读本》、《抗战中新人生观的创造》、《中国历史》、《新中国的诞生》、《抗日民族统一战线教程》四种，违反规定，故不送审，内容诸多荒谬之书刊二十一种。在《新华日报》川西北总分销处书刊部查得违禁、经通令取缔之书刊：《坚持河北抗战与巩固团结》、《帝国主义》、《抗战与新启蒙运动》七种，违反规定故不送审内容诸多荒谬之书刊九种。除将上述各书分别没收扣押外，其他各种书刊，均予发还，惟各该书店既迭次藐视法令，应予从严取缔，复经本会第二五次常务会议议决，对本市生活书店、读书生活出版社成都分社、《新华日报》川西北总分销处书刊部一律予以停止营业之处分，并已函请四川省会警察局执行在案。至《新华日报》川西北总分销处书刊部虽已予以停止营业之处分，固与报纸无关，但书刊部为该报分销处所主办，且同在一处，似此派报为名，散布违禁书刊是实之派报处，应恳钧会转请新闻事业主管机关，依法制裁，所有取缔本市生活书店、读书生活出版社成都分社、《新华日报》川西北总分销处书刊部各缘由，除分函各机关备查外，理合具文呈请钧会俯予鉴核备查，指令祇遵”。等情。据此，除分呈中央宣传部外，理合具文呈祈鉴核备案，实为公便。

谨呈

行政院

中央图书杂志审查委员会主任潘公展

中华民国三十年三月五日

(2) 四川省政府致行政院秘书处函(3月5日)

径启者：准二月二十一日勇陆字三三一一号大函，奉谕：抄交徐伯昕呈请撤销查封成都、桂林两地生活书店命令一案。嘱查照等由。准此，查本案本府因未经办，经饬据省会警察局呈称：“查本局于本年二月八日准四川省图书杂志审查委员会总字第二二号密函，以本市祠堂街生活书店、读书生活出版社、《新华日报》书报部发售反动书刊，危害国家，屡戒不悛，请派员会同前往查封。复准省党部易秘书松潭函送中央秘书处中央团部密电开：‘四川省党部澄密，并转三民主义青年团支团部，中共利用生活书店等散布违禁书刊，经会商决定，仰即对该生活书店及类似之变相书店与军政当局及审查机关商洽依法予以查封具报为要。中央秘书处、中央团部。丑阳。机。’各等由。准此当经本局令派科员刘力、督察员鲁世英，前往会同查封去后，嗣据该员等签呈称：窃职等奉派于本月八日午后三时许，会同中宣部派驻省图审会审查专员林、本省图审会主干孙天民、助干杨少康等五人，随带局衔钤印封条前往，将各该书店查封完竣。再，《新华日报》书报部系与《新华日报》社合处一狭小铺面，职等在未查封该部之前，曾经向该部经理详晰说明，奉命只查封《新华日报》书报部，请将该社迁移，以免发生误会。但据答称：该社与书报部系混合一起营业，不便离开，故职等始饬将所有书刊自行辟地检置，听候清理，然后在铺门右侧贴上封条，至铺门左侧仍属该社，照常营业，出入门径，合并陈明。十一日准省图审会函请派员于十二日前往协助清查封存书刊，又经令派本局督察处训校股主任易惕等前往协助，旋据该员签呈称：窃职奉令率领督察员五员，于本月十二日午前九时前往西御西街，会同本市图书杂志审查委员会检查祠堂街生活书店及生活出版社书籍。当经遵命到达该地，与图审会林秘书及孙干事等分别检查结果，计应被查禁书籍生活书店三百余种，生活出版社一百余种，并奉钧谕：将所有查禁书籍，各种提取一本回局，以便参照禁绝，计共提回是项书籍四百余本，理合将检查情形连同查禁书籍，报请钧长鉴核。各等情前来。经查属实"等情。相应函复查照转陈为荷。此致

行政院秘书处

四川省政府启

中华民国三十年三月五日

〔行政院档案〕

13. 国民党中央图审会转报云南、贵州、广西等省查封生活书店情形致行政院呈

(1941年3月22日)

中央图书杂志审查委员会呈　公发字第五五二号

窃查成都、曲江两处生活等书店经售违禁书刊一案，前据四

川、广东两省图书杂志审查委员会呈报，分别予以查封处分等情。经据将经过情形于本月四日以公发第〇四四七号暨本月五日公发字第〇四五〇号呈文，呈祈鉴核各在案。兹续分据：(一)云南省图书杂志审查委员会三月鱼代电略称："昆明生活书店、新知书店、读书生活出版社，自开设以来，即为共党所利用，散布彼党书刊，违禁刊物层出不穷，经于二月二十一日会同党团军警各机关将该三书店同时查封"；(二)贵州省图书杂志审查委员会三月八日呈略称："贵阳生活、读书、自力三书店发售反动刊物，迭经警告，乃该店等蔑视法令，仍经常运售反动书刊，实属不法已极，经于二月二十一日会同党团军警各机关将该三书店同时查封，重要人员暂解宪兵团讯办"；(三)广西省图书杂志审查委员会三月十三日审字第七三九号呈略称："本会于二月十日在生活书店栈房内检获违禁书刊《论修养》等刊物七种，有反动嫌疑之《中国文化》等刊物三种约二千册，该店经核于十三日停业。此外，新知书店、读书生活出版社亦有继续次第停业之势"各等情到会。除分别饬将各该书店迭次发售违禁书刊事实详细具报，并将本案结果续报外，理合备文呈祈鉴核备查。谨呈

行政院

中央图书杂志审查委员会主任委员 潘公展

中华民国三十年三月二十二日

〔行政院档案〕

14. 云南省政府关于查封昆明生活书店经过情形致行政院秘书长函

(1941年6月6日)

云南省政府函　秘辑字第七二七号

案准贵秘书长三十年三月十五日函据徐伯昕呈为贵阳、昆明两地生活书店被封请予撤销查封命令等由。附抄送原呈一件。准此，查本省生活书店查封案，系由本省党部办理，当经咨准国民党云南省执行委员会函复开：“查昆明生活书店经常贩卖违禁书刊，亦阳奉阴违，至新到书刊未经审查给证者，应送图书杂志审查委员会审查后始得发售一节，亦不切实遵办。最近数月复源源运售，且用大减价办法广为推销，影响社会人心，实属匪浅，自不能不予以取缔，当经会商三民主义青年团云南支团部及云南图书杂志审查委员会，经决定予以查封，后函请省会警察局于二月二十一日将生活书店及类似之变相书店——新知书店、读书生活出版社两处，同时予以查封，并将查封经过呈报中央执行委员会秘书处鉴核在案。是即本会查封生活书店之情形也。准函前由，相应抄具云南图书杂志审查委员会年来查获生活书店运售违禁书刊名称表一份函达，请烦贵府查照为荷。”等由。附云南图书杂志审查委员会二十九年度查获生活书店运售违禁书刊表一份。准此，相应抄同原附表函请查照为荷！

此致

行政院秘书长

附抄送原表一份

主席　龙云

中华民国三十年六月六日

云南图书杂志审查委员会廿九年查获昆明生活书店违禁书刊表

书刊名称	册数	备考
抗日军队中的政治工作	三	
苏联文学讲话	四	
苏联青年生活和斗争	一五	

续上表

书刊名称	册数	备考
陕甘生活	五	
抗日与乡村工作	五	
中国历史	三	
保卫华北的游击战	五	
再厉集	三	
民族革命论	九	
中国社会经济结构	二	
苏联概况	二	
新哲学概论	二	
中国近代史	二	
大英帝国的动向	五	
五台山下	三	
中国青年	六	
中国政治史讲话	一	
生活与思想	一	
大众政治学问答	五	
中国革命运动史	一	
宪政问题读本	一	
抗敌的前奏	一	
前夜	一	
产业革命讲话	一	
文艺思想小史	一	
陕甘宁边区的民众运动	五	
战时教育论	一	
战斗唯物论讲话	七	
鹰和他的奴隶们	十五	

续上表

书刊名称	册数	备考
辩证法唯物论	三	
抗敌建国	一	
太平洋风景线	五	
怎样待人接物	六	
抗战中的政党和派别	一	
全民抗战	二〇	
新哲学谈话	一	
学习	五	
国际现势读本	二	
黑暗与光明	二	
自卫队	五	
民族与抗战	一	
西北新社会	四	
扬子前线	一	
光明的前途	一	
目前的国际形势怎样	一	
合计:四十五种	一百七十四册	

〔行政院档案〕

15. 国民党中央宣传部抄送渝市读书、新知、生活等书店调查材料致三民主义研究会注意的密令

(1943年4月17日)

中国国民党中央执行委员会宣传部密令　机字第四一七号

令三民主义研究会

据报:“查本市民生路读书出版社系奸伪分子文化外围机关,

除推销奸伪书籍外，并以吸收及组训青年学生为其唯一之任务。该社经理吴毅潮，即系奸伪学运负责人之一。经查得该社奸伪分子姓名如下：吴毅潮，山东人，二十八岁，为该社经理，高中程度；杨义范，山东人，三十岁，为该社批发员，高小程度；金思明，安徽人，十八岁，为该社进货员，高小程度；陈青聆，四川人，十五岁，为该社营业员，高小程度；袁伯康，江苏人，十三岁；刘家璠，四川人，十六岁，为该社学徒，皆高小程度等情。除分令外。合行令仰该会注意。此令。
中华民国三十二年四月十七日

部长　张道藩

抄渝市与奸伪有关之书店调查材料

奸伪对渝市宣传工作至为注意，现渝市书店中与奸伪有关者为新知书店、读书出版社、大陆图书公司、生活书店等四家。该四家书店，除本身出刊本版左倾书籍外，大部分奸伪理论之书籍来源均系第三国际驻华文化宣传机关——苏联粮食贸易协会所供给，各书店彼此间均有联系，如一店缺乏某项书籍时，则由其他三店供应。兹探悉各该书店一般状况列报于左：

一、新知书店——二十九年十月开业，资本总额为一万五千元，负责人名岳中俊，本年一月至五月共售出外版书三万一千元，本版书二万二千元。

二、读书出版社——二十九年七月开业，资本总额为一万五千元，负责人名刘绍卿，本年四、五两月份共售出外版书七万零六百元，本版书三万一千六百元。

三、大陆图书公司——三十一年三月开业，资本总额为五万元，负责人名陈汝言，本年三月至五月共售出四万六千五百六十二元。

四、生活书店——二十七年开业，资本总额为一万元（指重庆分店），负责人名薛迪畅，本年一月至五月共售出外版书二十万三千元，本版书十万六千五百元，杂志七万六千元。

〔国民党中央宣传部档案〕

二、监视进步团体与文化人

1. 国民党中央社会部为调查防范中央大学"左倾"文化团体与教育部往来密函

（1939年7月）

（1）社会部致教育部密函

中国国民党中央执行委员会社会部密函　渝字第五一三五号

兹送上关于中央大学左倾团体调查报告一份，即希查收参考，转饬该校当局切实指导纠正，妥为防范。并请见复为荷。此致教育部

附抄原报告一份

部长　陈立夫

中华民国二十八年七月二十六日

中央大学左倾文化团体调查报告

一、中大文学会

国立中央大学左倾分子，于上周在本校第一教室举行高尔基纪念讨论会，出席者有三十余人，由主席陈元晖报告纪念的意义及高尔基的生平及其作品，其所讨论的要点：

（1）作为一个革命导师的高尔基；

（2）高尔基在艺术上的成就；

（3）高尔基与中国大众；

（4）高尔基与无产阶级文学；

（5）文字的阶级性与无产阶级文字的性质。

二、中苏问题研究会

中苏问题研究会，亦为中大左倾团体之一，兹将其最近工作报告于下：

(1) 举行苏联生活展览：于六月十八、十九两日，在中大学生俱乐部举行苏联生活照片展览会，并张挂苏联国旗，张贴壁报，广事宣传，并在沙坪坝暨附近各学校散布欢迎参观之广告，适值天雨，外界前来参观者并不多。闻该项照片系向中苏文化协会接洽，由北碚运来，包括苏联工业建设，社会建设，农村生活，红军情形等照片。

(2) 举行政治讨论会：该会于六月二十六日举行政治讨论会，其所讨论题目为"苏联如何解决民族问题"，讨论要点：

一、苏联解决民族问题之理论根据：

(1) 帝国主义时代民族的问题之特质；

(2) 民族自决论与民族联合论；

(3) 民族运动与无产阶级革命；

(4) 国际主义与民族主义。

二、苏联解决民族问题之实况：

(1) 苏联解决民族问题之特质；

(2) 联共党与民族问题重要议决案之分析；

(3) 一九三四年宪法与民族问题；

(4) 两次五年计划下各民族发展之实况。

三、苏联民族问题之展望

三、张西曼来会指导

中苏文化协会理事长张西曼于元月二十四日来校，在校办公室召集陈元晖、陶大镛等二十余人谈话，历数小时之久，对于该会工作指示颇多。

(2) 教育部复社会部函

教育部公函

径复者：本年七月二十七日接准贵部渝字第五一三五号密函关于中央大学左倾团体之调查报告一件，嘱予转饬指导纠正，妥为防范等由。除密转该校长遵照办理外，相应函复，即希查照为荷。此

致

中央社会部

部长陈立夫

中华民国二十八年七月二十八日

〔国民党中央社会部档案〕

2. 中统局关于重庆文化救国团体及共产党人活动情况的通报

(1939年8月3日)

溯自"七·七"事变以迄国民参政会在渝开会后,一般共产党徒均纷纷先后来渝,从事大规模之活动,如把持救国团体、文化团体及吸收青年学生与工人等,以事宣传煽动。自"五三"敌机狂炸本市区后,该党亦多随民众而移往四乡活动,其昔之对象,如"青运"方面之中国学生总会,因五月书店(该会原设该店四楼)之迁移及各校之疏散而迁往北碚,文化方面则随书店而散入各市镇,工运方面亦以印刷工人等之迁移而移动。至向以一般浅识小市民为对象之平民法律指导所(沈钧儒领导)今已门庭冷落。但共党之全盘工作,并非完全停滞及分散,至城外及各邻县积极活动,树立基础。兹将其最近在渝活动概况,查报如左:

一、共产党在渝之一般活动方法

查共产党在渝之活动对象系专门注意吸收青年学生及工人,本市沙坪坝因中央大学、重庆大学、南开大学等均设于此,俨然成为文化区,故学联会在此设有分会,担任吸收青年之任务。青年职业互助社亦由城内迁化龙桥工作,白沙因设有大学先修班,江津因川东师范、重庆女师在此,故均有共党秘密活动。民族剧团自出发合川、遂宁等地流动公演,共党之宣传亦随而伸入各地,至一般尚留市内之团体,以人员分散不易召集,故一切活动较为困难,惟富于宣传与煽动性之壁报,则普及市内,并有利用电力厂汽车带至郊外张贴，吸收乡民。另外更积极煽惑青年印刷工人，如重庆各印刷业及各报社排字工人，其思想左倾者占大多数。在文化界则由《新华日报》领导，利用生活书店、战时书报供应所等外围团体从事活动，大量售卖赤色书籍，以麻醉青年，在政治上则利用周恩来、郭沫若、邹韬奋，柳湜等之政治关系，与人民阵线派及武汉华北宣传队、华北同学工作队等，以救亡名义相号召，吸收一般徘徊歧路之青年，在言论上则曲解主义，谬放厥词，如对三民主义及国民精神总动员之解释，左倾刊物上每多作歪曲之理论（六月二十一日《新华日报》华北版——重庆出版——社评《挣扎论》，即暗中攻击本党）；在军事上，则以第十八集团军办事处及各共党要员私人关系为主体，吸收各部队之下级干部，但活动力尚微小，此外并常派人加入我三民主义青年团各机关活动。

二、共产党在渝活动之基干机关

查中共中央于本年五月派有党代表何克全由延安来渝指导渝市下列基干组织，加紧“中学”（即中国共产主义青年团）及“大学”（即中国共产党）之工作活动。

（一）《新华日报》社社址设西三街二号，负责人社长潘梓年，总编辑华西园。该社发行有《群众》周刊一种，专门宣传共产主义理论及夸大颂扬第八路军战绩，以煽惑现代青年心理。该报前因军委会令归并重庆《联合日报》停刊，现已于八月十三日复刊。查该报除总社址设于市区外，并在化龙桥正街一六五号设有营业部分售所一处，为共党在成渝公路一带较重要之活动机关，职员十余人，由易继光、周曼清负责。除与第十八集团军驻渝办事处相呼应外，并大量推销《新华日报》华北版（查《新华日报》华北版，近在本市各军警机关已奉军委会令查禁）及各种共党出版之赤色书籍。又小龙坎亦有《新华日报》发行站一处，亦系共党活动机关。但除化龙桥、小龙坎二处外，其在沿成渝路一带之最活跃机关当推该报沙坪坝代派处。该处设于沙坪坝生活书店内，负责人系生活书店经理李某

(李系共党中较重要人物)前在汉口成立之赤色团体作青年运动最力之中国学生联合会及中国共产党重庆区委组织，亦均设于内。在共党要人现任军委会政治部副部长之周恩来氏，未离渝以前，每星期往返此间数次，是征其重要性之甚也。

（二）第十八集团军驻渝办事处。处址设在成渝公路红岩嘴复旦中学附近，处长钱之光(浙江人)，但实际负责人为共党中央要人董必武(董现任国民参政会参政员)。兹将处内重要职员(即活动有力党员)开列于下：科长刘恕，科员刘士杰，副官刘露、李吉大、史维然、陈维志、牟爱牧、钱士良、董献之，文书边爱莲(女)等，其活动对象除担任一部分青年学生运动外，则多半从事军队下级干部运动。

（三）董必武私人住宅。董系鄂人，为共党中央要员，现为参政员，住距化龙桥半里之红岩嘴三十三号，妻何氏，不详其名。共党要人中如史乃展、邓颖超(周恩来之妻)、秦邦宪、吴玉章、潘梓年之辈，均时在其住宅内聚集谈话，并就近指挥沿成渝路一带干部人员活动。

三、渝市共产党基本外围团体调查表

团体名称	领导人或负责人	原住地及新迁地址	近来活动概况	备考
中国学生救国联合会	郑代巩、程全楚、杨永栋、邹曦	原住米花街五月书店四楼，迁北碚支店四楼	该会文件由生活书店收转，郑代巩常在该地活动，并常到沙坪坝各大学活动	
中华木刻界抗敌协会	冯换、鄷中铁	由东口楼六十四号迁至公园路十八号	最近工作沉寂	

续上表

团体名称	领导人或负责人	原住地及新迁地址	近来活动概况	备考
自强读书会	冯兰瑞、刘景钟等	原设本市青年会少年部内，现仍未迁移		已并入青年会少年部内
战时书报供应所	钱俊瑞 邹韬奋	原设王爷石堡四号，近迁至通远门外罗家湾二十一号	现仅出壁报，其他活动沉寂	
书世界同人联谊会	张国钧	现仍住曹家巷二十八号	轰炸后无公开活动	
七七少年剧团	罗时惠	原住巴蜀中学，迁入菜园坝树德小学	近来较沉寂，无多活动	

四、本市共党之普通外围团体

团体名称	领导或负责人	原住地及新迁地址	近来活动概况	备考
民族剧团	彭盛保	原住朝阳门十六号后院，因流动演剧，相抵遂宁	自出发合川移动演剧，现已至遂宁，作甚热烈，开幕前报告时，势多左倾	
七七宣传队	程远女士	仍住白象街七号	近来作演剧活动	

续上表

团体名称	领导或负责人	原住地及新迁地址	近来活动概况	备考
中航歌咏队	华斌	仍住上南区马路一八二号	除仍吸收该公司以外之青年妇女外，无其他活动	
一二九剧团	王德硕 郑代巩	原为秘密活动，无固定地址	自成立后只注意思想训练，不注意艺术研究，故尚未演出即陷于停顿	现已解散
青年歌咏研究社	罗昌友	原设青年会少年部内		现已并入青年会少年部
戚继光中年团	王俊生 方义学等	原设青年会少年部内		现已并入青年会少年部
民众歌咏会	舒稷、杨仲尧、汪敏、苏文海等	原设青年会少年部内		现已并入青年会少年部
青年职业互助会	桂化之、李济安、杨永栋、周日辛等	原设一牌坊十九号，现迁至化龙桥六十二号	出壁报、组织剧团，以作宣传工作	
铁血少年团	李德宏、陶牟	原设青年会少年部内		
中国平民法律指导所	沈钧儒、牟布希、徐焕章等	仍设青年会内	除有共党秘密文件指导机关之嫌疑外，无大活动	

五、共党分子参入之团体(在本市内)

团体名称	领导人或负责人	原住地及新迁地址	近来活动概况	备考
怒吼剧社	唐合生、傅伦 黎明、李淑耀 余克稷、康庄	原住铁板街中央通讯社内,轰炸后迁入电力厂宿舍及川康银行二楼	现正积极推进工作,城内由唐傅等召集,城外由李黎召集	轰炸后损失器具计四百多元
华北同学会工作队	王世槐、郑代巩、黎明诺、张瑞芳	先借住市党部,后迁至市商会内,六月六日迁至府街抗敌会战时服务团二楼	除壁报仍照常出版外,其他工作停顿	该团系以抗敌后援会慰劳组之战时服务为掩护

附记:查中国文艺协会重要分子舒舍予(老舍),宋之的、陈纪滢、罗荪、赵清阁均为著名左翼作家,最近老舍等数十人组织文艺协会慰劳团已赴北战场劳军,彼辈此行恐与延安中共中央发生其他作用。

〔军委会政治部档案〕

3. 国民党陆军新编十八师政治部主任曾纪汉呈请追查《叙南月刊》作者的报告

(1939年4月7日)

窃以此次抗战,有关国家存亡,欲求最后胜利,端赖全国一致。但查泸县各党各派,仍多昧于大义,或发表荒谬言论,耸动听闻;或曲解主义国策,标奇立异。驯至竞争组织,自为门户,勾结匪类,恃为奥援，其目的无非利用抗战形势，以达其发展私人派系之利益，而其结果则无于分化抗战之力量终于走入自行毁灭之一途，闻者侧目，言之痛心。职部对于上项异党分子思想之纠正，曾多方设法，出以极大之努力，奈因彼等立场固执，积重难返。三月□日本部因印刷《忠勇》周刊，与本县久康印刷铺商洽纸料价格问题，无意中检获《叙南月刊》一种，经职审阅，已未登记，私自大量印发（三月份），内容荒谬绝伦，不仅不适抗战需要，而且曲解国策，诋毁领袖，无所不用其极。且其思想主张，一贯衔接，显系别有作用。嗣经调查，知系少数学生所为，而此辈对于异党政治活动素称积极分子，虽无文件确证（因恐阴谋败露，决力避免文字痕迹之故）早已尽人皆知，若予从轻议处，则不仅未能促其觉悟，反恐因此有恃无恐，大肆嚣张，同时使一般热血青年，怀抱失望与灰心，用特检同原刊一份呈报前来，恳祈准由职部函知原校将该生开革，并送主管机关施行感化，以示惩儆而免效尤，贻患党国，有妨抗战，是否有当，请祈迅即批示祈遵！谨呈

部长陈

陆军新编第十八师政治部代主任　曾纪汉

〔国防部史政局战史编纂委员会档案〕

4. 国民党重庆市党部密报进步文化人士集会讨论宪政运动情形并请社会部派员共商对策呈

（1939年11月17日）

中国国民党中央直属重庆市执行委员会呈　（密）　社字第一〇七〇号

据报共党及人民阵线分子于十一月十六日晚七时假关庙街普海春饭店召集各刊物编辑人举行聚餐会，并对宪政运动有所讨论，即密派本会同志参加。兹谨将该会举行情形报告，随文附呈查核。

并定于本月二十日下午四时，在本会会议室召集《中山月刊》社、《妇女共鸣》社、《反侵略》社负责人讨论对策，敬请钧部届时派员出席指导，敬祈鉴核指导遵行。谨呈

中央社会部

附件如文

中国国民党中央直属
重庆市执行委员会主任 委员洪兰友

中华民国二十八年十一月十七日

参加人民阵线发动之聚餐情形报告

奉派参加所谓之宪政座谈会，于昨日下午七时前往，时已告席满，因是日到会者多与职过去认识，故亦被邀入参加西餐（餐费由各人自备二元）。首由柳湜报告筹备经过（为便于核阅起见，用强记力量将各项情形作一系统之报告）。

（一）开会之意义　该项聚餐会不纯粹为宪政座谈，而系人民阵线分子策动之各杂志联欢聚餐性质，宪政运动与各刊物之如何协助政府施行问题，仅为座谈之一部分。

（二）座谈之内容　首由人民阵线分子推柳湜报告筹备经过。

柳湜：今天聚餐发起之团体有——（1）全民抗战：邹韬奋、柳湜；（2）反攻：于毅夫、徐仲航；（3）国讯：孙起孟；（4）理论与现实：沈志远；（5）中苏文化：赵克昂。

聚餐的意义是觉得我们文化工作者各杂志编辑在工作上的联系不够，故而发起这一次座谈聚餐。今天座谈会主席推于毅夫（人民阵线分子）起党团作用，一致鼓掌赞成。

主席于毅夫：今天座谈会的内容分两部分讨论：

（一）本会是否继续举行？

（二）今天座谈题目为"各刊物如何帮助政府推动宪政运动"；

（三）各刊物如何帮助发展（未讨论）。

孙起孟：（一）本会应继续举行，每月一次；（二）推团体负责

召集之。

邹韬奋:(一)应举行,一月一次太短;(二)推《中山月刊》、《妇女共鸣》、《反侵略》为第二次召集人(人民阵线分子策动通过)。

主席总结:(一)每月十六日下午七时举行;(二)由《反侵略》、《中山月刊》、《妇女共鸣》任召集人,全场无异议通过。

进行讨论宪政问题:

柳湜:全民抗战社出版了一个宪政特辑。

沈兹九:妇女生活社做了两个工作:(一)举行假选举女议员;(二)举行了几次妇女宪政座谈会。

宋述樵:(一)对于宪政我们在原则上是赞成的;(二)在实施上本社正在研究,未能在今天发言。

戴白桃:我们应当收集材料,向民众去作政治教育。

(此时,钱俊瑞与徐仲航、于毅夫推职发表意见,实无法推却)。

周仕珊:(一)宪政是中国国民党革命的目的(拿过去革命作证明);(二)各刊物的责任不是发表个人的意见,应该在总理的遗教、总裁的指示中去发挥,去教育民众,根据建国三原则去训练人民,行使四权。(三)宪政不仅是适应抗战的环境,而是千秋百世之伟业,替后代子孙谋幸福的。

陈北鸥:(一)我们对于民众的意见,无发表的自由,宪政的前途,实甚难于推动;(二)通讯社对于有关民意的稿件,均被扣,无法发出。

钱俊瑞:(一)人民没有民权,就无法发表对于宪政的意见;(二)图书杂志审查的本身,原则我们赞同,而检查的人太无常识;(三)今天应当产生个向图审会、中央宣传部建议的组织。

罗淑章:由我们请中宣部图审会负责人聚餐,表明我们对于审查的意见,仅当争取我们的言论自由。

邹韬奋:我推《中山月刊》、《反侵略》、《妇女共鸣》负邀请之责(人民阵线分子策动通过)。

主席总结:(一) 请图书审查会、中宣部聚餐,表示我们的意见;(二) 推《反侵略》、《妇女共鸣》、《中山月刊》负责邀请(完毕,十时散会)。

查此次会议是共党分子在渝活动之初步,策略是用烘云托月的方法,以本党同志做掩护,向本党进攻,施行挑拨本党同志之惯伎,根据此次情形,拟具对策,乞核。

一、急速召集《妇女共鸣》、《反侵略》、《中山月刊》之负责人谈话,施行对策。

二、此团体不宜解散,亦不宜用斗争方式瓦解,以积极领导为上策,发动本党文化党团之斗争性,积极提出我们的主张与办法。讨论记录,由本部同志负责予以技术整理,登诸报端,则可能瓦解反动分子之脆弱的内部。

参加此次会谈之出席者(依签到秩序记忆恐有误)

团　　体	出 席 人	现在住址	备　　注
妇女生活	沈兹九　罗淑章	枣子岚垭八十九号附二十六号	即犹庄
战地知识	钱俊瑞	枣子岚垭八十九号附二十六号	
新闻记者	傅于琛	张家花园记者协会	
妇女共鸣	叶方青　谢汝珍	枣子岚垭八十二号	
中山月刊	宋述樵　张国干		
国际新闻通讯社	袁若霞　郑　英　勾适生	中三路六十三号附三楼	
抗战文艺	梅　林	临江门全国文协	
全民通讯社	张维冷	罗家湾三十六号宜舍	

续上表

团　　体	出 席 人	现在住址	备　　注
战时教育	白　桃　殷金陵	武库街二十一号	
国讯社	孙起孟　蒋晓峰	学田湾生活书店总营处	
读书月报	胡　绳		
理论与现实	沈志远		
全民抗战	柳　湜　韬　奋		
反　　攻	于毅夫　徐仲航	东北救亡总会	
民革社 西线社	陈北鸥	罗家湾十一号	
七月社	胡　风(化名) (真名张谷非)	未探询，据云在北碚复旦大学	
群　　众	许涤新　潘梓年		
反侵略	严葆宇	枣子岚垭淑庐	
中苏文化	赵克昂	中苏文化协会总会	

〔国民政府社会部档案〕

5. 国民党中央社会部抄转中统局关于湖南省社会文化团体状况调查报告令湘省党部拟具应付办法密函

(1939年11月9日)

中央执行委员会社会部密函

准中央调查统计局抄送湖南社团调查报告一件。查该项报告中所列各团体，大多属于异党外围组织，自未便听其自然发展，应请拟具应付办法，分饬遵行，俾资防止，而弭隐患。相应抄附各该团体名称、地址暨负责人姓名，函请查照办理见复为荷！此致

湖南省执行委员会

附各该团体名称、地址及负责人姓名表一份

中华民国二十八年十一月九日

湖南社团调查

关于湖南社会文化团体之调查分述如下：

（一）《新华日报》湘省读者座谈会

（1）地址：无固定地址。

（2）成立经过：为瞿健雄、张硕生等所发起，随即组织成立，但未呈请党政机关备案。

（3）组织情形：会员分普通会员与特别会员两种，设干事会总理会务，干事会分总务、研究、通讯、图书、推广等五组。

（4）负责人之姓名：总务组长张宏庆，研究组长萧郎，通讯组长雷绍郁，图书组长严力，推广组长瞿健雄。

（5）各分子思想言论：该会为共党之外围组织，讨论问题时多站在共党立场发言。

（6）活动情形：每周星期二开会一次，由瞿健雄召集，开会地点临时决定通知。会议项目分：1. 报告时事问题；2. 讨论推销该报；3. 各会员自由讲演，惟近已陷于停顿状态。

（二）学余戏剧研究会

（1）地址：国立湖南大学校内。

（2）成立经过：二十七年成立，曾经呈请湖大当局备案，以研究戏剧，宣传抗战为宗旨。

（3）组织情形：设会长、副会长及文书、会计、事务、交际、平剧、话剧、音乐、编纂、出版、体育等十股。

（4）负责人姓名：周家骅（会长）、蒋董（副会长）、李秉钧（文书）、杨德定（会计）、李明俊（事务）、汤宏章、李家白（交际）、陈道毅（平剧）、童泳鎏（话剧）、计培卿（音乐）、何文龙（编纂）、刘昌亚（出版）、彭天泽（体育）。

（5）会员数量及成份：该会颇多左倾分子，会员童泳鎏、何文龙、丁时范、彭天泽、段承鑫、李明俊、汤宏章、邓德暄、程博能、文树科、李秉钧、赵谷民、刘荫蕃、刘爱晖、彭荣华、袁皓如、文广益、熊兴生、赵作民(以上诸人思想均左倾),周家骅、蒋董、李家白,陈道毅、石鸿建、许培卿、杨承国、吴日新、杨开婉、杨德定、张鼎、刘钧衡、王昌迈、左乾、欧阳高柏、夏庆祥、牟达智、钟小孟、邓钻舜、刘昌亚等三十九人,均湖大学生。

(6) 经费来源:会员会费,最近在辰豁县城公演《凤凰城》一次,净收入洋二百元。

(7) 活动情形:除公演外,尚出不定期戏剧壁报一种,演剧技术颇善,公演时颇能吸收观众,每两周举行会务常会一次。

(三) 明日社

(1) 地址:国立湖南大学校内

(2) 成立经过:二十七年夏成立于长沙岳麓山,为陶家淦、熊兴生,程博能等发起组织。

(3) 组织概况:设理事会,主持社务一切事宜。

(4) 负责人姓名:初为陶家淦、王小鲁、熊兴生、施俊程、博能白、孟云等,其后为杨克球、杨肇威、程博能、施俊、潘独清等,现为潘独清、施俊、刘伯馨、杨肇威等。

(5) 会员数量及成份:会员共五十余人,均为湖南大学学生,其中多左倾分子。

(6) 经费来源:会员缴纳之会金及外界之津贴。

(7) 活动情形:初成立时仅会员十余人,每周集会两次,或在第五宿舍,或在爱晚亭,以研究马克思列宁主义为其中心工作,由陶家淦主讲时为多,并发行《明日周刊》于《力报》,第一期文学有人民阵线著名分子刘良模参入座谈会,讨论青年工作一节后,数期文字诋毁政府当局,颇为露骨,与同时在《力报》发行之《教战》周刊(该刊为颜名芳、齐寿昆主编)互争雄长,且于暑假初假藉为同学谋利福、为社会尽义务之名,组织暑假留校同学会(纯系明日社社员策动),以为宣传及争取群众之掩护,但未能获得良好之效果。开学时更谋反对湖大迁辰，阻挠教育根本大计亦告失败。湖大迁辰后布置未善，该社除发壁报外，乃以球队旅行团、歌咏队为名，拉拢思想动摇分子（尤以女同学方面为多），一时气焰甚为嚣张，迄经本党同志予以打击，始行敛迹。

（8）社员一览表〔略〕

（四）蝗螂读书会

（1）地址：长沙育英小学。

（2）成立经过："八一三"以前成立，未经遵照法令呈请党政机关备案。

（3）组织概况：分子为银行界小职员及育英小学教职员，负责人系育英校长孙伟等，参加分子有孙定中，杨明志、黄浚、姜治中等三十余人。

（4）各分子之思想言论：思想左倾。

（5）活动情形：每周开小组会一次，分甲、乙两组；每二周开会一次，会期星期一晚。二十六年十一月二十九日开常会一次，出席人孙伟等十五人，研究时并讨论新唯物论及新哲学之原理，并如何发展民运。现已无形瓦解。

（五）中华平民教育促进会长沙总办事处

（1）地址：长沙湘雅路。

（2）成立年月：二十七年元月成立。

（3）组织情形：设干事长室、秘书室、总务处、出版部、学长室、教育研习所、经济研习所。

（4）负责人之姓名：干事长晏阳初，副干事长陈筑山，学长瞿菊农，秘书谢扶雅，总务主任陈行可。

（5）各分子之思想言论：以提倡平民教育，促进乡村建设为号召，主张"政教合一"主义。

（6）经济状况：该处每月开支八〇一五五元。

（7）活动情形：中华平民教育促进会原设于北平，在定县办理平民教育，艰苦奋斗，成绩斐然，为中国学术界最有权威之团体。该会分子小彭一湖、孙伏园等前后来湘主办衡山实验县，此为该会势力插入湖南之肇始。“七七”抗战后，湘省政府改组，张治中奉命主湘，延揽平教会分子晏阳初、瞿菊农、雷嗣尚等。晏、瞿二人主办湖南地方行政干部学校，雷嗣尚任省府总参议，综其在湘所为，有由学术团体走上政治团体之趋势。行政干部学校第一期受训之县长、县政督导员、技术辅导员、妇女训练员共二千六百名，第二期共二千多名，第三期训练四万多。保[省]长张氏去职，该会分子亦多随之而去。

（六）世界语协会

（1）地址：长沙。

（2）成立日期：二十七年“一·二八”成立。

（3）组织概况：已登记之会员二十余人，民国学院学生占多数，负责人为杭立。

（4）各分子之思想言论：该会负责人杭立思想左倾，该会为共党外围团体之一。

（5）活动情形：每星期举行座谈会，工作分二部：（一）国际宣传；（二）开讲习班，已办四班，因流动时多不能固定工作，现已无形停顿。

（七）湖南战时书报供应所

（1）地址：邵阳。

（2）成立经过：系政治部文化工作委员会主办。

（3）主要负责人：主任张迈群，系左倾分子。

（4）活动情形：湘南分所原设长沙，长沙大火后迁邵阳。依战地文化服务处活动，在衡阳、湘乡、益阳、宁乡、新化、溆浦设有办事处，在各县已成立救亡小图书室三十一个，在全省出刊壁报，地点一百十七个。据该所人谈称：目前湖南工作，以歌咏队为最有成绩。现各地战文处结束，影响该所经费及关系甚大。又，该所多为左倾分子主持，为共党宣传及活动之掩护机关。

（5）经费来源：总所按月津贴五十元。

（八）《新华日报》郴县读书会

（1）地址：郴县牖智书店。

（2）成立经过：原用秘密方式组织，因引起外界之注意，于本年元月二十一日正式成立，呈请县党部备案，经批令不准。

（3）组织情形：现有会员四十七人，设理事会，理事五人，公推一人为主任理事。

（4）负责人之分析：主任理事原为金稼生，现已由张芝芳代理。

理事张芝芳，女性，湘南特委会财务部长，兼共党郴县读书会支部书记。

理事龙文来，广东人

理事高　量，北平人，粤汉路职员，左倾分子。

理事曹一荷，郴县商人，思想左倾。

（5）活动情形：每半月开会员大会一次，理事会一次，每周开座谈会一次，出刊《读书会》壁报一种。该会奉县党部转奉湘南视导团令饬后迄今仍继续秘密活动，四月间余稼生退出该会，极受打击。

（6）经费来源：会员每月至少缴纳一分钱，必要时向会员及会外募捐。

〔国民政府社会部档案〕

6. 行政院请教育部注意茅盾沙公略等在新疆组织文协案的通知单

（1939年12月27日）

行政院交办案件通知单　律字第二五〇一三号

案由：陕西省政府代电，请注意新疆文化案。

右案奉院长谕："抄交教育部"，相应通知

教育部

行政院秘书长魏道明

中华民国二十八年十二月二十七日

抄原代电一件

重庆。行政院院长钧鉴：案据肤施县县长高仲谦本年十一月铣戌代电称：根据左翼文化人茅盾、沙公略、张仲实等，于本年八月间应新疆当局之约，纷往新疆工作，首成立新疆文化协会，茅盾任正主任，张仲实任副主任，沙公略任《新疆日报》总编辑，同时均担任新疆学院讲师，故该省文化前途应予深切注意等情。除分报中央执委会、军委会天水行营、第十战区司令长官部外，理合电请鉴察。陕西省政府主席蒋鼎文叩。亥庚。府秘调。

〔行政院档案〕

7. 国民党云南省党部为组织文化运动团体以控制并监视文化界进步人士活动的有关文件

（1940年7月）

（1）国民党中央组织部致社会部函（7月2日）

中国国民党中央执行委员会组织部公函　爰渝

普字第一二六七二号

据云南省执行委员会执行委员赵澍同志五月二十八日，以在滇各大学及专科学校学生人数约在七、八千人以上，教授多，一时人才数亦不少，亟宜由此发展党的基础。惟过去地方党部与各大学间颇少联系，各大学党部间亦少联系，今后似宜于人事方面亟谋沟通，一则可以利用各校学生宣传及训练民众，再则可使知识分子与党发生更密切之关系，并使地方党部得以监督各校中共党之活动，如能由中央指派组织文化运动委员会，以地方党部为主体，加入各校中，本党之领导分子似可运用较为灵活等语到部。查所陈各节，颇有见地，除分函云南省党部依照“地方党部与驻在区内中央直属各党部工作会报办法”之规定，切实举行会报，以资密切联系外。关于文化运动委员会之组织系属贵部主管范围，相应函达查照办理见复为荷，此致

中央社会部

部　长　朱家骅

中华民国二十九年七月　日

(2) 中央社会部致云南省党部函(7月13日)

中国国民党中央执行委员会社会部公函　利运字第五一五八号

案准中央组织部公函转据滇省同志函报，为谋在滇各直属学校党部与地方党部切取联系，并使地方党部得以监督各校中异党之活动起见，建议由中央指派组织文化运动委员会等由到部。查本部二十九年度对各省市党部中心工作之指示，曾规定各省市党部应组织文化运动委员会，隶属于省市党部，并密派干练同志组织文化界党团干事会，以便运用，而加强本党对文化运动之领导。兹准前由，相应函请查照，希即筹组文化运动委员会及全省文化界党团，并将组织大纲及委员人选报部备核为荷！此致

云南省执行委员会

部长　谷〇〇

中华民国二十九年七月十三日

(3) 中央社会部致中央组织部函(7月13日)

中国国民党中央执行委员会社会部公函稿　利运字第五一五九号

案准贵部爱渝普字第一二六七二号公函以据云南省执行委员赵澍同志函，为谋在滇各直属学校党部与地方党部切取联系，并使地方党部得以监督各校中共党活动起见，建议由中央指派组织文

化运动委员会等语。嘱查核办理，等由过部。查本部二十九年度对各省市党部中心工作之指示，曾规定各省市应组织文化运动委员会，直隶于市党部，并密派干练同志组织文化界党团，以便表里运用而加强本党对文化运动之领导。兹准前由，除由部酌聘国内各著名大学校长及有学术地位之教授为本部文化运动委员会委员，并函云南省执行委员会将该省文化运动委员会及全省文化界党团干事会从速组织成立外，相应复请查照为荷！此致

中央组织部

部长　谷〇〇

中华民国二十九年七月十三日

〔国民政府社会部档案〕

8. 广东省图审会关于查扣《茅盾先生谈杜重远在新被扣经过》呈

（1941年4月8日）

广东省图书杂志审查委员会呈　书字第三四一号

呈缴本会第十四周"呈核免登或删改稿件表"乙份，连同《新华南》三卷五期《茅盾先生谈杜重远在新被扣经过》文稿乙篇，请察核备查。谨呈

中央图书杂志审查委员会

附本会第十四周"呈核免登或删改稿件表"乙份《茅盾先生谈杜重远在新被扣经过》文稿乙篇〔删改稿件表略〕

常务委员　郑宇中

高　信

陈方绥

中华民国三十年四月八日

抄茅盾先生谈杜重远在新被扣经过

一九四〇年十二月四日晚上，我们几位朋友杨卫玉、吴涵真、陶行知、范长江、沈钧儒、江衡老的三公子、沈肃文、沈志远、沈的新夫人崔云玉、阎宝航和适公请新近到渝的茅盾和李公朴两先生在“新陪都”吃“小铃子”，在烛影摇曳中除荫空先生因《新蜀报》事案牵制，临时“空了”之外，大家都相继到齐了，如李公朴还是远从南岸搭“白木船”赶到的，虽然没有电灯，气氛是相当暗淡的，这正象征着我们这一般人而所感到今日的某些黯淡之样，但是我们大家这种热诚的携手与不是高声的接谈，却渡过了我们每一个人的心。

为了是文人，大家总有那么一套既不是顽皮也不是俗礼的那种争酒与说笑，说笑正在愈谈愈烈，茅盾夫妇静静进房来了。

他今晚戴了一顶皮帽，一袭老黑羊皮领的北方丘八爷惯穿的大缕，不像是鼎鼎大名的文坛泰斗，倒像是什么地方的游击队长，茅盾太太以朴素的妇女运动的干部的姿态，凭人怎样让坐，总不离茅盾左左右右，像是这位“队长”衔歌一般，大家的热诚的握手，低声谈笑之中，殷勤劝杯，有的喜欢吃白酒，有的只要一杯黄酒，茅盾先生吃少些黄酒，夫人倒似乎多喝一些，茅盾先生此次可算是“饱经风霜”了，身体还不很健康，十二月的重庆天气是还和春天三四月差不多，在他却不能不多穿几件衣服了。可是他的态度的平易、诚恳与谈话中表现出来的忠实，不假修饰，不取任何小小俏皮，始终和平明白、热情与家人手足一般情致的流露。

在席上，我们推沈衡老代表致词，当李公朴后赶到而入席之后——说我们除向茅盾先生、李公朴先生和临时邀请来参加的邓初民先生表示致意，并是因为茅盾先生是从新疆来，途中又经过陕北逗留一个时期，并于新疆和陕北的近况，大家都想知道一点真相，要求茅盾先生报告一些。李公朴先生是从冀察晋边区来的，对于那边的真相特别在成为“时局的”问题之一的边区真相，大家迫切地想知道一些。此外，邓初民先生对四川问题广有研究，这个今日之大后方，使身在此地的人，更迫切地想多懂得一点。……接着沈钧儒先生望望我，说最好请记起来，可惜没有带纸而且当时记也不大方便，不知是谁说的，在今日，在会场上，似乎脑的记录更适当些，是的，我们只依靠脑的记录了。

茅盾先生首先谈话了，先由沈老代表我们说了提出的问题："自从关于 杜重远的令人不愉快的，关于此事的原因。"

杜重远是怎样被"扣留"的！

茅盾说：说起来，这至今还是一个谜，杜先生到新疆去，职位是新疆学院的院长，我和张仲实先生则在文化委员会分任正副委员长，我们都是杜先生邀约去的。

事情的发生是在一九三九年的秋天，暑假之后杜先生感到了不少刺激，心里不大高兴，所谓刺激，是些什么呢？其实是很可笑的，原来在假期中，杜先生为利假期，使学院的学生获得新的活的知识，同时也可对地方给予新的印象——如民众教育等起见，发起一次旅行，当蒙教育当局和督办(盛世才)的允许，并由政府负担一切旅费等项，因此，这一旅行，是合法的，那时我因事未参加，张仲实是去了的，不意回来之后，杜先生病了，是真的病，是相当重，外面就有不三不四的传说，新疆官场中流言，杜先生这次率领学生到伊犁等处旅行，是"浪费官币"的行为，又有流言，则似乎说杜先生去到伊犁，去是另有作用的，不过这仅是流言而已，政府方面并无正式的承认与否认，官场中则闹得一天严重一天，这事传到杜先生的耳朵里，自然是一种刺激。

这是一件，接着又有更可笑的流言发生了，事实是这样的：学院中有一学生，这人和新疆当局有亲密关系，闹着恋爱问题，杜先生认为有关校誉，叫他来教训一番。其实杜先生说话也很和善(他平素都是如此，接近过他的一定明白)，对学生也从不会疾言厉色的。可是那个学生，则似乎受不了了，又兼有靠山，便在官方造出许多流言来攻击杜先生，于是官方的形势更紧张了，几乎把杜先生的

“事”当作见面时互相询问与批评的话柄了，这样传到杜先生耳内，真是又可笑又可恼，又多了一些刺激……

第三件，是当赵丹等一行到新疆之后，在迪化等地演剧，要求新疆学院的学生剧团帮忙，结果成绩很好，后来学院开课了，赵丹等又要学生帮忙，杜先生表示如果再答允，对于学生的学业上不免妨碍，因此表示不大赞同，这本来也很简单的，但是既然有人在多方设法挑剔，于是官场中又指责杜先生这种态度是不应当的，督办也似乎表示，谓杜先生这种态度有违新疆的立场，这样杜先生自更受刺激，病更重，重些，他觉得别人倒也罢了，盛督办是自己的好朋友，今日居然也不了解起来，夜长梦多，牵延下去，势将索然无味，因此写了一封长信给盛督办，沥陈所感，并以老友的口吻，请示可否暂时辞职，到别地方去换换空气。关于“别地”他也坦白地告诉了盛督办，一是来重庆，一是去苏联，并说到重庆来，似乎在盛督办看来不会赞同，而是自己也不想，最好还是到苏联去游历一个时期，请问盛督办的意见如何。这一封信，当时除了杜先生和盛督办似乎没有第三人知道，可是结果回音杳然，而官报对关于杜先生的流言，却日甚一日，而流言的内容也一天比一天不近情理起来，无可奈何，杜先生又写第二封信——这也是当我们快离新疆时才知道的——这封信对盛督办请示，可否提出辞职（一则因为病，旧疾虽痊而痔病复发，二则心绪不安，亟需旅行散心）。这封信也不再提去重庆或苏联，因为杜先生已料到这两者将徒然增加人的疑惑与流言的严重性，故只说要在新疆范围内旅行一次，或只在迪化休养，措辞更恳切了，可是一样地没有得到回音，而外间流言，却似风起云涌一般，这时也没有人敢去访问杜先生，杜先生也不能自由到什么地方去走了，虽然表面上他是有充分的自由的，因此他又第三次写信给盛督办，并附了一纸辞职书的草稿，请示可不可以。从此盛督办才表示允许辞职，并授意该辞职书可直接递送到督办公署。职是辞了，可是行动却更困难了，因为随着辞职之后，在官场发生的流言似乎更猖狂了。

这时消息已传到了重庆，说杜重远被“扣留”了。至于真相，则不用说重庆方面不明瞭，就在新疆，就在迪化官场，除了不负责任的流言者一切之外，大家也是莫明其妙的。

杜重远究为什么被“扣留”的？

当这问题被提出时，茅盾先生说：

到今天，我们还看不出是为什么来呢，不过我可以把我在离开新疆以前的所见所闻统一说（他是一九四〇年五月十四日离新疆的）。

杜先生辞职获准，是一九三九年冬天的事，紧接着遗职即由第六中学校长接任了，第一件事就是杜先生的内弟被捕了。内弟被捕的原因，据说是这样的：有一个学生向新院长告发说杜先生的内弟曾公开对他们几个学生说过，反帝战线中所登盛督办撰“六大政策”，其实是杜先生写的，当时新院长面询杜先生的内弟，他绝不承认这样说过，因为这绝非事实，但那位“告发”的学生则坚称有证人，当把其他“证人”叫来询问时，都说“记不清楚了”，有人则说“我未听到这种说话”。但是后又说，“似乎他说过也不一定”，这样闹到盛督办面前，结果是杜先生的内弟被捕了，被捕之后，官场中人说：“另有案情”，即谓早经捕的学院学生会会长一个案，牵涉了他，其后如曾同杜先生在江西办职业的某君等相继被捕，于是杜先生的情形便更陷于苦闷。

“那么，加在杜先生身上的罪名是什么呢？”

就是杜先生自己也是时时想这样迅速获得的一个答案，如果是必须判罪或是监禁，那也比较现状要好些，也经为在这间茅庐里，但是杜先生始终还没有指定犯了什么罪。

“在官方，则非正式地传出了杜先生获愆的原因”：

有的说还是因为杜先生率领学生旅行那一次，有人告他别有企图，可是这一说没有任何证据，而是同是官方，也有非正式的指明，此说不确。

有说谓杜先生曾经有一次答复一个关于三民主义与新疆××政策的异同这个问题，说六大政策是为实现三民主义而适时适地的实施的政治方策，而三民主义则是六大政策是较有时时关的，三民主义是较为永久性的。据说这一答复使盛督办等间接地听到了，感到老大大的不高兴。可是，也有人亲问杜先生，杜先生自己否认曾经这样解释过。

又有人说问题还要严重些，因为一九三九年的八月事件——那时有许多新疆要人被捕，至今有的已被刺死，有的尚在狱中，这事现在株连到杜先生了，可是这也只是一种传说，在官场地位中的一种猜测，而无证实政府是以这样罪名加诸杜先生。

此外，又有一种流言，那么，情形就非常严重了，这是说盛督办得到一份情报，说杜先生有“汪派的嫌疑，而且已收到一笔款子”的事，可是这在官方没有加以证实。

“所以关于杜先生在新疆也还是一个谜。”

失了自由的生活。

“那么，杜先生的近况如何？”陶行知先生很关心地问。

“这个吗？”茅盾先生说：“因为我离开新疆已经一个相当长的时间，所以最近的情况也不大清楚，不过在我未离开新疆时所闻所知，则可断定今日状况一定不会稍好，而只会更坏些。

自杜先生到新疆工作时自然抱着很大的理想，希把新疆弄得好些的——但看他所写的盛世才与新疆，虽然是写出祸事来了——因此他也物色许多人才到那边去，可是新疆的生活却是转离困苦的，尤其是在上海、香港等地过惯了生活的中产者，不过杜先生是从未顾虑及此。他在新疆还有他的夫人和三个很年少的孩子，非有个佣人帮助不可。但是，那边要雇工人真是难极了，也是些又笨又蛮又狡猾奸刁的人物，花了很多的钱也不会对你有什么真正的帮助，杜先生的薪水是八十元一月，这当然不够一个人的生活的，好在他自己还有几个钱，差不多每月要寄去一千多块，而且还要亲自洗衣服，洗小孩子的污衣，自己吊水，自己煮饭，这在一般人，哪里会想得到呢。

自从发生了(事故)之后，情形当然更坏了，杜先生是一个相当充满热情的人，可是，他不得不极力自制，不出门去看访任何人，以免连累朋友，至于别人，自然多不敢去看杜先生，以免惹是非，这样杜先生虽然病，需要别人帮助，可是结果是门虽设而长闭，情形凄凉极了，我和张仲实，交情和别人不同，所以我们不能避免任何嫌疑，都去看看他，他有时也来我们处坐坐。但是，大家都没有什么话可说，是非常寂寞的，现在我们也走了，杜先生真是一个可见面与交谈的人也没有了。”

“杜先生的生活是怎样过呢?哪里来这许多钱?”沈若先生关心地问。

是，这是很可忧虑的，我们临去以前，曾经想点力量：第一，杜先生急于要知道自己犯了什么罪，免得心地不安；第二是假如没有大不了的话，谁也这样相信，则最好能在新疆别地跑跑——出新疆自然是不易办到了，那时我也曾利用每一时间和盛督办代表达些意，而是杜先生也因督办是老朋友，他也很想亲见督办一次，可是结果是督办一听到提及杜先生，就“顾左右而言他”，使人不能讲第二句话，直到今年，一九四〇年春，志远到新疆，志远兄那时“不知有什么一回事，特请在宴会上一见杜先生”，那时，杜先生说算是第一次在“事件”后参加公家的宴会，可是始终没有和盛督办亲自谈几句话的机会——盛督办是竭力的避免，直到我临离新疆时，盛督办才表示：一、关于杜先生的生活，他绝对负责，假如杜先生有何需要的时候，但是诸位一定明白，杜先生要与督办亲见一面谈几句话尚不可能。他会自己提出帮助生活的要求吗?他自己不提，事实上也无法可提，你们想，还有谁会帮助他提呢?

全席听到这点，都感到一种同情与悲哀的态度，发生颤抖的微声来。

其次，盛督办又表示，茅盾先生接着说："关于杜先生的事，是由于得到某种"事态严重"的情报，如果事情侦查明白，则无论如何处置，督办都将特别邀请海内外杜先生的亲友，拿出所有的证件来，表示督办决不徇私，也决不忘旧——这是我临去时也是杜先生事件发生后他第一次明白对我说——也是第一次明白对人宣布其态度。由此，我们想这事现在还作"侦查"中，至于在这时间，杜先生是否会因经不起种种磨难而发生其他事故，在我简直是不敢想象了。"

大家感到异常悲哀的紧张与静默。

〔中央图书杂志审查委员会档案〕

9. 中统局抄送桂林"左倾"文化团体调查报告致社会部公函

(1940年2月14日)

中央调查统计局公函

兹有关于桂林左倾文化团体调查报告一件，相应抄同原报告函请查照参考为荷。此致

中央社会部谷部长

附抄原报告一件

局　长　朱家骅

副局长　徐恩曾

中华民国二十九年二月十四日

〔社会部谷批〕：函桂省党部，对此类左倾文化团体应加注意，并设法限制其活动。

桂林左倾文化团体调查

共党在桂林之活动，以发展文化界工作最为积极，其中心人物为曾任共党广东省委、现任《救亡日报》总编辑之夏衍及共党文化

名人胡愈之等。彼辈除组织各种文化团体，以为诱引青年、宣传左倾思想之工具外，最近又联络李任仁发起组织文化供应社，企图操纵桂省整个文化界尽作左倾宣传。并藉李之关系，接近桂省上层人物，以为彼辈活动之掩护。

兹调查桂地各左倾文化团体之概况，分述如下：

一　国际新闻社

地址：桂林环湖北路二十七号

组织情形：该社现有社员六十五人，由一年一次之社员大会选举理事九人，候补理事三人组织理事会，再互选社长一人，常务理事二人，组织常务理事会；社长之下设秘书处，置秘书主任一人，下设总务、编辑、采访、出版等部，各设正副主任一人，并在国内外各重要地区设立办事或通讯处。现吉安、长沙、曲江、昆明、贵阳、西安等地已设通讯处，香港、重庆已设办事处。

负责人：理事胡愈之、范长江、黄洁、王纪元、金仲华、刘尊棋、孟秋江、邵宗汉、恽逸群

候补理事：骆何氏、于友、任重

监事：翁从六、曾虚白

社长：胡愈之

经费：该社基金为社员所征之股金，每股十元，社员入社时每人至少必须缴纳五股，至多不得超过二十股；此外有出版刊物及发稿之收入（廿八年全年收入二万二千六百余元），及政治部月给津贴三百元。

活动概况：该社乃私人从事发展新闻事业之团体，社员多为各地文人及新闻记者，惟因主持者多为左倾作家，其主要活动则为宣传左倾思想。

二　中国农村经济研究会

地址：桂林施家园五十二号

组织情形：会内计分总务、编辑、研究、出版四组。

负责人：千家驹、杨秉莼、王一青、华昌泗。

经费：该会经费有会员月捐、会费及特别捐三种，每月收入约六百元。

活动概况：该会经常工作为出版《中国农村》（已出至六卷四期）及《会报》（已出版至十六期），王一青为驻会负责人，系一共党分子，共党闻人来往桂林者均住于该会（徐特立现即住内）。并曾有多次共党会议在会内举行。

三 文艺界抗敌协会桂林分会

地址：桂林施家园四十九号

组织情形：现有会员一百一十二人，由理事二十五人、候补理事十五人组织理事会，再互推常务理事九人，组织常务理事会，会内计分总务、组织、研究、出版四部，各设正副部长一人。

负责人：常务理事：欧阳予倩、李文钊、陈志生、鲁彦、杜林、黄药眠、焦菊隐、艾芜、钟期森

理事：夏衍、宋云彬、宋曾彬、胡愈之、欧阳凡海、司马文森、周钢鸣、盛成、孟超、白薇、舒群、新波、孙施谊、陈述冬、钟文、李平

总务部长：（正）李文钊　（副）陈此生

组织部长：（正）鲁　彦　（副）杜　林

研究部长：（正）黄药眠　（副）焦菊隐

出版部长：（正）艾　芜　（副）钟期森

活动概况：该会于二十八年十二月二日始正式成立，一月初曾由鲁彦以该会名义发起，联合新闻界、文化界各团体组织桂南前线慰劳团。赴桂南战区工作，刻已竣事返桂。

四 中国青年记者学会桂林分会

地址：桂林太平路十二号

组织情形：该会由会员大会选举理事七人，候补理事三人，组织理事会，再互推三人组织常务理事会，会内设秘书一人，及总务、组织、学术、服务等四组，各设主任一人，均由理事兼任。

负责人：常务理事黄吉、王文彬、莫宝坚，秘书孟秋江，总务组主任夏俊坡，组织组主任翁从六，学术组主任夏衍，服务组主任钟期森。

活动概况：该会办有记者联谊会股本千元，每股五元，计二百股，以百分之六十为会员股，百分之四十向文化界募集，推王文彬、莫宝坚、翁从六等负责，其作用在联络文化界，六月间曾参加桂南前线慰劳团工作。

五　桂林文化供应股份有限公司

地址：桂林

组织情形：由发起人选出董事，组织董事会，互选董事长一人，并聘请社长一人，总揽该社业务。社内设秘书一人，及总务、编辑、出版、制造、研究五部，各设主任一人，干事若干人，编辑部下分五组，每组设专任编辑及编辑若干人。

负责人：董事长李任仁。董事陈邵先、万仲文、胡愈之、陈此生、方振武、沈钧儒、林砺儒、杜重远。社长陈邵先，秘书兼总务主任陈此生，编辑主任胡愈之。

经费：由发起人李任仁等认定股本一万元，每股五十元，计二百股。

活动概况：该社于二十八年十月二十二日召开第一次董事会，议决先设总务、编辑两部，开始编写书刊，惟因印刷困难，作品不易收集，一时颇难得效果。

〔国民政府社会部档案〕

10. 中统局关于“七七”宣传队组织活动的调查通讯

（1940年2月16日）

“七七”宣传队为前上海量才图书馆馆长程远所创办，“八·一三”事变后，程将该馆移汉，易名为“七七”图书馆，并与前上海青年协会学校组主任干事刘良模等合组救亡宣传团，不久刘赴晋，程即将救亡宣传团改名“七七”宣传队，隶属于“七七”图书馆之下，于武汉退却时迁渝，设办事处于九块桥，现移设化龙桥裕森农场内。

该队负责人均为左倾分子，其姓名如下：

队长　程远（女性），三十余岁，与史良相交颇深，并经常与吴敏等往来。

队副　冯英子（女性），二十四岁，湖南人，现任中国青年记者学会干事。

剧务组　陈蔚　年二十八岁，“七七”图书馆职员。

歌咏组　柯如轩，年二十二岁，上海民立中学毕业。

宣传组　余学渊，巴县人，中学生，曾考电力厂做工。

交际组　傅德照，年二十三岁，曾参加怒吼剧社工作。

该队在汉时，曾联合各青年团体组织青年抗敌团体协会，为共党作外围活动，经汉市党部解散。在汉又曾先后公演话剧三次，来渝道经宜昌，与当地抗敌剧团合演《古城的怒吼》，在渝公演《上海屋檐下》，称为“七七”图书馆筹募基金，共得四千余元，该款后由《新华日报》代收，送成都，用途不明。由去年八月起，该队曾办平民夜校二期，每期二月，并经常赴各乡宣传。又设妇女组，作贫苦妇女生活访问工作，该队每月除需二百余元作队员之生活开支外，并需工作费约百元之数，均由程远私人付出。

二·十六

〔军委会政治部档案〕

11. 教育部相菊潭关于执行蒋介石安置自港沪撤退来渝文化界人士三原则办法的签呈稿

（1941年3月22日）

谨签呈者：中央党部秘书处于今日下午召集有关机关代表商讨安置自港沪撤退之文化界新闻界人士具体办法。到会者，有赈济委员会许代委员长、中央文化运动委员会张主任委员及社会部、海外部、政治部等机关代表。由吴秘书长主席。首由主席报告总裁指示之三原则：（一）自港沪撤退之文化界及新闻界人士，全体招待至重庆。（二）除临时招待救济外，并设法安置，使将各个力量，贡献抗战。（三）由中央文化运动委员会主持办理，俾资统一。当经遵照指示之原则，议决如下：

一、文化界及新闻界人士内迁，由赈济委员会、各区站负责人会同当地紧急救济委员会及中宣部所派人员办理，除照料救济事宜，并运送至重庆。

二、至重庆后，由中央文化运动委员会负责办理救济事宜，并附设宿舍。

三、先由赈济委员会拨五十万元交中央文化运动委员会应用。将来按月所需经费，由中央文化运动委员会拟具安置计划，连同概算，呈由中宣部转呈核定。谨呈

部长陈

相菊潭

三月廿一日

〔国民政府教育部档案〕

12. 军委会办公厅关于严加限制文化界人士购机票飞港活动的代电

（1941年9月15日）

重庆卫戍总司令部密鉴：奉交下中央宣传部九月五日函开：据报奸党文化界活动分子，近以香港为其文化工作之根据地，对于后方从事艺术宣传工作之人员，多方诱惑其赴港，以期罗为己用。兹为谋有效之防制计，嗣后对于此类人员请求发给离渝执照，应请贵会转饬主管机关严加限制，必须持有所属机关正式证明文件，确系因公赴香港者方允发给。相应函达查照等由。除分电本会政治部调查统计局暨本厅特检处外，请注意赴港飞机客票之审查为荷。军事委员会办公厅渝办四申(咸)礼。

〔国防部史政局及战史编纂委员会档案〕

13. 国民党中央宣传部抄发“周恩来通知左翼文化人防范政府屠杀政策”情报的公函

（1942年6月30日）

中国国民党中央执行委员会宣传部公函　究字第一七号

兹抄送“周恩来通知左翼文人防范我政府屠杀政策”情报一件，即希查照，切实注意，倘有“某人被捕”及“营救”之消息或隐射暗示之作品，均盼一律严予检扣，以免中其造谣之诡计为荷！

此致

中央图书杂志审查委员会

附抄情报一件

部　长　王世杰

中华民国三十一年六月三十日

周恩来于五月二十一日通知郭沫若，谓国民党政府近拟屠杀本党党员，已开始清查共党党员及左翼文化人姓名、住址，准备一网打尽，请关照各同志注意。郭闻讯后即分别通知在渝左翼文化人侯外庐、邓初民、张申府、王亚平、方殷、葛一虹、应云卫及乡居之夏衍、邓伯奇、阳翰笙等赴北碚开会，此外尚有马宗融、陈子展、陈望道等参加，并作如下决定：

（一）在渝左翼文人常在报章杂志露名，使社会皆知吾人在渝；

（二）如有被捕即发表消息，并尽量营救；

（三）在文坛地位稍低或身份过于暴露者，劝即离渝；

（四）用私人友谊通知英美苏在华使馆，说明国民党欲屠杀进步分子；

（五）分别通知各地左翼文人注意，现郭氏已定期与苏联及英美使馆人员举行谈话。

〔国民党中央执行委员会秘书处档案〕

14. 徐恩曾为制止《云南日报》“左倾”言论事与吴铁城往来函

（1944 年 4—11 月）

（1）徐恩曾致吴铁城函（4 月 13 日）

铁城先生赐鉴：据报：《云南日报》一向左倾，内部有奸伪分子潜伏活动，对奸党之言论或宣传消息滇省各报不登者《云南日报》常登，人多谓该报为滇省之《新华日报》。近半月来，该报又增刊《云南日报》晚刊及《云南日报》昭通版。晚刊上之“夜莺”，每日均以小品文字含沙射影攻击本党与政府之设施及人事，昭通版设于滇东重镇之昭通县，内部亦有奸伪分子，以故常发现《云南日报》本报经检查不准登载者昭通版竟又刊出，其言论与奸伪如出一辙，此均有该报之事实存在，只需检阅即可洞悉。复查该报系云南省政府之机关报，发起创办人为教育厅长龚自如，龚兼任云南省党部执委，又任该报常务董事，负有监督指导之责，一般人以该报既为省府机关报而常发表反动言论及消息为可怪，更以龚既为省党部之委员，何以不加审慎为可疑。至于奸伪分子及其他党派则常赞扬该报。该报负责人除龚自如外，社长为张克诚，副社长何少诚，编访股长董祚楷，副股长欧根，编辑张子斋、方丹余、湘何年、侯方、许建初、张丽亚、唐明诚、李某等人，其中张克诚虽加入国民党，思想左倾，常与奸伪分子往还。欧根、张子斋、方丹余、李某等人确为奸伪分子，董祚楷、唐明诚二人思想极左，但未证实是否奸伪分子，其余人员直接间接均与奸党不无关系，又昭通版以张克诚为对外发行人，分社主任刘华昭，刘为昭通县党部书记长，实际负总编辑者为马若朴，李文孝确系奸伪分子，马于抗战前曾以反动被押，曾加入国民党，然其主张、言论一贯以奸党为立场。再查《新华日报》之转载该报反动言论及该报常登重庆航讯之奸伪宣传消息，固由该两报一鼻孔出气所致，同时过去任《云南日报》编辑之唐发民，现在渝《新华日报》任职；又现任编辑欧根，上年曾代表《云南日报》赴渝，向《新华日报》有所接洽；又张子斋常写社论，本年十月十日罗隆基、李公朴等公开演讲反动言论时，该张子斋亦为其中重要主动人之一等语。附剪呈该报九月十五日译载美国新闻处华盛顿讯一则。据此，谨抄同该译讯一份，函奉登阅，并请

勋安

附件如文

晚

徐恩曾　谨启

四月十三日

抄译讯，原标题：美国方面的报告表示，希望一个团结的中国

——美军事代表已经到了延安

（美新闻处讯）华盛顿十四日电：“据本日此间报告，盟国能作

很多事情以帮助中国，其中很多正在进行中。我们能遣派代表团，我们能从印度越过高山将物资由空中运往，我们能帮助肃清滇缅公路，用我们的 B-二十九式超级空中堡垒袭击日本及中国的占领区，但是，我们不能把团结带到中国，团结这是中国人自己的任务。”

“重庆方面坚持说，中国不能有两个保有不同的军队与独立的通货的政府，而共产党则要求装备他们的军队十八个师，并且坚持蒋委员长所应允的战后时期的立宪与民主须立即实行。”

“当他们辩论的时候，两方精锐的军队在边界戒备着，日本在中国赢得了胜利。”

“现在，一个美国的军事代表团第一次到达了共产党控制的延安，被表现的希望是：这个由达维斯包雷特上校率领的代表团将帮助改善共产党与重庆之间的关系，我们将需要在两方的轰炸日本的基地，我们希望一个团结的中国就要出现。”

(2) 吴铁城致徐恩曾函稿(11 月 15 日)

中央执行委员会秘书处笺函　特字第六八七八号

可均吾兄勋鉴：十一月十三日大函奉悉，承示《云南日报》常发表反动言论消息，内部确有奸伪分子潜伏活动等情。弟经电云南省党部赵书记长，请当局将《云南日报》不稳分子解雇。又闻龙主席亦电何总长，对左倾分子活动，允予负责制止。肃此。奉复。

祗颂勋祺

弟

吴　祥启

十一月十五日

〔国民党中央宣传部档案〕

15. 国民党云南省党部为禁止报刊登载李公朴等人言论文字并限制其集会的呈

（1944 年 11 月 14 日）

中国国民党云南省执行委员会呈　宣指字第八九九号

查迩来因战局紧张，异党分子如潘大逵、罗隆基、潘光旦、李公朴、楚图南等乘机在昆明大肆活动，上月国庆日在昆华女中假借举办宪政学术讲演会名义，罗致群众，强加民意，提出所谓《各界纪念双十节大会宣言》及召开国事会议，组织联合政府等荒谬之口号，企图推翻本党政府，破坏抗战统一战线，在军事紧张之际，所发荒谬言论，如不加以防制，实足淆乱视听。本会有鉴于此，特于十月二十八日召集各中央直属在昆党团、新闻检查机关负责人，各宣传机关负责人及警察局长、社会处长举行防奸会报会，由书记长赵公望主席，商谈结果，经主席归纳各方意见如次：（一）各报不能刊登奸党活动之新闻和广告；（二）新闻检查与图书审查应依法执行，不予通融；（三）警察局、市政府会同通知昆华女中不许再租（借）礼堂给奸党开会；（四）非经社会处登记许可之团体，不准私自集会；（五）在学校内集会不准罗致校外群众参加；（六）组织一中心机构，以本出席者为筹备人，今后随时举行会报，交换防奸意见；（七）省党部、青年团发动党团员与奸党斗争；（八）由会列具言论荒谬之人，通知各机关，不得请其演讲；（九）警察局请社会处组训科长顾致中对警士作精神讲话；（十）请中央通讯社代发重庆情报等议事记录在卷。除已分别办理严密防范并嗣后按期举行此等防奸会报外，理合备文呈请钧会鉴核示遵！

谨呈

中央执行委员会

中国国民党云南省执行委员会

中华民国三十三年十一月十四日

〔国民党中央执行委员会秘书处档案〕

三、文化界维护合法权益的斗争

1. 国防最高会议秘书处交办邹韬奋等在国民参政会提请具体规定检查书报标准案的函件

（1938年9月3日）

径密启者：国民参政会第一次大会建议：请具体规定检查书报标准、并统一执行一案，经陈奉国防最高会议常务委员第九十五次会议决议：“查书报检查办法及标准，业已具有成规，最近中央党部正在积极推进改善，各地办理检查机关，尚有须明订系统之处，自应即予筹划。本案由中央党部、军事委员会、行政院转饬所属主管机关会商办理，并将办理情形于十月一日以前报告。”除函中央执行委员会秘书处及军事委员会外，相应录案，并检附原建议案印件函达，即希查照办理为荷！此致

行政院

附原建议案印件一份

国防最高会议秘书处

廿七年九月三日

具体规定检查书报标准并统一执行案（提案第五号）

理由

抗战建国纲领规定：“在抗战期间于不违反三民主义最高原则及法令范围内，对于言论出版集会结社，当予以合法之充分保障。”推其原意，一切书报读物，只须有利于抗战建国，不违反三民主义，则其出版发行，必能得到当局的保障。检查书报的目的，积极方面在鼓励有利于抗战建国的言论，消极方面在遏止有害于国家民族

的思想，而其中心原则，仍须不违反抗战建国纲领对于保障言论的规定。但在事实上，因为没有具体标准的规定与公布，没有统一执行的机关，以致各地各自为政，流弊百出，这种现象不但有碍于抗战文化的发扬光大，而且有悖于政府积极领导的精神，实有迅速改善以利文化事业的必要。现拟办法如后，是否有当，敬希公决。

办法

（一）由政府根据抗战建国纲领第二十六条保障言论的原则，规定检查书报的具体标准，并公开宣布，俾众周知，使著作家与出版家有所准绳，而一般读者亦知有所取舍。各地方政府对于书报的检查，亦须依照中央所公布的具体标准，切实执行。

（二）检查书报必须有统一负责的执行机关，俾免政出多门，流弊繁多。

（三）对查禁的书报，须将理由通知，使著作家及出版家知所改善，并且准备编著人或出版机关向统一负责的检查机关提出解释或申诉，由该机关重加考虑，决定最后的办法，如发现该书报内容确有违反三民主义或法令之处，亦须将该项内容明白宣布。

提议者　邹韬奋

联署者　沈钧儒　黄炎培　罗隆基

陈希豪　杜重远　褚辅成

王葆真　曾　琦　程希孟

周士观　吴玉章　冷　遹

王卓然　李　璜　罗文干

高惜冰　梁实秋　彭允璋

郑震宇　王造时　史　良

马乘风　邓颖超　林祖涵

江恒源　章伯钧

国民参政会决议案文

本案经大会决议如左：

一、原办法第(三)项之末句“明白宣布”四字删去，修正为“亦须将该项内容通知编著人或出版机关”。

二、余照原文通过。

〔行政院档案〕

2. 行政院文核中华图书公司等书店请保障书业安全纠正搜查书报违法行为函

(1939年8月22日)

行政院公函　第九五〇四号

据本市华中图书公司等呈，请纠正搜查书报行为，依法保障书业安全营业等情到院。相应抄同原呈，函请查照核办，为荷。

此致

中央执行委员会秘书处

附抄送原呈一件

中华民国二十八年八月二十二日

院长　孔祥熙

抄原呈

呈为呈请纠正搜查书报行为，依法保障书业安全营业事：窃属店等自抗战开始以后，随国军西移，由上海而汉口，由汉口而重庆。在印刷材料缺乏、敌机猛烈轰炸之下，努力出版抗战书报，保存国家文化，宣传政府国策，不遗余力，在我政府奖励扶助之下，抗战建国纲领更明文规定以充分之合法保障，而属店等几经惨淡经营，始幸稍能维持，得以报国于万一。乃自近旬以来，搜查书报之事竟越法令范围，而雷厉风行，搜查行为之任性暴乱，犹复迹近纷扰，使属店等无以为生，惶惑无已，敢作呼吁，爰分条缕呈如左：

一、查禁书报事先未有通知。属店等不知何者为禁书，待被查抄没收，方知为禁书，血本不意遭受牺牲，营业损失殊大。

二、查禁书报漫无标准。属店等无所适从，昨日可售者今日遭没收，今日可售者明日又遭查抄，甚至业经审查登记之书报，亦时遭没收。

三、搜查书报从未出示公事文件，随意取书。属店等顿失营业保障，甚且便衣出没，书架书桌之陈列翻搜零乱，随意取书而去，因之引起误会，发生纠纷。

四、搜查员非但搜查书报而已，且任意闯入内室，翻箱倒柜，侵害居住自由，扰乱安宁，欲加阻止则云："个人有头颅可以担保"，究其实则，又无搜查住宅之公事文件。

五、搜查书报之外，每将顾客驱逐，甚至加以殴辱，到处布岗，阻止顾客购书。

综上所述，搜查员不受国家法律之限制，任意欺凌，属店等顿失法律保护，形同侨居异国，随时防备大患临头，竟日惶惶不知所安，道路侧目，闻者裂眦。属店等从事文化事业，竟如处于无边无际之大监狱中，困苦莫甚，此与政府历次公布之保护言论出版自由，保护营业安全，保护住宅安全之明白昭告，实有不符。属店等受扰不堪，谨此冒渎奉陈，伏祈钧座，明镜高悬，保障法律尊严，扶植文化事业，予以彻底纠正，则书业幸甚！国家幸甚！迫切陈词，无任惶悚待命之至。

谨呈

行政院院长　孔

光明书局

四川书局

上海杂志公司重庆支店

读书生活出版社重庆分社

新知书店重庆办事处

新生书店重庆分店

乡村书店

重庆开明书店
生活书店重店分店
黎明书局重庆发行所
中国图书杂志总公司
重庆新生命书局
北新书局
新华日报图书课
互助书店
中国书店

中华民国二十八年七月　日

〔行政院档案〕

3. 沈钧儒在国民参政会提出保障文化出版事业案与国民党中央图书杂志审查委员会办理情形等有关文件

（1941 年 3—4 月）

(1) 军委会致国民党中宣部代电(3 月 16 日)

国民政府军事委员会代电　侍秘川字第六四九八号

中央宣传部王部长勋鉴：据沈参政员钧儒函呈略称：关于保障文化事业，钧儒曾于日前拟具提案，征求连署，准备提出。嗣思诉诸同人不如冒渎尊严，径候睿裁，为特抄呈，敬祈垂察等语。附送提案一份前来。查所请各节，应如何依法处理，兹将原件随文转发，即希分别核办为盼。中正。寅铣。侍秘川。附发原提案一件。

中华民国三十年三月十六日

附抄沈参政员钧儒原提案：为提议保障文化出版事业案

查出版事业关于一国文化，人民智识，我训政时期约法及抗战建国纲领均有明文规定，予以保障。惟近年以来，违法封闭书店、检扣书报等事，仍复层见叠出。甚至拘捕人员，没收财产，不但显背国家根本大法，抑且逾越普通法律范围。即如提案人参加之生活书店全国二十一个分支店，自二十八年三月起，继续被封及勒令停业，迄至现在竟无一幸免。先后拘捕无辜伙友达四十余人，有全店工作人员如数被执，即厨师、守园亦被牵连，有拘押二年犹未释放者，更有货物银钱以及伙友行李搜索一空者，列举其详。

一、二十八年三月八日封闭天目山支店，同事二人押送出境。

二、四月二十一日封闭西安分店，书与全部财物及店员行李悉被没收，经理周名寰拘押迄今未释。

三、五月四日封闭南郑分店，拘捕经理贺承先五日，全部存货及生财没收。

四、五月三十一日封闭天水支店，同事二人被拘，一拘押七十四日，无罪释放；一囚禁达七阅月，证实毫无罪状而开释。

五、六月九日搜查沅陵分店，拘捕经理诸侃，当日保释，勒令停业。

六、六月十四日封闭金华分店，拘捕经理阮贤道，在押四十余日，无罪出狱。

七、六月十七日勒令宜昌分店停业，拘押职员杨罕人七日。

八、六月十六日勒令吉安分店停业，至二十九日封闭。

九、六月十六日勒令赣州分店停业。

十、六月廿六日封闭丽水支店。

十一、六月廿九日勒令屯溪支店停业。

十二、七月八日封闭曲江分店。

十三、十月二十三日封闭南平分店，拘捕经理顾一凡达半年，无罪释放。

十四、二十九年二月三日拘捕宜川分店负责人及职员三人，均无罪释放。

十五、二月五日封闭衡阳分店，全体职员十一人被逮，三月十八日无罪释放。

十六、四月五日立煌分店邻居失火，职员二人被捕，店即停业。

十七、三十年二月八日成都分店限令停业。

十八、三十年二月十二日封闭桂林分店，拘捕职员四人。

十九、三十年二月二十日封闭贵阳分店，拘捕全体职员，生财存货及银钱搬运一空，经理周积涵仍在押中。

二十、三十年二月二十一日封闭昆明分店。

二十一、三十年三月一日封闭梅县分店。

综上所举，其封闭停业，悉无罪状，拘捕释放，全不合法，既未经司法或行政机关检举起诉，亦非法院判决执行，而累及无辜，没收财产，更属法所不许。查该书店于民国二十四年十二月二十八日向实业部领有设字第八七六〇号执照，为完全〔合〕法之商号。出版书籍，悉遵法令规定，所出书籍九百十余种，仅有四十一种与思想问题有关。图书杂志审查委员会认为应予禁止者仅二十六种，尚有十种，已由内政部审查通过领有执照，在九百十种中，所占比例不足百分之二，此极少数之书，应加修正或绝版，一经指示，即行遵令办理，从未稍有违抗，似此合法守法，实无封闭停业之理由，更无拘捕没收之根据。其他如读书生活出版社、中国书店、自力书店、新知书店等，成都、桂林、昆明、贵阳、白沙各地亦同样遭封闭，毫无保障，殊非发扬文化、维护商业、实施约法及抗战建国纲领所宜出此，爰特提议，敬候公决。

一、通令全国重申保障文化出版机关，维护合法商业之意，不得非法封闭书店或拘捕人员，如仍有不经法定手续，滥施封闭拘捕者，应予惩处。

二、令饬各地开释在押人员，并启封已闭书店，发还没收财产。

(2) 蒋介石致国民党中宣部代电(3月22日)

国民政府军事委员会代电　侍秘川字第六五六八号

中央宣传部王部长勋鉴:寅铣侍秘川代电计达,兹续据沈参政员陈报生活书店西安分店经理周名寰于二十八年四月廿一日晚被捕,迄今已近两年,患肺病瘰症,屡经医生证明,请求交保未准;贵阳书店经理周积涵,于本年二月廿日晚被捕,迄押在保安处,拟恳电令查照,准予即日保释等语。查本年二月案应准保释,从前各案应另办,除分电吴主席遵照暨复知外,特再转达,即希本此原则,并案核办可也。中正。寅养。侍秘川。

中华民国三十年三月二十二日

(3) 中央图书杂志审查委员会致中宣部代电(4月4日)

中央宣传部钧鉴:奉交下军事委员会本年三月十六日寅铣侍秘川代电,并附沈参政员钧儒函,关于保障文化出版事业提案一件,饬拟具意见报候核办等因。正遵办间,又奉交下军委会三月廿二日寅养侍秘川代电,饬遵照原则与寅铣侍秘川代电并案妥拟处理办法具复,并缴还原电。等因。奉此,谨查沈参政员钧儒请求保障文化出版事业一案,所举理由均不切合事实,而对生活书店查封原委,尤与事实不符。兹分别签复如下:录原签。奉令前因,理合检同军委会寅侍秘川及寅养侍秘川两代电及附件,并造具生活书店违禁书刊一览表,备文电示鉴核。中央图书杂志审查委员会。支印。附件。

中华民国三十年四月四日

抄中央图书杂志审查委员会签呈

查沈钧儒请求保障文化出版事业乙案,所举理由均不切合事实,而对生活书店查封原委,尤与事实不符。兹分别驳正如下:

一、文化出版事业保障问题——政府保障出版事业,在训政时期约法及抗战建国纲领内,均有明文规定。惟出版书店之营业,能恪守合法者,固应予以保障。其有违背法令,危害国家民族利益者,仍应依法取缔。

二、生活书店查封问题——各地生活书店之被查封,除廿八年间天目山等处本会迄未据报经过情形，不甚详悉。且各案历时逾年，当地政府处理之时，必有依据，无庸再叙处。至最近成都、昆明、桂林、贵阳等处之查封，完全系因各该生活书店，有违背法令出版，并经售违禁书刊事实之所致。沈参政员钧儒所称生活书店所出书籍九百十余种内，有四十一种与思想问题有关，图书杂志审查委员会认为应予查禁仅二十六种等语，与事实不符。查生活书店出版品，除杂志不计外，经本会查禁有案者，仅二十八年一年之间已有二十七种，截至现在已达六十种以上。此系就生活书店本版书籍而言，其代销之外版违禁书籍，尚未统计在内。此等违禁书籍，虽非该书店出版，然既承经售，自亦应负连带责任。且生活书店复往往在反动书刊之后，不依法刊载出版处所及出版年月，企图规避检扣责任，其违法事实，不胜枚举。兹仅将生活书店历年来，经本会查禁或停止发行之书籍名称，列表附呈，已足窥见一斑。

三、生活书店违抗审查指示之事实——沈参议员钧儒称：生活书店查禁书籍不足百分之二，此种少数书应加修正或绝版，一经指示，即行遵令办理，从未稍有违抗，如此合法守法，实无封闭停业之理由。此段叙述，亦完全有违背事实，就原稿言，本会成立后，对生活书店虽经迭次告诫，嘱其依法送审，该书店迄未完全遵照办理，先后依法停止发售者达十五种之多，直至廿九年十二月，当有因故不送审原稿而被禁售之情事。其后虽间有以原稿送审，但饬令删改之处，往往不遵照指示办理。尤其该书店所发行之《全民抗战》，更迭次违抗，曾被本会查禁该刊两期，以示薄惩。该书店出版及经售书刊，内容有不妥者，饬令停止发行，亦往往禁者自禁，售者自售。除被查获得为焚毁者外，所有该书刊，往往私藏密印，偷运匿销。此次曲江生活等书店查封之前数日，即曾抄出违禁书刊一千六百余本。成都生活书店查封前，亦曾检获违禁书刊五十种，查封时又检获违禁书刊十余种及故不送审书刊四十六种。重庆市方面，二十九年间，在生活书店检扣之违禁书刊，竟达三万八千八百七十七册之多，大为惊人，可见生活书店实非安分之商号，各地当局根据其迭次违禁事实，依法予以查封或限令停业，尚非过当。

四、内政部审订给照书籍查禁问题——至沈参政员钧儒所称：图书杂志审查委员会查禁之廿六种书籍中，尚有十种，已由内政部审查通过，领有执照一节。查内政部审查通过者，仍系抗战以前出版之书籍，根据承平时期之法令办理，迨本会复审查禁者，系根据抗战以后非常时期之法令，二者各有其时代背景与法律根据，毫不矛盾，尤不能据前者以否定后者，或据后者以妄议前者。

总之，保障文化出版事业，训政时期约法及抗战建国纲领均有明文之规定。本会历年以来，维护扶植，更属不遗余力。遇有书店违法情事，在可能范围内，无不特别宽容，事实俱在，宜可复按。至本年二月间成都等生活书店，即为各地方政府所查封或令饬停业，原系依法办理，此纯为行政处分之法律问题。生活书店经理，如情不甘服，除得依法提起行政诉愿外，别无他途可循，若由第三者贸然请求启封并惩处依法封闭书店之机关，似未免玩忽政府法令，应毋庸议。至因案被捕之人犯，如情节并不重大，自可从宽准予保释也。

附生活书店违禁书刊一览表

书刊名称	查禁或停售日期	查禁或停售理由
一颗未出膛的枪弹	二十七年	触犯审查标准
一年间	二十八年五月	故不送审原稿
大英帝国的动向	二十八年十二月上半月	触犯审查标准
三民主义读本	二十七年	触犯审查标准
三民主义概论	二十八年一月下半月	触犯审查标准
小革命家	二十八年四月	故不送审原稿
中国文字拉丁化全程	二十九年三月上半月	触犯审查标准
中国经济史讲话		故不送审原稿

续上表

书　刊　名　称	查禁或停售日期	查禁或停售理由
中国外交史	二十八年五月	触犯审查标准
文艺阵地	二十八年五月	触犯审查标准
文艺思想小史	二十八年十月	故不送审原稿
五台山下	二十八年十二月上半月	触犯审查标准
六年来的美国远东政策	二十九年九月	无出版地点故不送审原稿
四　劝	二十九年五月	故不送审原稿
列宁主义初步	二十九年八月	触犯审查标准
全面抗战论	二十七年	触犯审查标准
在文化阵线上	二十八年十月下半月	触犯审查标准
再厉集	二十八年八月	触犯审查标准
抗战中的西北	二十七年三月	触犯审查标准
抗战建国论	二十七年	触犯审查标准
抗日民族统一战线教程	二十八年一月上半月	触犯审查标准
抗日民族统一战线	二十八年三月下半月	触犯审查标准
抗日歌曲集	二十八年三月下半月	触犯审查标准
抗日与军队政治工作	二十八年三月下半月	触犯审查标准
抗日战士读本第三、四册	二十八年五月下半月	触犯审查标准
抗日军队中的政治工作	二十八年八月下半月	触犯审查标准
抗日歌曲集第二集	二十八年一月	触犯审查标准
抗战一周年	二十九年六月下半月	触犯审查标准
抗日根据地鲁西北区	二十九年四月下半月	触犯审查标准
抗日歌曲集运动	二十八年十二月	触犯审查标准
抗战与民众运动	二十八年十二月	触犯审查标准

续上表

书　刊　名　称	查禁或停售日期	查禁或停售理由
我们怎样为抗日复土而奋斗	二十八年二月	触犯审查标准
社会主义讲演	二十九年四月下半月	故不送审原稿
政治常识讲话	二十九年二月上半月	触犯审查标准
政治经济学论丛	二十九年三月	故不送审原稿
政治经济学	二十九年一月	触犯审查标准
科学的哲学	二十九年七月	触犯审查标准
保卫华北的游击战	二十八年八月	触犯审查标准
国际问题研究法	二十九年六月下半月	触犯审查标准
国际纵队从军记	二十九年一月	故不送审原稿
救亡手册	二十七年	触犯审查标准
望远镜与显微镜	二十七年	触犯审查标准
从旧世界到新世界的外蒙	二十八年一月上半月	触犯审查标准
产业革命讲话	二十九年一月	故不送审查原稿
街头讲话	二十七年	触犯审查标准
新 生 代	二十九年五月上半月	触犯审查标准
新哲学大纲	二十九年七月	触犯审查标准
新哲学概论	二十九年二月	故不送审原稿
农村组织讲话	二十八年三月下半月	触犯审查标准
赵老太太	二十九年三月	故不送审原稿
论抗战中的文化运动	二十八年二月上半月	触犯审查标准
征兵制度的理论与实际	二十八年一月	触犯审查标准
战时的财政问题	二十九年三月	触犯审查标准
随军西征记	二十八年十二月上半月	触犯审查标准
歼　　灭	二十八年六月	故不送审原稿
中国哲学史纲要	二十九年十一月十四日	触犯审查标准

续上表

书刊名称	查禁或停售日期	查禁或停售理由
文艺阵地	二十九年十月下半月	触犯审查标准
全民抗战一四四期	二十九年十一月上半月	故不送审且违反审查标准
全民抗战一四五期	二十九年十一月上半月	故不送审且违反审查标准
青年应当怎样修养	二十九年十一月十二日	触犯审查标准
性恋	二十九年十一月十二日	触犯审查标准
组织工作读本	二十九年十二月五日	触犯审查标准
给少年者	二十九年十月十九日	触犯审查标准
德国农民战争	二十九年十二月十八日	故不送审原稿
欧战与远东	三十年二月二十四日	令其办理申请手续故不来办予以暂停发售
铁流	三十年二月十七日	触犯审查标准
新华南半月刊(二卷二期)	二十九年四月上半月	触犯审查标准

〔中央图书杂志审查委员会档案〕

4. 王亚平、茅盾等文化界人士联名要求改进图书杂志审查办法及国民党中央图书杂志审查委员会拟复意见等文件

(1943年11月—1944年1月)

(1) 茅盾、王亚平等致行政院呈(1943年11月18日)

敬呈者:抗战已逾六年,宪政瞬将实现,文化出版事业之充分发展,为近代民主国家之基本要求,最后胜利之来临,宪政基础之奠立,胥有赖于文化出版事业,以表扬全民族之精神。同人等大率从事文化出版工作,瞻望前途,责任綦重,苟无贤明当局予以扶助,

为之主持，则国家民族百年大计，必深受其影响。查目前政府对于文化出版事业之规定，多沿训政时代及抗战初期之成法，而时间演进，实行所届，往往有甚于立法之本意。驯至国外之视听，以为吾国之言论均受政府之指使，倘有疏漏，责在政府，而国内人士，上自政府当局，下至社会民众，每以其个人之好恶，定负责审查者之臧否，审查者既为众怨所归，而立法之本意全失矣。同人等心所谓危，不敢不就目前文化出版事业状况及其必须改进之处，缕述如左，希垂察焉。

（一）图书杂志审查标准应请简单化，除违反三民主义之最高原则及抗战建国纲领者外，即不再加其他限制。

（二）图审会处对于审查标准应请作较严格之解释，使执行者不致将限制范围任意扩张，而失规定原意。

（三）应请图审会处将关于审查标准之一切规定（无论永久性或临时性者）均予汇集，发送各机关及杂志编辑负责人。以后遇有增删修改时亦请随时通知，以资遵循。

（四）图审会处认为不合标准之稿件，应请准原送审者或作者说明理由，申请送上级审查机关复审。并拟请中审会增设评议会，聘请各方专家组织之；以评议会为最高复审机关，准许作者列席或书面申述理由，以作最后之裁断。

（五）图审会处如认为稿件有修改之必要，应请批明理由，发回原作者自行修改，以免有损原作本意。

（六）图审会处认为不合标准之稿件，应请发还原送审者或作者，而免予扣留原稿。

（七）翻译稿件除有关军事外文秘密或违反抗建方针者外，应请不予删改，以存原作面貌。为减除事实上之困难起见，送审时并请以下不附送原文为原则，如遇有疑问时始调阅原文。

（八）已故作家之著作，应请以不加删改为原则，以示尊重死者，而求保存原作面目。

（九）审查时间应请遵守规定之时间标准，如以特殊原因不能如期审竣发还，亦应请通知原送审者或作者，并说明理由。

（十）凡经图审会处通过之稿件，除客观情势确有重大变化者外，应请认为永久有效，重版时不必再度送审。如情势确有重大变化，图审会处认为有复审之必要时，应预先通知原送审者或作者，并说明理由。

（十一）全国各图审会处之审查标准应请力求统一，凡经一地之审查机关通过之稿件，应准予通行全国。如某地遇有特殊情形发生时，该地方当局亦应申请原审查机关核定，预先通知原送审者或作者，并说明理由。

（十二）图审会处之审查原则，应请以稿件内容为限，而不问稿件价值之高低及技术之优劣。

（十三）戏剧作品，其出版与上演之审查应请统一，凡已准许出版之作品即可上演，已准上演之作品即可出版。

（十四）关于期刊杂志之呈请书，应请放宽限制，并减省手续，以求时间之迅速。

上述各节均系必须改进之实况，是否有当，尚乞钧裁。除分呈中央宣传部、中央图书杂志审查委员会、重庆市图书杂志审查处外，敬呈鉴核，不胜迫切待命之至。敬呈

行政院院长　蒋

行政院副院长　孔

胡　风	郁文哉	唐胜天	洪　深
茅　盾	徐仲年	□□□	陈北鸥
孙伏园	孙晋三	夏　衍	田一文
王亚平	于　伶	田仲济	司徒慧敏
史东山	老　舍	任　钧	列躬射
初大告	沈志远	宋之的	李长之
梁纯夫	姚雪垠	姚蓬子	曹　禺

曹靖华　张友渔　张申府　蒋梦麟
张静卢　常任侠　潘　菽　梅　林
杨卫玉　黄□□　黄洛峰　黄碧野
邓初民　葛一虹　叶以群　赵清□
刘清扬　刘尊棋　郑君里　臧克家
钱　□　薛迪畅　韩□裄　韩幽桐
聂绀弩

中华民国三十二年十一月十八日

（2）国民党中央图书杂志审查委员会致行政院呈（11月26日）

中央图书杂志审查委员会呈　中审发（五）三七八五号

中华民国三十二年十一月廿六日发

案据文化界人士王亚平等五十八人，本年十一月十八日呈称："敬呈者：抗战已逾六年，宪政瞬将实现，文化出版事业之充分发展为近代民主国家之基本要求，最后胜利之来临，宪政基础之奠立，胥有赖于文化出版事业，以表扬全民族之精神。同人等大率从事文化出版工作，瞻望前途，责任綦重，苟无贤明当局予以扶助，为之主持，则国家民族百年大计，必深受其影响。查目前政府对于文化出版事业之规定，多沿训政时期及抗战初期之成法，而时间演进，实行所届，往往有甚于立法之本意。驯至国外之视听，以为我国言论均受政府之指使，倘有疏漏，责在政府，而国内人士，上自政府当局，下至社会民众，每以其个人之好恶，定负责审查者之臧否，审查者既为众怨所归，而立法之本意全失矣。同人等心所谓危，不敢不就目前文化出版事业状况及其必须改进之处条陈如后，希垂察焉"等情。附改进审查办法一份。据此，查该项意见据称已分呈钧院有案，察其内容与本会历来所努力蕲求者大抵符合，祗以本会内部业务情形未能尽为出版界人士完全明瞭，以致所见稍有出入。兹依据原送意见逐条签复，除电请中央宣传部察核外，理合抄同本会拟复意见一份，具文呈祈钧院鉴核，并候令示祗遵。

谨呈

行政院院长　蒋

副院长　孔

附呈本会拟复意见一份

中央图书杂志审查委员会主任委员潘公展

本会拟复意见

一、查本会日前审查一切图书、杂志、戏剧所依据之标准，除中央各种临时指示外，即为《修正抗战期间图书杂志审查标准》，此种标准计分甲乙两项，共一十五条，内容原甚简单，祗以原定于抗战初起之时，对于目前情势间有未合。故于本年春季由本会重加修订，另以《战时审查图书杂志取缔标准草案》呈送中央核议之中，此项草案不仅内容简单明确，且限制之范围益形狭小，只要一切言论不违反国家根本大法与出版法规或影响邦交、诋毁政府、泄露机密者，均不在限制之列。

二、审查标准内容已甚明确，本无另作解释之必要，惟本会深恐各地审查机关运用未尽妥善，曾先后拟定《审查工作纲要》暨《审查标准释例》等件颁发各地，切实遵循。至国内外情势如有特殊演变而临时限制某种言论记载者，均系遵照中央指示办理，并非审查机关将限制范围任意扩张也。

三、审查标准早经公布，本会及各省市审查处成立以后，又曾迭次铅印分送各地书店与出版社，俾可传阅。兹可再令饬各地审查机关将审查标准与法规分送各书店、出版社与各杂志负责人知照，将来如有修改增删时亦当随时转知，惟中央临时颁发之指示多份密件，自未便以原文公布，但本会已迭次令饬各地审查处于召集出版界座谈会时，尽量用口头说明，俾著作人与出版人加以注意。

四、查《战时图书杂志原稿审查办法》第十七条本已规定“送审之书店或出版机关，如认为各省市县审查机关处理失当时，得申述理由，请求复审，并可径呈中央审查委员会核办”。本会为慎重处理此类稿件起见，特于会内组设出版指导委员会，慎重办理，其用意与原呈完全相符。惟有关特殊专门书籍如教科书、医药书籍、军用书以及地图等等，在法令中规定应由其他有关机关审查者，本会自须分别转送，未便作最后之决定。

五、各省市审查处为便利工作起见，不免将送审原稿中之少数不妥字句酌加删改，本会于察觉此种事实之后，早经通饬各省市审查处规定“嗣后各地对于经审原稿内不妥部分，无论字句多少，统应签注简明审查意见，指示作者或编者自行删改，不得再有代为删改之事实”。

六、经审稿件内容触犯审查标准而不能印行者，在过去均将原件发还，嗣后迭次发觉送审者往往将禁印稿件改头换面，另送其他地方审查机关，蒙混审查，故决定如禁印稿件其内容完全反动或泄露国防军事机密者，一概不予发还，唯送审者如保证绝无改头换面蒙混送审情事，亦当仍可酌予发还原稿也。

七、原呈第七项所请“翻译稿件，除有军事外交秘密或违反抗建方针者外，应请不予删改，以存原稿面貌”一节，自可照办，当即令饬各省市审查处知照，惟送译稿时仍应以附送原文为原则，但发印以前，翻译作品而确无法检送原文者，经声叙理由后自可准予免附。

八、已故作家之著作，其内容如不触犯审查标准者，自不在限制之列，出版者如有翻译此类作品，本会自应根据审查标准处理，只要内容不触犯审查标准，审查机关自无指示删改之理。

九、原呈第九项自可照办，当即通饬各省市审查处切实办理。

十、本会处理图书审查之手续有二：以原稿送审者发审查证，以已出版图书申请许可发售者发许可证，审查证有永久性，许可证为临时性，前者重版时不再送审，后者翻印时仍应将原稿送审，一俟领得审查证后，即可得永久性之保障。至业经给证付印之图书，如因特殊事故而重加复审或取缔时，自应通知送审者知照。

十一、审查标准原属一致，凡经任何一地审查给证之稿件，自应通行各地，如某地遇有特殊情形时，当地之地方当局或有关机关应申述意见，送请本会核办，并将办理结果通知送审人知照。

十二、审查原则本以内容意识为限，稿件价值与写作技术本会原不过问，只以年来纸张缺乏，供不应求，迭奉中央命令与夫国家总动员会议之决议，对于水准低的不合抗战要求之作品，稍稍限制出版，此亦作战各国之通例。

十三、本会以前只审查出版之剧本，嗣奉命兼办上演剧本之审查，为求处理一致起见，曾将业经审查之剧本重加复核，凡经复核许可出版者，自可准予上演。现在此项复核工作业经完成，并先后编制"禁演"及"准演"话剧一览表各一种，颁发各省市审查处转饬知照。

十四、杂志登记为内政部所主管，原不在本会职掌之内，惟由地方呈转中央，手续稍繁，时间较慢，对出版人士确有不便，本会有鉴于此，早经与主管部会商简便敏捷之法，一俟商得结果，再行通饬知照。

(3) 行政院指令(1944年1月4日)

指令　义陆〇一一九二

中华民国卅三年一月四日发

令中央图书杂志审查委员会

本年十一月二十六日中审发(五)字三七八五号呈送拟复王亚平等改进审查办法意见由

呈件均悉。该项意见经函准中央宣传部复知，尚无不合，仰即遵照转知。此令

〔行政院档案〕

〔四〕战时的文化学术团体

（一）社团管理

1. 国民党中央秘书处关于中常会通过抗战时期文化团体指导工作纲要备案事复社会部公函

（1939年8月15日）

中国国民党中央执行委员会秘书处公函　渝(二十八)机字第一〇九五六号

关于贵部呈为制定抗战时期文化团体指导工作纲要颁行各省市党部，报请鉴核备案一案。业经报告中央第一二七次常会备案，相应函复查照。此致

中央社会部

中华民国二十八年八月十五日

抗战时期文化团体指导工作纲要

一、关于文化团体组织之调查

1. 会同政府办理文化团体总登记：

A 所有文化团体均应在当地主管官署呈准立案后方得正式活动；

B 未经呈准立案之各文化团体，应即于限期内补行立案手续；

C 未经呈准主管官署立案之文化团体，而在限期内又不补行立案手续者，得严厉取缔之；

D 各地文化团体因所在地沦陷而迁移他处者，应向迁移地主管官署呈请备案。

2. 根据以下各原则整理现有文化团体：

A 会员星散，负责无人，经费无着，陷于有名无实之停顿状态者，应令停止活动或解散；

B 一部分或大多数会员有违反三民主义及本党政纲政策之言论行动，而负责人无法制止者，应予改组或解散；

C 组织不健全，不合于文化团体组织大纲及施行细则之规定者，应予调整；

D 凡科学性质相同的团体，在可能范围内应予以调整或合并；

E 凡抗战期间所必须之文化团体而尚未组织者，应即发动并指导其组织。

二、关于文化团体工作之指导

1. 指导并奖励文艺团体暨文艺界人士建立三民主义文艺基础，多多编著民族抗战剧本、小说及通俗读物，发行抗战画报，举行大规模之展览，改进文艺著作之刊行。

2. 指导并奖励教育团体暨教育界人士努力抗战时期之教育，尤须设法推动沦陷区域教育工作之进行。

3. 指导并奖励自然科学团体暨自然科学家努力于战争科学之发明及有关军事科学工作之进行，灌输民众战时科学常识，提倡科学化运动，期全国各界均能以科学精神及科学思想努力抗战建国工作。

4. 指导并奖励社会科学团体暨社会科学家，努力于抗战建国理论之建设工作，完成全国人民精神总动员，增强抗战必胜，建国必成之信念，于三民主义最高原则之下，统一全国人民之思想与行动。

5. 指导并奖励宗教团体努力于积极救亡工作，发挥其国内与国际宣传之最大效能，并策动其参加抗敌后援会之各种工作队。

6. 指导并奖励各种国际文化团体，努力对外宣传及联络工作，展开国民外交，俾与政府外交方针相呼应。

7. 调查学术团体所研究之专门问题，并拟定各项重要问题，发交各学术团体研究。

〔国民政府社会部档案〕

2. 国民党中央社会部关于饬令救亡团体分赴前线乡村开展工作事致各省市党部公函

(1939年11月7日)

社会部公函　渝字第七四九〇号

准军事委员会政治部治书巴字第一〇五九号公函：为据第五战区政治部主任韦永成呈请饬令集中都市之救亡团体分赴前线乡村工作。查事属贵部主管，相应函请查照核办见复，以凭饬遵等由。自应照办。除分函并令行外，相应函达查照，转饬遵办。并具报备核为荷！此致

各省市党部(共二十三单位)

中华民国二十八年十一月七日

附抄社会部经办救国团体分赴前线乡村工作案情形书

中央社会部经办救国团体分赴前线乡村工作一案情形陈述如左：

一、去年十月十八日，接准政治部函据第五战区政治部主任韦永成，呈请令饬集中都市之救国团体分赴前线工作。

二、本部当于去年十一月八日分别办理如左：

1. 函请各省市党部转饬各救国团体遵办。

2. 令各直属救国团体遵办。直属救国团体计有左列十一单位：

(子) 中国回教救国协会；

(丑) 中国妇女慰劳抗敌自卫将士总会；

(寅) 中华全国文艺界抗敌协会；

(卯) 中华全国戏剧界抗敌协会；

(辰) 中华全国音乐界抗敌协会；

(巳) 国际反侵略运动大会中国分会；

(午) 天主教妇女战时服务会；

(以上七团体较为健全)

(未) 中华全国漫画界抗敌协会；

(申) 中华全国美术界抗敌协会；

(酉) 中华全国木刻界抗敌协会(该团体异党分子较多)；

(戌) 中国前锋剧社(该社社址不在重庆)。

三、本部已先后准广西、甘肃、浙江、山西、福建、重庆等省市函复办理转饬各地救国团体分赴前线工作情形。

四、关于各省市党部所属救国团体分赴前线工作之经费，经本部指示如左：

1. 利用各该团体原有经费；

2. 商请当地动员委员会酌量筹拨。

五、复据中国回民救国协会呈请集中各救国团体由本部派员领导，分赴前线工作。当以此案与战地党政委员会有关，遂向该会商洽，其结果如左：

1. 战地党政委员会派往各战区之视察督导人员已有百余人之多，如欲再行派员会同领导各团体赴前线工作，势有未能，如各团体决定前往，当饬所派往各地工作之视导人员尽力协助。

2. 关于此项经费可担任一、二千元，多则恐有未能。

以上系办理本案经过情形，尚有办理本案意见数点，胪陈如左：

(一) 应召集各直属救国团体，组织筹备委员会。

(二) 组织两队，分南路与北路两路出发。

(三) 每队设正副队长各一人，队员三十人至五十人。

(四) 经费应即编具预算，除由战地党政委员会担任外，拟专案呈请中央拨发。

(五) 各队工作项目暂定如左：

1. 宣扬中央抗战意旨；

2. 编印抗战刊物；

3. 映放抗战影片；

4. 表演抗战戏剧；

5. 演奏抗战歌曲；

6. 举办抗战画展；

7. 召集各战区下级长官及士兵举行兵民联合游艺大会；

8. 其他。

〔国民政府社会部档案〕

3. 教育部为拟定抗战时期文化团体总登记办法大纲与社会部往来函件

(1939 年 12 月—1940 年 2 月)

(1) 教育部致社会部公函(1939 年 12 月 11 日)

教育部公函　字第三二七二六号

案准贵部本年九月渝字第五九二四号函送抗战时期文化团体指导工作纲要，嘱转饬各省市教育厅局一律遵照一案，业经本部于九月二十日以团壹/字第二六九七九号训令转饬所属遵照办理在案。按照该项纲要所规定，应先举行各文化团体总登记，以便指导其工作。兹拟就文化团体总登记办法大纲一份，函达贵部查核见复，以便进行登记为荷。此致

社会部

附登记办法大纲一份

中华民国二十八年十二月十一日

教育部举行文化团体总登记办法大纲

第一条　各文化团体依照文化团体组织大纲及施行细则完备立案手续者，均须于二十九年六月以前，在本部办理总登记手续。

第二条　各文化团体办理总登记手续时，须由负责人填具登记表三份，并拟定六个月工作计划三份，呈送本部核定。

第三条　凡未经办理立案手续之文化团体，可于总登记限期内补行立案，办理总登记手续。

第四条　在游击区域内文化团体之登记手续，可以以通讯方法代替之。

第五条　各文化团体拟定六个月工作计划时，须依照下列各原则：

一、文艺团体须注重编著抗战文艺刊物，并设法推行于游击区域，以发动民众之抗战情绪。

二、教育团体应注重战时教育实施之研究，并设法推动游击区域内之教育工作。

三、社会科学团体应注重抗战建国理论之建设，及如何提高国民精神总动员之效力。

四、自然科学及应用科学团体应注重于战时实用科学之发明，并以科学化运动及科学思想建设抗战建国之理论。

五、其他文化团体应各就性质，拟定与抗战有关之工作计划，呈部核定。

第六条　教育部认为各文化团体所送之总登记表及工作计划有不适宜处，得令重拟或修正，仍须于限期内呈缴。

第七条　总登记手续完备之各文化团体，应于每年将工作报告及其附件三份，呈报教育部备核。

第八条　教育部得分别拟定各项重要研究问题，令发各文化团体研究。

第九条　各文化团体及其分会地点如有变动，应于一个月内呈报备案。

第十条　各文化团体如在本办法所规定限期内未办理登记手续者，由本部斟酌其情形，分别予以警告及取消立案等处分。

第十一条　本办法自公布之日起施行。

(2) 社会部杨琪等签呈(1940 年 1 月 6 日)

教育部举行文化团体总登记办法大纲，经加审核，签列意见如左：

一、关于该大纲所规定党与政府之关系，须加改进者：

1. 文化团体组织合法之条件。该大纲第一条规定以依照文化团体组织大纲及施行细则完备立案手续者，始准予登记。似仅从政府机关立场，依据文化团体组织大纲及施行细则之规定，核准该项团体章程立案即为合法。人民团体组织以修正人民团体组织方案规定綦详，文化团体除依文化团体组织大纲及施行细则之规定办理外，关于组织程序，呈请党与政府核准组织及备案办法，仍须依照该方案之规定办理。质言之，即文化团体组织须经党部核准，并经主管官署立案，始为合法。原第一条似可修正为"各文化团体依照修正人民团体组织方案暨文化团体组织大纲及施行细则之规定，呈经党部核准组织，主管官署立案者……"似较完善。

2. 文化团体补行备案手续办法。对于组织不合法之团体，原第三条仅规定为"补行立案后，办理总登记手续"。须予修正之理由与第一条关系同。即未经依照法定手续组织之团体，不仅须向主管官署补行立案，并须先行呈请党部核准其组织也。原第三条条文似可修正为"凡未呈经党部核准组织及主管官署备案之文化团体，须于总登记限期内，依法分别呈经核准组织及立案后，再行办理总登记"。

3. 文化团体不履行登记之处分。原第十条所规定之"取消立案"处分，亦属出于片面之规定，似可于原条文之末增加"如由本部取消该团体之立案时，同时并由本部函请有关党政机关对该团体予以同样之处分"一项。

二、关于该大纲所规定中央与地方以及中央各主管机关之关系，尚待调整者：

1. 教部此次办理文化团体总登记，依该大纲之规定，范围及于全国。文化团体组织大纲施行细则第二条第一款规定，"具有增进学术教育性质之团体，其主管官署中央为教育部、省为教育厅、县市为教育局。"如由教部径办各地地方性文化团体登记，在法理上如何使不致侵越地方主管官署之职权，事实上如何使克登记普遍，似有酌量必要。

2. 文化团体组织大纲施行细则第二条第二款之规定，"具有改良风俗习惯性质之团体，其主管官署中央为内政部、省为民政厅、县为社会局。未设社会局县市为县市政府。"似此主管职权，于法既有规定，该大纲似未顾及，将来运用能否不发生困难，似属疑问。

以上两点，均属教部主管职权问题，至条文如何修正，或由教部另订施行细则均应由教部自行斟酌办理。本部仅提出意见，以供参考即可。

三、对于办理文化团体总登记意见，本部二十八年六月工作计划纲要规定，协助教育部办理文化团体总登记，盖悉教部已定有办理文化团体总登记计划也。依教部登记办法大纲主要内容观察，教部办理此项登记之意义，似以考核文化团体之工作，推行第五条所列各项工作原则为中心，如能将本签第一项各点予以修正，与本部主管职权尚少抵触，惟中央与地方、教部与内政部之关系，不能加以适当调整，收效势将大受限制。再关于该大纲第六条第七条所订总登记表、工作计划、工作报告之审核，为密切主管党政机关之联系，似可由教部会商内政部、本部共同办理，仍由教部主持之。应否将此项意见向教部提出，拟请核定。

本案文化事业科所签意见，是否将"全国性文化团体"特别划出，另由本部主办？所称"似与规定不符"，究与何项"规定"不符，以及是否由教部修正条文，而于条文中规定本部之"主办"地位？因未能明晰其内容，未便参加意见，合并陈明。

右签各项，当否？呈核

杨　琪　一月三日

桀　畲　一月四日

(3) 社会部复教育部公函(1940年2月20日)

中国国民党中央执行委员会社会部公函　利组字第二〇一〇号

准贵部第三二七二六号暨高字第四二一六号公函，为检送文化团体总登记办法大纲嘱迅予查核见复各等由。附该项办法大纲一份到部。查文化团体之组织，自应以文化团体组织大纲及其施行细则为依据，然设立程序仍应依人民团体组织方案之规定办理。兹拟将原大纲第一条修订为“各文化团体依照修正人民团体组织方案暨文化团体组织大纲施行细则之规定，呈经党部核准组织、主管官署立案者，均须于二十九年六月以前，在本部办理总登记手续”。第三条修正为“凡未呈经党部核准组织及主管官署立案之文化团体，须于总登记期内，依法分别呈经核准组织及立案后再行办理总登记”。余均同意。相应复请查照核办为荷！此致

教育部

中华民国二十九年二月二十日

〔国民政府社会部档案〕

4. 军委会战地党政委员会为组织战地各级教育文化协会致社会部公函

(1940年9月26日)

国民政府军事委员会战地党政委员会公函　战政渝字第二五〇八号

查本会为增进战地文教工作效率、摧毁及防止敌伪施行奴化教育，以增强抗战力量起见，爰于本年度工作计划政务部分第廿六项规定成立战地教育文化界组织，俾战地文化教育界根据各该地实际情形，综合或分别组织文化团体，以资联络。兹根据原计划草

拟《战地各级教育文化界协会组织大纲草案》一份，事属民众团体组织，核与贵部职掌有关，用特抄送草案一份，函请贵部查核见复，以凭办理为荷。

此致

社会部

附送战地各级教育文化界协会组织大纲草案一份

主任委员　程　潜

中华民国二十九年九月二十六日

战地各级教育文化界协会组织大纲草案

一、为增进战地文化工作及教育工作之效率，摧毁及防止敌伪施行之奴化教育，以增强战地之抗战力量起见，战地文化界及教育界应根据地域组织教育文化界协会。

二、战地教育文化界协会，在性质上为民众团体。除遵照中央及战地党政委员会有关教育文化团体组织各种法令规章外，依照本大纲办理。

三、战地教育文化界协会分为以下三种，以适应战地游击战之环境。

1. 行政督察区组织行政督察区教育文化界协会；

2. 县(市)组织县(市)教育文化界协会，县(市)以下之组织区教育文化界协会；

3. 在教育文化发达之重要乡镇，组织乡镇教育文化界组织。

四、各级教育文化界协会(以下简称各级协会)之组成分子如下：

1. 当地教育工作人员；

2. 当地文化工作人员；

3. 其他知识分子。

在县以下之区教育界协会中，中等以上学校在校学生亦得参加协会为会员。

五、各级协会会员大会每年举行一次。

六、各级协会设理事五人至九人，监事三人至五人，候补理事及监事各二人，由会员大会选举之。

七、各级协会理事组织理事会，其职权如左：

1. 处理本会会务；

2. 召集会员大会，并执行其决议案；

3. 对外代表本会；

4. 接纳及采行会员之建议。

八、各级协会监事组织监事会，其职权如左：

1. 审核本会收支账目；

2. 稽查事业进行状况；

3. 监察各职员职务。

九、各级协会理事及监事会各设常务理事三人，常务监事二人，处理日常会务，由理监事互推之。

十、各级协会理监事均为义务职，任期一年。

十一、期满应即依法改选，连选得连任，其递补之职员以补足原任之任期为限。

十二、各级协会理事会每两月开会一次，监事会每三个月开会一次，分别由常务理监事召集之，必要时得开临时会议。理监事开会时由常务理监事担任主席。

十三、各级协会之任务如左：

1. 研究及辅导战地学校教育与社会教育；

2. 研究并促进战地文化工作；

3. 研究敌伪奴化教育及我方应有之对策，并协助其实施；

4. 协助推进各种抗战工作；

5. 举办公开讲演及各种展览；

6. 征集及编印各种文教刊物；

7. 其他有关战地文教工作。

十四、为实现前条规定之任务，各级协会应斟酌情形分组工作，凡属会员均应自由选择一组或两组而参加之。

十五、各级协会应由战地各省教育厅及战地各县教育科负责，从速设法成立。

十六、各级协会各组研讨所得结果，得建议于教育行政机关。

十七、各级协会经费由会员缴纳会费充之，不足时得呈请政府补助或私人捐募。

十八、本大纲由军事委员会公布施行。

〔国民政府社会部档案〕

5. 国民党中央组织部关于加强社会文化团体党组织及其活动的提案①

（1941年4月1日）

查扶助各种人民团体之发展，为本党一贯之政策。本党过去革命事业得力于各种人民团体之赞助者亦非浅鲜，顾本党与人民团体之关系虽甚良好，而本党在各种人民团体中之组织则尚未臻严密，本党在各种人民团体中之活动，亦尚未能完全适应抗战建国之要求。而自社会部改隶行政院后，本党与人民团体之法定关系既随而变更，则今后为确立本党对人民团体的领导权，尤应运用党团作用，加强本党在人民团体内的组织与活动，一面以党的力量促进人民团体之发展与健全，一面使各种人民团体如众星之拱北辰，咸成为拥护本党实行主义之坚强的组织，爰本此方针，订定办法如下：

一、各地党部应策励所属党员积极参加或发起各种人民团体，以充实其力量，发展其组织及活动。

二、各种人民团体一律由所在地党部指导，其中党员组织党

---

① 此提案于民国三十年四月一日经国民党第五届中央执行委员会第八次全体会议通过。

团，其尚无党员者，亦应多方访察其优秀分子，介绍入党，组织党团，以建立本党的领导权。党团负责人应督同所属党员，经常提携扶助非党员之优秀分子，并吸收其入党，以巩固本党的领导权。

三、党团之运用，应注意民主集权之原则，但在行动上，党团负责人应绝对接受其指导党部之命令，党员应绝对服从党团负责人之指挥，务使意志集中，行动一致，以贯彻并实现本党之主张及决议。

四、党团负责人对于团体公益事项，应指导所属党员，努力负责切实办理，以发扬本党为人民群众服务之高尚精神。

五、党团负责人应策动所属党员，领导人民团体之各种对外活动，以增强抗战建国之力量。

六、人民团体中如发现不利于国家民族之言行，党团负责人应督导所属党员运用团体力量，予以纠正及裁制。

七、党团负责人应领导所属党员，协助政府推行关于各该社团之法令。

八、党团对团体福利事项应请政府扶助者，或对于社会立法政策有所建议，得经由指导党部提供于主管机关。

九、在各种人民团体内之三民主义青年团团员，参加党团组织，由党部统一领导之。

党务组审查意见：修正通过。

决议：照修正案通过（全文如上）。

〔国民党中央秘书处档案〕

6. 国民党中央社会部编:全国性特种社团一览

(1941年3月3日)

密件　第二〇一号

(一) 国际文化

团体名称	负责人	通讯地址
中国国民外交协会	陈铭枢、谢仁钊	重庆九道门七号
中苏文化协会	孙科等	中一路二二八号
中国国际联盟同志会	朱家骅等	中央秘书处转
中法比瑞文化协会	吴敬恒、毛庆祥等	临江路横街五十八号
中英文化协会	王世杰等	两路口玉川别业转中英庚款董事会
中德文化协会	朱家骅等	中一路六十一号
中缅文化协会	罗家伦、杭立武等	两路口玉川别业杭立武转
中国中暹协会	周启刚等	侨务委员会周启刚转
中波文化协会	陈立夫等	中四路一一二号
中印学会	吴敬恒、陈大齐等	考试院陈大齐转
中美文化协会	孔祥熙、陈立夫等	戴家巷二号寿景伟转
国际反侵略大会中国分会	宋子文等	枣子岚垭四十二号激庐
中国国际学会	张维城等	成都东门义学巷六四号
东方文化协会	于右任等	本市玉带街雷公嘴楼下郭春涛转

（二）自然科学

团体名称	负责人	通讯地址	备注
中华自然科学社	杜长明等	中央大学	
中国科学社	任鸿隽等	农林部钱次长转	
科学教育社	汪三辅等	广西桂林环湖东路十三号	
中国物理学会	梅贻琦、吴有训、丁燮林等	昆明西南联大理学院	
中国化学会	吴承洛等	经济部吴承洛转	
中国气象学会	竺可桢等	广西宜山浙江大学	
中国地理学会	翁文灏、张其昀、胡焕庸等	中央大学地理学系转	
中国地理教育研究会	胡焕庸、张其昀等	中央大学地理学系	
中国地质学会	黄漫清等	经济部地质调查所转	
中国心理学会	唐钺、陆志韦、刘廷芳、艾伟、肖孝嵘等	桂林第一三八号信箱转	
中国科学化运动协会	吴承洛、张北海等	教育部张北海转	
中国西部科学院	卢作孚等	巴县北碚区署转	
西北科学考察团	马衡等	故宫博物院办事处转	
黄海化学工业研究社	孙颖川等	四川犍为县三通桥民路德兴路十五号	
中国博物馆协会	马衡等	重庆故宫博物院办事处转	
中国算学研究会	余介石等	成都华西坝金陵女子文理学院	

（三）工程

团体名称	负责人	通讯地址	备注
中国工程师学会	陈立夫等	重庆南岸放牛坪	
中国营造学社	周贻春等	昆明龙泉镇麦地村	
中国水利工程学会	沈百先等	川盐大楼一号	
中国染化工程学会	诸楚卿等	上海虞洽卿路永吉里一四号	
中国航业学会	魏文瀚等	储奇门新冷藏公司转	
中华轮船驾驶协会	周海清等	马王庙街一八号	在筹备中
中国土木工程师学会	夏光宇等	国立西康技艺专科学校李书田转	

（四）医药及体育卫生

团体名称	负责人	通讯地址	备注
中国国医学会	张简斋等	机房街一〇四号	
中国医师学会	张简斋等	本市国医院	
中国医药教育社	陈郁、张简斋等	本市长安寺半边街十五号	
中国卫生教育社	陈果夫等	北碚□村八号	
中国卫生稽查学会	杨启雄等	贵阳卫生事务所转	
中华尚武体育研究会	许耀光、张伯苓等	南开中学	
中央国术体育研究会	钮永建、李宗黄、张之江等	中央国术馆转	
中华体育学会	王正廷、张伯苓、郝更生等	中央大学体育系	
中国心理卫生协会	艾伟、吴南轩、陈剑修等	中央大学教育学院转	

续上表

中华卫生建设协会	徐竹若等	五福宫六号	
中国药物自给研究会	陈璞等	教育部药学教育专门委员会转	
中华国术学会	吴孟侠等	兵工署吴孟侠转	
中华医学会	施思明等	重庆新桥卫生署	

（五）政法

团体名称	负责人	通讯地址	备注
中华政治经济学会	储一飞、张忠道等	浙江永康民政厅沈厅长转	
中国政治建设学会	田雨时、王卓然等	四德里十七号	
中国县政学会	庞镜唐、孙慕迦等	大阳沟四十号附二号	
中国行政学会	谭熙鸿等	川盐银行谭熙鸿转	
中国地政学会	萧铮等	林森路华西垦殖公司	
中国盐政学会	吴铎、□履坚等	四川乐山徐家坞金华公司内	
中国行政问题研究会	臧启芳等	成都实业街三十号	
中国考政学会	朱雷章、黄问歧等	教育部黄问歧转	
中国警察学会	戴笠、李士珍等	枣子岚垭八十四号	
中国警察学术研究社	陈械、李士珍等	弹子石中央警校	
中国市政建设协会	丘河清等	本市市政府专员室转	
中山学社	梁寒操等	川东师范内	
中华民国法学会	居正等	林森路监察院转	
外交问题研究会	张道行等	公□路十六号	
中国政治学会	王世杰、杭立武等	两路口玉川别业	
中华法学会	何元明等	上海爱多亚路浦东大楼	

（六）经济建设

团体名称	负责人	通讯地址	备注
中国经济建设协会	邹秉文、黄□儒等	香港九龙□箱一六四三号	重庆东川邮箱一四七号
国际经济学会	章乃器等	南岸何家坡复兴村四十四号	
中国经济研究会	邓飞、萧忠贞等	守备街青年里三号	
中国经济学社	马寅初等	观音岩立法院转	
中国战时生产促进会	俞飞鹏、周至柔、毛庆祥、高大经等	川盐银行中国航空公司高大经转	
中国西南实业协会	康心如等	打铜街	
西北建设协会	陈立夫等	中央政校萧铮转	
中国垦殖建设协会	吕　超、饶为璜	太平门顺城街二号中央信托局转	
中国计政学会	杨汝梅等	国民政府主计处转	
中华计政学社	余成源等	两浮支路八十三号	
中国统计学社	吴大钧等	国民政府主计处统计局转	
中华工商协进社	温少鹤等	九道门人才调剂协会转	
中华钱币革命协进会	陈立夫、焦易堂等	教育部转	
中国合作学会	陈果夫等	中央政治学校王世颖转	
中国合作事业协会	寿勉成等	本部合作事业管理局转	
中国度量衡学会	吴承洛等	经济部吴承洛转	
中国农民经济研究会	刘光华等	本部或枣子岚垭四十七号	

续上表

中国农村经济研究会	陈翰生等	中华路一二二号转	
中国农工问题研究会	萧忠贞等	林森路四一五号转	
新中国农学会	谭熙鸿等	经济部谭熙鸿转	
中华林学会	凌遵扬等	农林部凌遵扬转	
中国农业推广协会	钱大鹤等	农林部转	
中国养鸡学术研究会	张瑞芝等	昆明崇仁街四十三号	
中华农学会	邹树文等	重庆大学农学院转	
中国乡村建设学会	梁仲华等	民权路七十七号	
中国交通协进会	惆靖宇等	国府路二八二号	
中国励农会	蒋德麒等	李子坝中央农业实业社转	
全国会计师协会	闻亦有等	中三路一一五号转	
华侨生产建设协会	钱永铭等	香港九龙邮箱一六四三号	在筹备中
华侨建设协会	侯西反等	东华观	在筹备中
中原垦殖社	陈俊峰等	林森路五十号三楼	在筹备中

（七）学术教育文化

团体名称	负责人	通讯地址	备注
中国学术团体协会	章益、郭有守等	青木关教育部	
中国教育学术团体联合办事处	张伯苓等	青木关民众教育馆内	
中国文化建设协会	陈立夫等	本市美专校街七号	
中国教育社	程洪秘等	中央大学	
中国民生教育学会	邰爽秋等	张家花园七十号	

续上表

中华职业教育社	黄炎培、江恒源等	张家花园内	
中华儿童教育社	陈鹤琴、董任坚等	北碚四川中学转	
全国国语教育促进会	吴敬恒等	中四路一四三号吴敬恒转	
中华平民教育促进会	晏阳初等	南岸胡家坪	
中华教育行政学会	朱雷章、黄问歧等	监察院朱雷章转	
中国测验学会	艾伟等	中央大学师范学院转	
中国灵理学研究总会	王绍渠等	成都走马街	
通俗读物编刊社	顾颉刚等	成都北郊崇文桥泰华寺	
孔学总会	孔祥熙等	歌乐山云顶寺	
中国社会问题研究会	罗敦伟等	陈家桥双河口一号	
中国社会教育社	俞庆棠等	青木关民教馆转	
中国社会改进研究会	谷正纲、潘怀素等	民生路二六五号	
生活教育社	陶行知	参政会收转	
中国大众文化社	姚江浜等	新市区中二路一二七号	
全国战时教育协会	陈时等	康宁路五号	
妇女文化社	吕晓道、徐闿瑞等	本市邮政局街二十五号	
中国青年写作协会	龚弘等	临华街十五号	
中国青年新闻记者学会	范长江等	江北福兴石鹅项颈李庄	已停止活动
中国铸魂学社	安若定等	中四路一一四号三楼	
唯生学会	潘公展等	中宣部潘副部长收转	
中国哲学会	黄建中等	两路口□□刘家院	
东北青年学会	李荫泰等	李子坝正街十一号之二	
中国图书馆协会	袁同礼等	本市中央图书馆转	
中华国学社	顾实等	北碚复旦大学	

续上表

中国劳动学社	骆美奂等	经济部吴闻天转	
岷江文会	章士剑等	本市遗爱祠47号收转	在筹备中
中国新闻学会	萧同兹等	两路口中央通讯社转	
中国天文学会	余青松等	昆明小东城脚二十号	
中国社会学社	吴泽霖等	贵阳大夏大学	

（八）边疆

团体名称	负责人	通讯地址	备注
中国边疆学术研究会	张西曼等	本市信箱二二五号	
中国边疆文化促进会	陈立夫等	冉家巷二十号	
中国边疆建设协进会	于右任等	本市民生路将军坟德兴里十六号	
边疆问题研究会	范章云等	沙坪坝中央大学收转	
中国边疆学会	赵守钰等	玄坛庙家园	

（九）艺术

团体名称	负责人	通讯地址	备注
中华全国美术会	张道藩等	中央政治学校转	
中国教育电影协会	陈立夫等	青木关教育部王湛转	
中国前锋剧社	罗海沙等	公园路十六号青年响导社转	
建国戏剧教育巡回团	张仲友等	南岸□为局大田坝二十五号邮政代办所转	

（十）宗教

团体名称	负责人	通讯地址	备注
中国佛教会	圆瑛等		拟予整理
真耶稣教会总部	郭多马等	上海极司非尔路四十三号	
中国佛学会	太虚等	北碚缙云山汉藏教理院	
中华女子佛学会	方孙建吾等	南温泉□村坝卢家花园右文殊精舍	
护国息灾法会	戴传贤、张继等	打铁街长安寺佛学会	
中华基督教徒全国联合会	冯玉祥等	重庆青年会张承道转	

（十一）慈善

团体名称	负责人	通讯地址	备注
中华民国红十字会总会	王正廷等	小龙坎梅园新村三号	
中国战时儿童救济会	许世英等	山洞大田坝十二号	
中华慈幼协会	孔祥熙等	本市南板栗树	
战时儿童保育会总会	宋美龄、李德全等	本市求精中学内	
非常时期难民救济会	彭绍贤等	陕西民政厅	
中国保护动物会	叶恭绰等	云南禄丰滇缅铁路工程局运输课李经纬转	
河北难民青年救济会	王法勤、陈铁生等	紫家巷仁济堂楼上	
中华聋哑协会	何玉鳞等	玄坛庙二十三号李文彬转	

（十二）公益

团体名称	负责人	通讯地址	备注
国立戏剧专科学校校友会	张道藩等	上清寺街八十五号	
中华民国留日同学会	范杨等	枣子岚垭犹庄	
中国留英同学会	杭立武等	两路口玉川别业杭立武转	
中俄工业大学中国同学会	张冲等	本市信箱一七〇号	
中央合作指导人员训练毕业同学研究会	邹彭年等	合作局□勉成转	
战时交通员工训练所同学会	刘永培等	上清寺九一号二楼	
中国留法比瑞同学总会	毛庆祥等	上石板街四十二号	
留俄同学会	何汉文	东华观巷	
中国正义互助会	王有才等	天官街十五号	
基督教负伤将士服务协会	吴德施等	本市□仁医院转	
中国育婴保健会	胡定安等	北碚江苏医学院转	
中华妇女互助会	伍智梅等	中区干路一三二号	
中华理教总会	王有才等	巴县石桥乡邮政代办所转	

（十三）抗战救国

团体名称	负责人	通讯地址	备注
中华全国文艺界抗敌协会	冯玉祥、郭沫若、张道藩等	青年会一〇四号	
中华全国戏剧界抗敌协会	张道藩等	重庆集珠市三十六号	
中华全国美术界抗敌协会	张道藩等	龙王庙街七十三号	
中华全国电影界抗敌协会	张道藩等	中一路三一八号	
中华全国音乐界抗敌协会	魏先宏等	曲江县动员会陈世鸿转	
中华全国漫画作家抗敌协会	鲁少飞	武库街九十七号宣文杰转	
中国妇女慰劳自卫抗战将士总会	蒋宋美龄等	上清寺求精中学内	
天主教妇女战时服务会	张玉鳞等	劝工局街	
东北抗战建国协进会	卞宗孟、刘丕同等	通运门金堂街七十八号	
中原文化界抗敌建国协会	马乘飞等	河南省党部转	
全国征慕寒衣运动委员会	钟可托等	两路口大田湾五五号附一号	
荣誉军人职业协进会	何应钦、许世英等	曾家岩四十六号	
中国回教救国协会	白崇禧等	张家花园六十三号	

（十四）其它

团体名称	负责人	通讯地址	备注
中国劳动协会	朱学范等	本市邮箱三一三号	
战时社会事业人才调济协会	许世英等	九道门	
中国围棋会	陈立夫等	中一路二二八号	
中国童子军云南理事会筹备处	方绍坤等	云南省党部转	
战时日本研究会	王乃昌等	李子坝附近建设新村对面	
中国青年服务社	王星舟等	中一路青年书社转	
建国励志社	徐浩等	浙江金华塔下寺二二号	
中华妇女职业协进会	伍智梅等	重庆歌乐山龙洞湾	
中华民族复兴大同盟	孙云峰等	上海市党部转	

〔国民党中央宣传部档案〕

（二）社团组织

一、学术研究团体

1. 中国计政学会常务理事杨汝梅等报告会务状况呈及社会部批

（1938年8—10月）

（1）中国计政学会致中央社会部呈（8月25日）

为报告会务事：窃奉钧部通告略开：文化团体须于每半年将会务状况呈报一次。值此抗战期间，举凡抗战情绪之激扬，民族意识之唤醒，建国精神之确立，建设事业之推进，莫不有待文化团体之领导。本部为欲明瞭各地文化团体活动情形起见，规定办法如左，务希各团体负责人，共体斯旨，切实遵行。（一）凡经中央核准直接指导之文化团体，应将会务状况向本部报告；（二）凡由地方党部负责指导之文化团体，应将会务状况呈请地方党部核转；（三）上项报告，统限于九月十五日以前办竣；（四）报告内容须求详实，一般须述明名称、地址、立案日期，过去沿革，现在负责人姓名，现在工作状况，现在会员情形，以后工作计划。等因。奉此，自应遵照办理。兹由负责人分别报告如下：

（一）本会成立沿革。本会于民国二十二年五月在南京正式组织成立，并在南京市党部及南京市政府社会局立案，后因会员已遍全国，修订会章，呈奉中央执行委员会民众训练部，于二十六年七月八日两奉指令，修正准予备案，并分呈内政部、教育部、国民政府主计处，均已奉批，准予备案。本会上年曾在南京开第四届第四次理事会，依据修正会章第十六条、第十七条，准备改选理事三分之一，并准备选举监事，定期开常年大会。嗣以时局严重，各会员之住址及职务，大多变更，一切会务，均无法遵章办理，乃参照其他学术团体之例，由现任常务理事，负责继续维持会务，在京时奉中央第六部令，报告会务，曾由常务理事报告，声明由杨汝梅负责接洽在案。上年十一月底，本会随同政府迁渝，会所暂设在通远门外黄家垭口支马路第十六号常务理事杨汝梅住宅内。尚有常务理事张竞立、王昉二人，未到重庆，遇事须通函商酌，而实际由杨常务理事负责办理。一俟到渝会员职员增多，至可依法办理时当即遵照会章，补办未完手续。

（二）现在会务状况。本会以研究计政学术，促进计政改良为宗旨。原重在技术方面之研究，初以开学术讲演会为主，嗣因会员遍于各地，乃改为刊印会员著述，分为丛书及丛刊二种，凡长篇大著，称为丛书，短篇论文，称为丛刊，按月印送全体会员参考研究，均不取值。上年九月以后，因会员住址不明，无从发送，所有印成未发之刊物，均留置在南京会所，迁渝以来，因会员住址不明，理事不足法定人数，一切均不能照章办理，暂由常务理事杨汝梅负责与各职员非正式商谈办理。现在关于短篇论文之研究及有关会务之印刷物，仍然无定期之印行，就已明地址之会员，先行发送，以示会务并未中断。本会成立以来，以实事求是为宗旨，凡事实上尚未易于办到之事，均不用虚文粉饰。会员虽散处各地，而多数努力，故发展极速，二十二年开成立大会时，只有会员一百六十余人，二十三年开第一次常年大会已有会员四百六十三人，二十四年开第二次常年大会已有七百六十五人，二十五年开第三次常年大会已有九百六十八人。现在已向本会填具入会愿书之会员已有一千一百九十七人。又查本会系一平民化之学术团体，会员负担极轻，每年只交会费二元，所得印刷品之价值，实已倍于此数；本会会员之缴纳会费者，亦较其他学会为多，故本会会务，未尝因此停顿。但自二十六年秋季以来，本会已暂停收旧会员之会费，本会常年开支，以印刷费为大宗，其余一切开支，均极节省，在上年度内，除支付巨额印刷费外，尚匀出八百元，付与中国学术团体联合会，作为本会办公房屋之建筑费。又于政府迁移以前，向南京银行商提本会存款四百元，购买救国公债，以示本会对于抗战救国之微忱。尚有一部分剩余款项，存于南京新华储蓄银行。兹已委托重庆银行设法分期代取，移存重庆银行，以为维持本会会务之基金。

（三）现在会址、负责人及以后工作计划。现在会址暂设黄家垭口支马路第十六号楼上杨宅内。不另开支会所费，会务暂由常务理事杨汝梅负责维持。现已刊印会员一览表，随时商同在渝之理事干事，设法调查散在各地会员之住址、职业，俾于抗战期内，各尽所能，随时促进会务，兼以确立抗战建国之精神。以上各节，系本学会现在办理之实况，理合据实报告。谨呈

中国国民党中央执行委员会社会部

附呈修正中国计政学会简章一份、中国计政学会会员一览表一份，中国计政学会印行各会员著作一览表一份

中国计政学会常务理事张竞立

杨汝梅

王　昉

现在负责人常务理事杨汝梅

中华民国二十七年八月二十五日

修正中国计政学会简章

本会于民国二十二年五月在南京正式组织成立，初在南京市党部立案，后因会员已遍全国，二十六年七月复修正会章，呈奉中央执行委员会民众训练部，指令修正并准予备案，并遵令分呈内政部、教育部、国民政府主计处，均已奉批准予备案。

第一章　总则

第一条　本会定名为中国计政学会。

第二条　本会以研究计政学术，促进计政改良为宗旨。

第三条　本会设总会于首都，并得设分会于各地（以下总会即

称本会）。

第二章　会员

第四条　凡具有研究计政学术兴趣，并有左列资格之一，经会员三人之介绍，理事会之通过者，得为本会会员。

一、曾在大学或专门学校毕业，于计政学术素有研究者；

二、曾任计政事务二年以上，富有经验者；

三、有计政专门著述，经本会认为于学术有相当贡献者。

第五条　国内学术团体，与本会宗旨不相违背而能互相辅助者，得由本会理事会审定后，认为本会团体会员。

第六条　本会会员（包含分会会员及团体会员）有遵守本会会章、缴纳会费，分认学术演讲或研究调查之义务。

第七条　本会会员有选举权与被选举权，并享有本会研究学术及接受一切印刷物之权利。

第八条　本会会员逾一年以上未缴会费者，停止其应享之一切权利。但对本会有特殊贡献或特别勤劳者，得由理事会议决保留。

第三章　组织

第九条　本会以会员大会为最高权力机关，其任务如左：

一、通过或修改会章；

二、接受理事部报告会务经过及会款收支情形；

三、选举会章所规定应选之职员；

四、讲演计政学术及研究；

五、建议改革计政事项；

六、关于本会其他进行事项。

第十条　本会会员大会，分左列二种：

一、常年会　每年举行一次，开会时期由理事会酌定之，但须于一月前，通知会员。

二、临时会　理事会或五分之一以上会员之提议，由理事会召集之。

第十一条　团体会员得推举代表工人出席会员大会。

第十二条　本会由会员大会选举理事二十一人，候补理事九人，组织理事会，主持会务，为会员大会闭会后最高执行机关。选举监事七人，候补监事三人，组织监事会，为会员大会闭会后之最高监察机关。

理事会每月举行一次，监事会每两月举行一次，但得联合举行。

第十三条　理事会设常务理事三人，由理事互选之。

第十四条　理事会以开会时在首都理事过半数之出席为法定人数，由常务理事会轮流主席，不在首都之理事，得委托其他理事为代表。

监事会以开会时在首都监事过半数之出席为法定人数，由各监事轮流主席，不在首都之监事，得委托其他监事为代表。

第十五条　本会理事监事及候补理事监事每年改选三分之一，均得连选连任。理事会于常年大会一个月以前，加倍开拟候选理事监事名单，连同选举票，分送各会员选举之。

但亦得选举名单以外之会员。

前项选举结果，由常务理事于开常年大会时报告之。

第十六条　本简章修正后，理事及候补理事每年改选三分之一，其任期均为三年，第一次选举监事及候补监事，应选举全额。其任期依得票多寡之数决定之。凡得票较少者任期一年，其余依票数决定为任期二年或任期三年。其得票数相同，不能决定其任期时，以抽签定之。三年任期监事辞职时，以二年任期监事递补之，再以一年任期者递补二年任期之监事。以候补监事递补一年任期之监事。二年任期监事或一年任期监事辞职时，其递补次序依此类推。

第十七条　本会得公推党国先进之热心赞助本会者，为本会名誉理事，其人选由理事会议定之。

第十八条　理事会设干事若干人，由常务理事应事实之需要，得聘用会员为文牍员、庶务员。

第十九条　干事承理事会之意志，办理本会文书、会计、庶务、交际、稽核各事宜。文牍员、庶务员佐理干事，办理各事宜。

第四章　学术事业

第二十条　本会学术事业，暂定为左列各项：

一、编译计政学术丛书；

二、为计政学术上之讲演及调查研究；

三、关于现行计政之设计与实施之研究；

四、编辑计政学术之刊物。

第二十一条　本会因研究学术上便利，得就有关计政之各种学术，分组研究。

第五章　经费

第二十二条　本会经费，以左列各项充之：

一、入会费　会员缴纳一元，团体会员缴纳十元；

二、常年会费　会员及分会会员每年缴纳二元，团体会员每年缴纳五元。其愿一次缴纳数年会费者，由会发数年额数之收据，但会员及团体会员愿一次缴足十年会费者，均得永久免缴常年会费；

三、特别捐　会员或非会员，凡热心提倡计政学术者，均可不拘多寡，量力捐助。但会员一次捐款一百元以上者，永久免缴常年会费；

四、基金利息。

第六章　基金

第二十三条　本会为发展事业起见，得募集基金，并组织基金保管委员会保管，其章程另定之。

第七章　附则

第二十四条　本会简章如有未尽事宜，得由理事会或会员三十人以上之提议，大会议决修订之。

第二十五条　本简章经大会通过，并呈奉中央执行委员会民众训练部指令修正，准予备案施行。

中国计政学会会员人数及现任理事干事姓名

本会现有会员一千一百九十七人。

总会现任常务理事六人：杨汝梅　予戒　张竞立　彬人　王昉　孟昭

理事二十一人：杨汝梅　张竞立　王　昉　徐永祚　张心征　赵德馨　杜之英　卫挺生　熊仲韬　陈长蘅　王向荣　端木杰　林兆铼　李文伯　墨林翰　陈　良　朱君毅　郭秉龢　欧阳葆真　左宗纶　娄桐孙

候补理事八人：何福麟　朱通九　吴大钧　刘鹏　闵湘帆　闻亦有　李安素　马明治

干事：何福麟　杨泽章　李炳瑗　狄梦奎　郑祥孝　傅况鳞　王　玮　桂竞秋　余殿策　汪益堃　张承愈　陈华柏　邓吉云　唐雄飞　邹重华　马晋卿　王　呈　吴君实　叶崇勋　厉鼎模　陈九如　江希孔

文牍员：喻焕章

(2) 国民党中央社会部致中国计政学社批（10 月 19 日）

中国国民党中央执行委员会社会部指令　渝字第八〇四号

令中国计政学会

呈一件：为呈报成立沿革及现在会务状况，并附呈简章、会员一览表、会员著作一览表，请予鉴核由。

呈暨附件均悉。查所呈各节，尚无不合。该会现有会员达一千一百九十七人，抗战以来，均失联络，以致会务无形停顿，应由该会负责人设法调查散在各地会员之住址、职业、最近状况，并拟具改进会务计划，按步实施。嗣后应将该会工作情况，随时呈报本部备案，遇有集会，亦须先期呈报，以便派员列席，仰即知照。此令。

中华民国二十七年十月十九日

〔国民政府社会部档案〕

2. 张道行等为组织外交问题研究会报送简章等备案呈及中央社会部批

(1938 年 9—10 月)

(1) 外交问题研究会致中央社会部呈(9 月 14 日)

呈为请求准予组织外交问题研究会及指导事:窃道行等以外交问题研究为促进我国国际地位之重要工作,爰特发起外交问题研究会,以研究时事问题、分析国际情形、探讨各国外交政策及提供我国外交方针为宗旨,已于八月二十五日在留春屋举行发起人会议,到会有黄正铭、洪钧培等十二人,当经推定周还、张道行、方秋苇、杜若君、周子亚等五人为筹备员,迭经磋商,除征审会员,草拟章程外,并经决定于日内召开成立大会,用特呈请钧部许可组织,并恳派员指导,以利进行,实为德便。

谨呈

中央执行委员会社会部

外交问题研究会筹备会代表张道行

附会员名单、会章草案一份〔均略〕

中华民国二十七年九月十四日

(2) 外交问题研究会致中央社会部呈(9 月 30 日)

呈为外交问题研究会业已组织成立,请求准予备案事:窃属会自奉钧部五〇九批答准予筹备以来,即积极进行,并于日前召开成立大会,到会员五十余人,经选出张道行、黄正铭、周还、方秋苇、杜若君、周子亚、洪钧培、林纪东、杨之春、沈重宇、曹树铭十一人为理事,苏秋宝、彭芳草、储安平为候补理事,及张忠绂、陶希圣、吴颂皋、李迪俊、杭立武、钱端升、洪兰友为监事。理合呈报钧部,请求准

予备案，俾得开始工作，不胜迫切待命之至。谨呈

中国国民党中央社会部

附件：（一）外交问题研究会章程一份

（二）外交问题研究会工作大纲一份

外交问题研究会筹备会

中华民国二十七年九月三十日

外交问题研究会章程

（大会修正通过）

一、定名：本会定名为外交问题研究会。

二、宗旨：本会分析国际情势，探讨各国外交政策及研究我国外交方针为宗旨。

三、研究：

（一）各国国策之演进动向及其对于我国之影响；

（二）各国对华政治、经济、文化之关系及其对华政策；

（三）各种有关我国之重要国际问题；

（四）我国国策应循之途径；

（五）外交行政机构之改善及其效能之提高。

四、事业：

（一）研究所——与其他学术团体合作举办，其详细办法另订之；

（二）图书室——征集中外有关外交问题之书报杂志，藉资参考；

（三）讲演会——每月至少举行一次，必要时得召开座谈会；

（四）定期刊物——出版《世界评论》月刊一种，其详细办法另订之；

（五）丛书——初步完成中美、中英、中法、中德、中意、中苏、中日之外交关系七书，而后分别研究各该国过去之对华政策及其今后动向。

五、会员——本会会员分为两种：

（一）普通会员　凡赞成本会宗旨，曾受高等教育，对于外交问题富有研究兴趣者，经会员二人以上之介绍及理事会审查通过后得为本会会员。

（二）名誉会员　凡服务外交，资望隆重，同情本会宗旨，赞助本会事业，得由本会聘请为名誉会员。

六、经费：本会经费之来源如左：

（一）会费　会员入会须缴费一元，常年费二元；

（二）捐款　本会得接受国家补助与团体或个人捐款。

七、组织：

（一）会员大会　会员大会为本会最高权力机关，每半年开会一次，必要时得召开临时大会；

（二）理事会　本会设理事会，由会员推选十一人至十五人为理事，三人至五人为候补理事，组织之理事会，每月至少开会一次，执行大会交办事项及推进本会各种工作；

（三）常务理事会　本会设常务理事会，由理事互推三人至五人组织之，处理日常事务，必要时得聘请干事若干人，协助工作；

（四）监事会　本会设监事会，由会员推选七人为监事，监理本会事务。

八、会址：本会设于国府所在地。

九、附则：本章程自会员大会通过之日起发生效力，如有未尽事宜得由会员大会提出修改。

外交问题研究会工作大纲

一、工作目标：本会以研究时事问题、分析国际情势及提供外交意见为工作目标。

二、研究纲目：

1. 各国国策之演进及其对我国之影响；

2. 各国对华政治、经济、文化之关系及其对华之政策；

3. 各种有关我国之重要国际问题；

4. 外交行政机构之改善及其效能之提高；

5. 我国外交政策应循之途径。

三、工作要项：

1. 讲演会：为使国人了解国际情势，提高民众外交知识，特举办讲演会。

a 定期讲演——由本会择定适当地址举行，每月至少二次，每次讲演举行之前由本会登报通告社会人士前来听讲。为维护会场秩序起见，由本会发听讲证，听讲者应事前索取，概为收费。

b 讲座——凡中等以上学校愿开设国际问题讲座者，得请求本会协助办理，讲师由各学校提出人选，本会代聘，但须依照教育部颁大学讲师给酬办法，给予酬金。

c 学术讲演——由本会与各机关团体及中等以上学校合作办理，讲师概不受酬，但须川资食宿费时，由聘请演讲机关负担。

2. 定期刊物：本会创办定期刊物一种，定名为《世界评论》。

a 版期——每月出版一次。

b 稿件——聘请国内外专家为特约撰述，有系统的著述各种外交问题之文字，并亦酌量登载外来稿件。

c 座谈会——本会为研究国际问题，按期举行座谈会，藉资讨论，并将结果登载《世界评论》，以供社会人士参考。

3. 丛书：本会创办丛书数种。

a 版期——每月出版三册。

b 内容——基本丛书为灌输外交之基本知识，分析国际情势及探讨各国对我国之外交关系。

c 国际问题丛书——研究各国有关我国之重要国际问题，各国复兴外交丛书，研究各国复兴外交政策及其方针与运用。

4. 图书室：本会为搜集研究资料起见，特设图书室，其办法如下：

a 向各国学术团体接洽，以便集中购买各种有关外交之书籍；

b 搜集各会员所有外交问题书籍，备置一室，以供阅览；

c 请求国内外学术机关捐赠有关外交问题之书报杂志。

5. 研究所：与其他学术团体合作举办，其办法共同商订之。

〔下缺〕

(3) 中央社会部致外交问题研究会批答（10月6日）

中国国民党中央执行委员会社会部批答　渝字第六七三号

具呈人外交问题研究会筹备会呈一件：为本会业已组织成立，请求准予备案由。

呈件均悉。经核尚无不合，准予备案，关于该会图记模型及启用日期，仍希呈报备查为要。此批。

中华民国二十七年十月六日

〔国民政府社会部档案〕

3. 中国自然科学社报告社务状况呈及有关文件

（1938年9月—1940年）

(1) 中华自然科学社致社会部呈（1938年9月12日）

呈为遵令报告社务状况事：窃属社自京移渝，一切社务照常进行。兹分别各点报告如下：

(一) 名称：中华自然科学社。

(二) 地址：暂设重庆中央大学。

(三) 立案：民国二十二年四月八日，在南京特别市党部立案，得第一百八十九号人民团体组织许可证书。

(四) 沿革：民国十六年在南京成立，原名为华西自然科学社，至十八年改为今名。历年以来，进行专门科学研究，办理普及科学运动，刊行《科学世界》杂志已七年。

(五) 现任理事：杜长明（兼社长）、朱炳海、郑集、童致诚、高行健、朱季清、杨浪明、沈其益、杜锡桓。

（六）现在工作：继续出版《科学世界》与举行科学演讲，研究战事科学问题，为求工作便利，将全部社员分为九学组，即算学组、物理组、化学组、生物学组、地学组、农学组、工学组、医学组、心理学组。

（七）社员：现有社员七百五十余人，分布国内外各研究院、大学及科学事业机关，在社员集中地点设立分社。现已设立分社，在外者有欧陆分社，英伦分社，美国分社；在国内者有上海分社，北平分社，青岛分社，西北分社，长沙分社，重庆分社，成都分社，武汉分社，广州分社，昆明分社；南京原为总社所在地，社员甚多，直隶总社。此外，贵阳分社正在筹备中，已陷战区之分社无形停顿，在后方者照常活动。

（八）将来计划：除继续已办事业外，拟举办下列各端：

（甲）战事科学问题之研究；

（乙）舶来品替代问题之研究；

（丙）国防资源之调查研究；

（丁）科学战事常识之宣传。

（九）困难之点：属社限于经费，所有日常社务及事业之进行，均系少数社员公余兼管，故于工作之进行，极感困难，社务进行，每多阻碍。

遵照文化团体组织大纲施行细则第十二条之规定，属社之社务状况，理应呈南京市党部报告。兹以情形特殊，故再呈钧部，恳祈裁核，实为德便。谨呈

中国国民党中央执行委员会社会部部长陈

中华自然科学社社长杜长明　印

中华民国二十七年九月十二日

（2）教育部致社会部公函（1939年5月10日）

教育部公函　团十字第九〇二号

顷据中华自然科学社社长杜长明呈称："窃属会系由社员章涛等发起，于民国十六年在南京成立，至民国二十四年四月曾经中国国民党南京特别市执行委员会之许可，领得第一八九号许可证书。现有社员八百五十余人，分布于国内外各大学研究所及科学建设机关，常年社务除各社员分头研究工作外，并举行科学演讲，编行《科学世界》月刊。十余年来，未尝中断。现正筹备西康科学考察团，预定于本年七月初出发，从事于边省资源之调查，以期有助于抗战物力之供应。兹为具备法定手续，曾于本年二月呈请中央社会部备案，顷接渝字第三一〇三号指令内开：呈件均悉，准予备案。惟章程不合之处，应依所开各点修正，并应分呈内政、教育两部备案。除分函外，仰即知照。此令。等因。奉此，即将社章遵令所开各点，逐条修正，连同现任职员履历表，一并呈上，恳祈鉴核伏祈准予备案，实为德便"等情。并附修订中华自然科学社社章及现任职员录各一件到部。据此，查该中华自然科学社所呈章程大致尚合，惟所称曾经呈请贵部核准备案一节，是否属实，相应函请查明见复为荷。此致

中国国民党中央执行委员会社会部

中华民国二十八年五月十日

中华自然科学社章程

第一章　定名

第一条　本社定名为中华自然科学社。

第二章　宗旨

第二条　本社以研究及发展自然科学为宗旨。

第三章　社员

第三条　本社社员分下列四种：（一）普通社员；（二）永久社员；（三）赞助社员；（四）名誉社员。

第四条　普通社员：凡研究自然科学，或从事自然科学事业，赞成本社宗旨，得本社普通社员二人之介绍，经社务会之选决者，得为本社普通社员。

第五条　永久社员：凡普通社员在一年内一次或二次缴足五十元社费者，即为永久社员，以后不再缴常年费，其他权利及义务，与普通社员同。

第六条　赞助社员：凡捐助本社经费、书籍、仪器或其他之赞助，经社务会提出，得年会社员过半数之选决者，得为本社赞助社员。

第七条　名誉社员：凡于自然科学之学术或事业上有特别成绩，经社务会之提出，得年会社员过半数之选决者，得为本社名誉社员。

第四章　社员权利及义务

第八条　社员之权利如下：

（一）普通社员得出席本社年会，赞助社员及名誉社员列席本社年会；

（二）社员得享受本章程所规定之选举及被选举权；

（三）社员皆得享受本社出版物，并得利用本社所设图书馆、博物馆及研究所之各种设备。

第九条　社员之义务如下：

（一）有遵守本社一切章程之义务；

（二）有担任研究调查、讲演及投稿社刊之义务；

（三）有向社务会报告研究工作之义务；

（四）有发展本社之义务。

第十条　普通社员不缴常年费至一年以上者，社务会得停止其各种权利，但经缴足欠费，得恢复其权利。

第十一条　普通社员于二年内既不向本社通信或填寄表格，又不缴纳常年费及工作报告者，以出社论。所有出社社员，应由社务会提交年会执行之。

第十二条　本社社员有损坏本社名誉之行为时，及社员之已完全离弃科学事业者，社务会得以四分之三多数决议宣布除名。

第十三条　本社为纯粹学术团体，社员不得以本社名义参加政治活动。

第十四条　社员如有自愿出社者，得具函向社务会请求退出。

第五章　社费

第十五条　普通社员应缴常年费四元，入社费五元；常年费每年分两期缴纳。学生时代减半，征收入社费可暂不缴纳，俟有收入时补缴。

第六章　社务

第十六条　本社社务预定下列八种，以事之难易为举办先后之标准：

一、举行科学讲演，以普及科学知识；

二、设立科学图书馆，以便学者参考；

三、设立博物馆，搜集学术上、工业上及动植矿各种标本而陈列之；

四、设立研究所，施行科学上之实验，以求科学之进步及其事业之发展；

五、刊行杂志，著译科学书籍，以传播科学及便利研究；

六、组织科学旅行团，作实地之调查与研究；

七、联络中小学理科教师，共谋改良教育；

八、受公私机关之委托，研究及解决关于科学上之一切问题。

第七章　董事会

第十七条　本社设董事会，以董事九人组织之。

第十八条　由社务会就本社名誉社员、赞助社员、普通社员中选定候选董事若干人（候选人数应超过当选人数以上）提出年会，经到会社员过半数之同意选决八人，社长为当然董事，合为九人。

第十九条　除当然董事外，各董事任期均为三年，每年改选二人或三人，连选得连任。

第二十条　董事会设主席一人，由董事互选产生；书记一人，由董事会就理事中择任之。

第二十一条　董事会之职务如下：

（一）襄赞社务，计图本社之发展；

（二）筹措经费，兴办本社各种科学事业；

（三）审核本社财政出纳及预算决算；

（四）向年会及社务会报告募集基金及各种捐款。

第二十二条　董事会每年至少开会一次，开会日期及地点临时酌定，遇有重要事件不及会议，得由通信表决。

第二十三条　董事会办事细则由董事会根据社章另定之。

第八章　社务会

第二十四条　本社设社务会，下设总务、研究、推广三部，以理事九人组织之。

第二十五条　社务会理事任期三年，每年改选三分之二，于每年年会前用通信选举法选出，其办法另订之。

第二十六条　社务会设主席一人，即为本社社长，由年会指定之；各部设主任一人，由理事互选之。

第二十七条　社务会之职权如下：

（一）决定本社方针，实行本社计划；

（二）推举候选名誉社员、赞助社员及董事；

（三）选决普通社员；

（四）掌理社中财政出纳，并编造每年预算决算，交董事会审核；

（五）报告每年社务于年会；

（六）管理本社各种财产及基金。

第二十八条　社长代表本社，总理社务会一切事务，社长因事不能执行职务时，得委托其他理事代理之。

第二十九条　总务部司理组织文书、事务、会计及不属其他各部之事项，其组织细则由社务会另定之。

第三十条　研究部司理研究事项，并主管与研究相关之事务（如图书等），其组织细则由社务会另定之。

第三十一条　推广部司理普及科学运动及科学建设事业，并主管与推广相关之事务（如出版发行等），其组织细则由社务会另定之。

第三十二条　社务会得视事实之必要，组织各种委员会，办理特种事项，其组织法由社务会规定之。

第九章　年会

第三十三条　年会每年举行一次，其时间及地点，由社务会决定，先期通知各社员。

第三十四条　年会分学术及社务两部。

第三十五条　学术部有下列各事项：

（一）讲演科学原理及社员个人研究之著作或论文；

（二）讨论关于自然科学之一切问题。

第三十六条　社务部有下列之各事项：

（一）决议董事会、社务会及社员提交之议案；

（二）修定本社章程；

（三）推举查账员，查核基金财产及收支账目，报告之于年会；

（四）选决赞助社员、名誉社员及董事；

（五）宣布理事选举结果。

第十章　学组

第三十七条　社务会为发展各门学科事业起见，得设立学组，直隶社务会，其组织条例由社务会另定之。

第十一章　分社

第三十八条　凡各地社员在十人以上，得向社务会申请设立分社，经社务会通过后始得成立，其组织及社章，须根据本社章程拟定，经社务会核准后始能发生效力。

第十二章 社友会

第三十九条 凡各地社员在三人以上，得向社务会申请设立社友会，经社务会通过后始得成立。其职务及会章，须根据本社章程拟定，经社务会核准后始能发生效力。

第十三章 社友区

第四十条 本社为严密组织起见，得依地方性质设立社友区，直隶组织股，其组织条例由社务会另定之。

第十四章 修改章程

第四十一条 本章程经社务会或社友十人以上之提议，得年会到会人数三分之一之通过，或由社员通信投票五分之四之同意，得修改之；第十二、第十三两条，须经全体社员同意后始得修改。

中华自然科学社现任职员履历表（1938年11月）

职务	姓名	年龄	籍贯	履历
理事兼社长	杜长明	三六	四川蒲江	美国麻省理工大学博士，现任国立中央大学化工系主任
理事兼总务部主任	朱炳海	三一	江苏江阴	国立中央大学理学士现任国立中央大学气象学讲师
理事兼推广部主任	屈伯传	二八	四川泸县	德国工科博士，现正在筹备制革工厂
理事兼研究部主任	郑集	三三	四川南溪	美国印第安大学博士，现任国立中央大学生化学系主任

续上表

职　　务	姓　名	年龄	籍　贯	履　　历
理　　事 兼科学世界总编辑	李秀峰	三四	四川泸县	国立中央大学理学士，现任国立编译馆编译
理　　事 兼组织股总干事	谢立惠	三二	安徽无为	国立中央大学理学士，现任四川省立重庆大学讲师
理　　事	杨浪明	三四	湖南长沙	国立中央大学理学士，现任国立西北农学院讲师
理　　事	李国鼎	三二	南　京	英国剑桥大学物理学博士，现任防空学校照测总队技正
理　　事	徐宗岱	三五	南　京	国立中央大学理学士，现任国立中央大学化学系教员

(3) 中华自然科学社概况(1940年)

一　史略

中华自然科学社的前身是华西自然科学社，民国十六年九月九日在南京开成立会，那时大家觉得我国西部科学落后，而又是得天独厚亟待开发的宝库，所以纠合西南各省研究自然科学的同志，组织了这个学社，希冀有所贡献于国家社会，当时社员只有四人。十七年在南京举行第一届年会，社员二十六人，可是籍贯不仅限于西南，同时大家又觉得我国科学落后是整个的现象，非团结全国自然科学者共同努力不可，所以决议改名为“中华自然科学社”，以免划地自限。并增加学艺部及基金保管委员会，在学艺部下分设数学、物理、化学、地学、生物、心理六组。十八年七月在南京举行第二次年会，社员四十二人。十八年以后，一部分社员离开学生生活，走进社会，一部分留学海外继续研究，一部分还在学校读书，因此社的范围更加扩大，社务也大有进展。十九年增设农工医三组，社员达五十七人。二十年“九·一八”事变发生，举国振奋，南京有军事科学研究会的组织，本社社员推动之力居多；为互通声气起见，刊行《社闻》。二十年创刊《科学世界》月刊，八年以来未尝间断。二十二年在南京举行第六届年会，有社员九十八人，论文十篇，成立上海分社及出版委员会。二十三年七月二十一日在南京举行第七次年会，有普通社员一百九十五人，赞助社员九人，论文十五篇。决议修改内部组织，社务会分总务、研究、推广三部。为联络各地社友起见，增设社友区。二十四年社员二百九十三人，为使同科社员取得事业上之帮助起见，次第正式成立了各学组。此后第八、第九两届年会，均在南京举行，社员续有增加。民国二十六年为本社成立十周年之期，不幸“七·七”事起，首都内迁，筹备日久的十周年纪念大会未克举行。但本社自迁渝以来，社务进行未尝停顿，为不负科学学者在抗战建国期中的时代使命起见，益加努力。二十七年十一月在渝举行第十一届年会，宣读论文四十余篇，议决要案十七件之多，其中如举办西康科学考察团一案，已经实行，并获优良结果。现在我们的社员，统计有一千二百多人，分布于国内外各大学、中学、各研究机关和各科学事业机关。

二　立社精神和努力目标

科学家苦心焦思的发明，每为少数人所利用，造成种种不平的局面。现在的社会，只有极少数人能利用科学，安富尊荣，而大多数人辗转呻吟，饥寒交迫。我们相信人类是平等的。科学上的创造发明，应以增进整个人类的幸福为目的，科学应为大众服务。在中国，人民思想受科学熏陶太少，过的生活是极不科学的，连年天灾人祸，百业不振，亟需要科学来拯救大众。因此确定平民精神为本社的基本精神。希望从平民精神而产生大公精神和刻苦精神，朝着下面四个目标来努力：

1. 为谋科学之普及，以启民智；

2. 为作科学之发展，以裕民生；

3. 为求科学之调查，以固国本；

4. 为行科学之研究，以昌文化。

三　组织

本社组织，简述如下(参阅附录：组织系统表)：

(一) 年会。是本社最高机关，每年开会一次，在学术方面，宣诵论文，讲演或讨论科学问题；在社务方面，决定将来计划，检讨过去成绩。

(二) 社务会。是年会闭幕后的最高权力机关，由理事九人组织之，执行年会决定的方针，实行一切计划，设社长一人。社务会分下列三部，部设主任一人；部分各股，股设总干事一人，干事若干人。

总务部设组织、文书、事务、会计、健康五股；

推广部设出版、发行、讲演等股及《科学世界》编辑委员会；

研究部暂设调查及图书二股。

(三) 分社。凡各地社员在十人以上者，得向社务会申请设立分社，经社务会通过后，始得成立。现有分社：(1) 国内：重庆、成都、西安、昆明、广州、武汉、北平、上海、南京、青岛等十分社；(2) 国外：英伦、欧陆、美国三分社。各分社之下就地域的便利，又分为若干社友区。

(四) 学组。因为自然科学的范围宽泛，一定要有学科上兴趣的联系，所以注意学组的设立。现在成立的有数学、物理、化学、地学、生物、心理、农学、工学、医学等九组；各组有干事三人，负责联络同组社友，谋该组研究工作之进展。

四　继续进行的事业

(一) 打破畛域团结自然科学者——我们认为我们所负的时

代使命，是整个的、十分广大的，不是少数人、也不是一部分或一方面的人所能担负的，我们深信封建思想阻碍我国社会的进展，要想我国的科学事业能发展，第一步非极力破除这种恶势力不可。所以本社吸收社员，绝对不让省籍、学校、留学国等界线存在，自限事业的前途。只要是研究或从事自然科学而赞成本社宗旨的，我们都欢迎入社，经过合法手续，便为本社社员。本社竭诚希望能集全国自然科学者共同努力于中国科学事业之开拓。

本社社员，除普通社员外，还有下列两种社员：

赞助社员：凡捐助本社经费、产业、书籍、仪器或其他之赞助，经社务会之提出，得年会社员过半数之选决者，得聘为本社赞助社员。

名誉社员：凡于自然科学之研究或事业上有特殊贡献，经社务会议之提出，得年会社员过半数之选决者，得聘为本社名誉社员。

本社已有普通社员一千二百余人，赞助社员九人。

（二）刊行《科学世界》月刊——科学世界是本社普及科学的喉舌，都由社员公余去做，社员固属应负的责任，同时外来的稿件也很多，我们很感谢社会的同情或帮助。可是因为负责的人员或迫于研究紧张，或感于公务忙碌，加以经济上种种的关系，不能充分实现本社的计划。我们今后下了很大的决心来改进，使他不愧为一部平民化的通俗学科杂志。改进的标准，第一要浅近，第二要新颖，第三要切实用，第四要有系统正确的科学思想，第五要适合抗战建国的时代使命，每篇文章都能切合这五个标准最好，否则至少要适合一两个条件。现在每期发行三千份，各地方都有本刊的读者。

（三）编纂中学教科书——感于坊间所售教科书籍，颇乏善本。故本社社员，采用标准译名，根据国情，搜集材料，编辑中学教科书，以应中学教育之需。现在已编好的有植物、几何、代数、卫生四种，在编辑中的有算术、动物、化学、物理四种。

（四）厉行通俗讲演——普及科学，远藉文字，近赖语言。本社对于通俗讲演，素来重视，进行亦力。战前南京和上海的社员，常应广播电台和民众教育馆的邀请，担任科学通俗讲演，现在成都、重庆各分社仍是继续努力。

（五）分途研究——国内重要的专门以上的学校、研究机关以及事业团体，或企业机关，都有本社社员，欧美和日本各大学，也散有本社社员，大家都根据本社的基本精神和目标，分途研究实际问题，作推进事业的基础。

（六）介绍技术人才——本社有十三年的历史，是一千多人的团体，因此各机关委托本社聘请专门人才的甚多。社会事业的成功，确有赖于与技术人员的合作，所以本社乐于介绍，同时也是本社对于社会应负的使命。

（七）答复科学咨询——因《科学世界》的刊行，各方以科学问题询问者日多，本社素愿做各方科学的顾问，并认为正合本社普及科学的宗旨，所以问题虽极频繁，无不竭诚解答，并分期在《科学世界》篇末发表。

五　抗战期间的新事业

（一）西康科学考察团——根据第十一届年会之决议案，聘定科学专家十人，组织西康科学考察团，分为地理气象组、农林组、药物组、工程组赴西康实地考察。二十八年七月出发，十月东返，收获极为丰富，考察报告，不日出版。并于二十九年三月十二日始在渝举行西康文物展览会，颇得社会好评。

（二）创办云南制窑厂——为充实抗战期间后方资源起见，本社昆明分社创设制窑厂一所于昆明，已扩充资本至一万元云。

（三）参加川康实业公司——川康一带矿藏至富，深感有开发之必要，现已纠集川康两省人士组成川康实业公司，额定资本二十万元，并于十二月初之公司创立会中决定以开天全灌县之金矿铁矿，犍为威远之煤矿及洪雅之磺矿为初步经营方针。

以上为已办事业之大要，此外正在计划进行者有：(1) 设立通俗科学馆;(2) 编纂国防科学丛书;(3) 编纂科学小丛书。

〔国民党中央社会部与教育部档案〕

4. 中国测验学会报告会务状况与测验工作情形呈及中央社会部批

(1938年10月—1943年2月)

(1) 中国测验学会致中央社会部呈(1938年10月13日)

案奉钧部本年九月二十一日发渝字第五三八号通告:为前定报告会务限期已过,准展至十月十日,仰依限遵办等因。奉此,自应遵办。兹将本会会务状况编成报告,送请鉴核。谨呈

社会部长陈

附呈本会会务状况报告一份

中国测验学会常务理事萧孝嵘

艾　伟

易克樢

中华民国二十七年十月十三日

中国测验学会会务状况

(一) 地址:由京移渝,暂设中央大学师范学院内

(二) 负责人:萧孝嵘　艾　伟　易克樢

(三) 工作状况:

1. 军官智慧测验已完成两套,其目的在确定受军官训练者必须有何等程度之智慧,始能担任军官职务。此项测验为萧孝嵘所编制,求得效度与信度均甚高。

2. 军官人格品质测验已完成,其目的在确定军官之各种倾向,以便诊断受军官训练者是否适于军官工作,此项测验为萧孝嵘所修订。

3. 进行教师能力测验,其目的在确定成功的教师所需要之最

低限度的条件,可以作为甄别一般小学教师之用,此项测验为萧孝嵘所修订,有机会时拟作大规模之研究。

4. 进行萧孝嵘所编各种警察智慧测验,其目的在检查警察能力之各方面,藉以提高一般警察之效率。

(四) 现在有无困难:本来出版《测验》杂志,内容多为会员实验研究之结果,现因经费来源断绝,以致停顿,不能出版,所有研究均由私人负责推进。

(五) 以后工作计划:主要工作为萧氏所编各种军官、士兵、航空人员、机械化部队及其他各种军事专门人才之能力测验,并希望政府提倡此等测验在实际上之应用。

(2) 社会部致中国测验学会指令(10 月 17 日)

中国国民党中央执行委员会社会部指令　渝字第九三一号

令中国测验学会

呈一件:为呈报会务状况,请鉴核由。

呈件均悉。经核尚无不合,所拟工作计划亦颇切合当前需要,殊堪嘉慰!仍希继续努力,以赴事功。至该会已完成之各种测验,盼将所得之结果呈报本部备查。嗣后并将该会工作情形具报,仰即知照。此令。

中华民国二十七年十月二十七日

附抄中央社会部郭云峰签呈稿

查中国测验学会为国内教育学者所组织,其工作尚属努力切实,拟予嘉勉,当否祈核。

职

云峰　十 · 廿四

(3) 中国测验学会致中央社会部呈(1939 年 1 月 28 日)

敬复者:前奉钧部渝字第九三一号指令内开:"该会将已完成之各种测验所得结果,呈报备查"。兹将本会会员中央大学心理学系教授艾伟博士与萧孝嵘博士所主持编制之各种测验结果奉上，即请鉴察，并祈教正，实为至幸。

谨呈

中央社会部

中国测验学会谨启

一月二十八日

附奉测验结果

汉字测量

本测验之目的，在测量中小学各级之识字量，所用材料为汉字测验第一类与第二类。参加测验之被试者，计有小学五六年级及初高中各级学生共三千五百八十人。测验之信度为0.967，效度方面之相关系数大多在0.75左右，根据测验结果，求出“各级识字量常模”，颇切实用。

中学文白测验结果之比较研究

本研究之目的在测量初、高中六级学生之国文能力，被试人数在三万以上，所用材料有量表甲乙两种，量表甲用以测量理解与速率量，表乙为普通默读测验仅计理解成绩。甲乙两量表之相关在0.8以上，其与学校国文成绩之相关在0.6以上，故信度与效度均高。结果发现高中毕业生之文言工具尚不逮高小毕业生之白话工具，因此作者以为苟文言文不能废弃，则在中学六年中应加速磨治此种工具，此为本研究之重要发现。

小学毕业生语体文成绩之研究

本研究所用材料即将“中学文白测验”甲乙两量表之白话文四篇合并而成。被试有小学毕业生五百五十人，结果所得理解成绩之百分数男女平均皆在百分之五十以上。

大学一年级生之英文能力

本研究所用材料系美人史东氏所编叙事文测验（Stone's Narrative Reading Test），被试有大学一年级生二千四百四十人。

结果理解与速率两成绩均以教会学校为最优，私立与国立学校次之，省立学校又次之。若与史东氏美国初中各级常模相比较，则我国大学一年级将终了时，其学生之英文程度尚不及美国初中一年级开始以后之成绩，此为吾人所应注意者。

九省英语测验

本测验所用材料为高中英语默读测量表乙第一、二、三三类，测验地点有苏、浙、冀、粤、鲁、豫、晋、皖、桂九省，参加测验者有八千二百七十七人，测验结果发现最劣两省高三成绩，尚不逮最优两省之高一成绩，又成绩最优者位于口岸及大都会，劣者则僻处内地，其优劣之分似由环境使然。

中学英语拼字文法测量

本测量之目的在研究中学学生英语拼字文法两项成绩，并推究其拼字错误与文法错法之心理。所用材料计有量表甲两类(Scale A，form Ⅰ d Ⅱ)用于高中；量表乙两类(Scale B，form Ⅰ d Ⅱ)用于初中。每类分拼字、改字、填字、消字四种。测验之信度均在 0.97 以上，其效度亦高。所得结果：初中各级成绩差别甚大，而高中各级成绩颇为一致，有类直线式之进步。

初中代数测量

本研究所用材料系 Douglaee 初等代数标准测验中之一部分，计有两类。被试有初中二、三年级学生共六百四十三人。测验信度在 0.9 以上，效度在 0.7 以上。各测验之艰难度亦已求出。

小学教育测验

本测验分国语、算术、常识、史地、社会、自然等。自小学二上至六下各级，均有相当测验可资应用，所测试卷共有五万八千余份，各类常模均已求出。现全套测验，已由中华书局出版，附有标准答案及说明书等，应用时颇为便利。

语顺测验之试编

语顺即指语文中单字之排列次序。语顺测验之目的在测量儿童对于此种次序之认辨能力。编造时之第一步工作为分析教科书，继乃选择字句，使句无异义，字无生僻，再经预测修正，并决定所需时间，然后举行正式测验，被试为小学二上至六下各级学生，所测试卷有六千三百余份。结果尚在整理统计中。

以上九种测验，均由艾伟博士主持。

订正墨跋量

墨跋量表为幼稚儿童的智慧测验，它可以应用于十八个月至七十一个月的儿童。其目的在发现各种能力发展之程度，俾能及早予以适当之指导。在订正此种量表时，有受试儿童一千五百余人，故较原有量表中所根据之材料更多。

订正古氏儿童智慧测验

此种测验可以应用于幼稚园及小学全部。测验手续极为简单，记分方法较之古氏原量表更为客观。此项订正工作系南京市十一个小学的儿童五千余人之结果为根据。我们对于古氏原有量表多所修正，除测验手续本身有所改善外，每一项目之记分方法，曾经二种分析之手续而后决定，第一种手续即确定通过每一项者的人数之百分比是否与年龄成正比，并且是否可以区别优、常、劣三个等级的儿童，第二种手续即使每个受试者之结果由四人分别记分，并按其结果改变记分的标准，至各人所记分数完全相符而止。此等分析之手续，使量表之客观性增高颇多。

小学入学智慧测验

编制此种测验之目的，在使小学入学考试具有真正测量智慧之功用，其常模系以八百余儿童之测验结果为根据。其与小学一年级学科成绩之相关为0.63，故其效度甚高。在实施此种测验时，每次可以测量十五人至二十人。

大学入学心理测验

此项测验之常模，系以投考大学者一千余人之结果为根据。其功用可以补充一般学科试验之缺点，因为后者往往只能测量过去的经验，而且含有多量的主观因素。此种测验与推考作用之关系较为密切，且其记分方法亦绝对客观。实施手续虽只需三十八分钟，但与需时数日之入学试验成绩却有 0.47 的关系。

订正塞斯通职业指导测验

此为萧孝嵘教授指导中大教育实验所研究生吴江霖君进行之工作，包括四种测验。塞斯通职业指导测验，虽在美国应用已广，但其中不无应加修订之处。我们对于此等测验曾有数次的尝试，然后根据尝试的结果予以修正。参加正式测验者为大学工学院之新生，此项测验之结果，因战事影响尚未整理完竣。

明内所他机械能力测验

明内所他机械能力测验，为发现宜于学习机械技能者之优良工具。萧教授于三年前指导中大教育实验所研究生宗亮东君应用此等测验，于三个初中学校内以确定其常模，共有与试者一百五十人。我们所用之测验为空间关系测验 A、B 两种。集合测验 A、B、C 三套及纸形板 A 种。此为工业职业学校在取录新生时应当采用之工具。

数种德国实业心理之相关研究

此项研究中所用之测验，有下列各种：手部运动准确性测验，阻力感觉测验，精细关节觉测验，阔大关节觉测验，三度目测能力测验及锤力测验。根据研究结果，各种测验所测量之功用颇为独立，故在应用实业心理测验时，此点有予考虑之必要。

军官智慧团体测验

此等测验为萧教授两年前所编制，共有甲乙二套。每套包括迷津，同理补填，组形排列及多方适应四种材料。其常模系以候选军官五百八十人之结果为根据。其分数次数之分配自然形成一常态曲线，故是项常模极为可靠，其效度亦颇高，测验分数与教官评判结果之相关为 0.61°与 0.63°。

订正勒氏内外倾品质评定量表

勒氏量表可以发现成人的人格有无内外倾之现象，过于内倾与过于外倾者，在所选择之职业上都应有某些限制，例如过于内倾者便不宜于做军官。此项研究包括候选军官六百零六人之结果，且其常模极为可靠，此为选择军官时一种可用之工具。〔下略〕

(4) 中国测验学会团体概况报告表(1943年2月)

名　称：中国测验学会。

地　址：暂设伯溪中央大学分校心理实验室。

负责人姓名：萧孝嵘

成立年月：二十年六月

沿　　革：本会于民国二十年六月成立于南京，当时会址设南京红庙八十四号，会员多系国内知名学者，共有会员约三百余人。抗战发生始迁至重庆，因限于经费，无适当会址，会员大多数散布国内各大学任教，然工作推进甚速，对于工商业、军警及教育各界有相当贡献。

组织状况：本会最高机关为全体会员大会，大会闭会后设有理事会与监事会，综理本会一切对外对内事务。理事会设理事七人，内设常务理事三人。

职员数：专任七人，兼任八十五人，合计九十二人。

研究人员数：专任十二人，兼任三人，合计十五人。

设备状况：本会在京时，遭敌机轰炸，全部炸毁，现暂借用中大心理系之设备，然不敷甚巨。

出版刊物：抗战前曾出有《测验》杂志一件，抗战后限于经费已停刊。

战后有何种新研究计划：拟与人事心理研究社共同努力于各机关之工作分析，藉以提高一般工作效率。

中国测验学会职员名单

姓　名	性别	年　龄	籍贯	职　务	任职日期	略　历
萧孝嵘	男	四十四	湖南	常务理事	二十年六月	中大心理系主任
艾　伟	男	四十八	湖北	理事	二十年六月	中大教育心理研究部主任
陈鹤琴	男	四十八	江西	理事	二十年六月	国立幼稚师范校长
王书林	男	四十二	浙江	理事	二十年六月	中大教授
吴南轩	男	四十五	江苏	理事	二十年六月	监察委员
潘　菽	男	四十四	江苏	理事	二十年六月	中大教授
常道直	男	四十四	南京	理事	二十年六月	教育部中等教育司司长
张士一	男	五十六	江苏	监事	二十年六月	中大教育部主任
陈剑修	男	四十三	江西	监事	二十年六月	广西大学文学院院长
陆志韦	男	五十五	江苏	监事	二十年六月	燕京大学副校长
张义尧	男	三十一	江苏	研究员	二十年六月	中大讲师
郑大源	男	三十九	安徽	研究员	二十年六月	中大副教授

续上表

姓　名	性别	年　龄	籍贯	职　务	任职日期	略　　历
郭祖超	男	三十三	江苏	研究员	二十年六月	中大讲师
易克櫄	男	三十八	江苏	研究员	二十年六月	蓝田师范学院教授

民国三十二年二月八日填报

〔国民政府社会部档案〕

5. 丁文安等申报中国青年文化工作者协会备案呈及军委会政治部批

（1938 年 10 月）

（1）丁文安、宋漱石等致军委政治部呈（10 月 5 日）

窃自全面抗战开始以来，我民族艰苦卓绝，奋斗经年，已发挥伟大之威力。然因文化落后，常招致不必要之失败，且日寇很毒，每肆意破坏我文化设施，以阻我民族复兴之路，故为争取抗战胜利，完成建国大业，以实现三民主义的新国家，必须努力文化之建设与推广，而青年为国家建设之基石，民族复兴之先锋，当以之担任此项重要工作，使由自教教人的机会获取丰富之知识与经验，俾适应抗战建国之需要。文安等有见及此，特联合各地青年文化工作者发起组织"中国青年文化工作者协会"，本自教教人之原则，从事学术研究，协进文化建设，先于武汉筹设总会，然后于各地设立分会，藉作广泛的文化运动之机枢。经于九月二十九日由发起人谈话会推丁文安、宋漱石、林适存、何梦雪、钟期森、庄静、陈涛等七人负责筹备。除积极进行，期于克日成立外，理合备文连同发起人名单一份、章程草案一份，呈请鉴核，准予备案，实为公便。谨呈

国民政府军事委员会政治部

附呈名单章程各一份

筹备人　丁文安　宋漱石

庄　静　陈　涛

钟期森　林适存

何梦雪

中华民国二十七年十月五日

中国青年文化工作者协会章程(草案)

第一章　总　　则

第一条　本会定名为“中国青年文化工作者协会”。

第二条　本会以奉行三民主义,从事学术研究,协进文化建设,俾完成抗战建国大业为宗旨。

第二章　会　　员

第三条　凡中华民国从事文化工作之知识青年,经会员二人之介绍,理事会之通过,得为本会会员。

第四条　会员入会后,非经理事会议决,不得自由退会。

第五条　会员须遵守本会各种章则,缴纳会费,并得享受本会各项权利。

第三章　组　　织

第六条　本会设总会于首都所在地,战时得视事实之需要,移设全国中心都会。各地会员满十人以上者得设立分会。

第七条　本会最高权力机关为会员大会或会员代表大会,闭会后理事会行使职权。

第四章　理 事 会

第八条　理事会设理事三十六人,候补理事十一人,由会员大会或代表大会选举之,负责主持全会事务。

第九条　理事任期一年,但连选得连任之。

第十条　理事会互推常务理事七人至十一人,组织常务理事会,主持日常会务。

第十一条　理事会设秘书长一人，由理事互推之，承常务理事之命，处理日常会务。

第十二条　理事会之下设总务、宣传、组织、研究、服务五部，各部设正副部长一人，由理事互推选任之，分掌各该部会务。

第十三条　各部之职掌如下：

甲、总务部掌理会计、庶务、文书、保管、交际及不属于其他各部事项；

乙、宣传部掌理各项宣传品之编撰，国内外宣传工作之推进，出版品之印刷发行等事宜；

丙、组织部掌理会员入会、调查、统计、职业介绍等事宜；

丁、研究部掌理讲演会、座谈会、读书会、讲习班、参观团、图书室及其他学术研究事宜；

戊、服务部掌握文化推广、普及教育等事宜。

第十四条　各部视事务之繁简设干事若干人，由各部正副部长提请常务理事会任用之。

第五章　分　　会

第十五条　各地会员满十人以上者得由总会指定筹备员组织分会。

第十六条　分会设干事五人至十一人，组织干事会，主持分会会务。

第十七条　干事由当地会员大会选举，任期一年，连选得连任之。

第十八条　干事会互推常务干事一人至三人，处理日常事务。

第十九条　干事会设书记一人，由总会就干事中指定一人担任，辅助常务干事，办理日常事务。

第二十条　干事会下分总务、组织、宣传、研究、服务各组，分掌各项事务。各组设组长一人，由干事会推选之。

第二十一条　各组得视事实之需要，酌设办事员若干人，由组长提请干事会聘任之。

第六章　经　　费

第二十二条　本会经费由会员费及捐款充之，不足时得呈请主管机关补助之。

第二十三条　会员入会纳入会费一元，按月纳会费二角。并担任特别捐款。

第七章　附　　则

第二十四条　本会工作计划及办事细则另订之。

第二十五条　本章程自会员大会通过并经主管机关核准后施行。

第二十六条　本章程如有未尽事宜，须得会员二十人以上之提议，会员大会或会员代表大会三分之二以上通过修正之。

中国青年文化工作者协会发起人

丁文安	马乘风	庞薰琴	王亚明	俞季虞
杨太阳	林适存	马季廉	万籁天	谢澄宇
黄天鹏	袁丛美	宋漱石	老　舍	郁　风
何梦雪	老　向	叶浅予	钟期森	陶涤亚
白　波	高良佐	马彦祥	杨紫珊	丁作韶
程步高	曹谷冰	萧天石	史东山	艾毓英
程仲文	郑用之	陈　时	陈友生	应云卫
吴绍澍	孟十还	刘念渠	罗榖荪	汪漫铎
罗静予	张乐平	向培良	沙　雁	叶灵风
谷剑尘	倪贻德	阳翰笙	王平陵	陈之佛
孙师毅	庄心在	殷平右	常任侠	崔万秋
周　多	郑君里	杜　衡	李仲生	谢崇周
邓文仪	叶溯中	罗寄梅	穆时英	陶百川
唐国桢	许升阶	华　林	陈逸云	黄卓球
季朴园	卢学竞	殷公爽	余上沅	伍启元

殷萝晖	徐春水	程晓华	唐槐秋	殷作桢
项定荣	刘雪厂	任觉五	吴漱宇	杜　雷
何清铭	杨锦昱	王道源	杨　廉	郭　衡
唐义精	谭常恺	李彦常	林　路	陈子玉
林荣葵	陆志庠	许君武	吕晓道	鲁少飞
雷锡龄	夏学周	高龙生	康　德	周文化
汪子美	金满城	王延杰	赵望云	郭斌佳
杨虔洲	杨公达	沈曼若	刘文柱	沈逸千
方秋苇	傅瑞华	范永炎	黄苗子	程思远
吴寒丘	张光宇	张佛千	马鸣尘	张正宇
邹明初	颜悉达	廖冰兄	黄烈夫	管雪斋
陶谋基	马国亮	李尧卿	陆印全	杨郁人
庄　静	臧云远	胡　风	钟贡勋	臧克家
张西曼	罗梦石	唐一采	胡　绳	黄衍桐
李　青	子　冈	郭子俊	丁　聪	徐　步
张常人	特　伟	徐　盈	卜少夫	徐　迟
长　江	常书鸿	戴望舒	张　曙	梁又铭
杨秋人	冼星海	梁中铭	陈仲浩	贺绿汀
梁鼎铭	刘叔模	陈纪滢	蔡楚生	胡秋原
梁　韬	程希孟	孔罗荪	李宝泉	白　瑜
锡　金	肖　瑛	胡　老	张天翼	沈兹九
刘清扬	安　斌	刘大公	黄宇人	赵祥麟
何名忠	薛农山	李金发	勾适生	周安国
林桂圃	向理润	叶永蓁	吴　若	王汉中

(2) 军委会政治部批文(10月29日)

国民政府军事委员会政治部批　治民三衡字第三九二四号

具呈人丁文安等二十七年十月五日呈一件:为发起筹备中国青年文化工作者协会,连同名单、章程,呈请鉴核备案由。

呈件均悉。本章程草案第十二条规定各部设正副部长一节，其正副部长应改为正副主任，余无不合，准予备案，并仰将筹备情形随时具报。此批。件存。

部　长　陈　〇

中华民国二十七年十月二十九日

〔全国知识青年从军指导委员会档案〕

6. 国民党中央宣传部转姚江滨等申请中国大众文化社备案函与社会部批

（1938 年 9—11 月）

（1）中央宣传部致社会部公函（1938 年 9 月）

中国国民党中央执行委员会宣传部公函　宣字第一二二六号

据四川重庆市党务指导委员会呈称："案据中国大众文化社社长姚江滨呈称：'窃自我国发动全面抗战一年来，全国上下无不竭力教育民众、组织民众。除集中物力外，无不着重于现时大众精神文化之动员，以期抗战到底，而争取我民族之生存与光荣。江滨等为政府之期望，大众之需要，以及本身之职责，数月来曾在武汉再度组织，决心努力大众文化之工作者，对本社之使命与工作多所讨论，并得当地党政机关之指导。查本社宗旨系辅助社会教育，提高大众文化而发扬中华民族革命之精神，以期中国大众努力抗战而建国，改善生活而复兴民族。社员条件以信仰三民主义，服从最高领袖而决心努力大众文化工作者为原则。现拟在新都从速成立，得以早日推动本社工作，理合呈送《中国大众文化社总则》及《中国大众文化社社员一览表》各一份，仰祈钧部予以登记。除请发给证件外，并恳转呈中央宣传部，以资备案存查，实为公便。谨呈。'等情。据此，查该社社址虽设于市区内，而其文化宣传工作非仅以市区为范围。除准予备查外，理合检同该社原呈总则与社员一览表各一

份，随文转呈查核”等情。据此，查关于审核民众团体之组织事宜，系属贵部职掌范围，相应检附原件，送请查核径复为荷。此致
中央社会部

附送原件二件

代理部长周佛海

中华民国二十七年九月　日

中国大众文化社总则

第一条　本社定名为中国大众文化社。

第二条　本社以辅助社会教育、推进大众文化、提高中国民族革命精神为宗旨。

第三条　本社社址暂设重庆市。

第四条　本社社员不分男女性别，经本社同人二人之介绍而具有左列情形者，均得为本社社员：

一、须绝对信仰三民主义，服从革命领袖；

二、须对文艺工作具有相当之经验或研究兴趣；

三、须对大众文化工作具有最大之热情与决心；

四、须按期编著通俗文稿，代为推销本社各种读物，及缴纳最低限度之社费。

第五条　本社设社长二人，主持本社一切事宜；设干事九人至十三人，分任各种工作，视社务之需要，得聘请雇员若干人。为加强本社工作效力起见，得特请热心大众文化工作者为指导员，担任社务指导工作。

第六条　本社工作范围暂定如左：

一、编著刊行适合现时大众需要之各种读物，如：

1. 关于中国历代民族革命之种种故事；

2. 关于现时中国全民抗战之各种史实；

3. 关于中国抗战建国之理论与实际；

4. 关于国际反侵略之各种运动；

5. 关于日本民众反战之事实及世界各弱小民族反侵略及要求独立之运动与趋势；

6. 关于现代中国大众抗战生活必需之知识与技能。

二、编印《中国人》通俗刊物，其办法如左：

1. 与各地报纸特约，由本社编辑通俗副刊一种，每周或每十日一次。

2. 本社编印《中国人》通俗杂志一种，分别托各书局及学校代为销售。

三、组织各地“大众读物供应所”，运输各种大众需要之书报杂志及其他读物，并指导大众阅读，辅助社会教育之推进。

四、组织“大众教学团”，实际从事各地大众文化之宣传工作及推广本社各种事业。

五、组织“中国大众文化研究会”及各种“通俗讲座”，所有会员及担任讲座者，除由本社社员担任外，得请各种专家指导。

六、组织训练各地流动书贩及说书人、盲人、歌唱者，以便贩卖现时大众书报，宣传大众文化。

第七条　本社为适合以上各种工作之需要，得设立左列各组，每组设主任干事一人，干事一人至四人，雇员若干人，分别掌理各项事宜。

一、总务组：办理本社文书、会计、庶务、印刷、发行等事宜。

二、编辑组：办理本社各种编辑著译工作。

三、服务组：办理本社交际、调查、统计、组织、宣传等事宜。

第八条　本社每年举行之会议如左列：

一、社友年会：每年举行一次，如有特别事宜得临时召集会议，每次会议均由各负责人报告一年工作概况，及经费收支情形，各社友应提出社务改进意见，交由大会议决施行。

二、社务会议：每月一次，分别检讨各种工作情形，研究本社事业上之各种问题。

三、经济委员会：每月一次，由各委员共同稽查核销上月经费收支报告，及解决经费上各种疑难问题。

第九条　本社经费来源有左列各项：

一、本社社员在入会时每人缴纳入会费一元，每年缴年会费一元，如愿特别捐助者听；

二、本社呈请政府予以津贴；

三、本社所销售之读物，如有利润，全盘充作社费；

四、本社各社友任意捐助稿费百分之三十至六十，如愿全部捐助者听。

第十条　本总则如有未尽事宜者，得提交社友大会修正之。

中国大众文化社工作计划大纲

根据本社章程第一章第三条："本社以辅助社会教育事业，促进大众文化之普及与提高，发扬中华民族革命精神为宗旨"，拟定本社工作计划如左：

一、征集：

1. 征求本社社员：根据本社章程第三章第十四条规定，征求全国各地对大众文化具有研究兴趣及服务之决心者，一致共同研究，努力服务。

2. 搜集全国各种有关大众文化之出版物：分别搜集各地有关大众文化之书报、杂志、图画等出版物，一律分类编号存查，以资参考。

二、调查：调查以下诸项，分别统计报告。

1. 调查各地文化工作者：分别调查全国各地直接间接从事文化工作者之生活与工作情形。

2. 调查各地文化建设及破坏情形：分区调查全国各地文化建设与敌人破坏情形。

3. 调查各地大众文化运动：分别调查各地大众文化运动之要求与发展之经过情形。

三、研究：组织研究会，研究各种大众文化问题，以资推进本社各项事业。

1．研究各种有关大众文化之问题：根据本社订定之《中国大众文化问题研究纲要》，定期通知召集研究同志，每次以指定之研究问题为中心，旁征博引，多方参考，专心研究，并制作研究报告，对社会作具体之贡献。

2．研究本社各种事业上之困难问题，定期通知召集本社各种工作同人，研究事业上之各种实际困难问题，共同参加意见，以利社务之推进与改造。

四、编辑：编辑以下各种大众读物，供给全国大众阅读，以资教育大众，组织大众。

1．《宣传大众手册》：每月编辑《宣传大众手册》两种，除由本社分别宣传大众、供给一般人阅读外，并优待书商之推销及各界人士之宣传。

2．《大众文艺周刊》：假各地报章，定期编刊《大众文艺周刊》。宣传各报读者，并加印单页，分别优待各地小学教师，俾其指导儿童阅读，并向大众宣传。

3．《中国大众》：每半月刊印《中国大众》杂志，内容分："人人看"、"前线后方"、"民族英雄"、"最后胜利"等六栏，分别提供大众文化之理论，介绍大众文化之动静，报告大众"抗敌建国"之消息等。

4．《大众连锁活报》：以"幸运连锁"之方法，定期编刊发行连锁活报，以抗战建国为中心，作连锁相关之大众宣传。

五、教育：以下列各种方法教育大众。

1．设立大众讲座　在各地以学校、社团、电台为设立"大众讲座"之依据，设法与各种有关文化工作者取得联络，一致努力，教育大众。

2．举办大众图书馆　暂在重庆、贵阳两地办理"大众图书馆"

若干处，专门供给及指导大众阅读有关“抗战建国”之书报杂志，并附办“杂志供应部”，专供给各地青年必读之杂志图书，但规定须担任本社特约之大众教育工作。

3. 实施流动教育　以本社各地分社为中心，分别组织流动教育队若干队，深入各地工厂、农村、部队等，从事“文化下乡”、“文化入伍”之工作。

4. 教育各地说书人、歌唱工作者、算命人等，从事大众文化之推进。

六、组织：

1. 组织文化人　积极组织文化人，沟通文化界之交流，共同一致为大众文化而努力(说书人、卖唱者均在其列)。

2. 组织一般大众　由本社统筹办法，分别组织一般大众，因时代之需要，而使大众对“抗战建国”作有组织、有力量之贡献。

附抄中国大众文化社常务理事与理事名单

常务理事：姚江滨　盛克猷　濮源澄

理　　事：姚江滨　盛克猷　濮源澄　向京江　谷亦彰　褚　先　董德鉴　吴丁谛　唐绍华　沈灌群　周嘉祚

(2) 社会部致教育部公函(10月21日)

社会部公函　渝字第八二八号

案据中国大众文化社呈送章程准则，工作计划、社员名册及图记形式，祈审核备案，并请贵部及内政部备案外，相应函请查照为荷。此致

教育部

中华民国二十七年十月二十一日

〔国民政府社会部档案〕

7. 高玉柱等呈报发起组织西南边疆文化经济协进会及社会部胡星伯等签呈

（1938 年 12 月）

（1）高玉柱等致中央社会部呈（12 月 1 日）

窃查我国西南各省边区地面辽阔，物产丰富。数千年来，数千万夷苗同胞生息繁殖，未经开发，以交通之闭，文化迟滞，语言不同，习俗各异，民族情感诸多隔膜，故其生活痛苦情形，亦较任何民族为更甚。在以往帝王时代，对于边疆少数民族问题，常利用羁縻分化政策，求其苟安于一时，驯至边疆多事，民族分离，以今视昔，良深痛惜也。

总理倡导民族主义，以“对外求解放”，“对内求平等”之原则，昭示于世界，中央继承遗教，扶植启迪，不遗余力。近年虽值国难煎迫，忧患迭乘。犹复提拨巨款，补助教化。故一般稍有智识之边疆民众，莫不感戴奋发，真诚内向，惟以情形特殊，效果尚未普遍，是则更不能不谋切要之补救，追赎既往，策励来兹。又况值此抗战建国之非常时期，军事政治经济等重心，均皆集结于西南。故建设西南，争取最后胜利，达到建国目的，已为举国上下一致之要求。顾以建设之道，经纬万端，必须择其轻重得失，适应环境，通力完成。而在抗战建国与建设西南之前提下，开发边疆，扶助夷苗，亦为不可或缓之急务。良以夷苗秉性忠贞，诚朴耐劳，如能积极训导，不难进其为抗战之前驱，更可以纠正其故步自封之气质，促进其文化，改善其生活，充实力量，贡献国家。严格言之，西南之能否完全建设，裨益抗战建国前途，其关键实系于西南边疆民族问题之能否彻底解决以为断，此则不容国人忽略轻视者也。玉柱等分属国民，情殷报效，或则谊笃桑梓，企求向化之心甚切，或则启迪教化，负地方领导之责；又或同情研究，注意开发。力量虽嫌微弱，趣旨完全一致。爰联合西南边疆与内地人士，共同发起组织“西南边疆民族文化经济协进会”，本三民主义原则与抗战建国纲领，努力宣传、调查、研究、设计等工作，实际促夷苗同胞之向化，发展边疆民族文化经济，以为建设西南之一助。是否有当，理合拟具组织简章草案，连同发起人简明履历表，一并具文呈请钧部鉴核备案。恳祈准予发给许可证，并请指派人员，随时指导工作，以利进行。国家幸甚，民族幸甚！

谨呈

中央执行委员会社会部部长陈

附呈西南边疆民族文化经济协进会组织简章草案一份，西南边疆民族文化经济协进会发起人简明履历表一份

发起人高玉柱等（名单附后）

中华民国二十七年十二月一日

附抄西南边疆民族文化经济协会发起人名单

高玉柱	喻杰才	王汉瑛	刘凤竹	
贺啸寰	陆礼华	项学儒	林业建	陈之宜
胡星伯	周耀原	黄朋豪	金济美	金家凤
韦作民	王卓然	钱昌淦	谭熙鸿	陆玄南
马　铎	崔唯吾	阎宝航	张西曼	朱　纶
任培道	邬烈蓥	王志圣	田雨时	陶行知
闵天培	刘航西	徐仲迪	郭莲峰	沈钧儒
刘伯英	黄介民	戴新三	史　良	戴家齐
胡子婴	张秀卿	李力成	张九禄	冯英子
孙心磐	刘昌言	杨伯瑶	岭光电	李耀三
安克庚	钱文达	安　鹏	安克勋	安庆吾
杨砥中				

西南边疆民族文化经济协进会组织简章草案

第一条　本会定名为西南边疆民族文化经济协进会。

第二条　本会以奉行三民主义与抗战建国纲领，促进西南边疆民族生活，文化开发，经济贡献国家为宗旨。

第三条　本会总会设于重庆，西南各省成立分支会，边疆各地设立办事处。

第四条　本会之事务如左：

一、办理关于西南民族之宣传、调查、统计事项；

二、研究关于西南边疆民族之文化经济等事项；

三、发展西南边疆教育；

四、开发西南边疆经济；

五、改善西南民族生活习俗种种事项；

六、举办西南边疆各地社会事业，如医药卫生等；

七、奖励西南边疆青年之求学升学，并辅助其发展；

八、设立各种工厂，举办各种企业；

九、发行定期或不定期刊物及编印各种丛书；

十、其他关于促进西南边疆民族文化及开发经济等事项。

第五条　中华民国之人民，不分性别，凡同情本会宗旨，愿为本会服务者，经本会会员两人以上之介绍，均得为本会会员。

第六条　凡有违反三民主义及抗战建国纲领之言论行动或觎夺公权者，均不得为本会会员。

第七条　本会会员有选举权及被选举权。

第八条　本会会员有遵守本会会章，实行本会议决案及缴纳会费之义务。

第九条　本会以全体会员大会为最高权力机关，大会闭会时最高权力机关为理事会。

第十条　全体会员大会每年举行一次，由理事会定期召集，但经三分之一以上会员提议，得临时召集之。

第十一条　本会由全体会员大会选举理事二十一人至二十七人，候补理事九人至十五人，组织理事会，任期一年，连选得连任。

第十二条　理事会每月举行会议一次，由常务理事召集之，必要时得临时召集。

第十三条　本会设常务理事三人至五人，由理事会选推之，任期一年，连选得连任。

第十四条　常务理事每礼拜举行会议一次，由主席定期召集之，必要时得随时召集。

第十五条　常务理事轮流主席，处理本会日常事务及进行一切计划。

第十六条　理事会设左列各处：

一、总务股掌理文书、会计、庶务、宣传、调查、组训等其他不属于各处室之一切事务。

二、文化股研究设计有关西南边疆民族之生活文化、社会教育等项，并改善推进之。

三、经济股研究设计西南边疆各地各种物产，实施经济开发并建设等事项。

四、图书室搜集有关西南边疆民族文化经济及一切人文地理等各种图书杂志，参考、整理、保管各种文献等事项。

第十七条　各股室各设主任一人，副主任二人，负各股室之全责，其人选由常务理事及理事兼任之。

第十八条　各股室得设干事若干人，由常务理事会聘任之。

第十九条　各股室得设各种专门委员会，由常务理事会就会员中聘任之。

第二十条　各种专门委员会会议，由各股室正副主任负责召集之。

第二十一条　本会会员均属义务职，惟干事得酌给生活费。

第二十二条　本会经费以会员会费、自由捐及其捐款辅助费等充之（会员会费二元）。

第二十三条　本会理事会得设置名誉理事若干人，由理事会聘请热心赞助本会者充任之。

（2）社会部胡星伯、李中襄签呈（12月20日）

查高玉柱等所请组织文化经济协进会，系属学术团体性质。现对西南各特殊种族问题，虽在呈请中央核办中，窃以为此项团体之指导组织问题，在本部之权限内，尽可先行派员依法指导组织。盖高玉柱等来渝活动甚久且力，希望本部领导甚切，倘本件以待中央核定整个办法，暂行搁置，难免使其因误会而失望，且不免被其他不良分子煽惑利用之虞。职兹值行将离部之时，不得不据实呈明，并请仍派同志，专门与之周旋，善为监视而诱导之，使其不致越出轨外，且能善用其力量，于国家前途，实有裨益。当否请核。

职胡星伯谨签

十二月二十日

查西南边疆民族文化经济协进会发起人甚为复杂，然高玉柱等来渝甚久，企望中央领导亦甚切诚，如胡同志所签，如以静候中央决定大策，久置不办，易启疑虑。兹拟具办法数点，乞核示遵行。

(一) 原呈即行批答，饬其更改名称为“西南边疆文化经济协进会”；

(二) 高玉柱由本部负责人员介绍其入党；

(三) 部令派定同志指导其组织。

其他进行事项候中央决策后再行核夺。

李中襄签

十二月二十日

〔国民政府社会部档案〕

8. 中国统计学社报告八、九两届理事会组织与社务活动状况呈及中央社会部批

(1938 年 10 月—1944 年 3 月)

(1) 中国统计学社致中央社会部呈(1938 年 10 月 4 日)

敬呈者：案奉钧部渝第五三八号通告饬迅将会务状况限期具

报。等因。奉此，遵将本社社务情形，依式作成报告，敬祈鉴核。谨呈

中央执行委员会社会部

中国统计学社社长吴大钧谨呈

附中国统计学社社务状况报告一份

中华民国二十七年十月四日

中国统计学社社务状况报告

（一）团体名称：中国统计学社。

（二）地　　址：暂设国民政府主计处统计局。

（三）立案日期：民国十九年呈经南京特别市党部立案，二十六年六月呈奉中央民众训练委员会核准直接指导，并发给亲字三十五号许可证书。

（四）过去沿革：本社成立于民国十九年，迄今已历八载，总社设于南京，并于上海、广州、湖北设有分社，总社理事九人，分社理事各五人，过去曾于京沪各地先后举行年会七次，第八届年会定于本年十月三十日在重庆市举行，出版刊物有《统计论丛》、《中国统计学社学报》、《统计及译名》各种。

（五）现在负责人姓名：

社长：吴大钧（当选理事得票最多者）

副社长：朱君毅（当选理事得票次多者）

理事：刘大钧　芮宝公　金国宝　陈华寅　王仲武　曾昭承　褚一飞

文书：芮宝公

会计：汪龙

（六）现在工作状况：

1. 编译统计名辞；

2. 研究人口普查及户籍问题；

3. 研究编制战时经济统计方法。

（七）现在会员情形：

现有社员四〇六人，预备社员五十三人，共四五九人。

（八）现在有无困难：

现在困难约有二点：

1. 社员散居各处，因战事关系地址多迁移，通信困难；

2. 经济困难，致出版品不能源源继续。

（九）以后工作计划：

1. 继续出版《中国统计学社学报》；

2. 本届年会着重专题讨论，其论题为“战时调查户口及举办户籍问题”暨“编制战时经济统计问题”，俟开会后当将讨论结果贡献政府，藉备采择；

3. 如经费有着，拟实地酌办调查统计工作。

（2）中央社会部致中国统计学社指令（10月16日）

中国国民党中央执行委员会社会部指令　渝字第七八〇号

令中国统计学社

呈为呈报社务状况，仰祈鉴核由。

呈件均悉。所呈各节尚无不合，该社负责人既均在渝，应设法调查散在各地会员之住址、职业及最近状况，并拟具改进会务计划，按步实施。嗣后并应将该社工作情形，随时呈报本部备核，遇有集会，亦须先期呈报，以便派员列席，仰即知照。此令。

中华民国二十七年十月十六日

（3）中国统计学社致中央社会部呈（1939年2月4日）

查本社于上年十月三十日假重庆市模范市场银行公会地址举行第八届年会，曾呈奉钧部派员莅临指导在案。是日到会人数计共一百余人，行礼如仪，旋开始讨论统计各种专项之纲要，计有战时调查户口及举办户籍研究纲要、战时农业统计研究纲要、战时矿业统计研究纲要、战时工业统计研究纲要、战时物价统计研究纲要、战时交通统计研究纲要等项，以期获得详细办法，制成方案，贡献有关系之各方，藉备采择；次为社务会议，经决议第九届理事由第八届理事吴大钧、朱君毅、刘大钧、金国宝、芮宝公、陈华寅、王仲武、曾昭承、褚一飞等连任，并通过修正社章及制定分社简章，谨附呈于后，敬祈审核示遵。嗣后本社又于本年一月十五日复假重庆石灰市国民经济研究所召开第九届第一次理事会议，出席理事计共七人，是日决议之重要事项，除推选本届战时经济讨论委员会、战时应用统计资料委员会、统计名词编译委员会、编辑委员会、社员职业介绍委员会及其他委员会之主任委员与推聘文书、会计，以便进行搜集资料、编辑刊物、编译名词等各种工作外，并决议每月召集战时调查户口及举办户籍问题座谈会与编制战时经济统计问题座谈会各一次。以上所述系两次会议经过之大略情形，理合具文呈报，仰祈鉴核备案，实为公便。谨呈

中央党部社会部

中国统计学社社长吴大钧谨呈

附中国统计学社社章及中国统计学社分社简章通则各一份

中华民国二十八年二月四日

中国统计学社社章

（二十七年十月三十日第八届年会修正）

第一章　总　　则

第一条　本社定名为中国统计学社。

第二条　本社以研究统计学理与方法及促进统计事业之发展为宗旨。

第三条　本社总社设于国民政府所在地。

第二章　社员及预备社员

第四条　凡在国内外专科以上学校毕业，具有下列资格之一而无文化团体组织大纲第五条各款情事者，经社员五人介绍、理事会通过得为本社社员。

一、有统计专门著作者；

二、办理重要统计工作三年以上著有成绩者。

第五条　凡志愿研究统计学术而无文化团体组织大纲第五条各款情事者，经社员二人介绍，理事会通过得为本社预备社员。

第六条　本社社员及预备社员有遵守本社社章及履行本社议决案之义务。

第七条　社员每年缴纳社费四元，预备社员每年缴纳社费二元，社员一次缴足十年社费者，为永久社员，以后不再缴纳。

第八条　社员有选举权、被选举权、动议权、决议权及其他一切应享权利。

第九条　预备社员得列席本社社员大会及参加各种学术讲演或讨论会，并得享受本社出版品。

第三章　入社及退社

第十条　社员或预备社员入社时，须填具入社志愿书。

第十一条　社员或预备社员有下列情事之一者，由理事会决议取消其资格。

一、发现有文化团体组织大纲第五条各款情事者；

二、破坏本社信誉确有证据者；

三、连续不缴社费达两届以上屡催不应者。

社员或预备社员自动请求退社者，应备函声叙理由，送本社理事会办理。

第四章　组　　织

第十二条　本社设理事会，全体社员互选理事九人组织之，在社员大会闭会期间，对外代表本社，对内按照社章代表社员大会处理本社一切事务，并执行社员大会决议案。

理事之任期为一年，连选得连任，理事之选举得于社员大会前一个月以记名投票法行之，于大会时开票宣布其结果。

每届理事之选举，先由理事会推定社员三人组织司选委员会，除原任理事九人外，加推十八人，共二十七人为理事候选人，以供社员参考，但社员于候选人名单之外，仍得自由选举。

第十三条　本社设社长一人，主持理事会会务，副社长一人，协同社长主持理事会会务，以当选理事得票最多数及次多数者分别充任之。

第十四条　本社设文书、会计各一人，分别办理国内外通讯及财务等事宜，由理事会聘请社员充任之。

第十五条　理事会因事实上之需要，得设置各种委员会，各设主任委员一人，由理事会推选之，委员若干人，由主任委员提请理事会聘定之，各委员会主任委员及委员之任期，除编辑委员会为三年外，余均为一年。

第十六条　理事会于必要时得酌用有俸给之干事及书记若干人，助理文书、会计及编辑事务。

第五章　社员大会

第十七条　本社社员大会分年会及临时大会两种：

一、年会每年举行一次，其地址、日期由理事会决定之。

二、临时大会由理事会于必要时或经全体社员十分之一以上之提议召集之。

第十八条　社员对于大会如有提案，除另有规定外，须经五人以上之连署，并应于会期一周前提交理事会，以便列入议事日程。

第十九条　大会闭会期间遇有重大事项，理事会得用通讯方法征求全体社员意见。

第六章　分　　社

第二十条　凡在同一地方，有社员十人以上者，经理事会之决议，得设立分社，其简章通则另定之。

第七章　附　　则

第二十一条　本章程如有未尽事宜，得由理事会或社员十人以上之提议，经社员大会出席社员四分之三之决议修改之。

第二十二条　本章程经社员大会通过，呈经中央执行委员会社会部核准备案后施行，修正时亦同。

中国统计学社分部简章通则

第一条　本通则根据中国统计学社社章第二十条之规定制定之。

第二条　分社名称应冠以所在地地名，称中国统计学社某地分社。

第三条　凡本社社员或预备社员志愿加入所在地分社者，均得为各该地分社社员或预备社员。

第四条　分社社费不得超过本社社费二分之一。

第五条　分社社员及预备社员之义务权利，准用本社社章之规定。

第六条　分社设理事会，于分社社务会议时，用记名投票法当场选举五人组织之，理事会设常务理事一人，由得票最多数之理事任之。

上项理事之任期为一年，连选得连任。

第七条　分社设文书、会计各一人，分掌通讯、财务等事宜，由理事兼任之。

第八条　分社因事实上之需要，得组织各种学术讨论或研究委员会。

第九条　分社出版之刊物，须先送经本社审核后方得付印。

第十条　分社社务应每半年报告本社一次。

第十一条　分社社务会议每年举行一次，于必要时得召集临时会议，讨论会每月或每两月举行一次。

第十二条　分社简章未明白规定事项，准用本社社章各条之规定。

第十三条　分社简章经分社社务会议通过，送由本社理事会核定后呈请所在地党部政府备案施行。修正时亦同。

(4) 中国统计学社团体概况报告表

名称:中国统计学社。

地址:重庆国府路国民政府主计处统计局转。

负责人姓名:吴大钧

成立年月:民国十九年三月

沿革:自国民政府奠都南京后,各机关纷纷设立统计组织,延聘统计专门人才,统计事业大有蒸蒸日上之势。本社同仁有鉴于此,遂组织中国统计学社,藉谋统计学术之研讨。并促进统计事业之发展,成立迄今十三载,于兹分社成立者计有南京、上海、广州、湖北等处,惟自"七·七"事变以后,分社已暂停工作。

组织概况:社员大会——理事会——各种委员会(如年会筹备委员会,论文委员会,编辑委员会,统计译名委员会,统计补习学校校务委员会,基金筹募委员会等)。

职员人数:专任:无　兼任:三人

研究员人数:专任:无　兼任:十一人(各种委员会主任暨副主任委员、委员均未列入)

设备状况:搜集统计书报,整理各项统计资料,继续举办统计补习学校、函授学校,培养统计人才,并发行定期刊物。

经费:岁入:全部为社员社费;岁出:经常文具纸张印刷品及定期刊物,年约需费三万余元。

研究工作:已经完成者有历届年会宣读论文百余篇,编译统计名词、研究战时调查户口及举办户籍问题统计与建设问题,统计在行政上运用问题。正在研究中者有统计与行政三联制之配合运用问题。

出版刊物:《统计论丛》、《统计学报》、《统计译名》、《统计与行政》、《统计论文集》及《中国统计学社概况》等。

战后研究计划:发行定期刊物(半年发行一次)、编译统计名词。

填报时间：民国三十三年三月十一日。

负责填报者：赵章黼　负责长官：吴大钧

中国统计学社理监事名单

姓　名	性别	年龄	籍贯	职　务	任职日期	略　　历
吴大钧	男	四十三	福建	理事长	三十三年一月	现任国民政府主计官兼统计局长
朱君毅	男	五十一	浙江	常务理事	三十三年一月	现任国民政府主计官兼统计局副局长
赵章黼	男	三十五	江苏	理事兼文书	三十三年一月	现任主计处统计局科长
陈长蘅	男	五十一	四川	理事	三十三年一月	现任立法院委员兼食糖专卖局董事长
何　廉	男	四十	湖南	理事	三十三年一月	中央设计局秘书长
汪　龙	男	四十	安徽	理事	三十三年一月	现任社会部统计处统计长
卫挺生	男	五十三	湖北	理事	三十三年一月	现任立法院委员兼复旦大学经济系主任
艾　伟	男		湖北	理事	三十三年一月	现任中央大学教授
唐启贤	男	四十	江苏	理事	三十三年一月	现任国民政府统计局专员

续上表

姓　名	性别	年龄	籍贯	职　务	任职日期	略　　历
言心哲	男	五十二	湖南	理事	三十三年一月	现任复旦大学社会系主任
陶孟和	男	五十五	河北	理事	三十三年一月	中央研究院社会科学研究所所长
乔启明	男	五十三	山西	理论及论文委员会主任委员	三十三年一月	中国农民银行农贷处处长
寿勉成	男	四十	浙江	理事	三十三年一月	现任社会部合作事业管理局局长
吴半农	男	四十二	安徽	理事	三十三年一月	现任经济部统计处统计长
郑尧柈	男	三十九	浙江	常务理事	三十三年一月	中央调查统计局统计组组长
张心一	男	四十三	江苏	监事	三十三年一月	现任甘肃省建设厅厅长
杨　蔚	男	四十五	山西	监事	三十三年一月	铭贤农工商专科学校教授
陈　达	男	四十五	浙江	监事	三十三年一月	国立清华大学教授
谷春帆	男	四十二	江苏	监事	三十三年一月	现任三民主义青年团宣传处长
郑彦棻	男	三十八	广东	监事	三十三年一月	

〔国民政府教育部档案〕

9. 中国水利工程学会报送会务状况报告表及有关文件

（1938年9月—1944年9月）

（1）中国水利工程学会致社会部呈（9月30日）

案奉大部渝字第五三八号通告，仰迅将会务状况详细具报，以凭核办等因。自应遵办。兹将查询各项列表于后，敬希察核。此呈

中国国民党中央执行委员会社会部

中国水利工程学会驻渝办事处

中华民国二十七年九月三十日

附抄会务状况报告表

一、团体名称：中国水利工程学会。

二、地址：会址原设首都，自首都失陷后即迁往湖南醴陵姜湾浙赣铁路理事会内，为便利会务起见，复在重庆川盐银行四楼经济部内设本会驻渝办事处。

三、立案日期：因本会案卷均在醴陵，已函总会查复，容俟得复，再行补报。

四、过去沿革：本会于民国二十年组织成立，选举李仪祉为会长，李书田为副会长，张自立为总干事。本年春李会长仪祉去世，会务由李副会长书田代行。

五、现在负责人员姓名：李副会长书田。

六、现在工作状况：（1）出版事务，本会前出各种专刊及月刊，均因经费困难而停止，为报告会员消息起见，自本年五月起出版《水利通讯特刊》；（2）会员通讯事务已在汉口、西安及本市指定人负责调查报告，以便登记；（3）纪念本会李故会长事务，现正搜集遗著，征求纪念文字。

七、现在会员情形：本会会员除机关会员外，约六百九十人，截至目下止，计不知近况与通讯处者约二百七十余人，在战区及上海者约二十余人，后方失业者不足十人，均在水利建设及教育等机

关工作。

八、现在有无困难：现无困难。

九、以后工作计划：现本原定宗旨，联络水利工程同志，研究水利工程学术，协力促进水利建设外，并介绍失业会员工作，使人尽其才，为国效用。

(2) 社会部致中国水利工程学会指令(10月24日)

中国国民党中央执行委员会社会部指令　渝字第八五八号

令中国水利工程学会驻渝办事处

呈二件　为呈报会务状况，并补呈该会立案日期及许可证编号，请鉴核备案由。

呈件均悉。所呈各节，经核尚无不合。建国大业，千绪万端，经济建设，尤属重要。水利建设为经济建设中之主要部门，年来我国灾害频仍，农村日趋衰落，值此抗战建国期间，如何集中人才，研究水利学术，促进水利建设，俾农村经济得以复兴，抗战使命得以贯彻，实为当前最迫切之问题。该会负责人多为国内水利工程专家，盼依照该会组织宗旨，妥订具体工作计划，按步实施，努力迈进。嗣后并希望将该会工作情形随时呈报本部备查，遇有集会亦须先期呈报，以便派员列席，仰即知照！此令。

中华民国二十七年十月二十四日

(3) 附录：中国水利工程学会章程(1937年3月修正)

第一章　总　　则

第一条　本会定名为中国水利工程学会。

第二条　本会以联络水利工程同志，研究水利工程学术，协力促进中国水利建设为宗旨。

第三条　本会设总会于首都。

第四条　本会会员有十人以上在同一地点者，经该地会员过半数同意得请求董事会核准设立分会，其章程得由分会另订之，但以不与本会会章抵触为限。

第二章　会　员

第五条　本会会员分为会员、仲会员、学生会员、名誉会员、机关会员五种，其资格如左：

（一）会员　凡具八年以上之水利及土木工程经验，其中至少三年以上为负责工作，由会员二人之介绍，经董事会审查合格得为本会会员。

（二）仲会员　凡具四年以上之水利或土木工程经验，由会员二人以上之介绍，经董事会审查合格，得为本会仲会员。

（三）学生会员　凡国内外大学工学院或独立学院，水利或土木工程系肄业者，由会员或仲会员一人之介绍，经董事会审查合格，得为本会学生会员。

（四）名誉会员　凡对于水利工程事业或学术有特殊贡献者，由会员十人以上之连署举荐，经董事会之通过，得被举为本会名誉会员。

（五）机关会员　凡有关水利工程之机关、学校或团体，由会员二人之介绍，经董事会之通过，得为本会机关会员。

第六条　国内外大学工学院或独立工学院毕业，作为四年工程经验，旧制工业专门学校或新制工业专科学校毕业，作为二年经验，二年修业期满作为一年经验，研究院工程学术研究工作及专门工程教授、副教授、讲师、教员、助教以工程经验论。

负责工作以负责之独立设计、施工为准，教授、副教授之工作及不受人指导之研究工作，著有成绩者认为负责工作。

第七条　会员有选举权及被选举权。仲会员有选举权无被选举权，学生会员无选举权及被选举权，名誉会员由本会会员中选出者，仍有选举权及被选举权，外籍会员应享权利必要时得予以限制。

第八条　凡仲会员经验资格已及升级之时，得由会员或仲会员二人之证明，由本人具函申请，经董事会通过升级，学生会员具有仲会员资格时，即升为仲会员。

第九条　凡本会会员有自愿出会者，应具函声明理由，并经董事会认可方得出会。

凡本会会员违反本会职业道德信条者，得由会员十人以上之提议，经董事会之通过予以警告，警告无效者得由董事会提出年会大会通过，令其出会。

第三章　组　　织

第十条　本会组织分为：(一) 董事会；(二) 执行部；(三) 特种委员会。

第十一条　董事会由会长、副会长，总干事及董事十二人组织之，会议时由会长主席，董事任期三年，每年改选四人。

第十二条　执行部由会长、副会长、总干事组织之；会长、副会长、总干事任期一年，连选连任。

第十三条　特种委员会，本会为保管基金、发行刊物、介绍职业、征求会员及其他事项，得由董事会议决设置特种委员会办理之。

各委员会委员，任期一年，各委员会委员长得列席董事会议。

第四章　职　　权

第十四条　董事会之职权如左：

(一) 决议执行部所不能解决之重大事务；

(二) 审查新会员及升级会员资格并通过之；

(三) 认可分会之成立；

(四) 其他本会重大事务。

第十五条　会长、副会长、总干事之职权如左：

(一) 会长总理本会会务，并为本会对外代表；

(二) 副会长协理本会会务，会长不能到会时其职务由副会长代行之；

（三）总干事承会长之命，办理本会日常事务，并掌管一切文书会计事宜。

第五章　会　　费

第十六条　本会会费如左：

（一）会员——入会费十元，常年会费八元；

（二）仲会员——入会费五元，常年会费四元；

（三）学生会员——入会费一元，常年会费二元；

（四）机关会员——中央机关、国立大学或独立工学院及全国性质之团体，入会费一百五十元，常年会费一百五十元；省市机关、学校及省市性质之团体入会费一百元，常年会费一百元；其他机关或团体入会费五十元，常年会费五十元。

第十七条　凡会员除缴入会费外，一次缴足一百元者以后免缴常年费，外籍会员应于入会时缴足永久会费。

前项永久会费及各会员入会费应存储为本会基金，非经董事会议决不得动用。

第十八条　凡各级会员升级时，免缴入会费之差额。

各项会费得由分会代收，汇缴总会，分会代收常年会费之半数，得留充分会经费。

第十九条　会员于年份开始一个月内，有即缴纳是年常年会费之义务，除有特殊情形外，逾期不缴即暂保留应享权利，经总干事函催三次以上，满一年后仍不缴纳者，应由总干事提请董事会议决停止其会员资格。

第六章　选　　举

第二十条　本会每年选举事务，由董事会指派司选委员会办理之。

第二十一条　董事会会长、副会长、总干事由司选委员提出二倍人数，由年会或用通讯方法选举之。

第七章　开　　会

第二十二条　本会每年开会一次，其时间及地点由上届年会议定，但必要时得由董事会更改之。

第二十三条　董事会常会每两个月举行一次，临时会由会长召集之。

第八章　附　　则

第二十四条　本章程得由会员十人以上之提议，经年会通过修正之。

附抄中国水利工程学会职员录

董事会

董事：李仪祉　张含英　陈懋解　须　恺　李书田　沈百先　张自立　孙辅世　茅以升　汪胡桢　徐世大　彭济群　高镜莹　许心武　郑肇经

执行部

会　长　李仪祉

副会长　李书田

总干事　张自立

特种委员会

(1) 出版委员会　汪胡桢(委员长)　顾世楫　李仪祉　张含英　周镇伦　武同举　高镜莹　戴祁　郑肇经　须　恺　许心武　张　炯　孙辅世　蔡　振

(2) 职业介绍委员会　须　恺(委员长)　孙辅世　宋希尚　李书田　陈懋解

(3) 会员委员会　陈湛恩(委员长)　洪　绅　陈泽荣　徐世大　萧开瀛

(4) 会所委员会　陈懋解(委员长)　须　恺　汪胡桢

(5) 基金保管委员会　李仪祉(委员长)　张自立　孙辅世

(6) 耕砚奖励论著基金保管委员会　(委员)徐世大　张含英

李书田 (秘书)张含英

(7) 中心问题研究委员会

第一组 (研究问题)各地灌溉需水量 主任委员孙辅世

第二组 (研究问题)黄土渠渠槽之临界速度 主任委员沈百先

第三组 (研究问题)民船运输成本 主任委员陈懋解

第四组 (研究问题)水利建筑之设计标准 主任委员李书田

第五组 (研究问题)各河流之洪水峰 主任委员张含英

第六组 (研究问题)土力学之研究 主任委员汪胡桢

(4) 中国水利工程学会团体概况报告表(1943年9月10日)

名称:中国水利工程学会

地址:重庆新桥一号信箱

负责人姓名:会长沈百先

成立年月:民国二十年四月

沿革:民国二十年李仪祉先生等发起组织成立,抗战前于南京、杭州、镇江、西安等地开年会六次,三十年在贵阳、三十一年在兰州各开年会一次,本年在桂林开第九次年会。

组织概况:董事会由董事十二人及会长、副会长、总干事组织之,决议本会重大事务;执行部由会长、副会长、总干事组织之,办理会务;特种委员会为办理出版研究等事项,由董事会决议设置之。

职员人数:专任:无;兼任:20人

研究员人数:专任:无;兼任:28人

设备状况:简易图书馆。

经费:岁入:一万五千元,岁出五万五千元,不敷之数呈请教育部、水利委员会补助并捐募之。

研究工作:已完成者:(1) 水工名词一部分;(2) 国父实业计划基本数字;正在研究中者:(1) 搜集水利文献;(2) 全国水利文献;

(3) 全国水利人才之统计、培养、训练方案;(4) 水利工程标准。

出版刊物:水利特刊。

战后建设有何种新研究计划:国父实业计划水利部分具体方案,战后建设技术方面应贡献之意见。

填报时间:民国三十二年九月十日

负责填报者:杨保璞　负责长官:沈百先

民国三十三年九月十日

中国水利工程学会职员一览表(1943年9月10日)

姓　名	性别	年龄	籍贯	任职日期	职　务	略　　历
沈百先	男	四十五	浙江	三十一年八月	会长	导淮委员会副委员长
孙辅世	男	四十二	江苏	三十一年八月	副会长	扬子江水利委员会总工程师
徐世大	男	四十七	浙江	三十一年八月	总干事	华北水利委员会总工程师
杨保璞	男	四十三	江苏	三十一年八月	干事代总干职	扬子江水利委员会技正兼总务处长
李书田	男		河北	三十一年八月	董事	北洋工学院院长
张含英	男	四十三	山东	三十一年八月	董事	黄河水利委员会委员长
须　恺	男		江苏	三十一年八月	董事	水利委员会技监
张自立	男	四十三	湖南	三十一年八月	董事	浙赣铁路局局长
彭济群	男		辽宁	三十一年八月	董事	华北水利委员会委员长

续上表

姓名	性别	年龄	籍贯	任职日期	职务	略历
茅以升	男	四十四	江苏	三十一年八月	董事	水利委员会常务委员
沈怡	男	四十一	浙江	三十一年八月	董事	甘肃水利林牧公司总经理
孙绍宗	男	四十五	河北	三十一年八月	董事	陕西省水利局长
许心武	男	四十七	江苏	三十一年八月	董事	教育部简任视察
汪胡桢	男	四十四	浙江	三十一年八月	董事	
林平一	男		浙江	三十一年八月	董事	綦江水道工程局局长
宋彤	男		河南	三十一年八月	董事	水利委员会工务处长
刘梦锡		六十	陕西	三十一年八月	候补董事	导淮委员会简任技正
雷鸿基		四十一	安徽	三十一年八月	候补董事	乌江工程局局长

〔国民政府教育部档案〕

10. 教育部抄转驻港人员呈报香港文化团体派别调查表致国民党中央社会部函

（1939年3月13日）

径启者：兹据本部驻港工作人员送来香港文化团体调查表一份，查与贵部工作有关，相应抄送参考为荷！此致

中央社会部

附抄香港文化团体派别调查表一份

教育部启

三月十三日

抄香港文化团体派别调查表

A　特种教育

（一）中华民国国语教育建设协会："主持人桓力行、刘大雄、黎维岳、陆衣言、熊瑞征、苏万民"等，无党派色彩。

（二）新文学会："主持人张一麐、许地山、雷通群"，有红色倾向。

（三）世界语学会："与新文字〔学〕会同流"。

B　普通教育

（一）东区教联会："主持人劳洁灵、霍逸樵等"。

（二）公教学校教育会："主持人熊瑞征等"。

（三）港九教职员会："雷通群等，有某种倾向"。

（四）中华教育研究会："李佩精等，经史派之集中营"。

（五）九龙教育会："名虽九龙，实原港校亦有加入者，主持人张澜洲、黄燕清等，会社派大本营"。

（六）华侨教育分会："领袖极多，内部颇复杂，王叔陶依××、邓志清依×××、李达人、邓小苏，又各有所钻营"。

以上各会各拥有数十校、十数校不等，势均力敌，各不相下。"今年教师节分在五处举行典礼，可见其复杂"。

C　其他文化团体

（一）文艺学会："主持人桓力行、赵国闳、吴梅鹤等，成立已三年"。

（二）文艺协会："主持人杜其章等，成立年余"。

（三）中国文化协进会："主持人简又文等，新近成立"。

（四）孔教会："朱汝珍、陈兰芳等，香港旧派人物及附庸风雅之绅士主持"。

（五）公教会："卫氏主持"。

（六）青年会："林子丰等主持"。

（七）南华体育会："体育及娱乐团体，富商颜成坤等主持"。

（八）钟声慈善社："同上，富商陈兰芳等主持"。

（九）惠阳青年会："干事几尽'赤色'，以拉丁化宣传'谬论'，曾组回乡服务团，入乡宣传，遭粤省当局制止。与'攸闲别墅'同为某方工作机关"。

（十）精武体育会："港会主持人资格甚浅，经济甚窘"。

D　筹备中之四大团体

（一）国民外交协会："政府聘何东、周寿臣、陈炳权、赖文清、李尚铭等主持。现在何东尚未允就，恐非二三月不能组成"。

（二）中意文化协会："桓力行、刘大雄、熊瑞征、卫氏（意人）主持"。

（三）中华留东同学会："刘大雄、桓力行等主持，现正筹划中"。

（四）港九国语教育会："（名称假定）党部主动，内定由恒力行、刘大雄、赖文清、郭守华、陈素等合组委员会领导。但其中情形复杂，恐不能于短期内产生"。

〔国民政府社会部档案〕

11．谢贻徵等为组织中国翻译学会报送简章等备案呈

（1939年4月26日）

呈为组织中国翻译学会，请发给许可证，并请派员莅临指导事：窃同仁等鉴于翻译事业之重要，愿组织中国翻译学会，以沟通中外文化，辅助抗战建国。现已筹备就绪，并定于本月二十九日（星期六）下午二时假本市上石板街四十二号留法比瑞同学会举行成立大会，敬祈准予发给许可证，呈请派员指导，至纫公谊。兹检同本会简章草案乙份，会员名单乙纸，呈请鉴核示遵。谨呈

中央社会部

中国翻译学会筹备委员谢贻徵

张友松

刘法成

许汝祉

徐春霖

杨昌溪

丁作韶

附简章草案乙份、会员名单乙纸

中华民国二十八年四月二十六日

中国翻译学会简章草案

第一章　总则

第一条　本会定名为中国翻译学会。

第二条　本会以促进翻译事业，沟通中外文化，辅助抗战建国为宗旨。

第二章　会员

第三条　凡赞成本会宗旨，愿遵守本简章之规定，由会员二人介绍，提出译稿，经干事会通过者得为本会会员。

第四条　本会会员应尽下列各项之义务：

一、会员入会时应缴纳入会金国币二元，每年应缴纳会费国币二元。

二、会员有接受本会委托或指派工作之义务。

第五条　本会会员应享下列各项之权利：

一、选举权；

二、被选举权；

三、参加本会各种集会；

四、会员在翻译工作上遇有疑难之处，得向本会提出质疑；

五、本会发行之刊物，尽先录用会员之稿件；

六、会员之稿件，本会可为介绍刊发或协助刊行。

七、会员有参考本会图书之权利。

第三章 组织

第六条 会员大会为本会最高机构。

第七条 会员大会每年举行一次。

第八条 本会设干事会，于会员大会闭幕期间执行一切经常会务。

一、干事会由会员九人组织之；

二、干事由会员大会票选之；

三、会员大会闭幕期间，干事会为本会最高执行机构；

四、干事任期一年；

五、每届会员大会改选干事五人；

六、干事会内部工作之分配，由干事会自定之。

第九条 本会设理事会，指导本会一切工作进行。

一、理事由干事会聘请各界领袖及热心翻译工作者担任之；

二、理事互推九人至十一人组织常务理事会；

三、理事会每年召开会议一次；

四、常务理事会每三月召开会议一次。

第四章 工作

第十条 本会视需要之缓急，环境之便利，次第开展下列各项工作：

一、定期举行讲演会；

二、定期举行讨论会或座谈会；

三、出版定期刊物；

四、出版会报；

五、编印翻译丛书；

六、负责审查会员译品，暨协助会员翻译工作；

七、严正介绍批评国内出版之译品；

八、调查搜集适当之翻译材料，并调整翻译上之供应；

九、设置翻译图书室；

十、承办各界委托之各种翻译事项；

十一、视会员之能力与译向，组织特种翻译小组研究会，如诗歌翻译小组研究会，戏剧翻译小组研究会、科学译名小组研究会等；

十二、视会员之专长，组织各种文字翻译小组研究会，如英文翻译小组研究会，法文翻译小组研究会，中译英、中译法小组研究会等；

十三、开办翻译函授学校；

十四、开办翻译补习班。

第十一条　干事会得视随时之需要、环境之便利，举办未列入第十条各款规定之工作。

第五章　经费

第十二条　本会经费，除会员入会费及常年会费外，于必要时由干事会筹措之。

第六章　附则

第十三条　本简章自成立大会通过之日起施行。

中国翻译学会会员名单

谢贻徵	粟寄沧	汪心涛	张友松
吴苏民	周　邠	刘法成	初大吉
陈　文	许汝祉	廖　闿	张德治
徐春霖	王书纶	田文彬	杨昌渭
徐咏平	孙晋武	丁作韶	徐学闿
孙询侯	郑延縠	陈纪滢	郝秉让
杨赓陶	薛正计	张平君	章　平
邹慕霞	陆　庆	闵　任	

社会部杨淇等考察中国翻译学会状况的签呈

奉派指导中国翻译学会，因该会未依法呈请准予发起组织，经于开会前驰赴该会与负责人晤谈。据称：该会之组织系因从事翻译工作，亟须通力合作与计划之必要，登报发起，赞成者极为踊跃，而各人大多居处远隔，集会不易，故筹备不免仓促，复未谙组织手续，致欠周全云云。职觉该会宗旨尚属正当，分子亦大致齐全，经指导该会另行具呈，检附修正章程、职员履历表、会员名册呈部核办。该会章程不合之处，经指导全部接受修正。教育部国立编译馆长代表教育部部长致词，对该会工作似尚重视，其余如朱骝先先生等均函致该会赞许。兹谨将指导该会情形，呈请核夺。

杨　淇

桒　畬

四．廿九

登　敖

五．一

〔国民党中央社会部档案〕

12. 郑昊樟等为组织中华宣传事业协进社报送简章及工作计划等备案呈

（1939年7月11日）

案查抗战转入第二阶段，我国抗战建国之策动更趋积极，比来胜利频传，光明可期，然亦正国人艰苦支持，作最后奋斗之时。是故对国内外人士之宣传更应努力推进，俾上下一心，中外一致，确定抗建之大业。此种事业，钧部固已擘划周全，然民间之力量，亦似应予以提掖利用。樟有见及此，乃纠合同志，组织中华宣传事业协进社，期在钧部领导之下，致力宣传。兹以成立伊始，谨将本社章则、职员名单及本年工作计划缮具奉呈，仰祈鉴核备案。并乞赐示方针，俾知遵循，实为公便！谨呈

中央社会部部长陈

附章程、本年工作计划、现任职员一览表各一份

中华宣传事业协进社社长郑昊樟

中华民国二十八年七月十一日

中华宣传事业协进社章程

定名：本社定名为中华宣传事业协进社，简称为中华宣传社。

宗旨：本社宗旨在以民间力量推广中国抗战建国之宣传事业。

社址：本社暂设于重庆。

组织：本社设名誉社长三人，顾问若干人，社长一人，下设研究、通讯、服务、总务四组，各设组长一人，各组设组员若干人。

社员：凡热心宣传事业，经社员二人之介绍与社长核准者，均得加入为社员，社员有研究贡献及推动工作之义务。

分社：各地得酌情设立分社，受总社之指挥，推广各地宣传事业，分社设分社长一人，总干事一人，干事若干人。

集会：本社每年得召集各地社员举行大会一次，检讨过去工作，各分社得每月召集社员会议一次，探讨宣传工作。

经费：本社经费以著作权收入、版权收入供给之，余由社长负责筹划，社员不收社费。

社徽：本社火炬为社徽，象征热烈活泼。

社色：本社以红青两色为社色，红色表示热情，青色表示镇静。

中华宣传事业协进社本年工作计划

本社成立伊始，规模尚未臻于完备，然对社务之推广，则期以最有效率之方法，加紧策动，期以民间之力量，协助抗战建国之推行。谨将本年拟办事项分述于后：

一、编摄公民常识教育影片一部

国内教育电影，年来虽有进展，各省巡回电影队亦日有增加，惟新影片之补充，仍觉困难，各省电教当局均有同感，本社拟着手编摄此项影片，以应需要，第一部拟就公民常识中取材，摄拍两本，

共八百尺之十六厘米电影一部。

二、编著抗战电影剧本一部

此次抗战军兴，可歌可泣之事颇多，诚足鼓舞人民抗战情绪，近如北战场冯登高单骑却敌，南战场雷鸣化之英勇决斗，只须稍加渲染，即可编成富有吸引力之宣传片，故拟先选择有价值之材料，编一抗战电影剧本，藉供影片厂之采用。

三、发动青年励志通讯运动

租界、游击区、香港及澳门等地青年，以环境特殊，其意志薄弱者，每易趋于颓废。本社拟以上海为实验区，发动励志通讯，以通讯方法，鼓舞彼等之志气，并寄发国内重要刊物，供以精神食粮，或择当地报纸编周刊一种，以广宣传。

四、设计高尚游戏纸牌一种。醉生梦死之生活必须改正，然改正之余暇与其精力，究应另辟途径以应用。本社拟先设计高尚纸牌一种，于游戏之中，无形中贯〔灌〕输抗战建国之常识。

五、精装抗战宣传画五种。宣传图画欲广流传，必力求精美，庶几使人爱不释手，生效始大。现拟先行设计精绘印制宣传画五种，分寄国内外，宣扬我国抗建之精神。

六、绘制自然色幻灯片一套。国内所制幻灯片，尚无自然色之创制，本社已商得香港银光公司共同研究，先行编制十二张成一套，供国内电教界试用。

七、设计活动册。宣传图画为宣传上有力之工具，然究不若电影之生动有力，只以电影上摄制经费过巨，未能大量出产。兹由本社设计活动册一种，以连续之图画联成活动之小册，其效与影片无异。

八、编述宣传小册。本社为施行推广宣传事业之目的，拟精选各种有关抗战建国之材料，编造宣传小册，以广宣传。

九、其他。除上述各项外，尚有海内外消息之贯通，宣传事业之代办等等，均拟相机推进之。

中华宣传事业协进社现任职员一览表

职务	姓名	年龄	籍贯	党籍	出身	职业	经历	备注
名誉社长	冷雪樵	四二	江苏江都	沪6378	复旦大学	复旦大学代理训育长	曾充上海童子军战时服务团主席	童子军三级课本等书
顾问	徐观余	三八	广东中山		美国童军行政学校	中国童子军总会训育主任	曾充世界童子军会议中国代表领队	战时给青年的信等书
顾问	赵邦铼	三六	上海		复旦大学	上海译报馆主笔		各国青年训练等书
顾问	王文治	三三	福建		圣约翰大学	香港银光影片公司经理		设计各种教育影片器材
顾问	倪家玺	三三	浙江宁波		沪江大学	联华汽车运输公司经理等	大华实业公司经理	抗战与小工业等书

续上表

职务	姓名	年龄	籍贯	党籍	出身	职业	经历	备注
社长	郑昊樟	二八	广东中山	沪14976	沪江大学	中国童子军战时服务视察员	曾充天津《大公报》少年生活周刊编辑	战时服务常识等书
研究组长	郑昊樟（兼）	二八	广东中山	沪14976	沪江大学	中国童子军战时服务视察员	曾充天津《大公报·少年生活》周刊编辑	
通讯组长	叶棣华	三三	上海			中国旅行社	曾充世界童子军大会中国代表	鸟歌之行
服务组长	冯颂乾	二九	广东海南		广东海军学校	华侨建筑公司工程师	曾充铁路战时服务工程队队长	无线电机
总务组长	郑行之	三〇	上海		财政部税务学校	金箭商行经理		

〔国民政府社会部档案〕

13. 中国边疆学术研究会报告成立经过并检送会章等申请备案呈及教育部批

（1939 年 7—8 月）

（1）中国边疆学术研究会致教育部呈(7 月 31 日)

为呈报成立大会经过，并附陈会章及理事名单，敬祈鉴核备案事：窃属会于七月二十三日午假生生花园开成立大会前，曾备文呈请钧部及中央社会部、内政部、蒙藏委员会派员莅临指导在案。是日计到发起人三十余人，公推张西曼先生为临时主席，报告创设本会宗旨及筹备经过后，由中央社会部代表孟健民先生及蒙藏委员会代表马鹤天先生相继致辞。随即通过会章，选举张西曼、马鹤天、常任侠、曾学孔、黄奋生、杨成志、黄文山、石明珠、陈纪莹九人为理事，贡沛诚、荣照、陈文鉴三人为候补理事，通过提案：1. 电委员长蒋致敬；2. 专电慰劳前线抗战将士；3. 电慰全体蒙古同胞努力杀贼；4. 加入国际反侵略运动大会中国分会为团体会员；5. 加入欢迎印度国民党领袖尼赫鲁筹备大会。散会后即继续举行第一次理事会议及常务理事会议，推定常任侠、陈纪莹二先生为常务理事，张西曼先生为主任常务理事，主持日常会务。兹特先将会章及理事名单略历呈请鉴核备案。所有会员名册一俟整理编印竣事，再行补呈。谨呈

教育部

附件：会章一份，理事名单略历一份

中国边疆学术研究会谨呈

中华民国二十八年七月三十一日

中国边疆学术研究会章程(7 月 23 日)

第一章　总则

第一条　本会定名为中国边疆学术研究会。

第二条　本会会所设于国民政府所在地。

第三条　本会以研究、介绍及整理中国边疆文化资料，促进大中华民族文化之沟通，藉以弘扬世界学术为宗旨。

第二章　任务

第四条　本会之任务如左：

一、研究中国边疆史地、民族、政教、经济、习俗、语文、艺术等问题；

二、介绍中外学者有关之研究论著；

三、举行各种边疆学术问题之讲演会、座谈会、展览会；

四、出版边疆问题之专著；

五、组织或参加边疆考察团；

六、推派代表参加有关中国边疆问题之中外集会；

七、接受政府或中外学术机关委托研究事项；

八、设置图书资料室，搜列有关边疆文化之图书及民俗资料；

九、提供政府有关边疆问题之意见；

十、其他有关边疆学术之研究。

第三章　会员

第五条　凡赞成本会宗旨、经本会会员二人之介绍，填具入会表，经理事会通过并履行第十九条之义务者，得为本会会员。

第六条　凡对于中国边疆学术研究事业有特殊贡献之国内外人士，得由会员大会或理事会推举为名誉会员。

第七条　凡有左列情事之一者，不得为本会会员：

一、违反三民主义之言行者；

二、违反抗战建国国策之言行者；

三、患精神病者；

四、褫夺公权者。

第八条　本会会员如发现前条各款情事之一或违反会章及决议案者，经会员大会通过除名。

第四章　组织

第九条　本会设理事九人至十一人，候补理事三人至五人，由会员大会选举之，组织理事会，任期一年，连选得连任。

第十条　理事互推常务理事三人，组织常务理事会，主持日常会务，对外代表本会。

第十一条　理事会设总干事一人，由理事会推任之，承常务理事会之指导，办理一切事务。

第十二条　理事因故出缺时，由候补理事依次递补。

第十三条　本会设各种研究委员会，各设主任委员一人，委员若干人，由理事会聘任之。

第十四条　本会设通讯、调查、出版各组及图书资料室，各组室设主任一人，由理事会聘任之。

第十五条　本会得在各地设立分会，其组织章程另订之。

第五章　会议

第十六条　本会会员大会，每年举行一次，由理事会召集之，必要时经理事会之决议，或会员三分之一以上之请求，得召开临时大会。

第十七条　理事会每月开会一次，必要时得由常务理事会召集临时会。

第十八条　本会各种会议，除遵照民法之规定外，须有法定人员过半数之出席，出席人员过半数之同意，方得决议。

第六章　经费

第十九条　本会会员入会时，应缴纳入会费一元，每年应缴纳会费二元。

第二十条　本会经费，除会费及其他捐助之收入外，得受政府及中外学术团体之补助。

第二十一条　本会经费之收支，由理事会提请会员大会审核并公布之。

第七章　附则

第二十二条　本会办事细则另定之。

第二十三条　本会章程，如有未尽事宜，得由会员大会决议修正，并呈报主管党政机关备案。

第二十四条　本会章程经会员大会通过，呈请主管党政机关核准备案后施行。

中国边疆学术研究会理事名单略历

1. 张西曼　前国立武昌中山大学委员兼法学院院长，陆军大学政治教官，蒙藏委员会委员，立法院委员（主任常务理事），曾著《大月氏人种及西窜年代考》，近著《缠回为沙陀条裔考》出版在即。

2. 马鹤天　蒙藏委员，新亚细亚学会理事，曾发表游记数种。

3. 常任侠　常务理事，前国立中央大学□□高中部主任，中央庚款古代艺术史研究员。

4. 曾学孔　前安徽、贵州省府荐任秘书，贵阳县长，蒙藏委员会简任秘书。

5. 黄奋生　班禅行政参议。

6. 杨成志　国立中央大学及前国立中山大学社会学系主任教授，中央训练委员会委员。

7. 石明珠　班禅驻京办事处代理处长。

8. 陈纪莹　（常务理事）《大公报》副刊记者，曾著《新疆民族访问记》等。

候补理事：

1. 贡沛诚　前参谋本部边务专门委员，现任中央政校蒙藏学校副主任。

2. 荣照　国民参政员。

3. 陈文鉴　前西陲宣化使署科长。

（2）教育部致中国边疆学术研究会批（8 月 18 日）

教育部批　字第一九七〇三号

原具呈人中国边疆学术研究会，二十八年七月八日呈一件，为呈报成立大会经过，并附陈会章及理事名单，敬祈鉴核备案由。

呈件均悉。查前据该会筹备委员会呈送会章草案等件，请求备案。业经以团拾第一五九九九号批令，先向当地高级党部呈请备案后，再行呈报本部备案有案。兹据呈前情，仰仍遵照前令办理。件存。此批。

中华民国二十八年八月十八日

〔国民政府教育部档案〕

14. 国民党云南省党部转报中国物理学会第七届年会报告书致中央社会部呈

（1939年10月26日）

案查前奉钧部渝字第一二五七号公函：为中国物理学会呈报定于九月二十三日至二十五日在昆明云南大学举行第七届年会，饬就近派员指导，并将会议详情，呈报本部备查，等因一案。当经遵照推派本会委员张西林、赵公望、书记长庞体要代表出席指导。该会于九月二十三日如期在云南大学举行，于二十六日闭会，会议结果，尚属良好。兹据该会函报此次会议报告一份，请予转呈备案到会。当查所呈报告尚属实在，除由会抄存一份外，理合检同该会报告，备文呈请钧部鉴核备案。谨呈

中央社会部

附呈中国物理学会年会报告一份

中国国民党云南省执行委员会

中华民国二十八年十月二十六日

中国物理学会第七届年会报告

（甲）年会纪事

民国二十八年九月二十三日上午九时本届年会于昆明国立云南大学开幕，会员陆续到会注册，共到五十四人(名单见后)，十时半举行年会大会，由会长吴有训主席。行礼如仪后首由主席致开会词，继由年会筹备会委员长沙玉彦报告筹备年会经过，再由中央党部代表赵公望致训词，最后由本会董事梅贻琦讲演，于十二时散会摄影。

是日下午二时在云南大学宣读论文，由吴大猷主席，共宣读论文十二篇，于五时散会。

九月二十四日上午九时仍在云南大学继续宣读论文，至十二时散会，共宣读论文十四篇。

是日下午三时至五时，在云南大学举行会务讨论及选举，由会长吴有训主席。首由秘书赵忠尧报告一年来之会务情形，次由会计严济慈报告一年来之收支结算。当公推霍秉权、孟昭英查核账目，由物理教学委员会委员沙玉彦代表该委员会委员长报告一年来之工作，次由会长报告本会董事五人业已任满，依上届年会决议应于本届年会改选，经讨论后选出梅贻琦、李书华、叶企孙、丁燮林、吴有训五人为董事。继会长报告本会评议员杨肇濂、张绍忠、饶毓泰三人业已任满，当将各会员寄回之评议员选举票启封开票，结果叶企孙、查谦、裘维裕三人当选为评议员。最后由到会会员就本届评议员九人中选出吴有训为会长。五时散会后参观云南大学。七时在云南大学应中央研究院、北平研究院、西南联合大学、云南大学之宴会。席间由云南大学校长熊迪之致欢迎词，吴有训致答词。

九月二十五日上午八时在昆明大西门外集合出发参观昆明电厂、昆明炼铜厂、中央电工器材厂、中央广播电台、韶关飞机制造厂，晚六时返云南大学聚餐，席间查账委员报告上届会计账目无误，经全体通过接收。餐毕由会长吴有训致闭会辞。

九月二十六日上午分组参观及游览，下午一时由北门外集合出发参观中央机器厂。晚六时返云南省党部，应省党部之宴会，席间由省党务指导委员张西林致欢迎辞，会长吴有训致答词。本届年会于焉结束。

（乙）本届年会职员表

委员长沙玉彦，文书田渠，会计钱临照，会程组严济慈、王守竞、萨本栋、裘维裕、张云、孟昭英，招待组郑华炽、施汝为、刘晋钰、卞　彭、吴学蔺、潘德钦，论文组吴大猷、赵忠尧、查谦、张绍宗、许浈阳、施士元。

（丙）到会会员名单

沙玉彦	钱临照	田　渠	钱伟长	沈尚贤	叶　楷
顾功叙	盛耕雨	沈寿春	秦大钧	严济慈	丁燮林
吴有训	梅贻琦	吴大猷	郑华炽	郭永怀	谢毓章
郝崇本	卓　励	林家翘	刘朝阳	虞福春	江安才
谢毓寿	李宪之	赵九章	施汝为	孙珍宝	王超人
戴振铎	赵忠尧	余瑞璜	刘晋钰	傅承义	霍秉权
潘德钦	孟昭英	毕德显	王承书	张文裕	吕大元
苏林官	张鸿吉	余青松	周培源	黄子卿	王天眷
王恩虬	陈启岘	魏培修	邵　铂	王竹溪	龚祖同

（丁）宣读论文题目

1. 周培源：Peynaeed 氏求像似应力之方法的推广及旋流的性质

2. 郭永怀：炮弹运动方程式之数目计算

3. 施汝为、潘德钦：多结晶磁物质之表面磁性

4. 泡汝为、潘德钦：磁铁矿结晶之磁性构造

5. 余瑞璜、黄培云：X 线对六铔硝酸镍晶体构造之研究、第二节低温变体结构

6. 余瑞璜：六铔氯化镍、六铔溴化镍、六铔碘化镍晶体所属空间组合

7. 余瑞璜：研究由 X 线实验值直接决定晶体结构之方法

8. 吴有训:复杂晶体散射 X 线之理论

9. 张宗燧:Kirk wood 求配分函数方法之检讨

10. 林家翘:二元合金超格之互作用能与原子排列之关系

11. 吴有训、孙珍宝:X 线之吸收

12. 钟盛标:水扬酸及其硷属盐类水溶液之吸收谱

13. 钟盛标:水扬酸及水扬酸锂蒸汽紫外线吸收谱之研究

14. 钱伟长:稀有土原子光谱之分析及结构

15. 吴大猷:原子高激起能位

16. 吴大猷:乏氯溴碘化 Ethane 之振动光谱及内转动问题

17. 陆学善、张鸿吉、吕大元:压力对于 X 光照相之影响

18. 陆学善、严济慈:照相之压力效应与潜像之理论

19. 田渠:潜像成时光能之效率

20. 张鸿吉:云南重力加速度之测定

21. 顾功叙:茨坝之磁反常

22. 周同庆、李立爱:超声回音测量器

23. 王恒守:空袭威力之物理研究

24. 叶楷:高周波时真空管内抵压放电之性质

25. 马荣恩、张恩虬:X 线管有负荷时之特性

26. 陈启岘:顶部有负荷之直立天线

中国物理学会现任董事、评议员、职员及各委员会委员名单(1939—1944 年)

一、董事:梅贻琦、李书华、叶企孙、丁燮林、吴有训。

二、评议员:吴有训、李书华、丁燮林(以上三人二十九年任满)、严济慈、周培源、赵忠尧(以上三人三十年任满)、叶企孙、查谦、裘维裕(以上三人三十一年任满)。

三、职员:会长吴有训,副会长丁燮林,秘书赵忠尧,会计严济慈。

四、学报委员会委员:吴大猷(干事)、赵忠尧(干事)、岳劼恒、

严济慈、饶毓泰、胡刚复、张绍忠、施士元、施汝为、任之恭、周培源、钟盛标、杨肇濂。

五、物理名词审查委员会：杨肇濂（委员长）、严济慈、沈璿、张贻惠、裘维裕、周昌寿、何育杰、吴有训、胡刚复、徐仁铣、张宗蠡、倪尚达、张钰哲、刘晋钰、魏学仁、萨本栋、沙玉彦。

六、物理教学委员会委员：叶企孙（委员长）、魏学仁、郑衍芬、丁燮林、李书华、沙玉彦、裘维裕、饶毓泰、郑华炽、胡刚复、孟昭英、钱临照、倪尚达。

〔国民党中央社会部档案〕

15. 国民党中央社会部关于驻港调查员报告中国文化协进会与侨南文化事业公司状况致中统局函件

（1939年11月17日）

中国国民党中央执行委员会社会部公函　渝字第七八一〇号

据本部港澳民运视察员陈积中呈称：侨居南洋医生陈拔群等组织侨南文化事业公司，查其内部负责人员思想颇为复杂，且有与敌方特务员往返者，究竟该公司组织真相如何，殊堪注意。特抄原件备资参考，相应函达，即希查照为荷。此致

中央调查统计局

附抄原报告一件

中华民国二十八年十一月十七日

附抄原报告一件

查自欧战爆发，港府颁布各种紧急法规，对于邮电检查备极严厉，致未得将所查材料随时寄呈。兹谨将港澳学校及文化事业调查结果，逐一整理，编就报告三份，备文赍呈鉴核。谨呈

主任秘书　李

副部长 马
　　　 张
部　长 陈

附呈港澳学校调查一份〔缺〕、香港中国文化协会调查、香港侨南文化事业公司调查各一份

职　陈积中　谨呈

十月十八日

香港中国文化协进会调查

香港中国文化协进会为旅港文化人士所组织，由简又文会同陆丹林、叶浅予、黄祖耀、欧阳予倩、胡春冰、李应林等发起，于九月七日在大道中胜斯酒店举行成立典礼，当时到会者文艺界有简又文、陆丹林、胡秋原；学术界叶恭绰、马监；教育界钟鲁斋、张澜洲、郭九华；新闻界金诚夫、贾纳夫、李绍清、袁锦涛；书画界高剑文、吴公虎、赵少昂；电影界罗明佑、苏怡；戏剧界胡春冰、李化、姜明；漫画界黄鼎；音乐界伍伯就等八十余人。由叶恭绰、李应林、简又文、胡春冰、陈炳权、吴经熊、罗静予、杨素影等为大会主席团，即席通过会章（附抄）及理事名单，计有朱昌梅、伍伯就、李驰、李应林、竺清贤、胡春冰、梁朝威、袁锦涛、马师曾、许地山、温源宁、陆丹林、陈良猷、陈炳权、陈畸、黄祖耀、叶秀英、叶恭绰、叶浅予、杨素影、鲍少游、戴望舒、钟鲁斋、薛觉先、简又文、罗明佑、罗静予等二十七人，并决定经费来源由（一）原发起认捐若干；（二）会员每年缴纳会费若干；（三）必要时向外劝募之。末后复决定第一期工作方案二十条（附抄）。嗣于九月二十三日召开第一次理事会，决议：（一）推朱昌梅、陈良猷、袁锦涛、陆丹林起草理事会组织及办事细则；（二）推陈炳权、黄祖耀、梁朝威起草致林主席、蒋委员长及中宣部长、教育部长电文；（三）推胡春冰、许地山、罗明佑、钟鲁斋、杨刚、伍伯就、杨素影、陈畸负责设计，并整理大会移交工作提案。次日召开第二次理事会议，通过该会理事组织草案（附抄）等多案云。

附中国文化协进会章程、工作方案、理事会组织草案各一份

中国文化协进会章程

第一条　定名　本会定名为中国文化协进会。

第二条　宗旨　本会以集中文化界人士、联络友谊、促进新中国文化之发展为宗旨。

第三条　会址　本会会址暂设于香港。

第四条　任务　本会任务如左:(一) 关于文化问题之研究与批判;(二) 关于文化事业之创造与推动;(三) 关于文化人士之联络与合作;(四) 关于国内外文化之沟通与服务;(五) 其他属于文化事业之工作。

第五条　会员　凡属中华民国国民,致力于国内外文化事业各部门工作,恪守国家法令,赞同本会宗旨者,经会员二人以上之介绍及理事会之通过,皆得为本会会员。

第六条　大会　会员大会每半年举行一次,由理事会召集之,如必要时得经理事会之议决或会员二十人以上连署之请求,得由理事会召集临时会员大会,以全体会员三分之一出席为法定人数。

第七条　理事　由会员大会选举理事二十七人,组成理事会,主持会务,理事任期一年,连选得连任,理事会之组织法及办事细则另订之。

第八条　特会　本会经理事会之通过,得设置特种委员会,以谋会务之发展。

第九条　会费　本会会员每年须缴纳会费若干,由各人自由认定之,如遇必要时,经理事之通过,得举行募捐,以充经费。

第十条　附则　本会简章自会员大会通过之日施行,如有未尽善处,得提交会员大会修正之。

中国文化协进会工作方案

一、联合全港文化团体主办“双十”国庆纪念大会案。

二、与国内外文化团体建立联系，并提倡通讯运动案。

三、举办各种学术讲谈会案。

四、举办巡回文化演讲会案。

五、举办中国文化讲坛，对国内外人士介绍并宣扬本国文化案。

六、举办国际问题研究会案。

七、举办美术批评会案。

八、举办书画文物展览会案。

九、编刊《文化通讯》会刊案。

十、创办《通俗文化》小型报案。

十一、设立战地文物博物馆案。

十二、设立文化图书馆案。

十三、筹设小剧场，促进剧运案。

十四、组织文化界战地访问团案。

十五、提倡读书运动案。

十六、提倡普及国语运动案。

十七、提倡识字运动案。

十八、提倡各种学艺竞赛案。

十九、提倡国产影片清洁运动案。

二十、援助粤剧救亡服务团回粤表演抗战戏剧案。

中国文化协进会理事会组织草案

一、常务委员会委员李应林、简又文、许地山、钟鲁斋、陈良猷、陆丹林、陈炳权、胡春冰、温源宁。

二、各部正副主任：(总务)陈良猷、朱昌梅；(财务)李应林、伍伯就；(组织)陆丹林、杨素影；(出版)黄祖耀、杨刚；(服务)李驰、罗明佑；(宣传)袁锦涛、戴望舒；(联谊)叶秀英、陈畴；(秘书)胡春冰；(干事)陆大卫。

三、临时组织：国庆纪念筹备委员会主任委员胡春冰，委员马师曾、薛觉先等;图书馆设置委员会会所,布置委员会主任委员叶秀英、委员杨刚、杨素影。

四、特种委员会学术研究委员会主任委员许地山、委员温源宁等。

五、文化座谈委员会主任委员陈炳权、委员宋斐如等。

六、读书运动推行委员会主任委员何荫棠、委员陈君葆等。

七、美术研究委员会主任委员简又文、委员陆丹林等。

八、文物研究委员会叶恭绰。

九、戏剧电影委员会主任委员胡春冰、委员夏啸霞等。

十、新音乐运动促进委员会伍伯就等。

附抄侨南文化事业公司调查

侨南文化事业公司为陈拔群、黎觉奔所发起之组织,陈为侨居南洋之医生,年约三十余岁,黎则浙江杭州人,前在上海美术专门学校肄业,离校后因文学兴味浓厚,故以写作卖文糊口,思想颇为左倾。陈、黎于数月前曾赴渝活动,遍请党国要人于右任等题字,并称已在中宣部取得登记证。经济方面,则由陈独自负担,所有赴渝旅费及在港开支,概由陈垫付,陈曾自谓现有资金五万元,据其左右陈其伟称:陈在南洋新加坡等地颇有声望,筹款极有把握,一返南洋,当即有款汇来,陈即藉此作政治活动,每日由黎介绍其友人与陈在茶楼接洽。迨九月初,一切稍有头绪,即在大道中何东行四楼设立办事处,以陈、黎及陈其伟为主要负责人,经常到址办公,而每日出入之人极多,常在三四十以上,文化界胡春冰等亦常到临。陈其伟侨居香港颇久,前曾办理剧务及影片经纪等事。此外尚有郑蕴庄(女)任打字员,杨半狂(住坚道六十三号地下)及其妹在外奔走,杨与日方特务员李筑波(台山人,生母为日本人)颇有联络,李尝自称曾作港府间谍,现与日方华南特务机关长石野友善,并曾办理广州钨锑等私运,业务方面该公司原拟刊行《侨南日报》,但因无力筹集三千元押金,港府不许登记而作罢,现出版有《侨南画报》一期，已印就样报数千份，除由陈拔群于本月十六日携赴南洋作宣传之幌了外，并寄赠各机关参阅。该公司在陈离港前，曾于十月十三日晚在何东行四楼召开干部会议，到九人，议决陈走后，所有该公司日常用度开支，概由胡春冰负责支配。另由陈妻留港司理财政，现该公司经费异常拮据，所有工作人员皆无薪给，膳宿亦由各人自理，各人皆在祈望陈抵达新加坡后，能够捐到款项，汇港应用，目下一切工作，均在停顿中。

附呈侨南文化事业公司计划书一份〔缺〕

侨南文化事业公司组织缘起

中华民族解放战争已经进到第三年。过去两年来，优秀的中华民族子孙在英勇的斗争中给予侵略者日本强盗以有力的打击，使我们的祖国在抗战的烽火中生长、革新，无论政治上、经济上、军事上、社会上、文化教育上都比战前有飞跃的进步，在艰苦的战争中奠定了三民主义新中国的基础。我们明白，中国这样的进步，是由于全国上下的精诚团结，和国内民众与海外侨胞在“民族第一”的原则下通力合作所致。目前抗战进入新的阶段，敌人正企图以“以战养战”的策略，一方面扫荡我国游击区，保持已经占领的地域，一方面利用无耻汉奸，想实现其“建立东亚新秩序”的迷梦。我们必须加紧团结，肃清一切汉奸及一切妥协卖国的主张，粉碎敌人这新的阴谋，我们更要动员一切潜在的人力物力，特别是海外广大的侨胞。这抗战的强流，要普遍地动员起来，和祖国同一呼吸与脉搏，使抗战建国的伟业，赓继与发展，把敌人赶出我们的国土，建立光辉灿烂的新中国！

欧战爆发了，它启示着一切爱好和平的民族要为保卫世界和平、保卫人类文化而战。特别是中华民族的子孙，当此光明与黑暗斗、正义与侵略相持之际，我们要为中国的自由解放而尽最大的努力。欧战使我国自力更生，抗战有新的困难，但尤其是有新的生机，只有在我们的胜利中，远东才会有和平，反侵略的欧洲才能有曙光。

一方面是争取中华民族的复兴，一方面是维护人类的正义，才是中国大众执行着的前哨任务。海外华侨有其优秀的革命传统，在民国的建立与国民革命的进程中，发挥了无比的伟力，在今日这最后的搏斗当中，侨胞大众为祖国和为自己的前途，必然由革命的后方走上世界和平的前线。

侨胞们怎样组织自己，怎样武装自己的头脑，是当今最急切的问题。在新形势下产生新的要求，一切精神粮食的供给，及与国内文化的沟通都是文化界人士应当负担的新任务。同人们根据情势的需要，接受先进侨胞的指示，所以有侨南文化事业公司的创立。

我们的工作部门约分如下：

（一）日报社；（二）通讯社；（三）出版社；（四）服务社。

日报社的工作注重抗战新闻的报道，通讯社的工作注重于抗战文献的建设，出版社的工作注重抗战知识的广播，服务社的工作注重战时文化的流通。可是这重大的任务，绝非力量绵薄的同人所能尽善地负担起来的，这就端赖国内外的先进和各界热心人士的指导与赞助！

侨南文化事业公司简章

（一）定名：侨南文化事业公司。

（二）宗旨：报道全国动态、广播文化知识，普及华侨教育，沟通战时文化。

（三）地址：总公司暂设香港、国内及南洋各地酌设分行或办事处。

（四）组织：组织系统如下表：

A. 本公司以全体股东大会为最高权力机关；

B. 大会闭幕后董事会为代表机关；

C. 董事会设董事长一人，代表董事会经常指导本公司一切行政；

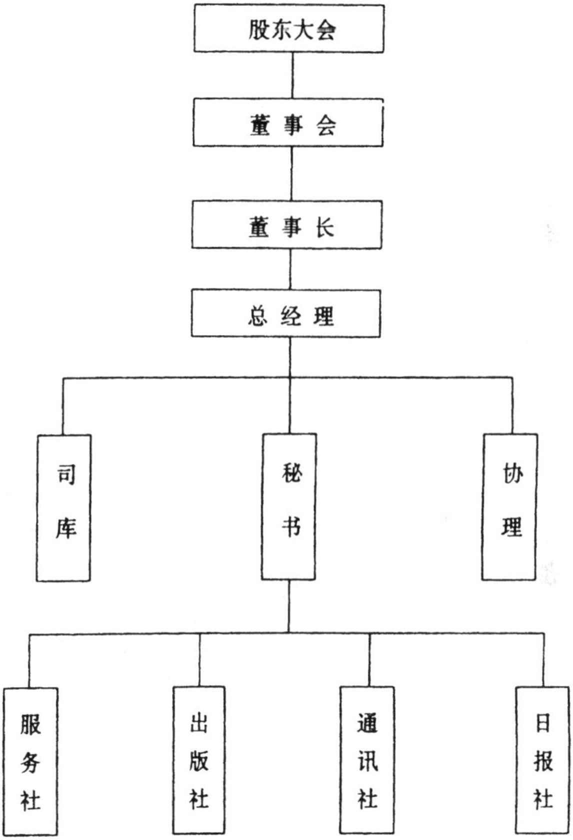

D. 董事会授权总经理，秉承董事会主张与接受董事长之指导，并掌理执行本公司一切业务，对外为本公司代表；

E. 总经理底下设协理、秘书、司库各一人，秉承总经理之命令，协助执行各项事务；

F. 本公司之下分设日报社、通讯社、出版社、服务社五〔四〕部门，各部门独立工作，惟组织上则均隶属于本公司。

（五）会议：A. 股东大会每年开会一次；B. 董事会每季开会

一次;C. 业务会议每月召开一次;D. 各社社务会议每星期开会一次;E. 遇有特别事故,得召开临时会议。

(六) 资本:本公司股本额暂定港币二十万元。

(七) 股份:第一期共招二千股,每股一百元(每股分十小股,每小股股金十元)。

(八) 职员:1. 董事会董事由股东大会选择投资拾股以上之股东选举充任之;2. 董事长由董事会互选之;3. 总经理由董事会选任之;4. 协理、司库、秘书及各社主任人员,由总经理荐请董事会聘任用之;5. 其他职员由各社主任人员荐请总经理任用之。

(九) 任期:董事会董事任期三年,连选得连任。董事长与总经理任期亦然。其他各职员任期由董事会或总经理分别订定之。

(十) 附注:1. 本简章经大会通过后施行;2. 本简章如有未尽善之处得由大会修正之;3. 董事会组织大纲及办事细则另定之;4. 各社办事章则另订之。

《侨南日报》创刊缘起

本报同人等负起一份抗战宣传的任务,特创办《侨南日报》,以期唤起广大民众,参加抗战,争取抗战的最后的胜利。

同人等明白,抗战两年以来,中国政治、经济、军事、社会各方面都随着民族革命烽火有超越的进步,给予日本法西斯强盗有力的创伤与打击,粉碎敌人"打到暴支屈膝"的迷梦,反映着中国朝独立自由幸福之途迈进。中国之所以有这样的进步,实在我们蕴藏着一种伟大而不可战胜的力量在推动着。首先,我们不可否认的就是由于全国上下的精诚团结,在最高领袖蒋委员长的领导下,大家都站在广大人民利益的立场上为民族解放而斗争,同时民众宣传、组织训练等动员的实践,特别是民众宣传工作的注重,能相当的唤起民众,协同政府与军队,参加抗战,故能达到那样的成绩。

这里已说明了抗战宣传的重要性,过去抗战两年来,政府与民众工作者在这方面已下过很大的努力,但今后抗战进入新形势,宣传工作的加强是当前的急务。同人等创办《侨南日报》目的就是要在抗战宣传上尽一份力量,使之成为抗战的宣传机关。这是《侨南日报》创刊的唯一要义。

本报既以“侨南”命名,顾名思义,是作为代表广大的南方侨胞说话的意思。华侨在抗战以来,无论在人力上、物力上都有相当的贡献,这是不能否认的事实。为作更进一步的唤起他们为祖国抗日战争克尽一切力量,本报不能不负起这种任务。因此,本报必须坚定在一切为了华侨的题目下,宣传华侨,组织华侨,及将华侨的救亡动态报告国内。同时,把我们政府永久抗战的意旨,和在抗战建国中全国政治、经济、社会、文化等各方面的进步,报道给侨胞。所以本报实含有沟通国内与华侨间的抗战作用。

本报在香港印行，不但是因为香港地方印刷条件比较容易的缘故，而且是因为香港乃今日国际交通的中心，地理环境实是中国与国际间密切联系的要地。我国报纸在这里出版，对于抗战中的国际宣传上，有极大的意义，本报愿意能在这一点意义上尽一份力量，以期争取国际间对我国抗战给予更多更大的帮助与同情。

在海外华侨举办的新闻报纸现亦有多家,自然各有各特点。而本报务须做到成为侨胞的真正食粮,及前线战士的读物。为达到此目的——新闻内容的真实性(如多侧重战地通讯)和文字形式的通俗化(切合文化水准较低的读者阅读),这两点为本报所应该做到。我们若能抓住这特征发展,深信本报抗战中必能成为优秀的文化武器。

但本报同人力量究属单薄,为负起与完成此伟大的使命,需赖全国党、政、军诸领袖的协助与帮忙,并深望各界不吝赐教,这是我们深切的愿望。

侨南文化事业公司所属日报社、通讯社、出版社、服务社工作纲领

甲　日报社工作纲领

A　基本任务

1. 树立真正代表华侨之言论机关。

2. 服从抗战国策，在全国一致之目标下，为抗战新闻而努力。

3. 沟通国内与海外之正确消息报道。

4. 提高大众文化水准。

5. 展开抗战期间全面性之文化进攻。

B　工作内容

1. 在正确的观点下，详述当前一切国际情势与抗战动态。

2. 供给最迅速详细之国内外新闻，尤其注重祖国抗战与华侨近况之忠诚报道。

3. 介绍国外著名学者对各项专门问题之意见。

4. 系统地报告及记录抗战中之大事，使之成为有价值的永久文献。

5. 做成有战斗性、建设性之各种副刊。

6. 为提高新闻趣味性，并发刊定期画刊。

7. 非常时期得随时发行号外。

C　工作步骤

1. 设立日报社工作地点。

2. 在海外国内分布完善之通讯网。

3. 与各通讯社、各报馆取得联系。

4. 设立参考资料室。

5. 建立广大之发行路线。

6. 任用《侨南日报》之工作干部。

7. 特约专家撰著论文作品。

8. 以正式公函致国内各机关、各文化团体报告本报工作，商请合作。

9. 以正式公函致各华侨团体，声明本社为华侨喉舌。

10. 工作过程中与重要机关及华侨集团建立友好关系，以促进今后之发展。

乙　通讯社工作纲领

A　基本任务

1. 建立全国通讯网。

2. 建立国内与海外华侨文化之联系交流。

3. 系统地报告及纪录抗战中的大事，使之成为有价值之永久文献。

4. 文艺的趣味的报道当地及各特殊区域发生事件与现象，使国内及侨胞大众成为日常不可缺乏的精神食粮。

5. 预先建立《侨南日报》对外之联系与工作之基础。

B　工作对象

1. 通过香港本地各报纸达到读者大众。

2. 计划有系统的报道民族文化动态与海外华侨各地报纸。

3. 报道华侨文化情况与国内各地报纸。

4. 以有永久价值之文献直接供给读者。

C　工作部门

1. 抗战报道。

2. 建国文献。

3. 大事件记。

4. 地方动态。

5. 号外(专电及其他)。

6. 文化各部门活动记录。

7. 特稿与特写。

D　工作步骤

1. 设立通讯地址及设备必要工具。

2. 搜集并比较各报及通讯社工作之优劣，决定本社独特之作风。

3. 以航空信特约各地友人寄航空稿，并指定其范围及方式。

4. 以正式公函致国内各机关、各文化团体报告本社工作，商请合作。

5. 以正式公函致各华侨团体，声明本社为华侨喉舌。

6. 与各报特约供给特稿及特写。

7. 与各报副刊编辑建立友好关系。

8. 欢迎各机关学校团体直接订阅本社通讯稿。

9. 在工作进程中，与重要机关及华侨集团建立友好关系，以促进《侨南日报》之发展。

丙　出版社工作纲要

A　基本任务

1. 配合大时代之进行，针对地出版各方面之书报刊物，与《侨南日报》之工作互相适应。

2. 普遍地供给大众以急需之文化食粮，并以最有效而迅速地出版物深入于国内及南洋等地之读者群。

3. 以本部门作为中心站，征集、选刊及著述各种丛书，与《侨南日报》互为相辅之工作。

4. 建立国内与海外华侨文化上联系与流通之关系。

B　工作部门

1. 丛书：(1) 征集及选录有关时代之文献与资料，加以有系统地整理；(2) 一般政治、经济、社会方面之著作；(3) 文艺方面之著作——小说、戏剧、诗歌、散文以及通俗性之文艺理论；(4) 报告文学。

2. 书报及定期刊物。

C　工作步骤

1. 设立出版社经常工作地点。

2. 搜集各种资料及参考书。

3. 征集国内外之杂志及报纸。

4. 与其他之文化团体、出版机关取得密切的联系。

5. 特约各作家撰稿。

6. 公开征求各方优秀之著作。

7. 本社在文化事业公司之系统下，特别注重与各地华侨关系之建立，故出版方针特别强调适应海外侨胞之需要。

8. 与海外华侨团体取得联系。

9. 调查国内外之出版近况与训练《侨南日报》之工作干部。

丁　服务社工作纲领

A　本社之基本任务有下列数点：

1. 本社以服务精神、合理化方式为国内各文化机关、教育团体、学校代办一切文化用品及印刷事业。

2. 沟通国内与海外之民族文化。

3. 设立南洋各地文化交通站。

4. 以最简捷手段为大众文化而服务。

5. 推广抗战文化运动，为各抗战文化团体宣传。

6. 为侨胞解答文化抗战问题。

7. 建立文化工作者与侨胞间的密切联系。

B　本社事业先就下列数部举办：

1. 设立文化用品供应处：说明——抗战后西南各省因地位重要，国内各重要文化机关、教育团体学校群集其间，关于一切文化用品如纸张、书籍、仪器等物品，原已缺乏，现需求突增，以致有求过于供之今日现象，本社当以服务精神，合理化营业方式，为各机关团体学校代办一切文化用品，在香港设立总办事处，与外商及上海文化用品厂订立合约，负责推销，在海防、河内、昆明、桂林等处设立办事处，并与各有关当局取得联系与便利，经常派员接洽办理一切。

2. 设立电影事业经理处：说明——与香港、上海电影公司及国内各电影事业机关或公司取得经理人资格，并与南洋各埠戏院订立合约，经常供应影片，可能时并设厂拍制影片。

3．经理各种印刷事业：说明——经理代办西南内地各机关团体学校委办各种印刷书籍、刊物、杂志、教材、讲义。

4．设立侨胞青年回国就学服务处：说明——切实调查西南各地学校实况，负责各侨胞回国就学青年办理一切入学手续，解答质询疑难问题，并代办侨生所委办一切信托事宜。

5．主办暨赞助各文化工作团体：说明——一年来海外侨胞组织团体返国服务者，风起云涌，而国内各种艺术如歌咏、戏剧、美术等团体出国服务者及筹募者亦如雨后春笋，此种交流作用不独直接服务抗战，亦即促成侨胞与国内更切实合作之主要桥梁，惟系统与组织尚嫌未能尽善运用，本社就可能范围内主办与鼓励侨胞组织文化、教育、工商业类之回国“考察 ”或“工作”团体，并对于由国内前往海外之文化、教育、艺术等团体尽力帮忙与赞助。

附抄中央社会部□耀仪签呈

本件所呈：一、关于旅港文化界组织中国文化协进会，主持人皆系知名之士，宗旨亦甚纯正，拟转文化事业科参考；二、所呈侨南文化事业公司之组织，据计划书内称：为阐扬抗战知识，启发侨胞抗敌情绪，如果属实，殊有利于吾抗战宣传。但该公司正创办伊始，发起人陈某正拟赴国外募集巨款，且有杨半狂及其妹与日方特务员李筑波之往返频仍，殊堪留意，不只该公司之组织是否以宣扬抗战为烟幕，希图向侨胞敛财，抑由敌方收买，以作种种虚伪不利于吾之宣传，拟转请调统局及海外部严查，以杜奸宄；三、港澳学校调查表，非本室主管事项，拟转教育部参考。综上数点，当否？乞核。

职　耀仪

十．卅一

〔国民党中央社会部档案〕

16. 余成源等为组织中华计政学社报送章程等申请备案呈及中央社会部批

（1939 年 12 月—1940 年 1 月）

（1）余成源等致社会部呈（12 月 30 日）

查本社自奉核准成立后，经于月前筹备就绪，定期召集成立大会，呈请钧部派员出席指导，奉利字第二九〇号指令开：呈悉。兹派本部牟震西同志出席指导该社成立大会，仰即知照。等因。奉此，经于本月十七日下午二时假重庆县庙街国际饭店开成立大会，计到社员郭寿增等三十余人，暨钧部代表牟震西同志，市党部代表徐鸣亚同志，来宾闻亦有等数人，由余成源同志主席，决议要案多件，并通过社章，选举第一届理监事，同时启用图记，并于十二月二十三日召开第一次理监事会议，分别选举常务理事、常务监事暨理事会总干事。除分呈内政、教育两部外，理合检附中华计政学社章程一份，理监事名单、图记印模各一纸，备文呈赍鉴核备案。谨呈

中央社会部

计呈本社章程一份、理监事名单、图记印模各一纸

中华计政学社常务理事余成源

石凌汉

朱伟年

中华民国二十八年十二月三十日

中华计政学社章程

第一章　总　　则

第一条　本社定名为中华计政学社。

第二条　本社以研究计政学术、培养高尚道德、革新中国计政、促进廉洁政治为宗旨。

第三条　本社社址设于国民政府所在地。

第二章　任　　务

第四条　本社之任务订定如左：

一、研究计政学术

二、编印计政丛书及定期刊物

三、培植计政人才

四、促进计政制度

第三章　社　　员

第五条　凡具有左列资格之一，由社员二人介绍，经理事会通过得为本社社员。

一、曾在专科以上学校毕业，对于计政学术素有研究者；

二、曾在会计、统计、财务专门学校毕业，从事计政工作二年以上富有经验者；

三、有计政专门著作，经本社认为在学术上有价值者。

第六条　高中商科或同等学校毕业，从事计政工作两年以上，富有经验，经本社理事二人之介绍，社员大会之通过，得为本社预备社员。

第七条　预备社员入社三年以上，学术事业均有显著进步，并热心社务，著有劳绩，经理事三人之提议，社员大会通过，得为本社社员。

第八条　本社社员及预备社员入社时须填具志愿书。

第九条　有左列情事之一者，不得为本社社员及预备社员：

一、违背三民主义之言论或行动者；

二、违背抗战建国国策之言论或行动者；

三、覬夺公权者；

四、患精神病者。

第十条　本社社员有选举权、被选举权、发言权、表决权及一切应享权利。

第十一条　预备社员得列席本社社员大会及参加各种学术讲演或讨论会，并得享受本社出版品。

第十二条　本社社员及预备社员有遵守社章、服从决议、缴纳社费、协助工作进行及报告工作情形之义务。

第十三条　本社社员及预备社员如有违反本社宗旨及怠于履行规定义务者，得由理事会分别予以警告或停权之处分，其情节重大者，由理事会提经会员大会决议，开除社籍。

第四章　组织及职权

第十四条　本社设理事会，由社员大会选举理事九人，候补理事三人组织之，在社员大会闭会期间，处理一切社务，执行大会决议，并对外代表本会。

第十五条　理事会设常务理事三人，由理事互推之，常务理事互推一人兼任总干事，处理日常事务。

第十六条　理事会下设总务、调查、研究、出版、训练五组，每组设主任干事一人，由理事会就理事中推选兼任之，其办理事项订定如左：

一、总务组：办理文书、会计、庶务、交际事宜；

二、调查组：办理社员调查、登记、通讯事宜；

三、研究组：办理计政学术研究及编辑事宜；

四、出版组：办理出版刊物事宜；

五、训练组：办理计政人员训练事宜。

第十七条　各组得按事之繁简设干事二人至四人，由主任干事提经理事会聘任之。

第十八条　本社设监事会，由社员大会选举监事五人、候补监事二人组织之。

第十九条　监事会设常务监事一人，由监事互推之，处理日常事务。

第二十条　本社理事监事任期为一年，连选得连任之。

第二十一条　本社得聘请名誉理事若干，其人选由理事会决定之。

第二十二条　本社于必要时得在各地设立分社，其组织章程另定之。

第五章　会　议

第二十三条　社员大会每年举行一次，但理事会认为必要或经全体社员十分之一以上之提议，得由理事会召集临时社员大会。

第二十四条　理事会每月举行一次。

第二十五条　监事会每两月举行一次。

第二十六条　每组每周举行组务会议一次。

第六章　经　费

第二十七条　本社社员应缴入社费二元，预备社员应缴常年费一元。

第二十八条　本社得视业务之需要，设置各种基金，由社员负责捐募之。

第七章　附　则

第二十九条　本章程如有未尽事宜，得由社员五人以上之提议，经社员大会通过修正之。

第三十条　本章程经社员大会通过，呈准主管党政机关备案后施行。

中华计政学社工作计划大纲

一、征求社员：

1. 本社社员分社员及预备社员两种，以曾受党的训练与培植之计政同志为基干，负推进本社中心工作之责任。

2. 本社征求社员质与量并重，以党员及有本党主义的信仰者为主，对于未受党的训练者，则须其思想纯正与学问湛深。

3. 本社社员分两方面征求：一在学术界中对于计政素有研究者；二从事实际计政工作者，其人数分配则着重于后者，尤其从事于公务机关之计政工作人员为主要部分，期以群策群力，促进全国各级政府计政制度之改革。

二、募集基金：

1. 征集社务基金，巩固本社经济基础。

2. 征集特种基金，建立本社各项事业基础。

三、成立分社：

1. 为扩展本社范围，按本社社员分布状况，斟酌党务、军事、政治、经济等中心地域情形，分别设立分社。

2. 拟尽先成立分社各地如下：成都、贵阳、昆明、西安等处。

四、进行研究工作：

1. 组织研究会，研究各种计政学术。

2. 举行讨论会，选定各项现实问题，共同讨论，以提高社员研究兴趣。

3. 举行演讲会，增进演讲技能，发扬计政学术。

4. 举行读书会，定期阅读各种计政及财政专门著作，并以书面报告研究心得。

5. 调查与考察：从各机关企业计政制度实施中研究各种问题，使学理与实际融会贯通。

五、出版定期与不定期刊物暨编印丛书：

1. 出版定期与不定期刊物，以发表本社社员研究计政学术与现实之论著。

2. 编印丛书，介绍计政新知识，翻译外国专著，编纂专科学校参考书，及各种业余补习学校计政课本。

3. 利用新闻纸，出版副刊，以求计政知识之广布与廉洁风尚之养成。

六、推进计政制度：

1. 树立社员贞固不渝之风尚，促进计政制度之完成。

2. 以党的力量和精神，贯彻于计政界，促进廉洁政治之建立。

3. 研究评判现实制度，拟订改进方案，以供计政界之参考与采纳。

中华计政学社理监事名单

职别	姓名	年龄	籍贯	经历	通讯处	备考
理事	余成源	三二	四川隆昌	四川大学毕业，曾任三民主义青年团财务组长、军政部会计处设计委员	重庆两路口两浮支路八十三号	常务理事兼总干事
	石凌汉	三二	江苏兴化	暨南大学经济系毕业，曾任上海警察局会计主任，军政部会计处设计委员会常务委员	重庆三教堂巷七号	常务理事
	朱伟年	三二	江苏宝应	上海法学院毕业，曾任军委会政训处会计股长，中央警官学校会计主任	重庆南岸弹子石中央警官学校	常务理事
	章长卿	三三	浙江绍兴	上海群治大学毕业，曾任计政学院助教，中央政校同学会干事	重庆江北军需学校计政人员训练班	
	蔡家彪	三一	四川华阳	四川大学毕业，曾任重庆市政府社会科长、会计主任等	重庆市政府会计室	
	程烈	三〇	吉林永吉	中央政校计政学院毕业，曾任炮校、防空学校会计主任等职	贵阳邮政信箱第二十六号	

续上表

职　别	姓　名	年龄	籍　贯	经　历	通　讯　处	备　考
	周昭敬	三四	江苏泰兴	中央大学毕业，曾任审计部佐理员，内政部警官总队总务主任等职	重庆观音岩	
	陈恕钧	三三	江苏溧阳	上海中国公学毕业，曾任国民政府主计处科员、军政部会计主任科员等职	重庆两路口	
	成蓬一	三二	热河建平	南开大学经济系毕业，曾任国民政府主计处科员，军政部会计处主任科员等职	重庆两路口	
候补理事	沈立斌	三〇	江苏上海	上海大厦大学毕业，交通部会计处会计员等职	重庆交通部会计处	
	徐振树	二八	河北深县	中央政校计政学院毕业，曾任兵工专门学校会计主任等职	重　庆	
	林　桢	三八	福建闽侯	中央政校计政学院毕业，曾任首都警厅会计主任及航空委员会科长	成都群字第七十七号信箱	
监　事	赵麟瑞	三一	河北曲阳	南开大学毕业，曾任炮兵学校会计主任，中央伤兵管理处会计主任	重　庆	

续上表

职别	姓名	年龄	籍贯	经历	通讯处	备考
	施书农	二九	浙江绍兴	圣约翰大学毕业，曾任兰考县政府会计主任、行政科长等职	重庆曾家岩行政院	
	郭寿增	三〇	江苏阜宁	安徽大学毕业，曾任军委会政训处会计股长	重庆两路口支路八十三号	常务监事
	刘盛荣	三〇	四川成都	四川大学毕业，曾任军政部会计处设计委员	重庆江北军需学校	
	黄延绪	二七	广东梅县	上海大厦大学毕业，曾任三民主义青年团计政室组员等职	重庆两路口支路八十三号	
候补监事	张发锐	三二	四川安岳	四川大学毕业，曾任航空机械学校科员，重庆市政府会计室专员	重庆市政府会计室	
	吴三锡	二七	江苏江阴	沪江大学毕业，曾任军政部驾驶兵第二团稽核	重庆两路口支路八十三号	

七、介绍社员与咨询：

为求人与事之相适应，代机关企业征求人才，为社员介绍工作。

八、调查与联络：

1. 调查联络全国计政人员，俾皆能忠实为党国服务；

2. 调查各机关财务利弊，以报告并建议与本党。

(2) 社会部致中华计政学社指令(1月18日)

中国国民党中央执行委员会社会部指令　利字第一一一六号

令中华计政学社

呈乙件：为呈报成立大会情形及组织章册，请予备案由。

呈件均悉。准予备案。所呈附件，尚缺社员名册，应补报一份备查。除分函外，仰即造具章册，呈报内政、教育两部备案。为要！此令。件存。

中华民国二十九年元月十八日

〔附录〕：牟震西致部长签呈

奉派出席指导中华计政学社成立大会，遵于十七日下午二时准时到场，开会后即代表本部致训，约分三点：1. 中华计政学社为青年计政工作人员之纯正组合，希望能长此保持青年奋发蓬勃之朝气；2. 建设廉洁政府，系于计政工作人员至巨，希望能切实革除积弊，纯洁无瑕；3. 过去学术团体往往有名无实，为一时之便利而发动，贵社光明正大，希望勿再蹈覆辙，为一般青年学术组织树立楷模。继有市党部代表徐鸣亚及来宾闻亦有等分别致辞，旋即进行讨论选举，经过良好，一切详细情形当由该社详实具报，邀免赘述。查该社发起人大都为目前服务机关之青年计政工作人员，前途发展，或甚有望。奉派前因，理合将出席致词经过，具报如上。谨呈

部长谷

副部长王
洪

专门委员牟震西

十二月十六日

〔国民党中央社会部档案〕

17. 中国边疆文化促进会章程及有关组织资料

（1939 年 3 月　日）

（1）中国边疆文化促进会章程

第一章　总　　则

第一条　本会定名为中国边疆文化促进会。

第二条　本会以沟通各民族之文化，加强各民族之团结，增进边地与内地各民族之联系，俾集中力量完成抗战建国大业为宗旨。

第三条　本会会址设于国民政府所在地。

第二章　任　　务

第四条　本会之任务如左：

一、本各民族固有之文化发挥光大，以期同济共进；

二、促进各民族互尊合作的精神，藉以沟通文化，消除一切隔阂与误解；

三、依据各教教义，阐扬救国真谛；

四、注重边疆宣传，促进边地教育；

五、协助政府开发边疆富利；

六、倡导新生活运动，改善边地人民生活；

七、倡导国民经济建设运动，解决边地国民生计；

八、推行国民精神总动员运动，唤起边地人民协同抗战建国；

九、讨论边地情形，注重实地考查；

十、其他有关边政之兴革事项。

第三章　会　　员

第五条　本会会员分左列两种：

一、个人会员

1. 凡赞成本会宗旨，对于各民族文化素有研究者；

2. 熟悉边地情形者；

3. 各民族间富有学识及德望素孚者；

4. 有志于边疆文化事业者。

由本会会员两人之介绍，经常务理事会之通过，得为本会会员。

二、团体会员

凡赞成本会宗旨之文化或学校团体，由本会会员二人之介绍，经常务理事会之通过，得为本会会员。

第六条　会员入会时，须缴纳入会费及常年费如左：

一、入会费——个人会员一元，团体会员五元；

二、常年费——个人会员两元，团体会员十元。

第七条　有左列各项之一者，不得为本会会员：

一、违反三民主义之言论或行为者；

二、违反抗战国策之言论或行为者；

三、褫夺公权尚未复权者；

四、患精神病及有不良嗜好者；

五、经检举确有不正当行为者。

第八条　本会会员有发言权、表决权、选举权、被选举权，以及其他公共应享之权利。

第九条　本会会员应负左列之义务：

一、遵守会章及决议案；

二、缴纳会费；

三、协助会务进行，报告工作情形。

第十条　凡德高望重、热心赞助本会会务者，得经理事会之推定聘请为本会赞助会员。

第四章　组织职权

第十一条　本会以会员大会为最高权力机关，其职权如左：

一、接纳及采行理监事会之建议及报告；

二、修正会章；

三、选举理监事及候补理监事；

四、监督理事会及监事会执行会务；

五、开除会员；

六、审核预算及决算。

第十二条　本会设理事二十一人，候补理事七人，监事十一人，候补监事五人，由会员大会选举，以得票较多者为正式，次多者为候补，任期一年，连选得连任。

第十三条　理事互推常务理事七人，组织常务理事会，办理一切会务，并推举理事长一人，对内主持日常会务，对外代表本会。

第十四条　本会设名誉理事长及名誉理事各若干人，由常务理事会通过聘请之。

第十五条　理事组织理事会，其职权如左：

一、召集会员大会；

二、执行会员大会决议案；

三、计划并办理第四条列举事项；

四、指导及处理分支会一切兴办事项；

五、执行监事会决议案，但认为必要时得咨请复议一次。

第十六条　常务理事会职权如左：

一、执行理事会决议案；

二、召集理事会；

三、处理日常会务。

第十七条　监事组织监事会，其职权如左：

一、稽查财务之出纳；

二、监察会务进行状况；

三、监督会员履行义务；

四、向理事会咨请复议。

第十八条　监事互选三人为常务监事，组织常务监事会，其职权如左：

一、办理监事会议决案；

二、召集监事会；

三、处理日常会务。

第十九条　常务理事会为便利执行工作，得设下列各组：

一、总务组；二、研究组；三、调查组；四、事业组。

每组设正副主任各一人，干事各若干人，承常务理事之指导，分别主管各种事宜，其办事细则另定之。

第二十条　本会遇必要时得由理事会决议，设置各种特种委员会。

第二十一条　本会得于各省市设分会，各县市酌设支会，其组织规程另定之。

第二十二条　本会理事监事遇有出缺时，由候补理监事依次递补之，以补足前任任期为限。

第二十三条　本会会员大会每年举行一次，但理事会认为必要时，或会员十分之一以上之请求，表明会议目的及召集理由，得开临时会员大会，于闭会后由理事会执行其职权。

第二十四条　本会理事会、监事会每二月举行一次，于必要时得召集临时会，常务理事会每周举行一次，于必要时得召集临时会。

前项会议如理事监事因故缺席时，得由候补理事监事依次临时递补，但临时递补者不得超过全体四分之一。

第二十五条　本会各项会议须有法定人员过半数之出席，出席过半数之通过方得决议。

第五章　纪　　律

第二十六条　本会会员如有妨害本会名誉或其他违反会章行为，得由监事会之决定，理事会之通过，或会员大会之决议，依其情节之轻重加以警告、除名等处分。

第六章　经　　费

第二十七条　本会经费之来源如左：

一、会员入会费及常年费；

二、党政机关之补助；

三、合法之募集。

第二十八条　本会会计年度以每年一月一日至同年十二月最末一日止。

第二十九条　本会经费之预算成立与审核，须经会员大会决议，并编制报告刊布之。

第七章　附　　则

第三十条　本章程如有未尽事宜，经会员大会决议，呈准主管机关修正之。

第三十一条　本章程经会员大会通过，呈准主管机关备案后施行。

(2) 中国边疆文化促进会研究组工作计划大纲

第一　工作范围

(一) 征集工作——关于边疆文化参考资料之征集工作。

(二) 研究工作——关于边疆文化各项具体问题之研究工作。

(三) 编译工作——关于边疆文化书报刊物之编译工作。

(四) 设计工作——关于边疆文化建设之设计工作。

(五) 宣传工作——关于供给边疆文化宣传材料之工作。

第二　工作实施

(一) 征集工作

(甲) 征集范围

(1) 与研究边疆文化有关之中外文书报杂志及其他参考资料；

(2) 边疆民族文字刊物及文献资料；

(3) 其他边疆一切文献资料。

(乙) 征集方法

(1) 选购——向国内外采购；

(2) 征求——向会内外请求捐赠；

(3) 寄存或借抄——不易采购或征求者，则征求寄存或借抄；

(4) 交换——以本会刊物交换。

(二) 研究工作

(甲) 研究范围

(1) 地域的区分——A. 察绥宁夏部；B. 外蒙部；C. 新疆部；D. 青海部；E. 康藏部(川边附)；F. 滇桂部；G. 东北部；H. 海疆部。

(2) 问题的区分——A. 一般历史与考古；B. 地理与地质调查；C. 地方政治与社会；D. 民族问题；E. 经济开发与交通；F. 教育与宗教；G. 语言文字与文学；H. 国防与国际问题。

(乙) 研究方法

(1) 个人研究——由本会研究员或会员或会外学者从事各项专题研究；

(2) 团体研究——由本会团体会员参加研究，或组织各种问题研究会，举行各种问题讲演会、座谈会，共同研究。

(三) 编译工作

(甲) 编译范围

(1) 专刊；(2) 丛刊；(3) 定期刊物——月刊或季刊；(4) 特种专刊——蒙回藏文之译著；(5) 书报论文索引或提要。

(乙) 编译方法

(1) 编著——就研究所得从事编著；

(2) 译述——就外国文或蒙回藏文从事译述；

(3) 集刊——就旧有著作类辑刊行；

(4) 征印——征求会内外个人著作刊行。

（四）设计工作

（甲）设计范围

（1）边疆文化之一切改进问题；

（2）边疆文化之一切建设问题。

（乙）设计方法

（1）根据研究资料及结果而设计；

（2）根据调查资料及结果而设计。

（五）宣传工作

（1）宣传资料之借给；

（2）宣传人员之训练；

（3）宣传文字之编译；

（4）宣传方法之协议。

（3）中国边疆文化促进会研究组特约研究办法

一、本组研究工作，除由会内研究员从事经常研究外，特延聘特约研究员若干人，在会外为特约研究。

二、特约研究之范围与会内同，以与边疆文化有关之左列各部门为限：

（1）历史与考古　（2）地理与地质调查

（3）地方政治与社会　（4）民族问题

（5）经济开发与交通　（6）教育与宗教

（7）语言文字与文学　（8）国防与国际问题

三、特约研究之方式：

（1）研究员自行拟题研究；

（2）研究员拟题商得本组同意后从事研究；

（3）本组指定专题，商得研究员同意后从事研究；

（4）研究员得自行联合同志从事研究；

（5）本组联合多数研究员与本组研究员共同研究。

四、特约研究员之待遇如左：

（1）研究员个人或联合同志多人自拟研究计划，提经本组同意者按月酌予研究费，其数目由双方商定之。

（2）研究员本个人研究经验，随时对本组提供意见或介绍资料，或代谋研究上之种种便利，按月酌予通讯费。

（3）除上两种情形外，凡研究员提交之论文或专著，一经本组采用均按稿从优计酬。

（4）本组对于研究员有借予参考书及为谋研究上种种便利之义务。

五、研究员之来稿，除预先经与本组商定者外，本组有决定去取之权。

六、凡经本组给酬之稿，所有权即属于本组，但其愿保留版权之著作，亦可照提取版税办法商由本组出版。

七、特约研究员除参加本组研究工作外，并有协助从事征集、设计、宣传等项工作之义务。

八、本办法有未尽事宜，得随时修正之。

（4）中国边疆文化促进会职员名册

名誉理事长：

孔祥熙　戴传贤　于右任　居　正　孙　科
沙　王　吴忠信　张溥泉

理 事 长：陈立夫

常务理事：张元夫　马　亮　孔　庚　饶喜嘉错　李翼中
荣　祥

理　　事：陈立夫　张元夫　马　亮　孔　庚　饶喜嘉错
李翼中　荣　祥　钟履坚　谢　健　席振铎
张一麐　王曾善　洪兰友　潘秀仁　谭云山
卞宗孟　李中襄　阿旺将磋　白凤兆　许崇灏
韩克温　曹德宣

候补理事：

刘铁庵　田得露　邵丹甫　陶直言　吴云峰

监　事：

马愚忱　时子周　李永新　李　洽　梅佛光

荣　照　朱韵笙　郭任生　洪瑞钊　吴云鹏

石明珠　吴云鹏

候补监事：

张兆理　赵丹文　杨质夫

总务组主任：马　亮　干事：田得露　助理干事：白履平

研究组主任：卞宗孟　干事：孔祖绳　助理干事：谷中乔

调查组主任：钟履坚　干事：金庭扬

事业组主任：王曾善　干事：王子范

〔国民党中央民众训练部档案〕

18. 中华农学会迁渝后的会务状况报告及团体概况呈报表

（1940年2月—1943年7月）

（1）中华农学会迁渝后的会务状况报告（1940年2月27日）

径复者：顷接二月二十二日贵部快邮备悉，一是兹特附奉本会近况一份，至希察收为荷。

此致

中国国民党中央执行委员会社会部

附上近况一份

中华农学会启

二十九年二月二十七日

中华农学会近况

（一）本会迁移概况　中日战事爆发后，本会在京勉力支持，迨国府西迁，情势紧急，在京已不能执行会务，于是留京理事陈嵘先生根据理事会议决案，遣职员孙尚良君携带重要文件离京赴湘，而以职员陈贵笙君为留守。迁湘后，暂假湖南第三农事试验场驻省办事处为本会临时通讯处，约经四月，又值中央各农事机关相继离长沙，本会因已失其联系，无再行留湘之必要，经渝汉两地理事商定，遂决定于二十七年五月间复将本会由湘经汉迁渝，借用中央大学农学院一席地，为本会办公之处，此本会西迁经过之略情也。

（二）复刊会报　本会会报，因自战争爆发后，经费来源枯竭，稿件印刷均感困难，在京发行至一六三期（二十六年八月份）为止，暂告停刊，迨本会西迁重庆，会内外热心同志，佥以为本报系农学界历史最久之出版物，未可听其停刊，乃捐集印刷费，于二十七年八月在渝复刊一册，继又由本会节资续刊，刻已出版三册，最近一册为第一六六期，下期稿件已在印刷中。

（三）会报增设通讯栏　战事爆发后，农事机关既多变迁，而会员流动更甚于往昔，本会为灵通消息，便于各界参考起见，特于会报内增加通讯一栏，专载战时农业机关变迁及本会会员移动情况，出版以来，各界颇称便利。

（四）新入会员　本会原有机关会员一百四十余处，会员二千七百余人，西迁以后，承各方热忱赞助，蒙农学同志之不弃，在此一年中，新添机关会员二处，会员四十四人。

（五）会计概况〔略〕

（六）去年年会　本会二十七年第二十一届年会在成都举行，虽值抗战紧张之际，而会员仍能一本往昔精神，踊跃参加，会场借四川大学，会期三日，出席会员九十三人，宣读论文三十七篇，颇极一时之盛。

（七）分会及地方干事　本会现有分会计广州、日本两处，中日战事发生，留日会员均纷纷返国，分会遂告停闭，广州方面因被敌人侵占，会员星散，分会会务亦陷停滞。至地方干事，国内如各省市，国外如英、美、法、德等国，本会皆设有地方干事，负责接洽会务。近虽时局不靖，而各干事仍能照常工作，常有报告到会，陈述会员情况。

（八）理事会议　本会迁渝后，曾开理事会议四次，二次在成都，二次在重庆，决议要案计二十余件。

（九）南京旧会所近况　本会曾于民国二十年在南京双龙巷自建会所一幢，费氏基金于秋元坊购置房产一座，此次南京陷落，职员陈贵笙君无恙，会所及秋元坊房屋亦无恙，陈宗一先生则以留守金陵大学故，仍得照料旧会所，惟一切均处于保管状态，开支仍由本会供给。

（十）本届理事会名单　梁希（理事长）、邹树文（副理事长）、汤惠荪（文书）、陈方济（会计）、朱凤美、沈宗瀚、吴觉农、周建侯、胡昌炽、唐启宇、章之汶、冯紫岗、曾济宽、邹秉文、赵连芳、刘运筹、蔡邦华、钱天鹤、谢家声。

（十一）建议中央战时农业政策讨论纲要　在此抗战期中，本会有鉴于后方生产之重要，爰经去年年会一致议决，推举章之汶、邹树文、张丕介、乔启明、赵连芳、陈朝玉、蔡无忌、徐孝恢、薛培元、曾济宽、刘运筹诸先生拟定战时农业政策讨论纲要一案，分别呈送中央有关各机关，备供采择。

（十二）条陈政府救济农林技术人员　“七七”事变后，战事逐渐扩大，由战区退出之农林技术人员，为数亦日众，本会曾与中华林学会联名具呈经济部，陈述救济意见，业蒙部批，允予照办。

（十三）参加战时向外征集图书委员会　国内各学术团体发起组织战时向外征集图书委员会，俾便向外宣传，征集各种图书，藉供学术界需要，本会以其事关文化，意义重大，业已加入该会，由梁希先生代表本会，参与会议。

（十四）参加世界反侵略运动中国分会　世界各国有正义感之国家，为反对侵略，伸张正义起见，爰有斯项运动之组织，中国设有分会，本会以其旨意正大，谋人类共同之幸福，业已应邀入会，协同工作。

（十五）参加四川农业教育委员会　四川教育厅拟组织农业教育调查委员会，曾于去年八月委托曾慕侨先生与本会接洽，推出数人协助，本会当即推定董时进、邵均、章之汶、赵连芳、邹树文、杨靖孚六先生提出调查办法，以为改进四川农业教育设计之蓝本。

（十六）国际农业专家委员会邀请出席年会　国际农业专家委员会第八次热带及亚热带农业会议，定于本年三月十三日至十七日，在 Tripoli 地方举行，该会来函邀请本会推派代表出席，本会以日期逼促，筹备不及，未能参加为憾。

（十七）世界林业研究所　世界林业研究所由教育部介绍，愿与本会交换刊物，本会以其具有世界性之林业研究机关，其出版之杂志，自必富于参考材料，业已允其作长期交换。

(2) 中华农学会团体概况呈报表（1943 年 7 月 24 日）

名　　称：中华农学会

地　　址：重庆枣子岚垭一〇四号

负责人员姓名：理事长邹秉文，副理事长梁希，总干事陈方济。

成立年月：中华民国六年一月

沿　　革：本会于民国五年秋开始筹备，民国六年一月成立。民国十九年在京自建会所，基础日固，抗战后随政府辗转迁渝，曾寄附中央大学农学院办公三年，继借中国茶业公司房屋一间办公一年三个月。本年七月一日新会所建筑落成，始迁现址。会员人数由成立时之五十人增至现今四千余人，内部组织日趋健全。

组织状况：理事会现有理事十九人，互推正副理事长各一人及常务理事七人。理事会下设总干事一人，总务、编辑、研究三组，并设基金保管及奖金管理等委员会，分掌一切会务。

职员人数：专任四人，兼任二十二人。

研究人员数：专任无，兼任（全体会员各自研究）。

设备状况：本会会所内现有办公室三间，会客室一间，会议兼阅览室一间，图书影片阅览室一间，会员寄宿舍八间，盥洗室一间，厨房、浴室、厕所各一间，一切家具设备大致齐全。

经　　费：岁入全年约十六万元，岁出三十六万元。

研究工作：已完成者，各会员研究论文详载本会各期会报，正在研究中者：(1) 卅年中国农业改进史；(2) 战后中国农业建设。

出版刊物：(1)《中华农学会报》，七年十二月创刊，已出七十四期；(2) 各种农学丛书四十余种；(3)《中华农学会通讯》，已出二十八期。

战后研究：〔略〕

填报时间：民国三十二年七月廿四日

负责填报者：陈方济，负责长官邹秉文。

附抄中国农学会职员名单

姓　名	性别	年龄	籍贯	职　　务	任职时间	略　　历
邹秉文	男	五一	江苏	理事长	卅一年四月	贸易委员会副主任委员
梁　希	男	六一	浙江	副理事长	卅一年四月	中央大学教授
陈方济	男	五四	浙江	总干事兼总务主任	卅一年四月	中央大学教授
蒋涤旧	男	四三	江苏	编辑组主任	卅一年四月	复旦大学教授
原颂周	男	五五	广东	研究组主任	卅一年四月	卜内门公司顾问
刘怀溥	男	三四	江苏	干　　事	卅一年四月	中荣公司科员
徐邦祺	男	三二	江苏	干　　事	卅二年七月	江西垦务处科长

续上表

姓　名	性别	年龄	籍贯	职　　务	任职时间	略　　历
胡惠渊	女	三四	浙江	干　　事	卅二年七月	赈济委员会科员
刘丽珩	女	三四	江苏	干　　事	卅二年七月	复兴公司职员

民国三十二年七月二十四日　填报人　陈方济

〔国民党中央教育部档案〕

19. 国民党江苏省党部转报鲍殊明等组织江苏文化社呈请备案函与中央社会部批

(1940 年 3—5 月)

(1) 国民党江苏省党部致中央社会部函(3 月 27 日)

案据江苏文化社社长鲍殊明等略称:殊明等为发扬三民主义,推进江苏文化事业起见,特发起组织江苏文化社,于三月十二日在兴化召开首次社员大会,经请党政双方出席指导,当推定朱坚白等十七人为董事,鲍殊明为社长,卢印泉为副社长,即日正式成立,开始工作,依法缮具职员名册及社章各二份,呈请本会备案等情。据此,除指令准予备案外,理合检同该社职员名册及社章各一份,具文转呈,仰祈鉴核备案,实为公便。谨呈

中央社会部

附职员名册及社章各一份

中国国民党江苏省执行委员会主任委员　马元放

中华民国二十九年三月二十七日

江苏文化社组织章程

一　总　　则

一、本社以发扬三民主义，推进文化事业，适应抗战建国需要为宗旨。

二、本社以联合江苏现有文化机关团体，集中人力物力，共同合作服务社会为原则。

二 组 织

三、本社以发起人为基本社员，凡热心文化事业，赞成本社旨趣者，经社员二人之介绍，常务董事会通过，均得为社员。

四、本社设董事会，董事十五人至二十一人，由社员大会推定之，并由董事互推三人至五人为常务董事。

五、本社设名誉董事无定额，由董事会就文化机关团体主管人员、文化界负有声望人士及特别以人力财力赞助本社者聘任之，并请本省主席为名誉董事长。

六、董事会对本社负指导监察设计之责。

七、本社设名誉社长一人，请本省教育厅长充任之。

八、本社设社长一人，副社长一人，社长综理本社一切社务，并对外代表本社。副社长辅助社长处理社务，正副社长均由董事会就董事中推任之。

九、本社分“编译”、“营业”、“印刷”、“社会服务”四部，每部各设主任一人，承社长之命，办理各部事务。

十、本社视事实需要得设专任编辑、特约编辑及事务员、练习生各若干人。

十一、各部主任、编辑、特约编辑由社长聘任之，事务员、练习生由社长雇用之。

十二、本社依事实需要，得在各地设立分社，其办法另订之。

三 经 济

十三、本社以左列款项为基金：

1．公私机关团体及社会人士之补助金；

2．本社社员及社会人士加入本社之资金。

十四、本社赢余红利，除酌提成数奖励职员外，其余部分以移充本社基金为原则。

十五、私人加入之资金，依左列办法处理之：

1. 私人资金仍保持其所有权；

2. 私人资金得按其应得之红利按年支给，但其本人愿以此项红利移作补助金者，则仍移充本社基金；

3. 私人资金愿放弃所有权者则移作基金，愿提出资金者得由本社依据经济情况分期提还。

十六、本社职员均为名誉职，除专任办事人员得酌给薪金外，所有兼任人员及特约编辑等酌给交通费或稿费。

十七、本社经费得视收入情况，提成存储为文化基金，不得挪用。

十八、本社所有收取补助金、私人资金及经济出纳各手续另订之。

十九、本社预算决算及其经济支配办法另订之。

四 业　　务

二十、本社各部业务如下：

1. 编译部：(一) 编译书报；(二) 出版刊物；(三) 办理图书馆；(四) 其他有关事项。

2. 营业部：(一) 经营文化书店；(二) 办理文化信托业务；(三) 办理文化工厂；(四) 其他有关事项。

3. 印刷部：一切印刷事项。

4. 社会服务部：(一) 办理补习学校、民众学校；(二) 办理研究会、演讲会、座谈会；(三) 其他社会服务事项。

二十一、本社业务计划另订之。

五 会　　议

二十二、本社会议分下列三种：

1. 社员大会　每年举行一次，由社长召集之。

2. 董事会议　每年举行一次，由常务董事召集之。

3. 常务董事会议　每两月举行一次，必要时得临时召集之。

4. 社务会议　每月召集一次，由社长召集之。

二十三、社员大会、董事会议、常务董事会议及社务会议各规则另订之。

六　附　　则

二十四、本章程由社员大会通过，依法定手续呈请政府备案。

江苏文化社职员名册

董事：柳诒徵　朱坚白　卢印泉　凌绍祖　张渊扬
金宗华　马汉波　鲍殊明　王公玙　陈令仪
张衣言　王梦凡　胡嘉诚　吴文萃　刘永懿
丁子俊　柳树人

社长：鲍殊明

副社长：卢印泉

(2) 中央社会部致江苏省党部函（5月21日）

中国国民党中央执行委员会社会部公函　利组字第四一一五号

准贵会六字第六六四号呈：为据江苏文化社社长鲍殊明等呈报组织成立江苏文化社，检同章册转报备案等由，附章册等件。准此。查该社章程颇多不合，依法应予修正。惟该省沦陷已久，情形特殊，除应将董事任期补行规定，并依附发式样另刊图记外，姑准备案。准呈前由，相应复请查照转知为荷！此致

江苏省执行委员会

附社会团体图记式一纸〔略〕

中华民国二十九年五月二十一日

〔国民党中央社会部档案〕

20. 诸楚卿等申报中国染化工程学会备案呈及有关文电

（1940 年 3 月）

（1）诸楚卿等致社会部呈（3 月 1 日）

呈为组织文化团体呈请备案事：窃属会由染化界同人发起组织，旨在研究染化学术，发展染化事业，经由二十八年十月二十二日假上海南通学院召开成立大会，宣告成立，会前经电请钧部暨教育两部请准备案。旋奉教育部第三〇〇一六号批示内开："查事属组织文化团体，应依照文化团体组织大纲第十一条之规定，呈请中央党部备案后再呈报本部备案"等由。奉此，理合遵照规定，检附会章、会员名单、职员录暨成立大会纪录，备文呈请钧部鉴核，伏乞赐准备案，实为德便。谨呈

中国国民党中央执行委员会

具呈人　中国染化工程学会理事长　诸楚卿

副理事长　庞静溪

印月潭

中华民国二十九年三月一日

中国染化工程学会章程

第一章　总　　纲

第一条　本会定名为中国染化工程学会，英文名为 China Colourists Association，简称 C. C. A。

第二条　本会以联络染化界从业人员研究染化工程之学术，促进染化及攸关事业之进步与发展为宗旨。

第三条　本会会址暂设于上海虞洽卿路永吉里十四号

第二章　会　　员

第四条　本会会员分为左列六种：

（甲）正会员　凡具有左列资格之一者得为正会员：

一、国内外专科以上学校毕业，并在染化工厂任技术职务一年以上著有成绩者；

二、曾在专科以上或工业职业学校任染化等课教职二年以上或在与染化有关系之机关担任技术职务二年以上者；

三、在高级工业或职业学校染织科、纺织科或化学科毕业、服务染化工厂三年以上者；

四、在染化工厂或其他攸关机关担任主要技术职务三年以上者。

（乙）仲会员　凡有左列资格之一者得为仲会员，仲会员有正会员资格时，得经正会员二人之证明、理事会之认可晋为正会员：

一、在工业职业学校肄业满一年或毕业后服务染化工厂未满三年者；

二、在工厂任技术职务一年以上未满五年者；

三、在染化专科以上学校肄业者。

（丙）特别会员　凡从事于纤维工业或对于染化学术具有兴趣者，均得为特别会员。

（丁）名誉会员　对于本会会务及经费有特别助力者，由本会赠予名誉会员名义。

（戊）赞助会员　凡经营染化事业及其他攸关染化事业之重要职员，赞助本会会务并资助经费者，得推为赞助会员。

（己）团体会员　凡染化工厂、学术机关以及其攸关之公司厂号等均得为团体会员。

第五条　凡会员入会须填具志愿书，除名誉会员、赞助会员外，须有正会员二人之介绍，经理事会审查通过方得入会。

第六条　会员如有行为不正以致损害本会名誉查有实据者，经监事会之议决，取消其会员资格。

第三章　组　　织

第七条　本会以会员大会为最高机关。

第八条　由会员大会选举理事十五人、候补理事五人组织理事会，于会员大会闭幕后负责处理会务，由理事中互选理事长一人，副理事长二人，处理日常事务，并任本会对外代表。

第九条　本会由会员大会选举监事三人，候补一人，监督会务之进行及一切稽核事项。

第十条　本会得于理事会下分设总务、研究、出版、介绍各部，司理主管会务；各部设主任一人，由理事会推任之；干事若干人，由主任商由会员担任之，必要时并得设特种委员会。

第十一条　理事、监事任期一年，连选得连任。

第十二条　本会设秘书一人，秉承理事长、各部主任之意旨，实际处理日常事务，得酌给车马费。

第十三条　凡有本会会员十人以上同在一处者，得经理事会之认可设立分会。

第四章　会　　议

第十四条　本会每年召集会员大会一次，地点、日期由理事会决定，于开会三星期前通知召集之，于必要时得由理事会或会员四分之一以上之请求召集临时会员大会。

第十五条　理事会每月开会一次，由理事长召集之，于必要时得由理事长或理事四人以上之请求临时召集之。

第十六条　监事会遇必要时随时召集之。

第十七条　本会一切会议须有过半数之出席方得开议，出席人过半数之同意方得通过。

第五章　会　　务

第十八条　本会主要会务如左：

(甲) 染化及染料学术之研究事项；

(乙) 染化事业之调查事项；

(丙) 染化著作之讨论公布事项；

(丁) 对染化事业之贡献事项；

（戊）攸关染化学术之展览演讲事项；

（己）会员之职业介绍事项；

（庚）其他一切会员福利事项。

第六章　选　　举

第十九条　理事、监事由会员大会用记名法选举之，次多数为候补理事长、副理事长，由理事会用不记名法选举之。

第二十条　除正会员外，其余各种会员均有选举权而无被选为理监事权。

第七章　经　　费

第二十一条　会员应缴左列各费：

（甲）入会费　正会员五元，仲会员二元，特别会员五元，名誉会员及团体会员一百元以上，赞助会员五十元以上，均须于入会时一次缴足。

（乙）年费　正会员五元，仲会员二元，特别会员四元，名誉会员及团体会员五十元以上，赞助会员二十元以上，均于每年年会前缴清。

第二十二条　以上各种会员，如愿一次缴纳应缴年费十倍以上者，为本会永久会员，毋庸每年缴费。

第二十三条　本会如遇必要时，得经会员大会之通过，向会员募征特别捐。

第二十四条　凡会员除名誉会员及赞助会员外，如继续欠缴年费在二年以上者，得取消其会员资格。

第二十五条　本会每年预算均须由理事会编制，监事会审核，提请会员大会通过。

第八章　附　　则

第二十六条　本章程经会员大会通过呈请主管官厅备案施行，修改时亦同。

中国染化工程学会成立大会纪录

日期:民国二十八年十月二十二日。

地点:上海江西路四五一号南通学院。

出席人员:一百五十四人。

主席团:诸楚卿　印月潭　舒昭圣

记　录:杜燕孙　黄立

(一) 行礼如仪

(二) 报告

1. 筹委会主席诸楚卿君报告筹备经过:略谓本会于民国二十五年八月起,先后集议三次。不幸"八·一三"抗战发生,各工厂停顿或被毁,故本会筹备工作,亦因之不能进行。至去年夏,上海染化业稍呈转机,诸发起人又集议赓续进行,推聘筹备委员若干人,并举常务筹备委员十九人,成立常务筹备委员会,积极进行,同时组织征求队二十五队,队员五十余人,分头征求,经两个月之筹备,迄今成立,可谓告一段落,以后一方面努力工作,一方面仍当继续征求也。

2. 组织科印月潭君报告征求人数:本会征求至今,经审查合格者,计正会员一百五十一人,仲会员七十六人,特别会员二十四人,未经审查者尚不在内,各队征求成绩均甚好,尤以庞静溪、陈渭孙两队长成绩最优,应志感谢。

(三) 致词

名誉会员诸文绮先生致词(词长从略)

(四) 会员演说(从略)

(五) 通过会章　三读修正通过

(六) 通过筹备委员会经济报告

(七) 讨论事项:

1. 呈请政府维护染化工业与振兴实业同时进行案(筹委会提)

议决：通过。由理事会具呈。

2. 呈请政府设立国立染化研究机关案（筹委会提）

议决：通过。

3. 呈请政府充实现有染化教育案（筹委会提）

议决：通过。

4. 办理染化补习教育案（筹委会提）

议决：通过，由理事会酌办。

5. 与工厂合作设立研究所案（筹委会提）

议决：通过，由理事会与各厂接洽办理。

6. 设立咨询委员会案（筹委会提）

议决：通过。由理事会拟订办法组织之。

7. 设立会员职业介绍所案（筹委会提）

议决：由理事会即日组织成立。

8. 呈请政府设立染料及药品制造研究机关案（诸楚卿君提）

议决：通过，由理事会与第二案合并呈请。

9. 呈请政府对于民间之研究染化专才，予以物质及名誉之奖励案（诸楚卿君提）

议决：通过。

10. 呈请政府及中英庚款委员会，选派本业优秀人才，官费留学深造案（诸楚卿君提）

议决：通过。

11. 本会应设立图书馆，以供会员研究参考案（茅祖柏君提）

议决：订购国内外染化杂志图书，陈列于本会所，由理事会即日办理。

（八）通过大会宣言：一致通过。

（九）选举理监事：

理事十五人：印月潭　诸楚卿　庞静溪　舒昭圣　杜燕孙　黄立　徐是也　马千里　庞韦祥　鲍正钧　茅祖柏　陈钧　王守

恒　唐文仪　陈渭孙

候补理事五人：胡耀宗　蔡介忠　薛之斌　李仲纪　夏昌璠

监事三人：王榘基　阙萍让　吴士锴

候补监事一人：陈文沛

（十）摄影

（十一）散会

中国染化工程学会职员录（1939年12月）

姓　名	年龄	籍　贯	职　　务	备　　注
诸楚卿	四三	上海	理事长兼广告征求委员	南通学院教授及染厂顾问
庞静溪	二五	江苏吴县	副理事长兼征求科科长	现任富中染织厂厂长
印月潭	三四	江苏金坛	副理事长	现任维新漂染厂厂长
庞韦祥	三一	上海	理事兼总务部主任	现任国光印染厂厂长
杜燕孙	二七	浙江绍兴	理事兼研究部主任	现在达丰染织厂暨中纺印染厂任职
黄　立	二九	江苏南通	理事兼出版部主任	现任美光染织厂技师
徐是也	五〇	江苏海门	理事兼介绍部主任	曾任卜内门洋碱公司颜料化验室主任
舒昭圣	三三	浙江宁波	理事兼广告征求委员	曾任天一宁酸厂厂长
鲍正钧	二八	浙江宁波	理　　事	曾任大上海染厂经理
茅祖柏	二七	江苏南通	理事兼著译科科长	曾任章华毛纺织厂整染部主任
陈　钧	二六	江苏南通	理事兼咨询科科长	现任同济染织厂工务主任
王守恒	二八	江苏吴县	理事兼教育科科长	曾任光华大学教授
唐文仪	三一	浙江宁波	理事兼广告征求员	曾任天一厂厂长
陈渭孙	三〇	江苏无锡	理事兼图书科科长	现任培亚洋行颜料部经理

续上表

姓　名	年龄	籍　贯	职　　务	备　　注
胡耀宗	三四	江苏江阴	理事兼发行科科长	现任大中昌兴染织厂副厂长兼工务主任
蔡介忠	三七	浙江萧山	候补理事兼调查科长	现任上海恒信洋行营业副主任
薛之斌	二六	江苏武进	候补理事兼编辑科长	现任昌兴染织厂漂染科长
李仲纪	三四	江苏海门	候补理事	现任寅丰毛纺厂技师
夏昌璠	三三	江苏松江	候补理事兼总务科长	大新振染织厂厂长兼技师
张子瑜	四七	江苏吴县	候补理事	苏州工业学校染化教授
王椠基	三九	江苏吴县	监事兼审稿委员	新华染织厂经理
阙萍让	四四	江苏吴县	监事召集人	美丰丝光染织厂经理
吴士偕	二七	江苏泰兴	监事兼推广委员	高级纺织职业学校任教
陈文沛	三九	浙江宁海	候补监事兼论文科长	现任诚孚信托公司设计专员
林天佑	二五	福建龙溪	登记科长	卜内门洋碱有限公司职员
张遵时	三四	江苏常州	秘书兼文书科长	现任上海机器染织业公会职员
俞金海	二六	浙江鄞县	交际科长	现任汽巴洋行职员
刘椿森	二四	江苏常熟	会计科科长	现任德华漂染厂染色技师
袁子涵	二五	江苏吴江	庶务科长兼征稿委员	德华漂染厂职员

续上表

姓　名	年龄	籍　贯	职　　务	备　　注
吴大鼎	二八	江苏吴县	论文科委员兼征稿委员	现任大华印染厂工程师
吴诗铭	三三	安徽婺源	论文科委员	南通学院染化教授
马福畬	二三	浙江绍兴	图书委员兼广告征求委员	上海华元化工厂化验员
吴经藻	二六	江苏吴县	图书委员兼广告征求委员	富中染织厂职员
王荣季	二六	江苏常熟	著译科委员	现任美光染织厂工程师
郭焯民	三九	广东中山	审稿委员	现任大华印染厂厂长
徐纯理	二八	江苏海门	广告设计委员	德丰纱厂染整部技术员
张师棠	二二	浙江杭州	推广委员	曾任隆章染织厂实习生

(2) 国民党中央社会部致上海特别市党部电(3月6日)

上海特别市执行委员会鉴:△密。准中央秘书处转送中国染化工程学会筹备主任诸楚卿代电:为召开成立大会请予指导等情。查该会设于上海,除电饬径呈贵会核办外,特电委托代为指导为荷。中央社会部。鱼。印。

(3) 国民党上海特别市党部复中央社会部电(3月14日)

重庆。α密。译呈。中央社会部谷部长钧鉴:前电敬悉,中国染化工程学会召开成立会,遵代派员指导。查该会组织确属必要,所定章程计划,亦尚切合实际,现有会员二百六十余人,推诸楚卿为理事长,会中分总务、研究、出版、介绍四部,分别推进会务,并拟创办染化工业补习学校一所,造就专门人才,果见实行,尤属难得,特电呈复。上海特别市党部叩。寒。

(4) 国民党上海特别市党部致中央社会部电(3 月 20 日)

重庆。α密。中央社会部钧鉴:案据中国染化工程学会理事长诸楚卿呈,为便利研究学术,发展染化事业,经同人发起组织中国染化工程学会,业于二十八年十月二十九日在沪开会成立。兹检同章程、职员录及成立大会纪录,呈请备案到会。据查,该会组织宗旨、分子尚属纯正,前奉钧部电令代派员出席有案,除由该会径呈并批暂准备案外,特电奉达,仰祈查示祗遵。上海特别市党部叩。哿。

(5) 国民党中央社会部致上海特别市党部电(3 月 25 日)

电。上海特别市党部鉴:密。哿电悉。贵会办理中国染化工程学会一案,尚属恰当,应准备案,并希代行指导。中央社会部。有。印。

〔国民政府社会部档案〕

21. 中华政治经济学会申报组织备案呈及国民党中央社会部批令

(1940 年 5—8 月)

(1) 中华政治经济学会呈(5 月 20 日)

呈为呈请备案事:窃本会前于民国二十一年在京成立,以研究政治及经济学术为宗旨,曾于二十一年十二月十五日呈奉南京市党都指令民字第二四九号发给第一百六十三号人民团体组织许可证在案。自抗战军兴,首都沦陷,本会因环境所限,临时迁移浙江办公,其后多数会员辗转集于重庆,本会爰复由浙江迁来行都,现已择定本市中一路嘉庐一号为会所,选举楼桐孙、张忠道、褚一飞、陈耀东、杨公达、章骏锜、李成漠、汪龙、丁作韶等九人为理事,继续进行会务。查本会会址照章应设于国民政府所在地,原已在京备案,现迁来渝,理合备文呈请准予备案为祷。谨呈

中央党部社会部

中华政治经济学会

中华民国二十九年五月二十日

(2) 国民党中央社会部批答(7月8日)

中国国民党中央执行委员会社会部批答　利组字第五〇五八号

具呈人中华政治经济学会

呈一件：为改造该会职员，继续进行会务，呈请备案由。

呈悉。应即检具该会章程呈候核办，仰即知照。此批

中华民国二十九年七月八日

(3) 中华政治经济学会呈(7月15日)

谨呈者：顷奉贵部利组字第五〇五八号批令检具本会章程呈候核办等由。奉此，特检同本会章程一份附上，即希查照，并准备案为荷。谨呈

中国国民党中央执行委员会社会部

中华政治经济学会

中华民国二十九年七月十五日

附抄中华政治经济学会章程

第一条　定名　本会定名为中华政治经济学会。

第二条　宗旨　本会以研究政治及经济学术为宗旨。

第三条　会址　本会会址设于重庆。

第四条　凡在国内外大学毕业，对于政治或经济学术有研究兴趣者，由本会会员二人以上之介绍，经理事会通过后得为本会会员。

第五条　本会会员有选举权及其他应享之权利。

第六条　本会会员有发展会务、服从会章及缴纳会费之义务。

第七条　本会会务，暂定下列各项：

(甲) 讨论　(乙) 调查　(丙) 演讲　(丁) 出版　(戊) 设立图书馆

第八条　本会每年举行年会一次，由理事会召集之，如有特别紧要事件，得由会员十分之一以上提议，由理事会召集临时大会。

第九条　本会设理事会处理本会一切会务，由年会选举理事九人组织之，理事会设常务理事三人，由理事互推之。

第十条　理事每年改选一次，连选得连任。

第十一条　理事会办事细则由理事会制订之。

第十二条　凡一地有会员十人以上者，得呈请理事会许可组织分会，分会设干事三人至五人，由该地会员选举之，呈报理事会备案。

第十三条　凡有会员各地未组分会者，应设通讯处，由理事会聘请通讯员一人主持之。

第十四条　会员应缴入会费国币二元，常年费二元，通过特别费用时得由理事会议征募之。

第十五条　分会会费由各分会制订之。

第十六条　本章程如有未尽事宜，得由会员十人以上之提议，经大会三分之二以上之通过修改之。

第十七条　本章程经大会通过，并呈报重庆市党部暨重庆市社会局备案施行。

(4) 国民党中央社会部指令(8月10日)

中国国民党中央执行委员会社会部指令　利组字第六七九一号

令中华政治经济学会

呈一件：为呈报该会组织经过，补具章程，请准予备案由。

呈件均悉，准予备案，应即依照规定重行刊制图记，补具会员名册暨职员略历表备核，以符规定。并应依法分呈内政、教育两部备案。除分函外，仰即知照。此令。件存。

中华民国二十九年八月十日

〔国民党中央社会部档案〕

22. 何墨林等申报中国航业学会组织备案呈与中央社会部批答

（1940年7月）

（1）中国航业学会致社会部呈（7月11日）

窃查航业关系国计民生，交通运输至重极要，我国航业素称落后，前为力图扩展，交通部曾于民国二十三年召开航业促进会，研究推进航业等各项问题，发起人等亦有参加讨论及提供意见者，嗣又在上海市轮船业同业公会内组设研究会，分组讨论振兴航业之方案，正期逐步进行，集合共同意见，以徐图发展。适值"八·一三"抗战军兴，航业界首当其冲，所有江海轮船，拨充沉塞者为数在百艘以上，损失浩大，又以沿海防线遭敌封锁，无法营运，航业世界更受此极严重之打击，迫使趋入覆没之途。发起人等服务航界，蒿目时艰，唯有亟图奋发，庶克挽救危机，爰集合同志多人，数度会商，拟发起组织中国航业学会，广征同志，集合一堂，共同研究讨论，妥善方策，以维国家航业一线之生机。尤有进者，自抗战发生以来，我航业界对于水道运输独负巨任，厥功不可谓不大。近来战局转变，运输日益艰难，目前川省水运问题之如何开发，关系抗战前途，极关重要，本会爰拟引为己任，列入工作计划，如有所得，贡献国家，以充实抗战力量。再者，抗战迄今已历三载，最后胜利，期在不远。关于胜利后我国航业之如何复兴？不能不作未雨绸缪之计，本会亦拟加以详细研究，期得一具体复兴航业方案，以宏本国航运。以上二点，厥为本会成立后所拟工作之最大目标，惟查集会结社，应先呈准钧部，始能设立，理合备文将发起人等所拟发起组织中国航业学会之缘由暨工作计划，并检附会章草案，具文呈请钧部鉴核，准予设立，并加指正，以资进行，实为公便。谨呈

中央社会部

附呈中国航业学会章程草案一份、发起人名录一册

中国航业学会发起人代表何墨林

魏文翰

沈仲毅

通讯处民生实业公司

中华民国二十九年七月十一日

中国航业学会章程草案

第一条　本会定名为中国航业学会。

第二条　本会以研究航业实际问题，探讨航业学理，促进中国航业为宗旨。

第三条　本会设总会于重庆，并得设分会于国内其他各埠。

第四条　本会会务如左：

一、研究航业实际问题；

二、探讨航业学理；

三、促进中国航业；

四、发行航业书报，编译各国航业出版物，并设立航业图书馆；

五、拟订航业各项条款；

六、举行航业演讲；

七、训练航业人才；

八、尽量与航业团体合作，以收实务与学理相辅并行之效。

第五条　本会会员为个人，凡在航业学术上有研究，实务上有经验，或对航业富有兴趣者，经会员二人之介绍及理事会之通过，皆得为本会会员。

第六条　本会设理事二十一人，由会员大会票选之，理事互推常务理事七人，并就常务理事中推定一人为理事长，理事任期三年，每年改选三分之一，连选得连任。

第七条　凡在航业学术上、实务上或对本会有特殊贡献者，经会员大会或理事会通过，得延聘为本会名誉理事。

第八条　理事会得就会内外各航业专家，组设专门委员会，并得组设研究会。

第九条　理事会得设秘书若干人，助理会务。

第十条　会员大会于每年秋季举行一次，由理事会召集之。

第十一条　理事会每月开会一次，由常务理事召集之。

第十二条　常务理事会得随时由理事长召集。

第十三条　会员应缴会费每年国币五元。

第十四条　本会如有特别需款，得收特别捐，并得收航业团体补助费。

第十五条　本会分会章程，由理事会制订之。

第十六条　本章程未尽事宜，得经年会决议修改之。

中国航业学会发起人名录

姓名	别号	年岁	籍贯	执业处所	职位	备注
魏文翰		四〇	天津	民生实业公司	总协理兼代总经理	
何墨林		四九	广州	交通部航政司	司长	
沈仲毅		五四	浙江吴兴	国营招商局	副经理	兼长江业务管理处处长
王洸	道之		江苏武进	交通部汉口航政局	局长	
伍极中	定夷		四川	交通部航政司	科长	
郑璧成			四川双流	民生实业公司	船务处经理	
童少生			四川	民生实业公司	业务处经理	
杨成质		三五	四川巴县	民生实业公司	船务处副经理	
钟山道		三十	江苏武进	民生实业公司	船务处副经理	
杨犹龙		三四	浙江慈溪	上海市轮船业同业公会	秘书长	
岑尔骏	契遥	四二	江苏江都	上海市轮船业同业公会	干事	

续上表

姓名	别号	年岁	籍贯	执业处所	职位	备注
李志一		三八	浙江鄞县	三北轮埠公司	协理	
郑鲁斋			浙江鄞县	三北轮埠公司	经理	
杨管北		三六	江苏镇江	大达轮船公司	经理	
陈干青		四九	江苏崇明	中国海上意外保险公司	经理	
胡泳骐		四二	浙江鄞县	宁绍人寿保险公司	经理	
余建复		四六	福建闽侯	民生造船厂	工程师	
李允成		四二	浙江奉化	民生实业公司	总工程师	
黄佳秋		三四	江苏江都	安通轮船公司	经理	
魏文达		三二	天津	律师		
杨俊生	浚深	五〇	江苏淮安	大中华造船厂	厂长	
史济盛	君毅	三〇	江苏武进	交通部航政局	主任	
慎焕琳	彬文	四〇	浙江吴兴	交通部温州航政办事处	主任	
朱盎声		四〇	上海	中国合众航业公司	常务理事	
朱羲生		四〇	上海	中国合众码头仓库公司	经理	
陈仁征		四四	浙江鄞县	宁绍商轮公司	总务主任	
卢于赐		三四	浙江鄞县	宁绍商轮公司	业务主任	
陆隐耕		三七	上海	大通航业公司	董事	
徐祖藩	季杰	四六	江苏吴县	中国船舶保险联合会	验船师	

续上表

姓名	别号	年岁	籍贯	执业处所	职位	备注
汤且华		三五	浙江	中国船舶保险联合会	主任	
程余斋		三四	江苏江都	中兴轮船公司	秘书	
胡汉武		二九	浙江德清	大达轮船公司	代表	
施乃征			江苏海门	国营招商局长江业务管理处	副处长	
姚一鸣	西谷		浙江吴兴	国营招商局重庆分局	经理	

(2) 中央社会部致中国航业学会批答(7月23日)

中国国民党中央执行委员会社会部批答　利组字第五三九一号

批中国航业学会发起人魏文翰等

呈乙件:为发起组织中国航业学会,呈送章程草案及发起人名录,请予核准由。

呈件均悉,准予组织,派本部科长郑燊畲为该会组织指导员,仰即推定筹备员,组织筹委会,积极筹备,并分呈本部及内政、教育两部备案。除分函外,合行检发人民团体组织许可证书乙纸,仰即知照!此批。件存。

附忠字第四十八号人民团体组织许可证书乙纸〔略〕

中华民国二十九年七月二十三日

〔国民党中央社会部档案〕

23. 黄奋生、顾颉刚等为发起组织中国边疆学会呈与国民党中央社会部批

(1940年7月—1941年11月)

(1) 黄奋生致社会部呈(7月10日)

窃以学术之盛衰与国运之隆替，相为因果，今当神圣抗战之际，建国大业寄重边疆，为求抗战建国同时完成，则关于边疆学术之探讨，文化之发扬，治边建边方案之提供，非集合边疆人士、边事专家之聪明才力，切合边疆时地、人事之实际情形及国家社会整个生存发展之真切要求，非群策群力以赴，不能在抗战时期发挥边疆学术之伟大功用。同人等有鉴及此，爰以平时从事边疆事业之所得，并本上述目的，联合边地领袖名流、边事学者及边事问题富有兴趣之人士，发起组织中国边疆学会，以集体力量，五族心思，本三民主义之指导原理，以增进我边疆文化，发扬民族精神，促成边疆社会之繁荣与进步。为此，理合备文连同发起人名单及中国边疆学会缘起各一份，呈请鉴核，准予颁发许可证，以便进行组织，实为公便。谨呈

中央社会部

附呈中国边疆学会发起人名单及缘起各一份

中国边疆学会发起人代表黄奋生

罗桑坚赞

赵守钰

吴云鹏

拉德那伯的

中华民国二十九年七月十日

中国边疆学会缘起

中枢之与边疆，犹人之心脏与肢肤，两者息息相关，实为不可分离之整体，是以肢肤健而心脏强，边防固而中枢安。

纵观世界各国，自来治边之得失利弊，往往影响于其国家之盛衰兴废，史例昭昭，不容否认。

惟我中华，古号神州，壮哉封疆，世莫兴京，山岳巍峨，尤为雄厚，东藩兴安，北障萨彦，南衔海洋岛屿之繁，西踵昆仑须弥之高，极目河山，锦绣若织，财饶物阜，宝藏特丰。夫以如此地方蕴厚之边

疆，竟未作有计划之开拓，以致地不能尽其用，人难以尽其能，货无以畅其流，殊可慨也。

我先总理洞鉴及此，于《建国大纲》中，主张扶植边疆小民族，使其能自决自治于“民族主义”中，对国内民族一律平等之意义，复为详加阐述于《实业计划》中，对于边疆交通建设之干线，更作精确周密之规划，无如内忧迭至、外侮频仍，政府怀“有心无力”之苦衷，国人有“远险艰苦”之戒惧，即有稍涉边务者，非以识能不足，即为环境所限，割裂探讨，终鲜翔实。故居今日，对边事而求一有系统之整研究，认识精辟者，不啻凤毛麟角，反观外人对我边情之熟审与夫考察研究团体载籍之众多，非我所能望其项背，宁不令人愧惧！

慨夫，我东北藩蓠，既已尽撤，西北蒙疆、西南藏土、虽尚全瓯不缺，版图完整，而野心国之窥伺，垂涎岌岌，不可终日，形势诚万分阽危矣。守钰等奔走边事为时已久，深感夫边疆各民族制度文物之须研求也。历代政教规章之须整理也，天候土矿之须考察也，山川地形之须测绘也，宗教习尚之须采访也，爰特不揣谫陋，拟纠合同志创组“中国边疆学会”，以集体力量，采分工方式，从事边疆一切问题之学术探讨，藉供我政府经边建边之参考资料，岂但流通文化，联络民族感情而已哉！况兹抗战以还，为时三载，建国巨业，寄重边疆，其学术之研究发扬，益为重要，用敢揭橥数端，为本会今后致力之目标，尚祈贤达幸垂教焉。

一、促进民族团结，巩固边防基础。我国版图辽阔，种族繁杂，合计不下数十种，其中少数民族大都杂处边疆，尝以小故，掀起风波，隔阂一生，仇视遂深，故边疆少数民族问题实具有相当严重性，吾人万勿等闲视之。尤其当此抗建期间，如果少数民族问题不予适当解决，非特足以影响后方治安，兵役补充，赋税收入以及矿产之开采，经济建设之顺利推展，且易为帝国主义挑拨诱惑等卑劣手段所分化与利用，酿成民族间之流血惨剧，撼摇我边防之安定。本会决遵先总理民族平等之原则，邀集各族贤俊于一堂，合融各族文化为一炉，如此则情感日趋于敦睦，庶隐患消弭于无形，民族既收团结之效，而边防强固之基亦从斯奠立矣。

二、研究治边方策，提供政府参考采择。吾人欲求建国大业之完成，必须治边建边之得有成就，欲求治边建边之得有成就，必先求解决民族政治、宗教、民生、外交、边防诸问题之方策，顾以边疆情形特殊，问题既极复杂，顾虑应求周密，拟集合边疆领袖、学者名流，体察边疆时地、人事之实际情形及国家与边疆社会整个生存发展之真切要求，以制定解决边疆问题之方案与夫治会建边之方策，随时提供政府参考采择，总期本会之研究工作，得本五全大会宣言所示，必须与国家社会取得密切联系，俾国家得学术之用，社会获学术之益。

三、整理历代边疆政教制度，编纂丛书。夷考吾国历史各朝代立国之经过，多与当时之边疆民族发生极大之政治、军事关系，其治边之失利弊，往往影响于国家之盛衰兴废。秦汉隋唐之世，其国消耗于边疆兵事者，何可量计；明清两代，版图扩大，鉴于历代边乱，关系国本对于边疆之政教制度灿然详备。时至今日，犹多袭用，故于明清之世边圻相安，得以无事，鉴古可以知今，历史之教训最足以吾人警惕取舍之资。本会愿纠合学者，就历代关于边疆得失利弊之措施及对于边疆之政教制度，分门别类，编纂有系统之丛书，非徒为整理国故已也，其有助于今后边疆施政之借鉴贡献于文化之发扬者甚大，吾人愿勉力行之。

四、发行刊物、宣传边疆知识，劝导移民殖边。我国以地大物博人众见称于世，地大以其有辽阔无垠之边疆在焉，物博以其有宝藏丰富之边疆在焉，人众则总边疆之民不及全国总人口五十分之一，而所谓散布于黄河、长江、珠江三流域，文物鼎盛之四百兆同胞能明瞭边情者千有一人乎，万有一人乎，是以人众麇集于中土，地广荒废于边陲，物博弃于旷土，以此而言，建边岂不难哉。目下之紧要工作，首在发行刊物，介绍边情，研究边事，使内地与边疆之文化交流，期人人均明瞭边地真实情形，然后由边情之认识进而步法美人开辟新大陆之精神，踊跃移往殖边，群策群力，务求实施，一扫从前议而不决，决而不行之习，则建边之业，庶可期于完成。

五、切实考察边疆物产、鼓励实业家投资开发。建边之准备工作厥为实际之考察。近年来，边疆考察团体虽间有所闻，或以组织之未能健全，或以地区之未能深入，多不能达考察圆满之收获，以视民国二十二年英国喜马拉雅山赫斯登探险团，二十三年法国喜马拉雅山探险团之精神及收获，宁无愧色。本会今后拟发起名实相符之边疆科学考察团之组织，其考察范围为整个边疆，其考察对象为边疆之自然与人文，以期真能贡献于国家，作为建边之资助。

上陈五端，本会愿本艰苦确实之精神以赴，所望政府当局，海内学者，边疆贤达，惠予赞助，使我茫茫边塞，日臻于进步繁荣之境，泱泱大邦，永成富强康乐之国，有志之士，盍兴乎来。

（此稿本是草创，为期臻完善，尚希文坛修润是祷）

中国边疆学会发起人名单

姓名	籍贯	年岁	职业	通讯处
黄奋生	江苏	三八	《蒙藏月刊》社主任	重庆南岸玄坛庙家园
赵守钰	山西	六十	中央特派护送班禅灵榇回藏专使	重庆观音岩平安里十六号
罗桑坚赞	西藏	五九	中央委员	重庆南岸玄坛庙友于里一号
吴云鹏	内蒙	三九	蒙古驻京办事处主任兼立法委员	巴县含谷场蒙古各盟旗办事处
拉德那伯的	新疆	四七	新疆和硕特左旗辅国公扎萨克	新疆和硕特左旗政府
策觉林	西藏	五二	监察院委员	重庆南岸玄坛庙友于里一号

续上表

姓名	籍贯	年岁	职业	通讯处
丁杰	西藏	三八	国民参政会参政员	重庆南岸玄坛庙友于里一号
石明珠	后藏	三八	班禅驻京办事处代理处长	重庆南岸玄坛庙友于里一号
本巴	青海	三三	青海蒙古右翼蒙驻京代表	巴县含谷场蒙古办事处
苏宝丰	宁夏	三五	额齐纳旗驻京代表	巴县含谷场蒙古办事处
苏呼得力	青海	二六	青海蒙古驻京代表	巴县含谷场蒙古办事处
何永风	青海	三八	新疆蒙古代表	巴县含谷场蒙古办事处
阿福寿	青海	四十	青海蒙古代表	巴县含谷场蒙古办事处
白凤兆	内蒙	四二	蒙藏委员会科长	蒙藏委员会
杨质夫	青海	三七	喜饶嘉错大师秘书	班禅驻京办事处转
搭旺嘉布	宁夏	四十	额济纳旗扎萨克郡王	额旗
吉利占泰	内蒙	三六	锡林果勒盟晋京代表	兰州孙家台十八号
阿格楝噶	内蒙	三五	锡林果勒盟晋京代表	兰州孙家台十八号
苏斐然	内蒙	三十	额济纳旗防守司令部参谋长	肃州转额济纳旗政府
叶庄之	甘肃	三二	阿拉善旗政府秘书	阿拉善旗政府
黄次书	江苏	四十	《蒙藏月刊》社总编辑	重庆南岸玄坛庙友于里一号
唐井然	湖南	三六	军事委员会参谋	重庆段牌坊四号
杨定武	安徽	三五	军事委员会秘书	重庆段牌坊四号

续上表

姓　名	籍贯	年岁	职　　业	通　讯　处
闵贤郇	江苏	三二	军事委员会秘书	重庆段牌坊四号
李　剀	湖南	三五	军事委员会秘书	重庆段牌坊四号
陈文鉴	江苏	五五	行政院非常时期服务团团员	观音岩平安里十六号转
武和轩	山西	四二	蒙藏委员会参事	蒙藏委员会
朱　章	江苏	三五	蒙藏委员会科长	蒙藏委员会
金绍先	江苏	三四	蒙藏委员会科长	蒙藏委员会
黄举安	西康	三五	教育部科员	青木关教育部
王殿之	吉林	三八	行政院非常时期服务团队长	观音岩
杨干三	山西	三七	行政院服务团副总干事	观音岩平安里十六号转
贾永琢	山西	三二	行政院非常时期服务团	观音岩平安里十六号转
邵铭巘	江苏	三二	《蒙藏月刊》社编辑	玄坛庙家园
张镜波	江苏	三一	《蒙藏月刊》社助理编辑	玄坛庙家园
夏桑登	西藏	三五	军事委员会参议	班禅驻京办事处转

(2) 社会部致中国边疆学会批(7月24日)

中国国民党中央执行委员会社会部批答　利组字第六四二三号

批中国边疆学会发起人黄奋生等

呈乙件:为发起组织中国边疆学会连同发起人名单及缘起各乙份,请鉴核由。

呈件均悉,准予组织。兹派本部郑科长槃畲为该会组织指导员,仰即推定筹备员组织筹备会,积极筹备,并分呈本部及内政、教育两部备案。除分函外,合行检发人民团体组织许可证书乙纸,仰即知照！此批。件存。

附发忠字第四九号人民团体组织许可证书乙纸〔略〕

中华民国二十九年七月二十四日

(3) 中国边疆学会会长和理监事名单

(一) 名誉会长

戴传贤　于右任　孔祥熙　冯玉祥　吴忠信

许崇灏　贺耀组　陈立夫　朱绍良

(二) 名誉理事

傅作义　邓宝珊　谷正伦　马步芳　马鸿逵

刘文辉　沙克都　尔札布　喜饶嘉错　章嘉策觉林

森吉堪布　龙　云　吴鼎昌　黄旭初

(三) 理事名单

职　别	姓　名	年龄	籍贯	职　　业	备注
会　长	赵守钰	六一	山西	护送班禅灵榇回藏专使	
常务理事	赵守钰	六一	山西	护送班禅灵榇回藏专使	
	顾颉刚	四八	江苏	齐鲁大学国学研究所主任	
	刘家驹	四一	西康	班禅大师行辕秘书长	
	黄奋生	三九	江苏	蒙藏委员会专员	
	黄次书	四一	江苏	《蒙藏月刊》社总编辑	
	石明珠	三九	后藏	班禅驻京办事处副处长	
	闵贤邺	三一	四川	军委会办公厅秘书	
	马鹤天	五三	山西	察境盟旗特派员公署	
	王则鼎		山西	绥远省府驻京办事处处长	
	吴云鹏	三八	内蒙	蒙古驻京办事处处长	
理事	赵　珮	三四	青海	青海省政府驻京办事处处长	
	姜蕴刚	四三	四川	华西大学教授	
	张佰怀		山东	齐鲁大学文学院院长	

续上表

职别	姓名	年龄	籍贯	职业	备注
	杨干三	四四	山西	行政院非常时期服务团副总干事	
	恩久		后藏		
	拉德那伯的	四七	新疆蒙古	新疆和硕特左旗辅国公扎萨克	
	贾永琢	二九	河南	护送班灵回藏专使行署秘书	
后补理事	李鸿音	三七	河南	中央军校教育处普通学科教官	
	白凤兆	四二	蒙古	蒙藏委员会科长	
	张西铭	三八	山西	军政部会计处上校文书主任	
	傅葆琛				
	庄学本	四四	江苏	西康省政府顾问	
	孙次舟				
	侯宝琛				
	王心正				
	程文渊		后藏	班禅驻京办事处科长	
监事	孙元良			中央军校高等教育班主任	
	柯象峰	四一	安徽	金陵大学教务主任	
	张廷休	四一	贵州	教育部蒙藏教育司司长	
	陈耀棠			青海省政府秘书长	
	杨质夫	三五	青海	中央组织部总干事	
	周昆田	三六	安徽	蒙藏委员会简任秘书	
	陈文鉴	四三	江苏	行政院非常时期服务团视察员	
	王殿之	四三	辽宁	行政院服务团副总干事	
	罗友仁	三四	后藏	立法院委员	
候补监事	刘鸿宾	三二	山东	湟川中学教导主任	
	蒙文通	四八	四川	四川省立图书馆馆长	

续上表

职　别	姓　名	年龄	籍贯	职　　　业	备注
	韩汝林	三八	河南	华西大学中国文化研究所研究员	
	袁　腾	三六	辽宁	行政院非常时期服务团重庆临时服务队副队长	
	夏桑登	四十	西藏	军委会参议	

(4) 顾颉刚致谷正纲函(11月16日)

叔常部长先生道鉴[①]:开发边疆、陶钧族类,既以供今日抗战之需要,且以奠他日建国之基础,为绝不可缓之工作,而入手之术则在鼓吹与研究二端,鼓吹所以起共同之觉悟,研究所以导深远之进展,待其养之有素,意志交融,视听咸属,然后济以人力财力,则各种事业之举办必皆涣然而理顺矣。颉刚与赵守钰、马鹤夫诸先生于飘摇之日,游于荒漠之乡,目睹其蕴藏之丰富,民众之果敢,与夫外人谋我之亟,下情上达之难,隐忧丛生,心伤涕下,用是邀约同志创立中国边疆学会,以树鼓吹与研究之规模,业在钧部立案,早蒙察核。半载以来,设总会于重庆,会员得二百余人,设四川分会于成都,会员亦二百余人,设陕西分会于榆林,会员约百余人,汉回蒙藏,集于一堂,分工合作,幸有小成,足见全国人民对此问题措意已多,团结亦日臻密切,边疆事业,行将大有发展,足可告慰廑注者也。惟是创办之初,需费已巨,经常支出,尤不容亏,过去开销,都由同人节衣缩食而来。当兹物价高昂之际,同人生活自顾不暇,已不复有余力办此,伏念时代需要之迫切如彼,而同人力量之薄弱又如此,为之踌躇无计,素仰钧部关心国本,助力社团,拟恳按月补助二千五百元,以利进行。呈文业已由会送达,倘蒙鉴其愚诚,允予颁

① 原文为季常,季常是谷正伦的字号,叔常为谷正纲的字号,从内容看,此函是给谷正纲的,故改为叔常。

发，则本会各种预定计划，皆得陆续实现，而国人救国之忱，亦得藉以稍抒。本会幸甚！国家幸甚！专上。敬请

政安

顾颉刚拜启

三十年十一月十六日

〔附录〕：中央社会部马人松致部长签呈

查该会于本年五月成立，以系由顾颉刚、赵守钰、马鹤夫、刘家驹、黄奋生等实际负责主持，前途希望较大，所拟工作计划，均系具体项目，尚切时需。为奖掖边务团体计，似可酌予补助，究应如何？仍乞钧裁！

职马人松

十一．廿

部长批示：准每月补助六百元。正纲。

十一．廿五

〔国民党中央社会部档案〕

24. 张煦等关于组织西陲文化院情况并申请补助费呈暨教育部报告补助该院经费状况等文件

（1940年12月—1943年2月）

（1）西陲文化院致教育部呈（1940年12月21日）

案奉钧部二十九年十二月四日蒙字第四〇四八一号批开："呈及章程均悉。仰即遵照文化团体组织原则及文化团体组织大纲暨施行细则之规定，先向社会部办理备案手续后，再呈本部备案。"等因。遵查本院办理立案手续，业经依法拟订章程，先后呈奉中央社会部二十八年一月十四日渝字第一九三八号指令；暨内政部渝警字第一九〇八号批"准予备案"各在案。至呈报钧部办理备案程序一节，本院当以院址设在四川省会之区，按月复向四川省政府教育

经费项下领有补助费，亦经于二十八年一月二十六日抄同中央社会部指令暨附件，呈请四川省政府备案，并恳转咨钧部备案在案。惟至今未奉到四川省政府指令。兹奉前因，理合将本院办理立案手续情形，据实陈明，并抄缮中央社会部指令暨本院章程一份，备文呈请钧部鉴核，准予备案，实为公便。谨呈

教育部

附呈抄录中央社会部指令一件，私立西陲文化院章程一份

西陲文化院院长张　煦

中华民国二十九年十二月二十一日

中国国民党中央执行委员会社会部指令　渝字第一九三八号

令西陲文化院院长张　煦

呈一件：为设立西陲文化院，请予保留原有名称，原订章程经已遵令重拟，请察鉴准予立案由。

呈件均悉。章程尚无不合，准予备案，原有名称，既据称沿用已久，免予改易。除分函外，仰即知照。此令。

中华民国二十八年一月十四日

部　长　陈

私立西陲文化院章程

第一条　本院以研究西陲文化为目的，定名为私立文化院。

第二条　本院设董事会，由发起人及赞助人推举，董事五人至十五人组织之，另由董事互选董事长、副董事长各一人，常务董事三人，主持院务。

前项董事、董事长、副董事长、常务董事，以三年为一任，任满改选，得连选连任。

第三条　本院董事会会议每半年举行一次，由董事长召集之。但遇有开会必要及有三分之一董事请求开会时，董事长得随时召集之。

第四条　本院董事会开会，由董事长主席，董事长有事不能出

席时，由副董事长主席，副董事长亦不能出席时，由常务董事中推定一人代理，决议事项由主席之董事长、副董事长、常务董事署名于议事录，作为证明。

第五条　本院设院长一人，掌握全院事宜，由董事会聘任之。

第六条　本院分研究部、事务部，研究部主持全部研究事宜，事务部办理全院行政事宜。

第七条　研究部设主任一人，内分经籍、语文、地理三组，每组各设组长一人，研究员一人至三人，编辑员一人至三人，助理员二人至五人，均由院长聘任之，组长由研究员兼任，遇必要时得临时设定名目，聘请特种人员。

第八条　事务部设主任一人，事务员二人至五人，分掌文牍、会计、庶务、图书事项，均由院长聘任之。

第九条　本院得招学习员训练之。

第十条　本院如遇院外托办关于西陲文化特种事宜，均于可能范围接受之。

第十一条　在征求社员前，以现有之发起人及赞助人为社员，所有经费由发起人、赞助人负担。

第十二条　社员资格之丧失除身故外，均以经过社员大会之通过为准。

第十三条　社员大会每年或间年举行一次，由董事会召集之。

前项社员大会有为本章程所未订之事项，依民法总则第二章第二节第二款第四十九条之规定行之。

第十四条　本章程由社员大会通过，并呈请主管机关立案，如有未尽事宜，得随时修改之。

(2) 西陲文化院致教育部呈(11 月 5 日)

窃本院研究边疆文化，前因经费发生变化，几至中断，今春承荷钧长概予维持，复得进行，埋头工作。比月以来，有所进展，截至年终，计本期所可完成之书为：

（一）《西藏气象观测记》。凡一地之气象观测，需时久长，自非一旦着手，即可成书，此书凭藉德文精密材料，译辑而出，以供应用。

（二）《雅鲁藏布江流域勘测记》（附详图）。藏布江流域，为西藏精华地带，此书凭藉英文材料，译辑而成，江流所经，记载周详，一里一村，亦复罗列靡遗，事经测勘，尤属翔实足珍。此江有天然灌溉之利，若能利用此书，以指导藏人农业，则此书不难为收复边远人心之资。

（三）《玛那萨罗瓦尔湖区域勘测记》（附详图）。此湖为印度河发源处，深约一·八公尺，为藏地最深之湖，数十支流，汇归于此，西籍探险家群趋勘测，即藏人亦素极重视，奉为胜迹，膜拜湖滨，不绝于途，特藉外文材料，译辑成书。

（四）《梵文文法》。蒙文从藏文制出，藏文从梵文制出，则梵文者诚为边疆文字之母，尤其诵读藏文，非略习梵文不能彻底通达。以故成此一书，藉供学者探讨。复次，梵文原典，经俄国印行者，士林视为奇珍，然以较诸西藏古刹所存，为数实属有限，幸学术界注意及之。

（五）《辽金元史藏梵语溯原》。将辽金元史中之译语，认定其属于藏文与梵文者，将原文推寻出之，以为研究边疆历史之资。此书与章嘉若微所著之《三国译语补》不同。

（六）《藏文异名录》：此属藏文文学上所用，宛如汉文词章之学，其中有来自天竺者，为数实多，特表而出之，以为研究文学之资。

本院工作，精力所萃，尤在字典。一为《蒙文大字典》，初稿已就，正待修改完成。一为《藏文大字典》，年来中心工作，皆在于此，即在明年全期，亦复专力从事，良以兹事体大，需用尤广，乃至研究蒙文必须涉及藏文，蒙古积学之士，几无不识藏文者，我国边疆文字实以藏文最为主要。加以藏文典籍，汗牛充栋，设使搜集不周，则应用有缺。国中向无此种专门人士，本院谬欲完此大愿，自不得不纠合同志，一面训练，一面工作，其中困难，不言而喻。经以往之种种努力，于今基础，幸告大定，近数月内，收获尤多。此书取材所自，约分五端言之：

其一，采取逊清盛时所作汉藏文字对译文书，如写本五体《清文鉴》、孤本《五译辑要》，及《四库全书》中所载《西域同文志》等类种种书籍，广搜博集，业经告毕。

其二，译取欧洲所著藏文字典多种，现已译就大半，初次稿件，立待竣事。

其三，采取西藏学术上习用术语，将藏文典籍，择其术语广博之书，推求汉文，详录采用，此为欧洲各种藏文字典作者所不能着手之事，本院人员，分头进行，预计截至年终，工作可至二分之一。

其四，将西藏密教典籍与汉文对勘，现已将全部对出，何者为汉文所有，何者为汉文所无，即将着手进行，择取其中汉文所有者数十部，将术语对出采用。

其五，采取上述各项所未有之民间习语，及地理经济等用语，此事尚未进行。

综上五端，次第进行，期于三十年度之末，完成全部稿件。其一至四项，本院所存藏文书籍，本属不少，略足敷用，惟经历逾多，所生不足之感亦随之增大，尚须若干工作人员，亲赴康藏地域，采取参定字典之书一百五六十种应用，以求完善。兼之字典工作，包括万象，所有疑难，势非到彼，觅人咨询，难求解决。前第五项所述，尤须到达彼地方能着手。为迅速完成起见，本院拟于明年度派遣本院内通习西藏语文工作人员十人亲赴西边，以八月为期，在彼工作。只以西藏地方，道路遥远，往返需时，拟选西康之康定、巴塘、甘孜、德格地方为工作中心住所，以便克期完成。

惟是经费困难，寸步难行，深为忧虑。本年度经费系按照煦面请钧长允许之数，每月四千元办理，计领到钧部第一次补助费一万元，四川省府补发二十八年度欠额九千元，二十九年补助费一万元，复荷钧部第二次补助一万元，尚未领到，连同计算，共为三万九千元。上年勉强度过，下年百物更形奇涨，每石米价，由二三十元，涨至二百元左右，其他可以想见，纵使将钧部第二次补助费领到，尚差数千元，实在难以弥补。似此情形，明年一年，更难度过。拟请于三十年度经常补助费实数定为每月六千元，全年共计七万二千元，以维持最低生活。此外赴康工作人员之八个月旅费，最低限度拟请定为一万六千元。复以物价高涨关系，致本年院内印刷费无法挹注，陷于停顿，实属遗憾。本院藏文印刷部，缔造非易，明年无论如何，必须设法开工，以便将待印各书，次第付印，拟请每月加添一千五百元，全年共计一万八千元，作为此项费用。本院荷承钧长大力扶持，使本院同人，得为国家尽力，此诚复兴民族之盛举。除第二次补助费业经本院径向钧部重庆出纳室具领外，理合将本院工作进展情形，具文呈请鉴核，并祈饬知重庆出纳室，将第二次补助费早日拨付，以资应用。至本院三十年度经常补助费，每月六千元，全年共七万二千元，三十年度赴康工作十员旅费一万六千元，三十年度藏文印刷费每月一千五百元，全年共一万八千元，共计三项，是否可行及如何筹拨之处，仍候钧裁训示遵行！谨呈

教育部长　陈

西陲文化院院长　张　煦

中华民国二十九年十一月五日

(3) 军委会侍从室致教育部电(1943年1月27日)

教育部陈部长勋鉴：据报青年党分子张怡荪，前在蓉创办西陲文学院，教育部每年补助经费十万元，嗣又追加十万元，川省教厅亦有补助，西康教厅因刘主席文辉之授意，除每年津贴三十万元外，并愿协助该院迁往康边。现张怡荪决定迁校，招收青年前往研习藏文藏俗，毕业后向康藏内部发展等情。希将该校实际状况及对边政有无实效，查明具报为要。中正。子宥。侍。秦。

中华民国三十二年元月二十七日

（4）教育部复军委会侍从室呈（2月1日）

教育部呈　蒙字第六八九三号

案奉钧座本年子宥代电内开："据报青年党分子……（照抄）……查明具报为要"等因。奉此，遵查西陲文化院系社团性质，以研究西陲文化为目的，二十八年一月中央社会部（渝字一九三八号指令）及内政部（警字一九〇八号批）均准备案，是年四川省政府拨助二万余元，二十九年度以来，除川省府续予补助外，该院以致力蒙藏文字典编辑工作，事与边教有关，经戴院长季陶及张主席岳军介绍，申请补助，本部乃比照一般边疆文化团体，分年拨助二万元（计二十九、三十、三十一年共补助六万元）在案，至西康省教育厅每年津贴三十万元一说，本部并无所知。该院为编辑藏文字典方便计，三十年夏曾派员入康搜集图书，采访习语，三十一年度工作计划有完成藏文字典之编辑，并分驻德格、甘孜，实测金沙江上游航运，相机入藏之议，本部对于最后一项未予核定，该年实际工作情形，业经电催编报，尚未寄部。

窃查编辑工作虽难急遽著效，顾三年来竟无相当成绩表现，本年度本部对该院是否补助，正考虑中。奉电前因，除该院有无迁康情事另派员查明续报外，理合编具本部补助西陲文化院经过一份，随文赍请察核示遵。谨呈

军事委员会委员长蒋

附呈本部补助西陲文化院经过一份

教育部部长　陈〇〇

中华民国三十二年二月一日

教育部补助西陲文化院经过

一、二十八年度原由四川省政府批准发给该院补助费二〇·二五〇元；

二、二十九年度四川省政府补助一万元，并由本部补助一万元作该院编辑蒙藏回文字典之用，嗣准考选委员会陈委员长函再

拨一万元，前后共二万元（钧电据报教育部每年补助经费十万元，嗣又追加十万元，实系各为一万元）。

三、二十九年终，该院报告工作。据称：集中力量于蒙文及藏文字典之编辑，并为搜集参考图书及民间习语，计拟派工作人员十人赴康定、巴塘、甘孜、德格等地工作（结果于三十年四月派祝维翰等五员入康）。

四、三十年度该院呈请补助赴康工作人员旅费及藏文印刷费，合共一〇六，〇〇〇元，本部核发二万元，据报同年四川省政府补助一万二千元。

五、三十年十月，该院张院长陈报工作：

1. 藏文字典以入康人员未能即返，必待三十一年度始能完成。

2. 三十一年工作计划：

（1）实测金沙江上游德格至巴安一段，大致可否通航——由段毓灵主持，以德格为根据地。

（2）字典完成后，酌留编译从事历史及医药书籍之翻译，由张怡荪主持，以甘孜为中心，待机入藏。

六、三十一年三月核拨补助费二万元，指令研究西陲文化，为本部补助公私立九院校设置边疆建设科目及讲座之一。

七、三十一年十一月电催工作报告，迄未呈部。

〔国民政府教育部档案〕

25. 中国天文学会报告会务发展经过并申请补助费呈

（1940—1943年）

中国天文学会呈请核发补助费申请书

甲　会务发展经过及现况

中国天文学会以求专门天文学进步及通俗天文学之普及为宗

旨。倡议于民国初年，维时集会讲学之风气虽开，而天学一门，问津者尚少。乃暂置形式组织，先用天文学会名义刊行《观象丛报》，藉以号召同志。执笔者高鲁、秦汾、胡文耀、常福元、蒋炳然、王应伟诸氏，逮民国十一年十月三十日，始开成立会于北平，经前教育部批准立案。最初数年的会务，注重学术讲演，每月一次，未尝间断。并改《观象丛报》为《观象汇刊》，月出一册。旋以经费拮据，印费不续，改为会报，年出一册。十二年接受隐名奖金之捐助，以其息金奖励通俗天文著作。十四年接受隐名奖金基金之捐助，以其息金补助出席国际天文协会代表旅费，并奖励研究中国古代天文之著作。是年七月，国际天文协会第二届大会在英伦举行，特派会员张云代表本会列席。十五六年之交，国民政府北迁，会员南来者日众，遂于十六年秋，在南京成立驻京通讯处，旋将秘书处迁至首都。是年冬，举行隐名奖金第一届授奖，得奖者为常福元所制之盖天仪。十七年七月国际天文协会第三届大会在荷兰来顿举行，特派员余青松、赵进义代表本会列席。十八年五月第四次太平洋科学会议在爪哇万隆举行，特派会员余青松参加。十月，成立基金保管委员会，凡奖金基金及会务基金之存放支息，悉委此会主持。是年十二月成立变星观测委员会，会址设于广州，以会员张云主其事，每两月刊行报告一次，十九年四月呈请南京市教育局立案(迨二十一年冬，始决议将会所迁至南京)。同月，成立编辑委员会。自是年七月起，刊行《宇宙》杂志，月出一册。十二月成立天文名词编译委员会，以会员张钰哲主其事。张氏集会员高均、朱文鑫、张云等会商初稿，增广补遗，汇辑一编，于二十二年春印送全体委员校阅，最后经教育部天文数理讨论会议定，得一千四百余则，作为部颁名词，由国立编译馆公布。二十二年春，举行隐名奖金第二次授奖，得奖者为陈志元所著之《ABC 天文学》(即国立编译馆出版之陈遵妫著《星体图说》)。四月在南京补开十周年纪念会，全国会员云集首都，盛极一时。十一月二十四日在京举行徐光启逝世三百年纪念会。是年冬，广征赞助会员及永久会员，并以补助会费及永久会费充会务基金(截至二十八年底止，已得赞助会员五人，永久会员二十五人，计筹得会务基金一千七百五十元)。二十三年春，搜罗会中史实，辑为《中国天文学会一览》。十一月，发起筹备观测日食，联合国内各研究机关、各大学、各天文台及学术团体，组织中国日食观测委员会，计划观测民国三十年日食。二十四年，联合各学术团体组织中国学术团体联合会所筹备委员会，计划在首都建筑会所。七月，国际天文协会第五届大会在巴黎举行，特派会员高均、潘璞代表出席，并于是时正式加入国际天文协会。二十五年六月，会员余青松、陈遵妫、魏学仁、邹仪新、沈俊观测日食于日本北海道，会员张钰哲、李珩观测日食于苏俄伯力。九月，会同天文研究所组织中国天文委员会，为主持参加国际天文协会各项事宜之专管机关。十一月联合会所筹备委员会征求图案，应本会建议，于图案中设有圆顶室，用备通俗观测之需。二十六年四月联合会所开工建筑。七月九日至十一日，举行第十届年会于青岛，各地会员云集胶澳，盛况不减十周年纪念会。讵于斯时芦沟桥战事骤起，未几“八·一三”沪战爆发，继之以首都遭空袭，行将落成之会所停止建筑，紫金山之临时会所亦因交通阻绝，职员上下不易，遂于是年九月将秘书处迁至湖南南岳。同时，《宇宙》月刊至第八卷第四号后亦暂时停刊。二十七年一月秘书处又迁至广西桂林，四月复迁至云南昆明。七月《宇宙》月刊恢复出版，先自第九卷第一号刊行，同时陆续补印第八卷第五号以后所缺各期。是年八月国际天文协会第六届大会在瑞典京城举行，本会会员余青松经中国天文委员会派为出席代表(余会员行抵香港，以购买外汇不及，奉教育部令中止赴会)。十一月接受天文研究所捐赠该所前附属机关天文陈列馆售券售书收入国币七百余元，作为印刷基金。十二月接受会员陈遵妫所著《军事普通天文学》一稿，列为本会丛书之一，二十八年四月八日，又接受陈君所著《天文学通论》及《天文学发达史》二稿，列为本会丛书之二及三，均交国立编译馆出版。是年十一月四日至五日，举行第十五届年会于昆明。维时本会会员原服务于京、平、穗各地者，后以时局关系随所服务之机关迁来滇南，而近两年来，海外归国之习天文者亦相率来滇执业，故本届年会，盛况仅亚于十周年纪念会及第十四届年会。年会闭幕后，辑印《中国天文学会一览》第二版。

乙　研究报告及出版物

（一）论文专刊

（1）《恒星光谱强度学之新研究》（余青松著）

（2）《恒星光谱强度分配之研究》（余青松著）

（3）《斜度确定的双星轨道平面之统计研究》（张钰哲著）

以上三种均用英文写成，发表于外国杂志，曾油印单行本，南京失陷后，已无存册，未能附呈。

（4）《日珥运动》（潘濮著）

此种自用法文写成，二十八年在巴黎印刷。俟印竣寄回国内时，当补呈。

（二）北平时代编纂之天文图书

（1）《应用天文学》（秦汾著）

（2）《普通天文学》（胡文耀著）

（3）《中西对照恒星录》（常福元著）

（4）《中星仪说》（常福元著）

（5）《相对性原理》（高鲁著）

（三）期刊

（1）《气象丛报》　每月刊行一册，自民国四年七月创刊，至民国十年十月刊至第七卷第三期后停刊。

（2）《观象汇刊》　每月刊行一册，自民国十二年七月创刊，刊行三期，因印费不继而停刊。

（3）《中国天文学会会报》　每年刊行一册，自民国十三年创刊，已出九册。

以上三种于南京失陷后，未有存册携出，未能附呈。

(4)《宇宙》月刊　每月刊行一册，自民国十九年创刊，现已刊至第十卷第六期。唯第八卷第四号以前系在南京出版。首都失陷，余册未及携出。兹仅将第八卷第五期以后各期附呈鉴察。

丙　将来工作计划

(一) 设立民众天文台；

(二) 成立太阳观测委员会；

(三) 成立流星观测委员会；

(四) 扩充《宇宙》篇幅；

(五) 编纂天文学丛书；

(六) 编纂天文学辞典；

(七) 研究中国古代天文学。

丁　申请补助费预算

本年度拟请补助费国币一万一千一百元，举办下列各事业：

(一)　扩充《宇宙》篇幅，每月增支稿费及印刷费国币一百元，全年合计国币一千二百元正。

(二) 编纂天文学丛书，拟先刊下列十种：

(1)《军用天文学》

(2)《天文学通论》

(3)《天文学发达史》

(4)《等高观测详论》

(5)《天体力学》

(6)《应用天文学》

(7)《球面天文学》

(8)《天体物理学》

(9)《太阳系》

(10)《恒星系》

以上十种，平均每种稿费国币五百元，十种合计，共需国币五千元正。

（三）编纂天文学辞典，稿费及写缮共需国币二千五百元正。

（四）研究中国古代天文学。拟仿照管理中英庚款董事会补助科学研究人员办法，特约专员研究，每月补助生活费国币二百元，期限暂定一年，全年共需国币二千四百元。

附抄中国天文学会职员名单（1943年8月）

姓名	性别	年龄	籍贯	职务	任职日期	略历	备考
高鲁	男	六七	福建	会长	三十年	闽浙监察使	
张钰哲	男	四二	福建	副会长	三一年	中央研究院天文研究所所长	
陈遵妫	男	四三	福建	总秘书	二七年	中央研究院天文研究所研究员	
李珩	男	四六	四川	基金保管委员会主任委员	三二年	华西大学教授	
张云	男	五四	广东	变星观测委员会主任委员	三一年	中山大学教授	
李珩	男	四六	四川	编辑委员会主任委员	三一年		
陈遵妫	男	四三	福建	天文名词编辑委员会主任委员	二九年		

负责填表者：陈遵妫　　　　负责长官：高鲁

〔国民党中央教育部档案〕

26. 中华林学会报告迁渝后工作概况并请补助常年经费呈与中央社会部批

（1941年7—10月）

（1）中华林学会致中央社会部呈（7月6日）

呈为呈报工作概况并请补助常年经费事：窃本会自随国府西迁已历三载，初因会员四散，通讯无由，刊物难以继续，复因经费支绌，会务多陷停顿，其后各地会员，续有消息，联络机构，渐次恢复，先后在渝数度召开大会，成立成都分会，并决议设立永久通讯处于北碚中国科学社内。因鉴于目前提倡林业之重要及服务社会起见，特设林业咨询处，代各方解决林业保护及制造等一切林业问题，而会刊《林业》第七期业已辑就，正接洽付印，会员通讯录亦已印就，前在会附设之图书馆，现正筹备重立。以上为本会工作概况，理合具文呈报，伏祈俯赐察核。本会经费，原极窘绌，自会务复活后维持更感艰难。除由大会决议自行募筹外，恳请钧部予以补助经常费二千元，俾使本会工作得以顺利进行，公便德感。谨呈

社会部部长谷

附本会会章一份、通讯录一份〔通讯录略〕

中华林学会谨呈

中华民国三十年七月六日

中华林学会会章

（1940年2月11日修订）

第一章　总　则

第一条　本会定名为中华林学会。

第二条　本会以集合同志、研究林学、促进林政、发展林业为宗旨。

第三条　本会会所设于首都。

第二章　会　员

第四条　本会会员分左列三种：

一、赞助会员——凡捐助本会经费在一百元以上或于他方面赞助本会事业者，得由理事会议决推为赞助会员。

二、机关会员——凡与林业有关系之机关，赞成本会宗旨，协

助进行本会事业，并经理事会议决者，得为机关会员。

三、会员——凡在国内外曾受林业教育或对于森林事业有经验、赞同本会宗旨者，由会员二人之介绍，经理事会通过，得为本会会员。

第三章　组　织

第五条　本会之组织系统如左：

- 大会
  - 理事会
    - 总务部
    - 编辑部
    - 各种委员会
  - 监事会

第六条　理事会以理事十七人组织之。

第七条　理事会设常务理事五人，主持本会一切事务，各部及各种委员会设正副主任各一人，负责办理各该部会事务，均由理事互选之。

第八条　理事会之职权如下：

一、拟定本会一切进行计划；

二、推定各种委员；

三、代表本会、执行本会会章及大会议决案范围内一切事项：

——司理会中金钱出纳、编造预算决算，并保管本会各种基金及财产；

——编辑并发行本会各种刊物；

——参加国内外林学之研究，提议并建议各项林政；

——调查国内林业实况；

——解答各地函询之林业问题。

第九条　理事会每月至少开例会一次，开会日期地点由常务理事临时酌定，遇有重要事件，常务理事得召集临时会议，或通信表决之。

第十条　理事会及各部办事细则，由理事会依据会章订定之。

第十一条　本会视事务之繁简，得酌设干事若干人，由理事会议决聘请之，办理各部会事务。

第十二条　本会得聘请名誉理事长、名誉理事若干人，由大会议决聘请之。

第十三条　监事会由监事九人组织之。

第十四条　监事会设常务监事三人，由监事互选之。

第十五条　监事会之职权如下：

——关于本会财政及基金之稽核监督事项；

——关于本会记录之维持事项；

——关于理事会之监察事项。

第十六条　理事监事任期均为一年，连选得连任。

第四章　会　费

第十七条　本会会员会费分下列四种：

一、会员：每年二元

二、机关会员：每年二十元以上

三、赞助会员：一次缴一百元以上

四、入会费：一元

第十八条　本会得募集特别捐及补助费，其办法另订之。

第五章　大　会

第十九条　大会分年会与临时会二种：

一、年会——每年一次，日期及地点由理事会决定之，但应于一个月前通知会员；

二、临时会——遇有重要问题，理事会不能负责须全体会员公决时，得由理事会定期召集。

第二十条　大会之职权如下：

一、选举理事监事；

二、决议理事会交议事项；

三、讨论及决议一切重要会务；

四、修订会章；

五、推举查账员三人，稽核本会基金财产及各项出纳账目报告大会。

第六章　会　规

第二十一条　凡会员滥用本会名义，损坏本会名誉者，经会员五人以上之确证，监事会得予以警告或停止其一切权利。

第七章　分　会

第二十二条　各地本会会员之人数在五人以上者，经本会理事之通过，得组织分会，其会章得由各地分会自订，但应经本会理事会之核定。

第八章　附　则

第二十三条　本会章得由会员五人以上之提议，经大会过半数之通过修正之。

第二十四条　本会章自大会通过之日施行。

附抄中华林学会职员录

名誉理事长：蒋委员长　孙院长　孙副院长　陈部长伯南

名誉理事：于院长　戴院长　翁部长咏霓　张部长公权　陈果夫先生　陈部长立夫　吴一飞先生　朱部长骝先　吴鼎昌先生　林次长翼中　钱次长安涛　邹秉文先生　穆藕初先生　胡步曾先生

常务理事兼理事会主席：姚傅法

常务理事：梁　希　凌道扬　李顺卿　朱惠方

理事：傅焕光　康　瀚　白荫元　郑万钧　程复新　程跻云　李德毅　林祜光　李寅恭　唐　耀　皮作琼　张楚宝

理事会干事：杨衔晋

监事：陈　嵘　张海秋　鲁佩璋　韩　安　曾济宽　高秉坊　贾成章　杨清孚　陈　植

总务部主任：程跻云　副主任：张楚宝

编辑部主任　李寅恭

编辑委员会委员：程复新　朱惠方　邓叔群　唐　耀　郑万钧　康　瀚　徐　盈　李道毅　李鲁航　贾成章　白荫元　傅焕光　邵均　乔荣升　张楚宝　杨清孚　林祜光

林业施政方案委员会委员：姚傅法　傅焕光　凌道扬　李德毅　唐　耀　梁叔五　郑万钧　李寅恭　郝景盛　邵维坤　朱惠方　林祜光　张远峰　任承统

林业政策研究委员会委员：李顺卿　韩　安　傅焕光　贾成章　朱惠方　李寅恭　梁　希　皮作琼　陈大宁　佘季可　李荫桢

基金保管委员会委员：韩　安　高秉坊　鲁佩璋　姚传法　吴觉民

成都分会理事：李荫桢　朱惠方　佘季可　程复新　邵维坤　朱大猷　张小留　蒋重庆　刘讽吾　安事农　韩　安

各地通讯及征求会员委员：

四　川：朱惠方　程复新

广　西：陈大宁　林　刚

云　南：张海秋　陈　植　黄　晁

陕　西：贾成章　王　正　齐敬鑫

贵　州：皮作琼　康　瀚

甘　肃：曾济宽　任承统

河　南：李达才　沈鲁生

广　东：张福达　黄维炎

江　西：张福良　马大浦

西　康：许访未　谢开明

浙　江：王相骥

湖　南：蒋蕙荪

福　建：林汶民　李先才

湖　北：干　铎

安　徽：盛其音　鲍迪之

宁　夏：吕福和

(2) 中央社会部致中华林学会指令(10月1日)

社会部指令　社祖字第八五八一号

令中华林学会

三十年七月二十日呈一件：为呈报工作概况附赍会章并请补助经费由。

呈件均悉，准予备案。该会经费困难，准予一次补助五百元，仰即派员来部具领。

此令。件存。

中华民国三十年十月一日

附抄社会部马人松签呈

查该会系以研究林学、促进林政、发展林业为宗旨，所有会员大半系国内林学界知名之士，过去工作，尚见成绩。惟自抗战后，会员星散，会务进行乃陷停顿。据称：最近已决定于北碚中国科学社内设立永久通讯处，并设林业咨询处，刊印《林学》会刊，筹备恢复图书馆。综观以上情形，该会似尚非徒有招牌一块之流可比，所有因经费困难呈请补助一节，似可酌予补助，以资奖掖。至会章部分经核尚合，拟准备案。是否有当，敬请核夺！

职　马人松　八．七

如拟。正纲　八．八

〔国民政府社会部档案〕

27. 中国民族学会章程、会务活动报告书与团体概况呈报表

(1942年10月—1943年8月)

(1) 中国民族学会章程

第一条　本会定名为中国民族学会。

第二条　本会总会设于首都，为谋求事业发展起见，得在各地设立分会。

第三条　本会以研究中国民族及其文化为宗旨。

第四条　本会会员分下列三种：

一、普通会员　凡于民族学有研究之兴趣者，由本会会员二人以上之介绍，经理事会之许可，得为普通会员。

二、永久会员　凡普通会员一次或一年内分期缴纳会费至三十元者，得为永久会员。

三、赞助会员　凡对于本会热心赞助者，由本会会员之介绍，经理事会之许可，得为赞助会员。

第五条　本会会员有缴纳会费之义务。

第六条　本会会费分下列二种：

一、经常费——(甲)普通会员每年纳会费三元；(乙)永久会员一次或一年内缴纳三十元；

二、特别会费——于必要时得临时征收之。

第七条　本会会员得享受本会一切权利。

第八条　本会设理事七人组织理事会，执行本会一切事务，设监事三人组织监事会，监察本会一切事务。理事与监事均由年会选举之，任期一年，连选得连任。

第九条　理事会设常务理事三人，由理事互推之，执掌本会日常事务。

第十条　本会遇必要时得设各种委员会。

第十一条　本会会务暂定为左列各项：

(一)研究；(二)调查及搜集；(三)讲演及讨论；(四)编行刊物。

第十二条　本会每年举行会员大会一次，由理事会召集之。

第十三条　遇有特别事故，理事会或经会员三分之一以上之提议，理事会认为必要时，得召集临时会员大会。

第十四条　本章程如有未尽事宜，得由会员大会修改之。

第十五条　本章程由会员大会通过之日施行。

(2) 中国民族学会致社会部呈(10月15日)

谨呈者：敝会成立至今已届七年有半，终以经费支绌，未能依据原有计划进行。去年曾呈请钧部拨款维持，亦未蒙照准，殊感失望。三十二年度业务计划业已遵照钧部组五字二七六六六号训令呈报在案(本年九月三十日呈报)。钧部指导群伦，提倡学术，维护历史悠久之学术团体尤为尽力，故特呈请钧部鉴核。敝社明年经费预算情形(敝会所呈报之三十二年度业务计划简报表经费预算栏及备注栏)，拨款补助。敝会数年来不能实现之计划，一旦得以实现，不独敝会之荣幸，抑亦钧部之心愿也。附呈七年来之中国民族学会一文，敬乞鉴核。谨呈

社会部部长　谷

中国民族学会理事会代表徐益棠

中华民国三十一年十月十五日

(成都金陵大学内交)

七年来之中国民族学会

《今日社》编者：

中国民族学会成立至今，虽有七年历史，但国内外人士对该会研究工作却知之甚鲜。本社以该会对民族学之科学研究，可供侈谈民族问题先生们借镜，特请该会理事徐益棠先生撰拟《七年来之中国民族学会》一文，作为民族问题研究者和从事民族运动者之参考。

法国民族学会成立于一八三九年，美国民族学会成立于一八四二年，英国民族学会成立于一八四三年，均已有百年之历史。中国民族学会成立于民国二十三年(一九三四年)十二月，屈指计算，仅有九个年头，实足年龄且只及七年零四个月，以言学术史上之地

位，瞠乎后矣。此七龄之幼童，诞生于国难严重之际，自哺乳以至提携抱负，确已煞费苦心，而社会迄未加以注意。今者有志之士，竟注意于边疆建设，民族研究亦渐为学术界所重视，同人呼号奔走，惨淡经营，至今日始稍获精神上之慰藉。兹拓此篇幅，略述往事，以为同志们告焉！

民国二十三年以前，国内大学设民族学（文化人类学）课程者，仅北京、清华、中山、同济等数校而已，讲授者亦大都为外籍学者，如史禄国(shirokogoroff)史图摶(stiifel)等，虽蔡元培先生为文宣传，然和之尚寡，惟中央研究院之人类学组则已由社会科学研究所划入历史语言研究所，金陵大学中国文化研究所则增聘研究员从事于中国边疆民族之研究。二十三年春，中央大学社会学系添设文化人类学，中国民族文化等课程，由黄文山、孙本文、卫惠林、何联奎、胡鉴民、邱文康等分别担任。而中国民族文化之研究作品，乃渐有披露于各报章杂志者。

于是民族学者、社会学者、人类学者有感于祖国民族文化之复杂，殊有分工合作积极研究之必要，乃联合中央研究院院长蔡元培、中央研究院历史语言研究所人类学组专任研究员凌纯声、中国科学社编辑主任刘成、金陵大学教授徐益棠以及解剖学专家欧阳翥、神经学专家卢于道等发起中国民族学会，于二十三年十二月十六日在南京中央大学中山院举行成立大会，由何联奎报告筹备经过情形，当即选举孙本文等七人为理事，蔡元培等三人为监事。议决章程共十五条，以资信守。并决定会务为下列四项：一、研究；二、调查及搜集；三、讲演及讨论；四、编辑刊物。此时会员共仅三十三人。

本会成立后，即致力于民族学之编行，惟经费困难，进行无从，中山文化教育馆民族组即于此时创刊《民族学研究集刊》，本会会员所有著作，遂由该刊发表。该刊于民国二十五年二月出版，颇受国内外学术界之注意，如《日本民族研究》第二期，《大公报·科学副镌》二、三、四期均有批评。

二十四年十二月十六日，本会成立已一周年，假南京新街口国际饭店举行第一届年会，计到黄文山、徐益棠、胡鉴民、商承祖、卫惠林、王政、吴文晖、欧阳翥、吴文藻、言心哲等数十人，时适英国民族学家白朗(pedcliff-Brown)教授来华讲学，因请于年会席上讲《社会人类学最近之发展》，并由会员就聚餐会席上与之讨论民族学上诸问题，餐毕接开会议，由徐益棠主席报告过去一年间之会务，并讨论今后进行事项。以到会人数不及半数，本届职员决定用通信法选举，结果：黄文山、商承祖、徐益棠、胡鉴民、吴定良、孙本文、何联奎等七人为理事，蔡元培、杨堃、刘国钧等三人为监事，并推举吴文藻、何联奎、杨成志、刘成、杨堃、吴定良、凌纯声、商承祖、黄文山等九人为出版委员会委员。

二十五年本会设会址于南京中德文化协会，设通讯处于金陵大学，会计胡鉴民离京入川，任四川大学教授，改推商承祖代会计，会员增至五十一人。本年度重要事项约计如左：

1. 刊行会员录；2. 决定加入中国学术团体联合会所，募集特别捐款；3. 筹备《民族学报》；4. 由会员凌纯声、徐益棠、卫惠林担任内政部礼俗司全国风俗普查委员会委员，推定凌纯声为召集人；5. 由全体会员参与中山文化教育馆《民族学研究集刊》第二期撰述人；6. 募集会员普通捐款及建筑会所捐款共四百二十三元，预定中国学术团体联合会所在单位。

是年十二月二十一日假南京德奥瑞同学会举行第二届年会，到三十余人，由中央大学商承祖教授主席。首由会计及书记报告会务，由中央大学教授欧阳翥宣读论文，题为《人猿与低等猿类脑系之构造与人类之异同》，颇多科学上发见。次由中央研究院历史语言研究所人类学组主任吴定良宣读关于人类头盖骨研究之论文，惜以时间关系，未能充分发挥。最后由江苏医政学院讲师陈宏阏宣读论文，遂告结束。会员皆有讨论，语多精彩。次讨论会务、会员、经费以及刊物等问题，均主张于经费无可设法之时，先设法出版第一号学报，复选举吴定良、凌纯声、商承祖、徐益棠、黄文山、何联奎、孙本文等七人为理事，推举吴定良任总务、商承祖任会计、凌纯声任书记、徐益棠任编辑，并另推举欧阳翥、林惠祥、杨成志、刘成、杨堃、陶云逵、芮逸夫、胡鉴民、卫惠林、卢于道、马长寿等十一人为编辑委员会委员，确定二十六年六月为学报第一号出版期。

二十六年本会重要活动可记述者有二：

1.《民族学报》出版计划：

甲、定名为《民族学报》，每季刊行一册，时间为三、六、九、十二共四月。

乙、内容分论著、学术消息、调查报告、书报介绍等。

丙、每期字数十万，论著占六万，其他各项占四万。

丁、论著用四号字印，每页约一千三百字，约占五十页；其他各项用五号印，每页约一千八百字，约占二十页，共占页数七十页，如材料丰富，则临时增加。

戊、印刷费：四号字每页二元三角（连上等新闻纸）一千本，合计洋一百五十元；五号字每页二元六角，一千本，合计洋五十二元，其他封面插图等共三十六元，共计二百零三元，由会员何联奎捐助一百元，余由会员分捐。

2. 全国风俗普查计划：

甲、本计划定为三年，第一年为训练时期，第二年为调查时期，第三年为整理时期，以二十六年九月开始。

乙、在训练开始以前，称为筹备时期，期限半年，由凌纯声、卫惠林、徐益棠分任调制表格事项；凌任生、冠、婚、葬、月龄、岁时；卫任衣、食、住、行、器用、材物；徐任宗教、巫术、迷信、禁忌；推卫惠林为总编纂人。

丙、训练时期分为二期，以六个月为一期，第一期为干部训练，招集大学毕业生而有民族学素养者，训练地点在首都。第二期为各地方调查人员训练，招集教育局长、校长、教员、民众教育馆馆长及保甲人员之有高中毕业程度者，训练地点在各省之“假定风俗区”，由干部训练班毕业生之优秀者主持之，其他各生辅助之，并由凌、卫、徐三人分区巡回指导之。

丁、调查。由各“假定风俗区”之地方调查人员依据颁定之调查表格逐项详填，每县至少须有十单位举行详细之调查。

戊、整理。由干部训练班毕业生，依自己兴趣及志愿，分项担任工作，集中首都。

己、全国分为“假定风俗区”五十个，俟调查整理后再行修正。

表格已于二十六年四月间完成，汇交卫惠林君编纂，希望于七月底脱稿，八月底出版。而七月初抗战军兴，会所西迁，会员四散，学校既无法集稿（一部分已由《民族学研究集刊》第二期发表），而全国风俗普查表格，亦仅卫君所撰之一部分整理完成，凌、徐两君所撰之稿，则尚在首都未及携出也。

二十七年秋，会员何联奎、黄文山、胡焕庸等在渝，凌纯生、方国瑜等在滇，徐益棠等在蓉，以私人之立场，组织《西南边疆》月刊，国内同志，渐通声气，而中山文化教育馆《民族学集刊》第二期、中央研究院《人类学集刊》第一期先后出版，颇引起国内学人之兴趣，于是本会会员颇有主张重复旧规，继承前业者。三十年秋，移会址于成都华西坝，设通信处于金陵大学，由徐益棠暂负书记之职责。

三十年一月十八日，旅蓉会员卫惠林、柯象峰、徐益棠、林名均等乘会员凌纯声、芮逸夫、马长春等由川康边境调查归蓉之便，举行座谈会一次，讨论关于本会复兴事项，因会员四散，不易召集，决暂维持原有理监事会，而由理监事委托在蓉会员代表出席讨论，俾得易于推动。而《民族学报》，始终为本会主要工作之唯一目标，当力求实现之，以期奠定学术界之基础焉。

一九四二年四月九日

(3) 中国民族学会团体概况呈报表（1943年8月16日）

名称：中国民族学会

地址：成都金陵大学转

负责人姓名：徐益棠

成立年月：二十三年十二月

沿革：由中央大学黄文山教授、中央研究院凌纯声博士、金陵大学徐益棠教授等组织而成，专以研究中国民族文化为目的。附设西南边疆研究社，出有刊物，已有五年共十七期（第十七期在印刷中）。

组织状况：设有理事会（七人）及监事会（三人）。

职员：无专任，兼任三人。

研究人员：无定额，皆兼任。

设备状况：借用学校及图书馆图籍，仅租会所一间。

经费：岁入一千数百元，岁出一万多元。

研究工作：由会员自行发表，无统计。

出版刊物：《西南边疆》（《民族学报》创刊号稿成待印）。

战后研究计划：创刊《民族学报》，续印《西南边疆》，举行规模较大之调查及考察团。

填报日期：民国三十二年八月十六日。

负责填报者：徐益棠。

附抄中国民族学会职员名单

姓名	性别	年龄	籍贯	职务	任职日期	略历
徐益棠	男	四七	浙江	常务理事	二十五年	金陵大学教授
何子星	男		浙江	常务理事	二十五年	中央训委会秘书
商承祖	男		广东	常务理事	二十五年	中央大学教授
凌纯声	男		江苏	常务理事	二十五年	中央研究院研究员
张绍梅	男		江西	助理	三十二年	金陵大学学生

〔国民政府社会部档案〕

28. 中国气象学会章程与团体概况报告表

（1943 年 7 月 30 日）

（1）中国气象学会章程

第一章　总纲

一、本会定名为中国气象学会。

二、本会以谋气象学术之进步与测候事业之发展为宗旨。

三、本会会所设于北碚气象研究所。

第二章　会员

四、本会会员分左列四种：

甲、团体会员

乙、普通会员

丙、仲会员

丁、名誉会员

五、凡具下列资格之一，由本会会员二人以上之介绍，经理事会之通过者得为本会会员。

甲、团体会员：

（1）气象测候机关；

（2）与气象有关之学术团体或机关。

乙、普通会员：

（3）凡研究气象学或与气象有关之学术而具有大学毕业之资格者；

（4）凡服务测候机关，具有技士或课员以上之资格者。

丙、仲会员：

（5）凡对于气象学有兴趣者。

丁、名誉会员：

（6）凡国内外著名气象学者，由理事会提出经全体大会通过者，得聘为名誉会员。

六、凡会员请求出会须经理事会通过，会员如犯有重大过失或违反国家法令或经政府褫夺公权者，得由大会之决议予以除名。

第三章 组织

七、全体大会为本会最高权力机构。

八、本会设理事九人至十一人，候补理事三人至五人，组织理事会执行职务。

九、由理事互选五人为常务理事，其中一人兼理事长。

十、理事会下设总务、编辑二部，各设主任一人，由常务理事兼任之。

十一、本会设监事三人至五人，候补监事一人至五人，组织监事会，监察会务。

十二、监事会设常务监事一人。

十三、大会以全体会员组织之，每年集会一次，但遇有重要事务时，由会员十人以上之提议，经理事会之决定召集之。

十四、理事会每三月至六月开会一次，由理事长召集之，如有重要事务，由理事三人以上之提议，由理事长召集临时会。

十五、监事会每半年开一次，如有重要事务，由监事一人以上之提议，由监事长召集临时会议。

十六、总务部设干事若干人，由总务主任提请理事长聘任之。

十七、编辑部设编辑若干人，由编辑主任提请理事长聘任之。

十八、本会因特别需要，得设其他各种委员会。

十九、本会得于有会员十人以上之地设分会。

第四章 选举

二十、个人会员有选举权一权及被选举权，团体会员有选举权一权，无被选举权，仲会员无选举权及被选举权。

二十一、理事监事于大会前由通信法选举之。

二十二、理事监事暨各项职员每年改选一次，连选得连任。

第五章　职务

二十三、理事长总理会务，为本会对外代表，大会及理事会开会时为当然主席，理事长因故不能出席时，由常务理事互推一人为主席。

二十四、理事会受大会之委托，议决会中各项重要事务。

二十五、总务部受理事会之监督，处理文牍、会计、庶务及其他事务。

二十六、编辑部受理事会之监督，主持刊物之编辑事宜。

第六章　经费

二十七、本会经费分左列三种：

（一）会费

（二）机关补助费

（三）特别捐

二十八、团体会员入会时须纳入会费二十元。

二十九、个人会员入会时，须纳入会费五元。

三十、团体会员每年应纳会费五百元。

三十一、普通会员每年应纳会费十元，仲会员五元。

三十二、凡永久会员、团体会员一次缴纳一千元，个人会员一次缴纳五十元者以后可免缴纳每年会费。

第七章　附则

三十三、本会各项细则另订之。

三十四、本章程如有未尽事宜，得由会员十人以上之提议，由大会出席委员三分之二同意修改之。

三十五、本章程自大会通过之日施行。

（2）中国气象学会团体状况报告表

名称：中国气象学会（The Meteorological Society of China）

会员人数：三百二十六人

理监事名单：

理事：竺可桢　吕　炯　涂长望　朱炳海　张宝堃　黄厦千　程纯枢　赵九章　朱文荣　卢　鋈　郑子政

监事：翁文灏　胡焕庸　陆鸿图

实际负责人姓名：程纯枢（总务部主任）南京北极阁中央气象局

立案及备案时期：民国三十二年八月立案。

过去和现在工作情形：

(1) 发展测候事业；

(2) 促进气象学术发展；

(3) 出版刊物，自十三年创刊起，迄今赓续刊行。

出版品名称：《气象学报》。

中国气象学会职员一览表

姓　名	性别	年龄	籍贯	职　务	略　　历	略考
竺可桢	男	五十二	浙江绍兴	理事长兼常务理事	气象研究所所长，浙江大学校长	
吕　炯	男	四十二	江苏无锡	常务理事	气象研究所代理所长，中央气象局局长	
涂长望	男		湖　北	常务理事	中央大学教授	
朱炳海	男		江苏江阴	常务理事	中央大学副教授	
张宝坤	男	四十一	浙江嘉兴	常务理事	气象研究所副研究员	
黄厦千	男		江苏南通	理　事	中央大学教授	
胡焕庸	男		江苏宜兴	理　事	中央大学教授	
卢　鋈	男		安徽无为	理　事	中央气象局预报科科长	
朱文荣	男	四十二	浙江嘉善	理　事	航委会气象科科长	
赵九章	男		浙江吴兴	理　事	西南联大教授	
郑子政	男	四十一	江苏吴县	理　事	气象研究所研究员	
翁文灏	男		浙　江	监　事	经济部部长	

续上表

姓　名	性别	年龄	籍贯	职　务	略　　历	略考
高　鲁	男		福建长乐	监　事	监察委员	
张其昀	男		浙江鄞县	监　事	浙江大学教授	

民国三十二年七月三十日

〔国民政府教育部档案〕

29. 中国地质学会简章及概况呈报表

（1943 年）

（1）中国地质学会简章

第一条　本会定名为中国地质学会。

第二条　本会以促成地质学及其他与地质学有关系科学之进步为宗旨。

第三条　本会会员分为下列五种：

甲、研究地质学及其他与地质学有关系之科学者，皆得为本会会员（本项所规定会员之资格作以下之解释：会员应具二年或二年以上实地经验、或有已刊或未刊之著作，其范围以地质科学、自然地理学、地球物理学及其他与地质学有密切关系之科学为限。——民国三十四年三月十四日理事会议注解）

乙、地质学者之成绩特著，并对于中国地质有特别贡献者得为本会名誉会员。

丙、国外之地质学者，对于中国地质有贡献得为本会通信会员。

丁、大学学生之学习地质学或其他与地质学有关系之科学者得为本会会友。

戊、机关或团体对于地质学或其他与地质学有关系之科学有兴趣者，得为本会机关或团体会员。

第四条　凡合于本会章程第三条甲丁两项之规定者，经会员二人之介绍，理事会之议决，得为本会会员或会友，此项决议得以通信行之。

通讯会员及名誉会员应由理事会提经大会通过。

第五条　会员有选举权及被选举权，机关或团体会员得有一总选举权。

第六条　本会每年举行大会一次，选举理事及监事，讨论会务，宣读及讨论学术论文，并举行地质旅行，于必要时得举行临时会，为学术讲演。

本会大会之日期及地点，由理事会于开会前一个月决定通过。

第七条　本会设理事十五人组织理事会，监事三人组织监事会，凡满任之理事长皆为本会当然理事，任期三年。

第八条　本会理事会互推常务理事三人，分任理事长、书记及会计职务，监事会互推常务监事一人。

第九条　本会理事会理事及监事会监事任期三年，期满改选，连选得连任。

第十条　本会理事会常务理事任期一年，但理事会认为有需要时，得推定原任书记或会计人员继续任事，报告大会同意。

第十一条　理事监事之选举，由理监事会拟具候选人供会员参考，在大会前以通信法行之。

第十二条　重要会务应经理事会议决，由常务理事执行之。

理监事会议以全体过半数为法定人数。

理事会因不足法定人数不能开会时，重要会务得以通信法征取各理事之同意，但紧急会务得由理事长或书记先行执行，再请理事会追认。如常务理事中有辞职或不能执行职务者，理事会得推代理员代行其职务，至下次选举时为止。

第十三条　本会理事会认为有需要时，得聘用职员。

第十四条　在各地方有常驻会员十人以上时，得组织分会。

第十五条　本会出版西文会志及中文《地质论评》等刊物，应刊载:(一) 大会(年会或临时会)之记录,(二) 各地分会之消息或报告,(三) 大会或分会之论文。

第十六条　本会编辑事宜,由理事会就会员中推定中西文编辑主任各一人,中西文编辑各若干人担任之,对论文之刊载有去取及删改之权。

第十七条　本会会员每年应纳会费二十元,会友十元,凡一次缴纳会费二百元者为永久会员(民国三十四年三月十四日理事会决定暂增五倍)。

第十八条　本会机关或团体会员每年应纳会费一千元(民国三十四年三月十四日理事会决定暂增五倍,民国三十五年三月六日理事会决定再增五倍,留待大会追认)。

第十九条　除会费外,本会得接受辅助费或捐款。

第二十条　本会各项基金由财务委员会依照理事会通过之规则管理之。

第二十一条　本会各项收支账目均应在会志或《地质论评》内刊载。

第二十二条　本会得设奖章或奖金,以奖励地质学者之有特殊贡献者。

第二十三条　本章程未经规定之事项得另订规则。

第二十四条　本章程得由理事会或会员十人以上之提议,经大会到会会员三分之二以上通过修改之。

(2) 中国地质学会团体概况呈报表

名　　称:中国地质学会(The Geological Society of china)

地　　址:原址:南京峨嵋路二十一号。现在通讯处:南京珠江路九百四十二号。

社员人数:四百八十九人。

理监事名单:

理事:谢家荣(理事长)　尹赞勋(书记)　侯德封(会计)　李

四光　孙云铸　翁文灏　杨钟健　张　更　朱家骅　赵金科　俞建章　黄汲清　王恒升　章鸿钊　李春昱

监事:周赞衡　叶良辅　李学清

实际负责人:尹赞勋

立案及备案时期:民国二十三年

过去和现在的工作情形:

曾举行地质学年会二十二次,特别会四十余次,出版《中国地质学会志》二十五卷,《地质论评》十一卷。本届年会拟在秋季举行,《地质学会志》及《地质论评》继续编印中。

一、出版品名称:一、《中国地质学会志》(季刊);二、《地质论评》(双月刊)。

中国地质学会职员名单

姓　名	职　务	略　　历	备　　考
孙云铸	理事长	西南联大地质系主任	
尹赞勋	书　记	中央地质调查所副所长	
侯德封	会　计	四川地质调查所所长	
黄汲清	理事	中央地质调查所技正	
李春昱	理事	中央地质调查所所长	
杨钟健	理事	中央地质调查所技正	
俞建章	理事	重大地质系主任	
葛利普	理事	北大教授	
张　更	理事	中大地质系主任	
李承三	理事	地理研究所主任	
谢家蒙	理事	矿产测勘处处长	
李四光	理事	地质研究所所长	
王恒升	理事	联大教授	
翁文灏	理事	经济部长	
朱家骅	理事	组织部长	

民国三十二年八月二日

〔国民政府教育部档案〕

30. 中国度量衡学会章程、三十二年度会务工作报告及第三届理监事名单

（1943年8月1日）

（1）中国度量衡学会章程

第一章　定名及宗旨

第一条　定名　本会定名为中国度量衡学会。

第二条　宗旨　本会以联络同志，研究应用学术，共图推行中国度量衡新制为宗旨。

第二章　会员

第三条　本会会员分左列六种：

（一）会员　（二）仲会员　（三）团体会员　（四）会友　（五）名誉会员　（六）赞助会员

第四条　会员　凡具有下列资格之一，由会员二人之介绍，经理事会审查合格者，得为本会会员。

（一）国内外大学理工科毕业，对于度量衡有专门学术或相当研究者。

（二）经中央度量衡检定人员养成所定期训练，并得有及格证书者。

（三）曾受高中以上教育，从事度量衡事业并确有相当之研究或经验者。

第五条　仲会员　凡具下列资格之一，由会员二人或会员一人、仲会员一人之介绍，经理事会审查合格者得为本会仲会员。

（一）国内外大学或相当程度学校之理工科毕业生，并有志研究度量衡者。

（二）经各省市度量衡检定所定期训练，并得有及格证书者。

（三）曾在初中毕业，并在度量衡事业之机关服务二年以上者。

第六条　团体会员　国内外各种学术机关团体对于度量衡有直接或间接关系，由理事长或会员二人之介绍，经理事会审查合格者，得为团体会员。

第七条　会友　凡办理度量衡之机关或经营度量衡事业之合法厂商，由理事长或分会之介绍，经理事会审查合格者得为会友。

第八条　名誉会员　凡于度量衡学术上或事业上有昭著成绩或特殊勋劳者，由理事长或分会之介绍，经理事会之提出，得年会到会会员过半数之选决者为名誉会员。

第九条　赞助会员　凡与本会以精神上或经济上相当之赞助，由理事长或分会之介绍，经理事会之提出，得常年会到会会员过半数之选决者为本会赞助会员。

第十条　仲会员之升格　凡仲会员具有会员资格或其学识、经验已与会员资格相当时可正式请求升格，经理事会审查核准后再初缴入会费，得升为本会会员。

第三章　权利与义务。

第十一条　会员

（一）有选举及被选举权；

（二）得参与本会常年会及特别大会；

（三）有享受本会发行之印刷刊物及借阅本会图书之权；

（四）研究问题需要参考书籍或其他文卷时，得申请本会在可能范围内代为搜集之权；

（五）有遵守本会章程之义务；

（六）有缴纳入会及常年费之义务；

（七）有担任研究、调查、讲演、宣传及投稿会刊之义务；

（八）有维持及谋发展本会之义务。

第十二条　仲会员

（一）有选举权，无被选举权；

（二）有享受第十一条（二）（三）（四）三项之权利；

（三）有遵守章程及纳费之义务。

第十三条　团体会员

（一）无选举或被选举权；

（二）得推派代表两人参预本会常年会及特别大会；

（三）有享受第十一条（三）至（八）六项之权利。

第十四条　会友

（一）无选举或被选举权；

（二）得列席本会常年会及特别大会；

（三）有享受第十一条（三）（四）二项之权利；

（四）有遵守章程及纳费之义务。

第十五条　名誉会员及赞助会员

（一）名誉会员、赞助会员无被选举及选举权；

（二）有享受第九条（二）（三）（四）三项之权利。

第十六条　凡各种会员因不道德行为或招摇情事损害本会名誉者，经理事会查实后立即除名。

第四章　会费

第十七条　会员入会费五元，常年费五元。

第十八条　仲会员入会费三元，常年费三元。

第十九条　团体会员入会费二十元，常年费十元。

第二十条　会友入会费十元，常年费五元。

第二十一条　名誉会员、赞助会员免纳会费。

第二十二条　凡会员、仲会员、团体会员、会友入会时，若在该年上半期除纳入会费外，尚须缴本年常年费，若在下半期则只纳入会费，本年常年费免缴。

第二十三条　常年费须于年会闭会后三个月内收齐之。

第二十四条　各项会费得由分会就地征收，但入会费全数及常年费半数须缴本会会计。

第二十五条　凡会员逾三个月不缴纳会费者停止其权利，逾一年者则注销其资格。

第五章　会务

第二十六条　会务

（一）研究推行度量衡新制之计划；

（二）拟具筹集划一度量衡之方法；

（三）宣传划一度量衡之重要；

（四）协助划一全国度量衡事业之进行；

（五）研究度量衡与他学科之关系；

（六）协助工业标准之拟订与推行；

（七）编制各项关于度量衡事业之统计；

（八）调查全国度量衡新旧制之历史及种类；

（九）著译度量衡书籍及发行度量衡刊物；

（十）受公私机关之委托，研究及解决关于度量衡学术上行政上一切困难问题；

（十一）办理度量衡人才之登记及介绍；

（十二）其他有关度量衡事项。

第六章　组织

第二十七条　本会组织分下列三种：

（一）理事会　（二）监事会　（三）分会

第二十八条　理事会

（一）以理事二十七人组织之，均由大会公举之，并互推五人为常务理事，就常务理事中选举一人为理事长。

（二）置候补理事若干人，但以不超过理事人数的二分之一。

（三）理事任期定为二年。

第二十九条　监事会

（一）以全体会员举出之董事九人组织之，并互选三人为常务监事；

（二）置候补监事若干人，但以不超过监事名额二分之一。

（三）监事任期定为二年。

第三十条　分会

（一）凡一处有会员十人以上，并认为有设立分会之必要时，得呈请监事会之通过组织分会。

（二）章程得另订之，但以不与本会章程抵触为限。

第三十一条　本会于必要时得设立各种委员会，由会长聘请各种会员组织之。

第三十二条　常务理事为办事便利起见，须以同在一地为限。

第七章　职务

第三十三条　理事长

（一）综理本会一切事务；

（二）为理事会出席监事会议当然代表。

第三十四条　就常务理事中推选一人为总干事。

（一）襄助会长执行理事会一切事务；

（二）兼理本会编辑事宜。

第三十五条　就常务理事中推选一人为记录书记，担任本会各种会议或其他一切记录及编纂会议事宜。

第三十六条　就常务理事中推选一人为通讯书记，负责本会一切通信及总理本会图书事宜。

第三十七条　就常务理事中推选一人为会计，掌管一切收支及庶务事宜。

第三十八条　理事会之职权如下：

（一）计划本会进行方针；

（二）编造每年预算决算；

（三）报告每年会务成绩及财政状况于年会；

（四）选决入会会员、仲会员、团体会员及会友；

（五）提出候选各名誉会员及赞助会员；

（六）决议年会日期及地点。

第三十九条　董事会之职权如下：

（一）决议理事会所不能解决之重大事务；

（二）决议许可分会之设立；

（三）审定预算决算及稽核本会财政出纳账目；

（四）决议募集基金及各种捐款办法。

第八章　选举

第四十条　每年于开年会时由到会会员选出司选委员二人，办理次年选举事务。

第四十一条　监事或理事由司选委员于年会前提出候选监事或候选理事名单，用通讯法选举之（得选举名单以外之会员），并将选举结果报告年会。

第四十二条　候选监事及候选理事得由会员十人以上连署，于年会三个月前提交司选委员。

第四十三条　监事理事连选得连任。

第九章　开会

第四十四条　年会每年举行一次，其日期地点均由理事会决定，须先期通告各会员。

第四十五条　理事会每月至少开会一次，其时间地点由会长酌定之。

第四十六条　监事会每年在年会前开会一次，如遇重要事件不及提出会议者，得用通讯表决之。

第四十七条　年会以会员、仲会员总数二十分之一为开会法定人数，国外会员不计。

第十章　会址

第四十八条　本会会址设于首都所在地。

第十一章　修改章程

第四十九条　本会会章得由监事会、理事会或会员十人以上连名提议修改之。

第五十条　本会章程之修改须经年会出席会员三分之二以上之通过为有效。

（2）中国度量衡学会民国三十二年度工作报告

（1）

谨将本会本年一月至六月间六个月工作概况择要陈述如次：

一、研究暨解决度政问题案件

本期接受各公私机关团体及各地度量衡检定员委托研究及解决度量衡学术上与行政上各项困难问题，计核拟答复函件共四十五件；又本期经本会登记全国训练合格之度量衡检定员共十九人，已介绍工作者五人，其余正设法函商推荐。

二、编译度量衡研究丛书三种

关于度量衡研究丛书，本期已编就《法马质量检验之研究》、《杆秤配锤方法之研究》及译述《丹麦度量衡法规》三种，兹特检呈三书，敬祈核正。

三、举行第九届年会

本会于本年三月十九日召集渝碚两地及其附近会员举行第九届年会，报告会务经过及研讨今后进行方案，并遵照社会部发下之非常时期人民团体组织法之规定，通过修改章程暨选举职员。兹将修正章程及职员名册缮呈核阅。

四、开会欢迎中央度量衡检定人员养成所第十期第一班毕业学员入会，经济部度量衡检定人员养成所第十期第一班学员于本年三月十八日上午举行毕业典礼，下午本会开会欢迎各毕业学员加入本会为会员，计有十九人，均填就入会志愿书有案。

（2）

谨将本会卅年七月至十二月间六个月工作计划陈述如次：

一、拟继续办理左列工作：

（一）接受公私机关团体委托解答度政理论及实际问题；

（二）拟再函催各会员将平素研究制造与检定技术报告送会；

（三）择译各国度量衡法令；

（四）登记并介绍全国训练合格之度量衡检定员。

（说明）上列四项工作，仍本以往方针继续办理。

二、拟出版《度量衡同志》第十一卷合刊本。

（说明）《度量衡同志》第十一卷合刊稿件早已编齐备印，只因近来印刷费昂贵出于意料之外，中经迭次反复磋商，最近幸有一家承印，计印一千册，印费共达二千六百余元，约于七月间出版，将来连寄发邮资一并计算，即需三千元之谱，本会财力将有不胜其任之苦矣。

三、拟继续编著度量衡研究丛书。

（说明）本会度政研究丛书三十二年上半年已编译三种，下半年仍拟约请会员继续编著，备供各界参考。

四、拟调查编制三十一年全年度全国推行度量衡各种统计。

（说明）拟由本会制订推行度政统计表式，分函各省市度政主管机关查填，一俟到齐，即行汇编，分送各界作为参考资料。

五、拟开会欢迎中央度量衡检定人员养成所第十期第二班毕业学员入会。

（说明）经济部度量衡检定人员养成所第十期第二班，拟于本年九、十月间开办，至结业时当即开会欢迎入会，共图推行划一度量衡新制。

（3）中国度量衡学会第三届理监事名单

职别	姓　名	性别	年龄	籍　贯	经　　历	现在职务	通讯处
理事长	吴承洛	男	五二	福建浦城	中央工业试验所长全国度量衡局长	经济部简任技正	重庆经济部
常务理事	廖定渠	男	五〇	湖南长沙	农商部佥事兼代科长	全国度量衡局科长	北碚度量衡局
	娄执中	男	三七	湖南浏阳	军政部制呢厂主任技士	全国度量衡局代理科长	北碚度量衡局
	范迪允	男	四〇	安徽怀远	中东铁路管理局科长	全国度量衡局技士	北碚度量衡局
	翁中衡	男	三九	福建闽侯	福建建设厅技士	全国度量衡局检定室主任	北碚度量衡局
理事	陈本忠	男	三九	湖北云梦	曾任汉口市度量衡检定所长	重庆度量衡检定所长	北碚度量衡局
	赵曾珣	男	五〇	四川宜宾	四川省建设厅技正	四川省度量衡检定所所长	成　都
	鲍昭明	男	四二	安徽芜湖	安徽省度量衡检定所长	西康省度量衡检定所所长	西　康
	袁得瑾	男	三八	甘肃武威	甘肃建设厅技士	甘肃省度量衡检定所主任	甘　肃
	顾怀玺	男	四二	青海西宁	青海建设厅技正	青海省度量衡检定所所长	青海省检定所

续上表

职别	姓　名	性别	年龄	籍　贯	经　　历	现在职务	通讯处
	朱映杓	男	四〇	云南昆明	云南建设厅科长	云南省度量衡检定所所长	云南省检定所
	李如锦	男	四一	四川长寿	四川省度量衡检定所所长	全国度量衡局甲种检定员	北碚度量衡局
理事	赵同文	男	三九	贵州贵阳	贵州度量衡检定所主任检定员	贵州建设厅技士	贵州建设厅
	黄庆蔚	男	三六	广西郁林	广西省度量衡检定所检定员	广西建设厅度政室主任	桂　林
	黄光明	男	三九	广东阳江	全国度量衡局甲种检定员	广东粮政局视察	广　东
	陈观上	男	三五	广东潮阳	广东省政府技士	广东建设厅技士	广　东
	柳培潜	男	三六	江西萍乡	中央党部统治调查局主任	江西省度量衡检定所所长	江西泰和省检定所
	杨文振	男	四一	湖南宁乡	湖南省建设厅技正	湖南辰豁兵工厂主任	辰豁
	钟国屏	男	二八	湖南醴陵	江西度量衡制造厂主任	江西省检定所课长	江西泰和
	曾克沂	男	四一	福建闽侯	福建建设厅技士	福建检定所筹备处主任	福建建设厅

续上表

职别	姓　名	性别	年龄	籍　贯	经　　历	现在职务	通讯处
	姚质富	男	三四	福建津城	福建建设厅股长	福建建设厅 主任检定员	
	吕章法	男	四二	浙江永康	浙江省检定所主任	浙江省建设厅技正	浙江 建设厅
	何俊良	男	三三	安徽怀宁	安徽天合县政府检定员	安徽建设厅主任检定员	安徽 建设厅
	王子英	男	三二	安徽太和	安徽怀远县政府检定员	安徽省立度量衡制造厂长	安徽 立煌县
理事	侯发科	男	三一	贵州贵阳	贵州建设厅主任	贵阳地方法院检察官	贵阳 地方法院
	王振南	男	三二	河南伊川	河南修防处工程师	河南建设厅技正	河南 建设厅
	范　哲	男	三五	陕西部阳	西安中山大学教授	陕西建设厅主任检定员	陕西 建设厅
候补理事	汤毅夫	男	二七	湖南岳阳县	三十兵工厂检验员	湖北建设厅股长	湖北 建设厅

续上表

职别	姓　名	性别	年龄	籍　贯	经　　历	现在职务	通讯处
	陈仲泉	男	三六	湖　北	湖北省检定所检定员	重庆市检定分所主任	重庆磁器口
	李良文	男	二八	四川合江	四川检定所检定员	四川建设厅股长	四川建设厅
	陈孝文	男	二七	四川梓潼	四川建设厅科员	四川粮政局主任	成　都
	游智灵	男	四一	四川广汉	四川省检定所课长	成都市检定分所主任	成　都
	周维之	男	二七	云南昆明	云南检定所检定员	云南制造厂股长	昆　明
	周永英	男	三二	广西博白	广西省检定所检定员	桂林警察局主任检定员	桂　林
	段　奎	男	三七	湖南邵阳	湖南省检定所检定员	湖南省检定所课长	耒　阳
	刘炳坤	男	三四	贵州贵阳	贵州建设厅检定员	贵州建设厅技士	贵　阳
候补理事	刘　淮	男	二七	云南昆明	云南省检定所检定员	云南省检定所课长	云南昆明
	古建中	男	三六	河北宛平	全国度量衡局检定员	江西省检定所课长	江西泰和
	孙鸣汉	男	三三	陕西栒邑	陕西省检定所主任检定员	陕西建设厅技士	陕西建设厅
	王广谕	男	三七	山东章邱	青岛市检定所课长	陕西富平县建设科长	陕西富平
常务监事	郑礼明	男	六二	福建闽侯	建设委员会专门委员	全国度量衡局局长	北碚度量衡局

续上表

职别	姓　名	性别	年龄	籍　贯	经　　历	现在职务	通讯处
	刘荫茀	男	五一	湖北黄安	实业部工业司司长	经济部采金局局长	重　庆
	欧阳峇	男	四二	安徽天长	实业部中央工业试验所长	经济部工业司司长	重　庆
监事	孙宝华	男	三五	江苏无锡	全国度量衡局甲种检定员	长寿火柴原料制造公司技师	长　寿
监事	陆锡章	男	四七	江苏崇明	实业部荐任技士	全国度理衡局制造所技正	北碚度量衡局
	曹　强	男	四三	安徽绩溪	全国度量衡局技正	国立专科学校	沙坪坝
	刘世煌	男	四一	湖南武岗	全国度量衡局技士	湖南检定所长	耒　阳
	左其鹏	男	四一	江苏阜宁	经济部秘书	经济部工业局科长	重　庆
	向贤德	男	三八	湖南宁乡	洮昂铁路局材料厂长	全国度量衡局科长	北碚
候补监事	许厚功	男	三三	福建闽清	福建省检定所课长	福建建设厅技士	福建建设厅
	伍声德	男	二九	四川内江	四川省检定所所长	内江酒精厂经理	内　江
	李岱传	男	三二	云南昆明	昆明市检定分所主任	云南省检定所副所长	昆　明
	杨泽中	男	二八	四川邛崃	四川省检定所检定员	四川省检定所课长	成　都

〔国民政府教育部档案〕

31. 中国机械工程学会检报迁渝后的会务工作报告与团体概况报告表的呈

（1943年4—12月）

（1）中国机械工程学会致中央社会部呈（4月27日）

查本会成立原始，暨会所由沪内迁昆明，以及再迁重庆之经过各情形，业于依照全国人民团体总登记办法规定填送总登记表时呈报有案。旋奉钧部三十二年二月十五日组五字第四一四二号批示：准予登记，并饬将组织概况、工作情形，连同章程等件呈核等因。兹将本会工作情形撮要分述于后：

一、本会兰州年会开会情形：三十一年八月三日本会会员因参加中国工程师学会年会之便，假兰州甘肃省立工业职业学校举行本会年会，出席会员共计六十余人，决议要案如推定各地组织分会筹备召集人及专题讨论等，均已分别付诸实施。

二、成立各地分会情形：

1. 重庆分会筹备召集人原订三十一年十二月十一日开成立会，因故改期，现已于三十二年四月十四日假交通部卫生食堂举行成立大会，选定韦以黻为会长，欧阳仑为副会长。

2. 桂林分会于三十二年一月十七日开成立会，选定杨毅为会长，张名艺为副会长。

3. 衡阳分会已于三十一年十二月二十四日开成立会，选定石志仁为会长，谢震为副会长。

4. 城固分会已于三十二年三月十三日开成立会，选定赖琏为会长，潘承孝为副会长。余如贵阳、广九等地分会，亦均积极筹备进行。

三、接受交通部委托研究试验轻便铁路机车情形：本会前准交通部技术标准委员会三十一年十一月二十二日函，为适应轻便铁路行车之需要，亟须研究试验改造汽车为机车，及试造较大马力之内燃机车，以用于轻便铁路，拟将此次改造事宜，委托本会代为研究试验一案，并附送条款到会。当经董事会在渝第二次会议接受，设置轻便铁路机车研究试验委员会，加推周茂柏、张登义、支秉渊、陈广沅、茅以新、欧阳岺六人，会同交通部指定人员程孝刚、杨毅、石志仁组织进行，并推程孝刚为主任委员，函复交通部技术标准委员会同意，并商定研究进行具体办法，刻正积极进行。

四、编订中国机械工业目录等情形：

本会为便于各方对于器械之选购有所参考，遂有编订中国机械工业目录之拟议，并推定顾毓瑔负责，就重庆方面已有资料，会同昆明、桂林方面会员商酌办理，又为便利机器工业之制造设计及奠定工业合理化之初步基础起见，进行编订中国机械工程标准，组织机械工程标准委员会，并分机械制造、动力、铁路机械三组，各组分别推定负责人员主持之，一面且与全国度量衡局取得联络。

五、举办科学演讲情形：

本会曾于昆明会同中国工程学会昆明分会举行学术演讲，历时甚久，现拟于重庆方面亦举办科学演讲，由在渝会员分期轮流担任。

六、拟即恢复刊行《机工通讯》。刊行《机工通讯》颇得各方赞许，惟以印刷困难，工价昂贵，中途停止数期。现正拟于重庆恢复刊行，初稿已经编辑事竣，只待付刊。

此外，如最后审订国立编译馆《机械工程名词》，暨先后参加中国工程师学会工程标准协会，国父实业计划研究会，以及修正本会章程，订定各地分会章程准则等，不备详述。奉批前因，除俟修正本会章程，经会员大会通过后再行呈送各件外，理合将本会工作情形撮要呈报，仰祈钧部鉴核，俯赐准援补助学术文化团体例，宽予给资补助，俾利工作进展，谨呈

社会部

具呈人 中国机械工程学会 会长 程孝刚

副会长 庄前鼎

董　事 惠　明 杨　毅

黄伯樵 陈石英

茅以新 陈广沅

钱昌祚 顾毓瑔

周　仁

总干事 欧阳岺

中华民国三十二年四月二十七日

(2) 中国机械工程学会团体概况报告表

名　　称:中国机械工程学会。

地　　址:重庆曹家巷川盐大楼。

负责人姓名:会长杨毅、副会长刘仙洲、干事欧阳岺。

成立年月:民国二十五年五月。

沿　　革:本会于民国二十五年五月成立,会址设于上海,至二十六年"七七"抗战起后工作陷于停顿,为时将及二年有半,二十八年底至昆明,会务得以赓续进行,三十一年十月再迁重庆,以利会务进行。

组织状况:本会置董事十一人,会长、副会长各一人,就董事中推选之,总干事、总编辑各一人。

职员人员:无专任,兼任十一人。

研究工作:正在研究中者有研究试验轻便铁路机车。

出版刊物:已出版的有《机工通讯》、正在筹备出版的刊物有《机械知识月刊》、《机工季刊》及《工具机械试验手册》。

填报时间:民国三十二年十二月二十日

负责填报者:兼总干事欧阳岺

中国机械工程学会董事略历表

姓　名	性别	年龄	籍贯	职务	任职日期	略　　历	备考
杨　毅	男			会长		交通部技正	
刘仙洲	男			副会长		西南联大教授	
程孝刚	男			董事		滇缅铁路机务处长	
顾毓瑔	男			董事		中央工业试验所所长	
茅以新	男			董事		交通部柳州机器厂厂长	
柴忠明	男			董事		交通大学教授	
钱昌祚	男			董事			
欧阳仑	男			董事		经济部工业司长	
石志仁	男			董事		湘桂铁路局长	
庄前鼎	男			董事		西南联大教授	
杜殿英	男			董事		资源委员会工业处长	

民国三十二年十二月二十日

〔国民党中央社会部档案〕

二、中外文化协作团体

1. 中德文化协会组织缘起及会务报告等有关文件

（1938年9—10月）

（1）中德文化协会缘起

一个历史悠久，根基深厚的民族是不怕并且需要吸收异族文化的菁华，以丰富自己，刺激自己，推进自己的新生命。我们在中德两国的文化史上都可以看到这种情形。中国自汉代以来，即常常受着西域传来的西方文明与印度文明的影响，我们吸取他们的思想精华与艺术形式，而能完全融化于中国自己传统的思想与艺术中，造成唐代的灿烂美术与中国的大乘思想。德国民族既接受了基督教的宗教伦理，以为民族的道德基准又尽量融会希腊的哲学与艺术，发而为歌德时代的伟大的古典文化，然终不失去日尔曼的沉雄闳肆，追求无尽的浪漫精神。

西历十七、十八世纪以来，中德两大文化已互相认识了解，孔子思想与中国文艺已颇为德国大哲学家莱勃泥支(Leiniz)及大诗人歌德释勒等所称引赞美。中国精致的工艺美术及瓷器，更深深影响于当时的所谓罗珂珂(Rokoho)的文化。中国则于近数十年来对于德国精神的伟大贡献，如康德黑格尔的哲学，歌德释勒的文艺，颇具深入研究的热忱。而德国的科学、工业及医学更为中国一般人士所尊敬。尝考中德两民族之文化精神实颇有其共同点，使之互相同情，而又有相异点，可供其互相研究与吸收。中德两民族皆为富于情感与艺术性的民族，抒情诗与音乐在两国文艺中同处最高的地位(中国虽乐教失传，而以礼乐为文化的柱石，实为中国文化理想的特色)，在此一点上，两民族应有互相亲近了解之可能(近年歌德的抒情文学在中国影响之大，实超过西洋其他文豪，而李白、杜甫、白居易的抒情诗也受德人热烈的同情与转译)，然德国的思想超向玄理与科学，中国则颇注重伦理与实用。德国学者近来颇致意于孔老人生哲学之研究，中国人也应提倡德国学者之研究纯理的精神，解除狭隘凡近的实用眼光，才能获得闳远伟大的实用效果。德国科学的超越与工艺的伟大，实基于德国人穷研真理的哲学精神与理想主义的远大气魄。我们希望两国文化能在这种互相了解互相尊敬上继续地更深一层地互相探讨阐发，其俾益两国民族定非浅鲜。本会的发起，也就是想在这种事业上做一些基本的工作。

(2) 中德文化协会章程

第一条　名称　定名为中德文化协会

(chinesisch—Deutseher kulturverband)。

第二条　宗旨　研究及宣扬中德两民族(以下简称中德)之文

化，并促进其友谊为宗旨。

第三条　会员　凡中德奥瑞人士赞成本会宗旨者，经本会会员五人之介绍，由理事会通过，得为本会会员。

第四条　职员　分下列三项：

一、设当然名誉会长四人，由中国教育部长及驻华德奥瑞三国公使任之；

二、凡卸任之名誉会长及中德奥瑞人士对于促进中德文化事业有特殊贡献者，得由理事会提出大会通过，为本会名誉理事。

三、设理事十一人至十五人，由会员选举之，任期一年，连选得连任，组织理事会，由理事互选理事长一人，常务理事三人，综理本会会务，其日常事务由理事会就会员中推定秘书一人处理之。

理事会细则另定之。

第五条　会期　于每年三月间开常年大会一次，惟经理事会之决议，得举行临时大会。

第六条　经费　除由会员及热心中德文化事业者捐助外，得受政府及文化机关团体之补助。

第七条　会址　设在南京，但各地有会员二十人以上者，得由理事会决定酌设通讯处。

第八条　附则　本章程经大会通过后施行，如有未尽事宜，得由理事会提出大会修正之。

附抄中德文化协会职员录

名誉会长　王世杰

陶德曼 S. B. Dr. Oscar P. Trantman, Doutscher Botschater

理事长　朱家骅

常务理事　蒋复璁　滕固　劳德士

Dr. H. lautenschlager, Deatscher Legatlonsrat

秘　书　商承祖

理事　张梁任　邱长康　徐道邻　宗白华　沈士华　克利拜 Oberstleutnant a. D. H. kriebel, Deutscher Goneralkonsul in shanghai　飞师尔 Dr. M. Fischer, Deutscher Botschabb Srat　卫礼贤夫人 Trau prot wilhelm, Lehrerin　法肯豪森 S. B. Gemeralvon folkentausen, General-Berater　勃朗特 L. Brandl, Beratender ingenicur in jang-tse-bluss Reguljerungsamt

(3) 中德文化协会致中央社会部呈

为呈报事：兹查本会会务状况报告书，业已编制竣事，理合缮具一份，呈送钧部鉴核备查，实为公便。谨呈

中央执行委员会社会部

计呈送报告书一份

中德文化协会理事长　朱家骅印

常务理事　滕　固

蒋复璁

中华民国二十七年九月　日

中德文化协会会务状况报告书

名　称：定名为中德文化协会。

地　址：原有会址南京宁海路，现借设通讯处于重庆上清寺聚兴村十八号。

成立日期：民国廿四年五月，曾经中央民众训练部、外交部、教育部核准立案。

过去沿革：本会由中德两国热心文化人士所组织，成立以后，蒙外交部月给补助费二百元。教育部一百元。外交部继改为一百元，于上年停止，教育部之补助费亦于上年九月停止。会内组织则照章设当然名誉会长四人，由中国教育部长，驻华德、奥、瑞三国公使任之，以奥瑞两国未派公使，故仅有两名誉会长，即教育部长及德国大使，设理事十一人至十五人，由会员选举之，又由理事会互

选理事长一人，常务理事三人，由理事会就会员中推定秘书一人，会期定每年秋开常年大会一次，遇必要时经理事会之决议，得召开临时大会。在理事会之下，组织三种委员会，一为出版委员会，二为交换委员会，三为财务委员会，协助理事会办理各种职分内所规定之事业，所有委员皆中德双方知名之士。会所本借设于德奥瑞同学会，继由会员之捐助，于二十六年五月建筑落成，甚为适用。会务进行，愈见顺利，不幸暴敌入寇，首都沦陷，负责者皆随政府离京。会所是否存在，均不得而知矣。

工作状况：本会使命为沟通中德两国民族之文化，故德国民族之各国人士，曾在文化界服务或负有声望者，凡游历来华，或应聘来华，本会均予以招待，藉以联络友谊。本会历年招待有关文化之外宾甚多，兹就较重要者述明下列五次：

（一）普鲁士国立博物院东方代理主莱特马斯德博士举行茶会；

（二）德国驻华第一任大使陶德曼夫妇举行筵宴；

（三）奥国人种学专家史美特博士举行筵宴；

（四）德国经济考察团史德雷佛及鲁德玛赫二君举行筵宴；

（五）德国经济考察团克朴公使举行茶会。

本会为增进会员及各界人士学术兴味起见，由理事会决定举行公开学术讲演，计有下列八次：

（一）奥国史美特博士讲“东西文化之要素”；

（二）史德勒佛及鲁德马赫讲“中德贸易之情形”；

（三）克朴公使讲“德国战后的经济”；

（四）德国森林学专家芬次尔博士讲“西北农林”；

（五）本会理事宗白华教授讲“哥德与东西文化”；

（六）上海德文《远东新闻》报主笔胡德曼讲“德国今日之新闻事业”；

（七）行政院政务处长蒋廷黻先生讲“我对于新德国的认识”；

（八）德国驻华大使陶德曼博士讲“中国绘画”。

本会编有丛书，交正中书局印刷发行，其已出版者计有：

（一）商承祖译《双影人》，于二十五年四月出版。

（二）厉家祥译《一个军人之思想》，同时出版。

此外，由本会会员翻译或著述专门问题之小册，名《中德文化协会专刊》，其已出版者，有滕固博士译《德国过去对于科学之维护》一种；会员徐道邻博士又将中国宪法草案译为德文，附加原文，由本会精印出版，为德文专刊之一种。

本会为促进中德二国教育互助上之重要事实，北京大学教授著名地质学家葛拉普，介绍阎敦建君，阎君于古生物造诣颇深，有志留德，特由本会致函柏林洪芭尔德奖学基金会，予以补助，旋得该基金会复函允许。他如选送两国学生交换留学，接洽交换教授，办理双方科学工作文化事业之咨询等事业，本皆筹有具体计划，自去年九月以经费无着，故一切停顿，然还有重大事件，仍由负责者义务效劳，如参加南京抗敌后援会及全国文化学术团体联合办公处，担任对德方宣传工作。德国元首希特勒在国新党演说，承认伪满，曾电希氏及德外长里宾罗甫劝请阻止。我国新任大使陈介氏出国，德国代办飞斯尔来渝，开茶会等，以招待中德双方人士，并发表演说，申述中德友谊，促起德方之注意焉。

现在负责人姓名

理事长：朱家骅

常务理事：蒋复璁

滕　固

飞斯尔

秘　　书：丁文渊

理　　事：张梁任　翁之龙　徐道邻　宗白华　沈士华　俞大维　克利拜　法肯豪森　维斯曼　商承祖

现有会员二百十二人，均散处各地。

（4）国民党中央社会部致中德文化协会指令

社会部指令

令中德文化协会

呈一件：为呈送该会会务状况报告，仰祈鉴核由。

呈件均悉。查该会过去对于沟通中德文化工作，尚称努力，殊堪嘉勉。值此抗战时期，应如何增进对外宣传，实为当前急务。仍希继续努力，以赴事功，并联络中苏、中美、中英、中波、中意等文化协会及其他有关国际宣传之团体，如国联同志会，中国国民外交协会、世界反侵略运动总会中国分会等，共同推行国际宣传工作。希从速拟订具体方案，按步实施。至散处各地之会员，虽因战事关系，不易集中，仍应设法调查其住址及最近状况，以便取得密切联系，并策动其工作。嗣后并希将该会工作情形随时呈报本部备查，遇有集会，亦须先期呈报，以便派员列席，仰即知照。此令。

中华民国廿七年十月廿一日

〔国民政府社会部档案〕

2. 中波文化协会理事郭有守报告会务活动状况呈与社会部批

（1938年9—10月）

（1）中波文化协会理事郭有守致社会部呈（9月10日）

窃本会迁渝后即经租赁重庆中四路一一二号为会所，只以经费无着，工作进行迟缓。兹阅报载钧部通告，遵将在渝工作缮具概况，备文呈送，仰祈鉴核备查。谨呈

中国国民党中央执行委员会社会部

附呈本会在渝工作概况一份

中波文化协会理事郭有守

中华民国二十七年九月十日

中波文化协会在渝工作概况

我国与波兰国人士，为沟通文化，增进邦谊，于二十二年间发起组织中波文化协会，同年呈准前中央民众运动指导委员会暨教育部备案。并于五月开成立大会，推举蔡元培、吴稚晖、王世杰、魏登涛（波兰驻华公使）、谢诺舒斯基等五人为名誉会长，票选陈立夫、褚民谊、谢寿康、陈剑修、郭有守、李熙谋、敖京斯基等七人为理事，会所设于南京珠江路七二八号。

本会设立迄今，历时数载，过去重要工作有：（一）与波兰教育部协商在波设置中国留波免费学额一名，请由我教育部代为公开考试，录取清华大学助教方君福森，专攻道路工程，原定学习期限一年，嗣由本会商准波方延长一年，本年八月方君学成返国；（二）由本会会员章用著手编纂波兰天文学兼数学家穆尼阁学案，刻仍在进行，尚未脱稿；（三）相互赠送极有价值之有关文化书籍；（四）翻译两国政治设施，相互寄递送交报纸发表宣传，以增进两国人士更深了解；（五）在南京举行历次年会，每次均将精辟论文刊印赠送两国会员；（六）出版专册，如毕尔苏斯基大元帅荣哀录、镭学专家居里夫人荣哀录等；（七）聘请两国人士举行学术演讲；（八）乘波籍理事敖京斯基返国机会，本会请其在波演讲我国进步情形；（九）在京举行会员茶话会多次；（十）于两国盛大纪念日举行庄严仪式等项。

本会迁渝后，原有各理事散居各地，会务进行至感迟缓，现仅由在渝理事郭有守负责主持。兹将在渝工作略述如下：

一、致函波兰驻华公使，申述我国反对波兰承认伪满。据报载波京华沙消息，波兰政府有将承认伪满洲国之说，本会特函波兰驻华魏公使，申述我国坚决反对之意志，请其转陈本国政府注意。

二、致函波兰驻华公使，请其建议政府撤销“美舰巴纳号被炸影片禁映案”。据报载，波兰政府对于美舰巴纳号被炸影片曾禁止在国内放映，本会以该片为日军暴行之一种明证，亟应使各国人士得有观看之机会，俾能明瞭日军之真实行为，不为其虚伪宣传所欺骗，爰请波兰驻华魏公使，请其建议政府撤销此项禁令。

三、函嘱本会驻波会员宣传我国抗战情况。自政府发动全面抗战以后，为增加国际宣传力量，并使波方人士深切了解计，即函嘱留波会员，说明暴日侵略事实，申述我国立场，在波会员与侨胞多能遵守斯旨，从私人及官方方面著手，以正波方视听。

四、著手搜集暴日在华残酷行为照片寄波宣传。上述宣传工作，虽能发生影响，究其效果与普遍，似不若照片一类之宣传品，可以之表现其真实性，而本会驻波通讯员虞君和瑞亦来函索取日本在华轰炸我文化机关，慈善团体，及非战斗区域，与非战斗人员，以及残杀我老幼妇孺残酷行为之照片，以作宣传根据。本会初向军委会国际宣传处函索，嗣奉复向中央通讯社索取，比函达该社，迄今数月，未荷见复，致本会此项重大工作未由著手。

五、函邀波兰驻华公使来渝。政府迁渝后，重庆不啻一临时首都，各国使节均多先后来渝。本会爰数函波兰驻华公使表示欢迎来渝观光，并建议请将使馆迁渝，藉敦睦谊。

六、筹备在波举行中国艺术展览会。本会为在波宣示我国艺术起见，拟在波京华沙筹开中国艺术展览会。上年即著手征集展品，已得国内名作家作品数十帧，业运渝保存，拟照原定计划，接洽举行，此举虽非急切需要，要亦显示我国之优美文化也。

过去本会工作颇能使两国人士日臻密切，惟波兰外交政策，改变途径，倾向德意，致对于我国不无相当漠视，此诚可认为遗憾者。本会仍本我民族固有之诚挚精神，与夫国际正义，对彼继续维持友好态度，以冀其自觉。此后本会工作，只能从消极方面进行，使波兰人民对我国得有正确的认识，进而促成其政府政治方向之转动。但一应宣传品及宣传材料，因经费困难，征集不易，致碍进行为可虑耳。

附抄中波文化协会章程

第一条　本会定名为中波文化协会。

第二条　本会以研究及宣扬中波文化并促进两国友谊为宗旨。

第三条　凡中波人士赞成本会宗旨者，经本会会员二人之介绍，由理事会通过，得为本会会员，每年开大会时由理事会提出报告，如理事会对于介绍入会人士有未能决定者，应分别提出大会讨论。

第四条　凡波兰学术界，富有声望而热心介绍中国文化者，得由理事会提出，大会通过为本会赞助会员。

第五条　本会设名誉会长三人，开常年大会时由全体会员就中波会员中选任之，任期一年，连选得连任。

第六条　本会设理事五人至七人，由全体会员选举之，任期一年，连选得连任；组织理事会，综理本会会务，其日常事务由理事会就会员中推定秘书一人处理之。

第七条　本会经费以会员常年会费、特别捐及津贴充之。

第八条　本会每年六月开大会一次，其临时大会经理事会之决议，得随时举行之。

大会人数之规定由理事会细则定之。

第九条　本会设在南京

第十条　本会章程如有未尽事宜，得由理事会提出大会修正之。

第十一条　本章程经大会通过后施行。

(2) 社会部致中波文化协会指令(10月20日)

社会部指令　复字第八一四号

令中波文化协会

呈一件：为呈报在渝工作概况，仰祈鉴核备案由。

呈件均悉。查该会过去对于沟通中波文化工作，尚称努力，殊堪嘉勉。值此抗战时期，应如何增进对外宣传，使国际人士了解、同情并实际援助我国抗战，实为当前急务。年来波兰对外政策，虽改变途径，倾向德意，但此并不能代表全波人民之立场，其对我国抗战，表示同情者定不在少数。但希继续努力，将暴日在华残酷行为及我军民抗战之英勇史实，加紧向波方宣传，以正视听，联络中苏、中德、中英、中美、中意等文化协会及其他有关国际宣传之团体，如国联同志会、中国国民外交协会、世界反侵略运动总会中国分会等，共同推行国际宣传工作，希从速拟订具体方案，按步实施。至散处各地之会员，虽因战事关系不易集中，仍应切实调查其住址及最近状况，以便取得密切联系，并策动其工作。嗣后希望将该会工作情形随时呈报本部备查，遇有集会，亦须先期呈报，以便派员列席，仰即知照。此令。

中华民国二十七年七月二十日

〔国民政府社会部档案〕

3. 中苏文化协会会章、会务报告与有关文件

（1938年9月—1940年3月）

（1）中苏文化协会会章①（1938年12月25日）

第一章　总则

第一条　本会定名为中苏文化协会。

第二条　本会会所设于国民政府所在地，各地得设分会。

第三条　本会以研究及宣扬中苏文化，并促进两国国民之友谊为宗旨。

第四条　本会之事业如左：

一、介绍苏联学者来华讲学；

二、介绍中国学者赴苏联讲学；

三、举行关于中苏文化之讲演及展览会；

① 本会章于民国二十七年十二月第二次年会修正通过。

四、出版关于中苏文化之刊物；

五、举行各种促进中苏人士友谊之集会；

六、赞助国内人士赴苏联留学或考察游历事宜；

七、赞助苏联人士来华留学或考察游历事宜；

八、设立图书馆，搜集有关中苏文化之书籍及定期刊物；

九、其他有关中苏文化之事业。

第二章　会员

第五条　凡中苏人士赞成本会宗旨者，经本会会员二人之介绍，填具入会表，提经理事会通过后并履行第十条之义务者，得为本会会员。

第六条　凡中苏人士富有声望及热心或有功于中苏文化事业者，得由会员大会或理事会推举为名誉会员。

第三章　集会

第七条　本会会员大会，每年举行一次，由理事会召集之，遇必要时，经理事会之决议或会员三分之一以上之请求，得召开临时大会。

第四章　职员

第八条　本会设会长一长，副会长二人，理事二十五人至三十五人，候补理事十四人至二十一人，由会员大会选举之，组织理事会，任期一年，连选得连任。

理事会设常务理事三人至五人，由理事会选举之，处理日常事务。会长因事不能出席主持会议时，由副会长代理之。

理事会办事细则另定之。

第九条　本会设名誉会长若干人，由会员大会推举之。

第五章　经费

第十条　本会会员入会时，应缴纳入会费一元，每年应缴纳会费一元。

第十一条　本会经费，除会费及其他捐助之收入外，得受中苏两国政府及两国文化机关团体之补助。

第十二条　本会经费得由理事会指定监事二人至三人负责保管，存入中央银行。

第六章　分会

第十三条　各地会员数目在三十人以上者，得声请本会核准，并遵照中央规定民众团体组织法成立分会。

第十四条　分会设会长一人，理事七人至十一人，候补理事三人至五人，组织分会理事会，任期一年，连选得连任，分会会长得出席本会理事会议。

第十五条　分会得设名誉会长。

第十六条　分会经济独立。

第十七条　分会每次理事会议决议案，均须函报本会备案。

第十八条　凡属重要事项，须预得本会同意后始得举行。

第十九条　分会声请入会者，应填表二份，经分会理事会议通过后加盖分会图记，以一份编号汇报本会备案。

第二十条　分会得派代表参加本会各种大会。

第七章　附则

第二十一条　本会章如有未尽事宜，得于会员大会中以到会会员三分之二以上之同意修正之。

第二十二条　本会章经会员大会通过施行之。

(2) 中苏文化协会会务报告(9月13日)

一、名称：中苏文化协会。

二、地址：重庆第一模范市场银行公会三楼。

三、立案日期：二十四年七月十五日。

四、过去沿革：二十四年夏，本会经张西曼同志联络各方人士发起筹备，同年七月十五日，由中央民运会核发民字第伍拾号组织许可证，当年十月二十五日，在南京举行成立大会，推选孙科同志为会长。二十六年三月二十八日，本会改选职员，除孙科同志仍继任会长外,并加推陈立夫、邵力子两同志为副会长。二十六年十一月,本会由京移汉;本年七月,再由汉移渝。

五、现在负责人姓名:

1. 会长:孙科

2. 副会长:陈立夫、邵力子

3. 名誉会长:蔡元培、于右任、冯玉祥、苏联大使、颜惠庆

4. 理事:王陆一、傅秉常、徐恩曾、徐悲鸿、梁寒操、张西曼、张冲、吴国桢、甘荫、何汉文、周明、骆美奂、沈苑明、吴经熊、邓文仪、李毓九、刘咏尧、高新亚、赵文炳、徐浩、吴尚鹰、黎照寰、何遂、段诗园、田汉

5. 候补理事:陈希豪、周天僇、马客谈、刘振东、盛成、萧淑宇、王昆仑、卜道明、曹树铭、费侠

6. 代理秘书:田鹏

六、现在工作状况:

本会现在工作,其重要者如左:

1. 编印定期刊物　本会编印《中苏文化》杂志,现已出至第二卷第七期。

2. 培养俄语人才　本会由京移汉后,因鉴于俄文译述人才缺乏,先由杂志社设立俄文补习班,后改为俄文专修学校,由本会理事张冲同志任校长,在汉招收学生百五十余人,分七班授课,计日班二,夜班五。近因时局关系,该校移设桂林,经广西省政府拨借桂林县白龙镇兰井巷中心国民基础学校分部为校址。

3. 筹设各地分会　本会各地分会,除上海分会,早于二十五年三月一日正式成立,推黎照寰同志任会长;湖南分会,于二十六年十二月十九日在长沙成立,由覃振同志任会长外;四川分会,于本年三月二十七日在重庆成立,由吕超同志任会长。

4. 增强对俄国际宣传　本会搜集各种有关抗战材料,送由苏联大使馆转莫斯科展览,增加我国对外宣传力量。

5. 放映苏联抗倭影片　本会在汉，联合国际宣传处，放映苏联关于一九一九年日俄战役影片，以增加国人抗战情绪。

七、现在会员情形：

1. 本会现有会员五五八人；

2. 本会湖南分会现有会员二七二人；

3. 本会四川分会现有会员一六六人；

4. 本会上海分会现有会员一〇五人（近以环境关系，实际活动甚少）。

八、现在困难情形：

本会所感困难，其迫切者有：

1. 经费入不敷出　本会经费，赖各机关补助，以资维持。但中央执行委员会秘书处每月原有之补助费二百元，只发至二七年六月份为止，以致现时经费减少，入不敷出，在会务进行上，时感极大困难。

2. 适当会址无着　本会迁渝后，无法即时租赁适当房屋为会址，乃暂借本市银行业公会三楼为临时办公处所，因而工作进行，感觉不便之处甚多。

九、以后工作计划：

本会以后工作，除对《中苏文化》杂志及俄文专校等，积极加以改进及补充外，而所拟计划中之重要者，有下列三项：

1. 出版俄文《抗战周报》　本会拟按期汇集总裁言论、抗战设施及其他重要新闻，刊印俄文《抗战周报》，藉供苏联来华参战人士之阅读，以增加其服务兴趣。现已推定张冲、徐恩曾、卜道明三理事，在汉负责筹备。

2. 筹备本会在汉联谊社　本会留汉同志张西曼等，现在联合空军招待所、军委办公厅外事组、政治部、新运总会等机关，筹设联谊社，以为苏联来华参战人士慰劳联欢之所。

3. 举行定期座谈会　本会为增加会员对中俄关系之认识，拟定期举行座谈会，藉以交换个人意见。

中苏文化协会

廿七年九月十三日

(3) 中苏文化协会致社会部公函(1940 年 3 月 13 日)

中苏文化协会公函　秘字第二五二号

敬陈者：查敝会第三次年会业经举行，关于四届职员人选，除仍推孙科为会长，邵力子、陈立夫为副会长外，并选梁寒操等三十九人为理事，谢大祺等二十一人为候补理事，派洪钫为秘书主任，翦伯赞等四人为秘书。兹将本届职员、姓名、略历列表一份，备函送请鉴察备案为祷。此上

社会部

附职员表一份

中苏文化协会启

三月十三日

中苏文化协会第四届职员姓名略历表

职　务	姓　名	略　　历
会　长	孙　科	中央常务委员、国防最高委员会委员、立法院院长
副会长	邵力子	中央委员、军委会战地党政委员会秘书长
	陈立夫	中央委员、教育部部长
名誉会长	于右任	
	冯玉祥	
	潘友新	
	颜惠庆	
	孙宋庆龄	
理事	梁寒操	中央委员、立法院秘书长、桂林行营政治部主任
	张　冲	中央委员、军委会顾问事务处长(留俄)
	张西曼	立法委员

续上表

职　务	姓　名	略　　　　　历
	何汉文	社会部社会运动处处长（留俄）
	王昆仑	中央委员、立法委员
	戈宝权	《新华日报》编辑（留俄）
	米克拉舍夫斯基	苏联对外文化协会代表
	米海耶夫	塔斯社社长
	巴库林	苏联驻华商务代表
	柯瓦略夫	苏联使馆秘书
	郭沫若	军委会政治部第三厅厅长
理事	陈铭枢	国民外交协会主席
	徐恩曾	中央委员
	吕　超	国民政府参军长
	康　泽	三民主义青年团处长（留俄）
	傅秉常	中央委员、立法委员
	李德全	妇女指导委员会委员、儿童保育会副理事长
	傅学文	国民外交协会妇女委员会主任委员
	吴尚鹰	立法委员
	刘咏尧	中央军校毕业生、调查总处处长、侍从室第三处副处长（留俄）
	钟天心	立法委员
	周一志	立法委员
	陈希豪	国民参政员
	沈志远	生活书店总编辑（留俄）
	侯外庐	中山文化教育馆研究部组长、本会《中苏文化》主编
	宋述樵	中山学社书记长、公务员惩戒委员会委员

续上表

职　务	姓　名	略　　　历
	包华国	重庆市社会局局长
	何联奎	政治部秘书、《扫荡报》社长
	郑彦棻	国际反侵略会中国分会执行部主任
	赵文炳	立法委员(留俄)
	许宝驹	政治部设计委员
	程朱溪	重庆市党部书记长
	卜道明	军委会顾问事务处科长(留俄)
	洪瑞钊	中央党部专员
	沈苑明	中央党部专员
	徐　浩	中央常务委员会观察室主任(留俄)
	罗方中	中政会专门委员(留俄)
	刘舫西	司法行政部科长
	曹树铭	中政会专门委员
候补理事	谢大祺	中央党部秘书处总干事
	曹孟君	妇女指导委员会委员、儿童保育会常务理事
	阎宝航	赈济委员会赈济组组长、政治部设计委员
	曹靖华	文艺作家(留俄)
	袁育梵	川江航务处处长(留俄)
	王炳南	国民外交协会研究组组长
	叶　南	军委会科长(留俄)
	程元斟	立法院秘书
	阳翰笙	政治部第三厅秘书、戏剧作家
	洪　钫	立法院专员、本会秘书主任
	翦伯赞	北平民国大学教授
	吴云峰	中央社会部文化事业科长

续上表

职　务	姓　名	略　　　　历
	邓鸣球	中央训练班训育干事(留俄)
	陈铭德	《新民报》社长
	王平陵	中国文艺社理事
	姚蓬子	中华文艺界抗敌协会理事
	胡　风	文艺作家
	赵　康	本会秘书兼杂志编辑
	赵望云	画　　家
	勾适生	青年记者学会设计委员
	金　戈	军令部科长(留俄)
秘书主任	洪　钫	
秘　书	王语今	
	司徒德	立法院秘书
	翦伯赞	
	赵康	

(4) 社会部致中苏文化协会指令(3月21日)

中国国民党中央执行委员会社会部指令　利组字第二六二二号

令中苏文化协会

呈一件：为检呈该会第四届职员姓名略历表，请鉴察备案由。

呈件均悉。准予备案，仰即知照！此令。

件存。

中华民国二十九年三月二十一日

(5) 中苏文化协会第三次年会会务报告

查本会第一次年会于民国二十五年三月八日假南京华侨招待所举行，第二次年会于二十七年十二月二十五日在重庆举行，所有一届理事会工作情形，业经二次年会报告在案。二十八年三月间孙会长衔命赴欧，十月间始行返国，在孙会长离会期间，本会会务在邵代会长及陈副会长领导之下，努力推进。现值第三次年会开幕，谨将年来组织与事业概况胪列报告如左：

（一）组织概况

一、会员

本会会员在第一次年会期间为四八五人，在第二次年会期间为八〇八人，第三届理事会任期内先后通过新会员二百人，连同前数共达一〇三八人。各分会之会员人数，据分会之报告，长沙分会约三〇〇人，重庆分会四七五人，成都分会四四六人，广州分会二二六人，兰州分会三〇二人，贵阳分会一五〇人，桂林分会一八〇余人，新疆分会□人，云南分会二〇〇余人，总计总分会会员共约二二〇〇余人。

二、机构与工作人员

（1） 本会组织系统如下表：

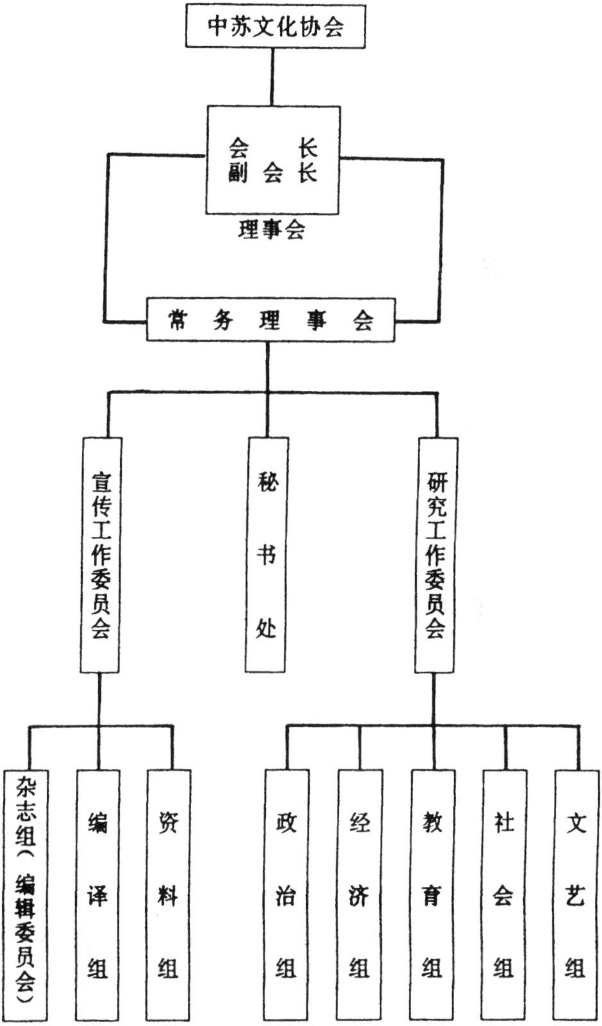

（2） 理事会理事及常务理事会理事——第二次年会推定孙科为会长，邵力子、陈立夫为副会长，蔡元培、于右任、冯玉祥、颜惠庆、孙宋庆龄、潘友新为名誉会长（二十八年九月廿一日第二十一

次理事会议决议聘新任驻华苏联大使潘友新为本会名誉会长)、梁寒操、傅秉常、张西曼、张冲、徐悲鸿、徐恩曾、吴尚鹰、吴国桢、何汉文、徐浩、沈苑明、米克拉夫谢斯基、骆美奂、邓文仪、刘咏尧、赵文炳、周明、何遂、田汉、吕超、郑彦棻、吴玉章、楼桐荪、陈豹隐、陈希豪、刘振东、王昆仑、凌冰、洪瑞钊、郭有守、胡愈之、梅汝璈、卜道明、沈志远、邓公玄为理事(廿八年九月廿一日第卅一次理事会议决议段诗园理事遗缺推邓公玄递补,廿八年九月廿一日第卅一次理事会议决议聘米克拉谢夫斯基为本会理事),刘舫西、罗方中、李孟达、袁孟超。王平陵、盛成、曹树铭、费侠、姚蓬子、戈宝权、袁育梵、沈兹九、项学儒、曹孟君、谢大祺、陈铭德、胡风、曹靖华为候补理事,并经三届理事会第一次会议决议推定梁寒操(廿八年三月常务理事梁寒操因公离渝由王昆仑理事代理),张冲、吴玉章、张西曼、何汉文为常务理事,梁寒操理事为召集人。自廿七年十二月廿五日第二次年会后,至廿八年十二月底止,先后共举行理事会议十一次,常务理事会议廿二次。

(3) 秘书与干事——先后经会长及邵代会长指派程元斟、洪钫、赵康为秘书,王语今、柯夫托宁科为俄文秘书,并核准王世振、潘德枫、毕旭、礼长林、王葆田为本会干事。

三、财务概况〔略〕

四、会所〔略〕

五、分会概况

本会先后成立之分会共有十个,另于西安设有分会筹备会,除上海分会因战事影响停止活动外,兹特将各地分会概况略述如下:

(1) 长沙分会——于二十八年十二月十九日在长沙成立,分会会长覃振,理事黄一欧、刘岳厚、陈大榕、黄家声、吕振羽、谢祖尧、谭丕模、上官条、陈介石、张仲钧、翦伯赞;候补理事董维键、鲁兆庆、李仲融、陈润泉、伍忠道;常务理事翦伯赞、陈大榕、刘岳厚。在第二次年会报告会员已达三百人,具体工作有俄语讲习班、图书室、研究会、座谈会、《中苏》半月刊、《中苏小丛书》等等。嗣于二十七年十一月十二日长沙大火，该分会同人步行七百里行抵沅陵，重新部署，租定沅陵总爷庙巷十七号为会址，于极端的艰苦人力与物力条件下，自廿八年一月将《中苏》半月刊复刊，在未复刊之前，曾发行壁报，举行中苏座谈会；俄语讲习班，因无地址，未能续办。《中苏小丛书》限于经济停止。高尔基逝世三周年纪念，曾邀请各机关团体举行仪式，并发行《高尔基特刊号》。搜集有关苏联文化之图书，两年来已经搜集五百册以上。

(2) 重庆分会——于二十七年三月廿七日在重庆成立，分会会长吕超，理事冷融、朱代杰、林幼石、李兰、刘舫西、黄昌度、蔡炳彤、鄷中铁、陈铭德、陈长蘅、陈天一、陈之宜、谢大祺、周一志、林业建、李孟达、葛乔；候补理事樊云杨、邹明初、王克道、于绍文、李仲平、曹谷冰、戴新三、杨刚；常务理事冷融、谢大祺、陈铭德、陈之宜、李孟达。会员人数四百九十五人。本届曾参加总会发起之高尔基逝世三周年纪念大会，该分会内设有图书室、研究会，并常放映苏联影片，组织歌咏队，苏联对外文化协会所赠该分会之书籍，分赠各团体、机关、学校会员。并征集各机关团体出版物转寄苏联对外文化协会，妇女组织积极参加妇女工作，如慰劳出征军人家属征集药品等，成立通讯处，与各会员取得联络，增进情感，办理俄文班，已有四期学生毕业。

(3) 成都分会——于廿八年四月廿三日在成都成立。分会会长黄季陆，理事毛邦初、邓只淳、李伯巾、余中英、陈伥工、任觉五、吴景伯、张云伏、刘昌言、刘沣珠、简朴、袁钺、车耀先、熊子骏、陈斯孝；候补理事沈天泽、瞿云、赵世兰、刘披云、蓝梦九。秘书蓝梦九，会员人数四百四十六人，筹备各种讲演会、座谈会、展览会及放映苏联影片，参加党政机关召集之各种抗敌救亡等集会，举行高尔基逝世三周年纪念会，征集艺术品运苏展览，发行《中国与苏联》月刊，双十节出版《国庆纪念专号》，第二期发行《苏联十月革命廿二周年纪念专号》，举行苏联革命纪念庆祝会，同时在民众教育馆公开展览苏联生活照片及苏联对外文化协会赠与之书报与我国抗战照片一星期。

(4) 广州分会——于廿七年八月廿一日成立于广州，二十八年十月一日经全体会员大会公推邹鲁为会长，钟天心、许崇清、顾翊□、李大超、缪培基、余森文、谌小岑、左恭、陈宝仓、黄中廑、李彦良为理事；梁乃贤、左洪涛、石辟兰、叶兆南、任毕明为候补理事，钟天心、李大超、左恭为常务理事。李大超兼任秘书。会员约二百余人，嗣因广州弃守，经迁连县复涉曲江河西黄田坝。十一月十九日举行第一次常务理事会议，通过何希斋等廿六人为该分会会员，筹备出版月刊，筹设俄文班，拟与反侵略大会中国分会曲江支会合办图书室，此三项在进行办理中，苏联十月革命廿二周年纪念日，该分会曾举行茶会庆祝。

(5) 兰州分会——于二十七年十月十日成立于兰州。廿八年十月十二日召开周年全体会员大会，讨论修正会章及选举事宜。因前会长曾扩情固辞，请水梓继任，选举胡维藩、郑通和、翁燕翼、裴建准、吕同仑、李世军、赵清正、梅贻宝、王自治、寿天章、张文郁为理事；王明辉、曾济宽、水枬、张春浦、黄秉衡为候补理事。会员人数截九月止，已有三〇二人。以往工作组织有俄文研究社，举办中苏语文学校，举行促进中苏人士之友谊之联欢游艺会，中苏两国之重大纪念日或有苏方闻人来兰，均邀请各界联欢集会，设立图书室等等，并计划增设俄文专修班一科，中苏语文学校因经费与疏散关系，于第一届毕业后停顿，设法继续举办，出版《中苏文化》刊物，他如辟设游艺室，购置各种运动器具，均在进行中。

(6) 贵阳分会——于二十七年十二月四日成立于贵阳，公推王伯群为会长。王漱芳、曾举直、张志韩、欧元怀、郑道儒、周远时、郭一岑、张定华、于治常、蒲定安、高滔为理事，谢六逸、马宗荣、严镜清、武纡生、孙立斋为候补理事。在第二次年会时报告，该分会新旧会员登记者共一百五十人，嗣因该分会经费困难，曾准以募捐方式筹措经费，以期举办沟通中苏文化诸事业。据二十八年十一月十七日该会来函，分会现在已由白沙井迁往贵阳岳英路八号，于新会所设立中苏图书室，供会员及社会人士之研究阅览。

（7） 桂林分会——于二十八年十月一日成立于桂林，公推李任仁为会长，雷沛鸿、白鹏飞、李郭德洁、陈邵光、黄同仇、阳叔葆、陈纯粹、夏衍、司徒德、陈此生、万仲文为理事，党必刚、千家驹、刘仲容、杨东莼、李文钊等为候补理事。共有会员一百八十余人。十月廿一日举行首次理事会，推定万仲文为常务理事，并拟定该分会工作大纲，理事会办事细则。于十一月七日苏联革命纪念日，曾举行盛大庆祝会。

（8） 新疆分会——于廿八年十一月五日成立于迪化，开成立会时到会会员卅人，各界代表五百余人，外宾五十余人，大会推定王宝乾为会长、邱宗浚、张宏兴、阿不都拉、孟一鸣、沈雁冰、张仲宝、卢疏麟、陈克叡、别克迭也夫、彭吉无为理事；汪鸿藻、李溥霖、刘德惠、李英奇、李一欧为候补理事。

（9） 云南分会——于二十八年十二月十日成立于昆明，公推刘震寰为会长，陇体要、缪培基、朱一介、裴存藩、陈玉科、潘仲鲁、萧隽英、陈安仁、王公弢、赵澍、吴信达、缪云台、龚仲钧、黄毅、张西林等为理事，张民权、吴春曦、杨家麟、衣家骥、魏明新等为候补理事，并聘缪理事培基兼任秘书。现在积极布置适当会所，成立图书馆，每月编刊出版《中国与苏联会刊》一种。

（10） 西安分会筹备会——已于廿七年十二月间，由本会函托西安方面景梅九、杜斌丞、杨明轩、王捷三、于振瀛五人负责推动。

（二） 事业概况

一、经常事业

（1） 研究工作委员会工作情形——本届第一次理事会决议

设立研究工作委员会，分政治、经济、教育、社会、文艺五组，并经会长指定邵副会长力子为主任委员，傅秉常、何汉文为政治组召集人，徐恩曾、吴应鹰为经济组召集人，郭有守、凌冰为教育组召集人，谢大祺、袁孟超为文艺组召集人，骆美奂、陈希豪为社会组召集人，于本年二月间开始工作，并由会函本会在渝及重庆分会会员征询愿入何组，嗣经函复愿加入政治组者共五十二人，政治组下复分为三小组。

第一小组　研究苏联革命史及党的组织与民族问题，公推刘舫西、吴士超为召集人。

第二小组　研究苏联外交国际关系与军事国防，公推戴健笔、赵康为召集人。

第三小组　研究苏联之政治制度与政策法律，公推李子魁、詹世清为召集人。

加入经济组共三十八人，经济组下复分为二小组：

第一小组　研究苏联之经济地理、交通、经济政治与机构，公推樊云扬、侯外庐为召集人。

第二小组　研究国防贸易、工业、农业、商业、合作事业，公推方叔平、刘廷冕为召集人。

加入教育组者十五人，不分小组，曾由召集人郭有守、凌冰邀请各研究委员讨论一次，决定研究苏联小学教育制度。

加入社会组者共廿五人，不分小组，曾由召集人陈希豪拟定研究大纲，分发各委员选择研究。

至文艺组，因召集两次，到会人数过少，迄未开成。总之，各组因参考书籍缺乏，各研究委员，精通俄文者为数较少，研究上不无困难。嗣于四月间复经邵代会长指派张理事西曼为研究委员会副主任委员研究改进办法，但值“五四”轰炸，以后各研究委员纷移乡间居住，每次开会出席者为数甚少，仍未能有积极之进展。

（2）　宣传工作委员会工作情形——本届第三次理事会议决

议组设宣传工作委员会，并以王昆仑为主任委员，侯外卢为副主任委员，何汉文、陈希豪、沈志远、曹靖华、梅汝璈、葛一虹、高璘度、戈宝权、赵象离、沈起予、刘振东、宋之的、何容、高长虹、李述礼、袁孟超、侯外庐、邓伯奇、吴一凡、勾适生、谢徵孚廿二人为委员。委员会内分三组：一杂志组，专办本会杂志编辑出版事宜；二编译组，专办本会编译丛书等事宜；三资料组，专办本会搜集抗战资料及中国艺术品输送苏联，及向苏联搜集吾人所需要各种文化资料事宜。并以袁孟超为杂志组长（原任杂志社主任编辑，对外仍用旧称），以沈志远为编译组长，以吴茂荪为资料组长（后吴辞职经邵代会长指派阎宝航继任）。

去年六月间杂志组长兼中苏文化杂志主编袁孟超，编辑于绍文、黄操良，因事辞职，经邵代会长核准，并指派副主任委员侯外庐兼《中苏文化》杂志主编及宣传委员会杂志组组长，聘戈宝权、杜若君、沈志远、李陶甄、周一志、姚蓬子、曹靖华、程元斟、冯希勃、赵康、赵象离、葛一虹、郑伯奇为编辑委员，曹靖华、李陶甄、赵康、葛一虹为专任编辑。

宣传委员会，自成立以后，即开始各种工作。关于杂志则力求内容、印刷、编印方法上之改进；关于编译工作则开始计划编译各种有关中苏文化之丛书；关于资料工作则开始向国内各方面征集抗战宣传品、图书、木刻、书籍、报纸及一切足以宣扬我国文化之资料。此外，宣传委员会并曾召集文化界知名人士及学术专家，举行座谈会若干次，并又筹备讲演会。兹将各组工作经过分别列述如下：〔略〕

（三） 对苏联系

（1） 据莫斯科电，著名苏联歌曲家克利曼蒂克基马立夫，已将中国抗战歌曲十五种，编制乐谱，有数种已制成留声机唱片，行销甚广，各歌曲颇受人欢迎者为《义勇军进行曲》、《大刀进行曲》及《流亡曲》等，其词意均由名诗家沙诺夫阿尔托森及鄂山荫等译为俄文。

(2) 莫斯科专电，苏联《新闻报》特派员及摄制师卡门，近由中国各地旅行归来，在莫斯科演说，阐述中国抗战军民之英勇事迹，其在华所摄电影，均按期在苏联放映。最近更将拍摄中国抗战长片云。

(3) 《中苏文化》杂志尽量译刊苏联文章，并将出版刊物，按期寄与。

(4) 苏联对外文化协会方面各项书报，源源寄赠本地与各地分会。

(5) 苏联对外文化协会驻渝代表与本会有经常联系。

〔国民党中央社会部档案〕

4. 中法比瑞文化协会组织章程与会务工作报告及有关文件

(1939年3月—1941年12月)

(1) 中法比瑞文化协会章程(1939年3月26日)

一、定名　本会定名为中法比瑞文化协会。

二、宗旨　本会以研究及沟通中法比瑞文化，并增进友谊为宗旨。

三、会员　凡中法比瑞人士，赞成本会宗旨，经本会会员二人之介绍，由本会理事会通过者得为本会会员。但中国留法比瑞同学会会员入会时得免除介绍手续。

四、组织

甲、本会设会长一人，对外代表本会，由会员大会选举之，任期一年，连选得连任。

乙、本会设理事三十五人，候补理事十五人，由会员大会选举之，任期一年，连选得连任；组织理事会，并互选理事长一人，常务理事五人至七人，处理日常事务。理事会办事细则另订之。

丙、本会设名誉会长、名誉理事各若干人，由大会选举之。

丁、本会理事会视本会事业及事务之需要，得分设各组或各种专门委员会，各该组会细则由本会理事制定之。

五、会址　本会总会设在中国国民政府所在地。

六、大会　本会每年开会员大会一次，但遇必要时，经理事会之决议或会员三分之一以上之提议，得召集临时大会，大会主席由本会会长任之，如会长因事缺席，由理事长代理之。

七、分会　各地有会员三十人以上者，得由本会理事会决定设立分会或通讯处。

八、经费

甲、会员会费　本会会员入会时，应缴入会费一元，每年应缴常年费一元。

乙、会员及名誉会长、名誉理事之捐助。

丙、中法比瑞政府文化机关、文化团体及热心中法比瑞文化事业者之补助。

九、附则

甲、本章程由本会会员大会通过后施行。

乙、本章程如有未尽事宜，得经理事会提交会员大会修改之。

(2) 会长、理监事及职员名录

名誉会长：马相伯、李煜瀛、蔡元培、张人杰、张继、赫礼欧(Herriot)、齐兰(paulvan Zeaaland)、蒙达(mota)

会长：吴敬恒

名誉理事：王宠惠　法大使戈斯默、比大使纪佑穆、瑞士代办法达能　邹鲁　叶楚伧　邵力子　陈立夫　翁文灏　魏道明　李书华　顾维钧　钱泰　胡世泽　高鲁　谢冠生　张道藩　魏怀　陈诚　何键　马超俊　董显光　谢寿康　陆徵祥　于斌　雷鸣远　王景岐　刘文岛　蓝田玉　张厉生　周恩来　吴玉章　李　璜　姜焕章　覃连芳　李麟玉　熊庆来　何　鲁　段调元　廖品卓洪兰友 mouter pollojo maspero padoux Escarra Granet Romain Roland Lepine j—m Carre moresthe j. Reclus civel G. Gresbois longevin Gearges Lemaite General pontus Germain monscigneur Zantzen Guillamme Georges picat metard Hers pastove

理事长：毛庆祥

常务理事：毛庆祥　覃　振　汪日章　谢征孚　楼桐孙　梁　霖　徐仲年

理事：毛庆祥　谭熙鸿　汪日章　梁　霖　楼桐孙　谢征孚　宋国枢　陈耀果　徐仲年　华　林　彭济群　何方理　郑奠欧　褚一飞　刘恺钟　童蒙圣(已故)　周钦岳　吴　骐　廖世勤　毕修勺　吴俊升　郑彦棻　朱　蕃　陈钟浩　金满成　朱永邦　袁晓园　颜实甫　江　龙　覃　振　郭有守　梁　栋　张忠道　杨赓陶　徐辅德

候补理事：徐公肃　马寿征　刘大悲　何联奎　巴　金　邓起人　赵希献　吴祥麟　何　如　吴克刚　尹文敬　卢毓骏　胡兰畦　盛　成　蒋子英

主任秘书：楼桐孙(陈耀东代)

总务组正副组长：蒋子英　蓝仲津

宣传组正副组长：陈耀东　胡崔淑言

学术事业组正副组长：褚一飞　何方理

编译组正副组长：徐仲年　童蒙圣(已故)

干事：高　琨　高　约　周庆生　黄绣封　陈　琨

助理干事：宋新生　严义俊

(3) 中法比瑞文化协会工作报告与今后计划

一　秘书室工作报告

本会成立虽已半年，初无秘书室之设，直至七月一日第三次理事会议，始决定增设，以专职责。成立以来，不过两月，工作则非常紧张，盖以创立之初，综理一切，先当使内部组织健全化，人事管理科学化，故秘书室之工作，除对外接洽，文书往还关系会务之发展加紧工作而外，会内首先厘定各项章程，俾其信守，庶使机构健全，工作效率因以增进。自成立以来，除处理日常会务外，曾先后备文呈请军事委员会办公厅，重庆市政府、教育部、外交部等请求按期补助本会经常费用，以利会务进行。现已接获军事委员会、外交部等处复文，并承允补助。至于会内工作，因当时筹备人员现均星散，一切文卷规程，均极散漫。首先整顿卷宗，清理归档，并先后厘定各种章程，如职员服务规则，管理文卷规程，购置保管请领文具物品规程等。更因会务日繁，原有职员不敷分配，又增聘干事、助理干事四人，集中秘书室内，分别办事，遇有各组工作繁忙时，则随时指调协助；此外调查会员通讯地址，恐迁移而失联络，并查询河内中法文化协会情形，俾便于国外工作之推进。故两月以来，一切工作进行俱能顺利，在此两月中，文件收发总数截至八月底止，共收文四百六十八件，发文六百二十二件，附件不计。

二　总务组工作报告〔略〕

三　宣传组工作报告

本会之宗旨，固首在沟通四国文化，然于抗战期间，则增进睦谊与国际宣传，尤不可忽视，本会成立之初，即分电林主席、蒋委员长、法总统、比王、瑞士联邦主席表示敬意，旋得蒋委员长复电嘉勉，词多勖励，本会同人，感奋弥深。在七月十四日，同值法国国庆纪念，本组当即以协会名义分电法国大总统、法国反侵略分会、中法组议员、中国人民之友会致贺，并由理事长毛庆祥、本组组长陈耀东代表本会向法国大使馆道贺，又分别请重庆《联合报》特撰纪念法国国庆之社论，及由翁文灏名誉理事向法国广播演讲。最近印度国民党领袖尼赫鲁先生来华，全国各团体筹备欢迎，本组代表参加，担任筹备会驻会常委，兼编译组长，招待组副组长等职。最近因英日谈判英方允许引渡天津刺程案四嫌疑犯，此则有背国际公法，特以本会名义，致电张伯伦，表示反对，以领导我国名众团体，作国民外交之活动。此外正在进行之中或已规划就绪者，计有数端：

一、组织国际宣传委员会，积极为国际宣传，诸会员能予以协助。

二、组织安南访问团，亦已厘定计划，正在筹办之中。

三、举行学术演讲及座谈会，此已得翁文灏先生概允，作第一次学术演讲，以后当时时举行。

四、招待法比瑞之国留华人士，此已决定日期，即将举行。

五、请电影制片厂多摄抗建影片，由本会介绍出国，具体办法，正在接洽中。

六、编制国内外有关团体之通讯录，此正在办理中。

四 编译组工作报告

本组工作现已着手进行者计有数项，兹分述大略如次：

一、复刊《欧亚文化》。《欧亚文化》本由中国留法比瑞同学会主编，已出两期，本会成立以后，即由本会接办，其时适当五月空袭，梓印艰难，停刊甚久。近方筹备复刊，业已发稿排印，第三期于本月中旬出版，编辑方法无多修改，惟尽量充实内容，由本组组织欧亚文化编辑委员会主持一切。

二、筹办《中法比瑞文化协会学报》。拟定为季刊，全载学术论著，水准尽量提高，并组织稿件审查委员会，就会员中专家遴聘担任审查稿件，现以经费不充，虽已计划，尚难进行。

三、洽印《中法文化丛书》，该丛书原系上海一部分留法同学所刊行，现已去函上海，请由本会接办，并以该丛书原有之委员会，与本组稿件审查委员会合组中法文化丛书委员会，将来印行，仍委商务印书馆办理。至于丛书内容，则分为四大部门：

A 文艺组　B 自然科学组　C 社会科学组　D 应用科学组

四、此外，尚拟着手编辑《La Revue de chine 与 La chine apres deux ans de guerre》及其他法文宣传小册，或由本组自办，

或与宣传组合办，皆已厘定计划。

五　学术事业组工作报告

本组工作，采渐进步骤，先就轻而易举、并且急要者筹划实施，兹将两月以来工作经过报告如次：

一、筹设研究资料室。工欲善其事，必先利其器，研究资料室实不可少，只以抗战期中，请领外汇，殊不易得，现已分函国外，请赞助本会之私人及出版机关，赠送书报杂志，并请各会员私人分别捐助藏书。此外，仍竭力设法筹措钱款，以备购置。

二、设立法文专修学校。沟通文化，必识其语言文字，故特设立法文学校，以利进行。现已筹备就绪，十月一日即可开学上课，内计分为三级，按学生法文程度分班上课，并酌收学费，教员即由热心会员义务担任。

三、组织学术研究委员会及工作咨询处。此项目的，乃在以研究所得贡献社会，并介绍人才，为社会服务，以鼓励学术研究，提高文化水准，并俾补现在政府社会人事制度之缺陷。现方着手调查本会会员职业状况，学力品行，并对外取得联络，庶能得调整之功。至于学术研究，除设计研究会之组织外，并拟多请学者专家，作公开之演讲。

(4) 中法比瑞文化协会致社会部呈(1941年12月)

中法比瑞文化协会呈　文字第〇五三九号

谨呈者：查本会前于二十八年成立，组织伊始，即以促进国民外交、研究学术文化为其宗旨。两年余来，凡属有关国民外交或阐扬学术者无不尽其微力，参与从事，在政府领导下，与全国各国际文化团体共策群力，以为襄助。惟本会因系人民团体，并无事业基金，过去工作进行，悉赖政府之资助。两年以来，仰赖此种支持，而能于工作略有所表现。为研讨国际政治，则出有定期刊物《欧亚文化》，为响应劳军，曾举行大规模义卖之美术展览，为沟通中西文化、助长学术研究，则创设专修学校，教授法文、统计、会计各科。至如招待外宾，以敦睦谊，则尤有集会，以联络感情，总期能于国家有所一助，无不尽力而为。因是本会之经常支出费用，以所得之补助各费乃不能敷用，加以年来物价趋涨，凡有所举措，尤感拮据。本会向蒙钧部按月补助国币三百元为事业经费，在此两年之中，实已充分尽其效用，惟以现在事业未稍减少，而经费竭蹶堪虞。窃念政府近方努力增进国际关系，于国内文化学术社会各事业亦无不充实整顿，以期有助于抗战之需。本会于此，夙具努力之忱，今后亦仍当竭其棉薄，一本初衷，以求发扬光大。为此，对于本会经常事业补助费，拟请钧部自民国三十一年一月起，按月补助国币一千元，俾得以较为充沛之力量，更尽其最大之效用。临呈迫切，尚祈赐予核准，不胜感祷之至。谨呈

社会部

中法比瑞文化协会理事长毛庆祥

中华民国三十年十二月　日

〔国民党中央宣传部档案〕

5. 中国中暹协会理事长周启刚报送工作计划大纲等呈及国民党中央社会部文化事业科审核意见的签呈稿

（1939年11月）

（1）中国中暹协会致社会部呈（11月2日）

中国中暹协会呈　字第二十号

本会自二十六年三月二十一日与“暹罗中暹协会”同时分别在南京及曼谷两地正式成立后，对于工作即谋积极推进，并拟定工作计划，以期按步实施。惟因尚无固定经费，所有职员均由各机关及侨委会职员兼任，“七七”抗战后，各机关公务人员，多奉命疏散，本会职员固受影响。兼之在播迁时期，一切工作计划无从实现，推厥原因，本会无固定经费，为推进工作之重大困难。查暹罗与我国向

无邦交，更无互派使节，而双方中暹协会成立，其意义至为重要，盖一则以求两国民族之亲善，经济之提携及文化之沟通，一则注重于消弭中暹人民之纠纷，以保我百余万侨民之生命财产，进而以求双方国家之实利，且暹罗政治向受国际政治环境所支配。当此抗战重要阶段及国际形势剧变之时，尤不容有所忽视也。关于本会原有计划，以过去而言，人力财力均有未逮，似应另图改进，惟自暹罗改名“泰国”后，本会应否改为“中泰协会”，除经函致中暹协会征求意见再行决定外，兹谨将本会工作计划大纲及职员名单各一份，备文呈请鉴核，并祈对于本会如何改进，及今后工作如何实施，敬乞赐予指导，俾有遵循。谨呈

中央社会部

附本会工作计划纲要及职员名单

中国中暹协会理事长　周启刚

中华民国二十八年十一月二日

中国中暹协会工作计划纲要

关于文化运动者

（一）举行中暹文化展览：

一、先由中国筹备运往暹国举行；

二、交换两国文化展览品；

三、中央博物馆设暹罗室；

四、编印文化展览专号。

（二）出版刊物（定期与不定期用中暹文字，定名为《中暹文化》或《中暹问题》）：

一、互译两国名人言论；

二、刊印两国文化照片；

三、刊载两国实业、经济、文化以及史地等调查与研究；

四、报告会务进行，促进中暹感情等消息。

五、必要时另刊单行本：

1. 编印导游丛书；

2. 刊印各中华景象等小册子——Reconstruction of china 小缩本。

（三）组织中暹文化艺术旅行团：

一、艺术表演组，先聘请暹罗艺术厅所设之歌舞学校学生来华表演；

二、艺术文化考古组；

三、艺术摄影绘画组。

三组集成一团较为经济，同时声势浩大，可壮行色，如可能招有名学者同行，可作播音学术演讲。

（四）沟通文教：

一、附设专门研究中暹问题机关，作问题未发生前之未雨绸缪；

二、引导华侨回国升学；

三、介绍并优待暹人来华留学；

四、互换两国教授讲学；

五、调查暹国纪念日历，以便通电庆贺；

六、中暹政府机关及各种社团宣传刊物之交换，由协会函请各机关社团赠送刊物，汇集寄交暹政府及国立图书馆。

七、派员驻暹，并联络新闻界改善暹方言论；

八、函请暹罗中暹协会，向暹教育部请求其予华校在暹之发展机会，各侨校中文与暹文并重，中文教师免考暹文等。

关于经济方面者

一、函促中国银行从速实现创设暹罗公行计划；

二、由本会拟定发展中暹贸易计划，函请关系机关团体实施之；

三、由本会指定或聘请专家长期负责研究中暹关系之经济问题。

其他

(一) 于香港或汕头设立本会通讯处。

(二) 筹建中暹宾馆。

一、大规模征求会员；

二、派人赴暹罗征求会员。

(三) 呈中央准予援例补助每月五百元。

(四) 呈侨委会、外交部及教育部请予津贴每月各三百元。

(五) 举办重要事业时另筹专款。

中国中暹协会职员名单

名誉理事：

蒋中正　戴传贤　孙科　于右任　居正　叶楚伧　孔祥熙　陈立夫　王宠惠　宋子文　张　群　何应钦　陈绍宽　王世杰　张嘉璈　吴鼎昌　蒋作宾　俞飞鹏　陈树人　翁文灏　虞洽卿　钱新之　杜月笙　王晓籁　徐　谟　萧吉珊　刘瑞恒

理事：

周启刚　威力(Vilas)　马超俊　凌　冰　王志远　周贻春　彭学沛　余　铭　郭秉文　林康侯　顾树森　王志莘　黄天爵

候补理事：

许建屏　何炳松　王启江　李干　温毓庆

监事：

谢作民　何廉　谢英士　陈剑如　周演明

候补监事：陈重堪　董道宁

理事长：周启刚

副理事长：威力(Vilas)

常务监事：何廉

总务组组长：王志远

宣传组组长：凌　冰

调查组组长：余　铭

干事：

何德孚　林飞宇　王德秀　罗光海　安良梅　吴体仁　黄仲瑜　罗次启　廖烈进　任警魂　胡铭勋　刘翼凌

(2) 社会部文化事业科吴云峰签呈(11月16日)

该会工作计划纲要经核大体尚属可行。惟此项计划想系该会二十六年三月在南京成立时所拟订，当时抗战尚未发生，中暹关系亦属平稳。自抗战发生以后，日寇在暹罗之活动，愈趋积极，挑拨离间，无微不至，以至暹罗发生严重之排华事件，侨胞在暹罗各种事业，横被摧残。该会工作，目前应侧重如何缓和中暹之紧张关系，如何介绍并研究暹罗国情，如何援助救济暹罗被迫回国侨胞，如何与昆明之暹罗归国侨胞互济会取得联系等，拟饬该会依据以上各点，将工作计划再行补充。至该会理监事及各组组长、干事等，查多系挂名，而未能实际负责者，于会务之进行，不无影响。拟饬加调整。当否？均请核夺！

云峰

十一．十六

〔国民政府社会部档案〕

6. 中缅文化协会章程、组织通则、职员名单及会务状况报告书

(1944年10月)

(1) 中缅文化协会章程

第一章　总则

第一条　本会定名为中缅文化协会。

第二条　本会以沟通中缅文化，增进中缅友谊，加强中缅合作为宗旨。

第三条　本会会址设于国民政府所在地。

第二章 任务

第四条 本会任务如左：

一、关于中缅文化之研究与沟通事宜；

二、关于交换教授、学生及其他教育与宗教上之联系事宜；

三、关于设立图书馆、博物馆，搜集交换有关中缅书籍文物事宜；

四、关于中缅工商交通之协进事宜；

五、关于中缅新闻与艺术之交换事宜；

六、关于中缅游历观光之倡导事宜；

七、关于中缅慈善救济之合作事宜；

八、其他有关中缅之共同福利事宜；

第三章 会员

第五条 凡中缅各国人士，赞同本会宗旨，并愿担负本会任务者，由会员二人以上之介绍，经理事会之通过，得为本会会员。

第六条 会员入会时须填具入会志愿书，并缴纳入会费及常年费，其费额由理事会决定之。

第七条 会员有发言权、表决权、选举权、被选举权，以及其他应享之权利。

第八条 会员有遵守本会会章及本会决议之义务。

第九条 会员如有违反本会章程或决议，以及损害本会名誉者，得由理事会予以处分。

第四章 组织及职权

第十条 本会设会长一人，副会长二人，由会员大会选举之。会长对外代表本会。

第十一条 本会设理事二十五人至三十五人，由会员大会选举之，组织理事会。

第十二条 本会设秘书长一人，副秘书长二人，由理事互推，兼任组织秘书，秉承正副会长之指示及理事会之决议，处理会务。

第十三条　本会为推进会务，得设各种委员会，由理事会通过组织之。

第十四条　本会设名誉会长、名誉理事若干人，由理事邀聘之。

第十五条　本会名誉会长、名誉理事及正副会长、理事任期均为一年。

第十六年　本会得于各重要城市设立分会，其组织章程另定之。

第十七条　本会为策进工作起见，应与缅甸友会密切合作，得由双方之正副会长及正副秘书长组织联席会议，其办法另行商定之。

第五章　会议

第十八条　本会以会员大会为最高权力机关，每年开会一次，于必要时得召集临时大会。

第十九条　理事会每三个月开会一次，必要时得召开临时会议，由会长主持，会长因事不能出席时，由副会长代理之。

第六章　经费

第二十条　本会经费除会员入会费、常年费及其乐捐等收入外，得向关系各方面募集之。

第二十一条　本会经费收支之情形，应由理事会向会员大会详细报告。

第七章　附则

第二十二条　本会办事细则另定之。

第二十三条　本章程经会员大会通过，呈报主管机关备案施行。

(2) 中缅文化协会分会组织通则

第一条　本通则依据本会章程第十六条之规定订定之。

第二条　凡有本会会员三十人以上之各重要城市，经本会理事会通过，得依法设立分会。

第三条　分会之名称为“中缅文化协会某地分会”。

第四条　分会之宗旨及任务，悉依本会章程之规定。

第五条　分会会员大会每年举行一次，必要时得召开临时大会。

第六条　分会设正副会长各一人，由会员大会选举之，任期一年，连选得连任。

第七条　分会设理事五人至十一人，候补理事三人至五人，由会员大会选举之，组织理事会；理事及候补理事任期一年，连选得连任。

第八条　分会理事会设秘书一人，由理事互推兼任之。

第九条　分会得设名誉会长，由会员大会选聘之，并得设名誉理事，由分会理事会选聘之。

第十条　分会之工作状况及各项决议案与经费收支概况，应每三个月报告本会一次，每届年终并应编订总报告，呈送本会备案。

第十一条　向分会申请入会之会员，应照本会会员入会手续，填具入会书一式二份，由分会理事会通过后，以一份报送本会备查。

第十二条　分会办事细则由该分会自定之。

第十三条　如某分会情形特殊，对于本通则之规定有变动办理之必要者，须先报请本会核定之。

第十四条　本通则经本会理事会议通过，呈报主管机关备案后施行。

(3) 中缅文化协会会长、理事及各委员会委员名单

名誉会长：

朱家骅	王世杰	陈立夫	邵力子	龙　云
张嘉璈	陈　诚	吴铁城	陈铭枢	谷正纲

宇巴伦

名誉理事：

张伯苓	颜惠庆	曾镕浦	曾养甫	太　虚
于　斌	潘公展	张道藩	黄伯度	郭春涛
邹秉文	程沧波	谭云山	萧同兹	李文珍
宇恩庆	缪嘉铭	陈玉科	宇巴雀	德钦努
沈慧莲	吴贻芳	裴存藩	许善明	余保胜
荣宝沣				

会长：罗家伦

副会长：张维翰　都弥亚辛

秘书长：杭立武

副秘书长：曾虚白　甘甲新

理事：

洪兰友	杭立武	曾虚白	甘甲新	李俊龙
陆京士	毛庆祥	张迫行	朱学范	杨公达
张蔼真	郑彦棻	陈耀东	吴文举	季泽晋
谢红钊	尹葆宇	刘蘅静	沈剑虹	宋如海
汪行一	曾克念	刘锡松	许麾力	宇　麻
苏德隆	庄心在	孟健民	钟贤英	

各委员会委员名单

(1) 教育文化委员会

主任委员：吴俊升

副主任委员：杨公达

委员：谭云山　张道行　熊庆来　毛庆祥　樊际昌

(2) 经济交通委员会

主任委员：潘光旦

副主任委员：缪嘉铭

委员：汪竹一　张盂令

(3) 社会服务委员会

主任委员：洪兰友

副主任委员：黄伯度

委员：钟可托　李俊龙　宋如海　孟健民　朱学范

(4) 宣传委员会

主任委员：曾虚白

副主任委员：郑彦棻

委员：沈剑虹　季泽晋　尹葆宇　汤德臣　钱沧硕

(5) 编辑委员会

主任委员：张沅长

副主任委员：谢仁钊

委员：林崇墉　陈玉科　庄心在

(6) 妇女委员会

主任委员：张蔼真

副主任委员：钟贤英

委员：刘蘅静　唐国桢　陈纪彝　陆礼华

(4) 中缅文化协会会务报告

甲　总　　述

本会自民国廿八年十二月成立，迄已五年有半，一本沟通中缅文化，加强合作，增进友谊之旨积极进行。缅甸沦陷，滇缅公路畅通，中缅人士交往频繁，本会工作尚能配合实际情势，力谋开展，于沟通文化，敦进邦交，不无相当成果，曾奉社会部传令嘉奖在案。及至太平洋战事爆发，暴敌侵占缅甸后，缅甸政府及社会文化人士相率入印，联络不易，本会亦因经费关系，工作甚受阻碍，仅限于返国华侨之联络，侨生之救济，以及从事缅甸问题研究等。其尤足引为遗憾者，即当敌寇入侵缅甸领土，政治中心之仰光将陷时，本会曾计划邀请缅甸政府官员，僧王及文化知名人士撤退来华，成立流亡政府，用示患难与共之意，而于促进双方邦谊，收效必宏，惜因经费及其他关系，未获实现，仅缅甸妇女界领袖、本会缅籍副会长都弥亚辛偕同子女来渝。嗣亦因事去印，自兹迄今，本会工作，仅能维持现状。迩者缅甸收复，我国际通路重开，本会应致力之工作甚多，此后会务复将步入新阶段。兹再就以往会务情形，择要分述如次：

乙　文化交流方面

一、廿八年十二月廿一日，缅甸亲善访华团抵渝后，为沟通两国文化，敦进交谊，并加强合作起见，成立本会。廿九年一月，中缅两邦人士复于仰光成立缅中文化协会，以与本会声气相应，共同促进文化交流，当时缅甸新闻界为欲表示友好，并明瞭我国反抗侵略情形，特由全缅各著名报社记者组织新闻记者访华团，于廿九年十二月廿三日抵渝。该团之成立，由于本会及仰光缅中文化协会之促成，事先本会迭为函电洽促，来华后访问招待等程序，亦均系本会预洽排定。从此两邦之间，认识益深，情谊亦更进步。

二、两次缅甸访华团访华以后，中缅关系颇为各方所注意。本会乃发起筹组中国访缅团，从事报聘，以睦邦谊，经数月之筹议，于卅年八月正式组成，廿八日飞仰，计留缅十二日，备受热烈欢迎，于促进邦谊颇获良好成绩。该团自筹议时起以迄结束时止，正历时四月，在此期间，本会全部工作均以此为中心。

三、对缅派遣教授、交换学生、图书定为本会中心工作。因于卅年十月间聘送武汉大学化学教授徐贤恭先生赴仰光大学捷逊学院任教，惜因战局关系，为时仅及一学期，未能继续，而计划中对缅交换学生等事，亦未能实行。

四、仰光大学为缅甸唯一最高学府，本会为便于该校学生研究我国文化起见，特计划赠以图书一批，包含经史诗文等名著，所有书目图式等均经与上海商务印书馆洽定改装运送，嗣以战局急转，该校解体，故中止。

五、本会为培养缅甸语文人材，担任军事通译工作。自卅一年二月起，特开办缅甸语讲习班，请缅人宇巴格里讲授，每三个月一期，计共开办六期，听课学员达一百八十余人，于卅四年元月始行结束。

六、本会成立前后六年，中缅两邦朝野人士交往频繁，于促进中缅文化交流中，除经常工作外，其大者，计有廿九年七月招待缅籍名誉理事宇恩庆(Rerron、Kin)氏莅渝，同年九月介绍法舫法师赴缅讲经，十月与中印学会联合欢送戴院长赴缅印宣慰侨胞，并赞助中国佛教国际宣传步行队赴缅宣传，卅年一月与中英文化协会联合举行茶会，欢迎缅甸政府代表团，五月电请昆明分会代表欢迎缅督科克灵氏经昆返缅，六月与中英文化协会联合举行茶会，招待缅甸议会欧籍议员领袖纳尔逊氏来渝，八月欢迎仰光消防防空主任等来渝参观，以及于仰光沦陷后，招待缅甸妇女界领袖都弥亚辛偕同子女来渝侨寓等。

丙　宣传研究方面

一、自二十九年三月间起，本会与仰光缅中文化协会约定互相交换报纸展览，以利国际宣传，迄缅甸为敌侵据时始停止。

二、为使我国人士明瞭缅甸民俗起见，特于二十九年七月，自缅商借泼水节电影一节，在嘉陵宾馆举行茶会招待各界参观。

三、二十九年八月间，为鼓励缅甸人士研究我国问题起见，特与缅中文化协会联合在仰光举办中国问题论文比赛。

四、先后举办对缅讲演：计有廿九年十月十日杭立武秘书长为呼吁滇缅路开放，对缅甸人民广播讲演；十八日会长罗志希先生为滇缅路开放后中缅进一步合作事，特对缅甸人民广播讲演。三十年双十节，仰光缅中文化协会为表示庆祝我国庆起见，特请缅甸名流对我作广播讲演，本会亦于同时请国际广播电台对缅播送特别节目，以作响应。十一月十二日为缅甸国庆纪念，本会除致电申贺外，并请杭立武秘书长及前中国访缅团团员张维桢女士分别对缅广播宣传运动，特请名誉会长朱家骅、吴铁城、谷正纲、陈铭枢、张嘉璈、陈立夫、王世杰诸氏，分别对印缅广播慰勉之词。

五、本会为加强对缅宣传促进邦谊，曾就中国访缅团赴缅之便，请缅人宇巴格里来渝，专任缅语广播工作，自三十年九月起以迄于今，宇氏在国际广播电台工作至为努力，其对我国之热情，亦堪钦佩。

六、三十一年春，敌寇猖獗，大举侵缅，本会为呼吁缅甸人民与我军切实合作，奋起共同作战，以争取最后胜利起见，特于三月八日举办“缅甸日”运动，请党国名流莅会广播讲演，通电缅甸总督暨仰光市长，发布告缅甸民众书，并在国内各大报纸编印特刊，到会人士约八百余人，盛况空前，会场活动情形，由中央电影制片厂摄制成有声影片，在各处放映。

七、本会编译委员会曾主编《中南季刊》英文刊物一种，于三十一年十二月创刊，内容丰富，印刷精良，惜因经费关系，仅出一期即告停刊。

八、缅籍副会长都弥亚辛来渝后，特请其主持中缅问题座谈会，请有关人士出席讨论，先后计共集会四次。

九、本会鉴于我远征入缅军，因地域生疏，风俗习惯隔膜，影响作战实力，及缅甸华侨撤退回国，滞留于滇境者极多，因特派曾克念先生为驻滇西联络员，负责归侨与远征军之联络沟通工作，并组织缅甸地理风物研究委员会，以研究所得，提供军事当局参考，同时编印入缅须知一种，散发官兵，备为入缅作战时之向导；又为解决部队语言隔阂困难，特自东南各地招集缅甸返国青年学生，开办译员训练班，结业后担任随军翻译工作，曾君兼任主任，成绩甚佳。

丁　联络归侨方面

一、缅甸沦陷后，侨胞返国后寄寓渝市者颇多，本会秘书处特设联络部请归侨欧阳治先生为主任，以与侨胞取得密切联系。

二、侨生返国后，因人地生疏，复学颇感不易，本会为呈准教育部分发大中学入学者甚多。

三、本年四月间缅甸战局即已好转，侨胞多作返缅复员准备，惟以入境交通外汇等问题，一时不易解决为虑，本会第九次理事会议特决定有关各部代为吁请积极设法，并筹谋救济。

戊　一般活动方面

一、廿九年六月电慰名誉会长宇巴伦氏赴印度各地为我国作国际宣传。

二、廿九年七月电请英缅朝野人士主持正义，督促政府停止滇缅公路禁运之决定。

三、廿九年八月电贺仰光《中国新报》创刊周年纪念。

四、廿九年九月函仰光各方发动征求伤兵之友运动，并征募药品及救护器材。

五、廿九年十一月介绍缅甸国访华团及尼赫鲁氏访华影片运缅公映。

六、三十年十一月廿三日电贺缅甸民族复兴节。

七、三十年四月十六日电贺缅甸新年泼水节，并发动重庆市各国际文化团体致电庆贺。

八、三十年十二月为太平洋战争爆发，电仰光《太阳报》，前缅甸亲善访问团及新闻记者访华团，促进中缅互援。

九、三十一年元月汪竹一赴仰，代表本会对缅邦友人及侨胞宣致慰问之意。

十、本会主办四月份文化界国民月会。

十一、罗卓英将军指挥远征军作战，卓著勋劳，本会于六月间特举行欢迎茶会，并请罗将军即席讲演缅战经过。

十二、本会联合各国际文化团体，于六月四日举办“联合国日”庆祝大会。

十三、本会于十月间担任文化劳军运动委员会东方组组长，协助文化劳军事宜。

十四、卅二年三月本会名誉理事李文珍先生赴印，特举行茶会欢送。

十五、五月罗会长出使新疆，特举行茶会欢送。

十六、罗会长因公于十月间返渝，本会特举行茶会欢迎，并请即席讲演新疆观感。

十七、三十三年二月成立饮食部，便利会员食用。

十八、本会联合各国际文化团体于四月间举行访英团返国欢迎茶会。

十九、十月间联合侨胞团体致电慰问军校侨生，编队出战。

〔国民党中央宣传部档案〕

7. 回教南洋访问团马天英抄报中马文化协会章程及执事名单致教育部翁之达函

（1941 年 3 月）

(1) 马天英致翁之达函（3 月 6 日）

今晨在海外部开会，研究关于中马问题，领教极多。兹将敝团在马来亚所组织之中马文化协会（星洲）章程一份及其执事名单一份抄来，以资参考。此致

翁之达先生

马天英

三月六日

附抄中马文化协会章程

第一条　定名

本会定名为马来亚（星洲）中马文化协会。

第二条　宗旨

本会以提倡研究中马文化，及促进两民族交际往来，藉以策动及增进两民族间之感情为宗旨。

第三条　会员

会员分为两种：一、普通会员：凡操行良好，年二十一岁以上者，均得为普通会员；二、名誉会员：任何人等经本委员会议认可者，得被推为名誉会员，名誉会员豁免缴纳入会费及年费，无投票及任职权利，但得享受本会其他利益。“会籍之终止”，会籍得因下述情事而终止：一、会员以书面通知谓愿退会者；二、会员大会对有不良行为之会员书面通知取消其会籍者，不良行为包括任何对于本会利益及名誉有碍之行为。此项通知，须得会员大会三分之二之赞成方为有效。

第四条　政治、宗教意见及关系

本会不得过问政治，并不得作有宗教色彩之讨论行为与活动，以免引起任何民族反感之情态。

第五条　附属规则〔原缺〕

第六条　理事会

本会由理事会办理会务，理事名额定二十六名，正会长一名，由一华人或由一回教徒〔担任〕，隔年遴任，其任期为一年；副会长二人，由华回民族各一人充任；义务财政一人，由一华人或一马来人隔年遴任；理事二十名，华人及回族各十名；义务秘书二人，一为华人，一为回族。理事会每年由大会遴举，并得自行补选其缺额。

第七条　职员责任

一、正会长任各项会议主会；二、正会长不在时，出席之副会长或理事一人当代行正会长职权；三、秘书职务为保管会议纪录，会员册籍及其他文件，并发出会议通告等；四、义务财政，负责保管一切会款，每月向理事会报告账目，并向常年大会提出报告。或理事会邀请时，亦须为之，理事退任时，须将其保管之会款账簿及其他财物移交继任人或会长。

第八条　会议

大会年会于每年三月底以前举行，理事会会议最低限度每两个月举行一次，“法定人数”大会定额为全体会员四分之一，或满二十五名，理事会定额为全体理事四分之一；“开会通知期间”大会，须于开会前十日通知，理事会则于五日前通知，经会员十人之请求得召开会员大会。

第九条　委员会

理事会得派一委员会及其他从事研究或实施理事会所决定事项之委员会。

第十条　财政

“稽核”，所有数目均须加以稽核，然后提出年会中查账员，由理事会委任，稽核工作有于每年间任何一时期为之，财政除零用外，须存放所有会款于理事会指定之银行，票据支付须得理事会之核准，并由财政及一负责办理之理事签字，每年十二月三十一日为财政年度之终结。

第十一条　入会费、会费

准予入会之会员，须纳入会费三元，并各年纳会费二元，各费概须预纳。

第十二条　修订

本章程除大会或特别大会外，不得加以修订，该项大会之召集，须于最低限度整十日前通知，并附修正案全文。

中马文化协会职员名单

正会长：林文庆

副会长：林庆平

秘　书：王盛治

理　事：李光前　林文田　曾纪辰　黄伯权　林谋盛　林福生　石焕章　林忠邦　周炳炎　黄树芬

(2) 教育部致马天英笺函(3 月 10 日)

教育部笺函

敬启者：此次先生主持回教南洋访问团出国访问，历时一年有半，对于侨民教育，颇多贡献，深为钦佩。侧闻新加坡、怡保及槟榔屿均设有中马文化协会，即希将各该会情形及负责人员姓名详示，以凭参考，毋任感荷。此致

马天英先生

中华民国三十年三月十日

〔国民政府教育部档案〕

〔五〕民俗、尊孔与战时文物古籍损失

（一）改良民俗与尊孔①

一、战时的民俗改良

1. 内政部礼俗司向国民党五届六次中央会议提出的工作报告稿

（1939 年 10 月 26 日）

（一）修订服制，倡用短装

本部前以现行服制条例系十八年四月公布，施行以还，窒碍尚多，而原条例对于民间常服并无规定，为适应事实及便利推行起见，经由部组织服制讨论委员会，并收集材料，参考有关章则，拟具修正草案共五章二十九条，附图十八，其内容注重：（一）简单庄严；（二）经济合用，而于常服制服礼服，互相联贯；（三）富有弹性；（四）限用国货。又以现值长期抗战，全民动员之际，采用短服已成普遍要求，草案内尤特加以提倡，以振发国民尚武与勤奋之精神。当于本年一月十九日具呈行政院请予核转立法院审议，同年七月二十一日行政院召集关系机关开会审查一次，现尚在核夺中。再本部第二期战争时行政计划列有"改革服制，倡用短装"一项，拟候前项修正条例公布施行后切实推进，以资整饬而肃观瞻。

（二）督促推进国民工役〔略〕

---

① 本件是原报告稿中节选的有关章节。

（三）办理褒扬奖〔略〕

（四）推行公墓制度

我国建坟造墓，使用土地漫无限制，而浮厝浅葬更属有碍卫生。当此抗战期间亟应推广公墓制度，以期革除人民迷信观念，节省土地，注重卫生，迭经本部咨行各省市政府饬属遵照院颁公墓暂行条例，普遍设置。最近复于十月二十四日通咨各省市对于各地业已筹设公墓者，立即饬令依照条例规定，呈转备核；未设置者，迅即认真筹办，并将办理情形具报，其有私人设立者，一并汇报，以凭查考。又以条例规定各省政府、院辖市政府应另定补充办法，间有少数省市尚未拟送，经一并咨行，迅即拟订报部备案。

（五）取缔不当娱乐（整饬社会生活）

我国一般社会生活，间少正常准则，值兹发动国民精神总动员之际，亟应整饬，以资振奋。同时，并提倡正常娱乐，取缔不当娱乐，藉以潜移默化、敦风厚俗之效，业经本部拟具整饬社会生活、取缔不当娱乐实施办法大纲草案，其内容以养成个人良好习惯为对象，以确定社会正常生活为依归，参照国民精神总动员纲领中国民精神生活改造原则、新生活运动信条以及本部历年颁布改善礼俗之关系法制令典，厘订社会生活准则十款，共附子目六十六项，公私生活、精神物质皆所兼顾，规定应行取缔之不当娱乐八款，一面并提倡正当娱乐，以资代替。同时对于实施机关与监督机关之权责及实施步骤、方法等，亦均为明确之规定。此项草案已于二十八年九月九日呈送行政院，现尚在核夺中，俟奉核定，即行通咨省市政府饬属遵办，期于国民精神之改造，以达成整个社会生活之向上为目的。

（六）审订抗战歌曲

自抗战军兴，坊间流行之各种抗战歌曲为数甚多，业由本部收集是项歌曲六百余种予以审查，制定审订计划，规定标准。歌词方面以思想纯正，含义深长，且能鼓励抗战意义，发扬民族精神者为准则；乐谱方面以音调雄壮，情绪激昂，并与歌词内容融合无疵者为准则，先就各曲内容作一总检讨，并为便利初审复审工作起见，编列名称索引，印就审订表，分别应用。同时，并与教育部商定恢复乐典编订委员会(该会自抗战发动，经费奉令停发，工作无形停顿，即由该会负责复审，现初审工作大致完成，候第二步复审完毕后，如其中有应行修改之处，饬由原著作人或原发行人加以修正，其或内容荒谬需加取缔者，应即禁止流行，并拟选印最优良者若干首，分发全国各地采用。其中词意严正，足以发扬民族精神者，并拟与历代先哲所撰爱国词曲辑为民族正气歌谣，以资流传。

（七）保存古物文献
（八）督促各地普设忠烈祠 〔略〕

（九）查禁邪教及神权迷信

邪教惑人，久未例禁，值此抗战期间，尤应加紧取缔，以遏乱萌而维治安。国民参政会第三次大会建议，利用战时教育文化法令，查禁社会群众之神权迷信与劫数运命之宣传一案。本部转奉院令，饬即严密注意，当以原案用意在坚定抗战必胜、建国必成信念，肃清悲观颓废、迷信谬误之宣传，自应积极注意办理，经于本年五月十七日通行各省政府依据《抗战期间图书杂志审查标准》及《违禁罚法》，对于刊载传播之迷信传单，饬属随时严密取缔。旋准浙江、江西、江苏、宁夏、甘肃、青海、山东、山西、广东、广西、湖北、湖南、贵州、河南、陕西、云南、四川、安徽十八省省政府先后咨复，已饬属随时查禁，并由本部拟具《加强查禁社会群众神权迷信办法》，亦于本年八月四日呈院核准，于九月五日公布施行，通咨饬遵。又，川北各县前曾发现邪教组织，另由本部专案咨请四川省政府严密取缔。

（十）调整宗教团体与举办回教寺院总调查

查全国宗教团体为数甚多，自抗战发生，各团体之工作陷停滞状态，自应分别加以调整。佛教团体因其势力最大，故调整中国佛教会尤为切要。溯自京沪沦陷，该会留沪迄未西迁，以自后方各省佛教团体无人领导。该会理事太虚等呈请在渝设立办事处，以资补救，经本部与中央社会部迭次会商，佥以此案关系重大，必须慎重处理，免启纠纷，曾于本年一月二日电饬该会限期迁渝办公，迄无复电，复经两部往返妥商，拟暂准在重庆设立办事处，俟办事处正式成立后，督促负责切实改进会务，并对各省佛教团体彻底整理。又，中国佛教会章程前经本部修正备案，业亦于本年八月十八日通行各省市查照。

（十一）推进社会福利及服务事业〔略〕

〔国民政府内政部档案〕

2. 内政部关于重颁禁止妇女缠足办法呈及行政院批

（1939年10月—1940年1月）

（1）内政部礼俗司签呈（10月21日）

谨签呈者：准秘书室函：以俟科员淠耿、办事员兆熊，视察云南湖北报告，各地仍有妇女缠足恶习。奉批：交本司办理。等因。查女子缠足，为最大恶习，损害肢体，影响民族健康，关系至巨。第二次国民参政会，关于动员妇女参加抗战工作案，建议政府切实查禁。本部于十七年间，颁有禁止妇女缠足条例，通行各省市政府饬属查禁。惟察核各省市工作报告，妇女缠足多未完全禁绝，而原订条例颁行已久，关系法规，多所变更，条文内容亟须加以改订，业经本司拟具修正草案，拟俟修正案呈院核准公布后，通咨各省市严切禁止。兹谨缮具修正草案一份，签请鉴核示遵。谨呈

部长周

附呈修正草案一份、原条例一份

礼俗司　谨签

十月二十一日

禁止妇女缠足办法草案

第一条　各地方禁止妇女缠足，依本办法之规定。

第二条　本办法之执行机关，各省为县市政府，院辖市为市社会局。

第三条　禁止妇女缠足，应分期办理，以六个月为劝导期，六个月为解放期。

第四条　各县市政府、院辖市社会局于奉到本办法后应即规定劝导解放期间，连同本办法公告周知，并督饬所属乡镇公所，责成保甲长调查缠足妇女，分保分乡镇列表登记递报执行机关查核。

前项登记表式，由执行机关定之。

第五条　十六岁以下之妇女禁止缠足，已缠者在劝导期届满后应即解放。

十七岁以上二十五岁以下之缠足妇女，在解放期内逐渐解放。二十六岁以上之缠足妇女，劝令解放，不加强制。

第六条　在劝导期间，执行机关应随时遴派天足女检查员，会同各乡镇公所，按照调查表，施行检查。对于缠足妇女或其家属，于每月开保民大会时按户剀切晓谕，劝令解放。

前项女检查员，得由各学校女教师充任之。

第七条　依第五条第一项禁止缠足之幼女新缠或已缠而在劝导期届满后尚未解放者，执行机关应即处其家长五元以下之罚锾，仍限期一个月解放之。

依同条第二项应行解放之缠足妇女，在解放期届满后尚未解放者，执行机关应即警告其家长或本人，仍限两个月解放之。

执行警告，须以书面为之。

第八条　前条第一项所定限期届满后，仍未解放者，执行机关应处其家长五元以上十元以下罚锾；第二项所定限期届满后仍未解放者，执行机关得处其家长或本人五元以下之罚锾。均由女检查员强制解放之。

第九条　经前条处罚解放后仍行缠足者，应由该管保甲长随时督令解放。

第十条　各执行机关办理禁止妇女缠足，得会同当地各法团、学校设立妇女放足运动委员会，以妇女团体代表为主任委员，其组织简章由执行机关订定之。

第十一条　查禁妇女缠足人员如办理得力，执行机关应酌加奖励。对于保甲长，并依照非常时期保甲长待遇及奖励办法核奖。如措置乖方，或有骚扰情事，应即严予惩处。其涉及刑事范围者，并应送司法机关依法办理。

第十二条　各执行机关应将办理情形，随时详报上级机关转报内政部查核。

第十三条　依本办法收入之罚锾充作办理禁止妇女缠足经费，由执行机关于年度终结列表公布。

第十四条　本办法未规定事项，得由各省政府、院辖市政府另订补充办法，咨报内政部备案。

第十五条　本办法公布后，前颁禁止妇女缠足条例废止之。

第十六条　本办法自公布日施行。

(2) 内政部致行政院呈(12 月 19 日)

内政部呈　渝礼字六九七号

查女子缠足为最大恶习，损害肢体，影响民族健康关系至巨。国民参政会第二次大会关于动员妇女参加抗战工作案，建议政府切实禁绝。本部于十七年间颁有禁止妇女缠足条例，通行各省市政府饬属查禁。惟察核各省市工作报告及本部派员分赴各省视察结果，妇女缠足尚有多处未曾完全禁绝，尤以西南西北边僻县市为甚，而原条例颁行已久，关系法规多所变更，亟须改订，以期周密适用。业经本部拟具禁止妇女缠足办法草案，是否有当，理合缮具草案，备文呈请钧院鉴核，指令祇遵。谨呈

行政院

附呈禁止妇女缠足办法草案一份〔略〕
中华民国二十八年十二月十九日

(3) 行政院指令(1940 年 1 月 2 日)
行政院指令　阳字二四号

令内政部

二十八年十二月十九日渝礼六九七号呈，拟具禁止妇女缠足办法草案，请核示由。

呈件均悉。查女子缠足，早已悬为厉禁，倘各地方政府能将缠足之害明白晓谕，则此项陋俗自不难彻底革除。无另订办法之必要。仰即通行各该省政府一体注意，切实办理。此令。

院　长　蒋中正

中华民国二十九年一月二日

〔国民政府内政部档案〕

3. 安徽省政府检送改良风俗规则致内政部咨

(1940 年 3—6 月)

(1) 安徽省政府致内政部咨(3 月 2 日)
安徽省政府咨　民济字第二九二八号

案准贵部本年二月五日发渝礼字第零一四七号咨送禁止妇女缠足条例，嘱查照饬属遵办，并将所属办理经过报部，以资查考等由。附送禁止妇女缠足条例一份。准此，查禁止妇女缠足，本府于二十八年九月以江民济代电颁发之改良风俗规则第六章卅七、卅八、卅九三条亦已有明文规定。准咨前由，除转饬遵办具报，并将各县办理经过情形容后汇转外，相应检同本省改良风俗规则一份，咨复查照为荷！此咨
内政部

附送安徽省改良风俗规则一份

主　席　李品仙

中华民国二十九年三月二日

安徽省改良风俗规则

第一章　总则

一、本规则以实行国民精神总动员纲领，改正醉生梦死之生活，养成奋发蓬勃之朝气，铲除一切不良习俗，增加抗战能力为主旨。

二、一切不良习俗之取缔，除法令另有规定外，悉依本规则办理之。

三、各县奉到本规则后，即转发所属，并饬各保长将本规则缮贴保公所外，于开保民大会时向民众详为解释，但仍应随时督饬，切实执行。

四、违反本规则之处罚，由县政府及警察机关执行之，其情节较轻者，由县政府决定处罚后得交乡镇长执行，所收罚款按月汇存财委会作为地方公益费用，非经呈准不得动支。

五、对于本规则如有重犯者，加倍处罚。

六、各县政府依照本规则处罚所得之罚金，应随时掣给收据，并于月终将所罚案件情形造具月报表，检同罚金收据联单，呈送省政府备案。月报表及联单样式另定之。

第二章　婚姻

七、订婚礼物最多不得超过国币十元，结婚礼物（聘金在内）最多不得过国币一百元，礼物妆奁均应采用国货。

八、凡遇婚嫁来宾致送礼物至多不得过国币二元，主人不得回答礼物。

九、婚嫁之家款待来宾以茶点为主，如设酒席，以乡村每席不得过国币三元，繁盛城市每席不得过国币六元。

十、男子未满十七岁、女子未满十六岁，父母不得为之订婚。

十一、男子未满十八岁、女子未满十六岁，不得结婚。

十二、凡婚事不得闹房。

十三、禁止育养童养媳等，郎媳在本规则未颁行前已有之童养媳等，郎媳应即送还母家，如无母家者，育养者报由所管乡（镇）保长转报县政府设法救济，如隐匿不报，由乡镇保长查明呈报县政府处理。

十四、寡妇再醮，其前夫家不得阻挠，并不得索取身价。

十五、嫁女之家，不得以婢女陪嫁。

十六、违犯本章各条之一者，处以十元以上百元以下罚金。

第三章　丧祭

十七、凡丧葬所需衣衾棺木等物，由当事者量力购置，但最多不得超过银二百元。

十八、死者入殓，除衣衾各物外，不得附用各种珍玩物品。

十九、丧家不准雇用僧尼道巫作法事。

二十、丧家或吊客祭品，以香烛蔬菜为限。

二十一、吊唁如送挽帐，须用廉价之土布或纸张。如送奠仪不得过国币二元，但援助丧葬致送奠仪者不在此限。

二十二、丧家接收奠仪等物，得用回帖致谢，不准回答银钱或物品。

二十三、丧家停柩在堂，以速葬为主，不得过五日，如有故障，城市应向县政府、乡村应向乡镇公所报请展限，但仍不得过一个月，并禁止浮厝郊外。

二十四、寄居客死未及归葬者，得于郊外筑殡室暂厝，但不得过一年。

二十五、丧家对于吊客，如有留餐，须力求节俭，应用素食。

二十六、违犯本章各条之一者，处以五元以上五十元以下之罚金。

第四章　生寿

二十七条　凡生产子女，外家致送礼物不得过国币十元，戚族邻友不得过国币二元。

二十八条　年满六十始得举行庆寿，如设筵宴客，乡村每席不得过国币三元，城市每席不得过国币六元。

二十九、来宾贺寿礼物，每人不得过国币二元。

三十、凡冥寿一律禁止宴客及送礼物。

三十一、违犯本章各条之一者，处五元以上一百元以下之罚金。

第五章　蓄养奴婢

三十二、凡非雇佣关系之奴婢，不论以买卖赠与或慈善关系而蓄养者，均一律禁止之。

三十三、在本规则未颁行前已蓄养之奴婢，应立即解放，其解放后无家可归者，应报由保公所按级转报县政府设法救济。

三十四、凡十二岁以下之男女均不得为雇佣，如属无家可归之难童，应送由县政府设法救济。

三十五、违犯本章各条之一者，处以十元以上百元以下之罚金。

第六章　蓄辫缠足

三十六、凡男子不论老幼一律禁止蓄辫，如已蓄辫者应即剪剃，违者处以一元以上十元以下之罚金，处罚后仍须强制执行。

三十七、妇女亦应一律劝导剪发，但不得强制。

三十八、凡妇女一律禁止缠足。

三十九、在三十岁以下之妇女，如已缠足者须立即解放，在三十岁以上者，得劝令解放，但不加强制。

违背本条规定者，处罚其家长或本人一元以上十元以下之罚金，并令其即时解放。

第七章　卜筮星相巫觋堪舆

四十、凡卜筮星相巫觋堪舆及其他传布迷信为业者，一律禁止，由各县政府、各乡（镇）保公所于奉到本规则后转饬改营正当职业，违者处以十五元以下之罚金。

四十一、各地方书局、书店出版或贩卖关于卜筮星相巫觋堪舆等类及其他传布迷信之书籍小说等，一律禁止，并没收焚毁。

四十二、凡用卜筮星相巫觋堪舆人等祈禳占卜者，处以二元以上五十元以下之罚金。

第八章　陋俗

四十三、不得迎神建醮，违者没收其所醵集之捐款，并将首事及僧道处十元以上百元以下之罚金，僧道之法衣法器一律没收。

四十四、不得奉祀谣祠及送鬼完愿，违者处二十元以下之罚金。

四十五、不得穿耳束胸，违者处以二十元以下之罚金。

第九章　服装

四十六、本省民众不分职业性别，凡年在五十以下者，平常应一律穿着短装便服，质料应用国货，颜色不拘，但在抗战期间，为减少空袭目标，所有红白等鲜明颜色，暂勿采用。

第十章　附则

四十七、本规则如有未尽事宜，由省政府修改之。

四十八、本规则自公布日施行。

(2) 内政部致安徽省政府咨(4 月 29 日)

内政部咨渝礼字第〇五五九号

准贵省政府二十九年三月二十五日民济字第二九二八号咨，检送安徽省改良风俗规则一份，嘱查照等由。查原送规则第二章第七条"装奁"之"装"字，似系"妆"字之误。同章第十、第十四条，应改为："寡妇再醮，应依照民法第九、八、七条规定，再醮时其前夫家不得阻挠索取身价"。又查公文法令内避用"奴隶"字样，以正国际观听，前准外交部函据国联代表办事处呈请注意，经本部于二十五年五月九日，咨行各省市政府查照有案。原规则第五章内奴婢字样，均应改为婢女。又原规则及附表内所称"罚金"，应改称"罚锾"。除

将原件存留外，相应复请查照。再本规则施行后之成果并请于年终汇案报部，以凭考核。此咨

安徽省政府

中华民国二十九年四月二十九日

（3）安徽省政府致内政部咨（6月28日）

安徽省政府咨　民济字第三〇二〇号

案准贵部本年五月一日渝礼字第〇五五九号咨，以检送本省改良风俗规则第二章第七条及同章第十四条、又第五章等条及原规则及附表内所称罚金均应改正，并嘱将本规则施行后之成果于年终汇案报部，以凭考核等由。准此，除照改并转饬各县遵照办理外，相应复请查照。此咨

内政部

主　席　李品仙

中华民国二十九年六月二十八日

〔国民政府内政部档案〕

4. 云南省政府检送严禁妇女缠足办法致内政部咨

（1940年8月3日）

云南省政府咨　民贰二字第六九号

案准贵部二十九年六月二十六日渝礼字第〇八二七号咨，请补送云南省严禁妇女缠足办法一份。等由。准此。自应照办。相应抄同办法咨请查核备案。此咨

内政部

计抄送云南省严禁妇女缠足办法一份

主　席　龙　云

中华民国二十九年八月三日

云南省严禁妇女缠足办法

第一条　本省政府为限期禁绝妇女缠足起见，除遵照民国政府颁行之禁止妇女缠足条例办理外，特定本办法以促进之。

第二条　本办法由民政厅会同教育厅督饬各市县政府执行之。

第三条　严禁妇女缠足应分期办理，从本年四月起，以三个月为劝导期，三个月为解放期，三个月为检查期，限至本年年底一律禁绝。

第四条　未满十五岁以下之幼女，未缠足者不准再缠，已缠足者应立即解放。

第五条　十五岁以上二十五岁未满之妇女，缠足者应依第三条所定之限期，一律解放。

第六条　二十五岁以上之妇女缠足者，仍劝令解放，但不加强制。

第七条　凡居住本省境内之男子或家长为卑幼议婚或本人自主者，均应互相劝戒，勿得聘聚缠足未经解放之女子为妇，其订婚在禁令以前者，应由男家之家长或本人劝告女家立即解放，以期共同破除恶习。

第八条　在劝导期内，各县市政府应设劝导专员，饬由区长及以次之各地方当事人会同警察挨户劝导。

各法团各学校得组织放足会，辅导进行，其各校女生如有业经缠足尚未解放者，应由学校勒令提前解放，以资倡导。

第九条　于解放期满后，各市县政府遴派女检查员协同警察与区长及以次之各地方当事人施行严密之检查。

第十条　凡未满十五岁之缠足幼女，于劝导期满后仍未解放者，由各市县政府查明处罚其家长一元以上十元以下之罚金（系现金），仍限于一月内劝令解放。

已聘未嫁之缠足幼女，查明如男家未经劝告解放者，应一并处罚。

第十一条　凡十五岁未满之缠足妇女，于解放期满后仍未解放者，由各市县政府查明处罚其家长或本人一元以上五元以下之罚金（系现金），仍限期勒令解放，其限期至多不得过两个月。

第十二条　前二条限期届满后仍不解放者，应依第十一条之规定加倍处罚，并由女检查员强制解放之。

第十三条　劝导检查各员与区长及以次之各地方当事人，如有劝导不力，检查不实，甚至措置乖方者，应由各市县政府查明分别予以惩戒处分。

其有骚扰索诈行为者，除惩戒外，应受刑事处分者，依刑事法规之规定。

第十四条　劝导检查各员与区长及以次之各地方当事人办事确有成绩者，由各市县政府查明呈请民政教育两厅核予奖励。

第十五条　凡邻居有互相劝导之责，如左右两邻发现未满十五岁之缠足幼女或十五岁以上二十五岁未满之缠足妇女，劝导解放无效而徇隐不先举发者，迨检查出时，其左右两邻应受连带之处罚，如劝导确有成效者，亦应酌予奖励。

各市县地方如已编成邻制者，其责即归邻长。

第十六条　各市县政府应按期将劝导解放检查情形，呈由民政教育两厅考核转呈省政府备案。

第十七条　各市县政府按期所处罚金，均作为禁止妇女缠足办公之用，其收支数目及被罚人姓名，应列表就地公布人民周知，并呈由民政教育厅查核，转呈省政府备案。

第十八条　本省政府于检查期将届满时，遴派专员分赴各市县地方调查该管境内缠足之风是否确已禁绝，据实报告，以凭分别奖惩。

第十九条　各市县地方官如阳奉阴违，迨禁绝期满，该管境内仍发现十五岁未满之幼女或十五岁以上二十五岁未满之妇女缠足未经解放者，予以从严议处，即便业经卸任，仍勒令在原市县地方自备资金向各处宣传劝导，必须俟后任呈报禁绝时方准解除责任，以为玩视功令者戒；其能热心任事提前禁绝者，查明属实亦予从优奖励，用资观感。

第二十条　各设治局地方亦适用本办法之规定。

第二十一条　本办法如有未尽事宜及应加修改之处，随时以命令行之。

第二十二条　本办法自公布之日施行。

内政部咨　渝礼字一〇八一号

准贵省政府二十九年八月三日民贰字第六九号咨，补送云南省严禁妇女缠足办法一份，嘱查核备案等由。查原送办法，核与禁止妇女缠足条例尚无不合，惟第八、第九两条内“市县政”下均漏一“府”字，除代为添注备案外，相应复请查照。此咨

云南省政府

中华民国二十九年九月十二日

〔国民政府内政部档案〕

5. 教育部检送全国国民体育会议关于厉行禁止早婚以健强民族案致社会部公函

（1941年2月20日）

教育部公函　字第六五三三号

径启者：本部于二十九年双十节举行之全国国民体育会议，提案中关于禁止早婚案二件，均经大会决议由本部会同有关机关商订办法在案。除俟订期邀请各有关机关会商进行外，相应检同该项决议案二件，函请查照为荷！

此致

社会部

附送决议案二件

中华民国三十年二月二十日

请厉行禁止早婚条例以健强民族案二件

一、理由

1. 国民体力衰弱，非禁早婚，无以优生。

2. 无强健之国民，则不能担荷建国之重任。

二、办法

本案由教育部送请内政部、卫生署会同商定禁止早婚法规，呈请颁布施行。

请政府严禁早婚，规定身体过于衰弱者与有暗疾者之男女不准结婚，并不得参加各种考试案。

理由：（略）

大会决议：由教育部会同有关机关订定详细办法，呈请中央通令施行。

〔国民政府社会部档案〕

6. 河南省政府抄送查禁民间早婚溺婴暂行办法致内政部备案咨

（1941年3月4日）

河南省政府咨　民二洛字第五五一号

案准贵部三十年二月五日渝民字第〇四二八号咨，嘱将河南省查禁民间早婚溺婴暂行办法送部备查等由。准此。查该项办法系于二十八年四月三日以本府民二字第〇四三号训令通饬施行在案。兹准前由，相应抄同原办法，咨请查照为荷！此咨

内政部

计抄送河南省查禁民间早婚溺婴暂行办法一份

主　　席　卫立煌

中华民国三十年三月四日

河南省查禁民间早婚溺婴暂行办法

一、本省政府为保持民族强健繁荣，改革恶习，特制定本办法。

二、查禁早婚溺婴，应由县政府督饬各区区长、保甲长随时劝诫查禁，认真办理。

三、男女结婚年龄，应依民法规定，男满十八，女满十六岁。

四、结婚应先期报告保甲长、联保主任，转报区长考查是否已达法定适婚年龄，如未届结婚年龄者，转报县政府勒令延期举行，并得依保甲条例第三十六条处其男女两方家长三十元以下之罚金。

五、妇女生产后该家长应将所乳子女于二十四小时内报请保甲长登记。如未报告，经查明无故溺毙其子女者，依照刑法第二百七十四条规定举发治罪，并得罚其家长三十元以下之罚金。

六、贫民生育子女过多无法育养时，得于生产后报请当地保甲长或警察局送入儿童保育机关代为抚养。

七、第四、第五两项所定罚金，应由县政府分别执行，缴交财务委员会保管，备作查禁、早婚、溺婴办公及补助保育儿童机关经费之用。

八、各区联保主任、保甲长，如查禁不力或隐匿不报者，受连带处分。

九、男女结婚年龄、早婚罚则、溺婴罚则，统应明白规定于保甲规之约内，公布周知，并由县政府先期切实宣传。

〔国民政府内政部档案〕

7. 内政部为调查民间婚俗情形及原因致各省政府公函

（1942 年 9 月 30 日）

内政部公函　渝礼字第一二五六号

查男女结婚，依照民法所定，男须满十八岁，女须满十六岁，未成年人之结婚，并须得法定代理人之同意，良以发育未全之青年男女，遽许结婚，不特有害当事人自身之健康，而于民族优生，影响实巨。故男女未届结婚年龄，不得结婚，虽已届结婚年龄，而犹未成年，仍应由法定代理人考察其身体发育程度，予以同意，方可结婚。法律规定，至为周备。乃国内早婚陋习，所在多是，穷乡僻壤，此风更盛，国民体格，寖假日衰，亟应详订办法，严加限制，渐图革除。惟民间早婚，或因文化关系，智识未开，或因宗法观念，嗣续攸关，或以家庭教养无方，或以社会习惯使然，究其由来，未必尽同。自宜由县市政府就地分别切实查察，明其原因，举其事实，开列过去状况，现时情形，并敷陈限制意见与查禁方法，径报本部，或呈省核转，以资参考。除分函外，相应函请贵省政府查照，转令所属遵照，并希将饬办情形，先行见复，至纫公谊。此致

各省政府

中华民国三十一年九月三十日

〔国民政府内政部档案〕

8. 国民党中央组织部转房栋人建议通令全国严禁早婚案致内政部公函

（1941 年 4 月 9 日）

中国国民党中央执行委员会组织部公函　信重军字第七一五四号

据第九十四军特别党部训字第五十三号寅支党训代电称：据本部工兵营党部指导员李翩报称：窃据本部党员房栋人报称：窃

以一国之盛衰全系国民体魄之强弱，战争之成败莫不基乎员兵之心志，此人人所共知。第以吾国军民体格不强，心志薄弱者殊属不鲜，推其原委，不能不归咎于男女早婚之风。爰自征兵之例，重兴国人，无不令其儿孙早婚立户，冀免兵役，且以一旦难逃征选，则儿孙婚已早完，续嗣不虑，此虽全国一见，而以鄂西尤加，十三岁以下之儿童完婚者比比，似此发育未完之稚子，即令若早成婚，待至兵役及龄焉能求其体壮，虽即勉强选录，则闺中少妇之思又焉能使其安心度日，环顾各部逃亡多病之兵卒，莫不以此为主因。似此不加限制，一正民气，岂徒人种日衰，即对目前抗战影响亦巨，长此以往，何堪设想。愚见若是，昧昧刍荛，深中肯綮，代维垂鉴等情。据此，查抗战期间生聚亦属要义，但未及龄男子因被征兵役而提前早婚，似应限制。兹据前情，理合呈请鉴核等情。查童年早婚，对于身体生育两有妨害，不啻自行残杀，殊为法律所严禁，尤其藉此以别立门户，冀免兵役更为现行兵役法所不容许。除指令外，理合据情转呈恳予通令全国严厉取缔，以正风俗而维国本等情。据此，除令复准予函转内政部核办外，相应函请查照核办为荷。此致

内政部

部　　长　朱家骅

中华民国三十年四月九日

〔国民政府内政部档案〕

9. 福建李纲关于改良农村早婚与家长包办婚姻陋习事致内政部条陈

（1942年9月13日）

原夫社会国家之基础奠于家庭，而家庭组织之健全与否，胥为社会隆污、国家治乱之所系。考家庭组织健全与否之原因，乃肇始于构成家庭主体之两性结合——婚姻制度——的合理与否以为

断。吾国在昔专制时代，蔑视女性之意志与人格，男女地位，大相悬殊。洎乎国父孙总理领导革命，推翻专制政体以后，乃确认两性之平等，列为国民党对内政策之一。国民政府建都南京后，更将男女平等原则具体表现之于法律，立法院厘订民法亲属婚姻章以为两性结合之准绳焉。二、三年前，上海、北平等市为节省婚礼靡费起见，曾提倡集团结婚，实行之后，各地相率仿效，用费经济，仪式隆重，洵为吾国近年通都大邑改良婚制、提倡健全新家庭的好现象也。但试一回顾风气闭塞之广大农村，尚普遍保留着不合理的旧式婚制，仍以父母之命媒妁之言为构成婚姻关系的唯一依据，而结婚当事人——新郎新妇——无论已否成年，对切身的婚事，均少发表本身意见之余地，一般富户大家之家长，欲求子孙迅速繁衍，率皆提倡早婚，甚有使未足十三岁之儿童与二十岁以上之女子成婚者，以故结婚后夫妻不睦者时有所闻，家庭因之呈不安现象，而农村社会又极端反对离婚之举，因此双方虽毫无情感可言，仍须勉强维持夫妻关系，试问如此不健全、不和乐之家庭，何能产生和培育优秀的儿女，即使有性质优良儿女出生，而自幼受此不良家庭环境的濡染，亦必变为乖戾恶劣矣。此种乖戾恶劣之儿童，后来虽受良好的教育扶植，亦难尽变其不良习性，况吾国教育近年尚未发展至完善之境地乎?集大多数不良习性的人民而成的社会国家，欲其兴隆郅治，其可得乎？此农村中之专制式婚姻及早婚陋俗亟应改良者一也。

其次，农村中多喜墨守旧时遗留成规，凡属中等以上之家，遇有丧偶之妇女，不问其志愿与否，类多强制她为其夫守节终生，以博社会之赞誉，而此类妇女精神上如何苦恼则不顾矣。如有不耐苦守要求再醮者，往往被亲族乡党所不齿或诽谤，以致一般不幸丧偶妇女，为保持美誉计，不得不牺牲意志，吞声饮泣，勉强苦度终生，其生活兴趣，殆已索然，处境酷似人间活地狱，其凄悲抑郁之情况，诚非言语所能形容其万一也。同为血肉之伦，而丧偶之男子，则可不待亡妻骨肉寒冷即行另娶新妇，从未闻社会有责其再婚太速者。衡以男女平等之原则，宁非不平太甚。本党从事革命，原为扫除一切不平之现状，若不迅将农村社会主张妇女片面贞操，摧残妇女毕生幸福的守节旧习根本革除，未免辜负革命女先烈（如秋瑾等）及全国女同胞，且在此长期抗战建国之时，壮丁需要甚殷，人口补充綦切，中央诚予厘订一种法规，通令各省，特准失偶的少壮妇女有再婚权利，不许家长强制（如有少数失偶妇女因与其夫情深，自愿守志，不欲再婚者，亦听其自便）守节之明令，颁布施行，则对于长期抗倭之人口问题，必大有裨补，同时亦为彻底遵循国父提倡男女平等遗教的具体表现。此专制时代遗留于农村社会之妇女守节旧习亟应革除者二也。

右列两端，皆卑之无甚高论，然均为福建各县农村普遍之现状，特录之，聊供政治家作改革内政的参考耳。

中国国民党党员
前任福建省古田县 执行委员李　纲

三十年九月三十日

〔国民政府内政部档案〕

10. 察哈尔省政府报告该省民间早婚原因与限制意见致内政部公函

（1942年11月17日）

察哈尔省政府公函　民字第七五〇号

案准贵部三十一年十月十三日渝礼字第二三六二号公函嘱转饬各县府查明当地民间早婚原因，并详陈限制意见，以便参考。等由。准此。查本省县政机构，尚未正式恢复，所有民间早婚情形，未能转令就地分别切实查察。惟事关国民体格，兹就本省全部情形，考查所得，分举早婚原因、过去状况及限制意见，俾供参考。

（一）早婚原因：约有两端，一为宗法观念过深，此种现象，多出于中上人家，因其经济丰富，转而着重于精神之享受，所谓含饴弄孙、五世同堂等观念，犹深印人心，男婚女配，纯出于家长心理的要求，并非为当事人身心之需要。二为民生艰难。此种现象，多出于清寒人家，如童养媳等是，在女方当事人之保护人，以生计所迫，代为童女订婚而送于男家，既轻养育之累，复可收受财礼以苏艰窘，在男方亦以家贫难为婚娶，有关嗣续，为避免来日之巨额财礼计，故乃尔尔。

（二）过去状况及现时情形。本省蒙旗地区，婚姻制度另有所尚，设县地区，过去婚配状况多如上述，迨教育渐次普及，则此风仅见于僻壤陋乡，省境沦陷后，政令难于推行，居民任敌蹂躏，尤难望其改善。

（三）限制意见。一为普及教育，开发民智；二为绝对禁止婚姻买卖制，以杜塞藉儿女婚配财礼，为父母生计之路；三为倡导嗣续，男女平等，矫正无男即为无后之偏见。准函前由，相应函复，即希查照参考为荷。此致

内政部

察哈尔省政府主席冯钦哉

中华民国三十一年十一月十七日

〔国民政府内政部档案〕

11. 陕西省郃阳县报送查禁社会群众迷信工作报告表致内政部呈

（1942年12月3日）

陕西省郃阳县政府呈　郃民字第三六号

兹将本县三十一年七至十二月份查禁社会群众迷信工作报告表填造完竣，除分呈省政府外，理合将该表具文呈赍一份，恭请鉴

核备查，实为公便。谨呈

内政部部长周

附呈赍本县查禁社会群众迷信工作报告表一份

郃阳县县长马绍中

中华民国三十一年十二月三日

陕西省郃阳县政府查禁社会群众神权迷信工作报告表

一、以前神权迷信情形：查抗战以来，本县居民对于神权甚为迷信，甚至有少数无知之徒，假借敬神名义募集布施，为神开先演戏，藉作农家之乐。

二、查禁经过：严饬各级保甲人员对于一般神权迷信，凡有组织之聚会报答神庥者，严厉取缔，尽量利用国民月会或其他集会解释新生活运动之意义，除去迷信意识，灌输科学思想，并一方面查禁祭神所用纸杂以及巫卜星相之邪说，以减少其对于民众影响，以期逐渐肃清。

三、处理情形：以奉令颁监督寺庙办法为原则，除将关系民族中心思想所信仰之关帝庙等以外，其他庙宇则彻底清理，其款产兴办学校及社会福利事业。

四、现在状况：本县迷信陋俗现在情况，因本县地域，位居河防，大军云集，凡目前尚存之庙宇多被军队驻扎，且民众因一切差役均较后方为浩繁，故祭神之颓风亦无形减少矣。

五、查禁后之意见：查神权迷信为无知人民内心之意识，查禁社会神权迷信欲获得彻底效果，须从民众教育着手施行，严令“查禁”与教化“革心”两种方法共同并进，则神权迷信自然可以破除矣。

郃阳县县长马绍中填报

〔国民政府内政部档案〕

12. 湖南省安化县报送该县订定的查禁早婚办法致内政部呈

（1942年12月30日）

安化县政府呈　光安社字第四一九号

案奉湖南省政府中华民国三十一年十二月十日来府民钦一字第九九四六号训令：转饬查明当地民间早婚原因，并拟具查禁办法呈等因。奉此，查本县附城区域，民智久开，早婚尚少。惟穷乡僻壤，迫于生计，女家无力抚养，男家须人操作，并以成年婚嫁，耗资颇巨，故此种陋习，仍在所难免，影响国民体格，实非浅鲜，自应严加限制，以强种族。兹遵令拟具查禁办法，除分呈省府备查外，理合检同一份，备文赍恳钧部察核示遵。谨呈

内政部部长周

附赍查禁早婚办法一份

湖南省安化县县长徐玉书

主任秘书杨孝达代行

中华民国三十一年十二月三十日

湖南省安化县政府查禁早婚办法

第一条　本办法系遵奉湖南省政府中华民国三十一年十二月十日来府民钦一字第九九四六号训令，准内政部中华民国三十一年十月十二日渝礼字第二三六二号公函，转饬限制当地民间早婚所拟订。

第二条　婚嫁年龄男最低须满十九岁，女最低须满十七岁；惟年龄已届而发育未全者，仍应延长二年。并限制女长于男，及严禁童养媳，违者均依本办法惩处之。

第三条　本办法由县政府督饬各乡（镇）公所、各警察局所会同执行之。

第四条　各执行机关奉到本办法后应分期办理，以三个月为晓谕期间，限满始行查禁。在晓谕期间内应公告周知，并会同当地

中心学校广事宣传。

第五条　本办法施行后，婚嫁双方家长应将男女送请当地卫生院所（或合格之中医）检查体格，经认可给证后再报告（书面或口头）当地执行机关核准举行。

第六条　如未经检查报告遽行婚嫁而违犯第二条之规定者，得对其家长处以下列各种之罚锾。

甲、未届婚嫁年龄按其所差岁数之多少，处以五十至八十元之罚锾。

乙、已届婚嫁年龄而发育未全者，检查其体格羸弱之程度，处以二十至四十元之罚锾。

丙、女长于男一岁以内者不究，一岁以外罚锾十元，二岁倍之，余类推。

丁、早收童养媳者，处以八十元以上一百元以下之罚锾，如年龄未满十六岁，并应勒令退还母家。

第七条　前项罚锾全数拨交当地慈善团体，专供救济赤贫、孤寡产妇废疾之用，并于每年度终结时列具收付清册，报请县政府查核。

第八条　各执行检查人员有左列情形之一者，由县政府予以惩戒处分：

甲、晓谕不周；

乙、明知不禁；

丙、检查不实（中医罚锾十元）。

其有受贿默许，额外需索，侵没罚款等行为，并以贪污论罪。

第九条　各执行检查人员办事努力、成绩卓著者，由县政府予以记功（中医发给奖状）。

第十条　本办法呈奉内政部核准之日施行。

〔国民政府内政部档案〕

13. 内政部关于限制早婚与婚前体检问题致福建省政府公函

（1943年7—8月）

（1）卫生署致内政部函（7月15日）

卫生署公函　卅二保字第一三五八号

案准贵部三十二年六月十九日渝户字第〇五九六号公函，以福建省行政及兵役会议，提出关于限制早婚，举行婚前体格检查，藉维种族乙案，嘱核示意见。等由。附抄提案二件、审查意见乙件。准此，经核此案用意至佳，惟目今民气未开，乡村男女守旧观念仍重，欲实行婚前健康检查，迫不可能，且限制早婚及限制不健康者不得结婚等问题，按诸现行法律尚无根据，执行上不无困难，为彻底执行优生强种，限制不健康者不得结婚，似应先行修订现行民法婚姻篇等有关条文，使限制早婚与不健康者不得结婚，先有法律根据，然后方能推行有效；其次现今各县乡镇卫生设备及人才尚难胜任此项工作，即使通令办理，亦难期其切实有效。因此，本案即使实施，亦拟先由大城市集团结婚做起，渐次普及，似较妥当。至于集团结婚用之健康检查手续，前已于本年一月十六日函送贵部有案，相应函复，即希查照为荷。此致

内政部

中华民国三十二年七月十五日

（2）内政部致福建省政府公函（8月30日）

内政部公函

准贵省政府三十二年四月府民丁永字第三七四一六号公函，检送贵省三十二年度行政及兵役会议关于限制早婚、举行婚前体格检查提案二件、审查意见一件。嘱为核办。查禁止早婚，本部正在征询各地方政府意见，以便制颁办法，使与民法相辅而行。至举行婚前体格检查，应由集团结婚先予实施，以期逐渐普及，业经本部依照集团结婚办法第五条之规定，订定宣传健康证明书签发手

续及健康检查记录，于三十二年三月三日，以渝体字第一〇五六号公函分送贵省政府及各省市政府饬属一体遵办在案。相应复请查照。此致

福建省政府

中华民国三十二年八月三十日

〔国民政府内政部档案〕

14. 云南省政府转报各县民间婚俗状况及限制早婚办法致内政部咨

（1943年10月6日）

云南省政府咨　秘内字第四三三号

案查前准贵部三十一年十一月十三日渝礼字第二三六二号函嘱查明民间早婚原因，并详陈限制意见等由过府。当经令饬民政厅转行各市县局遵照办理具报，由厅汇转候核，并咨复各在案。兹据民政厅呈称："兹据永仁、平彝、文山、曲溪、镇雄、屏边、六顺、开远、宜良、保山、丽江、西畴、马龙、泸西、江川、马关、顺宁、元谋、富宁、缅宁、福贡、路南、宾川、龙陵、宁洱、中甸、昌宁、安宁等二十八县先后呈报前来。除登记外，合将原报告分别汇摘备文呈送，除昌宁、安宁两县已具简明报表，随文检呈外，其永仁等二十六县谨据呈复办理情形摘录，另缮一纸，并同呈送，请祈钧府鉴核，转咨内政部备案。"等情。附呈安宁、昌宁两县遵办办法各一份，及汇摘永仁、中甸等二十六县呈复办理限制早婚案经过简表一份。据此，除指令外，相应检同原附件咨请查照！此咨

内政部

计检送原附表共三份

主　席　龙　云

中华民国三十二年十月六日

云南省安宁县政府呈报本县早婚情形简明一览表

项目	说明
原因	本县早婚多数皆经法定代理人之同意，由社会习惯及传统观念浸习成风，依据各乡镇户口异动表统计数字，早婚之家其直系尊亲属皆尚健在。
过去状况	过去招赘之风甚盛，此为农村社会畸形发展之现象，故早婚陋习予以养成。
现在情形	近来交通便利，且本县接近昆明市区，经济情形比较往昔为高，招赘之风亦逐渐减少，因此结婚年龄自亦较晚。
限制意见	于各乡镇成立风俗改良会，各乡镇保甲长户长均应入会，先之以宣传劝导，并负责查报早婚，以公约限制早婚。
查禁方法	由各保甲长户长查明举行早婚人家，于婚期前分报风俗改良会及乡公所，通知其监护人延期举行婚礼，以资限制。
中华民国三十二年六月　日　安宁县县长陈笃生	

昌宁县早婚原因及限制办法

1. 原因：查本县民间，过去每多早婚，其原因第一由人民文化落伍，知识未开，第二原因嗣续关系，一般父母，每多以早得弄孙为快事。

2. 事实：本县早婚男女，以七八岁至十岁左右者为多，边远乡村，尤为盛行，过去因官府疏于禁止，以致相沿成习。

3. 查禁办法：本县鉴于早婚之害，关系民族甚巨，经于二十九年成立县乡风俗改良会，厘定章程，一面取缔无谓奢侈，实行新生活，一面限制男女结婚年龄。

4. 现时状况：本县自风俗改良会成立以来，由近及远，渐次宣传推行，办理顺利，民间称便，男女早婚之事，已鲜有发见矣。

昌宁县县长曾国才

云南省各县局署呈复办理限制早婚案经过简表(1943年9月)

县名	呈复日期	过去结婚情形	奉令遵办经过及现在情形	查禁方法
永仁	三十二年二月十三日	前时男未满十八岁,女未满十六岁而结婚者固多。	令饬后皆能觉悟早婚之害,已逐渐改良。	兹仍由县府严加限制、责饬保甲长劝导查禁。
平彝	三十二年二月十九日	本县男女结婚男子满二十岁,女子满十八岁以上,早经成为习惯,未满年龄而结婚者向未发见。		
文山	三十二年二月十五日		已由县府严饬所属切实监督,并布告取缔早婚。	
曲溪	三十二年二月二十一日	本县为农村社会,人民朴实,向无未及年龄而结婚之陋习。		
镇雄	三十二年二月二十七日		已令乡镇长遵照指令各节办理。	
六顺	三十二年二月二十四日	县地汉夷杂处,民风不一,夷民多系自由,甚少早婚,汉人则早婚之习尚行。	近来宣布查禁,早婚之风已渐消弭	县长召开县政扩大会议,提出宣布严行查禁。

续上表

县名	呈复日期	过去结婚情形	奉令遵办经过及现在情形	查禁方法
屏边	三十二年二月二十一日		通令所属转饬人民认真实行，并严加限制。	
开远	三十二年三月六日	过去时亦多早婚，现已改良。		拟先施以灌输早婚为害之知识，继用政治力量加以限制。
保山	三十二年三月十日	过去因宗族观念，多有早婚者。	自经限制后，不仅纠正早婚陋习，其中绝无势逼情事，且省谓之消耗。	实施婚姻登记及举行集团结婚，双方同意后必须政府之许可备案。
宜良	三十二年三月	虽无三十而娶二十而嫁之古风，但亦无早婚之陋习，间有不明大义者婚期稍早，但亦在十七、八岁相当年龄。	布告严禁后，令饬各乡镇长于国民月会时宣传早婚之害，并从严查禁，令饬男女双方均须达到成年年龄，并须得家长同意方许结婚。	
马龙	三十二年三月十五日	早婚陋习以前间或有之。	迭经严厉取缔，此风渐戢，以后更当积极改进。	

续上表

县名	呈复日期	过去结婚情形	奉令遵办经过及现在情形	查禁方法
泸西	三十二年三月十一日	县有沙夷婚姻，系传统自由，以跳舞为婚姻媒介，养成早婚之弊，至若汉族或因祖父急于抱孙，或父母晚年得子，间有早婚者。		分令各乡镇各学校随时宣传纠正。
丽江	三十二年二月二十八日	过去结婚多系男满二十五岁至三十岁，女满二十至二十五岁之间。	现在则男满二十岁至二十五岁，女满十八岁至二十岁，方举行结婚，绝无早婚之习，人民体格亦甚强健。	
西畴	三十二年二月二十一日	旧时结婚男满十六至十八，女满十四至十六岁，间有孤儿独女或祖父年老，亦有未及年龄而结婚者。	初由教育劝导及各保甲负责严密调查，加以限制，今则未成年而结婚之陋习已渐铲除，均在十八岁至二十岁之间，始行结婚。	

续上表

县名	呈复日期	过去结婚情形	奉令遵办经过及现在情形	查禁方法
马关	三十二年二月十三日	因地处极边，文化晚开，民间因宗法观念或家庭教育无方，未届法定年龄而结婚者在所难免。	各乡成立风俗改良会，会同乡保办理民间结婚，须至会审核合法年龄始准举行。	布告并严令限制查禁，责成各乡镇保甲负责劝导，并会同县党部组织宣传队，深入民间宣传。
江川	三十二年二月七日		奉令后即分令各乡镇长切实遵行。	
元谋	三十二年二月二十日	查县属俗习仍沿古制，男女结婚年龄概系十八岁至二十岁以上，身体健全，早婚之事绝无仅有。		
顺宁	三十二年二月十日	本县除边远乡村不得已间有少数举行早婚外，其多数乡镇尚能遵照民法规定年龄结婚。		饬所属严加限制，并布告人民遵照。

续上表

县名	呈复日期	过去结婚情形	奉令遵办经过及现在情形	查禁方法
富宁	三十二年二月二十三日	本县男女结婚向沿古制，均系届满法定年龄，早婚陋习实所罕见。		
缅宁	三十二年三月二十三日			分令各乡镇长遵照办理，认真督导查禁。
路南	三十二年三月二十三日	以前农村生活安定之时，时有为子嗣关系提前早婚者，然为数甚少，事属例外。	经布告限制后，其优裕之家皆能照法定年龄结婚，若贫困者仍多延至二十岁后。	
宁洱	三十二年五月三日		早婚之事，曾经随时令饬宣传禁止。	

续上表

县名	呈复日期	过去结婚情形	奉令遵办经过及现在情形	查禁方法
福贡	三十二年三月二十六日	本县民族有怒傈傈两种，其婚姻仍多基于部落时代之遗留掠夺与买卖方式蜕变而来，恒多幼小时即由双方父母代订婚约，讨论财礼或过门童养，俟情感相洽方结合。此种方式每酿成男女性格不同而有私奔外遇及两性之不幸事。	成立风俗改良会，以地方有资望者主持劝导，订定公约，互相遵守。	已以政令严禁民间父母不得为子女早订婚约，违者处罚。
宾川	三十二年四月九日	民间早婚之事数见不鲜。	近数年来，尽力提倡，风俗改良会实行集团结婚，以资限制，并特重文化，推广女子教育，近来大多数已照法定年龄结婚。	
龙陵	三十二年五月十八日	以前穷乡僻壤中或有早婚者。	自限制后，对婚嫁泰半皆能依照法定年龄，早婚之事已属罕见。	

续上表

县名	呈复日期	过去结婚情形	奉令遵办经过及现在情形	查禁方法
中甸	三十二年八月	本县气候严寒，人体发育较迟，故绝无未及法定年龄而结婚者。		
统计	共贰拾陆县局			

〔国民政府内政部档案〕

15. 广西省政府抄报三十二年度办理集团结婚概况表致内政部公函

(1944年4月21日)

广西省政府公函　民壹字第九七七一号

案准贵部三十二年十二月三十一日渝礼字第四二〇六号公函，嘱将本省三十二年办理集团结婚情形送请备查等由。兹将办理概况列表随函附送，即请查照备案为荷。此致

内政部

附送本省三十二年办理集团结婚概况表一份

主　席　黄旭初

中华民国三十三年四月二十一日

广西省三十二年度办理集团结婚概况表

地　区	次数	日　期	结婚人数	费　用	备　考
桂林市	三次	1. 一月一日 2. 五月五日 3. 十月十日	一二四人	三四一六〇元	

续上表

地　区	次数	日　期	结婚人数	费　用	备　考
隆山县	二次	1. 九月九日 2. 十月十日	一〇人	二五〇〇元	
罗城县	一次	八月十五日	四人	四〇〇元	
天保县	一次	十月六日	六人	六〇〇元	
龙茗县	二次	1. 一月一日 2. 十月十日	四八人	一九一〇元	
全　县	二次	1. 七月七日 2. 十月十日	三二人	八四五〇元	

内政部公函　礼字第一〇七四号

准贵省政府三十三年四月二十一日民壹字第九七七一号公函：检送桂林市等六县市三十二年度办理集团结婚概况表，嘱查照备案等由。除登记备查外，相应复请查照，仍希转饬未报各县市迅速报部为荷！此致

广西省政府

中华民国三十三年五月三十一日

〔国民政府内政部档案〕

16. 甘肃省各地查禁妇女缠足办法

（1946年11月20日）

一、本省为革除妇女缠足陋习，增进民族健康起见，依据有关法令，并参酌地方实际情形，订定本办法。

二、查禁妇女缠足依左列之规定：

（一）十六岁以下之妇女未缠足者严禁再缠；

（二）三十六岁以下之妇女缠足者强制解放；

（三）逾三十六岁之妇女缠足者，劝导解放。

三、查禁妇女缠足分左列三期办理之：

（一）第一期宣传调查期　两个月

（二）第二期强制解放者　三个月

（三）第三期实际检查期　两个月

前项各期期间得由各县市政府斟酌实际情形酌予缩短，并将开始办理日期呈报省府查核。

四、宣传调查期内应办理之工作：

（一）发布通俗布告，说明政府查禁缠足之主旨，并印制简明传单，阐释缠足之弊害及放足之方法。

（二）会同参议会、妇女会及各学校举行扩大宣传，并组织宣传队分区挨户宣传劝导。

（三）督饬乡镇保甲长会同当地学校及有关团体等，组织调查队，调查缠足妇女详确数目，分别年龄，造册分存于县市政府及乡（镇）公所，并由县市政府统计列表转报专署及省政府查核。

五、强制解放期内应办理之工作：

（一）各县市政府将缠足妇女调查清楚后，除三十六岁以上之缠足妇女应劝导解放外，三十六岁以下之缠足妇女强制解放之。

（二）各县市政府应督促乡镇长会同当地学校及有关团体组织工作队，依照查登缠足妇女名册，实施强制解放。

（三）各县市政府得视实际情形酌设女检查员，配合工作队实施检查，以利工作。

（四）强制解放后，即令改着宽底方头鞋，并将解放情形人数分别报核。

六、施行检查期内，应办理之工作：

（一）各县市政府派员分赴各乡（镇）会同保甲长施行挨户检查，凡逾期未解放者，分别年龄，依左列规定处罚之。

（1）十六岁以下缠足幼女逾期未解放者，将其家长送法院依刑法第二百八十六条第一项“防害其身体之自然发育者”之规定处罚，仍勒令解放之。

(2) 十六岁以上三十六岁以下缠足妇女逾期未解放者，依查禁民间不良习俗办法第四条第三款之规定，由该管乡（镇）公所处罚其家长或本人五百元以上一千元以下之罚锾，仍强制解放，再犯者加倍处罚。

（二）实施检查结果，应由县市政府转报备查，并饬各乡（镇）公所将处罚人姓名、款数一律公布。

七、办理各期工作应尽量配合其他业务，其第一期宣传调查工作，应与登记户口同时开始办理。

八、各县市政府所科之罚锾，汇总存储，充作女检查员薪资及印制宣传品之费用，并按月分报专署及省府核备。

九、各级工作人员下乡时，绝对不许接受地方招待，如有任何骚扰苛索，经查明或被告发查实者，依法严惩。

十、各县市政府查禁妇女缠足之成绩，由专署考核评定优劣，转报省政府予以奖励，县以下各级工作人员，成绩由县市政府考核，分别奖惩报核，直辖区县市乡办理成绩，由省政府考核，并奖惩之。

十一、本办法自公布之日施行。

〔国民政府内政部档案〕

二、战时的尊孔活动

1. 曲阜孔庙奉祀官孔德成在汉口电台作孔子学说与抗敌救国关系的播音词

（1938年1月12日）

在中华民族和国家，都已临到生死关头的今日，在中国国民正在继续抗战的今日，兄弟在此广播演讲，实在万分感奋。五千年来的中国，向以和平立国，现在虽被迫应战，而应战的目的，仍在维持和平。中国国民党第五次全国代表大会宣言，“和平未至绝望时期，决不放弃和平，牺牲未到最后关头，决不轻言牺牲”，完全是这种精神的表示。基于这种精神而确立的国策，便是“对内求自存，对外求共存”，这种国策，只是承孙中山先生的遗志，远绍至圣先师孔子的遗教，早为世界人士所深悉。孔子最重要的教训，一方面在“攘夷狄，尊王室”，求国家的独立与统一，建设大一统的国家，一方面在“兴灭国，继绝世”，求与各民族共存于天地之间，贯彻天下为公的目的，同时严夷夏之防，内诸夏而外四夷，希望未开化的民族共进于文明之域，达到大同之治；惟其对内主张大一统，所以厉行“强公室，弱私家”的政策，制裁窃政擅权的诸侯，堕毁三都，起兵伐费，并反对三家的潜用舞乐祭乐，而于管仲的尊周室，攘夷狄，一匡天下，则极口赞美，同时禁止知识界以聚众结社，鼓吹邪说，淆乱是非。做司寇官只七天，便诛一个乱政大夫少正卯。这些教训在集中意志行动，以对日抗战的今日，尤其值得阐扬，因为对外主持天下为公，所以反对季氏的伐颛臾，救护鲁国的被齐侵略，不断提倡“己所不欲，不施于人”的忠恕之道，并且定出天下为公大道纲领，这些教训，在我国正为世界正义和平而奋斗的今日，尤其值得倡导，因为对世界主张不同，所以立出“拨乱世”，“小康世”，“大同世”，三个行动程序，赞美“车同轨，文同书，行同伦”的天下，这些教训，在世界正努力于国际互惠合作的今日，尤其值得称述，孔子秉持一贯的王道精神，感格一切，无论对一个人或者一个国，总希望大家能够亲善互助，但决不肯妄用毫无实效的暴力压迫，而以德感人的具体方法，固然甚多，最显明的便是：“送往迎来，嘉善而矜不能，以柔远人，治乱持危，厚往而薄来，以怀诸侯”，且预计其结果必然可以做到“柔远人则四方归之，怀诸侯则天下畏之”，中国人始终秉承这种遗训迈进，遂造成了数千年来立国的一贯方针，现在更揭橥“自存共存”

的显明国策，努力求其实现，世界各国，所以同情我们的在此，横暴的日本帝国主义者，所以始终不觉悟，并受世界攻击亦在此，推究这种遗教的根源，实在于智仁勇三达德，三达德的功效是知者不惑，仁者不忧，勇者不惧，一个人能知就能认识一切事物，成败利钝的必然性，决不因为一时一地的偶然失败便摇动了最后胜利的信念，一个人能行就能辨明“民吾同胞，物吾同与”，决不在自私自利的打算上，忧虑个人的安危，而堕落了杀身成仁的节操，一个人能勇就能再接再励，愈拙愈奋，遇到该做的，便见义勇为，决不畏惧任何困难。攘夷必先尊王，是知的表示，天下必须为公，是仁的表示，大同之治，虽不能一蹴而就，然必尽心力以求之，弗得弗措，是勇的表示，中庸所言的“好学近乎知，力行近乎仁，知耻进乎勇”，大学所举的“格物、致知、诚意、正心、修身、齐家、治国、平天下”，则又明示人以修养知仁勇的路径，以及建国济世的历程，国人能从战事失败中讨教训，能本着所得的教训迈进，能在迈进中克服所有困难，则最后胜利，必可获得，而平天下的事业，亦可于此现其端倪。最可惜的，是后世因受专制帝王和异族的压迫与愚弄，致不明孔教的全体大用，习于文弱，酿成今日的严重国难，要知孔子虽爱好和平，却主张对侵略必须抵抗，鲁定公与齐侯会于夹谷，孔子一见情势不好，便吩咐左右司马，立刻杀戮侮辱鲁公的齐人，迫使齐侯归还鲁国的四邑及汶汤之田，齐国伐鲁国，重子汪锜战死于国，孔子以为能执干戈以卫社稷，便可国葬，而对于战阵无勇的人则真斥为不孝，若遇到身家与国家，不能兼顾之时，便主张移孝作忠，国而忘家，凡此嘉言懿行，都是今日全国对日抗战中最宜效法的。同时孔子虽主张积极备战，忠勇应战，却不赞同轻战，“子之所慎，斋战疾”，论语记的很明白，此与中央昭示国人和平与牺牲的分界，及必须坚持抗战到底的决心，真是“先圣后圣，其揆一也”。国家民族，遇到危急，因各人所处的环境不同，奋斗的方法，自须相机运用，孔子亦有明白的昭示，如果民族不幸，到了备受敌人杀戮之时，便昭示国人须复仇誓，不与敌人共戴天，当时子贡曾问，遇着父母之仇如何对付，孔子告诉他，“寝苫枕戈弗与共，天下遇于朝市，不返兵而斗”。就是说，虽在睡觉的时候也要携带着复仇的武器，一见仇人，就立刻和他拼命，要是自身复不了仇，就遗嘱子孙去复，虽然到了九世后的子孙，也要为祖先报仇，所以春秋主张复九世之仇。如果国家不幸，真到了无可挽救之时，便昭示国人要发挥“知其不可为而为之”的精神，总要各尽心力，从死中求生，如果个人到了被人劫持的时候，便昭示国人要见利思义，见危授命，大家做无求生以害仁，有杀身以成仁的志士仁人。即不得已，而图其次也，要不降其志，不辱其身，洁已而去，所以“太师挚适齐，亚饭于适楚，三饭缭适蔡，四饭缺适秦，鼓方叔入于河，播鼓舞人于汉，少师阳击磬襄入于海”，尽管是卑职下秩的乐官，因他们不肯当汉奸，不愿做叛民，不愿叛国事仇，孔子也另眼看待，十分佩服。如果一个人被敌人劫持，也要“磨而不磷，涅而不缁”，抱定“三军可夺帅也，匹夫不可夺志也”的奋斗性格，以保持坚贞洁白的身体，果能如此做去，则国家民族的前途，尽管艰危，终必能在成仁的决心之下，达到成功的地步，所谓“未见蹈仁而死者也”。的确是志士仁人，必然能够出生入死的秘诀，历史上许多忠义之士，所以能外攘异族的侵略，内保民族的生命，使国家危而复安，亡而复存，都是运用这些秘诀。日本尽管横暴，但示知他的暴力只能破坏中国不充实的武力，决不能消灭中国人很坚强的心力，所以想假借孔教来麻醉我们的民族意识，堕弛我们国民同仇敌忾之气，其实只是幻想，像他这样的暴力侵略，占我土地，杀我人民，所作所为，无一不违反孔子的教训，不但中国人不受其骗，全世界都知其诈，就是孔子在天之灵，也必不享受其不仁的谄祀，必然要提出“人而仁，如礼何，人而不仁，如乐何”的奋话，主张“小子鸣鼓而攻之”。耶稣曾经说：“凡只在口头上叫唤上帝的人，决不能入天堂，只有诚心实行我教的人才能见得上帝”。像日本这种作为，我相信世界上凡是明白孔教的人，会予以鄙弃的。兄弟这次离开孔子林庙所在地，完全出于鄙弃日本的作为，并表示鄙弃一切伪组织中人，认他们是孔教的叛徒，不与同中国，孔子作春秋，在明是非，别善恶，正人心，惩奸邪。兄弟此次暂时离开林庙，心中自很痛愤，但至少可使日本人及一切伪组织中人，明白孔教是假借不来的，同时并想尽国民一分子的责任，阐扬先师孔子的教义，使乱臣贼子，能幡然悔悟，志士仁人，更加效忠，大家精诚团结，在最高领袖指挥之下，记住孔子“无欲速，无见小利，欲速则不达，见小利则大事不成”的教训，牺牲小利，耐心抗战，使最后的大胜利，愈有把握。同时请全世界人士注意，中国的首都和圣地，虽然暂时沦陷，但中国国民并不失望，而可恃以收复失地，并求与世界各国共存共荣的，也只是一种平凡的信条，全国正依着孔子所称道的话，切实去做。《大学》上说过，楚书曰：“楚国无以为宝，惟善以为宝。舅犯曰，亡人无以为宝，仁亲以为宝。”中国人都深信以善抗愚，以仁亲抗强暴，只要世界正义人道不灭，终必有战胜敌人的一天，中国人并且深信“人之好善，谁不如我。”世界爱好和平，尊重教义的国民，必能重新发挥收复耶路撒冷的十字军精神，运用各种力量，来帮助我们收复圣地所在的曲阜和已沦陷的各地，以维护世界的和平，打倒国际间的大强盗。

〔国防部史政局与战史编纂委员会档案〕

2. 教育部关于拟定先师孔子诞辰为教师节呈与行政院批令

(1939 年 5—8 月)

(1) 教育部致行政院呈(5 月 2 日)

教育部呈　礼一二字第一一二六六号

窃维尊师崇道，振古如兹，我大成至圣先师孔子，承唐虞三代之宏规，为万世人伦之师表，在中国文化学术与民族历史上，固已金声玉振，继往开来，即在世界历史上，亦若景行高山，为贤哲之所向往。际今民族复兴，期止至善，允宜恭藉诞辰，定为佳节，冀于兆氏康乐之中，深寓景仰至圣之意，谨拟定每年八月二十七日为教师节，既以表彰圣德，亦以振奋群伦，所拟当否？理合具文呈请，仰祈鉴核转呈中央核准，明令公布，实为公便。谨呈
行政院院长

教育部部长　陈立夫

中华民国二十八年五月二日

(2) 教育部致行政院呈(8月6日)
教育部呈　人拾字第一八五七七号

查每年八月二十七日定为教师节，前经本部呈请钧院鉴核，转呈中央核准，明令公布在案。现经本部拟定教师节纪念暂行办法及先师孔子诞辰与教师节合并纪念秩序单，理合检附各一份，呈请鉴核，仰祈转呈中央备案，实为公便。谨呈
行政院院长　孔

附呈办法及秩序单各一份〔秩序单略〕

教育部部长　陈立夫

中华民国二十八年八月六日

抄教师节纪念暂行办法

一、宗旨　本节举行纪念，以鼓励教师服务精神，融洽师生情感，并唤起社会尊敬教师之观念为宗旨。

二、日期　每年八月二十七日，即先师孔子诞辰。

三、办法

甲　各级教育行政机关举行左列各项：

子　表扬著有成绩之教师(教育部以全国为范围，省市县教育行政机关以各该省市县为范围)。

丑　提倡改善小学教师待遇。

寅　发表奖学金得奖学生之名单(专科以上学校及国立各中等学校得奖学生由教育部发表，省市县立及私立中等学校暨省市

立小学得奖学生分别由省市教育行政机关发表)。

卯　其他(如接待各校教师代表或慰劳各校教师等,由各机关临时酌定)。

乙　各级学校单独或一地方联合举行左列各项之一部或全部:

子　纪念仪式(与先师孔子诞辰纪念合并举行,秩序单附后),必要时得由当地教育行政机关召集各校教师举行。

丑　讲演孔子及历代师儒之言行或关于教育之学术讲演。

寅　恳亲会。

卯　教师交谊会。

辰　学生慰劳教师游艺会。

巳　成绩展览会。

午　其他(如发行特刊等,由各校或各地方临时酌定)。

丙　社会及学生家长与教师举行左列各项:

子　各报应于是日著论阐扬孔子之言行,并鼓励社会尊师崇道。

丑　中学以上学校学生家长及学生应向导师祝贺健康或致谢函。

寅　小学学生家长及学生应于是日至教师家祝贺健康。

卯　教师间得于是日彼此祝贺。

四、附则　本办法如有未尽事宜,由教育部修正之。

(3) 国民党中央秘书处致行政院函(8月22日)

中国国民党中央执行委员会秘书处公函

案准吕字第九四二号大函,为经议决以孔子诞辰纪念为教师节,嘱转陈等由。经陈奉中央决定:教师节仪式不应并入先师诞辰纪念仪式,所有教师纪念暂行办法乙款子节及秩序单,应请贵院复议修正,特此函达,即希查照为荷。

此致

行政院
中华民国二十八年八月二十二日

(4) 行政院致教育部训令

行政院训令　吕字第九六七六号

令 教育部
内政部

拟定孔子诞辰为教师节一案，前经本院以吕字九四一一号训令该部在案。兹准中央执行委员会秘书处函，案经中央决定，教师节仪式不应并入先师诞辰纪念仪式，所有教师节纪念暂行办法乙款子节及秩序单，应请复议修正等由。应由教育部修正呈核，在教师节纪念仪式及秩序单未核定前，本年教师节纪念应分别举行，孔子诞辰纪念仍照原定办法办理。除令饬教育部遵照
知内政部外，合行令仰遵
知照。此令。

中华民国二十八年八月　　日

〔国民党中央社会部档案〕

3. 河南省孔学研究会关于从“宗经尊孔”人手完成抗战救国的宣言

(1939 年)

我中国自有书契以来，五千年中之治法，可云一宗儒术。儒术政教合一，教学一致，所以三位一体，而以人道为归宿者也。故于世界各国之治道中，号称最为善良，最为纯正。在三代而上，二帝三王，以君兼师，则其道大明大行，教育与学术，各为政治之一部。三代而下，王者不作，师道下移，由孔子集其大成，而为之宗师。其后我时中大成至圣先师孔子，并且以其学者之态度，兼教育家、哲学家、政治家之资格，于我中国早获取得国教主之地位。因为不但士离其道，则无以为学，官离其道，则无以为政，教育家离其道则无以为资料，哲学家离其道，则无以为指归已也，而且民众离其道，则无以为切实之教宗。是以至乎现在，孔子被国人信仰之普遍，能至于海隅者苍生，而其入人之深刻，则能至于浃骨沦髓也。所最可惜者，在往昔君主专制时代，祀天祀孔之典礼，完全为历代帝王、将相、官绅、士大夫所劫持，不使庶民参与祭祀，而于民间，更不容有单纯普遍孔教会之组织与成立，则是于有形无形之中，屏除民众于孔教之外。遂养成二千数百年来，君民上下不能一体一致之恶习惯。民国而后，人民恶习未除，此先总理全部遗教之所以首在唤起民众之真因也。然而无论平日，即当此国难异常严重时期，试问民众唤起之程度，果若何乎？吾知从事于该项工作者，亦惟有徒兴手足无措，难若登天之叹而已，昧若不察，尚以提倡废经废孔为其平生快意之行径，尚以发扬孔教为多事。呜呼，愚已！至于儒道之所以为一般学者所诟病者，乃由于秦火而后，经传阙文，格物致知之道术失传，坐是之故，则明经致用，穷神知化，志道游艺，敬教劝学，并于正德、利用、厚生之三者，能操其进退左右之大本的经学，因而便不能大明于世，儒道经世济时之莫大作用，亦因以失去太半。更因一般冬烘腐儒，不明儿童心理发达程序，教授难免深浅失宜，遂遗人以口实，乃酿成废经废孔之奇怨奇祸，可胜浩叹。然则我中国之所以至于贫弱，乃由于儒道于三代而后，始终未尝大明大行。非儒道之本身，毫无修齐治平之作用也，乃明甚。同人等确知儒学之有格致，犹西学之有逻辑，虽然精粗深浅有间，而其同为学问思辨之学术。则一焉而已。又深知该术，既然为求真知之利器，则一面可弥补经学莫大缺憾。一面可完成总理心理建设，并可为沟通中西文化之锁匙，乃致力从事于该术之研究，假集思广益之道，积数年之勤，赖列圣与总理在天之灵，心领神会，果然得到一语破的之结论，而并且其明白浅显之程度，虽在百姓亦与知与能。即孩童亦能由格物而致其知，并能完成其所欲经营之工作也。该道术既然失而复得，意者后此修齐治平之业，庶几有如反掌之易矣。际此倭寇崩溃在即，最后胜利必属于我之时，抗建力量，急待增加，由民众想□恢复孔道，如饥如渴之情势观之，揆诸民之所好好之，民之所恶恶之的明训，惟有请求中央，俯顺舆情，因势利导，采取发扬孔教办法，以彻底解决孔教问题，最能整个切实唤起全国民众，最能使全体国民完全接受救国之三民主义，最能激励全部抗战将士，又最能激动起各界人士热烈保教之情绪，而使之连带负起保国保种之责任，以增加抗建力量。洛阳为我中国文化发祥之地，并且曾为九朝都会，在过去，贤哲辈出，想现在，亦必不乏老师宿儒，英俊明达，切望对于救国淑世之固有文化与三民主义，各本当仁不让之精神与毅力，来参加本会，协力阐扬，辅助中央，共纾国难，乃至为盼祷。我先儒张子云为天地立心，为生民立道，为往圣开来学，为万世开太平。此期时矣。特此宣言。

〔行政院档案〕

4. 山西省主席赵戴文呈请恢复崇祀孔庙典制及教育、内政两部对此事议复意见的会呈

（1943年6月—1944年1月）

（1）山西省政府致行政院呈（6月27日）

山西省政府呈省秘字第一五四三号

呈请恢复从祀孔庙典制，以励世风由。

为呈请恢复从祀孔庙典制，以励世风事：窃维为政在人，反人以身，中外经世莫不皆然。是以吾儒设教以修身为本，而释、道、耶、回亦均有其树人之标准与崇道示范之所在，释之佛菩刹殿，道之黄帝老子观，基督之天主耶稣教堂，回教之清真寺，莫不择贤配祀。盖尊崇先贤，即所以激励后进。我国从祀孔庙，继往开来者代隆其典。

自辛亥鼎革以还，本信教自由之旨，昔之由首领与士大夫春秋祭孔之典，一变而为任国人之自由敬仰，其意义固甚宏远。惟此，从祀孔庙之制，尚缺焉未建，致国人误认先圣先贤为不可几及，无以感发兴起，而人皆可以为尧舜之古训，徒托空言，非所以宏教育之实效。当兹抗战建国，在在需用道德节操之才，群策群力，挽救国运之际，似宜恢复从祀孔庙之制，以兴道不远人之观感，庶几国父所重八德与钧座倡导之四维，均不难树之风声，蔚为民族之精神。夫建国之基础在新民，民新斯国兴矣。刍荛之见是否有当，理合呈请鉴核施行。

谨呈

行政院院长蒋

山西省政府主席赵戴文　谨呈

中华民国三十二年六月二十七日

（2）教育、内政两部会呈（1月7日）

教育（社字第〇〇六四五）
内政（礼字第四〇四五）部会呈渝　号

准钧院秘书处三十二年七月二十七日爱（一）字第四二〇三一号通知：以山西省赵主席呈请恢复从祀孔庙典制案。奉主席谕：“交内政、教育两部议复。”等因。抄件通知到部。当经会同详加研议。佥以本部等前于民国十八年九月奉钧院交办孔道总会正会长陈桂荪等函呈，以举行祀孔典礼从祀诸先贤是否一并附祀一案。当以春秋丁祀业经前大学院以院令废止，改于孔子诞日举行纪念仪式，所有原附祀之四配十哲及两庑先贤先儒等拟一律移入孔庙内，在孔子住龛两旁，分列二龛，分层安奉，于举行纪念孔子时一并纪念，呈奉钧院指令核准，并分别通行各在案。是从祀制度并未废除，惟原呈所请各节，意在尊崇先贤，激励后进，于崇祀制度特加重视。查本部等前奉令研议礼制，曾于祀孔拟定专章，即以表示政府尊重道之至意，将来核定从祀孔庙之手续，亦似应制定办法，俾资依据。

至于过去从祀孔庙先贤先儒位列名数，均按照以往规定序列，似应适应时代重行厘定。以上各节俟奉核准，当在会同办理。奉交前因，所议是否有当，理合会呈钧院核夺施行。谨呈
行政院

教育部部长陈立夫
内政部部长周钟岳

中华民国三十三年一月七日

〔行政院档案〕

5. 孔德成呈请在渝组织临时大成至圣先师奉祀官府以增俸禄而维生活的有关文件

（1943 年 6—7 月）

（1）孔德成致邵力子函（6 月 29 日）

仲辉仁兄大鉴：暌违经旬，良殷弛系，恭维政祺，晋吉为谢。兹有恳者，敝处因物价压迫，拟请组织机关，以资调整，所有情形，前经在城面陈矣。昨日院座之呈，当蒙手批：交院核办。惟思院务万端，不免须待时日，台端襄赞机枢，言重九鼎，尚希从中为力，俾事提前。盖敝处人员众多，度日如年，早成一日，则早行一日之困也。素荷厚爱，敢希曲衷，有何消息，亟盼示知。叨惠之处，容日晤谢。专此奉恳，并颂
政祺

弟孔德成拜启
六月廿九日

（2）教育部致行政院秘书处公函（7 月 10 日）

教育部公函　社字第三三七二六号

贵处本年六月十七日渝机字第九五六四号通知，为奉祀官孔德成呈请组织临时大成至圣先师奉祀官府一案。奉谕：抄送原呈

及条例草案各一件，交本部及内政部核复等由。准此，查奉祀官原呈所述组设奉祀官府之理由，旨在维持眷属及职工生活，拟请设法增加其生活费，或准组织驻渝办事处，其全部工作人员得享受一般公务员之待遇，相应函请查照转陈鉴核为荷。此致

行政院秘书长

中华民国三十二年七月十日

(3) 孔德成致行政院签呈(7月19日)

谨签者：德成前以鲁省陷落，仓皇出走，随身衣物以外，毫无所携。数年以来，幸仰政府供给，赖以支持，感戴之深，无以为喻。惟自本年以来，万物日涨，眷属员工二十七八人，每月需用，纵至撙节，亦须二万二千元，而所领之费，仅有八千元，相差半数以上，故自一月至六月之间，均系举债弥补，总计欠外之债已达八万元之巨。“七七”以还，物价又较前高涨，计算月费，竟须二万五千元之谱，是以有请求改组机关之举，业经具呈钧院候批在案。但手续周转，恐须时日，而目前之艰困，实有捉襟露肘之势，拟在请设机关未成之前，先恳钧院予以临时救济办法，自一月份起，至六月份止，每月追加经常费一万四千元，计补发国币八万四千元，以资偿还旧欠。自七月份起，请求按月拨给二万五千元，庶免内困米盐，外迫债务，此种办法，至机关成立，经费有作时止。当此国币支绌之际，非敢不知进退，实因山穷水尽，不得不作庚癸之呼。所有拟请追加一月份至六月份之经常费，及今后增拨经常费各缘由，理合具文呈请鉴核，批示祗遵，实为公便。谨呈

院长孔

大成至圣先师奉祀官孔德成

三十二年七月十九日

〔行政院档案〕

（二）文物古籍损失

一、保护文物古籍的措施

1. 财政部关务署关于贯彻古物保存法规定之古物出口须持有出境护照以防国宝流失境外的训令

（1938年7月14日）

财政部关务署训令　政字第二八二九一号

令总税务司梅乐和

案奉财政部二十七年七月六日渝总字第三八二四号训令内开：案奉行政院二十七年七月一日渝字第五二九五号训令开："查古物保存法第十三条第一项规定：古物之流通，以国内为限，但中央或地方政府直辖之学术机关，因研究之需要，须派员携往国外研究时，应呈经中央古物保管委员会核准，转请教育、内政两部发给出境护照等语，旨在限制国宝不许任意流出国外，并经中央古物保管委员会拟具古物出口护照规则，呈经本院于二十四年三月十六日公布施行在案。惟前项规则系以古物为限，对于虽非古物而有关文献应予保存之物品，并未包举在内。查文献物品或可为历史之要证，或可为艺术之代表，或可为科学之发现，数量罕少者，于民族文化至关重要，亦应加以保存，毋使流出国外。其有中央或省市政府直辖之学术机关，呈请欲将此项文献物品运往国外研究者，应即援用古物出国护照规则各项规定办理。各该申请运送此项物品之机关，并应负责保证将原物运回，不得在国外出售，庶流转研究，不至发生流弊，而文献国粹，亦可赖以保存。除分令外，合行令仰遵照，并转饬所属一体遵照。此令。”等因。合行令仰该总税务司遵照。此令。

中华民国二十七年七月十四日

2. 教育部为请款搜购敌占区文物古籍转运后方庋藏以存文化呈与行政院批

（1938年6月—1941年11月）

（1）教育部致行政院呈（1938年6月15日）

案查本部前据报沪上坊间到有大批书籍，内多珍本，其中尤为可珍贵者为《也是园书目》，所载脉望馆藏元明曲本二百四十二种。此书之发见，可使近古文学史一新面目，与安阳发掘、敦煌经卷出世，同为五十年来学术界之奇迹。本部以该项书籍关系文化至巨，经即嘱暨南大学文学院院长郑振铎接洽购买，藉免流入敌手。初索价一万元，后以九千元购得，现该书已嘱郑院长寄至香港国立北平图书馆办事处点收后转运昆明国立北平图书馆庋藏，并已由本部分别电饬遵照。理合将该书购买经过及庋藏方法呈报，仰祈鉴核备案，实为公便，谨呈

行政院院长孔

教育部部长　陈立夫

中华民国二十七年六月十五日

（2）教育部致行政院呈（1940年6月7日）

敬密签呈者：案据国立中央图书馆筹备主任蒋复璁谨呈称：窃查本馆奉令在上海香港两地搜购旧籍。迭经呈报在案。兹又接张校长寿镛、何校长炳松来函报告购书情形，附同抄呈。及称常熟瞿氏深明大义，将来决不另售。现在上海藏家以刘翰怡及刘晦之两家为最重要，亦最为可虑。其他如张芹伯、张璁玉、袁伯夔所藏均有散失之虞，而北方则李木斋书已以四十万售予某方，又以六十万购

书一批，美国哈佛大学以美金六万元，托燕京大学购买古书，北方存书已少。书贾云集上海，竞相购买，运送平津，转售国外。故此半年实为紧要关头，如不设法挽救，则江南文化将由之而尽，若能筹得款项，则可尽得各家所藏，而江南文物可全集中于国家，关系重大，用敢仰祈大部转呈行政院。除前准拨之三十万元即予拨发外，拟请再拨五十万元，以为搜购之用。其中三十万元已商得管理中英庚款董事会同意，在本馆之建筑费内垫拨，将来由国库归还，敬请准予备案，尚有二十万元仰恳转呈行政院核准与前允拨之三十万元一并拨给，以利搜购而保文献等情。据此，查所陈皆属实情，而美国以重金搜购，前途尤觉危险，拟恳准予在前准拨之三十万元外，加拨二十万元，连同中英庚款董事会垫拨之三十万元，合共八十万元，俾便从速搜购，以免流落异域，而重文献，当否？敬请鉴核示遵。

谨呈

院　长　蒋

副院长　孔

教育部部长　陈立夫

六月七日

(3) 教育部密呈(1941 年 10 月 15 日)

谨密呈者：关于搜购古籍一案，迭经国立中央图书馆馆长蒋复璁抄同港沪两地原报告及书目密呈前来。兹据该馆长签呈称：现已收购者除零星由书贾处购得外，有杭州胡氏、上元宗氏、群碧楼邓氏二十八宿，砚斋□氏、武进陶氏、积学斋徐氏、韫辉斋张氏、风雨楼邓氏诸家藏书之全部或一部分，其他如海盐张氏、常熟瞿氏、远碧楼刘氏、嘉兴沈氏亦陆续有零批购入，现在海内藏家之尚保有藏书可举者，仅天津有聊城杨氏一批、上海有吴兴张氏、南海潘氏、武进瞿氏诸批。吴兴刘氏虽尚有一大批，惟其最重要之全部明本及一部分抄校本多已购入，可不重视。杨氏书散佚殆尽，曾于二十三年由行政院议决收购，派复璁至津洽购，以售价过高，而书仅百种，押在银行，不易进行，陈明在案。潘氏家尚富有，虽有售意，此时尚不致即时散出。瞿氏书已有零批购买，其家声言不欲将国宝流诸域外，现在当可无虑。目前所最急者，为吴兴张氏之书，其家已编成目录，到处求售，各方均在逐鹿。按目计有宋刊八十八种，元刊七十四种，连同明刊抄校共有一千余种，一万余册，可称大观。张氏藏书起自石铭氏，刻有适园藏书志行世，其中十九皆在目内，现其子芹伯精于鉴别，不如其父之泛滥，二十年之积储，所收宋元抄校皆为白眉，允宜设法收买，以免散失。现由张寿镛，徐鸿宝、何柏丞、郑振铎诸先生审别商洽，由七十五万减让至六十二万余，如筹得款，张氏精品可以全得。上次请得之款，已将用罄，拟再恳拨八十万元为续购珍籍之用，除购张氏书外，余款为零购他家善本之用。至于运输办法，已决定先由沪设法运港，再由港运美，以数量过多，无法内运，且即能运入，保藏亦属不易，故已托驻美大使馆与美国国会图书馆接洽，代为保管，俟战后运归。其中精品八十种已经港由航空运到，现存本馆。尚有一、二批精品拟仍用航运，藉资填密。现在存港善本有三千余种，约三万册，如购入张书，合计有四千余种，四万余册，装箱运费合计约需二十万元，统计购书费、运输费两项共需一百万元，虽所费稍巨，而国宝得赖以保全，于抗建大业非无裨益，事关集藏文献，理合声叙缘由，签请鉴核转呈核发，实为公便，等情到部。查该馆长所陈各节，具有见地，对于搜购古籍，保藏吾国固有文献，自属切要之图，理合据情转呈鉴核，所请核发款项之外，并乞俯予照准，俾便筹画而策进行，伏候指令祗遵。谨呈

孔副院长

教育部部长　陈立夫

中华民国三十年十月十五日

(4) 行政院致教育部训令(11 月 7 日)

行政院训令　勇陆字第一七四三二号

令教育部
财政部

该教育部呈请拨款一百万元，交由中央图书馆搜购古籍一案，经提出本院第五三八次会议议决通过。除令知财政部／行教育部遵照外，合行抄发原呈，令仰遵照／知照。此令。

中华民国三十年十一月七日

附抄□贤弼等签呈一件

查搜购旧书，“在此抗战立场，虽若迂缓无当，而于民族文化实亦有重大关系。”（此系国防会议时财政专门委员会审查意见，经常会通过者。）去岁曾由中央拨款一百十万元，交中央图书馆搜购。（其中六十万系由中英庚款会在补助该馆建筑费项下垫付，俟战事终了该馆兴工建筑时仍由国库拨还，业经本院核准备案）。兹据教育部据中央图书馆请拨一百万元为续购珍籍之用，至运接办法，已决定先由沪运港转运美国，并已托驻美大使馆与美国国会图书馆接洽，代为保管等情。拟提院会讨论。当否？请核示！

贤弼
干群　十·二十一

〔行政院档案〕

3. 财政部检发《非常时期古物及美术作品由战区经香港、安南运人国内暂行办法》的代电

（1939年3月20日）

财政部代电　关渝字第八一七四号

梅总税务司览：查我国古物及美术作品在国内转运本系征收转口税，现时战区人民转移后方，因交通关系，多经由香港、安南再

行来至国内，所有随带之我国古物及美术作品，按照关章，均应照进口税则办理，遂至缴纳重税，本部为使收藏家、艺术家携带此类物品转移内地，减少困难起见，兹特订定非常时期古物及美术作品由战区经香港、安南运入国内暂行办法。对于我国古物及美术作品由外国口岸转运内地者，准其仍按转口待遇减轻纳税，藉期携带便利，得以移转后方保存。除呈报并分行外，合将该项办法印本检发一份，电仰遵照。部长孔。号。渝关印。

附办法一份

中华民国二十八年三月二十日

非常时期古物及美术作品由战区经香港安南运入国内暂行办法

一、凡收藏家、艺术家将古物及美术作品由战区经香港安南运入内地得适用本办法之规定。

二、本办法所指之古物与美术作品其类目如左：

甲、我国古物

1. 书画　2. 铜器　3. 陶器　4. 玉器　5. 牙雕

乙、美术作品

1. 油画　2. 水彩画　3. 粉画　4. 雕刻(泥、石、铜)　5. 印刷图片

三、古物及美术作品照本办法规定手续报运者，海关应视作国内转运，照转口税则办理。

四、收藏家及艺术家报运古物及美术作品，应先将报运人姓名、籍贯及物品名称、数量、起运暨到达地点与中途经过之外国口岸地名等项详列清单，呈请内政部核发执照，再行□照向海关报运。

前项执照，由内政部制印颁发，并由财政部会印。

五、海关对于古物及美术作品附有部颁执照者，应照本办法规定按转口税则分别征免放行，并将执照收回呈缴财政部。

六、收藏家及艺术家携带古物及美术作品运经海关，在未请准部颁执照以前，海关据报运人之申请，得令照进口税则先缴押税放行，俟呈验执照再按转口税则办理退还押税。

七、本办法自中华民国二十八年四月一日起施行。

〔海关总署档案〕

4. 国民政府文官处抄转叶恭绰等呈请筹款搜购华南公私文物函与内政部筹办意见呈

（1940年1—2月）

（1）国民政府文官处致行政院公函（1月17日）

国民政府文官处公函　渝字第二四八号

径启者：奉主席交下叶恭绰等虞电：为寇兵肆虐，华南公私文物、重要图籍之散失者不可数计，敌方竭力搜集，此于文化、国防均有关系，拟请立筹巨款或由英美庚款项内指拨，于香港委托妥员，密为收购，以图补救一案，奉谕"交行政院"等因，相应抄同原电，函达查照。此致

行政院

计抄送原电一件

文官长　魏　怀

中华民国二十九年一月十七日

抄原电

重庆。林主席、蒋总裁、孙哲生、陈立夫先生钧鉴：寇兵肆虐，华南公私文物扫地殆尽，重要图籍之散失者不可数计，敌方竭力搜集，此于文化菁英，国防秘要，均大有关系，拟请政府立筹巨款或由美英庚款项内指拨，于香港委托热心谙习此道之人密为收购，以图补救，并乞赐复。叶恭绰、李征根、王云五、许地山叩。虞（七日）。元午重发。

（2）内政部致行政院呈（2月3日）

内政部呈　渝礼字第〇一六六号

案准钧院秘书处二十九年一月二十二日A字第三二一六号通知：据叶恭绰等电请筹款收购华南公私文物一案。奉谕："交教育部、内政部核议"等由，抄件通知到部。查公私文物，为先民精力所寄，国家文化，赖以表彰。本部无时不在统筹维护之中，抗战发生，尤特别注意，关于古物部分，经于二十七年八月，呈准钧院通令各省政府，对于战区古物移运及被敌毁劫情形，密报中央古物保管委员会备查，复于二十八年七月，拟定古物文献移运情形、古物文献被敌毁劫情形及未移运之古物调查表三种，呈请核定，通行遵办。关于文献部分本部以各省县志书为地方重要文献，关系国防尤为重要，亟应搜集保存，并禁止寄送海外。经于二十七年四月、二十七年七月、二十八年八月、二十八年十月，先后咨请各省市政府饬属分别办理各在案。截至二十八年年底，各省县志书径送到部者，共有六百五十部，现仍在继续搜集中，此本部过去对于保护战区文物文献大略情形也。至原电旨在保全华南公私文物，自属切要之图。惟兹事体大，非有巨款，势难进行，拟请钧院发交管理中英庚款董事会及中比庚款委员会核议，如能于庚款项内指拨的款，自可由各关系部会妥商进行办法，并请钧院重申前令通饬各省市政府，对保全战区公私文物严密注意，遵照前颁表式，切实查报，以存国粹，所议是否有当？理合呈请鉴核！谨呈

行政院

内政部部长周钟岳

中华民国二十九年二月三日

〔行政院档案〕

5. 内政部关于吴玉清家藏唐刻定武兰亭神龙本真迹待售与由库款价购事致行政院呈

（1940年6月8日）

内政部呈　渝礼字第〇七六〇号

案查前准钧院秘书处二十九年四月三十日调字第一二五九〇号通知单，以吴玉清呈为家藏唐刻定武兰亭神龙本真迹一部，愿缴呈中央，请酌予代价一案。奉谕："交内政部转饬中央古物保管委员会核办"，抄件通知到部。当经令饬中央古物保管委员会核办具报在办。兹据该会二十九年六月一日渝礼字七一六号呈略称："查本会经费停发，目前给价收买势所难能，惟此项古帖，颇为名贵，为防止其流出国外起见，应责令物权所有人依照古物保存法暨同法施行细则之规定，向该管地方行政官署登记，并嘱其不得移转于外人，一俟本会经费充裕，再行设法给价收买。除函请广西省政府转饬办理外，理合呈请钧部鉴核，转呈行政院备查。"等情。据此，除指令外，理合呈请钧院备查。谨呈

行政院

内政部长　周钟岳

中华民国二十九年六月八日

抄吴玉清原呈

窃玉清高祖荷公，旧藏唐刻定武兰亭神龙本真迹一部，历经前人考订无讹，帖中贞观神龙诸印玺均尚完整，古称"定武兰亭贞观刻，千两黄金那易得"，正指此原本而言也。至此帖之真实价值，昔贤论之綦详，玉清雅不欲摭拾牙慧，炫其声价，姑举乾隆宫禁所收定武兰亭精品一种，互为对照，书法虽笔笔酷似，而其神妙之所在，精灵之所托，固非乾隆禁本所及，识者自能鉴别，无待赘陈（附有照片）。此帖数百年来，以保藏得法，幸为完璧，以往者不可知，即就吾家而论，曩年由粤而沪，由沪而汉，迨抗倭军兴，移避长沙，长沙大

火，又迁衡阳，衡阳被炸，始来桂林，身外之物，损失略尽，而此帖独存，虽宋初诸名公题跋，剥蚀不可睹，然原本固自无恙也。去秋先父病笃时，尤集眷属念遗嘱："吾家万一无力保存此帖时，应呈献中央，发交古物院保存，若售诸商人，流转海外，虽得巨资不为也。"士林闻之，咸为感叹。近见广西临时参议会议案，略以"倭寇搜索吾华古物名迹，不遗余力，俨然蹈袭拿破仑侵入罗马、埃及之故伎，以致后方古董商人暗中异常活跃，遂有严禁古物外运，并由政府吸购民间古物"等提议。老成远虑，实为先获我心，谨将该帖影印二片，连同乾隆禁本照片一并呈请鉴核。如蒙收纳，代价并愿从减，伏候训示祗遵。谨呈行政院

附古帖照片二份〔缺〕

具呈人　吴玉清

中华民国二十九年四月　日

住址：桂林北极路五十五号本宅

眉批：此案既据中央古物保管委员会径函广西省政府转饬办理。本件拟存。弼。

六·十一

〔行政院档案〕

6. 内政部关于战区内古物文献移转情况的报告①

（1940 年 7 月）

〔前略〕

甲　关于战区古物文献，前经通饬严密保存，并制定古物文献移运计划、古物文献被敌毁劫情形及未移运古物文献调查表三种，由内政部编纂实录；私人所有之古物及美术品由战区移至后方安

① 此件节选自内政部向国民党第七次全会提出的工作报告稿礼俗部分。

全地点，由海关于征税时酌予优待，并由财政部、内政部制定运输暂行办法及转运执照公布施行。又各省县志书为地方重要文献，经内政部订定整理办法三项，现已呈送县志者共有六百十七县。又浙江范氏天一阁藏书、文澜阁四库全书、河南省立博物馆古物、安徽、广东、陕西各省立图书馆图书、武昌杨著《水经注疏》等均已运藏安全地点，古版书籍并经教育部设法搜集或加以影印也，是园元曲多种正在影印中。

乙　由南京运出京文物共计一万六千六百九十九箱，其中内政部古物陈列所占五千三百另三箱，其余皆属北平故宫博物院者。该院精品另装八十箱，初存长沙，后移贵阳。京库文物整理装箱后，于二十六年十一月中旬连同内政部古物陈列所之古物五千四百一十七箱，均由北平故宫博物院统筹转运装出九千二百五十箱赴汉，又装出七千二百八十八箱至宝鸡卸存，存湘文物经由桂林转运贵阳，此即现存安顺县华严洞第一批运出之精品也。其由京两次轮运汉口之物品，亦于同年十二月陆续运往宜昌，转运重庆，存至今年春间，为避敌机滥炸，计次第移往乐山乡间保存。在宝鸡者经西安行营协助拨备车辆迁往南郑褒城，未几转移成都，至今年四月间开始与存渝之文物同时运往峨嵋保管。

丙　苏联政府艺术部为宣扬中国文化，在莫斯科举行中国艺术展览会，要求我国搜集古代艺术品前往参加，经中央研究院及北平故宫博物院提选唐宋明清绘画及缂丝五十件，古玉器四十件，铜器十件，甲骨、戈矛车饰爵杯大刀石刀骨柶等二十件，殷墟品照片八十幅，于七月中旬由昆明运至兰州，改用苏联民航机装载飞俄，业于九月二十四日安全到达莫斯科，交苏联东方文化博览会暂行保管，此项展览会现已定于十一月十五日举办。

〔国民政府内政部档案〕

7. 教育部请批拨中英庚款补助中央图书馆建筑费移作沪港搜购文物书籍事致行政院呈

（1940年9月7日）

教育部呈　总□字第二四六二五号

案据国立中央图书馆筹备处本年七月十八日密呈称："案查收购古籍一案，准管理中英庚款董事会本年六月七日渝庚补第四三三号密函附同三十万元支票一纸到处。准此，查沪地古籍，迭接报告，竞相搜购，情形紧张。经呈请钧部核转行政院添拨八十万元，其中三十万元，暂由英庚款会就补助本馆建筑费项下垫拨在案。兹准英庚款会照拨前来，属由本处呈请钧部迅咨财政部即将所拨三十万元接洽汇沪，俾应急需。并以此项建筑费已先后垫拨六十万元，一俟时局平静，兴建馆厦，自必仍需此款应用，应即呈请钧部转呈备案。将来准由国库发还，仍充建筑之用。理合录具管理中英庚款会原函，随文密呈，仰祈鉴核，分别咨呈，实为公便"等请。附呈抄函一件。据此，查此案请由政府拨发之五十万元，业经呈奉钧院令饬编制追加概算，另案呈请核转在案。所有管理中英庚款会由该馆建筑项下先后垫付之六十万元，将来仍由国库拨还，充该馆兴建馆厦之用，前已呈明有卷。据呈前情，理合录具原函，随文呈请鉴核，准予备案，指令祗遵，实为公便。谨呈

行政院 院长蒋
副院长孔

附呈抄函一件

教育部部长　陈立夫　公出
政务次长　顾毓琇　代

中华民国二十九年九月七日

录管理中英庚款董事会公函（密）

管理中英庚款董事公会函　渝庚补字第四三三号

径启者：抗战以还，文物图籍类多散佚，本年一月间，中央迭据沪港士绅电请拨款收购，本会以此事确为当务之急，然战事方殷，军需浩繁之际，欲由政府拨款，势必困难，故为迅赴机宜起见，特就前定补助保存国内固有文化史迹古物专款余额提一十万元，一面与贵馆蒋馆长慰堂商洽，就本会补助建筑经费项下动用三十万元，两共国币四十万元，专充收购书籍之用，同时并即聘请贵馆蒋馆长及上海士绅张咏霓、张菊生、何柏丞诸先生会同本会叶董事玉甫办理其事。全部款项，以二十六万五千元分配上海，以十三万五千元分配香港。数月以来，陆续收购已有几批。顷接贵馆蒋馆长报告谓据上海函报，某方及美国哈佛大学均以巨款在沪搜购，书贾竞买，转售国外，此半年中为紧要关头，若能筹添款项，则各家所藏，可以尽得，已呈请教育部核转行政院添拨八十万元，其中三十万元，嘱由本会再就补助贵馆建筑费项下予以垫拨，俾利进行。查本会办理斯事，原在求保存文献，即此半年中为紧要关头，自当仍本初旨，续予照垫，以竟全功。兹将三十万元如数开具支票一张，随文附送，即希查收迅向财政部接洽汇沪，俾应急需。至于数月来已购及将来续购各书书目，容俟全案结束，即当开列详单，送请备查。惟现时本会约有二事，应预向贵馆声明：一、本案经费，连此次合计在内已为一百二十万元，其中除五十万元，依贵馆蒋馆长原报告所述，系呈请教育部核转行政院请拨外，余七十万元全为本会拨付，其以此款所购书籍，本会须保留所有之权，处理及存放办法，将来容再续商；二、本会所拨七十万元，其中六十万元既系前定补助贵馆建筑经费项下垫付，则将来战事终了，贵馆兴工之时，自必仍需此款应用，此层应即由贵馆呈请教育部转呈行政院备案，将来准由国库悉数拨还，仍充建筑之用。以上两事，并恳查照见复，无任盼企。

此致

国立中央图书馆筹备处

计附支票一纸〔缺〕

董事长　朱家骅

中华民国二十九年六月二十七日

〔行政院档案〕

8. 行政院与教育部关于北平图书馆存沪善本图书运美保存的令文

(1941 年 3 月—1942 年 11 月)

(1) 教育部致行政院密呈(3 月 19 日)

敬折呈者：顷据国立北平图书馆馆长袁同礼电称：该馆存沪善本图书已被敌伪侦知，意图掠夺，现已由该馆长亲赴上海与美方再三接洽，始得设法全部移出原存地点，共装百箱，决计运往美国暂存，运费共需美金三千元，请赐核拨，并请转电商财政部转知总税务司准予免验放行等情。据此，查该馆善本书籍，早为敌伪垂涎。现闻敌方正图劫取运往北平。该馆为保全国家文物起见，急待运出，以免散失，所请拨款及电税务司放行各节，事实紧急，亟待示复，免失时机，敬请核准为祷。谨呈

行政院副院长　孔

职　陈立夫　谨呈

中华民国三十年三月十九日

(2) 行政院致财政部密令稿(3 月 22 日)

行政院紧急命令　机密字第一一三八号

令财政部

据教育部三十年三月十九日呈称："顷据国立北平图书馆馆长袁同礼电称：该馆……云云。照叙至免失时机。"等情。据此，查所称各节，确为保存国家文物之紧急措施，合亟适用公库法第十三条之规定，并依照国防最高委员会第十七次常务会议关于颁发紧急命令之决议，令仰饬库照拨该部转发应用，并饬税务司免验放行为

要。此令。

中华民国三十年三月二十二日

(3) 教育部长陈立夫致行政院孔副院长折呈(1942年11月14日)

教育部折呈　社字第四六五一三号

案据国立北平图书馆馆长袁同礼三十一年十月二十七日密呈称:“窃职于上年一月,奉令前往港沪办理移运馆藏善本书籍,送往美国保存;当时以书存上海法租界震旦博物院,由法租界移运大批箱件,每有被阻之虞。且海关既由敌伪把持,码头左近,更多间谍耳目,一经惹起宵小注意,势必发生安全问题,为此频与有关系之方面,密商妥善运法,以策万全。嗣又奉令与美国詹森大使先后接洽,拟将是项书籍,作为中国政府暂行借与美国政府,由美国派人在沪接收,即由该国运输舰自行装运。职当即与詹森大使接洽,由詹大使电商美国国务院,由该院训令上海美总领事负责协助,惟该总领事要求必须先由法租界移至公共租界,又必须江海关发给出口允许证,方肯代运。爰于三月间将上项存书分批秘运移入公共租界之美籍仓库,同时并向总税务司商洽手续,总税务司于五月间始行奉到财政部训令饬令发给出口允许证,免验发行。乃此项允许证向由江海关填发,一经总税务司行文转饬难免泄漏,且码头工人多被敌伪收买,骤见大宗箱件出口,难免检查阻止。总税务司以此为虑,故尔再三劝阻,属为另策万全。此中经过情形,迭经电文呈报在案。嗣又奉钧部转下孔副院长手谕,属为分批先运香港,再由马尼剌转运美国,惟由沪运港,仍须向江海关申请出口允许证,方能启运,总税务司既已爱莫能助,职不得已转与中国施行社负责人密商,作为职馆在沪新购书籍,赠送美国,委托该社分批代运,冀以掩饰敌伪注意,减少被扣危险。但化整为零,手续较繁,需时较久,直至上年十月初旬,分作十余批之存书,始获全部运毕,共计分装一〇一箱,均由驻美胡大使转交美国国会图书馆代为寄存。此项运出善本,均以宋元明刊本及各人抄本校本为限，其较次之清刻善本，时间不及装运，本年四月经辗转托人设法，从原寄存之美仓库，分批运至法租界私人住宅，化名寄托，由职馆留沪职员妥为料理处置，均甚秘密，今后谅不至有意外危险。其业经运美之书目，原已编写同样四份，二份随书带美，一份存沪，一份由港转渝，以供呈报钧部，不意原件甫经带至香港，即遭沦陷；拟恳稍假时日，再行设法抄录正本，补呈备案。其运美费用，前蒙钧部拨给美金三千元，当时因承运之轮船公司 American Presilentites 未能将抵美后之各项费用预为确定，故将该款全数付交该公司，订明缺则补给，多则缴回。嗣据函报，尚余美金六百零二元二角五分，业由钧部令准留充职馆增购书籍之用。此项运费单据，现存香港金城银行保险库内，只可俟交通恢复再行补报。所有职馆善本藏书运美保管之经过情形，理合先行呈报钧部鉴核备案。”等情。查该馆长于去年一月奉令前往沪港办理移运馆藏善本书籍，送美保存，在敌伪严密监视下，不辞辛劳；不畏险阻，卒能多方设法完成任务，其忠勇为国之精神，殊属难能可贵。除由部嘉奖外，理合将该馆善本藏书运美保管经过情形，转报钧座鉴核备案。谨查

行政院副院长　孔

教育部部长　陈立夫

中华民国三十一年十一月十四日

(4) 行政院致教育部指令稿(11 月 18 日)

行政院指令　顺陆字第二四〇一〇号

令教育部

三十一年十一月十四日社字第四六五一三号折呈陈报国立北平图书馆善本藏书运美保管经过情形，请鉴核备查由。

呈悉。准予备案。此令。

中华民国三十一年十一月十八日

〔行政院档案〕

二、文物古籍损失调查

1. 国立北平故宫博物院历变八年简略报告

（1945 年 6 月）

中华民国二十六年“七七”事变发生之时，马院长衡适因公在京，迭经请示中枢，命总务处处长张庭济率同原有人员负责维持。兹将八年经过述其概略如下：

沦陷初期，与中枢之连络断绝，一时经费无着。至十月起，由伪北平地方维持会发给维持费一万元，经张处长据由马院长请示中枢，经行政院第三三五次会议决议有案。自此职员均按本俸折给生活费。院务仅能勉强维持现状，自难期进展。惟当时即确立原则三项：（一）对外逆来顺受，不亢不卑；（二）对内注重典守，注意开放陈列；（三）对人事则旧员不裁，去人不补。

当冀察政务委员会委员长宋哲元率二十九军撤退之后，即由公安局长潘毓桂组织所谓“四机关警备事宜办事处”，以已故古物陈列所主任钱桐为主任（四机关指本院、国立北平图书馆、古物陈列所及历史博物馆）。二十六年十月二十五日，伪地方维持会顾问日人武田熙、乔川时雄偕同钱主任桐到院强行携去本院文献馆所藏车臣汗部所属各旗游牧地图。经报由伪地方维持会交涉，于同月二十九日仍由武田熙等三人送还。至二十八年十月十二日，伪行政委员会来令提取该图，并蒙古公田游牧地界站路图送交敌特务机关转交敌关东军，言明用毕交还。至二十九年四月二十七日，由伪华北政务委员会将原件送还本院。

二十七年一月伪临时政府行政委员会成立，本院维持费由该会照伪地方维持会上年十二月份之数发给一次，二月份即停止发给。三月中旬伪委员长王克敏向本院张处长庭济表示愿自兼院长，仍由张处长继续负责，裁员减政，经张处长表示拒绝。于是院长问题暂时搁置，而从此维持费仅发地方维持会时代之半数。职员生活费仍以累进率按本俸折扣，最高者仅得三四成，最低者照原额发给。至二十九年四月伪组织改组为华北政务委员会后，经费虽略有增加，而物价高涨，一般生活均极感艰难，有间关跋涉投奔马院长者，有转入伪组织者，有兼任伪组织或其他事业者，有因衣食不足致疾病而死亡者。

二十八年六七月间，敌杉山部队拟借用皇史宬及北上门东西连房并入内部测量，经本院拒绝后，向伪行政委员会相借，该会先后令院议复，乃陈述不能借用之理由，该会即据以拒绝。是年九月敌特务机关复拟借用皇史宬，经伪北京市公署来函商借，亦经复函拒绝，至三十四年一二月间，敌方军用物品纷向城内移藏，大高殿乃于二月十五日被敌军一八二一部队占用。幸所存档案及瓷花盆等于九、十两日悉数迁回本院，毫无损失。皇史宬复有敌军人前往勘察。时伪华北电业公司适来商借存储材料，经呈请伪华北政务委员会准其借用，乃与订立合同，石室中空匮均运回院内存储奉先殿，至于堂子则于三十年十二月八日珍珠港事件之后，由伪华北政务委员会强令借与伪防共委员会，嗣后改为剿共委员会。至三十四年一月，伪剿共委员会解散，复由伪政委会情报局出面为敌伪合组之会同检阅室(即新闻检查所)占用，敌方降服后，于九月十三日向敌军收回大高殿，于十月十二日收回堂子。

自二十六年至三十年间，敌人未尝干涉本院内政。至三十一年三月以后，忽有敌使馆人员迭向伪委员长王揖唐推荐本院院长，盖由有人依引，遂启其心。伪当局乃命伪华北政务委员会顾问祝书元暂代院长，以资抵制。同时又组织本院临时理事会，就各伪机关中，指派理事八人，监事二人，伪代院长于是年七月一日到院视事，对旧有人员初未更动，亦未另加委派，声明系奉命维持，并非接收，不需交接形式，仍由原人负原责，院印及章制等亦均一仍其旧。嗣因推进工作，人手不敷，陆续添派科长以下若干人，至三十二年四月调整人事，裁汰调动者若干人，所裁汰者大部系工作不力或行为不检者。截至接收之日止，先后所派伪员达六十六人，旧员尚存八十六人。

本院文物点收工作，于二十六年六月底已点讫八九。“七七”事变发生，监盘委员及临时监视人均不到院，遂尔中止。三十一年十二月一日，由伪华北政务委员会令派伪理监事为监盘委员，开始继续点收。至三十二年三月十九日点讫。嗣后复发现有漏点物品数起，均以“逾”字补点登记。

故宫原存出版物之售价向为经常收入，列入预算，按月解缴。事变后经常支出并无出版物印刷费，曾由伪财务总署先后借垫伪币十万元充印行字画图籍之用。计先后共出版（初版及重版）书画类六十六种，一万五千余册，文献类七种一千五百册，图籍及其他三千余册。此项售价另立账目，每月缴伪财务总署（后缴伪华北政务委员会财务厅，最后缴财务委员会），收账抵还借款。至本年九月该项借款业已如数缴还，旧存出版物之售价仍列入经常收入与参观券价一并缴纳。至茶叶原为处理剩余物品之一种，自二十二年开始发售以来向未间断，数年来售价亦随一般物价渐次增涨（对同人有时酌予优待，然每次必明定限制，以杜流弊。）其收入仍遵旧案，归入基金，慎重保管。

在沦陷期间，虽因物资困难，经费支绌，各处馆对于文物之整理工作迄未中辍（详见八年工作报告）。至建筑物之整理修缮工程尤不易举办，缘本院及所属地方辽阔，殿宇很多，年久失修，时有些坍渗漏者，沦陷初期因经费无着，较大工程，均商请伪建设总署代为兴修。三十三、三十四两年，每年各有临时修缮费，但为数亦无多，仅能办理零星修缮，至重大工程，即工务总署亦无力代修矣（详见八年工作报告。）

二十六年八月，敌军入城，本院太庙图书分馆为预防检查计，将关于党义书籍杂志提出封存。次年六月有敌宪兵率同内六区警察到该分馆检阅书籍，将新书杂志撕毁甚多，报纸则指定空屋加封存储，禁止翻阅。并将主管人带区拘留二日始行释放。后经按月清查，原藏旧籍部分完整无损，新书杂志则劫去及撕毁一〇九八五余册。二十八年三月敌方宪警复至该分馆检查，又索去杂志三十七册（已专案呈报）。

敌方因物资不足就地搜括铜铁资料，乃于伪市府内成立所谓“大东亚战争金品献纳委员会”以为收集之总汇。自三十二年起，分年规定斤量，向各机关及商店住户分别征取，本院各院落之铜缸及历史博物馆之铜铁炮素为敌人注意。迭来征取，经多方交涉，将残破及无款识者酌予检送。本院所存铜缸，有明清两代所铸而有款者，有明代而无款者，有残破或无款而不能断定其年代者，总数为二百二十六口，被征去之残破无款识者六十六口。除铜铁品外，本院及紫禁城内一切文物率均无损失（已有专案呈报）。

〔国民政府教育部档案〕

2. 国立中央博物院筹备处关于调查德意庚子劫掠我国文物及德人勒柯克盗劫壁画与古籍情形呈及附件

（1945年8月29日）

国立中央博物院筹备处呈　博呈字第三四〇六三号

中华民国三十四年八月廿九日

案奉钧部本年四月十三日三九七〇九号训令为调查庚子德意两国所掠夺我国之文物，饬即遵办具报等因。奉此，查庚子之役，德国所劫掠本国文物，除天文仪器一部已于凡尔赛和约后收还本国外，其余并无系统著录可供参考。但如柏林国立图书馆所藏之宋版《易传》、《李氏集解》（附件一），罗马图书馆所藏之《本草品汇精要》

（附件二），皆为故宫旧藏人间孤本，显为庚子之劫品。此外，散见于柏林公私收藏之中国古物，亦多有来历不明之件（附件三），并就参考所及列为一目。但德国所掠有中国古物最重要之一部为勒柯克氏在吐鲁蕃一带掘去之壁画及唐宋写本与印本残卷，原藏柏林民族博物院及柏林学术院两处，皆为中国最珍贵之文化史料，虽与庚子之役无关，然勒柯克氏自前清光绪甲辰起，数往吐鲁蕃一带考古，均无法律之依据，等于劫掠，理应索回。兹将柏林学院所藏之唐宋写本及印本残卷，曾经中国学者过目，另开一目（不全，见附件一）。至勒氏所取壁画，有专书可查（中文本有罗振玉氏之高昌壁画精华翻印一小部分），自可按图点收。惟半世纪以来，我国所遭之浩劫，其损失未可以数量计，附呈目录（不全），尚乞博采周访，以尽全功，是为至祷。谨呈

部长朱

计附呈庚子德意两国劫去我国文物之清单一、二、三共三份。

国立中央博物院筹备处主任李济

柏林国立图书馆所藏中国珍贵书籍及柏林学院所藏勒柯克（Albertllon Te Cog）氏收集之唐宋写本及印本残页

（一） 书籍

甲、易传李氏集解十卷六册一套（Zibri Sinice 1397）唐李鼎祚集解皮纸印，半叶八行，行十八字，版心高二三厘米，广一五.三厘米。

全书页数：

易传前序	七　页	卷三	五八页	卷六	六六页	卷九	六一页
卷　　一	五一页	卷四	五八页	卷七	六九页	卷十	五六页
卷　　二	五三页	卷五	二〇页	卷八	六二页	略倒后序	三三页

以上共六四四页。

第一册封面里贴纸片，题记如次：

易传原二套，十本，五十一年十月初六日

畅春园发下去裱纸，□一套，六本，唐著作郎李鼎祚集解，前有自序，并宋晁公武字煮序。

又乾道年鲜于侃，嘉定年申之序(宋版)。

乙、华夷译语不分卷，六册 (夏德氏旧藏明钞本)

全书罗纹纸抄本，第一册收蒙古译语一一六页，缅甸语九三页，女真语一一五页，第二册收翻译语一〇四页，高昌馆一〇〇页，回回一一一页，第三册收百夷馆九六页，八百媳妇一〇六页，暹罗馆八七页，第四册收高昌译语起人事门三八页，翻译语五九页(补)回回译语(补编)三九页，百夷译语四六页，缅甸译语三三页，八百媳妇(华夷译语续添)三八页，第五册收西天真实名经四八页，回鹘文书八〇页，蒙古文书六〇页，女真文书四〇页，每册前俱有华夷译语字样，第四册高昌译语第一页内夹一条上书高昌铎语，铎当是译之误。

(二) 写本与印本残页目录(不全)

T Ⅱ,D 1003 印本六行 背面回鹘文四行

T Ⅱ M 15 I 500 印本七行 背面藏文回鹘文夹书十三行

T Ⅰ 1002 印本御制缘识并序存四行 背面回鹘文四行

T Ⅰ t 300 写本十六行

T Ⅰ 296 写本九行，有——昌县印朱文印——昌上——字从氵

T Ⅰ y—46a10 写本受田册残页存十一行，有朱文印——字不甚可辨

T Ⅰ y—46c10 写本受田册残纸存十三行，朱文印同上，背面回鹘字三一行

T Ⅰ t 1259 释氏文

T Ⅰ t 301 唐文等户籍

TⅡ　t　古诗七言

TⅡ　D　4061

TⅡ　y　59　转帖

TⅡ　tnr　54　诗经邶风疏(?)

TⅡ　tnr　9　药方(两面)

un　65　账册

TⅡ　1176　转帖

TⅡ　1199　文一篇

TⅢ　1062　救劫经(末有贞元八年出)

TⅡ　1785　一切经意义

TⅡ　1784　田亩册

TⅡ　1656

TⅣ　C　1　论语释文(?)

TⅡ　1472　永传

TⅣ　62—1005　俗文二页

TⅢ　SC　7　左传昭二十二年(九行起十一月辛丑)

TⅡ　y—46a　邓守存户受田册

TⅣ　y—46c　陈长瑞户受田册

TⅣ　k—75　唐韵残片(六片)

TⅢ　k—10—21　军令

TⅢ　t　1260　残历

TⅡ　t　300　唐诏令

TⅡ　296　转帖

TⅡ　t　1132　一面张良传，一面吴越世家。

TⅡ　t　1304　占卜书残片

TⅢ　t　132　背面药方(三行)

TⅣ　ts—100a　唐韵(存廿一及廿四赋内文)

TⅡ　y 15　2　一切经音义残片(存唐捐竹子)

TⅡ　t　1228　户籍册

TⅡ　t　1510　一面占卜书，一面文

TⅡ　2052　文钱

TⅡ　t　1221　诗经白文(存采微首二行及前一首后四)

TⅢ　1117　占卜书

TⅡ　y—465　端拱三年地亩册(存九行一面回鹘文)

TⅡ　y—49　类书

TⅣ　t　262　一切经音义(第十卷)

TⅠ　D　药方(八行)

T—king　占卜书(两面)

TⅣ　t　133　占卜书(两面)

TⅡ　1512　曲建翟施经跋

TⅡ　y　54　占卜书(两面)

TⅡ　1279　夏爱儿钵足书

TⅡ　1137　高昌县印

TⅡ　1064　田亩册(安大册等)

TⅡ　1063　户籍册

Langar　转帖(有杯厥趋水字)

TⅢ　304Tnjok　杂帖(两面)

TⅤ　t　1259　残帐

TⅡ　1980　一切经音义(存十五、十六卷，字体全同TⅡ　t　262)

TⅡ　2017　同上

TⅢ　m　199　印本残历

TⅡ　B　66　户籍册

TⅡ　1062　不知何文

TⅡ　1057 残柬 } 字体甚佳

TⅡ　1058　适得承业书残柬 } 字体甚佳

T I　819　印本切韵残片

又一片　同上

T I　SIC　切韵残片印本

火长唐天志名册(背面有火长王善顺一行)

又加广德五年账一卷共六十二片

罗马国立图书馆所藏中国珍贵书籍
——《本草品汇精要》四十二卷目录一卷

明刘文泰等奉勒撰，今藏罗马国立图书馆，明钞本，稍有钞补叶数。前有弘治十八年三月十三日承德郎太医院院判刘文泰、王槃修职郎、太医院御医高廷等进表，进表下有“安乐堂藏书记”长方朱印，为怡府旧藏，原为四十五册，三十六帙，今改为洋装十七巨册。按陶湘故宫殿本书库现存目卷中:“明弘治年绘象原书三十六册，格式同永乐大典，惟尺寸小十分之一，绘图设彩，五色鲜明。康熙年勅谕再行绘录者，比弘治本又小十分之二，彩色已逊，亦三十六册。民国十二年癸亥夏，中正殿灾，两书流出市廛，弘治本仍完全，康熙重绘本仅存十三册，洵可谓海内之孤帙矣!”此书卷帙格式，绘图设彩，正与陶氏所述相同。〔下略〕

德国公私机关收藏中国古物及目录

(甲)　机关

(一) 柏林国立博物馆东洋美术部(Abteilung für ostasiatische kunst,sfaatlichen Meseen)

(二) 柏林 Collection Margroff & Cie.

(三) Heinrlch Hardt—Berhn

(四) Edgar Worch—Berlin

(五) Otto Burehard—Berlin

(六) Edgar Gutmann—Berlin

(七) Mr S. E. Rosenheim—Berlin

(八) Dr Brener—Berlin

(九) H. Ginsberg—Berlin

(十) Firma Worch—Berlin

(十一) Frau Fritz Kreisler—Berlin

(十二) J. Trübner—Berlin

(乙) 古物目录(目录下号码为收藏机关)

1 雷文有盖鼎一件 (一)

2 画象有脚卵形铜器一件 (二)

3 兽形饰品脚一件 (一)

4 兽面饰环耳一件 (一)

5 提梁附镶嵌百兽壶一件 (一)

6 蟠螭文钟甬一件 (一)

以上见梅原未治战国式铜器的研究

7 饕餮文鼎一件 (三)

8 虺龙文鬲一件 (一)

9 鱼虺雷文罍一件(一)

10 饕餮文壶一件 (一)

11 牺首素文壶一件 (一)

12 饕餮文异形注口容器一件 (一)

13 牺首饰兕觥一件 (四)

14 虺龙文洗一件 (一)

15 虎錞一件 (一)

16 提梁附人物脚盘一件 (五)

17 蟠螭文罍一件 (五)

18 怪兽形容器一件 (四)

19 镶嵌画象文卣(壶)一件 (一)

20 汉银错变样兽涡文鼎一件 (六)

21 汉三禽饰金银色绘彩画奁一件 (一)

22　金银错龙云文博山炉一件　（一）
23　汉神符元年雁足灯一件　（一）
24　饕餮文尊一件　（七）
25　眼球形涡文尊一件　（四）
26　鳞状文饰象尊一件　（四）
27　牺首巴形文方尊一件　（一）
28　牺首饕餮文方尊　（四）
29　饕餮文觚一件　（六）
30　饕餮文镜一件　（一）
31　赋彩透雕四夔文方镜一件　（三）
32　赋彩透雕双龙文方镜一件　（三）
33　细文地四禽镜一件　（一）
34　细文地心叶形日禽镜一件　（一）
35　双凤涡文镜一件　（一）
36　画文带环状乳神兽镜一件　（八）
37　方格四神十二支镜一件　（九）
38　海兽葡萄镜一件　（一）
39　兽钮双鸾飞仙方镜一件　（一）
40　虺龙形把手断片　（一）
41　兽面饰环状把手　（一）
42　金铜虎镇一件　（一）
43　金银错怪兽抱鱼形带钩一件　（一）

上见支那古铜精华

44　饕餮文盉一件　（一）
45　饕餮文鼎二件　（五）
46　鸟形足饕餮文鼎一件　（四）
47　铜饰件(Helmeted head)一件　（五）
48　兽头饰件二件　（四）

49　细地文禽四镜一件　(四)
50　变形羽状文鉴一件　(五)
51　兽纽蟠螭文钟一件　(一)
52　兽纽蟠螭文钟一件　(五)
上见 Q. Siren:"A History of Farly Chinese Art"—Vol. I
53　提梁筒状器(卣)一件　(十)
54　兽首饰提梁卣一件　(十一)
上见 Jarg Trübner:"Yu und kuamg"
55　司克泰蒙古式兽饰件一件　(四)
56　雁足灯一件　(一)
57　兽面衔环奁一件　(一)
58　雷文鼎一件　(五)
59　素文壶一件　(五)
60　汉立男陶俑二件　(四)
61　夔龙形饰玉二件　(四)
62　汉立式陶女俑三件　(五)
63　兽形饰铜镇一件　(一)
上见 Q. siren:"A History of Early Chinese Art."—Vol. I.
64　饕餮文饰钺一件　(一)
65　虺龙饰铜钺一件　(十二)
66　变形禽形镳饰辔一件　(十二)
67　夔凤文饰柄铜勺子一件　(三)
上见支那古铜精华第七册

〔国民政府教育部档案〕

3. 国立中央博物院筹备处报送日本掠夺中国文物清单及向达要求日本赔偿损失意见书

（1945 年 8 月 31 日）

国立中央博物院筹备处呈　博呈字第三四〇六四号

中华民国三十四年八月卅一日

案奉钧部三十四年八月十六日社字第〇四〇二八九号训令，略以日本已正式无条件投降，令饬设法调查历年以来我国公私被敌毁掠之文物，迅予报部，以作索偿根据等因。奉此，自应遵办。兹经调查及见诸著录所得，谨开我国历来被敌掠夺之文物清单二份，并连同西南联大教授向达所拟之我国应要求日本赔偿损失意见书一份，具文呈送钧部参考，以后继续调查，如复有所得，当再具文呈报。谨呈

部长朱

我国历来被日本掠夺之文物清单(一)

计附呈(二)各一份。

西南联大教授向达拟具意见书一件。

国立中央博物院筹备处主任李　济

（一）日本公私机关收藏中国古器物者之详单

1. 东京细川侯爵家
2. 御影嘉纳治兵卫氏(即嘉纳白鹤美术馆)
3. 东京帝室博物馆
4. 京都守屋孝藏氏
5. 大阪浅野吉氏
6. 京都藤井氏有邻馆
7. 东方文化学院京都研究所
8. 御影黑川幸七氏
9. 京都帝国大学文学部陈列馆

10. 在纽约之日本山中商会
11. 大阪山中商会
12. 大阪住友男爵家
13. 京都太田贞造氏
14. 京都川合定治郎氏
15. 京都山中松次郎氏
16. 东京根津嘉一郎
17. 东京山本梯二郎代
18. 京都住友男爵
19. 京都广濑治兵卫氏
20. 东京河鳍实英
21. 京都清野谦次
22. 京都贯志弥三郎氏
23. 京都富岡益太郎氏
24. 东京江藤涛雄氏
25. 大阪小泽龟三郎氏
26. 大阪原田五郎氏
27. 西宫马辰悦藏氏
28. 东京大仓集古馆
29. 朝鲜统督府博物馆
30. 东京帝大工学部建筑学教室
31. 北平山中商会
32. 关东厅博物馆
33. 金州岩间德也氏
34. 东京美术学校
35. 东京帝大文学部
36. 东京武内金平氏
37. 京都川口勇次郎

38. 东京大塚稔氏
39. 东京中村不折氏
40. 东京盐原文策氏
41. 大阪上野精一氏
42. 东京横河民辅
43. 内贵甚三郎氏
44. 鹿岛岩藏氏
45. 田中源太郎氏
46. 中野钦九郎
47. 岩崎弥之助男爵
48. 明治天皇
49. 三崎龟之助
50. 田中光显子爵
51. 说田彦助
52. 太田资迈氏
53. 德川家达公爵
54. 大给恒子爵
55. 鸟尾小弥太子爵
56. 伊藤庄兵卫
57. 兵库加藤治兵卫氏
58. 京都帝大考古学教室
59. 东京柴田极人氏
60. 近江中邑甚三氏
61. 东京井上源太氏
62. 山川七左卫门氏
63. 伊势征古馆

(二) 见于著录在日本之中国古器物目(括孤内数目指收藏所在见前单)

1. 䲨氏编钟十二个(12)
2. 蟠螭禽兽文铎二件(3)
3. 双环饰钫数件(7)
4. 金银错变样兽涡文罍一件(2)
5. 木胎墨髹金银扣彩画壶二件(2)
6. 夹纻金银饰奁一件(2)
7. 金银扣四叶座饰漆奁一件(2)
8. 金银扣四叶座饰漆匣四件(2)
9. 瓦胎黑髹彩画壶一件(2)
10. 银制鎏金耳杯二件(1)
11. 银制有柄杯一件(1)
12. 银制有鎏杯一件(1)
13. 银制容器脚二件(9)
14. 银制立形人物像一件(1)
15. 铜制人物坐像一件(10)
16. 铜制马二件(10)
17. 细文地虺龙文镜一面(1)
18. 着彩四禽兽细文地镜一面(1)
19. 八弧虺龙文镜一面
20. 金银错狩猎文镜一面(1)
21. 金银错文铜制品脚状金具二件(11)
22. 金银禽兽形饰金具及金铜花样饰金具四件(2)
23. 金银错文禽兽形饰金具二件(2)
24. 金银错文饰金具(镦)二件(2)
25. 金银错文怪兽饰轴金具二件(2)
26. 金银错文半环状饰金具四件(2)
27. 鎏金透雕双兽形隅金具一件(2)
28. 金银四叶怪兽饰盖橑四件(5)

29. 嵌玉怪兽形黄金带钩一件(5)
30. 嵌玉黄金被带钩一件(11)
31. 嵌玉金铜带钩一件(4)
32. 穀粒文虺形玉佩四件(1)
33. 嵌石错文壶一件(13)
34. 嵌珠金银错文壶一件(5)
35. 战国式铜壶一件(4)
36. 玉栉一件(8)
37. 铜矛一件(1)
38. 铜镦一件(1)
39. 金银错文刷毛柄二件(4)
40. 金银错文镦一件(11)
41. 虺龙玉饰一件(14)
以上见梅原氏洛阳古墓聚英
42. 凤盖蟠螭文匜一件(6)
43. 兽形铜制品一件(6)
44. 虺形饰盖蟠螭文鼎一件(11)
45. 蟠虺文有盖鼎一件(3)
46. 兽形饰盖涡文鼎一件(6)
47. 田猎画像文有盖鼎一件(11)
48. 兽衔环饰有脚壶一件(15)
49. 蟠螭文球形镦一件(6)
50. 象嵌涡文怪兽饰球形镦一件(12)
51. 变形涡兽沈凸文球形镦一件(10)
52. 蟠螭文簠一件(15)
53. 子安贝组纽文豆一件(9)
54. 环耳虺文有盖豆一件(12)
55. 变梯兽面华文鉴一件(16)

56. 羽状兽文地兽衔环饰罍二件(3)
57. 银状兽文地扁壶一件(3)
58. 羽状兽文地扁壶一件(17)
59. 牺首蟠螭文壶一件(4)
60. 兽面座蟠螭文壶一件(14)
61. 蟠螭拳龙文卣一件(13)
62. 虺龙饰壶一件(6)
63. 有盖象嵌百兽壶一件(6)
64. 有盖蟠螭文画象壶一件(3)
65. 鸟首雷文瓠壶一件(18)
66. 者污钟一件(18)
67. 蟠螭文钟一件(11)
68. 蟠螭文铎一件(18)
69. 蟠螭文铎一件(18)
70. 蟠螭文异形车轴头二件(10)
71. 蟠螭文鉴(新郑出土)一件(2)
72. 蟠螭文有盖鼎一件(3)
73. 蟠螭文黄金饰金具一件(3)
74. 贝形漆器一件(3)
75. 汉永寿元年金银错文带钩一件(4)
以上见梅原战国式铜器研究
76. 连弧文镜一件(11)
77. 连弧虺文镜一件(11)
78. 兽纽规矩蟠螭文镜一件(11)
79. 变形羽状兽文地丁字镜一件(4)
80. 兽纽蟠螭系禽文镜一件(19)
81. 变形涡文镜一件(9)
82. 变形涡文镜一件(20)

83. 三彩蟠螭凤文镜一件(21)
84. 见日之光镜一件(3)
85. 兽面文瓦当一件(22)
86. 纯地文镜一件(23)
87. 纯地文镜二件(3)
88. 纯地文镜五件(4)
89. 纯地文镜一件(11)
90. 饕餮文镜一件(4)
91. 蟠螭系地文镜一件(4)
92. 连弧文镜三件(11)
93. 彩文镜一件(11)
94. 彩文镜一件(2)
95. 连弧文镜一件(24)
96. 同右镜一件(1)
97. 同右镜一件(4)
98. 变样羽状兽文丁字镜一件(11)
99. 同右镜一件(3)
100. 同右镜四件(11)
101. 变样羽状菱文镜一件(11)
102. 变样羽状兽文地四兽方镜一件(4)
103. 同右镜三件(11)
104. 同右镜四件(4)
105. 变样羽状兽文地兽形镜一件(25)
106. 同右镜一件(11)
107. 同右镜一件(8)
108. 同右镜一件(5)
109. 同右镜四件(11)
110. 同右镜一件(26)

111. 细文地镜一件(7)
112. 变样羽状兽文地四兽方镜一件(27)
113. 同右镜一件(25)
114. 同右镜一件(13)
115. 同右镜一件(20)
116. 同右镜一件(11)
117. 同右镜一件(4)
118. 同右镜一件(25)
119. 着彩细地文四禽镜一件(1)
120. 四叶座细地文镜一件(4)
121. 蟠螭文镜一件(3)
122. 同右镜一件(18)
123. 同右镜一件(3)
124. 同右镜七件(11)
125. 同右镜三件(3)
126. 同右镜一件(7)
127. 同右镜三件(19)
128. 同右镜一件(5)
129. 同右镜一件(4)
130. 同右镜二件(25)
131. 蟠螭文人物画像镜一件(14)
132. 虺龙纽蟠螭透文镜一件(28)
133. 蟠螭透文镜二件(28)
134. 同右镜一件(3)
135. 同右镜一件(8)
136. 夔透文方镜二件(2)
137. 彩画虺龙文镜一件(2)
138. 虺文镜一件

上见梅原汉以前古镜之研究

139. 白陶片三片(19)

140. 雕骨二片(9)

141. 同右十二件(27)

142. 同右十件(30)

143. 同右三十件(3)

144. 同右四十二件(9)

145. 同右四件(31)

146. 雕骨六件(32)

147. 同右二十九片(33)

148. 同右二件(34)

149. 同右四件(35)

150. 着彩鳞文铜豆二件(36)

151. 变形虺文铜豆一件(37)

152. 饕餮文罍一件(18)

以上见殷墟出土白色土器研究

153. 彩陶二件(9)

154. 大连出土石斧一件(9)

155. 玉斧一件(9)

156. 石镞二件(9)

157. 骨镞三件(7)

158. 象牙雕刻品一件(9)

159. 骨片雕刻品二件(9)

160. 骨制鱼形一件(9)

161. 贞卜骨兽五件(9)

162. 贝镞一件(9)

163. 壶形陶器一件(9)

164. 双耳陶罐一件(9)

165. 鬲形陶器一件(9)
166. 登干断件二件(9)
167. 明刀钱七件(9)
168. 赤色长头陶罐二件(9)
169. 赤色具柄鬲形陶器一件(9)
170. 铁镞三件(9)
171. 铜镞六件(9)
172. □安贝六件(9)
173. 骨贝六件(9)
174. 镀金铜蚕二件(9)
175. 骨制弓舌一件(9)
176. 铜面具二件(9)
177. 细线地规矩文镜一件(9)
178. 变形蟠螭文镜一件(9)
179. 司克泰式青铜带钩一件(9)
180. 同式兽形装具一件(9)
181. 同式透雕金具二件(9)
182. 同式兽形器一件(9)
183. 戚璧一件(9)
184. 琉璃璧一件(9)
185. 青铜带钩四件(9)
186. 带铜范一件(9)
187. 位至三公镜一件(9)
188. 芦家屯贝墓出土镜一件(9)
189. 内行花纹蟠螭文镜一件(9)
190. 星云镜一件(9)
191. 易州瓦当一件(9)
192. 汉瓦范一件(9)

193. 汉代陶俑九件(9)
194. 舞女俑一件(9)
195. 立女俑范一件(9)
196. 坐女俑一件(9)
197. 鸥号陶尊一件(9)
198. 博山炉一件(9)
199. 牧城驿出土陶鼎一件(9)
200. 老铁山扁陶壶一件(9)
201. 殷墟出土陶壶一件(9)
202. 芦家屯着彩陶器一件(9)
203. 着彩盒形陶器一件(9)
204. 磨研黝色陶豆一件(9)
205. 牧城驿陶家屋二件(9)
206. 绿釉井舍一件(9)
207. 陶猪圈一件(9)
208. 陶家屋一件(9)
209. 青釉猪圈一件(9)
210. 端方旧藏瓦灶一件(9)
211. 着色瓦灶一件(9)
212. 小型瓦灶二件(9)
213. 芦家屯瓦灶一件(9)
214. 绿釉博山形奁一件(9)
215. 绿釉兽环壶一件(9)
216. 绿釉圹灯陶片六片(9)
217. 刁家屯古坟着彩纹砖二件(9)
218. 汉竟宁元年砖一件(9)
219. 河南出土大形纹砖一件(9)
220. 六朝纱帽立男俑一件(9)

221. 六朝小形纱帽立男俑一件(9)
222. 立朝小型着冠立男俑一件(9)
223. 立朝女子倚坐俑二件(9)
224. 六朝武人骑马俑一件(9)
225. 六朝奏乐立女俑四件(9)
226. 六朝武装立男俑二件(9)
227. 六朝车舆及牛陶像一件(9)
228. 六朝浮雕石枕二件(9)
229. 六朝装身具及马具铜件十二件(9)
230. 六朝铜制透雕金具十一件(9)
231. 西魏大统十七年四面石佛像(9)
232. 云冈石窟寺菩萨头二件(9)
233. 巩县石窟寺佛头一件(9)
234. 唐红妆立女俑一件(9)
235. 唐高髻立女俑一件(9)
236. 唐武装立男俑一件(9)
237. 唐乌冠立男俑一件(9)
238. 唐女子打球骑马俑一件(9)
239. 唐女子骑马俑一件(9)
240. 唐代明器马像一件(9)
241. 唐代明器骆驼像一件(9)
242. 唐天部土偶头部一件(9)
243. 唐明器魌头三件(9)
244. 唐明器车舆及牛像一件(9)
245. 唐亚剌比亚式模样陶器一件(9)
246. 河南北宋韩魏公墓圹砖壁画二件(9)
247. 朱元间陶钵范一件(9)
248. 宋代陶制玩具九件(9)

以上见京都帝大文学部陈列馆考古图录

249. 甘肃出土石斧五件

250. 甘肃出土有孔石斧一件

251. 同右出土石庖丁二件

252. 同右出土石锤一件

253. 同右出土骨制尖头器一件

254. 同右石环片六件

255. 赤峰出土有孔石斧三件

256. 赤峰出土尖头石器一件

257. 赤峰出土石庖丁一件

258. 赤峰出土环状石斧一件

259. 赤峰出土斗斧二件

260. 赤峰出土陶器六件

261. 赤峰出土铜斧一件

262. 赤峰出土铜刀子二件

263. 赤峰出土铜刀钱一件

264. 赤峰出土小饰金具十一件

265. 赤峰出土管玉一件

266. 赤峰出土凡玉一件

267. 赤峰出土骨子安贝一件

268. 青铜饰金具十二件

269. 北方系青铜鍑二件

270. 北方系青铜兜二件

271. 北方系青铜人物坐像一件

272. 抚顺出土铜剑一件

273. 抚顺出土剑柄二件

274. 有孔石斧二件

275. 有孔玉斧三件

276. 新京大屯出土石剑一件
277. 穀粒纹璧二件
278. 玉琮一件
279. 壶形玉品一件
280. 玉鱼佩二件
281. 琀蝉玉五件
282. 虺龙饰璜一件
283. 玉脉一件
284. 汉铜灯一件
285. 汉铜提灯一件
286. 铜匜一件
287. 瓦匜一件
288. 铜制有脚提灯一件
289. 汉及六朝着彩陶制马首三件
290. 易县瓦筒一件
291. 南山里墓砖四件
292. 汉代山东纹砖五件
293. 间岛出土天泰八年铜版一件
294. 阿什河出土金铜制华蔓一件
以上见京都帝大文学部陈列馆考古图录续编
295. 大同县出土石器一件
296. 河南出土石环三件
297. 殷墟出土剑状石器三件
298. 玛瑙小环二件
299. 玻璃制马像一件
300. 殷墟铜戳一件
301. 铜剑一件
302. 铁戟一件

303. 大同出土铜斧四件
304. 蒙古出土铜刀三件
305. 铜制铃附金具一件
306. 铜甑一件
307. 齐刀范二件
308. 五铢钱范二件
309. 具铭大陶甕残片一件
310. 大同出土具纹陶片四件
311. 隋唐釉陶四耳罐一件
312. 瓦制马一件
313. 瓦制己神象一件
314. 唐立人俑一件
215. 坐女俑一件
316. 胡人立俑一件
317. 瓦制狗一件
318. 瓦制羊一件
319. 瓦制骆驼一件
320. 唐制瓦灶一件
321. 石制狮子一件
322. 方家屯墓砖二件
323. 永嘉六年墓砖二件
324. 莲文文瓦当二件
325. 辽宁东京城出土花文砖一件

以上见东京帝大文学部考古学研究室《考古图编》第四辑。

326. 甘肃影陶四件(38)
327. 卜骨三片(37)
328. 卜龟二片(39)
329. 嵌石雕骨残片一件(9)

330. 雕骨残片三张(3)
331. 骨笄一件(3)
332. 骨耳璫二片(38)
333. 彩文漆棺残片三片(3)
334. 夔龙文鼎残器一件(3)
335. 饕餮文瓦当一件(30)
336. 双兽文瓦当一件(30)
337. 雷文瓦片一件(30)
338. 蝉文瓦片一件(30)
339. 兽文瓦鼎脚一件(31)
340. 陶鬲一件(3)
341. 陶鼎(实是鬲)一件(3)
342. 陶甗丁器一件(3)
343. 陶壶(具铭)一件(35)
344. 铜直文鬲一件(36)
345. 鳞文铜豆一件(36)
346. 饕餮文鼎一件(40)
347. 蟠螭文盉一件(40)
348. 芮伯壶一件(1)
349. 饕餮文方彝一件(40)
350. 乳文彝一件(36)
351. 夔龙文彝(殷)一件(40)
352. 夔龙文彝(四足段)一件(40)
353. 饕餮文尊一件(40)
354. 饕餮文爵一件(40)
355. 饕餮文爵一件(36)
356. 饕餮文单一件(40)
357. 饕餮文觚一件(40)

358. 玉笏二件(41)
359. 玉刀一件(41)
360. 圭(青玉)一件(41)
361. 瑁(青玉)一件(41)
362. 玉戚一件(41)
363. 教璧二件(41)
364. 瓅一件(41)
365. 系璧三件(41)
366. 璿玑(黄玉)一件(41)
367. 琮(黄玉)一件(41)
368. 佩玉四件(41)
369. 佩玉六件(3)
370. 玉制鸠形杖头一件(41)
371. 佩玉(鸠形)一件(41)
372. 佩玉(虺龙文)一件(41)
373. 佩玉(璜)一件(41)
374. 佩玉(人象)二件(41)
375. 佩玉(刚卯)一件(41)
376. 玉制刀剑装具五件(41)
377. 牺首形玉六件(21)
378. 蟠螭文壶一件(3)
379. 鸟兽蟠螭文壶一件(40)
380. 蟠螭文豆一件(40)
381. 蟠螭文钟一件(39)
382. 同右一件(40)
383. 旂铃一件(17)
384. 虎錞一件(17)
385. 金错鸟兽云大盘一件(1)

386. 金银错盘残片八片(32)
387. 金银错山云鸟兽文筒形铜器一件(1)
388. 铜制马车一件(1)
389. 双龙文戚一件(21)
390. 夔龙文戚一件(36)
391. 金错矛一件(1)
392. 戈已铭戈一件(33)
393. 廿九年在铭戈一件(39)
394. 铜刀一件(3)
395. 铁剑一件(3)
396. 铁刀一件(3)
397. 秦铜权一件(39)
398. 三两在铭铜权一件(39)
399. 秦铜量一件(39)
400. 铜制兽环二件(21)
401. 铜制勒镳三件(21)
402. 铜制兽环二件(3)
403. 铜镦二件(3)
404. 银错菱云文铜镦一件(21)
405. 金错涡云文铜制刀剑装具一件(21)
406. 银错涡云文铜制刀剑装具一件(21)
407. 银错文铜制车轴头二件(21)
408. 石嵌金错文带钩一件(21)
409. 石嵌金银错文带钩一件(21)
410. 瓦制杯案及酌器一件(1)
411. 瓦制耳杯三件(1)
412. 瓦制勺一个(1)
413. 金银制案脚四件(34)

414. 狩猎大瓦壶一件(42)
415. 永寿二年在铭瓦瓶一件(38)
416. 绿釉兽环壶一件(42)
417. 绿釉鱼鳖盘一件(42)

以上见周汉遗宝

418. 史淑鼎一件(43)
419. 父癸尊一件(44)
420. 夔凤耳尊一件(45)
421. 变形羽状两耳罍一件(43)
422. 父丁彝(殷)一件(44)
423. 具校饕餮文卣一件(47)
424. 四环耳残壶一件(48)
425. 两环耳铜壶一件(49)
426. 食生殷一件(48)
427. 两环耳铜豆一件(50)
428. 之铠盉一件(48)
429. 夔龙饕餮文匜一件(48)
430. 变形蟠螭文匜一件(50)
431. 三足两耳盘(鼎)一件(46)
432. 三足两耳盘一件(3)
433. 中平三年洗一件(51)
434. 镌头一件(50)
435. 虎錞一件(52)
436. 铜鼓一件(53)
437. 虎錞一件(54)
438. 饕餮蝉夔龙文铜几一件(55)

以上见帝室博物馆鉴赏录

439. 加饰铜斧二件(2)

440. 殷墟出土铜戈二件
以上见梅原支那古代铜利器
441. 饕餮文鼎一件(36)
442. 雷文鼎一件(40)
443. 夔文(蟠螭文)鼎一件(15)
444. 金错鼎一件(36)
445. 双环锜一件(15)
446. 古亚卣一件(14)
447. 夔龙饕餮文尊一件(2)
448. 饕餮文尊(卣)一件(40)
449. 金银涂饰神兽壶一件(56)
450. 饕餮文觚一件(56)
451. 崇祯九年饕餮文觚一件(34)
452. 饕餮卣一件(40)
453. 雷文爵一件(56)
454. 饕餮文爵(□文)一件(40)
455. 同右一件(56)
456. 山云文镦(殷)一件(36)
457. 方罍一件(36)
458. 云雷文三环罍一件(3)
459. 兽面蝉文铜勺一件(57)
460. 夔龙饕餮文斗一件(40)
461. 凤匜一件(6)
462. 夔文盘一件(56)
463. 金错铜管一件(34)
464. 鎏金凤奁一件(6)
465. 司克泰或铜□一件(34)
466. 同右二件(58)

467. 乌灯一件(59)
468. 乌柄灯一件(6)
469. 铜行灯一件(15)
470. 同右一件(34)
471. 牛灯一件(56)
472. 提练行灯一件(56)
473. 钩灯一件(藏人不详)
474. 博山炉一件(59)
475. 同右一件(15)
476. 银错香炉一件(60)
477. 宣德炉一件(6)
478. 蚰云耳宣德炉一件(14)
479. 宣德鬲式炉一件(19)
480. 花卉文黄铜香炉一件(34)
481. 方香炉一件(3)
482. 香盒一件(3)
483. 色绘铜莲香炉一件(3)
484. 色绘铜马乘人物香炉一件(3)
485. 雷文钟一件(6)
486. 兽纽虺文钟一件(36)
487. 陈太建七年钟一件(61)

以上见支那古艺园鉴铜器篇

488. 延熹九年兽首镜一件(4)
489. 甘露五年兽首镜一件(24)
490. 永寿二年兽首镜一件(4)
491. 泰始七年神兽镜一件(3)
492. 永安六年神兽镜一件(19)
493. 咸平二年花纹镜一件(4)

494. 至元四年双龙镜一件(4)
495. 景元四年规矩花纹镜一件(24)
496. 黄武七年神兽镜一件(24)
497. 阶段式神兽镜一件(24)
498. 永安六年正月七日镜一件(4)
499. 永安五年镜一件(62)
500. 宝鼎三年神兽镜一件(63)
501. 神兽镜一件(63)

以上见梅原鉴镜的研究

战后应要求日本赔偿我文化上之损失　西南联大教授　向达

一、理由

战前日本俨然以东方之领导者自居,而于文化方面则夸谓集东方文化之大成,因其如此,故于此次战争常自诩为圣战。明治维新以后,日本人民即受此种自我陶醉之教育,谬种流传,由来已久,究其所谓集东方文化之大成者,不过掠取他人之文物,觍颜以为已有,以蒙蔽欺骗其人民而已。战后重新教育(The educate)日本文化上解除武装,以消灭其精神上之夸大狂,实为第一步应采之行动。日本精神上之夸大狂大部分以其所掠取之中国古器物、书画图籍为寄托之所,故将其视为国宝之中国古器物,书画图籍,于战争结束后,勒令缴还我国,使其夸大狂之精神,无所附依,实为重新教育日本所必需,此一事也。复次自甲午以后,以迄今兹,我国家与人民在文化上如古器物、书画图籍等为日本所掠取盗窃以去者,其损失益不可以数量计,此种责任,日本之政府与人民(特别是贵族三井、三菱系之财阀以及黑龙会与满铁之御用学者)俱应共同担负,不容有所分别,故于战后我应就其公私所藏我国古器物、书画图籍指名索取,一方面藉此赔偿五十年来我国家与人民在文化上之损失,一方面予侵略国家之政府与人民以一种惩戒,此又一事也。而上野日比谷诸处，所陈列甲午诸役自我国掠去之战利品之应一一取还，归我国家博物院庋藏，以资纪念，此又毋烦赘言者也。至于自日本取来之古器物、书画图籍，将来分别交与国立博物院或图书馆收藏，抑或设博物院图书馆，专门收藏此类物品，以为此次战争纪念，尚待细为研究，姑不具论。

二、所应索取之图籍古器物书画

关于所应向日本索取之图籍古器物书画，兹分为图籍及古器物书画两项，略陈大纲如次，其详细办法或目录之制备，容俟他日。

（甲）图籍

一、宫内省图书案

二、内阁文库

以上二处，俱有书目所藏，宋以来善本秘籍，为我久失者甚多，应择优选取。

三、大连图书馆

四、满铁图书馆

五、静嘉堂文库

六、东洋文库

静嘉堂文库以陆心源氏皕宋楼藏书为基础，而原在北平之Morrison Librdry则胥归东洋文库摩理逊藏书，为治东方学者之宝库，重要书籍几乎应有尽有。

以上四者俱应全部归我国有，静嘉堂东洋文库俱创自岩崎男爵，日本有名之财阀也。

七、尊经阁文库

此属前田侯爵，有书目，可择优选取。

八、中村小折、大谷光瑞所藏敦煌卷子

中村氏收藏我国书画以及敦煌卷子甚多，李木斋所藏敦煌卷子十九归其所有。宣统初，千佛洞所余古代写本卷子，由甘肃扫数解归学部，李氏选其佳者归诸私有，李氏子孙不能守，廿四五年以归中村，此本公物，复归国家，理所当然。至于大谷光瑞所藏亦数百卷，直接由橘瑞超氏取自敦煌。其目备见雪堂丛刊中，形同盗窃，自应物归原主，二氏所藏，如能由此与北平图书馆所有者为延津之合，亦学术上一盛举也。

九、东京京都各帝大图书馆及私人所藏目不备举

（乙）古器物书画

一、古器物

日本所藏我国古物，如东京、京都两帝大之居庸关石刻，以及殷墟遗物，未能枚举，举其要者则正仓院所藏，皆我唐代遗物，以之实我国家博物院，可谓无上妙品，凡此可据正仓院御物帐及泉屋清赏东瀛珠光诸书案图以求。其大谷光瑞考察团，在新疆吐鲁番一带所窃取之壁画写本等等，可以西域考古图谱或新西域记所载为根据。此外大连博物馆、满铁博物馆以及东方文化学院在上海之自然科学研究所，俱应全部予以接收。

二、书画

日本所藏我国书画不少精品，法书方面可据书道全集，名画方面可据日本人自编之日本所藏支那历代名画目录。

三、其他

日本之山本商会，虽属私人机关，然在我国专门勾结古董商人盗卖古物，天龙石刻多经由山本商会流至欧美，其本店亦多收藏，俱应予以没收也。

〔国民政府教育部档案〕

4. 战时日本在中国劫掠的部分文物目录

（1945 年　月　日）

中国被日劫掠文物目录副本（一）

战时文物损失登记分类目录(古物类)

教育部清理战时文物损失委员会调查

物主	名称	著者及其时代(或记版本)	件数	被掠经过	备考
国有	徐宁周妻张氏墓表(朱书墉上)	延昌四年			
	郭恩子妻解氏墓表(同右)	延昌二十年			
	贾买苛妻索氏墓表(同右)	延昌二十二年			
	贾买苛墓表(同右)	延昌二十六年四月			
	郭恩子墓表(同右)	延昌二十九年十一月			
	记崇庆墓表(同右)	延昌三十二年闰正月			
	残墓表(同右)	延昌三十二年二月			
	鞠孝嵩妻张氏墓表(同右)	延昌四十年闰三月			
	侯庆伯墓表(同右)	延寿十一年五月			

续上表

	侯君夫人张氏墓志(同右)	仪凤□年十二月十七日			
	张君夫人毛氏墓志(同右)	龙翔二年十一月			
	麴孝嵩墓表(粉书塼上)	延和九年正月			
	孙仁德等残造像	年 月 缺			
	康居士缮经记残石	中有武后制字			

上十四种被掠经过：皆太谷光瑞在高昌故址盗掘之品

	白鹤观残碑(行书)		成残石六	太谷氏在济木萨北四十里盗掘所得	
	房山刻经残石	贞观八年□月乙卯朔十五日巳□		太谷氏自河北省盗走	
	居庸关刻经残字		四行，存全字八，半字三	同右	

续上表

	司马温公告身		一件	民十八年日本古物商人江藤涛雄盗买去	现存日本侯爵细立□
	汉熹平石经残石		一件(四百余字)	由某氏盗买去	现存日本□中村采□折所
国有	铜盉壶	商　代	二件兽把各镌左右二字于其把下。一件鸟把，下镌中字列为左右中。三件皆方形，高二尺八寸		参考日本山本商会出版支那古铜精华录、铜器形态二书
中国历代太医院物	铜人输穴像	宋代额题"天圣五年十月制"		庚子之役被盗去	现藏日本帝室博物馆
辽宁海城县三觉寺	石　师		一对，高丈数尺	甲午之役，日本攻陷海城县劫去	现陈列于东京博物馆前
热河省文　庙	周铜彝器		十件	民二十四年被驻热河行宫日本司令官盗运回国	

续上表

清雍和宫物	人面蟠龙雷纹鼓(铜器)		一件	庚子之役被日本劫去	现藏京都住友二成氏家屋
国有	羊头窪先史居住址调查(民二十二年五月)			资料现存日本京都帝大文学部考古学教室,见该大学东亚考古学会出版《羊头窪》一书	
	顾乡屯旧石文化遗迹调查(民二十二年六月)			资料现存日本,岩波书店出版《满蒙学术调查团报告书》六册	
	热河省新石器文化调查(民二十六年八月)			资料现存日本,具见岩波书店出版《满蒙学术调查团报告书》六册	
	红山后石铜过渡期古墓住址调查(民二十三年六月)			一部分资料在京都帝大考古学教室,见东亚考古学会增刊《红山后》一书	

续上表

	间岛古迹调查(民二十六年)	石器时代		资料存京都帝大文学部，伪文教部古迹供存协会曾刊《间岛古迹调查报告书》一册	
	热河省泺平附近古迹调查(民三十一年三月)	主要新石器代		资料在东京帝大，见东亚考古学会刊行《热河省泺平县附近之遗迹》一书	
	延吉小营子新石古墓调查(民二十七年)			资料一部分存朝鲜京都帝大法文学部，伪满文教部古迹保存协会曾刊《延吉小营子遗迹调查报告书》一册	
	辽永庆陵调查(民二十八年七八月)			资料存京都帝大文学部考古学教室	
	吉林市附近古迹调查(民二十九年)	主要渤海国物		资料存京都帝大法文学部	

续上表

	抚顺县高句丽新城调查(民二十九年九月)			资料存东京帝大文学部考古学教室	
	辽阳市汉墓调查(民卅一年九月)			资料存东京帝大文学部考古学教室	
	旅顺营城子积石古墓调查(民卅□年八月)	黑陶时代		一部分资料存京都帝大藤田策处	
	辽阳市壁画古墓调查(民卅一年)			资料存东京帝大文学部考古学教室，报告书原稿请帝大驹井和爱交还	
	珲春半拉城(渤海东京龙泉府址)大调查(民卅一年三月)			帝大驹井和爱交还	

续上表

	珲春半拉城渤海东京龙泉府址大调查(民卅一年七月)			资料存东京帝大文学部考古学教室，亦请帝大驹井和爱交还	
	辽阳市林产化学会社附近壁画汉墓调查(民卅二年三月)			资料明器部分存东大文学部考古学教室，请与驹井和爱交涉	
	辽阳州城址调查(民卅二年五月)			资料存东方文化学院岛田正郎所，又报告书原稿必须一并回收	
	和龙县西古城子(渤海中京显德府址)调查(民卅四年四月)			资料存京都帝大，请与岛山熹一交涉退回	
河南省立博物馆	铁　炮		七　尊	被东第二九三五部队野津队长野津敏迫献	

续上表

	铁　炮		三六尊	被东第二九三五部队兵器部陆军兵技曹长保刈实迫献	
	铜　钟		一　个	被开封市政府迫献	
	铜　炮		二　尊	被开封陆军联络部迫献	
	铜云牌		一　个	同　右	
	铜　锅		一　个	同　右	
	铜　炉		一　个	同　右	
	铜　鼎		一　个	同　右	
	古　钱		三　箱	同　右	

（1939 年 3 月 13 日）

〔国民政府教育部档案〕

〔六〕战 时 体 育

（一）体育行政法规

1. 教育部公布《专科以上学校体育实施方案》

（1939 年 3 月 13 日）

一 目标

一、专科以上学校体育，在适应学生身心及环境之需要，继中等学校体育训练之后，作更进一步之合理训练。其具体之目标如左：

1. 锻炼体格，使肢体发育健全；

2. 培养公私品德，发扬民族精神；

3. 训练生活上及国防上应用技术；

4. 养成卫生及运动为调节身心之习惯。

二、在抗战时期中等专科以上学校体育之设施，应针对当前环境之需要，在无背于学生生理心理之原则下，特别注意于左列诸点：

1. 培养为国家民族以至人类服务之志趣；

2. 训练自卫卫国之知能；

3. 增进组织领导之能力；

4. 养成善用闲暇时间之习惯。

二 实施纲要

一、各校体育实施，应有合理之行政组织，并依据目标，制成整个计划，聘请合格人员，切实推行。

二、体育经费，应依设备之需要，参照最低限度准编制预算，列入整个学校经费预算中。并应以最经济之使用，获得宏大之效果。

三、体育场地设备，应力求合于部颁标准，其未达标准者，应即拟具扩充计划，呈请主管机关核准，分期建设，以应体育训练之需要。

四、体育时间，应以达到本方案之规定为最低限度，可能时并利用空暇时间，作各种体育活动，使体育功能得以充分发挥。

五、专科以上学校体育训练方式及其目的分述如左：

1. 体育正课　为学校共同必修科目之一种，其目的在继中学之后，依照一定之计划与进度，教学各种合理而适用之体育活动方法，俾学生能选择性之所近者，于课外自由运用。

2. 早操　为学校集体活动之一种，其目的在全校学生同时作适当之操练，获得普遍而最低限度之健身功能。

3. 课外运动　为学校课外活动之一部，全校学生必须参加，在合理组织与管理下，分别练习适合个性之运动。其目的在练成实用的技能，及养成以运动为调节身心之习惯。

4. 其他　举行大团体之野外活动，如远足、施行、露营等，其目的在使学生与社会及自然界多所接触，益增锻炼与修养之效率。

六、体育表演及运动比赛，应积极提倡。每学年拟具整个计划，按时季之不同，分别举行，藉以增进运动之兴趣，激励技能之进步，并以发扬优良之公共品德及运动精神，过去发现于比赛中之缺点，宜力予纠正与防止。各种运动技术，尤宜订立标准，力求普遍之发展。

七、学生体格及健康检查，应定期举行，藉以明瞭各个学生发育及健康情形，作体育设施之根据。检查结果，应须加强合理处置，对于身上之缺点及疾病征象，应立予矫治与预防，以维学生健康。

八、体育成绩应有客观而合理之考核方法与评比标准，务期每一学生均能达到标准体格与能力，完成预定之目标。

九、体育之设施，应与学校整个行政及教学密切联络，藉收相互为用之效。

十、师范学院为造成师资之机关，对于体育应特加注重，使每一学生能充分了解体育在学校教育上之意义，而以推行体育为己责。

三　行政组织

一、专科以上学校体育设施，由体育卫生组秉承训导长或训导主任办理之。

二、体育卫生组设主任一人，并设体育指导员（体育教员兼任）及医生护士若干人，分任本组事宜。

三、各校应设体育卫生委员会，由校长、教务长、训导长、总务长、体育卫生组主任、各学院院长、体育教授或讲师、军训主任教官、校医及教授中热心体育卫生者一至三人组织之，设计并改进全校体育卫生事宜。体育卫生委员会章程，由各校订定，呈报教育部核准备案。

四、各种体育设施计划　应由体育卫生组于每学年之始拟订草案，提交体育卫生委员会通过，经过训导长或训导主任及院校长核定施行。有关体育正课事项并须与教导处取得密切联系，一切实施成绩由体育卫生组详细记录保存，以备查考。其主要项目如左：

1. 全年度全校实施计划大纲；

2. 全年度体育场经费预算；

3. 体育及设备扩充计划及其经费预算；

4. 全年度各班级体育教材进度预定表，全年度课外运动实施计划、办法及其成绩记录与统计等；

5. 全年度体育表演、运动比赛及野外集团活动等实施计划及其成绩记录与统计等；

6. 健康检查办法、记录统计及其矫治结果等；

7. 体育成绩考核办法、成绩标准及其记录统计；

8. 其他与体育有关事项之计划、章则、办法及其实施成绩记录等。

五、各种体育设施计划之制定及推行，应依左列各项办理：

1. 认清目标及学校与学生环境需要，机密计划，正确处理一般与特殊双方兼顾。

2. 各种活动之实施，应随时注意其发展情形，如发现与预期目的有不符之处，应即加以修正。

3. 一切办法规则，不论巨细，务必严格执行，以培养学生守法之精神，课外活动如能在体育卫生组监督指挥下由学生自动推行，必能获得较大之教育效果。

4. 学生体育团体应鼓励其自动组织，并善为利用，提倡校内校外各科运动比赛，藉收社会训练之利益。

5. 体育活动应与其他课外活动联络办理，以达调节身心之目的。

6. 随时利用场地设备及学生力量，推动并领导学校附近之民众从事体育活动。

六、各校聘任卫生主任及体育教员，其资格待遇，均应比较其他部分教职员之规定统一办理。

七、各校聘任体育教员，以学生人数为标准，全校学生满二百余人者，除体育卫生主任（兼任体育教员）外，至少须加聘任一人；学生满四百人者，至少须加聘二人，以后照此比例类推。大学各学院不在同一地点者，应于每一学院设一体育人员，兼负该部体育行政之责。

八、女生体育应由女体育教员担任，其人数比照前条之规定办理。

九、体育卫生主任主持一切体育卫生行政事宜，其授课钟点以每周八小时为度，体育教员授课钟点，比照其他教育办理，课外运动及早操之钟点应合作每周八小时正课计算。

四　经费设备

一、专科以上学校应根据体育设备之需要，按年度编制体育预算，列入学校经常预算，并不得征收学生体育费。

二、体育经费预算额，应依学生人数为比例，以每一学生每学年二元为最低限度。

三、体育经费之动支标准如左：

1. 购置费（如球类、田径赛得耗费用品及其他器械用具之修整添置等）约占总数百分之七十。

2. 事业费（如体育表演、校内外体育比赛之布置、设施费、招待、奖品等）约占总数百分之三十。

四、各校应根据体育场地设备扩充计划，编造临时预算，列入建设费，于年度开始前呈请主管机关核准办理。

五、各校体育场地，应以同时能容纳全校学生各种运动为原则，最低限度亦应按照学生人数，设置合于左表所列之场地，健身房屋为阴雨时上课及课外活动所必须之场所，尤须于最短时间内完成之。

（注）在抗战期间迁后方之各校，有经济或环境上之特殊困难，不能照左表所列标准设置者，得将困难情形详细呈请主管机关核准变通。

场地		500人以下	501—1000人	1001人以上
总面积（平方公尺）		8.00—15.00	15.0012	20.00
健身房（公尺）	阔	15.50	16.50	21.50
	长	29.00	32.50	34.50
	高	6.70	6.70	6.70

续上表

场地	500人以下	501—1000人	1001人以上
跑道	300公尺—400公尺		
沙坑	2	3	3
足球场	1	2	2
小足球	2	4	4
垒球场	1	2	2
篮球场	2—4	4—8	8—12
排球场	2—4	4—6	6—8
网球场	2—4	4—6	6—8
器械场	200—300平方公尺		
拳术场	30—300平方公尺		

五　体育时间

一、专科以上学校体育之实施，以体育正课、早操、课外运动三项为主要部分，各项之时间规定如左：

1. 体育正课　各年级每周至少二小时。

2. 早操或课间操每日十五至二十分钟。

3. 课外运动每一学生每周至少三次，每次至少五十分钟。

二、体育正课钟点之支配，应注意左列两点：

1. 饭前饭后一小时内不宜排列体育正课。

2. 体育正课钟点平均分配于一周中，如每周三小时者，则排于星期一、三、五或二、四、六日；每周二小时者，则排于星期一四、二五、三六等日。

三、早操应于每日早晨升旗时举行，冬季得改为课间操，于上午第二三两课间行之。

四、课外运动于下午三时后举行，如每周三次，则分为两组，一组星期一、三、五日举行，一组星期二、四、六日举行，并应注意学生参加时，尽量避免与体育正课日期重复，俾能平均分配一周间之运动机会。

五、各校除规定时间内之体育运动外，仍须尽量举行比赛表演，及野外集团活动，鼓励学生普遍参加，以满足身体上之需要。

六　体育正课

一、专科以上学校体育正课，每周至少二小时，各年级学生一律必修。

二、体育正课教材，以左列各种为范围：

1. 体操
2. 韵律活动
3. 机巧运动
4. 球类运动
5. 竞技运动
6. 自卫活动
7. 水上运动
8. 冰上运动
9. 游戏运动
10. 其他运动

三、在抗战期中，体育教材更应针对当前环境之需要，注意左列各项：

1. 采用救护比赛，搬运竞走，障碍赛跑，掷手榴弹比远或比准等教材，训练后方服务及国防应用技术。

2. 举行紧急集合，及露营、远足、爬山等野外活动，训练团体纪律等活动。

3. 增加团体比赛及自卫活动（如拳术、劈刺、摔跤等），培养团结、互助、勇敢、奋斗等精神。

四、各校对于体育正课应由体育卫生组依照各班级程度之不同，分别编制全年度教材进度预定表。

五、体育教员应依据各班级进度预定表分别编制每周教案，以便作有计划之教学。

六、体育正课每课时间之分配标准如左：

1. 准备活动：四至八分钟（全体活动如走步、跑步及体操等）；

2. 主要活动：三十至四十分钟（示范、分组、练习、指导、矫正、比赛等）；

3. 结束：五至八分钟（集合、讨论、解散后沐浴）。

七、体育正课之实施，除用学年分班上者外，得采用左列之任何一种方法，或另采其他认为最适宜之方法。

1. 不分年级，由学生自选时间适宜之一组参加，其法先依每周规定之时数编排授课时间表，按学生人数之多寡，假定为若干组，由学生自行选定一组参加。兹将每周三小时之授课时间表列如左，以供参考。

时间 星期	八——九	九——十	十——十一	十一——十二	一——二	二——三	三——四	四时以后
一	第一组	第三组	第五组			第七组	第九组	
二	第二组	第四组	第六组			第八组	第十组	
三	第一组	第三组	第五组			第七组	第九组	
四	第二组	第四组	第六组			第八组	第十组	
五	第一组	第三组	第五组			第七组	第九组	
六	第二组	第四组	第六组			第八组	第十组	

（说明）右表系按学生一千人每周三小时之设计，假定以五十人为一班，应有二十班，但预定时间仅有十组（其中应指定一组或数组专备女生选修），故于各生选定后，视各组参加人数之多寡，每组再分为若干班，每班以三人至五十人为度。例如选第一组之学生

有一百四十五人，则应分为三班，称为第一组甲班（五十人）第一组乙班（五十人）及第一组丙班（四十五人），三班同时上课，分班时可先有测验（或依过去成绩分配），俾能力相等者分配在同一班上课，以利教学。如此排列，对于课外时间的支配，尤为便利，即凡单数之各组均在每周二、四、六日参加课外运动，双数各组均在每周一、三、五日参加课外运动，每周体育正课二小时者，亦应依此规则妥为编排。学生较少，或场地设备充足之学校，可以同时有较多班次上课者，应避免上午十一至十二、下午一至二之时间上体育正课。

2. 一二年级仍按班级上课，其余各年级自选，其法：凡一、二年级，仍将体育正课时间列入整个课程表内，学生在原班级内上课，三年级以上则依照前法规定，各组授课时间，由学生选定一组参加，并依程度分班教学。

3. 高年级按运动种类分组，其法：一、二年级仍照前法参加固定之体育正课，三年级以上则依运动种类不同列为若干组，由学生就其性质所近选一组参加。某组参加人数过多时，再按能力分班教学，列如设足球组、篮球组、网球组、排球组、田径赛组、拳术组、器械组、舞蹈组、游戏组等，使学生得专习所好运动。某种运动因时季关系，不能全年应用者，应予以改选机会。

4. 不分年级　按标准测验，分班教学。其法：每一学年开始时举行测验一次（旧生或则依据上学期之成绩），依成绩之优劣分为若干班，予以适当之教学，以肄业期内，各种运动至少须达到某种标准，方为及格。此种方法，至为合理。但施行时比较繁难，且于全国中等学校体育实施未达一般标准以前，诚恐程度相差太远，及格标准不易厘订，但学校得以此法为实验。

八、体育正课之教法　应参考部编中等学校体育教授纲目并□适应专科以上学校学生身心之需要，对于训练学生自练习与自动组织管理，尤须注意。

九、体育教育　对于每课之教学心得及意见，应随时记录于每周教案□□栋内，作参考研究资料，并供视察人员之查阅。

十、如因气候关系，室外不能运动，应在健身房或其操场所照常上课，其暂无上述场所者，亦应于教室内讲授体育常识、运动法规则等，并作适当之室内游戏运动，绝对不得停课。

十一、体育正课之管理，应注意左列各点：

1. 教员于每次上课前，应将需要运动用品妥为准备，以免临时布置，耗费时间。

2. 学生因病不能上体育正课者，必须经校医或学校指定之医师证明后，方得请假。

3. 上课时应注意纪律之训练，整队集合，务求敏捷而有秩序。对于一切规则，务必切实执行，养成学生守法精神。并应严格查点缺席人数及姓名，以备考核。

4. 全班学生活动机会宜注意其普遍均等。

5. 随时利用机会，训练学生之自治能力，并宜训练小组领袖，协助管理领导，增进教学效能。

6. 上体育正课时，学生必须穿着运动服装，其式样由各校自订。

十二、女生体育应与男生分班上课，女生体育正课例假，应有严格之规定详细记录，以维护其健康。

七　早操

一、早操以全体学生一律参加为原则，学生离校过远者得由各学校酌量办理。

二、早操或课间教材次序之排列、动作之效能、以及分量之多寡，均须根据生理及教学原则，事先编订。

三、早操或课间操教材，以每月更换一次或二次为原则，务其各个动作能正确与熟练。并应将每次新教材刊印分发，使学生能明瞭各种动作之名称与做法，以备将来自习及教导他人之用。

四、冬季早操或课间操，得参用跑步。

五、早操或课间操时、由体育教员、军事教官及训练处职员，分负督促管理及稽核缺席人数之责，缺席学生，应每周公布一次，并录送体育卫生组织备查。

六、上早操或课间操时，学生应一律穿着制服或运动服装，违者作无故缺席论。

七、上早操或课间操时，应照紧急集合办法，迅速到场，若操练动作已经开始，而尤未入队者，即作无故缺席论。

八、早操或课间操，如能训练学生轮流领导，则教员得考察学生努力情形及矫正姿势之便。

九、各校应根据上列原则及体育成绩考核办法中之规定，订定早操或课间操管理规则，切实执行，以达训练之目的。

八　课外运动及比赛

一、专科以上学校应实施强迫课外运动，全校学生必须一律参加。课外运动以每日下午三时后举行为原则，但必要时，亦得利用其他空暇时间举行。

二、各校课外运动项目，应根据正课教材、学校环境及设备，学生兴趣及需要等条件酌订之。种类愈多愈好，俾学生能分别选择其最适宜之项目，长期练习，养成运动之习惯。

三、课外运动之项目经决定后，由体育卫生组连同参加办法，在学期之始公布，使各学生依法报告参加，然后支配其场地及时间。

四、施行课外运动时，宜有合理而有效之组织，令学生自行管理，藉以训练学生办事能力，体育教员仅负监督及技术指导之责任。组织方法由各校自定。

五、各项运动须成队练习者，应按学生技术之程度，妥善组织，令学生的报名时先行组织成队，以利训练而增兴趣。

六、课外运动出席、缺席之考查及运动用品之领用与归还、均须订定规则，严格执行。

七、对于有危险性之运动(如器械操之较难动作、游泳、掷标枪、掷铁饼等),应随时监护与管理。

八、男女生之课外运动,应分场举行。

九、各校于每学期中,至少应举行运动会及体育表演会各一次,分别于第一、二学期内举行,藉以引起学生练习运动之兴趣,及检讨平日体育训练之成绩。

十、运动会之内容,以个人与团体竞技为主,其项目由各校自定。并规定每一学生必须参加一项或数项(身体残废及患病者除外),以求普及。

十一、运动会中之团体竞技项目,得以院系或班级为单位,每一单位之出席人数,至少达百分之八十以上,以平均成绩定次第。

十二、运动会中之个人竞技项目,除普通田径赛外,其他适合于生活之需要运动(如攀登、自由车比赛、搬运、角力举重等)亦宜酌量列入,并按能力分组,务使运动范围广阔,而能适应各种不同之程度,俾学生多有参加运动比赛之机会。

十三、体育表演会之内容,以平日体育正课内训练之各种运动项目为主,除竞技运动外,举凡体操韵律、机巧运动、游戏运动等均可列入。

十四、除运动会与体育表演外,各校应利用课余时间,分季举行个人或团体之分项运动比赛,如竞技球类等,此种比赛,每学期至少须举行两项以上,每一学生至少需参加一项,由体育卫生组织订整个计划,于学期开始时公布,使学生有所准备。

十五、分项运动比赛之组合方法,得酌用左列办法:

1. 院际

2. 系际

3. 级际

4. 班际(体育组)

5. 集团单位(如学生自由组织团体、宿舍、自修室、膳桌等。)

十六、各校宜联合本地或外埠同等程度之他校举行联合运动会、表演会或通讯比赛等，以资切磋。各该地正式机关主办之体育活动，亦应鼓励学生自由参加，或以学校名义参加，藉资提倡。

十七、各校参加校外运动比赛时，对于运动代表之选派与管理，应按部颁《各级学校选派运动代表规程》切实办理，以树立运动比赛之良好风气。

十八、各校对于运动比赛之奖励办法，宜重精神而轻物质。

九　健康检查

一、专科以上学校应于每学年之始行学生健康检查，作体育实施根据，并促进学生注意自身健康之观念，而养成良好之卫生态度与习惯。

二、健康检查应与卫生人员合作办理，其详细项目及办法另订之。

三、检查后如发现学生身体上有何缺点或疾病征象，应分别矫治或实施预防，以达检查之目的。如有非学校单独设施所能奏效者，应与学生家庭及卫生机关合作，切实办理。

四、除定期举行健康检查外，订定办法，举行左列各种事项：

1. 每月由学生自动测量体重一次，并由体育卫生组织表比较其增减与正常体重之差。

2. 每月举行卫生习惯考查一次。

3. 每月举行健康比赛一次。

五、一切检查与比赛结果，均须有详细记录与统计，以资查考比较。

十　成绩考核

一、专科以上学校学生体育成绩应有具体之测验与考核方法，从客观方面评定之，并须订定详细办法，以资遵循。

二、体育成绩之考核，应包含左列各项：

1. 技能测验——占总分百分之二十；

2. 运动精神——占总分百分之二十五；

3. 出席勤惰——占总分百分之二十五；

4. 体育常识——占总分百分之二十。

师范学院各系科之体育成绩考核，以上四项应占百分之二十五。

三、各项评定及给分标准暂定如左：

1. 技能测验　此项测验方法及给分标准，在教育部未决定公布前，由各学校依学生测验成绩，自行统计，决定其格式标准计分表，暂为应用，测验项目以每学期五至十种为度，其中至少应包含跑跳掷及球类基本运动，每项均以百分计算，然后求其平均分数，再按其应占之百分比计入体育成绩分内。

2. 运动精神由教员根据平日体育上课，课外运动及运动比赛时学生所表现之态度行为、精神、纪律、组织与领导能力等评定。其分数之计算，可于给分法或扣分法中选择一种行之。然后依其应占百分之比，计入体育成绩记分内。

3. 出席勤惰　依据各校所用考核办法办理，并依据应占百分比计入体育成绩总分内或另订办法，扣除其体育总分。

4. 体育常识　由教员根据平日谈演之体育理论与方法规则等拟成问题若干则，举行测验，依正误之多寡给分，然后再依其占之百分比计入体育成绩总分内。

四、体育成绩以总分满六十分者及格，体育不及格者不得毕业。但体育成绩总分虽满六十分，而出席勤惰一项不及格者，仍作体育不及格论。

五、体育成绩不及格之学生，应由学校订定补行测验或补习办法，严格施行，以实补敷。

六、各校学生体育成绩，应单独制成体育成绩表，每学期详细记录，由体育卫生组保存，以便查考及比较各个学期进步状况。

十一　附则

一、本方案与暂行大学体育程度纲要相互为用，双方内容如有不符之处，以本方案为准。

二、本方案如有未尽事宜或有修正之必要时，由教育部以命令补充或修正。

〔国民政府教育部档案〕

2. 教育部令颁《各级学校体育设备暂行最低限度标准》

(1939 年 3 月 13 日)

一、本标准系根据部颁各级学校体育课程核准内容编订。

二、各级学校体育设备未达本标准者，应拟具扩充计划连同经费预算呈准主管机关，迅速完成。

三、运动消耗用品，如球及零星杂件等，应视运动场地、学生人数及学校需要等条件，设置足敷应用之数量。

四、本标准既系最低限度，则各级学校应视需要情形，在可能范围内尽量增设，以利体育之实施。

五、我国幅员广阔，各省市区体育发展程度与运动兴趣及环境气候等颇多差异，各级学校应就有特殊性之运动项目(如水上运动、冰上运动等)，充分设备，以应需要。

数量 项目 校别 人数		小学		中等以上学校			附注
		二百人以下	二百〇一人以上	五百人以下	五百〇一人至一千人	一千零一人以上	
器械类	联合器械	一	一				至少包括滑梯、浪椅或秋千、吊绳或绳梯三种
	轩轾板	二	四				高低不宜相同
	轩轾梯	一	二				高低不宜相同，中等以上学校女生可设备
	大摇船(有底座)	一	二				
	小摇船	二	四				
	滚桶	一	一				
	盘梯	一	一				亦称攀登架
	浪木		一				中等学校可设备
	巨人步		一				
	横梯		一				
	平均板	二	三	二	三	四	高低阔狭不相同，女校应酌加
	助跃板		一	二	三	四	

续上表

数量 校别 人数 项目		小学		中等以上学校			附注
		二百人以下	二百〇一人以上	五百人以下	五百〇一人至一千人	一千零一人以上	
器械类	垫子	二	四	六	八	十	
	单杠			一	二	二	
	双杠			二	四	四	高低阔狭不宜相同
	跳箱			二	四	四	
	吊环			二(付)	四(付)	六(付)	
	吊绳（七公尺高）			二	四	六	女生用梯绳
	木墙			一(座)	二(座)	三(座)	每座分三种不同高度
	木马(有鞍)			一	二	二	
	助木(连凳)			二十五(档)	二十五(档)	二十五(档)	
田径赛	跳高架	一	二	二	三	四	应制能活动升降之一种，可兼供撑竿跳高之用
	撑竿跳高用竿		四	四	六	八	

续上表

数量 校别 人数 项目		小学		中等以上学校			附注
		二百人以下	二百〇一人以上	五百人以下	五百〇一人至一千人	一千零一人以上	
田径赛类	横竿	十	二十	二十	三十	四十	
	铅球	一	二	三	六	六	高级小学用六磅八磅，中学用六磅八磅十二磅，专科以上学校用八磅十二磅十六磅
	铁饼			二	二	四	男女两用
	标枪			四	六	八	非男女同校者可减半
	竹标枪			四	八	十二	
	跳栏架			四十	六十	六十	小学可酌备简单栏架，中等以上学校应备能作高中低三用者
	起跳板		一	二	二	二	
	抵趾板		一	二	二	三	
	掷铁饼圈			一	一	一	
	终点柱	一(付)	一(付)	一(付)	二(付)	二(付)	
	接力棒		六	八	十	十	

续上表

数量 项目 / 校别 / 人数		小学		中等以上学校			附注
		二百人以下	二百〇一人以上	五百人以下	五百〇一人至一千人	一千零一人以上	
田径赛类	皮尺	一	一	二	二	二	中等以上学校应备十五公尺及三十公尺各一盘
	马表		一	二	二	三	
	发令枪		一	一	一	一	
	沙耙	一	一	一	一	一	
球类	足球门(连网)	一(付)	一(付)	一(付)	一(付)	一(付)	小学用小足球门可不用网，中学可酌备小足球门一二付
	角旗及中线旗			六	六	十二	
	篮球架(连网)		一(付)	二(付)	五(付)	八(付)	此系户外球场、健身房篮球场不在内
	篮球计时表			一	一	一	
	篮球计分板			一	一	一	
	排球柱(连网)		一(付)	二(付)	四(付)	六(付)	小学宜用低网
	排球裁判椅			一	二	二	
	垒球垒		一(套)	一(套)	一(套)	二(套)	初级小学可不备

续上表

数量　校别　人数　项目		小学		中等以上学校			附注
		二百人以下	二百〇一人以上	五百人以下	五百〇一人至一千人	一千零一人以上	
球类	垒球棒		二	四	六	八	初级小学可不备
	网球柱(连网)			二(付)	四(付)	六(付)	中等学校得酌量设置
	乒乓球台(连网)	一	二	二(付)	三(付)	四(付)	女校应酌加
	乒乓拍	一(付)	二(付)	二(付)	三(付)	四(付)	同右
	棒球			四	六	八	
	各种球类记分簿		一(分)	一(分)	一(分)	一(分)	
	打气筒及收球口器	一(套)	一(套)	一(套)	二(套)	二(套)	
	各种球						视场地与人数酌量设置
体格	体重秤	一	一	二	二	三	不能购置正式磅秤者,可向附近卫生机关借用或以中国秤代用
	身长尺	一	一	二	二	三	可用纸制粘贴壁上,小学并可遍贴各教室内
	量胸尺			一	二	二	木制活动卡尽量胸阔厚用

续上表

数量 项目		小学		中等以上学校			附注
校别 人数		二百人以下	二百〇一人以上	五百人以下	五百〇一人至一千人	一千零一人以上	
测量类	肺量器			一	一	一	
	姿势挂图	一(套)	一(套)	一(套)	一(套)	一(套)	
其他类	水上救生设备						有游泳池或有游泳课程者应设备
	溜冰鞋						视场地环境情形酌量设备，南方学校可用水泥场四轮鞋
	拳术器械			一(套)	一(套)		(一套)如刀、剑、棍、摔跤衣、西洋拳套等
	弓箭	二	四	四	六	八	女校应酌加，小学可自制；中等以上学校用一力至三力弓，每弓配箭六枝
	箭垛	一	二	二	三	四	

续上表

项目（数量／校别／人数）		小学 二百人以下	小学 二百〇一人以上	中等以上学校 五百人以下	中等以上学校 五百〇一人至一千人	中等以上学校 一千零一人以上	附注
其他类	木球	一（套）	一（套）	一（套）	二（套）	二（套）	女校应酌加
	圈网球			四（套）	八（套）	十二（套）	高级小学可设备
	垒球靶		一	二	三	四	初级小学可不备
	木番薯	二十	三十				中等以上学校女生可酌备
	游戏用具						如豆囊、绳圈或籐圈圈、毽子绳、红绿带等，由各校酌备
	风琴或钢琴	一	一	一	一	一	
	急救药箱	一	一	一	一	一	

〔国民政府教育部档案〕

3. 教育部公布的体育场规则

（1939年9月11日）

第一条　体育场应遵照中华民国教育宗旨及其实施方针与社会教育目标，实施民众体育训练。

第二条　各省市（行政院直辖市以下仿此）至少应设省市立体育场一所，如有二所以上时，其名称得各冠以所在地地名。

各省市（普通市以下仿此）应设县市立体育场一所，并应按县市区需要情形设简易体育场若干所，其名称得各冠以所在地名。

在尚未单独设立体育场之县市，应于民众教育馆内附设运动场。

地方自治机关、私法人或私人亦得设立体育场。

第三条　体育场由省市设立者，应由省市政府开具左列各事项，咨请教育部核准备案；由县市设立者，应由县市政府开具左列各事项，呈报教育厅核准，并转呈教育部备案；由地方自治机关设立者，应由地方自治机关开具左列各事项呈报县市政府核准，并转呈教育厅备案；由私法人或私人设立者，应由设立人开具左列各事项，呈报主管教育行政机关核准，并转呈上级教育行政机关备案。

（一）名称；

（二）地址；

（三）经费（分开办费与经常费两项，并注明其来源）；

（四）场地建筑（附建筑图式及其说明）；

（五）章则；

（六）事业计划；

（七）职员（场长场员之学历、职务、薪给等）。

第四条　体育场之变更及停办，由省市设立者应由省市政府咨请教育部核准备案；由县市设立者，应由县市政府呈报教育厅核准，并转呈教育部备案；由地方自治机关设立者，应由地方自治机关呈报县市政府核准并转呈教育厅备案；由私法人或私人设立者，应由设立人呈报主管教育行政机关核准，并转呈上级教育行政机关备案。

第五条　省市立体育场设置左列各部：

（一）总务部　文书、会计、庶务及其他不属于各部之事项属之；

（二）指导部　民众体育训练、组织、竞赛及卫生活动等属之；

（三）妇孺部　妇女儿童体育活动之教导、运动竞赛之举办及家庭卫生与幼童保育之指导等属之；

（四）推广部　调查统计、研究、编辑、宣传、辅导及其他推广事宜等属之。

以上各部得视地方情形全部设置或合并设置，其工作大纲另订之。

第六条　县市立体育场设置左列各组：

（一）总务组　文书、会计、庶务及其他不属于各组之事项属之。

（二）指导组　民众体育训练、组织、竞赛、研究、辅导卫生活动及其他推广事宜等属之。

（三）妇孺组　妇女儿童体育活动之教导、运动竞赛之举办及家庭卫生与幼童保育之指导等属之。

以上各组得视地方情形全部设置或合并设置，其工作大纲另订之。

第七条　简易体育场及地方自治机关设立之体育场，不必分部或组办事。

第八条　体育场设场长一人，综理场务，省立者由教育厅遴选合于本规程第十条资格之人员，提请省政府会议核定后派充之；市（行政院直辖市）立者由市教育行政机关遴选合于本规程第十条资格之人员，呈请市政府核准后派充之，均应呈报教育部备案。县市立者由县市政府遴选合于本规程第十三条资格之人员，呈请教育厅核准后派充之。但教育厅于必要时得直接遴选合格人员派充之。简易体育场场长由主管教育行政机关遴选合格于本规程第十五条资格之人员派充之，并呈请上级教育行政机关备案。地方自治机关设立者，由设立之机关遴选合于本规程第十五条资格之人员呈请县市政府核准后派充之。私立体育场场长由设立人兼任或聘请合格人员充任之，但须呈报主管教育行政机关核准备案。

第九条　体育场每部或每组设主任一人，设指导员若干人，由场长遴选合于本规程第十一、第十二、第十四各条资格之人员任用之，并呈报主管教育行政机关备案。

体育场场长应兼任一部或一组主任，但不得兼薪。

第十条　省市体育场场长须品格健全，才学优良，且具有左列资格之一者：

（一）大学或师范学院体育系毕业，曾任体育职务二年以上著有成绩者。

（二）师范学院初级部体育科或体育专科学校及大学体育专修科毕业，曾任体育职务四年以上著有成绩者。

第十一条　省市立体育场各部主任，须品格健全，其所任职务为其所擅长，且具有左列资格之一者：

（一）大学或师范学院体育系毕业者；

（二）师范学院初级部体育科或体育专科学校及大学体育专修科毕业，曾任体育职务二年以上者；

（三）专科以上学校毕业，曾任社会教育职务一年以上者（适用于总务部主任）。

第十二条　省市立体育场指导员，须品格健全，且具有左列资格之一者：

（一）大学或师范学院体育系毕业者；

（二）师范学院初级部体育科或体育专科学校及大学体育专

修科毕业者；

（三）具有精练技能者（适用于妇孺教导及中国武术）。

第十三条　县市立体育场场长，须品格健全，才学优良，且具有左列资格之一者。

（一）大学或师范学院体育系毕业者；

（二）师范学院初级部体育科或体育专科学校及大学体育专修科毕业，曾任体育职务二年以上著有成绩者；

（三）体育师范学校或师范学校体育科毕业，曾任体育职务五年以上著有成绩者。

第十四条　县市立体育场各组主任及指导员须品格健全，且具有左列资格之一者：

（一）体育师范学校或师范学校体育科毕业者；

（二）师范学校、乡村师范或简易师范学校毕业，任小学体育教员一年以上者；

（三）具有精练技能者（适用于妇孺教导及中国武术等指导员）。

第十五条　简易体育场及地方自治机关设立之体育场场长及指导员，须品格健全，且具左列资格之一者：

（一）体育师范学校或师范学校体育科毕业者；

（二）师范学校、乡村师范或简易师范学校毕业，曾任小学体育教员一年以上者。

第十六条　体育场得酌用助理指导管理员及事务员。

第十七条　私法人或私人设立之体育场，其内部组织及职员资格得比照县市立体育场或简易体育场之规定。

第十八条　体育场应举行左列会议：

（一）场务会议　由场长及各主任组织之，以场长为主席，讨论本场兴革事项，每月开会一次。

（二）部（组）务会议　由部（组）主任及各该部（组）职员组织

之，部（组）主任为主席，讨论本部（组）一切进行事项，每周开会一次。

第十九条　体育场应设置左列各会：

（一）社会体育研究会　由场长及全体职员组织之，以场长为主席，研究社会体育实施及推进等问题，每月开会一次。

（二）经费稽核委员会　由全体职员互推三人至五人为委员（总务主任、会计、庶务不得为委员）组织之，委员轮流充当主席，负审核收支账目及单据之责，每月开会一次。

第二十条　省市及县市立体育场应分别辅导县、市、地方自治机关、私法人或私人设立之体育场及简易体育场，并协助公私立中等以下学校兼办社会体育。

第二十一条　体育场应于每年开始前一个月内造具下年度事业进行计划及经费预算书，呈报主管教育行政机关查核备案，并转报上级教育行政机关备查。

第二十二条　体育场应按月将工作情形编制报告表，呈报主管教育行政机关查核备案；县市地方自治机关、私法人或私人设立之体育场及简易体育场，并须将此报告表按月函送其辅导机关备考。

第二十三条　体育场应于每年度终了后一个月内造具上年度工作报告及经费计算书，呈报主管教育行政机关查核备案，并转呈上级教育行政机关备查。

第二十四条　体育场经常费分配之标准如左：

（一）省市立者，薪工不得高于百分之五十，事业及设备费不得低于百分之六十，办公费占百分之十；

（二）县市立者，薪工不得高于百分之六十，事业及设备费不得低于百分之三十，办公费占百分之十；

（三）简易体育场及地方自治机关设立之体育场，薪工不得高于百分之六十五，事业及设备费不得低于百分之三十，办公费占百分之五。

第二十五条　体育场场地设备标准另订之。

第二十六条　体育场之章程及办事细则由场长定之，呈报主管教育行政机关核准，并转呈上级教育行政机关备案。

第二十七条　体育场应备齐各种财产目录及事业记录等簿册，以便查核。

第二十八条　体育场休假，得采用例假之次日补行办法或按事业需要之情形分职员为两组，于例假日及次日更替休假，寒暑假期应比照当地学校假期分职员为两组更替休假，事业照常进行。

第二十九条　体育场每日工作时间八小时为原则，并须酌量情形于晚间开放健身房、乒乓室、游艺室等场所。

第三十条　本规程得由教育部于必要时修改之。

第三十一条　本规则自公布之日施行。

〔国民政府教育部档案〕

4. 教育部体育设施方案推行纲要

（1940年）

一　确定目标

国民体育实施方案	小学课程标准	初中课程标准	高中课程标准	暂行大学体育课程纲要
（一）供给国民机体充分平均发育之机会	发展儿童身体内外各器官的功能，以谋全体的适当发育	锻炼体格使身心发育健全，以作振兴民族之准备	继续锻炼体格，使身心发育健全，以作振兴民族之准备	锻炼健全之体格

续上表

国民体育实施方案	小学课程标准	初中课程标准	高中课程标准	暂行大学体育课程纲要
（二）训练国民随机运用身体，以适应环境之能力	顺应儿童爱好游戏的本能，发展其运动的能力，并养成以运动为娱乐的习惯	从团体运动中培养服从、耐劳、自治、忠勇、合作、守纪律及其他公民道德	从团体运动中继续训练公民道德	培养公勇合作之精神
（三）培养国民合作团结抗敌御侮之精神	培养儿童勇敢、敏捷、忍耐、诚实、公正、快活等个人品格并牺牲、服务、和协、互助等团体精神	养成生活上所需要之运动技能	养成生活上所需要之运动技能	训练应用于一般生活及国家需要之技能
（四）养成国民侠义勇敢、刻苦耐劳之风尚，以发扬民族之精神		增进肢体反应之灵敏	改进身体发育之不良姿势	养成以运动调节身心之习惯
（五）养成国民以运动及游戏为娱乐之习惯		养成优美正确之姿势	养成以运动为娱乐之习惯	

续上表

国民体育实施方案	小学课程标准	初中课程标准	高中课程标准	暂行大学体育课程纲要
（六）		养成以运动为娱乐之习惯		

二　健全行政组织

一、改组教育部体育委员会，负计划改进全国体育设施之责。

二、充实教育部体育组之机构，负推行全国体育施设之责。

三、增设教育部视察及指导体育之督学三至五人，分区轮流观察并促进各省市学校及社会体育（视察章则及推行要点由体育组详拟）。

四、通令各省市教育厅局改组体育委员会，并设置视察体育之督学（各省市体育委员会规程及督学视察章则，由省市教育厅局拟订，呈教育部备案）。

五、举办各省市体育行政人员短期讲习会，召集各省市教育厅局主管体育之督学科长及体育场场长等参加，以沟通中央及地方推进体育之步骤。

三　充实学校体育训练内容

一、修正小学、初中男生、初中女生、高中男生体育教授细目。（上列四种体育教授细目已由教育部编订，在商务印书馆出版。）

二、编订高中女生体育教授细目。

三、编订专科以上学校男女生体育教授纲要。

修正或编订上列体育教授细目时应注意体育知识之灌输。

四、厘订儿童在校每日标准生活表（按时令区域由一日一周作全年之规定，关于管理部分，会同教育部训育研究委员会商订）。

五、增订各级学校“强迫课外运动”实施办法。

六、拟订各级学生一般的、个别的体育活动项目及训练要义（社会体育活动项目包括在内）。

七、厘订各级学生“运动技能标准”与“体育及格标准”（此项实验工作，抗战前已着手进行，曾在首都测验中小学学生万余人）及体育检查标准。

八、拟订体育与军事训练、童子军训练及卫生教育联合推进办法（其相互关系见另图）。

九、拟订中小学学生食物营养参考表（教育部已在重庆指定少数中小学开始实验工作）。

十、修正学校卫生设施标准。

十一、订定学校童子军训练设施标准（会同童子军总会商订）。

十二、拟订改进学校军事训练之步骤及办法，由教育部会商政治部。

四　整理师资训练及研究工作

一、扩大中央大学体育科、西北联合大学体育系及重庆大学体育专修科学额。并在该三校增设短期补习班，收容各地体育师范及体育专科学校肄业生，办法由三大学体育主任拟送教育部核定。

二、设立战区体育教员短期训练班，训练完毕后，分发各地参加社会工作，办法由体育组拟。

三、整理现有各大学体育科系、体育专修科及体育师范学校教学科目及时数。

四、筹设国立体育干部人才训练机关，集中训练各级学校体育新师资及各项体育干部新人才，为抗战结束后，从质与量两方面作预储人才之准备。

五、编辑有关体育理论及实施之书籍，由国立编译馆负责办理。

六、参考实验结果，厘定各级学校及社会体育改进方案。

七、酌量派遣优秀人才，赴国外留学或考察。

五　提倡社会体育

一、详拟各社会体育机关及团体密切联络办法，以建立社会体育推动之中心（各省市体育场、民教馆、党部民训科、党政军学体育促进会、体育协进会、国术馆等，应加以改组及整理）。

二、拟订壮丁训练中体育教材之内容。

三、提倡大规模集团的体育活动（如远足、爬山、晨操等）。

四、提倡有节气性的民间运动（如清明放风筝、端午划龙船、重九登山、春节提灯等）。

以上两项活动可按时令规定，全国各地同时举行，尤应多利用星期，以便学生参加，并担任干部工作。

五、奖励我国固有拳术及其他运动，并整理教材，以恢复我国固有之运动（会同中央国术馆办理）。

六、提倡都市人民假期野外露营生活。

七、提倡乡村人民闲暇时有组织有规律有娱乐之体育活动，在生活上注意其良好卫生习惯之养成，在体能上注意其肌肉与神经使用之和谐（掷绳圈、抛沙袋、射箭等活动均适用）。

八、厘订国民体能测验办法，并根据测验结果，订定国民最低体能及格标准。

九、各地体育场应附设儿童及妇女游戏场。

六　推行特殊训练

一、详拟青年训练推行之步骤及其活动之内容（应以人格训练、劳动服务及童子军训练等为基础）。

二、拟订提倡滑翔机及飞行跳伞之计划。

〔国民政府教育部档案〕

5. 国民政府令颁修正国民体育法

（1941年9月9日）

第一条　国民体育之实施，应依据中华民国教育宗旨及其实施方针，以锻炼国民健强体格，培养民族正气，达到全国国民具有自卫卫国之能力为目的。

第二条　中华民国国民不分性别年龄，应根据体格检查之结果，一律受适当之体育训练，于家庭、学校及机关团体中分别实施，由父母、教师及主持人员负领导督促之责，以谋国民体育之均衡发展与迅速普及。

第三条　教育部主管全国教育行政，关于全国国民体育之设计指导及考核事项，会商有关机关办理之。

第四条　中央及地方各级教育行政机关应各设专管体育之人员，负办理及考核体育之责。

第五条　国民体育之实施方案，由教育部会同有关机关拟订，呈请行政院核定之。

第六条　各级体育行政人员、体育教师及体育指导员之训练办法，由教育部及各地方教育行政机关规定之。前项人员之训练，由各级师资训练机关、体育学校及适宜于前项训练工作之大学负责办理，其课程科目及教材纲要，由教育部定之。

第七条　体育教师及体育指导员之进修办法及专业保障办法，由教育部拟订，呈请行政院核定之。

第八条　国民体育实施之经费应列入各级政府预算。

第九条　依法成立之民众体育社团或体育会，经教育行政机关之指导与考核，其办理著有成绩者，得予以奖励或补助。

第十条　教育部为检讨国民体育进步状况，应订定国民体格检查办法。

第十一条　本办法自公布日施行。

〔国民政府教育部档案〕

6. 教育部修正国民体育实施计划大纲

(1941年)

甲　体育宗旨

一、遵照中华民国教育宗旨,以充实人民生活、扶植社会生存、发展国民生计、延续民族生命为目的。

二、依据战时各级教育设施方针,完成三育并进之使命。

三、普及锻炼国民之体格与精神,适应国家民族时代之需求。

乙　实施方针

一、促进身心发育,训练自卫卫国之技能,以达民族主义之目的。

二、培养团体合作精神,发扬民族固有道德,以达民权主义之目的。

三、实践手脑并用,增进工作效能,以达民生主义之目的。

四、养成以游戏运动为休闲娱乐之习惯,以达改善国民生活之目的。

丙　实施原则

一、国民体育之推行,应有整个计划,运用健全之行政组织,作普遍而具体之实施,并继之以严格之考核与督导,使一切办法确能产生应有之功效,达到预期之目的。

二、国民体育训练之经费,应有独立而充分之预算,使一切应有之设备能如期完成,重要事业能迅速推动。

三、体育专门人才应积极培养,现有体育人员应督促进修,使一切计划与事业能有合理之领导与管理,师资训练课程与教学方法宜根据方针重加调整,体育学术研究尤宜加以鼓励,以谋理论与方法之改进。

四、体育教材应加研究整理，依据国民年龄、性别与职业，确定其中心教材与最低限度标准，特种活动之有关生活与国防者，尤宜积极提倡。

五、儿童体育应以机体发育及活泼精神之培养为主，从家庭以至小学顺应其生理心理之发展，供应充分机会，树立良好之体育基础。

六、青年体育应以严格之训练为主，使其体格体能均能达到一定之标准，活动范围宜求普遍广泛，俾无所不知，无所不能，而尤注重于生活及国防有关之技能，作服务国家社会之准备。

七、成人体育应视职业及个人之不同，分别供给适当之活动机会，以促进健康、增进体能、养成终身运动习惯。

八、优生、医疗、营养及卫生，应与体育密切配合，以达国民健康之最高标准。

丁　实施计划

一、健全国民体育行政组织　我国过去国民体育殊少积极推动，除学校学生体育由教育部主管，有课程及课外运动之实施外，其余如民众体育则各地之体育场设置未周，军队体育亦缺乏专门指导人员积极领导，各机关公务人员虽遵照委员长二十四年三月一日冬秘汉电之指示，大都组织体育促进委员会办理体育活动事宜，然多始勤终辍、有名无实。此外对于大多数国民之体格锻炼，缺乏整个而具体之推进办法。兹者吾人既深感国民体育之重要，及明瞭体育不仅为教育之一种科目，而实为国家政策中不可缺少之一种元素，则应以革命之精神，建立健全之体育行政机构，在整个计划与分工合作之条件下，充分发展，实国家当前应有之举，办法如下：

1. 统一设计机构　在中央设计局内设国民体育专门委员会，确定国家对于国民体育之政策与推行方法，聘请教育及体育专家若干人组织之，办理编订计划、审核实施成绩及其他会务。

2. 加强行政组织　为切实执行国民体育专门委员会所定之计划与办法起见，凡负责体育行政责任之部分，应即加强其组织。

子、教育部应设体育司（即以该部体育委员会原有人员改组），负学校体育及地方体育事业之推行、考核暨体育师资训练及体育学术研究之责。

丑、军训部设体育处或科，负各级军事学校、军队及国民兵团体育训练推行之责。

寅、军政部兵役署国民兵司负有关国民兵体育设施考核之责。

卯、内政部设体育科，负警察团队体育训练考核之责，并协助国民兵体育训练事宜。

辰、政治部充实体育行政组织，负主管业务内各种组织之体育训练责任。

省以下之体育行政组织，由各主管部分别另拟办法，经国民体育专门委员会审核，呈准施行。

二、确立国家体育经费预算。国民体育之推行，需要相当之经费，欧美国家多列入中央及地方预算，虽丹瑞等小国，年亦在数百万元，我国过去之体育不克发展，经费无定，亦其主要原因之一，运动会之举办须视经费有无出处而定，一切建设更不待言，故为保障国民体育实施计划，不致徒成空文计，中央及地方应按计划之需要，确定体育经费预算，其办法如左：

1. 各主管国民体育之部门，一律以体育事业费列为经费之一项，其数目由国民体育专门委员会依据各部门计划内容核定之。

2. 各机关学校团队之体育经费，列入经常费之一，其数目由上级机关依据其计划内容核定之。

三、培养体育专门人才。按二十五年统计，全国学校计专科以上学校一〇八所，中等学校三二六四所，小学三二〇〇八〇所；而据二十七年统计，二十年来各体育学校毕业人员，公立专科以上学校男女合共五四八人，私立专科以上学校男女约三〇〇〇人（因战事关系未据确实填报），其中因故不再继续服务于体育者约占百分之三十，尤以女子为甚。从此两种数字之比较，可知全国每一中等以上学校不能得一合格之体育教员，况各校学生人数众多，所需尚不止一人乎？至于小学更无论矣。时至今日，各方鉴于体育之重要，各机关部队亦纷聘体育专门人才，以资领导，供求相差益为遥远，是以为求体育正常之发展计，造就人才，适应学校、社会及机关部队之需要，必须从治本治标双方兼程并进，方克有济，其办法如左：

1. 设置国立体育师范专科学校。招收初中毕业生，施以五年一贯之体育专业训练（初中毕业生于生理心理上较易接收体育训练，五年一贯，则教学上更为经济有效），必要时得令缺乏体育师资之省市大量保送，男女兼收，毕业后任中等学校教员及地方体育干部。

2. 筹备体育教师短期训练班。国立体育师范专科学校为将来合格师资之培养机关，尚不能适应目前急切之需要，故必须于正规学校外，另设短期训练班，分期调训现有师资，并造就各部门代用师资。为经济计，该项训练班可附于师范专科学校内，分下列二组。

子、中等学校体育教师组。分期调训现任体育教师之须受试验检定者，训练期间两个月，必要时得延长之，使受训后确能执行教育部颁布之中等学校体育法令。

丑、国民体育干部组。分期招收初中毕业程度之青年，施以六个月之训练，使能领导民众体育及担任国民兵之体育教官。

四、积极推行青年体育训练，体育活动种类繁多，功效各殊，为求青年体格与技术能有切要之锻炼，迅速之实效，以利国防与建军工作起见，所有十三足岁以上之青年，应择简单易行及与抗建有关之少数活动，强迫施以训练，使人人能达到一定标准，其办法如左：

1. 青年五项运动。初中以上学生、三民主义青年团团员、各军事学校与航空学校学员生，一律以青年五项运动为体育训练之中心，学员学生不合各级及格标准者，不得毕业，三民主义青年团团员以达到初级及格标准者为取得团员资格之重要条件，运动项目及各级标准如下表：

子、青年五项运动初级标准

项目		标准			附注
		及格	优等	最优等	
1. 竞赛运动	竞走	五十分钟走三公里	八十分钟走五公里	一百二十分钟走十公里	
2. 跳跃运动	跳远	三·〇〇公尺	三·六〇公尺	四·五〇公尺	
3. 投掷运动	掷手榴弹	一二公尺	一八公尺	二五公尺	
4. 水上运动	游泳	自由式游泳五〇公尺	自由式游泳二〇〇公尺	自由式游泳一〇〇〇公尺	
5. 驾驶运动	自行车	三十分钟行五公里	四十五分钟行十公里	六十分钟行二十公里	

丑、青年五项运动中级标准

项目		标准			附注
		及格	优等	最优等	
1. 竞赛运动	越野赛跑	四〇分钟跑五公里	七十分钟跑十公里	九十分钟跑十五公里	
2. 水上运动	游泳	仰泳五〇公尺	能作五种以上跳水	熟悉救生术	
3. 骑乘运动	骑马	熟练驾驶术骑行十公里以上			

续上表

项目		标准			附注
		及格	优等	最优等	
4. 射击运动	步枪射击	五发中一	五发中二	五发中四	射击距离五十公尺
5. 劈刺运动	劈刀刺枪	熟练劈刺技术全套			

寅、青年五项运动高级标准

项目		标准			附注
		及格	优等	最优等	
1. 竞赛运动	障碍赛跑	十五分钟	十二分钟	十分钟	距离四百米绕道跳爬攀跨穿五种障碍
2. 划船运动	划船	熟练驾驶术单浆划行五公里以上			
3. 驾驶运动	汽车	熟练驾驶术并以二十里之速度行驶			无汽车地方，□□代驾乘运动
4. 射击运动	手枪射击	五发中一	五发中二	五发中四	射击距离□□公尺
5. 滑翔运动	一、滑翔机	初级滑翔机	中级滑翔机	高级滑翔机	二项中任选一项
	二、降落伞	初级三十次	中级二十次	高级十次	

五项运动之推行，拟分期办理，初级者自三十二年度起实施，全部于六年内完成，费用较大之设备，由中央统筹补助，详细办法尚待设计规划。

2. 兵役未及年龄时之体育训练。按兵役法规定男子十八岁为及龄，如待时始检验体格，遇有不及格者即无法补救，且无形中成为壮丁逃避兵役之一种方法，故拟于满十六岁时即行调查登记，施以健康检查，凡及格者每星期规定时间集中受体育训练一次，授以适当教材，令其在家练习，以维持其健康，增进其能力。凡有不及格者，集中受体育训练半年，或规定时间，每星期受训三次，以便改善其体格，使合于兵役规定。上项办法或限于人才经济一时不易普遍施行，且施行时之技术问题尚多，最好每省能指定一区域实验，待有方法及是项体育人员已经充分培养后，再逐渐推广至其他区域。

五、切实推行军队体育。军队之素质，固以军事学术为第一，而官佐士兵身心之健全尤为重要，故为增强军队素质计，亟宜加强其体育训练，其办法如左：

各级军事学校及军队一律以体育为必修科目，其每周时数按训练时期之长短规定之，但每人每日最低限度应有一小时之体育活动。军校视学生人数多少，聘请体育教官，各部队就现有各级干部施以短期训练，使之担任体育指导。军队体育教材，以能训练敏捷、应用、奋斗、持久及培养团体合作精神为选择标准。

六、实行警察团队及国民兵体育训练。警察为民众师保，保安团队为后方秩序之所系，关系均异常重大，学术科固应积极训练，关于体育亦应特别注意；又国民兵为国军之基础，威力如何，直接影响国军战斗力，故体育尤应讲求，其办法如左：

1. 中央警官学校、各省警察训练所及附近之警官补习班及各省团队干部训练班均以体育为必修科，每周至少四小时，课外强迫运动，每周至少六小时，与体育课程配合实施，并均应设置体育教官。

2. 各级警察机关保安部队，对于警士队兵之常年教育，应将体育列为必修科目，其时间平均每日不得少于一小时，各级警察机关设置体育教官或指定合格官佐兼任之，团队之各团部应指定人员兼办体育事宜。

3. 各县国民兵团增设体育教官，为节省经费起见，得以各县体育场及民众教育馆体育指导员或当地中学体育教员兼任之。

七、推进公务员体育活动。公务人员终日埋首案头，绝少体育活动机会，即有运动与兴趣习惯，亦多受环境之束缚因以退减，不特有碍其个人健康，抑且影响于工作效能，似宜特订办法，供给充分运动机会，积极提倡督促，普遍实行，以增进公务人员之健康，并为民众表率，其办法如左：

1. 党政军各机关一律组织体育会，全体公务人员均须参加体育活动，活动时间由各机关自行规定，凡连续工作至四小时者，其间至少应有十五分钟之体育活动。此外，并须利用公余时间积极提倡。

2. 体育活动之种类宜视公务人员之兴趣能力，尽量设置使能选择其适当之运动，如年壮者可参加球类竞技等；年龄较大，而未受过体育训练者，可参加步行、拳术、射箭等；体弱者可参加体操、乒乓、捶球等。

3. 各机关应设置各种运动场地设备，供给必须用品，并应聘请体育指导员，指导运动技术，管理场地设备，主持运动比赛，其薪给由各该机关担负。

4. 各机关任用公务人员时，应施行体格检查，并每年举行体格检查一次。

八、广设公共体育场所。现代体育训练需要特殊之设置与场所，否则虽有优良之方法，决难见之实施，故宜在各地方广设公共体育场所，藉利本计划之推行，其办法如左：

1. 成立省市县立体育场。关于省市县立体育场之设置，教育部已有体育场规程之订颁，通饬办理，但各地方因对体育素有漠视，每藉口经费关系不即设置，应再严令各省市县依照规程拟具分区设置计划，从速成立体育场，以为地方体育设施之中心。

2. 利用乡镇中心学校及保国民学校运动场。一县民众决不能集中于城市体育场从事运动，故宜在各乡镇普遍设立小规模之体育场，以资便利。然如此办法，消耗公帑过巨，似宜规定办法令饬各乡镇开办中心学校及保国民学校时建筑合用之运动场，一方为施行学生体育训练，一方可供给民众运动机会，实为两便。

九、组织各级体育会。为求本计划之施行，便利并确实发生功效起见，全国国民应组织体育会，其组织及事业计划如附件。〔均缺〕

戊　附注

除以上九项外，如儿童体育为一切基础，妇女体育亟待充实改进，成人亦应有其日常锻炼修养之方法，以及优生、营养等问题均为增进国民体格必要之举。但值此非常时期，百废势难并举，故仅就目前需要及三十年度内应尽先实施者列举之，苟体育设计行政之系统得以确立，事业经费有着，人才培养充足，则一切正常设施，自亦可同时在国民体育专门委员会指导之下，由各主管部分别计划推动也。

〔行政院档案〕

7. 教育部拟订战时体育之设施方案

（1941年　月　日）

甲、现在之紧急设施

一、学校体育，宜指定适当之大学、普通中学、师范学校、女子学校及小学各二所，聘请富有经验学识及才干之体育专家若干人，分别担任实验工作，并选派战区各级学校体育教员之赋闲无事而有志服务者若干人为之助理，参酌以前所订各项体育法令，从事于各级学校体育行政组织、课程教材、课外运动及体育成绩考核方法之试验，于学年终了时详细报告，以为确定各级学校体育实施方案之参考。

二、全国体育师资训练机关，原本无多，现除中央大学、北平师范大学及重庆大学之体育科外，余多停办，一旦抗战结束，此项师资势必求过于供，宜预为筹划，最好指定中央大学或重庆大学设置短期训练班，招收各地体育师范及体育专科学校肄业生加以训练，一方面为将来预储若干人才，一方面解决因抗战而停办之各体育学校学生失学问题。

三、从已往经验言，各体育师资训练机关造就之人才，不患体育上、学识技能之低薄，而患无行政及领袖能力，应通令各体育师资训练机关，切实注意此点，多加指导，并于最后一学年多予实习机关或径令各校将应届毕业之学生造册呈报，由部指派工作，作为在校实习之一部分。

四、选派战区登记之体育教员至各县担任指导员，订定办法，令适龄壮丁之因体格不合而被遣回者，就近参加特殊基本训练，培养其健康，锻炼其体魄，使能于短期内恢复壮丁应有之体格，为国家服务，必要时赴疆场杀敌或任后方工作。登记之体育教员不敷分配时，得另行登报招聘或调用。各地现任体育教员就近协助，此项派出之指导员，在训练壮丁外，并宜联络当地体育场或体育社团设法推动乡村体育，每月报告工作情形一次。

五、现在正值抗战重要时期，体育工作在若干区域内无法进行，但一旦抗战结束，必须整齐步伐，严格推动，此项施行计划，自宜预为草拟，以免临时设计，诸多不周，故应由部聘请体育专家若干人，组织一临时小组委员会，司理其事，以期计划尽善，同时关于以上四项之设施，亦可责成该委员会负责指导督促。

六、此外，与推动学校体育有密切关系之事项亟宜调整或举办者，亦择要录后：

(1) 学校军事训练中之教程、时间及教官之资格等问题，亟宜会同主管机关根据过去经验，详商调整办理。

(2) 学校童子军训练，已往因与童子军总会未取得密切联络，致未能积极发展，今后如何取得密切联络，实有商定详细办法之必要。

(3) 学校卫生，前虽制定方案，但因人才经济关系，不易顺利推行，今后应多注意营养及防疫两事，如何改进，亦应指定适当学校，先行实验。

(4) 滑翔机及跳伞练习，为普及航空技术之最好方法，应与航空人才训练机关及各大学工学院，详细商订各级学校普遍提倡之办法。

乙、将来之正常设施

一、参照本部体育组原拟五年计划，逐项分别进行，如：

(1) 造就专门人才；

(2) 改进学校体育；

(3) 发展社会体育；

(4) 健全行政机构等。

二、参考各级学校实验结果，订立各级学校体育实施方案，力求学生体格普遍发展，达到标准体能。

三、继续厘订全国中小学校男女学生运动技能标准（此项工作抗战前已着手进行，在首都测验中小学生万余人）。

四、研究及改善我国古代体育，如国术如何使其合于生理动作，如何更能科学化。

五、研究及编订有关军事体育教材，使每一青年在服兵役前均能练习合格，以省军训时间。

六、研究适合乡村之体育活动方法及材料，分别试行，按期推广。

七、研究适合我国经济状况之体育活动及设备。

八、研究其他体育专门问题。

〔国民政府教育部档案〕

8. 教育部请以九月九日为体育节呈与行政院批

(1942 年 3—4 月)

(1) 教育部致行政院呈(3 月 27 日)

教育部呈 体字一一三二二号

窃以我国国民体育,除学校学生受有相当训练外,尚未普及于一般民众,良以风气未开,认识不真,对于体格锻炼有所漠视,推行比较困难。但自抗战以来,人民饱受惨痛教训,颇有自觉之趋势,苟能乘机领导,收效必巨。查我国旧俗,率多利用季节作各种有益身心之活动,待其相习成风,自可普遍流传,历久不替。现国民体育法已于民国三十年九月九日公布,爰拟规定九月九日为体育节,既可实施国民体育以永久纪念国父之首次起义,又可利用重九习俗,推行国家大法,是否可行,理合拟具体育节举行办法要点,呈请鉴核。谨呈

行政院院长 蒋

副院长 孔

附呈体育节(九月九日)举行办法要点一份

教育部部长 陈立夫

中华民国三十一年三月二十七日

体育节(九月九日)举行办法要点

一、各省(市)县(市)教育行政机关应于体育节日(九月九日)分别负责举办国民体育活动,并得邀集所在地区之学校机关团体组织筹备委员会办理之。

二、在体育节前一星期应为宣传周,各省(市)县(市)教育行政机关应动员所在机关学校员生分赴民间宣传体育之重要与活动的方法,并在刊物及报纸上用文字宣传。

三、体育活动之项目应因时因地因人而定,举凡国术、竞走、爬山、游泳、骑马、划船、赛车、举重、球类、田径等,均可酌量采用。

四、举办国民体育活动贵能深入民间，并得由各地教育行政主管机关分令各乡(镇)同时举行，对于活动成绩优良者酌予奖励。

五、举办体育活动之经费应正式列入各级教育行政机关经常费预算。

六、各省(市)举办体育活动及宣传结果径呈教育部备案，各县(市)举办结果呈报各省教育厅汇报教育部备查。

(2) 行政院致教育部指令(4 月 18 日)

行政院指令　□□字第六九八二号

令教育部

三十一年三月二十七日体字第一一三二二号呈请准以九月九日为体育节由。

呈悉。应予照准，仰即知照。此令。

中华民国三十一年四月十八日

附抄行政院宓贤弼签呈

查二十七年临时全国代表大会所通过之《战时各级教育实施方案纲要》规定今后教育设施方针，一为“三育并进”。故德智体三育应并重而不偏废。

兹据教育部呈准以九月九日为体育节一案，按体育固宜注重，德智两育既未特定季节，似亦无特定体育节之必要。且检讨过去体育设施之病根，运动之目的在竞赛，操场之建筑为点缀，于是强身卫国之体育全被误解，今后尤应力矫积弊，毋使流于空疏形式。本案拟指令暂毋庸特定体育节，当否请示。

贤　弼

四．六

似可照准　平群　四．八

准。陈　仪　四．十

〔行政院档案〕

9. 教育部公布体育场工作实施办法

（1944年3月1日）

第一条　本办法依体育场规程第五、第六两条之规定订定之。

第二条　省市(院辖市)立体育场之工作事项如左：

1. 总务部：

一、撰拟文件及典守印信；

二、编制预算决算；

三、掌握经费出纳及票据账册；

四、登记并保管公产公物；

五、经管购置、修缮及各项设备；

六、办理不属于其他各部事项。

2. 指导部：

一、拟定分年进行计划，普及所在区域之民众体育训练；

二、依民众职业性质及居住区域，分别组织各种民众体育社团，并指导其活动；

三、按照时季及民众运动兴趣，举办各种定期训练班，施以适当之指导与训练；

四、指导日常到场运动之民众；

五、办理民众运动会、体育表演会、球类比赛以及其他运动之竞技比赛；

六、举办登高会、狩猎会、露营、远足等各种野外集团活动；

七、协助所在区域之卫生机关办理卫生展览、卫生讲演、健康比赛等卫生活动；

八、协助壮丁训练或自卫训练；

九、协助本区内各级学校及党政军警体育活动之进行；

十、办理其他关于指导事项。

3. 妇孺部：

一、指导妇女与儿童之体育活动；

二、举办妇女与儿童之运动训练班；

三、举办妇女与儿童之运动竞赛；

四、举办家庭卫生及婴儿保育讲习班；

五、举行家庭卫生访问及清洁检查；

六、办理其他关于妇孺体育事项。

4．推广部：

一、举办本区民众之职业、风俗、休闲时间与休闲活动种类之调查统计；

二、调查并改进乡土游戏方法；

三、办理体育测验与统计；

四、编辑体育刊物，发表研究报告，介绍教材教法；

五、举行体育学术演讲；

六、办理体育宣传巡回表演；

七、辅导本省市公私立体育场（省市立体育场不止一所者得分区辅导）；

八、协助本区公私立社会教育机关及各级学校兼办社会体育；

九、协助教育行政机关办理本区体育人员之进修与训练；

十、答复各方有关体育之咨询；

十一、办理其他关于体育推广事项。

第三条　县市（省辖市）立体育场之工作事项如左：

1．总务部：

一、撰拟文件及典守印信；

二、编制预算决算；

三、掌握经费出纳及票据账册；

四、登记并保管公物；

五、经营购置、修缮及各项设备；

六、办理不属于其他各部事项。

2. 指导部：

一、订定分年进行计划，普及城乡民众体育训练；

二、依民众职业性质及居住区域，分组各种民众体育社团，并指导其活动；

三、指导经常到场运动之民众，并按照时季及民众运动兴趣，举办各种定期训练班，施以适当之训练；

四、办理民众运动会、体育表演会、球类比赛会以及其他运动之竞技比赛；

五、举办登高会、狩猎会、露营、远足等各种野外集团活动；

六、协助所在区域之卫生机关，办理卫生展览、卫生演讲、健康比赛等卫生活动；

七、协助壮丁训练或自卫训练；

八、协助本区内各级学校及党政军警体育活动之进行；

九、办理有关本区民众体育之调查统计等研究事项；

十、辅导本县市简易体育场及地方自治机关设立或私立体育场，并协助公私立社会教育机关及中小学校兼办社会体育；

十一、办理其他关于指导事项。

3. 妇孺部：

一、指导妇女与儿童之体育活动；

二、举办妇女与儿童之运动训练班；

三、办理妇女与儿童之运动竞赛；

四、举办家庭卫生及婴儿保育讲习班；

五、举行家庭卫生访问及清洁检查；

六、办理其他关于妇孺体育事项。

第四条　简易体育场地方自治机关及私法人或私人设立之体育场，其工作除毋庸办理辅导事宜外，余照前条各款办理。

第五条　各省市教育行政机关应根据本办法并参酌地方情形

订定本省市各级体育场中心工作及其细目。

第六条　各级体育场须依照教育行政机关订定之中心工作及其细目，拟具全年度事业进行计划暨工作月历，呈报主管教育行政机关审核备案。

第七条　体育场之施教方法，应根据民众实际需要及各地固有习俗，运用各种教材教具，并联络党政机关、社会团体及当地民众所信仰之人士，以增进工作效能。

第八条　各级体育场及场内各部组之工作，均应取得密切联系。

第九条　各级体育场应按时呈报工作报告(包括辅导情形及意见)，并备齐工作实施结果与成绩纪录，保存各种实证，以备考核。

第十条　本办法自公布之日施行。

〔国民政府教育部档案〕

10. 全国运动大会及各省市县运动会举行办法

(1945 年 9 月 11 日)

第一条　全国运动大会每两年举行一次，就首都及各省市适当地点，用间隔之次序轮流举行之。

第二条　每届在首都举行之大会终了时，应就各省市交通及体育场所之情形定下届大会之地点。

第三条　每届大会于秋季进行。

第四条　每届大会组织规模由教育部于筹备开始前制定公布之。

第五条　大会所需经费由中央及地方依次分担，在首都举行时由教育部呈请行政院核拨，在省市举行时由所在地方政府负担，遇有特殊情形得咨请教育部转呈行政院补助。

第六条　大会筹备处在首都设于教育部，在各省市设于所在省市教育厅局。

第七条　省市运动会每年举行一次为原则，举行时由各省市自行决定，但遇全国运动大会举行之年份，至少应在大会举行日期前一个月举行。

第八条　省运动会以省会及行政督察区内适当地点用间隔之次序轮流举行为原则，市运动会应就市内适当地点举行之。

第九条　省市运动会竞赛项目以全国运动大会规定者为标准，但得视地方环境情形酌予增减各地乡土体育活动暨有关生活上国防上应用技术之可能竞赛者，并应提倡采用。

第十条　省市运动会竞赛规则由各省市参照全国运动大会竞赛规则定之。

第十一条　省市运动会各项运动比赛规则应采用教育部审定或认可者。

第十二条　省市运动会应由各该省市教育厅局组织筹备委员会办理之，并于事先将组织规章呈报教育部备案，运动会结束后一个月内将办理经过及竞赛成绩报部备查。

第十三条　县市运动会以每年举行一次至二次为原则，其详细办法由各省教育厅订定，呈报教育部备案。

第十四条　本办法自公布日施行。

〔国民政府教育部档案〕

（二）体育实施概况

一、体育工作建议与报告

1. 行政院交教育部办理国民参政会关于提倡尚武精神以固国基而利抗战案的通知单

（1939年1月19日）

（1）行政院交办案件通知单

行政院交办案通知单　渝机字第一〇三四号

国防最高会议秘书处二十八年一月十二日庆字第九三一号函一件，并附提案一份。

右案奉院长谕："分交内政、军政、教育三部参考"相应通知教育部。

行政院秘书长　魏道明

中华民国二十八年一月十九日

抄原函

径密者：国民参政会秘书处函送该会第二次大会决议送政府参考之提倡尚武精神，以固国基一案，经陈奉国防最高会议常务委员第一百十三次会议决议："交军事委员会及行政院参考，办法第十项并送中央宣传部参考。"除函军事委员及中央宣传部外，相应检附原案印件函达，即希查照为荷。此致

行政院

附原案印件一份

国防会议秘书处

廿八年一月十二日

提倡尚武精神以固国基而利抗战案

理由：中国积数千年文弱之习，影响个人身体、民族生存至巨，吾党总理在民族主义第二讲中深以“天然淘汰”为虑，发为宏论，至堪玩味。今者强敌已入堂奥，吾赖以图存者为全民族血肉之躯与敌作持久战争，人力为战争中最大之因素，当前战争昭示于吾人者即全民动员，持久抗战，而全民动员之不能离开国民健全之体格，自无疑义，此为今日亟应提倡尚武精神者一。

依据一年零四月中国人民被敌蹂躏屠杀之事实，更深信中国全国人民，非有自卫之能力不能图存，以今日战争范围之广，战斗之惨且烈，政府对于战区人民之保护，实无法周全，即以此次有计划退出武汉，政府严厉妥善执行其疏散人口之策，但仍不免有四十万之众无法得脱虎口，人民因无自卫之能力，故虽千万人，亦难逃少数野兽之屠杀与蹂躏。中国妇女在战争中所受之苦难与奇耻大辱，思之痛心，此无他，平日无自卫之训练，无自卫之组织有以致之，此为今日亟应提倡尚武精神者二。

自卫之道，虽自于尚武之精神，与自卫之训练与组织，但如人民无自卫之武器，亦系无补于实际。中国习惯，握有枪械者除国家军警外，农村地主、富农亦多自置，余则为盗匪，亦自备武器；而广大普通之良民，则均徒手，因此，平日良民、即欲购求自卫之术，亦无武器操练之机会。故今欲挽救文弱之风，确立保民之道，无重于提倡民众习武，允许人民自备武器，已藏有枪械者更应使之公开，无力置备者由国家或地方授予，务使人习其自卫之术，手有自卫之具，方足发挥我全民之力量而制敌人于死命。至于武器公开之流弊，即可用人民之组织而防范之，此为今日亟应提倡尚武精神者三。

今日政府亦曾注意民间之武力，鲁、皖、豫、粤陷敌区域，查均藏有民枪不少，政府亦曾注意此等武力之运用，此诚至善。惟政府更应于未陷之区，先为之谋，实为今日反文为武、反弱为强之良机，此为今日亟应提倡尚武精神者四。

办法：

一、由中央规定办法，凡人民年在十八岁以上之男女，经当地主管机关依法登记，均得自购枪械。

二、通令全国省市县乡镇各地方，均须设置公共靶子场，俾人民得以随时练习实弹射击。

三、凡省市县均须设立现代军械陈列所，俾当地人民得随意入内观览，由主管者指导说明使用方法。

四、省市县应设立降落伞跳跃塔，训练人民跳伞。

五、省市县应经常举行大规模体育游行，体育检阅。

六、省市县应经常举行爬山游泳，结营露宿比赛。

七、由中央制造大量滑翔机，分发各地，训练民众，驾驶飞行。

八、省市县均须设立国术教练所，授民众以劈刺、刀剑、拳击等技术。

九、全国高中以上学校，一律增设军事常识及游击战术二种科目，并练习实弹射击，列入学分。

十、由中央党部、宣传部、教育部搜集本国及世界各国历史上有关尚武故事及目前抗战陆空将士忠勇事迹，编制书册，颁行全国。

十一、限期废止长袍，改着短装，女子服装亦宜改良。

提案人　沈钧儒

连署人　梁漱溟　褚辅成

韩克温　王又庸

程希孟　周士观

胡景伊　王造时

秦邦宪　刘百闵

孔　庚　席振铎

荣　照　左舜生
林　虎　张一麐
谢　健　李元鼎
冷　遹　陶百川
史　良　邹韬奋

国民参政会第二次大会决议：

本案送请政府参考。

(2) 教育部体育组笺呈

查国民参政会议决："提倡尚武精神，以固国基"一案，其中第五至第八四条办法，属于体育方面，已由本组拟具"各省市县推行国民体育暂行办法草案"一种，待核准后令饬施行，该办法内容要点为：

(一) 各省市县分期普遍设置体育场，供给民众体育活动机会。

(二) 各省市县每年举行各种大规模之民众体育活动，其种类暂定如下：

1. 民众业余运动会——四月至十月
2. 民众业余水上运动会——六月至八月
3. 民众体育表演会——十月至次年三月
4. 各种球类运动比赛——全年

(三) 各省市县每年应按季节之不同，于下列各种民众体育活动择定一种或数种举行，地方有特殊情形者，并得以其他相当之体育活动代替之。

1. 元旦——火炬游行，提灯会等。
2. 植树节——郊游、野餐会、放风筝等。
3. 五月五日——划船等。
4. 七七——露营、骑射等。
5. 九月九日——登高、爬山竞赛、自行车比赛、远足等。

6. 总理诞辰——长途竞走、越野赛跑、障碍赛跑、滑冰等。余如儿童节、妇女节、劳动节、国庆日均得酌行各种不同之体育活动，广为宣传提倡。

（四）各省市县各社会教育机关，如民教馆、体育场、国术馆等，应举办拳术训练班，训练民众劈刺刀剑拳击等实用武术，增强民众自卫能力。

（五）各省市县对于体育活动所必须之场地设备，应妥为计划，尽先设置。所需经费应列入预算，各项活动举行前，须利用电影院、戏剧院、报纸及讲演等，作充分之宣传。

（六）各种活动宣传要点及方法提要，另由教育部编就，附发参考。

又，原案中四、七两项关于滑翔机及降落伞跳落运动，准备联合航空委员会等有关机关，发起组织全国滑翔机协会，并请各机械工程学校，设法大量制造滑翔机，以资应用。惟此种运动，费用浩大，且有地形之限制，对于经济人才应如何积极准备，当作详细之研究后，从各大都市着手推行。

教育部体育组

〔国民政府教育部档案〕

2. 教育部体育委员会民国廿七、廿八两年工作报告书

（1940年2月）

教育部于二十一年组织体育委员会，负全国体育设计之责任，嗣因体育事业逐渐发展，行政工作随之加重，更于二十五年设体育组，协同各司办理体育、童子军、学校军训及卫生教育事宜。但此项组织于法似无根据，遂于廿八年秋撤销，同时修正体育委员会章程，经呈行政院核准，设设计、编辑二组，办理体育原有工作。委员会负责人员计有常务委员一人，组主任二人，干事六人，助理干事

二人，每年将体育事业编成计划，呈由部长核定施行。二十八、二十九两年度中，曾召集第六、第七两届全体委员会议二次，决议事项数十件，大部见之实施，而临时事项亦随机办理。兹择其较为重要者，扼要报告如次。

（一）关于体育行政之一般事项者

1．举行体育行政人员特种考试　行政为一种有系统有组织之管理工作，各省市之体育行政，虽经部令一再督促，设置专管体育之督学、体育股及体育委员会，以利中央体育法令计划之推行，然各方因人才关系，尚有一部未能设置，因于二十九年呈准考试院举行体育行政人员之特种考试，令各省市保送合格人员参加，并予有志体育行政者以投考机会，计初试及格者五十四名，录取后即施以四个月之训练，经再试及格者凡四十三人，现正办理分发。此后各省市体育行政人才，当可得一相当解决，于全国体育事业之发展，关系至大。

2．增列体育事业经费预算　体育经费向无独立预算，事业受其影响，因而不克举行者在所不免。教育部有鉴及此，自二十八年度起，特增列体育卫生事业费一目，专为本部直接办理事业之用。此项经费，为数甚微，然随事业之发展，逐年增加，当属意想中事。

3．整理及增订各种体育法令　法令为事业之推动力，教部过去虽有不少体育法令之颁布，或则时效已失，须加修订，或则内容未详，须予补充，以及各项新法令之颁行，体育委员会在计划进行，苟印刷上无何困难，并拟刊行单行本，俾利宣扬，而便参考。

（二）关于整理及培养体育师资者

1．调查全国体育师资训练机关概况　为明瞭全国各体育师资训练机关状况，以资研究改进，曾制成调查表令发各省及各校分别填报，结果各私立体育学校均未能填送，致无法统计。但已有若干要点，可作参考者，如毕业生中途改业者颇多，毕业生人数与人才需要差量极大，投考体育科系者之少，致在校学生稀少，课程内容之散漫不一，均为体育师资训练之严重问题，而亟待设法解决者。

2. 增设体育师资训练机关　二十八年国立师范学院增设体育童子军专修科，二十九年国立女子师范学院增设体育专修科，最近并在计划开办五年制之体育师范专科学校一所，招收初中毕业生，大量造就学校及国民体育干部人才。

3. 修订体育系课程科目时数及教材纲要　体育系之课程早有规定，其中内容有必需变更之处，特重加修订，使能更切需要。各科内容亦拟具纲要，俾各校所用教材有共同标准。此项纲要拟交各体育师资训练机关切实研究，提出意见后再行正式审查决定，公布施行，将来各校教科书之编辑，即以此为根据。

4. 办理体育教员进修　由有体育系之师范学院办理体育教员进修班，已办者有西北师范学院一处，将来并拟分区扩大举办，以增进现任体育教师之能力。

（三）关于学校体育者

1. 令发各级学校体育实施方案　学校体育虽有课程标准可资遵循，然整个之体育行政设施，似未详尽，故另订定专科以上学校体育实施方案、中等学校体育实施方案、小学体育实施方案及各级学校体育设备暂行最低限度标准四种法规，分令各级学校遵照办理。

2. 订颁中等学校体育实施成绩考核暂行办法　方案之实施，必须有积极之考核，庶不致促成具文。兹先就中等学校方案，用科学原则分析成若干项目，每项各依客观标准定分数，既便视察人员之评述，且可作各校自行检讨其成绩之用，更进一步并可以此为体育工作竞赛之标准。如施行成绩良好，即可仿此行之于专科以上学校及小学。

3. 视察学校体育　于视察中等以上学校时，派主管体育之督学及其他体育专门人员，切实视察指导。

4. 测验中学生体格及运动技能　组织测验团分赴各处测验中学生体格及运动技能技术，测验项目及方法，事先编有说明，分发各校以作准备，结果受测者十余校男女生一万二千余人，刻正加以统计，并将进一步订定中学生体格及体能标准，以作考核学生体育成绩之用。

（四）关于社会体育者

1. 订颁体育场重要法规　在现阶段中体育场不失为民众体育之推行中心，惟各省市县设置体育场，于组织经费以及事业，均无一定标准，乃订颁体育场规程、体育场工作大纲及体育场辅导各地社会体育办法等三种法规，使各省市县有所遵循。

2. 调查各省市县体育场概况　为明瞭各地体育设置及工作情形，曾制定调查表一种，分令各省市县填报，惟抗战正在进行，各地体育场大都停顿，故填报结果，不易统计。教育部并随时督促各省市县设法恢复，俾民众教育事业可以继续办理。

3. 编辑体育场手册　为辅导各省市县体育场工作之进行，由体委会编辑“体育场”一册，作为社教辅导丛书之一，分发各体育场参考。

4. 订颁各省市县运动会举行办法大纲　抗战以来，运动风气大为消沉，教育部为提起各方之注意，特订颁各省市县运动会举行办法大纲，限各省市县每年举行运动会一次，藉以鼓励风气，领导国民锻炼体格，而与新生活运动规定以体育为中心工作之一项相策应。

5. 拟具国民健康改进办法　教育部奉军事委员会令以各军管区壮丁身体检查缺点统计报告，不及格者达五分之三强，饬即拟具改进办法呈核，当即依照实际情形，拟就国民健康改进办法呈复。嗣又奉行政院令饬会同有关机关将该办法及政治部所拟国民体育实施方案依照国防最高委员会意旨合并修订，连同经费概算呈转核办。遂由体委会起草国民体育实施计划大纲一种及其经费概算，会同军政、内部、政治三部及卫生署商定呈候核办。是项计划如能付之实施，当可为国民健康辟一新纪元，裨益于抗建工作至巨。

6. 编辑国民体育手册　教育部为灌输民众体格锻炼之常识与方法，拟编辑国民体育手册一种，分发各地民众，以作参考。该手册材料已收集不少，不久当可印行。

（五）其他有关体育者

1. 补助体育学术团体　教育部为督促各学术团体研究，定有补助办法。中华体育学会为全国唯一之体育学术团体，惟因经费困难，研究工作不易进行，乃由部决定拨给五百元作发行刊物之用，该会已于《教与学》月刊编有体育专号，以后仍拟继续办理。

2. 促进体育宣传效率　由教育部分函各报馆、各通讯社恢复体育消息栏，尽量宣传；各电影制片厂摄制有关体育之影片，各广播电台定期播送体育常识及新闻。各方对此颇多赞同，各报对于体育消息虽在篇幅拥挤之中，亦设法刊载。有关体育之影片，中央电影制片厂正在计划中，中央广播电台星期六有体育一节，材料即由体委会按时供给。

3. 协助渝市民众体育基本技能测验　国民精神总动员会为提倡体育，发扬朝气，拟在渝市举行民众体育基本技能测验，商由体委会设计测验项目方法及成绩标准，并派员协助办理，参加民众，颇为踊跃，亦提倡民众体育之新途径。

4. 筹划推行滑翔机飞行运动　滑翔机不特为航空之基本训练，抑亦极好之体育活动，有亟予提倡之必要，体委会对此至为注意，除已商同航空委员会在成都、重庆二地作数度表演外，并拨款请航委会代制各级滑翔机百架及训练是项指导人员，以便从学校方面着手推行。现滑翔机正在赶制中，指导人员亦已招考，不日入班训练，滑翔机运动当可于一年内树立基础，徐谋发展。

（六）关于卫生教育者

1. 订颁改善各级学生饮食起居生活办法，教育部感于学生生活欠善，影响健康，特订上项办法，经卫生专家审查后，分发各校切实注意实行。

2. 编印我国民众最低限度之营养小册　自抗战军兴，因经费困难，我国各校学生以及一般民众之营养，多感不足，教育部有鉴及此，曾编印我国民众最低限度之营养小册一种，颁发各教育机关，以资参考。

（七）关于童子军教育者

1. 订颁童子军及幼童军教练员检定规程　童子军为一种富有活力之教育方法，教练人员之能力直接影响事业及其功效。现童子军已定为初中必修课程，其教练人员亦应依照教员检定办法予以检定，以重师资，故特订颁小学幼童军及初中童子军教练员检定规程暨检定委员会组织规程，分令各省市教育厅局切实办理。

2. 协同中央训练团办理童子军教导人员训练班　童子军教导人员训练班由中央训练团会同教育部及中国童子军总会办理之，预计训练是项人员二千名，分五期完成，现第四期已开始训练。各期训练期满之学员，均按学历成绩分至各省市教育厅局及国立中学任事。

（八）关于改进学校军事训练者

会同政治部指定中大、重大、南开三校为实验军训学校　本部与政治部为调整学校军事训练藉供全国各校推行军训之参考起见，特指定重庆沙坪坝中央大学、重庆大学及南开中学为实验军训学校，并经两部制定学校军训实验施行纲要，于二十九年二月十六日在南开中学召集三校校长共同商讨，当经修正通过。并于二月二十七日经两部分别公布施行，遂于二月底派委军训教官分赴三校进行筹备，均于三月初正式开训，现正在实施中。

2. 会同政治部筹备四川省高中学校集中军训　关于四川省高中学生集训问题，原定分二十九年与三十四年两批训练，后奉委座谕:统于二十九年暑假一次集训完毕。遂于二十九年春制定二十九年四川学生集中训练筹备委员会组织条例,组织筹备委员会着手进行,并由本部通令川省各校准备参加,嗣复奉命改于冬季举行,筹委会暂行结束。

3. 修正高中以上学校军事训练实施方案草案　学校军训实施办法,系前训练总监部所订定,迄今有年,事实上有须修正补充之处,乃由政治部拟具修正高中以上学校军事训练实施方案草案,经本部与该部主管人员会同修正,会呈军委会行政员核定施行。嗣因该项草案内教育计划方面尚有问题,暂缓公布,故现在高中以上学校军事训练暂仍以旧定方案为准。

(九) 其他事项

1. 进行国术教材编辑事宜　国术教材至为分歧,需要科学之整理,本部曾聘定国术界知名人士,担任是项教材研究指导编辑事宜,藉以研究指导,待此项编辑人员物色妥当,即可着手进行。

2. 筹建青木关体育场　青木关乡镇日渐繁盛,而乡间缺乏正当娱乐,本部因势利导,拟就近开辟一体育场,供民众休闲活动之用。现已就原有温泉成立小游泳池一所,并进行另建一大游泳池,运动场地已建有网球、排篮球及国术等场各一所。

3. 主持本部同人体育活动　本部对于职员健康,素所重视,故每日上午十时及下午四时,均有二十分钟之运动时间,由体委会派员分别领导,作各种活动,如体操、国术、射箭、乒乓、篮球、排球、网球、圈球等,同人参加兴趣亦极浓厚。此外每年并为全体同人检查体格一次,以谋健康上之改进。

〔国民政府教育部档案〕

3. 蒋介石在全国国民体育会议上讲演词要点

（1940 年 10 月 13 日）

一、实行建国教育为救亡复兴必循途径，大家要共负责任，协力改进。

二、要建设现代国家，必先树立现代化的教育。

三、要强国必先健身，大家要注重体育，锻炼身体。

四、体育必须注重礼节，就是重秩序，守纪律。

五、军事教育以六艺为范围，“射”“御”教育应注重养成保管器材的习惯——一切要从细微基本之处做起。

六、留日训练班同学要注意生活的整饬与精神的发扬，更要刻苦耐劳，以收对敌宣传之效。

七、希望大家本着本团训练的精神，始终贯彻，奉行命令，达成任务。

今天党政训练班第十期学员和留日训练班第二期学员修学期满，在此举行毕业典礼，本团长特召集此次军事教育会议与全国体育会议各同志前来一同参观，趁此机会，有几点重要的意思对各位说一说。

今天在场的各位同志，无论是参加体育会议或军事教育会议的人员，或是党政训练班与留日训练班毕业的同学，大家对于今后建国的重要都要有深切的认识。要知道教育是我们建国最重要的工具，亦是建国必须的要件；如无良好的教育，即无健全的国民；如果教育不良，则国家就不能建立起来，甚至足以亡国灭种！反之，如果教育发达，办有成效，一般国民都能受到教育的益处，那便是弱小的国家亦可以强大，衰落的民族，也可以复兴。教育关系于国家民族的前途，也可以复兴。教育关系于国家民族的前途，实在是非常重大。但是各位要知道，教育事业的推进不仅是教育界同志的责任，而且是我们党政军同志大家的所应共同担负的责任，不仅一般军事学校和普通学校是施教的场所，就是一切机关部队亦莫不是实施教育的场所。举例来说，无论任何机关都有主管，有僚属，有职员，机关里一般科长科员就如学校的学生，而我们主管长官就应该负起校长、教育长的责任，须知我们要建军建国，要复兴民族，唯有教育国民，培植人才为主要的急务。所以我们党政军主管同志，无论在机关或部队，对于自己的僚属干部时刻要以做师长的态度，以身教言教，勤加训练，来贯彻我们建国教育的宗旨，达到我们革命建国复兴民族的目的。

我们今天所说的教育不是指我们从前的所谓教育，我们中国近几十年来的教育，可以说完全违反了军事化的原则，完全卸除武装的教育，所以我们中国兴办学校以来到现在已有四十多年的历史，而我们的国家还要受到今天这样的奇耻大辱，这是从前教育界的人士所不能辞其责的！今天我们要革新社会，要建立一个现代化的国家，就必须将过去腐败亡国的教育彻底铲除，从而真正建立现代化的教育，造成现代的国民和军人，才能达到我们建军建国的目的。我们要雪耻图强，必须从教育做起，要将从前的教育改弦更张，尤其要从我们本身做起，逐渐推广起来，教育我们的部下，教育社会民众，如此才能创造新的社会，实行三民主义。

其次讲到体育。关于体育的重要，我在上次已经讲过，我们现在从事革命奋斗的目的，就是要和外国争平等。我们要和外国讲平等，当然要我们一般国民的学问技术样样都能赶上人家，但学问技术尚须经过精确的比较，才能判断优劣。即如步兵射击谁的准确，炮的射程谁的最远，都要经过实地试验才能知道，惟有一件事可以一目了然的就是各人的体格。现在一个中国人和一个外国人站在一处，比较起来立即可以知道谁的体格健全，谁的体弱，如果我们身躯矮小，疾病丛生，体格既不如人，根本就不能与外人谈平等，所以我们现在要和外国争平等，首先要我们都有健全的体格，学问、技术还在其次。因此我们今后建国的教育，第一件事就是要注重体育。本期党政讲习班的同学，平时在团大家都能严守纪律，努力研究，但我前次点名的时候，发现你们身体一般都是非常衰弱，尤其是一般教育界的同志，身体真正强健的百人之中难得一、二位人，这就是中国过去的教育，害了你们，亦即是害了国家，害了民族。各位此次毕业回去，务必要大彻大悟，领导学生锻炼体格，尤其是你们自身，现在都是三四十岁左右的人，格外要晓得现在是你们体格转弱为强的时候，如果每天早晚都能抽出几十分钟的时间来运动锻炼，继续不断的实行，就可以祛除疾病，增进健康。本团长以前从西安事变回来，因为身体受伤，治好以后，右手与腰部总觉得活动不甚灵便，后来我每天早晨运动锻炼五十分钟，到现在已经完全复原，今年我已五十四岁，因为平时注意运动，从不间断，所以能够常保健康。你们还在壮年，格外要加紧锻炼，绝对不好自暴自弃，我们要求国家的独立，先要我们自己有健全的体格，我们要和外国争平等，先要我们的体格能够和外国人平等，所以我们一般文武同志，大家要完成抗战建国的事业，第一要注意体育。

不过我们注意体育，不仅要举行各种的运动和竞赛，而最需要的一点还在于礼节的提倡，本来六艺教育中的礼乐射御四种，都可以说是体育的一门，而尤以礼为最要，须知体育的内容自然是指各种强身运动和卫生而言，但各种运动强身的锻炼与竞技，如果没有礼节来约束，那就有害无益，根本失掉了体育的意义，即如各项运动比赛，如果不听指挥的命令，不守竞赛的规则，那即便个人技术优良，既不合体育的要求，当然没有用处，所以大家提倡体育，特别要注意礼节。所以礼节就是普通所说的纪律和秩序。你们到过外国的人，就可以看到外国的体育竞赛以及一般群众集会，莫不特别注意礼节——纪律和秩序。所以他们提倡体育能够收到很好的效果，造就健全的国民。我们对于这一点必须努力提倡，然后技术的进步，能获得真正的益处！〔下略〕

〔国民政府教育部档案〕

4. 陈诚为请通令全国提倡体育增强国民体质事致蒋介石电

（1940 年 11 月 24 日）

渝。委员长蒋。厘密。查抗战以还，检讨我军每次作战失败原因，皆由战斗技术不能达成战术战略之要求所致。而战斗技术之良否，关系于士兵体力者甚大，如刺枪、射击、投掷手榴弹为唯一之杀敌手段，然皆非有强壮之体力则难精，而当冲锋肉搏之时，尤有九仞之功，败于垂成之威，每见我士兵数人不能擒一俘虏，事实如此，至不可讳言，故尔后欲杀敌致果，必须先从增强体力着手。然良民为良兵之基，必先有强壮之民，然后有强壮之兵。我国重文轻武，由来已久，一般国民体格多不健全，试看入伍兵面黄肌瘦，非经数月之保育，不特不能作战，尚且不能训练，矧体力弱而疾病死亡者累累，实为国家民族莫大之损失。在此抗战建国当中，应如何增强国民体格，实为目前当务之急，拟请钧座通饬全国各地方政府、各民训机关极力提倡国民体育，使国家无孱弱之民，则军队自无孱弱之兵，对于建国建军关系至巨，谨呈管见，伏候钧裁。黔。职陈诚。戌敬。明。印。

〔行政院档案〕

5. 中央国术馆在全国国民体育会议上的工作报告

（1940 年 10 月 13 日）

本馆之唯一使命，在促进全民族之国民体育。其方法在提倡我国固有之拳勇技击，运用科学方法，鉴别整理，发扬光大，成为有系统之教材，以利教学之推行。盖因其源远流长，体用兼备，具有健身强种，自卫御侮之功效，最适合于国民与时代之需要。国父有言曰：“中国的拳勇技击，与西洋的飞机大炮有同等作用。”总裁亦有言曰:"吾国既无许多枪炮,训练民众,必须使用旧式武器,刀矛之类,补助抗战,发生绝大力量。"根据抗战经验之所得,每至最后阶段,胜负之数,莫不取决于肉搏格斗之白刃战,益信国父之遗训与总裁之言论为不诬矣。就现时国民经济状况而言,现行一般体育运动课程,既因设备而涉及经济,又因组织而限于时地,故对于一般国民,实难推行无阻。为适应环境需要与普及施行计,果能采用国术为促进国民体育之教材,既适合于中国国民性,且尤合乎我国民经济之条件,定可收事半功倍之宏效。亦藉此以普及图强自卫教育,而奠定健勇之基础。兹将本馆工作概要,报告如左:

(一)国术教育实施方针　溯考我国古代体育宗旨,为"文武并重,术德兼修"。例如悬弧矢于初生,列射御于六艺者,盖可以想见古时尚武之一斑也。本馆自成立以来,一本三育并重之体育方针,倡导进行,藉以矫正过去体育偏颇不全之弊。再证以战场实际之经验,国术裨益于抗战之功效,既如此之巨,更感于本馆所负之使命与任务,关系图强激战与抗建复兴之前途至为重大。尤应积极策进,提倡义侠仁勇之风气,充实革命救国之学识,培养关于抗战建国所需要之技术,藉期学以致用。

(二)设立师资训练班　本馆奉命成立以来,迄已十余年,为教学普及,推行尽利起见,特别注重师资培养。抗战以后,鉴于国术之需要,尤为迫切,培植干部人才,不容或缓。去岁准军事委员会政治部函送委员长蒋交下国防最高会议议决,关于国民参政会所倡议"提倡尚武精神以固国基"一案,并抄附原办法第八项原文"省市县均须设立国术教练所,授民众以劈刺、刀剑、拳击等技术。"嘱查照参考办理等由。因此,本馆所负之使命,今后益增繁剧。为大量造就师资,以备需用计,爰将师资训练班组织扩大,更充实内容,招收有志青年,入馆受训,授以适合于抗战所需要之必修课程,养成基本干部人才,为国效用。

(三)训练民众　国术最大之功效,为体用兼备,体的方面,足以健身强种，振衰起懦，用的方面，足以自卫奋斗，杀敌御侮。且设备简单，经济便利、不拘时地、不限组织、易知易行、尽人可能。实为适合现代之需要，最便宜平民化唯一之良好体育。果能家喻户晓，养成风气，则国民体育自易普及矣。本馆自南京出发，辗转迁徙，历经湘、桂、滇、川等地，极感于普及国术，训练民众为当今之急务。凡所过之地，均按当地之情形，视社会之需要，分区设立民众国术训练班，派员教练，而各地民众参加训练者，亦极踊跃，施行以来，成效甚著。

（四）分函各省市筹备国术教练所　为促进全国国术教学，造就干部人才起见，特将国防最高会议议决关于国民参政会所提议"提倡尚武精神以固国基"一案及原办法第八项原文，备文咨请各省市县国术教练所，以期养成健全师资，分发各地应用。

（五）扩大宣传工作　国术为我民族国有技能，其功用之大有如此，然因历史悠久，易为一般社会民众所忽视，以致淹没不彰。长此以往，对于普及推行进行不无困难。故必多方设法，因势利导，以策进行。除现身说法，实际表演外，尤注重于文字宣传，印刷图画标语，发行各种刊物，藉资诱导启发，冀付倡导之专责，而收普遍之速效。计出版刊物之种类有《国术周刊》、《国术国考丛刊》、《国术与国难》、《国术与体育》以及各种纪念特刊。

（六）国术青年团组织与训练　本馆原有旅行团之组织，系为游历各省市县表演宣传，唤起民众对于国术有深切认识与踊跃练习。旋因团务工作重要，殊有改进之必要，特选拔国术具有根底品学兼优之青年，改组为国术青年团，施以严格之训练，精密之研究，以期奖励人才，而树楷模。并为全民一致动员计，遇有必要，或可乘之机，即出席于社会群众，现身说法，表演宣传，以期促成普遍健勇教育之新使命。

（七）本馆职员全团国术化　本馆为提倡武术团体，自应以身作则，为全国各机关倡。除国术专家另有考成外，各级职员均实行国术早操，严格训练。每一学期最低限度须习熟拳术两套，器械一种。年终考绩，即根据此种考试成绩优劣为标准，分别次第，酌予嘉奖，藉资鼓励。

（八）编辑国术教材　国术为我国固有文化之一种，但因年代久远，疏于考究，以致各项教材，均已散失，淹没失传，本馆为编订各种教材，裨供教学者之参考起见，特设立编教委员会，延聘专家，依据科学方法，审慎整理，编著成书，本馆为有系统之教本，□□□□□，有统步拳，新武术、太极拳、童子军棍等。正在编订中者，有八卦拳、六合八法、柔术集锦、青萍剑、青龙剑、猿臂棍等，此外尚编有历届运动会关于国术考试规程及各门比赛规则（系本馆编订由教育部出版者）。

（九）征集国术丛书　本馆感于往昔国术之手传，多偏重口授，而忽略著述。复以宗派分歧，以致受业后学，徒固则家法，抱残守缺，故步自封，而不知从事改进发明，致使体用兼备，精奥绝伦之固有国粹，进步因之迟缓，效益随以不彰。本馆有鉴及此，除奖励著述发明，并搜集各门各派学说，分别整理，汇集国术丛书，以彰绝学，而资发扬光大。

（十）编订国术辞典　国术名辞，参差复杂，乖误鄙俗之处极多，殊有碍教学之进展。亟应统一名称，编汇辞典，藉以正名核实，而便查考。现正从事编汇审订中。

（十一）订定国术操典　教授国术，贵乎得法，方足以引起学者之兴趣。对群众团体教练，尤须合乎教育指挥之法则。本馆职在倡导，特组织专门委员会，精密研讨，审订教学方法，制成国术操典，适合教授军队、学校等各团体之需用。现在正在编订中。

（十二）设立国术图书馆　图书馆之设立，对于阐扬、倡导、研究、实习各方面关系至巨。本馆前在南京时，储藏国术体育书籍及杂志刊物等，不下万余册，因遭敌机轰炸，馆址被毁，而各种图书，亦焚毁无余，现虽因经济所限制，一时未能恢复旧观，然为教学参考，编审研究所必备之书籍，亦必须竭全力购置搜罗，以应急切之需要。

（十三）确立视导制度　为推行国术教育，改进教学起见，特确立视导制度，选派视导员定期前往各省市县，视导督察，以期领导进行，而谋效率之发展。

（十四）统计全国国术团体及专门人才　关于全国国术教学以及教学之内容，实施之状况，前已有数次统计，列表说明。至于全国国术团体、国术专家之统计，亦为目前之急务。现拟规定统计表式，分发各省市县举办国术专家登记，现正在策划理行中。

〔国民政府教育部档案〕

6. 全国国民体育会议宣言

（1940年10月15日）

立国要素有三：曰教育、曰经济、曰武力。此为总裁指示吾人所当致力于建国之途径，而教育实为其中主要之一环。至教育方针，则总裁更明举“文武并重，术德兼修”之义，以祛曩时畸形偏颇之弊，尤为吾教育界同人所拳拳服膺而弗敢须臾忘者。国民体育会议之举行，于时适当抗战第四年度之国庆，于地则在领导全民抗战之陪都，外瞻世界大战之日益蔓延，内省抗日战争之日近胜利，每一念及总裁之训示愈觉吾教育界尤其吾体育界同人对于抗战建国所负责任之重大，而懔然于使命之容有未尽。今当郑重讨论之余，愿举决议各案之要旨，为吾国同胞约略陈之：

一曰，确立国民体育实施计划之方针：古代教育，别为六艺，书数而外，礼乐射御无不与体育有关。诚以体格不强，自卫且难，遑言卫国！故国民体育之实施，应以增强国民体力，实现国家教育宗旨为其目的。必使国民人人有接受体育锻炼之义务，亦即人人有享受体育运动之权利。然而体育可以确实普遍化、平民化而国家民族强盛之基础乃建立而不拔。抑体育不仅仅为增强国民之体力而已，增强体力之结果，可以充实人民之生活，可以扶植社会之生存，可以富裕国民之生计，可以延续民族之生命。故国民体育之实施，決非仅以少数个人为对象，而实无时无地不以全体国民为对象，换言之，乃以全民族为对象也。唯愿吾全国教育界，在既定方针之下，因时制宜，因地制宜，因人制宜，因事制宜，奋力迈进，殊途同归，则明效大验，常有可期。

二曰，培养体育师资、奖励学术研究：体育事业之推进与扩展，有赖于体育人才之培养，而学术之研究亦为万不可忽视。为治本计，中央宜筹设五年制体育师范专科学校，各省市宜酌设体育师范学校或体育师范科，大量造就中等以上学校及小学校之体育师资，同时培植国民体育之干部人才。为治标计，则凡体育专科或体育师范学校以及凡有体育科系之学校，均应视国民教育实施上之需要，附设各种有关体育之训练班，以救目前体育人才缺乏之穷，至对于体育学术有特殊研究、确具成绩者，国家更当特加奖掖，凡可以鼓励研究体育之法，如设立体育研究所，派遣体育留学生，编译体育书报，实验体育教材等等，政府与社会均宜尽其可能，次第举办，使一般国民对于体育之观念日益正确，对于体育之兴趣日益浓厚，则国民体育之进展必事半而功倍。

三曰，学校体育与社会体育之改进与推行：教育部前已颁订各级学校体育实施方案，及各级学校体育设备暂行最低限度标准。兹为切实执行计，自宜明定进度，限期完成，使学校体育不致成为纸上空谈。而中小学学生体格之测量与运动技能之测验，亦宜从速完成，俾得藉为依据，就科学方法与统计原理，按各级学生之年龄与性别，分别订定各项运动之体育成绩量表。此就学校体育言也。至若社会体育，则如一般民众，普通壮丁，社会青年，或公务人员等，应各分别性质，决定各项适宜之体育设施，凡有学校或体育场或天然环境，可以利用为民众练习运动之所者，应无不尽量使用，以求体育实施之普遍。同时制定国民体育成绩测验标准，示之楷模，从以种种方法，造成社会重视体育，乐于运动之风气，务使一般国民之体格均能达此标准，例如明定九月九日为国民体育节，即造成风气之一端。更为观摩研究起见宜即筹设中央体育卫生博物馆，集合有关体育卫生之标本材料统计图表等等，俾全国国民得知吾人体格之缺憾何在，而相与努力改造，以求其精进。此则有关于国民体育者至切，尤望以全力求其实现者也。

四曰，卫生教育、国术教育与童子军教育等之改进：体育与卫生，实二而一，故言体育不能不注意于卫生教育。就机构而言，中央卫生教育之主管机关应为教育部，而卫生署辅之。卫生教育之行政由教育部负责，而其技术及器材则由卫生署负责。各省市则教育厅局应设卫生教育委员会以主其事。总之，必使体育卫生教育双方切实联系，方可收增强国民体力之实效。国术为吾国固有锻炼体格之方法，自应列为学校体育教材之一种，并宜由教育部组织国术教材编审委员会，厘订教材，限期完成，同时各地遍设国术教练所以培养教练国术之师资。至于童子军课程之内容与方法，亦宜更予修订，使能切合实际，尤望竭力推进社会童子军，以应实际之需要。

五曰，健全国民体育行政组织，国民体育既为一般人所重视，则职掌此项事业之行政组织，更当有一明显之系统。中央当以教育部为主管机关，其他有关机构之体育主管人员，则应有密切联系之组织。教育部主管体育之行政机构，宜专设一司，俾负全国体育推行之专责。各省市县亦宜有负此专责之科或股或主管人员。关于体育督导与视察之制度，更当积极施行，俾一切体育设施均能实事求是，款不虚糜。至体育场地设置之宜充实，体育活动工具之宜大量制造，廉价供给，则为普遍推行国民体育之必要条件，自更不待言矣。

总之，今后吾人推进国民体育之主旨，决非在为粉饰门面，尤不类于竞技卖艺，乃视为复兴民族振衰起颓基本工作，故认定为教育部门主要事业之一。惟其如此，故吾人理想中积极实施国民体育之效果，一般国民当有适合健康标准之体格一也，当有自卫卫国之技能二也，当有服劳互助、整齐严肃之习惯三也，当有文质合度之礼貌、克己合群之修养四也。必如是，实施国民体育之最低标准始克谓为达到，亦必如是，教育始可收文武合一之效而与武力经济相配合以完成建国之大业。同人等谨愿以此自勉，并与国人共勉焉。

〔国民政府教育部档案〕

7. 行政院交办国民参政会建议普及国术训练增强抗战基本力量案的通知单

（1941年12月—1942年5月）

（1）行政院交办案件通知单

行政院交办案件通知单　忠字第一〇四四〇号

案由：国防最高委员会交办国民参政会建议普及国术训练，以增强抗战之基本力量与充实近战之格斗技能案。

右案奉院长谕："交教育部注意"相应通知。

教育部

行政院秘书长魏道明

中华民国三十年十二月十一日

抄原案

国民参政会第二届第一次大会建议普及国术训练，以增强抗战之基本力量与充实近战之格斗技能一案。奉国防最高委员会第五十六次常务会议决议："交行政院参考"，相应抄同原建议案函达，即希查照参考为荷。此致

行政院

为普及国术训练，以增强抗战之基本力量与充实近战之格斗

技能案。

理由：我国国民体力较任何国家之人民为衰弱，势须积极提倡健身，以资挽救，否则影响于抗战建国之前途者至重且巨，谨举显著事实之证明如左：

（一）据军事当局所谈，关于征募壮丁一项，近年来一再降低体格检验标准，否则无从着手，是有丁而不壮，衰弱现象已成。

（二）中央军校历年以来，招考新生时，关于体质测验及格者仅百分之七八，航空学校招考新生时，体质测验及格者仅百分之二三。

（三）据卫生署之统计报告，我国人民按年计之死亡率较任何国家为最大，超过世界各国千分之十五平均数一倍，总计每年多死六百万人，就殡葬费而言，平均每人百元计，则每年需要六万万元，连带损耗，于国民经济者如斯之巨，殊堪惊异，以上所举为衰弱之证例，挽救之道，惟在积极图强，欲收速效之唯一要诀，厥在普及国术训练。兹略述其特殊之要点如下：

（甲）"体用兼备"。体的方面，能以裨益生理，助长发育，却病保健，强身强种；用的方面，能以有勇知方，自卫御侮，小则保障个人之安全，大则捍卫民族之复兴。

（乙）"经济便利"。设备简单，不需大费，男女老幼尽人可能，课毕业余之际练习，俱称便利。

（丙）"适合抗建时代之需要"。按实战经验所得，每逢战斗最后阶段，以及夜间袭击敌人，胜利之数多取决于肉搏格斗之白刃战（即运用枪刀施行劈刺），迭据前线将领谈及，当我敌近战至最后阶段之际，国军素有技击之训练者，每逢肉搏格斗，无不英勇叱咤，以一抵十，凡无技击之训练者，则十不能抵一，事实昭著，堪为殷鉴。

（丁）"补助兵器械弹之不足"。国民兵器械弹时感不敷分配，果能擅长肉搏格斗，每与敌寇遭遇，势必力求与之接近，以展我之特长（谚云艺高胆大），此乃战斗员最需要而宝贵之神圣天性，不可不多方补修，以培育养成之也。

办法：经本大会讨论议决通过后，请由国防最高委员转交教育部会同有关各机关分别筹拟计划，积极策进推行，是否有当，当提请公决。

提案人　张之江

连署人　冷　遹　张剑鸣

王隐三　赵　澍

麦斯武德　宋渊源

伍智梅　林　虎

周士观　刘衡静

李芝亭　马　亮

马　毅　陈豹隐

张守约　陆宗骐

贺楚强　胡若华

钱公来

(2) 教育部致行政院秘书处公函(5月23日)

教育部公函　体字第20058号

贵处忠字第一〇四四〇号通知，为国防最高委员会交办国民参政会建议普及国术训练，以增强抗战之基本力量，与充实近战之格斗技能案。奉谕：交教育部注意等因。准此，查本部对于国术素所注意，除早经设立国立国术体育专科学校，以培养具有近代科学知识之国术人才外，近年来尤在积极推行，如规定各省市县体育场增设国术部门，通饬中等以上学校采用国术为体育教材，并由本部组织国术教材编审委员会，整理研究及编订新教材，以利教学，及准中央国术馆设立国术教练所，广为训练国术人才。准通知前因，合将本部注意提倡国术情形，复请查照转陈为荷。此致

行政院秘书处

中华民国三十一年五月二十三日

〔国民政府教育部档案〕

8. 教育部体育委员会对国民党九中全会之工作报告稿

（1941年12月）

甲　根据八中全会决议办理事项：

查原案提示之六："各级学校对于学生体格之锻炼与健康之设施应全力注意"，由行政院决定办法交由本部办理。兹将各项办法原案及一般情形分别报告如左：

一、督促各级学校切实依照体育实施方案办理，并完成体育设备最低限度标准（三十年六月开始，三十五年底完成）已续订中等学校体育实施成绩考核办法，并依方案规定制成考核记录表及给分标准切实考查。其实施成绩，国立中等学校并订有竞赛办法，依据所得分数施行奖惩；关于小学方面亦令各省市教育行政机关参照中学办法，切实考核督促。

二、厘订中小学学生体格及运动技能标准（三十年元月开始，三十一年六月完成）厘订合理之标准，须根据测验之结果，前由本部编订体格测量及运动技能测验办法分发各校，并派员指导实施，现在各中小学呈报体格测量（包括身长、体重、髋阔及实足年龄）结果者达一万八千人，中等学校呈报运动技能测验结果者（男生十六项、女生十四项）达一万二千人，各地报告尚在陆续寄来，本部亦陆续寄请中央大学教育心理研究所主任艾伟教授整理统计，本年内可将中小学学生（自六岁至十八岁）之体格常模及正常体重对照表提前厘订公布，至中等学校学生之运动技能成绩量表可于预定期内完成。

三、编印各级学校体育教材，充实训练内容，增加锻炼效率（三十一年一月开始，三十二年六月完成），现已修订中小学体育课程标准，并依此标准分别编订教材，小学部分已完成游戏韵律二种，本年内可以全部编竣印发各小学依照教学，中等学校部分尚在计划中，不久即可分别聘请专家着手编辑，至三年制及五年制体育专科大学及师范学院体育系等体育课程科目及教材大纲亦经拟订，不久即可公布。

四、依照体育实施方案派员分赴各地视察指导，已于四月至六月间派本部体育委员会专任委员及各师范学院体育科系主任七人分赴川陕甘湘黔滇桂渝等八省市作体育专门视察，现正根据报告分别指示改进。

乙　三十年度体育中心工作

一、试行体育行政工作竞赛　先拟订省市体育行政工作竞赛办法及记分表，于本年三月通令各省市遵照办理，现正根据各省市工作报告及体育视察报告，切实考核，至年度终了时，总结成绩，依法奖惩。

二、举行民众体育运动比赛　原拟举行全国性之比赛，嗣因交通困难，经费不足改变计划，订定办法细则，令各县市就地举行比赛，项目仅三种，但规定运动员必须从保乡镇逐级选出，俾能确实深入民间，普遍参加。

三、编辑国民体育季刊　决定先编辑国民体育季刊一种，内容注重学术研究、问题讨论、教材供给及体育法令消息之揭载，现创刊号已编成付印，不久出版。

四、研究我国固有体育方法　我国国术在体育上自有其相当地位，惟师弟相传，率多神秘，现代趋势应科学化、大众化，然后能保存于久远。业于本年三月拟定研究办法，令饬国立国术体专及国立西北师范学院体育系详加研究，限期具报。

五、奖励体育学术团体研究　大凡事业之进步，得力于研究之结果者实多，体育事业亦然，故本部先拟定奖励研究办法，再提出关于体育之问题九则，令饬各国立体育师资训练机关分别研究，限本年底呈复，现已令饬将研究情形按时具报。

六、训练滑翔飞行指导员

第一期滑翔训练班学员三十名，九月底训练期满，即可会同中国滑翔总会分派至各地工作，现又拟订第二期学员招考简章，继续招收学员入班受训。

七、办理学校军训　学校军训向由军事委员会政治部与本部会同办理，嗣军训部接管政治部所辖学校军训后，又另拟备役候补干部组训方案，送军事委员会办公厅核办，经军事委员会办公厅审核发还，重行考虑，迭经军训部与本部会商，迄未觅得解决之办法。但兹事关系重要，不容延搁，最近又经本部拟就修正高中以上学校军训实施方案，函请军训部会核。现在军训部正慎重研究中，一俟决定即可签请军事委员会核夺施行。

丙　体育工作之缺点、困难及今后改进计划

一、缺点与困难

子、行政组织不甚健全，教育机关缺乏是项专门人才，故法令之推行不能彻底。

丑、据统计经训练合格之体育教师现仍服务于体育者，全国不满三千人，而中等以上学校即超过此数，小学及各县体育场自更无法聘得合格人员，国民体格训练效果因此微薄。

寅、学校及社会体育因战事及经费影响，场地固多缺乏，设备尤为简陋，教学与训练均感困难。

卯、国民体育向无固定经费，一切进行自多拘束，即如人才之培养，设备之充实，亦直接受此影响。

二、改进意见

子、依照修正国民体育法充实各级教育行政机关体育行政机构与人员。

丑、大量培养体育师资，举办短期训练班，以应目前需要，并设法予体育人员以鼓励与保障，以畅人材来源。

寅、确定国民体育经费预算，使能充分发展，充实设备，研究学术。

卯、组织全国体育总会，以乡镇为单位，利用中心学校体育场地设备，强迫民众参加，定期体格训练。

〔国民政府教育部档案〕

9. 教育部国民体育委员会民国三十三年度工作概况报告

（1945年 月 日）

甲、工作计划内事项：

一、召开第三届国民体育委员会全体委员会议。

本会第三届全体委员会议于二月一、二两日在青木关举行，出席委员三十四人，由陈部长主席，计通过议案三十件。

二、视导地方体育及学校体育。

本部曾派员专门视察贵阳、曲江、蓝田、桂林、北碚、合川、洛碛、长寿、重庆、沙坪坝、白沙、江津及青木关各国立中等学校，省县市师范学校及体育师资训练机关等二十九校体育实施情形，业已分别指令改进，其他各校均由本部督学分别视察。至地方体育以限于经费，未能派员视导。

三、编印中小学体育教材。

本项系本部本年度中心工作之一，小学体育教材部分，除球类外，已全部完成，计三十二年度完成小学韵律活动、小学整队与走步、小学垫上运动与叠罗汉三种，本年完成小学游戏、小学徒手操教材教法、小学竞技运动教材教法三种。至中学部分，已完成初中器械运动及中学舞蹈二种。查是项教材之编辑，足以解决中小学教师缺乏合理教材之困难，但经费有限，印刷困难，致未能大量供应，现正在与书局接洽翻印，以广流传。

四、编印体育师资训练机关教科书。

本项系本部本年度中心工作之一，除将三十二年度已编就之短兵术、摔跤、体育原理及体育测验四种，审查完竣，并另编垒球、从体育中培养品格、战时体育补充教材、擒拿、军警体育及体育概论七种。

五、编印民众体育书刊。

本年度已完成安全教育及室内游戏二种，至原由本会编辑之体育季刊，以本部决定将所有刊物统筹办理改为教育月报，故停止刊行。

六、举行运动比赛。

本年各县市及各校运动会与体育节民众体育活动均能按照规定办理，至省市运动会举行者仅有宁夏及重庆市二省市，区运动会举行者有江西、贵州、甘肃等省，但均未据报。至第二届重庆区专科以上学校联合运动会，则与重庆市中等学校联合运动会合并举行。此外，并协助民族健康运动委员会举办陪都第一届公务人员运动会。

七、督导民众体育社团。

本会今年除派员视察中华全国体育协进会及中华体育学会并分别指示改进外，并指定中华体育学会研究青年体格缺点产生之原因及矫治方法，暨补助该会经费出版《中华体育》二月刊一种。

八、筹设国立体育场。

本年原拟筹设国立体育场一所，后以奉行政院令停止筹设。

九、特设体育师资训练所。

本部特设体育师资训练所，本年继续办理暑期毕业一年制一班共十九人，并继续招收一年制及二年制各一班，现共有一年制、二年制二班，至原有附设于各体育师资训练机关之一年制体育师资训练班，已一律停止办理。

十、加强中等学校体育师资训练。

本年工作，着重于师范学校体育师资之训练，其目的在使每一师范学校毕业生，均有教学小学体育之能力，俾可解决一部分小学体育师资之困难。故本部于本年暑期间，曾征调川鄂二省国省立师范学校体育教员三十名，予以三个月之严格训练，着重于新编小学体育教材之传授，结果少数学校以更换体育教员关系，无法派遣，结果实到者仅十三人。

乙、新增工作：

一、协助国民精神总动员会议举行五周纪念大会体育表演。本年三月十二日在重庆新运广场、川东师范社会服务部等地举行各种体育表演，并补助经费，派员赴渝协助办理。

二、举办中等以上学校体育教员登记。

本部为明瞭全国中等以上学校体育教员服务情形，并协助其进修及介绍工作之便利起见，特颁布中等以上学校体育教员登记办法一种，截至本年止，已登记者计有一百五十五人。

三、举办体育巡回指导。

本部曾组织体育巡回指导团出发，沿成渝公路一带各县，如璧山、永川、荣昌、隆昌、内江等县，计视察中等学校十九校，小学十五校，调训小学体育教员二百五十三人，简师学生十八人，授以新体育教材，并举行座谈会六次，讨论有关小学体育之各种问题。此种措施颇为地方所欢迎，较调训工作切实有效(另有报告书)。

四、拟订国民体育实施计划草案。

本部于七月间，奉行政院令抄发第五届中央执行委员会第十二次全体会议对于教育报告之决议，其中第二条有："今后体育应特别加以注意，拟订整个计划，宽筹经费，求其发展"一条，遵即遵照国民体育法及国民体育实施方针之精神及目前需要，拟订国民体育实施计划草案一种，该项计划之实施，以五年为期，分别缓急，酌量环境，分年办理，并以学校体育、社会体育、体育师资训练、体育行政之重要事项为主。现该项计划草案正由部办理专案呈核中。

五、修订师范学校体育系必修及选修科目表暨二年制体育专修科科目表。

本年本会曾会同高等司将师范学院体育系必修科及选修科科目加以修正公布，至二年制体育专修科科目表本会曾根据各方意见，与高等司详细讨论予以公布。

六、执行本会第三届全体会议决议事项。

决议案三十件，除少数因经费关系及需要精密研究者外，均付实行，处理情形见另表。〔表略〕

〔国民政府教育部档案〕

二、体育团体的组织活动

1. 内政部与中央社会部关于广州市成立国术协会转请备案的往来函件

（1938年11月4日）

（1）内政部致中央社会部公函（11月4日）

内政部公函　渝警字第4671号

案准广东省政府咨送广州市国术协会章程、职员名表各二份，请查收核办等由。准此，除咨复准予备查外，相应检同原附件各一份，函请查照为荷！此致

中央社会部

计检送原章程职员名表一份

中华民国二十七年十一月四日

广州市国术协会章程

第一章　总则

第一条　本会定名为广州市国术协会。

第二条　本会以联络国术团体、发扬国术事业、锻炼国民体魄为宗旨。

第三条　本会受广东省会警察局之指导及市党部、市社会局之监督。

第四条　本会会址：广州市第十甫马路门牌一百号。

第二章　会员

第五条　本会会员分为团体及个人二种，凡加入本会之团体及个人，不分性别，须有会员二人介绍，经本会审查合格者，均得为本会会员。

第六条　本会会员分列于左：

（甲）团体会员

（乙）个人会员：

（一）普通会员，（二）赞助会员，（三）维持会员，（四）名誉会员，（五）永远会员。

第三章　经费

第七条　本会经费以下列各项充之：

（甲）政府补助；

（乙）国术团体会员　入会费二元，年费五元；

（丙）个人会员　入会费二元，年费一元；

（1）普通会员　年捐十元

（2）赞助会员　年捐三十元

（3）维持会员　年捐五十元

（4）名誉会员　年捐一百元

（5）永远会员　捐助五百元以上者

第四章　组织

第八条　本会设会长一人，副会长一人，总干事一人，及总务、指导、宣传、调查、设计、研究、竞赛等部，每部设主任一人；其人选由大会选举之，但各部主任及总干事由大会选出十六人，送呈广东省会警察局圈定互选之。

第九条　各部另设干事若干人，由各部主任介绍、会长聘任之，但各职员均属义务。

第十条　本会得聘请当局名流为本会名誉会长，以资提絜。

第十一条　本会会长、总干事、各部主任等任期为一年，期满得连选连任。

第五章　会务及职权

第十二条　本会办理工作如次：

（一）办理国术团体之登记、审查国术团体之组织；

（二）指导国术团体之兴革事宜；

（三）协助各地机关团体国术事业之发展；

（四）联络全省各国术团体谋整个之团结；

（五）调解国术团体纠纷事项；

（六）办理国术游艺表演及提倡公开比赛事宜；

（七）设立国术训练班、国术服务团、国术学校等事项。

第十三条　本会职员职权如次：

（甲）本会会长总理本会对外对内一切事项；

（乙）副会长襄助正会长办理本会各种会务；

（丙）总干事承会长命，办理本会各种事项；

（丁）各部主任承会长及总干事命办理该会事项。

第六章　会议

第十四条　本会会员大会每年开一次，其地点及日期由会长决定，于两星期前通告会员知照。

第十五条　凡开会员大会，须遵依规定呈请广东警察局、市党部、社会局派员监督指导之。

第十六条　会员大会以会员总数过半数之出席方能开会，所议决之事项以出席会员三分二之同意方生效力。

第十七条　本会遇有重要事件，有会员三分之一请求，经由总干事及各部主任联席会议议决，认为必要时得召集临时大会。

第十八条　本会各部联席会议每两星期开一次，遇必要时得由会长或总干事临时召集之。

第七章　权利

第十九条　凡本会会员皆得享有左列之权利：

（一）选举权及被选举权；

（二）可在本会国术班训练国术，得享各种权利。

第八章　义务

第二十条　凡会员皆须负有左列之义务：

（一）缴纳会费之义务；

（二）遵守本会章程及一切议决案之义务；

（三）为本会服务之义务。

第九章　附则

第二十一条　本会如有五个团体会员及个人会员三十人以上请求设立分会，经各部联席会议认可者得设立分会，其分会章程另定之。

第二十二条　本会各部主任办事细则及会员入会须知均另定之。

第二十三条　本会章程呈请广东省会警察局核准及呈请省党部社会局备案施行之。

第二十四条　本会章程如有未尽事宜，由会员大会修改之，依照第二十三条之规定办理。

广州市国术协会第一届职员表

职别	姓名	性别	年龄	籍贯	职业	住址	票数
正会长	李彦良	男	三十七	五华	警政	广东省会警察局	一百三十六
副会长	李山崇	男	三十二	五华	警政	广东省会警察局	一百三十一

续上表

职别	姓名	性别	年龄	籍贯	职业	住址	票数
总干事	袁节卿	男	四十一	英德	教育	菜栏东横十二号	五十九
总务主任	陈雄	男	二十八	南海	警政	苏村分局第七区队部	八十二
指导主任	林荫堂	男	六十	东莞	国术教师	东堤德政南路	四十六
宣传主任	胡云绰	男	三十四	南海	国术教师	宝源德七十一号	四十九
调查主任	崔章	男	四十二	南海	国术教师	西濠口安泰兴饼家	四十四
设计主任	黄啸侠	男	三十七	番禺	国术教师	惠福东路体育会	九十九
研究主任	陈耀墀	男	五十八	新会	国术教师	宝红南十七号	四十八
竞赛主任	谭三	男	六十二	开平	国术教师	雅荷塘荣桂里十号	五十七
副总干事	谭劲夫	男	三十九	三水	国术教师	长堤小庐同志社	三十八
总务副主任	许子珍	男	四十一	番禺	国术救护	强华体育会	三十六
指导副主任	邓锦涛	男	三十六	南海	国术教师	太平路土木箱工会	三十七
宣传副主任	骆文熙	男	二十九	台山	国术教师	中华中路回龙里卅二号	三十
调查副主任	余清	男	三十	台山	国术教师	东堤二马路八号之二	三十三

续上表

职别	姓名	性别	年龄	籍贯	职业	住址	票数
设计副主任	李佩弦	男	三十五	新会	国术教师	丰亭路精武会	三十八
研究副主任	夏壁池	男	三十五	花县	国术教师	宝华正中约九号之一	三十二
竞赛副主任	龙子祥	男	三十一	新会	国术教师	惠福东赵家巷七号	三十六
训练委员	卢炜昌	男	五十八	中山	教育	佛山精武会	
	傅振嵩	男	五十八	河南省	国术教师	文明路中大附中	
	林耀桂	男	四十八	博罗	国术教师	东川路螨蜍岗三十号	
	夏汉雄	男	四十二	高明	国术教师	沙基皮枫桥五号	
	林仲文	男	二十七	东莞	国术教师	德政南路林荫堂医务所	
	赖成已	男	五十一	合浦	国术教师	德政中路一六五号	
	陈莲柏	男	二十九	东莞	国术教师	西横街窄巷一号	
	顾汝章	男	四十二	江苏省	国术教师	豪贤路一二〇号，广州国术社	
	林少立	女	二十五	顺德	国术教师	芳村下沙可立国术团	

（2）中央社会部致内政部函（11月11日）

中国国民党中央执行委员会社会部公函　渝字第1095号

案准贵部渝警零零四六七一号函为："准广东省政府咨送广州市国术协会章册，请查收核办一案，函请查照。"等由。并检送原章册等件到部。除存查外，相应函复，即希查照为荷。此致

内政部

中华民国二十七年十一月十一日

〔国民政府社会部档案〕

2. 教育部体育促进会章程(附职员名单)

(1939年4月)

(1) 教育部体育促进会章程。

第一条　本部遵照行政院命令设置体育促进会。

第二条　本会为谋本部体育之促进，设置理事会及干事会。理事会负责计划本会一切事业之推进，干事会根据理事会计划及决议，负责推进本会一切事业。

第三条　理事会设理事十一人，由本部全体同人公举之。任期一年，但得连任。

第四条　理事会设主任一人，由理事互推之。

第五条　干事会分文书、会计、晨操、国术、球类、推广等六组。

第六条　干事会各组之任务如左：

文书组——关于本会文书之撰拟、收发及保管等事项；

会计组——关于本会之经济出纳及账目登记事项；

晨操组——关于晨操之选材、编配等事项；

国术组——关于国术之选材编配等事项；

球类组——关于各种球类运动之编配、竞赛、场地及器具管理等事项；

推广组——关于本部体育之推广事宜，凡有益身心之各种体

育活动，如远足旅行等均属之。

第七条　干事会设总干事一人，秉承理事会主任处理该会一切事宜，各组设干事一人或二人，处理各组应办事宜。

第八条　总干事及干事，由理事会就本部同人中公推之，任期一年，但得连任。

第九条　理事会每两月开会一次，干事会每月开会一次，遇必要时得开临时联席会议。

第十条　本会经费，每月一百元，呈经部长核准，由本部按月拨给。

第十一条　本会决议事项及进行计划，呈由部长核准施行。

第十二条　本章程自呈准之日施行。

体育促进会理事会第一次会议推定职员如下：

主席　郝更生

总干事　吴邦伟

球类组干事　吴中俊

文书组干事　华天汉

会计组干事　赵　笙

推广组干事　魏学智

国术组干事　徐朗秋

晨操组干事　邵鹤亭

〔国民政府教育部档案〕

3. 国民党湖北省党部转报该省体育委员会备案事与中央社会部往来公函

（1939年9—10月）

（1）国民党湖北省党部致社会部公函（9月5日）

中国国民党湖北省执行委员会公函　执民宜字第3924号

案查前准大部本年七月渝三寒电嘱将策动组织本会所在地之体育会及卫生会情形报核等由。准此，查本会所在地宜昌，自迭遭敌机狂炸后，体育界人士早已迁避一空，所有详细情形经于本年七月删皓两日先后以执民字第二九九二号及三〇六〇号两公函（附表）内一再声述在案。准电前由，兹特参酌本省目前实际情形，于本年八月二十二日组设本省体育委员会，相应检同该会会议记录及组织简章草案各一份，送请查核备案是荷！此致

中央执行委员会社会部

附本省体育委员会组织简章草案及会议记录各一份

主任委员　苗培成

中华民国二十八年九月五日

湖北省体育委员会组织简章草案

第一条　本会定名为湖北省体育委员会。

第二条　本会以健全国民体格，充实抗战力量为宗旨。

第三条　本会委员以曾任前武汉体育协进会及湖北省政府教育厅体育委员会，现任行政机关之主管科长、督学暨热心体育之人士充任之。

第四条　本会设常务委员三人，主持日常事务。

第五条　常务委员之下，得设总干事一人，承常务委员之命，办理一切事项。

第六条　本会常务委员由委员中互推担任之。

第七条　本会总干事由会聘请热心体育之人士担任之。

第八条　本会委员、常务委员及总干事概为无给职，但遇必要时得雇用员工各一人。

第九条　本会会议每月举行一次，如遇特别事故得召集临时会议。

第十条　本会会址暂附设二马路上海银行第三楼湖北省党部办事处内。

第十一条　本会必需之经费呈由本省最高党政当局分别拨发之。

第十二条　本简章如有未尽事宜，得随时提会修改之。

第十三条　本简章呈经中国国民党湖北省执行委员会及湖北省政府备案后施行。

湖北省体育委员会筹备会议记录

开会地点：湖北省动员委员会会议厅。

开会时间：廿八年八月廿二日下午七时。

出席委员：叶桐　王义周　艾毓英　华文选　任建鹏　杨锦昱　徐文寿

主席：叶桐　　　记录：黎明光

开会如仪：

（甲）报告事项

主席报告：略谓本省过去体育概况及本会成立意义。

（乙）讨论事项

一、兹拟定本会组织简章草案请公决案。

决议：修正通过。

二、请推定本会常务委员人选案。

决议：推艾委员毓英、杨委员锦昱、刘委员昌合为常务委员。

三、请决定本会办公费案。

决议：推叶委员桐拟定概算，提出下次会议讨论。

四、请聘用本会总干事案。

决议：暂由叶委员桐兼充。

散会。

（2）国民党中央社会部复湖北省党部公函（10 月 28 日）

中国国民党中央执行委员会社会部公函　渝字第 7272 号

准贵会函送体育会组织简章及会议记录等件，请查核备案，等

由。经核大致尚合，准予备查，相应复请查照为荷！此致
中国国民党湖北省执行委员会
中华民国二十八年十月二十八日

〔国民党中央社会部档案〕

4. 国民党四川省党部检送该省体育会章程与指导员总报告书等资料致中央社会部备案的公函

（1939年12月29日）

中国国民党四川省执行委员会公函　恭字1337号

案据四川省体育会呈称："本会自二十八年四月二十七日起，由钧会奉派唐次斌及四川省政府奉派刘慎旃等，经七度筹备业已就绪，并已于七月三十日在四川省党部大礼堂承党政最高机关黄书记长仲翔及王主席缵绪等亲临指导，正式成立，通过章程，选举会长、副会长及理监事毕，当经宣誓就职，并自刊木质图记一颗。文曰："四川省体育会图记"，随即启用，除分呈四川省政府外，理合连同名册章程印模，一并呈请钧会核转备案，是否有当，仍祈指令祗遵。谨呈。"等情。据此，查各级体育会早经奉令策动，由下而上以完成其组织，惟为便于推动起见，特先策动组织省体育会，以便由该会负责办理本会一切有关体育事宜。除指令外，相应检附该会职员会员名册、章程、印模及指导员总报告等各一份，送请贵部查核备案，仍盼见复为荷！此致
中央社会部

附四川省体育会职员会员章程名册印模及指导员总报告书各一份

主任委员　黄季陆

中华民国二十八年十二月二十九日

四川省体育会章程

第一章　总则

第一条　本章程根据二十五年十一月二十六日第五届中央常务委员会第二十六次会议通过之各省市县体育会组织条例，并参酌本省情形订定之。

第二条　本会定名为“四川省体育会”（以下简称本会），会址设于省会。

第三条　本会以普及本省体育、增进人民健康、发扬民族精神及研究体育学术为宗旨。

第四条　本会应依照中央民众训练部公布之国民体育训练实施办法之规定，办理左列事项：

一、关于本省体育之研究、设计及改进事项；

二、关于本省增进国民健康知识之指导事项；

三、关于本省体育之调查、统计及编纂事项；

四、举办本省体育会中之研究会、学术讲演会、竞技会；

五、建议本省体育指导行政机关改进体育事项；

六、解答本省体育指导行政机关之咨询事项；

七、办理本省体育指导行政机关之委办事项；

八、办理其他合于本会宗旨之事项。

第五条　体育会之各级行政组织系统如左：

一、省体育会

二、县（或市）体育会

三、区体育分会、乡镇体育支会

第六条　同一区域内每级体育会以一个为限。

第七条　本会之区域依现有之行政区域为准（但区坊体育分会及乡镇体育支会如有特别情形，经指导监督机关之核准者不在此限）。

第八条　下级体育会应接受上级体育会之委办事项。

第九条　本会应接受本省党部之指导及本省行政机关之监督。

第二章　会员

第十条　本会之会员分团体会员及个人会员两种：

一、团体会员——除直属之县或市体育会为当然会员外，凡本省党部登记属于省之各种有关体育组织团体及学校机关，均得请求登记，为团体会员；

二、个人会员——凡未褫夺公权、热心体育事业之国民，均得为个人会员。

第十一条　除当然会员外，均须填具入会表，提请本会理事会核准登记，给予证明书后方得入会为本会会员。

第十二条　凡会员不遵守章程及会议议决案者，经提付本会理事会议，警告在三次以上时，即追回其入会证明书，令其出会，并予除名，除名之会员已缴各费，概不退还。

第三章　组织

第十三条　本会之组织应有会员过半数之同意，订立章程，请当地党政最高机关核准备案，转呈中央社会部备查。

第十四条　本会视需要情形，得在各县市体育会未成立以前，由省党政双方筹备，提前成立。

第四章　职员

第十五条　本会设会长一人，副会长三人，名誉会长若干人，均为名誉职，分别聘请党政军学最高机关主持人担任之，下设理事九人至十五人，监事五人至九人，候补理事五人，候补监事二人，除由当地指导监督机关各派代表一人为当然理事并兼常务理事外，余均由会员大会选出之，并互选常务理事三人，共五人；由全体监事互选常务监事三人，分别处理日常事务，理监事任期均为一年，得连选连任。

第十六条　本会理事会常务理事之下设秘书室，室设秘书一人，书记二人，下分组织、训练、总务三组，组设总干事一人，干事若干人，负行政责任，分别掌理各该组一切事宜，秘书室以下各职员由会聘任之，理监事亦得兼任。

第十七条　理事会之下设设计委员会，设主任委员一人，副主任委员二人，委员若干人，常务委员一人；设计委员会之下酌设田径运动、球类运动、器械运动、民间游戏及国术、游泳、骑射、露营各部，部设干事一人，负研究、指导、设计及改进之责(各部得视当地情形酌予增减)，自设计委员会下各级职员由会聘任之，理监事及委员亦得兼任(附本会组织系统图)。

第十八条　本会除负行政责任之职员、体育指导及雇员得酌给津贴外，余均为义务职。

第十九条　本会各级职员应于就职后十五日内呈报当地指导监督机关备案。

第五章　会议

第二十条　本会会员大会或会员代表大会分定期会议(每半年举行一次)及临时会议(经会员三分之一以上请求)，两种均由本会理事会召集之。

第二十一条　本会全体理事会每月举行一次，常务理事会每周举行一次，均由常务理事会召集之，常务监事均得列席；监事会每三月开会一次，由常务监事召集之，负检讨工作、审查账目及考核会员思想行动之责，决议案交由理事会执行。以上理监各种会议，于必要时均各得召开临时会议或联席会议。

第二十二条　本会设计委员会每月举行一次，由主任委员召集之，必要时得召开临时会议。

第二十三条　本会秘书室会议、各组组务会议、各部部务会议应事实之需要，得由各该室组部主管负责人员随时召开各该室组部各种会议。

第二十四条　本会各种会议之决议，均以过半数之出席、过半数之同意行之。

第六章　指导

第二十五条　本会各项工作，必要时聘请专家为义务指导。

第七章　经费

第二十六条　本会经费来源如左：

一、补助费（党政军学最高机关及其他方面之补助费）；

二、会员入会费（团体会员二元，个人会员五角）；

三、募捐（必要时经理事会决议向外募集）。

第二十七条　本会收支每半年除报请当地指导监督机关及经常补助经费机关备查外，再公布之。

第八章　附则

第二十八条　本会每半年应将会员名册及会务概况呈报当地指导监督机关备查。

第二十九条　本章程如有未尽事宜，得提由大会修改之。

第三十条　本章程由大会通过后呈请中国国民党四川省执行委员会核准施行，并呈请四川省政府备查。

四川省体育会组织指导员总报告书

一、团体名称：四川省体育会

二、工作时期：二十八年六月六日至七月三十日，其时经过一月又二十五日。

三、工作经过：

甲、发起人代表姓名及其略历：

发起人代表：（一）黄仲翔（省党部书记长），（二）郭有守（省教育厅厅长），（三）骆德荣（省国民军训处处长），（四）陈子猷（省国术馆副馆长）。

乙、筹备员姓名及其略历：

（一）唐次斌（省党部干事），（二）刘慎旃（省教育厅编审），（三）王学清（省军训处股长），（四）宋君复（四川大学体育主任），

四川省体育会组织系统表

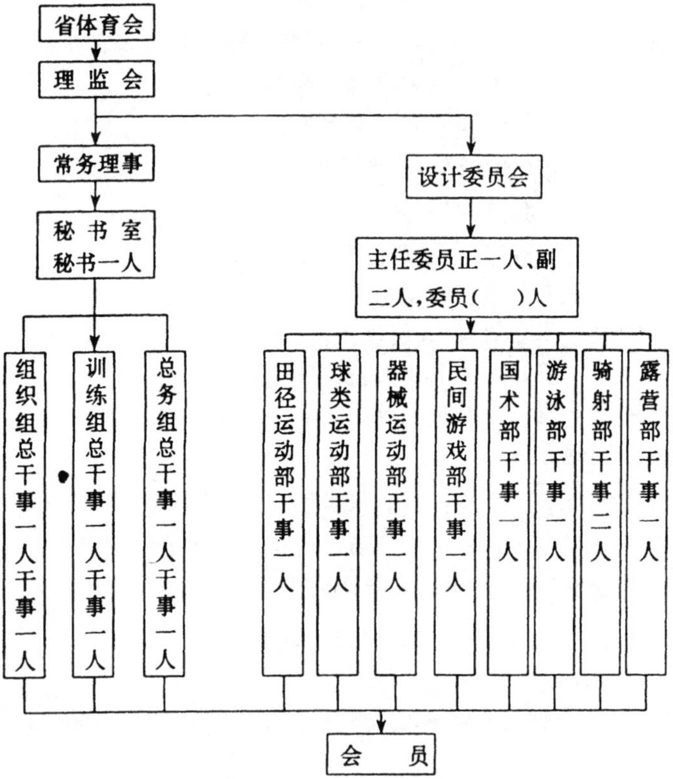

(五)朱重明(华西大学体育系主任)。

丙、指导组织状况

二十八年四月二十七日经该会发起人黄仲翔等呈请许可组织，随由省党部唐次斌前往视察，认为合格，于二十八年元月六日发给许可证书，并派唐次斌为指导员，召集该会发起人代表等开会说明一切，关于人民团体之组织事项，当经发起人推定筹备员组织筹备会，并指导该会筹备会拟定章程草案，二十八年七月三十日由该会筹备会召开成立大会，通过章程，选举职员，并将章程呈请省党部复核，完清备案手续，该会乃正式成立。

四、成立之概况：

甲、该会所在地：设四川成都市少城公园内公共体育场侧。

乙、会员总数：(一)团体会员二十六，(二)个人会员二百二十七名，内男二百一十人，女十七名，党员九十三人。

丙、职员姓名及其略历：

(一) 会长王缵绪（二十九集团军总司令）；副会长黄仲翔（省党部书记长），郭有守（省教育厅厅长），骆德荣（省军训处处长）；

(二) 常务理事：刘慎旃（省教育厅编审），张毓方（省军训处科员），唐次斌（省党部干事），马季廉（成都行营组长），徐镳（航委会体育指导）；理事：苏静波（省童军理事会委员），黄体强（成都市民教馆长、健康部主任兼成都市体育会干事），向自均（四川大学体育教授），杨祖寿（成都中国银行经理），李兴定（成都市党部干事），李汝舟（绥靖公署参军），薛钟泰（省教厅第三科科长），许钟英（成都县女中体育教员）；

(三) 常务监事：任觉五（三青团四川成都支团部主任），王运明（成都市民教馆馆长），马宝（省国术馆董事兼股长）；监事：黄曼达（《党军日报》编辑），王秀山（射德会监事），侯万里（国术馆董事），杨拔尤（省童军理事会委员）。

丁、该会章程（另行附呈）

戊、经济状况

该会经费由省党部、省政府及军训处按月补助，共二百元，薪工津贴占百分之四十，活动事业费及办公费各占百分之三十。

己、工作计划

该会工作计划正在草拟中，除积极促成各县市区乡镇体育会之组织以便普遍发展本省国民体育外，并就近督同市体育会办理各项有关体育运动事宜。

〔国民政府社会部档案〕

5. 教育部公布修正国民体育委员会章程(附委员名单)

(1940年5月27日)

第一条　教育部为促进全国体育发展起见,依修正教育部组织法第五条之规定,设立教育部体育委员会(以下简称本会)。

第二条　本会之任务如左:

一、计划全国体育设施事项;

二、指导全国体育研究事项;

三、规划各级学校体育方案;

四、建议与体育有关之一切兴革事项;

五、审核各种体育机关之计划或报告;

六、议复部长交议事项。

第三条　本会委员二十九人至三十七人,由本部聘任或指派组织之。

第四条　本会委员任期一年,但得连任。

第五条　本会设常务委员一人,处理日常事务,由部长于委员中指定之。

第六条　本会分设设计、编辑二组,每组各设主任一人,由部长就委员中指派之。

本会设干事四人至六人,助理干事二人,书记一人或二人,由部长委任之。

第七条　本会全体委员会议每年举行一次,由教育部召集之,必要时得召集临时会议,开会时部长为主席。

第八条　本会得应需要设置各种专门委员会。

第九条　本会于开会时,得指定公立及已立案之私立专科以上学校体育主任列席会议。

第十条　本会得召集各省市教育厅局主管体育之督学或体育指导员参加会议。

第十一条　本会委员除专任者外，均为无给职。但居住外埠者，开会时得由本部酌送川旅费。

第十二条　本会处理事务，依教育部各委员办事通则办理之。

第十三条　本会决议事项送请部长核准，分别交由主管人员或机关办理之。

第十四条　本章程自公布日施行。

教育部体育委员会委员名单

姓　名	年龄	籍贯	现　　职
汪元臣	四十	江苏江都	教育部医学教育委员会常务委员兼秘书
吴　澂	四五	江苏江阴	国立中央大学体育教授兼主任
吴俊升	四〇	江　苏	教育部高等教育司司长
吴兆棠	三六	安徽休宁	中国童子军总会主任秘书，中央训练团童子训练班副主任
吴蕴瑞	四八	江苏江阴	中央大学体育科教授
吴邦伟	四一	江苏无锡	教育部体育委员会委员兼编辑主任
周　尚	四〇	江苏昆山	教育部专员、中央大学兼任教授
金兆钧	四二	浙江诸暨	国立师范学院体育童军科主任
金宝善	四九	浙江绍兴	卫生署署长
郝更生	四一	江苏淮安	教育部简任督学兼教育部体育委员会常务委员
袁敦礼	四六	河北徐水	西北师范学院体育系主任教授，训导主任
袁宗泽	四二	江苏无锡	中央大学教授兼童子军专修科主任
□忠国	三五	湖　南	军委政治部设计委员
马约翰	五四	福建厦门	西南联合大学体育部主任
陈　鲲	四〇	江苏崇明	中央政治学校体育组长
陈石珍	四八	江苏江阴	教育部参事
陈柏青	四一		社会部科长
陈礼江	四四	江西九江	教育部社会教育司司长

续上表

姓　名	年龄	籍贯	现　　职
陈泮嶺	四六	河南西平	中央委员
许民辉	五一	广东开平	教育部体育行政人员讲习班教导组组长
张之江	五九	河北盐山	陆军上将参议、陆大学员
张忠仁	四二	广东中山	教育部体育委员会委员，中国童子军总会常务理事
张廷休	四二	贵州安顺	教育部简任秘书
章　益	三九	安徽滁县	教育部总务司司长
章辑五	五〇	河北天津	教育部体育委员会委员兼设计组长
崔亚□	三三	湖北汉口	
程登科	三九	四川巴县	重庆大学体育科主任兼教授
董守义	四六	河北□县	师范学院教授

〔国民政府教育部档案〕

6. 中华体育学会报告会务活动概况呈

（1938 年 12 月—1939 年 1 月）

（1）中华体育学会致社会部呈（12 月 5 日）

呈为呈报事：窃本会前奉钧部九月二十八日通告渝字第五三八电内开："本部前为明瞭全国文化团体现况起见，依据中央颁布文化团体组织大纲施行细则第十二条：'文化团体须于每半年将会务状况呈报当地高级党部及主管官署一次'之规定，曾于汉口《大公报》及重庆《时事新报》刊登通告，希各团体负责人切实遵行，并规定办法五项，限于九月十五日以前办理完竣在案。现限期已过，其已遵办者固多，而未履行报告手续者亦复不少，姑念抗战期间交通梗阻，用特再行通知，仰各文化团体迅将会务状况详细具报，以凭核办"等因。奉此，遵将本会会务状况列表呈报，仰祈鉴核，实为

公便。谨呈

中国国民党中央执行委员会社会部

中华体育学会主席理事郝更生

附会务状况表一份

中华民国二十七年十二月五日

中华体育学会会务状况表

(一) 名称:中华体育学会。

(二) 地址:重庆中央大学。

(三) 立案日期:廿五年四月廿五日。

(四) 过去沿革:本会于廿四年筹备,廿五年四月廿日经中央核准备案,五月十六日在中央大学开成立会。廿五年度之中心工作为:1. 研究各项运动测验及给分标准;2. 确定体育主张;3. 审印体育名词。廿六年八月正在征求会员,筹备第一届年会,以事变突起,本会工作遂行停顿。

(五) 现在负责人姓名:

1. 常务理事:郝更生(主席) 袁敦礼 程登科

2. 理事:吴蕴瑞 吴邦伟 吴仲欧 沈嗣良 高梓 袁宗泽 张之江 张东屏 张伯苓

3. 主任干事 袁宗泽(总务) 吴蕴瑞(编译) 袁敦礼(研究)

(六) 现在工作状况:

1. 征求教育家体育家军事家对于今后体育之主张及意见;

2. 编辑《体育通讯》,发行《体育》两月刋;

3. 拟订体育测验标准;

4. 审订体育名词;

5. 研究女子运动项目;

6. 研究体育记分问题;

7. 研究体育师资训练及进修问题。

（七）现有会员情形：会员散居各方，现已确定办法与沦陷区域会员通讯。

（八）困难情形：

1. 会员星散；

2. 经费不敷。

（九）以后工作计划：

1. 原拟编辑《体育》二月刊，因经费关系，决就《建国教育》月刊中特辟一栏，专供会员发表研究论文及著述。

2. 完成各级学校学生体育成绩测验标准，呈请教育部采用或作参考。

3. 继续审定体育专门名词。

4. 研究体育专业训练科目内容及分量。

5. 研究适合我国国情之体育活动项目系统。

（2）中央社会部致中华体育学会的指令（12 月 17 日）

中国国民党中央执行委员会社会部指令　渝字第 1534 号

令中华体育学会

呈一件：为呈报会务状况，仰祈鉴核备查由。

呈件均悉。经核尚无不合，仍希继续努力，以赴事功。至因战事关系散处各地之会员，尤须保持密切联系，并策动其参加各种抗敌工作。

嗣后希该会工作情形随时呈报本部备查，遇有集会，亦须先期呈报，以便派员参加。仰即知照。此令。

中华民国二十七年十二月十七日

（3）中华体育学会第一次座谈会记录

中华体育学会于一月八日下午二时假沙坪坝青年馆礼堂举行第一次体育座谈会，到会者有：教育部国民体育委员会、教育部体育行政人员训练班、教育部体育师资训练所、中华体育协进会、中央大学、中央政校、交通大学、重庆大学、中央工校等九单位代表同志，共一百零二人。

座谈会由郝常务理事更生主席。题目为“普及民众体育之切实办法”，经由吴常务理事蕴瑞报告此次座谈会筹备经过及题目之概要后，江良规、吴仲阙、程登科、王复旦诸先生先后发表意见，讨论遂次热烈进行。当时尤以冯公智、龚家鹿、吴邦伟诸先生对本题更有切实经验之引证，对本题讨论更多贡献，在关于体协会如何协助民众普及体育一点，中华体育协进会代表梁钟俊先生大发宏论，颇使听众满意，定一确切之结论。四时半始告散会云。

本题讨论各点分志如左：

壹　问题概要

一、治本：普及学校体育。

二、治标：普及现在农工商及公务员各界之体育。

贰　各点结论

一、治本：普及学校体育

（甲）人才问题

1. 量的解决：

A 尽量充实体育师资专校；

B 分东南西北中五区设立体育大学或体育师范学院；

C 在普通师范学校应普遍予以体育训练，以为小学体育师资；

D 在军警，体育亦应设立干部师资训练班。

2. 质的解决：

应由教育部聘请中外体育专家到训练机关轮流指导，以充实体育学识，并在同一目标思想下发展全国体育。

（乙）经济问题

应有充分之经费，在学校经费预算中，亦应确定相当之体育经费。

（丙）设备问题

建筑及设备均应充量添置，最低限度应适合教育部颁布之最低标准。

运动场、体育馆、游泳池等建筑均应列入学校建筑计划中。

二、治标　普及现在农工商及公务员各界体育

（甲）普及农人体育

1. 利用农民良好之集会，如庙会等，以为推动体育之机会。

2. 利用中心学校为推动体育中心。

3. 利用在壮丁训练时间中，教以体育活动。

（乙）普遍工人体育

1. 由政府命令工厂按工人人数比例设立运动场地及设备，并确定体育经费。

2. 由政府命令工厂组织中，应设立体育指导组，并设置体育指导人员。

3. 由政府命令工厂，规定每日工人运动时间。

（丙）普遍商人体育

1. 以渐进传教劝导方式，向商店主人经理雇员晓以体育之重要。

2. 在市区中建立体育场。

3. 以地域、职业分别组织体育会，并拉拢商店主人经理为体育会负责人。

（丁）普及公务员体育

1. 由政府命令各机关组织中应设立体育指导处。

2. 由政府命令各机关应按公务员人数比例建设运动场及用品，并确定经费。

3. 由政府命令各机关，规定每日运动时间。

叁　中华体育协进会如何推动民众体育：

1. 建立各城市乡村体育协进分会，深入民间，组织民众体育会。

2. 利用宣传，介绍体育，使人民对体育有所认识。

3. 举行各种比赛,并指导及协助人民体育之推动。

〔国民政府社会部档案〕

7. 中华全国体育协进会报送三十年度工作计划致行政院备案呈

(1941年6月)

中华全国体育协进会呈　渝字第壹号

查本会自成立以来,已有三十年之历史。我国历届全国运动会以及选派代表参加远东及世界运动大会,均由本会主办,并对于社会体育事业积极倡导策进。惟自抗战以还,本会会所留于沪滨,因处境与经费关系,所有会务甚难推进。近鉴于抗战实力之补充,建国重责之担负,无一不以健强之国民为基础。爰于本年二月二十一日在渝召开董事会,商讨推进国民体育办法,当经决议各项事业计划。除有关国际方面者仍由本会名誉总干事沈嗣良留沪主持外,其关于国内体育事业,推本会董事董守义为副总干事负责推动。窃以国民体育之推动,端赖人才、经济与设备,而经济一项尤为重要,本会殊感筹措无从。兹谨拟具本会三十年度工作计划、经费概算及经常费概算,共计年需国币四万一千八百六十元,拟恳请核准支给,以利进行。所请是否有当?理合备文将本会各项经费概算书连同本会章程及董事名单,呈请鉴核示遵。谨呈

行政院院长蒋
　　　副院长孔

附呈本会三十年度工作计划一份

中华全国体育协进会主席董事张伯苓

中华民国三十年六月　日

中华全国体育协进会三十年度工作计划

本会自成立以来,已有三十余年之历史,主办全国运动会,选

派代表参加远东及世界运动会，出版《体育》季刊，审订发行各项运动规则，事绩显著，无用详述。惟自抗战军兴，本会会所遗留沪滨，所有会务及一切事业计划，均因处境与人力财力之困难未能依照预定计划进行。兹者体育在此抗战建国期中已成为急迫之需要，势不容缓，经本会董事会议决在渝设立会所，积极负责筹划策进，期以在此大时代中对于抗战建国有所贡献。爰就目前我国现状，择其要者列为三十年度工作范围，拟定计划如后：

一、督导筹设各地分会——本会为使国民体育普遍发展起见，拟在国内各重要城市，如重庆、成都、昆明、贵阳、西安、兰州等处各设分会，以便负责推动。惟以各地体育专门人才均感缺乏，势须由本会派员分赴各处协助组织，督导进行。

二、翻译并审订发行各项最新运动规则——世界有奥林匹克协会之组织，其下设有各项运动规则审订委员会，举凡国际间各项运动比赛，悉以该会审订之规则为准绳，本会为该会会员之一，对于各项运动规则自负翻译审订与发行之责。查我国历届全国运动会及各省市区域学校运动会，亦皆采用本会审订之规则。本会在沪审订发行之规则，运递不易，致国内各项运动比赛采用规则甚感困难，本会为供给此项需要起见，拟先译订后列各种最新规则，并组织运动规则审查委员会，审查发行。

一　最新男子篮球规则；

二　最新女子篮球规则；

三　最新田径赛及全能运动规则；

四　最新业余运动规则；

五　最新排球规则；

六　最新足球规则；

七　最新棒球规则；

八　最新垒球规则；

九　最新网球规则；

十　最新国术规则；

十一　最新游泳规则；

十二　最新德国手球规则；

十三　最新手球规则；

十四　最新曲棍球规则；

十五　最新圈网球规则；

十六　最新乒乓球规则；

十七　最新鸡毛球规则；

十八　最新举重规则。

三、举行国民体育宣传——时至今日，体育在抗战建国期中已成为急迫之需要，本会为宣扬其重要性，引起社会之正确认识，建立心理基础与注意策进起见，拟编订或翻印体育手册、图表、各项宣传品供给国人阅览，假公共场所或广播电台举行国民体育讲演，并拟摄制影片在影院公映，在可能范围内，向沦陷区秘密宣传，唤醒吾国同胞不参加敌伪主持之体育工作与运动比赛。

四、编辑体育季刊——本会已往即有编辑委员会之设，曾发行体育季刊一种，嗣因抗战军兴，该项季刊不得已而中辍。兹为介绍体育新知识与新方法，并供给体育参考研究资料起见，拟重新组织编辑委员会，恢复体育季刊，以饷社会人士而利体育事业，预计本年七月份起征稿，九月份刊行。

五、协助各地举行运动会——查我国体育仍以大都市比较发达，而各级低层社会多以人才设备问题未能普遍实施，本会解决此项问题并引起民众运动兴趣，改善民众休闲生活，普遍发展体育起见，拟派员协助各地方举行运动会。

六、举办体育讲习会——本会为研究、商讨、讲习体育学术，并予体育界同人进修机会，拟按照本会前在南京、青岛各处举行暑期体育讲习会之办法，于本年秋季举办讲习会，邀集各级社会体育干部人员参加讲习。

七、筹办埠际运动会——运动比赛，对于国民精神之改造关系甚巨，本会拟针对我国现状，在本年内先筹办渝蓉埠际球类比赛、渝陕埠际球类比赛、渝蓉埠际田径对抗赛，藉资相互观摩，增进运动技术，促进社会体育，发扬民族精神。

八、组织运动裁判会——各项运动比赛之进行，裁判员之职务最重要，本会为求运动裁判之进步，解决人事上之困难，拟组织运动裁判会，凡经审查或试验合格之裁判员，均得为该裁判会会员，今后国内各项运动比赛均应由裁判会担任裁判，其在执行裁判上所发生之问题，则归由该裁判会处理。

九、审查运动员资格——本会拟组织运动员审查委员会，依据本会审定之业余运动规则，审查各项运动比赛之运动员，以维持业余运动之意义，增进体育精神。

十、审查田径、游泳及其他比赛记录——比赛记录之审查宣布，足以鼓励运动技术之竞进，本会拟组织田径、游泳及其他比赛记录审查委员会主持进行。

〔行政院档案〕

8. 中华全国体育协进会常务董事张伯苓为申请补助费致孔祥熙函

(1943—1944 年)

(1) 张伯苓致孔祥熙函(2 月 17 日)

庸之院长吾兄勋鉴：查中华全国体育协进会乃奥林匹克大会会员之一，为吾国国内唯一民众体育团体。成立以来，垂二十年，历由儒堂兄及弟主持会务，我国历届运动会之举办以及参加远东及世界运动大会代表之选拟，率由本会主持，我国体育事业之发展及在国际上得有相当地位者，本会不无微功。惟自抗战军兴，会所留于沪滨，因处境及经济关系，会务不克继续推进。爰于三十年二月在渝召开董事会议，当经决定在渝恢复工作，诚以国民体育之推进关系呼民族强弱綦巨。值此抗建期间，尤为增强国力之要图。本会本诸斯旨，继续努力。客岁曾蒙行政院补助经费二十万元，会务赖以开展；本年度以发展业务及受物价波动之影响，编具经费概算计七十五万六千三百二十元，呈请行政院予以补助，当经院令发交财政、教育、社会三部会核。嗣由三部签拟核减为四十六万元，除社、教两部各负担五万元外，余数三十六万元由国库开支，呈复在案。现社、教两部虽奉院令酌予补助，但该两部均以预算有限，除原承认之五万元外，未能追加，致所余三十六万元补助费尚无着落。阁下综理万端，政务纷繁，本不应再以琐事渎神，惟以本会经费来源有限，业务又复繁重，故除社教两部之补助费外，至少再需三十余万元始克勉强维持会务，素审吾兄关怀民族健康，热心体育事业，用敢函恳设法尽量筹拨补助费，以维会务而利国民体育之推行，无任企祷之至。专此。奉恳敬颂
政祺

弟张伯苓拜启
二月十七日

(2) 张伯苓致孔祥熙函(7月25日)

庸之院长吾兄勋鉴：前为中华全国体育协进会三十二年度经费事，曾经修函阁下，当蒙慨予协助，赐拨一次补助费贰拾万元，不胜铭感。惟以迩来本会工作日趋开展，仅年余之倡导，分会已遍全国，举凡国内各地之大小体育活动，类由本会领导主持，姑以重庆一隅而论，只此半年中之体育表演等活动已逾百数十次，观众近百万人，其经过情形想早为我兄洞察，不拟繁渎。刻因工作之逐渐扩大，加之物价波动甚烈，致本会经费困窘万状，弟虽具爱护本会之至诚，无奈力之不及，久仰兄乃党国元勋，社会领导，尤于体育之推进素多匡助，想对本会目前之遭遇，定必同情，故敢再渎清神，祈能惠予为力，设法速加本会三十二年度补助费三十五万元，用维会务

之进展，实深感盼。

又，政府三十三年度概算编造伊始，本会为求工作之顺利进展，俾谋满足社会需要，特为拟具三十三年度工作计划大纲及经费概算各一份，随函奉上，务希惠予设法，此不仅本会同仁及全国体育界幸甚，实亦我中华民族之福也。内中详情，想于本会总干事董守义先生趋谒时当可面罄，恕不赘陈，惟盼一本爱护本会工作及扶助体育事业之热忱，鼎力惠助，则感戴无涯矣。肃此奉陈。敬颂

勋绥

弟张伯苓拜启

七月二十五日

〔行政院档案〕

9. 中华全国体育协进会民国三十二年十月至三十三年十二月工作报告（节录）

（1945年10月）

壹、概述

一、前言〔略〕

二、本会之产生

体育在东方发端本即甚晚，且均为欧美人士所首倡，如勃郎之在日，殷格伦之在菲，并不早于我国。当自清代末叶，海禁大开，西风东渐，外国传教士每以办学校、开医院为布道方法，于是我国教育潮流兴一别支，体育亦随之而发端。其最显著者，乃为基督教青年会在北平、天津、南京、上海……等重要都市提倡民众体育。初时范围甚小，仅行于少数教会学校中，后渐开展，组合校际运动会，更扩大为埠际运动会等，惟无有形之机构，仅恃数人之热心服务而已。迨至民国纪元前二年（宣统二年，公历一九一〇年）十月十八日，第一届全国运动会在南京开幕，主其事者为“全国学校区分队

第一次体育同盟会”，乃伍廷芳、唐绍仪、王正廷、张伯苓诸位先生所领导，至此始有正式之组织，是为本会之雏形，故今本会议定即以是日为成立纪念日。

三、本会战前初期概况

“全国学校区分队第一次体育同盟会”仍系临时性之组合，有事则集合同志，共忙一时，事毕又各奔东西，自行工作。既无固定之会址，又无完整之系统，然体育空气却已弥漫全国，尤以华北当时环绕首都（北京），人才荟萃，情形最为热烈。故继第一届全国运动会后第一届华北运动会旋即开幕于北平。及至民国二年（1913）更将联络范围扩大，与菲倭共谋成立远东运动机构，并参加第一届远东运动会于菲律滨之马尼拉。直至民国八年（1917 年）华北、华中、华南、华东、华西五区体育联合会成立以后，组织始渐强固，然迄为人民之自由组合（以上因战后文献不足，未能作更详确之记述）。

四、本会战前后期概况

民国十三年五月二十二日第三届全国运动会在武昌举行时，经五区体育联合代表倡议，正式组织一能以代表整个国家民众体育之机构，乃推定筹备人员主其事。至八月间，“中华教育改进社”召开年会于南京，各地代表多系区联会代表，借此纷集首都之便，乃召开本会第一次全国代表大会，通过简章，定名为“中华全国体育协进会”，推选职员，并向内政部备案，本会于是宣告正式成立，主要负责人为名誉会长张伯苓、王正廷，名誉主任干事沈嗣良，及董事十五人。当时以经费无着，乃暂借上海《申报》馆为临时办公处。十四年五月第七届远东运动会在菲举行，本会理事预选时，则假圣约翰大学为办公地点。十六年第八届远东运动会在上海举行时，虽为本会正名后主办之第一件大事，仍是借地办公。直至民国十七年，得中国青年会协会之助，承美国洛氏基金团慨允无条件租借上海法租界广场一百三十余亩，辟为田径、足球、棒球、篮球、网球等场地，并商购场内美侨棒球会建筑物，始有独立之会所。十九年九月第四届全国运动会在杭州举行，自此次起虽由政府所主办，而本会均极尽协助之力。二十二年与西人足球会合资租得沪西延平路延平地产公司地皮四十亩，建造申园足球场，本会事业日益发展。根据会章之规定，应每两年召开全国代表大会改造一次。惟因受时局影响，未能照办。迨至廿三年十月十日，第五届全国运动会开幕于南京，本会复假此机会，于十四日召开第二次全体代表大会，代表之产生，根据二十年八月三十日常务董事会之决定，按照全国运动会办法，改以省、市、特别区及华侨团体为单位，出席代表共有三十二人，修订会章，改选新董事九人，主要职员仍为会长张伯苓、主席董事王正廷、名誉主任干事沈嗣良三位先生。二十三年六月租借美国洛氏基金团法界运动场期满，乃改租申园足球场办公。二十四年七月租约又满，本会乃与西人足球会组织解散：将申园全部独自租用，改造跑道及篮球场等，虽不及法界场面之大，然以沪地地价之高，已是难能矣。同年十月十八日复乘第六届全国运动会在上海举行之便，本会召开第三届全国代表大会，根据二次修订会章，将会长名义取消，主任干事改为总干事，董事名额增至十五人。当选第三任主要职员仍为张伯苓、王正廷、沈嗣良各位先生。溯自民国十三年以来，会务发展之有今日，实皆端赖张、王会长、董事长、各位董事及沈总干事惨淡经营所致，故历任蝉联，良有宜也。

本会第四次全国代表大会，本定于二十六年双十节第七届全国运动会后举行，并拟定再行加强或成立华北、华南、华中、华东、华西五区体育联合会，以为本会之基柱，并作改造代表产生之单位，不意芦沟桥变起，倭寇深入，京沪相继沦陷，会务因而停顿。

回忆三十年来我国体育之发展，可以划为三期：民国纪元前二年（一九一〇年）第一次全国运动会以前为种因时期，在此期间，学校教育创办不久，体育风气未开，即非冬烘学究，亦视运动为虚掷光阴，荒废学业之事，故除教会学校学生之比赛外，很少他界人士参加。自民元前二年至十三年(1924)本会正名以前为茁芽时期，在此期间，运动空气虽渐弥漫全国，然仍为少数热心人士勇于服务之结果，并无固定之组织。即华北、华中、华南体育联合会等，亦系临时机构，有事则群集共策进行，事后又各自散去，致力于个人之工作，既少政府助力，亦无广大民众参加。自十一年至二十六年(1937)，为咄葩时期，在此期间，本会正式成立，负有专责，在国际方面加入世界奥林匹克业余运动协会为会员，并参加国际足球协会，国际游泳协会，国际草地网球会，国际技巧运动协会等，在国内方面发动成立各地体育联合会，体育协进会及体育会等，工作逐日发展，惟仍因经费不足，组织散漫，未能深入民间，广育人才，以与世界争雄。正待再接再励，忽值芦桥烽火，平沪陷落，会所沦亡，狂飙骤雨，美葩斯折，曷胜惋恨！兹将本会战前重要工作胪列于后：

1. 参加世界运动大会　先后主持参加两次，第一次系于民国二十一年(1932)由总干事沈嗣良先生率领田径赛选手刘长春一人，前往美国洛杉矶参加第十届世界运动会，当时虽仅派代表一人，然于万国大会中看到我国国旗飘扬与代表行列，则自此时起，第二次系于二十五年(1936)由主席董事王正廷先生率领我国田径、游泳、球类、搏击、举重、竞走、自行车等项竞赛代表及国术表演员等共八十人前往德国柏林，参加第十一届世界运动大会，此时与前次相距仅四年，而国人则由时代潮流与列强狂妄之刺激，刻苦奋斗，得有此长足之进展，虽然各项比赛仍告败北，而举世对我国之印象，则为之一变矣。

2. 主办及参加远东运动会　本会主办及参加远东运动会前后共十次(民国四年第二届、十年第五届、十六年第八届均由本会主办在上海举行)。终以二十三年(1934)第十届大会在菲律滨举行时，曾召开远东体育协进会，倭方代表非理，提议修改会章第三条第一案，强要准许伪满洲国参加，当经我出席代表王正廷、沈嗣良、郝更生、马约翰四位先生坚贞反对，致此二十年来维系远东列邦之惟一民众体育组织竟被非倭非法解散。

3. 主办或协办全国运动会　民元前二年第一届在南京举行，民国三年第二届在北平举行，十三年第三届在武昌举行，均系本会所主办，以后格于时局，迄未办理。直至十九年(1930)年北伐完成，国内大定，始在杭州兴办第四届大会，此次改由政府主办，是即政府所称之第一届全国运动大会。嗣后第五届在南京、第六届在上海，均由政府主办，而本会历均尽协助之劳。

4. 举办世界及远东运动会预选　本会为选拔参加远东运动会及世界运动会代表，曾于十四年、十六年、十九年、二十三年、二十四年举行全国预选五次。实际如同另开全国运动会五次。并组有参加十一届世界运动会训练选手方法委员会，与各项选手以集体之指导。

5. 选派赴德体育考察团　本会为明瞭欧西各国体育实施及奖励我国体育界人士上进计，曾于二十五年(1936)趁第十一届世界运动会在柏林举行，我国代表赴会之便，选派从事体育工作之优秀青年三十人赴德考察，以期于归国后策动各省区体育事业之进展与改良。

6. 参加世界网球锦标赛　本会曾先后派代表参加台维斯杯凡三次。并组有台维斯杯选拔代表委员会，专司其事。

7. 发动各地筹组体育协进会等　本会为普及体育活动起见，迭经发动各地体育界或热心体育事业人事，组织各该地区体育协进会等，截至抗战时为止，先后成立者计有华北体育联合会、华中体育联合会、香港华人体育协进会、青岛体育协进会、北平体育协进会、天津体育协进会、荆沙体育协进会、陇南体育协进会、芜湖体育协进会、武汉体育协进会、万县体育协进会、汕头体育协进会、太仓体育协进会、亚□健华体育会、浙江温州体育协进会、凤阳体育协进会、自贡体育协进会、宿县体育协进会、大同体育协进会等，凡十九处。

8. 协助各地区举办分区运动会　本会前后协助各地举办之

分区运动会计有：

（一）华北运动会十八次；

（二）华中运动会五次；

（三）华南运动会三次；

（四）上海、南京、北平、汉口、天津、广州、重庆等市运动会凡十四次；

（五）河北、江苏、山西、山东、辽宁、广东、湖北、湖南、福建省运动会凡十一次。

9. 主办暑期讲习会或夏令训练营　前后凡三次，并组有夏令训练营计划委员会、专司其责。

10. 发行《体育》季刊　本会自二十四年起刊行《体育》季刊杂志一种，后来成为我国体育刊物之权威，全国体育学术研究与消息联络之中心。

11. 审定及发行各项运动规则　本会组有运动规则审定委员会，先后审定业余运动及各项运动规则十四种。

12. 编印各种图书　先后编印发行《裁判员手册》、《各国著名田径赛选手摄影姿势图》、《中国代表团参加第十一届世界运动会报》等小型刊物多种。

13. 举办分区球类竞赛　按华北、华中、华南、华东、华西五区，分别举办各该区的足球、篮球比赛多次。

14. 举办上海国际运动会　先后主办上海万国运动会，及万国足球、篮球等比赛凡十次。

15. 审订全国最新记录　本会组有全国运动最高记录审查委员会，审订每年全国最高田径及游泳记录。

五、本会迁渝工作之前后

自民国二十六年(1937)“七七”事变后，烽火相继瞬至沪京，时以本会总干事沈嗣良先生负责主持上海圣约翰大学校务，未及内迁，本会会务因亦停滞沪滨。至三十年(1941)后方各董事，以体育事业关系抗战建国之前途至重，会务不可久辍，乃经主席董事张伯苓先生于二月一日召开董事会议于重庆沙坪坝南开中学，当经议决聘请董守义董事兼任副总干事，负责草拟计划，恢复工作，并于五月六日呈奉社会部令准予备案，随发图记一颗，复请定夫子池新运模范区一三五号为会所，开始办公。又于三十一年(1942)五月七日召开董事会议，议决将常务董事褚民谊因附逆开除会籍，增聘戴院长传贤、陈部长立夫、谷部长正纲、张部长治中为名誉董事。又将副总干事名义取消，改以代总干事名义执行会务。至同年五月，奉社会部令依照非常时期人民团体组织法改组，乃于十月一日召开临时董事会议，依法将董事会取消，原任董事改称为理事，名誉董事改称监事及名誉理事，分别组织理事会与监事会，公推张伯苓先生为理事长，商震先生为常务监事，附设六种委员会，总干事下分设一室三组，蒙社会部划为特种人民团体，准予组织各省市县分支会等。又于十一月间借得两路口大田湾三十一号市立初级中学空地一方，辟建会舍，于三十二年(1943)一月竣工迁入办公，至此会务日益扩展。同年十月一日理监事联席会议议决，又将代总干事名义取消，改为董守义理事兼任总干事，以迄今日，近数年来工作方针：一在配合目前抗战之需要，二在准备战后建国之设施，故本会中心业务如下：

1. 组织并健全各省市县分支会，使成坚强系统，借使体育普及全国，深入民间，战时充实兵源，战后改良人民生活。

2. 大量训练储备民众体育人才，以供战时战后之需要。

3. 译著发行介绍体育图书刊物，供应教材教法，提高及普及国人对于体育之认识与活动之兴趣。

4. 联络国际间体育活动，以敦睦盟友交谊。

5. 指导各地筹辟运动场所，使广大民众有运动地方。

6. 组织体育巡回访问团，分赴各地表演示范宣传，以提高各地运动兴趣。

7. 完成各级裁判会,执行各地裁判工作,训练裁判人才。

8. 审订各项运动规则,以备各种竞赛之用。

9. 整理风土活动,研究体育学理,试验发明新颖进步之运动方法与用品,以扩大运动范围。

10. 举办分区或埠际运动会,以观摩技术,互励精进,并以选拔人才备于战后参加世界运动大会。

以上诸端,格于人力财力及环境,目下成绩容或尚未完成其万一,然而有一份力尽一份心,有一份财,致一份用,无时不在向此目标迈进中。

贰、总务组工作〔略〕

叁、推行组工作〔一至三略〕

六、举办国际体育竞赛

本会向即负责推动国际体育,主持国人对外之体育竞赛事宜,如历届远东运动会及第十、十一届世界运动会,均由本会主持参加,惟自抗战军兴以来,此种活动,几全停止。近我国与盟军并肩作战、盟友来渝者日众,而盟国人士素有运动之习惯,爱好体育之精神早为世人所共闻。本会特举办国际体育竞赛,以联络友谊,增进邦交,鼓舞奋发之精神,达成同盟国早日之胜利。兹将办理经过,略志于后:

(1) 中英足球赛　英国军事代表团足球队在渝成立以来,经严医生(Major Elis)之努力指导,勤加训练,近来队员技术大有进步,本年与沪星、东方、市警、闽健等队数度交锋,叠有精彩表演。每场观众不下千人,对于洋人的奋斗竞争精神,颇为佳许。

(2) 中美排球赛　本会渝市分会举办之三十三年度渝市排球锦标赛,美国陆军及通讯两队被约参加男子普通组比赛,两日以还,中外队员极为欢洽,观众尤为欣赏。

(3) 中美垒球赛　在渝盟友,以美国为最多、而美国人士素称棒球为国球,人人所熟练之运动。本年度全市垒球锦标赛,美国陆军及通讯处均报名参加男子普通组，与新健、熊猫、骆驼、西记者、重庆新闻等队比赛，结果美陆军队击败群英、获得锦标。

(4) 中美篮球赛　篮球游戏，创始于美国，历届世界运动会篮球冠军，为美国队所独霸，陪都市民久在渴望中之中美篮球赛，乃于七月十六日下午三时，假川东师范体协分会球场举行，美队驻印缅军队员虽因战事未到，而赶来于烈日炎炎之下，已于十二时起，即集于球场中央，总计观众不下三万人，热烈空前，几使比赛无法进行，结果中华队以八十四分比三十八分获胜，下午六时本会特在国民外交协会欢宴中美队员，举杯高歌，中美友谊交流，万分欢洽。

(5) 举办国际游泳对抗大会　本会重庆市分会国际体育竞赛委员会，自去年八月二十六日成立以来，在主任委员赵敏恒先生及各位委员领导之下，展开盟友体育服务工作，并于九月十日上午假青年会游泳池，举行国际游泳对抗大会，参加者美国十一人，苏联二人(因病未出场)，八个比赛项目，于细雨濛濛中进行，中外观众数百人，冒雨助兴，情绪极为热烈，至中午十二时于中乐悠扬中闭幕。

(6) 中美网球赛　重庆市网球会经范绍增、凌道扬二位先生的筹办，于本年八月十三日开幕后，积极倡导网球运动，并时常举行中外网球友谊赛。

肆、编审宣传组工作〔略〕

伍、运动裁判会〔略〕

陆、其他〔略〕

附录：本会理监事及主要职员一览

世界奥林匹克协会我国代表委员：王正廷、孔祥熙

名誉理事：戴传贤　陈立夫　谷正纲

理事长：张伯苓

常务理事：张伯苓　吴蕴瑞　郝更生　王正廷　董守义

理事：张伯苓　王正廷　郝更生　吴蕴瑞　马约翰　沈嗣良　袁敦礼　高　梓　朱家骅　吴铁城　董守义　宋君复　尚树

梅　王卓然　章辑五

常务监事:商　震

监事:商　震　张治中　沈鸿烈　金曾澄　陈　时

总干事:董守义

秘　书:李武身

主任干事:史麟生　马振銮　梁钟□

干事:李国堂(兼任重庆市分会副总干事)陈海涛

修正业余运动规则委员会委员:张伯苓(召集人)　郝更生　吴邦伟　董守义

全国运动最高纪录审查委员会委员:马约翰(召集人)　吴邦伟　宋如海　董守义　许民辉

运动员资格审查委员会委员:程登科(召集人)　吴澂　金兆均　萧国忠　徐英超

运动规则审订委员会委员:袁敦礼(召集人)　吴邦伟　高梓　江良规　黄中孚　宋君复

运动裁判会委员:马约翰(召集人)　舒鸿　凌道扬　赵敏恒　关颂声　董守义　江良规

编辑委员:吴蕴瑞

干事部人事简表(1943年9月—1944年)

姓名	职别	到职日期	离职日期	事由
董守义	代总干事		三十二年十月一日	理监事联席会议决议,将“代”字取消,改为总干事
	总干事	三十二年十月一日		
魏振武	推行组主任干事		三十二年十月三十日	改为总干事,出国考察

续上表

姓　名	职　　别	到职日期	离职日期	事　　由
史麟生	干事（总务组主任）	三十三年七　月		
张绍廉	事务员兼书　记		三十二年九月一日	
李国堂	干事（重庆分会副主任干　事）	三十二年三　月		
李武身	秘书（总务组主任）	三十三年七月一日	三十三年七月一日	
杨官民	事务员（兼书记）	三十二年十月一日	三十二年十二月	
王维贤	助理干事	三十三年二月一日	三十三年七月三十一日	
陈海涛	干　　事	三十三年七月一日		
陈人道	助理干事	三十三年八月一日		
王廷春	助理干事	三十三年九　月	三十三年十二月三十一日	
赵国庆	干　　事	三十三年十月二十七日	三十三年十二月三十一日	

〔行政院档案〕

〔七〕战 时 宗 教

（一）国民党的宗教政策

1. 行政院交办国民参政会第二次大会建议注意佛教文化案致教育部笺函

（1939年4月19日）

行政院笺函　吕字第三八一八号

国民政府令发国民参政会第二次大会建议请注意佛教文化一案，已由本院具文呈复，并奉院长谕："分别饬知各主管部会遵办。"等因。除分函外，相应钞同原件，函达查照。此致

教育部

附钞送本院呈国民政府文一件

行政院秘书长　魏道明

中华民国二十八年四月十九日

抄 原 呈

案奉钧府本年一月十二日渝密字第五号令发国民参政会第二次大会建议请注意佛教文化一案，饬即遵照国防最高会议决议，分别转饬办理。等因。奉此，谨按三民主义，首重团结民族，而宏扬佛教，尤与推进边事息息相关，年来舆论所注视，政府所设施，旨趣相同。关于本案办理情形，约举大端，胪陈如次：

（一）保护寺庙，政府向极注重，除间有为公益事项征取寺庙同意借用部分房屋外，绝对禁止任何机关团体侵入占用。兹经饬由内政部通咨各省市政府申明禁令，切实保护。至国内各地寺院僧众

均须守持净戒，事属当然，并经饬由该部督饬中国佛教会各省市分会严密遵守。

（二）组织佛教学院及学校一节，已在西康省内开始筹设五门佛学院，所有五台山蒙藏学校，亦经改为蒙藏教理院，并饬由教育部会同蒙藏委员会聘任章嘉呼图克图为院长。此外，教育部并拟在各大学哲学系中设置佛学专门科目，以资阐扬而便研讨。

（三）查人民依法有纳税及服兵役工役之义务，为中华民国训政时期约法所明定，设因种族宗教关系而有所例外，深恐减削全面抗战力量。兹为体恤边疆民族起见，经由本院核定，蒙藏僧众应准缓设，汉族僧人仍须照服国民兵役，以免壮丁藉图逃避，影响役政。至纳税义务与服兵役义务性质不同，凡属中华民国人民应一体遵照国家法令办理，并已令饬军政、财政两部分别转行有关机关遵办。

（四）达赖转世及班禅遗体入藏两事，政府始终审慎，自当一秉既定国策，督饬蒙藏委员会妥为相机处理。

（五）择译汉藏名著一节，查蒙藏委员会按月出版之《抗战小丛刊》，即系以边疆语文，译印领袖及党国名人言论，以及有关抗战之重要文献，分发边疆宣传，现决再加充实，增加编译人员，扩大编译之范围及数量。又教育部对于边事编译工作，并拟就国立编译馆特设专组办理。

至对于边疆人士，无论属于何族，政府向均一视同仁，广为延纳，量才器使。现边疆人士服务中央各机关者，不在少数，此后自当随时注意查考，尽可能范围内，设法安插遴派高僧分赴国外宣传联络一节，已交蒙藏委员会妥慎筹划。组设改进佛教委员会一节，亦正由内政部与中央社会部会商办理中，边疆各地宣传工作，自当格外注意。继续积极进行。

以上各节，除分别饬知各主管部会切实办理，并随时督促进行外，理合呈复鉴核。谨呈国民政府

行政院院长　孔祥熙

〔国民政府教育部档案〕

2. 军委会政治部为防止敌伪利用宗教文化进行侵略与国民党中央社会部往来密函

(1940 年 1—2 月)

(1) 军委会政治部致中央社会部密函(1 月 30 日)

国民政府军事委员会政治部密函　治行巴字第 0136 号

案查本部前奉委座电令,以敌人占领区内加紧宗教文化侵略,饬究求对策等因。遵经拟具对策,并召集中央组织部、青年团中央团部、本会调查统计局等关系机关会商进行在案。当会议时,佥谓粉碎敌人在占领区内加紧宗教文化侵略一案,与中央宣传部、社会部暨教育部均有密切关系,应由政治部分函上述各部,采取有效办法,予以打击等语。除分函外,相应函请贵部查照办理,并将办理情形见复为荷! 此致

中央社会部

中华民国二十九年一月三十日

(2) 中央社会部致军委会政治部密函(2 月 13 日)

中国国民党中央执行委员会社会部密函　机动字第 133 号

案准贵部治行巴字第一三六号密函内开:“自案查……至办理情形见复”等由。准此,查本案关系重大,似须由中央及各主管机关会订整个方案,协力进行,以收宏效。除提战地文教会报讨论外,并将本部关于本案办理情形分述如次:

一、关于宗教部分,分为左列各项办理:

(1) 本部短时间内确定调整中国佛教会办法,健全该会组织,策动领导佛教徒抗敌工作;

(2) 指导中国回教救国协会、中华理教总会,拟具防止敌伪活

动对策，切实执行。

(3) 与基督、天主等教会团体切实联系，策动所属教徒抗敌工作。

二、关于文化部分，分为下列各项办理：

(1) 指导战区各省市党部：A、秘密征集同志参加沦陷区文化教育工作，并妥慎将沦陷区文化教育人员予以联系及组织；B、全国各地由当地最高军政机关发动各文化团体组织战地文化工作团，深入沦陷区内普遍宣传，打击敌伪文化活动。

(2) 本部前据密报，以敌派大学政治科毕业生八十人来华，在"兴亚院"华中联络部领导下分往苏浙皖赣湘鄂等省实施奴化教育，当即密电以上各省党部迅拟对策，严为防范。

(3) 指导中华全国文化界抗敌协会组织作家战地访问团，分赴南北各战场，除慰劳前方将士外，并深入民间作普遍宣传，打击敌伪文化活动。

(4) 指导各省市党部征募图书杂志，供给前方将士暨战区人民文化食粮，藉以灌输民众抗敌救国思想。

(5) 会同中央文化驿站总管理处拟订战地文化食粮供应办法，提交战地各文教会报讨论后，呈请核定施行。

准函前由。除分别办理外，相应函复贵部查照为荷。此致

军事委员会政治部

部　长　谷〇〇

中华民国二十九年二月十三日

〔国民政府社会部档案〕

3. 国民党中央社会部关于整理中国佛教会意见致蒋介石函件及国民政府文官处复函

（1940年6月）

（1）谷正纲致蒋介石函件(6月4日)

主席钧鉴：中国佛教会自抗战军兴，即滞留上海一隅，会务逐渐停顿，以致各地佛教会一切工作，无从推进，故对于该会组织之健全调整，已属必要。惟以兹事体大，该会过去人事复多纠纷，办理自应慎重。素仰我公对于佛教会事务，多蒙关垂，用特检奉本部整理中国佛教会意见送陈察阅，并祈赐诲指示，毋任盼祷。专此。敬颂

崇安！

谷正纲　谨呈

六月四日

附整理中国佛教会意见一份

整理中国佛教会意见（密件）

一、关于中国佛教会过去情形之检讨

1. 佛教组织溯源　中国佛教组织，在前清末年变政兴学呼声高潮之中，即已萌芽，当时僧人为应付环境，维护寺产之需要，创立各地僧教育会，自办僧教育，以维护寺产。嗣又改组成立中华佛教总会。至民国四年，袁世凯政府颁布管理寺庙条例，此项组织遂被取消。中经运动恢复，间有断续，直至民国十七年庙产兴学呼声高起，内政部斯时亦公布管理寺庙条例，于寺庙产权，加强政府之统制，各地僧众一时又复纷起，进行保护庙产运动，因于民国十八年组织成立中国佛教会，各省及地方亦分别设立分会，成立佛教全国系统之组织，延续以至今日。

2. 该会以往纠纷之检查　中国佛教会组织成立以来，其中亟图藉佛教会之组织，以谋改革佛教，整顿僧伽制度者颇不乏人，而

佛教中之保守者则着重于保障寺庙产业，反对改革。然人事关系，亦依附于此种主张相持状态之中，以致纠纷层出不穷。及至二十四年一月该会乘前中央民众运动指导委员会表示关心该会会务之时，修订会章，将省佛教会一级组织撤销，以集中权力，而修改会章所经过之程序，未尽合法，致各地佛教人士啧有烦言，迁延至民国二十五年六月前中央民众训练部提出整理办法三项：一、将中国佛教僧众与居士分开组织，二、将该会组织系统恢复中央、省及地方三级制，三、废止原有代表选举法，以免为少数人所操纵。不料上项办法将见实施，忽受阻挠。当时中央所持办法，虽已内定，然尚未正式公布，及至遭受阻扼，消息不胫而走，川、湘、豫、苏、皖、陕、滇、黔、赣、浙各省佛教徒纷纷起而对中国佛教会负责人加以责难，指责颇烈，其后经中央民众训练部会商内政部，博采众议，从修正其章程着手，以谋根本之整理。惟最后核准该会各项章则备案，时在二十六年十一月六日。旋首都西迁，该会原设总办事处于上海，实际上为该会会务中心所在，南京所设会址，不过虚有其名。自南京失陷以后，该会与中央关系即完全中断。

3. 大虚与圆瑛　中国佛教自晚清以降，与外来文化接触结果，僧人于佛学及修持之外，发生一种改革僧制及寺产管理运动，从中倡导之者为释太虚。彼所主张改革之内容，概括言之，有如次者：(1)要革除的方面：甲、迷信色彩，乙、寺产遗传制度；(2)要改革的方面：甲、改变服务鬼神而为服务人群的职志，乙、改变遁世高隐的态度，一面进修，一面化导民众，利济民众。(3)要建的方面：甲、建立三民主义文化的人生佛教，乙、以大乘人生佛教精神，整理僧寺，建设适应环境的僧伽制，丙、开化旧的信佛民众，吸收新的信佛民众，建立适应现时环境的佛教信众制，丁、昌明大乘的人生佛教。

太虚于三十年前与欧阳渐、梅光义、释仁山、智光等一同参加金陵刻金处(光绪三十四年)祇垣精舍，研究佛学。从事佛教组织活动有三十年历史。最早参加宁波、江苏各僧教育会。嗣于南京临时政府时组织佛教协进会，继又参加中华佛教总会，主编佛教月报，民十四年发起佛教联合会组织、民十七年发起组织中国佛学会，至民国十八年发动组织中国佛教会。自称改进主张，为顽固分子所阻。从民国二十年起，即未参预中国佛教会会务。然太虚实际上并未中止其活动，其所创办武昌佛学院，开僧教育之先河，其后主持闽南佛学院，创办渝北碚汉藏教理院，各名山寺庙仿效创办各种僧学院，多如雨后春笋。毕业于其主办学院之学僧，造诣尚深，成为改革运动之中坚干部者，亦不乏人，并曾数度派遣学僧赴藏缅留学。太虚本人现已两度出国，为国内僧众中获有国际声誉者。

圆瑛法师被目为佛教会中保守派之领袖，其人于江浙一带名区寺庙关系颇深，以富有毅力、治事机灵著称，与国内及南洋侨胞中佛教居士闻人关系极为深洽。佛教居士为数众多，尤以以前达官显贵，一旦脱身政务，恒藉佛为遁世之地，因与名僧缔结深厚姻缘，事无足异，惟以护法之故，参预寺产僧庙人事关系，卷入纠纷，加重主管机关处理之困难。此种情形，经见不鲜，甚至有人指责居士中之不肖者，假佛教会为牟利之具，故前中央民训部有划分僧众与居士组织之决定，针向所在，非出无因也。

二、关于中国佛教会现况之检查

1. 该会中心机构之情况　该会自二十六年十月具呈呈前中央民众训练部最后核定修正各项组织章程之后，不久南京失陷，与中央关系即经中断。该会在上海公共租界设有总办事处，理事长圆瑛及常务理事多人均在沪，故南京失陷后，该会仍得赓续办理江浙一带会务。其后圆瑛出国，秘书长常惺物故，仅常务理事大悲一人来往鄞沪，会务情况沉寂无闻。本部迭请沪市党部、中央调统局代为调查，均未获有结果。去年底，圆瑛在沪被敌绑架赴宁，旋又释放，一时风传，遂有谓圆瑛已接受敌方条件，出而组织伪佛教会，以供敌人利用者，内情如何，虽一时无法加以证实，然蛛丝马迹，似有可寻，为圆瑛表示态度计，自宜早日来渝，始可为事实上之剖白也。

2. 该会后方理监事活动情形　南京失陷之后，上海与内地消息隔断。日本佛教盛行，平日利用佛教关系潜派日僧前往我国各地寺庙活动，事已屡见不鲜，抗战以后敌人此项活动之加紧进行，自属意料中事，如组织日华佛教研究会，东亚佛教会，近更分途策动组织各地原有之佛教会，种种活动，不一而足，中国佛教会理监事原有留居内地者，抗战发起之后，亦有从战区各地迁移内地者。二十七年六月中国佛教会监事圣钦具呈内政部，以中国佛教会在沪处境恶劣，建议将该会及沦陷地分会明令解散，另行指派后方佛教缁素名德加以改组。旋太虚章嘉以理事监事地位具呈设立中国佛教会重庆临时办事处以领导各地会务，此举在太虚与章嘉希藉以表明立场，得以加强与后方各地佛教会之联系。本部处理本案经函请内政部派员会商结果，认为该会临时办事处之设立，确具需要，惟应先行电令上海中国佛教会移渝，以示关怀眷念之意，而免因径予核准重庆临时办事处组织，引起沪方佛教会不满，发生意外。不料自二十八年一月去电之后，迄今杳无消息。大虚等于去年底组织佛教访问团，前往缅甸、暹罗等地访问，彼等要求中央依法将该会整理，设立临时办事处之要求，已属过去矣。

3. 该会现任理监事之调查　该会现任理事三十五人，除死亡者外，多隐居上海及沦陷区域，能设法策动来渝者可望得有八人，监事十五人，能设法策动来渝者可望得有七人。若召集散居各地理监事来渝，交通困阻，极难实现。而能来者为数有限，即来亦仍不能依法确立其理事会组织，是以关于健全该会中心机构问题，似须另定办法。

4. 该会各地分会状况　中国佛教会各地分会组织，在寺庙繁盛、僧人数目众多之县市，大多已经设立，本部成立以来各地党部亦常有转报当地佛教分会改选成立之案件，惟工作大都属于消极的办理寺庙产业事项，于抗战动员乃至改进教务诸项，办理有成绩者殊属寥寥，依照核准之中国佛教会章程规定，全国僧尼均应入会，各地分会更应须受总会之指导管辖，自该会留滞上海，修正章程未及实施，各地分会迄未依法改组。各地分会之组织，依照旧有章程办理者有之，依据修正章程办理者有之，以此对于各地分会组织之指导，极感不便，工作亦无由策进也。

三、指导与运用

宗教关系国民精神文化生活者至大且深，我国原有之宗教，厥惟道教，然其势早衰，现在流行国内宗教，以佛教最为普遍深入，兹将关系宗教之指导运用各项，加以检讨如次：

1. 对于当前佛教问题之认识：

甲、佛教与文化　我国佛教虽亦由国外传入，然流行已历二千年，信众之多，对于国民精神生活影响之大，罕有其匹。尤以晚近各种西洋教会在国内传播极速，其教义之内容如何，姑不具论，然与烈强政治经济之侵略接踵而至，各该教会与其本国关系又复息息相通，顾此种种，自不能不有所怵场。目前格于情势，对外来文化侵略，一时不能在政治上采取积极防止办法，因此不能不于领导国民文化精神方面，多用工夫，以便集中国民意志，建立精神国防。为达到此目的，佛教所居地位，坐是转形重要。

乙、佛教与边疆　我国国内藏族全部为佛教，出家喇嘛与在家信徒，固无论矣，即满蒙康青宁各地佛教亦极盛行。此外缅甸、安南、暹罗、日本都盛行佛教。如须确切深入领导边区各地民众，吸引边民内向，固不能不藉佛教以资联系，即为防止强邻假藉佛教关系以为侵略之工具，势亦唯有加强对于佛教组织之领导，发扬佛教积极救世之精神，期对各佛教国家民族发生领导作用。

丙、佛教组织与战时动员　我国信佛之人，除在家男女居士不计外，出家之僧伽人数若干，尚缺详确统计。据中国佛教会以前调查，全国共有大小寺庙庵院二十六万七千余所，僧尼七十三万八千余人（四川、河南、江西、安徽、湖南五省尚未列入）。证以湖北省政府统计室公布之全省僧尼统计数目，计和尚三万零三百九十二人，尼姑一万二千一百二十八人，统共僧尼四万二千五百二十八人，可见此推测全国（旧本部各省）僧尼数目在八十万至百万人之间。僧尼一切生活不出寺庙范围者占绝对多数，彼等生活恒超然于一般国民政治社会生活范围之外，唯赖有佛教会之组织，以适合其特殊需要，由此佛教会实关系国内八十万以上僧尼之组织问题。至基于战时动员之原则，如何使适龄僧人服兵役，如何动员僧尼担任战时救护救济，均赖藉佛教会组织加以推进也。

2. 中央指导经过情形之检讨

政府方面对佛教所持态度表现于寺庙之监督管理。民国十八年内政部公布管理寺庙条例，对寺庙加强管理，以致全国僧尼聚讼纷纭，终由内政部于同年十二月废止管理寺庙条例，另颁监督寺庙条例，察其经过，不论为管理抑为监督，运用之范围均以“物”为限。操切则反响立至，迁就与放弃无殊，是以对于国民信教自由如不能加以限制，则寺庙之管理监督须配合僧尼之组织加以运用，始克发生相当作用也。

中国佛教会之产生，既完全出于僧尼自发之需求，组织成立以后，党部照例核准该会以及各地分会组织，于其发生纠纷，时加以调处，充其量不过“因势利导”，不得谓为指导方针。至民国二十五年九月，前中央民众训练部鉴于当时各地佛教会纠纷叠起，驯至互相倾轧，攻击谩骂，靡有底止，因拟订整理办法三项，拟根本加以调整。原调整办法：

一、现在中国佛教会改组为“中国佛教寺僧会”，全国僧尼须一律加入为会员，原有在家之会员另组“中国佛教居士会”，以示区别。

二、依照以前佛教会各届组织仍采国（中央）、省、县三级制。

三、该会现行之代表大会选举法，应即废止，下届代表之产生，除该会现任理监事及候补理监事为当然代表外，由本部就全国僧尼中选择具戒已满五年，现任主持监院或对佛学确有深切研究者，指定两倍于当然代表之人数充之，以期普遍平均。

中国佛教会主持人圆瑛基于保持佛教会原有地位，对于中央整理原则暗中仍持异议，曾因段芝老代达其意，而呈准前民训部仍由该会原有理监事之主持于上海召集第八届全国代表大会，中央原定调整办法，遂无形搁置矣。

该会于第八届全国代表大会通过修正该会章则等件，该代表大会以原有理监事为中心代表，并非经由各地按照会员人数依法选举产生，大多出于该会之指定。各地佛教会对于该会所通过之修正章则，系出于理事会操切把持之产物，纷起指责，民训部采集众意与内政部磋商修改，以党政齐一之步骤，严正之态度，几经督促，终令该会接受命令修正各项章则，复于二十六年十一月检具修正中国佛教会章程，修正中国佛教会各分会组织通则，修正中国佛教会会员入会规则，修正中国佛教会选举代表规则呈经党政机关核准备案。各项修正章则不仅于该会组织本身已具规模，即于推进僧人生产事业、改进教务诸般大计，亦已划定轮廓，今后对该会实施整理，期臻健全，自应以各项修正章则为张本也。

3. 今后指导之原则：

甲、对于佛教组织以及佛教教务之指导，完全以国家民族利益为标准。如促进僧尼生产事业也，举办教育以及慈善公益利他事业也，督导参加战时动员工作也，均应加紧进行。尤应注意绝对避免落于佛教各种派别窠臼，以免顾此失彼，致纠纷层出不已。

乙、对于佛教领导人物，党应深切加以领导笼络，僧尼中于政治具有纯正之兴趣而认识又尚正确之份子，应设法吸引入党，藉以增进党在佛教方面之领导力量。

丙、佛教对于政治权力之依赖，可谓具有历史性，以此党部与政府对于佛教之指导监督乃至一切设施，必须意见协调，步骤一致，方可推动工作。

丁、党对于佛教指导方针，不应为个人意见而轻于更改，党内同志对于佛教之意见，属于个人之信仰爱好者，亦不应轻于影响或改变党之政策，必须党内意见集中齐一，一切办法方期得以推行尽利。

四、整理中国佛教会办法要点　基于以下各点理由及关系，舍采用整理办法，即无法建立其组织，亦唯整理，始克健全该会组织也。

（一）在沪之中国佛教会，形同解体，圆瑛被敌拘捕，旋予释放，今后惟期彼不致投附敌伪，整理之时自应妥为延致，如彼不来重庆，势不能任彼公开领导会务。故情况演变至今日，上海佛教会对于本案之重要性，已不复存在。

（二）召集该会散处后方理监事来渝集会，以建立机构，事实上无法办到。

（三）太虚等前请设立中国佛教会重庆临时办事处，此事于法理上之价值如何，姑不究论，太虚等之用意，既在表明立场，事过境迁，原呈请人既已放弃原议，设立办事处之方式自亦无法采用。

（四）该会中枢机构解体，各地分会组织亦待依法实施改组，其情形与人民团体整理办法规定之整理条件，完全吻合。

整理该会办法要点，举例如次：

（1）整理之任务　整理该会之任务，在依照该会各种修正章则，改组并健全各地分会组织，依法召集代表大会，改选理监事，以确立该会中枢及分会机构。并确定整理委员会在整理期间代行理事会职权，积极推行各项会务。

（2）整理期间定为六个月，必要时得延长之。

（3）人选　整理人选之支配应本下列诸原则办理：

A、要形成中心力量；

B、大德高僧应设法罗致；

C、整理委员以出家僧尼为限；

D、于整理办法中规定设立设计委员会，由该会自行聘定在家居士任设计委员，以收配合之效；

E、人选由本部征求各方意见拟定，呈请中央通过派定。

(4) 指导　本部会同内政部各派指导员一人。

(5) 整理办法　由本部会同内政部拟订整理办法，呈请中央通过施行。

(2) 国民政府文官处致谷正纲笺函(6月15日)

国民政府文官处笺函　第三九七号

径启者：贵部长函陈主席检送整理佛教会意见，请赐察阅指示等由一案，已奉阅悉。主席以为中国佛教会成立有年，中更人事既繁，自应酌加调整，贵部长所拟指导整理办法，已甚周详，惟际兹抗战期间，情形自非平素可比，来函谦怀征询，慎重进行，至为企佩。现对于此案，未有其他意见，可由处函复等因。相应函达查照。此致

谷部长

国民政府文官处　启

中华民国二十九年元月十五日

〔国民政府档案〕

4. 国民党五届八次会议主席团关于加强国内各民族及宗教间之团结以达成抗战建国成功目的之施政纲领案

(1941年4月2日)

自我国父创建中华民国以来，全国人民无种族、宗教、阶级之区别，一律平等，为建国之基本原则，载在约法，举国信守。本党第一次全国代表大会，更重申对外谋国家之独立自由，对内则各民族一律平等之要义。现值举国一致，协力同心抗战建国之时，更宜加强国内民族间之团结，宗教间之融洽，以实行三民主义。综合历次大会重要决议，编定关于边疆之施政纲要如左：

甲　关于一般原则者

一、对于边疆各民族一切设施，应培养其自治能力，改善其生活，扶助其文化，以确立其自治之基。

二、对于边疆各民族一切设施，以尽先为当地土著人民谋利益为前提。

三、尊重各民族之宗教信仰及优良社会习惯，协调各民族之情感，以建立国族统一之文化。

乙　关于政治者

一、边疆及接近边省地方政府，应以振兴教育、改善人民生活为主要工作，关于此项经费预算，应予逐渐增加。

二、各边疆地方政府及各级行政机关，应适应环境情形，尽量以任用各民族地方人士为原则，其优秀者应特予以选拔，使其参与中央党政，以收集思广益之效。

丙　关于经济者

一、迅速开辟边疆主要之公路铁路。

二、逐渐增设边疆各地金融机构企业及合作组织，以扶助经济事业之发展。

三、对于边疆人民原有之各种生产事业，政府当尽量予以资本及技术之协助。

丁　关于教育者

一、改进并扩大现有边疆教育机关，以培植边疆人才。

二、于适当地点设置必须之各种专科学校，并设置各级师范学校，以期造就边疆各种人才，以应建设之需要。

三、特设边疆语文编译机关，编印各种民族语文之书籍及学校用书。

四、设置边疆研究机关，敦聘专家搜集资料研究计划边疆建设问题，以贡献政府参考，并以提倡边疆建设之兴趣。

决议：通过。

〔国民党中央执行委员会秘书处档案〕

(二)佛　教

1. 若斯:缙示寺里汉藏教理学院出家学生访问记

(1938年6月6日)

大家都知道重庆附近有个“模范区”的北碚镇,北碚附近却有个缙云山,那里有个革命的和尚集团,他们不但在佛教本身谋改进,而且是高瞻远瞩地注视到我们康藏的政策问题,这是使记者应当去探索一下它们的真相了。

到了缙云寺,已经有一些疲惫,但同时另外有种新的感觉,所谓“何处是蓬莱仙岛,此地即洞府桃源”,正是当时目前的写景。

进入缙云寺后,在汉藏教理院里,有许多光着头的青年,他们并没有跪着或盘脚坐在那里念佛,他们都在教室里,一排排很有秩序地坐着,埋头用了钢笔在写什么,像是刚才下课,在抄黑板上的笔记一般。我们会见了一位教务主任,法名“法舫”的,告诉了这个新兴的和尚集团的一切,现在录下:历史方面,过去这儿叫“世界佛学社”。在民二十一年刘湘特请过太虚法师讲过学,遂改名汉藏教理学院,院长太虚法师,每年省府津贴之百元主持一切,设普通科与专修科各一班,普通科多重汉文,专修科多重藏文,专修科学生可到西康留学,这一点自然与边政有极大关系的。

关于现状,该院的经济来源现在稍有改变,自民国二十六年起,每年由教厅拨给五千元,原有庙产每年可收入一千多元,他们的行政是非常有系统,而且是现代化的管理,院董会之下有院长院护,其下有教务主任、训育主任、事务主任,教务主任之下设藏文佛学教员、汉文佛学教员、国文常识教员,训育主任之下设学监,事务主任下又设文牍、会计、书记、庶务、出纳、招待、采买。另外特设编译处，专门译经，将藏文译成汉文，并编汉藏字典等。

至于学生生活方式与普通学校是一样，尤其是训育方面，特别采用最新式的导师制同清规制，据说管理却比较普通学校容易得多，因为他们既没有普通学校学生那样的调皮，也没有普通庙里和尚那样呆板，他们每天也升降国旗，唱党歌，打篮球等运动，而且还有劳作一科，由教师带了学生筑路，寺外山上有光明马路，就是由学生自己修的。

全院有学生五十四人，教职员二十余人，教师八人，在该院的将来计划中，下期还准备招考新生四十名，另外准备收女生若干名，女生是准备招收有志发扬佛教的尼僧们，目前已经在寺外另一地方修建了校址。

在现今抗战期中，正准备加以救护的训练，体行我佛六度四摄广救众生的意旨，救护伤兵最大计划方针，必需完成以下三种任务：(一)提高国家民族的意识，(二)改善僧伽制度，(三)复兴中国佛教。

最后，由记者询及这一群学生出家的缘因，以何者为最多，据答复由特殊环境而来的占十分之六，因人生观而好佛的比较少，所有学生在此抗战期中，大家都一致的本着提高国家民族地位，改善僧伽制度，复兴中国与复兴佛教为最大目标，他们是绝对不离开未来现实希望的。

〔国防部史政局及战史编纂委员会档案〕

2. 蒙藏委员会与教育部关于喜饶嘉错格西等人赴青海各大寺庙宣传佛教文化增强边民抗战意识的文件

(1939 年 5—6 月)

(1) 教育部与蒙藏委员会致行政院会呈(5 月 15 日)

教　育　部 会呈(密) 渝水11376 号
蒙藏委员会 1068

案查本会前奉军事委员会委员长蒋二十八年一月萧体秘渝代电，附抄喜饶嘉错格西条陈边事意见呈文一件，以原呈第一项请派员赴边地宣慰一节，对于抚慰边民，增加边民抗战意志甚为重要，为确收实效计，可即派该格西前往办理等因。又奉钧院二十八年一月二十六日渝机字第1039号通知单，国民参政会参政员喜饶嘉错等提议，请注意佛教文化，以增进汉藏感情一案，其中第三项略称：日本近年以来，常派佛教僧侣赴印度南洋等地，专事恶意宣传，影响藏人心理者至大。吾人亦应针对此事，将日本专行违背教义之无耻暴行，宣传于边疆各地及各佛教国家等语。兹值抗战已至严重阶段，暴日利用僧侣，藉佛教关系，四出活动，冀图内以煽动我边疆民族之分化，外以削减我国际同情之援助，若不速筹对策，影响抗战前途，至重且大。关于应付敌人在缅甸等各佛教国家活动，已由中央海外部召集关系各机关会议，另案办理，至如何应付敌人在我边疆活动，自同为刻不容缓之举。经本部会会商，熟加筹议，以青海地方，绾毂蒙藏，人民对佛教信仰甚深，为揭露敌人阴谋及残暴，并宣传本党主义，及此次抗战必胜，建国必成之精神，以坚定边民信念，实有派遣素为边民所信仰之佛教大德前往宣导之必要。兹拟会同函请喜饶嘉错格西负此使命，克期前往青海，已征得本人同意。兹拟具办法如下：

一、拟派喜饶嘉错格西前往青海各大寺庙，视察佛教，宣传三民主义及抗战实况，以慰边民。

二、时间由六个月至一年。

三、经费全额一万元，由喜饶格西统筹支配。

四、工作计划由喜饶格西自行拟定，分报部会存查。

以上所拟办法，是否有当，理合具文会呈鉴核。谨呈

行政院院长孔

教育部部长　陈〇〇

蒙藏委员会委员长

中华民国二十八年五月十五日

(2) 行政院致教育部指令(5月27日)

行政院指令　(密)　吕字五五三七号

令教育部

二十八年五月十日会同蒙藏委员会呈拟派遣喜饶嘉错格西前往青海各大寺庙视察宣传办法由。

呈悉。案经提出本院第四一五次会议决议:“通过。惟工作计划,由嘉错格西自行拟定后,应分报部会查核”。除令饬财政部照拨经费一万元。并指令蒙藏委员会补编概算呈候核转外,仰即知照。此令。

院　　长　孔祥熙

中华民国二十八年五月二十七日

(3) 教育部与蒙藏委员会致喜饶嘉错格西函(6月4日)

教育部、蒙藏委员会 公函(密) 渝水字第12795、1190号

案查本部会为抚慰边民,增加抗战意志起见,曾经会呈行政院拟派执事前往青海视察佛教宣传抗战在案。兹奉二十八年五月二十七日吕字第五五三七号指令略开:“呈悉。案经提出本院第四一五次会议,决议‘通过。惟工作计划,由喜饶格西自行拟定后,应分报部会查核。’除令饬财政部照拨经费一万元外,仰即遵照补编概算,呈候核转,此令。”等因。奉此,除由本会代编概算,径行呈核,并函催财政部拨款外,相该抄附原会呈文稿一纸,函请查照,早日首途,并妥拟工作计划分送部会查核为荷!此致

喜饶嘉错格西

部　　长　陈〇〇

主任委员会　吴〇〇

中华民国二十八年六月四日

（4）蒙藏委员会与教育部致行政院会呈（6月11日）

蒙藏委员会
教　育　部会呈

案查本会部前呈钧院请派喜饶嘉错格西前往青海视察佛教宣传抗战一案，曾奉指令核准，发给经费一万元，由格西自行拟订计划，分报部会查核，并补编概算，呈候核转等因。当经会函格西查照去后。兹准格西本年六月十一日函略开："现已行抵成都，日内即将北上，转赴青海宣传"，等语。并附宣传工作计划及经费概算各乙份，除概算书已由本会部参酌原附概算代为补编呈请钧院核转在案外。查该工作计划，经由本会部会同审核，认为尚属可行，理合抄同格西所呈前赴青海视察寺院宣传抗战工作计划概要乙份，备文呈请鉴核备查，实为公便。谨呈

行政院院长　孔

附抄呈工作计划乙份

蒙藏委员会委员长　吴〇〇

教育部部长　陈〇〇

中华民国二十八年六月十一日

前赴青海视察寺院宣传抗战工作计划概要

（甲）前往地点：青海省原有各县所属各藏族及各寺庙环海八族，阿里克九族，上下果密族，黄河南各藏族，南番二十一寨，保安十二族，以上各族所属寺庙及拉卜楞一带。

（乙）行程路线：西宁——塔尔寺——的咱寺——夏琼寺江拉族——十族昂贸属地——佑宁寺——却藏寺——广惠寺——天堂寺——北山后各族——东科尔寺——扎藏寺——阿里克族——阿里克寺——千卜采族——冈咱族——汪什代克族——达乌玉——

都受族——上果密族——下果密族——黄河南鲁仓族——完受族——拉加寺——贵德县属上山各族——下山各族——德庆寺——边都三沟——乃小楞寺——边都寺——隆务寺——保安十二族及所属寺庙——夕场寺——起台沟——朵唯扎仓寺——拉卜楞寺——黑错寺等。

（丙）期限：由西宁经青海各族寺最低限度须时五六月。

（丁）视察宣传方式

1. 到一地后先行讲经，以提起信仰之心，然后利用听众集会机会，从事口头宣传，并以佛教道理比较中日存心善恶行为之良暴，以因果关系证明我抗战必胜。

2. 利用所带油印机，随时编印藏文宣传品多种，并印制合乎边民心理之藏文抗战兴教标语，随时张贴，以收宣传之效。

3. 利用废历六月九日，各寺盛大法会时藏民麇集之机会，从事口头文字各种宣传。

4. 随时利用所带留声机及照片等，吸引牧地民众（因牧人尚少见也）集合一处，从事宣传。

5. 利用所带收音机将所收新闻消息逐日报告，遇必要时并油印简单每日新闻，以资宣传。

6. 于所经各地，将民众疾苦，社会状态，地方情形及各寺院之沿革现状等，详细查访，登诸日记札记，汇报中央。

（戊）宣传要点

1. 说明现时国际情势及国内详情，俾其有正确概念。

2. 说明我国以往光荣伟大之历史及历代各民族间之关系，以种种事实证明国内各民族系同源分支，与国外民族绝不相同，申述本党各族平等之真义，以增强其民族意识而固团结。

3. 比较中日历史文化之优劣，指出此次战争中良善残暴及有心善恶之别，使之倾向中央，鄙夷日本。

4. 以抗战以来，敌我军事、经济、政治、民气、士气之优劣比较说明，并指出我第二期抗战各种设施之进步情形，以证明我之必胜，敌之必败。

5. 说明日本虽标榜以佛教为国教，然其行为直同于修罗魔王，不特不合于佛法，且违反至极，此等行为以佛法业果而言，绝无好报，日人卑鄙无耻，惯用欺骗伎俩，以达其侵略目的，蒙藏同胞应谨防之。

6. 说明中央确实尊崇佛法，并以已往史实及现在事实证明之，俾其勿惑于邪说。

7. 说明现代中国之地理区划，政治组织及三民主义之真义，俾其了解。

8. 说明中央关念边民，爱护边民，边民对于中央亦应一致，竭诚拥护。

9. 说明最高领袖、中央长官、内地军民为国努力之情形，并谓我边疆同胞亦应一致奋起，效忠国家，若仍不关痛痒，甚且甘作奸人，供敌利用，则不但个人身败名裂，为人共弃，遗臭万古，并且为出卖祖宗。

10. 说明日本人口口声声谓辅助建立"满洲国"，其实所谓"满洲国"不过为日本人之牛马，现在傀儡溥仪及东北人民所受痛苦，悔之不及，较朝鲜、台湾尤甚，人若误受其甘言诱惑，供其利用，将来一入其手，将生生世世作其奴隶，受其蹂躏，乃至于万劫不复，应十分谨慎。

11. 其他。

喜饶嘉错拟呈

六·十二

〔国民政府教育部档案〕

3. 国民党中央社会部等单位筹组佛教南亚访问团及该团在国外活动情况的有关文件

（1939年6月—1940年5月）

（1）朱家骅致陈立夫函（1939年6月21日）

立夫吾兄台鉴：接奉十六日惠复备悉。中缅邦交关系甚巨，敌人在彼间活动甚力，近更以收买报纸对我作种种不利宣传，故总裁对此弥见关切。遵拟进行步骤三项，其中以佛教访问团最为重要，务请提前进行，能于最短期内出发尤妙。专复。顺颂

公绥

弟 朱家骅 拜启

六月廿一日

（2）社会部杨琪笺呈（7月5日）

查缅越与我为邻，亦为目前国际交通孔道，自抗战发生以来，对外宣传工作大致注重以欧美为对象，而于西南邻邦各族，不免忽略，致被敌人利用此种弱点，于缅甸、暹罗一带极力进行种种不利于我之活动，情形极为可虑。以前佛教人士倡组佛教访问团，或系限于人力财力，迄无成就。为仰体总裁关切之意，似应由中央极力促成此项组织，俾克发挥国民外交精神，获取缅越各族对我抗战之同情，以破敌人狡计。兹谨拟具中国佛教南亚访问团组织办法大纲草案，是否可用！敬祈

核夺

杨 琪

七月五日

此笺可先与蒙藏会吴委员长一阅 立夫 七·五

（3）社会部吴云峰签呈（7月5日）

事关重要，似应迅予发动组织。惟查原签所拟中国佛教南亚访

问团组织办法大纲草案，考其内容，似为进行组织之办法，而非访问团遵守之组织法规，拟由民众组织另拟一组织规程，连同进行组织办法，呈经部长核定后即着手组织。至于团长及团员人选尤须特别注意，拟由本部事先派员与教育部、内政部、藏蒙委员会等部会商洽。

云峰　谨签

七．五

(4) 社会部杨琪签呈(9月15日)

兹准中央秘书处函请将中国佛教访问团名额减少，并酌定人选前来，拟依据左列各点办理：

一、该团名额　声明太虚等已由中央国际宣传委员会聘定，组织成立，经费亦经核定，其名额应不包括在内，即依中央秘书处原议定为三人。

二、关于人选，请核定：计万默君，已提出为该团团员兼书记，李基鸿(任中央禁烟委员，为太虚皈依弟子，与各方关系尚密切)，经预拟，尚未提出。此外有谭云山，为中印学会主干，现在印度孟买国际大学中国学院主持教务，此人声望能力均佳。关于组织佛教访问团亦系谭氏提出，可否将此人提出，并祈核夺！

杨　琪

九月十五日

即以前拟之三人提出。立夫　九月十七日

(5) 社会部致中央秘书处公函(9月21日)

社会部公函　渝字第6362号

案准贵处渝(28)机字第一三三一〇号公函，为嘱将佛教访问团名额减少，并酌定人选等由。查本部前函确定该团名额为九人，系将中央国际宣传委员会聘定释太虚等所组织之访问团名额包括在内。兹将该项名额除外，即依贵处原有规定，确定其名额为三人。

团员人选有万默君、李基鸿、谭云山三人堪以充任，相应检付名单一份，复请查核为荷！此致

中央秘书处

附名单一份

万默君　现任军事委员会委员长侍从室人事处专员

李基鸿　中央禁烟委员会委员

谭云山　中印学会主干　印度国际大学中国学院主持教务

二十八年九月二十一日

(6) 杨琪致陈立夫签条(10月18日)

本日访问太虚法师，接洽中国佛教访问团组织，太虚法师表示极愿晋谒部长，请约定时间、地点，谨此转陈察核。

职　杨　琪

十月十八日

(7) 国民党中央宣传部致社会部公函(10月28日)

中央宣传部公函　渝美宣字第8392号

前准贵部渝字第六八一五号公函：为将本部筹组中国佛教访问团经过情形函请查核并案办理等由。准此，查该案系由中央国际宣传委员会主办，当经转送该会核议去后，兹准复函略称："经提出本月十七日本会第二十八次会议讨论，当以本会对于该团组织系以绝对避免政治意味之方式而求发生政治之作用为原则，故不宜由非佛教人士参加。"爰经决议："并案办理，原件所附该团组织办法大纲草案其中关于人数及经费两项仍照本会原案办理。关于工作概要一项，并案交该团参酌办理"等语。纪录在案。相应函达，即希查照转复等由过部。准此，相应函达，即希查照为荷。此致

中央社会部

部长　叶楚伧

中华民国二十八年十月二十八日

(8) 访问团致社会部电(1940年1月10日)①

重庆。中央社会部谷部长、王副部长、洪副部长勋鉴:顷奉利字第三二八号代电:本团谨如所示,当更淬励奋发,以期无负中央嘱托。兹者在缅已拜仰光大金塔、吉铁石佛塔、瓦城大金佛、勃固大卧佛、海边佛发塔五大灵迹,访大达那边、摩尼、阿兰陀耶三大高僧,缅京石堦诸僧长、青年僧会长宇释加巴拉等,盛德硕学,名僧往来,晤谈者以千计,出席华缅印联合欢迎会与华侨、缅人、印人、大学、中学分别讲演会各十余次,会晤现任阁揆宇勃、农林部长宇苏、税务部长宇浦吞、新任交通部长宇沙瓦利貌貌、市长宇沓温、缉私长苏拉勃、建设厅长宇七貌、教育部秘书长宇助、上议院议长宇貌枝、前代督貌技爵士、下议院秘书长宇沓顿、大学校长宇珍突、名誉推事宇伦、上议院议员宇顿、并退任阁揆部长沓茂博士等朝野名流数千人,代表中国佛教徒供塔佛及赠礼品三十余起,昨岁十二月三十一日由缅僧俗佛教徒数千人举行盛大之迎接舍利银塔入大金塔典礼,华缅英僧俗参加者近万人,访缅之事遂告完成。今已定九日由仰光转加尔各答,继续访问,如蒙函电,请由印度总领事转交为荷?专此奉复,并颂勋绥。佛教访问团导师太虚、团员慈航、苇舫、惟幻等慈叩。齐。

佛教访问团

(9) 佛教访问团总报告书(5月2日)

一、访问经过之概况

本团除慈航、惟幻等慈——俨然代——团员由香港赴仰光外,导师与团员苇舫,十月廿七日由渝飞昆,在昆明候车多日,加入译员陈定谟、随从王永良共四人,由滇缅公路赴缅边,一路颇为艰险。

十一月底,达缅边腊戍,经南渡锡卜眉描至瓦城,受盛大欢迎,迨到仰光,则十二月十日矣。仰光恰留一月,在缅不惟通都大邑,即

① 此为中央社会部收电时间。

山寺乡庙亦多访问，所至承华印缅人士热烈联合欢迎，消除尽缅人对我国之误会猜忌，促进中缅两民族之融洽，此已见访缅报告，更举特点，则一方使向极轻鄙中国僧徒之缅甸僧俗佛徒，对中国佛教有了相当认识，引起其探访之兴趣，一方面使信佛之缅生华侨——仅知缅语、英语或略知华语——由对祖国佛教发生敬仰，倍增倾向祖国热诚，例如献车运动中之个人独献一车，并领导建德堂献十车之丘贻厥君，即由信仰本团而愈增爱国热心者也。

一月十一日到达印度加尔各答，至二月二十一日始自孟买离印，在印四十日，可分为拜佛、迹访教友、谒领袖、考文化四项，佛陀遗迹在各国佛教徒复兴运动中，本团发起了复兴佛迹国际委员会，尼赫鲁、太戈尔与印度大会亦相赞助，印度宗教以印度教徒为最多，其次则回教、耆那教、纯粹佛教及波斯教、基督教，而印度教为混合，印度原有各教之新教、认佛教亦为印度教之一部分，故甚接近。回教虽反印度教，然以佛教同主人类平等而赞□之，各教首领接叙极洽。又曾访晤政治领袖甘地尼赫鲁，青年领袖布斯，文化领袖太戈尔，均对我国深表同情，尤以尼氏曾发动各地国民大会数十万人欢迎本团。至印度文化之在一千三百年前者，我国已由佛教传入而明瞭，其在近一千三百年者，我国对之茫然，犹待探讨，而印度人对我国周秦以来之三千年文化亦少了解，故本团参加印度文化协会、中印学会等，提倡中印交换教授学生，互相研究。

二月二十四日到达锡兰首府之哥仑布，其首相、市长及锡兰佛教徒大会会长比丘大会会长等，均至船埠迎接，所历城市咸表示僧俗官民一致的热烈同情。在锡兰时曾发起世界佛教联合会及中锡文化协会，锡人对中国之好感已达极度。

三月二十七日达新加坡，原拟只留三日即去暹，嗣中止访暹，复因马来西亚各地电邀，先后到了吉隆坡、槟城、怡保、马六甲等处宣讲，情况甚为热烈。

四月二十四日离星洲　二十八日抵西贡，华侨商会长及外交分会等招待甚殷，始访知越南五邦，不惟高棉、老挝盛行接近暹罗之佛教，而南圻、中圻、北圻亦多仿自中国之佛教。至河内，承领馆招待，北圻佛教会亦邀与其会长职员等多人晤叙。

本团五月三日自河内乘火车离越，五日早抵昆明，而导师已于四日自河内飞抵昆明矣。在昆明候车旬日，十六日乘川滇公路汽车离昆，至二十日始返重庆，而导师亦于二十日由昆飞渝。

以上共历七月，仗中央德威及各地党政机关、华侨领袖护持，所应作之事尚称圆满，惜业经等慈团员及陈商务专员接洽就绪之访暹，以临时事端而中止，然幸等慈团员已代表本团访问暹僧王及余暹僧首领，承赠答照相经像等，访暹政府外交部及宣传部长等亦曾有由佛教增进两民族情感之表示，又惜事前未知越南佛教之真相，未将越南计划在访问区内，然幸遇南圻北圻僧俗佛徒多人稍有影响。

二　各国现况之考察

缅甸、锡兰虽皆英属，但已各有自治之议会与政府，且暹罗有同样丰富之天产，人民十分之九信崇佛教，富者皆好施与，故无甚富甚贫，而可有平均之安乐生活。且农林之开辟，道路之修整，尤较暹罗为愈。但缅暹之学校，渐渐离开佛教之关系，故青年已有轻视宗教或自由信仰他教之趋势，此为缅暹佛教将来之危机。而锡兰之学校教育，昔年多由基督教办之，近来则佛教为第一，基督教、天主教、回教次之，而政府所办超然不分宗教之学校仅占少数，故锡兰政府议会人才，亦多从佛教学校中出，其佛教情况最为优越，而要求独立则以缅甸民心为紧张，惜尚无领导之唯一领袖。

印度国民大会派领袖虽甚贤明，虽欲镕冶各宗教于一炉，不分阶级，但显然有立异对抗之回教领袖，且有数十至数百之小邦国王与回教同依赖英政府，故要求独立之运动虽烈，未易达到，盖英政府以印度为帝国基石，不肯轻易放松，故力为利用回教与王邦之裂痕以制国民大会。且其国内贫富贵贱之阶级太相悬绝，大多数贫贱人民皆在衣不蔽体，食不果腹中，以渡半饿生活，其文化虽发达较高，但离奇怪诞之涂灰裸体形状、摧破毁坏之残存遗留痕迹随处皆有，如古镜之满面斑驳、固犹大费磨洗工夫者也。

马来西亚古时曾行佛教，然土人大约在唐时或宋明时已渐变成回教，马六甲称有较古之建筑，亦系明季葡萄牙与清初华侨所留，人口势将以华侨占最多数，胶园锡矿等除去英人亦以华侨为最，土人懒治生产，尤绝少经营商业，中国国势一强，若解除政治之束缚，一听当地组织自由联邦政府，则华侨固可为马来西亚各民族之执牛耳者也。而华侨则大抵信崇佛教，今马来亚已有华僧寺庵五百余所矣，加以有系统之组织，当不弱似土人之回散。

越南系法国统治下南圻安南——中圻——东京——北圻——高棉、老挝五个联邦所成，南圻以西贡为首府，是直属法国者，其他四邦则为保护邦，例“安南”仍有“安南王”等，高棉老挝以前亦系土司区之类，其语言、风俗、宗教信仰与暹罗为近，皆属佛教，三圻以前系一安南，现为法国分裂，仅以中圻为安南，实则三圻人民之语言文字风俗习惯皆传承自中国，与闽粤人殆无大异，考其佛教亦略同我国之乡村僧寺，所常诵者则为法华、金刚、弥陀等，国文经典，虽读音不同，亦犹闽粤音之异于北平音耳，故三圻的安南，在地理人文上，实较蒙藏之属于中国为易也。但其土地人民虽广多，远逊英属锡马缅等之开发。

三、观感所及之建议

1. 越南、暹罗俟适当机会，宜组“越泰佛教访问团”再去访问，可由越南接近暹罗佛教之高棉以入暹罗，且越南人之为佛教，不异马来亚土人之为回教，人数且多过马来亚土人数倍，语言风俗与我国尤近，由佛教组成中越文化学会，其关系之大可知。

2. 滇边摆夷族——即泰族为云南土著——各土司之人民信佛，除佛教外别无文化，但其语言文字近似暹罗，其佛教亦仿同暹缅，寺僧入缅或入暹去学佛教，学成还国，夷民由此倾向暹缅，与吾国反极隔膜，宜选派曾留学缅暹佛教之汉僧，前去组设“滇边特区佛教联合会”，由会办僧教育，顺其原来缅暹佛教，并教以国文佛教，以增内向情意，设国民小学及卫生、农业等改进研究所，则不惟可不为缅吸收，且可反吸收暹缅矣。

3. 就国际宣传言，宜由了解并信仰中缅佛教之人员，主办缅文日报，不知不信佛教，不能与缅文化取得深切连系，反生隔碍，非办一大规模缅文报，不能使一般缅人以及缅生华侨之深切了解吾国，再由于南洋及印度有研究之擅长英文人员，设一中央通讯社英文分社于印度加尔各答，多量以我国政治军事文化宗教之消息，供给英荷各属地英文报纸，始能使明瞭中国真相，以前实太隔膜。

4. 就南亚文化言，不外印回文化，回教民族今亦以印度为最大，除此一部分应由我国回教去研究外，印度近千余年之文化，我国人尚欠明瞭，而我国周秦以来文化，印度咸鲜了解，应当充实中印学会之组织，或扩大为中印文化协会，派遣文化考察团互相往来考察，如印度之加尔各答大学，波罗奈印度大学，太戈尔国际大学等，均可交换教授学生，提倡互相研究。

5. 就国际佛教言，在缅甸曾设有中缅学研究会，在印度与摩诃菩提会曾发起“国际佛教大学”及“兴复印度佛迹国际委员会”，又在锡兰与佛教徒大会发起“世界佛教联合会”，此均待我国有以援助而促进之者，尤以锡兰为南方佛教中心，为缅暹僧之所崇仰，并为复兴印度佛教、宣传欧美佛教之基石，拟请教育部酌拨经费，派学僧三、五人前往哥仑布最高巴利文学院留学，并宣扬中国大乘佛教及协助“世界佛教联合会”之筹备。

6. 就振兴中国佛教言，内本国情，外觇教势，觉得“全国佛教之整理振兴”，未易骤致，诚得一“适当山场”，并有“相当经济基础”，创建“菩萨学处”，不惟研究宣传大乘教理，尤须从能否实行六度四摄为大小乘判别，以“专自修自了并提倡自修为小乘”，以“重利他兼利并能利他兼利者为大乘”，如何实行利他兼利，则兴办文化慈善教育生产等社会公益事业是也。由菩萨学处先树模范，渐致全国风从。

佛教访问团谨具

五·二

〔国民党中央宣传部与国民政府社会部档案〕

4. 重庆慈云寺乐观建议组织战时僧众服务团及国民党中央社会部办理经过情形有关文件

（1940年5—8月）

（1）乐观建议组织服务团缘起（5月28日）

一、佛教之演变与佛教革命

佛教自从印度输入中国，迄今有二千九百余年之历史，唐玄奘留学印度归国以后，佛教积极入世之学理因而阐发，历代沙门受佛陀"不舍世间不离世间"、"三界唯心、万法唯识"大乘教理之熏陶，而为国人群服务者甚多，如姚广孝等均是牺牲一己，为国努力，其丰功佛业，载在史册，询足为爱国沙门之典型。然在当时封建时代，只有少数人表现此种勇猛无畏精神，换言之，只是个人之表现，而非集体表现。民国以还，佛教受革命怒潮之启示，僧众思想为之稍变，嗣后佛学日渐阐扬，帝制时代所遗留之特殊阶级观念无形粉碎，颇有大众化之形式，由传统而来之迷信亦为革命风气所摧毁，无复前此之顽强与其谓为中国佛教历史上之奇观，无宁谓革命影响及于宗教之奇迹也。迨民国十六年，国民革命军北伐，革命势力由珠江流域伸展到长江流域，统一全国之后，霹雳一声，惊醒全国，僧众之迷梦起而要求解放，青年僧众大有赶上时代，迎接新潮之倾向，发行刊物，唤起佛教之改革，留学外洋，吸收科学之知识，不数年间，竟开始向旧式佛教之堡垒进攻，佛教之革命于焉肇始。

二、抗战后僧众奋起与敌人吸收僧众之设施

民国二十六年，日帝国主义掀起“七七”中日民族战争序幕，挟其残忍之杀人工具，侵占我领土，杀害我同胞，摧残我文化，轰炸我都市及佛教庄严道场，疯狂兽行，有增无已，于是一般有国族意识之青年僧众，投袂而起，参加救亡工作，在沪组织僧救队，勇猛地踏上火线，救护负伤将士，同时并拟促成佛教革命之进展，惜乎为时甚暂，范围止于救护，尚未能表现佛教积极之全面精神，故革命之效果，亦甚微薄。最近一年以来，敌人竭力推动宗教侵略政策，而中国佛教僧众国族观念本极薄弱，亦过去受封建流毒与佛教小乘自了思想过深之故，所以个人思想超过国族思想，敌人看出此种弱点，极思因势利导，疲麻我全部僧众之心思，在大战之前，无知僧众已多有受其诱惑者，大战以后，敌人此种策略进展愈速，敌军每一联队均有日僧参杂其中，或十余人，或三数人不等，随军进退，凡占领我一城一市，日僧即出，向中国僧众号召宣传其口号，曰：“佛教无国界”，又曰“中国政府是破坏佛教的”，“日本政府是宏扬佛教的”。一般信念薄弱之僧众等受其愚而不自觉，如今日沦陷区中敌人旗帜下所出现之“日华佛教青年会”、“日华佛教恳亲会”“日华佛教协会”等组织，均事实也。足见敌人灭亡我中国，拉拢我僧众，可谓无孔不入。

三、佛教之人力财力应备为国用

查中国佛教僧众统计约有四十余万（女尼不在内），彼等平时皆是指佛穿衣、指佛吃饭，挂着佛牌，生活信仰虽是一个，而思想行为则千差万别，不耕而食，不织而衣，养成堕落习性，贻害于国家社会，夫战时不养废人，根据总裁所说“前方抗战后方生产”之教训，在抗战时期似不容若大之群众成为闲民，亟应发动起来，组织起来，成为国家有用之人；以财力言，各省佛教丛林，拥有巨额寺产者不少，平时寺庙住持把持寺产，以为私有，专供其个人或徒辈之挥霍，即十方丛林，经济权仍操于住持之手，有用之钱，一任虚糜。

政府有见及此，提产兴学，彼辈千方百计阻挠规避，甚至假慈善之名，以挡塞政令，往事如此，斑斑可考，今举国一致抗倭，凡属中国国民均有服役之义务，而僧众又视为畏途，往往奔走权势，以避规兵役，抗战期间，岂容有此等惰民，就重庆一隅而言，如华岩寺、莲花寺、真武山福兴寺等寺庙，均是著名富有之大刹，只以华岩一寺而言，不动产为数不赀，根据抗战纲领“有钱出钱、有力出力”，佛教之人力财力，亦有化为国用之必要。

四、僧众之形形色色，有加紧组织之必要

佛教僧众之思想行为，生活习惯，万有不同，分析之约为下列数种：

一、是寺庙住持者流——寺庙持守戒者少，破戒者多，为公者少，为私者多，住持心肠多半是挂羊头卖狗肉主义，终日花样翻新，以欺骗善男信女为能事，所谓“和尚不作怪，菩萨无人拜”，骗来钱财，供其个人享受，此等现象，极为普遍。

二、是讲经说法者流——识得佛经一句半偈，即登台说法，大吹法螺，宣传迷信，诱引皈依，口里阿弥陀佛，心里肮脏不堪，假劝人行善之名，实行名闻利养之实，世有所谓贩卖如来者此辈是也。

三、是游方行脚者流——头顶香巴，手持锡杖，几本经卷，半肩袈裟，游山玩水，逍遥自在，国家大事与我无关。

四、是赶经忏者流——为人超度是其生涯，吃人饭，做鬼事，只知要钱，不知其他。

五、是修行者流——冥目参禅念佛等，死佛珠在手，方事皆休，只求个人超脱，不问人群苦恼，更不识何者为国，何者为教。

六、是佛棍者流——稍识文墨，无风作浪，包揽把持，招摇撞骗，玩弄无知，从中取利。

七、是投机者流——奔走权门，自抬身价，组织佛会，藉以敲诈，作威作福，庞然自大。

八、是顽固者流——固执死守，反抗新潮，攀接权贵，镇慑僧寮，只要大众布施，自己一文不舍，视金钱如性命，视新僧若猛兽。

九、是混世者流——外穿圆领，内着俗装游手好闲，吃喝嫖娼，名虽和尚，实乃混世魔王。

十、是半僧半俗者流——遇有佛事，披上袈裟，下了经台，仍着俗服，可以为僧，可以为俗，出入酒馆茶楼，公开饭酒，食肉借佛，谋生于佛何有？

以上种种，不过约略言之，其中复杂情形难以殚述，倘任其自然，难保不为敌伪所诱惑而危害国家。昔年游历印度、缅甸、暹罗、日本各国，研究佛学，见彼暹罗、日本二国，深得佛教之功而臻于强盛，反说中国佛教腐败黑暗如上所述，不惟对于国家一无贡献，反而耗国家之资粮，为社会之蠡蠹，此固我国之不幸，亦中国佛教之莫大羞耻也，溯自抗倭以来，社会各阶层、各部门均有组织，均实行革命化，唯独佛教徒毫无组织，仍是一盘散沙，虽我抗战事业已支持三年，正如总裁所说："百里长途已逾九十里"，然而争取最后之胜利尚赖全国奋起，一致努力，非但需要民众一齐起来，尤需国民精神总动员，始克担荷此艰巨大任，中国佛教僧众亦国民一份子，国家存亡，亦有责任。鉴于中国佛教僧众在今日抗战时代之下，有急切从事组织之必要，故不揣愚昧，建议政府愿本革命精神为国家尽力，拟请假以权威，将此一盘散沙之僧众发动起来，在"国家至上、民族至上"的口号下，使僧众之意志集中于抗战事业上，使僧众之力量集中于抗战事业上。

五　组织僧众服务团之办法

一、组织前后方僧众救护队　选择各寺僧众之青年优秀分子若干名，予以军事政治及救护常识之训练，分发前后方实地工作，以应战时环境之需要。

二、组织义务警察预备队　选择各寺中之青年优秀分子若干名，予以军事政治及警察常识之训练，以备将来维持后方治安之用。

三、组织僧众工艺练习班　凡属成年之僧众均应入班予以各种工艺之教练，养成各种工艺技能，以增加战时生产力量。

四、组织识字班　凡未受教育之僧众，均应入班，予以初步文字教育，然后量才分配各队训练。

五、组织消防队　选择各寺壮年僧众若干名，予以消防常识之训练，实际参与消防队工作，为补充消防队之用。

以上第一、第二两种办法乃是实施僧众服务兵役之初步计划，换言之，即是僧众服务兵役之预备工作，盖僧众心理最畏兵役，今不言兵役而言救护，正为迎合其心理，俟其经过军事政治各项训练之后，其思想自然改变，然后入伍服兵役，非仅不逃避，必且乐于为国效力也；第三种是僧众生产计划之设施；第四种是僧众教育计划之设施；第五种亦可当作僧众服务兵役之过渡办法。至于办理以上各种事业之经费，可就佛教寺庙财产多寡比例抽取若干，不敷之数请求政府补助若干，就重庆一隅而言，佛教丛林寺庙之人力财力均能办到，但是推动此种工作办法时绝非个人之力量所能奏动，必须请求政府予以相当之权力方可收效，学佛二十年来之经验，深知佛教僧众有一种挡风抵浪之心理不受领导，不知服从，欲期有效，必须采用双管齐下之法，一面由□□出面呼号，一面请政府明令发动，若犹以昔日阳奉阴违之故智，延宕狡展，则以革命手段彻底解决，先由重庆地方着手，然后再推进到全国各省，其统一机关拟名曰重庆市战时僧众服务团。上述办法，均由团部发动行之，以期划一。

六、结论

综上所陈，实为现在迫不容缓之举，如能实施可使为世人所遗忘所诟病的佛教之人力与财力皆有用处，战时可以增强抗战一份力量，胜利之后，不致再有废民化无用为有用，转软弱为刚强，佛教真精神由是而彰显，亦未始非国家社会进化之一端，是否有当，仰乞鉴核训示，谨呈

部长　陈

乐　观　谨呈

中华民国二十九年五月二十八日

（2）乐　观致国民党中央社会部呈(7月5日)

佛教自印度输入中国，迄今已有二千九百六十七年之历史，唐玄奘留学印度归国以后，佛教积极入世之学理因而阐发，历代沙门受佛陀“不舍世间、不离世间”大乘教理之陶冶，而为国家人群服务者甚多，如姚广孝等，牺牲一己为国努力，其丰功伟绩载在史乘，允为爱国沙门之典型。惜乎封建时代，只有个人之热心，绝无集体之表现。民国以还，佛教受革命思潮之启示，僧众思想为之稍变，嗣后佛学日渐阐扬，颇有大众化之形式，即传统而来之迷信亦为之摧毁。迨民十五年北伐军兴，革命势力由珠江流域伸展到长江以及黄河流域。全民思想焕然一新，僧众受新思潮之震荡，起而要求解放，发行刊物，唤起佛教之改革，留学外洋吸收科学之知识，大有赶上时代之势，而党义于教义，于是呈水乳交融之奇观。

民国二十六年日帝国主义者掀起“七七”事变，挟其残忍之杀人工具侵占我领土，杀害我同胞，摧残我文化，轰炸我都市及佛教庄严道场，疯狂兽行，有增无已，于是一般有国族意识之青年僧侣投袂而起，参加救亡工作，在沪组织僧救队，乐观即由印度赶回参加，踏上火线，救护负伤将士，颇得中外人士之好评。嗣上海我军撤退，队部乃转入武汉工作，迨战局西移，僧救队忍痛解散，乐观个人入湘，投入军政部第一百七十后方医院，埋头为伤兵服务，以期无负初衷。本年元月来渝，仍本斯旨，就重庆南岸狮子山慈云寺倡议组织僧侣救护队，有志僧侣，闻风兴起，不旬日间，遂告成立，迄今已三阅月，队员六十人，均受过医护及军事常识之训练，自敌机连次袭炸行都以来，队众均能本我佛舍己救人之教义，甘冒危险、出生入死、从事救护，上动总裁之听闻，下博群众之赞许，此种勇往无我之精神，倘使他日执干戈以卫社稷，必能效命疆场。所惜限于慈云寺一庙，人数太少，所收救护之效果殊嫌微薄，况国难益亟，战事方殷，各战区前线较后方更为重要，目前甚感救护人员之不足。兹拟建议将本队加以扩充，改为“重庆市僧众救护团”，网罗全市大小寺庙之僧众，令其一律参加，全部动员，为国服务。除本队六十人外，暂于各庙僧侣中挑选一百人，择地集中，施以必要之训练，以备将来前方之调遣。其办法大略如下：

一、人数——拟暂定为一百人，分为四队，请钧部主持，令重庆市区各大小寺庙派送，以后视战事需要得随时挑选僧侣开班训练。

二、训练——各寺派送前来之僧侣，应受政治、军事、医护常识训练，施以军事管理；训练教官，请钧部商请各机关派员担任。

三、经费——团部一切经常费用，请钧部主张由各寺摊派，不足之数请中央补助之。

以上三项办法，就重庆市区而言，佛教丛林之人力财力皆能办到，但是推动此种办法，绝对非个人之力量所能奏功。乐观出家学佛二十年来之经历，深知佛教僧众有一种挡风抵浪之惰性心理，不受领导，不知服从，欲期有效必须双管齐下，一面由钧部发动，一面请钧部饬令具有声望之沙门主持改组，向各寺庙晓谕劝导，令其遵从，若犹以昔日阳奉阴违之故智，延宕狡展，则以革命手段彻底解决，其机关拟名曰：“重庆市战时僧众救护团”，上述办法均由团部奉令进行，以期划一。

综上所述，如能实施，佛教之人力财力，皆能为国家用，庶于抗建大业或有补于万一也。是否有当？理合呈请鉴核示遵。谨呈
中央社会部

慈云寺僧侣救护队队长　乐　观

七．五

(3) 国民党中央社会部杨琪等签呈(7月8日)

前太虚法师、法舫法师在渝会谈，提出扩大僧侣救护队组织意见，经即往狮子山慈云寺僧侣救护队询明组织及工作情形。

该队由慈云寺住僧所组织，共有队员六十人，曾施以初步军事及看护训练，遇有空袭灾害发生，该队均能按时集合出动救护，平日仍在如恒修持。

该队总队长为慈云寺住持澄一法师，实际主其事者为副总队长乐观法师。乐观鄂人，曾游学海外，工作兴趣剧烈，然来川无多时日，与渝巴一带寺庙土著僧众之联系恐尚欠深切。

经嘱乐观就组织慈云寺救护队情形拟具一扩大组织救护队建议书，呈候核办。

本部本年度工作计划规定于寺庙丛林繁盛省区办理僧众救护训练，重庆原在指定办理训练地区之内，现中国佛教会之整理尚未开始，本部直接办理此项训练因而不无困难。似可交付渝市党部会同渝市社会局办理。

兹拟办法要点如左：

1. 原建议书抄发。

2. 进行组织办法应召集各大寺庙住持及慈云寺僧侣救护队负责人商讨决定。

3. 本科与渝市党部协商督策办理。

所签当否？检附乐观法师建议书，一并呈候核夺！

职　杨　琪　谨签

七月六日

查僧侣救护队于本市每次空袭之后，均能立即出发服务，工作努力，深得各方嘉许。扩大此项组织，系由本部策动。本件拟照杨拟办法要点，由科会商渝市党政当局办理，并派员督导，以利进行，当否，乞核。

郑榮畬

七・八

如拟。正纲。

（4）重庆市僧侣服务队筹备会成立会纪录（8月1日）

日　期：八月一日下午四时

地　点：市党部会议室

出席者：澄一、觉通（慈云寺）、觉益（真武山）、昌仙（罗汉寺续杲代）、乐观、徐克年（社会局）、

杨　琪（中央社会部）、王伯岷（服务总队部）

高　謇、沈　鼎（市党部）、克　中（昆卢寺）

主　席：高　謇　纪录：吴　迪

甲、开会如仪

乙、主席报告：

略谓吾人抗战建国之目的在求整个民族利益，凡属国民，均有责任。佛界同胞在民间有很大力量，过去对抗战工作贡献亦不少，今后自应加以组织，使其力量集中，贡献国家。本市僧侣在此空袭期间，尤宜参加服务，以为全国倡导。因此，中央社会部曾召集有关机关会商组织重庆市僧侣服务队，派定筹备员，今天正式成立，筹备会希望各位筹备员切实讨论，以求从速组织服务队，为地方效力。

中央社会部代表报告（略）

社会局代表报告（略）

市党部代表报告（略）

丙、议决事项：

一、筹备员应否增加案

决议：由市党部社会局会令加派觉通、真实、自祥、寂安四法师为筹备员。

二、筹备费应如何筹措案

决议：暂定筹备费三百元，拟呈请中央社会部补助一百元，市党部补助五十元，社会局补助五十元，其余一百元，由各寺庙分担。

三、筹备会会址暂设慈云寺案

决议：通过。

丁、散会

(5) 社会部杨琪签呈(8 月 2 日)

奉派出席本市僧侣服务队,谨将会议情形报告如次:

一、人事问题　原所以指定乐观为该会筹备主任,因其尚有办事才能,且富工作兴趣,然彼在渝地佛教僧众中系属客体,不安其职,一再请辞,各筹备员均系各寺庙代表,意存规避,各人力主将此事交由当地佛教会办理(巴县佛教会筹备会徒有名义)。经运用党政机关力量严加督责,各方始无异议,当场将进行方针商决,并加推筹备员四人,加以充实。

二、经费问题　由主持会议之市党部提出确定筹备会经常费为三百元,请本会帮助一百元,市党部五十元,社会局五十元,各寺庙摊认一百元。

三、筹备会地址暂设南岸慈云寺。

四、隶属问题　该队名义已遵照指示改为"服务队"。

五、组织规章本部已事前代拟组织大纲草案,经提出会议通过。

渝市党政机关对此项工作,尚感兴趣。惟僧众生活环境特殊,人事关系复杂,此项工作之应属于渝市党政机关主管,原无问题,然恐于佛教情形未十分明瞭,本部似有继续参加指导之必要。

又,会商时提出请求本部一次补助该会筹备费一百元,职当时以本部居于领导此项工作之地位,虽未予认可,亦觉不便拒绝。将来该会请求补助时,为完成此项工作,似有予以核准之必要。

右签各项祈核。

职　杨　琪

八月二日

一次补助该会筹备费一百元,拟予照准。并派杨棋同志继续参加指导,棨畲　八．二

拟如拟　高士　八．三

如拟　正纲　八·三

重庆市僧侣服务队筹备会组织大纲

一、本会遵照重庆市党部/社会局命令，组织办理本市僧侣服务队组织之筹备事宜。

二、本会之任务列左：

（一）办理本队组织事项；

（二）办理本队队员训练事项；

（三）办理本队经费筹募事项；

（四）办理本队服装用具药品购备事项；

（五）办理本队组织暨服务规章之拟订事项；

（六）办理其他筹备或党政机关指定办理之事项。

三、本会处理各项事务关系重大者，由筹备会议议决施行，日常事务由筹备主任会同轮值筹备员处理之。

四、本筹备会每星期举行一次，遇有紧急事务并得临时召集会议，会议时之主席由筹备主任担任。

五、本会筹备主任须经常留会办会，各筹备员须轮值驻会办公，筹备员因故确属不能出席会议及驻会工作者，得经筹备会议之通过准许委托适当之人代理其职务。

六、本会酌用雇员办理各种事务，由筹备主任提出人选，经筹备会议通过任用。

七、本会经费由各寺庙分认担负，不足之数得呈请政府机关补助之。

八、本会呈请左列各党政机关为本会指导员：

中央社会部

重庆市党部

重庆市社会局

重庆市空袭服务救济联合办事处服务总处

九、本大纲经本会通过，呈请党政指导机关核准备案施行。

〔国民政府社会部档案〕

5. 中国佛教国际宣传步行队拟赴西邻各国开展抗日宣传活动致中央社会部备案呈

(1940年10月13日)

呈为赴印度、缅甸、暹罗各佛国，宣扬政府宏护佛教德意，兼为摧毁日寇在彼邦所施种种麻醉宣传，阻我抗战之险毒阴谋，争取国际佛教同情，以增强我抗建力量，请求准予备案事。窃乐观等鉴于日本法西斯军阀，自从向我发动侵略战争三年以来，如疯似狂，一面加紧侵占我土地，摧残我文化，屠杀我人民，掠劫我佛教财产，奸淫我佛教僧尼，反向印度、缅甸、暹罗各国谎言，谓"中国崇信西洋耶教及共党主义，摧毁佛教，毁灭东方固有道德文化，日本为佛教国，不能不负起卫护佛教及东方固有道德文化之责任，故日本对中国之战，乃为代表佛教对耶教、共党之圣战云云"，虚伪宣传，不一而足，意图转移彼邦人士之视听，欲达到阻挠我抗建大业之妄想目的。查暴日自我国唐代七世纪以前，尚为一无文化之荒岛蛮族，自日僧空海(即弘法)留学我国，修学佛法，旁及世典，归而采摘汉字偏旁，参酌梵字声韵，羼杂汉字，创制假名，始启文化，以有今兹，不图近五十年来，狼子野心，再三反噬，历次夺我海滨，占我疆土，谋我害我之事件，何止百十件，今重向我作大规模之侵略，欲展其吞灭朝鲜、台湾之故技，来征服我中国，心如毒蛇，行似罗义，此魔不除，世界宁有和平之日。乐观等自我领袖发动英勇之抗战后，即本佛教牺牲个人为大众服务之本旨，参加救亡工作，或在战地努力，或在后方服务，三载以来，矢志不渝，今欲更进一步走向国际救国护教之积极工作，乃联合组成"中国佛教国际宣传步行队"，定于本月由陪都出发，赴印度、缅甸、暹罗等地宣扬我政府历年宏护佛教之事迹，宣传佛教正义和平主张，展开佛教反侵略旗帜，暴露日寇三年来谋害我、逼迫我之恶迹，唤起彼邦人士之同情与我携手，成立东亚佛教徒反侵略之广大阵线，共同扑灭此人间魔鬼，以期奠定世界永久和平之基。不久之前，曾有太虚法师等前往缅甸、印度、锡兰等地访问．此举虽壮，但性质是一种访问，且为时不久，对日寇在彼邦进行挑拨离间，阻我抗战之一切毒辣设施，虽能获得若干了解，但未能彻底摧毁日寇之险恶阴谋。今乐观等此行，志在与敌人在国际上作长期之战斗，誓必粉碎敌人之阴谋，消灭敌人在彼邦培植之一切黑暗势力，一日不达到此目的，则乐观等之工作一日不停止，准备以步行方式，完成此项任务。事关国际佛教事业，理合具文呈请鉴核，伏恳钧部准予备案，实为公便。谨呈

中央社会部

附呈队员略历表一份，队章一份，宣言一份

中国佛教国际宣传步行队呈

领队　　乐观

中华民国二十九年十月十三日

通讯处：本市龙王庙街罗汉寺内

中国佛教国际宣传步行队队员略历表

释乐观　湖北汉阳人，现年三十八岁，于民国九年出家于沙市观音寺，民国十一年毕业汉口华严大学，十二年肄业武昌佛学院，十七年肄业暹罗曼谷越色局佛教大学，十九年在新加坡主办觉灯半月刊，二十四年肄业槟榔屿锡兰佛学院，同年肄业缅甸仰光雀登贡佛教学院，二十五年肄业印度国际佛教大学，二十六年中日战争爆发，由印回国，参加上海僧侣救护队，从事前线救护负伤将士工作，二十七年任军政部第一〇七后方医院伤员兵补习班政治教官，二十九年来培都，在南岸慈云寺创办僧侣救护队任副总队长，现任重庆市僧侣服务队筹备主任。

释曼林　江苏无锡人，现年三十岁，于民国二十八年出家于四川彭县中泉寺，同年肄业汉藏教理院，今年八月奉太虚大师命来重庆市僧侣服务队充任书记之职。

释果能　四川荣昌人，现年二十四岁，于民国二十四年在荣昌万寿寺出家，同年在成都文殊院空林佛学院肄业，二十八年至汉藏教理院肄业。

释能仁　北平人，现年二十七岁，于民国十三年出家于北平柏林寺，同年肄业于北平弘慈佛学院，十六年肄业闽南佛学院，二十五年在宁波创办佛教青年会，发行《现代佛教》刊物，二十六年“七七”战争爆发，在北平联络僧界同志赴前线慰劳将士，同年赴上海参加僧侣救护队任第二分队长，现服务僧侣救护队。

释觉华　南京人，现年二十九岁，于民国十五年出家于南京香林寺，同年肄业闽南佛学院，十九年任香港《人海灯》月刊编辑，二十六年沪战爆发，参加上海僧侣救护队任第一分队长，二十七年服务湖南佛教青年抗敌协会任总干事。

中国佛教国际宣传步行队呈

十·十三

中国佛教国际宣传步行队队章

1. 本队定名为中国佛教国际宣传步行队。

2. 本队为宣扬政府宏护佛教之德意，揭破日寇在暹罗、缅甸、印度、锡兰各佛国之麻醉宣传，破坏我抗战之黑暗阴谋，争取国际佛教人士之同情，以增加我抗建力量为宗旨。

3. 本队队员限定五人，经考察确保笃信三民主义，具有救国救教宏愿，曾努力救亡工作之僧青年。

4. 本队设领导一人（由队员公推），负对内对外一切事宜全责；领队以下设文书一人，负保管印信文书，拟稿誊写及记录之责；交际一人，负对外一切接洽事宜之责；干事一人，负写作标语壁报一切宣传工作之责；杂务一人，负一切杂项事务之责。

5. 本队对外行文必须经领队签印方可发出。

6. 本队筹办期内一切费用由各队员分任，沿途步行之生活各费得向当地各界劝募，一切收支数目由本队每月在佛化部《新闻报》公布之。

7. 本队任务在日寇所施之国际阴谋宣传一日不放弃，则本队工作一日不停止。

8. 本队章程请中央宣传部国际宣传处、中央社会部、重庆市党部、国际反侵略中国分会备案，核准后施行之。

9. 本队章如有未尽事宜，得随时公议修改之。

中国国际佛教宣传步行队宣言

亲爱的同胞们：

我们是站在佛教立场从事救亡工作的一群。

自从日帝国主义对我侵略三年以来，它一面加紧地轰炸我城市，屠杀我同胞，焚烧劫套我佛教财产，残害奸淫我佛教僧尼，侮辱我佛徒，它一面还积极地施展着最卑贱无耻的手段，向暹罗、缅甸、印度、锡兰各佛教国说："这次战争，是为保护佛教而战，是为和平而战"，作种种麻醉宣传，以欺骗世界佛徒。

现在我们要使国际佛教人士认识敌人侵略残害逼迫我之种种暴行真相，去给敌人作一个强有力的反宣传运动工作，要去粉碎敌人的阴谋，要去唤起国际佛徒的广大同情来援助我。我们自动联合成立这个阵容，抱定最大的牺牲，决心来作这个万里长征的壮图。这一工作，在"全国精神总动员"的抗建纲领上，我们认定是应当做的，同时也是我们佛徒对国家社会、世界人群应有的贡献。

我们这一群，都是在敌人飞机大炮下锻炼出来的僧青年，我们亲眼看到敌人狰狞面目灭绝人性的残忍行为，切身受到敌人给我们蹂躏侮辱，我们的热血沸腾了，内心燃起了愤怒的火焰，不愿躲往深山禅房做那逍遥悠闲的自了汉，要挺起身子学习历史上一些为人群谋幸福、献身国家古德们的作风，要为国为教雪耻，要展开佛教反侵略的旗帜，在国际上去与敌人作长期的战斗，这是我们的志行，这是我们的怀抱！

我们感谢日本法西斯军阀的炮火，使我们能够在炮火逼迫下结合起来，大家做成伙伴而走茫茫云水的长途，为祖国的自由解放而奋斗。

亲爱的同胞们：我们不久就要与你们告别了。

我们此行，是秉着蒋委员长告诫我们“苦干”的教训，准备用两脚“步行”方式去向目的地迈进，明知这是一条艰难的途程，也知道敌人在国际上布置有种种阴谋险阵，但是我们以佛教大无畏和牺牲的精神，相信必能去克服它，突破它！降伏它！粉碎它！然而达到这个目的，完成我们这个任务，还要仰仗全国各地各界救亡先进和佛教同仁们的指导帮助，这是我们临别时竭诚的一个请求。

中国佛教国际宣传步行队印发

民国廿九年十月

〔国民政府社会部档案〕

6. 中国佛学会概况报告表

(1943年3月)

名　称：中国佛学会

地　址：南京莫愁路六十三号

会员人数：一百三十五人

理事及监事名单：

尘空、谢健、黄忏华、周仲良、陶冶公、昙钵、雪嵩、宁达蕴、法尊、温兴、卢铸、熊道瑞、廖维勋、朱尚琳、隆信、培基、陈秉良、陈真如、王伯廷、吴植诚、何北衡、张一鸣、卫立民、罗懋勋、杨树梅、融道、李子宽等，共有理事二十七人。

姚雨平、王允恭、甘贡三、许公武、孙厚在、金止庵、徐心明、孔士豪、华业蒿等共有监事九人。

实际负责人姓名及通讯处：常务理事李子宽，住南京大光路二十四号。

成立时间：民国十八年。

立案及备案时期：于民国十八年向中央党部及内政部备案；复于民国三十二年二月十八日奉社会部指令核准。

过去及现在工作情形：本会以联合全国同志研究并发扬佛教之学理为宗旨。计有每星期日讲演会或研究会，国外宣传，印行佛学刊物，参加文化运动，参加抗建募捐，设立中医救济医院，设立佛慈药厂，创办大雄中学，普益小学等。

出版品名称：历年出版者均系本会理事长太虚大师宣扬佛学之讲演录，不下数十种。现在只有《海潮音月刊》发行于世。

附：中国佛学会第五届理监事名单

(一) 理事二十五人

太　虚(123)　梅撷云(109)　谢铸陈(103)　周仲良(99)　李子宽(91)　王晓西(90)　欧阳浚明(80)　法尊(79)　法舫(76)　黄忏华(74)　宁达蕴(72)　定九(71)　陈泽普(70)　张茂芹(67)　陶冶公(66)　朱子桥(63)　马如云(57)　孔保滋(56)　费孟舆(56)　邓梦先(56)　冯均逸(55)　邱浚川(52)　陈济博(50)　根桑泽程(47)　杨学优(46)

(二) 候补理事九人

吴木兰(38)　徐平轩(36)　电□亟(34)　陈光孝(24)　廖允端(33)　王允恭(28)　王淮琛(27)　王家齐(27)　彭养光(21)

(三) 监事十一人

叔痴(50)　董本信(45)　宁墨公(42)　王瑞□(38)　朱铎民(33)　史维焕(28)　许公武(27)　姚雨平(23)　王右瑜(23)邹敬修(23)　饶聘卿(21)

(四) 候补监事三人

华佛生(17)　包寿引(17)　严康澄(9)

〔国民党中央社会部档案〕

7. 支那内学院蜀院概况报告表

(1944年5月)

名　　称：支那内学院蜀院兼设欧阳大师刊经处

地　　址：四川江津东门外

负责人姓名：吕澂

成立年月：民国二十七年一月。

沿　　革：本院以阐扬佛学、养成通才为主旨。民国十一年七月始设于南京，曾开研究部、问学部、大学部等，民国二十七年因遭国难迁川，设蜀院于江津，附设刊经处。

组织状况：用院长制，分学事两科：学科设教务长一人，研究员若干人；事科设秘书、编辑、校勘、图书管理、会计、庶务、流通管理各员，分理各事。

职员人数：专任一人，兼任四人。

研究人数：专任二人，兼任四人。

设备状况：自建院舍二十余间，图书五万余卷。

预算经费：岁入480,000元，岁出480,000元。

研究工作：已完成者有佛学要籍、纲领、学说通史；正在研究中者有精刊大藏经编目，佛学各科要义，大藏经正字。

出版刊物：刊经处历年刻成经籍著述一千二百余卷，出版内学年刊五辑，入蜀杂刊八辑，已绝版。

战后研究计划：未定。

填报时间：民国三十三年五月四日

负责填报者：吕澂

〔国民政府教育部档案〕

附：支那内学院蜀院职研究员一览表

姓名	性别	年龄	籍贯	职务	任职日期	月薪	略历	备考
吕澂	男	五〇	江苏丹阳	教务长摄理院长	民十一年七月	一五〇〇	金陵刻经处研究部研究员	
游于默	男	四三	浙江平阳	秘书兼研究员	三二年二月	七〇〇	浙江省立法政专校毕业	
王观心	男	四四	河南遂平	编辑图书管理兼研究员	三二年八月	一〇〇〇	本院大学部特科毕业	
何清蟠	男	三七	四川南充	研究员	三二年七月		本部问学部部员	
释映佛	男	四三	四川陪陵	会计、庶务兼研究员	三二年六月	五〇〇	北京民国大学毕业	
释法雨	男	二七	甘肃永登	流通管理兼研究员	三十年一月	五〇〇		
田光烈	男	三二	贵州遵义	研究员	三二年八月		山东乡村建设研究院毕业	

8. 世界佛学苑概况报告表

（1944年5月）

名　　称：世界佛学苑——汉藏教理院

地　　址：四川北碚缙云山

负责人姓名：释太虚——释法尊代

成立年月：民国二十一年八月成立，二十五年六月呈准四川省政府教育厅立案。

沿　　革：前四川省政府主席刘公甫澄在二十一年军长任内，感于汉藏感情恶劣，以致边防多故，鉴其政俗皆依佛教，欲选汉僧留藏学习文言学术，藉以互隆情谊。嗣从世界佛学苑太虚苑长议，就川设学，招收汉藏青年，授以汉藏文言学科，本院遂得成立，故本院任以沟通汉藏文化，联络汉藏感情，发扬教义，巩固边陲为主旨。成立时，招收普通科研究学员四十名，以四年为一届；二十四年招收专修科研究学员二十名，以二年为一届，至今普通科毕业三届，专修科毕业已二届。现有普通科两班，专修科于三十一年秋因经费支出暂停。

组织状况：本院为世界佛苑之一，院设院长，经院董事会同意聘请院长一人，以执行院务；院护一人，以下分教务处，设立主任一人，教授教员若干人；事务处设立主任一人，职员若干人；训导委员会设主任导师一人，导师若干人（推教职员兼任）；编译处设监译一人，主译一人，助译若干人（教师兼任），研究员若干人（即两班学员）。

教职员人数：专任十人，兼任九人，合计十九人。

研究员人数：专任无，兼任：普通科四年级二十人，三年级四十人，合计：六十人。

设备状况：大礼堂一，讲堂三，食堂一，寝室五，办公室二，编译室一，招待室一，康藏来宾招待处一，图书馆一，阅报室一，运动场一，游泳池一，院圃三，林场全山。

预算经费：岁出计23,844,000,000

研究工作：已完成者普通研究员毕业者五十九人，专修科研究员已毕业者十四人；正在研究中者普通科三年级研究员四十人，四年级研究员二十人，选送入藏继续研究者九人。

出版刊物：（甲）编著：1.《现代西藏》2.《我去过的西藏》3.《西藏民族政教史》4.《藏文读本》5.《藏文文法》6.《缙云山志》（乙）翻译：1.《菩提道次第广论》2.《密宗道次第略论》3.《现观庄严论》4.《慈氏五论颂》5.《缘起赞颂》6.《比丘学处》7.《菩萨戒品释》8.《菩提道次第略论》9.《入中论》10.《供养上师与大印合修法》11.《入中论宗喀巴疏》12.《为了不了义论》。编译完竣待刻印者：1.《藏文常识课本》2.《正理庄严论》3.《佛教大事年表》4.《本院三十三年度院刊》。

战后研究计划：拟设康藏班，纯招康藏青年，授以汉藏学科，以经费无着遂未实现。

填报时间：民国三十三年五月九日。

负责填报者：释妙钦；负责人：太虚。

〔国民政府教育部档案〕

附：世界佛学苑职教人员一览表

姓名	性别	年龄	籍贯	职务	任期	月薪	略历	备考
释太虚	男	五六	浙江	院长兼监译	民国二十一年	义务	曾任武昌佛学院院长、现任本院院长兼中国佛学会会长	
释法尊	男	四三	河北	代院长兼主任导师并藏文佛学教授	民国二十四年	二八元	武昌佛学院毕业，留藏十年	
释尘空	男	三六	湖北荆门	教务主任兼导师，佛学教授并兼助译	民三十年	二四元	北平柏林教理院毕业	
释常光	男	四三	四川彭县	藏文教授兼导师并助译	民二十七年	二〇元	绍觉佛学院肄业，留藏七年	
释妙钦	男	二七	福建惠安	佛学教授兼导师及助译	民三十一年	二〇元	曾于闽南佛学院肄业	
释正果	男	二八	四川中江	佛学教员兼助译	民三十一年	一六元	本院专修科毕业	
释开一	男	三五	四川华阳	佛学教员兼助译	民三十一年	一六元	本院专修科毕业	
释悟开	男	四三	四川新都	藏文教员兼助译	民三十二年	一二元	留康多年	

续上表

姓名	性别	年龄	籍贯	职务	任期	月薪	略历	备考
陈耕石	男	六二	浙江绍兴	国文教员	民三十二年	义务	历充南京、台州等地国文教员	
金北溟	男	三四	北平	国文兼科哲教授	民三十二年	义务	北大毕业，成都学校教员、庚款委员会科学研究员	
释宏道	男	二九	湖南澧县	监学	民三十二年	一二元	本院普通科毕业	
释海定	男	三四	四川盐亭	事务主任	民三十年	二四元	本院普通科毕业	
释月空	男	三一	湖北枝江	会计	民三十二年	一六元	本院普通科肄业	
释诚行	男	三二	湖南长沙	书记	民三十三年	十二元	本院普通科肄业	
释超明	男	四二	湖北当阳	招待	民三十年	十四元	曾任湖北王泉寺方丈	
释永生	男	二六	湖北随县	出纳	民三十二年	十二元	本院普通科毕业	
释圆光	男	二三	四川成都	庶务	民三十二年	十四元	本院普通科肄业	
释通明	男	三三	四川西充	助理出纳	民三十二年		本院普通科肄业	
释佛性	男	三九	江苏崇明	图书馆管理	民三十一年		观宗学院毕业	

（三）基　督　教

一、基督教徒支援抗战的活动

1．中华基督教全国总会抄送第四届常会对时局宣言书致国民党中央民众训练部呈

（1937年8月4日）

为呈报事：窃本会之总会第四届常会遵章于本年七月十五日在青岛举行，前经呈报在案。常会按照预定计划进行，一切托庇经过情形良好。在会议开幕之日，有青岛市政府沈鸿烈市长暨青岛市党部李先良到场训词，并蒙沈市长热烈招待，本会下届全部职员照章全部选出，秋卿当选继任会长，一切会务办竣，经于七月二十九日成礼闭幕，全体代表现已分途离青。当闭幕之先日，会众感于国难当前，公决发表宣言，表示立场，附呈一纸，请加察核。本会此次所有议录，现在正编辑付印，俟后送呈钧鉴。再，本会事务所前在北平弓弦胡同六号，现因时局严重，在平不能推行会务，拟于最近期间将事务所迁移首都。南迁详情，到京之日再行呈报。除分呈内政部外，谨呈

中央民众训练部部长陈

附呈中华基督教会全国总会第四届常会对时局宣言

中华基督教会全国总会　会　长　陈秋卿　总干事　成静怡　谨呈

中华民国二十六年八月四日

中华基督教会全国总会第四届常会对时局宣言

基督教为和平的福音，中国人以和平为天性。当此平津变起，中日失和的时候，我会友教宗基督，籍隶中华，于感慨悲愤之余，对消弭战祸，呼求和平之情绪，不能不有所表示。

（一）我们相信，冀察当局与华北士兵，莫不极愿避免冲突，数年来为保持国家元气，维护东亚和平，忍辱含垢的与侵略者相周旋，其势至难，其情至苦。今日背城抗战，实属万不得已。其为国牺牲、宁死不屈之精神，令人感佩无慨，本会同道决以全力相援助。

（二）我们相信，中国政府为了爱护和平，不惜含辛茹苦，谋求谅解之道。蒋委员长以基督教之信仰，为主张和平之中坚。近数年中，虽饱受侵略者之欺凌与国内同胞之误会，亦不肯轻启战祸。此次以侵略者凶横不可理喻，已决意作自卫之抵抗。本会同道，对国家领袖决一致之拥护，绝对信任。

（三）我们相信，日本的武力侵略主义是一部分军人的错误思想，并不代表日本全体国民的意向，更不代表日本基督徒的思想，所以深望日本的同道能够仗义执言，唤醒民众，促成军人派的反省与悔悟。

（四）我们相信，日本的武力侵略主义若不速加制裁，必至造成全世界的战祸，深感全球同道及各国政府不加纵容观望，一致设法作有效的裁制。

（五）兵连祸结，死伤必多，不但效命疆场的将士时受枪刀的创伤，战区以内的民众亦难避免无情炮火之蹂躏。本会同道从速组织战地服务及救济工作，使横罗战祸的同胞在身体上得减少痛苦，在精神上得增加安慰。

（六）我们相信，上帝的大能在人道途穷的时候，依然有挽回劫运之希望，虔诚的祈祷在上帝心目中最为可贵。为此，深望全国同道随时组织为国难祈祷的团体，并在公众聚会与私人修养之中，为国家祈求生路，为世界呼吁和平。

中华民国二十六年七月二十八日

于青岛

〔国民党中央训练部档案〕

2. 颜福民等为申请基督教负伤将士服务协会组织备案呈及有关文件

(1939年1月—1940年3月)

(1) 基督教负伤将士服务协会致国民党中央执委会呈(1939年1月)

基督教负伤将士服务协会呈　定字第二百零四号

窃自抗战以还,英勇将士效命疆场,血肉横飞,举世感奋,诸将士为国牺牲,求仁得仁,在精神上固感觉无上之愉快,然我全国上下,为崇德报功计,亦应竭尽所能,为诸负伤将士力谋身体及精神上之慰安。因此,祥熙等发起基督教负伤将士服务协会,并曾经将本会简章先后呈奉,国民政府军事委员会办四字第一八七六号指令及行政院汉字第二二四四号公函准予备案,并转饬所属一体协助各在卷。理合抄同本会简章、职员及发起人名单各一份,呈请钧会鉴核备案,实为公便。谨呈

中国国民党中央执行委员会

计时呈简章、职员及发起人名单各一份

基督教负伤将士服务协会名誉会长　孔祥熙

会长　颜福民

副会长　黄仁霖

钟可托

总办事处主任　范定九

中华民国二十八年一月　日

基督教负伤将士服务协会简章

第一条　本会定名为基督教负伤将士服务协会。

第二条　本会本基督博爱精神，以服务负伤将士为宗旨。

第三条　本会以发起人三十人为基本会员，凡经基本会员二人以上介绍者，得为本会会员，会员有担负本会经费之义务。

第四条　本会职员为名誉会长一人，副会长二人，书记一人，会计二人，由会员推选之，任期一年，连选得连任。

第五条　本会设执行委员会，以本会职员六人及会员代表三人组织之，为本会决定服务方针之最高组织。

第六条　本会设总办事处，其主任由本会执行委员会聘请之，负实施服务方案之责。

第七条　本会总办事处主任得商承本会执行委员会，组织干部，推行工作。

第八条　凡对于本会服务方案有特殊贡献者，得由本会执行委员会聘为总办事处名誉主任。

第九条　各地基督教团体，得请准本会执行委员会设立分会，协同本会推进服务负伤将士之工作。

第十条　本会执行委员设经济委员会，以委员五人组织之，负核预算及决算之责。本会会计及总办事处主任为当然委员。

第十一条　本会总办事处及所属干部之会计，皆由本会经济委员会聘请之。

第十二条　本会经费由国内外公私机关及团体指拨或捐助之。

第十三条　本会每年举行会员全体大会一次，执行委员会每三个月举行会议一次，皆由会长召集之。经济委员会每月举行会议一次，由主任委员召集之，遇必要时会长得临时召集特别会议。

第十四条　本大纲自呈准之日起发生效力。

基督教负伤将士服务协会发起人名单（以签名先后为序）

孔祥熙　吴德施　颜福庆　高　郎
胡兰生　黄仁霖　陈国良　陈立廷
林可胜　郭泰祯　高秉方　桂质廷
董显光　周神父　王应安　彭乐善
布　郎　钟可托　张蔼真　冯玉祥
高伯兰　王宠惠　朱庆兰　方鼎英
王志莘　李　晋　黄　溥　范定九
张伯怀　王揆生

基督教负伤将士服务协会职员名单

名誉会长　孔祥熙　会　　长　颜福庆
副 会 长　黄仁霖　钟可托
书　　记　高伯兰　会　计　陈立廷
布　郎
总办事处主任　范定九

(2) 中央调查统计局致社会部函(2 月 27 日)

国民党中央调查统计局(密)公函　渝情字第 1208 号

兹有关于基督教负伤将士服务协会之调查报告一件，相应抄同原报告，函请查收为荷！此致

中央社会部谷部长

附抄原报告一件

局　长　朱家骅
副局长　徐恩曾

中华民国二十九年二月二十七日

基督教负伤将士服务协会之调查

宜昌二月十七日讯：

基督教负伤将士服务协会成立已历二年，现与后方勤务部合办伤兵招待所一百二十处，分布各战区工作，为负伤将士服务颇收

成效。共党分子以该会范围大，极图混入活动，藉以掩护其发展民运工作。兹将该会成立经过、组织状况及共党分子混入活动情形分述如下：

（一）成立经过　二十六年十月，全国基督教协进会、华洋义赈会，中华医学院等团体组织救济委员会请美人高伯兰博士亲赴前线救济难民，高氏在前线观察，鉴于负伤将士在途中感受痛苦尤甚于难民，遂商请救济委员会改为基督教负伤将士服务协会，并得孔祥熙、冯玉祥、王宠惠、黄仁霖、钟可托诸先生之赞助，于二十七年三月在武汉正式成立。

（二）组织状况　该会成立后，即设总办事处于武汉，并设七个区办事处于各战区，每处辖三小队，每队五、六人不等，第一办事处设西安，第二办事处设郑州，第三办事处设徐州，第四办事处设南昌，第五办事处设咸宁，第六办事处设浠水，第七办事处未设（在徐州冲散），第八办事处设长沙。至武汉退守后，仅余四个办事处，全部工作人员亦不足百人。迨二十八年三月复与军事委员会后方勤务部合办伤兵招待所，扩编为五总队，每总队辖二大队，每大队辖三中队，每中队设四招待所，每所职员三人，长伕二人，全国计设一百二十伤兵招待所，分布各战区工作，计第一总队驻洛阳、南阳、渑池一带，一部在中条山，第二总队驻广东，第三总队驻襄樊一带，第四总队驻荆沙、荆宜沿线，第五总队驻西安、潼关、晋城、阳城一带。

（三）重要负责人

执行委员会名誉会长　孔祥熙

会长　　颜福庆

副会长　钟可托、黄仁霖

名誉主任　高伯兰（美人）　书记　范定九

执行委员　王宠惠、吴贻芳、孟良佐、胡兰生、崔唯吾、陈文绣、陈铁生、黄伯度、张季鸾、张蔼贞、卢致德、罗运炎、窦学廉

总办事处主任　范定九　副主任　安兰(美人)

副主任兼秘书主任　宋哲夫　副主任兼组织主任　张伯怀(曾公开宣赞边区建设后离职)

视导主任　耿元学　训练主任　贾伊箴(共党分子兼第一总队长住洛阳)

总务主任　陈瑞璜

区办事处:驻陕主任朱晨声、驻湘主任侯怀礼,驻桂主任宋如海、驻鄂主任黄致三(共党分子)

四、共党在该会中之活动:二十八年四月共党分子谢冰莹参加该会工作,引带一批共党分子,在宜昌担任该会组训工作,以第四总队为其基干,八月间谢乃与贾伊箴在老河口训练第一、三两总队,因之原潜伏该会中之共党分子均起而活跃。嗣经上级察知,撤谢职务,十二月十日谢到襄樊时,第三总队秘书谭天民、事务员刘逸生,第一大队长谢鸣范、第二大队长郭钧等(均系共党分子)均往欢迎,谢向该队讲撤职经过,共党分子均愤愤不平,纷纷请假。惟未获准。刻下谢又将该总队共党分子杨恢远、甘芝华、曾宪星等介绍至洛阳第一总队贾伊箴处及陕西第五总队朱晨声处工作,以为联络。

(3) 国民党中央社会部致中央调查统计局函(3月8日)

中央社会部公函(密)　机动字第223号

准贵局二十九年二月二十七日渝情字第一二〇八号公函检送基督教负伤将士服务协会之调查报告,嘱查照参考一案。查该项报告极关重要,除分函豫鄂两省党部随时密切注意外,相应函请贵局继续调查,并将调查结果随时见示为荷。此致

中央调查统计局

中华民国二十九年三月八日

(4) 国民党中央社会部致河南省党部公函(3月8日)

中央社会部公函　(密)机动字第221号

准中央调查统计局函送关于基督教负伤将士服务协会之调查报告。查该会训练主任兼第一总队长贾伊箴，现住洛阳，为该会负责人员中之共党分子。又共党分子杨恢远、甘芝华、曾宽星等，由共党分子谢冰莹介绍至洛阳第一总队及陕西等处工作。该会现与后方勤务部合办伤兵招待所，工作范围广大，性质极为重要，除分别办理外，相应函请密加注意，并将侦察结果随时函送参考为荷。此致

河南省执行委员会

中华民国二十九年三月八日

(5) 国民党中央社会部致内政部公函(3月14日)

中央社会部公函　渝字第2647号

准贵部渝警七四七号公函：关于基督教负伤将士服务协会呈送修正简章，请备案一案，请查复等由。查该会之组织，据呈系经军事委员会及行政院核准，事后呈请本部备案。除指令准予备案外，并已饬该会呈报贵部备案。准函前由，相应函复查照为荷。此致

内政部

中华民国二十八年三月十四日

〔国民党中央社会部档案〕

3. 美国基督教安息会秘书长鲍尔贝关于声援中国抗战事致蒋介石函

(1940年3月22日)

蒋委员长勋鉴：一部分美国人士间接援助日本侵略贵国，言之痛心，且感无上遗憾。兹随函附奉本会所发新闻通讯稿一篇，此稿颇引起出版界之注意，《纽约时报》亦为其中之一。贵国努力奋斗，欲战胜敌人，保持国家之权益，同人深信美国人民之中，百分之九

十八俱表示同情，贵国人民惨遭轰炸屠杀及饥饿流徙之苦，此种暴行实为文明之羞，且不啻讥讽宗教，向基督教教义挑战也。今世界发生纠纷之处甚多，文明与基督教之精神在许多国家已失去能力，阁下如知美国人之心理，必知美国人对此，心中如何苦痛。美国及其他国家之爱护正义自由者，其民众之情绪，想阁下所深悉，且早已获得证明矣。美国国外基督教联合会前任秘书白朗博士最近曾云："吾人不明上帝为何允许世上有如许悲剧发生，然吾人知上帝至善，苟忠信上帝，依照上帝之意志行事，决无错失，公理必显，而恶魔必灭。"贵国所遭之屠杀与苦难，往者已矣，不能挽回于万一，然古语有云："真理不朽，虽遭摧折，必有复活之时"，而"谬妄"即或有人为之祈祷，苟受创伤，必婉转以亡。今日为礼拜五，为基督受难代人类赎罪之日，敬修寸简，向阁下作恳切之表示，吾人乃将继续竭尽所能，援助贵国，使贵国之战事早获胜利。本会系美国二十二各宗派教会团体所组织，正式会员二千万人，赞助人至少在数万名以上，鄙人忝为秘书长，此函虽非本会名义之公函，然鄙人可以断言，本会会员对贵国抵抗侵略之奋斗，绝少不表同情者。

鲍尔贝上

三月二十二日

（附鲍氏向新闻界谈话稿译文、复有鲍氏与参议员来往函稿副本数篇）〔函稿副本略〕

附抄纽约美国基督教安息日同盟会秘书鲍尔贝博士于二月十三日礼拜二接见新闻界代表罗斯，发表谈话如次：

按鲍尔贝博士现正向各参议员与众议员积极活动，以期实行对日禁运。美国基督教安息日同盟会向代表全国且拥有会员约二千万人之二十一个教会团体取得联络，切实合作。过去数月内，鲍尔贝博士尝赴各地访问数千教徒，交换关于禁运问题之意见，鲍尔贝博士尝谓："余深信余已领会各地教会领袖与一般教徒之基督精神，盖彼等对于禁运足以杀害中国人民之军火赴日'此其时矣'咸有同感。”鲍尔贝博士继称，彼尝函商多数参议员与众议员，其中除二人外，大都对其请求拥护，外交委员会主席毕德门氏所提参议院决议第一二三案，均表赞同。鲍尔贝博士致毕德门氏之函，具见彼向各方请愿之要旨，兹引数段如下：

“倘吾人一念日本政府及其军阀侵略中国之残暴不仁，虽铁石心肠亦必有动于中。余之旧友又为余在普林斯登神学院之同学斯考特博士及其他在华教士，咸以吾国政府未能采取有效方法停止大量供给日本籍以顺利进行对华侵略战之物资，深感痛心，即凡信仰基督教义与文明者，莫不伤情。近年来正锐意图治努力向上之伟大友邦，其人民目前所感之惨痛，诚非笔墨所可形容。”

“阁下乃国之干城，众望所归，设法免中国于再被凌辱，并使吾国免于因反基督教义的资助侵略国而得罪无可赦之果报，当非难事。”

“余等对于阁下所提参议院所决议对破坏九国公约国家实施禁运之第一二三案，愿极全力以为后盾。其他相同之措置，尚待国会定夺，余等深信阁下必能将此议案早日顺利施行，盖一九一一年美日商约业已废止矣。倘遇必要，外交委员会可召开讨论会，余等无为乐于直陈愚见，以备采纳。”

“余等深望吾国毋使中国认为吾人对于日本因得吾国资助而所作之罪恶，真能容忍，视若无睹。”

“余等自宣道台上大声疾呼斥责吾国与他国之罪过，并将晓谕同胞，今日吾人所宜宣讲者非仅福音而已，且必须于此距最后审判尚远之时传布上帝圣意。”

鲍尔贝博士于致他人之函中复谓：“前上数简，讨论对日禁运案，并请阁下竭力提早实施禁止将废铁、汽油及其他军需品运日，谅邀察入。工商业巨擘仅贪血迹斑斑之金钱，乃不惜助纣为虐，是诚一大罪过，且属不名誉之事。吾人深信史订生氏所见极是。并信美国倘非即行停止援助日本，或将如过去情形自食其果，前林肯总统不惜流血解放农奴可为殷鉴。”

眉批：请中宣部国际宣传处代为复谢。陈〇〇。六月九日

〔国民党中央宣传部档案〕

4. 重庆天主基督教爱国人士组织慰劳救济动员委员会开展慰劳救济将士工作的函件

（1944年12月15日）

（1）慰救会致董显光函

径启者：抗战踏入胜利阶段，消灭敌寇，指日可期。然苦战七载有余，人力物力之耗损不可胜计，值此百废待兴之时，有心人不能不及时奋起，共促胜利之早临。我宗奉天主及基督同道之爱国情绪与行动，向不后人。兹为慰劳前方及过境将士，救济千里来归之难胞难童，援助负伤及残废之荣誉军人及抗战军人家属，并加强对国内外之宣传，以提高及巩固自信与共信种种工作计，特由天主基督教领袖共同发起组织陪都天主基督教慰劳救济动员委员会，约请热心人士同负推动上项工作之责任。查本会业经于本月九日（星期六）召开发起人大会，并即席通过会章及会务纲要，至各项工作亦在积极推进中。以事关卫国保民大业，切需贤明，群策群力，以期尽善尽美。素仰台端，热心救国救民工作，用特专函聘请，惠予担任本会委员，共襄义举，并盼勿却，仍希赐复为幸。此致

董显光先生台鉴

（2）慰救会工作报告（1944年12月15日）

陪都天主基督教慰劳救济动员委员会工作报告第一号

（一）本会已收捐款国币二百六十五万元，由金城银行代收（所收捐款数目仍由本会在报端随时公布）。

（二）本会业已采购大批猪肉牛肉大头菜，分装四大卡车，于十二月十三及十六两日交本会慰劳团黄次咸等七人，运送黔桂前线慰劳国军。

（三）本会现发起第一次“一万套衬衫衬裤劳军运动”，每套成本四百元，向各方劝募。现已响应认捐者计：(1)璧山丁家坳九江同文中学一千五百套；(2)重庆印刷厂三千套。

（四）本市过境国军甚多，因长途跋涉多有病倒者，现本会已洽请仁济、宽仁等医院加以优待收治，医药等费由本会负担，同时并请文德女中、精益中学同学前往慰劳，代写书信及其他服务。现仁济医院已收治病兵二十人。

（五）中央信托局印制处响应本会慰劳救济工作，捐印三十四年年历五万份，每份义卖一百万，可收捐款五百万元，拨交本会应用。

〔国民党中央宣传部档案〕

5. 国民党中宣部国际宣传处关于协助解决从沦陷区撤至西南后方之美国传教士事致蒋介石呈稿

（1940年11月—1941年3月）

（1）中宣部国际宣传处致蒋介石呈（11月7日）

中央宣传部国际宣传处呈　国渝字第3106号

事由：中华全国基督教协进会在沪开会，决定一部分美国教会侨民撤至我后方，希望政府予以协助，呈请鉴核由。

谨呈者：顷据中华全国基督教协进会总干事陈文渊来渝报告称：该协进会于十月十一日在沪召集各美国教会干事、大学校长、医务人员以及其他工作者，讨论在美国政府下令撤侨之后，适应现局之全体行止问题，当经议决如下：

一、各家庭妇女孩童、体康不健全者，所任非必要工作者，适在休假期者，应即撤返美国。

二、壮年男子与妇女，自问无居留沦陷区域之可能者，应即撤至自由中国。

三、极少数会员三十余人，有居留沦陷区必要，并抱在任何困苦环境中奋斗之决心者，应即积极作居留之准备。

经统计，第二项所规定自愿撤至我抗战后方者，约有四五百人，准备分赴我后方各处参加教会各项工作，其分配定有下列三系。

一　贵阳、桂林、梧州、韶关、衡阳、长沙一系；

二　赣南及闽省为一系；

三　从昆明北上赴滇、川、陕各重要都市为一系。

窃念抗战开始以来，国内美国基督徒予我物质上与精神上之援助甚多，而该会此次决议，有工作能力者四五百人撤来抗战后方，参加各部分有利我抗战之教会工作，不独厚我实力，壮我声威，且其见义勇为之牺牲精神，足以感动美邦朝野，益增其援我之热忱，倭奴睹此，将颓丧不知所矣。以国际宣传之立场言，此种良机，应力予促成，不容错失。经向陈总干事征询该会所希望我政府予以协助者有下列三端：

一、予以交通上之便利，或准其免费旅行。其入境路线有三：一、由滇缅路至昆明，再西〔东〕赴黔、桂、湘、赣各省；北赴川、陕、甘、宁各省。二、由香港至韶关，再赴桂、湘、赣、闽各省。三、由宁波赴浙赣、湘闽各省。

二、通令沿途军警照料保护。

三、彼等到达目的地时，先由当地教会妥为照料，惟遇有困难时，希望地方当局协助其妥筹居住及办公房屋。

兹事体大，如蒙鉴其诚挚，允予所请。似宜责成行政首长指导方针，复派专员负责办理，是否有当，敬祈鉴核。又据陈总干事报告：在沪教会学校就学之学生约有四五千人，皆愿由宁波来后方转

学，拟报告教育部陈部长洽办，理合一并呈明。谨呈
总裁蒋
中华民国二十九年十一月七日

（2）董显光致俞飞鹏函（3月27日）

中央宣传部国际宣传处公函　国渝字第3589号

樵峰吾兄部长勋鉴：敬函者：查协助居留沦陷区美侨撤出，转赴后方工作，藉以增强抗战实力一案，前奉委座谕：准由地方长官及交通机关予以保护及协助在卷。兹据办理美侨撤来后方事宜之咨询委员会负责人陈明新来函，为有中国内地会会员F、E、Keebles牧师及其夫人由沪经仰光来渝，现已抵达云南大理府，携有行李一吨半，缺乏车辆，无法运带，嘱代设法等语。敬特来函，拟恳吾兄鼎助，转饬西南运输处或其他部分供给该外人等以交通上之便利，俾获于最短期内，携带其行滞于滇缅路之全部行李，乘车来渝。兹将陈明新君原书抄奉，务祈惠察俯允，不胜公感。专颂
勋安

弟董〇〇谨启
三十年三月二十七日
〔国民党中央宣传部档案〕

6. 中华基督教会全国总会边疆服务部呈送民国卅四年度工作报告的代电

（1946年3月18日）

重庆。行政院宋院长钧鉴：敬呈者，本部边疆服务工作，仰荷指示，并承补助，得无陨越，感幸奚如。兹缮奉三十四年度工作报告一份，敬请鉴核备查为祷。中华基督教会全国总会边疆服务部主任张伯怀。寅巧。蓉。叩。

中华基督教会全国总会边疆服务部三十四年度工作报告

引　言

岁月不居，民国三十四年已成过去。回顾过去的一年，新的计划虽因经费的限制未能全部如愿完成，但原有工作却均能顺利进展，而各地同工亦均未以待遇菲薄，生活艰苦而减低服务热诚与工作兴趣，差堪告慰于关怀协助本部之各有关团体人士，谨将三十四年度各部事工概况陈述如下：

壹　川西区事工

（一）教育工作：

（甲）学校教育

（子）佳山寨小学

（1）教员：孙天伟、李丽，四川省立教育学院毕业。

（2）学生：三十八人。全系羌人，计一年级十一人，二年级八人，三年级七人，四年级五人，五年级四人，六年级三人。

（3）附注：该校本年第一班毕业生计共三人，已于暑假后升入省立威州师范。

（丑）日尔觉寨小学

（1）教员：上季为贾克嶷，下季为张钦刚，均梓潼国立师范毕业。

（2）学生：二十九人，全系戎人，计一年级十人，二年级八人，三年级五人，四年级四人，五年级二人。

（寅）立力寨小学——该校原设二瓦寨，于本年春迁移立力寨。

（1）教员：上季为宋明智，下季为伍明乐。宋为国立六中毕业生，伍毕业于广东协合神学。

（2）学生：二十一人，系羌戎混合族，计一年级十二人，二年级六人，三年级三人。

（卯）萝布寨小学

（1）教员：吴祖泰、王湘杰，河南新安县立师范毕业。

（2）学生：二十三人，全系羌人，计一年级十三人，二年级七人，三年级三人。

乙　社会教育

（子）民众学校

（1）佳山寨民校——附设小学内，分男女二班。

男子班：学生二十七人，孙天伟主持；

妇女班：学生十八人，李丽主持。

课　程：音乐、常识、算术。

（2）日尔觉寨民校——附设小学内。

学生：二十一人，均系男性。

课程：常识、国语。

（3）立力寨妇女班

学生：十二名。

课程：常识、音乐。

（4）萝布寨民校：分男女两班。

男子班：学生计十五人，吴祖泰负责；

妇女班：十人，王湘杰负责。

（5）杂谷脑妇女班——附设礼拜堂内。

学生九人，汉人六，戎人三。上半年赵美静女士负责，下半年李美英女士负责。

课程：音乐、常识、手工。

（6）杂谷脑贫儿半日学校——附设医院内。

儿童——平均十五六人，每周二、四下午在医院广场中举行，由曹守田及李英主持。

课程：唱游、国语。

（丑）民众阅览室

(1) 理番城里、设区办事处内。

(2) 威州设前诊所内，由夏萃恩负责。

(3) 杂谷脑设医院内，由曹守田干事负责。

附注：各处均设有日报、杂志及通俗读物。并经常展览美国新闻处供给之时事照片。

(寅) 巡回施教　本工作与巡回医疗合作进行。以威州、理番、杂谷脑为三大中心。平均每半月至附近各村寨巡回一次，施教内容为：报告国事，提倡教育，宣传卫生，指导农事等，付之以图画展览。

(二) 卫生工作

(甲) 医院诊所工作：

(子) 威州医院：本院原为诊所，自本年十二月迁移新址，扩充设备，收容病人，兹将一年工作概述如左：

(1) 主持人——马锡山、许林山。

(2) 门诊人数：全年共计：一九四七五人。

初诊 汉人——五，二九〇人
　　 边民——二，一三五人

复诊 汉人——一〇，七二八人
　　 边民——一，三二二人

(3) 住院病人：一五人

(4) 病例统计

病例	传染病	寄生虫病	呼吸系病	循环系病	消化系病	内分泌及营养缺乏症	生殖泌尿系病	花柳病及皮肤科	妇产科病	外科	五官科	其他疾病	原因不明	黑热病
统计	830	623	356	107	763	150	106	863	210	1780	340	60	56	15

(5) 保健工作

健康检查：汉人——三二七人
　　　　　边民——一三五人

防疫针：七二九人
汉人——六〇一人
边民——一二八人

施种牛痘：
汉人——三五九人
边民——一七八人

（丑）杂谷脑医院：本院原为诊所，设于杂谷脑之营盘街，本年春迁移商业中心区之兴隆场，扩充病房，增添设备，并聘请崔毓珊医生为院长，一年工作概况如左：

（1）主持人：崔毓珊、李美英。

（2）门诊人数：全年共计九，一九八人。

初诊：
汉人——一，七九六人
边民——一，一九七人

复诊：
汉人——三，九三二人
边民——二，二七三人

（3）住院人数五二人。

（4）保健工作：

健康检查二〇五人
汉人——一八二人
边民——二三人

防疫针二五三人

施种牛痘四一八人
汉人——二七七人
边民——一四一人

（5）病例统计

病例	传染病	寄生虫病	呼吸系病	循环系病	消化系病	内分泌及营养不良	生殖泌尿系病	妇产科病	皮肤科及花柳病
统计	320	300	144	92	297	204	87	82	372

病例	外科病	眼耳鼻喉牙科病	其他疾病	原因不明	黑热病	戒烟
统计	519	340	60	56	15	47

（寅）理番协立医院：该院原于三十年春由本部与地方合作办理，由地方供给地址。此时理番县尚未成立县卫生院。七月中，本部检讨当时工作，为避免重复计，当即决定将人力物力先行迁移杂谷脑，充实杂谷脑医院，然后再作深入边地之计。该院即于九月结束。兹将一至九月工作情形报告如左：

（1）主持人：孙自宽

（2）门诊人数：全年五，四九〇人

初诊：汉人——七三四人
　　　边民——三九六人

复诊：汉人——三，四八六人
　　　边民——八六五人

（3）病例统计

病例	传染病	寄生虫病	呼吸系病	循环系病	消化系病	内分泌病及营养缺乏病	生殖泌尿系病	妇产科病	花柳及皮肤病
统计	206	132	82	71	411	70	64	55	200

病例	外科病	眼耳鼻喉牙科病	其他疾病	原因不明
统计	298	231	55	52

（4）保健工作

健康检查：一四二人　汉人——一二五人
　　　　　　　　　　边民——一七人

防疫针：一八五人

施种牛痘：二一五人　汉人——一八一人
　　　　　　　　　　边民——三四人

（乙）巡回医疗：

（子）威州

（1）巡回次数：全年共计十八次，平常均为一天来回的路程。较远者计有三次，一为汶川之草坡，往返一周，一为汶川之银杏坪，往返四天，一为茂县之白水寨，往返三天。

（2）就医人数：一，七三三人 汉人——一，一八五人 边民——五四八人

（丑）杂谷脑：

（1）巡回次数：全年共计十五次

（2）就医人数：一，〇五〇人 汉人——四二五人 边民——六二五人

（寅）理番（一一九月）

（1）巡回次数：共计十次

（2）就医人数：五八三人 汉人——三二〇人 边民——二六三人

（卯）总计：诊疗人数：三，三六六人 汉人——三二〇人 边民——二六三人

（三）生计工作

（甲）畜牧改良场：

（子）主持人——刘国士，金陵大学农学院暨美国苏里大学毕业。

（丑）场址——设于威州

（寅）现有家畜：

（1）荷兰种霍司丁公牛两头；

（2）霍司丁杂交母牛两头；

（3）法国纯种拉不兰绵羊五双；

（4）瑞士种乳山羊五双；

（5）本地绵羊三十双。

（卯）目的

(1) 以人工交配法大量繁殖优良家畜品种。

(2) 用杂交法改良当地家畜品种,已同当地农家之耕牛开始杂交工作。

(乙) 麦病防治

川西岷江上游一带,经刘国士干事于三十三年冬之调查,发现小麦病害至为严重,尤其小麦腥黑穗病更为普遍,于是本年秋开始商同四川农业改进所之合作,施以麦病防治。川农所并加派该所技佐夏怀思先生前往协助,为时近两月,自九月十五日起至十一月十一日止,经大小三十四个村寨,用炭酸铜粉处理考种一〇六一·四市斤,预期可推广二五三八·九市亩,以每亩减少损失至低为一斤计,则三十五年度可增产二五三八·九市斤。

(丙) 毛织传习:本年以萝布寨为传习中心地点,由王湘杰负责,主要工作为利用当地羊毛,指导洗染,并织打一般衣物,就地销售。

(贰) 西康区事工

(一) 教育工作

(甲) 学校教育

(子) 小墨菁小学:

(1) 教员:罗皓明、傅正达、傅深泽。

(2) 学生:计三十二人,夷生三十人,汉生二人;一年级十人,二年级九人,三年级五人,四年级三人,五年级三人,六年级二人。该学校近年毕业生升入会理金江职业学校者已有五人。

(3) 附注:该地夷区四周均系汉人,对夷人极为鄙视,且不时多方陷害。本年冬初,校董傅德安、教员傅正达、傅深泽等均以私人挟嫌陷于缧绁中,致学校大受影响。

(丑) 小高山小学:

(1) 教员:谭秉玺、凌绍成。

(2) 学生:十八名,男十五,女三,全系夷生,计一年级十五名,二年级二名,三年级一名。

附注：该校自秋季谭秉瑟先生到校后，力谋扩充，改建旧教室，并增建教室两间，开辟校园一所。

（寅）四开小学：该小学自本年九月起开始筹备，建教室，造校具，原计划十一月即开学，嗣以夷区工人困难，建筑材料缺乏，教员张伟才除一部分时间监督建筑事工外，每天召集附近儿童教以简单国语与诗歌。儿童数目不定，平均十二三名。

（卯）西昌惠康幼稚园

（1）教员：马骥声、刘善庭

（2）儿童：共计四十七名，男三十名，女十七名。

（3）附注：该园虽成立仅一年，但以教员努力，办理成绩尚好，曾蒙部令嘉奖。

（乙）社会教育

（子）民众学校

（1）小黑青民校——附设小学内，分普通与高级两组：

普通组学生十五人——黑夷五人，白夷十人。

课程为：音乐、常识（民众教材）。

高级组七人——黑夷五人，白夷二人，均系曾在小学受过教育者。

课程为：常识、算术。

（2）大宛民校

学生：三十九人，男三十五人，女四人。

课程：音乐、常识（民众教材）。

（3）小高山民校：附设小学内。

学生：计十名，女七名，男三名。

课程：音乐、常识——以民众教材为主，以学国语为目的。

（4）四开民校：该民校于十月开始，由冼崇光、张伟才两同工负责，开始以学习国语为主，学生计有九人，均系男生。

（丑）边胞招待所

主持人——上半年为黄裔、王朝清，下半年为张国人、骆元章。

招待人数——全年计共招待六，九一二人，黑夷二，六〇四人，白夷三，四〇八人。

工作：

第一，招待方面，计为供给宿处与茶水，膳食自理，本部供给柴薪，如有对外交涉事宜，本部代为接洽，或领导前往。

第二，教育方面，每晚有音乐，时事讲话，汉夷同乐会等。

第三，出版汉夷旬报，作为夷区小学已受教育夷人之补充读物，该报内容为国内外大事记、常识，介绍通俗文艺，均以夷人为对象，夷文国语并列。

第四，组织夷语研究班——二月一期，共举办两期，第一班十三人，第二班十八人。

（2）河西边胞招待所——附设河西服务处内，由王靖寰同工负责，这里来往夷人少，一切都简单。全年计共招待夷人一千三百二十五人，内中妇女有二十三人。

（寅）民众阅览室

（1）西昌城里设区办事处内。

（2）河西设服务处内。

（3）昭觉设四开服务处内。

附注：各处均备有日报、杂志及通俗大众读物。美国新闻处并经常供给时事画片，以备展览。

（卯）巡回施教：本工作与巡回医疗合作进行，以西昌、河西、小黑菁及昭觉四开为中心。施教内容为：报告国事、提倡教育、宣传卫生、指导农事等，付之以图画展览。

（二）卫生工作：

（甲）医院诊所工作

（子）西昌医院——本院自三十年二月始与西昌卫生院合作，经过情形，双方都感满意。

(1) 院长——曲崇礼。

(2) 门诊人数——全年共计二七,七三五人。

初诊:汉人——一二,二九七人
夷人——七二九人

复诊:汉人——一四,四六八人
夷人——五四一人

(3) 住院人数——四五一人 男三二四人 女一二七人

(4) 保健工作:

健康检查:计共一,三二八人 汉人——一,一〇八人 夷人——二二〇人

施种牛痘:二,一九四人

防疫针:三,五〇七人

(5) 病例统计

病例	传染病	寄生虫病	呼吸系病	循环系病	消化系病	内分泌及营养不良病	生殖泌尿系病	妇产科病	皮肤病及花柳病
统计	1804	597	895	336	1535	860	320	243	1440

外科病	眼耳鼻喉牙科病	其他疾病	原因不明	戒烟
3095	1765	769	296	100

(丑) 河西诊所:该诊所自本年三月开始。

(1) 主持人——陈明益。

(2) 门诊人数——全年共计四,七五三人

初诊:二,八八九人 汉人——二,五三八人 夷人——三五一人

复诊：二，八六四人 汉人——二，二五九人
夷人——六〇五人

（3）病例统计

病例	传染病	寄生虫病	呼吸系病	循环系病	消化系病	营养不良	生殖泌尿系病	妇产科病	皮肤科花柳病
统计	215	102	53	45	202	218	71	35	201

病例	外科病	眼牙耳鼻喉科病	其他疾病	原因不明	戒烟
统计	282	193	63	35	15

（4）健康工作：

健康检查：八九人

施种牛痘：二〇三人

防疫针：二三五人

（寅）四开诊所：该诊所自十月开始。

（1）主持人——李光明。

（2）门诊人数——共计五五二人

初诊：三二五人 汉人——三五人
夷人——二九〇人

复诊：二二七人 汉人——一七人
夷人——二一〇人

（3）病例统计

病例	内科	外科	眼科	皮肤
统计	101 人	215 人	83 人	153 人

（乙）巡回医疗：

（子）西昌

（1）巡回次数：

第一，西昌至德昌——二月十五日至二十日，路程是一二〇里，经过大小村镇十五个，诊病人数是三三九人，男一八三人，女一四六人。

第二，西昌至小黑箐——六月十八日至七月二十九日，路程是四四〇里，经过大小村寨十七个。诊病人数是三八一人，男一五七人，女二二四人。

第三，西昌至昭觉——四月十日至六月二十五日，路程是三七五里，经过夷村三十二个，诊病人数是九三五人，男五五一人，女三八四人。

第四，西昌至河西——二月十九日至二十四日，路程是九十五里，经过大小村镇二十一个。诊病人数是七二四人，男三九七人，女三二七人。

（2）共计诊病人数——二，三六九人 汉人——九〇八人；夷人——一，四六一人

（丑）河西诊所：

（1）巡回次数——共计九次

（2）巡回主要地点——以河西为中心，北去沿大路经高草坝、罗家场、泰和场至小高山，南去经崔家营、阿七沟、黄连关等镇场。

（3）就医人数——共计一，四九三人 汉人——一，二〇五人；夷人——六八八人

（寅）四开诊所：

（1）巡回次数——共计十二次，走遍四开周围二十里路以内的夷寨二十一个。

（2）诊治人数——三一五人 汉人——二五人；夷人——二九〇人

（卯）统计诊疗人数——四，一七七人 汉人——二，二三八人；夷人——一，九三九人

附注：宁属汉人中以疟疾及甲状腺肿病为最普遍，甲状腺肿病尤为严重，平均患者在百分之五十以上，穷乡僻壤中一般妇女儿童百分之七十以上患此病。夷人中以患胃病眼疾者较多，以夷人嗜酒如命，居屋无光。

（三）生计工作：

（甲）农作物引种试验——利用西昌城内较空地面作试验场，主要作为：

（1）玉蜀黍品种比较试验——引用外来品种四十五种（铭贤二十种，金大十五种，川农所十种），结果有十品种较当地品种（西昌黄包谷）为优良，尤以铭贤金皇后、金堂37、应字39三品种为最优，其产量超过本地品种百分之廿五·五。拟用以大量示范推广。

（2）高粱品种试验——引用外来品种十五种，皆来自铭贤农学院，结果以九号及十二号两种为最优，较本地品种杆坚而高大，产量超本地品种百分之十七·八。

（3）小麦品种试验——引种外来品种二十四种，于十月十日下种，结果须到翌春收获后方能计算。

（4）雪茄烟育苗——于十月十九日下种，共计品种二十，皆系外国有名品种，世界著名之哈瓦那（Hwana）即其一，望于翌年育苗成功。

（2）昭觉农场：昭觉夷区土壤大半肥沃，惟夷人文化低，农耕常识太差，农作物只以玉蜀黍及洋芋为主，昭觉服务处成立之后，即由李应三同工负责筹备，在四开附近择地试办示范农场，推广优良品种，指导当地夷人改良农耕方法，该农场已定三十五年春先行试验推广在西昌试验满意之农作物品种。

（叁）云南服务处

（一）成立经过：

（甲）调查筹备——三十三年七月派张宗南干事前往云南调查，并筹备工作区域，张干事八月深入滇北边胞区域从事调查地方情况，为期三月即建议在滇北苗区内设立服务区。

（乙）成立服务处——服务中心原择定在滇北嵩明、富民、禄劝、罗次等县交界之柿花箐。张干事于十一月初前往筹备，并设计工作。三十四年一月，滇北中华循道会召开年会邀请张干事参加会议，并报告本部工作。该会素重视边民服务工作，于是即行商定双方合作，并确定以寻甸为工作中心。此地主要边民为苗与夷。张干事即于二月初由柿花箐迁至寻甸，云南服务处即告成立。

（丙）初步工作——云南服务处成立后，一面延聘工作人员，一面即以现有人力开始工作，初步工作以教育为主，已进行者计为：

（子）边疆工作干训练——招收苗夷子弟之有小学程度者，予以基本常识及实际生活（木工、纺织）技术之训练，以造就开发边疆之下级干部。该班于三月中开班，招收学生十名。张宗南干事自任班主任，循道会派同工二人协助。

（丑）择定实验村——为工作实验及便于学生实习计，即择定寻甸城西北之小多姑村作为工作推动实验之中心。

（寅）小学教师协进会——这一个区域内，循道会已办有小学多处，惟教师程度甚差，该服务处为改进地方小学教育起见，即发起组织各小学教师成立教师协进会，除商讨学校改进诸问题外，并计划定期举行教师短期训练班，分期训练现有教师。

（卯）组织边疆研究会——张宗南干事住昆明期间，为促使各界注意边疆问题起见，特联合民政厅边政设计委员会及青年会组织边疆研究会，每月聚会一次，邀请边疆问题专家演讲先后共举行八次。

（二）计划改变——云南服务处于本年八月决定改变工作计划，现有工作均移交循道会。此一改变主要原因有三：第一是云南生活程度太高，不易聘请工作人员。第二是张宗南干事以妻子病，不能长期在边地工作，第三是正当本部重新考虑云南工作之时，敌人突然投降，当即深感云南真正边民中心区域在滇西，今后工作应以滇西一带为主要区域，于是毅然将现在工作设施移交循道会。准备开始滇西工作。

（肆）其他工作

（一）凉山抗建服务团

（甲）组织缘起——民国三十三年夏，迭据本部西康区报告，凉山区内时有盟机被迫降落，以夷人不知救护，盟军之生还者颇遭困厄。本部认为抗战正烈，空运频繁，今后类似不幸事件有增无减，于是在三十三年十二月商得成都各大学当局之赞同与合作，发动青年学生组织凉山抗建服务团，深入凉山夷区，藉卫生教育等服务方法，普遍宣传抗战建国有关事项，并实际调查夷区情况。该团于一月中组织成立，二月初训练一周，二月下旬出发，三月抵西昌。

（乙）团员人数——共计十五人，团长张伯怀，副团长朱晨声。

（丙）工作路线——该团四月三日由西昌出发，东进昭觉，历经四开、布施、竹核、美姑河及北山夷区之热水、泸沽、甘相营、冕山等地，后经越嶲、富林、雅安返成都。七月中抵蓉。

（丁）主要工作：

（子）抗战宣传——利用时事画片，无线电收音，使夷人明瞭抗战近况及盟军共同作战的意义。

（丑）教育活动——利用抗战歌曲，化装表演，常识讲话，使夷人明瞭本身亦为国家之一部分。

（寅）卫生服务——利用现代药品，为夷人治病，藉以取得联络。

（卯）社会调查——地方情形、夷人生活、夷人领袖及重要物产均作详细调查。并考查将来可长久工作之中心地点。

（二）畜牧考察队：

本部为谋改良促进边地畜牧事业计，于本年七月间在蓉，邀请畜牧事业专门人才五人，组织畜牧考察队，在中央大学畜牧兽医系主任陈之长博士领导下，赴汶川理番一带考察该地畜牧事业，往返为时一月。

（三）大学生暑期服务

本部开始工作以来，历届暑假均有大学生暑期边疆服务团之组织，目的在鼓舞青年同学重视边疆问题。本年川西区与西康区分别举办。

（子）川西队——计参加服务同学九人，中央大学四人，华西神学三人，燕京大学一人，金陵大学一人，分往草坡、佳山寨、立力寨、杂谷脑四地服务，为期一月半（七月十五日至八月底）。

（丑）西康队——计参加同学二十人，均系西康技专学生，分在西昌、河西、德昌、罗家场、高草坝、小高山六处工作，为时一月，八月一日至九月一日。

（四）出版

（1）《边疆服务》——每三月一期，内容以介绍本部工作及边地情形为主。

（2）《边疆服务通讯》——每两月一期，内容以传递本部消息，联络同工情感为主。

（伍）今后计划

（一）我们的认识：

抗战虽已胜利，外忧并未全去，鉴于外蒙之独立，新疆之事变，吾国必须更加积极开发边疆，扶持边胞，促进国家之真正统一。根据本部数年实际工作经验，深感只有“实际服务”方能取得边胞之彻底信任，惟服务工作须以宗教精神为动力，以政府协助为基础，单纯社会团体实感心余力绌。

（二）今后计划——今后五年内希望能达到左列愿望：

（甲）在滇西设立服务区，以保山为中心。

（乙）在青海设立服务区，以玉树为中心。

（丙）在西康关外设立服务区，以巴安为中心。

（丁）在松潘草地阿坝附近设立大牧场一所。

（戊）完成凉山夷区之工作网，期能协助解决西南夷患。

以上计划，能否实现，端视各有关方面之同情与实际援助大小而定。环顾国内，建设边疆、开发边疆之口号已由胜利复员而消沉，我们殊感焦急与痛心。

中华民国三十五年三月十八日

〔附录〕中华基督教会全国总会致教育部代电

重庆。教育部钧鉴：顷奉行政院三十四年七月二十五日代电抄转钧部对本服务部三十三年度教育工作报告核呈各点，谨分别奉复如后：（一）查本部川西区各学校正式名称，均系以地名为主，向未冠以边地种族及宗教名词，报告中用“羌”“戎”等名称，系属解释性质，今后当不再应用，（二）查本部所办各学校及社教工作，均系在当地主管官厅指导之下进行，并按期向省县主管报告情形。谨复。中华基督教会全国总会叩。未号。印。

〔行政院档案〕

二、帝国主义利用宗教的非法活动

1. 杨芬报告绥蒙外国教堂传教及租占土地情形致国民政府蒙藏委员会呈

（1937年5月19日）

案奉钧会二十五年九月二十九日调字第三九号训令内开：“为令遵事：查二十五年度本会行政计划内有调查外国教堂传教及租用蒙藏青康等处土地情形，限于二十六年三月前将传教及租地情形调查完竣，以便设法交涉赎回一案，为本会本年度中心工作之一。为此，令仰该组组长率同所属调查员就原经指定区域将上所开各情详细调查，如期具报，以凭办理。此令。”等因，奉此，遵即率同所属调查员开始调查，编就“绥蒙外教传教情况及租用土地情形一份，随呈附报，恭呈鉴核。谨呈

调查室主任同转呈

委员长吴

附《绥蒙外教传教情况及租用土地情形》一份

蒙藏委员会派驻归绥调查组组长杨芬

中华民国二十六年五月十九日

绥蒙外教传教情况及其租用土地情形

绥蒙外教势力庞大，教堂随处皆是，教民信仰甚深，其工作深入下层，尤属不可忽视。且租用土地，自握政治、经济、文化等等实权，演成特殊区域，更应设法予以调整。兹将绥蒙外教各情分记于下：

一、传教情况

外教概分为两类：一曰耶稣，一曰天主。耶稣派别繁多，天主只有一种。绥蒙地区耶苏教势力较弱，天主教占绝对之优势。民国二十二年十二月绥远省政府编印之《绥远概况》下册社会概况下编第三章宗教，曾对外教有详细之调查，特抄录如下，即可瞭然绥蒙外教传教情况之大概。

(1) 耶苏教。耶苏教来绥，始于清光绪十二年（一八八六），初建堂于归化之通顺街，逾二年，复建一堂于包头，教民仅数十人。庚子之变，牧师或被杀戳，或由蒙逃赴俄境，事平归来，以赃款购地建堂，迄至今日，蔚为大观。堂产既富，信徒亦多，虽不如天主教势力之大，然以较回道诸教广大多矣。所有教堂均属“瑞典协同内地会”，兹附表如左：

绥远省耶稣教堂调查表

地址	教会	设立年月	教士		教民		财产		附属事业
			西	中	男	女	动产	不动产	
归绥通顺街	瑞典国协同内地会	清光绪十二年	7		227	62		大小瓦房六十三间，大小土房一百〇六间	男女国民小学各一所男高等小学校一所
归绥新城	瑞典国协同内地会		2		未详	未详			
毕克齐头道街	瑞典国协同内地会	民国七年		1	18	18		大小房屋三十五间	男女初等小学各一所
包头县吕祖庙	瑞典国协同内地会	光绪十四年	2	4	82	21		房院三处	男女初等小学各一所
萨拉齐县署前街	瑞典国协同内地会	光绪十六年	8		844	693		房院十二所，三百七十六间，铺房七二间，又地二顷六十亩	育婴堂一所，男女初等小学各一所
萨县沙尔沁村	瑞典国协同内地会	光绪二十一年	2		223	230		房六十三间，地八十五亩	男女初等小学各一所

续上表

地址	教会	设立年月	教士		教民		财产		附属事业
			西	中	男	女	动产	不动产	
萨县德隆西村	瑞典国协同内地会	光绪二十一	1		43	25		房屋十五间，地八十亩	
安北县扒子补隆	美国协同会	光绪二十二年	3	11	71	30	牛八十六头，马一百六十匹，羊七百五十只	地一千顷，房二百三十间	蒙古男女学校一处又两等学校二处
托克托县城内	瑞典国协同内地会	民国三年	1	3	未详	未详		房二十七间	
陶林县城内	美国福音会	民国十三年	1		6	7		房二十间 地一亩	
五原县隆兴长镇	美国协同会	民国十三年	1	2	55	30		房十五间 地一亩	
凉城县	瑞典国协同内地会	民国十三年		未详	未详				
丰镇县	瑞典国协同内地会	光绪二十九年		未详	未详				

(2) 天主教　绥远之有天主教，始于前清咸丰六年，初于归化城之隍庙街购地建堂。同治十年，复于武川县属之匆尔兔沟地方，光绪十六年，于和林格尔县属之迭力素村各建一堂，其初教民不过数十，迄至今日，有教堂数十所，教士百余人，教民五六万人，地产数千顷，牛、羊、驼、马万余头，附设男女学校数十余处，归绥地方设有医院，规模宏大，需费五十万元，其潜伏势力深入社会，绥远各种宗教，无出其右者矣。兹附调查表如下：

绥远省天主教堂调查表

地址	教会	设立年月	教士		教民		财产		附属事业
			西	中	男	女	动产	不动产	
和林格尔迭力素村	圣母圣心会	光绪十六年	1	1	523	411		房一百五十间，地十二顷	育婴堂一所，初等小学校一所
和林格尔舍必崖	圣母圣心会	光绪二十七年	1	1	403	329		房三百间，地九十五顷	育婴堂一所
固阳县义广奎	圣母圣心会	宣统三年	1		550	450	牛羊一〇五〇骡马六五	土地六顷	初等小学校一所
和林格尔五素园路	圣母圣心会	光绪三十年		1	159	88		房二十七间地十亩	
固阳县永合公	圣母圣心会	宣统二年	1		73	52	牛羊七六〇		
固阳县合窑	圣母圣心会	光绪三十二年	1		1010	650	牛羊二百〇〇骡马一五〇	土地二顷	初等小学校一处
固阳县白灵淖	圣母圣心会	宣统二年	1		250	140	牛羊四五〇		

续上表

地址	教会	设立年月	教士		教民		财产		附属事业
			西	中	男	女	动产	不动产	
固阳县巴气树	圣母圣心会	宣统元年	1		558	420	牛羊一五〇〇		
清水和县大南沟	圣母圣心会	光绪三十二年	2	2	281	120	骡二头	房三十二间，田一百四十二亩	小学堂一所，育婴堂一所
武川县三圆井	圣母圣心会	光绪三十年	2		383	340		地五十一顷	
武川县右营子	圣母圣心会	光绪三十五年	1	1	307	257	马八匹	房六十间，地二十二顷	
武川县勿尔兔沟	圣母圣心会	同治十年	1		382	331		地四十五顷	
武川县小纳令	圣母圣心会	光绪二十八年	1	1	464	302		地四十九顷	
包头县城内	圣母圣心会	民国八年	1		26	15		房一所	

续上表

地址	教会	设立年月	教士		教民		财产		附属事业
			西	中	男	女	动产	不动产	
包头县小淖村	圣母圣心会	光绪十六县	2		1650	1600		房一所	男女高等小学校一处,女子初级小学一处
包头县大淖村	圣母圣心会	光绪十九年		1	并入小淖村内			房一所	
萨拉齐县二十四顷地村	圣母圣心会	光绪十六年	4	1	736	986		房三十间,地一百十顷	高等小学一所
萨县拖拉盖村	圣母圣心会	光绪十九年	2	1	737	987		房二十间	
小淖村	圣母圣心会	光绪十五年	1		1555	1990		房三十五间	
何家唠图村	圣母圣心会	光绪二十四年	1		678	785		房三十五间	
五祺牛窑村	圣母圣心会	光绪三十二年	1		598	587		房七十八间	
托斯和村	圣母圣心会	光绪三十四年	1		687	779		房三十五间	

续上表

地址	教会	设立年月	教士		教民		财产		附属事业
			西	中	男	女	动产	不动产	
小韩营村	圣母圣心会	光绪二十九年		1	587	578		房三十五间	
善岱村	圣母圣心会	光绪三十四年	1		695	768		房三十五间	
任三窑村	圣母圣心会	光绪二十四年	1		598	588		房五十五间	
苗六图子村	圣母圣心会	光绪二十八年	1		578	557		房三十五间	
银匠窑村	圣母圣心会	光绪十三年	1		686	788		房三十五间	
缸房营村	圣母圣心会	光绪二十四年	1		885	987		房三十五间	
双泡子村	圣母圣心会	光绪三十四年			588	569		房三十五间	
麦达吕村	圣母圣心会	光绪三十四年		1	995	775		房三十五间	
临河县陕坝	圣母圣心会	光绪三十三年	4		1240	950		房七十四间	男女小学校各一所
临河县蛮会	圣母圣心会	光绪三十年	2		1100	890		房四十二间	男女小学校一处
临河县大发公	圣母圣心会	光绪二十年	1		350	220		房四十一间	

续上表

地址	教会	设立年月	教士		教民		财产		附属事业
			西	中	男	女	动产	不动产	
临河县黄羊木头	圣母圣心会	光绪二十二年	1	1	540	480		房三十四间，地四亩	
玉隆永	圣母圣心会	光绪十四年	1		260	180		房二十三间	
乌蓝淖	圣母圣心会	光绪二十三年	1		340	210		房四十六间	
准葛尔	圣母圣心会	光绪十八年	1		230	170		房三十五间	
临河县圣家营	圣母圣心会	民四十四年	1		490	390		房五十四间，地四亩	
三道桥	圣母圣心会	民国十二年	1		450	360		房四十七间	
归绥县城内	圣母圣心会	同治十三年	5		72	89	牛二十四头马六匹	大教堂一座，平房百余间，楼房数十间	育婴堂一所，医院一处，医学校一所
归绥县三合村	圣母圣心会	道光三年		1	31	75		房二十四间	男女初等小学各一所
托克托县什拉乌素壕村	圣母圣心会	光绪二十九年	2		665	599		房二十五间，地五顷	育婴堂一所

续上表

地址	教会	设立年月	教士		教民		财产		附属事业
			西	中	男	女	动产	不动产	
托克托县永盛玉	圣母圣心会	民国四年	1		369	252		地百顷	
托克托县什塔岱村	圣母圣心会	光绪三十一年	1		349	492		地九顷	育婴堂一所
托克托县山盖村	圣母圣心会	光绪二十七年	1		426	369		地一顷	育婴堂一所
兴和县城内	圣母圣心会	民国三年	1	7	153	156		地三十五亩	
五原县隆兴长镇	圣母圣心会	民国十八年	1	1	15	4		房二十多间，地三亩	

上二表教堂之调查，绥东四旗方面，遗漏实多，此须声明者。再伊盟南部亦欠叙述。

查伊盟鄂旗南部，即有教堂十余，虽与陕北关系密切，然实在绥蒙境内，故亦附记如下：

鄂托克旗教堂表（参见绥远省民众教育馆新编之“绥远省分县调查扼要”）

教　堂　名	教民户数	教民人数
白泥井教堂	一五〇	七〇〇
黑梁头教堂	六〇	三〇〇
城川教堂	七〇	二四〇
堆子梁教堂	一〇〇	五二〇
仓房梁教堂	八〇	三二〇
沙路茅子教堂	九〇	四〇〇
硬子梁教堂	一五〇	六〇〇
胡家窑子教堂	一二〇	三〇〇
毛团囫囵教堂	一四〇	四〇〇
小桥畔教堂	六〇	八〇〇
宁条果教堂府	五〇	三〇〇
总计十一	一三一〇	四八六〇

二、教堂租用土地情形

教堂租用土地情形，甚为复杂，非一一详为探询，不能得其究竟。兹可得而言者，则其租用土地现状，不外下列数种方式：

1. 庚子赔款。如达拉特旗乌兰巴尔地方兑交教堂已垦地亩二千零九十五顷，除沙城之地不计亩数外，教堂按一千四百顷收地，每亩作银一两，共计抵银十四万两。查此项地亩已无条件收回，教堂提出反对，交涉仍未全肃清。又如四子王旗交出土地三千六百六十六顷，又六十六亩与教堂，作为特价赔偿教会损失之用。查此项地亩，有六百六十六顷，又六十六亩为垦局丈放，余仍在教堂手中。又如鄂托克旗南境赔教地面积亦极广大。查此项地亩，闻已由前百灵庙蒙政会交涉收回，由教堂每年向鄂旗旗政府纳租金一千元云。又如绥东镶红、镶蓝二旗，共摊赔教堂地三百七十五顷，地在凉城县东百二十里处香火地地方，迄今尚未收回等是。

2. 自行侵占地。庚子而后，教堂势力，大见猖獗，横行无忌，自行侵占土地，时有所闻。如绥东镶红旗南端大海泊之泊水面积约六百余方，比年以来，泊水渐缩，变为百全方里之陆地，内除能种地外，每年尚能产白盐约五六百万斤以上，因该地与天主教堂赔教地毗连，为其侵占，蒙人畏势，不敢与之交涉。又如四子王旗赔教地原为三千六百六十六顷又六十六亩，但教士利用蒙民对于土地无确实统计及显明限界之弱点，乃乘机渐次扩张其教地之面积，蒙人处于高压之下，反抗不能，呼援无路，乃任其展拓，无可如何，至今教堂占地之面积已不知若干。又如鄂托克旗教堂地情况，其自行侵占情形与回子王旗同。

3. 视为当然者。教堂地基以及附属事业（学校育婴堂之类）与夫花园球场等地，视为教堂之当然所有物，甚且超过普通人民使用土地范围，追论租用之性质，此在各教堂十之七八，莫不如是。

4. 借以营利者。与各蒙旗或有地权者租用土地，非法营利，如杭锦旗西巴噶地租于教堂，独霸一方，后由垦局无条件收回丈放，闻至今其他各地仍有未收回者。

5. 由教民出名者。有时教堂为防免人家闻言，用教民名义领地，所在多有。甚或以教徒全体名义命名为中国式之堂名，如萨县小巴拉盖村教堂有地九十七顷，系用若密堂名义向垦局挂领，外表为旗民领地，与教堂无关，实则完全为教堂所领，此种最难稽查，闻为数亦极可观云。

总之，教堂所有土地，合乎真正租用性质，不丧主权，不害经济，寥无所几。非由国家详定外教租用土地章程，严厉执行。并转赔教地与侵占地等过于不合法之地亩，无条件收回，不足以防患于未来也。

〔蒙藏委员会档案〕

2. 云南省政府饬注意罗马天主教派夏华纳特乌维均在华北地区从事间谍活动的密令

（1938年5月13日）

云南省政府训令（密）一民字第一一五号

令外交办事处

案准军事委员会办公厅删密代电开："据报意法西斯为伸张势力于华北各省起见，已于罗马法王厅最高权威训令在华北各天主教堂协同法西斯情报人员从事活动，表面为防共，建设新中国，实系使中国人民贴服于法西斯势力之下。现罗马法王厅最高权威，除对日承认华北政权外，复任命天津圣玟逊西亚普洛天主教堂之天津司教夏华纳特乌维均牧师为华北天主堂临时教王巡查使，已正式通知东京麻布区听土甸之马勒拉教皇使节，并任为华北新政权统治区域内天主教之全教区长及司教之代表，与华北新政权密切合作云。查全中国信仰罗马天主教者已有三百五十万，仅华北一方业占二百万左右。又查维均牧师，一八八七年生于法之特梵依贵族家庭，进入遣使会，一九〇一年被派至北京布教，一九一五年为正定府司教。一九二二年为天津司教，以至于今等语。特电请密为注意"等由。准此，合行令仰该处知照。此令。

主　席　龙　云

中华民国二十七年五月十三日

〔外交部驻云南特派员公署档案〕

3. 国民政府文官处抄转李宗仁报告湖北老河口天主堂意籍神父费乐理等从事间谍活动的有关文件

(1938年12月)

(1) 国民政府文官处致行政院函(12月16日)

国民政府文官处公函　第三八一四号

径启者:奉主席交下李司令长官宗仁元电:为鄂属老河口天主教堂意籍神父费乐理及黎钧二人,潜居内地,确有间谍行动,特将破获经过情形电陈备鉴,敬希我政府及地方军政机关严切注意,以杜祸源一案。奉谕:"交行政院"等因。相应检同原电,函达查照。此致

行政院

计抄送原电一件〔缺〕

中华民国二十七年十二月十六日

(2) 国民政府文官处致行政院公函(12月19日)

径启者,奉主席交下光化老河口民众锄奸大会灰电,为电陈破获老河口天主教堂德意神父间谍行为经过情形,请严予处分一案。奉谕:"交行政院及军事委员会"等因。除分函外,相应抄同原电,函达查照。此致

行政院

军事委员会

计抄送原电一件

中华民国二十七年十二月十九日

光化老河口民众锄奸大会通电

通电:老河口天主教堂德意神父行动诡异,并有指使教徒作间谍活动情事,经军警侦察确实,密捕该堂有关二人,查获无线电机、手枪子弹及文件等。该堂主教亦承认有间谍行为,愿于一周内离开

中国，本会纯为爱国家爱民族，争取抗战胜利，决无排除外人及反宗教性质。除请政府予以严重处分外，谨电祈鉴察。

十二·十四

(3) 四川高等法院检察官密令(12月31日)

四川高等法院检察官密令　符牍字第一六三二号

令署本院第一分院首席检察官孔庆余

案奉司法行政部二十七年十二月二十一日训字第四七七五号训令，内开："案准李司令长官宗仁机秘元通电，内开：'查鄂属老河口天主教堂意籍神父费乐理及黎钧二人，在华传教，时历三十年，以教堂作护符，为间谍之渊薮，指使教民汉奸刺探我军消息。本部进驻襄樊，即予严密侦察，其行动诡秘，殊兹疑端。遂于上月二十八日，依法侦查，当于该教堂，搜获手枪子弹及无线电收音机，收发报机等件。该神父见秘密败露，证据确切，不容狡辩，惶恐万分。该地人民激于义愤，举行示威行动。该神父见势不可侮，乃允以亲笔签名之书面，答复民众，承认确有间谍行动，愿于一星期内离境，并将非法购置之市房，庄田并交地方法团处理。现正予以监视，请示委员长处置在案。并拘获该堂交际员张子固、庶务李清臣二人，同供误受该神父指使，辅助间谍工作等情。查该神父潜居内地，行犯间谍，实为我方心腹之患。一地如此，余可类推，用特将破获情形电请备鉴。敬希我政府及地方军政机关，严切注意，以杜祸源。抗战前途，实深利赖'等因。准此。查事关防遏祸源，所系至巨。各该检察官代表国家，摘奸发隐，职责所在，自应群策群力，断其根株。除分令外，合行令仰该首席检察官并转饬所属检查官一体严密注意。如侦知类此情事，应即会同或通知当地军警机关，依法妥慎办理。此令。"等因。奉此，自应遵照办理。除分令外，合亟令仰该首席检察官遵照，并转饬所属一体遵照。此令。

中华民国二十七年十二月三十一日

首席检察官林超南

〔国民政府各省高等法院档案〕

4. 伊盟鄂尔多斯右翼中旗札萨克旺庆扎布为请交涉收回被教堂勒占之土地事致行政院呈

(1939年1月7日)

查废清光绪二十六年间,因捣毁教堂事件,奉清政府上谕,委派陕甘绥等省大臣,会同外人协定,令职旗担负赔偿银八万五千两。彼时先以牛、马、羊等折勒,不足之数,无力付款,遂将职旗小桥畔城川等一带土地强迫割让予外人,威胁忍辱,实非甘愿缔此丧权辱国之条约也。其地自为该教堂侵据后,管理土地及人民之权,竟夺为私有,甚且编织保甲自卫队,收租征税、奴化农民,有不随其教者,立遭驱逐,俨然于中国之内,另有一国家。职旗官民,目击心惊,期脱离其羁绊,欲谋逐渐收回教产计,遂于民国二十四年与之改定契约。其内容即由教堂所种之地,每年交旗政府牛犋洋一千元。教堂在该地仅有传教之权,至行政权则归职旗管辖,教堂不得干涉。曾由职旗依此推进政治,但该教堂违约狡黠,多方阻止。去岁九月间,又被其枪击公务人员,主使诬控,幸上峰洞烛其奸,未中其诡谋。俯查庚子赔款,早经交涉退还,中央对于以前一切不平等条约又宣布废除。外人在此特殊权利,依法自不能存在。现职旗官民,决遵照中央意旨,誓愿收回教产,而免利权外溢。兹先由职旗积极与之交涉,无条件收回,如该教堂对此不法之权利,不愿退还时,即请钧座鉴准,遴派公正大员莅临,以最公允正当之办法,恳予解决。除交涉情形随时报告外,理合谨先呈报钧院备查,并祈电示祗遵(如蒙电示,请由宁夏马主席转),实为公便。谨呈

国民政府行政院院长孔

伊盟鄂尔多斯右翼

中旗札萨克旺庆扎布旗务帮办章文轩

中华民国二十八年一月七日

〔蒙藏委员会档案〕

5. 澜沧县长陈家骥呈报美籍教士水文生唆使教民戕害陈席珍等经过的有关文电

(1940年5—8月)

(1) 澜沧县长陈家骥致龙云呈(5月17日)

呈为缕晰陈明事。窃职接事仅数日,因沧源发生戕害设治局陈局长等重案。边地卡瓦,自民国四年沈司令官率精兵一团,附带大炮来澜沧剿办边民,一败涂地,以至沈司令官阵亡,此后边民藐视官兵,嚣张尤甚,故此次卡瓦见杀官而无问罪之师,加有美牧师水文生之耸动,谓汉官无能,应从洋人,卡瓦随声附和,声势膨涨。澜沧第五区与肇事地点连接,相近卡瓦较多,仅五区境内有教堂一二十所,实为全国内罕见罕闻之事,足表藉传教为名,而实为侵我边土之企图,苟不速起扑灭,教徒叛民可达数万之众,当时附和者虽多,但大半尚中立观望,若政府大兵开至,即归顺政府,若政府无威严表示,则成风大从风、雨大从雨之势。职认为事机危迫,千钧一发,若不立予扑灭,事态扩大,背景显露,收拾更难。电文往返需时月余,故不候钧令即开百余部队先行出发,扼守要隘,职向各方亲友商帮调借土枪,召集义勇,于四月二十日率总队数百出动,计行六日,直达沧源宕帅(距杀陈局长之班糯一二十里区公所所在地,为历来用武必争之地,光绪二十九年在此卡瓦曾灭清兵一营),所有一切大概经过,曾于灰日电呈在案。查美国牧师水文生父子在澜沧一带传教数十年,能操该地最流利之各种方言,彼在澜沧一带活动情形可分三点:(一)政治之侵略。政府推行政令,该水文生即借题宣传,对征兵则言中国与日本交战将败与日本,苟去当兵,即将要命,且中国败与日本之时,汝等则无地安身,若早从洋人,将来可有保障，并可免兵役之险。(二)用经济威力收买无识边民，闻该水文生每年暗受缅甸政府之津贴小洋二十万元(现约合国币八十万元)，尽量向边民施惠收买人心。(三)彼用英文字母，并成各种卡瓦猓黑等语，印成书籍，教授澜沧一带之各种边民，其父死后，则水文生一人独自活动工作。该水文生以种种手段将澜沧一带边民调唆入教，入教之卡瓦猓黑等即以教为护符，事事刁难，事事掣肘，嚣张异常，在此一带负行政责任之官员，每多以事关外交，事事因循忍受，不敢多事，以致养成今日杀官戕吏之行为。职到任后，探悉实情，如此有关大局，职责所在，不敢坐视推诿，故及时出兵，免使叛民得寸进尺，事态扩大。水文生杀陈局长后，闻曾一度到缅，有运入武器供给叛民之传，并在肇事地点活动指挥，闻职调集大兵出征敉乱，该水氏始逃至缅境景栋。该水氏狡诘异常，沧源事件发生，始终匿不露面，直到闻职将率兵出发之前数日，来一公函请求备案，称该教民等杀害陈局长，系陈局长用拉七枪打教民，教民用枪自卫，误伤陈局长等等语。殆职出兵行至中途，该水文生复来一函，称同前由，以教之问题有国际关系，威骇职兵前进。查陈局长之死，系该教民等乘陈局长毫无准备，睡于床上之际，该教民等用刀砍死，有同时遇难负伤三刀未死之杨乡长寿清可证，并有杀陈局长之卡瓦切结可凭。总之，水文生不更调一日，澜沧沧源不得安宁一日。恳请钧长令饬外交司据约力争，务将水文生更调，则澜沧幸甚，沧源幸甚。又沧源事件，西盟事件以及景栋事件迭奉秘令，同为我钧长垂念者也。不过据职观察沧源事件，现已告一段落，西盟事件，因路程遥远，职正派人侦察，想亦易为着手，惟景栋事件，因缅地景栋土司与车里宣尉土司，及职县第二区孟连宣抚土司同为一家，各据一方，景栋与孟连接壤，而景栋土司现已与暹、日勾结，自暹罗改为泰国后，日人即来景栋要地建盖房屋，并以泰国名义，颇欲进窥孟连，职到任后，极力安慰孟连土司刀派鸿，晓以利害，明以大义，惟对于征兵积穀诸要政，边民无知，人人皆畏，缅甸、暹、日每藉此作扇动宣传之口实。查征兵积谷。为目前要政，凡我国民，人尽皆知之，无如澜沧、沧源一带情形特殊，种族复杂，言语互异，人人无国家观念，邻邦抱蚕食野心，征此边民，用以抗战，窃恐无补于抗战，反影响抗战。职赋性愚鲁，所见如此，不敢不为我钧长直陈之。所有呈报各情形，是否有当，除分呈民政厅外，理合备文呈请钧长鉴核，指令祗遵。谨呈

云南省政府主席　龙

计抄呈水文生公函一件　卡瓦悔过切结一张，沧源、澜沧略图一张（查水文生公函二件辞意均同，惟此件较详，故仅录之）

澜沧县县长陈家骥

中华民国二十九年五月十七日

美浸信会糯福分会公函第　号

径启者：敝会贺南、猓黑贺猛、撒腊倪审/三戛报称："沧源设治局陈局长，率李区长、杨队附及常备兵十六名，士兵三百余人，各持枪刀，声势汹汹，前来各寨，压迫教民，拆毁教堂。沧源境内之大贺猛、猓黑贺猛、贺南、害荒、东牧、贺南马、上弄、大贺科、贺科新寨、袜性、贺害、果罕等十二处之教堂，一律拆毁，并将所有教民财物，抢劫一空，教民无家可归，无物可食，哀号流离，含冤莫诉。复于三月十一日，陈局长又率众抵班糯，各寨撒腊，凑银二百元，并以龙主席颁给准人民信教自由之布告，呈请保留教堂，陈局长非惟不依请停止，反变本加厉，将布告撕毁，亲自拆毁，有撒腊倪审者向之哀婉号泣请求，陈局长即以拉七手枪对伊连放三响，其他民兵闻讯，亦即开枪乱击，教民为自卫计，亦开枪还击，因而双方均有死伤。而陈局长、李区长、杨队副等及士兵十人，亦因误伤毙命。"等情前来，窃查信教自由，载在约章，该陈局长不顾条约，自启乱萌，殊属不解。除呈请中华驻仰光领事暨美国驻滇领事核示外，相应函达贵县长烦为查照备案，实纫公谊。此致

澜沧县县长　陈

牧　师　水文生

杨巴狄

公历一九四〇年四月十日

切　结

具切结悔过人小班、大夺、东猛、小户、母货、南班糯、班乃、细红、小班糯、萨拉色、萨拉甩、萨拉格、萨拉岛、萨拉保、萨拉、萨猛奄、萨拉老大、萨拉保、山蒿、赛告、萨拉呢日、萨拉扎努等，年甲不一，统系沧源人民，为因传教外国教人水文生，叫他的萨拉于二月初三日夜半在班糯，当陈局长及各随从士兵就睡之时，用刀砍死陈局长等诸官员，当时民等因无知识，受水文生欺哄威迫，并言外国人比汉官强，民等因入过教，要附和，今思百姓杀官应受大罪，惟民等实受水文生之指使，并非自动作杀长官之大恶，恳请县长开恩免罪，从今以后，民等誓不再受水文生欺哄作乱，以后若不遵守政府命令，作叛乱行动，愿受全家老小枪毙之罪，特具切结悔过是。

具切结悔过人萨拉色　萨拉甩

萨拉保　萨拉格　萨拉岛

萨拉沙猛奄　萨拉老大

萨拉呢　山　蒿　赛　告

萨拉扎努　桑母倮　赛　猛

熬　昂　赛　白

(2) 沧源全体民众致云南省主席呈(7 月 10 日)

主席钧鉴：

跪禀者：民等远居边地，蒙受主席天高地厚之恩，此次民等未读诗书，不知法律，杀死陈局长等实受石腊尤、水文生诱民卡瓦等围集反叛汉官，从洋人，人命天大，杀死何了，何况杀官。澜沧陈县长带队伍五六百人来剿，经过卡瓦寨子，并未烧杀侵扰，又宣布许多道理话，民等十分知错害羞，不敢再开枪抵抗，亦未敢来见陈县长，请东母甲长送上现银五十元做投降礼信，具结悔过，转禀主席开恩赦罪，民等即日解散，归家耕种，惟自陈县长走后，现已半年，无官无府，无头无脑，不知陈县长如何转禀主席不派官来，得闻委彭局长来在澜沧，中队长去接他不来，说局长要住澜沧，主席亦准其在澜沧设办事处，相距六七日之路，不来管人民，只是来收钱，如此无官地界，又接缅甸，坏人常来驻扎，以后闹出坏事，请主席明镜高悬，不要代累民等，特此禀明。

沧源第二区全体民众跪禀

七月十日

(3) 澜沧县县长陈家骥致云南省主席代电(8月5日)

云南省政府主席龙钧鉴：敬、虞两秘外电均奉悉。查沧源教民戕官，系美牧师水文生教唆，饬令查取人物两证，以凭交涉撤换，并责令交出祸首法办一案。查水文生函请职县备案之公函(前已抄呈)承认彼之教徒结党杀死陈局长等十人，物证之一也。若系人民自动戕官，外国牧师该回避嫌疑之不暇，何肯出首代辩，来函所述，教民等亦未承认事实，若此可证明水文生个人私行虚构诬词，谋卸重责，若非水文生主使，何肯为他人前来毁词抵赖，同时杀陈局长之前数日，该水文生尚在岩帅出没，宣传煽动，人所共知，杀陈局长之萨拉(萨拉者即水文生教徒中之传教士职衔，不独信教，且受有水文生薪津传教之人也)等具呈之切结(前已抄呈)物证之二也。切结证物，为此次教民之各萨拉及头人等，物请来师爷立此切结，先以□语翻译，与数千叛徒共听，众皆赞成，各首人等始行划押，将此切结呈来，并非出于少数人之私意，杀陈局长时，尚有岩帅之杨乡长寿清在侧，身受三刀，幸得脱免，此人可为证明陈局长之死，果如萨拉切结之言，人证之一也。职率队到达沧源，恩威齐下，宣传政府之德威，明以利害，晓以大义，教民聚党数千，近在咫尺，有沧源区公所助理员田保(犷瓦头人之一)者，往还传递意见，该犷瓦等将水文生命彼等杀陈局长之经过，托田保前来呈报，有田保可作人证之二也。又前来呈递切结，并申述杀陈局长一切经过之东母甲长可作证人之三也。至于责令交出祸首法办，职自当遵办，惟沧源出事时，教民结党数千，远近震惊，邻封各县，亦纷纷电呈××钧座，职因澜沧西盟及五区之卡瓦与沧源之叛徒，素有联络，若不立予扑灭，任其勾结有机，短期之内结党可至数万，不惟澜沧卷入漩涡，恐大局亦受影响。职本不敢擅自行动，惟警报频传，风声鹤唳，民众惶惶不安，职本救兵如救火之旨，一面拍发江电请示机宜，一面筹划义勇敢死部队，不顾一切冒险，亲率出发，以数百之师远征数千之叛，谋解眉睫之危，虽经澜沧绅首列举光绪二十九年清军全营覆没，民国四年沈司令阵亡之例以劝阻，又以寡难敌众，道路不熟之语以相规，职终以职责所在，不能坐失事机，任其事态扩大，至背景露面时，更难收拾也，故兼程前往六站，赶至岩帅。先闻××钧座电令协从免究，后又传信来报××钧座电令饬酌予安抚，呈候核办，以宣传安抚为主，勿太操切，至查办详情，应候杨司令到后主持办理。职遵照意旨宣传××钧座德意，安抚该叛等具结悔过，解散归农。职因接任手续未清，而杨司令又无出发消息，故于五月三日率队返县，归来将及两月，杨司令尚未见到达。使当日徒以电文呈报，如各方之畏势停兵，不冒险敉乱，坐失事机，则沧源叛徒等经此数月之任性演变，迄今不知将伊胡底矣。幸职遵令安抚之叛徒等，自解散归农后，直至今日尚属相安无事，差堪告慰于××钧座也。惟沧源主持无人，拖延直下，前途堪危，责令将祸首交出一节，职接任甫三月，出发沧源耗时将月，又至临江缉枪杀外籍教士之匪首土司，耽延旬余，幸人赃均获。兹职县府各种要政即待推进，如调查户口、组织保甲，李前县长全未着手，积谷欠数冠于全省，诸事待理，沧源相距职署八九站之遥，远离县署，实难脱身，加以西盟卡瓦出扰烧杀，景栋事件十分嘈杂，对于沧源事件之证人、祸首均在沧源。查沧源彭代局长钊，经验宏富，职责所在，恳请××钧座责令由该彭代局长办理可也。或电催杨司令前来主持，更为尤善，则边地情形及此次卡瓦之凶顽较为明悉。若杨司令不能前来，则请特派干员前来主持。值此边疆多事之秋，就此可早定边防之具体计划。并查明此次沧源事件之经过实情，则边地幸甚，职亦幸甚矣。是否有当，伏祈电示祇遵。澜沧县县长陈家骥。叩。歌。印。

〔国民党云南省政府档案〕

6. 湖南省政府关于处置沅陵天主堂藉建校名义大量圈租土地事与有关单位往来函

(1942年8—12月)

(1) 湖南省政府致内政部咨(8月17日)

案据沅陵县政府本年六月十二日民总字第一〇二号称：案查本县天主堂永租忠平乡属白田头地方李承记、芮晴庵等基地房屋一案，前经民政厅视察员谭维煦以本府前建设科长杨秀湖有贪污嫌疑，即取本府受理本案全卷，送请湖南省第九区行政专员公署查办在卷。兹奉专署三十一年五月十五日，同法字第三五九六号训令，以叛决杨秀湖等无罪，检发原卷一宗，判决书一份，饬知照，至其永租土地部分，是否合法，仍饬办理等因。奉此，遵经派本府科员周湘文查复：(一)天主堂永租李承记等房屋，坐落白田街，面朝大河，前后均有菜圃。芮晴庵等水田四十亩零六分一厘，系连接李承记屋后菜圃，地势平坦，土质肥沃。(二)该堂永租此项土地，为建设中学。嗣因该堂主教欧克澜，在香港被日本逮捕，致经济来源断绝，故迄未兴工。(三)该堂现将此项土地，除约十分之一荒芜未治外，其余均已耕种稻禾及蔬菜。现该堂雇工四人，住此房内，畜有猪、牛、鸡、鸭之类等语前来。查接管卷内，本案永租土地契约成立，系由王前任批示，准予备案，并来呈报层峰核示。惟此项永租土地，既属水田，有违土地法第十七条之规定。再该堂自行耕种，藉图收益，更违反内地外国教会租用土地房屋暂行章程第五条之规定，拟依法将该租约撤销。是否有当？理合备文呈请钧府鉴核示遵等情。据此，查该沅陵县天主堂，以建设中学为名，一次租用土地逾四十亩之多，显已越过必要范围。且所租之地，均系水田，除一小部分荒废外，余以种植稻禾蔬菜，于所租房屋，则以之畜饲多量家畜，足征全系供作收益之用。综合该天主堂"此项租用土地房屋行为，既不合土地法第十七条及行政院二十八年十二月九日古字第一六一二六号训令：各机关团体，征收土地，应尽量避免可耕熟田之各规定，尤与内地外国教会租用土地房屋暂行章程第四、第五两条相违反，似应加以取缔，以维法令，而保国土主权。该县府所请，拟依法将该租约撤销等情，实属必要"。惟事关外国教会，究宜如何办理，方臻妥善之处，除分咨外交部查核外，相应咨请贵部查照核复，以凭转饬遵办是荷。此咨

内政部

主　席　薛　岳

中华民国三十一年八月十七日

(2) 内政部致外交部咨(9 月 16 日)

案准内政部移送湖南省政府三十一年八月十七日来地三字第二三五号咨，以据沅陵县政府呈报该县天主堂藉名建设中学，大量租用土地房屋，拟请依法将该项租约撤销等情。究宜如何办理，请查照核复，以凭饬遵等由到署。本署审核意见如下：

一、卷查该天主教堂系属美国籍，抗战以来，藉名办理学校，建设医院，陆续租买土地房屋，已有多处，似可依照内地外国教会租用土地房屋暂行章程第五条之规定，撤销其租赁，由该县政府备价收回。

二、收回事宜，似应由省府派员协同县政府妥为办理，并咨本署及外交部备案。

三、此后外国教会如在该省各县租用土地房屋，应依外国教

会租用土地房屋暂行章程第三条之规定,责令业主与教会签订契约,会呈县政府核呈省府转咨本署核定。准移咨前由,除原案已经湖南省政府分咨不再抄附外,相应将本署意见咨请贵部查核,主稿会复为荷。此咨

外交部

中华民国三十一年九月十六日

(3) 外交部致地政署咨(10月20日)

外交部咨

案准湖南省政府来咨,为关于沅陵县天主堂藉名建设中学,大量租用土地房屋事,请查照核复,以凭饬知等由。正核办间,又准九月十六日渝权字第〇一一三号来咨,加具对于本案意见,嘱查核主稿会复等由,本部审核意见如左:

(一) 本案该天主堂租用土地四十亩有奇,以供建设中学之用。我国中等学校占地在四十亩以上者,所在多有。该天主堂所租用之土地是否越过必要范围,似可先令该堂负责人将原拟计划图说,提出证明。

(二) 该天主堂所拟办之学校,以主教被扣,经济来源断绝而暂告停顿,究竟该堂现在负责人对于建设中学是否仍有继续办理之意,似可由湖南省政府再饬查明,以凭核办。

(三) 在办学停顿期间,雇用工人四名,是否系看管性质。该项租地上种植稻禾,及屋内畜饲猪、牛、鸡、鸭,是否纯以收益为目的,亦可一并详细查明,以备审核时之参考。

(四) 据报该天主堂租用之土地为水田,究竟该地是否确为水田及是否在永租前即为水田,抑在永租后始改为水田,与土地法第十七条之规定有无抵触之处,似宜转饬查明备核。再查土地法第十七条规定,农地不得租赁于外国人,其用意似在防止外国人在我国经营农业。至外国人租用农地,改作建筑房屋之用,是否亦系违反该条之规定,似应加以研究。

（五）该天主堂永租土地契约，当时未经该县县长呈请转咨核定，如查明后准其租用，似可令饬补完此项手续。

（六）再贵署所示意见第三点，关于今后外国教会，如欲在该省各县租用土地房屋应切实依照外国教会租用土地房屋暂行章程第三条之规定办理一节，本部甚表赞同。准咨前由，相应将本部意见，咨请查照核酌见复为荷。此咨

地政署

兼理外交部部长职务　蒋中正

中华民国三十一年十月二十四日

（4）外部交/地政署致湖南省政府会咨（11 月 14 日）

外部交/地政署会咨

案准内政部移送贵省政府三十一年八月十七日来地三字第二三五号咨，以据沅陵县政府呈报该县天主堂，藉名建设中学，大量租用土地房屋，拟请依法将该项租约撤销等情。究宜如何办理，请查照核复，以凭饬遵等由。查（一）该天主堂租用土地四十二亩有奇，以供建设中学之用，我国中等学校占地在四十亩以上者，所在多有。该天主堂所租用之土地，是否越过必要范围，似可先令该堂负责人将原拟计划图说，提出证明。（二）该天主堂所拟办之学校，以主教被扣，经济来源断绝，而暂告停顿。究竟该堂现在负责人，对于建设中学是否仍有继续办理之意，似可由贵省政府再饬查明，以凭核办。（三）在办学停顿期间，雇用工人四名，是否系看管性质，该项租地上种植稻禾，及屋内畜饲猪、牛、鸡、鸭，是否纯以收益为目的，亦可一并查明，以备审核时之参考。（四）据报该天主堂租用之土地为水田，究竟该地是否确为水田，及是否在永租前即为水田，抑在永租后始改为水田，与土地法第十七条之规定，有无抵触之处，似宜转饬查明备核。（五）该天主堂永租土地契约，当时未经该

县县长呈请转咨核定，如查明后，准其租用，似可饬令补完此项手续。(六)此后外国教会如在湘省各县租用土地房屋，应依外国教会租用土地房屋暂行章程第三条之规定，责令业主与教会签订契约，会呈县政府，核呈省府，转咨本署核定，准咨移咨前由，相应复请查照饬遵为荷！此咨

湖南省政府

外交部部长　宋○○

地政署署长　郑○○

中华民国三十一年十一月十四日

〔国民政府地政部档案〕

7. 湖南省攸县中华遵道会董事部田和友等为请制止美籍牧师戴一真等擅卖教产事致行政院呈

(1943年1月10日)

窃基督教会所有产业，均系热心信徒，向神捐献而来，其主权属于所在地会堂共同公有，此无论古今中外，各国教会皆然。查本县教会所有教堂、医院、学校房屋本为中西各国热心信徒，捐资购建，且当时购卖契约，均有"为攸县本处教会传教公产"十一字限制，是其主权早已确定为本县教会公同共有，洵无疑义。溯而言之，我国各地基督教会原为中西各国热心信徒，共同开设，嗣以我国各界信徒广众，多少明哲信士，以宗教主权与社会国家休戚相关，为倡独立运动，遵道会所属各地中国教友，倡导尤烈，几经奋斗，始于民国十七年经各国差派在华各地监督牧师，与我国各地教会教友代表协议结果，承认自立，所有国内各基督教会一律冠以"中华"二字，同时规定各地教会一律由中国教友组织董事部，接收宗教主权，处理教会事务。本县教会亦遵照规定，成立董事部，执行本会一

切事务，是本县教会团体法人代表权即已属于本会之中国教友所组织之董事部，而外国差派之监督牧师，仅处监察督促传教事务地位，并无代表本县教会法人之资格。例如本县前县立女子学校、县女师及附小、攸县盐务验放处，并人民租赁本会房屋，均系向“攸县中华遵道会”订立租约，足证本县教会早已取得产业处分权。乃美监督戴一真等乘我国与英美政府订立新约之际，妄图非分，屡起窃卖本县教会产业野心，以本部严词警告，诡称不卖，讵于去年底月，乘本会董事部董事各为本身职务星散之际，擅将本会所管攸县县立女师暨附小所有房屋，一概出卖与各该校承接，惊闻之下，不胜惶骇。兹本会为防微杜渐及维护全国基督教会之安全，并主权法益计，经本部于本年元月八日召开紧急会议，一致主张，誓死反抗戴一真等所为非法行为。除分呈攸县县政府将屋价三十万元提存，并废弃戴一真等所立非法契约外，谨呈前情，呈请钧座察核，准予令饬攸县县政府停止交付契价与美籍牧师戴一真等，并予通令制止各级政府机关、学校团体及人民，乘时向外国牧师监督买卖教会产业，以遏外人非分企图，而维教会安全，攸县教会甚幸，全国教会甚幸。谨呈

国民政府行政院兼院长　蒋

湖南省攸县中华遵道会董事部董事　田和友　罗石均　谢泉源　朱镇荣　邹寿仁　萧焕文　屈汉生

收受送达处：湖南省攸县西正街第一二四号星月儿厂本部事务所

中华民国三十二年元月十日

〔行政院档案〕

8. 云南省民政厅长陆崇仁报告澜沧县美籍传教士杨文森受英方津贴从事特务活动呈

（1944年10月5日）

云南省民政厅呈　民叁字第九二八号

案查前奉钧府卅三省秘一(6)字第一八七一号训令开："案奉军事委员会委员长昆明行营昆行谋情字第三二三三号辰灰代电开：奉委员长卅(三)向侍秦日电：据报云南澜沧县属糯佛美籍教士杨文森，居留边境有年，现为英情报部担任工作，月获活动费拾余万元，协助英人组织当地土著，包庇横行，欺侮善良，甚且公开宣传英人统治利益，处处鄙视我国。澜沧地近缅境，土人无知，极易受该教士欺骗鼓动，倾向英人，长此对我殊有不利等情。详情如何，希查明具报等因。希饬详查速复，以便转报等因。奉此，自应遵办，合行令仰该厅迅即转饬第四区行政督察专员遵照，详细查明具复，以凭转报为要，切速。此令。"等因。奉此，自应遵办，当经令饬第四区行政督察专员查明具复在案。兹据该专员代电呈称："案查前奉××钧厅民叁三字第四零一号训令饬调查美籍教士杨文森，居留糯佛，为英情报部担任工作一案。当经职署转饬澜沧县长沈世通详查去后。兹据该县长未东代电呈复称：案奉钧署已艳代电，县长遵即派令民众自卫预备大队长傅天光前往详密调查去后，旋据报称：查杨文森即系美国浸信会牧师水伟里之次子，水文生父子于民国九年即至本县属之糯佛传教，年用十余万金施惠夷民，作佤倮黑被其诱惑入教者甚多，伊父子并能谙通各种夷语，以拉丁字母拼造倮黑文、卡瓦文、设立学校，召收夷民优秀子女，供其衣食费，以教授此项文字，学成即分派至各村寨传教，因此积年累月，入教夷民日众，沧源设治局之野卡相继入教者，亦复不少，夷民奉之若神明。该水氏父子遂日益骄横，干预地方政治，以致历年酿成教案，纠纷甚多，迭经历任县长呈报请予驱逐，但该水氏父子奸狡特甚，每次驱逐回国后，不久复以另一姓名(即杨文森)前来传教如初矣。复查该水氏父子以前每年拥大量金钱施惠夷民者，实系受英国缅甸政府之津贴，为其作未定界内之调查，与收买民心之工作，至中央正式会勘未定界以后，英政府之津贴停止，该水氏之经费即大减缩，教务遂一落千丈，不如以前之盛。至民国二十九年沧源入佧佤杀死设治局长，该水文生有主使嫌疑，遂离境回国。至民国三十二年初冬，该水文生(即杨文森)复携无线电机一架，从人十余名，持有美空军驻华司令部护照，行经本县。据称将往车里作情报工作，不久复转至糯佛居留工作，所有入教夷民复奉之如初。该水文生仍不改旧态，时有干预地方政治军事之举，鄙视地方政府，至本年春末，不知何故又离糯佛赴车里工作去矣。该水文生离境后，即有英国军人参谋副官各一人率随员多人至糯佛召集过去由景栋退出之士兵五十名作军事训练，一切给养武器，均由英空军输送补给，且用大量金钱收买夷民，意图组织滇缅边区游击队，以巩固其缅边军事政治权利。据称该英人参谋副官系奉东南亚盟军总司令部派遣而来，并有华人翻译二员参与其间，详情如何，现正调查中，合并陈明。等情。请予鉴核转报前来，县长复查该杨文森确系美国浸信会牧师水伟里之次子水文生，在本县属糯佛传教有年，藉教作恶，利用大量金钱，诱惑夷民，倮佧等为虎作伥，此次改名杨文森，担任英情报部工作，公开宣传英人统治利益，破坏我国政治军事上等行动，均属实情。奉电前因，理合将查明情形电复，敬祈钧署核转施行。等情。据此，理合据情核转，请祈××钧厅鉴核”。等情。据此，除以“代电悉。查该美籍教士杨文森，既经查明确受英方津贴，在边地作种种不法活动，应饬该专员严密防范，并转饬该管澜沧县长遵照切实注意为要”等语。除指令外，奉令前因，理合据情转呈钧府鉴核示遵。谨呈云南省政府主席　龙

兼民政厅厅长　陆崇仁

中华民国三十三年十月五日

〔国民党云南省政府档案〕